Die Preußischen Gesetze

über

Grundeigenthum und Hypothekenrecht

vom 5. Mai 1872

herausgegeben

mit

Einleitung und Kommentar

von

Alexander Achilles,
Reichsgerichtsrath.

Vierte Auflage,

bearbeitet von

Otto Strecker,
Gerichtsassessor.

Berlin SW. 48.
J. Guttentag, Verlagsbuchhandlung.
1894.

Vorwort
zur
vierten Auflage.

Durch meine amtliche Thätigkeit für die erste und zweite Lesung des Entwurfes eines Bürgerlichen Gesetzbuches bin ich verhindert worden, die preußischen Gesetze über Grundeigenthum und Hypothekenrecht rc. von neuem herauszugeben. Herr Gerichtsassessor Strecker indessen, der in der Praxis und Theorie des Grundbuchrechtes gleichmäßig erfahren ist, hat mir die Freundlichkeit erwiesen, dieser Aufgabe, wenn auch völlig selbständig, so doch ganz im Sinne meines Werkes, sich zu unterziehen. Er hat, wie ich mich bei der Korrektur der Druckbogen überzeugt habe, die neuere Gesetzgebung, namentlich die Civilprozeßordnung und das Gesetz, betr. die Zwangsvollstreckung in das unbewegliche Vermögen, überall berücksichtigt, auch die Rechtsprechung und die Literatur ebenso vollständig wie sorgfältig benutzt, überhaupt den Kommentar mit dem heutigen Stande der Wissenschaft und der Praxis in Einklang gebracht. Dabei ist es ihm gelungen, den bisherigen Umfang des Buches nicht zu überschreiten. Die erste Hälfte der Einleitung ist auf meine Veranlassung gestrichen, um Raum für den Kommentar zu gewinnen.

Ich darf daher hoffen, daß das Buch auch in der vierten Auflage seinen alten Freunden willkommen sein und sich neue Freunde erwerben werde.

Ost-Dievenow, den 15. August 1894.

Achilles.

Inhalts-Uebersicht.

Abkürzungen.

Die in dem Literaturverzeichniß S. 24 ff. aufgeführten Werke sind in den Anmerkungen zu den Paragraphen der Gesetze der Regel nach nur mit dem Namen des Verfassers, beziehungsweise Herausgebers, bezeichnet. Die dem Namen beigesetzte Ziffer zeigt die Zahl des Bandes an.

Außerdem sind noch folgende Abkürzungen zu merken:

A.G.O. = Allgemeine Gerichtsordnung;

A.L.R. = Allgemeines Landrecht;

App.G. = Appellationsgericht;

Ausf.Ges. = Preußisches Ausführungsgesetz zu den Reichsjustizgesetzen;

C.P.O. = Reichscivilprozeßordnung vom 30. Januar 1877;

Dernburg (ohne Zusatz), oder Dernburg, Preuß. Privatr. = dessen Lehrbuch des preußischen Privatrechtes (Literaturverzeichniß Nr. 37 b.);

Dernburg, Pand. = dessen Pandekten, 3. Aufl., Berlin, 1892;

Dernburg, Hyp.R. = die 2. Abth. von Dernburg und Hinrichs (Literaturverzeichniß Nr. 14);

Einf.Ges. = Einführungsgesetz, im Zweifel eines der unten S. 21, 22 aufgeführten Gesetze über das Grundbuchwesen;

Gesetz (ohne weiteren Zusatz) = das Gesetz über den Eigenthumserwerb ꝛc. vom 5. Mai 1872;

Gr.B.O. = Grundbuchordnung;

G.S. S. = Gesetzsammlung Seite;

G.V.G. = Gerichtsverfassungsgesetz vom 27. Januar 1877;

Jahrb. = das im Literaturverzeichniß S. 26 unter Nr. 35 d. angeführte Jahrbuch für Entscheidungen des Kammergerichts;

Jur. Woch. = Juristische Wochenschrift; Organ des deutschen Anwalt-Vereins;

Konk.O. = Reichskonkursordnung vom 10. Febr. 1877;

L.G. = Landgericht;

O.L.G. = Oberlandesgericht;

O.Tr. = Erkenntniß des Obertribunals; dabei bedeutet Entsch. die im amtlichen Auftrage herausgegebenen Entscheidungen des Obertribunals;

R.G. = Urtheil des Reichsgerichts;

R.G.Bl. S. = Reichsgesetzblatt Seite;

R.O.H.G. = Urtheil des Reichsoberhandelsgerichts;

Str. Arch. = Archiv für Rechtsfälle aus der Praxis der Rechtsanwälte des Königlichen Obertribunals, herausgegeben und redigirt von Striethorst;

Windscheid = dessen Lehrbuch des Pandektenrechtes, Stuttgart 7. Aufl. 1891;

Zwangsvollstr.Ges. = Gesetz, betr. die Zwangsvollstreckung in das unbewegliche Vermögen, vom 13. Juli 1883.

Die der Bezeichnung des Gerichts hinzugefügte römische Ziffer bezieht sich auf den Senat, von welchem die Entscheidung erlassen ist; der Zusatz „H.S." bedeutet Hülfssenat.

Die von den Appellationsgerichten oder Oberlandesgerichten erlassenen Bescheide sind nur mit dem Namen der Stadt, in welcher das Gericht seinen Sitz hatte oder hat, zitirt.

Einleitung.

I. Grundsätze des modernen Immobilienrechts.*)

1. Publizitätsprinzip.**)

Die absolute Wirkung der dinglichen Rechte bringt die Gefahr mit sich, daß Jeder, der eine unbewegliche Sache oder ein Recht an derselben erwirbt oder zu erwerben glaubt, gewärtig sein muß, hinterher zu erfahren, daß der Werth der Sache bereits durch andere auf derselben lastende Rechte erschöpft oder die Erwerbung wegen Mangels der Berechtigung des Auktors wirkungslos ist. Die bloße Möglichkeit eines solchen Resultats aber ist unerträglich für den Verkehr. Eine gesunde Immobiliargesetzgebung muß daher bestrebt sein, eine Einrichtung zu schaffen, welche geeignet ist, Jedem, welcher mit einem Anderen in Beziehung auf ein Grundstück in ein Rechtsverhältniß tritt, die an dem Grundstücke bestehenden Rechte und die Personen der Berechtigten erkennbar zu machen.[1]) Dies verkannte das spätere römische Recht, welches das Eigenthum an unbeweglichen wie an beweglichen Sachen lediglich durch Tradition übergehen und dingliche Rechte an fremden Sachen, insbesondere das Pfandrecht, durch formlosen Vertrag entstehen ließ.[2]) Dagegen ist das deutsche Recht von jeher darauf

---

*) Von der Einleitung der vorigen Ausgabe, welche eine übersichtliche Darstellung des römischen, des älteren deutschen und des jetzt in Deutschland geltenden Immobilienrechts enthält, sind hier, um Raum zu ersparen, nur diejenigen Kapitel abgedruckt, welche zum Verständniß der Gesetze vom 5. Mai 1872 erforderlich sind. Eine neuere Uebersicht über das jetzige Immobilienrecht der einzelnen deutschen Rechtsgebiete ist in den Motiven zum Entwurf eines bürgerlichen Gesetzbuches für das Deutsche Reich Bd. 3 S. 9 ff. und zum Entwurf einer Grundbuchordnung für dasselbe S. 24 ff. gegeben; dadurch wird die Einleitung der vorigen Ausgabe berichtigt und vervollständigt.

**) Exner, das Publizitätsprinzip 1870; Regelsberger, Studien im bayer. Hypothekenrecht, II. das Prinzip der Oeffentlichkeit 1872; Förster, preuß. Grundbuchrecht 1872.

[1]) Vgl. die Motive z. Entw. eines B.G.B. 3 S. 16.

[2]) Siehe über die Mängel des Traditionsprinzipes, außer der Einl. der vorigen Ausg. S. 8, Werner, die preuß. Grundbuch- u. Hypothekenges., 2 S. 12, 14, 71.

bedacht gewesen, die Rechtsverhältnisse an Immobilien unter den Schutz der Oeffentlichkeit zu stellen, indem es in der ältesten Zeit den Erwerb des Eigenthums und des Pfandrechts (der alten Satzung) an eine Auflassung knüpfte, welche an einem öffentlichen Orte, in der Kirche, in einer Volksversammlung oder vor Gericht, stattfand, und später die Rechte an Immobilien von der Eintragung in öffentliche Bücher abhängig machte.[3]) Zu dieser durch das römische Recht fast überall verdrängten Einrichtung ist die neuere Gesetzgebung zurückgekehrt.

1. Die Oeffentlichkeit der Grund- und Hypothekenbücher hat eine formelle und eine materielle Bedeutung. Die formelle Oeffentlichkeit besteht darin, daß das Buch Allen, die ein Interesse an dessen Einsicht haben, offen steht. Einige Gesetze gehen noch weiter, indem sie den Inhalt der Bücher Jedem zugänglich machen, ohne den Nachweis oder die Bescheinigung eines Interesse zu verlangen.[4])

2. Wenn man den Rechtszustand eines Grundstücks aus dem Buche erkennen soll, so muß das, was in dem Buche steht, wahr sein oder doch wenigstens für wahr gehalten werden dürfen. Der Inhalt des Buches muß öffentlichen Glauben haben. Das ist die materielle Seite des Publizitätsprinzips.

Der öffentliche Glaube bethätigt sich zunächst rein negativ durch die Garantie der Vollständigkeit des Buches. Wer in gutem Glauben das Grundstück oder ein Recht an demselben erwirbt, ist geschützt gegen alle Anfechtungen dritter Personen auf Grund von Rechten, welche nicht aus dem Buche hervorgehen. Sodann macht der öffentliche Glaube sich positiv geltend, indem er die Richtigkeit der Eintragungen in dem Buche verbürgt, gleichviel ob dieselben mit dem materiellen Rechtsstande außerhalb des Buches in Einklang stehen oder nicht. Statt des Satzes, daß Niemand auf einen Anderen mehr Rechte übertragen kann, als er selber hat, gilt also der Satz, daß Jedermann befugt ist zur Uebertragung derjenigen Rechte, welche das Buch ihm beilegt. Wer von dem Eingetragenen erwirbt, ohne etwaige Mängel in dessen Recht zu kennen, gelangt zum Rechtserwerb trotz solcher Mängel, sofern dieselben nicht aus dem Buche ersichtlich gewesen sind.

Das Publizitätsprinzip ist in den Gesetzen der weitaus meisten Staaten Deutschlands zum Durchbruch gekommen, freilich mit Modifikationen, welche bald zu einer Verschärfung, bald zu einer Abschwächung des öffentlichen Glaubens geführt haben. So ist in verschiedenen Gebieten nur die negative Seite des Grundsatzes verwirklicht. Ferner gestatten einige Gesetze die Berufung auf den öffentlichen Glauben nur demjenigen, welcher gegen Entgelt erworben hat, während diese Einschränkung anderen unbekannt ist; zu den ersteren gehört auch das preußische Gesetz über den Eigenthumserwerb vom 5. Mai 1872, jedoch mit der Einschränkung, daß einem dritten un-

---

[3]) Vgl., außer der vorigen Ausgabe S. 15ff., namentlich Stobbe, Handb. des deutschen Privatr., Bd. 1 (3. Aufl. 1893) § 67, Bd. 2 (2. Aufl. 1883) §§ 94, 104, 106, 107, und die Auflassung des deutschen Rechts, Separatabdruck aus den Jahrb. f. Dogmatik Bd. 12 S. 137 bis 172; v. Meibom, das deutsche Pfandr., 1867.

[4]) Vgl. hierüber die Verhandlungen des 3. deutschen Juristentages (1862) Bd. 1 S. 97 und Bd. 2 S. 197 ff.

entgeltlichen Erwerber einer Grundschuld der gute Glaube des Grundbuchs zu gute kommt.

Ein weiterer Unterschied besteht darin, daß eine ganze Reihe von Gesetzen nur die Erwerbung von Hypotheken, andere dagegen auch das Eigenthum unter den Schutz des Publizitätsprinzips stellen. Zu den letzteren sind die preußischen Gesetze vom 5. Mai 1872 zu zählen; aber auch sie haben dies Prinzip nicht für alle Rechte in gleicher Weise durchgeführt. Während das Eigenthum im Falle freiwilliger Veräußerung, die Hypothek und die Grundschuld durch die Eintragung in das Grundbuch erst zur Entstehung gelangen, wirken die anderen dinglichen Rechte an fremder Sache, welche auf einem privatrechtlichen Titel beruhen, der Regel nach zwar unter den Parteien auch ohne Eintragung, erlangen aber erst durch diese Wirksamkeit gegen Dritte; hiervon macht das Gesetz auch für den Fall, daß der Dritte sie kannte, keine Ausnahme. Die Beschränkungen des Eigenthumsrechts dagegen sind gegen Dritte wirksam, wenn sie diesen bekannt waren oder eingetragen sind. Ausnahmsweise bedürfen nicht, auch nicht zur Wirkung gegen Dritte, der Eintragung: die Grundgerechtigkeiten, die gesetzlichen Vorkaufsrechte, Miethe und Pacht und einige bergrechtliche Nutzungs- und Gebrauchsrechte, sowie die gemeinen Lasten; auch der Erwerb des Eigenthums außerhalb der Fälle freiwilliger Veräußerung und der Erwerb eingetragener dinglicher Rechte (vor allem der Hypotheken- und Grundschulden) erfolgt ohne Eintragung. Aber für alle diese Fälle ist die Eintragung nicht bedeutungslos, namentlich erlangt der Grundeigenthümer erst durch sie das Recht der Auflassung und Belastung des Grundstücks. Schließlich sind von der Eintragung ausgeschlossen die an den Staat zu entrichtenden öffentlichen Abgaben und Leistungen.

3. Eine Konsequenz aus dem Grundsatze der Oeffentlichkeit ist für das Pfandrecht und andere Rechte an fremden Grundstücken das Spezialitätsprinzip. Wenn diese Rechte Allen erkennbar sein sollen, so muß aus dem öffentlichen Buche ersichtlich sein, in welchem Maße sie die dingliche Haftung in Anspruch nehmen und welche Grundstücke von derselben ergriffen werden. Hypotheken können daher nur in einer bestimmten Summe und nur auf bestimmte Grundstücke eingetragen werden. In ersterer Beziehung ist der Grundsatz von den deutschen Gesetzen, welche das Hypothekenrecht auf der Grundlage eines öffentlichen Buches geordnet haben, fast ausnahmslos anerkannt. In letzterer Beziehung verstoßen gegen ihn diejenigen Gesetze, welche die Generalhypothek beibehalten haben. Das preußische Gesetz über den Eigenthumserwerb 2c. hat das Spezialitätsprinzip vor allem in den §§. 13, 23 und 24 zum Ausdruck gebracht.

4. Unter den Grundprinzipien des deutschen Hypothekenrechts wird mitunter auch das Prioritätsprinzip genannt.[5]) Es ist dies jedoch, genau gesprochen, nur eine Seite des Grundsatzes der Oeffentlichkeit. Denn wenn Jeder, der ein Recht an einem Grundstücke erwerben will, darauf rechnen darf, daß gegen ihn nur eingetragene Rechte

[5]) Mascher, das deutsche Grundbuch- und Hypothekenwesen (1869) S. 676 ff.

geltend gemacht werden können, so folgt ohne Weiteres, daß das ältere Recht dem jüngeren vorgehen muß, das Alter jedoch durch die Reihenfolge der Eintragungen sich bestimmt und die Eintragungen in der Reihenfolge vorzunehmen sind, in welcher die Gesuche bei der Buchbehörde eingehen. Im Allgemeinen haben die Partikulargesetze diese Folgerung verwirklicht. Doch erkennen sie alle eine Reihe von Forderungen an, die vor den eingetragenen Rechten aus dem Grundstück zu berichtigen sind.[6])

2. Legalitätsprinzip.

1. Wenn die materiellen Rechte der Parteien in ihrem Bestande oder doch in ihrer Wirkung bedingt sind durch den Inhalt eines öffentlichen Buches, so ist es einfach eine Forderung der Gerechtigkeit, daß in dieses Buch nichts hineinkommt, was nicht hineingehört. Diese Forderung aber läßt sich nur erfüllen, wenn das Gesetz die Voraussetzungen, unter welchen die Einschreibungen erfolgen, vorweg bestimmt und die Einschreibung im einzelnen Fall von einer amtlichen Prüfung und Feststellung der gesetzlichen Voraussetzungen abhängig macht. Die Garantie für die Uebereinstimmung des Buchinhalts mit dem materiellen Recht, welche hierdurch geboten wird, findet eine erhebliche Steigerung durch die strenge Haftung der Buchbeamten für die Folgen der von ihnen begangenen Versehen.

In den verschiedenen Rechtsgebieten Deutschlands ist die Prüfungspflicht der Buchbehörde eine mehr oder weniger umfassende. Soweit die einzutragenden Rechte außerhalb des Buches erworben werden und also durch die Eintragung nur gewisse Wirkungen gegen Dritte erlangen, erstreckt sich die amtliche Kognition regelmäßig auf die zu der Erwerbung erforderlichen Thatsachen. Wo dagegen die Erwerbung selbst erst durch die Eintragung vollendet wird, prüft die Behörde, ob ein gesetzlicher Titel zum Erwerb, ein Rechtsgrund, ein Anspruch auf Eintragung vorhanden ist. Bei der Hypothek bildet den Gegenstand dieser Prüfung nicht blos der Titel, sondern auch die Forderung, welche durch die Eintragung sichergestellt werden soll. Die Löschung ist durch den Nachweis der Aufhebung des Rechtsverhältnisses, der Tilgung der Schuld oder des Unterganges der Hypothek, bedingt.

2. Nach der Mehrzahl der deutschen Grundbuch- und Hypothekengesetze entnimmt die Einschreibung ihren Rechtsgrund den obligatorischen Beziehungen der Betheiligten. Die Eintragung oder die Löschung erfolgt auf Grund eines Rechtsgeschäfts oder eines richterlichen Urtheils oder einer bestimmten Gesetzesvorschrift.[7]) Dadurch glaubt man die wünschenswerthe Uebereinstimmung des durch das öffentliche Buch beurkundeten Rechtszustandes mit dem materiellen Recht zu erzielen. In Wirklichkeit aber wird

---

[6]) Vgl. das Ges., betr. die Zwangsvollstr. in das unbew. Vermögen, v. 13. Juli 1883 §§. 23—38.

[7]) Regelsberger, das bayerische Hypothekenrecht (1874) S. 207 ff.; Siegmann, das königl. sächsische Hypothekenrecht (1875) S. 44 ff., 139 ff.; Römer, das württembergische Unterpfandsrecht (1876) S. 121 ff., 245 ff.

dieses Ziel nur unvollkommen erreicht. Einmal nämlich hängt der Werth der amtlichen Prüfung von dem Fleiß und der Einsicht des prüfenden Beamten ab. Sodann aber vermag dieselbe eine sachgemäße Entscheidung um deswillen nicht zu verbürgen, weil sie nicht in der schützenden Form des Prozesses, sondern nur nach Lage der von den Betheiligten vorgelegten Urkunden vorgenommen werden kann, die Anfechtung einer Einschreibung in dem öffentlichen Buche aber regelmäßig ihren Grund in nicht beurkundeten Vorgängen hat. Dazu kommt, daß die Kognition der Buchbehörde über die obligatorischen Rechtsverhältnisse mit einer gewissen Bevormundung des Publikums verbunden ist und oftmals zu Belästigungen desselben und zu Verzögerungen im Betriebe der Geschäfte führt. Deshalb haben sich in neuerer Zeit die Reformbestrebungen vielfach das Legalitätsprinzip zum Angriffspunkt ausersehen. Von einem Aufgeben desselben kann jedoch ernstlich keine Rede sein. Denn damit verlöre man die rechtfertigende Grundlage für das ganze Publizitätsprinzip. Es kann sich nur darum handeln, die amtliche Prüfung dadurch zu vereinfachen, daß man den Gegenstand derselben aus dem Obligationenrecht in das Sachenrecht verlegt. In der That ist dies der dem Wesen und der Entwickelung des Sachenrechts entsprechende Standpunkt.

3. Nach römischem Recht sind es nicht die obligatorischen Beziehungen der Parteien, aus welchen die Tradition die Kraft zur Eigenthumsübertragung schöpft, sondern der hierauf gerichtete Wille des Veräußerers und des Erwerbers.[8]) Auch die Auflassung des Mittelalters war ein abstraktes Geschäft; nicht der Kaufvertrag, der ihr regelmäßig vorangegangen sein wird, sondern die Erklärung der Betheiligten vor dem Rath oder dem Gericht, daß das Eigenthum von dem Veräußerer auf den Erwerber übergehen solle, übertrug unter Beobachtung der üblichen Solemnitäten, beziehungsweise unter Hinzutritt der Eintragung, das Eigenthum. An diesem Grundsatz hat das Immobilienrecht in Hamburg und Lübeck bis auf die Gegenwart festgehalten.[9]) Eine amtliche Prüfung der obligatorischen Rechtsverhältnisse vor der Eintragung ist dort gänzlich unbekannt. Die Einschreibungen in die Grund- und Hypothekenbücher erfolgen lediglich auf den der Buchbehörde erklärten Konsens der Betheiligten (Konsensprinzip). Das Eigenthum wird auf den Antrag des als Eigenthümer in dem Buche stehenden Veräußerers dem Erwerber zugeschrieben, wenn dieser damit einverstanden ist, und die Hypothek wird auf den einseitigen Antrag des Bucheigenthümers ohne Aufdeckung einer Forderung eingetragen. Der jeweilige Eigenthümer haftet persönlich für die Bezahlung der Hypothek,[10]) und wenn man auch davon ausgeht, daß jedem Hypothekposten eine gültige Forderung zu Grunde liegt, so giebt doch der Mangel

---

[8]) Windscheid, Lehrbuch des Pandektenrechts, 7. Aufl. 1891, Bd. 1 §. 171 Note 3; Exner, die Lehre vom Rechtserwerb durch Tradition (1867) S. 10 ff.; abweichend Dernburg, Pandekten, 3. Aufl. 1892, Bd. 1 §. 213.

[9]) Bornemann, über das Hypothekenwesen der Stadt Hamburg, in dem preußischen Justiz-Ministerial-Blatt 1843 S. 33 ff, 39 ff.; Bericht des von der Hamburger Bürgerschaft am 9. Nov. 1864 niedergesetzten Ausschusses, betreffend den Entwurf eines Hypothekengesetzes S. 4 ff.; v. Duhn, deutschrechtliche Arbeiten (Lübeck 1877) S. 15 ff.; Mascher, das deutsche Grundbuch- und Hypothekenwesen S. 397 ff.

[10]) Hamb. Ges. über Grundeigenthum und Hypotheken vom 4. Dez. 1868 §§. 4 ff., 33; Lübeckisches Ges. vom 25. März 1848.

einer solchen dem Eigenthümer nur ein Recht zur Anfechtung, aber auch dies nur dem ersten Erwerber der Hypothek gegenüber. Dadurch ist das hypothekarische Recht zu einem selbständigen, von seiner obligatorischen Unterlage losgelösten Rechte geworden.[11]) Zu ähnlichen Ergebnissen ist die Rechtsbildung in Mecklenburg gelangt.[12])

Auch die preußische Gesetzgebung vom 5. Mai 1872 hat das Prinzip der abstrakten Willenserklärung, als Voraussetzung der Eintragung, für die freiwillige Veräußerung des Grundeigenthums und die Bestellung und Uebertragung dinglicher Rechte, insbesondere der Grundschuld, zur Geltung gebracht, daneben aber die akzessorische Hypothek beibehalten.

3. Formale Rechtskraft der Eintragungen.*)

Verschiedene Gesetze, namentlich die Grundbuchgesetze für Preußen, Oldenburg, Anhalt, Braunschweig, knüpfen in den wichtigsten Fällen die Erwerbung des Eigenthums und die Begründung dinglicher Rechte an die Eintragung in das Grundbuch. Das hat die Bedeutung, daß die Erwerbung erst durch die Einschreibung vollendet wird. Fehlt der Eintragung der Rechtsgrund oder ist der vorgelegte Rechtsgrund nichtig, so ist die Eintragung ungeeignet, den Rechtserwerb zu vermitteln, und der Eingetragene kann mit der dinglichen Klage (vindicatio oder negatoria) aus dem Buche verdrängt werden; erst sein Rechtsnachfolger wird gegen die Klage durch den öffentlichen Glauben des Grundbuches geschützt. Die Eintragung entnimmt also an und für sich ihre rechtsverändernde Kraft aus ihrem Rechtsgrunde, gleichviel ob dieser in einer Willenserklärung mit benannter causa oder in einem Formalakte besteht; sie ist eigentlich nur die Form für das den Rechtsgrund darstellende Geschäft, welches die Parteien errichten.

Eine viel intensivere Bedeutung hat die Eintragung in Hamburg. Sie erscheint hier als ein selbstständiger Formalakt, der unabhängig von seiner Voraussetzung Rechte an dem Grundstück erzeugt und vernichtet. Es hängt diese formale Rechtskraft oder abstrakte Natur der Bucheinträge mit der ganzen Richtung zusammen, in welcher das Hamburger Recht die Auflassung gestaltet hat. Während man gegen die Folgen außergerichtlicher Handlungen durch eidliches Leugnen sich schützen konnte, galt das vor dem Gericht oder dem Rath Vollzogene als „unumstößlich“[13]). Dieser Grundsatz der Unumstößlichkeit ist auch in das Gesetz vom 4. Dezember 1868 übergegangen. Darnach ist Eigenthümer eines Grundstücks derjenige, welchem dasselbe im Grundbuche zugeschrieben, und Hypothekengläubiger derjenige, für welchen eine bestimmte Summe im Hypothekenbuch eingetragen ist. Eine Nichtigkeit der Zuschreibung oder der Eintragung aus Gründen, welche außerhalb des Buches liegen,

---

[11]) Bornemann a. a. O. S. 41.

[12]) Vgl. v. Meibom, das mecklenburgische Hypothekenrecht 1871 S. 52, 55, 116, 123; Stadtbuch-O. vom 21. Dez. 1857 §. 8; Domanial-Hyp.-O. für Strelitz vom 24. Dez. 1872 §. 25.

*) Vergl. hierüber Regelsberger, das bayerische Hypothekenrecht §. 30 S. 140 u. 141; Motive z. Entw. eines B.G.B. 3 S. 137 ff.

[13]) Bericht des Hamb. Bürgerschafts-Aussch. S. 3 ff. Siehe unten Ziff. I 2 der Vorbemerkungen zum 3. Abschn. des Gesetzes.

giebt es nicht. Wer durch eine Inskription verletzt ist, kann sich nur an denjenigen halten, der mit ihm „in vertragsmäßigen oder unmittelbar gesetzlichen Rechtsbeziehungen" steht.[14]) Sein Anspruch ist aber lediglich ein persönlicher, im Konkurse mithin nur als Entschädigungsforderung verfolgbar.[15])

In gleicher Weise hat die formale Rechtskraft der Eintragung in dem Recht der Stadt Lübeck sich entwickelt.[16]) Ferner hat das Prinzip des „Rechtsbestandes und der Unumstößlichkeit" in den Hypothekengesetzen Mecklenburgs Aufnahme gefunden.[17]) Die Eintragung des Eigenthümers hat auch nach dem sächsischen Gesetzbuch die Natur eines Formalaktes.

II. Das preußische Immobilienrecht.

1. Aelteres Recht.

In Preußen galt das römische Recht mit allen seinen die Entwickelung der Verhältnisse des Grundbesitzes hemmenden Bestimmungen. Durch einzelne Verordnungen suchte man den Beschwerden der betheiligten Kreise über die Unsicherheit der Eigenthumsrechte und den Mangel an Realkredit Abhülfe zu gewähren. Für die Residenzstädte Berlin und Cölln hatte bereits ein Edikt vom 28. September 1693 die Errichtung eines Erb- und Lagerbuchs angeordnet und von der Eintragung in dasselbe die Gültigkeit der Besitztitel und der Hypotheken abhängig gemacht.[18]) König Friedrich I. wollte indeß diesen Schritt der Rückkehr zum deutschen Recht nicht vereinzelt lassen. Ein Edikt vom 20. September 1704 befahl deshalb die Einführung eines gleichmäßigen Lagerbuchs in Preußen. Aber das fiskalische Interesse trat dabei allzusehr in den Vordergrund. Man gedachte aus der neuen Institution eine ergiebige Finanzquelle zu schaffen. Daran scheiterte das Gesetz. Der allgemeine Widerspruch gegen dasselbe hatte zur Folge, daß die Einführung des Buches durch ein Mandat vom 22. November 1704 sistirt wurde.

Hiernächst ruhte die Gesetzgebung, bis Friedrich Wilhelm I. am 4. Februar 1722 eine neue Hypotheken- und Konkurs-Ordnung erließ.

Am 4. August 1750 wurde eine „allgemeine Land- und Hypotheken-Ordnung für die Provinz Schlesien" gegeben. Ein Circular vom 25. September desselben Jahres empfahl die Anwendung dieses Gesetzes auch den übrigen Provinzen. In der Praxis blieb es jedoch meist beim Alten.[19])

---

[14]) Ges. vom 4. Dez. 1868 §§. 1 ff.

[15]) Achilles, Beiträge zur Lehre von der Auflassung, in Gruchots Beitr. 21 S. 46.

[16]) Ueber das lübeckische Grundbuchrecht siehe v. Duhn, deutschrechtliche Arbeiten 1877.

[17]) v. Meibom, das mecklenburgische Hypothekenrecht S. 81 ff.

[18]) Dernburg, Lehrb. des preußischen Privatrechts I §. 191; Schwartz, das preußische Grundbuchr. Bd. I S. 30 ff.

[19]) Koch, Allg. Hypotheken-Ordnung mit Glossen (1856) S. 1 u. 2.

2. Die allgemeine Hypotheken-Ordnung und das allgemeine Landrecht.

Eine gründliche Reform brachte erst die von Suarez verfaßte Hypotheken-Ordnung, die durch Patent vom 20. Dezember 1783 als Gesetz für den ganzen Staat publizirt wurde. Als den Hauptzweck des Hypothekenwesens bezeichnete die Einleitung des Gesetzes „die Feststellung der Eigenthumsrechte und des Kredits der Besitzer unbeweglicher Grundstücke“ und die „Sicherung des Publikums bei den darauf gemachten Anlehnen.“ Um diesen Zweck zu erreichen, gab die Hypotheken-Ordnung Vorschriften darüber,

> „wie die Hypothekenbücher einzurichten, was für Realrechte und Lasten in selbigen zu vermerken und was bei deren Eintragung, Ueberschreibung auf Andere, oder Löschung, von den Ober- und Unter-Gerichten und andern zur Direktion des Hypothekenwesens geordneten Collegiis zu beobachten sei.“[20])

Alle selbstständigen Grundstücke sollten in dem Buche verzeichnet, jedem Grundstücke ein besonderes Folium angewiesen, der Besitztitel des Eigenthümers berichtigt und der als Besitzer Eingetragene für den wahren Eigenthümer angesehen, alle Hypotheken und Realverbindlichkeiten (mit Ausnahme der gemeinen Lasten) in dem Buche vermerkt, alle Veränderungen, die der Realzustand erfuhr, sorgfältig nachgetragen werden und der Richter verpflichtet sein, die Gültigkeit und Rechtsbeständigkeit der zur Eintragung gelangenden Akte zu prüfen und beziehungsweise zu vertreten.[21])

Die Hypotheken-Ordnung beruhte hiernach auf den Grundsätzen der Publizität, der Spezialität und der Legalität. In der Durchführung dieser Grundsätze stand sie vollständig auf der Höhe ihrer Zeit. Die Ziele, die sie sich gesteckt hatte, wurden im Wesentlichen erreicht: das Grundeigenthum war gesichert, der Realkredit befestigt. Aber kaum hatte das Gesetz ein zwanzigjähriges Alter durchlebt, und der Ruf nach Reformen wurde wieder laut. Die Keime der Unzufriedenheit enthielt bereits das mittels Patents vom 5. Februar 1794 verkündete „Allgemeine Landrecht für die preußischen Staaten.“

Während die Hypotheken-Ordnung das deutschrechtliche Prinzip der Eintragung als Bedingung für die Erwerbung des Eigenthums und der dinglichen Rechte erkennen ließ,[22]) gelang es den Verfassern des Landrechts nicht, den Gegensatz, in welchem dies Prinzip zu der römischen Traditionstheorie steht, sich deutlich zum Bewußtsein zu bringen. Man hielt an der Uebergabe als Erforderniß der „mittelbaren Erwerbung des Eigenthums“ fest, bezweckte aber gleichzeitig, „das durch die Tradition geschaffene natürliche Eigenthum durch die Eintragung zum bürgerlichen Eigenthum zu steigern.“[23]) Jenes Erforderniß ist deshalb in der bezüglichen Lehre an die Spitze gestellt; hinterher

---

[20]) Einl. zur Hyp.-O. bei Koch S. 4.

[21]) Allg. Hyp.-O. I §§. 6, 8, 41 ff.; II §§. 11, 92, 109; Allg. Land-Recht I 20 §§. 428 ff. Vgl. auch Schwartz a. a. O. S. 37 ff.

[22]) Hyp.-O. II §§. 55 u. 92.

[23]) Materialien zum Allg. Landrecht Bd. 28 S. 226. Vgl. Bornemann in der Preußischen Gerichtszeitung 1860 S. 86; Motive zum Gesetzentwurf über den Eig.-Erwerb, bei Werner a. a. O. 2 S. 12.

ist jedoch bestimmt, daß „der in das Hypothekenbuch eingetragene Besitzer in allen mit einem Dritten über das Grundstück geschlossenen Verhandlungen als der Eigenthümer desselben“ anzusehen ist.[24]) Die Praxis faßte anfänglich diese Vorschrift im Sinne der deutschen Eintragungstheorie auf.[25]) Später indeß wurde durch den höchsten Gerichtshof die Ansicht zur Geltung gebracht, daß das Eigenthum nicht durch die Eintragung, sondern durch die Uebergabe erworben würde.[26]) Man mußte deshalb weiter zugeben, daß nach Landrecht zwei Eigenthümer der nämlichen Sache gleichzeitig möglich wären: ein eingetragener, der das zivile Eigenthum und damit die Befugniß besaß, alle mit dem Besitze nicht zusammenhängenden Handlungen vorzunehmen, und ein wirklicher (Natural-Eigenthümer) welcher in der Lage war, das Grundstück zu übergeben, und deshalb ausschließlich das Recht der Eigenthumsübertragung hatte.

Die theoretischen Bedenken, die das doppelte Eigenthum erregte, wurden im eminenten Sinne praktisch, als die Kabinetsordre vom 31. Oktober 1831 die Zwangspflicht zur Besitztitel-Berichtigung suspendirte. Denn nunmehr häuften sich die Fälle, in denen eine Person, die längst nicht mehr Eigenthümer war, gleichwohl als solcher im Hypothekenbuche verzeichnet stand und, gestützt hierauf, die Möglichkeit hatte, Dritten gegenüber als Eigenthümer aufzutreten. Niemand konnte daher im bloßen Vertrauen auf den Inhalt des Grundbuchs von dem Eingetragenen kaufen, ohne sich der Gefahr auszusetzen, hinterher einen Anderen als Eigenthümer im Besitz zu finden, und der Letztere war oftmals hülflos gegen die Inhaber von Hypotheken, die ohne sein Wissen von dem Bucheigenthümer bestellt waren.

Verhängnißvoll für die preußische Rechtsentwickelung ist ferner die Lehre vom titulus und modus acquirendi geworden. Nach römischem Recht vermittelte die Tradition den Eigenthumsübergang, wenn die Absicht der Parteien auf denselben gerichtet war. Die Rechtsgeschäfte, als deren Erfüllung die Uebergabe in der Regel erschien, dienten nur zur Feststellung dieser Absicht. Wesentlich waren sie nicht. Die justa causa, die in den Quellen als Erforderniß bezeichnet wird,[27]) ist daher im Grunde nur eine besondere Qualifikation der Uebergabe. Die Tradition ist der Eigenthumsübertragungsvertrag.[28]) Der Jurisprudenz des vorigen Jahrhunderts indeß war diese Auffassung meist nicht geläufig. Man betrachtete vielmehr die justa causa gewöhnlich als ein von der Tradition getrenntes Rechtsgeschäft, als Titel, die Tradition selbst als die Erwerbungsart — den modus. Die Verfasser des Landrechts waren ebenfalls

---

24) A.L.R. I 10 §§. 1, 7 ff.

25) Motive 2c. bei Werner a. a. O. S. 13.

26) Entscheidungen des Obertribunals Bd. 21 S. 10, Bd. 27 S. 287.

27) Nunquam nuda traditio transfert dominium, sed ita, si venditio aut aliqua justa causa praecesserit, propter quam traditio sequeretur. L. 31 pr. Dig. de acquirendo rerum dominio 41, 1.

28) Windscheid, Lehrb. Bd. 1 §. 171 Note 3; Exner, die Lehre vom Rechtserwerb durch Tradition S. 10; Bähr, die preußischen Gesetzentwürfe über die Rechte am Grundvermögen (1870) S. 58; Dernburg, Preuß. Privatr. 1 §. 186; Förster-Eccius Bd. 3 §. 178, Anm. 4 u. 33.

in diesem Irrthum befangen. Derselbe ging in das Gesetzbuch über.[29]) Im Zusammenhange hiermit steht das sogenannte jus ad rem.

Die Wissenschaft unterscheidet zwischen persönlichen und dinglichen Rechten. Das Landrecht kennt noch eine dritte Klasse: es legt demjenigen, der die Einräumung eines dinglichen Rechts von einem Anderen zu fordern hat, ein „Recht zur Sache“ bei.[30]) Seine Wirkung erhält dieses Recht durch eine andere Eigenthümlichkeit der preußischen Gesetzbücher, durch den Einfluß nämlich, welchen dieselben der Schlechtgläubigkeit im Gebiete des Sachenrechts gestattet haben.[31])

Es ist selbstverständlich, daß das positive Recht auf sittlicher Grundlage beruhen, also namentlich Fürsorge dafür treffen muß, daß Betrug und Arglist möglichst selten zum Rechtserwerbe führen. Aber das Landrecht hat diese Aufgabe viel zu weit gefaßt; es nimmt mala fides ohne weiteres bei demjenigen an, der beim Erwerbe eines dinglichen Rechts von dem (persönlichen) Rechte eines Andern zu derselben Sache Kenntniß erlangt hat. Nach der gemeinrechtlichen Theorie hat der Käufer einen Anspruch nur gegen den Verkäufer. Wenn daher dieser die Sache anderweit veräußert und übergibt, so steht jener mit dem Verkäufer in gar keinem Rechtsverbande, sondern hat nur gegen seinen Kontrahenten eine Entschädigungsklage.[32]) Das Landrecht dagegen schafft, wenn dem zweiten Käufer der Titel des ersten bekannt war, künstlich ein Rechtsverhältniß zwischen beiden dadurch, daß es den Inhaber des späteren Titels wegen dieser Kenntniß für schlechtgläubig erachtet. Die Folge davon ist, daß derjenige, der von dem im Hypothekenbuche eingetragenen und im Besitze befindlichen Eigenthümer ein Grundstück kauft und sich übergeben oder ein dingliches Recht daran sich bestellen läßt, gleichwohl dann vom Rechtserwerbe ausgeschlossen wird, wenn er zur Zeit der Eintragung oder Besitzergreifung gewußt hat, daß sein Auktor bereits einem Anderen das Grundstück verkauft oder sonst ein Recht zur Sache konstituirt hatte. Er muß, der Eintragung im Hypothekenbuche ungeachtet, dem nur persönlich Berechtigten weichen.[33])

Mit dem öffentlichen Glauben, auf den das Hypothekenbuch Anspruch hat, ist die Lehre des Landrechts kaum vereinbar.[34])

Die vorstehende Erörterung zeigt, daß die Publizität, welche die Hypotheken Ordnung für die Rechtsverhältnisse des Grundeigenthums anbahnte, durch die Gestaltung des materiellen Rechts vielfach beeinträchtigt wurde.[35])

Das Prinzip der Spezialität war ebenfalls nicht konsequent durchgeführt, da

---

[29]) A.L.R. I. Tit. 2 §§. 131, 132, Tit. 9 §§. 1–6, Tit. 10 §§. 1 u. 2.

[30]) A.L.R. I. 2 §§. 133, 134. Dernburg a. a. O. 1 §. 184; Förster-Eccius Bd. 1 §. 23, Bd. 3 §. 256.

[31]) Motive bei Werner 2 S. 14 u. 15.

[32]) Wächter, Erörterungen aus dem römischen, deutschen und württembergischen Privatrecht. Heft 1 S. 212.

[33]) Allg. Landrecht I. 10 §§. 18 ff. und I. 19 §§. 4–6.

[34]) Motive, bei Werner 2 S. 10.

[35]) Exner, das Publizitätsprinzip, Studien zum österreichischen Hypothekenrecht (1870) S. 18 ff.; Heidenfeld, das preußische Immobiliarrecht nach den Gesetzen vom 5. Mai 1872 S. 7, Separatabdruck aus der jurist. Wochenschrift des deutschen Anwaltvereins 1872 u. 1873.

das Hypothekenbuch keinen Aufschluß über die Größenverhältnisse der Grundstücke gab und überdies Hypotheken mit unbestimmtem Betrage zugelassen wurden.

Der Grundsatz der Legalität[36]) endlich gab im Laufe der Entwickelung des Verkehrs zu vielfachen Beschwerden Veranlassung, weil die kollegialische Behandlung der Hypothekensachen bei den Gerichten an sich schon den Geschäftsgang beeinträchtigte, die Richter aber überdies im Bewußtsein ihrer Verantwortlichkeit für die formelle und materielle Gesetzmäßigkeit der Akte nur zu sehr geneigt waren, Bedenken Raum zu geben, die dem unbefangenen Sinn nicht einleuchten wollten.

3. Neuere Gesetzgebung.

Die preußischen Gesetzbücher waren viel zu bedeutende Schöpfungen, als daß die Regierung sobald sich hätte entschließen können, an ihren Grundsätzen zu rütteln. Von umfassenden Reformen war daher zunächst nicht die Rede. Man kam nur den dringendsten Bedürfnissen entgegen. Daraus erklärt es sich, daß die Gesetze meist in Novellenform gegeben wurden.

Von prinzipieller Wichtigkeit für das Hypotheken- und Obligationen-Recht war der auf Grund eines Gutachtens der Gesetzkommission vom 10. Juli 1802 entstandene §. 52 des Anhangs zum Allgemeinen Landrecht, durch welchen die mit der bisherigen Lehre von der Konsolidation der Rechte unvereinbare Hypothek des Eigenthümers in das preußische Rechtssystem eingefügt wurde. Im Laufe der Zeit erschienen noch zahlreiche Gesetze, die theils direkt, theils indirekt in das Immobiliar-Sachenrecht eingriffen, eine gründliche Umgestaltung desselben jedoch nicht bezweckten.

Den ersten Anstoß zur Reform des formellen Hypothekenrechts gab eine Kabinets-Ordre vom 12. Juli 1841. Dieselbe ordnete Berathungen über die „Maßregeln an, durch welche die Bearbeitung des Hypothekenwesens weniger schwierig und die Dokumente einfacher und übersichtlicher gemacht werden könnten“.[37])

Die legislatorischen Arbeiten, die hierauf begannen, wurden indeß nur langsam gefördert. Ihr praktischer Erfolg war das am 24. Mai 1853 sanktionirte Gesetz, „betreffend einige Abänderungen der Hypotheken-Ordnung vom 20. Dezember 1783“. Dasselbe vereinfachte das Verfahren überhaupt und die Bildung der Hypotheken-Instrumente insonderheit, beschränkte die Eintragungen von Amts wegen und präzisirte die Lehre von den Protestationen.[38]) An eine Aenderung der fundamentalen Bestimmungen des bestehenden Rechts dachte man damals noch nicht.

Die Novelle vom 24. Mai 1853 vermochte jedoch die Klagen der Grundbesitzer nicht zu beschwichtigen. Bereits im Jahre 1857 wurde im Herrenhause und in den Jahren 1860 bis 1862 im Abgeordnetenhause eine Aenderung der Hypothekengesetzgebung in Anregung gebracht.[39]) Dabei wurden von der Herrenhauskommission die Ziele der Reformbestrebungen dahin zusammengefaßt:

---

[36]) Allg. Hyp.-O. I. §. 77 und II. §. 12; A.L.R. I. 20 §. 430.

[37]) Hartmann, das preuß. Immobiliar-Sachenrecht ꝛc. S. 8.

[38]) Ebenda S. 9.

[39]) Bericht der VIII. Kommission des Herrenhauses vom 24. Januar 1872 S. 2 und 3, bei Werner a. a. O. 2 S. 36 u. 37.

„Vereinfachung des Verfahrens durch Beseitigung der Hindernisse und Förmlichkeiten, welche den Verkehr unnütz belästigen, Verminderung der Kosten, Erleichterung der Uebertragung der Hypotheken-Dokumente und Annäherung derselben an Inhaberpapiere, Uebertweisung der Hypothekensachen an Einzelbeamte, Verbindung des Hypothekenbuches mit dem Kataster und Vereinfachung der Beglaubigungsform."

Durch Kabinetsordre vom 25. Februar 1863 endlich befahl des Königs Majestät: „diese wichtige Angelegenheit mit möglichster Beschleunigung zu fördern und insbesondere den Vorschlag, bei den Vorberathungen sachkundige Männer aus den betheiligten Kreisen zu hören, in Erwägung zu ziehen."

„Die Befriedigung der praktischen Bedürfnisse des Verkehrs" wurde als Hauptzweck der Reform und als maßgebend „bei der Feststellung der allgemeinen Gesichtspunkte wie bei der speziellen Durchführung" bezeichnet.[40])

Der demgemäß im Königlichen Justizministerium ausgearbeitete und im Jahre 1864 veröffentlichte Entwurf eines Gesetzes über das Hypothekenwesen und einer Hypotheken-Ordnung fand jedoch bei den Männern der Praxis und der Wissenschaft so wenig Beifall, daß seine Zurücklegung für angemessen erachtet wurde.[41])

Durch die Ereignisse der Jahre 1864 und 1866 wurde die Reform des Immobilienrechts verzögert und zugleich in andere Bahnen gelenkt. Jetzt galt es, behufs Herstellung der Rechtseinheit in der vergrößerten Monarchie das Recht der alten Provinzen im Sinne der heutigen Wissenschaft fortzubilden und so dessen Uebertragung auf die Länder des gemeinen und des rheinischen Rechts zu erleichtern.

Im Jahre 1867 legte die Regierung dem Landtage einen Gesetzentwurf vor, der „die Einführung von Grund- und Hypothekenbüchern und die Verpfändung von Seeschiffen in Neuvorpommern und Rügen" zum Gegenstande hatte. Der Entwurf beruhte im Wesentlichen auf den Prinzipien, von denen die Reformbestrebungen der letzten Jahre erfüllt waren. Die Majorität beider Häuser des Landtags erklärte sich damit einverstanden. Die Genehmigung wurde mit wenigen Aenderungen ausgesprochen. Am 21. März 1868 erhielt der Entwurf die Königliche Sanktion. Am 11. April ist er als Gesetz verkündet worden.

Die Leichtigkeit, mit welcher dasselbe die legislativen Stadien durchschritt, lieferte den Beweis, daß das Terrain für weitere Fortschritte geebnet war. Die Aufgabe, welche an den Gesetzgeber herantrat, wurde in ihrer ganzen Bedeutung erfaßt. Die Ausführung war in sicherer Hand.

4. Die Gesetze vom 5. Mai 1872.

a. Entstehungsgeschichte.

I. Das Jahr 1868 hatte noch nicht sein Ende erreicht, und schon waren drei Gesetze entworfen, welche in ihrer Sphäre die preußische Rechtsentwickelung mit den Bedürfnissen der Gegenwart in Einklang zu bringen bestimmt waren:

---

[40]) Siehe die Preußischen Gesetzentwürfe über Grundeigenthum 2c. 1869 S. 17.

[41]) Hartmann a. a. O. S. 32 ff.

a) eine Subhastationsordnung,

b) ein Gesetz über den Eigenthumserwerb und die dingliche Belastung der Grundstücke, Bergwerke und selbstständigen Gerechtigkeiten, und

c) eine Hypothekenordnung.

Der Entwurf der Subhastationsordnung wurde von den gesetzgebenden Faktoren am schnellsten erledigt, weil auf diesem Gebiete eine Aenderung des bestehenden Rechts am dringendsten Noth zu thun schien. Bereits unterm 15. März 1869 wurde dieselbe von Seiner Majestät dem Könige vollzogen; am 1. Mai 1869 erhielt sie Gesetzeskraft.

Die beiden anderen Entwürfe gelangten dagegen in dieser Sitzungsperiode nicht zur Durchberathung. Der Entwurf des Hypothekengesetzes kam überhaupt nicht auf die Tagesordnung, und der des Gesetzes über den Eigenthumserwerb wurde zwar in einer Kommission des Abgeordnetenhauses erörtert, im Plenum aber, von den ersten Paragraphen abgesehen, nicht berathen.[42])

Die Reform war somit wiederum verschoben. Aber die Ueberzeugung von ihrer Nothwendigkeit hatte sich befestigt. Das wichtige Werk war wesentlich gefördert.

Die Urheber der Entwürfe[43]) waren durchdrungen von dem hohen Beruf der preußischen Gesetzgebung. Sie maßen den Werth der Reformbestrebungen nicht lediglich nach den von ihnen erkannten Mängeln des Landrechts und der Hypothekenordnung; vor Allem leitete sie der Gedanke, an dem Fundament der deutschen Rechtseinheit zu arbeiten.[44]) Die Ziele jener Bestrebungen sind in den Motiven zu dem Entwurf des materiellen Gesetzes treffend geschildert.

„Man will erstlich", so heißt es dort, „die Duplizität der Rechte auf das Grundstück in und außer dem Hypothekenbuche beseitigen, die Bedeutung der Eintragung für den Rechtserwerb steigern und dadurch die nöthige Grundlage für einen sicheren Immobiliarkredit, die klare Festigkeit des Eigenthums am Grundstück, die Gewißheit der Größe und Identität finden."

„Man will sodann die Hypothek als dingliches Recht loslösen von dem persönlichen Schuldverhältniß, zu dessen Sicherheit sie bestellt worden, und hofft dadurch zu erreichen:

a) die Freiheit von allen Einreden aus der Obligation gegen die Hypothek, deren Verwirklichung und Verkehrsfähigkeit damit vollständig gesichert sein würde;

b) die größere Einfachheit und Leichtigkeit der Hypothekenurkunde, welche namentlich für die weitere Uebertragung der Hypothek von Wichtigkeit ist, zumal wenn gleichzeitig eine ebenfalls gewünschte Vereinfachung der Formen der Uebertragung selbst eingeführt wird;

c) die Möglichkeit, daß der Eigenthümer für sich selbst Hypotheken auf seinem Grundstücke eintragen lasse und von den Hypothekengläubigern erwerbe, wodurch er die

---

[42]) Vgl. „die Preußischen Gesetzentwürfe über Grundeigenthum und Hypothekenrecht. Berlin 1869". S. 164 ff.

[43]) Als Verfasser der Entwürfe wird Dr. Förster genannt, der damals vortragender Rath im Justizministerium, später Direktor im Ministerium der geistlichen &c. Angelegenheiten, war.

[44]) Förster, Preuß. Grundbuchrecht S. 13 ff

seinem Kredit sehr vortheilhafte Gelegenheit erlangt, eine bessere Priorität auch noch einem späteren Gläubiger bieten zu können;

d) die Beseitigung des die Rechtsbeständigkeit der Schuld prüfenden Legalitätsprinzips und die Beschränkung desselben auf die Eintragungs- und Löschungshandlung, wodurch eine größere Beschleunigung in der Erledigung der Geschäfte bei dem Hypothekenbuche bewirkt und, was dafür als wesentlich angenommen wird, die Abtrennung dieser Geschäfte von den Gerichten, jedenfalls die Beseitigung der langsamen kollegialischen Geschäftsbehandlung ermöglicht werden kann."[45])

In Anerkennung der Berechtigung dieser Bestrebungen haben die Entwürfe mit dem Traditionsprinzip sowohl wie mit der eigenthümlichen Anschauung des allgemeinen Landrechts von dem Einflusse der Schlechtgläubigkeit im Gebiete des Immobiliar-Sachenrechts gebrochen. Der Entwurf des Gesetzes über den Eigenthumserwerb knüpft die Entstehung der Rechte am Grund und Boden prinzipiell an die Eintragung in die Hypothekenbücher. Von dem Nachweise des Titels im Sinne des Landrechts ist abgesehen. Die Willenserklärung des Eingetragenen ist ausreichend, um das Recht eines Dritten auf Eintragung zu begründen. Die „Auflassung" tritt an die Stelle des Titels und der Uebergabe (Konsensprinzip). Die Publizität des Hypothekenbuchs ist somit streng durchgeführt und der Grundsatz der Legalität auf das Nothwendigste beschränkt.

„Die Abweichungen der neuen Hypothekenordnung von der bisherigen sind theils bedingt durch den Gesetzentwurf über den Eigenthumserwerb, theils unabhängig von diesem durch Bedürfnisse des Verkehrs hervorgerufen. Die wichtigsten sind übersichtlich folgende:

1. die Grund- und Gebäudesteuer-Bücher bilden fortan die Grundlage für das Hypothekenbuch, und dadurch ist eine konsequentere Durchführung des Spezialitätsprinzips in Betreff des Objekts möglich gemacht;

2. die Bearbeitung der Hypothekensachen durch Kollegien ist beseitigt;

3. das Prinzip, daß die Hypothekenbehörde nur auf Antrag zu verfahren habe, ist mit Ausnahme weniger und nicht erheblicher Fälle durchgeführt;

4. bei der Eintragung des Eigenthums sind durch die eingeführte Auflassung neue Bestimmungen nothwendig geworden;

5. die Form der Abtretungen, Verpfändungen von Hypotheken, der Quittungen, der Vorrechtseinräumungen ist wesentlich vereinfacht, insbesondere aber hat

6. die Bildung der Hypothekenurkunde, um ihr die Befähigung zu möglichst leichter Uebersichtlichkeit für den Verkehr zu verleihen, und in Folge des Gesetzentwurfs über das materielle Recht wesentlich anders gestaltet werden müssen als nach dem bisherigen Recht." [46])

Nach dem Schlusse der Sitzungen des Landtags wurden die Vorlagen der Staatsregierung durch den Druck veröffentlicht. Der Zweck der Veröffentlichung war nach

[45]) Motive in den Drucksachen des Hauses der Abgeordneten aus der 10. Legislaturperiode, II. Session 1868 Nr. 85 S. 20. Vgl. oben S. 4 ff.

[46]) Motive in den Drucksachen des Hauses der Abgeordneten 1868 Nr. 122 S. 38 u. 39 auch in dem Werke „Die Preußischen Gesetzentwürfe ꝛc." 1869 S. 130, 131.

dem Vorwort, „das Urtheil aller derer zu gewinnen, welche sich für einen möglichst guten Abschluß dieser für das wirthschaftliche Leben des Volkes und für die Entwickelung eines einheitlichen nationalen Rechts ungemein wichtigen Gesetzentwürfe interessiren".

Die Berufung an das Urtheil Sachverständiger war nicht vergebens. Es gingen gutachtliche Aeußerungen ein von einzelnen Juristen sowohl wie von Gerichten. Auch ließen sich namhafte Stimmen in der Literatur vernehmen.[47])

Die so hervorgetretenen Gutachten und Kritiken führten zu einer Revision der Vorlage und damit zu einer noch schärferen Ausprägung der Grundprinzipien derselben. Die Hypothekenordnung tauschte dabei den Namen „Grundbuchordnung" ein. Ueberhaupt wurden mehrere technische Ausdrücke fremdländischen Ursprungs durch deutsche Bezeichnungen ersetzt.

II. Während der Sitzungsperiode des Landtags von 1869—1870 wurden die revidirten Entwürfe mit Motiven (auf Grund Allerhöchster Ermächtigung vom 8. Oktober 1869) wiederum dem Abgeordnetenhause vorgelegt. Das Haus überwies sie einer besonderen Kommission zur Vorberathung.

Diese berieth den Entwurf des Gesetzes über den Eigenthumserwerb in zehn und den Entwurf der Grundbuchordnung in acht Sitzungen. Eine Minderheit bestritt das Bedürfniß zur fundamentalen Aenderung der Gesetzgebung und hielt an der Theorie des Landrechts, mit Ausschluß etwa der Traditionstheorie, überall fest, indem sie von den beabsichtigten Neuerungen die bedenklichsten Wirkungen auf die Sicherheit des Eigenthums und die Redlichkeit des Verkehrs besorgte. Die Majorität dagegen bekannte sich zu den von der Staatsregierung vertretenen Prinzipien. Das Resultat der Berathung wurde in schriftlichen, am 25. Dezember 1869 und am 8. Januar 1870 festgestellten Berichten der Abgeordneten v. Puttkamer (über den materiellen Gesetzentwurf) und Bahlmann (über den Entwurf der Grundbuchordnung) niedergelegt.[48]) Das Abgeordnetenhaus erhob die von der Kommission vielfach amendirten Entwürfe mit mehreren von der Staatsregierung meist gebilligten Aenderungen zum Beschluß.

Im Herrenhause kamen die Vorlagen in dieser Sitzungsperiode nicht mehr zur Verhandlung.

---

[47]) Die wichtigsten Werke aus dem Jahre 1869 sind: Hartmann, das preußische Immobiliar-Sachenrecht und dessen Reform nach den neuesten Entwürfen; Hübner, die Reformen auf dem Gebiete des Immobiliar-Sachenrechts; Bremer, Hypothek und Grundschuld. Im Jahre 1870 sind erschienen: Ziebarth, die Reform des Grundbuchrechts; Bähr, die preußischen Gesetzentwürfe über die Rechte am Grundvermögen. Aus dem Jahre 1871 sind hervorzuheben: Johow, zur Lehre von den Rechten des Pfandgläubigers an den Früchten der verpfändeten Sache; Winter, Bemerkungen zu den Beschlüssen des Preußischen Abgeordnetenhauses über den Gesetzentwurf, den Erwerb ꝛc. betreffend. — Gegen die Entwürfe richtet sich, hauptsächlich aus nationalökonomischen Gründen, unter warmer Vertheidigung des altpreußischen Rechtes, Leo Sternberg (pseudonym), meditationes discontinuae über die Realkreditfrage und die preußischen Gesetzentwürfe ꝛc. 1872.

[48]) Siehe die Berichte der X. Kommission über den Entwurf eines Gesetzes über den Eigenthumserwerb und die dingliche Belastung der Grundstücke, Bergwerke und selbstständigen Gerechtigkeiten, vom 15. Dezember 1869, Drucks. 1869 Nr. 212, und über den Entwurf der Grundbuchordnung vom 8. Januar 1870, Drucks. Nr. 234.

Eine weitere Verzögerung erlitt ihre Erledigung durch den Krieg, der im Sommer 1870 zwischen Deutschland und Frankreich entbrannte. Das Waffengetöse verdrängte die Arbeiten des Friedens. Erst als es verstummt und Deutschland groß und verjüngt aus dem Kampfe hervorgegangen war, konnte die unterbrochene Arbeit an der inneren Entwickelung wieder aufgenommen werden. Der Gesetzgebung Preußens eröffnete sich ein weites Feld. Ihre Thätigkeit ist auch der Reform des Rechts am Grundeigenthum und an der Hypothek zu Gute gekommen.

III. Auf Grund Königlicher Ermächtigung vom 5. November 1871 wurden die inzwischen nochmals einer Durchsicht und Prüfung unterzogenen Entwürfe zum dritten Mal dem Landtag vorgelegt. Das Herrenhaus, welches diesmal zuerst damit befaßt wurde, überwies die Vorlagen seiner VIII. Kommission zur Berathung.

Diese unterzog die Vorlage über den Eigenthumserwerb in 15 Sitzungen und den Entwurf der Grundbuchordnung in 10 Sitzungen eingehenden Erörterungen. Dabei erkannte sie, eingedenk der früher von dem Herrenhause gefaßten Beschlüsse, die Reformbedürftigkeit der vorliegenden Rechtsmaterie beinahe einstimmig an; insbesondere erklärte sie sich damit einverstanden, daß das Eintragungsprinzip an Stelle des Traditionsprinzips angenommen und eine von ihrer obligatorischen Grundlage losgelöste (selbstständige) Hypothek, welcher sie den Namen „Grundschuld" gab, zugelassen würde. Dagegen konnte die Mehrheit der Kommission sich nicht überzeugen, daß es zweckmäßig und dem Rechtsbewußtsein des Volkes entsprechend wäre, das reine Konsensprinzip anzunehmen und den Einfluß des guten Glaubens im Gebiete des Immobilienrechts zu beschränken. Man wollte also das Prinzip der Legalität nicht so vollständig abschwächen, wie die Regierungsvorlage, und die letzte Konsequenz des Publizitätsprinzips nicht ziehen. Hieraus ergab sich einmal die Beibehaltung der landrechtlichen Hypothek neben der Grundschuld, sodann die Streichung des §. 4 der Vorlage über den Eigenthumserwerb (gleichlautend mit §. 4 des Gesetzes) und eine wesentliche Abänderung des §. 2 derselben, durch welche die „Vorlegung der Urkunde über das Veräußerungsgeschäft" bei der Auflassung vorgeschrieben wurde. Die Aenderungen, welche sonst noch von der Kommission vorgenommen wurden, lassen sich, soweit sie überhaupt zu einer ernstlichen Differenz zwischen den Faktoren der gesetzgebenden Gewalt Veranlassung gaben, größten Theils auf die Stellung der Mehrheit zu den §§. 2 und 4 zurückführen.

Der Referent erstattete über die Verhandlungen der Kommission schriftliche Berichte, von denen der eine am 24., der andere am 30. Januar 1872 zur Feststellung gelangte.[49])

Das Plenum des Herrenhauses billigte im Wesentlichen die Beschlüsse seiner Kommission.[50])

---

[49]) Die Berichte, welche die Materie nach allen Seiten hin mit großer Sachkenntniß und Gründlichkeit erörtert haben, enthalten eine vollständige Darlegung Alles dessen, was gegen die Prinzipien der neuen Gesetze vorgebracht ist. Sie sind abgedruckt bei Werner 2 S. 36 ff., 161 ff. und 199 ff.

[50]) Stenogr. Berichte über die Sitzungen des Herrenhauses vom 5., 6., 7. Februar 1872 ebenda S. 64 ff. und 167 ff.

Die so amendirten Gesetzentwürfe wurden dem andern Hause am 7. Februar übersandt. Hier gingen sie wiederum an eine besondere Kommission (die XVII.), die zugleich den von der Staatsregierung vorgelegten „Entwurf eines Gesetzes über die Stempelabgaben gewisser bei dem Grundbuchamte anzubringenden Anträge“ zu berathen hatte.

Die Kommission kam mit dem Entwurfe des Gesetzes über den Eigenthumserwerb in 4 Sitzungen zu Ende. Ebenso viel Sitzungen nahm die Berathung der Grundbuchordnung in Anspruch. Die Berichte wurden in den ersten Tagen des März 1872 festgestellt. Die Kommission hatte in vielen Punkten die Aenderungen, welche das Herrenhaus an den Entwürfen vorgenommen hatte, als Verbesserungen erkannt, auch sonst sich nachgiebig gezeigt, namentlich die Beibehaltung der landrechtlichen Hypothek neben der formalen Grundschuld empfohlen. Im Uebrigen aber beharrte sie bei den Prinzipien, auf denen die Entwürfe beruhten, und stellte vor Allem die §§. 2 und 4 der Regierungsvorlage über den Eigenthumserwerb ꝛc. wieder her.[51])

Das Abgeordnetenhaus erhob in den Sitzungen vom 11. und 12. März die Vorschläge seiner Kommission mit einigen Modifikationen zum Beschluß.[52])

Das Herrenhaus hatte nunmehr die Wahl, entweder die Verantwortlichkeit für das Scheitern der Jahre lang ersehnten (von ihm selbst einst eifrig angeregten) Reform zu übernehmen oder seinen Widerstand gegen die vorliegenden Entwürfe aufzugeben. Der Berichterstatter trat in beredter Weise für die zweite Alternative ein, indem er von der Ueberzeugung durchdrungen war, daß die gegen die neuen Prinzipien erhobenen Bedenken theils der Begründung entbehrten, theils ihr Gewicht verlieren müßten gegenüber den unbestreitbaren Fortschritten, welche die Entwürfe für die Rechtsentwickelung anbahnten. Seiner klaren und objektiven Auseinandersetzung ist es nicht zum geringsten zu danken, daß das Herrenhaus in den Sitzungen vom 19. und 20. März den Beschlüssen des Abgeordnetenhauses sich angeschlossen hat.[53])

Nachdem die Entwürfe am 5. Mai 1872 die königliche Sanktion erhalten haben, sind sie durch die am 27. desselben Monats ausgegebene Nr. 28 der Gesetzsammlung als Gesetze verkündet worden.

b. Geltungsgebiet der neuen Gesetze.

1. Die Gesetze vom 5. Mai 1872 — das Gesetz über den Eigenthumserwerb ꝛc., die Grundbuch-Ordnung und das Gesetz, betreffend die Stempelabgaben von gewissen bei dem Grundbuchamt anzubringenden Anträgen, — traten zunächst nur in dem bisherigen Geltungsgebiet der allgemeinen Hypotheken-Ordnung vom 20. Dezember 1783 und des allgemeinen Landrechts vom 5. Februar 1794 in Kraft. Die Gebietstheile der Provinz Hannover, in welchen altpreußisches Recht gilt, wurden vorläufig von dessen Reform ausgeschlossen, weil sie an der seitherigen Entwickelung dieses Rechtes in den alten Provinzen Preußens nicht Theil genommen hatten. Die neuen Gesetze er-

[51]) Siehe die Berichte bei Werner 2 S. 108 ff. und 161 ff.

[52]) Stenogr. Ber. bei Werner S. 117 ff. und 191 ff.

[53]) Ebenda S. 139 ff. und 196.

streckten daher vor der Hand ihre Herrschaft nur auf die Provinzen Preußen, Posen, Pommern, mit Ausschluß von Neuvorpommern und Rügen, Schlesien, Brandenburg, Sachsen und Westfalen sowie die zur Rheinprovinz gehörenden Kreise Essen, Rees und Duisburg.

Ein viertes Gesetz vom 5. Mai 1872 — das Gesetz über die Form der Verträge, durch welche Grundstücke zertheilt werden, — ist nur für die sechs östlichen Provinzen mit Ausschluß von Neuvorpommern und Rügen gegeben worden, weil das Gesetz vom 24. Mai 1853, gegen welches es gerichtet war, nur in diesen Landtheilen Geltung hatte.

2. Zur Einführung des Gesetzes über den Eigenthumserwerb und der Grundbuchordnung in den Gebieten des gemeinen Rechts bedurfte es umfassender Spezialgesetze, weil hier der Rechtszustand in Folge der früheren Partikulargesetzgebung ein sehr zersplitterter und Grundbücher, wie sie die Gesetze vom 5. Mai 1872 voraussetzen, größtentheils erst zu schaffen waren.

a. In dem Jadegebiet galt die oldenburgische Hypotheken-Ordnung vom 11. Oktober 1814. Die Bücher, welche geführt wurden, bestanden in einem Hypotheken-Extraktbuche und dem Hauptbuche. In dem Extraktbuche erhielt jeder Schuldner, gegen welchen eine Ingrossation nachgesucht wurde, ein Folium. Das Hauptbuch entsprach dem französischen Inskriptionsregister. Hypotheken konnten nur durch Eintragung entstehen. Aber es gab solche nicht blos an unbeweglichen, sondern auch an beweglichen Sachen, ja sogar am ganzen Vermögen des Schuldners.[54])

b. In Neuvorpommern und Rügen ist durch Gesetz vom 21. März 1868 das Immobilienrecht wesentlich nach den Grundsätzen geordnet, auf welchen die Gesetze vom 5. Mai 1872 beruhen. Die Grund- und Hypothekenbücher, welche nach den Vorschriften jenes Gesetzes angelegt sind, unterscheiden sich nur in Nebenpunkten von den Büchern, welche die Grundbuchordnung vorschreibt. Es handelte sich mithin hier hauptsächlich nur um die Herstellung formeller Rechtseinheit mit den übrigen Landestheilen.[55])

c. In keiner Provinz war das Bedürfniß, das Immobilienrecht zu reformiren, so dringend, wie in Schleswig-Holstein. Bei den Justiz- und Verwaltungsbehörden bestand darüber kein Zweifel, und auch die Provinzialvertretung hatte darauf angetragen, das bestehende Recht durch Einführung der Gesetze vom 5. Mai 1872 zu verbessern. Die Formen, welche der Sachsenspiegel und das Jütische Lov für die Uebertragung des Grundeigenthums vorgeschrieben hatten, waren außer Gebrauch gekommen. Einzelne Verordnungen, welche hier eingriffen, hatten vielfach Ungleichförmigkeit und Unsicherheit in der Rechtsanwendung hervorgerufen. Das Hypothekenwesen beruhte wesentlich auf dem römischen Recht. Die Grundsätze der Publizität und Spezialität waren nicht anerkannt, die Hypothekenbücher meist nicht in Real-Folien eingetheilt, sondern nach den Personen der Besitzer geordnet. Zahlreiche Protokollationsordnungen aus dem vorigen Jahrhundert, deren Geltungsgebiet bisweilen ein sehr

---

[54]) Motive zu dem Entwurf eines Gesetzes über das Grundbuchwesen in dem Jadegebiet, Drucks. des H.-H. aus der Sitzungsperiode von 1872—1873 Nr. 22 S. 11.

[55]) Motive zu dem Entw. eines Ges. über das Grundbuchwesen ꝛc. in Neuvorpommern und Rügen, in den Drucks. des H.-H. 1872—1873 Nr. 35 S. 12.

wenig umfangreiches war, hatten einen bunten, unsicheren und vielfach schwer erkennbaren Rechtszustand geschaffen.[56])

d. Die Provinz Hannover zerfällt in ein Gebiet des gemeinen Rechts und ein Gebiet des preußischen Landrechts.

Die Anwendbarkeit des gemeinen Rechts ist durch mancherlei Gewohnheitsrechte und besondere Gesetze, welche nur in einzelnen Landestheilen gelten, ausgeschlossen. In einigen Städten, namentlich in der Altstadt Hannover, in Lüneburg, Uelzen, Celle, Stade, Buxtehude, Verden und Hildesheim, ferner im Lande Hadeln mit Einschluß von Otterndorf hatte sich das Institut der gerichtlichen Auflassung erhalten. Doch war der Umfang seiner Geltung bestritten und die Führung der Auflassungsbücher ohne Garantie für die Vollständigkeit und Richtigkeit des Inhalts derselben. Hiervon abgesehen vollzog sich die Uebertragung des Eigenthums durch Tradition. Das Hypothekenrecht war für das Gebiet des gemeinen Rechts, mit Ausschluß des Landes Hadeln und der Stadt Otterndorf, durch ein Gesetz vom 14. Dezember 1864 neu geregelt. Doch hatte dieses Gesetz die Prinzipien der Publizität und Spezialität nur unvollständig durchgeführt. Die Hypothekenbücher waren in der Regel nach Personal-Folien angelegt. Von den Realhypothekenbüchern entsprach nur das für die Altstadt Hannover geführte im Wesentlichen dem Formular I. der Grundbuchordnung vom 5. Mai 1872.

Die preußischen Gesetzbücher sind in Ostfriesland und dem damit verbundenen Harlinger Lande, in der Niedergrafschaft Lingen mit den Münster'schen Ortschaften und im Eichsfelde bereits damals eingeführt worden, als diese Landestheile zum ersten Male unter preußischer Herrschaft standen. Im Eichsfelde indeß war die Anlegung von Hypothekenbüchern in Gemäßheit dieser Gesetzgebung durch eine Hannoversche Ministerialverfügung vom 28. Juni 1816 inhibirt und die Fortführung der nach dem Vorbilde der französischen Inskriptionsregister während der westfälischen Zeit eingerichteten Bücher angeordnet worden. Die übrigen Gebietstheile des altpreußischen Rechts, mit Ausnahme einiger ostfriesischer Inseln, sind bereits seit dem Jahre 1815 im Besitz von Hypothekenbüchern, wie sie die Hypotheken-O. vom 20. Dezember 1783 vorschrieb.[57])

e. In dem vormaligen Kurfürstenthum Hessen bedurften „alle Verträge, welche Immobilien oder dingliche Rechte an solchen zum Gegenstande haben, der Anzeige bei dem Gericht der belegenen Sache und der Bestätigung durch dieses Gericht nach vorgängiger causae cognitio.“ [58]) Die Veräußerungsverträge wurden in den sogenannten Kontrakten- oder Währschaftsbüchern, die Verpfändungen in den Hypothekenbüchern der Zeitfolge nach wörtlich eingetragen. Daneben führten die Gerichte noch ein drittes

[56]) Motive zu dem Entwurf eines Ges. über das Grundbuchwesen ꝛc. in der Provinz Schleswig-Holstein, in denselben Druckſ. Nr. 29 S. 11 ff.; Bericht der Komm. des H.-H. Nr. 52 S. 1.

[57]) Motive zu dem Entw. eines Ges. über das Grundbuchwesen in der Provinz Hannover, ebenda Nr. 42 S. 13 ff.

[58]) Mot. zu dem Entw. eines Ges. über das Grundbuchwesen in dem Bezirk des Appellationsgerichts zu Kassel ꝛc., ebenda Nr. 33 S. 15.

Buch, das General-Währschafts- und Hypothekenprotokoll, das „eine registermäßige Darstellung der das Grundeigenthum des einzelnen Gerichtsinsassen betreffenden Rechtsverhältnisse" bezweckte.[59]) Die Eintragungen in diesem Buche erfolgten auf Grund der Spezialprotokolle. Materielle Bedeutung hatten sie zunächst nicht. Erst durch das Gesetz vom 14. Juni 1853, das Hypothekenwesen, insbesondere die Löschung von Pfandrechten betreffend, wurden „nicht im General-Währschafts- und Hypotheken-Protokoll eingetragene Hypotheken neu begründeten Konventionalhypotheken gegenüber für wirkungslos erklärt." Auch trat in der Praxis das Streben hervor, „Bucheinträgen, selbst wenn sie unrechtmäßig erfolgt sind, bis zu ihrer Berichtigung gerichtlichen Schutz zu gewähren." Die Uebertragung der Gesetzgebung vom 5. Mai 1872 auf Hessen erschien daher nur „als konsequente Weiterbildung eines bereits angebahnten Rechtszustandes." [60])

Im Gebiete der Hanauer Untergerichts-Ordnung bestanden andere Einrichtungen; nur in der Stadt Hanau wurde schon seit 1801 ein Quartierbuch resp. in der Altstadt seit den dreißiger Jahren ein General-Währschafts- und Hypothekenbuch geführt.[61])

In den von Bayern 1866 an Preußen abgetretenen und dem Bezirk des Appellationsgerichts zu Kassel zugewiesenen Gebietstheilen wurde durch eine Verordnung vom 8. Juli 1867 die Eintragung der Erwerbung von Grundeigenthum in den öffentlichen Büchern nach den Vorschriften des hessischen Rechtes vorgeschrieben.[62])

f. In dem Bezirk des Justizsenats zu Ehrenbreitstein, wo der Realkredit wesentlich auf der Garantie der Schöffengerichte für die von ihnen über die Eigenthums- und Hypothekenverhältnisse ausgestellten Atteste beruhte, war eine Verbesserung des Immobilienrechts bereits durch das Hypothekengesetz vom 2. Februar 1864 und die mittelst Gesetzes vom 3. Februar desselben Jahres eingeführte Konkursordnung vom 8. Mai 1855 herbeigeführt worden. Die Absicht des Hypothekengesetzes ging dahin, „die Requisite der Erwerbung des Eigenthums an unbeweglichen Sachen und der dinglichen Rechte an denselben, insbesondere die Form der Immobiliarakte, ohne die Fortexistenz der Schöffengerichte zu gefährden, übereinstimmend für den ganzen Bezirk festzustellen, sowie die Prinzipien der Publizität und Spezialität der Hypotheken durchzuführen." Das Gesetz hatte die Traditionstheorie für die Erwerbung des Grundeigenthums verlassen und die Erwerbung von Hypotheken an die Eintragung in das, wenn auch sehr mangelhafte, Hypothekenbuch geknüpft, mithin die Reform dieser Seite des Privatrechts im altpreußischen Sinne den Boden geebnet.[63])

g. Die beiden Fürstenthümer Hohenzollern hatten bereits, als sie mit Preußen

---

[59]) Kontr.-O. vom 9. Januar 1732 Art. 7 (Hess. Landesordnungen 4 S. 86); Hanauer Untergerichts-O. vom 2. Januar 1764 Tit. 5 § 9 (Kersting, Sonderrechte S. 574); Regierungs-Ausschr. vom 9. Mai 1801 (Hess. Landes-Ordn. 8 S. 22); Fuldaer Kontrakten- u. Hypotheken-O. in der Justiz-Ordn. vom 28. Dezember 1816 (Gesetz-Samml. S. 155); Justiz-Minist.-Ausschr. vom 9. Mai 1822 (G.-S. S. 20).

[60]) Motive, in den Drucks. des H.-H. Nr. 33 S. 21.

[61]) Mot. a. a. O.

[62]) Mot. S. 16.

[63]) Mot. zu dem Entw. eines Ges. über das Grundbuchwesen in dem Bezirk des Justizsenats zu Ehrenbreitstein, in den Drucks. des H.-H. 1872—1873 Nr. 31 S. 17 ff.

vereinigt wurden, Grundbücher und Hypothekenbücher, deren Führung den Gemeindebehörden oblag. Jene dienten dem Steuerinteresse, diese den Zwecken des Realkredits. Durch das Gesetz zur Verbesserung des Unterpfandswesens in den hohenzollernschen Landen vom 24. April 1854 ging die Verwaltung des Hypothekenwesens auf die seit dem 1. Januar 1852 nach preußischem Muster organisirten ordentlichen Gerichte über. In Gemäßheit dieses Gesetzes wurden neue Bücher unter der Bezeichnung „Unterpfandsbücher" angelegt und von der Eintragung in dieselben die Entstehung der Hypotheken abhängig gemacht. Das Eigenthum an Grundstücken wurde nach wie vor durch Titel und Uebergabe erworben. Eine gewisse Publizität erreichte man dadurch, daß von den zu Steuerzwecken geführten Büchern (Grundbüchern, Steuerheften) Abschriften angefertigt und von den Gerichten als „Besitzstandstabellen" den Grundakten vorgeheftet, dazu auch Besitz-Veränderungs-Listen gehalten wurden. Ebenso wie diese Tabellen und Listen wurden auch die Hypothekenbücher mit dem Steuerkataster in Einklang gebracht.[64])

Die Reform des Immobilienrechts in den vorstehend bezeichneten Landestheilen war bereits vor dem Zustandekommen der Gesetze vom 5. Mai 1872 in Angriff genommen. Die auf Grund königlicher Ermächtigung vom 20. November 1871 dem Herrenhause vorgelegten Gesetzentwürfe über das Grundbuchwesen in den Gebieten zu b, c, e, f und g gelangten jedoch damals nicht auf die Tagesordnung. Nachdem sodann die Entwürfe für Schleswig-Holstein, Hannover und Kassel den betreffenden Provinzialvertretungen vorgelegt und von denselben im Wesentlichen gebilligt worden, gingen die Vorlagen, zum Theil umgearbeitet, wieder an den Landtag der Monarchie. Die aus den Berathungen der beiden Häuser hervorgegangenen Entwürfe[65]) haben die königliche Sanktion erhalten und sind durch die Gesetzsammlung des Jahrgangs 1873 Nr. 5, 18—22 als Gesetze verkündet worden. Die vollständigen Titel der Gesetze sind:

a. Gesetz über das Grundbuchwesen in dem Jadegebiete, vom 23. März 1873; dasselbe ist abgeändert durch Gesetz vom 3. Februar 1879;

b. Gesetz über das Grundbuchwesen und die Verpfändung von Seeschiffen in Neuvorpommern und Rügen, vom 26. Mai 1873;

c. Gesetz über das Grundbuchwesen und die Verpfändung von Seeschiffen in der Provinz Schleswig-Holstein, vom 27. Mai 1873, abgeändert durch Gesetz vom 31. Januar 1879;

d. Gesetz über das Grundbuchwesen in der Provinz Hannover, mit Ausschluß des Jadegebietes, vom 28. Mai 1873, geändert durch Gesetz vom 29. Januar 1879;

e. Gesetz über das Grundbuchwesen in dem Bezirke des Appellationsgerichts zu Kassel, mit Ausschluß des Amtsgerichtsbezirks von Vöhl, vom 29. Mai 1873, ergänzt durch die Gesetze vom 29. Mai 1874 und vom 28. Mai 1885;

---

[64]) Mot. zu dem Entw. eines Ges. über das Grundbuchwesen in den Hohenzollernschen Landen ebenda Nr. 28 S. 7 ff.

[65]) Schriftliche Berichte sind nur erstattet von der X. Komm. des H.-H. Drucks. 1872 bis 1873 Nr. 46, 47, 49—52, 55.

f. Gesetz über das Grundbuchwesen in dem Bezirk des Justizsenats zu Ehrenbreitstein, vom 30. Mai 1873, geändert durch Gesetz vom 3. Februar 1879;

g. Gesetz über das Grundbuchwesen in den Hohenzollernschen Landen, vom 31. Mai 1873.

Durch diese Gesetze sind das Gesetz über den Eigenthumserwerb sowie die Grundbuchordnung und das Stempelgesetz vom 5. Mai 1872 in den bezeichneten Landestheilen eingeführt worden. Letzteres ist später für die Hohenzollernschen Lande durch Art. 2 des Gesetzes betr. das Sportel-, Stempel- und Taxwesen vom 22. Juni 1875 ersetzt worden.

3. Schließlich sind diese Gesetze durch das Gesetz vom 12. April 1888, ergänzt durch Gesetz vom 14. Juli 1893, im Geltungsbereich des Rheinischen Rechts eingeführt. Hier galt bis zum Jahre 1885, wo das Gesetz vom 20. Mai 1885 (später ergänzt durch Gesetz vom 24. Mai 1887) erhebliche Aenderungen brachte, im Wesentlichen das Immobilienrecht des Code civil, welches nicht den Eigenthumsübergang [66]), sondern nur die Entstehung der Hypotheken von der Inskription in öffentliche Register abhängig machte, aber die gesetzlichen Hypotheken und Privilegien hiervon ausnahm und außerdem die Generalhypothek beibehielt [67].)

Demnach gelten die Gesetze vom 5. Mai 1872 jetzt in der ganzen Preußischen Monarchie mit Ausnahme einiger Theile der Provinzen Schleswig-Holstein (Herzogthum Lauenburg und Helgoland) und Hessen-Nassau (der vormals Großherzoglich Hessischen, Landgräflich Hessischen, Nassauischen und Frankfurtischen Gebietstheile [68].)

c. Verhältniß der neuen Gesetze zu dem bisherigen Recht.

1. Die Gesetze vom 5. Mai 1872 sind in ihrem ursprünglichen Geltungsgebiete am 1. Oktober desselben Jahres, in den übrigen Landestheilen dagegen zu verschiedenen Zeiten in Kraft getreten. Der Zeitpunkt ihrer Einführung fällt hier zusammen mit den Tagen, von welchen die Geltung der Gesetze über das Grundbuchwesen datirt. Dies sind: für das Jadegebiet der 1. April 1873; für Neuvorpommern und Rügen, da ausdrücklich ein Termin nicht bestimmt, das Gesetz aber am 14. Juni ausgegeben ist, der 25. Juni 1873; für Schleswig-Holstein und für Hannover der 1. Oktober 1873; für Kassel — abgesehen von einigen Bestimmungen, welche mit dem Tage der Verkündigung des Gesetzes, d. i. dem 20. Juni 1873, Gesetzeskraft erlangt haben — der 1. Juli 1874; für Ehrenbreitstein und Hohenzollern der 1. Oktober 1873, für den Geltungsbereich des Rheinischen Rechts der 1. Januar 1889. Für die einzelnen Grundstücke tritt jedoch nach den Gesetzen über das Grund-

[66]) Das französische Gesetz vom 23. März 1855, nach welchem Veräußerungsverträge zur Wirkung gegen Dritte der Transkription bedürfen, hat natürlich für die Rheinprovinz keine Geltung gehabt.

[67]) Vgl. Puchelt, das rhein.-franzöf. Privilegien- und Hypothekenrecht (1876) 2. Abth.

[68]) Ueber das in diesen Gebieten geltende Immobilienrecht vgl. die Motive z. Entw. eines B.G.B. 3 S. 12, 13 ff.; Schwartz a. a. O. S. 91; v. Roth, deutsches Privatr. 3 §. 219 A. I. Auch außerhalb Preußens haben die Grundbuchgesetze Geltung erlangt, vgl. die Motive a. a. O. S. 15 u. Turnau, die G.B.O. v. 5. Mai 1872, 5. Aufl. 1892, Bd. 1 S. 8.

buchwesen im Jadegebiet (§. 27), in Schleswig-Holstein (§. 28), Hannover (§. 48), Ehrenbreitstein (§. 42), Hohenzollern (§. 18) und der Rheinprovinz (§. 3 Abs. 3) das Grundbuchrecht erst nach Anlegung des Grundbuches für dieselben in Kraft.

2. Die Grundbuch-Ordnung hat „die Hypotheken-Ordnung vom 20. Dezbr. 1783 und alle dieselbe abändernden und ergänzenden Gesetze" ausdrücklich aufgehoben (§. 143). Ihr Verhältniß zu dem bisherigen Recht ist daher insofern klar, als es für die Rechtsanwendung im einzelnen Fall keine Schwierigkeiten haben wird, an dem Inhalt eines Gesetzes zu erkennen, ob demselben die Tendenz innewohnt, die Hypothekenordnung abzuändern oder zu ergänzen.

Nicht so einfach liegt die Sache hinsichtlich des Gesetzes über den Eigenthumserwerb. Denn dieses Gesetz enthält keine allgemeine Bestimmung über sein Verhältniß zu dem älteren Recht. Nach den Motiven[69]) bestand die Absicht, die Rechtsmaterien, welche das Gesetz ordnet, einheitlich zu kodifiziren. Allein diese Absicht war schon in dem Entwurf der Staatsregierung nicht verwirklicht und ist jedenfalls in dem Gesetze selbst nicht zum Ausdruck gelangt. Der erste Abschnitt beläßt es für die Erwerbung des Eigenthums außerhalb der Fälle einer freiwilligen Veräußerung und für die Anfechtung der Eintragung des Eigenthumsüberganges bei den bisherigen Bestimmungen. In dem zweiten Abschnitt fehlen namentlich Vorschriften über die Begründung dinglicher Rechte. Der dritte Abschnitt regelt erschöpfend nur das Recht der Grundschuld. Das Hypothekenrecht ist zwar ebenfalls neu geordnet, aber die bezüglichen Bestimmungen decken sich nicht vollständig mit den entsprechenden Vorschriften des Allg. Land-R. I. 20. In ihrer Mehrzahl freilich sind die letzteren durch das neue Recht theils ersetzt, theils beseitigt. Allein gegen eine ganze Reihe von Paragraphen des 20. Titels verhält sich das Gesetz über den Eigenthumserwerb ꝛc. schweigend, woraus aber nicht gefolgert werden darf, daß dieselben aufgehoben sind.[70]) Im Ganzen hat somit das Gesetz den Charakter einer Novelle. Es beseitigt das alte Recht nur insoweit, als es demselben widerspricht. Ob und in welchem Maße ein solcher Widerspruch vorhanden ist, läßt sich nur durch Vergleichung der einzelnen Bestimmungen des Gesetzes über den Eigenthumserwerb mit den entsprechenden Vorschriften des Landrechts, beziehungsweise des gemeinen Rechts, und der in den Gebieten des letzteren vorkommenden Gesetze über das Immobilienrecht ermitteln.

3. Der Einfluß der Gesetze vom 5. Mai 1872 auf die vor der Geltung derselben begründeten Rechtsverhältnisse ist nicht besonders geregelt. In der Praxis findet man sich deshalb regelmäßig damit ab, daß Gesetze rückwirkende Kraft an sich nicht haben, die vor dem 1. Oktober 1872 entstandenen Rechtsverhältnisse mithin der Beurtheilung nach dem älteren Recht unterliegen. Richtiger ist es jedoch, davon auszugehen, daß über die zeitlichen Grenzen der Geltung eines Gesetzes der Wille des Gesetzgebers entscheidet. Dieser Wille braucht aber nicht ausdrücklich erklärt zu sein, sondern kann

---

[69]) Werner 2 S. 29, 35, 63.

[70]) Was von den Bestimmungen des Allg. Landrechts noch gilt, ergibt sich aus der Bearbeitung des Koch'schen Kommentars zum Allg. Landrecht (Th. I Tit. 20) Bd. 2, 8. Aufl. (1886) S. 732 ff. Vgl. auch Förster, Grundbuchrecht S. 172 ff.

auch in der Tendenz und der Fassung der Gesetzesparagraphen sich manifestiren. Es ist also, wenn im einzelnen Fall die Anwendbarkeit des neuen Gesetzes auf ein älteres Rechtsverhältniß behauptet wird, lediglich Sache der Auslegung, diese Behauptung zu würdigen und die Frage zu beantworten, ob die Anwendung des neuen Gesetzes auf diesen Fall dem Willen des Gesetzgebers entspricht. Dabei ist dann allerdings im Zweifel vorauszusetzen, daß ein Bruch der Rechtsordnung nicht beabsichtigt gewesen und folglich rückwirkende Kraft dem Gesetze nicht beizulegen ist. Auf eine weitere Erörterung dieses Gegenstandes muß indeß hier aus naheliegenden Gründen verzichtet werden. Die praktisch gewordenen Fragen werden in den Anmerkungen zu den bezüglichen Paragraphen Veranlassung geben, darauf zurückzukommen.

d. Literatur.

Die Gesetze vom 5. Mai 1872 haben überaus befruchtend auf die preußische Rechtswissenschaft gewirkt. Es sind zahlreiche Schriften erschienen, welche das neue Grundbuchrecht zum Gegenstande haben. Hervorzuheben sind namentlich:

1. Werner, die preußischen Grundbuch- und Hypothekengesetze vom 5. Mai 1872 nebst Materialien. 1. Theil: Gesetze und Ausführungsverfügungen; 2. Theil: Materialien. Berlin 1872;

2. Turnau, die Grundbuch-Ordnung vom 5. Mai 1872 mit Ergänzungen und Erläuterungen. Paderborn 5. Aufl. 1892; 2 Bände; 1. Band: die Gesetze mit Kommentar; 2. Band: Hülfsbuch;

3. Bahlmann, das preußische Grundbuchrecht. Die Gesetze vom 5. Mai 1872 etc. mit einem ausführlichen Kommentar in Anmerkungen etc. 3. Ausgabe, Berlin 1879 und 1880;

4. Philler, das Gesetz über den Eigenthumserwerb etc. vom 5. Mai 1872 etc. mit einem ausführlichen Kommentar. Magdeburg 1872. Dazu zwei Nachtragshefte aus dem Jahre 1873;

5. Willenbücher, das preußische Grundbuchrecht in seiner gegenwärtigen Geltung; 2. Aufl. Berlin 1893;

6. Oberneck, die preußischen Grundbuchgesetze etc. Berlin 1888;

7. Bendix, das preußische Gesetz über den Eigenthumserwerb etc. vom 5. Mai 1872; Breslau 1888;

8. Mathis, die preußischen Grundbuchgesetze mit Anmerkungen. Berlin 1884;

9. Fischer, die preußische Grundbuchgesetzgebung, Textausgabe etc. 2. Aufl. Berlin (J. Guttentag) 1892;

10. Schwartz, das preußische Grundbuchrecht, 2 Bände. Berlin 1892 und 1893;

11. Basch, kurzgefaßter Kommentar zur preußischen Grundbuchordnung etc. Berlin 1887;

12. Werner, die preußischen Grundbuch- etc. Gesetze vom 5. Mai 1872 mit Einleitung und Noten. Berlin 1873;

13. Förster, preußisches Grundbuchrecht. Berlin 1872;

14. Dernburg und Hinrichs das preußische Hypothekenrecht. 1. Abth. die

allgemeinen Lehren des Grundbuchrechts. Leipzig 1877; 2. Abth.: das Hypothekenrecht im Besonderen, von Dernburg, Leipzig, 1891;

15. Delius, das Grundeigenthum und die Rechte der Grundgläubiger nach dem Allg. Landrecht und den Gesetzen vom 5. Mai 1872. Berlin 1872;

16. Heidenfeld, das preußische Immobiliarrecht nach den Gesetzen vom 5. Mai 1872 (wesentlich ein Separatabdruck der gleichnamigen Abhandlung aus der Juristischen Wochenschrift von 1872 und 1873). Berlin 1873;

17. Kayser, der preußische Grundbuchrichter ꝛc. Münster 1874;

18. Wolff, Verfügungen in Grundbuchsachen, 6. Ausgabe. Berlin 1891;

19. Kunze, Anleitung zu Verfügungen in Grundbuchsachen, ꝛc. Görlitz 1875;

20. Steiner, Anleitung zur Bearbeitung der Grundbuchsachen ꝛc. Berlin 1873;

21. Kuntz, Verfügungen und Verhandlungen in Grundbuchsachen. Breslau 1884;

22. Hesse, Immobiliarrecht und Immobiliarexekution nach den preuß. Gesetzen vom 5. Mai 1872 und 13. Juli 1883. Berlin 1884;

23. Nachstädt, zur Bearbeitung von Grundbuchsachen. Breslau 1890;

24. Heinrichs, Studien aus dem Gebiete des preußischen Hypothekenrechts; 1. Heft. Berlin 1883;

25. Reusch, das Verfahren in Grundbuchsachen, 4. Abth. Berlin 1890, 1891;

26. Reusch, die Zurückführung des Grundbuchs auf die Steuerbücher. Berlin 1890;

27. Neumann, die Verbindung des Grundbuchs mit dem Steuerbuch. Berlin 1893;

28. Koppers, die Verbindung des Grundbuchs mit der Katasterkarte. Berlin 1892 (Separatabdruck aus Gruchots Beiträgen 36 S. 319 fg.);

29. Borchardt, das Institut der Vormerkung ꝛc. Berlin 1887;

30. Wolff, die Eintragung in das Grundbuch zur Vollstreckung einer Forderung. Berlin 1886;

31. Neubauer, Erläuterungen zur Grundbuchordnung vom 5. Mai 1872 für das mit Grundbuchsachen befaßte Publikum. Berlin 1874;

32. Sammlung von Erörterungen aus dem Grundbuchrecht. Berlin 1873—1876.

a. John, Erörterung einiger praktischer Fragen. 1873;

b. Neubauer, Kontroversen ꝛc. 1874;

c. die Grundbuchordnung im Lichte und Dunkel der Praxis (anonym). 1874;

d. Löbell, Studien zur Grundbuchordnung. 1875;

e. Schultzenstein, drei Fragen aus dem preußischen Grundbuchrecht ꝛc. 1876;

33. Kühnast, Untersuchung des Begriffs der Grundschuld. Berlin 1877, 2. Ausg. 1878;

34. Rintelen, über den Einfluß neuer Gesetze auf die zur Zeit ihrer Emanation bestehenden Rechtsverhältnisse, nach römischem und preußischem Recht, insbesondere in Beziehung auf das Gesetz über den Eigenthumserwerb ꝛc. vom 5. Mai 1872 ꝛc. Breslau 1877;

35. Zahlreiche Abhandlungen, welche in juristischen Zeitschriften erschienen sind. Von den letzteren sind hier zu nennen:

a. Zeitschrift für die deutsche Gesetzgebung und für einheitlich deutsches Recht.

Herausgegeben von Behrend und Dahn. Berlin 1867—1874, acht Bände, namentlich Bd. 6—8;

b. Beiträge zur Erläuterung des deutschen Rechts, in besonderer Beziehung auf das preußische Recht. Begründet von Gruchot, jetzt herausgegeben von Rassow und Küntzel. Berlin seit 1857, z. Zt. 37 Jahrgänge;

c. Jahrbuch für endgültige Entscheidungen der preußischen Appellationsgerichte, redigirt und herausgegeben von Johow. Berlin 1872—1879. Acht Bände;

d. Jahrbuch für Entscheidungen des Kammergerichts in Sachen der nichtstreitigen Gerichtsbarkeit und in Strafsachen, herausgegeben von Johow und Küntzel, von Bd. 6 ab von Ersterem allein. Berlin, seit 1881; z. Zt. 12 Bände.

36. Das Grundbuchrecht und die Einführungsgesetze für die einzelnen Provinzen behandeln namentlich:

a. Peters, die preuß. Grundbuchgesetze vom 5. Mai 1872 und deren Einführung im Gebiete des kurhess. Rechts, Kassel 1873;

b. Seelig, das Gesetz über das Grundbuchwesen vom 29. Mai 1873 in dem Bezirk des Appellationsgerichts zu Kassel ꝛc. Kassel 1873, 1874;

c. Theobald, die Gesetze über das Grundbuchwesen im Bezirk des vorm. Appellationsgerichts zu Kassel. Kassel 2. Aufl. 1891;

d. Plathner, Sachenrecht mit besonderer Rücksicht auf das frühere Kurfürstenthum Hessen. Marburg 1875;

e. Harriehausen, das Grundbuchrecht in der Prov. Hannover. Celle 1884;

f. Seestern-Pauly, das Grundbuchrecht für die Provinz Schleswig-Holstein. Kiel 1874;

g. Schwartz, das Grundbuchrecht der Provinz Schleswig-Holstein ꝛc. Kiel 1885;

h. Mügel, das Rheinische Grundbuchrecht; 2. Aufl. Berlin 1892;

i. Menzen, Rheinisches Grundbuchrecht. Bonn 1889.

37. Das Grundbuchrecht nach den Gesetzen vom 5. Mai 1872 ist ferner in folgenden Werken behandelt:

a. Förster-Eccius, Theorie und Praxis des heutigen gemeinen preußischen Privatrechts. 4 Bände. 6. Aufl. Berlin 1892—1893;

b. Dernburg, Lehrbuch des preußischen Privatrechts. Halle. Bd. 1 4. Aufl. 1884, Bd. 2 4. Aufl. 1889, Bd. 3 3. Aufl. 1884;

c. Koch, Allg Landrecht für die preußischen Staaten ꝛc. mit Kommentar in Anmerkungen. Berlin, 8. Aufl. 1884 bis 1886. Nach des Verfassers Tode bearbeitet von Achilles, Johow, Hinschius, Vierhaus. 4 Bände.

Die von Achilles bearbeiteten Titel 19 und 20 (Th. I) der 5. Ausgabe sind in einem Separatabdruck als Supplement zu den älteren Auflagen von Koch's Landrecht veröffentlicht 1875; zweite unveränderte Ausgabe unter dem Titel: Das Pfand- und Hypothekenrecht des preußischen Landrechts in seiner heutigen Gestalt, insbesondere mit Rücksicht auf das Gesetz über den Eigenthumserwerb ꝛc. vom 5. Mai 1872 ꝛc. 1878;

d. v. Rönne, Ergänzungen und Erläuterungen der preußischen Rechtsbücher durch Gesetzgebung und Wissenschaft. 7. Ausgabe Berlin 1884—1888, 4 Bände.

Gesetz

über

den Eigenthumserwerb und die dingliche Belastung der Grundstücke, Bergwerke und selbstständigen Gerechtigkeiten.

Vom 5. Mai 1872.

(G.S. 1872 S. 433—445.)

Wir **Wilhelm**, von Gottes Gnaden König von Preußen 2c. verordnen für die Landestheile, in welchen das Allgemeine Landrecht und die Hypothekenordnung vom 20. Dezember 1783 gilt, mit Ausschluß der Gebietstheile der Provinz Hannover, unter Zustimmung der beiden Häuser des Landtages Unserer Monarchie, was folgt:

Erster Abschnitt.

Von dem Erwerb des Eigenthums an Grundstücken.

Siehe über das gegenwärtige Geltungsgebiet des Gesetzes die Nachrichten in der Einleitung S. 22.

Erster Abschnitt.

Während nach dem gemeinen Recht und nach dem Allgemeinen Landrecht (I. 9 §§. 1—6, I. 10 §§. 1, 2) zur Uebertragung des Eigenthums die Besitzübergabe erforderlich ist, hat das vorliegende Gesetz, in Anerkennung der Mängel des Traditionsprinzips (vgl. oben S. 9), das Eintragungsprinzip der Ordnung des Eigenthumserwerbes zu Grunde gelegt, indem es für die Fälle freiwilliger Veräußerung das Eigenthum lediglich durch die auf Grund einer Auflassung erfolgte Eintragung des Eigenthumsübergangs im Grundbuch übergehen läßt (§. 1) und in den übrigen Fällen wenigstens die Legitimation des Erwerbers zur buchmäßigen Verfügung über das Grundstück von der Eintragung abhängig macht (§. 5). Die Besitzübergabe ist für den Eigenthumsübergang gleichgültig.

Dasselbe gilt von dem nicht nach gemeinem Recht, aber nach Allg. Landr. (a. a. O.) neben der Tradition zum Eigenthumsübergang erforderlichen Titel (oben S. 9). Dieser hat zwar im Obligationenrechte seine Bedeutung behalten (§. 10); zur Eintragung des Eigenthumsüberganges in das Grundbuch genügt dagegen der Konsens der Betheiligten, des eingetragenen Eigenthümers und des Erwerbers (§. 2).

Ebenso ist die landrechtliche Vorschrift (I. 10 §. 25), daß die Kenntniß des Erwerbers von einem älteren Titel den Eigenthumserwerb hindert, durch §. 4 des Gesetzes beseitigt.

§. 1.

Im Fall einer freiwilligen Veräußerung wird das Eigenthum an einem Grundstück nur durch die auf Grund einer Auflassung erfolgte Eintragung des Eigenthumsüberganges im Grundbuch erworben.

Das Naturaleigenthum, welches nach dem früheren Recht neben dem Bucheigenthum große Bedeutung hatte (vgl. oben S. 9, Motive bei Werner 2 S. 13), sucht das Gesetz möglichst zu beseitigen, indem es die Eigenthumsersitzung gegen den eingetragenen Eigenthümer ausschließt (§. 6), gegenüber dessen Eigenthumsklage die Einrede der Verjährung und die exceptio rei venditae et traditae für unzulässig und ihn kraft seiner Eintragung zu allen Klagen des Eigenthümers oder gegen diesen für legitimirt erklärt (§. 7). Trotzdem kann es natürlich noch vorkommen, daß der im Grundbuch eingetragene nicht der wirkliche Eigenthümer, oder daß sein Eigenthum anfechtbar ist (§. 9 Abs. 1, §. 10). Kraft des öffentlichen Glaubens des Grundbuchs sind aber die von ihm redlichen Dritten gegen Entgelt eingeräumten Rechte an dem Grundstück unanfechtbar (§. 9 Abs. 2). Zum Schutze gegen die Nachtheile, welche dem Anfechtungsberechtigten hieraus erwachsen können, sowie auch zur Erhaltung eines sonstigen Rechtes auf Auflassung oder auf Eintragung des Eigenthumsüberganges gestattet das Gesetz (§. 8, §. 9 Abs. 3) die Eintragung einer Vormerkung, durch welche das Eigenthum für den Berechtigten in dem Zustand erhalten wird, in welchem es sich zur Zeit der Eintragung der Vormerkung befindet.

Schließlich schränkt §. 11 im Interesse des öffentlichen Glaubens die Wirkung der „Beschränkungen des Eigenthumsrechts" gegen Dritte ein.

§. 1.

Vgl. Stobbe, die Auflassung des deutschen Rechts, in den Jahrbüchern für die Dogmatik des heutigen römischen und deutschen Privatrechts 12 S. 137—272, Separatabdruck 1872; Achilles, Beiträge zur Lehre von der Auflassung des Eigenthums, in Gruchot 21 S. 1—68.

Bei der Uebertragung des Eigenthums an einem Grundstück sind regelmäßig zwei Geschäfte zu unterscheiden: das Geschäft, durch welches die Veräußerung vollzogen wird, und das auf die Veräußerung gerichtete Rechtsgeschäft. Das erstere gehört dem Sachenrecht, das zweite dem Obligationenrecht an. O.Tr. V, Entsch. 81 S. 211.

I. **Das Veräußerungsgeschäft** im Gegensatz zu dem auf die Veräußerung gerichteten Geschäft:

1. Rechtliche Natur und Erfordernisse dieses Geschäfts. Das Gesetz knüpft im §. 1 den Eigenthumserwerb im Falle freiwilliger Veräußerung an „die auf Grund einer Auflassung erfolgte Eintragung des Eigenthumsüberganges im Grundbuche"; es läßt also nicht, wie die Grundbuchgesetze Hamburgs, Lübecks und Mecklenburgs (oben S. 6), lediglich durch den obrigkeitlichen Akt der Eintragung, unabhängig von seiner Voraussetzung, Eigenthum übergehen, sondern es erfordert zweierlei: die Auflassung und die auf Grund derselben erfolgte

Eintragung. Der Unterschied zeigt praktisch sich namentlich dann, wenn der Eintragung die Voraussetzung mangelt oder die vorhandene Voraussetzung nichtig ist. Nach dem hanseatischen und dem mecklenburgischen Rechte ist gleichwohl der als Eigenthümer eingetragene Erwerber der wahre Eigenthümer; er kann folglich nur mit einer persönlichen Klage aus dem Grundbuche verdrängt werden. Nach dem preußischen Gesetze ist dagegen beim Fehlen oder bei der Nichtigkeit der Auflassung die Eintragung des Eigenthumsüberganges ebenfalls nichtig, der Erwerber demnach nicht Eigenthümer geworden und der dinglichen Klage des wahren Eigenthümers ausgesetzt. (Achilles a. a. O. S. 41 ff., O.Tr. III, Entsch. 82 S. 65; R.G. V bei Gruchot 29 S. 967, 34 S. 707 u. Entsch. 28 S. 307, J.M.Bl. 1892 S. 177; durch diese Entsch. ist die abweichende Ansicht des III. H.S. des R.G., Entsch. 2 S. 231, verworfen; vgl. unten die Anm. zu §. 9 Abs. 1 und Borchardt, Vormerkung S. 57 ff.)

Um klar zu stellen, daß Auflassung und Eintragung nur die Bestandtheile eines einheitlichen Rechtsgeschäfts sein sollen, hatte der Entwurf vom Jahre 1871 in §. 1 zwischen „Auflassung" und „erfolgte" noch die Worte gesetzt: „und im Anschluß an dieselbe". Diese Worte sind in der Kommission des Herrenhauses gestrichen worden. Allein damit hat, wie aus den Bestimmungen des §. 48 Abs. 1 und 3 der G.B.O. erhellt, nicht die rechtliche Einheit des Aktes verneint, sondern nur dem Mißverständnisse vorgebeugt werden sollen, daß die Eintragung dann kein Eigenthum übertrüge, wenn sie nicht in continenti der Auflassung sich anschlösse. (Werner 2 S. 48 und 109.) Im Uebrigen sind folgende Punkte in's Auge zu fassen:

a. „Die Auflassung ist die Willenserklärung der Parteien über den Eigenthumsübergang, und die Eintragung die befestigende gerichtliche Form für diese Erklärung." (Mot. bei Werner 2 S. 15.) Nach §. 2 haben die Betheiligten ihren Willen dem Grundbuchamt zu erklären. Das schließt jedoch die Gegenseitigkeit ihrer Erklärungen nicht aus. Der Eine entäußert sich seines Rechtes zu Gunsten des Anderen, und dieser will von jenem erwerben. Beide Erklärungen bilden somit einen Vertrag, der in der Form der Eintragung sich vollendet. Dieser Vertrag ist ein abstrakter, weil er seinen Inhalt durch die lediglich den Eigenthumsübergang wollende Erklärung der Kontrahenten empfängt; er ist aber auch ein dinglicher, weil er das dingliche Recht (das Eigenthum) unmittelbar von dem bisherigen Eigenthümer auf den Erwerber überträgt. (Achilles a. a. O. S. 17—29; die abweichende Ansicht von Förster, Grundbuchr. S. 88, welcher für das preußische Recht einen dinglichen Vertrag nicht anerkennen wollte, ist allgemein aufgegeben, vgl. Förster-Eccius 3 §. 178 Anm. 33.)

b. Zeitpunkt des Eigenthumsüberganges. Das Eigenthum geht über, wenn der Uebergang auf Grund der Auflassung in das Grundbuch eingetragen wird. Nun schließt aber erfahrungsgemäß die Eintragung nicht immer, wie die Grundbuchordnung §. 48 vorschreibt, sich unmittelbar an die Auflassung an. Vielmehr liegt zwischen beiden nicht selten ein Zeitraum von Tagen oder Wochen, ja vielleicht Monaten. Für einen solchen Fall war in der zweiten Ausgabe dieses Kommentars angenommen, daß der Eigenthumswechsel für die Kontrahenten mit der Auflassung, für Dritte dagegen erst mit der Eintragung vollzogen sei. Diese Annahme läßt sich jedoch nicht aufrecht halten. Der §. 1 knüpft den Eigenthumsübergang an die Eintragung, ohne zwischen den Beziehungen des Erwerbers zu dem Veräußerer und zu dritten Personen zu unterscheiden. Dem Wesen des Eigenthums würde es auch nicht entsprechen, eine solche Unterscheidung in das Gesetz hineinzutragen. Der Veräußerer bleibt Eigenthümer bis zur Eintragung des Erwerbers. Er ist daher befugt, über das aufgelassene Grundstück durch Bestellung von Rechten, welche ohne Eintragung dinglich wirken (z. B. nach A.L.R. durch Verpachtung oder Vermiethung), mit Wirkung gegen den Erwerber zu Gunsten eines gutgläubigen Dritten zu verfügen. (Dernburg, Preuß. Privatr. 1 §. 240; Förster-Eccius 3 §. 178 Anm. 49 a. E.) Aber er kann das Grundstück rechtsgültig weder anderweit veräußern noch durch Eintragungen in der zweiten und der dritten Abtheilung des Grundbuches belasten. Bewilligt er gleichwohl eine Eintragung oder wird eine solche gegen ihn von einer zuständigen Behörde nachgesucht, so ist der Erwerber durch die Vorschrift der Gr.B.O. §. 45 geschützt, da nach dieser Vorschrift die Reihenfolge der Eintragungen sich durch den Zeitpunkt der Vorlegung der Gesuche bei dem Grundbuchamt bestimmt, die Auflassung also durch Eintragung des Eigenthumsüberganges erst erledigt werden muß, bevor der Richter an die von dem Veräußerer ausgehenden oder gegen denselben gerichteten Gesuche heranzutreten hat, diesen Gesuchen aber keine Folge gegeben werden darf, weil nun der Veräußerer nicht mehr Eigenthümer ist. (Vgl. die Mot. bei Werner 2 S. 16.). Hiergegen verstößt das App.G. zu Posen, wenn es (Johow 6 S. 144) die nach der Auflassung von dem Prozeßrichter nachgesuchte Eintragung einer Hypothek gegen den Veräußerer zuläßt. Siehe auch Königsberg ebd. 7 S. 213. In dem Erk. des O.Tr. III bei Gruchot 23 S. 114 ist der richtige Standpunkt zur Anerkennung gelangt. Vgl. auch Kammerger. im Jahrb. 8 S. 73 (Anm. 4 zu §. 55 der Gr.B.O.).

Eine weitere Wirkung der Auflassung ergiebt sich aus ihrer Vertragsnatur, nämlich daß keiner der Betheiligten seine Auflassungserklärung einseitig zurücknehmen kann; dagegen steht einem Widerruf derselben vor der Eintragung durch übereinstimmende Erklärung aller Betheiligten nichts entgegen.

Veränderungen, welche nach der Auflassung in den Personen des Veräußerers oder des Erwerbers durch Tod oder Verlust der Veräußerungs- bezw. Erwerbsfähigkeit eintreten, hindern die Eintragung des Eigenthumsüberganges nicht; denn der Grundbuchrichter hat nur die Rechtsgültigkeit der Auflassung nach §§ 46, 48 der Gr.B.O. zu prüfen und die Eintragung zu vollziehen, wenn diese Prüfung zu Bedenken keinen Anlaß giebt (Dernburg und Eccius a. a. O., Turnau 1 S. 183 Anm. 6; vgl. ostpr. Trib. im Jahrb. 1 S. 77). Andererseits ist aus der Vorschrift des §. 48 Abs. 1 der Gr.B.O., daß diese Prüfung vor der Entgegennahme der Auflassungserklärung zu erfolgen habe, nicht zu folgern, daß die Auflassung einen Anspruch auf Eintragung gewährt; denn erst die Eintragung überträgt das Eigenthum, und bis zu dieser hat der Grundbuchrichter Recht und Pflicht zur Prüfung der Gültigkeit der Auflassung. (Kammerger. im Jahrb. 5 S. 117.)

c. Ausnahmsweise können die Auflassung und die Eintragung des Eigenthumsüberganges durch andere Akte ersetzt werden, so jene nach dem Gesetz betr. die Beförderung der Errichtung von Rentengütern vom 7. Juli 1891 (G.S. S. 279) §. 12 Abs. 2 und der Landgüterordnung für den Reg.-Bez. Kassel vom 1. Juli 1887 (G.S. S. 315) §. 23, und diese nach §. 59 der Gr.B.O.

2. Gegenstand. Der §. 1 findet Anwendung auf Grundstücke, Bergwerke (§. 68) und selbstständige Gerechtigkeiten, vorausgesetzt, daß die letztgenannten im Grundbuch eingetragen sind (§. 69), auf erstere dagegen auch ohne diese Voraussetzung. Daher muß, wenn ein Grundstück veräußert werden soll, welches in dem Grundbuche nicht vorkommt, erst die Anlegung eines Blattes erfolgen, bevor die Auflassung entgegengenommen werden darf. (Peters in Gruchot 23 S. 595 ff.; Ausn.: §. 8 des Ges. betr. die durch ein Auseinandersetzungsverfahren begründeten gemeinschaftlichen Angelegenheiten, vom 2. April 1887, G.S. S. 105.) Nur wenn das Blatt zur Zeit nicht angelegt werden kann, wird das Eigenthum nach den Bestimmungen des bisherigen Rechts übertragen. (Gr.B.O. §. 49. Vgl. Anm. 2 zu §. 2 der Gr.B.O. und Anm. II. 2 zu §. 49 ders.)

Die früher streitige Frage, ob Grundstücke, welche sich in einem Zusammenlegungs- oder Verkoppelungsverfahren befinden, Gegenstand der Auflassung sein können, darf jetzt für die Praxis als erledigt angesehen werden. Während das Reichsgericht nämlich früher (II. H.S. Entsch. 2 S. 323) diese Frage verneint hat, weil das Grundstück durch die Einwerfung in die Verkoppelungsmasse als besondere Sache zu bestehen aufhöre und seine Auflassung deshalb gegenstandslos sei, hat sich dasselbe später (III. Entsch. 11 S. 250 u. J.M.Bl. 1884 S. 70), ebenso wie das Kammergericht (J.M.Bl. 1883 S. 111, Jahrb. 3 S. 111 und 7 S. 167; vgl. indeß ebd. 11 S. 102) und in Uebereinstimmung mit der Litteratur (Förster-Eccius 3 §. 178 Note 36; Dernburg, Preuß. Privatr. 1 §. 214 Anm. 9) für die Bejahung ausgesprochen, indem es ausführt, daß das in das Grundbuch eingetragene, in die Separationsmasse eingeworfene Grundstück, für welches das aus der Masse ausgeworfene Abfindungsgrundstück nur das Surrogat bilde, bis zur Berichtigung des Grundbuchs auf Grund des Verkoppelungsrecesses den Abfindungsplan in allen rechtlichen Beziehungen repräsentire, und daß daher durch die Auflassung und Belastung des ersteren der letztere aufgelassen und belastet werden könne, selbst nachdem in Folge der Ausführung des endgültig festgestellten Auseinandersetzungsplanes das Eigenthum an dem Abfindungsplan bereits erworben sei. Eine Auflassung und Belastung eines von mehreren Grundstücken, welche zusammen die Abfindung für die eingeworfenen Parzellen ausmachen, ist dagegen unmöglich, da nicht feststeht, welche von diesen jenes repräsentirt; das Kammergericht (Jahrb. 7 S. 167) hat jedoch die Eintragung einer Hypothek auf den eingetragenen Grundstücken mit Ausnahme derjenigen Parzellen, für welche der Eigenthümer bei der Separation einen näher bezeichneten Plan erhalten habe, für zulässig erklärt.

3. Beschränkung auf den Fall der freiwilligen Veräußerung. Die freiwillige Veräußerung entspricht meist der mittelbaren Erwerbung des Allg. Landrechts (I. 9 §. 6). Sie liegt regelmäßig da vor, wo das Landrecht Titel und Uebergabe und das gemeine Recht Tradition zur Uebertragung des Eigenthums erforderte. In diesen Fällen bedarf es jetzt der Auflassung und Eintragung. Die Bestimmungen des A.L.R. I Tit. 9 §§. 1—3, 6 und Tit. 10 §§. 1—5 sind hiernach, soweit sie sich auf Immobilien beziehen, beseitigt. (Förster hat in seinem Grundbuchrecht S. 91 und 92 den Versuch gemacht, die ersten Paragraphen der Tit. 9 u. 10 so zu redigiren, wie dieselben nach dem Eintritt der Geltung des Gesetzes über den Eigenthumserwerb lauten müßten. Vgl. auch die Tit. 9 u. 10 im 1. Bande von Koch's Kommentar.) Dagegen ist Auflassung nicht erforderlich, wenn ein Gesammtvermögen, zu welchem ein Grundstück gehört, im Wege der Universalsuccession auf einen neuen Erwerber übergehen soll, weil in diesem Falle kein gesonderter Uebertragungsakt für das Grundstück erfordert wird (vgl. Kammerger. im Jahrb. 11 S. 129).

Das Kennzeichen der Freiwilligkeit bezieht sich nicht auf das Motiv, sondern auf den Akt der Veräußerung. Ist nach dem Gesetz die Mitwirkung der Betheiligten zur Herbeiführung des Eigenthumsüberganges erforderlich, so ist die Veräußerung eine freiwillige, gleichviel ob der bisherige Eigenthümer aus einem von ihm errichteten Vertrage oder durch ein Ereigniß die Verpflichtung überkommen hat, das Eigenthum auf einen Anderen zu übertragen. Vgl. ferner die Anm. zu §. 5 Satz 1 des Gesetzes.

a. Von diesem Standpunkt bedarf es der Auflassung, wenn in Folge der Auflösung einer gütergemeinschaftlichen Ehe das Alleineigenthum an einem bisher gemeinschaftlichen Grundstück dem einen Gatten von dem anderen übertragen oder zurückübertragen wird. (Turnau 2 §. 74 Ziff. 2, §. 75 Abs. 1 a. E. und Ziff. 2 S. 367 ff.; Hamm bei Johow 5 S. 95; R.G. III. Entsch. 20 S. 256. Anderer Ansicht Levy in Behrend's Zeitschrift 6 S. 601; Wittko in Gruchot 19 S. 49; Posen bei Johow 4 S. 88.)

b. Nach gemeinem Recht ist der Ehemann während bestehender Ehe Eigenthümer der Dotalsachen (§§. 40, 41 J. de rer. div. 2, 1; l. 13 § 2 D. de fund. dot. 23, 5.) Daher ist es, genau genommen, nicht richtig, wenn die Ehefrau als Eigenthümerin der Dotalgrundstücke in das Grundbuch eingetragen wird und die Rechte des Ehemanns durch den Vermerk der Dotaleigenschaft in Abth. II gewahrt werden, wie es in der Praxis häufig geschieht, vielmehr ist der Ehemann als Eigenthümer einzutragen. Hierzu bedarf es einer Auflassung; denn die Dotaleigenschaft entsteht nicht kraft Gesetzes, sondern nur auf Grund eines besonderen Vertrages (vgl. §. 41 J. cit.). Davon gilt auch für den Fall, daß die Ehefrau ihr gesammtes Vermögen ihrem Ehemanne als Dos einbringt, keine Ausnahme, weil hierin keine Universalsuccession liegt. Anders verhält es sich dagegen mit dem Rückfall der Dos an die Ehefrau bei Auflösung der Ehe, da sie nach l. 30 C. de jure dot. 5, 12 die noch vorhandenen Dotalsachen unmittelbar als ihr Eigenthum in Anspruch nehmen kann (Windscheid 2 §§. 494, 496, 503; Dernburg, Pand. 3 §§. 16, 18, 20).

c. Ein im Miteigenthum mehrerer Personen stehendes Grundstück kann nur durch übereinstimmende Erklärung sämmtlicher Miteigenthümer veräußert und belastet werden. Aber jeder einzelne Miteigenthümer kann sowohl nach preußischem wie nach gemeinem Recht über seinen ideellen Antheil verfügen. Zu dessen Veräußerung, einerlei ob an einen Miteigenthümer oder einen

Dritten, ist die Auflassung und Eintragung erforderlich (Kammerger. bei Johow 5 S. 95 Turnau 2 §. 14 S. 165 ff.; Förster-Eccius 3 §. 182, namentlich Anm. 64).

Auch wenn die Miteigenthümer sich an Stelle ihrer intellektuellen Theile entsprechende reale Theile des Grundstücks zutheilen, bedarf es der Auflassung seitens aller Miteigenthümer, da das Eigenthum an einem ideellen Antheile von dem Alleineigenthum an einem reellen Theile durchaus verschieden ist. Kammerger. v 30. Okt. 1893, J.M.Bl. 1894 S. 29 u. Turnau a. a. O. Anm. 6. A M. Kammerger. v. 20. Dezbr. 1886, Jahrb. 7 S. 182. Siehe ferner unten die Anm. zu §. 21 des Gesetzes.

d. Das unter c Gesagte gilt für das Gebiet des gemeinen Rechts auch von den Miterben: denn diese werden mit dem Erbschaftsantritt Miteigenthümer jeder einzelnen Nachlaßsache im Verhältniß ihrer Erbquoten.

Anders nach Allg. Landrecht. Hier bildet nach der im Plenarbeschluß des Obertribunals vom 16. März 1857 (J.M.Bl. S. 162, Entsch. 35 S. 352, Str.Arch. 26 S. 27) aufgestellten, jetzt herrschenden Ansicht (vgl. Förster-Eccius 4 §. 271; Dernburg, Preuß. Privatr. 3 §. 238; Turnau 2 §. 15 Nr. 3 S. 171 ff.) den Gegenstand des gemeinschaftlichen Eigenthums der Miterben die Erbschaft als Inbegriff und nicht die einzelnen Erbschaftsachen. Daraus folgt:

Der einzelne Miterbe ist vor der Theilung nicht Miteigenthümer der Nachlaßgrundstücke nach Maßgabe seiner Erbschaftsquote. Er kann zwar über seinen Antheil zu Gunsten eines Miterben oder eines Dritten verfügen. Aber seine Verfügung kann nur obligatorische Wirkungen haben. Er ist nicht, wie das Kammergericht bei Johow 5 S. 95 angenommen hat, zur Auflassung seines (eventuellen) Grundstücksantheils an einen Miterben berechtigt. Die Auflassung ist unstatthaft, weil sie nur unter der Bedingung wirken könnte, daß der Veräußerer bei der Erbtheilung den veräußerten Grundstücksantheil erhalten würde. Bedingte Auflassungen aber kennt das Gesetz nicht. Nur wenn der Veräußerer und der Erwerber die alleinigen Erben sind, steht der Auflassung nichts entgegen, weil dieselbe dann die Vollziehung einer partiellen Erbtheilung darstellt. Küntzel, über den Plenarbeschluß des Ober-Tribunals vom 16. März 1857, in Johow 5 S. 235; Turnau a. a. O. Note 8.

Die Erben können vor der Theilung über ein ererbtes Grundstück nur gemeinschaftlich verfügen. Naumburg, Joh. 7 S. 165; R.G. IV u. V bei Gruchot 24 S. 454 u. J.M.Bl. 1888 S. 42. Wird dasselbe bei der Theilung einem Miterben zum Alleineigenthum überlassen, so bedarf es hierzu ebenso wie zur Veräußerung an einen Fremden der Auflassung und Eintragung. (R.G. IV v 21. Mai 1883, J.M.Bl. S. 294 und Entsch. 9 S. 272: Turnau 2 §. 15 Note 19, S. 180; Hassenstein in Johow 3 S. 247 ff; Küntzel ebenda 5 S. 232 ff.; O.Tr. III v. 14. Sept. 1877, Entsch. 80 S. 264; Str. Arch. 97 S. 362; Kammerger. bei Johow 3 S. 93 und 6 S. 119; Frankfurt und Insterburg ebenda 8 S. 160.)

Dagegen bedarf es zur Eintragung eines Miterben als Eigenthümer eines Nachlaßgrundstücks, welches ihm als Prälegat vermacht ist, nicht der Auflassung, sondern nur der Einwilligung der übrigen Miterben nach §. 53 der Gr.B.O. (Kammerger. im Jahrb. 2 S. 91).

Ferner dürfen bei der Eintragung der Miterben als Eigenthümer vor der Erbtheilung die Erbquoten im Grundbuch nicht angegeben werden, da sie nicht Miteigenthümer des Grundstücks zu diesen Quoten sind (Kammerger. im Jahrb. 12 S. 74), und folgerichtig bedarf es der Auflassung, wenn die Erben, nachdem sie als Eigenthümer eingetragen sind, die Eintragung der Antheile jedes einzelnen Miterben verlangen, auch wenn diese mit den Erbquoten identisch sind. (Kammerger. bei Joh. 6 S. 122, Turnau 2 S. 181. Abweichend Ratibor bei Joh. 8 S. 162 u. Kammerger. im Jahrb. 2 S. 94.) Ist aber die Eintragung der Miterben als Miteigenthümer erfolgt, ohne daß ihre Erbenqualität aus dem Grundbuche erhellt, so kommt dem redlichen entgeltlichen Erwerber, welchem die Quote eines Miteigenthümers aufgelassen ist, der gute Glaube des Grundbuches zu gute. Vgl. hierüber und über die Belastungsbefugniß des einzelnen Miterben die Anm. zu §. 21.

Schließlich billigt die Praxis dem einzelnen Miterben das Recht zu allen Maßregeln zu, welche die Feststellung, Erhaltung und Sicherstellung der ungetheilten Erbschaft bezwecken. (Dagegen Förster-Eccius 4 §. 271, S. 574). Deshalb hat das Kammergericht den Antrag eines Miterben auf Eintragung des Eigenthums aller Erben für zulässig erachtet (Jahrb. 12 S. 74).

e. Soll bei Errichtung einer Handelsgesellschaft das Grundstück eines Gesellschafters Eigenthum der Gesellschaft werden, so ist die Auflassung und Eintragung auf den Namen der Gesellschaft erforderlich. Die entgegengesetzte, auf das Handelsgesetzbuch Art. 91 gegründete Ansicht widerlegt sich durch die Bestimmungen des Einführungsgesetzes vom 24. Juni 1861 Art. 23 und der Instruktion vom 12. Dezbr. 1861 §. 102. Darnach hat der Art. 91 nicht die Tendenz, die Vorschriften der Landesgesetze über die Erwerbung des Eigenthums an Grundstücken zu modifiziren. Die Aufnahme des Grundstücks in das Inventar begründet für die Gesellschaft nur einen Anspruch (Titel) auf Uebertragung des Eigenthums. Turnau 2 §. 22 S. 199 ff.; von Krämel in Gruchot 20 S. 240; O.Tr. III, Gruchot 24 S. 107. Darüber, wie die Auflassung vollzogen wird, siehe Naumburg, Johow 6 S. 118.

Die Entscheidung der Frage, ob die Auflassung erforderlich ist, wenn die eingetragenen Eigenthümer eines Grundstücks eine offene Handelsgesellschaft errichtet haben und die Umschreibung des Grundstücks auf deren Namen beantragen, hängt von der Konstruktion der offenen Handelsgesellschaft ab (vgl. darüber Goldschmidts Zeitschr. f. d. gesammte Handelsr. Bd. 30 S. 469 ff., 31 S. 1 ff, 32 S. 1 ff.). Läßt man das Gesellschaftsvermögen im Mit- oder Gesammteigenthum der Gesellschafter stehen, so bedarf es nicht der Auflassung, da die Eigenthümer dieselben bleiben; sieht man aber die Gesellschaft als besonderes Rechtssubjekt, als juristische Person an, so ist die Auflassung erforderlich. Für erstere Ansicht haben sich das Kammerger. (Johow 8 S. 164 und Jahrb. 6 S. 65) und das Reichsgericht IV (Entsch. 30 S. 150 und Jur.Woch. 1894 S. 34 Nr. 106) erklärt.

Folgt man dieser Ansicht, so ist es ferner zweifelhaft, ob bei Uebertragung eines Gesellschaftsantheils von einem Gesellschafter auf einen andern oder auf einen Dritten die Auflassung der zum Gesellschaftsvermögen gehörigen Grundstücke nöthig ist. Dies hat das Reichsgericht I (Entsch. 18 S. 44) verneint, weil für die Eintragung des Miteigenthums bei Grundstücken, welche auf den Namen der Firma eingetragen sind, kein Raum sei; ebenso hat das Kammerger. (Jahrb. 8 S. 63) für den Fall des Ausscheidens eines Gesellschafters aus der fortbestehenden Gesellschaft, obwohl deren Firma geändert wird, entschieden; und das Reichsgericht IV (Entsch. 25 S. 252) bezeichnet einen Auseinandersetzungsvertrag zwischen den beiden Theilhabern einer offenen Handelsgesellschaft, durch welchen der eine den andern abfindet und das Geschäft mit allen Aktiven, einschließlich der Gesellschaftsgrundstücke, und mit allen Passiven für alleinige Rechnung übernimmt, nicht als einen Vertrag, welcher der Stempelsteuer für Kaufverträge über Immobilien unterliege, weil es sich bei ihm nur um die vertragsmäßige Feststellung des für den ausscheidenden Gesellschafter nach Art. 131 des Handelsgesetzbuches begründeten Anspruches auf die dem Werthe seines Gesellschaftsantheils entsprechende Geldsumme, nicht um Uebertragung einer Miteigenthumsquote an den Grundstücken handle. Dagegen haben das App.G. Naumburg (Johow 7 S. 168) und das Kammerger. (Jahrb. 11 S. 125) in dem letztgenannten Falle die Auflassung des ganzen Grundstücks für erforderlich erklärt.

Bei der Natur der Aktiengesellschaften und eingetragenen Genossenschaften als juristischer Personen bedarf es der Auflassung zur Uebertragung von Grundeigenthum auf dieselben, auch wenn sie von den bisherigen Eigenthümern allein gegründet werden (Naumburg, Johow 7 S. 169). Dasselbe gilt von der Umwandlung einer eingetragenen Genossenschaft (Kammerger., Jahrb. 11 S. 132), einer nach französischen Gesetzen errichteten Bergbaugesellschaft (Hamm, Johow 6 S. 116) oder einer Kommanditgesellschaft in eine Aktiengesellschaft, und zwar selbst dann, wenn lediglich die bisherigen Mitglieder Aktionäre werden und auch ihr Antheilsverhältniß am Gesellschaftsvermögen das gleiche bleibt (letzteren Falls a. M. Kammerger., Jahrb. 2 S. 92). Umgekehrt ist eine Auflassung bei Aenderung einer Kommanditgesellschaft auf Aktien in eine gewöhnliche Kommanditgesellschaft unter Beibehaltung der bisherigen Firma und ohne Aenderung der Gesellschafter nicht erforderlich (Kammerger., Jahrb. 6 S. 62).

Die Vereinigung (Fusion) zweier Aktiengesellschaften hat das frühere Kammerger. (Johow 5 S. 81) als eine freiwillige Veräußerung im Sinne des §. 1, das jetzige (Jahrb. 11 S. 129) dagegen als eine Universalsuccession (vgl. Wiener in Goldschmidts Zeitschr. f. Handelsr. Bd. 27 S. 365 ff. und R.G. I, Entsch. 9 S. 11 ff.) bezeichnet und daher die Auflassung zur Uebertragung der Gesellschaftsgrundstücke für nicht nöthig erklärt.

f. Wenn ein Grundstück des preußischen Forstfiskus von der Forstbehörde an die preußische Staatseisenbahnbehörde abgetreten wird, ist Auflassung nicht erforderlich, da der Fiskus nur eine juristische Person bildet. L.G. Danzig, Jahrb. 10 S. 311.

4. Ueber die Wirkung des dinglichen Veräußerungsgeschäftes sind die §§. 7 und 9 des Gesetzes zu vergleichen, insbesondere über die Frage, in welchem Umfange das aufgelassene Grundstück in das Eigenthum des Erwerbers übergeht, die Anm. 1 d und e zu §. 7 Abs. 1.

Mit dem Grundstück geht im Gebiete des Allg. Landrechts auch das Inventar, als Zubehör desselben, durch die Eintragung in das Eigenthum des Erwerbers über (O.Tr. III, Str.Arch. 98 S. 31), und zwar trotz entgegenstehender mündlicher Kaufabreden; diese begründen allenfalls nur einen Anspruch auf Anfechtung der Uebertragung des Inventars (dass. ebd. 96 S. 281). Anders nach gemeinem Recht nicht nur bezüglich des Inventars, welches nach diesem nicht Zubehör des Grundstücks ist, sondern auch bezüglich der Zubehörstücke (vgl. R.G. VI, Entsch. 28 S. 147).

II. **Das auf die Veräußerung gerichtete (obligatorische) Geschäft.** Der Uebergang des Eigenthums wird lediglich durch die Auflassung und die auf Grund derselben erfolgende Eintragung vermittelt, von den obligatorischen Beziehungen dagegen, in welchen etwa der Veräußerer und der Erwerber zu einander stehen, nicht beeinflußt. Diese Beziehungen haben nur für das Obligationenrecht Bedeutung. Besteht zwischen den Betheiligten ein Rechtsverhältniß nicht, und der Veräußerer ist sich dessen bewußt, so wird durch die Auflassung eine Schenkung vollzogen, deren Wirksamkeit sich nach den für Schenkungen geltenden Vorschriften bestimmt. Der Anspruch den der Veräußerer dieserhalb haben kann, ist in der Regel ein obligatorischer. Für den gewöhnlichen Fall, daß nämlich ein den Veräußerer zur Eigenthumsübertragung verpflichtendes Rechtsgeschäft errichtet ist und also die Auflassung als Erfüllung dieses Geschäfts sich darstellt, ist Folgendes zu bemerken:

1. Der Zeitpunkt der Auflassung ist von den Betheiligten zu vereinbaren. Beim Mangel einer solchen Vereinbarung steht es jedem Theile frei, dem anderen einen Termine zu bestimmen resp. durch den Grundbuchrichter bestimmen zu lassen. Wer in dem Termin ausbleibt, ohne einen rechtmäßigen Entschuldigungsgrund vorbringen zu können, den treffen die Folgen des Verzuges gegenüber demjenigen, der pünktlich erschienen war. Qui sine die debet, statim debet. A.L.R. I. 11 §§. 92 ff., 215—217; Koch zu I. 5 §. 230.

Nach dem bisherigen Recht mußte der Käufer die Uebergabe gegen Zahlung des Preises von dem Verkäufer fordern, um die Folgen des Verzuges von sich abzuwenden. Gegenwärtig wird der Anspruch des Verkäufers auf Zahlung des Kaufgeldes nicht schon durch die Bereitwilligkeit und Fähigkeit zur Uebergabe begründet. Vielmehr braucht der Käufer nur gegen Ertheilung der Auflassung zu zahlen, weil nur diese das vermittelt, was ihm zusteht, — die Erwerbung des Eigenthums. Der Verkäufer kann daher auch von dem ihm in dem A.L.R. I. 11 §. 230 eingeräumten Rechte der Aufhebung des Vertrages nur Gebrauch machen, wenn der Käufer der an ihn ergangenen Aufforderung ungeachtet zur Auflassung sich nicht einfindet oder zwar erscheint, aber die Zahlung nicht leistet. O.Tr. III, Entsch. 76 S. 288. Vgl. auch Str.Arch. 90 S. 367, und Dernburg und Hinrichs §. 23 Note 9 S. 281.

2. Die bisherigen Vorschriften über die Gewährleistung haben durch das Gesetz über den Eigenthumserwerb keine Aenderung erlitten. Der Fall, daß dem auf Grund der Auflassung als Eigenthümer Eingetragenen das Grundstück wegen Mängel im Recht des Auktors entzogen wird, kann, von dem Fall der mala fides abgesehen, nur noch vorkommen, wenn der Dritte sein Recht durch eine Vormerkung im Grundbuche gewahrt hatte.

3. Der Uebergabe bedarf es für den Eigenthumsübergang nicht. (Vgl. Achilles bei Gruchot 21 S. 17 ff.) Dennoch ist die Tradition nicht ohne Bedeutung. Lasten und Nutzungen

§. 2.

Die Auflassung eines Grundstücks erfolgt durch die mündlich und gleichzeitig vor dem zuständigen Grundbuchamt abzugebenden Erklärungen des eingetragnen Eigenthümers, daß er die Eintragung des neuen Erwerbers bewillige, und des Letzteren, daß er diese Eintragung beantrage.

---

gehen nach dem A.L.R. I. 11 §§. 105 ff. mit ihr auf den Erwerber über. Gemeinrechtlich überkommt der Käufer das periculum bereits mit dem Vertragsabschlusse. Nach dem A.L.R. I. 11 §. 95 dagegen bleibt, „so lange der Verkäufer dem Käufer die Sache noch nicht übergeben hat, bei allen freiwilligen Verkäufen, wenn sie nicht in Pausch und Bogen geschlossen oder sonst ein Anderes verabredet worden, Gefahr und Schade dem Verkäufer zur Last." Man hat hieraus gefolgert, daß das Landrecht, weil es den Eigenthumserwerb an die Uebergabe knüpft, den Uebergang der Gefahr als eine Konsequenz des Eigenthumsüberganges auffasse. Deshalb bestimmte der Entwurf vom Jahre 1868 unter §. 8: „Die Gefahr der Sache geht durch die Eintragung auf den Erwerber über, wenn sie ihm auch noch nicht übergeben worden ist." Es ist indessen zu bezweifeln, daß dem Landrecht wirklich jene Auffassung zu Grunde liege. Aus dem natürlichen Recht läßt sie sich schwerlich begründen. (Vgl. Hübner, die Reformen auf dem Gebiete des Immobiliarsachenrechts ꝛc. 1869 S. 23.) Sicherlich gehört die Frage, wann die Gefahr auf den Erwerber eines Grundstückes übergeht, nicht dem Sachenrechte, sondern dem Obligationenrechte an. Deshalb ist der §. 8 des Entwurfes von 1868 aus den späteren Entwürfen weggelassen. Die bisherigen Vorschriften sind daher in Kraft geblieben. Mot. bei Werner 2 S. 17; O.Tr. III., Gruchot 23 S. 916; R.G. V., Entsch. 7 S. 241 und J.M.Bl. 1882 S. 297; Förster, Grundbuchrecht S. 93 u. 94; Dernburg und Hinrichs §. 23 Note 25 S. 290. Vgl. auch Kurlbaum in Behrend's Zeitschrift 3 S. 740. A. M. Dernburg, Preuß. Privatr. 2 §. 138 und Eccius 1 §. 108 Anm. 13; ersterer läßt die Gefahr stets mit der Auflassung übergehen, letzterer wenigstens dann, wenn sie der Uebergabe vorangeht.

Natürlich kann auch heute noch sowohl im Gebiete des gemeinen Rechtes wie des A.L.R. der Erwerber neben der Auflassung die Besitzübergabe von dem Veräußerer fordern, vorausgesetzt, daß nichts anderes vereinbart ist; dieser Verpflichtung kann sich der Veräußerer nicht durch den Einwand entziehen, daß der Kläger durch die auf Grund der Auflassung erlangte Eintragung als Eigenthümer in die Lage gesetzt sei, selbst sich den Besitz von demjenigen, der ihm denselben vorenthält, mit der Vindikationsklage zu verschaffen (vgl. Koch's Kommentar zu A.L.R. I. 11 §. 125; Förster-Eccius 2 §. 125 Anm. 3; Dernburg, Preuß. Privatr. 2 §. 141 Anm. 16).

§. 2.

Die Auflassung ist die vor dem zuständigen Grundbuchamt mündlich und gleichzeitig erklärte Willenseinigung des Veräußerers und des Erwerbers über den Eigenthumsübergang. Es gehört zu ihrem Wesen, daß es einer Angabe des obligatorischen Geschäfts und eines Nachweises der Uebergabe nicht bedarf. (Vgl. die preuß. Gesetzentw. ꝛc. mit Motiven S. 70; Gr.B.O. §. 48.) Die causa der Auflassung liegt lediglich in dem Willen der Betheiligten. (Konsensprinzip.) Die Erfordernisse des Geschäfts, soweit sie nicht bereits aus den Bemerkungen zu §. 1 sich ergeben, sind folgende:

1. Nur der eingetragene Eigenthümer ist zur Auflassung des Grundstücks berechtigt. Von dieser Regel besteht nur die Ausnahme des §. 5. Selbst wenn der Veräußerer nachweist, daß er das Eigenthum vor dem 1. Oktober 1872 erworben hat, muß er doch erst seine Eintragung erwirken, bevor er das Grundstück auflassen kann. Hamm, Johow 4 S. 89.

Besteht zwischen Eheleuten Gütergemeinschaft, so ist der Mann zur Auflassung eines Grundstücks, als dessen Eigenthümer er allein im Grundbuche eingetragen ist, an sich legitimirt. Die Auflassung bedarf jedoch zu ihrer Gültigkeit der Einwilligung der Frau in die Veräußerung. Die vorherige Vermerkung der Gütergemeinschaft oder des Miteigenthums der Frau ist nicht erforderlich. (Königsberg, Johow 7 S. 153; Kammerger., Jahrb. 8 S. 83; über die Frage, ob eine aus dem Grundbuche nicht ersichtliche Gütergemeinschaft vom Grundbuchrichter zu berücksichtigen ist, vgl. Gesetz über das Grundbuchw. ꝛc. in Neuvorpommern §. 11 und im Uebrigen unten Anm. 3 zu §. 46 der Gr.B.O.) Ist die Frau verstorben und der Mann ihr alleiniger Erbe, so ist weder nachträglich die Gütergemeinschaft noch der Erbfall in das Grundbuch einzutragen, der Mann vielmehr auf Grund seiner Eintragung als Eigenthümer befugt, das Grundstück aufzulassen. (Stettin, Johow 3 S. 90.)

Ist eine Ehefrau allein zur Auflassung eines gütergemeinschaftlichen Grundstücks verstattet worden, so wird das Geschäft gültig, wenn der Ehemann es in der Form der Gr.B.O. §. 33 dem Grundbuchamt gegenüber nachträglich genehmigt. (Kammerger., Johow 5 S. 98.) Die Abgabe der Erklärung des Mannes in der Form des vorliegenden §. 2, wie sie das App.G. zu Posen, Johow 7 S. 152, verlangt hat, ist nicht erforderlich, weil dieser Form nur die Erklärung des eingetragenen Eigenthümers unterworfen ist.

Zweifelhaft ist die grundbuchmäßige Behandlung der Anordnung eines Ehegatten, durch welche er seinen Kindern Erbrecht und dem überlebenden Ehegatten Nießbrauch und freie Verfügung über den Nachlaß einräumt. Nach Eccius (3 §. 178 Note 44) widerspricht eine derartige Einschränkung dem Wesen des Eigenthums; er sieht deßhalb den Ehegatten als Erben und die Kinder als fideikommissarische Substituten an. Darnach würde der überlebende Ehegatte als Eigenthümer einzutragen und nach seiner Eintragung zur Auflassung befugt sein. Aber auch wenn man die Kinder als Eigenthümer auffaßt, ist es zulässig, den überlebenden Ehegatten zur Auflassung zu verstatten, und zwar ohne daß dessen Recht in der zweiten Abtheilung gebucht zu werden braucht (Hamm, Johow 4 S. 94; Marienwerder, ebd. 6 S. 133; Magdeburg, ebd. 8 S. 206), und beim Vorhandensein mehrerer Erben nach §. 5 Abs. 2 des Gesetzes ohne Rücksicht auf deren Eintragung als Eigenthümer im Grundbuche (Kammerger. ebd. 6 S. 135; L.G. Danzig, Jahrb. 12 S. 339.) Wenn das App.G. Halberstadt (Jahrb. 1 S. 61) dem Ehegatten nach Eintragung der Kinder als Eigenthümer die Auflassungsbefugniß versagt hat, weil er nicht „eingetragener Eigenthümer“ sei, so ist dem entgegen zu halten, daß in dem §. 2 nicht eine persönliche Erklärung des eingetragenen Eigenthümers verlangt wird, sondern eine durch einen gehörig bestellten Vertreter abgegebene Erklärung genügt; als Vertreter der Erben ist aber der überlebende Ehegatte durch die letztwillige Verfügung in ähnlicher Weise, wie ein Testamentsvollstrecker, legitimirt. (Vgl. Turnau 1 S. 176.)

2. Zu viel Streit hat die Frage Veranlassung gegeben, ob unter dem „eingetragenen Eigenthümer“ des Gesetzes auch der nach den Vorschriften des bisherigen Rechts eingetragene Besitzer zu verstehen sei, namentlich ob auch auf die von diesem erklärte Auflassung und Eintragungsbewilligung der Abs. 2 des §. 9 Anwendung finde, oder ob nur derjenige sich auf den öffentlichen Glauben des Grundbuchs berufen könne, welcher von einem auf Grund der Vorschriften der §§. 1, 2, 5 eingetragenen Eigenthümer erworben habe. Eines näheren Eingehens auf diese Streitfrage bedarf es jedoch nicht mehr, denn in Uebereinstimmung mit der in diesem Kommentar früher vertretenen Ansicht hat das Reichsgericht ständig dahin entschieden, daß jeder als Eigenthümer Eingetragene, zur Auflassung und dinglichen Belastung des Grundstücks in gleicher Weise formell legitimirt ist, einerlei wann und wie er seine Eintragung erwirkt hat, ob vor oder nach dem Inkrafttreten des Gesetzes, ob auf Grund einer Auflassung oder auf Grund des Nachweises, daß er nach dem 1. Oktober 1872 (Ges. §. 5) oder vor diesem Tage (Gr.B.O. §. 49) Eigenthum erworben habe. (R.G. II H.S. v. 12. Juli 1880, Entsch. 2 S. 323 u. J.M.Bl. 1881 S. 77; V v. 27. Febr. 1886, Entsch. 15 S. 256 u. J.M.Bl. 1887 S. 9; V v. 19. Juni 1886, Entsch. 16 S. 225.) Dadurch ist die Frage für die Praxis zu Gunsten der ersten Alternative erledigt. Das Reichsgericht stützt seine

Ansicht hauptsächlich darauf, daß unter dem „eingetragenen Eigenthümer“ im §. 2 nothwendig auch der vor dem 1. Oktober 1872 eingetragene Besitzer verstanden werden müsse, weil dieser sonst nach diesem Datum nicht mehr in der Lage sei, freiwillig zu veräußern, und daß daher auch an den anderen Stellen jener Ausdruck in demselben Sinne auszulegen sei, während die Gegner hauptsächlich anführen, daß dem Gesetz über den Eigenthumserwerb die rückwirkende Kraft fehle. (Vgl. über die Streitfrage einerseits, außer den früheren Auflagen dieses Kommentars, Rintelen S. 102 ff., Brettner bei Gruchot 19 S. 193, Pape ebd. 20 S. 410, Meyer ebd. 20 S. 467, Wolff ebd. 30 S. 393; andererseits O.Tr. III, Entsch. 75 S. 15; Heidenfeld S. 21; Dalcke bei Gruchot 17 S. 473 ff.; Förster-Eccius 3 §. 178 Anm. 56; Turnau 1 S. 177, 653.) Für Kassel ist §. 23 des Einf.Ges. zu vergleichen.

3. Der eingetragene Eigenthümer ist nur dann zur Auflassung berechtigt, wenn er die Fähigkeit besitzt, Grundstücke zu veräußern. Desgleichen muß der Erwerber fähig sein, Grundeigenthum zu erwerben. In den Entwürfen von 1868 und 1869 war dieses ausdrücklich ausgesprochen; es folgt aber von selber daraus, daß die Auflassung eine Willenserklärung und in Verbindung mit der Eintragung das Mittel zur freiwilligen Veräußerung eines Grundstücks ist. Die Aufnahme einer solchen Bestimmung in den Entwurf von 1871 sowie in das Gesetz ist deshalb als überflüssig unterblieben.

Ueber die Fälle der Veräußerungs- und Erwerbsunfähigkeit vgl. die Anm. V zu §. 48 der Gr.B.O.

Wenn die Gültigkeit der Veräußerung eines Grundstücks durch die Genehmigung einer Aufsichtsbehörde bedingt ist, so genügt nicht die Genehmigung des auf die Veräußerung gerichteten obligatorischen Vertrages. Es muß vielmehr die Genehmigung zur Auflassung ertheilt werden, weil nicht jener Vertrag, sondern die Auflassung das Veräußerungsgeschäft ist. (Kammerger., Johow 3 S. 87, und Hamm, ebenda 5 S. 92. A. M. Kammerger., Jahrb. 2 S. 99). Dies gilt auch in dem Falle, in welchem der Vormund in einem von dem Vormundschaftsgericht bestätigten Erbvergleiche das Eigenthum des Nachlaßgrundstücks der Wittwe übertragen und zur Auflassung sich verpflichtet hat. (Posen, Johow 3 S. 104.) Man hat zwar hiergegen geltend gemacht, daß die Auflassung sich als die Erfüllung des obligatorischen Vertrages darstelle, die Genehmigung des letzteren daher nothwendig die Ermächtigung zur Auflassung enthalte. (Stettin u. Posen, Johow 4 S. 90—92.) Allein dies erscheint nicht als zutreffend, weil nicht zugegeben werden kann, daß derjenige, welcher einen Vertrag genehmigt, damit auch dessen Erfüllung genehmigt. Der von Turnau 1 S. 173 angeführte Grund, daß, wenn der Vertrag durch die Genehmigung rechtsgültig geworden, die Auflassung auf Grund des A.L.R. I. 5 §. 270 und 11 §. 126 im Prozeßwege erzwungen werden könne, ist nicht entscheidend. Einmal nämlich wird die Auflassung ersetzt nicht durch die Verpflichtung zur Ertheilung der Auflassung, sondern durch das diese Verpflichtung aussprechende Erkenntniß (§. 3). Sodann aber ist übersehen, daß gegen den Anspruch des Erwerbers aus dem Vertrage Einreden entstanden sein können, welche den Veräußerer von der Vertragserfüllung, insbesondere von der Auflassung, entbinden. Für den hier vertretenen Standpunkt auch Bahlmann S. 322 u. 354, und Daubenspeck in Gruchot 19 S. 747. Die ohne die erforderliche Genehmigung der Behörde vollzogene Auflassung ist nichtig. Nach Neubauer S. 20 Nr. 11 und Eccius 3 §. 178 Anm. 49 kann diese Nichtigkeit durch nachträgliche Genehmigung nicht geheilt werden; vgl. dagegen Dernburg, Preuß. Privatr. 1 §. 241 Anm. 12.

Natürlich kann die Genehmigung zur Auflassung gleichzeitig mit der Genehmigung des Veräußerungsvertrages ertheilt werden; ob sie in dieser gleich mit enthalten ist, hat der Grundbuchrichter in jedem einzelnen Falle aus dem Inhalte der Genehmigungserklärung festzustellen (Kammerger., Jahrb. 3 S. 108 ff.; Förster-Eccius 4 §. 232 Anm. 20).

Eine Genehmigung zur Auflassung hält das Kammergericht nicht für erforderlich, wenn derselben ein Veräußerungsgeschäft zu Grunde liegt, zu welcher es keiner Genehmigung bedurfte, während in Folge später eingetretener Umstände (z. B. Tod des Veräußerers unter Hinterlassung minderjähriger Erben) ein zur Zeit der Auflassung abgeschlossenes Rechtsgeschäft nur mit Genehmigung gültig sein würde (Jahrb. 2 S. 100, 3 S. 106 u. 6 S. 76), und wenn, wie z. B. nach dem Gesetze betr. die evangelische Kirchenverfassung in der Prov. Schleswig-Holstein und im Bezirk des Konsistoriums zu Wiesbaden vom 6. April 1878 Art. 32 Ziff. 1, nicht die Veräußerung, sondern nur der Veräußerungsbeschluß der Genehmigung einer Aufsichtsbehörde unterstellt und diese ertheilt ist (ebd. 8 S. 68).

Die Genehmigung braucht nicht mündlich vor dem Grundbuchrichter erklärt zu werden; vgl. über deren Form unten Anm. 4 zu §. 33 der Gr.B.O.

4. Die Erklärungen, aus welchen die Auflassung sich zusammensetzt, müssen gleichzeitig abgegeben werden. Dies Erforderniß ist nicht wörtlich zu verstehen. Es ist gewahrt, wenn die Erklärungen des Veräußerers und des Erwerbers in dem nämlichen Protokoll beurkundet und die Kontrahenten bis zur Vollziehung oder, wo die Unterschrift nicht gefordert wird, bis zum Abschluß des Protokolls gegenwärtig gewesen sind. Den Gegensatz bildet die Abgabe der Erklärungen zu getrennten Protokollen, die zu verschiedenen Tageszeiten oder gar Tagen aufgenommen sind. Turnau 1 S. 178. Eine so erklärte Auflassung ist gegen das Gesetz und deshalb nichtig.

5. Die Auflassung muß mündlich erklärt werden. Schriftliche Erklärungen sind, wenn daraufhin von dem Grundbuchamt die Eintragung vollzogen ist, nicht geeignet, den Eigenthumsübergang zu vermitteln. Dagegen brauchen die Parteien nicht persönlich zu erscheinen. Die Vertretung durch Bevollmächtigte ist nicht verboten.

a. Als solche sind alle verpflichtungsfähigen Personen zuzulassen; die Bestimmung der A.G.O. III. 7 §§. 28, 30, nach welcher nur Rechtsanwälte oder Generalbevollmächtigte oder solche Personen, welche die Vermuthung der Vollmacht für sich haben, zuzulassen sind, steht im engsten Zusammenhang mit der früheren Gerichtsverfassung und ist mit dieser am 1. Oktober 1879 außer Kraft getreten (Kammerger., Jahrb. 4 S. 126).

b. Ueber die Frage, ob eine Generalvollmacht genügt oder eine Spezialvollmacht erforderlich ist, vgl. für das gemeine Recht Dernburg, Pand. 1 §. 119 gg. E., Windscheid Pand. 1 §. 74 Anm. 2; Regelsberger Pand. 1 §. 163 IV.

Nach dem A.L.R. I. 13 §§. 106 und 107 bedarf es zur Veräußerung und zur Erwerbung von Grundstücken einer Spezialvollmacht. Ist der Bevollmächtigte nicht besonders zur Auflassung autorisirt, so kann er diese Namens des Eigenthümers nur vornehmen, wenn er zu Veräußerungen, aller Art — insonderheit auch zu Schenkungen — ermächtigt ist. (Vgl. Stettin, Johow 3 S. 101, und Posen, ebenda S. 115). Man hat indeß auch angenommen, daß eine Vollmacht „zur Veräußerung von Grundstücken die Ermächtigung zur Auflassung in sich schließe." (Stettin und Hamm, ebenda 8 S. 156.) Doch legitimirt eine solche Vollmacht sicherlich nur zur Auflassung der von dem Bevollmächtigten verkauften oder vertauschten Grundstücke. (Kammerger., Johow 5 S. 93, und ostpr. Trib., ebenda 7 S. 149.) Die Vollmacht zur Auflassung an eine bestimmte Person legitimirt nicht zur Auflassung an den Zessionar derselben. (Hamm, ebd. 3 S. 111.) Ueber die Form der Vollmacht siehe die Gr.B.O. §. 37.

c. Es fragt sich, ob Veräußerer und Erwerber eine und dieselbe Person bevollmächtigen können. Die Entscheidung ergiebt sich aus dem Prinzip, welches in dem A.L.R. I. 13 §. 21 so ausgedrückt ist: „Sobald der Vortheil des Machtgebers mit dem Vortheil des Bevollmächtigten in Widerspruch kommt, darf dieser den Auftrag weder annehmen noch behalten." Eine Kollision der Interessen liegt jedenfalls dann nicht vor, wenn der Bevollmächtigte unmittelbar zur Auflassung eines bestimmten Grundstücks ermächtigt ist, ohne mit der Wahrnehmung der obligatorischen Rechte des einen oder des anderen Theils betraut zu sein. In einem solchen Fall können daher beide Theile durch eine Person vertreten werden. Wenn dagegen die Vollmacht uneingeschränkt auf den Verkauf rc. und die Auflassung von Grundstücken gerichtet ist, so ist ein Widerstreit der Interessen des Veräußerers mit denen des Erwerbers bei der Auflassung sehr wohl möglich und deshalb die Vollziehung der letzteren durch einen Bevollmächtigten unstatthaft. Der Grundbuchrichter hat also in jedem einzelnen Falle zu prüfen, ob eine Kollision der

Interessen vorliegt (Kammerger., Jahrb. 4 S. 150, 6 S. 132 und 11 S. 166; R.G. I, Entsch. 6 S. 11, und IV. Gruchot 34 S. 956; Dernburg, Preuß. Privatr. 1 §. 241 Note 8; Turnau 1 S. 171; Dernburg und Hinrichs 1 S. 283. A. M. Förster-Eccius 3 §. 178 Anm. 44 und Heidenfeld S. 16, welche einen Widerstreit der Interessen stets als vorhanden ansehen. Vgl. auch Kammerger. im Jahrb. 3 S. 178).

d. Ueber den Einfluß des Todes des Vollmachtgebers auf die Vollmacht vgl. für das gemeine Recht Dernburg, Pand. 1 §. 119 Anm. 6, 2 §. 117, Windscheid 2 §. 411, und für das Allg. Landr. Förster-Eccius 2 §. 141 Ziff. VI, 3, und Dernburg, Preuß. Privatr. 1 §. 114. Regelmäßig erlischt durch den Tod die Vollmacht; daher kann nach dem Tode des eingetragenen Eigenthümers dessen Bevollmächtigter in der Regel nicht mehr auflassen (vgl. R.G. V, Entsch. 1 S. 127; Kammerger. im Jahrb. 2 S. 75 und 11 S. 115; Glogau, Johow 6 S. 137; Kammerger., ebd. S. 356; ostpr. Trib., ebd. 8 S. 157). Hiervon macht das A.L.R. I. 13 §. 186 eine Ausnahme bezüglich derjenigen Aufträge, welche „mit auf die Erben ausdrücklich gerichtet sind". Diese Vorschrift ist früher, insbesondere auch von dem jetzigen Kammergericht (Jahrb. 2 S. 75; vgl. außerdem die angeführten Entsch. bei Johow 6 S. 137, S. 356 und 8 S. 157) dahin verstanden, daß es sich um ein bereits bei Lebzeiten des Auftraggebers begonnenes Geschäft handeln müsse, während jetzt (Jahrb. 11 S. 115) die auch von Eccius und Dernburg getheilte Ansicht durchgedrungen ist, daß ein für den Machtgeber und dessen Erben ertheilter Auftrag, dessen Ausführung noch bei Lebzeiten des ersteren stattfinden kann, durch den Tod desselben nicht erlischt.

e. Dem Erwerber kann ein Vertreter für die Auflassung auch richterlich bestellt werden. Das Ausf.Ges. z. C.P.O. bestimmt nämlich im §. 17: „Bei Pfändung eines Anspruchs, welcher die Uebertragung des Eigenthums einer unbeweglichen Sache zum Gegenstand hat, ist anzuordnen, daß die Uebertragung nur an den nach §. 747 der deutschen C.P.O. zu bestellenden Sequester als Vertreter des Schuldners vorgenommen werde. Der Sequester ist zu ermächtigen und anzuweisen, daß er an Stelle des Schuldners die zu dem Erwerb erforderlichen Erklärungen abgebe und die Eintragung der Forderung des Gläubigers in das Grund- oder Hypothekenbuch in der zur Sicherstellung eines Anspruchs auf Eintragung vorgeschriebenen Form bewillige und beantrage. Ist der Anspruch für mehrere Gläubiger gepfändet, so hat der Sequester die Eintragung der Forderungen in der durch die Zeit der Pfändungen bestimmten Reihenfolge zu beantragen; wenn ein Gläubiger eine andere Reihenfolge verlangt oder die Zeit der Pfändungen nicht erhellt, zu gleichen Rechten unter dem miteinzutragenden Vorbehalt einer anderweiten Feststellung des Ranges derselben unter einander." Die Bestellung des Sequesters setzt hiernach voraus, daß der Gläubiger eine vollstreckbare Geldforderung hat, da nur auf Grund einer solchen eine Pfändung möglich ist (vgl. C.P.O. §§. 708 ff., 769 ff.), und daß er auf Grund derselben einen dem Schuldner angeblich zustehenden Anspruch auf Auflassung eines Grundstücks durch das zuständige Vollstreckungsgericht hat pfänden lassen (C.P.O. §§. 729 ff., 747). Mit dem Pfändungsbeschlusse, welcher die im ersten Satze des §. 17 vorgeschriebene Anordnung enthalten muß, hat sich der Gläubiger an das Amtsgericht der belegenen Sache zu wenden und die Bestellung des Sequesters zu beantragen. Dieses Gericht hat durch Beschluß den Sequester zu ernennen und in der im zweiten Satze des §. 17 angeführten Weise „zu ermächtigen und anzuweisen". Die beiden Beschlüsse sind gemäß §. 730 Abs. 2 der C.P.O. zuzustellen. Durch sie wird der Sequester als Vertreter des Erwerbers vor dem Grundbuchrichter legitimirt. Für die Auflassungserklärung des Veräußerers gilt nichts Besonderes; weigert er die Abgabe derselben, so bedarf es seiner Verurtheilung nach §. 3 des Gesetzes. Um diese zu erwirken, muß sich der Gläubiger den Anspruch seines Schuldners auf Auflassung zur Einziehung überweisen lassen (C.P.O. §§. 736, 748) und auf Grund des Ueberweisungsbeschlusses auf Auflassung an den Sequester klagen (vgl. Turnau 1 S. 234 ff.).

f. Auch ein Testamentsvollstrecker kann vom Erblasser zur Auflassung eines Nachlaßgrundstücks ermächtigt sein. Bei einer Mehrheit von Erben bedarf es nicht deren Eintragung als

§. 3.

Ein Erkenntniß, durch welches der eingetragene Eigenthümer eines Grundstücks zur Auflassung rechtskräftig verurtheilt ist, ersetzt die Auflassungserklärung desselben.

Eigenthümer vor der Auflassung (Kammerger., Jahrb. 6 S. 80; Turnau 2 §. 109 Ziff. 5, S. 461).

g. Im Gebiete der Städteordnung vom 30. Mai 1853 kann der Magistrat eines seiner Mitglieder generell zur Entgegennahme von Auflassungen und Stellung von Eintragungsanträgen bevollmächtigen: Kammerger., Jahrb. 5 S. 118.

6. Die Erklärungen des Veräußerers und des Erwerbers müssen die Absicht ausdrücken, daß das Eigenthum übergehen solle. Daß gerade die von dem Gesetz gebrauchten Worte gewählt werden, ist nicht erforderlich, aber zu empfehlen. Bedingungen und Zeitbestimmungen sind unzulässig, weil die Eintragung den derzeitigen Eigenthümer nachzuweisen hat, mithin nur den unbedingten und unbetagten Eigenthumsübergang zum Gegenstande haben kann. (Achilles a. a. O. S. 41.) Soll das Eigenthum erst nach Eintritt einer Bedingung oder von einem bestimmten Termin ab auf den Erwerber übergehen, so ist die Auflassung unanwendbar. Sie kann erst stattfinden, wenn die Bedingung erfüllt oder der Zeitpunkt gekommen ist. Bis dahin kann der Veräußerer den Erwerber nur dadurch sichern, daß er gegen sich eine Verfügungsbeschränkung eintragen läßt. Wird das Recht des Erwerbers an eine auflösende Bedingung oder einen Endtermin geknüpft, so ist das Grundstück aufzulassen und der Eigenthumsübergang einzutragen; der künftige Anspruch des Veräußerers auf Rückerwerbung des Grundstücks wird durch Eintragung einer Verfügungsbeschränkung gegen den Erwerber sichergestellt.

7. Die Auflassung kann nur von dem zuständigen Grundbuchamt, jetzt nach §. 31 des Ausf.Ges. zum G.B.G. (vgl. Zus. zu §. 20 der Gr.B.O.) von dem zuständigen Amtsgericht entgegengenommen werden (Nur im Geltungsbereich des Rhein. Rechts ist nach §. 5 des Gesetzes über das Grundbuchw. rc. jeder deutsche Notar und jedes zur Aufnahme von Verträgen zuständige Gericht zur Entgegennahme derselben befugt. Vgl. dazu das Gesetz vom 14. Juli 1893 Art. III §. 5a und die Entsch. des O.L.G. Köln im Jahrb. 12 S. 303, 307). Wird sie vor einem anderen Gericht oder einer anderen Behörde bezw. Beamten erklärt, so ist sie nichtig (Turnau 1 S. 168. Vgl. Naumburg und Posen, Johow 4 S. 82). Dagegen ist es gleichgültig, vor welchem Richter des zuständigen Gerichts sie erfolgt (Ausf.Ges. z. G.V.G. §. 23 Abs. 2, vgl. jedoch §. 31 Abs. 2; unten Zus. zu §. 20 der Gr B.O. und Anm. 1 dazu).

Zuständig ist dasjenige Amtsgericht, welchem die Führung des Grundbuches über das den Gegenstand der Auflassung bildende Grundstück obliegt, und das ist wieder regelmäßig das Amtsgericht der belegenen Sache (Ausnahmen: G.B.O. §§. 5, 25; für Schlesw.-Holst. § 32 des Ausf.Ges. z. G.V.G.).

Das Lokal, in welchem der Richter die Auflassung entgegennimmt, ist gleichgültig (A.M. Halberstadt, Jahrb. 1 S. 65. Vgl. dagegen die Bemerkungen des Einsenders). Auch der Aufnahme der Auflassungserklärungen auf Gerichtstagen steht kein Bedenken entgegen, wenn die Grundakten zur Stelle sind (vgl. Anm. 4 zu §. 32 der Gr.B.O.). Eine Verpflichtung zur Aufnahme von Verhandlungen außerhalb des Geschäftslokals besteht nicht. Die Zuziehung eines Protokollführers ist nicht erforderlich. Wenn der Grundbuchrichter auch den obligatorischen Vertrag aufnimmt, so ist dennoch über die Auflassung ein besonderes Protokoll zu errichten, damit auch äußerlich erkennbar werde, daß die Auflassung ein von den obligatorischen Vorgängen unabhängiges Geschäft ist. Nichtig freilich ist der Akt nicht, wenn er in dem Protokoll über den obligatorischen Vertrag beurkundet ist.

§. 3.

1. Beschränkung der Anwendbarkeit des §. 3 auf die Verurtheilung des eingetragenen Eigenthümers. S. 41.
2. Verurtheilung der Erben des eingetragenen Eigenthümers. S. 42.

3. Behandlung der etwaigen Gegenleistung des Erwerbers.
4. Vollstreckbarkeit für und gegen Rechtsnachfolger.
5. Rechtskraft und Vollstreckbarkeit des Urtheils.
6. Andere Vollstreckungstitel. S. 43.
7. Verurtheilung des Verkäufers und des Käufers.

Das Gesetz schweigt über die Gründe, welche die Verurtheilung zur Auflassung rechtfertigen. Es kann dieses nicht auffallen, weil diese Gründe dem Sachenrecht nicht angehören. Der §. 2 bestimmt die Erfordernisse der Auflassung. Der §. 3, der eng damit zusammenhängt, faßt den Fall in's Auge, in welchem eines dieser Erfordernisse — die Bewilligung des eingetragenen Eigenthümers — fehlt. In diesem Fall soll das rechtskräftige Urtheil die Erklärung des Veräußerers ersetzen. Es ist dies eine Anwendung des Prinzips, welches in der C.P.O. §. 779 so formulirt ist:

„Ist der Schuldner zur Abgabe einer Willenserklärung verurtheilt, so gilt die Erklärung als abgegeben, sobald das Urtheil die Rechtskraft erlangt hat. Ist die Willenserklärung von einer Gegenleistung abhängig gemacht, so tritt diese Wirkung ein, sobald nach den Bestimmungen der §§. 664, 666 eine vollstreckbare Ausfertigung des rechtskräftigen Urtheils ertheilt ist."

1. Das Erkenntniß e r s e t z t die Auflassungserklärung des Veräußerers nur, wenn derselbe als Eigenthümer im Grundbuche e i n g e t r a g e n ist. Daraus ist jedoch nicht zu folgern, daß die Klage auf Auflassung erst nach der Eintragung des Beklagten als Eigenthümer angestellt werden kann. Denn §. 3 befindet nicht über die Voraussetzungen der Verurtheilung zur Auflassung, sondern nur über die Bedeutung eines Erkenntnisses, durch welches der e i n g e t r a g e n e E i g e n t h ü m e r zur Auflassung verurtheilt ist; er steht also nicht entgegen der Klage auf Auflassung gegen Jemanden, der weder der eingetragene Eigenthümer noch überhaupt der Eigenthümer des Grundstücks ist, welches der Berechtigte erwerben will (R.G. V bei G r u c h o t 24 S. 420).

Der Anspruch auf Auflassung entspringt aus den obligatorischen Beziehungen der Betheiligten. Wenn Jemand — sei es unmittelbar durch eine Rechtsvorschrift, sei es durch Testament oder durch Vertrag — verpflichtet ist, einem Anderen das Eigenthum an einem Grundstück abzutreten oder zu übertragen, so ist er diese Verpflichtung nur durch Auflassung zu erfüllen im Stande. Denn die Auflassung ist in Verbindung mit der Eintragung die Abtretung oder die Uebertragung des Eigenthums. Wenn also der Verpflichtete gegen den Anspruch auf Auflassung geltend machte, er könne nicht auflassen, weil er nicht als Eigenthümer eingetragen sei, so hieße das an sich nichts anderes, als er habe zur Zeit nicht das Mittel zur Erfüllung seiner Verpflichtung in Händen. Ein solcher Einwand aber ist unerheblich. Er wird widerlegt durch die Erwägung, der Verpflichtete möge sich dieses Mittel verschaffen, er möge das Grundstück erwerben bezw. seine Eintragung herbeiführen. Nur wenn dieses unmöglich ist, darf die Klage zurückgewiesen werden.

Auf Grund eines rechtskräftigen Urtheils, welches eine nicht als Eigenthümer eingetragene Person zur Auflassung verurtheilt, kann der Erwerber seine Eintragung nach §. 3 erwirken, sobald der Verurtheilte als Eigenthümer eingetragen ist (vgl. jedoch die folgende Anm.). Es ist nicht erforderlich, daß der letztere zur Zeit der Verurtheilung eingetragener Eigenthümer war, es genügt, daß er es zu der Zeit ist, wo der Erwerber auf Grund des Urtheils seine Eintragung beantragt (T u r n a u 1 S. 191 Anm. 7). Läßt sich der Veräußerer nicht eintragen, so kann der Erwerber auf Grund des rechtskräftigen Erkenntnisses auf Auflassung nur dann die Eintragung des Veräußerers und hierauf seine eigene erwirken, wenn jener bereits Eigenthümer ist, ohne eingetragen zu sein; alsdann steht ihm der in den §§. 55, 56 der Gr.B.O. vorgezeichnete Weg offen. Anderenfalls bleibt dem siegreichen Kläger nichts übrig, als aus dem Rechtsverhältnisse, welches seinem Auflassungsanspruch zu Grunde liegt, auf sein Interesse zu klagen. Das Urtheil auf Auflassung gibt keine Möglichkeit, die Eintragung zu erzwingen, da für dasselbe nur §. 779 und nicht die §§. 773, 774 der C.P.O. in Betracht kommen. Ebensowenig kann man mit T u r n a u (a. a. O. u. S. 234 ff.) den in Anm. 5e zu §. 2 erwähnten

§. 17 des Ausf.Ges. z. C.P.O. zur Anwendung bringen, denn dieser setzt, wie daselbst bemerkt, eine Verurtheilung wegen einer Geldforderung voraus und ist auf ein Urtheil zur Abgabe einer Willenserklärung unanwendbar. Auch die Interesseklage aus §. 778 der C.P.O. auf Grund des rechtskräftigen Erkenntnisses ist unmöglich, weil dieser Paragraph nur diejenige Klage auf das Interesse regelt, welche der Kläger erheben kann, anstatt auf der Erfüllung des Urtheilsinhalts zu bestehen, während der Gegenstand der Verurtheilung im Falle des §. 779, hier die Auflassungserklärung, stets mit der Rechtskraft des Urtheils verwirklicht wird. (Vgl. Kipp, die Verurtheilung zur Abgabe von Willenserklärungen, Kiel, 1892, S. 62 ff.)

2. Dem eingetragenen Eigenthümer stehen an sich dessen Erben gleich. Da jedoch der Alleinerbe vor seiner Eintragung das Eigenthum nicht auflassen kann, so ist seine Verurtheilung zur Auflassung auch nicht geeignet, seine Auflassungserklärung zu ersetzen. Anders dagegen verhält sich die Sache, wenn mehrere Erben vorhanden sind; Miterben können nach §. 5 Abs. 2 auflassen, auch wenn sie nicht als Eigenthümer eingetragen sind; auf sie findet mithin der §. 3 Anwendung, da das Erkenntniß, welches die Verurtheilung zur Auflassung ausspricht, nach beschrittener Rechtskraft dieselbe Bedeutung hat, wie die thatsächlich abgegebene Erklärung. (Greifswald und Naumburg, Johow 8 S. 166 und 174). Der Zweifel, welcher in dieser Hinsicht früher auf Grund der Entstehungsgeschichte des §. 3 bestand (vgl. Werner 2 S. 109 und Johow 8 S. 169 ff.), ist durch §. 779 der C.P.O. beseitigt.

3. Ist die Verurtheilung des eingetragenen Eigenthümers von einer Gegenleistung des Erwerbers abhängig gemacht, so ersetzt nach Satz 2 des §. 779 der C.P.O. eine nach §§. 664, 666 derselben ertheilte vollstreckbare Ausfertigung des Urtheils die Auflassungserklärung. Diese Bestimmung trifft ihrem Wortlaut nach sowohl den Fall, daß die Willenserklärung von einer Leistung Zug um Zug, als auch den, daß sie von einer Vorleistung abhängig gemacht ist, obwohl sich §. 664 der C.P.O. auf ersteren nicht bezieht; er ist also durch §. 779 ausgedehnt. Der Erwerber muß daher in beiden Fällen die erfolgte Gegenleistung oder wenigstens deren bedingungsloses Angebot durch eine öffentliche Urkunde nachweisen und daraufhin eine vollstreckbare Ausfertigung des Urtheils erwirken. Kann er den Nachweis auf diese Weise nicht erbringen, so wird man ihm, obwohl §. 667 der C.P.O. im §. 779 nicht angeführt ist, die Berechtigung, auf Ertheilung der Vollstreckungsklausel zu klagen, nicht versagen können. (Vgl. Kipp a. a. O. S. 104 ff.).

4. Auf Grund des den eingetragenen Eigenthümer zur Auflassung verurtheilenden Erkenntnisses kann nicht nur der Kläger selbst seine Eintragung als Eigenthümer erwirken, sondern unter Beobachtung der Vorschriften der §§. 665 bis 667 der C.P.O. auch dessen Rechtsnachfolger, sei es ein Gesammt- oder Sondernachfolger. Andererseits ersetzt das Urtheil, nachdem es nach den §§. 665 ff. mit der Vollstreckungsklausel versehen ist, auch die Auflassungserklärung des Universalsuccessors des verurtheilten Eigenthümers. Dagegen ist die Vollstreckbarkeit des Urtheils gegen dessen Singularsuccessor, auch wenn er erst nach Beginn des Rechtsstreits seine Eintragung als Eigenthümer erwirkt hat, nicht möglich, denn eine persönliche Klage auf Auflassung macht das Grundstück nicht zu einer „im Streit befangenen Sache" im Sinne des §. 665 der C.P.O., es sei denn, daß das Recht auf Auflassung durch eine vor der Eintragung des Rechtsnachfolgers eingetragene Vormerkung gesichert war (R.G. V, Entsch. 27 S. 239, a. M. hinsichtlich der Wirkung der Vormerkung Eccius 3 §. 198 Anm. 40; Schultze, die Vollstreckbarkeit der Schuldtitel für und gegen die Rechtsnachfolger, Breslau 1891, S. 88; vgl. unten Anm. III. 5b zu §. 8 des Gesetzes).

5. Das Erkenntniß, welches die Auflassung ersetzen soll, muß rechtskräftig sein. Ist das Urtheil nur vorläufig für vollstreckbar erklärt, so kann nach §. 658 der C.P.O. nur eine Vormerkung zur Erhaltung des Rechtes auf Auflassung durch Vermittelung des Prozeßgerichts im Wege einer einstweiligen Verfügung eingetragen werden (unten §. 8).

Von den in den beiden vorigen Anm. berührten Fällen der §§. 664, 665 der C.P.O. abgesehen, bedarf es zur Eintragung des Erwerbers auf Grund des rechtskräftigen Erkenntnisses keiner vollstreckbaren Ausfertigung desselben, auch eine Zustellung (C.P.O. §. 671) ist nicht erforderlich. Denn die Auflassungserklärung gilt nach §. 779 als abgegeben, sobald das Urtheil die Rechtskraft erlangt hat oder sobald die vollstreckbare Ausfertigung ertheilt ist. Ein Zwangsvollstreckungsakt auf Grund des Urtheils, vor welchem die Zustellung erfolgen könnte, findet überhaupt nicht statt. (Vgl. Kipp a. a. O. S. 53 ff., S. 106; a. M. Turnau 1 S. 190.)

6. Andere Vollstreckungstitel (z. B. vollstreckbare Vergleiche) stehen nach der herrschenden Meinung dem Urtheile im Sinne des §. 779 der C.P.O. nicht gleich (L.G. Hannover, Jahrb. 11 S. 418, und die Kommentare zur C.P.O.). Dagegen hebt Kipp a. a. O. S. 126 ff. mit Recht hervor, daß aus dem Worte „Urtheil" allein die herrschende Meinung nicht zu rechtfertigen (vgl. §. 774 Abs. 2, §. 775 Abs. 2 der C.P.O.) und ein anderer Grund für dieselbe nicht ersichtlich ist.

7. Der häufigste Fall, in welchem eine Verurtheilung zur Auflassung erfolgt, ist der Fall des Kaufes. Die Verpflichtung des Verkäufers zur Vornahme des Aktes, welcher zur Uebertragung des Eigenthums der verkauften Sache bestimmt ist, also — unter der Herrschaft des Gesetzes vom 5. Mai 1872 — zur Auflassung, ist nach gemeinem Recht nicht minder zweifellos, wie nach dem A.L.R. I. 11 §. 126. (Vgl. die Ausführung von Achilles in Gruchots Beitr. 21 S. 31.) Da die Verbindlichkeiten aus dem Kaufe in Ermangelung entgegenstehender Verabredung Zug um Zug zu erfüllen sind, kann der Verkäufer verlangen, daß er zur Auflassung nur gegen Zahlung des Kaufpreises, und der Käufer, daß er zu dieser Leistung nur gegen Auflassung verurtheilt werde (R.G. I H.S., Gruchot 25 S. 108).[1]

Fraglicher könnte es scheinen, ob auch der Käufer verpflichtet ist, seine von dem Verkäufer bewilligte Eintragung als Eigenthümer bei dem Grundbuchamte zu beantragen. Allein auch diese Frage muß für das Gebiet des A.L.R. bejaht werden. Dasselbe gedenkt zwar unter den Pflichten, die der Käufer gegen den Verkäufer hat, einer Verpflichtung des ersteren zur Herbeiführung seiner Besitztitelberichtigung nicht. Wohl aber giebt es dem Verkäufer gegen den Käufer einen Anspruch auf Uebernahme des Grundstücks (I. 11 §. 215), wobei es davon ausgeht, daß nach Vollziehung der Uebergabe die Besitztitelberichtigung ex officio zu erzwingen ist (I. 10 §§. 12–14). Der Anspruch auf Uebernahme entspringt aus der vertragsmäßigen Verpflichtung des Käufers zur Erwerbung des Eigenthums. Wird nun das Eigenthum jetzt durch Auflassung erworben, so folgt, daß der Verkäufer, welcher das Grundstück aufzulassen bereit ist, von dem Käufer verlangen kann, daß dieser den die Auflassung zur Vollendung bringenden Antrag auf Eintragung stelle (R.G. I, Entsch. 26 S. 213; Förster-Eccius 2 §. 125 Anm. 42).

Auch nach gemeinem Recht kann eine Verpflichtung des Käufers zur Auflassung vorkommen. Da er aber im Allgemeinen nur zur Zahlung des Kaufpreises verpflichtet und zur Empfangnahme lediglich berechtigt ist, so muß die Verpflichtung besonders übernommen sein. Dies kann auch stillschweigend geschehen, und deshalb ist es unter Umständen genügend, zwar nicht, daß ein Interesse des Verkäufers an dem Eigenthumsübergange vorhanden, aber daß dasselbe beim Vertragsschlusse hervorgetreten ist. (Vgl. R.G. III, Entsch. 14 S. 243; Windscheid 2 §. 347 Anm. 1; Dernburg, Pand. 2 §. 97).

Für das preußische und gemeine Recht ist schließlich die Vorschrift des §. 17 des Ausf.-Ges. z. C.P.O. (oben Anm. 5e zu §. 2) zu beachten. Dieselbe ermöglicht dem Verkäufer, welcher seine vollstreckbare Kaufgeldforderung auf das verkaufte Grundstück eintragen lassen will, nach Pfändung des dem Käufer gegen ihn zustehenden Anspruchs auf Auflassung die Eintragung des Käufers als Eigenthümer und seiner Forderung als Vormerkung wider den Willen des letzteren.

Ist der Käufer zur Stellung des Antrages auf Eintragung seines Eigenthums rechtskräftig verurtheilt, so kann nach der herrschenden Meinung seit dem 1. Oktober 1879 gemäß §. 779 der C.P.O. seine Eintragung dadurch herbeigeführt werden, daß der Veräußerer die Eintragung vor dem Grundbuchrichter mündlich bewilligt und hinsichtlich des erforderlichen Antrages des Erwerbers auf die von ihm vorzulegende Ausfertigung des rechtskräftigen Urtheils verweist. Vgl. jedoch dagegen Kipp a. a. O. S. 85, welcher ausführt, daß der Antrag des Erwerbers an den Grundbuchrichter zu richten ist, daher mit der Rechtskraft des Urtheils, wie §. 779 vorschreibt,

§. 4.

Die Kenntniß des Erwerbers eines Grundstücks von einem ältern Rechtsgeschäft, welches für einen Anderen ein Recht auf Auflassung dieses Grundstücks begründet, steht dem Eigenthumserwerb nicht entgegen.

§. 5.

Außerhalb der Fälle einer freiwilligen Veräußerung wird Grundeigenthum nach dem bisher geltenden Recht erworben. Das Recht der Auflassung und Be-

---

nicht als abgegeben gelten kann, und daß der Veräußerer durch jenes Urtheil zur Stellung des Antrages an Stelle des Erwerbers nicht ermächtigt wird, das Gesetz aber einen Antrag des ersteren bei der Auflassung nicht kennt.

§. 4.

Die heutige Praxis des gemeinen Rechts behandelt den Fall, in welchem der Eigenthümer seine Sache an Mehrere nach einander veräußert hat, nicht als Fall der Kollision. Sie geht davon aus, daß ein Rechtsverhältniß zwischen den verschiedenen Kontrahenten des Veräußerers nicht besteht. Wer zuerst die Uebergabe erlangt, der wird Eigenthümer, gleichviel, ob ihm das Recht des anderen auf Erwerbung derselben Sache bekannt war oder nicht. (Mot. bei Werner S. 15.) Nach dem A.L.R. I. 10 §. 25 dagegen kann „der, welcher zur Zeit der Eintragung oder Uebergabe den früher entstandenen Titel eines andern weiß, zum Nachtheile desselben die früher erhaltene Eintragung oder Uebergabe nicht vorschützen". Es ist dies eine Konsequenz der Lehre vom „Recht zur Sache", deren Verwerflichkeit in der Einleitung S. 10 gezeigt ist. Der Veräußerer kann sehr gute Gründe haben, welche ihn berechtigen, das erste Geschäft aufzuheben und das zweite zu erfüllen. Die Bestimmung des §. 25 cit. läuft deshalb auf eine Fiktion hinaus, die nur zufällig hier und da mit der Wirklichkeit zusammentrifft. Mit dem Eintragungsprinzip ist die Theorie des Landrechts unvereinbar. Das Gesetz über den Eigenthumserwerb ist deshalb zu dem Standpunkt des gemeinen Rechts zurückgekehrt. Wer das Eigenthum erworben hat, ist gegen denjenigen geschützt, dem nur ein Titel zur Erwerbung eingeräumt ist, selbst wenn dieser neben dem Titel auch noch den Besitz des Grundstücks erlangt hat. Wer ein Grundstück kauft und sich übergeben läßt, wird deshalb gut thun, auf der sofortigen Auflassung und Eintragung zu bestehen, damit nicht der Verkäufer in der Lage bleibe, eine anderweite Veräußerung vorzunehmen. Der erste Käufer steht dem zweiten, welchem das Eigenthum aufgelassen ist, nach; ihm bleibt nur der persönliche Anspruch gegen den Verkäufer.

Die Fassung des §. 4 bringt indessen den Gedanken des Gesetzgebers nicht vollständig zum Ausdruck. Verneint ist nach den Motiven (Werner 2 S. 15 u. 19) nicht blos, wie es nach dem Wortlaut den Anschein hat, der dingliche, sondern auch der persönliche Anspruch des zur Auflassung Berechtigten gegen denjenigen, welcher als Eigenthümer eingetragen worden ist. (Dernburg und Hinrichs §. 29 S. 376; R.G. V und VI, Gruchot 30 S. 942 und 33 S. 948.)

Die Anwendbarkeit der Vorschrift des A.L.R. I. 10 §. 25 auf den Fall, wo der Erwerber des Grundstücks Kenntniß hat von dem Anspruche eines anderen auf Uebertragung des Eigenthums durch Uebergabe, bleibt von dem §. 4 des Gesetzes unberührt. Hat z. B. der Eigenthümer Holz, welches auf dem Grundstück steht, zur Abholzung verkauft und später das Grundstück aufgelassen, so geht zwar das Eigenthum an dem Holze mit dem Grundstück durch die Auflassung und Eintragung auf den Erwerber über, aber der Käufer des Holzes kann den Anspruch auf Uebergabe desselben auch gegen den neuen Eigenthümer geltend machen, wenn dieser bei der Auflassung den Abschluß des Kaufvertrages gekannt hat. (O.Tr. III v. 19. Juni 1876, Entsch. 78 S. 95; Str. Arch. 96 S. 299.) — Vgl. noch §. 15 und die Anm. dazu.

§. 5 Satz 1.

In den Fällen des §. 5 geht das Eigenthum ohne Auflassung und Eintragung auf den Erwerber über, und zwar:

1. beim Erbgang mit der Erwerbung des Erbrechts, d. i. in Gemäßheit des A.L.R. I.

lastung des Grundstücks erlangt aber der Erwerber erst durch seine Eintragung im Grundbuch.

Miterben können jedoch ein ererbtes Grundstück auflassen, auch wenn sie nicht als Eigenthümer desselben im Grundbuch eingetragen sind.

---

9 §§. 367, 368 mit dem Tode des Erblassers, nach gemeinem Recht mit dem Antritt der Erbschaft;

2. beim Vermächtniß nach dem A.L.R. I. 12 §. 288 ebenfalls regelmäßig mit dem Tode des Erblassers, nach gemeinem Recht dagegen mit dem dies veniens, d. i. in der Regel der Zeitpunkt des Erbschaftsantritts durch den Erben. Zur Eintragung des Vermächtnißnehmers als Eigenthümer bedarf es aber nach §. 53 der Gr.B.O. der Einwilligung des Erben. Dem gewöhnlichen Vermächtniß steht das Prälegat gleich. (Kammerger., Jahrb. 2 S. 91.) Als ein bedingtes Prälegat, bei welchem es zur Eintragung des Prälegatars als Eigenthümer keiner Auflassung bedürfe, sieht das Kammerger. (Jahrb. 5 S. 137; ebenso Dernburg, Preuß. Privatr. 3 §. 144 Note 6) auch die Verfügung des Erblassers an, daß ein Miterbe zum Erwerb eines Nachlaßgrundstücks für eine bestimmte Summe berechtigt sein solle; indessen ist in diesem Falle nicht das Eigenthum, sondern nur ein persönlicher Anspruch auf Uebertragung desselben Gegenstand des Vermächtnisses und deßhalb die Auflassung erforderlich (Ratibor in Johow 8 S. 163, Turnau 2 S. 181);

3. bei der Familienfideikommiß- und Lehnsfolge mit dem Tode des bisherigen Besitzers nach preußischem und gemeinem Recht. (Vgl über jene: A.L.R. II. 4 §. 206 und R.G. IV, Entsch. 4 S. 252.) Für die Eintragung des Erwerbers kommt §. 52 der Gr.B.O in Betracht;

4. beim Erbschaftskauf nach dem A.L.R. I. 11 §. 474 mit dem Abschlusse des Vertrages. (Kammerger., Johow 4 S. 72, und Jahrb. 1 S. 115; Förster-Eccius 4 §. 277 IV; Turnau 2 §. 108.) Hat sich jedoch der Erbe bereits als Eigenthümer in das Grundbuch eintragen lassen, so bedarf es nach der Ansicht von Eccius (a. a. O.) der Auflassung, weil das Grundstück aus der Erbmasse ausgeschieden sei und nach Lage des Grundbuches nicht mehr direkt aus dem Vermögen des Erblassers auf den Erbschaftskäufer übergehen könne. — Nach gemeinem Recht ist der Käufer einer Erbschaft kein Universalsuccessor des Erblassers; zum Erwerb des Eigenthums an den Nachlaßgrundstücken bedarf es deßhalb der Auflassung (Windscheid 3 §. 621; Dernburg, Pand. 3 §. 168);

5. bei der fideikommissarischen Substitution des Landrechts mit dem Eintritt des Substitutionsfalles (A.L.R. I. 12 §. 467) und beim gemeinrechtlichen Universalfideikommiß mit dessen Restitution; einer Auflassung bedarf es nicht, da der Universalfideikommissar Universalsuccessor des Erblassers ist und das Eigenthum an den Nachlaßgrundstücken nach bisherigem Recht ohne Tradition erwarb (Kammerger., Jahrb. 2 S. 94; Turnau 2 §. 104 Ziff. 4);

6. bei der ehelichen Gütergemeinschaft durch den Abschluß der Ehe und, wenn die Gemeinschaft während der Ehe vertragsmäßig eingeführt wird, durch Errichtung des Vertrages. (A.L.R. II. 1 §§. 361—367; Förster-Eccius 4 §. 209 B, S. 64 ff.; Turnau 2 §. 72 Ziff. 1). Wegen der gemeinrechtlichen Dos vgl. Anm. I 3b zu §. 1, oben S. 31;

7. bei der Enteignung durch Zustellung des Enteignungsbeschlusses an den (bisherigen) Eigenthümer und den Unternehmer (Erwerber), in Gemäßheit des Gesetzes über die Enteignung von Grundeigenthum vom 11. Juni 1874 §. 44. Einigen sich die Parteien über die Abtretung des Eigenthums, so ist die Auflassung erforderlich. (Ges. v. 11. Juni 1874 §§. 16 u. 17.) Wenn jedoch Grundstücke auf Grund der Gesetze vom 7. Oktober 1865 und vom 7. April 1869 zur Errichtung trigonometrischer Marksteine vom Staate erworben sind, so erfolgt auch im Fall der Vereinbarung die Abschreibung des Grundstücks im Grundbuche auf bloße Requisition des Kreislandraths. (Ges. vom 3. Juni 1874.)

Wegen anderer Enteignungsfälle, auf welche das Gesetz vom 11. Juni 1874 nicht oder nur beschränkt Anwendung findet, siehe Dalcke, Kommentar zu diesem Gesetz (§. 54), und Dernburg und Hinrichs 1 S. 205 ff., und über den Fall des zwangsweisen Erwerbs eines Grundstücks seitens des Bergwerkseigenthümers auf Verlangen des Grundeigenthümers nach §§. 138, 139 des Berggesetzes: Kammerger., Jahrb. 7 S. 139, und dagegen Arndt in Gruchot 33 S. 24 ff.);

8. bei der Subhastation im Wege der Zwangsvollstreckung mit der Verkündigung des Zuschlagsurtheils, nach dem Zwangsvollstr.Ges. §. 97; bezüglich der Eintragung siehe §. 124 desselben Ges.;

9. bei den Theilungsklagen durch das rechtskräftige Adjudikationsurtheil (vgl. für das A.L.R. Förster-Eccius 3 §. 178 Anm. 12, für Kassel Einf.Ges. §. 6 und für Rheinl. Einf.Ges. §. 4);

10. in den Fällen der Gemeinheitstheilung, beziehungsweise der Zusammenlegung von Grundstücken, und der Ablösung von Reallasten durch Landabfindungen mit der Bestätigung des Rezesses oder schon vorher mit der Ausführung des endgültig festgestellten Auseinandersetzungsplanes (Ges. v. 26. Juni 1875 §. 1);

11. durch Ersitzung, soweit dieselbe nach §. 6 des Gesetzes noch vorkommen kann (vgl. die Anm. zu §. 6);

12. bei resolutivbedingtem oder befristetem Eigenthum mit Eintritt der Bedingung oder des Termins nach gemeinem Recht (über das Allg. Landr. vgl. Förster-Eccius 3 §. 169 Anm 13, Dernburg, Preuß. Privatr. 1 §. 227). Die Unzulässigkeit einer bedingten Auflassung (vgl. Anm. 6 zu §. 2, oben S. 40) schließt die Gültigkeit des den Rückfall des Eigenthums betreffenden Nebenvertrages nicht aus und ändert auch nichts an seinen Wirkungen; diese sind nur durch §. 11 des Gesetzes eingeschränkt. Für Rheinl. vgl. Einf.Ges. §. 7;

13. durch Okkupation herrenloser Grundstücke, welche nach gemeinem Recht jedem, nach A.L.R. II. 16 §§. 1, 8 ff. nur dem Staate zusteht (Förster-Eccius 3 §. 174, S. 202; Dernburg, Preuß. Privatr. 1 §. 228, S. 572). Der Eigenthumserwerb an einem derelinquirten Grundstücke setzt die vorhergehende Eintragung eines Dereliktionsvermerks im Grundbuch nicht voraus. Dagegen fragt es sich, ob sich der Eigenthümer durch einen solchen Vermerk der ihm nach §. 7 Abs. 1 des Gesetzes obliegenden Haftung entziehen kann. Dies bejahen das L.G. Kassel (Jahrb. 11 S. 410) und Dernburg (Preuß. Privatr. 1 §. 204 Anm. 9). Die Gr.B.O. kennt jedoch weder eine Löschung der Eintragung des bisherigen Eigenthümers ohne gleichzeitige Eintragung eines Erwerbers, wie das Landgericht Kassel annimmt, noch läßt sie die Eintragung eines Dereliktionsvermerks in Abth. II zu, wofür Dernburg eintritt. (Kammerger. Jahrb. 9 S. 71; Eccius 3 §. 179 Anm. 19.) Vgl. auch Schwartz 1 S. 596 ff.

14. Ueber die Fusion zweier Aktiengesellschaften vergl. Anm. I 3e zu §. 1, oben S. 33.

15. Beim Bauen auf fremdem Grund und Boden, beziehungsweise auf der Grenze, entscheiden die Bestimmungen des A.L.R. I. 9 §§. 327 ff. Nach §. 332 erwirbt derjenige, welcher auf fremdem Grund und Boden mit Vorwissen und ohne Widerspruch des Eigenthümers Gebäude aufführt, nicht einen blos persönlichen Anspruch auf Ueberlassung der bebauten Fläche, sondern das Eigenthum derselben. (A. M. Koffka in Gruchot 27 S. 390.) Diese Vorschrift ist nicht aufgehoben. (O.Tr. III, Entsch. 80 S. 51; R.G. V., Entsch. 18 S. 279.) Ueber die Folgen der Ueberbauung zweier Grundstücke, welche auf verschiedenen Grundbuchblättern eingetragen stehen, verschieden belastet sind und ihre buchmäßige Selbstständigkeit behalten haben, mit einem einheitlichen Gebäude vgl. R.G. V, Entsch. 15 S. 252.

16. Endlich sind noch zu erwähnen die Fälle der Alluvion (Puchta, Inst. §. 242; A.L.R. I. 9 §§. 225 ff.), der insula in flumine nata (§. 22 J. de rerum divisione 2. 1; A.L.R. I. 9 §§. 242 ff.) und des alveus derelictus (§§. 23 u. 24 J. 2. 1; A.L.R. I. 9 §§. 270 ff.). Turnau 2 §. 119.

Abgesehen von der Insel, die ein selbständiges Grundstück bildet und deshalb ein Blatt im Grundbuche erhalten muß, charakterisiren sich diese Fälle unmittelbarer Erwerbungen als natürliche Erweiterungen des Grundstücks; sie theilen daher dessen Schicksale, auch wenn sie nicht im Grundbuche nachgewiesen sind. Förster, Grundbuchrecht S. 98 u. 99. Diejenigen, welche in Gemäßheit des A.L.R. I. 9 §. 271 aus dem verlassenen Flußbett entschädigt werden, erwerben das Eigenthum an der Fläche erst durch Auflassung und Eintragung. (Dernburg, Preuß. Privatr. 1 §. 237 Nr. 4.)

17. Der Uebergang des Eigenthums an den in dem Gesetze vom 25. Mai 1873 §. 1 (R.G.Bl. S. 113) bezeichneten Grundstücken auf das Reich vollzieht sich kraft des Gesetzes, also ohne Auflassung. (Kammerger., Johow 6 S. 110), ebenso der Rückerwerb der später für die Zwecke der Reichsverwaltung entbehrlich gewordenen Grundstücke durch den Landesfiskus (Kammerger., Jahrb. 4 S. 145).

§. 5 Satz 2.

Der zweite Satz des §. 5 scheint, wenn man nur an seinen Wortlaut sich hält, weder mit der Rechtskonsequenz noch mit den Bedürfnissen des Verkehrs im Einklang zu stehen.

1. Aus dem Eigenthum folgt die Befugniß des Eigenthümers, das Grundstück zu veräußern und zu belasten. Diese Folgerung ist nicht unverträglich mit dem Formalismus des Grundbuchrechts. Die Ordnung im Buche fordert nur die Ausschließung von Eintragungen gegen den nichteingetragenen Berechtigten. Es ist daher ganz sachgemäß, wenn das Gesetz davon ausgeht, daß eine Eintragung nur vorgenommen werden darf, sofern derjenige, gegen den sie sich richten soll, selbst im Grundbuche eingetragen ist. Mit andern Worten: Zu Verfügungen bei dem Grundbuche ist die Eintragung des Verfügenden zu der Zeit erforderlich, wo die Verfügung zur Eintragung gelangt. Weshalb aber die Verfügung wirkungslos sein soll, wenn sie vor der Eintragung des Verfügenden erklärt wird, ist nicht erfindlich. Weder juristische noch geschäftliche Rücksichten rechtfertigen einen solchen Schluß.

In der Wissenschaft und Praxis überwiegt indeß die Meinung, daß eine Auflassung, welche das Grundbuchamt aus Versehen vor der Eintragung des Veräußerers entgegengenommen hat, desgleichen Eintragungen von Hypotheken und dinglichen Rechten, welche von dem nichteingetragenen Eigenthümer bewilligt worden, nichtig sind und durch die nachträgliche Eintragung des Eigenthümers nicht zu Kräften kommen. Diese Meinung vertreten namentlich: Förster, Grundbuchrecht S. 159; Bahlmann S. 40 ff.; Turnau 1 Anm. 3 zu §. 13 u. Anm. 2 zu §. 19 des Gesetzes, S. 284 ff., 303 ff.; und die unten angeführten Entscheidungen. Der Grund hierfür ist den Materialien des §. 5 entlehnt.

Nach dem A.L.R. I. 20 §§. 16, 17, 406 und 407 sowohl als nach l. 5 Cod. 8. 16 und l. 9 §. 3 D. 20. 4 konvaleszirt die Verpfändung einer fremden Sache, wenn der Verpfänder dieselbe nachträglich erwirbt. Diesen Grundsatz, dessen Geltung auch für die Veräußerung fremder Sachen behauptet wird, glaubte die Kommission des Herrenhauses durch den zweiten Satz des §. 5 gefährdet. Sie fügte deshalb hinzu: „insofern früher von ihm vorgenommene Rechtshandlungen nicht nach den bisherigen gesetzlichen Bestimmungen mit der erfolgenden Eintragung von selbst in Wirksamkeit treten.“ (Werner 2 S. 51.) In dem Bericht der Kommission des Abgeordnetenhauses heißt es nach Anführung des Zusatzes:

„Die Absicht dabei ist im Wesentlichen gewesen, die Bestimmungen der §§. 16, 17, 405, 406. I. 20 Allg. Landrecht über Verpfändung eines Grundstücks durch den nicht eingetragenen Eigenthümer zu erhalten.

Von einer Seite wurde die Bestimmung, daß der Erwerber außerhalb der Fälle einer freiwilligen Veräußerung das Recht zur Auflassung und Belastung des Grundstücks erst durch seine Eintragung im Grundbuche erlange, angefochten und dagegen angeführt, daß der Erbe des eingetragenen Eigenthümers doch durch Vermiethen das Grundstück belasten könne. Es fand dagegen die Bestimmung der Vorlage vielfach Vertheidigung, da sie allein konsequent und geeignet sei, den Eigenthümer zur Eintragung seines Eigenthums zu veranlassen.

Der Zusatz des Herrenhauses wurde theils im Prinzip angefochten, theils nur in der Fassung und wurden Vorschläge gemacht, ihn anders zu fassen ....

Unter Ablehnung der übrigen Anträge ist darauf ...... der Zusatz des Herrenhauses gestrichen.“ (Werner S. 110 u. 111.)

Hiernach ist es mehr als gewagt, zu behaupten, daß der Landtag das Konvaleszenzprinzip durch den §. 5 habe beseitigen wollen. Fest steht nur, daß man eine ausdrückliche Vorschrift zum Zwecke der Aufrechthaltung desselben nicht gewollt hat. Die Frage ist deshalb die, ob der zweite Satz des §. 5, wie er in dem Gesetze vorliegt, dem Konvaleszenzprinzip entgegensteht. Diese Frage ist in der zweiten Ausgabe bejaht. Richtiger ist es indessen, sie zu verneinen, weil das Prinzip lediglich dem materiellen Rechte angehört, dessen bezügliche Bestimmungen aber recht wohl neben dem Formalismus des Grundbuchrechts bestehen können. Für diese Auffassung namentlich Dernburg, Preuß. Privatr. 1 §. 318 Ziff. 3 u. Hyp.R. 2 §. 13 Ziff. 4, S. 95; Kindel in Gruchot's Beitr. 20 S. 99; Dernburg und Hinrichs 1 S. 266—271, und das Kammerger. im Jahrb. 7 S. 71 und 11 S. 146.

2. Für den Fall der Veräußerung ist die Frage, ob das Konvaleszenzprinzip noch anzuerkennen ist, nur von untergeordneter Bedeutung, da bei ordnungsmäßigem Verfahren es nicht vorkommen kann, daß von einem nicht eingetragenen Eigenthümer eine Auflassungserklärung entgegengenommen wird. Doch ist ein Fall bekannt geworden, in welchem ein Erbe, der seine Eintragung als Eigenthümer beantragt und dann das Grundstück verkauft hatte, zur Auflassung an die Käufer verstattet, die Eintragung der letzteren jedoch abgelehnt wurde. (Marienwerder, Johow 8 S. 158.) Einen großen Theil der praktischen Bedeutung hat die Streitfrage ferner durch das Zwangsvollstr.Ges. vom 13. Juli 1883 verloren. Dieses läßt nämlich nicht nur die Zwangsversteigerung und Zwangsverwaltung gegen den nicht eingetragenen Eigenthümer zu (§. 14 Ziff. 3, §. 139), sondern es erklärt vor allem auch die Eintragungsbewilligung, welche der Ersteher des versteigerten Grundstücks vor seiner Eintragung „in der Vertheilungsverhandlung" erklärt hat, für wirksam und ordnet die Eintragung „auf Grund dieser Bewilligung" gleichzeitig mit der Eintragung des Erstehers an (§. 124 Abs. 5. Ebenso Rhein. Einf.Ges. §. 4 Abs. 2 und §. 5 Abs. 3 für die in einer Theilungsurkunde, einem Versteigerungsprotokoll oder einer über die Auflassung aufgenommenen notariellen oder gerichtlichen Urkunde von dem Erwerber bewilligten Eintragungen). Schließlich ist auch der nicht eingetragene Eigenthümer zweifellos zu solchen Belastungen, welche ohne Eintragung entstehen, z. B. zur Verpachtung oder Vermiethung des Grundstücks, berechtigt. (Heidenfeld S. 25; Dernburg und Hinrichs 1 S. 270; O.Tr. III., Entsch. 81 S. 178).

Dagegen ist der Streit noch von erheblicher Bedeutung für die Eintragungen, welche der Erwerber eines Grundstücks vor der Auflassung an ihn oder der Erbe des eingetragenen Eigenthümers oder der Ersteher außerhalb der Vertheilungsverhandlung vor ihrer Eintragung als Eigenthümer, und ohne diese gleichzeitig zu erlangen (§§. 13, 19), bewilligt haben. In diesen Fällen wird nach der herrschenden Meinung, welche das Konvaleszenzprinzip verwirft, durch die Bewilligung zwar eine obligatorische Verbindlichkeit des Bewilligenden erzeugt, sodaß er nach seiner Eintragung als Eigenthümer zur Wiederholung der Bewilligung persönlich verpflichtet ist (O.Tr. III., Gruchot 22 S. 412; R.G. I. H.S., ebd. 24 S. 1019); die dingliche Gebundenheit dagegen ist ausgeschlossen.

a. Daraus folgt, daß nach der herrschenden Meinung der Grundbuchrichter die auf Grund einer solchen Bewilligung beantragte Eintragung in das Grundbuch ablehnen muß, selbst wenn der Antrag nach der Eintragung des Bewilligenden als Eigenthümer gestellt wird. Die Bewilligung muß wiederholt werden, um die Eintragung zu rechtfertigen. So ist denn auch von den App.-Gerichten Stettin (Johow 3 S. 140) und Hamm (ebd. 5 S. 124 und 8 S. 204), vom Obertribunal (III, Str.Arch. 97 S. 147, und VI, Entsch. 79 S. 13), vom Reichsgericht (IV, Gruchot 25 S. 455) und früher auch vom Kammergericht (Johow 5 S. 116, Jahrb. 3 S. 141 und 6 S. 95) entschieden worden, und für die gleiche Ansicht hat sich der Justizminister in einem Reskript v. 4. März 1876 (J.M.Bl. 1877 S. 22) erklärt. Folgerichtig muß von den Vertretern dieser Meinung als Voraussetzung der Eintragung auch der Nachweis gefordert werden, daß die Eintragungsbewilligung nach der Eintragung des Bewilligenden als Eigenthümer oder nach der Auflassung an ihn erklärt ist (vgl. Posen, Johow 3 S. 140 und die Note * dazu, und Naumburg, ebd. 8 S. 200). — Nach der hier vertretenen Ansicht ist dagegen dem Ein=

tragungsantrage stattzugeben, wenn nur zur Zeit des Einganges desselben der Bewilligende als Eigenthümer eingetragen ist oder seine Eintragung gleichzeitig erlangt, ohne Rücksicht auf den Zeitpunkt der Bewilligung. Dem ist wenigstens für die Eintragungen, welche der Erbe des eingetragenen Eigenthümers oder der Ersteher außerhalb der Vertheilungsverhandlung vor seiner Eintragung bewilligt hat, das Kammergericht in den oben am Ende von Anm. 1 angeführten beiden Entscheidungen beigetreten, mit der Begründung, daß die §§. 5, 13 und 19 des Gesetzes nur die Legitimation des Hypothekbestellers dem Grundbuchrichter gegenüber beträfen und das materielle Recht überhaupt nicht berührten. (So jetzt auch der J.Min. in der von Schwartz 2 S. 21 ff. mitgetheilten Verf. v. 21. Dezbr. 1889.)

b. Folgt man der herrschenden Meinung, so drängt sich die weitere Frage auf: welche Wirkungen sind mit einer Hypothek verknüpft, die nach der Eintragung des Eigenthums des Verpfänders auf Grund einer vorher erklärten Bewilligung unzulässiger Weise eingetragen ist? Das Obertribunal (III v. 3. Jan. 1876, Entsch. 76 S. 125 u. Str.Arch. 94 S. 293) hat dieselbe für wirkungslos erklärt. Das Reichsgericht (V, Entsch. 11 S. 325) hat sich dagegen, ohne die Frage der Zulässigkeit der Eintragung selbst zu entscheiden, für die Gültigkeit der einmal eingetragenen Hypothek ausgesprochen, weil „das Gesetz die Nichtigkeit an ein solches Verfahren des Grundbuchrichters nicht geknüpft hat, und sich dieselbe aus allgemeinen Rechtsgrundsätzen ebensowenig herleiten läßt, es vielmehr dem Geist und Zweck unserer Grundbuchverfassung widersprechen würde, an Versehen des Grundbuchrichters, die der Gläubiger aus dem ihm ertheilten Hypothekenschein nicht ersehen kann, die Nichtigkeit der erfolgten Eintragung zu knüpfen"; dasselbe hat deshalb nicht nur dem Verpfänder, sondern auch dem nacheingetragenen Realberechtigten das Recht abgesprochen, das Realrecht oder die Priorität des zu Unrecht eingetragenen Hypothekengläubigers zu bestreiten, es sei denn, daß in Folge besonderer Umstände eine Bereicherung des letzteren auf Kosten des ersteren ohne Rechtsgrund vorliege. Auch Eccius (3 §. 193 Anm. 10 a. E.), welcher sonst der herrschenden Meinung folgt, betrachtet die versehentlich erfolgte Eintragung wenigstens dem Eigenthümer gegenüber als konvaleszirt, falls sich in dessen Pflicht zur Bewilligung der Eintragung nichts geändert hat, weil der Hypothekengläubiger sonst sofort nach der Löschung die Wiedereintragung verlangen könnte; dagegen giebt er den inzwischen eingetragenen dinglich Berechtigten das Anfechtungsrecht auf Erwirkung des Vorrechts.

3. Dem eben besprochenen Falle stellt Eccius a. a. O. den weiteren gleich, daß eine Hypothek zur Eintragung gelangt ist, obwohl der Hypothekbesteller auch zur Zeit dieser Eintragung noch nicht als Eigenthümer eingetragen war. Das Reichsgericht (V, Entsch. 28 S. 295) unterscheidet dagegen die Frage der Konvaleszenz der Eintragung von der vorigen Frage der Konvaleszenz der Eintragungsbewilligung, verneint in diesem Falle die Konvaleszenz und erklärt die Hypothek für nichtig, denn die Bestimmungen der §§. 13 und 19 des Gesetzes seien absolut zwingender Natur, sie gehörten dem formalen Grundbuchrecht an, welches seine Quelle allein in den Grundbuchgesetzen habe und aus den materiellrechtlichen Grundsätzen des A.L.R. nicht ergänzt oder modifizirt werden dürfe. „Verschieden aber von der Frage der Konvaleszenz einer illegal eingetragenen Hypothek ist die Frage, ob der Widersprechende in der Lage ist, das Nichtbestehen des Realrechts gegenüber dem Gläubiger geltend zu machen. Es kommt hierbei auf das zwischen den Betheiligten etwa bestehende obligatorische Verhältniß an. Ist danach der Widersprechende zur Gewährung des von ihm bestrittenen Pfandrechts dem anderen Theile persönlich verpflichtet, so verletzt er diese persönliche Verpflichtung und handelt arglistig, wenn er die Existenz des von ihm selbst oder sonst für ihn verbindlich versprochenen und — formell ungültig — bestellten Pfandrechts bestreitet" (R.G. a. a. O.).

§. 5 Satz 3.

Unter Miterben versteht das Landrecht „mehrere zugleich zu einer Erbschaft berufene Personen". I. 9 §. 382. Die Bezeichnung ist für das Verhältniß der Erben zu einander und zu Dritten gebräuchlich. I. 17 §§. 115, 125, 126, 136, 137, 147, 149, 150, 167.

Derjenige, welcher allein zur Erbschaft berufen ist, muß sich als Eigenthümer des Nachlaßgrundstückes eintragen lassen, um die Befugniß zur Auflassung desselben zu erlangen. Daher darf auch von einem Testamentsvollstrecker die Auflassung erst nach der Eintragung des Alleinerben entgegengenommen werden. Frankfurt, Johow 8 S. 154. Die Miterben dagegen können auflassen, ohne als Eigenthümer eingetragen zu sein. Förster (Grundbuchrecht S. 97, 98) giebt für diese Unterscheidung zwei Gründe an, — einen Nützlichkeitsgrund, der darauf hinausläuft, daß man im Grundbuche Raum erspart, wenn man von der oft weitläufigen Eintragung der Miterben absteht, und einen inneren Grund, welcher auf der Ansicht beruht, daß der Nachlaß durch den Erbanfall an einen einzigen Erben (heres ex asse) sofort mit dessen Vermögen sich konfundire und dadurch aufhöre, Nachlaß zu sein, daß dagegen im Falle mehrerer Erben die Konfusion des Nachlasses mit dem Vermögen derselben bis zur Theilung ausgesetzt bleibe, die Miterben daher vor der Theilung noch den eingetragenen Erblasser repräsentiren, mithin die Auflassung nur als Repräsentanten desselben vornehmen Diese Unterscheidung ist indessen nicht ohne Bedenken. Der Alleinerbe, welcher der Rechtswohlthat des Inventars weder entsagt hat noch verlustig gegangen ist, kann bei der Verfügung über Gegenstände des Nachlasses an sich ebenfalls nur als Repräsentant des Erblassers angesehen werden. Dadurch, daß man von seiner Eintragung als Eigenthümer seine Befugniß zur Auflassung des Nachlaßgrundstückes abhängig macht, zwingt man ihn, das Eigenthum daran seinem nicht ererbten Vermögen einzuverleiben, wiewohl der Erwerb in diesem Sinne für ihn ohne praktisches Interesse ist, wenn er die Absicht hatte, als Repräsentant des Erblassers das auf dessen Namen im Grundbuche eingetragene Immobile zu veräußern. Vgl. A.L.R. I. 9 §§. 443 ff. und I. 16 §§. 486, 487. Das Gesetz erläßt indessen die vorgängige Eintragung nur den auflassenden Miterben.

1. Es ist gleichgültig, ob die Miterben das Grundstück an einen von ihnen oder an einen Fremden auflassen. Die Ansicht, daß die Auflassung an einen Fremden erst nach Eintragung der Miterben zulässig sei, ist ohne Grund; sie findet in den Materialien (Werner 2 S. 51 u. 111) keinen Anhalt und in dem Wortlaut des §. 5 ihre Widerlegung. Vgl. hierzu Heidenfeld S. 26 Note 13; Turnau 1 S. 197 Anm. 7.

Miterben können ein ererbtes Grundstück auch dann, wenn inzwischen einer der ursprünglichen Erben verstorben und von einem der Miterben beerbt ist, ohne Eintragung des hierdurch bewirkten Eigenthumsüberganges auflassen Naumburg, Johow 6 S. 126. Wenn dagegen ein Alleinerbe vor seiner Eintragung stirbt, so steht seinen Erben das Recht der Auflassung erst nach Eintragung ihres Eigenthums zu. Dernburg und Hinrichs 1 §. 26 Note 31 S. 341.

Hat ein Miterbe sein Erbrecht an die übrigen verkauft, so können diese nach A.L.R. die Nachlaßgrundstücke auflassen, ohne daß sie oder der Verkäufer vorher eingetragen werden müßten. Naumburg, Johow 6 S. 126. Wenn von mehreren Erben einige ihr Erbrecht an einen Fremden verkauft haben, so sind nach A L R. die übrigen zur Auflassung ihrer Antheile an den Nachlaßgrundstücken berechtigt, ohne sich als Miteigenthümer eintragen lassen zu müssen. Frankfurt, ebenda 4 S. 236. Vgl. Turnau 2 §. 108 Anm. 2.

Die Veräußerung eines Theils ist von der Veräußerung des Ganzen dem Wesen nach nicht verschieden. Wenn daher die Erben ein Stück von dem Nachlaßgrundstück abtrennen und auflassen, so bedarf es ihrer vorgängigen Eintragung nicht. (Turnau 1 S. 197.) Das Gegentheil hat das Kreisgericht zu Berlin angenommen. Der dafür von Neubauer S. 13 Nr. 2 angeführte Grund, daß das Gesetz die Verpfändung Seitens des nicht eingetragenen Eigenthümers verbiete, obwohl dieselbe ebenfalls eine partielle Veräußerung sei, ist nicht stichhaltig. Mag die Verpfändung immerhin zu den Veräußerungen gerechnet werden, jedenfalls steht sie juristisch der gegenwärtigen Veräußerung eines reellen Theils nicht gleich; grundbuchmäßig ist sie überhaupt keine Veräußerung, sondern eine Belastung des Eigenthums, und aus diesem Grunde kann sie nur gegen den eingetragen werden, den das Buch als zu der Belastung berechtigt ausweist.

Nach der Ansicht des ostpr. Trib. (Jahrb. 1 S. 64) ist der überlebende Ehegatte bei einer beerbten gütergemeinschaftlichen Ehe nicht zu den Miterben zu rechnen und kann daher nur

§. 6.

Gegen den eingetragenen Eigenthümer findet ein Erwerb des Eigenthums an dem Grundstück durch Ersitzung nicht statt.

---

nach seiner Eintragung auflassen. Dagegen Turnau 2 §. 76 bei Note 8, S. 376, welcher §. 5 Abs. 2 anwenden will, selbst wenn nur ein Erbe neben dem Ehegatten vorhanden ist, und für das Rhein. Recht Einf.Ges. §. 6 Abs. 2.

2. Das Recht der Belastung ist auch den Miterben versagt, so lange dieselben nicht als Eigenthümer eingetragen sind. Naumburg, Johow 8 S. 205. Wenn daher Eheleute als Eigenthümer eingetragen sind, so kann nach dem Tode des Mannes die Frau, der durch Testament die Befugniß zur Belastung des Grundstücks eingeräumt ist, von dieser Befugniß erst nach Eintragung der Erben des Mannes als Miteigenthümer Gebrauch machen. Königsberg, Johow 7 S. 206.

Desgleichen sind Testamentsvollstrecker, wenngleich sie als Bevollmächtigte des Erblassers gelten, doch zur Belastung der Nachlaßgrundstücke erst nach Eintragung des Eigenthumsüberganges auf die Erben legitimirt. Kammerger., Johow 7 S. 210; R.G. V, Entsch. 28 S. 294 (für preuß. Recht). A.M. das Kammerger. im Jahrb. 2 S. 115 u. 4 S. 189 und (für gem. R.) O.L.G. Stettin ebd. 10 S. 286, weil die Befugnisse des Testamentsvollstreckers ihre Grundlage in der vom Erblasser ertheilten Ermächtigung finden.

Daß im Wege der Zwangsvollstreckung, insbesondere zur Vollziehung eines Arrestbefehls, eine Eintragung gegen die Miterben erst nach deren Eintragung erfolgen kann, ist jetzt nach §. 6 des Zwangsvollstr.-Ges. zweifellos (vgl. unten Zus. zu §. 19). Auch jede andere Vormerkung, selbst die zur Erhaltung des Rechts auf Auflassung, setzt die vorhergehende Eintragung der Miterben voraus. Freilich dient diese Vormerkung zur Vorbereitung der Auflassung, und „das Recht zum Größeren und Mehreren schließt" nach dem A.L.R. Einl. §. 91 „das Recht zum Geringern oder Wenigern in gleicher Art in sich." Allein die Frage ist, ob die Vormerkung blos ein minus der Auflassung und nicht vielmehr ein aliud ist. Diese Frage ist um so berechtigter, jemehr der formale Charakter des Grundbuchrechts die Auffassung zuläßt, der §. 5 habe der freiwilligen Veräußerung alle übrigen gegen das Eigenthum sich richtenden Verfügungen bei dem Grundbuch gegenüberstellen wollen. (Turnau 1 S. 147 Anm. 7, vgl. Stettin, Johow 8 S. 207.)

§. 6.

Nach dem A.L.R. I. 9 §. 511 können „Rechte auf unbewegliche Sachen, die im Hypothekenbuche eingetragen sind, weder durch den bloßen Nichtgebrauch erlöschen, noch kann ein denselben entgegenstehendes Recht mittelst der Verjährung durch Besitz erworben werden." Das Ober-Tribunal bezieht diese Bestimmung nur auf einzelne dingliche Rechte, nicht auf das Eigenthum. (Entsch. 34 S. 128.) Dies ändert der §. 6 des Gesetzes, indem er die Ersitzung gegen den eingetragenen Eigenthümer ausschließt. Das Motiv hierfür liegt in der Unverträglichkeit der Ersitzung mit dem Eintragungsprinzip. Gegen den nichteingetragenen Eigenthümer, namentlich den Erben, kann auch fernerhin ein Grundstück durch Ersitzung erworben werden. (Mot. bei Werner 2 S. 18; Förster-Eccius 3 §. 177 Note 15; R.G. V v. 1. Novbr. 1890, Entsch. 27 S. 199 und J.M.Bl. 1891 S. 155. Dagegen Dernburg und Hinrichs §. 21 Note 12 Bd. 1 S. 241, „da der Erbe die Rechte seines Rechtsvorgängers regelmäßig hat.") Desgleichen ist eine Ersitzung von Grundstücken und Grundstückstheilen denkbar, wenn dieselben im Grundbuche nicht verzeichnet, beziehungsweise nicht nachgewiesen sind. Doch fragt es sich, ob nicht auch in diesen Fällen die Grundbuchgesetze insofern von Einfluß auf die Möglichkeit der Ersitzung sind, als die Übergabe in den Fällen freiwilliger Veräußerung kein zum Eigenthumserwerb geeigneter Titel mehr ist und, da der Besitzerwerber dieses wissen muß, auch dessen Redlichkeit zweifelhaft erscheint (R.G. II H.S., Entsch. 2 S. 308). Die Entscheidung dieser Frage hängt davon ab, wie man den Begriff des Titels und des guten Glaubens bei der Ersitzung faßt. Vgl. einerseits Peters in Gruchot 23 S. 650 ff. und Eccius a. a. O., welche

§. 7.

Der eingetragene Eigenthümer ist kraft seiner Eintragung befugt, alle Klagerechte des Eigenthümers auszuüben, und verpflichtet, sich auf die gegen ihn als Eigenthümer des Grundstücks gerichteten Klagen einzulassen.

Gegen seine Eigenthumsklage steht dem Beklagten die Einrede der Verjährung nicht zu. Hat der Beklagte von dem Kläger oder seinem Rechtsvorgänger auf Grund eines den Eigenthumserwerb bezweckenden Rechtsgeschäfts den Besitz des Grundstücks erhalten, so sind die aus dem Rechtsgeschäft herzuleitenden Rechte nicht als Einrede, sondern nur durch Klage oder Widerklage geltend zu machen.

---

nur die außerordentliche Ersitzung in den genannten Fällen für zulässig halten, andererseits Dernburg, Pand. 1 §. 194 Anm. 17 u. Preuß. Privatr. 1 §. 243 II; Rocholl, Rechtsfälle aus der Praxis des R.G. 1 (1883) S. 163; Windscheid 1 §. 176 Anm. 6 a. E.

Nach der Praxis des Obertribunals versteht es sich von selbst, daß die vor dem 1. Oktober 1872 vollendete Ersitzung eines Grundstücks auch jetzt noch demjenigen entgegengesetzt werden kann, der vor diesem Zeitpunkt die Berichtigung seines Besitztitels erlangt hat; dem ist das R.G. (V v. 27. Febr. 1886, Entsch. 15 S. 236 u. J.M.Bl. 1887 S. 9) beigetreten. Dagegen ist auch für den Fall des §. 6 die Streitfrage, ob unter dem „eingetragenen Eigenthümer" nur derjenige zu verstehen sei, welcher nach den Vorschriften des neuen Gesetzes eingetragen ist, oder auch der nach früherem Recht eingetragene Besitzer (vgl. oben Anm. 2 zu §. 2, S. 36), von dem R.G. (a. a. O.) zu Gunsten der zweiten Alternative entschieden und damit die Fortsetzung einer am 1. Oktober 1872 laufenden Ersitzung für unmöglich erklärt; und aus denselben Gründen, welche dieser Entscheidung zu Grunde liegen, ist auch die Ansicht des Obertribunals unhaltbar, daß derjenige, der durch Ersitzung Eigenthümer geworden, als solcher aber nicht eingetragen ist, durch die unter der Herrschaft des Gesetzes über den Eigenthumserwerb sich vollziehenden Auflassungen gar nicht berührt wird, daß mithin Niemand durch Auflassung und Eintragung Eigenthum erwerben kann, wenn das Grundstück vor dem 1. Oktober 1872 von einem Dritten ersessen worden ist. (O.Tr. III, Entsch. 75 S. 15, 76 S. 77; Str. Arch. 94 S. 292, 96 S. 88.) Vielmehr kommt in diesem Falle §. 9 Abs. 2 des Gesetzes in Betracht; vgl. Anm. 2 g zu §. 9 Abs. 2.

In Uebereinstimmung mit der oben angeführten Vorschrift des A.L.R. I. 9 §. 511 bestimmen die Einf.Ges. für Neuvorpommern §. 7, Schlesw.-Holst. §. 30, Hannover §. 9, Kassel §. 7, Ehrenbr. §. 6, Hohenzollern §. 4 und Rheinl. §. 8: „Eingetragene dingliche Rechte können weder durch Ersitzung eines entgegenstehenden Rechts noch durch Verjährung aufgehoben werden."

§. 7 Abs. 1.

1. Nach dem A.L.R. I. 10 §. 7 sollte „der in das Hypothekenbuch eingetragene Besitzer in allen mit einem Dritten über das Grundstück geschlossenen Verhandlungen als der Eigenthümer desselben angesehen" werden. Die Beziehung dieser Vorschrift auf die Eigenthumsklage war indessen bestritten. Anfänglich überwog die Meinung, daß die Legitimation zu den aus dem Eigenthum fließenden Klagen durch die Besitztitelberichtigung des Klägers geführt würde. Später hat indessen das Obertribunal für die entgegengesetzte Ansicht sich entschieden. Nach derselben ge-

hörte, auch wenn der Kläger seinen Besitztitel hatte berichtigen lassen, zur Begründung der Klage der Nachweis, daß Kläger das Eigenthum durch Titel und Uebergabe erworben habe. (O.Tr. III, Entsch. 71 S. 243; Kochs Landrecht, Anm. zu I. 10 §. 7.) Daß diese Auslegung des Landrechts mit dem öffentlichen Glauben des Hypothekenbuches nicht im Einklange steht, bedarf keiner Ausführung. Denn es ist eine Konsequenz dieses Glaubens, daß derjenige, welcher in dem Buche als Eigenthümer eingetragen ist, so lange als Eigenthümer gelte, bis ihm nachgewiesen wird, daß er nicht der wahre Eigenthümer sei. Diesen Gedanken verwirklicht der §. 7 des Gesetzes.

a. Derjenige, welchem von dem eingetragenen Eigenthümer das Grundstück aufgelassen ist, erwirbt durch die auf Grund der Auflassung erfolgende Eintragung des Eigenthumsüberganges auf ihn das Eigenthum. Seine Legitimation zur Anstellung der aus dem Eigenthum entspringenden Klagen wird mithin durch die Eintragung schon nach §. 1 des Gesetzes begründet. Aber auch wenn im Falle einer freiwilligen Veräußerung die Eintragung des Erwerbers ohne eine gültige Auffassung erfolgt oder aus anderen Gründen nichtig ist, ist der eingetragene Erwerber trotzdem zur Erhebung der Eigenthumsklagen legitimirt, und Sache des Beklagten ist es, die Nichtigkeit der Eintragung geltend zu machen und zu beweisen (R.G. III H.S., Entsch. 2 S. 228, und V ebd. 28 S. 307).

b. Seine Hauptbedeutung hat der erste Satz des §. 7 für diejenigen, welche das Eigenthum ohne Eintragung erworben haben. (Vgl. das Gesetz §. 5 und die Gr.B.O. §. 49). Klagt ein solcher Eigenthümer, bevor er eingetragen ist, so muß er diejenigen Thatsachen behaupten und beweisen, aus welchen sich seine Erwerbung ergiebt. Hat er sich dagegen eintragen lassen, so führt er seine Legitimation lediglich durch seine Eintragung im Grundbuch, und dem Beklagten, welcher das Eigenthum des Klägers bestreitet, fällt die Beweislast zu. (R.G. a. a. O. u. V, Entsch. 28 S. 225 u. J.M.Bl. 1891 S. 236; II. H.S. bei Gruchot 27 S. 156).

c. Der wahre Eigenthümer des A.L.R. I. 10 §§. 10 u. 24 hat die Vindikationsklage nur gegen den fälschlich als Eigenthümer Eingetragenen. Gegen Dritte kann er diese Klage erst anstellen, nachdem er den falschen Eigenthümer aus dem Buche verdrängt hat. Doch mag es zulässig sein, den Anspruch auf Wiedereintragung gegen den fälschlich als Eigenthümer Eingetragenen mit dem Anspruch gegen den dritten Besitzer auf Herausgabe des Grundstücks in Einer Klage geltend zu machen.

d. Die dem eingetragenen Eigenthümer in §. 7 gegebenen Rechte sind in ihrer Ausübung nicht abhängig von der Zurückführung des Grundbuches auf das Steuerbuch (O.Tr. III, Entsch. 78 S. 154). Ist aber das Grundbuch zur Zeit des Eigenthumserwerbes auf das Steuerbuch zurückgeführt, so hat der eingetragene Eigenthümer die ihm nach §. 7 zustehenden Klagerechte wegen aller Bestandtheile des Grundstücks, welche sich aus dem im Grundbuche bezogenen Kataster ergeben. (O.Tr. III, Entsch. 76 S. 69 u. Str.Arch. 94 S. 292; R.G. V bei Gruchot 24 S. 449 u. 34 S. 133, und im J.M.Bl. 1887 S. 119. Vgl. auch R.G. V v. 9. Novbr. 1892, Jur.Woch. 1892 S. 514 Nr. 34.) Dies gilt nicht nur bei den auf Grund von Auflassungen erfolgten Eintragungen, sondern auch in den Fällen des §. 5 des Gesetzes (z. B. im Falle der Fideikommißnachfolge, R.G. V, Entsch. 28 S. 225 u. J.M.Bl. 1891 S. 236), wenn auch die Wirkung der Eintragung in beiden Fällen verschieden ist. Denn im ersteren Falle erwirbt der Erwerber, falls bei der Auflassung die Bezeichnung des Grundstücks unter Bezugnahme auf das Grundbuch erfolgt ist, durch die Eintragung das Eigenthum an allen im Kataster bezeichneten Theilen des Grundstücks. Letzterenfalls legitimirt den Eigenthümer dagegen die Eintragung nur zu den Eigenthumsklagen; ob und in welchem Umfange das Grundstück sein Eigenthum geworden ist, bestimmt sich nach dem sonstigen Recht. So entscheidet beim Zuschlag im Falle einer Zwangsversteigerung nach §. 97 des Zwangsvollstr.Ges. über die Frage, an welchen einzelnen Parzellen das Eigenthum übergeht, in erster Linie das Zuschlagsurtheil, und nur, wenn dieses auf das Grundbuch Bezug nimmt, gelten im Zweifel alle aus dem Steuerbuch ersichtlichen Bestandtheile des Grundstücks als zugeschlagen (vgl. Krech u. Fischer, Zwangsvollstr.Ges. Anm. 7 zu §. 97; Turnau 2 §. 111 I. 4 S. 475 ff.).

Ist die Zurückführung des Grundbuches auf die Steuerbücher zur Zeit der Auflassung noch nicht erfolgt, so ist aus den im Grundbuch angegebenen Kennzeichen unter Berücksichtigung der thatsächlichen Verhältnisse (z. B. des Veräußerungsvertrages und des durch Uebergabe erlangten Besitzes) festzustellen, was Gegenstand der Veräußerung gewesen ist; vgl. R.G. I. H.S. u. V, Gruchot 27 S. 1027, 28 S. 1100, Entsch. 22 S. 306 u. 29 S. 198.

Nie kann aber ein Grundstück, welches ein eigenes Blatt im Grundbuche hat, stillschweigend zugleich mit einem auf einem anderen Blatte verzeichneten Grundstücke durch Auflassung oder Adjudikation des letzteren zu Eigenthum übertragen werden, selbst wenn dies von den Betheiligten gewollt, aber nicht erklärt ist, oder wenn jenes thatsächlich ein Zubehörstück dieses Grundstücks ist. Dasselbe gilt, wenn die Parzelle kein selbständiges Blatt im Grundbuche hat, aber nach den Steuerbüchern einen Theil eines auf einem anderen Blatte eingetragenen Grundstücks bildet (R.G. V, Entsch. 15 S. 249, 18 S. 275 u. 28 S. 312, Gruchot 30 S. 704, 31 S. 94, 34 S. 1102 u. 1106, 35 S. 702, J.M.Bl. 1890 S. 257). — Vgl. auch Koppers in Gruchot 36 S. 338 ff.

e. Wenn für ein Grundstück versehentlich zwei Blätter im Grundbuch angelegt sind und diese verschiedene Personen als Eigenthümer nennen, so kann sich keine der beiden auf ihre Eintragung als Eigenthümer berufen; vielmehr entscheidet das materielle Recht darüber, wem das Eigenthum zusteht (O.Tr. III, Entsch. 83 S. 270; R.G. V, Entsch. 11 S. 278). Auf das Alter der Eintragungen kommt nichts an (R.G. V, Gruchot 33 S. 1069). Vgl. unten Anm. 2b zu §. 18.

f. Das Obertribunal hat in Konsequenz seiner Ansicht von der rückwirkenden Kraft der Gesetze die Rechte, welche der §. 7 dem eingetragenen Eigenthümer zuerkennt, dem vor dem 1. Oktober 1872 eingetragenen Eigenthümer abgesprochen; es fordert, daß dieser zur Begründung der Klage den Titel und Modus seiner Eigenthumserwerbung darlege und beweise. O.Tr. III, Entsch. 71 S. 243, 78 S. 152, Str. Arch. 96 S. 277, 97 S. 197. Gleicher Ansicht sind: Heidenfeld S. 22; Dalcke, Studien 2c. in Gruchots Beitr. 17 S. 473; Förster-Eccius 3 §. 180 Anm. 22; Turnau 1 S. 644 Von anderer Seite dagegen wird angenommen, daß auch die unter der Herrschaft des älteren Rechts erfolgte Besitztitelberichtigung den Eingetragenen zur Anstellung der Eigenthumsklagen legitimire, so namentlich von Rintelen S. 102—154; Dernburg, Preuß. Privatr. 1 §. 203 a. E.; Bahlmann S. 51; Johow in seinem Jahrb. 3 S. 287; Brettner in Gruchots Beitr. 19 S. 193; Meyer ebd. 20 S. 467; Wolff ebd. 30 S. 393 ff.

Die Streitfrage ist die gleiche, wie zu §. 2 des Gesetzes (vgl. Anm. 2 das.) Wenn man den unter der Herrschaft des alten Rechts eingetragenen Eigenthümer zur Auflassung verstattet, muß man denselben folgerichtig auch zur Anstellung der Eigenthumsklagen auf Grund seiner Eintragung als legitimirt ansehen. Auch dieser Streit ist daher durch die Anm. 2 zu §. 2 angeführten Reichsgerichtsentscheidungen als erledigt zu erachten. Freilich beziehen sich diese nicht auf §. 7, ja es ist sowohl vom II. H.S. (Entsch. 1 S. 375) als auch vom V. S. (ebd. 4 S. 270) im entgegengesetzten Sinne entschieden. Aber — abgesehen davon, daß der II. H.S. später (ebd. 5 S. 282) seine Ansicht geändert und schon für das ältere Recht die Berufung auf die Eintragung zur Aktivlegitimation des eingetragenen Besitzers für genügend erklärt hat – lauten die Gründe der a. a. O. erwähnten Entscheidungen des V. S. so allgemein, daß man daraus als jetzige Ansicht des Reichtsgerichts folgern muß: der „eingetragene Eigenthümer" im Sinne des Gesetzes ist stets, auch im §. 7, derjenige, welcher z. Zt. der Geltung der Grundbuchgesetze im Grundbuch eingetragen steht. A. M. Eccius a. a. O, welcher, anders wie zu §. 2, bei seiner abweichenden Ansicht beharrt, weil eine entgegenstehende ständige Praxis des Reichsgerichts nicht festgestellt sei, und Turnau a. a. O, welcher die hier verworfene Ansicht als feststehende Meinung des Reichsgerichts bezeichnet. Für Kassel vgl. Einf.Ges. §. 23.

g. Die Eintragung ersetzt nicht den Besitz als thatsächliches Verhältniß. Der Eigenthümer kann daher die Possessorienklage nicht auf seine Eintragung im Grundbuch, sondern nur auf den Nachweis des Sachbesitzes gründen. A.L.R. I. 7 §. 154.

h. Die Vormerkung zur Erhaltung des Rechts auf Auflassung legitimirt den Berechtigten nicht zur Anstellung der Negatorienklage (O.Tr. III, Entsch. 83 S. 81).

2. Die Passivlegitimation wird durch die Eintragung des Beklagten geführt. Darin liegt eine wesentliche Verbesserung des bisherigen Rechtes, unter dessen Herrschaft der Hypothekengläubiger mit der dinglichen Klage abgewiesen werden mußte, wenn der Beklagte nachwies, daß er das Grundstück bereits vor der Klagebehändigung weiter veräußert und übergeben hätte. Jedoch kann der eingetragene Eigenthümer auch jetzt noch einwenden, daß er das Eigenthum auf andere Weise als durch freiwillige Veräußerung (§. 5) verloren habe, und auch dann Abweisung der Klage wegen mangelnder Passivlegitimation fordern, wenn seine zu Unrecht erfolgte Eintragung im Laufe des Rechtsstreits beseitigt wird (Eccius 3 §. 199b Anm. 1).

Hat der Beklagte das Grundstück während der Rechtshängigkeit oder nach Beendigung des Rechtsstreites veräußert, so ist das Urtheil, welches der Gläubiger gegen ihn erstreitet, auch gegen den Erwerber vollstreckbar. (§. 44.) Stritten die Parteien um das Eigenthum, so findet die Vollstreckung gegen den Erwerber nicht statt, weil demselben der öffentliche Glaube des Grundbuches bis zum Beweise des Gegentheils zur Seite steht, dieser Beweis aber nur in einem besonderen Prozesse gegen den Erwerber geführt werden kann. Ges. §. 9; C.P.O. §§. 236, 238, 665. Vgl. auch Grosse in Gruchots Beitr. 19 S. 742; Dernburg u. Hinrichs §. 20 S. 369 ff.; Schultze, die Vollstreckbarkeit der Schuldtitel für u. gegen die Rechtsnachfolger, Breslau, 1891.

§ 7. Abs. 2.

1. Unzulässigkeit der Verjährungseinrede, S. 55.
2. Rechte des Besitzers aus dem Rechtsgeschäft; exceptio rei venditae et traditae.
   a. Klage und Widerklage auf Auflassung, S. 56;
   b. Unterlassung der Widerklage;
   c. Rechtsvorgänger des eingetragenen Eigenthümers;
   d. Einrede aus dem Retentionsrecht, S. 57;
   e. Einrede gegen den vor dem 1. Oktober 1872 eingetragenen Besitzer;
   f. Einrede gegen den nicht eingetragenen Kläger;
   g. Verpflichtung des Besitzers zur unentgeltlichen Herausgabe.
3. Nicht ausgeschlossene Einreden.

1. Aus dem Begriffe des Eigenthums ergiebt sich von selbst die Befugniß des Eigenthümers zur rechtlichen Verfolgung desselben gegen Jeden, der es verletzt. (A.L.R. I. 8 §. 1.) Man sollte daher das Eigenthum, solange dessen Gegenstand existirt, nur verlieren können, wenn es ein Anderer erwirbt. Das A.L.R. (I. 9 §§. 501 ff.) kennt indessen eine Verjährung der Vindikationsklage auch in dem Falle, wenn der Beklagte nicht zugleich auf die Ersitzung des Eigenthums sich zu berufen vermag. (Dernburg, Preuß. Privatr. 1 §. 164.) Das neue Gesetz schließt die Einrede der Verjährung gegen die Klage des eingetragenen Eigenthümers unbedingt aus. Prinzipiell zulässig, aber praktisch kaum von Bedeutung ist der Einwand jetzt nur noch, wenn ein Eigenthümer klagt, der nicht eingetragen ist, oder wenn die Verjährung bereits zur Zeit des Inkrafttretens des Gesetzes vollendet war. Vgl. die Anm. zu §. 6 und Förster-Eccius 3 §. 180, Note 22a.

2. Hat der eingetragene Eigenthümer das Grundstück verkauft (oder vertauscht ꝛc.) und übergeben, so ist er dennoch Eigenthümer und folglich zur Anstellung der Vindikationsklage gegen den Erwerber legitimirt. Nach allgemeinen Rechtsgrundsätzen kann dieser indessen die Klage abwenden durch die Einrede aus dem Rechtsgeschäft und der Uebergabe, die sogenannte exceptio rei venditae et traditae. Diese Einrede erklärt der §. 7 dem eingetragenen Eigenthümer gegenüber für unzulässig. (Vgl. Bähr, die preußischen Gesetzentwürfe ꝛc. S. 130 u. 131.) Das ist die äußerste Konsequenz des Prinzips, auf welchem das Gesetz beruht. Man

hat sie, wie man aus einer Aeußerung im Herrenhause (Werner 2 S. 90) erfährt, gezogen nach dem Vorgange hannoverscher Stadtrechte, welche die Tradition eines Grundstücks ohne Anmeldung bei der Behörde verbieten. Motivirt ist sie durch die Erwägung, daß die Zulassung der Einrede sofort neben dem Bucheigenthum ein zweites, auf titulirten Besitz gegründetes Eigenthum entwickeln müßte. Dadurch aber würde ein arger Riß in das System des Gesetzes kommen, ohne daß dem Besitzer geholfen wäre. Denn wenn derselbe wirklich durch eine Einrede aus dem ihm übertragenen Besitze die Zurückweisung der Eigenthumsklage erzielte, so hinderte das doch den abgewiesenen Kläger nicht, das Grundstück einem Anderen aufzulassen oder dasselbe zu belasten und so das Recht des Besitzers illusorisch zu machen. Es giebt eben, wenn man den Grundsatz der Publizität durchführen will, nur ein taugliches Mittel zur Sicherung des Eigenthums, das ist die Eintragung. (Werner 2 S. 18 u. 94.)

Um die Tragweite des letzten Satzes in dem §. 7 zu übersehen, sind folgende Punkte ins Auge zu fassen:

a. Der Erwerber hat, solange der Veräußerer als Eigenthümer im Grundbuch eingetragen ist, kein dingliches Recht. Er hat nur den persönlichen Anspruch auf Vertragserfüllung, also gegebenen Falls die Klage auf Einräumung des Besitzes und Auflassung des Eigenthums.

Klagt der eingetragene Eigenthümer auf Herausgabe des Grundstücks, so hat der Beklagte die Wahl, ob er von dem Besitze desselben abstehen oder die Erfüllung des Veräußerungsgeschäfts, insonderheit die Auflassung, fordern will. Wählt er das letztere, so muß er klagen, um seine Ansprüche aus dem Rechtsgeschäft zur Geltung zu bringen. Er kann dies im Wege der Widerklage.

Nun fragt es sich aber, wie zu entscheiden ist, wenn die Widerklage sich als ebenso begründet erweist wie die Klage. Streng genommen kann der Kläger nicht abgewiesen werden, weil der Beklagte, sofern er nicht seine Eintragung erwirkt, schuldig bleibt, das Grundstück dem Kläger als dem eingetragenen Eigenthümer herauszugeben. Der Beklagte kann aber auch nicht bedingungslos verurtheilt werden, weil seine Verbindlichkeit zur Herausgabe des Grundstücks mit seiner Eintragung erlischt. Es würde also das Urtheil dahin ergehen müssen: auf die Klage, daß Beklagter, sofern er nicht seine Eintragung als Eigenthümer des Grundstücks erwirkt, schuldig, dasselbe dem Kläger herauszugeben; auf die Widerklage, daß Kläger schuldig, das Grundstück dem Beklagten aufzulassen. Praktisch empfehlenswerther erscheint jedoch die auch vom R.G. (V. Entsch. 15 S. 253), Dernburg (Preuß. Privatr. 1 §. 243 Anm. 11) und Turnau (1 Anm. 14 zu § 7, S. 651) gebilligte Ansicht von Eccius (3 §. 180 Anm. 75), daß die Klage oder Widerklage des Erwerbers präjudiziell für die Entscheidung über die Vindikation des eingetragenen Eigenthümers ist, sodaß letztere bis zur Entscheidung jener auszusetzen und bei deren Durchdringen abzuweisen ist.

b. Versäumt der Beklagte, seinen Anspruch auf Auflassung gegen den Vindikationskläger widerklagend geltend zu machen, so verliert er denselben dennoch durch seine Verurtheilung zur Herausgabe des Grundstücks nicht. Er kann nachträglich die Klage auf Auflassung und auf Rückgabe des Grundstücks erheben, sofern nur der ihm Verpflichtete noch als Eigenthümer eingetragen ist.

c. Die Rechte aus dem Veräußerungsgeschäft kann der Berechtigte gegen den eingetragenen Eigenthümer auch dann verfolgen, wenn nicht dieser, sondern dessen Rechtsvorgänger der Veräußerer ist. Unter Rechtsvorgänger ist hier derjenige zu verstehen, dessen Handlungen den eingetragenen Eigenthümer rechtlich verbinden. Der Sondernachfolger des Veräußerers haftet dem gegen diesen begründeten Anspruch auf Auflassung nicht. (§. 4) So auch das O.Tr. III, Entsch. 76 S. 269; Turnau 1 S. 651 Anm. 13. Dies gilt auch für das gemeinrechtliche Gebiet; während nach gemeinem Recht der Käufer, welcher den Besitz erhalten hatte, die exceptio rei venditae et traditae dem Singularsuccessor des Tradenten entgegensetzen konnte (Windscheid 1 §. 172 bei Note 7), kann der Erwerber eines Grundstücks nach §. 7 Abs. 2 jetzt nur noch „die aus dem Rechtsgeschäft herzuleitenden Rechte“ geltend machen, welche auch nach gemeinem Recht nur gegen den Veräußerer und dessen Universalsuccessoren gerichtet sind.

d. Die einwandsweise Geltendmachung des Retentionsrechtes wegen Verwendungen in das Grundstück ist durch den §. 7 nicht ausgeschlossen. Freilich ist der Erfolg dieser Einrede nicht die Zurückweisung der Eigenthumsklage, sondern nur der, daß die Verurtheilung des Beklagten von der Berichtigung seiner Ansprüche aus der Verwendung abhängig gemacht wird. A.L.R. I. 7 §§. 204 ff., 236 ff.; Tit. 15 §. 27; Tit. 20 §. 536 ff.; Dernburg und Hinrichs §. 21 S. 244. Vgl. Hahn, das Retentionsrecht und das Grundbuch, in Gruchot 30 S. 380 ff.

e. Klagt Jemand, dessen Besitztitel vor dem 1. Oktober 1872 berichtigt worden ist, so fragt es sich, ob der Beklagte vor diesem Tage den Besitz des Grundstücks von dem Kläger auf Grund eines die Eigenthumserwerbung bezweckenden Rechtsgeschäftes erhalten hat, oder ob dies erst später geschehen ist. Ersteren Falls hat der Beklagte das Eigenthum erworben. Er hat mithin nur nöthig, dies einzuwenden und den Einwand durch den Nachweis des Titels und der Uebergabe zu begründen, um die Zurückweisung der Vindikationsklage herbeizuführen. Letzteren Falls hilft ihm nur die Widerklage oder, wenn er deren Anbringung unterläßt, die besonders anzustellende Klage auf Auflassung. (R.G. V v. 4. Jan. 1893, Gruchot 37 S. 1100, und v. 8. März 1893, Jur.Woch. S. 246.) Vergl. jedoch die Anm. 1 f. zu Abs. 1, oben S. 54.

f. Ist der Kläger als Eigenthümer nicht eingetragen, so darf dem Beklagten die exceptio rei vend. et trad. nicht versagt werden.

Gegen Dritte hat der vollständige Besitzer alle Ansprüche, welche nach dem bisherigen Recht sich aus dem Besitze ergeben. Selbst die publizianische Klage wird man ihm nach A.L.R. gestatten müssen, wenn weder sein Gegner noch sein Rechtsurheber der eingetragene Eigenthümer ist; ob auch nach gemeinem Recht, hängt davon ab, ob man ihm titulirten redlichen Besitz zuerkennt oder nicht (vgl. Anm. zu §. 6, oben S. 51, und folgende Anm. g). Die Possessorienklage hat der Besitzer auch gegen den eingetragenen Eigenthümer, wenn dieser von ihm vi, clam oder precario das Grundstück an sich gebracht oder ihn eigenmächtig im Besitz gestört hat (§§. 146 ff). Heidenfeld S. 19.

Es ist selbstverständlich, daß die Rechte des unvollständigen Besitzers, z. B. des Pächters, Miethers und namentlich auch des Erwerbers, welcher nach ausdrücklicher Vereinbarung das Grundstück zunächst als fremdes nutzen und gebrauchen soll, durch den §. 7 des Gesetzes nicht betroffen werden (Förster-Eccius 3 §. 180 Anm. 74).

g. Muß der Besitzer dem eingetragenen Eigenthümer weichen, so ist er zur unentgeltlichen Herausgabe des Grundstücks an denselben zu verurtheilen. Denn die Vorschrift des A.L.R. I. 15 §§. 25, 26, daß der redliche Besitzer einer fremden Sache zur Herausgabe derselben nur gegen „Erstattung alles dessen, was er dafür gegeben oder geleistet hat", verpflichtet ist, kommt jetzt dem eingetragenen Eigenthümer gegenüber nicht mehr in Betracht. Gegen diesen kann Niemand auf einen redlichen Besitz, wie ihn die §§. 25, 26 voraussetzen, sich berufen; es muß Jeder wissen, daß er durch Titel oder Uebergabe kein Eigenthum zu erwerben im Stande ist. (Vgl. A.L.R. Einl. §. 12; I. 7 §§. 8 ff., 14. R.G. II H.S., Entsch. 2 S. 308 u. V ebd. 21 S. 316; Förster-Eccius 3 §. 180 Anm. 91. A. M. Dernburg Preuß. Privatr. 1 §. 243 u. Pand. 1 §. 195 Anm. 17).

3. Andere Einreden als die beiden, welche der §. 7 ausdrücklich ausschließt, sind gegen die Eigenthumsklage zulässig. O.Tr. III, Entsch. 76 S. 81; R.G. V, Gruchot 25 S. 1075 u. 30 S. 1020 u. J.M.Bl. 1886 S. 278.

Insonderheit kann der Veräußerer, wenn er von dem als Eigenthümer eingetragenen Erwerber auf Herausgabe des Grundstücks belangt wird, der Klage die Einrede entgegensetzen, daß der Kläger die bei der Uebergabe zu leistende Zahlung des Kaufgeldes bisher verweigert habe. Dernburg und Hinrichs §. 21 S. 249.

Nicht minder zulässig ist die Einrede, daß Kläger seiner Eintragung ungeachtet nicht der Eigenthümer sei. Siehe die Anm. 5 zu §. 9 Abs. 1 und die Anm. 1a und b zu §. 7 Abs. 1, oben S. 53.

§. 8.

Eine Vormerkung zur Erhaltung des Rechts auf Auflassung oder auf Eintragung des Eigenthumsüberganges kann nur unter Vermittelung des Prozeßrichters oder mit Bewilligung des eingetragenen Eigenthümers eingetragen und nur auf Ersuchen des Prozeßrichters oder auf Antrag desjenigen, für welchen die Vormerkung erfolgte, gelöscht werden.

Ausführungsgesetz zur deutschen Civilprozessordnung. Vom 24. März 1879. (G.-S. S. 281.)

§. 18. Die nach dem Gesetz über den Eigenthumserwerb und die dingliche Belastung der Grundstücke vom 5. Mai 1872 zur Eintragung einer Vormerkung erforderliche Vermittelung des Prozessrichters findet nur als Ausführung einer einstweiligen Verfügung nach den Vorschriften der deutschen Civilprozessordnung statt.

§. 19. Die durch einstweilige Verfügung angeordneten Eintragungen in einem Grund- oder Hypothekenbuche sind nach Vorlegung eines vollstreckbaren Urtheils oder Beschlusses, durch welche die einstweilige Verfügung aufgehoben ist, auf Antrag des Eigenthümers zu löschen. Zu dem Antrag ist weder die Vermittelung des Prozessgerichts oder des Vollstreckungsgerichts, noch die Beglaubigung erforderlich.

---

§. 8.

Der öffentliche Glaube des Grundbuches sichert diejenigen, welche das Grundstück oder ein Recht an demselben erwerben, regelmäßig gegen die ihnen unbekannten Rechte, welche nicht eingetragen sind. Diese Sicherheit läßt sich aber nur auf Kosten der nichteingetragenen Rechte erreichen. Noch größer ist die Gefahr, welche aus dem Eintragungsprinzip erwächst. Denn wenn der zu einer Eintragung persönlich verpflichtete Eigenthümer das Grundstück veräußert oder belastet, so kann der persönlich Berechtigte die Eintragung im Fall der Veräußerung überhaupt nicht, wenigstens nicht von dem neuen (eingetragenen) Eigenthümer und im Fall der Belastung nur unbeschadet der eingetragenen Belastungen fordern. Gegen diese Gefahren muß das Gesetz billiger Weise Schutz gewähren, weil es die Eintragung des Rechtes nur unter bestimmten Voraussetzungen gestattet, der Berechtigte aber, wenn der Verpflichtete die Bewilligung der Eintragung verweigert, außer Stande ist, die letztere ohne Verzug zu erlangen. Vergl. hierzu Achilles, der Rechtsschutz durch vorläufige Einschreibung im Grundbuch ꝛc., Johows Jahrb. 8 S. 314 ff., Borchardt, das Institut der Vormerkung ꝛc. 1887.

I. **Aelteres Recht.** Das bisherige Recht gewährte den Schutz durch Eintragung einer Protestation. Nach der Hyp.-O. vom 20. Dezember 1783 Tit. 2 §. 289 werden „Protestationen eingelegt, wenn Jemand einen Realanspruch an ein Grundstück behauptet, den er aber sofort liquid zu machen ohne seine Schuld verhindert wird.“ „Der Realanspruch muß“, wie es unter §. 291 heißt, „durch an und für sich unverdächtige Urkunden oder auf andere

Art wenigstens einigermaßen bescheinigt sein, wenn deshalb eine Protestation soll eingetragen werden können." „Der Effekt einer ingrossirten Protestation besteht" nach §. 295 „darin, daß, so lange solche auf dem Grundstück haftet, alle mit letzterem vorzunehmenden Dispositiones und darauf geschehende Eintragungen dem Protestanten an seinem wirklichen Recht nicht nachtheilig werden können. Wenn also der Protestant das streitige Realrecht durch richterliches Erkenntniß oder auf andere Weise wirklich behauptet, so tritt dasselbe", wie §. 299 folgert, „ipso jure an die Stelle, wo die Protestation eingetragen ist, und geht allen nachher ingrossirten Posten vor."

Die Protestation setzt hiernach ein bereits begründetes Realrecht voraus, dem nur die zu seiner Eintragung erforderliche Liquidität mangelt. (§. 18 a. a. O.) Auf dem Gebiete des Pfandrechts führte die Abhängigkeit der Entstehung des Hypothekenrechts von der Eintragung dahin, den Titel zur Hypothek für die protestativische Einschreibung genügen zu lassen, das jus ad rem dem jus in re gleichzustellen. A.L.R. I. 20 §§. 418 ff.; Verord. vom 4. März 1834 §. 22 Abs. 3. Durch die eingetragene Protestation wurde nicht blos der Eigenthümer in der Verfügung über das Grundstück beschränkt, sondern dem Recht, für welches die Protestation eingezeichnet worden, die Stelle im Grundbuch und die dingliche Wirkung von dem Zeitpunkte der Einzeichnung an gesichert. Sobald der Anspruch auf Eintragung liquide gemacht war, wurde das Verhältniß so angesehen, als wenn das Recht schon mit der Protestation endgültig eingetragen worden wäre. Daher die Bezeichnung protestatio pro conservando jure et loco.

Daneben sprach man auch von protest. de non disponendo vel de non amplius intabulando. Vermerke dieser Art indessen haben mit der eigentlichen Protestation nur die negative Wirkung gemein, daß sie den Eigenthümer an der Verfügung über das Grundstück zum Nachtheil des Protestanten hindern. Eine dritte Klasse bilden die Protestationen zur Erhaltung von Einreden gegen ein eingetragenes Recht, welche bald den Protestationen pro conservando jure bald den Protestationen de non disponendo zugerechnet werden. Siehe die Literatur bei v. Rönne, Ergänz. zur allgem. Hyp.-O. §. 289.

II. **Geltendes Recht.** Die Gesetze vom 5. Mai 1872 haben den Protestationen die Vormerkungen substituirt. Sie lassen überdies die Eintragung von Beschränkungen des Eigenthümers und der dinglich Berechtigten in der Verfügung über das eingetragene Recht zu. Die Vormerkungen und die Verfügungsbeschränkungen haben das mit einander gemein, daß derjenige, gegen den sie eingetragen werden, dadurch gehindert wird, zum Nachtheil des Berechtigten über das Eigenthum oder das jus in re zu verfügen. Beide können nur mit Bewilligung des durch sie zu Beschränkenden oder auf das Ersuchen des Prozeßrichters oder einer sonst gesetzlich zuständigen Behörde von dem Grundbuchamt eingetragen werden. Die nach dem bisherigen Recht in gewissen Fällen zulässig gewesene Eintragung von Amtswegen ist ausgeschlossen. Die Löschung kann auf die Bewilligung des Berechtigten erfolgen.

Die Vormerkung unterscheidet sich nach Förster, Grundbuchrecht S. 67 ff., von der bloßen Beschränkung des Eingetragenen in der Verfügung dadurch, daß sie das dingliche Recht erhält, beziehungsweise den Erwerb desselben sichert, während die Dispositionsbeschränkung rein negativ wirkt, d. h. den Berechtigten nur gegen die Nachtheile schützt, die an sich mit den Verfügungen des Eingetragenen für ihn verbunden sein würden. Durch die Vormerkung wird das Recht vorläufig eingetragen, der endgültigen Eintragung die Wirkung gegen das Grundstück bezw. die Stelle in der Reihenfolge der Eintragungen für den Fall der Liquidestellung des Anspruchs gesichert. Die Vormerkungen entsprechen sonach in der Hauptsache den protest. pro conservando jure et loco. Sie dienen zum Schutz des jus in re und des jus ad rem. (Behrend, zum preuß. Grundbuchrecht, in seiner und Dahns Zeitschrift für die deutsche Gesetzgebung 2c. 7 S. 116 ff) Sie sichern den Berechtigten gegen die Gefahren, welche dem Recht an der Sache aus dem öffentlichen Glauben des Grundbuches, dem Recht zur Sache aus dem Eintragungsprinzip drohen.

Abweichend hiervon theilt Dernburg (Preuß. Privatr. 1 §. 204) die Vormerkungen in ächte und unächte ein. Zu den ächten rechnet er die protestationes pro conservando loco (de non amplius intabulando) und die protest. pro conservandis exceptionibus; zu den unächten

„die Einschreibungen einer Anwartschaft auf die künftige Eintragung des Eigenthums oder eines dinglichen Rechts".

Das Gesetz scheint indessen für eine solche Eintheilung keinen Anhalt zu bieten. Es kennt nur: 1) Vormerkungen zur Erhaltung des Rechts auf Eintragung eines an der Sache bereits begründeten Rechts, nämlich die Vormerkung des §. 8, wenn die Eintragung des bereits vollzogenen Eigenthumsüberganges gesichert werden soll, ferner die Vormerkung des §. 9, wenn der Anfechtungskläger der wirkliche Eigenthümer ist und seine Eintragung oder Wiedereintragung als solcher sich wahren will, und die Vormerkung des §. 16 zur Erhaltung des Rechts auf Eintragung eines dinglichen Rechts; 2) Vormerkungen zur Erhaltung des (obligatorischen) Rechts auf Erwerbung eines Rechts durch Eintragung. Es gehören hierher: die Vormerkung des §. 8, wenn sie zur Erhaltung des Rechts auf Auflassung dient, die Vormerkung des §. 9, wenn die Anfechtungsbefugniß den Charakter der condictio hat, und die Vormerkung des §. 22 zur Erhaltung des Rechts auf Eintragung einer Hypothek oder Grundschuld. Außerdem hat das Gesetz 3) Vormerkungen, die von dem regelmäßigen Begriff insofern abweichen, als sie nicht ein Recht auf (endgültige) Eintragung zu wahren bestimmt sind, nämlich die Vormerkung des §. 9, wenn der Eigenthumsübergang mit der actio Pauliana außerhalb des Konkurses angefochten wird, der Widerspruch gegen Verfügungen des Gläubigers über die Hypothek oder Grundschuld im Falle des §. 60, wenn dem Eigenthümer die Löschungsbewilligung verweigert wird, und die Vormerkung der Gr.B.O. §. 102 zum Schutze eines der dort bezeichneten Rechte gegen vorzeitige Löschung. Ueber die Natur dieser drei Vormerkungen ergeben die Anmerkungen zu den bezeichneten Paragraphen das Nähere.

III. **Die Vormerkungen des §. 8 insbesondere.**

1. Der Zweck dieser Vormerkungen ist in vorstehendem bereits angegeben. Es soll „das Recht auf Auflassung oder auf Eintragung des Eigenthumsübergangs auch bezüglich des Gegenstandes derselben in dem Umfange erhalten werden, wie es zur Zeit der Eintragung der Vormerkung besteht" (R.G. V, Entsch. 15 S. 270).

2. Die formelle Voraussetzung für die Eintragung einer Vormerkung in Gemäßheit des §. 8 ist entweder ein Ersuchen des Prozeßrichters oder die Bewilligung des eingetragenen Eigenthümers. Gegen den nicht eingetragenen Eigenthümer kann eine Vormerkung nicht eingetragen werden. Vergl. die Anm. 2 a. E. zu §. 5 Satz 3, oben S. 51.

Die Vormerkung charakterisirt sich als ein Rechtsbehelf zur Ueberwindung der Weigerung des Eigenthümers, das Grundstück dem Berechtigten aufzulassen, beziehungsweise des als Eigenthümer Eingetragenen, die Eintragung des vollzogenen Eigenthumsüberganges geschehen zu lassen. Es entspricht daher ganz der Natur des Verhältnisses, daß das Grundbuchamt die Vormerkung nicht, wie nach altem Recht, von Amtswegen oder auf einseitigen Antrag des Erwerbers, sondern beim Mangel der Zustimmung des eingetragenen Eigenthümers nur auf das Ersuchen des Prozeßrichters eintragen darf.

a. Die Vermittlung des letzteren findet nach §. 18 des Ausf.Ges. z. C.P.O. nur als Ausführung einer einstweiligen Verfügung statt. Diese setzt nach §. 70 des Gesetzes Glaubhaftmachung des zu schützenden Rechtes voraus. Vgl. das Nähere in den Anm. zu §. 70.

Statt des Prozeßgerichts sind auch andere Behörden befugt, die Eintragung einer Vormerkung zu erwirken, so nach dem Gesetze betr. die Beförderung der Errichtung von Rentengütern vom 7. Juli 1891 (G.S. S. 279) §. 12 Abs. 3 bei Begründung eines Rentenguts die Generalkommission, und nach dem Gesetze über die Enteignung von Grundeigenthum vom 11. Juli 1874 §. 24 hat „die Grundbuchbehörde", wenn sie den erforderlichen „Auszug aus dem Grundbuch (Hypothekenbuch, Währschaftsbuch, Stockbuch)" ertheilt, gleichzeitig hiermit, „soweit die betreffenden Grundbücher dazu geeignet sind, und zwar ohne weiteren Antrag, eine Vormerkung über das eingeleitete Enteignungsverfahren im Grundbuch einzutragen, deren Löschung mit vollzogener Enteignung (§. 33) oder auf besonderes Ersuchen der Regierung erfolgt." Diese letzte Vormerkung aber kann vom Standpunkt des Gesetzes über den Eigenthumserwerb nur uneigentlich so genannt werden. Sie erhält weder ein Recht auf Auflassung noch ein Recht auf Eintragung des Eigenthumsüberganges, jenes nicht, weil der Unternehmer einen Anspruch auf Auflassung nicht hat, dieses nicht, weil das Eigenthum erst nach Eintragung der sogenannten Vormerkung erworben wird. Bei dem Mangel jeder Aeußerung des Gesetzes über den Zweck und die Wirkung des Vermerkes kann nur angenommen werden, daß durch denselben nichts weiter erreicht werden soll und erreicht wird als die Veröffentlichung des eingeleiteten Enteignungsverfahrens durch das Grundbuch. Aehnlich Dernburg und Hinrichs §. 19 Note 11 S. 206.

b. Das Konsensprinzip fordert, von der Vermittelung des Prozeßrichters abzusehen, wenn der eingetragene Eigenthümer selbst die Eintragung einer Vormerkung nach §. 8 bewilligt. Das Gesetz hat dadurch, daß es dieser Forderung nachgiebt, nicht — wie Dernburg und Hinrichs §. 27 S. 352 ff. nachzuweisen suchen — die Bestimmung des Begriffs der Vormerkungen in Frage gestellt. Der Zweck und die Wirkungen der Vormerkung sind dieselben, gleichviel ob die Eintragung von dem Eigenthümer bewilligt oder von dem Prozeßrichter nachgesucht worden ist. Wer die endgültige Eintragung eines Rechts zu bewilligen befugt ist, hat damit zugleich die Befugniß zu der Bewilligung einer vorläufigen Eintragung desselben. Zöge das Gesetz diese Folgerung nicht, so ließe es sicherlich ein praktisches Bedürfniß unbefriedigt. Wenn der eingetragene Eigenthümer das Grundstück verkauft hat, so liegt die Sache nicht selten so, daß er, ohne seinem Rechte etwas zu vergeben, die Auflassung nicht erklären kann, wohl aber überzeugt ist, daß der Käufer den Anspruch auf Auflassung bis zur Eintragung einer Vormerkung dem Prozeßrichter glaubhaft zu machen in der Lage sein würde. Weshalb nun in einem solchen Falle die Betheiligten den kostspieligen und schwierigen Weg über das Gericht gehen sollen, wenn sie den billigeren und leichteren Weg direkt zum Grundbuchamt einschlagen wollen, ist unerfindlich. Man kann nicht sagen, wenn der Eigenthümer die Eintragung seines Kontrahenten wolle, so möge er dieselbe bewilligen, d. h. die Auflassung erklären. Er will eben, wenigstens zur Zeit, die Eintragung des Eigenthumsüberganges nicht. Aber er denkt doch billig genug, um den anderen Theil gegen weitere Verfügungen über das Grundstück zu sichern. Darum bewilligt er die Vormerkung, was von seinem Standpunkt den Sinn hat, daß die endgültige Eintragung von der gütlichen oder durch Richterspruch herbeizuführenden Erledigung des ihr entgegenstehenden Hindernisses abhängen soll. Vgl. Dernburg und Hinrichs §. 27 S. 354.

Der Bewilligung des eingetragenen Eigenthümers steht nach §. 779 der C.P.O. dessen rechtskräftige Verurtheilung zur Bewilligung gleich.

c. Die Bewilligung des eingetragenen Eigenthümers legitimirt den anderen Theil, den Antrag auf Eintragung der Vormerkung bei dem Grundbuchamt zu stellen. Die Urkunde indessen, welche die Bewilligung enthält, muß nach näherer Bestimmung der Gr.B.O. §. 33 beglaubigt sein. Hat der Eigenthümer die Eintragung in einfacher Schriftform bewilligt und seine Unterschrift unter der schriftlichen Erklärung zwar gerichtlich anerkannt, nach Ausweis der über die Anerkennung aufgenommenen Verhandlung aber die Bewilligung widerrufen, so findet die Eintragung der Vormerkung nicht statt. Hamm, Johow 5 S. 189. Der auf die beglaubigte Bewilligung gestützte Antrag bedarf der Beglaubigung nicht. Gr.B.O. §. 33; Kindel in Gruchots Beitr. 20 S. 99.

Die Vormerkung kann auch auf den Antrag des eingetragenen Eigenthümers eingetragen werden, ohne daß die Zustimmung des Berechtigten nachgewiesen ist. (A. M. Richter in der Jur. Woch. 1873 S. 45.) Denn der Grundbuchrichter hat die Rechtsgültigkeit der Eintragungs- rc. Bewilligung nur nach Form und Inhalt zu prüfen (Gr.B.O. §. 46), nicht aber darnach zu forschen, ob die Bewilligung von demjenigen, zu dessen Gunsten sie erklärt worden, angenommen und auf diese Weise ein Vertrag zu Stande gekommen ist. Das Konsensprinzip des Gesetzes besteht nicht darin, daß die sich gegenüberstehenden Betheiligten über die Einschreibung mit einander einverstanden sein müssen, sondern darin, daß keine Einschreibung vorgenommen werden darf, welche nicht von demjenigen bewilligt ist, gegen den sie nach Inhalt des Grundbuches wirken soll. Nicht identisch hiermit ist die Vorschrift der Gr.B.O. §. 30, daß nicht von Amtswegen verfahren werden darf. Aber die Frage, wer den Antrag stellen kann, beantwortet sich doch aus jenem Prinzip, und zwar dahin, daß derjenige dazu berechtigt ist, von dessen Bewilligung die Eintragung abhängt. Die Legitimation des anderen Theils ist eine abgeleitete; sie ergiebt sich aus der Bewilligung, weil derjenige, dem diese ertheilt worden, dadurch zugleich als ermächtigt anzusehen ist, die bewilligte Eintragung nachzusuchen. Daß die Berechtigung zu der Bewilligung einer Eintragung den Berechtigten auch zur einseitigen Stellung des Antrages legitimirt, ergeben die Bestimmungen des Gesetzes §. 13 und der Gr.B.O. §§. 80, 84 und 86.

3. Die materielle Voraussetzung der Vormerkung bildet ein Recht auf Auflassung oder auf Eintragung des Eigenthumsüberganges (vgl. oben II). Dasselbe braucht aber nicht, wie bei einer endgültigen Eintragung, liquide zu sein, sondern nur glaubhaft gemacht zu werden, und auch ein bedingter, betagter oder von Gegenleistungen abhängiger Anspruch genügt, um eine einstweilige Verfügung auf Eintragung einer Vormerkung zu rechtfertigen (R.G. V v. 26. Juni 1889, Jur. Woch. S. 320, u. v. 11. Jan. 1890, Gruchot 34 S. 1091 u. Jur. Woch. S. 54; Turnau 1 S. 274 Anm. 8; Förster-Eccius 1 §. 48 Anm. 23a). A. M. bezüglich der bedingten Rechte: Dernburg u. Heinrichs 1 S. 353 Anm. 8; Borchardt, Vormerkung S. 71; und auch die vorige Ausgabe dieses Kommentars S. 104, weil die Vormerkung im Konkurse unwirksam sei, wenn die Bedingung erst nach dessen Eröffnung eintrete, denn das Recht auf Auflassung entstehe erst mit dem Eintritt der Bedingung, könne mithin nur gegen den Gemeinschuldner, nicht auch gegen die Konkursmasse desselben, in seiner dinglichen Richtung geltend gemacht werden; diese Ausführung wird durch den Hinweis auf §. 142 der KonkursO. widerlegt.

4. Ueber die Eintragung der Vormerkung vgl. Gr.B.O. §. 88 (auch Turnau 1 S. 274 Anm. 9 und Borchardt a. a. O. S. 68 ε).

5. Die Wirkung der Vormerkung. Während die rechtliche Natur des an sich schon dinglichen Anspruches auf Eintragung des Eigenthumsüberganges durch Eintragung einer Vormerkung zur Sicherung desselben nicht geändert wird, verwandelt die Vormerkung eines obligatorischen Rechtes auf Auflassung das Recht zur Sache in ein dingliches Recht (R.G. V, Entsch. 27 S. 239; Förster-Eccius 1 §. 48 Anm. 23a, 3 §. 184 Anm. 68; Borchardt S. 67, 69). Der zur Auflassung Berechtigte kann also sein Recht auf Grund der Vormerkung auch gegen Dritterwerber des Grundstücks geltend machen, aber natürlich nicht in weiterem Umfange, als es ihm gegen seinen Kontrahenten zusteht; ist dasselbe bedingt oder betagt, oder von einer Gegenleistung abhängig, so wirkt es auch gegen jene erst nach Eintritt der Bedingung oder des Termins oder nach Erfüllung der Gegenleistung (vgl. Turnau 1 S. 268 Anm. 4b). Im übrigen ist die Wirkung der Vormerkung bei beiden Rechten die gleiche und wird von dem R.G. (V, Entsch. 15 S. 269) dahin zusammengefaßt: „Durch die Vormerkung wird dem zur Sache Berechtigten das Eigenthum in dem Zustande erhalten, in welchem es sich zur Zeit der Vormerkung befindet. Durch die Vormerkung wird zwar nicht die weitere Bestellung von Rechten an dem Grundstücke für Dritte verhindert. Solche Rechte, mögen sie eine Veräußerung oder eine Belastung des Grundstücks enthalten, können jedoch dem Vorgemerkten nicht nachtheilig sein. Es muß deshalb, sobald das vorgemerkte Recht zur Sache realisirt wird, der Zustand wiederhergestellt werden, welcher zur Zeit der Eintraguug der Vormerkung vorhanden war; das vorgemerkte Recht zur Sache muß also mit seiner Durchführung auf alle in der Zwischenzeit von Dritten an dem Grundstücke erworbenen Rechte resolvirend wirken." Mit dieser vom Reichsgericht ständig vertretenen (vgl. II. H.S., Gruchot 25 S. 723 und V., Entsch. 7 S. 177 u. 27 S. 237) und als übereinstimmende Ansicht der höchsten Gerichtshöfe bezeichneten Ansicht stimmt die Meinung der meisten Bearbeiter des Grundbuchrechts überein, sodaß es eines näheren Eingehens auf die abweichenden Ansichten nicht mehr bedarf. (Vgl. Förster-Eccius a. a. O.; Turnau 1 S. 267 Anm. 4; Dernburg Preuß. Privatr. 1 §. 204; Behrend in seiner und Dahns Zeitschr. 7 S. 117, 120; Stobbe, Handb. des deutsch. Privatr. 2 §. 95 Ziff. 7; Strützki in Gruchot 17 S. 757; Jäckel ebd. 18 S. 61; Rosenbaum ebd.

21 S. 812; Borchardt a. a. O. S. 61 ff. Abweichend Grosse in Gruchot 19 S. 79 ff., Dernburg u. Hinrichs 1 S. 379 ff., Süß im Magazin für das deutsche Recht der Gegenwart 8 S. 1 ff.)

a. Durch die Vormerkung wird der Berechtigte gegen Verfügungen des eingetragenen Eigenthümers geschützt, und zwar nicht nur (wie Grosse a. a. O. meint) gegen Veräußerungen, sondern auch gegen Belastungen, denn sonst würde der oben angegebene Zweck der Vormerkungen nicht erreicht werden. Das ist aber nicht so aufzufassen, als ob eine den Berechtigten benachtheiligende Verfügung überhaupt unzulässig und ihre Eintragung vom Grundbuchrichter abzulehnen sei. Da das Gesetz keine derartige Bestimmung trifft, würde sich die Ablehnung nur dann rechtfertigen lassen, wenn sie durch den Zweck der Vormerkung geboten wäre. Das wird jedoch Niemand behaupten wollen. Der Zweck der Vormerkung erheischt nur, daß der Betheiligte das vorgemerkte Recht nach dessen Liquidestellung gegen Jeden zur Geltung bringen kann, der in der Zwischenzeit eine ihm nachtheilige Eintragung erlangt hat. Bequemer ist es freilich für den Berechtigten, wenn res integra bleibt. Allein andererseits darf doch auch Derjenige, gegen den die Vormerkung sich richtet, verlangen, durch dieselbe nicht weiter beschränkt zu werden, als zur Wahrung des Rechts seines Gegners unerläßlich ist: er darf also namentlich verlangen, für den Fall, daß die Vormerkung sich als unbegründet erweist, einer Beschränkung überhaupt nicht zu unterliegen. Dieser Erwägung gegenüber kann die Verfügungsbeschränkung, welche mit der Vormerkung verbunden ist, nur als eine eventuelle angesehen werden. Damit aber ist ihr der formale Charakter, die Eigenschaft eines Sperrvermerks, abgesprochen. Die herrschende Ansicht geht daher, wie die mitgetheilten Entscheidungen des Reichsgerichts ergeben, dahin, daß der eingetragene Eigenthümer trotz der Vormerkung zur Auflassung und zur Bewilligung von Eintragungen in der 2. und 3. Abtheilung des Grundbuchblattes befugt ist, und daß gegen ihn im Wege der Zwangsvollstreckung Eintragungen erfolgen können. (Vergl. außer den oben citirten Entsch. O.Tr. III, Gruchot 24 S. 102; Kammerger. im Jahrb. 2 S. 110 und 12 S. 79; Posen, Johow 3 S. 102; Hamm ebd. 5 S. 97; Königsberg ebd. 7 S. 159; Heidenfeld S. 35 Note 17; Kunze S. 33 Note 1; Dernburg u. Hinrichs 1 S. 382; Förster-Eccius 3 §. 184 Anm. 68; Borchardt S. 71 ff. A. M. Strützki a. a. O. und hinsichtlich der Auflassung Jäckel a a. O. und Neubauer, Controversen S. 12 p.).

b. Alle das vorgemerkte Recht beinträchtigenden, nach Eintragung der Vormerkung bestellten Rechte an dem Grundstück sind resolutiv bedingt; sie verlieren ihre Wirkung gegen das Grundstück, wenn das vorgemerkte Recht zur endgültigen Eintragung gelangt. Ihr Erlöschen kann der aus der Vormerkung Berechtigte nicht nur dem eingetragenen Eigenthümer gegenüber, sondern kraft seines dinglichen Rechts (vergl. Anm. 5 a. A.) gegen jeden Dritten geltend machen. Dies gilt nicht nur von den im Grundbuch eingetragenen Rechten, sondern auch von solchen, welche nicht eingetragen zu werden brauchen, wie der landrechtlichen Miethe und Pacht.

Zur Erwirkung der endgültigen Eintragung des vorgemerkten Rechts bedarf es einer Erklärung des eingetragenen Eigenthümers oder dessen rechtskräftiger Verurtheilung zur Abgabe derselben, und zwar der Auflassung, falls ein Recht auf Auflassung vorgemerkt ist, und der Anerkennung des Eigenthums des Berechtigten, wenn ein Recht auf Eintragung des Eigenthumsüberganges in Frage steht (vergl. unten Anm. 3 zu §. 9 Abs. 1). Jedoch genügt auch eine Verurtheilung des früher eingetragenen Eigenthümers, wenn derselbe nach der Rechtshängigkeit der gegen ihn erhobenen Klage auf Auflassung oder Anerkennung des Eigenthums das Grundstück aufgelassen hat; denn bei der dinglichen Natur des Anspruchs auf Eintragung des Eigenthumsüberganges und des durch eine Vormerkung geschützten Rechtes auf Auflassung ist das Grundstück in diesen Prozessen eine „im Streit befangene Sache“ im Sinne des §. 236 der C.P.O., und daher das gegen den Veräußerer ergangene Urtheil auch gegen dessen Sondernachfolger vollstreckbar, vorausgesetzt, daß die Vorschrift des §. 665 der C.P.O. gewahrt ist (R.G. V, Entsch. 27 S. 239; Borchardt S. 73; a. M. Eccius 3 §. 198 Anm. 40; Schultze, die Vollstreckbarkeit der Schuldtitel für und gegen die Rechtsnachfolger, Breslau, 1891, S. 88). Zur Erwirkung seiner Eintragung als Eigenthümer auf Grund eines rechtskräftigen Urtheils bedarf der

Berechtigte jetzt nach §. 779 der C.P.O. nicht mehr der Vermittelung des Prozeßgerichts (Gr.B. §. 89); er kann vielmehr unter Vorlegung des Urtheils selbst den Antrag auf Eintragung stellen, da, wie die Auflassungserklärung des eingetragenen Eigenthümers durch dessen Verurtheilung zur Auflassung (Ges. §. 3), so auch die Einwilligung desselben zur Umschreibung des Eigenthums durch seine Verurtheilung zur Anerkennung des Eigenthums des Klägers ersetzt wird. Jedoch wird es bei der Vormerkung des Rechts auf Eintragung des Eigenthumsübergangs außerdem noch des Nachweises bedürfen, wie der Antragsteller das Eigenthum erworben hat, da die Parteien nicht durch Anerkennung des Eigenthums eine etwa erforderliche Auflassung umgehen können.

Bei der endgültigen Eintragung des vorgemerkten Rechts sind die demselben nachtheiligen, in der Zwischenzeit eingetragenen Belastungen zu löschen. Dies geschieht indessen nicht von Amts wegen oder auf den alleinigen Antrag des aus der Vormerkung Berechtigten, denn dem Grundbuchrichter steht nicht die Entscheidung darüber zu, ob ein eingetragenes Recht in Folge des Eintretens einer Resolutivbedingung oder aus anderen Gründen erloschen ist; er darf vielmehr die Löschung nur vornehmen, wenn die Voraussetzungen der §§. 92 ff. der Gr.B.O. vorliegen, also regelmäßig nur auf Grund der Löschungsbewilligung der eingetragenen Berechtigten oder deren rechtskräftiger Verurtheilung zu dieser (Kammerger., Jahrb 5 S. 144; Posen, Johow 6 S. 143; O.Tr. III, Gruchot 24 S. 102. Vergl. unten Anm. 4 zu §. 64 der Gr.B.O.). Daß das gegen den Eigenthümer ergangene Urtheil auf Auflassung oder auf Anerkennung des Eigenthums die Löschungsbewilligung nicht ersetzt, ist selbstverständlich, denn aus einem Urtheil ist die Zwangsvollstreckung nur nach Maßgabe des Inhalts desselben zulässig. (Borchardt S. 74.)

c. Wirkung der Vormerkung im Konkurse:

α. Fällt der eingetragene Grundeigenthümer in Konkurs, so berechtigt die vorher eingetragene Vormerkung zur Erhaltung des Rechts auf Auflassung, ebenso wie das Recht auf Eintragung des Eigenthumsüberganges, den Berechtigten, ein Aussonderungsrecht geltend zu machen, wenn sein Recht liquide gestellt wird. Dies gilt auch dann, wenn das Recht auf Auflassung nur bedingt war und erst im Laufe des Konkurses zu einem unbedingten wird (vergl. oben Anm. 3 a. E.). Beruht das Recht auf Auflassung auf einem zweiseitigen Vertrage, welcher auch von dem Berechtigten zur Zeit der Konkurseröffnung noch nicht oder noch nicht vollständig erfüllt ist, so ist der Konkursverwalter nach §§. 15, 21 der Konkurs-O. nur dann zur Auflassung verpflichtet, wenn er die Erfüllung des Vertrages von der Gegenseite verlangt (Turnau 1 S. 268 Anm. 4 b; vergl. oben Anm. 5 a. A.). Veräußert der Konkursverwalter das mit der Vormerkung belastete Grundstück aus freier Hand, so gilt nichts Abweichendes von dem Falle gewöhnlicher Veräußerung durch den Eigenthümer selbst: der Berechtigte kann sein vorgemerktes Recht auch gegen den Erwerber geltend machen (Borchardt S. 114 ff.) Ueber die Wirkung der Vormerkung im Falle einer Zwangsversteigerung des Grundstücks auf Antrag des Konkursverwalters gilt das unter d Gesagte (Vergl Borchardt S. 105 ff.)

β. Wird über das Vermögen des aus der Vormerkung Berechtigten Konkurs eröffnet, so kann der Konkursverwalter nach der Liquidestellung des vorgemerkten Rechts das Grundstück zur Konkursmasse ziehen und überhaupt alle oben erwähnten Rechte aus der Vormerkung an Stelle des Gemeinschuldners geltend machen.

d. Wirkung der Vormerkung bei der Zwangsvollstreckung:

α. Wird nach Eintragung einer Vormerkung zur Erhaltung des Rechts auf Auflassung oder auf Eintragung des Eigenthumsüberganges auf Grund eines vollstreckbaren Schuldtitels gegen den eingetragenen Eigenthümer die Zwangsverwaltung des Grundstückes eingeleitet, so ist der Berechtigte nicht befugt, lediglich auf Grund seiner Vormerkung Widerspruch gegen die Zwangsverwaltung zu erheben, da er bis zur Liquidestellung seines Rechts keinen Anspruch auf die Nutzungen hat (O.Tr. III, Gruchot 24 S. 105). Er muß vielmehr aus dem vorgemerkten Recht gemäß §. 690 der C.P.O. klagen und die Einstellung der Zwangsverwaltung erwirken; hierzu ist er jedoch nur dann berechtigt, wenn die Beschlagnahme (§§. 16, 143 des Zwangsvollstr.Ges.) erst nach der Eintragung seiner Vormerkung erfolgt und die Forderung des betreibenden Gläubigers eine persönliche oder eine ebenfalls erst nach dieser Eintragung erwirkte Hypothek ist, ausnahmsweise aus dem Recht auf Eintragung des Eigenthumsüberganges auch trotz des Vorrangs der Forderung, auf Grund deren die Zwangsverwaltung eingeleitet ist, falls er zur Anfechtung derselben nach §. 9 des Gesetzes befugt ist. Anderenfalls muß er sich auch nach der Liquidestellung seines Rechts die Fortdauer der Zwangsverwaltung gefallen lassen.

β. Da der eingetragene Eigenthümer trotz der Vormerkung Eigenthümer des Grundstücks bleibt, steht diese der Einleitung der Zwangsversteigerung (vgl. hierüber Borchardt S. 77 ff.) auf Grund eines gegen ihn gerichteten Schuldtitels nicht entgegen (Marienwerder, Johow 7 S. 10; Krech u. Fischer, Zwangsvollstr.-Ges. S. 151 und die ebd. S. 805 Note 34 u. S. 819 Note 77 zitirte Entsch. des R.G. v. 25. Juni 1884). Der aus der Vormerkung Berechtigte kann aber, wie gegenüber der Zwangsverwaltung (oben *α*), gemäß §. 690 der C.P.O. (vgl. Zwangsvollstr.Ges. §§. 70, 71) auf Grund seines vorgemerkten Rechtes die Einstellung der Zwangsvollstreckung herbeiführen, sofern die Forderung des betreibenden Gläubigers seinem Rechte gegenüber nach dessen Liquidestellung wirkungslos ist. Dies muß er vor Schluß des Versteigerungstermins thun, „widrigenfalls nach erfolgtem Zuschlag das Kaufgeld in Bezug auf den Anspruch an die Stelle des Grundstücks tritt“ (§. 40 Ziff. 9 des Zwangsvollstr.Ges.). Durch den Zuschlag erlischt also trotz der Vormerkung das Recht des Eigenthumsprätendenten an dem Grundstück (vgl. auch §. 22 Abs. 2 dess. Ges.; R.G. V., Entsch. 18 S. 294), es sei denn, daß dasselbe laut des Zuschlagsurtheils von dem Ersteher ausdrücklich übernommen ist. (R.G. V., Entsch. 27 S. 237). Dies gilt nicht nur für die Vormerkung des Rechtes auf Eintragung des Eigenthumsüberganges, sondern auch für den vorgemerkten Auflassungsanspruch (Krech u. Fischer §. 40 Anm. 10; Turnau 1 S. 270 Anm. 4e); der entgegenstehenden Ansicht von Eccius (1 §. 48 Anm. 23b) für letzteren Anspruch ist nicht beizutreten, da sonst das an sich nur persönliche Recht auf Auflassung gegen den Ersteher geltend gemacht werden könnte, während die wirkliche Eigenthumsklage ihm gegenüber wirkungslos ist; das kann unmöglich der Sinn des Gesetzes sein, und der Wortlaut des §. 40 Ziff. 9 des Zwangsvollstr.Ges., auf welchen Eccius seine Ansicht stützt, schließt die hier vertretene Auslegung nicht aus, da man sehr wohl sagen kann, daß mit dem Auflassungsanspruch „das Eigenthum des Grundstücks beansprucht“ wird. (A.M. auch Süß a. a. O. S. 12 ff.)

Steht das vorgemerkte Recht der Forderung des betreibenden Gläubigers nach, so kann der Berechtigte die Einstellung des Verfahrens nicht erwirken, sondern nur auf die Kaufgelder Anspruch erheben.

Auf die weitere Frage, wie der Anspruch des Eigenthumsprätendenten auf die Kaufgelder im Zwangsversteigerungsverfahren zu behandeln ist, giebt das Zwangsvollstr.Ges. keine unmittelbare Antwort. Seine Berücksichtigung bei dem geringsten Gebot ist unmöglich; denn er geht nicht auf eine bestimmte Summe, sondern auf den nach Deckung der vorgehenden Realansprüche übrig bleibenden Rest des künftigen Kaufgeldes. Dagegen ist er im Kaufgelderbelegungsverfahren zu berücksichtigen. Das ist selbstverständlich, wenn der vorgemerkte Anspruch inzwischen zur endgültigen Eintragung gelangt und die Löschung der in der Zwischenzeit erfolgten Eintragungen erwirkt ist; alsdann ist der Berechtigte als neuer Eigenthümer zweifellos Interessent des Verfahrens und hat Anspruch auf den ganzen Rest des Kaufgeldes, welcher nach Deckung der noch gültigen Realansprüche übrig bleibt. Aber auch wenn er noch nicht als Eigenthümer eingetragen ist, ist sein Anspruch auf die Kaufgelder, welche nach Deckung der vorgehenden Lasten noch übrig bleiben sollten, in den Vertheilungsplan aufzunehmen, und zwar nach §. 106 des Zwangsvollstr.-Gesetzes von Amtswegen, weil sein Bestehen und seine Höhe aus dem Grundbuch erhellt. Da der Anspruch von der Liquidestellung des vorgemerkten Rechtes abhängt, so finden auf ihn die Vorschriften der §§. 111, 119 desselben Gesetzes über aufschiebend bedingte Forderungen Anwendung.

Ueber das Recht vor Inkrafttreten des Gesetzes vom 13. Juli 1883 vgl. R.G. V, Entsch. 7 S. 177, und Turnau 1 S. 270.

6. Die Löschung der Vormerkung ist jetzt durch den oben mitgetheilten §. 19 des

§. 9.

Die Eintragung des Eigenthumsüberganges und deren Folgen können nach den Vorschriften des bürgerlichen Rechts angefochten werden.

Ausf.Ges. z. C.P.O. bedeutend vereinfacht. Es bedarf nicht mehr des Ersuchens eines Prozeßgerichts, sondern es genügt der unbeglaubigte Antrag des eingetragenen Eigenthümers unter Vorlage eines vollstreckbaren Urtheils oder Beschlusses, durch welche die einstweilige Verfügung aufgehoben ist. Wie diese richterlichen Entscheidungen zu erwirken sind, ergiebt sich aus der C.P.O. (§§. 815, 802, 804, 805, 806, 807, 813; 818, 803; 820). Da die Löschung im Wege der Zwangsvollstreckung erfolgt, müssen alle Voraussetzungen derselben vorliegen, z. B. auch die namentliche Bezeichnung des den Antrag stellenden eingetragenen Eigenthümers im Urtheil oder in der Vollstreckungsklausel nach §. 665 der C.P.O. (Kammerger., Jahrb. 2 S. 152).

Daneben wird man auch heute noch die Löschung auf Ersuchen des Prozeßgerichts nach §. 8 mit Hinrichs (Studien S. 13) und Turnau (1 S. 568 Anm. 2) zulassen dürfen. Auch der Löschung auf Antrag des Eigenthümers mit Einwilligung des Berechtigten steht kein Bedenken entgegen.

Wird der Berechtigte als Eigenthümer eingetragen, so bedarf es seines Antrages zur Löschung der Vormerkung. A. M. Turnau 1 S. 257 Anm. 8, welcher nach Analogie des §. 64 der Gr.B.O. die Löschung von Amtswegen zulassen will.

7. In der Praxis sind Zweifel laut geworden, ob die Vormerkung zur Erhaltung des Rechtes auf Auflassung geeignet ist, auf den Namen eines Zessionars des aus der Vormerkung Berechtigten umgeschrieben zu werden. Der Fall kommt häufig vor, daß der Käufer eines Grundstücks, der eine solche Vormerkung genommen hat, seine Rechte aus dem Kaufvertrage zedirt. Der Zessionar erwirbt dann das Recht, von dem Verkäufer die Erfüllung des Vertrages zu fordern. Eine wesentliche Verpflichtung des Veräußerers aber ist die, das Grundstück dem Erwerber aufzulassen (Anm. 5 zu §. 3), also eine Handlung vorzunehmen, die einen bestimmten Vermögenswerth hat. Das Recht auf diese Handlung kann daher nicht an die Person des Erwerbers gebunden sein, muß vielmehr als abtretbar angesehen werden. (A.L.R. I. 11 § 382.) Ist dies aber richtig, so würde die Umschreibung der Vormerkung auf den Namen des Zessionars nur dann für unstatthaft erachtet werden können, wenn in der Einrichtung des Grundbuches selbst ein Hinderniß läge. Das ist jedoch nicht der Fall, die Vormerkung daher umzuschreiben, wenn es von dem Berechtigten bewilligt wird Gr.B.O. §. 11. Die Genehmigung des Eigenthümers ist dazu nicht erforderlich. Kammerger., Johow 4 S. 96.

Die Vormerkung zur Erhaltung des Rechts auf Eintragung des Eigenthumsüberganges wird für den wahren Eigenthümer gegen den Bucheigenthümer eingetragen; sie ist nicht zessibel, weil das Eigenthum, zu dessen Sicherung sie dient, nicht durch Zession, sondern nur durch Auflassung übertragen werden kann. Ebenso Turnau 1 S. 275; Borchardt a. a. O. S. 67γ.

§. 9 Abs. 1.

Die Eintragung hat nach dem Gesetze eine doppelte Funktion, einmal die, den Eigenthumsübergang zu veröffentlichen, sodann die, die Erwerbung des Eigenthums zu vollenden. Die erstere Funktion ist lediglich eine beurkundende: es wird im Grundbuche bezeugt, was außerhalb desselben vollzogen ist (§. 5); die zweite ist eine rechtsverändernde, so zwar, daß die Ein-

Es bleiben jedoch die in der Zwischenzeit von dritten Personen gegen Entgelt und im redlichen Glauben an die Richtigkeit des Grundbuchs erworbenen Rechte in Kraft.

Gegen diesen Nachtheil kann sich der Anfechtungskläger durch die von dem Prozeßrichter nachzusuchende Eintragung einer Vormerkung sichern.

---

tragung die Form des Geschäftes bildet, dessen Inhalt die Auflassung ist. Beide Funktionen schließen die Annahme eines durch die Eintragung sich vollziehenden Formalaktes aus. Die Eintragung ist kein abstrakter Vorgang; sie nimmt und schafft nicht Eigenthum, sondern hat ihre rechtliche Bedeutung nur durch ihre Voraussetzung. Fehlt diese, so ist die Eintragung eine nichtige Handlung; die Mängel der Voraussetzung ergreifen auch die Eintragung. Daher kann diese aus Gründen, welche in ihrer Voraussetzung liegen, angefochten werden. Vergl. Anm. I. 1 zu §. 1, S. 28.

1. Die rechtliche Natur der Anfechtungsklage ist verschieden, je nachdem die Eintragung auf einer nichtigen oder auf einer blos anfechtbaren Voraussetzung beruht. Der §. 9 gebraucht das Wort „anfechten" in einem anderen als dem gemeinrechtlichen Sinne. Die heutige Doktrin des gemeinen Rechtes unterscheidet zwischen nichtigen und anfechtbaren Rechtsgeschäften. Nichtig ist ein Rechtsgeschäft, wenn ihm die Rechtsordnung die Fähigkeit abspricht, die beabsichtigte Rechtswirkung hervorzubringen; das nichtige Geschäft steht dem nicht abgeschlossenen gleich. Anfechtbar ist ein Rechtsgeschäft, welches zwar die beabsichtigte rechtliche Wirkung erzeugt, aber mit einem Mangel behaftet ist, der die Ungültigkeit des Geschäfts zur Folge hat, wenn die Anfechtungsbefugniß geltend gemacht wird. Windscheid 1 §. 82; Förster-Eccius 1 §. 41. In der preußischen Jurisprudenz wird diese Unterscheidung auch auf die Ungültigkeit der Eintragung angewendet. Turnau 1 S. 656; Förster-Eccius 3 §. 178 Anm. 57 ff., S. 268 ff.

a. Nichtig ist die Eintragung: in den Fällen des §. 5, wenn die als Erwerber eingetragene Person nicht das Eigenthum erworben hat; in den Fällen des §. 1, wenn eine Auflassung nicht vollzogen oder die vollzogene Auflassung nichtig ist. Durch die nichtige Eintragung wird in dem bestehenden Rechtszustande eine materielle Aenderung nicht hervorgerufen. Es kann, wie die Motive zu dem Gesetze sagen, nicht gemeint sein, „daß die Eintragung unter allen Umständen das Eigenthum giebt. Gewiß wird derjenige trotz der erhaltenen Eintragung nicht Eigenthümer, der seine Auflassung von einer Person erhalten hat, die dem Buchamte fälschlich als der eingetragene und deshalb als zur Veräußerung berechtigte Eigenthümer vorgestellt worden ist, gewiß auch der Erbe nicht, wenn die Erbbescheinigung eine falsche oder gefälschte gewesen oder wenn das Testament hinterher aus irgend einem Grunde, z. B. weil ein jüngeres aufgefunden worden, für ungültig erklärt werden mußte. In allen solchen Fällen ist die Eintragung eine falsche, sie hat das Eigenthum nicht erwerben lassen, und der außerhalb der Eintragung stehende Eigenthümer kann die falsche Eintragung anfechten." (Werner 2 S. 18.) Seine Klage ist die Eigenthumsklage, wenn sie zugleich auf Herausgabe des Grundstücks gerichtet ist, eine zwischen der rei vindicatio und der negatoria die Mitte haltende Klage, wenn sie nur die Berichtigung des Grundbuches bezweckt. Vergl. Dernburg und Hinrichs 1 §. 21 S. 259 und R.G. V, Gruchot 24 S. 450.

b. Anfechtbar ist die Eintragung, wenn ihre Voraussetzung der Anfechtbarkeit (im Gegensatz zur Nichtigkeit) unterliegt. Die Klage auf Berichtigung des Buches ist in diesem Falle eine nur persönliche, eine Kondiktion. Der als Eigenthümer eingetragene Beklagte ist zwar Eigenthümer geworden; aber seiner Erwerbung haftet ein Mangel an, der es nicht zuläßt, daß er das Eigenthum behält, wenn der vorige Eigenthümer dasselbe zurückverlangt. Vergl. hierüber Achilles in Gruchot 21 S. 47.

2. Ungültigkeit der Auflassung als Grund der Anfechtbarkeit der Eintragung. Die Fälle, in welchen die Auflassung ungültig (nichtig oder anfechtbar) ist, bilden

das Hauptgebiet für die Anwendbarkeit des §. 9. Nichtig ist die Auflassung insbesondere, wenn sie entweder den wesentlichen Erfordernissen einer Willenserklärung, und zwar einer auf Veräußerung und Erwerbung gerichteten Willenserklärung, überhaupt oder den Erfordernissen, welche der §. 2 des Gesetzes für sie aufstellt, nicht entspricht. Anfechtbar ist sie aus den nämlichen Gründen, aus welchen nach den Vorschriften des bürgerlichen Rechts eine Willenserklärung der bezeichneten Art der Anfechtung ausgesetzt ist. Zwei Fälle sind hier besonders hervorzuheben: der Fall der Simulation und der des Irrthums (vergl. hierzu Koppers in Gruchot 36 S. 338 ff).

a. Mit dem Ausdruck „Simulation" bezeichnet man „die Erklärung eines nicht gewollten Willensinhalts, welche Jemand zu dem Ende vornimmt, um den Schein eines Rechtsgeschäfts hervorzurufen." Windscheid 1 §. 75. In der Wissenschaft ist zwar neuerdings eine Richtung hervorgetreten, welche der Willenserklärung als einer rechtlichen Handlung Wirkung auch dann beilegen will, wenn dieselbe den wirklichen Willen nicht zum Ausdruck bringt Allein die herrschende Meinung hält für das gemeine Recht daran fest, daß die Erklärung insoweit nicht gilt, als sie dem wahren Willen des Erklärenden nicht entspricht. Windscheid, Wille und Willenserklärung (akademische Festschrift) 1878. Im Einklange hiermit bestimmt das A.L.R. I. 4 §. 52 „Eine Willenserklärung, woraus Rechte und Verbindlichkeiten entstehen sollen, muß ernstlich sein." Demnach ist sowohl nach gemeinem wie nach Landrecht die simulirte Auflassung nichtig, der als Eigenthümer eingetragene Erwerber mithin nicht Eigenthümer, und der Veräußerer auf sein Verlangen wiederum als Eigenthümer einzutragen. O.Tr. III v. 31. Mai 1875, Entsch. 75 S. 22, Str. Arch. 94 S. 33; Kammerger, Jahrb. 9 S. 146. Mit der landrechtlichen Nichtigkeit hat es zwar insofern eine eigene Bewandtniß, als nach Titel 5 §. 186 „durch das Anerkenntniß eines seiner Form nach rechtsbeständigen Vertrages diejenigen Einwendungen gehoben werden, welche sich auf den Mangel einer freien oder ernstlichen Einwilligung beziehen." Demgemäß wird durch ein solches Anerkenntniß auch ein Veräußerungsgeschäft von der ihm anhaftenden Einrede der Simulation befreit. O Tr. III, Str. Arch. 81 S. 338. Aber unter der Herrschaft des Gesetzes über den Eigenthumserwerb ist angenommen, daß „die auf Grund einer nicht ernstlichen Auflassung erfolgte Eintragung der auf Fälschung beruhenden rücksichtlich ihrer Wirkungslosigkeit gleichstehe." Daraus ist dann die Folgerung gezogen, daß auch ein Dritter, insbesondere wenn er sich im Besitze des aufgelassenen Grundstücks befindet, die nicht ernstlich gemeint gewesene Auflassung als rechtsunwirksam (nichtig) behandeln dürfe. O Tr. III v. 12. Juni 1876, Entsch. 78 S. 86, Str Arch. 96 S. 154; R.G. I H S., IV u. V, Gruchot 24 S. 546 u. 1019, Entsch. 4 S. 254 u. 28 S. 310, J.M.Bl. 1892 S. 177 (durch diese Entsch. ist die abweichende Ansicht des R.G. III H S, Entsch. 2 S. 228, verworfen).

b. Der Irrthum hat mit der Simulation die Nichtübereinstimmung des Willens mit der Erklärung gemein. Der Unterschied zwischen beiden liegt darin, daß diese Nichtübereinstimmung im Fall der Simulation beabsichtigt, im Fall des Irrthums dagegen nicht beabsichtigt ist. Zutreffend sagt Windscheid 1 §. 76: „Wenn der Erklärende kein Bewußtsein davon hat, daß er den in der Erklärung als gewollt bezeichneten Willensinhalt nicht wirklich will, so befindet er sich in einem Irrthum." Der Irrthum hat, wenn er wesentlich ist, nach gemeinem Recht die Nichtigkeit der Willenserklärung zur Folge. Wesentlich ist der Irrthum u. a. dann, wenn er den Gegenstand betrifft, auf welchen die Willenserklärung gerichtet ist.

Das A.L.R. I. 4 §. 75 bestimmt: „Irrthum im Wesentlichen des Geschäfts oder in dem Hauptgegenstande der Willenserklärung macht dieselbe ungültig." Ob diese Ungültigkeit aber nach preußischem Recht Nichtigkeit oder Anfechtbarkeit ist, und — wenn man sich mit der herrschenden Meinung für letztere entscheidet — ob nur der Irrende selbst oder auch ein Dritter zur Anfechtung berechtigt ist, ist streitig (Förster-Eccius 1 §. 31 a. E.). Während das Obertribunal III (Entsch. 76 S. 253, Str.Arch. 94 S. 347, 96 S. 84) nur die Anfechtung durch den Irrenden zuließ, hat das Reichsgericht V (Entsch. 20 S. 225, J.M.Bl. 1888 S. 362) auch den wirklichen, nicht eingetragenen Eigenthümer eines Grundstücks, welches der Bucheigenthümer irrthümlich an einen Dritten aufgelassen hatte, obwohl es nach dem übereinstimmenden Willen der beiden Kontrahenten nicht Gegenstand der Veräußerung gewesen war, für befugt erachtet, den Eigenthumsübergang anzufechten; und in zwei späteren Entsch. (Gruchot 34 S. 707; Entsch. 28 S. 310 u. J.M.Bl. 1892 S. 177) hat derselbe Senat sogar die bezüglich eines anderen Grundstücks, als gewollt wurde, erklärte Auflassung für nichtig erklärt und in ersterer Entsch. dem Auflassenden die Vindikationsbefugniß zugesprochen, in letzterer den dritten Besitzer des Grundstücks, welcher von dem auf Grund der Auflassung eingetragenen Eigenthümer auf Herausgabe verklagt war, für befugt erachtet, dessen Bucheigenthum unter Berufung auf den Irrthum zu bestreiten. (Vgl. auch R.G. V v. 9. Novbr. 1892, Gruchot 37 S. 1096.)

3. Der Anfechtungsanspruch geht, wenn nicht der Beklagte auf Grund einer nichtigen Voraussetzung eingetragen ist, auf Rückauflassung des Eigenthums an den Kläger. (Achilles in Gruchot 21 S. 34.)

Anders dagegen, wenn der Beklagte die Eintragung auf Grund einer nichtigen Voraussetzung erlangt und also das Eigenthum nicht erworben hat. Daß auch in diesem Falle beim Einverständniß der Parteien der Beklagte durch Auflassung dem Anspruche des Klägers auf Eintragung genügen **kann**, erscheint nicht zweifelhaft, da ihn der Inhalt des Grundbuches zur Auflassung an sich legitimirt. **Erzwungen** werden kann jedoch die Auflassung von keiner Seite, da sie nur das Mittel zur Eigenthumsübertragung, eine solche aber gar nicht in Frage ist. Die nichtige Eintragung verpflichtet den Beklagten nur, die Nichtigkeit anzuerkennen. Auf Abgabe dieses Anerkenntnisses ist daher die Klage des wahren Eigenthümers zu richten. Es kann aber auch der Richter gebeten werden, die Eintragung des Beklagten gegenüber dem Kläger für nichtig zu erklären. Auf Grund des dieser oder jener Fassung entsprechenden Urtheils ist dann der Kläger als Eigenthümer im Grundbuche einzutragen resp. wieder einzutragen. (Achilles a. a. O.; vgl. oben Anm. III. 5b zu §. 8, S. 64.)

Der Klage auf förmliche Eigenthumsübertragung haftet indeß der Beklagte nur, wenn er als Eigenthümer eingetragen ist. O.Tr. III, Str.Arch. 94 S. 362. Hat er das Grundstück weiter aufgelassen, so hat er nach dem A.L.R. I. 15 §§. 11 ff. dem Kläger den bei der Veräußerung etwa gezogenen Vortheil und, wenn er im bösen Glauben gehandelt hat, das volle Interesse zu vergüten.

Ueber die Frage, ob der Grundbuchrichter auch von Amtswegen irrthümliche Eigenthumseintragungen beseitigen kann, vgl. unten Anm. 3 zu §. 118 der Gr.B.O.

4. **Zur Begründung des Anspruches** gehört der Nachweis, daß die Voraussetzung, auf Grund welcher die angegriffene Eintragung vollzogen worden, ungültig ist. Im Fall der **Nichtigkeit** ist es gleichgültig, ob der Kläger durch ein vorausgegangenes Rechtsgeschäft zur Auflassung des Eigenthums an den Beklagten verpflichtet ist oder nicht. Falls dagegen die Auflassung nur **anfechtbar** ist, fragt es sich, ob nicht auf das ihr zu Grunde liegende Rechtsgeschäft zurückgegangen werden muß, wenn der Beklagte geltend macht, daß dieses Geschäft für ihn ein Recht auf Auflassung begründet habe. Die Frage ist zu bejahen. Denn beim Vorhandensein eines den Kläger zur Auflassung gültig verpflichtenden Rechtsgeschäftes fehlt für denselben jedwedes rechtliche Interesse an der Geltendmachung von Mängeln, welche der vollzogenen Auflassung anhaften. Die Anfechtung der Eintragung wäre völlig zwecklos, weil der Kläger in demselben Moment, in welchem er wieder als Eigenthümer eingetragen worden, das Eigenthum dem Beklagten zurückauflassen müßte. In einem solchen Falle scheint daher ein Anspruch aus §. 9 nicht gegeben zu sein.

5. Die Eintragung kann nicht blos mittelst Klage, sondern auch im Wege der **Einrede** angefochten werden. O.Tr. III v. 12. Juni 1876, Entsch. 78 S. 86 u. Str.Arch. 96 S. 154; R.G. V v. 5. Mai 1886, J.M.Bl. S. 278 u. Gruchot 30 S. 1020. Siehe auch oben Anm. 3 zu §. 7 Abs. 2, S. 57. In dem 3. Satz des §. 9 ist freilich der Fall der Klage vorausgesetzt. Allein der 1. Satz verweist wegen des Anfechtungsanspruches ganz allgemein auf das „bürgerliche Recht", und nach diesem unterliegt es keinem Bedenken, daß der Anspruch, wenn er überhaupt begründet ist, auch einredeweise geltend gemacht werden kann. Turnau 1 S. 659 Anm. 6.

6. Der §. 9 bezieht sich nicht auf die Anfechtung von Grundstücksveräußerungen auf Grund der KonkursO. §§. 22 ff. und des Reichsanfechtungsgesetzes vom 21. Juli 1879, wie in der früheren Auflage im Anschluß an die Motive (Werner 2 S. 19) irrthümlich angenommen ist. Denn „die paulianische Klage hat nicht den Zweck, den Uebergang des Eigenthumes von dem Schuldner auf einen Dritten in Frage zu stellen; vielmehr bezweckt sie nur, den Erwerber zu zwingen, sich die Zwangsvollstreckung in das Grundstück zur Befriedigung des Klägers gefallen zu lassen bezw. dasselbe zur Konkursmasse des Veräußerers zurückzugewähren. Das sind Ziele, mit welchen das Gesetz über den Eigenthumserwerb nichts zu thun hat" (Achilles in Koch, A.L.R. 8. Aufl. 1 S. 682 Note 20c; ebenso Eccius 3 §. 178 gg. E.; Rosenbaum in Gruchot 21 S. 810; vgl. ferner Rocholl, Rechtsfälle aus der Praxis des R.G., Bd. 1, 1883, S. 432 ff., sowie unten Anm. 2 zu §. 9 Abs. 3 und Anm. 5 zu §. 40 des Ges.). Für diese Anfechtungsfälle kommen lediglich die angeführten Reichsgesetze in Betracht.

7. Nicht blos die Eintragung, sondern auch die Folgen der Eintragung des Eigenthumsüberganges, d. h. die Rechtshandlungen, welche von dem als Eigenthümer Eingetragenen oder dessen Rechtsnachfolger vorgenommen sind, und die Eintragungen, welche gegen diese im Wege der Zwangsvollstreckung erfolgt sind (R.G. II H.S., Entsch. 2 S. 258), können nach Maßgabe des §. 9 als ungültig angefochten werden Der Erbe ist der nämlichen Anfechtung ausgesetzt, welche gegen seinen Erblasser zuläßig war. Gegen den Sondernachfolger des Verpflichteten findet der Anspruch nur mit den aus dem 2. Satz des §. 9 sich ergebenden Beschränkungen statt.

§. 9 Abs. 2.

Der Wegfall des Anfechtungsanspruches gegen Dritte. Begriff des „Dritten" Gründe, welche die Zulassung des Anspruches vermitteln.

1. Vermerke im Grundbuch, S. 71.
2. Böser Glaube des Dritten
   a. Vermuthung des guten Glaubens
   b. Begriff des bösen Glaubens, S. 72.
   c. Der entscheidende Zeitpunkt.
   d. Böser Glaube des Stellvertreters.
   e. Grund des Anspruchs; Schutz des Rechtsnachfolgers des Dritten.
   f. Dingliche oder persönliche Anfechtungsansprüche?
   g. Verhältniß des §. 9 zu dem bisherigen Recht, S. 73.
3. Unentgeltlichkeit der Erwerbung.

Die Eintragung des Eigenthumsüberganges legitimirt, auch wenn sie auf einer ungültigen Voraussetzung beruht, den Eingetragenen zu Verfügungen über das Grundstück. Es fragt sich indessen, ob und inwiefern auch diese Verfügungen der Anfechtung unterliegen. Die Fassung des 2. Satzes in dem §. 9 ist geeignet, die Vorstellung zu erwecken, als ergreife die Ungültigkeit der Eintragung des Eigenthumsüberganges regelmäßig auch die weiteren Einschreibungen, welche von dem als Eigenthümer Eingetragenen bewilligt oder gegen denselben genommen sind. In Wirklichkeit aber ist die Ungültigkeit der für dritte Personen erfolgten Einschreibungen die Ausnahme. Der Grundsatz des römischen Rechts, daß Niemand mehr Rechte auf einen Anderen übertragen kann, als er selber hat, ist hier nur sehr beschränkt zu verwerthen, nämlich nur insoweit, als nicht der öffentliche Glaube des Grundbuches sich geltend macht. Wer im Vertrauen auf den Inhalt des Buches Rechte von dem Eingetragenen erwirbt, darf in diesem seinen Vertrauen nicht getäuscht werden. Das ist die Regel, deren Anwendung hier zu dem Ergebnisse führt, daß die Berichtigung des Buches, welche der in Folge einer ungültigen Auflassung 2c. als Eigenthümer Eingetragene sich gefallen lassen muß, nicht verlangt werden kann zum Nachtheil dritter Personen, welche von dem Eingetragenen oder dessen Rechtsnachfolger das Grundstück oder ein Recht an demselben erworben haben. Diese Regel schützt den Dritten nicht blos dann, wenn das Recht desselben eingetragen worden, sondern auch dann, wenn es durch Besitzeinräumung dinglich geworden ist, also im Geltungsbereiche des A.L.R. namentlich den Miether und den Pächter. Dagegen ist die Erwerbung kraft des Erbrechts nicht geschützt durch den öffentlichen Glauben des Grundbuches. Denn nicht der Erbe, sondern nur der Singularsuccessor des eingetragenen Eigenthümers, dessen Eintragung nach Abs. 1 des §. 9 nichtig oder anfechtbar ist, ist ein Dritter im Sinne des §. 9 Abs. 2. (Vgl. auch unten Anm. IV 1 zu §. 11 des Ges.)

Daß der öffentliche Glaube des Grundbuches die angedeutete Tragweite hat, ergiebt sich aus den Bestimmungen der §§. 1, 9—12, 18, 37 und 38. Darnach kann Jedermann die Rechte, welche ihm das Grundbuch zuschreibt, mit voller Wirkung übertragen und neue Rechte für dritte Personen begründen, soweit er dazu nach Maßgabe seiner Eintragung berechtigt ist. Wird die letztere angefochten, so bleiben dennoch die unter der Voraussetzung ihrer Gültigkeit übertragenen oder neu begründeten Rechte in Kraft, sofern nicht einer der Gründe vorliegt, welche ausnahmsweise die Anfechtung auch Dritten gegenüber rechtfertigen. Solche Gründe sind im Falle des §. 9: Vermerke im Grundbuch, böser Glaube des Dritten, Unentgeltlichkeit der Erwerbung desselben.

1. Vermerke im Grundbuch. Der öffentliche Glaube vermag seinem Zwecke nach nur denjenigen zu schützen, der bei der Erwerbung seines Rechts sich unter diesen Schutz gestellt hat oder doch wenigstens hätte stellen dürfen, wenn er Einsicht von den vorhandenen Einschreibungen genommen hätte. Der Erwerber kann sich auf die Eintragung seines Rechtsurhebers als eine richtige und unanfechtbare nur insofern und insoweit berufen, als nicht die Richtigkeit und Unanfechtbarkeit derselben durch andere Einschreibungen in Frage gezogen wird. (A.L.R. I. 4 § 19.) Vermerke, welche durch ihren Inhalt zu erkennen geben, daß eine Eintragung nicht gültig ist, beziehungsweise von einem Anderen als ungültig angefochten wird, erhalten diesem das Anfechtungsrecht auch gegen den Dritten, welcher trotz des Vermerkes die von demselben betroffene Eintragung als Grundlage für die Erwerbung eines Rechtes an dem Grundstück für sich in Anspruch nimmt. Ein solcher Erwerber kann, wenn die Anfechtung gegen ihn durchgeführt wird, nicht von sich sagen, daß ihn sein Vertrauen auf den öffentlichen Glauben des Grundbuches getäuscht habe. Vermerke, welche hierher gehören, sind namentlich die eingetragenen Beschränkungen des Eigenthums oder der Befugniß des Eigenthümers zur Verfügung über das Grundstück und die Vormerkungen. Eine Einschreibung, welche einer derartigen Beschränkung zuwider erlangt wird, ist wirkungslos gegen denjenigen, dessen Recht die Beschränkung zu schützen bezweckte, und diese Wirkungslosigkeit kann vermöge ihrer aus dem Grundbuche hervorgehenden Offenkundigkeit jedem Dritten entgegengesetzt werden.

2. Böser Glaube. Der öffentliche Glaube des Grundbuches kommt demjenigen nicht zu statten, welcher weiß, daß das, was das Buch bekundet, in Wirklichkeit nicht richtig ist. Schreitet derselbe gleichwohl zu einer Erwerbung, deren materielle Berechtigung durch die Richtigkeit des ihm als unrichtig bekannten Buchinhalts bedingt sein würde, so trifft ihn der Vorwurf des dolus, der Unredlichkeit; man sagt von ihm, er befinde sich in mala fide, im bösen oder schlechten Glauben, und es ist kein stichhaltiger Grund nachweisbar, der es rechtfertigte, die Erwerbung des Schlechtgläubigen blos um deswillen aufrecht zu halten, weil die Unlauterkeit ihrer Quelle durch den Inhalt des Buches verdeckt ist. Man vergleiche hierüber die Ausführungen von Achilles in Gruchot 21 S. 57—63. Im Anschluß an dieselben ist hier Folgendes zu bemerken:

a. Der gute Glaube oder, wie der §. 9 sich ausdrückt, der „redliche Glaube an die Richtigkeit des Grundbuches" wird bei Jedem, der den Inhalt des Buches für sich hat, vorausgesetzt, nach dem Sprachgebrauch des Allg. Landrechts vermuthet (A.L.R. I. 3 §. 15, 7 §. 179, 10 §§. 7—10 u. 24, 19 §. 5, 20 §. 423; Turnau 1 S. 662). Das gemeine Recht statuirt, wie Regelsberger, Studien im bayerischen Hypothekenrecht II §. 39, annimmt, eine Vermuthung für die bona fides nicht. (Ebenso Windscheid 1 §. 177 Anm. 7a, A. M. Dernburg Pand. 1 §. 220 Anm. 32.) Nach dem Gesetze über den Eigenthumserwerb §§. 1, 9, 11, 12, 18, 37 und 38 indessen ist jede Einschreibung, deren Ungültigkeit nicht aus dem Grundbuche erhellt, zu Gunsten dritter Erwerber als gültig anzusehen, sofern nicht ein den guten Glauben des Dritten ausschließender Umstand vorliegt. Hieraus folgt, daß der an sich zur Anfechtung der Eintragung des Eigenthumsüberganges Berechtigte, wenn inzwischen das Grundstück weiter veräußert oder belastet ist, zur Begründung des Anfechtungsanspruches gegen den dritten Erwerber dessen Schlechtgläubigkeit beweisen muß. Vgl. v. Meibom, das mecklenburgische Hypothekenrecht S. 89 ff.

b. Der Begriff der Schlechtgläubigkeit. Im redlichen Glauben an die Richtigkeit des Grundbuches befindet sich derjenige nicht, welcher von der Ungültigkeit der Eintragung seines Rechtsurhebers Kenntniß hat oder bei gehöriger Sorgfalt hätte Kenntniß haben müssen. (Turnau 1 S. 661; Rocholl, Rechtsfälle 1 S. 242 ff., Dernburg, Preuß. Privatr. 1 §. 202 Anm. 11. A. M. in letzterer Hinsicht Förster, Grundbuchr. S. 54 und die vorige Ausgabe dieses Kommentars S. 115). Die Kenntniß, welche die mala fides begründet, ist in dem Gesetz nicht näher bestimmt. Vorausgesetzt ist hier sowohl, wie in dem A.L.R. I. 10 §§. 10 und 24 ein sogenanntes „historisches Wissen". Ein solches aber „ist mehr oder minder ein bloßes Fürwahrhalten aus Gründen der Erfahrung und des Vertrauens, und man muß schon das als Gegenstand des Wissens annehmen, für dessen Wahrheit überzeugende Gründe dieser Art vorhanden sind." O.Tr. v. 7. Oktober 1843, Ulrich's Arch. 10 S. 19. Es kommt, wie Koch in seinem Kommentar zum A L R. (I. 10 §. 24) Bd. 1, 8. Aufl. S. 696 Note 60 bemerkt, „auf die Beschaffenheit der Umstände jedes einzelnen Falles an. Vom bloßen Hörensagen aus dem Munde unzuverlässiger Personen bis zu überzeugenden Gründen ist es weit. Das Ermessen des Richters entscheidet." Vgl. Bahlmann S. 58 Anm. 3a; Turnau a. a. O., R.G. V, Gruchot 30 S. 1018, und unten Anm. 2b zu § 18, Anm. 3 zu §. 38 Abs. 1 und Anm. II 2a zu §. 38 Abs. 2 des Ges.

c. Der Zeitpunkt, für welchen die mala fides des Erwerbers in Betracht kommt, ist der Zeitpunkt der Erwerbung. Der Erwerber muß sich zur Zeit der Erwerbung im guten Glauben befinden, wenn er nicht der gegen seinen Rechtsurheber zulässigen Anfechtung ausgesetzt sein soll. Mala fides superveniens non nocet. Der Zeitpunkt der Erwerbung ist für die Rechte, welche nur durch Eintragung begründet oder übertragen werden, die Eintragung, nicht die Präsentation des Eintragungsantrages. O.Tr III (Pr. 677), Präjud.-Samml. S. 114, und Entsch. 22 S. 229; R.G. V, Entsch. 14 S. 288. Vgl. unten Anm. 5 zu §. 18 und Anm. 3 zu §. 38 Abs. 1. A.M. Dernburg, Preuß Privatr. 1 §. 202 Anm. 12

d. Ist die Erwerbung durch einen Stellvertreter erfolgt, so muß sich der Erwerber regelmäßig nicht blos seine eigene mala fides, sondern auch diejenige seines Vertreters entgegensetzen lassen. O.Tr. III, Entsch. 76 S. 200. Nur im Fall der unfreiwilligen Vertretung kommt es lediglich auf die Kenntniß des Vertreters an. Vgl. R G. V, Gruchot 29 S. 964; Förster-Eccius 1 §. 74 Anm. 15; Windscheid 1 §. 73 Anm. 17 ff., Dernburg Pand. 1 §. 117 Anm. 9 und Preuß Privatr. 1 §. 113 Anm. 8.

e. Der Entstehungsgrund des Anfechtungsanspruches ist nicht die mala fides des Dritten. Der Anspruch muß vielmehr gegen den Rechtsurheber des dritten Erwerbers begründet sein, und wenn er es ist, so ist die Kenntniß des Dritten hiervon der Grund, durch welchen die Geltendmachung des Anspruches gegen denselben vermittelt wird. Hat der Dritte im redlichen Glauben an die Richtigkeit des Grundbuches gehandelt, so bleibt das von ihm erworbene Recht in Kraft, d. h. er ist nicht blos durch eine Einrede gegen den Anfechtungsanspruch geschützt, sondern dieser Anspruch ist in seiner Richtung gegen das bona fide erworbene Recht erloschen. Besteht aber das Recht unanfechtbar, so muß auch darüber verfügt werden können, ohne daß derjenige, zu dessen Gunsten die Verfügung geschieht, wegen einer etwaigen Kenntniß der Anfechtbarkeit der Eintragung des Rechtsurhebers seines Rechtsurhebers in Anspruch genommen werden könnte. Mit anderen Worten: das Erforderniß des redlichen Glaubens, welches der §. 9 aufstellt, hat seine Beziehung nur auf diejenige Einschreibung, von welcher der Dritte sein Recht ableitet. War diese der Anfechtung nicht mehr ausgesetzt, so kann von einer mala fides des Dritten wegen seiner Kenntniß von der Anfechtbarkeit früherer Einschreibungen nicht die Rede sein. Förster-Eccius 3 §. 178, S. 269 ff; Rocholl a. a. O. 1 S. 241 ff.; Turnau 1 S. 662; R.G. V v. 19. Novbr. 1892, Gruchot 37 S. 731.

f. Auch bei Bösgläubigkeit des Dritten kann gegen ihn nur dann ein Anfechtungsanspruch erhoben werden, wenn ein solcher nach bürgerlichem Recht begründet ist, denn §. 9 Abs. 2 will das nach diesem zulässige Anfechtungsrecht, welchem §. 9 Abs. 1 auch für das Grundbuchrecht Wirkung beilegt, nicht erweitern, sondern mit Rücksicht auf den guten Glauben des Grundbuches einschränken. Daher ist die Anfechtung gegen den schlechtgläubigen Dritten regelmäßig nur dann möglich, wenn die Eintragung des Rechtsurhebers desselben nichtig, der Anspruch des dadurch Verletzten also dinglicher Natur ist. Die Kenntniß des Dritten von einem persönlichen Anfechtungsrecht, von einem Recht auf Auflassung gegen seinen Auktor (vgl. oben §. 4) ist gleichgültig und macht sein Recht nicht anfechtbar, es sei denn, daß der persönliche Anfechtungsanspruch auch gegen Dritte geht, eine actio in rem scripta (z. B. actio quod metus causa) ist (R.G. V v. 6. Juli 1892, J.M.Bl. S. 354; Turnau 1 S. 662; Dernburg, Preuß. Privatr. 1 §. 202 Anm. 13). Eine scheinbare Ausnahme besteht, wenn die Anfechtbarkeit der Eintragung durch einen Betrug oder ein sonstiges Delikt begründet ist, und der Dritte trotz seiner Kenntniß des Sachverhalts auf die Erwerbung sich eingelassen hat. In diesem Falle haftet der Dritte als Theilnehmer an dem Delikt, gleichviel wie der Anspruch gegen seinen Rechtsurheber juristisch aufzufassen ist, aber im Fall der Kondiktion nicht deshalb, weil ihm der gute Glaube an die Richtigkeit des Grundbuches gefehlt hat, sondern weil seine Erwerbung die Folge einer unerlaubten Handlung ist, diese aber ihre Urheber und Theilnehmer immer in ein unmittelbares Rechtsverhältniß zu dem Beschädigten bringt. Ebenso Turnau a. a. O.

g. Ueber das Verhältniß des §. 9 zu dem bisherigen Recht gilt das oben Anm. 2 zu §. 2, S. 36, Gesagte. Danach steht es auf Grund ständiger Praxis des Reichsgerichts (vgl. die a. a. O. angeführten Entsch. und R.G. V v. 19. Novbr. 1887, Entsch. 20 S. 227, und v. 2. März 1892, Jur. Woch. S. 210 Nr. 22) fest, daß der gute Glaube des Grundbuches gemäß §. 9 Abs. 2 nicht nur demjenigen Dritten zu gute kommt, dessen Rechtsurheber in Gemäßheit der Vorschriften dieses Gesetzes seine Eintragung als Eigenthümer erwirkt hat, sondern auch demjenigen, welcher von einem auf Grund des älteren Rechtes eingetragenen Eigenthümer nach dem Inkrafttreten des neuen Gesetzes erworben hat. War letzterer also nicht wirklicher Eigenthümer, so kann dies dem Dritten nur dann entgegengesetzt werden, wenn er unentgeltlich erworben hat oder beim Erwerbe den Mangel im Recht des Bucheigenthümers kannte oder dieser Mangel aus dem Grundbuch ersichtlich war.

3. Unentgeltlichkeit der Erwerbung. Im Anschluß an den, dem gemeinen Recht fremden, Grundsatz des A.L.R. Einl. §. 96: „In Ermangelung besonderer gesetzlicher Vorschriften muß der, welcher durch Ausübung seines Rechts einen Vortheil sucht, dem nachstehen, der nur einen Schaden abzuwenden bedacht ist“ gestattet der §. 9 des Gesetzes im Fall der Ungültigkeit der Eintragung des Eigenthumsüberganges die nach bürgerlichem Recht begründete Anfechtung (vgl. Anm. 2 f.) gegen einen Dritten dann ohne weiteres, wenn die Erwerbung des Dritten ohne Entgelt geschehen ist. Der Dritte, welcher durch Schenkung, Vermächtniß oder auf andere Weise unentgeltlich ein Recht an dem Grundstück erworben hat, kann sich also auf den guten Glauben des Grundbuches nicht berufen. Da indessen nach dem A.L.R. I. 11 §. 1040 Schenkungen nicht vermuthet werden, so ist die Unentgeltlichkeit der Erwerbung von dem Anfechtungskläger zu beweisen.

Das gleiche Prinzip findet sich im §. 38 Abs. 2 bezüglich der Einreden aus dem persönlichen Schuldverhältniß gegenüber der Klage aus der Hypothek; auch diese können einem Dritten, welcher ein Recht auf die Hypothek unentgeltlich erworben hat, selbst dann entgegengesetzt werden, wenn sie weder ihm bekannt noch aus dem Grundbuch ersichtlich waren. Dagegen läßt §. 38 Abs. 1 auch den unentgeltlichen Sondernachfolgern des ersten Grundschuldgläubigers den guten Glauben des Grundbuches zu gute kommen. Gegen den ersten Erwerber der Grundschuld kommt aber das Prinzip des §. 9 Abs. 2 zur Anwendung (vgl. Paris, Kollision der Hypothek mit dem Eigenthum, 1875, S. 67).

Es fragt sich, was im §. 9 Abs. 2 und §. 38 Abs. 2 unter Erwerb „gegen Entgelt“ zu verstehen ist. Nach der Ansicht des Reichsgerichts (II. H.S., Entsch. 2 S. 258) bezeichnet der

Ausdruck „Entgelt" nur den Gegensatz zur bloßen Bereicherung, sodaß ein Erwerb gegen Entgelt immer anzunehmen ist, „wenn derselbe durch eine entsprechende Vermögensverminderung in der Person des Erwerbers aufgewogen wird oder lediglich bezweckt, einen anderen entgeltlichen Erwerb desselben zu sichern"; er liegt insbesondere auch dann vor, wenn zur Sicherheit einer gegen Entgelt begründeten Forderung eine Hypothek bestellt oder im Wege der Zwangsvollstreckung eingetragen oder auch nur vorgemerkt ist. (Ebenso Eccius 3 §. 178 Anm. 58. A. M. Paris, Beitrag zur Erläuterung des §. 9 des Gesetzes über den Eigenthumserwerb 1881. Vgl. auch Rocholl a. a. O. 1 S. 246 ff.).

§. 9 Abs. 3.

1. Durch Erhebung der Klage auf Anfechtung der Eintragung des Eigenthumsüberganges wird das Grundstück litigiös. Das gemeinrechtliche Verbot der Veräußerung einer res litigiosa (Windscheid §. 125) ist dem preußischen Recht unbekannt. Nach der Allg. G.O. 1. 24 §. 9 indessen ist die Rechtskraft des Urtheils nicht blos gegen die Parteien, sondern auch gegen deren Sondernachfolger wirksam. (Paris, Collision der Hyp mit dem Eig. S. 60.). In der Praxis wurde jedoch angenommen, daß, wenn der Sondernachfolger das Grundstück oder ein Recht an demselben im guten Glauben an die Richtigkeit des Grundbuches erworben hätte, gegen ihn das seinen Rechtsurheber verurtheilende Erkenntniß nicht wirken könnte. (Dernburg und Hinrichs §. 28 S. 369) Im Einklange mit dieser auf das A.L.R. I. 10 §§. 7 ff. gegründeten Auffassung steht die Bestimmung des Gesetzes über den Eigenthumserwerb §. 9, daß im Fall der Anfechtung der Eintragung des Eigenthumsüberganges die in der Zwischenzeit — d. h. in der Zeit zwischen der Vollziehung dieser Eintragung und der Berichtigung des Grundbuches — von dritten Personen bona fide erworbenen Rechte in Kraft bleiben. Die Reichs-Civilprozeß-Ordnung ändert hieran nichts. Allerdings ist nach §. 236 derselben die Entscheidung des Rechtsstreites „in Ansehung der Sache selbst auch gegen den Rechtsnachfolger wirksam und vollstreckbar". Aber diese Bestimmung kommt nach §. 238 insoweit nicht zur Anwendung, als ihr „Vorschriften des bürgerlichen Rechts über den Erwerb ... auf Grund des Grund- und Hypothekenbuches und über den Erwerb in gutem Glauben entgegenstehen." Die Vorschriften unter §. 9 des Gesetzes über den Eigenthumserwerb stehen ihr jedoch dann nicht entgegen, wenn der Anfechtungskläger die Verfolgung seines Anspruches gegen dritte Personen durch eine Vormerkung sich gesichert hat. Diese Vormerkung unterliegt den Grundsätzen des §. 8, sowohl hinsichtlich ihrer Eintragung und Löschung wie auch ihrer Wirkung. Es gilt also auch hier das in den Anmerkungen zu §. 8 Gesagte (A. M. namentlich Dernburg u. Hinrichs 1 S. 370 ff.) Höchstens bezüglich der formellen Voraussetzung der Eintragung kann man mit Rücksicht auf die Bestimmung des §. 9 Abs 3 eine Besonderheit annehmen und die Eintragung stets nur unter Vermittelung des Proceßgerichts für zulässig erklären. (So die vorige Aufl., ferner Turnau 1 S. 279 und Dernburg u. Hinrichs a. a. O.) Indessen erscheint die Zulassung der Eintragung auf Grund der Einwilligung des eingetragenen Eigenthümers unbedenklich (oben S. 61 unter b).

2. Bei der Vormerkung zur Erhaltung der actio Pauliana ist zu unterscheiden, ob die Eintragung des Eigenthumsüberganges auf den Erwerber während des Konkursverfahrens über das Vermögen des Veräußerers oder außerhalb dieses Verfahrens angefochten wird.

a. Klagt die Konkursgläubigerschaft, so sichert sie sich durch die Vormerkung das Recht auf Wiedereintragung des Gemeinschuldners als Eigenthümer, beziehungsweise auf Rückauflassung des Grundstücks an denselben, mit dinglicher Wirkung gegen den Beklagten und dessen Rechtsnachfolger dergestalt, daß, wenn über das Vermögen des Beklagten oder eines dritten Erwerbers des Grundstücks oder eines Rechtes an demselben ebenfalls das Konkursverfahren eröffnet wird, die Konkursmasse dem durch die Vormerkung geschützten Anspruch ganz so haftet wie im Fall des §. 8.

b. Klagt ein Gläubiger außerhalb des Konkurses, so fragt es sich, ob sein Anspruch auf Anfechtung der Eintragung des Eigenthumsüberganges durch die Vormerkung

§. 10.

Die Anfechtung ist auch auf Grund des Rechtsgeschäfts, in dessen Veranlassung die Auflassung erfolgt ist, statthaft, jedoch wird die mangelnde Form dieses Geschäfts durch die Auflassung geheilt.

---

dinglich wird. Die Frage ist zu verneinen, weil das Recht, aus welchem der Anspruch entspringt, ein persönliches, auch zur endgültigen Eintragung ungeeignet und folglich nicht abzusehen ist, wie es durch einen Vermerk im Grundbuche seinen Charakter sollte verändern können. Wenn daher über das Vermögen des beklagten Eigenthümers das Konkursverfahren eröffnet wird, so tritt der anfechtende Gläubiger in die Reihe der Konkursgläubiger. (Reichsanfechtungsges. v. 21. Juli 1879 §. 13.) Die Vormerkung hat also hier nur die Wirkung der Verfügungsbeschränkung; durch dieselbe soll, „und zwar kenntlich für jedermann, dem Anfechtungskläger die Zwangsvollstreckung in das Grundstück mit der Wirkung ermöglicht werden, welche sie haben würde, falls der Anfechtungsanspruch bereits bei Eintragung des Anfechtungsvermerks erfolgreich durchgeführt worden wäre" (R.G. V, Entsch. 29 S. 182 u. Jur. Woch. 1892 S. 211 Nr. 23). Die Rechte Dritter, welche nach Eintragung der Vormerkung erworben werden, stehen dem Anfechtungskläger bei der Zwangsvollstreckung in das Grundstück materiell nicht entgegen, weil der Beklagte zum Nachtheil des Klägers über das Grundstück nicht verfügen durfte und diese Verfügungsbeschränkung durch die Eintragung der Vormerkung Publizität erlangt hatte. (A.L.R. I. 4 §. 19.) Verfällt der Dritte in Konkurs, so haftet dem Anfechtungsanspruche die Konkursmasse, nicht weil dieser Anspruch dinglich wäre, sondern weil das Recht des Gemeinschuldners dem Kläger gegenüber als nicht vorhanden behandelt werden muß. — Vgl. auch unten Anm. 5 zu §. 40; Turnau 1 S. 279; Borchardt, Vormerkung S. 118ff. (welcher übrigens in Note 51 S. 131 die Ausführungen der vorigen Auflage dieses Kommentars mißverstanden hat).

§. 10.

1. Verhältniß des §. 10 zu dem §. 9.
2. Bedeutung des Rechtsgeschäfts für die vollzogene Auflassung.
3. Heilung des Formmangels durch die Auflassung, S. 77.
4. Auflassung ohne ein dazu verpflichtendes Rechtsgeschäft, S. 78.

1. Das Verhältniß des §. 10 zu dem §. 9 ist dieses: Beide Paragraphen erkennen das bürgerliche Recht als maßgebend an für die Frage, ob im einzelnen Falle die Eintragung des Eigenthumsüberganges der Anfechtung unterliegt. Der §. 9 enthält das Prinzip. Der §. 10 macht eine Anwendung von demselben auf die Fälle, in welchen der Grund der Anfechtung lediglich in dem Rechtsgeschäfte liegt, in dessen Veranlassung die Auflassung erfolgt ist. Der Anfechtungsanspruch, welchen der §. 9 gewährt, ist dinglich oder persönlich, je nachdem die Auflassung oder die sonstige Voraussetzung der Eintragung nichtig oder nur anfechtbar ist. Bei §. 10 dagegen kann regelmäßig nur von einem persönlichen Anspruche die Rede sein. In Zusammenhang hiermit steht, daß dort auch ein Dritter, hier immer nur derjenige, welcher dem eingetragenen Eigenthümer das Grundstück aufgelassen hat, das Recht zur Anfechtung der Eintragung haben kann. Dem Anspruche haftet zunächst der als Eigenthümer Eingetragene; ein Dritter, welcher von ihm erworben hat, nach §. 9 Abs. 2 u. 3 dann, wenn seine Erwerbung unentgeltlich, oder mit Kenntniß der Unrichtigkeit des Grundbuches, oder endlich nach Eintragung einer Vormerkung gegen seinen Auktor geschehen ist. Von diesen Gründen kommen die beiden ersten hier, wo es sich nur um einen persönlichen Anspruch handelt, nach dem in Anm. 2f und 3 zu §. 9 Abs. 2 Gesagten nur ausnahmsweise in Betracht.

2. Die Bedeutung des Rechtsgeschäftes für die Auflassung. Da das Eigenthum durch die Auflassung in der Form der Eintragung von dem Veräußerer auf den Erwerber übergeht, so folgt, daß die obligatorischen Beziehungen, in welchen beide Theile zu einander stehen, für den Uebergang nicht von Erheblichkeit sind. Freilich ergreift die Ungültigkeit eines Rechtsgeschäfts an sich auch die Wirkungen desselben. Allein dieser Grundsatz führt nicht noth-

wendig zur Ungültigkeit der Eintragung des Eigenthümers, wenn das Rechtsgeschäft, in dessen Erfüllung das Eigenthum aufgelassen ist, sich als ungültig erweist. Denn nicht dieses Geschäft, sondern die Auflassung ist die Ursache, als deren Wirkung die Eintragung sich darstellt. Die Auflassung ist vermöge der ihr innewohnenden Selbständigkeit nicht bedingt durch die Gültigkeit des obligatorischen Vertrages, welcher ihr vorangegangen sein kann. Aber ihre abstrakte Natur hat doch nur die Bedeutung, daß sie den Eigenthumsübergang vermittelt, nicht aber die, daß der Erwerber ohne Rücksicht auf sein obligatorisches Verhältniß zu dem Veräußerer das Eigenthum behalten dürfte. Achilles in Gruchot 21 S. 29 u. 37.

Wer eine Leistung als Erfüllung einer Verbindlichkeit vollzieht, setzt im Zweifel voraus, daß ihm diese Verbindlichkeit als eine rechtliche obliege. Täuscht er sich hierin, stellt sich heraus, daß er zu der Leistung nicht verbunden war, so entspricht die von ihm gewollte Bereicherung des Empfängers der Leistung nicht seinem wahren Willen. Die Bereicherung ist, obgleich formell gerechtfertigt, materiell ohne rechtfertigenden Grund. Es wäre daher unbillig, wenn die durch sie bewirkte Vermögens- oder Rechtsveränderung Bestand behielte. Aus diesem Grunde giebt die Rechtsordnung demjenigen, der die Leistung gemacht hat, einen Anspruch auf Rückgewähr des durch dieselbe in das Vermögen des Empfängers gelangten Vortheils, — eine Kondiktion wegen ermangelnder Voraussetzung, condictio sine causa (Windscheid 1 §. 97 ff. u. 2 §§. 421 ff., Dernburg, Pand. 2 §§. 138 ff u. Preuß. Privatr. 2 §§. 287, 289 ff.; Förster-Eccius 2 §. 150.) Kannte jedoch derjenige, welcher den Akt vollzog, die Ungültigkeit, so würde er dolose handeln, wenn er sich auf dieselbe beriefe; er hat gewollt, obwohl er sich bewußt war, daß er nicht zu wollen brauchte. Sein Wille ist daher auch innerlich gerechtfertigt; der Rechtsakt behält seine Wirksamkeit. (Windscheid 2 §. 426 Note 13.)

Auf die Auflassung angewendet, ergiebt sich hieraus Folgendes:

a. War das Rechtsgeschäft, in dessen Erfüllung das Grundstück aufgelassen wurde, nichtig, so ist die Auflassung, wenn auch formell gültig, doch materiell unwirksam.

Hierbei ist vorausgesetzt, daß demjenigen, welcher die Auflassung und Eintragung als unwirksam anficht, die Nichtigkeit des obligatorischen Geschäftes nicht bekannt gewesen ist. Hatte derselbe diese Kenntniß zur Zeit der Auflassung, so ist er nicht befugt, die letztere als unwirksam zu behandeln.

Unerheblich ist die Kenntniß nur dann, wenn die Nichtigkeit des obligatorischen Geschäftes darin ihren Grund hat, daß die Veräußerung, auf welche dasselbe abzielt, im öffentlichen Interesse gesetzlich verboten ist. In derartigen Fällen ist die Auflassung immer nichtig, aber nicht weil jenes Geschäft es ist, sondern weil das Verbot gerade gegen die Auflassung als die eigentliche Veräußerung ihre Spitze richtet.

b. War das Rechtsgeschäft nur anfechtbar, so kann der zu der Anfechtung Berechtigte auch die Auflassung unwirksam machen. Derjenige indessen, der bei der Auflassung die Anfechtbarkeit kannte, hat den Anspruch nicht. Die juristische Konstruktion des Verhältnisses ist jedoch hier eine andere, als in dem unter a gesetzten Falle. Wer bei der Auflassung mitwirkt, ungeachtet er weiß, daß das Geschäft, als dessen Erfüllung dieselbe sich darstellt, der Anfechtung unterliegt, verzichtet damit auf die Anfechtung. Durch den Verzicht wird das Geschäft definitiv gültig (Achilles a. a. O. S. 38 u 39.) Dementsprechend hat das Reichsgericht (I. H.S., J.M.Bl 1880 S. 134 u Gruchot 24 S. 955) erkannt, daß der Käufer eines Grundstückes, welcher sich die Auflassung ertheilen läßt, ohne die ihm bekannten Fehler desselben zu rügen, die Vertragserfüllung dadurch genehmige.

c. Die Unwirksamkeit der Auflassung begründet den persönlichen Anspruch auf Anfechtung der in Folge derselben vorgenommenen Eintragung des Eigenthumsüberganges. Das Mittel, durch welches dieser Anspruch befriedigt wird, ist die Zurückauflassung an den Anfechtungsberechtigten. Der letztere hat zu beweisen, daß das Grundstück in Erfüllung eines Rechtsgeschäfts aufgelassen und daß dieses Geschäft ungültig (nichtig oder anfechtbar) sei. Dagegen hat der andere Theil den Beweis zu führen, daß jener bei der Auflassung die Ungültigkeit des Rechtsgeschäfts gekannt habe.

3. Die Heilung der mangelnden Form des Rechtsgeschäfts durch die Auflassung.

a. Die Schlußbestimmung des §. 10 hat eine doppelte Tragweite: einmal die, daß die Auflassung nicht angefochten werden kann, obgleich das Rechtsgeschäft, in dessen Erfüllung sie vollzogen wurde, der vorgeschriebenen Form entbehrt, sodann die, daß dieses Geschäft nach der Auflassung wie ein formgerechtes behandelt wird. (O.Tr. III, Gruchot 22 S. 405). Es kommt, wenn das Grundstück aufgelassen ist, für die gegenseitigen Verpflichtungen der Parteien lediglich auf Feststellung des Willens der letzteren an; die Berufung auf das A.L.R. I. 5 §. 117 findet nicht statt. Aber die Auflassung beseitigt nur dann den Mangel der Form des Veräußerungsvertrages, wenn das Objekt der Auflassung mit dem Gegenstande des Vertrages identisch ist. Ist daher eine Gesammtfläche für einen ungetrennten Preis verkauft, so wird der Mangel der für diesen Vertrag erforderlichen schriftlichen Form nicht dadurch geheilt, daß einzelne in der Gesammtfläche enthaltenen Grundstücke dem Käufer aufgelassen sind; vielmehr kann der Käufer trotz dieser partiellen Auflassung auf Grund der §§. 155 ff. a. a. O. vom Vertrage zurücktreten. (O.Tr III, Gruchot 23 S 440; R.G. V ebd. 29 S. 389). Wohl aber wird die mangelnde Form des ganzen Geschäfts durch die Auflassung geheilt, wenn diese auch nur einen Theil der Leistung des zur Auflassung Verpflichteten darstellt, vorausgesetzt, daß nicht noch eine andere Auflassung als Erfüllung des Vertrages aussteht (R.G. V, Entsch. 16 S. 268). Andererseits findet nur eine Heilung der Form des Veräußerungsgeschäfts selbst statt, nicht der Beitrittserklärung eines Dritten, zu dessen Gunsten in demselben eine Leistung vereinbart ist; zu deren Gültigkeit bedarf es trotz der Auflassung der nach A.L.R. I. §§. 75, 76, 153 erforderlichen Schriftlichkeit (R G. II. H.S, Entsch. 3 S. 257; vgl. Turnau 1 S. 667 und R.G. IV in Gruchot 27 S. 1029). Nach R.G. IV v. 18. Septbr. 1882 und 30. Mai 1883 (J.M.Bl. 1883 S. 344 u. Gruchot 27 S. 1029) wird durch die Auflassung auch die mangelnde Form der Einigung über die Uebernahme von Hypotheken geheilt.

Wird ein gekauftes Grundstück von dem Käufer vor der Auflassung weiter veräußert und auf seine Anweisung alsdann unmittelbar von dem ersten Verkäufer an den zweiten Erwerber aufgelassen, so werden damit die beiden Veräußerungsverträge erfüllt und deren Formmängel geheilt (RG. I H.S., Gruchot 27 S. 1031, u. V, Entsch. 31 S. 230 u. J.M Bl. 1893 S. 185).

Das Gesetz macht keinen Unterschied zwischen den verschiedenen Formen. Die Auflassung heilt den Formmangel nicht blos, wenn schriftliche Errichtung des Vertrages erforderlich (A.L.R. I. 5 §§. 135 und 156 ff. und I. 10 §. 15), sondern auch dann, wenn die Gültigkeit des Geschäfts durch andere Förmlichkeiten bedingt war. Schwierigkeiten macht im einzelnen Falle nur die Beantwortung der Frage, ob eine Rechtsvorschrift die Natur der Formvorschrift hat. So warf Dernburg in seinem Lehrbuch des Preußischen Privatrechts §. 241 Note 7 die Frage auf, ob die (jetzt aufgehobene) Bestimmung, „daß Mündelgüter im Wege der Subhastation veräußert werden müssen", hierher gehört? Die Frage ist sicherlich zu bejahen, da die freiwillige Subhastation als ein Inbegriff von Förmlichkeiten zu charakterisiren ist. Die Genehmigung der Veräußerung durch das Vormundschaftsgericht dagegen ist keine Form, sondern ein nothwendiges Erforderniß der Perfektion des von dem Vormunde erklärten Mündelwillens. Vgl. das A.L.R. II. 18 §§. 550 ff., 586, 587 ff. und die Vormundschaftsordnung v. 5. Juli 1875 §. 42 Nr. 5.

Das Obertribunal hat angenommen, daß, wenn eine Frau ohne Beistand und ohne Certioration ein Grundstück von ihrem Manne gekauft hat, auch dieser Formmangel durch die Auflassung geheilt werde. O.Tr. III, Str.Arch. 95 S. 316.

b. Wenn die Auflassung in Erfüllung eines schriftlichen Vertrages erfolgt ist, so fragt es sich, ob etwaige mündliche Nebenabreden durch die Auflassung zu Kräften kommen. Nach gemeinem Recht hat diese Frage kaum eine praktische Bedeutung, da in demselben die Schrift als Form des Vertrages nur eine untergeordnete Rolle spielt. Anders dagegen nach A.L.R., da nach §§. 127 bis 129 I. 5 neben einem schriftlichen Kontrakte getroffene mündliche Nebenabreden wirkungslos sind. Förster, Grundbuchrecht S. 188, ist der Meinung, daß diese Vorschrift auch dann noch zur Anwendung kommt, wenn die Auflassung vollzogen ist. Dieser Ansicht, die auch Dernburg und Hinrichs 1 §. 21 Note 39 S. 256 zu theilen scheinen, steht jedoch entgegen, daß das Gesetz nicht unterscheidet, ob der Formmangel den gesammten Abreden oder nur einem Theile derselben anhaftet, vielmehr der Form des Veräußerungsgeschäftes in dem gesetzten Falle ausnahmslos die Bedeutung abspricht. Es soll nicht, wie der Entwurf vom Jahre 1869 beabsichtigte, blos „die Auflassung gegen die Anfechtung wegen mangelnder Form des Veräußerungsvertrages sichergestellt" sein, sondern „die formgerechte Auflassung soll den Mangel der Form des Veräußerungsgeschäfts ersetzen" (Motive, bei Werner S. 17); der gemeinrechtliche Grundsatz „ein Mann ein Wort" soll wieder zur Geltung kommen. (Lasker, in der Sitzung des Abgeordnetenhauses vom 11. März 1872, ebd. S. 127.) „Der nach den Vorschriften der §§. 127 bis 129 a. a O. bestandene Unterschied zwischen Haupt- und Nebenabreden kann daher bei Rechtsgeschäften, in deren Veranlassung die Auflassung erfolgt ist, ferner nicht aufrecht erhalten werden." Der §. 10 des Gesetzes über den Eigenthumserwerb findet beim Vorhandensein eines schriftlichen Vertrages auch auf die mündlichen Nebenabreden Anwendung. (O.Tr. III, Entsch. 81 S. 9 u. Str.Arch. 98 S. 182; R.G I H.S, Entsch. 2 S. 293.) Natürlich gilt dieses nur, wenn dieselben vor der Auflassung getroffen sind (Vgl. Turnau 1 S. 666). Hierbei ist ferner davon auszugehen, daß die Willensrichtung der Parteien auf die Geltung mündlicher Abreden neben dem schriftlichen Vertrage eine Thatsache ist, deren Beweis demjenigen obliegt, der sich darauf beruft. Wenn daher nach Unterzeichnung der Urkunde die mündliche Abrede getroffen ist, so muß derselbe beweisen, daß die Kontrahenten die nicht niedergeschriebene Vereinbarung neben oder ungeachtet des Inhalts der Schrift gewollt haben. Vgl. hierzu Keyßner, Handelsgesetzbuch §. 317 und R.G. V, Gruchot 33 S. 434.

c. Ob die Auflassung von beiden Theilen freiwillig erklärt oder ob die Erklärung des einen Theiles durch rechtskräftiges Urtheil ersetzt wird, ist für die Anwendung des §. 10 gleichgültig (R.G. a a. O.).

4. Besteht ein den Eigenthümer zur Auflassung verpflichtendes Rechtsgeschäft nicht, so ist zu unterscheiden:

a. Der Veräußerer beabsichtigte lediglich die Bereicherung des Erwerbers. Hier vollzieht sich durch die Auflassung eine Schenkung, deren Gültigkeit sich nach den Vorschriften über die Zulässigkeit und Erfordernisse freigebiger Verfügungen bestimmt. Ist hiernach die Schenkung ungültig, so gilt für die Auflassung das oben unter Nr 2a Gesagte.

b. Die Auflassung wurde in der Erwartung vorgenommen, daß ein auf die Veräußerung gerichteter Vertrag zu Stande kommen würde. Erfüllt sich diese Erwartung nicht, so kann die Auflassung als unwirksam wegen ermangelnder Voraussetzung angefochten werden Vgl. 2b, c.

c. Die Auflassung ist in der Absicht erfolgt, daß durch die Eintragung das Eigenthum nicht übergehen soll In diesem Fall tritt Nichtigkeit ein, gleichviel ob jene Absicht bei beiden Parteien oder nur bei einer derselben vorhanden war.

Wollen beide Theile den Eigenthumsübergang nicht, so ist die Auflassung simulirt, mithin ungeeignet, ihren Zweck zu erfüllen. Nach dem A L.R. jedoch kann diese Nichtigkeit durch ein Anerkenntniß der vollzogenen Auflassung geheilt werden. Es bedarf daher, wenn die Parteien unter Errichtung eines gültigen (obligatorischen) Veräußerungsvertrages übereinkommen, daß der Schein-Erwerber der wahre Eigenthümer sein solle, nicht einer Wiederholung der Auflassung. (Anm. 2 zu §. 9 Abs. 1, S. 68.)

Ein besonderer Fall ist der, daß der Eigenthümer das Grundstück aufgelassen hat, nicht um den Erwerber zum Eigenthümer zu machen, sondern um ihn durch die Eintragung in den Stand zu setzen, das Grundstück zu verkaufen und dem Käufer die Auflassung zu ertheilen. Hier verbirgt sich unter der ersten Auflassung ein Mandat. Aber der Mandatar ist, wiewohl

§. 11.

Beschränkungen des Eigenthumsrechts an dem Grundstück erlangen Rechtswirkung gegen Dritte nur, wenn dieselben die Beschränkungen gekannt haben oder letztere im Grundbuch eingetragen sind.

nicht Eigenthümer, durch seine Eintragung als solcher dennoch zur Auflassung an den Käufer berechtigt, und dieser erlangt durch seine Eintragung das Eigenthum ohne Rücksicht darauf, ob er die wahre Sachlage gekannt hat oder nicht.

Wer die Eintragung des Eigenthumsüberganges aus dem Grunde des Mangels eines die Auflassung rechtfertigenden Rechtsgeschäftes anfechten will, hat diesen Mangel und die Momente, welche demselben die Kraft der Anfechtung verleihen, zu beweisen. Vgl. im Uebrigen zu a—c Achilles in Gruchot 21 S. 39—41.

§. 11.

I. Entstehungsgeschichte des §. 11.
II. Terminologie; Verhältniß zu §. 73 der Gr.B.O., S. 80.
III. Die einzelnen Beschränkungen:
   1. Beschränkungen, welche der Vorschrift des §. 11 nicht unterliegen, S. 82:
      a. Beschr. der Verfügungsfähigkeit.
      b. Rein persönliche Verbindlichkeiten des Eigenthümers. S. 83.
      c Dingliche Rechte.
      d. Unmittelbar durch das Gesetz begründete Beschr.
   2. Die Beschränkungen des §. 11. S. 84.
IV. Bedeutung des §. 11 für diese Beschränkungen, insbesondere:
   1. Begriff des Dritten. S. 87.
   2. Kenntniß von der Beschr.
   3. Eintragung derselben.
   4. Wirkung.

Entstehungsgeschichte des §. 11. Der Entwurf von 1869 schlug unter §. 9 folgenden Satz vor: „Beschränkungen des eingetragenen Eigenthümers in der Verfügung über das Grundstück erlangen nur durch Eintragung Rechtswirkung gegen Dritte.“ Die Kommission des Abgeordnetenhauses substituirte im Interesse der Berücksichtigung des bösen Glaubens nachstehende Fassung: „Beschränkungen des eingetragenen Eigenthümers in der Verfügung über das Grundstück sind dritten Personen gegenüber nur dann wirksam, wenn diese die Beschränkungen gekannt haben oder die letzteren im Grundbuche eingetragen sind.“ (Drucks. 1869 Nr. 112 S. 24, 25, 97.) Trotzdem brachte der Entwurf von 1871 den §. 11: „Beschränkungen des Eigenthumsrechts an dem Grundstück erlangen nur durch Eintragung Rechtswirkung gegen Dritte.“ Motivirt wurde dieser Satz wie folgt:

„Ueber die Notwendigkeit der Eintragung der Beschränkungen des Eigenthumsrechtes, wenn sie Wirkung gegen Dritte haben sollen, waltet kein Zweifel ob, sie ist schon jetzt geltendes Recht und ein Ausfluß des Glaubens des Grundbuchs. Das ist theils aus §§. 135, 136, I. 2; §§. 15 bis 19, I. 4; §. 1, I. 19 A.L.R.; §§. 50—52, I. §. 109 Nr. 2, II der Hypothekenordnung zu folgern, theils in einzelnen Fällen ausdrücklich ausgesprochen: I. 11 §. 265 in Betreff der auflösenden Bedingungen, so daß also z. B. der Vorbehalt des Wiederkaufs, um gegen Dritte wirksam zu sein, eingetragen werden muß; I. 20 §. 570 in Betreff des vertragsmäßigen Vorkaufsrechts; I. 18 §§. 259, 260, 665, 667 in Betreff der Lehnseigenschaft; II. 4 §§. 64, 65 in Betreff der Fideikommiß-Eigenschaft. Hierher gehören ferner die sog. protestationes de non disponendo, die in einzelnen Gesetzen vorgeschriebenen Eintragungen von sog. Sperrvermerken. Wenn der Eigenthümer persönlich allgemeinen gesetzlichen Beschränkungen unterworfen ist (Minderjährigkeit, väterliche Gewalt), so können auch diese dem dritten Erwerber eines Rechts auf das Grundstück nur dann entgegengehalten werden, wenn sie aus dem Grundbuch ersichtlich sind; anfechtbar bleibt die Disposition des gesetzlich verfügungsunfähigen Eigenthümers nur Demjenigen gegenüber, der sich unmittelbar mit ihm eingelassen, also die Verpflichtung gehabt hat, sich nach den persönlichen Eigenschaften seines Kontrahenten zu erkundigen." (Motive, bei Werner 2 S. 19.)

Die Kommission des Herrenhauses war hiermit nicht einverstanden; man fand, „daß der Entwurf zu formalistisch sei und nicht genug den bösen Glauben berücksichtige. Unter den Beschränkungen des Eigenthümers würden nach den Motiven nicht nur die sachlichen, wie Lehns- und Fideikommiß-Eigenschaft des Grundstücks, und die vertragsmäßigen, wie Vorkaufs-, Wiederkaufsrecht, auflösende Bedingung rc., sondern auch die persönlichen Beschränkungen des Eigenthümers, wie Minderjährigkeit, väterliche Gewalt, Ehe, Prodigalität rc. verstanden, und die Rechtswirkung solcher Beschränkungen gegen Dritte nur an die Erkennbarkeit aus dem Grundbuch zu knüpfen, gehe zu weit. Der individuelle schlechte Glaube müsse den Glauben des Grundbuchs überwiegen und aus diesem Prinzip heraus verordne auch das Gesetz für Neu-Vorpommern im §. 24 ganz richtig:

„Nicht eingetragene Dispositionsbeschränkungen können dem neuen Erwerber gegenüber nur insoweit in das Grundstück geltend gemacht werden, als er bei der Erwerbung desselben davon Kenntniß gehabt hat."

Aus diesen Gründen hat der §. 11 in der Kommission des Herrenhauses die vorliegende Fassung erhalten. (Werner S. 52.) Die Mehrheit des Abgeordnetenhauses und der Vertreter der Staatsregierung bei dessen Berathungen glaubten durch ihre Zustimmung zu dem Beschlusse des anderen Hauses gegen das Prinzip der §§. 4 und 15 zu verstoßen und also ein Opfer zu bringen, welches nur durch den Wunsch, das Gesetz nicht scheitern zu lassen, gerechtfertigt werden könnte. (Werner S. 112 und 130.)

II. Terminologie, Verhältniß zu §. 73 der Gr.B.O. Die Schwierigkeiten, welche der §. 11 der Auslegung bietet, entspringen nicht zum Geringsten aus der schwankenden Terminologie der Grundbuchgesetze. Während nämlich hier von „Beschränkungen des Eigenthumsrechts" die Rede ist, spricht die Gr.B.O. im §. 11 von „Beschränkungen des Eigenthums und des Verfügungsrechts des Eigenthümers", in §. 54 von „Nebenbestimmungen aus Verträgen oder letztwilligen Verordnungen, welche das Eigenthum oder die Befugniß des Eigenthümers, über das Grundstück zu verfügen, beschränken", in §. 73 von „Beschränkungen des Verfügungsrechts des Eigenthümers" und endlich in §. 102 von „persönlichen unvererblichen Einschränkungen des Eigenthums oder des Verfügungsrechts". Daß der Gesetzgeber mit jedem dieser verschiedenen Ausdrücke einen besonderen Begriff verbunden habe, ist nicht anzunehmen; insbesondere erhellt aus der mitgetheilten Entstehungsgeschichte des §. 11, daß er selbst zwischen den von der Person des jeweiligen Eigenthümers unabhängigen Beschränkungen des Eigenthumsrechts und den persönlichen Beschränkungen des Eigenthümers in der Verfügung über das Eigenthum nicht unterschieden hat. Es läßt sich deshalb aus dieser Terminologie nichts für die Auslegung des §. 11 entnehmen.

Allerdings scheinen die Grundbuchgesetze zwischen „Beschränkungen des Eigenthumsrechts" und „Beschränkungen des Verfügungsrechts des Eigenthümers" einen Unterschied zu machen, indem §. 73 der Gr.B.O. diese nur dann dritten Personen gegenüber für wirksam erklärt, wenn sie eingetragen sind, während §. 11 jene auch ohne Eintragung gegen diejenigen Dritte, welche sie gekannt haben, wirken läßt. Ein derartiger Unterschied widerspricht aber dem Wesen des Eigenthums; da dieses in dem Rechte vollständiger und ausschließlicher Verfügung über die Sache besteht, so ist jede Beschränkung dieses Verfügungsrechtes eine Beschränkung des Eigenthumsrechtes. Dazu kommt, daß aus der Entstehungsgeschichte des §. 73 kein Anhaltspunkt dafür zu gewinnen ist, daß der Gesetzgeber die Unterscheidung gewollt hat. Die Bestimmung hatte nach den Entwürfen der Staatsregierung nur den Zweck, die unter der Herrschaft des bisherigen Rechtes begründeten Verhältnisse dem neuen Recht entsprechend zu gestalten; sie war eine Konsequenz der in dem Entwurf des Gesetzes unter §. 11 in Aussicht genommenen Vorschrift, daß nur die Eintragung den Beschränkungen des Eigenthums Wirksamkeit gegen Dritte solle verschaffen können. Nachdem nun aber der §. 11 seine gegenwärtige, die Kenntniß des Dritten der Eintragung gleichstellende Fassung erhalten hatte, bedurfte auch der §. 73 der Abänderung, um ihm mit dieser Fassung in Einklang zu bringen. Dessen war man sich in den Landtagskommissionen recht wohl bewußt. Der Versuch der Kommission des Herrenhauses, diesem Bedürfniß Rechnung zu tragen (vgl. Werner 2 S. 172), scheiterte in der Kommission des Abgeordnetenhauses, indem hier die Vertreter des Standpunktes der Regierungsvorlage, welche bei der Abstimmung über den §. 11 in der Minderheit geblieben waren, bei der Beschlußfassung über den §. 73 des Entwurfs der Gr.B.O. die Mehrheit erlangten und diese Position zur Verwerfung der Amendierung des Herrenhauses und Wiederherstellung der Regierungsvorlage benutzten. (Werner S. 189.)

Hiernach wäre es ein vergebliches Bemühen, aus der Entstehungsgeschichte der beiden Gesetze eine der Absicht des Gesetzgebers entsprechende Unterscheidung zwischen den Beschränkungen des Eigenthumsrechtes und den Beschränkungen des Verfügungsrechtes des Eigenthümers nachweisen zu wollen. Da eine solche Unterscheidung das Wesen der Sache nicht für sich hat, so müssen die Versuche, sie dennoch zu geben, mehr oder weniger willkürlich ausfallen. Am richtigsten ist es unbestreitbar, sich der Anerkennung des nun einmal vorhandenen Widerspruches zwischen dem §. 11 des Gesetzes und dem §. 73 der Gr.B.O. nicht zu entziehen. Dieser Standpunkt ist bereits von Dalcke, in Gruchots Beitr. 17 S. 483, und Strützki, ebenda S. 767 vertreten worden. Beide weichen jedoch darin von einander ab, daß Dalcke den §. 73, Strützki dagegen den §. 11 als ausschließlich maßgebend für die Wirksamkeit aller in Rede stehenden Beschränkungen angesehen wissen will. Wenn Dalcke indessen auf die Tendenz der neuen Gesetzgebung sich beruft, so scheint mehr der Entwurf der Regierung als das fertige Gesetz über den Eigenthumserwerb ihm vorgeschwebt zu haben. Denn das Gesetz stellt der Eintragung begründeter Rechtsverhältnisse regelmäßig die Kenntniß dritter Personen von denselben gleich. (§§. 9, 11, 38, 49.) Und hiergegen läßt sich vom logischen Standpunkt schwerlich etwas einwenden. Die dinglichen Rechte wirken vermöge ihrer absoluten Natur regelmäßig gegen Jeden, der mit ihnen sich in Widerspruch setzt. Aber sie haben diese Wirkung nur insoweit, als dieselbe aus dem Inhalt des Rechts im einzelnen Fall sich ergiebt. Wenn also das Eigenthum beschränkt ist, so hat es nur beschränkte Wirkung. Die Beschränkung wirkt zugleich mit dem Rechte, welchem sie anhaftet. Hierin ändert der Grundsatz des öffentlichen Glaubens nur so viel, daß eine nicht eingetragene Beschränkung einem Dritten, welcher das Grundstück oder ein Recht an demselben im Vertrauen auf die Richtigkeit des Grundbuches erworben hat, nicht entgegengesetzt werden kann. Hat dagegen der Dritte die Beschränkung gekannt, also nicht im Vertrauen auf das Buch gehandelt, so ist gar kein rechtlicher Grund denkbar, aus welchem die Beschränkung gegen ihn der Wirkung ermangeln sollte. Nur durch einen Machtspruch, d. h. eine aus dem Rahmen der Rechtskonsequenz heraustretende Bestimmung, vermag das Gesetz einer begründeten Eigenthumsbeschränkung die Wirkung gegen Dritte unbedingt zu versagen. Der §. 11 des Gesetzes verdient deshalb wegen seiner inneren Folgerichtigkeit vor dem §. 73 der Gr.B.O. den Vorzug, wie jetzt fast einstimmig anerkannt ist. Vgl. Dernburg und Hinrichs §. 30 Note 17 Bd. 1 S. 395; R.G. V, Entsch. 7 S. 250; Turnau 1 S. 693.

Will man dagegen einen Widerspruch zwischen den beiden Paragraphen nicht anerkennen, so lassen sich dieselben doch dadurch nicht mit einander vereinigen, daß man den §. 73 lediglich auf die vor dem 1. Oktober 1872 begründeten Beschränkungen bezieht. Denn den ausschließlichen Charakter als Uebergangsbestimmung hat der §. 73 in Ansehung der Beschränkungen dadurch verloren, daß der §. 11 des Gesetzes so, wie er gefaßt ist, lediglich das bisherige Recht wiedergiebt, unmöglich aber vorausgesetzt werden kann, daß der Gesetzgeber den unter der Herrschaft des letzteren rechtsgültig entstandenen Beschränkungen die Wirkung habe entziehen wollen, welche er den seit dem 1. Oktober 1872 begründeten in dem §. 11 beigelegt hat. Man wird daher annehmen müssen, daß der §. 73, wenn er dem §. 11 nicht widerspricht, Beschränkungen im Sinne hat, welche im Fall ihrer Entstehung unter der Herrschaft des Gesetzes über den Eigenthumserwerb Wirksamkeit gegen Dritte nur durch Eintragung erlangen können. Den Versuchen, das Gebiet dieser Beschränkungen gegen die Eigenthumsbeschränkungen des §. 11 abzugrenzen, mag hier der folgende hinzugefügt werden:

Der Eigenthümer hat vermöge des Verfügungsrechtes über die Sache nicht die Befugniß, dieses Recht nach Willkür zu beschränken und auf diese Weise etwa den Begriff des Eigenthums zu verändern. Darum hat das römische Recht den vertragsmäßigen Veräußerungsverboten die Wirkung gegen die Sache abgesprochen. Nach dem A.L.R. I. 4 §§. 15 ff. dagegen kann durch Privatwillkür eine Sache außer Verkehr gesetzt, mithin auch das Verfügungsrecht des Eigenthümers zu Gunsten eines Anderen beschränkt werden. Hierher gehören z. B. die Fälle, wenn der Käufer eines Grundstücks in dem Kaufvertrage verspricht, das Grundstück ohne Zustimmung des Käufers nicht weiter zu veräußern, oder sich verpflichtet, dasselbe an einen Sohn des Verkäufers nach Ablauf einer gewissen Zeit für einen bestimmten Preis abzutreten. Ein Abkommen dieser Art erzeugt zunächst freilich, wie nach gemeinem Recht, nur obligatorische Rechte und Pflichten, es beschränkt nur denjenigen Eigenthümer, der es getroffen hat, und dessen Universalsuccessoren (§. 16) in der Verfügung über das Grundstück; gegen Dritte kann diese Beschränkung des Verfügungsrechtes an sich nicht geltend gemacht werden. Wenn aber der Dritte die Beschränkung kennt, so darf er derselben nicht zuwiderhandeln (§. 17). Ist die Beschränkung im Grundbuch eingetragen, so ist sie wirksam gegen Jedermann (§. 19); sie ist durch die Eintragung zu einer Beschränkung des Eigenthums selbst geworden. (O.Tr. IV, Str. Arch. 91 S. 159, und Entsch. 74 S. 248.) Jene relative Wirkung der Beschränkung des Verfügungsrechtes des Eigenthümers gegen Dritte steht allerdings im Einklange mit der landrechtlichen Theorie vom „Recht zur Sache". Aber sie widerspricht dem Grundsatze des gemeinen Rechtes, daß Verträge gegen diejenigen regelmäßig nicht wirken, welche an dem Abschlusse unbetheiligt sind. Wenn daher die Gr.B.O. durch den §. 73 Beschränkungen der bezeichneten Kategorie hat treffen wollen, so würde sie nur dem gemeinrechtlichen Prinzip, welches in dem §. 4 des Gesetzes über den Eigenthumserwerb zur Anerkennung gelangt ist, das Gebiet der Anwendung im Geltungsbereich des A.L.R. erweitert haben (Eccius 3 §. 169 Anm. 26).

III. Was als Beschränkung des Eigenthumsrechtes im Sinne des §. 11 zu gelten hat, ist demnach weder aus der Entstehungsgeschichte, noch aus der Terminologie der Grundbuchgesetze zu entnehmen und nicht anders festzustellen, als wenn man sich die einzelnen Beschränkungen vergegenwärtigt, welche hier in Betracht kommen könnten.

1. Beschränkungen, welche der Vorschrift des §. 11 nicht unterliegen:

a. die Beschränkungen der Verfügungsfähigkeit des Eigenthümers. Ist der Eigenthümer minderjährig, in väterlicher Gewalt, geisteskrank oder für einen Verschwender erklärt, so wird die ihm zustehende Verfügung über sein Vermögen von seinem Vormunde oder seinem Vater wahrgenommen. Verfügt der Handlungsunfähige über ein Grundstück (durch Veräußerung oder Belastung des Eigenthums), so macht der Mangel des väterlichen oder des vormundschaftlichen Konsenses die Verfügung nichtig. Die Nichtigkeit wird dadurch nicht geheilt, daß die Verfügung in das Grundbuch eingetragen wird. Die Eintragung kann gegen den Mitkontrahenten des Handlungsunfähigen als nichtig angefochten werden. Gegen Dritte findet die Anfechtung nur unter den aus §. 9 Abs. 2 und 3 sich ergebenden Voraussetzungen statt.

Von den Beschränkungen des Eigenthumsrechtes unterscheiden sich die Fälle der Handlungsunfähigkeit des Eigenthümers dadurch, daß das der Verfügung entgegenstehende Hinderniß dort in einem Mangel des Rechtes an dem Grundstück, hier in einer persönlichen Eigenschaft des Berechtigten liegt, daß die ersteren zur Eintragung in das Grundbuch bestimmt sind, die letzteren nicht, und endlich daß die Eigenthumsbeschränkung hier eine zweite Person voraussetzt, zu deren Gunsten sie besteht, die Verfügungsbeschränkung des Handlungsunfähigen dagegen lediglich den eigenen Vortheil desselben bezweckt. Aus dieser letzten Verschiedenheit folgt, daß als Dritter im Sinne des Gesetzes bei der Eigenthumsbeschränkung regelmäßig schon derjenige gilt, der mit dem Eigenthümer kontrahirt resp. von demselben ein Recht erwirbt, bei der Verfügung des Handlungsunfähigen dagegen immer erst der Sondernachfolger desjenigen, zu dessen Gunsten die (nichtige) Verfügung geschehen ist.

Wenn in den Motiven angenommen ist, daß die Handlungsunfähigkeit des Eigenthümers durch das Grundbuch ersichtlich gemacht werden könne, so ist das nicht richtig. Die Einleitung des Prodigalitätsverfahrens freilich soll nach der Allg. Ger.O. I. 38 §. 21 bei den Grundstücken und Hypotheken des Provokaten vermerkt werden. Hiervon und von der Vorschrift des §. 40 des Einf.Ges. f. Neuvorpommern abgesehen, sind persönliche Eigenschaften des Eigenthümers, welche dessen Verfügung über das Grundstück einschränken oder ausschließen, nicht geeignet zur Aufnahme in das Grundbuch. (Gr.B.O. §. 11.) Nur wenn die Klage auf Anfechtung der von dem handlungsunfähigen Eigenthümer bewilligten Eintragung gegen den Eingetragenen erhoben wird, kann zur Erhaltung des Anfechtungsrechtes gegen Dritte eine Vormerkung eingetragen werden. Vgl. Dernburg und Hinrichs 1 §. 30 Note 1 S. 387;

b. die rein persönlichen Verbindlichkeiten des Eigenthümers, welche nach dem bürgerlichen Recht der Wirkung gegen Dritte entbehren. Denn §. 11 beschränkt nur im Interesse des öffentlichen Glaubens des Grundbuches die nach dem sonstigen Recht eintretende Wirkung der Eigenthumsbeschränkungen gegen Dritte und läßt die Frage, welche Beschränkungen überhaupt gegen Dritte wirken, unberührt. Dies ist vor allem für das Gebiet des gemeinen Rechtes von Bedeutung, da nach diesem z. B. die vertragsmäßigen Veräußerungsverbote, die vertragsmäßigen Vor- und Wiederkaufsrechte, Miethe und Pacht nur persönliche Verbindlichkeiten erzeugen. Aber auch für das preußische Recht scheiden dadurch eine Anzahl Beschränkungen aus, zumal die Bedeutung des Rechtes zur Sache durch die Bestimmungen der §§. 4 und 15 des Gesetzes sehr eingeschränkt ist (vgl. oben Anm. II. a. E.). Diese Beschränkungen des Eigenthümers wirken also auch dann nicht gegen Dritte, wenn sie diesen bekannt waren oder im Grundbuch eingetragen sind; ihre Eintragung ist deshalb unzulässig (vgl. Förster-Eccius 3 §. 169 Note 30).

Hiermit steht es in Einklang, wenn das R.G. V (Entsch. 18. S. 299; vgl. auch ebd. 21 S. 315) die obligatorische Pflicht des Eigenthümers, einem anderen das Eigenthum oder Miteigenthum einzuräumen, für keine Beschränkung des Eigenthumsrechtes im Sinne des §. 11 erklärt hat. Dagegen ist die Entsch. des Kammerger. (Jahrb. 3 S. 133) unrichtig, daß der Verzicht auf Ersatz von Schäden, welche einem Grundstücke durch ein Unternehmen erwachsen könnten, durch seine Eintragung in das Grundbuch Wirkung gegen jeden Erwerber des Grundstückes erlange, und ebenso unhaltbar war es, wenn das Obertribunal (III, Entsch. 75 S. 86 u. Str. Arch. 93 S. 311) für das gemeinrechtliche Geltungsgebiet des Gesetzes betr. die Einführung von Grund- und Hypothekenbüchern in Neuvorpommern und Rügen vom 21. Mai 1868 annahm, daß das vertragsmäßige Vorkaufs- und Wiederkaufsrecht zu den Eigenthumsbeschränkungen gehöre, deren Eintragung der Eigenthümer bewilligen müsse;

c. die dinglichen Rechte. Dieselben beschränken zwar das Eigenthum; für sie ist aber nicht §. 11, sondern §§. 12 und 18 des Gesetzes maßgebend. Danach bedarf es bei ihnen stets der Eintragung zur Wirkung gegen Dritte, von den im §. 12 Abs. 2, 3 des Gesetzes genannten Rechten abgesehen, welche auch ohne Eintragung gegen redliche Dritte wirken. Hierher sind auch die durch Willenserklärung begründeten Vorkaufs- und Wiederkaufsrechte im Gebiete des A.L.R. zu zählen. Beide Rechte sind an sich persönlicher Natur; erst durch Eintragung erlangt das Vorkaufsrecht die Eigenschaft eines dinglichen Rechtes, das Wiederkaufsrecht Wirksamkeit gegen Dritte (A.L.R. I. 11 §§. 311, 264, 265; I. 20 §§. 569, 570). Die weitere Vorschrift, daß das Wiederkaufsrecht, auch wenn es nicht eingetragen ist, einem Dritten, der es bei der Erwerbung eines Rechtes auf die Sache gekannt hat, entgegengesetzt werden könne, ist durch §§. 4, 15 des Gesetzes als beseitigt anzusehen. (R.G. IV od. V, Gruchot 26 S. 735 u. 1119; Förster-Eccius 2 §. 126 Anm. 64, 3 §. 189 Anm. 62 u. 89);

d. die unmittelbar durch das Gesetz begründeten Beschränkungen des Eigenthums. Die Kenntniß des Inhalts der Gesetze wird bei Jedermann, mit Ausschließung des Beweises der Unkenntniß im einzelnen Fall, vorausgesetzt. Die gesetzlichen Eigenthumsbeschränkungen haben daher absolute Wirkung, gleichviel ob sie im Grundbuch eingetragen sind oder nicht. Dies bedarf jedoch der näheren Bestimmung.

Wenn das Gesetz das Eigenthum an allen im Bereiche seiner Geltung belegenen Grundstücken beschränkt, so fällt die Kenntniß von dem Vorhandensein der Beschränkung im einzelnen Fall mit der Kenntniß des Gesetzesinhaltes zusammen. Der Regel nach aber ist der Eigenthumsbeschränkung nur eine gewisse Kategorie von Grundstücken unterworfen. Hier muß man, um die Beschränkung des Eigenthums an einem bestimmten Grundstück nicht zu übersehen, nicht blos die Vorschrift des Gesetzes kennen, sondern zugleich darüber unterrichtet sein, ob gerade bei diesem Grundstück die Merkmale derjenigen Kategorie vorhanden sind, welche das Gesetz treffen will. Sind diese Merkmale durch die natürliche Lage oder die thatsächliche Beschaffenheit des Grundstücks gegeben, so erscheint es nicht bedenklich, jeden, der dasselbe zum Gegenstande einer rechtlichen Entschließung macht, als verpflichtet anzusehen, vorher von ihnen Kenntniß zu nehmen. Daher sind die durch das sogenannte Nachbarrecht begründeten Eigenthumsbeschränkungen, die Beschränkungen des Waldeigenthums, die Rayonbeschränkungen ꝛc. ohne Weiteres von absoluter Wirkung. Dasselbe gilt überhaupt von den im öffentlichen Interesse erlassenen Beschränkungen, und zwar sowohl von denjenigen, welche unmittelbar aus dem Gesetze sich ergeben, als auch von denjenigen, welche durch einen auf das Gesetz gegründeten Ausspruch der zuständigen Behörde hervorgerufen sind. Alle diese Beschränkungen richten sich regelmäßig nur gegen die aus dem Eigenthum fließende Befugniß, das Grundstück nach Willkür zu benutzen und Dritte von der Benutzung desselben auszuschließen.

2. Die Beschränkungen des §. 11:

a. Unstreitig fallen unter die Vorschrift des §. 11 diejenigen Beschränkungen, „welche aus der Qualität des Eigenthums selbst hervorgehen" (O.Tr. III, Entsch. 80 S. 156), „wie Lehns- und Fideikommißeigenschaft, Substitutionen, auflösende Bedingungen" (O.Tr. II, Entsch. 73 S. 182), ferner Dotaleigenschaft (vgl. Anm. I 3b auf S. 31), testamentarische Veräußerungsverbote, soweit sie für den Erben oder Legatar verbindlich sind (Windscheid 3 §. 678 Nr. 3; A.L.R. I. 12 §§. 534, 535; R.G. V, Entsch. 14 S. 268), die dem Nießbraucher testamentarisch eingeräumte uneingeschränkte Verfügungsbefugniß (vgl. oben S. 36 Anm. 1 a. E.; R.G. V, Entsch. 7 S. 249; Kammerger. im Jahrb. 2 S. 111) u. dgl. m. Vgl. noch Einf.Ges. für Rheinl. §§. 7, 11 Abs. 3 und für Neuvorpommern §. 11.

b. Dagegen ist es streitig, ob auch die durch richterliche Anordnung geschaffenen Verfügungsbeschränkungen (richterliche Veräußerungsverbote, Eröffnung des Konkurses, Einleitung der Zwangsversteigerung oder Zwangsverwaltung) unter §. 11 fallen. In der vorigen Ausgabe war diese Frage verneint, und als Beschränkungen im Sinne des §. 11 waren nur diejenigen bezeichnet, „welche der Eigenthümer dadurch hervorruft, daß er ein Rechtsverhältniß schafft oder eingeht, mit welchem das Gesetz die Aufhebung oder Minderung der Befugniß zur Veräußerung oder Belastung des Grundstücks verbindet"; von diesen sollen jene sich dadurch entscheiden, daß sie das Recht des Eigenthümers an dem Grundstück nicht in Frage stellen, vielmehr nur verhindern, daß von diesem Rechte zum Nachtheile der Gläubiger Gebrauch gemacht werde, indem den dem richterlichen Verbote zuwider ergangenen Verfügungen des Eigenthümers die Rechtswirkung gegen diejenigen versagt werde, zu deren Sicherung die Beschränkung bestimmt sei. (Vgl. Dernburg u. Hinrichs 1 S. 410ff.) Dieser Ansicht steht indessen das Bedenken entgegen, daß es für den Begriff der Eigenthumsbeschränkung gleichgültig ist, ob sie nur zu Gunsten bestimmter Personen wirkt oder nicht; es genügt, daß der Eigenthümer die aus dem Eigenthum fließenden Rechte nicht in vollem Umfange oder mit voller Wirkung auszuüben befugt ist (vgl. A.L.R. I. 8 §. 21; Windscheid 1 §. 167). Auch die unter a genannten gesetzlichen und testamentarischen Veräußerungsverbote sind zum Theil nur Verfügungsbeschränkungen des Eigenthümers zum Nachtheil bestimmter Berechtigten (z. B. des fideikommissarischen Substituten), und ein richterliches Veräußerungsverbot hat, jedenfalls nach gemeinem Recht, genau dieselben Wirkungen wie ein gesetzliches.

Deshalb wird man mit Eccius (3 §. 169 Anm. 27) auch die richterlichen Veräußerungsverbote (z. B. nach C.P.O. §. 817 und KonkursO. §. 98) und die Beschlagnahme im Konkurs- oder Zwangsvollstreckungsverfahren hierher zählen müssen. Natürlich findet aber auf sie §. 11 des Gesetzes nur insoweit Anwendung, als nicht Bestimmungen der Reichsgesetze (z. B. Konk.O.,

§. 326 der St.P.O.) oder späterer Landesgesetze entgegenstehen. Inwiefern dieses der Fall ist, ist für die Fälle des Konkurses und der Zwangsvollstreckung näher zu untersuchen.

a. **Konkurs.** Nach §. 6 der KonkursO. sind „Rechtshandlungen, welche der Gemeinschuldner nach der Eröffnung des Verfahrens vorgenommen hat", „den Konkursgläubigern gegenüber nichtig", und nach §. 12 können Pfand- und Hypothekenrechte an Gegenständen der Konkursmasse „nach der Eröffnung des Konkursverfahrens nicht mit verbindlicher Kraft gegen die Konkursgläubiger erworben oder eingetragen werden, wenngleich der Anspruch auf den Erwerb oder die Eintragung schon vor der Eröffnung des Verfahrens begründet gewesen ist." Da diese reichsrechtlichen Vorschriften keinen Unterschied machen, ob derjenige, zu dessen Gunsten der Gemeinschuldner verfügt hat oder die Hypothek eingetragen ist, die Konkurseröffnung kannte oder nicht, so kommt §. 11 des Gesetzes für den Fall des Konkurses nicht zur Anwendung. Freilich ist dies nicht unbestritten; insbesondere behauptet Eccius (3 §. 169 Anm. 27), daß zwar nicht die Vorschrift des §. 12, aber die des §. 6 der KonkursO. nach §. 106 derselben bezüglich der Grundstücke nur insofern anwendbar sei, als nicht landesgesetzlich die Eintragung des Konkursvermerks in das Grundbuch erforderlich wäre, und findet hierfür in folgenden Sätzen der Motive zu §. 106 (S. 335 a. E.; Hahn, Materialien 4 S. 304) Unterstützung: „Eine Bestimmung, wie die der Oesterreichischen Konk.O. §. 88, daß aus einer Unterlassung des Vermerks privatrechtliche Folgen nicht abzuleiten seien, würde, abgesehen von sachlichen Bedenken, einen unzulässigen Eingriff in das Immobiliarrecht der einzelnen deutschen Staaten enthalten. Nach diesem wird es verschieden zu beantworten sein, ob einem gutgläubig vor der Eintragung des Vermerks von dem Gemeinschuldner erwerbenden Dritten oder dessen Rechtsnachfolger die unbedingte Vorschrift des §. 6 entgegentritt oder die publica fides des Grundbuches zum Schutz gereicht." Indessen trotzdem vermag ich dieser Ansicht nicht beizutreten. §. 106 lautet: „Inwiefern die Eröffnung oder Aufhebung des Konkursverfahrens in das Grund- oder Hypothekenbuch einzutragen, und wie eine solche Eintragung zu bewirken ist, bestimmt sich nach den Landesgesetzen." Die Vorschrift unterscheidet also nicht zwischen der Wirkung des Konkursvermerks gegenüber Hypotheken und sonstigen Rechten an Grundstücken, sodaß nicht abzusehen ist, weshalb §. 106 nicht auch den §. 12 der KonkursO. einschränken soll. Daß dieses nicht der Fall ist, darüber scheint Einverständniß zu herrschen. Ebensogut wie die Bestimmung des §. 12, kann man aber auch die des §. 6 mit Wilmowski (KonkursO. 4. Aufl., 1889, S. 66 u. 326) als eine absolute, durch §. 106 nicht berührte ansehen. Dazu kommt, daß aus dem Wortlaut des §. 106, zumal bei dessen Stellung unter den Verfahrensvorschriften, die weitgehende die materiellrechtlichen Vorschriften der §§. 6 ff. einschränkende Bestimmung nicht herauszulesen ist; selbst wenn deshalb die hier verworfene Ansicht dem Willen des Gesetzgebers entsprechen sollte, wird man sagen müssen, daß dieser in dem Gesetze nicht genügend zum Ausdruck gelangt sei.

Folgt man dieser Ansicht, so ist nicht nur eine nach der Konkurseröffnung eingetragene Hypothek den Konkursgläubigern gegenüber wirkungslos (§. 12), sondern auch jede Rechtshandlung, welche der Gemeinschuldner nach diesem Zeitpunkt vorgenommen hat, jenen gegenüber nichtig, auch wenn die Eröffnung dem Hypothekengläubiger oder Vertragsgenossen des Gemeinschuldners unbekannt und im Grundbuch nicht vermerkt war, und erst deren Sondernachfolger können sich nach §§. 9 und 38 des Gesetzes auf den guten Glauben des Grundbuches berufen.

Andererseits nimmt die Konkurseröffnung dem Gemeinschuldner nicht das Recht, Eintragungen zu bewilligen und Auflassungen zu erklären; denn, wenn er auch die Verfügungsbefugniß bezüglich der Konkursmasse (nicht die Verfügungsfähigkeit, vgl. R.G. V, Entsch. 29 S. 32) verloren hat, so sind doch seine Rechtshandlungen nicht absolut, sondern nur den Konkursgläubigern gegenüber nichtig und haben im übrigen, namentlich für die Zeit nach Beendigung des Konkurses, Wirkung. Der Grundbuchrichter darf also die von ihm bewilligten Eintragungen nicht ablehnen. (Ausnahmen: Einf.Ges. für Neuvorpommern §. 40.) Dies ist im §. 12 der KonkursO. für Hypotheken und Grundschulden anerkannt (vgl. Motive zu diesem §. 12, S. 56 a. E., Hahn a. a. O. S. 78; R.G. V, Entsch. 28 S. 283; Kammerger.,

Jahrb. 10 S. 111) und wegen Gleichheit des Grundes auch für die sonstigen Belastungen und Auflassungen nicht zu beanstanden. Nur Eintragungen im Wege der Zwangsvollstreckung zu Gunsten einzelner Konkursgläubiger sind nach §. 11 der KonkursO. ausgeschlossen (So R.G. a. a. O.; a. M. Kammerger. a. a. O. u. Rothenberg bei Gruchot 35 S. 793). Vgl. über diese sehr streitigen Fragen noch Turnau 2 §. 110 Ziff. 1.

Bezüglich der Frage, inwiefern die Eröffnung oder Aufhebung des Konkursverfahrens einzutragen und wie die Eintragung zu bewirken ist, nimmt §. 15 des Ausf.Ges. z. KonkursO. auf die bestehenden Vorschriften Bezug und fügt hinzu: „Die Eintragung erfolgt, sofern sie nicht auf Ersuchen des Konkursgerichts geschieht, auf Vorlegung einer unter Bezeichnung des Konkursverwalters durch den Gerichtsschreiber beglaubigten Abschrift der Formel des Beschlusses des Konkursgerichts." Vgl. für den Geltungsbereich der Preuß. KonkursO. vom 8. Mai 1855 deren §§. 150, 199, 277 und Instruktion vom 6. Aug. 1855 §§. 17, 40; ferner für Neuvorpommern §§. 40, 47 und für Rheinl. §. 30 der Einf.=Gesetze.

β. Zwangsversteigerung. Die Wirkungen der Beschlagnahme, welche im Zwangsversteigerungsverfahren durch Zustellung des Einleitungsbeschlusses an den Schuldner eintritt (Zwangsvollstr Ges. §. 16), sind ähnlich den eben geschilderten Folgen der Konkurseröffnung. Auch hier verliert der Schuldner nicht die Befugniß, vor dem Grundbuch über seinen Grundbesitz zu verfügen, wie z. B. in den §§. 17 Abs. 2, 47, 49, 69, 99 des Zwangsvollstr.Gesetzes für Auflassungen und in §§. 30 Nr. 2, 106 Abs. 3 für Belastungen anerkannt ist. Aber seine Verfügungen sind dem betreibenden Gläubiger gegenüber unwirksam; dieser erlangt durch die Beschlagnahme, wenn nicht ein Pfandrecht an dem Grundstücke (wie Eccius 3 §. 193 Anm. 43, Dernburg, Hyp.R. S. 371, Friedensburg in Gruchot 30 S. 559 ff. annehmen), so doch ein Vorzugsrecht vor später eingetragenen Realansprüchen (§. 30 desselben Ges.) und ein Recht auf abgesonderte Befriedigung aus dem Kaufgelde im Falle einer späteren Konkurseröffnung; er ist befugt, die Zwangsversteigerung trotz eines Eigenthumswechsels fortzusetzen und alle ihm nachtheiligen Verfügungen des Schuldners als ihm gegenüber nichtig anzufechten (R.G. V, Entsch. 12 S. 258 u. 19 S. 300; Krech u. Fischer, Zwangsvollstr.Ges. S. 121 ff., 268 ff., 803 Anm. 16).

Es fragt sich, ob diese Wirkungen der Beschlagnahme Dritten gegenüber ohne Rücksicht auf deren guten Glauben geltend zu machen sind. Hierüber finden wir im Zwangsvollstr Ges keine Bestimmung. Zwar sagt §. 17 Abs. 1: „Gegen die Wirkungen der Beschlagnahme kann der dritte Erwerber eines Rechts sich auf guten Glauben nicht berufen, wenn ihm zur Zeit der Erwerbung die Beschlagnahme oder der Versteigerungsantrag bekannt war", und nach §. 18 Abs. 2 gilt nach Eintragung des Zwangsversteigerungsvermerks im Grundbuche „jeder Antrag auf Einleitung des Verfahrens oder auf Zulassung des Beitritts zu demselben als bekannt, sobald er gestellt ist". Das Gesetz hat also wohl Vorschriften, unter welchen Voraussetzungen der gute Glaube als vorliegend anzunehmen ist oder nicht; dagegen überläßt es dem sonstigen Recht die Entscheidung darüber, inwiefern der gute Glaube der Beschlagnahme gegenüber von Bedeutung ist, — abgesehen von der Bestimmung des §. 30, wonach dem betreibenden Gläubiger das Vorrecht vor den nach der Beschlagnahme eingetragenen Realgläubigern auch bei deren gutem Glauben zukommt. Es ist daher von praktischer Bedeutung, ob man die Beschlagnahme im Zwangsversteigerungsverfahren als Beschränkung im Sinne des §. 11 des Gesetzes ansieht oder nicht. Verneint man nämlich diese Frage, so würde im Gebiete des gemeinen Rechtes der gute Glaube desjenigen, welcher unmittelbar vom Vollstreckungsschuldner erworben hat, gleichgültig sein, da ein richterliches Veräußerungsverbot die Nichtigkeit der trotzdem erfolgten Veräußerung ohne Rücksicht auf den guten oder bösen Glauben des Erwerbers zur Folge hat, und erst der gutgläubige Sondernachfolger dieses Erwerbers würde durch die §§. 9, 38 des Gesetzes geschützt sein. Folgt man dagegen der hier vertretenen Ansicht, so wirkt auch dem Vertragsgenossen des Vollstreckungsschuldners gegenüber die Beschlagnahme nur dann, wenn zur Zeit des Erwerbs der Versteigerungsvermerk im Grundbuch bereits eingetragen oder ihm die Beschlagnahme oder der Versteigerungsantrag bekannt war.

Ueber die Eintragung des Vermerkes im Grundbuche vgl. §. 18 Abs. 1, §. 19 und über seine Löschung §§. 100, 124 Nr. 2 des Zwangsvollstr.Ges.

γ. Zwangsverwaltung. Das vorstehend über die Zwangsversteigerung Gesagte gilt entsprechend auch für die Zwangsverwaltung. Auf die Abweichungen, daß hier der Schuldner die Befugniß zur Nutzung und Verwaltung des Grundstücks verliert, daß die Beschlagnahme dem betreibenden Gläubiger ein Pfandrecht an den Einkünften des Grundstücks schafft und nicht nur durch Zustellung des Einleitungsbeschlusses, sondern auch durch Uebergabe des Grundstückes an den Verwalter bewirkt wird, u. dgl. m., braucht hier nicht näher eingegangen zu werden; vgl. darüber §§. 140, 143 des Zwangsvollstr.Ges. und Krech u. Fischer S. 610 ff.

IV. Für die unter III angeführten Beschränkungen des Eigenthumsrechtes trifft §. 11 die Bestimmung, daß sie nur dann Rechtswirkung gegen Dritte erlangen, wenn sie diesen bekannt gewesen oder im Grundbuche eingetragen sind. Ueber ihre Entstehung entscheidet also das bisherige Recht. Der Eintragung bedarf es nur, um ihnen gegen solche dritte Personen, welche ohne Kenntniß derselben ein widerstreitendes Recht erwerben, Wirksamkeit zu verschaffen. Die Vorschrift ist der des §. 9 Abs. 2 zu vergleichen; letztere trifft den Fall, daß der eingetragene Eigenthümer kein oder nur anfechtbares Eigenthum hat; §. 11 hat dagegen den Fall im Auge, daß jener zwar wirklicher und unanfechtbarer Eigenthümer, aber in seinem Eigenthumsrecht beschränkt ist. In beiden Fällen beschränkt das Gesetz die nach bürgerlichem Recht eintretende Nichtigkeit oder Anfechtbarkeit der von dem Eigenthümer bestellten Rechte mit Rücksicht auf den öffentlichen Glauben des Grundbuches. Dabei besteht aber zwischen den beiden Fällen der Unterschied, daß die nicht eingetragene Eigenthumsbeschränkung gegenüber einem redlichen Dritten auch dann nicht geltend gemacht werden kann, wenn dieser unentgeltlich erworben hat, während §. 9 Abs. 2 den unentgeltlichen Erwerber dem unredlichen gleichstellt.

Im Einzelnen sind noch folgende Punkte hervorzuheben

1. Wer ist ein Dritter im Sinne des §. 11? Jeder Sondernachfolger des eingetragenen Eigenthümers, dessen Eigenthumsrecht beschränkt ist. Denn der erste ist derjenige, zu dessen Gunsten die Eigenthumsbeschränkung wirkt, der zweite der eingetragene Eigenthümer und der Dritte dessen Rechtsnachfolger, und zwar wie bereits oben S. 70 bemerkt, nur der Singularsuccessor. Bei der durch die Konkurseröffnung bewirkten Eigenthumsbeschränkung ist also auch ein Vertragsgenosse des Gemeinschuldners den Konkursgläubigern gegenüber ein Dritter (anders die vorige Aufl. S. 126). Vgl. ferner unten Anm. 3c zu §. 12 Satz 1 und Anm. II. 1 zu §§. 38 Abs. 2 des Gesetzes.

2. Bezüglich der Kenntniß von der Eigenthumsbeschränkung gilt das oben Anm. 2 zu §. 9 Abs. 2 über den bösen Glauben Gesagte.

3. Ueber die Eintragung der Beschränkungen bestehen nur für einzelne besondere Fälle gesetzliche Bestimmungen, z. B. Gr.B.O. §§. 54 und 74 und hinsichtlich des Konkurs- und Zwangsvollstreckungsvermerkes die oben Anm. III. 2b angeführten. Im Uebrigen sind die §§. 13 und 14 des Gesetzes entsprechend anzuwenden (Turnau 1 S. 281; Dernburg u. Hinrichs 1 S. 396 ff.).

4. Die Wirkungen der Beschränkungen des Eigenthumsrechtes bestimmen sich nach dem sonst geltenden Recht. Wegen der Wirkungen der Einleitung des Konkurs-, Zwangsversteigerungs-, oder Zwangsverwaltungsverfahrens siehe oben Anm. III 2b. Wie in diesen, so hindert auch in anderen Fällen die Eigenthumsbeschränkung nicht die Eintragung entgegenstehender Rechte in das Grundbuch, während in einigen der Grundbuchrichter die Eintragungsanträge ablehnen muß. So hat der V. S. des R.G. z. B. angenommen, daß nach preußischem Recht (anders nach gemeinem Recht, vgl. Windscheid 3 §. 665 bei Note 8, Dernburg Pand. 3 §. 120) ein Fiduciar Dritten gegenüber zu allen aus dem Eigenthum fließenden Verfügungen, auch zur Veräußerung und Belastung der Nachlaßgrundstücke befugt sei und der Fideikommissar erst, nachdem er Erbe und Eigenthümer geworden, die unbefugten Verfügungen desselben anfechten könne, soweit nicht der gute Glaube des Grundbuches entgegenstehe, daß dieses aber

Zweiter Abschnitt.

Von den dinglichen Rechten an Grundstücken.

§. 12.

Dingliche Rechte an Grundstücken, welche auf einem privatrechtlichen Titel beruhen, erlangen gegen Dritte nur durch Eintragung Wirksamkeit und verlieren dieselbe durch Löschung.

Der Eintragung bedürfen jedoch nicht die gesetzlichen Vorkaufsrechte, die

---

eine Ausnahme erleide bezüglich derjenigen Verfügungen, deren Natur der Beschränkung durch einen Endtermin widerstrebe, wie z. B. der Löschung einer Hypothekenforderung; hierzu bedürfe es der Genehmigung des Substituten (Entsch. 17 S. 228, ebenso für die Eintragung einer Judikatshypothek gegen den Fiduciar: Kammerger., Jahrb. 1 S. 125; a. M. hinsichtlich der Löschung: dass. ebd. 3 S. 185); daß andererseits ein Fiduciar, welchem die Veräußerung und Verpfändung der Nachlaßgrundstücke testamentarisch untersagt sei, zu Auflassungen und Belastungen überhaupt nicht befugt sei (Entsch. 14 S. 288, und Gruchot 36 S. 1005; vgl. auch Kammerger. im Jahrb. 1 S. 126).

Zweiter Abschnitt.

In dem Entwurf der Staatsregierung lautete die Ueberschrift: „Von der Begründung dinglicher Rechte an Grundstücken.“ Und der §. 12 begann mit den Worten: „Dingliche Rechte an einem Grundstücke, welche auf einem privatrechtlichen Titel beruhen, können nur durch Eintragung begründet werden.“ Die Absicht war also die, in diesem Abschnitt die Begründung der bezeichneten Rechte zu ordnen, und zwar dahin, daß dieselben nur durch Eintragung zur Entstehung sollten gelangen können. Erst die Kommission des Herrenhauses hat der Ueberschrift und dem §. 12 die jetzt vorliegende Fassung gegeben (vgl. Werner 2 S. 52, 112). In derselben wurde zwar die Ansicht geltend gemacht, daß die Fassungsänderung eine Aenderung des Sinnes der Vorschrift nicht zur Folge habe. In Wirklichkeit ist aber dadurch das Prinzip der Regierungsvorlage aufgegeben.

Denn das Wesen der Dinglichkeit besteht nach gemeinem, wie nach preußischem Rechte nicht, wie in der Kommission irrthümlich angenommen wurde, in der Wirksamkeit gegen Dritte, sondern dinglich sind diejenigen Rechte, deren unmittelbarer Gegenstand eine Sache ist (A.L.R. I. 2 §. 126; Koch, A.L.R. 8. Aufl. Bd. 2 S. 76; Dernburg, Pand. 1 § 22; Windscheid 1 §. 40). Die Wirkung gegen Dritte ist regelmäßig mit dem dinglichen Rechte verbunden. (A.L.R. I. 2 §. 137.) Aber sie ist nicht dergestalt wesentlich, daß, wenn sie im einzelnen Falle fehlt, dadurch die Dinglichkeit beseitigt wäre (O.Tr. II, Entsch. 75 S. 32, Str. Arch. 93 S. 372; O.Tr. III, Entsch. 76 S. 138); das Landrecht kennt eine Reihe von Fällen, in welchen dingliche Rechte gegen dritte Personen nicht geltend gemacht werden können; z. B. I. 10 §. 8; I. 20 §§. 423 ff, 522, 527.

Andererseits kann einem persönlichen Rechte absolute Wirkung von dem Gesetze beigelegt werden, ohne daß dasselbe dadurch dinglich werden müßte. (Wächter, Handbuch des im Königreich Württemberg geltenden Privatrechts §. 45 und Erörterungen aus dem römischen rc. Recht 1 S. 92 ff.; Unger, System des österreichischen Privatrechts 1 S. 511 ff.; Dernburg, Preuß. Privatr. 1 §. 275 Note 4; Förster-Eccius Bd. 3 § 156.)

Demnach kann §. 12 in der jetzigen Fassung nur dahin verstanden werden, daß die Begründung der dinglichen Rechte sich nach dem sonstigen Recht richtet, und daß es ihrer Eintragung nur zur Wirksamkeit gegen Dritte bedarf. Ohne Eintragung wirken sie (anders als die Beschränkungen des Eigenthumsrechts nach §. 11) nicht einmal gegen diejenigen Dritte, welche sie gekannt haben.

Grundgerechtigkeiten, die Miethe und Pacht und diejenigen Gebrauchs- und Nutzungsrechte, welche nach §§. 8, 142 des Allgemeinen Berggesetzes vom 24. Juni 1865 im Wege des Zwangsverfahrens erworben werden können.

Inwieweit die den Rentenbanken überwiesenen Renten und die Domainen-

---

Diese Vorschrift bezieht sich jedoch nicht auf alle jura in re aliena. Zunächst scheiden die Hypotheken und Grundschulden aus, für welche §. 18 des Gesetzes in Betracht kommt. Ferner beschränkt §. 12 seine Bestimmung auf die auf privatrechtlichem Titel beruhenden Rechte und nimmt in den Abs. 2 und 3 auch von diesen noch einige aus. Vgl. darüber Anm. 2 zu §. 12 Satz 1 und die Anm. zu §. 12 Satz 2 und 3.

§. 12 Satz 1.

1. Entstehungsgründe der dinglichen Rechte.
   a. Willenserklärung.
   b. Obrigkeitliche Anordnung. S. 90.
   c. Ersitzung.
   d. Gesetz.
2. Begrenzung der Regel des §. 12. S. 91.
3. Bedeutung der Eintragung. S. 92.
   a. Die Eintragung als Form des Begründungsaktes.
   b. Die Ersitzung neben der Eintragung.
   c. Die Eintragung als Grund der Rechtswirkung gegen Dritte. Recht zur Sache; Begriff des Dritten; Kenntniß des Dritten.
   d. Die Bedeutung der Eintragung für die dingliche Klage des Berechtigten. S. 94.
4. Löschung der dinglichen Rechte.

1. Entstehung der dinglichen Rechte. Das gemeine Recht kennt folgende Entstehungsgründe: Willenserklärung des Eigenthümers und richterliche Verfügung für alle Rechte, die Ersitzung für die Dienstbarkeiten sowie für die Emphyteusis und die Superfizies, das Gesetz für die Dienstbarkeiten und das Pfandrecht. Windscheid 1 §§. 212—214, 221, 223, 229; Dernburg, Pand. 1 §§. 251—253, 259, 260, 265.

Nach dem Allg. Landrecht liegt die Sache so:

a. Die Willenserklärung reicht nicht aus; es muß noch der Sach- oder Rechtsbesitz des Berechtigten oder die Eintragung in das Hypothekenbuch hinzukommen, damit das Recht als ein dingliches anerkannt werde. A.L.R. 1 Tit. 2 §. 135; Tit. 7 §§. 77 ff.; Tit. 19 §. 4; Tit. 20 §§. 569 u. 570; Tit. 21 §§. 2—4.

Eine Ausnahme hiervon besteht für die Grundgerechtigkeiten und irregulären Personalservituten, indem hier der rechtsgültige d. h. schriftliche (dingliche) Vertrag die Dienstbarkeit ohne weiteres begründet. Tit. 5 §. 135; Tit. 22 §. 13; Koch, Kommentar zu diesen Stellen und die daselbst mitgetheilten Entscheidungen; Dernburg, Preuß. Privatr. 1 §. 296; Dernburg und Hinrichs §. 31 Note 3 Bd. 1 S. 416. Nach einer anderen Meinung soll Quasitradition zur Entstehung der Servitut erforderlich sein. So namentlich Korte, in Ulrichs Arch. 36 S. 65, und Förster, Theorie und Praxis Bd. 3 §. 187 Anm. 53.

Bezüglich der Reallasten ist zwischen den gemeinen und den auf einem privatrechtlichen Titel beruhenden Lasten zu unterscheiden. Die gemeinen Lasten muß jeder Besitzer des belasteten Grundstücks und jeder nach Entstehung der Last eingetragene Gläubiger 2c. gegen sich gelten lassen. Hyp.-O. vom 20. Dezember 1783 Tit. 1 §. 48; Konk.-O. v. 8. Mai 1855 §§. 46 ff. „Dagegen gehören in das Hypothekenbuch“ die auf einen privatrechtlichen Titel beruhenden Reallasten, das sind, wie die Hyp.-O. 1 §. 49 sich ausdrückt, „solche beständige Lasten, die auf ein Grundstück durch einzelne Verträge, Stiftungen, Vermächtnisse, oder sonst, vermöge eines speziellen Titels, gelegt sind; als: Erbzins- und Erbpachts-Gelder, unablösliche Geld- oder Korn-Zinsen; Renten und andere Hebungen, welche gewissen einzelnen, oder auch moralischen Personen, Kirchen, Klöstern oder anderen milden Stiftungen, von einem solchen Grundstück gebühren und die ein Kauflustiger, bei Abgebung seines Gebots auf dergleichen Grundstück, von dem Ertrage desselben gewöhnlich abzuziehen pflegt.“ Eine Reallast dieser Art wird nach der

Amortisationsrenten der Eintragung bedürfen, wird durch das Gesetz vom 2. März 1850 über die Rentenbanken für dessen Geltungsbereich bestimmt.

Ansicht des Obertribunals dinglich, „als eine Spezies von affirmativen Rechten, zunächst durch den Besitz der Berechtigung, d. h. dadurch, daß der Verpflichtete eine Handlung wirklich **leistet**, die von ihm als eine fortdauernde, d. h. mit dem Besitz der **Sache verknüpfte** Schuldigkeit **gefordert wird.**" **Sodann aber ist zu beachten,** „daß die Dinglichkeit nur in dem Uebergange der Verpflichtung zugleich mit dem Besitze der Sache besteht." Es fragt sich daher, wie dieser Uebergang vermittelt wird. Von selbst vollzieht er sich nicht. Denn der Besitz und folglich auch die Dinglichkeit der Berechtigung ist an die Fortdauer der dem Verpflichteten obliegenden Leistungen geknüpft, hört also auf, wenn der Verpflichtete als solcher mit der Veräußerung des Grundstücks ausscheidet, sofern nicht der Erwerber „sich der Verpflichtung als einer an den Besitz der Sache gebundenen von Neuem unterwirft. Hierfür giebt es zwei Wege: 1) den, daß der neue Erwerber der Sache die Verpflichtung des vorigen Besitzers ausdrücklich übernimmt (A.L.R. I. 19 §. 3); .2) daß er die Sache stillschweigend als eine solche in Besitz nimmt, mit deren Besitz die betreffende Last verbunden ist. Das letzte geschieht wieder in drei Fällen: a) wenn dem neuen Erwerber der Sache das Recht des Realberechtigten erweislich zur Zeit des Besitzergreifung bekannt gewesen ...., b) wenn die Belastung der Sache zur Zeit des Besitzwechsels im Hypothekenbuch eingetragen ...., c) wenn auf den neuen Erwerber des mit der Reallast behafteten Grundstückes ein Recht übergegangen ist, zu welchem sich die Reallast als Ausfluß beziehungsweise als Gegenverpflichtung verhält." O.Tr. III, Entsch. 18 S. 320. Gegen Hypothekengläubiger wirkte eine solche Last nur, wenn sie zur Zeit der Eintragung der Hypothek entweder dem Gläubiger bekannt oder im Hypothekenbuche eingetragen war. O.Tr. III, ebd. 20 S. 202.

Das Hypothekenrecht wird nach dem A.L.R. I. 20 §. 411 nur durch Eintragung erworben.

b. Durch obrigkeitliche Anordnung können gewisse Grundgerechtigkeiten (namentlich Wegeservituten) und Reallasten (insbesondere Deichlasten) begründet werden. A.L.R. I. 22 §§. 3 ff.; Ges. über das Deichwesen vom 28. Januar 1848 §. 11; Förster-Eccius §. 187 Anm. 38 ff.; Dernburg, Preuß. Privatr. 1 §§. 297 u. 307.

c. Die Ersitzung ist ein Mittel zur Begründung von Rechten, welche Gegenstand des Besitzes sind. A.L.R. I. 9 §§. 500, 501, 503, 579 ff.; I. 21 §§. 1, 7; I. 22 §§. 13, 14. Hypothekenrechte können nicht ersessen werden. Ueber die Beschränkung der Ersitzung bei Servituten und Reallasten siehe die Gemeinheitstheilungs-Ordnung vom 7. Juni 1821 §. 164, die Deklaration vom 31. März 1841, das Ergänzungsgesetz vom 2. März 1850 Art. 12 und das Ablösungsgesetz vom 2. März 1850 §. 91.

d. Das Gesetz ist als Entstehungsgrund von Rechten auf fremdes Eigenthum anerkannt in dem A.L.R. I. Tit. 2 §. 136, Tit. 19 §. 13 und Tit. 21 §. 1. Die gesetzlichen Vorkaufsrechte verpflichten jeden Besitzer des belasteten Grundstücks auch ohne Eintragung; Tit. 20 §. 573. Dasselbe gilt von den durch Gesetz entstehenden Reallasten nach der Hypothekenordnung vom 20. Dezember 1783 Tit. 1 §. 48 und nach der Konk.-O. vom 8. Mai 1855 §. 49 und dem Einführungsgesetze Art. X. Dagegen können „Nutzungsrechte, die weder mit dem Besitze der Sache verbunden noch in das Hypothekenbuch eingetragen sind", nach der Regel des A.L.R. I. 21 §. 5 „nur so lange ausgeübt werden, als die belastete Sache sich in den Händen desjenigen, der dem Berechtigten persönlich verpflichtet war, oder seiner Erben befindet." „Wer jedoch", fügt der §. 6 hinzu, „Sachen übernimmt, die vermöge des Gesetzes unmittelbar dem Nutzungsrechte eines Andern unterworfen sind, auf den geht die Verpflichtung gegen den Berechtigten mit über: sobald es dem Uebernehmer bekannt war oder ohne sein eigenes grobes oder mäßiges Versehen nicht unbekannt sein konnte, daß der bisherige Eigenthümer gegen den Berechtigten in einem solchen persönlichen Verhältnisse, woraus vermöge des

Gesetzes ein Nutzungsrecht entspringt, sich befinde." Diese Ausnahme kam namentlich dem gesetzlichen Nießbrauche des Vaters und des Ehemannes zu gute.

2. Begrenzung der Regel des §. 12. Für die Begründung der dinglichen Rechte ist das bisherige Recht maßgebend geblieben. (Vgl. die Anm. zur Ueberschrift.) Der erste Satz des §. 12 ändert dasselbe nur insofern, als er die Wirksamkeit der von ihm betroffenen Rechte gegen dritte Personen von der Eintragung abhängig macht. Dieser Regel sind aber nicht unterworfen:

a. die nicht auf einem privatrechtlichen Titel beruhenden Rechte, also namentlich weder die an den Staat zu entrichtenden öffentlichen Abgaben und Leistungen, welche von der Eintragung überhaupt ausgeschlossen sind, noch die Leistungen zur Erfüllung der Deichpflicht und die in der Konkurs-O. vom 8. Mai 1855 §. 49 aufgeführten gemeinen Lasten. (Gr.B.O. §. 11 Nr. 1.) Der Eigenthümer des belasteten Grundstückes ist als solcher nicht verpflichtet, die Eintragung der an sich gegen Dritte wirksamen Last resp. Berechtigung zu bewilligen. (O.Tr. III, Entsch. 74 S. 214). Zu den gemeinen Lasten rechnet, in Uebereinstimmung mit der Hypotheken-O. v. 1783 Tit. 1 §. 48, die Konkurs-O. vom 8. Mai 1855 §. 49 „namentlich alle nach Gesetz oder Verfassung auf dem Grundstücke haftenden Abgaben und Leistungen, welche aus dem Kommunal-, Kreis- und Provinzialverbande, oder aus dem Kirchen-, Pfarr- und Schulverbande entspringen, oder an Kirchen, Pfarren und Schulen, oder an Kirchen- und Schulbediente zu entrichten sind; oder welche aus der Verpflichtung zu öffentlichen Wege-, Wasser- oder Uferbauten entstehen; oder welche an Meliorationsgenossenschaften oder andere gemeinnützige, unter der Autorität des preußischen Staates bestehende Institute, namentlich an Vereine behufs gemeinschaftlicher Uebertragung der durch Brand, Hagelschlag oder Viehsterben entstandenen Schäden zu gewähren sind". (Ebenso die Einf.Ges. für Jade §. 5, Schleswig.-Holst. §. 45, Hannover §. 12 und Kassel §. 52, und Zwangsvollstr.Ges. §. 28. Vgl. auch das Ges. über die gerichtliche Eintragung von Grundlasten in den vormals bayerischen Landestheilen des Bez. Kassel v. 29. Mai 1874, G.S. S. 185.) Die Kennzeichen der gemeinen Lasten sind demnach, daß sie nicht auf besonderem Rechtstitel, sondern „auf Gesetz oder Verfassung" beruhen, an öffentliche Personen zu entrichten und nicht als ungewöhnliche und außerordentliche, sondern als gemeine d. h. allen Grundstücken derselben Art gemeinsam aufzufassen sind. (Vgl. O.Tr., Entsch. 28 S. 410, 36 S. 194; O.Tr. II, Str.Arch. 88 S. 179; R.G. II H.S., Gruchot 24 S. 1017; Turnau 1 S. 677 ff.; Schwartz 1 S. 363 ff.; Förster-Eccius 3 §. 188 III.) Beispielsweise gehören hierher: vor allem die Deichlasten (Ges. über das Deichwesen v. 28. Jan. 1844 §§ 9, 18; ausgedehnt auf Hannover u. Schleswig-Holst. durch Ges. v. 11. April 1872), welche mit einem besonderen Vorzugsrecht ausgestattet sind (Zwangsvollstr.-Ges. §. 25); die Patronatslasten, welche das Korrelat zu dem Patronatsrechte eines Gutes bilden — O.Tr. III, Entsch. 74 S. 71, Str.Arch. 93 S. 61, — selbst dann, wenn sie auf einem Vertrage beruhen; denn der Vertrag ist nicht nothwendig ein privatrechtlicher Titel, O.Tr. III, Entsch. 75 S. 69; die Verpflichtung zum Unterhalt des Lehrers an den niederen katholischen Schulen in Schlesien, welche den Gutsherrschaften obliegt, O.Tr. III, Str. Arch. 94 S. 102; die Freikuxberechtigung der Kirchen und Schulen, O.Tr. III, Entsch. 74 S. 214, Str.Arch. 93 S. 185; die Grundkuxberechtigung, O.Tr. III, Entsch. 76 S. 176. Die Beitragspflicht zu den Waldgenossenschaften wird, ungeachtet ihrer Zugehörigkeit zu den gemeinen Lasten, in Gemäßheit des Gesetzes vom 6. Juli 1875 §§. 17, 29 u. 39 auf die davon betroffenen Grundstücke auf den bloßen Antrag des Vorsitzenden des Waldschutzgerichtes eingetragen. Weitere Beispiele siehe bei Turnau und Schwartz a. a. O.;

b. die in dem Abs. 2 des §. 12 aufgeführten Rechte, welche außerhalb des Grundbuches entstehen und mit ihrer Entstehung gegen Dritte wirksam werden.

Hiernach unterliegen dem Eintragungszwang vornehmlich diejenigen Reallasten, welche auf einem privatrechtlichen Titel beruhen, die durch Willenserklärung bestellten Vorkaufsrechte und die persönlichen Servituten, insbesondere der Nießbrauch.

3. Bedeutung der Eintragung. Nach dem bisherigen Recht (Anm. 1) fungirte die Eintragung entweder als Form des Begründungsaktes oder als Schutzmittel gegen die Gefahren, welche den nichteingetragenen Rechten aus dem öffentlichen Glauben des Grundbuches drohen. Sie hatte aber diese Funktionen nicht ausschließlich, sondern theilte sie mit anderen Thatsachen, namentlich mit dem Besitz und (in letzterer Hinsicht) mit der Kenntniß des dritten Erwerbers der belasteten Sache. Das Gesetz über den Eigenthumserwerb nimmt folgenden Standpunkt ein:

a. Diejenigen Rechte, welche bisher durch Eintragung dinglich wurden, erlangen die Dinglichkeit auch jetzt noch auf diesem Wege. Für das Vorkaufsrecht ist die Eintragung nach dem A.L.R. I. 20 §. 570 die nothwendige Form der Willenserklärung, durch welche dasselbe bestellt wird; die Eintragung begründet die Dinglichkeit. Nach gemeinem Recht sind die Befugnisse des Vorkaufsberechtigten rein persönlicher Natur und werden auch durch Eintragung nicht zu dinglichen Rechten (a. M. v. Beaulieu-Marconnay, Grundbuchr. des Hzgth. Oldenburg S. 28), da weder das gemeine Recht eine Erweiterung des Kreises der dinglichen Rechte durch Privatwillkür gestattet noch das Gesetz über den Eigenthumserwerb eine Bestimmung hat, nach welcher das obligatorische Recht durch Eintragung zum dinglichen würde. Ebensowenig sind dieselben, wie bereits oben S. 83 Anm. III. 1b zu §. 11 ausgeführt, zu den Beschränkungen des Eigenthumsrechtes zu zählen. Vielmehr sind sie rein persönliche Verbindlichkeiten des Eigenthümers und daher nicht eintragungsfähig (Harriehausen S. 84 Anm. 1; Turnau 1 S. 681).

b. Bei Reallasten, Nießbrauch, Wohnungsrechten ꝛc. fungirt neben der Eintragung die Erwerbung des Besitzes als Form des Begründungsaktes. Fraglich ist, ob ein solches Recht auch jetzt noch ersessen werden kann. Die Verneinung dieser Frage war vom Standpunkt des Regierungsentwurfes aus selbstverständlich, da dieser die Begründung der dinglichen Rechte an die Eintragung knüpfte (vgl. die Anm. zur Ueberschrift des 2. Abschn.). Nachdem aber der §. 12 die vorliegende Fassung erhalten hat, ist die gegen die Zulässigkeit der Ersitzung gerichtete Ausführung in den Motiven, bei Werner 2 S. 20, nicht mehr zutreffend. (Bahlmann S. 68.) Daß eine Ersitzung, welche der Wirkung gegen Dritte entbehrt, überhaupt denkbar ist, ergiebt die Vorschrift des A.L.R. I. 22 §. 24, wonach eine ganze Kategorie von Grundgerechtigkeiten „durch Verjährung nicht mehr anders erworben werden kann, als wenn letztere gegen eben denselben Besitzer des belasteten Grundstücks angefangen und vollendet worden." Die gestellte Frage ist daher gegen Förster, Grundbuchrecht S. 109, zu bejahen. Die Ersitzung ist insoweit, als sie bisher zulässig war, auch ferner zulässig, nur in ihrer Wirkung gegen Dritte gelähmt durch die Vorschrift des §. 12. (Dernburg, Preuß. Privatr. 1 §. 275 Note 4 u. §. 279 Note 10; Dernburg u. Hinrichs §. 31 Note 10 Bd. 1 S. 419; Turnau 1 S. 690; Eccius 3 §. 184 Anm. 23.) Sie ist auch nicht, wie Heidenfeld S. 56 annimmt, auf den Fall beschränkt, wenn der Eigenthümer, gegen welchen sie sich richtet, nicht eingetragen ist. Denn die §§. 6 u. 7, welche diese Annahme stützen sollen, rechtfertigen dieselbe nicht. Der §. 6 schließt nur die Ersitzung des Eigenthums gegen den eingetragenen Eigenthümer aus, und wenn der §. 7 dem letzteren die Befugniß beilegt, alle Klagerechte des Eigenthümers auszuüben, so ordnet er nur den Legitimationspunkt, ohne über die Einreden, welche er nicht besonders abgeschnitten hat, zu befinden. Die vollendete Ersitzung begründet für den Berechtigten den Anspruch auf Bewilligung der Eintragung des ersessenen Rechtes gegen den Eigenthümer, welchem gegenüber die Vollendung eingetreten ist. A.L.R. Einl. § 89; Peters, die Preuß. Grundbuchgesetze vom 5. Mai 1872 und deren Einführung im Gebiete des kurhessischen Rechtes S. 65; Platner, Sachenrecht mit besonderer Rücksicht auf das frühere Kurfürstenthum Hessen S. 134. Bahlmann a. a. O. verneint diesen Anspruch auf Grund des Satzes: Quantum possessum, tantum praescriptum.

c. Die Eintragung ist nach §. 12 das einzige Mittel, durch welches einem (nicht zu den Ausnahmerechten gehörigen) Rechte Wirksamkeit gegen Dritte verschafft werden kann.

Wenn dies von dem dinglich gewordenen Rechte gilt, so muß es auch von dem bloßen

Recht zur Sache gelten, weil dieses nur eine Stufe zu jenem bildet. Das Landrecht mißt bekanntlich einem solchen Rechte Wirksamkeit gegen jeden Dritten bei, der zur Zeit seiner Erwerbung Wissenschaft von demselben hatte. Mit dem Gesetze über den Eigenthumserwerb ist dieser Standpunkt unvereinbar. Vgl. die §§. 4 u. 15 und die Gr.B.O. §. 73.

Der gesetzliche Nießbrauch des Vaters und des Ehemannes ist dem Eintragungszwange des §. 12 unterworfen, gleichviel ob der Nießbraucher den Besitz des Grundstückes erworben hat oder nicht. Wenn daher ein Dritter das Grundstück oder ein Recht an demselben erwirbt, so kann gegen ihn der Nießbrauch nicht geltend gemacht werden. Der Vater oder der Ehemann kann indessen als solcher die ohne seine Zustimmung erfolgte Veräußerung oder Belastung des Grundstückes regelmäßig als nichtig anfechten und auf diese Weise indirekt auch seinem Nießbrauche den Gegenstand sichern. Erst Verfügungen des Dritten sind durch den öffentlichen Glauben des Grundbuches geschützt und deshalb den Nießbrauch des Vaters oder des Ehemannes zu vernichten oder zu schmälern geeignet.

Ein Dritter im Sinne des §. 12 ist dem Berechtigten gegenüber jeder, der weder selbst das Recht konstituirt noch den Konstituenten beerbt hat, sofern nur seiner eigenen Berechtigung absolute Wirkung gegen das Grundstück zusteht, also nicht blos der Sondernachfolger im Eigenthum, sondern auch der Hypothekengläubiger und der dinglich Berechtigte, dessen Recht entweder eingetragen ist oder zu seiner Wirksamkeit gegen Dritte der Eintragung nicht bedarf. Nicht zu den Dritten sind gegenüber den an einem Grundstücke des Gemeinschuldners zur Zeit der Konkurseröffnung Berechtigten die Konkursgläubiger zu rechnen, da der Gemeinschuldner trotz der Konkurseröffnung Eigenthümer geblieben ist und nur die Befugniß zur Verwaltung der Konkursmasse verloren hat. (R.G. II H.S., Entsch. 1 S. 386; Förster-Eccius 3 §. 184 Anm 26.) — Wird der Singularsuccessor des Konstituenten später Universalsuccessor desselben, so gelangt dadurch das dingliche Recht nicht wieder zur Geltung (R.G. V, Gruchot 32 S. 1084); ebenso, wenn der frühere Besitzer des Grundstückes, gegen welchen vor dem 1. Oktober 1872 das von ihm nicht bestellte Recht wirkte, nach diesem Tage das Grundstück von einem Eigenthümer wieder erwirbt, welcher das Recht nach §. 12 nicht anzuerkennen brauchte. (R.G. V Entsch. 22 S. 340.)

Die Kenntniß, welche der Dritte zur Zeit seiner eigenen Erwerbung von dem nichteingetragenen Rechte hat, verleiht dem letzteren gegen ihn nicht die Wirkung der Eintragung. Darin liegt der Schwerpunkt der Aenderung des bisherigen Rechtes durch den §. 12. Der bloßen Kenntniß steht es freilich nicht gleich, wenn der Erwerber eines Grundstückes die Verpflichtung, welche einem darauf ruhenden Rechte entspricht, dem Veräußerer gegenüber vertragsmäßig übernimmt. Allein deshalb darf man doch nicht sagen, die vertragsmäßige Uebernahme vermittele den Uebergang des Rechtes. „Wer die Sache mit einer bestimmten Last erwirbt," so heißt es bei Dernburg und Hinrichs §. 31 Note 11 Bd. 1 S. 420, „würde, wenn er letztere dennoch nicht anzuerkennen hätte, die Sache in der That antheilig unentgeltlich erworben haben und insoweit grundsätzlich den Glauben des Grundbuches nicht für sich anrufen können . . . . . Bereicherung mit dem Schaden eines Andern haben die neuen Gesetze nicht statuiren wollen." Man kann dies alles zugeben, ohne zu dem daraus gezogenen Schlusse zu gelangen, daß die Uebernahme den Uebernehmer binde, d. h. gegenüber dem bisher dinglich Berechtigten binde. Der öffentliche Glaube des Grundbuches kommt hier gar nicht in Frage. Denn auf diesen Glauben kann der Erwerber auch dann sich nicht berufen, wenn er bei der Erwerbung das nicht eingetragene Recht kannte, und dennoch hat aus diesem Grunde das Recht irgend welche Wirkung gegen ihn nicht. Der Inhalt des Veräußerungsvertrages berührt nur den Rechtskreis der Kontrahenten, und wenn in der That der Erwerber, weil das gefährdete Recht gegen ihn nicht wirkte, sich mit dem Schaden eines Anderen bereicherte, so würde hieraus vielleicht ein persönlicher Anspruch gegen ihn hergeleitet, dieser Anspruch aber zweifellos nicht auf Anerkennung der — von dem §. 12 verneinten — Wirksamkeit des Rechtes gegen ihn gerichtet werden können. Das von Dernburg und Hinrichs in Bezug genommene Erk. des O.Tr. II, Entsch. 73 S. 185, entscheidet einen Fall, in welchem die Uebernahme vor dem Eintritt der Geltung des Gesetzes vom 5. Mai 1872 erfolgt war. Dem §. 12 dieses Gesetzes gegenüber kann der Uebernahme nur, wenn sie in einem Vertrage mit dem Berechtigten erfolgt, ein die Wirksamkeit des Rechtes erhaltender Einfluß beigemessen werden.

d. Das dingliche Recht begründet für den Berechtigten einen Anspruch, der im Fall der Verletzung durch Klage geschützt ist. Die Klage ist regelmäßig die actio confessoria. Daneben hat der Berechtigte die possessorischen Rechtsmittel. Dernburg und Hinrichs §. 31 Bd. 1 S. 419 ff.; Dernburg, Preuß. Privatr. 1 §. 277 Anm. 11; Förster-Eccius 3 §. 184 Anm. 24 u. 37.

Zur Begründung der dinglichen Klage gehört der Nachweis der Entstehung des Rechtes. Welche Anforderungen an die Beweisführung zu stellen sind, darüber schweigt das Gesetz über den Eigenthumserwerb. Es entscheidet mithin das bisherige Recht. Insofern dieses nicht an die Eintragung die Befugniß knüpft, die Klage lediglich auf den Inhalt des Grundbuches zu stützen, muß Kläger die Thatsachen darlegen, durch welche das von ihm behauptete Recht begründet ist. Eine analoge Anwendung der §§. 7 und 37 auf die Geltendmachung dinglicher Rechte ist nicht zulässig. Vgl. das Erk. des O.Tr. III, Entsch. 78 S. 217, Str. Arch. 96 S. 304; Dernburg u. Hinrichs §. 31 Note 34 S. 430.

Gehört der Beklagte zu den Personen, gegen welche das Recht nur durch Eintragung Wirksamkeit erlangt, so kann der Anspruch nur in dem Umfange verfolgt werden, welcher sich aus dem Inhalt der Eintragung ergiebt. Nur bei dem Altentheil dient die Begründungsurkunde, wenn auf sie in dem Eintragungsvermerk verwiesen ist, zur Ergänzung des letzteren. (Gr.B.O. §. 76.) Hiervon abgesehen bestimmt sich der Umfang des Rechtes, wenn er aus dem Grundbuche nicht genügend hervorgeht, nach den gesetzlichen Bestimmungen, nicht nach dem Inhalte der Begründungsurkunde, wenigstens nicht, wenn nach dieser das Grundstück stärker belastet sein würde als nach jenen. Abweichend Dernburg u. Hinrichs a. a. O. S. 431 und R.G. V Entsch. 20 S. 274; das Reichsgericht hält, unter Berufung auf die Mustervermerke in den Formularen, das nach §. 76 der Gr.B.O. für Altentheile zulässige Verfahren auch auf andere Rechte für anwendbar und spricht dem im Eintragungsvermerke in Bezug genommenen Begründungstitel Rechtswirkung gegen Dritte zu; der Eintragungsvermerk brauche nicht alle einzelnen Leistungen und etwaige Gegenleistungen des Berechtigten zu enthalten, sondern nur das für das Verständniß der Bedeutung des eingetragenen Rechtes Wesentliche. Dem hat sich das Kammerger. (Jahrb. 8 S. 81) angeschlossen. Vgl. noch Turnau 1 S. 691 Anm. 11.

Die Einreden gegen den Anspruch des dinglich Berechtigten unterliegen nicht, wie die gegenüber den Grundschuld- oder Hypothekenklagen nach §. 38 des Gesetzes, einer Beschränkung (vgl. Anm. 6 zu §. 38); nur die Einrede der Verjährung ist bei eingetragenen dinglichen Rechten ausgeschlossen (vgl. die Anm. zu §. 6, oben S. 51), und wenn der Beklagte das Eigenthum des Bestellers des dinglichen Rechtes leugnet oder anficht oder eine Beschränkung des Eigenthumsrechtes desselben behauptet, so kommen §. 9 Abs. 2 und §. 11 des Gesetzes in Betracht. (Vgl. Turnau 1 S. 692 Anm. 12.)

4. Löschung. Die Gründe, aus welchen dingliche Rechte erlöschen, gehören dem allgemeinen Civilrecht, nicht dem Grundbuchrecht an. Die Löschung im Buche hebt das Recht nicht auf, sondern entzieht demselben nur die Wirksamkeit gegen Dritte. Ihre Voraussetzungen sind in der Gr.B.O. §§. 92, 93, 97 ff. bestimmt. Der Regel nach kann ein eingetragenes Recht nur gelöscht werden, wenn die Löschung von dem Berechtigten bewilligt und von dem Eigenthümer beantragt ist. Die Aufhebung des Rechtes begründet für den Eigenthümer einen Anspruch auf Bewilligung der Löschung gegen den bisher Berechtigten. Wird die Bewilligung verweigert, so muß sie im Prozeßwege erstritten werden. Inzwischen kann der Eigenthümer durch Vermittelung des Prozeßrichters (§. 70) eine Vormerkung zur Sicherung der Löschung eintragen lassen (Gr.B.O. §. 88).

In den Fällen der Konfusion und der Konsolidation erfolgt die Löschung auf den bloßen Antrag des Eigenthümers.

Das Gesetz stellt die in der Reihenfolge der Eintragungen (§. 17) durch Löschung leer gewordenen Stellen nicht zur Verfügung des Eigenthümers. Eine neue Eintragung an dem Orte des gelöschten Rechtes ist daher unzulässig. Die nacheingetragenen Rechte rücken von Rechtswegen vor. Heidenfeld S. 86; Turnau 1 S. 692 Anm. 18 a. E. Vgl. §. 62 des Gesetzes.

§. 12 Satz 2.

1. Gesetzliche Vorkaufsrechte:
   a. im Geltungsgebiet des Allg. Landrechts;
   b. in gemeinrechtlichen Gebietstheilen; S. 96;
   c. in den Fällen der Enteignung. S. 97.
2. Grundgerechtigkeiten.
3. Miethe und Pacht. S. 98.
4. Bergrechtliche Nutzungsrechte. S. 99.

Diejenigen dinglichen Rechte, welche von dem ersten Satze des §. 12 nicht betroffen werden, sind kraft ihrer dinglichen Natur von absoluter Wirkung. Jeder Erwerber des Grundstückes oder eines Rechtes an demselben muß sie gegen sich gelten lassen, gleichviel, ob er sie bei der Erwerbung gekannt hat oder nicht. Dieser Bruch mit dem Prinzip der publica fides des Grundbuches ist aus Rücksicht auf das praktische Bedürfniß beliebt worden. Man hielt es für unausführbar, jedes Pacht- und Miethrecht, jede Grundgerechtigkeit in das Grundbuch einzutragen, und erachtete die übrigen Rechte, welche hier in Betracht kommen, theils ohnehin für erkennbar, theils für nicht wichtig genug, um sie dem Eintragungszwange zu unterwerfen. (Mot. bei Werner S. 20.) Die Eintragung findet daher nur statt, wenn der Eigenthümer des verpflichteten Grundstückes sie freiwillig zuläßt. Gegen seinen Willen kann sie regelmäßig nicht verlangt werden, weil sie zur Erhaltung der vollen Wirksamkeit des Rechtes nicht erforderlich ist. Dernburg und Hinrichs §. 31 S. 421. Sie hat, von besonderen Vorschriften abgesehen, nur die Folge, daß sie dem Rechte ein höheres als demselben an sich eigenes Maß von Oeffentlichkeit verleiht und dessen Untergang durch Verjährung oder Ersitzung eines entgegenstehenden Rechtes ausschließt (vgl. Anm. zu §. 6, oben S. 51). Es gehören hierher:

1. Die gesetzlichen Vorkaufsrechte. Das gemeine Recht unterscheidet streng zwischen Vorkaufsrecht (jus protimiseos) und Näherrecht (Retrakt). Das Vorkaufsrecht besteht darin, daß kraft desselben der Berechtigte den Verkäufer einer Sache nöthigen kann, ihn an Stelle des Käufers unter den gleichen Bedingungen in den noch nicht durch Uebergabe vollzogenen Vertrag eintreten zu lassen; in diesem Falle erwirbt also der Vorkaufsberechtigte das Eigenthum durch Uebergabe von dem Verkäufer auf Grund des Kaufvertrages. Retrakt (Näherrecht) dagegen wird die Befugniß genannt, die Sache dem Käufer oder einem späteren Erwerber gegen Schadloshaltung abzufordern mit der Wirkung, daß der Retrahent das Eigenthum von demselben nicht durch Singularsuccession in den ursprünglichen Kaufvertrag, sondern lediglich auf Grund seines Näherrechts erwirbt. Diese Unterscheidung ist auch im preußischen Rechte festzuhalten. Doch ist die Befugniß, das verkaufte Grundstück dem Käufer oder dessen Rechtsnachfolger abzufordern, nach dem A.L.R. I. 20 §. 631 ff. mit dem eingetragenen Vorkaufsrechte immer verbunden. O.Tr. III, Entsch. 54 S. 183, Str. Arch. 59 S. 267. Die dieser Befugniß entsprechende Verpflichtung wird nach dem Gesetz über den Eigenthumserwerb &c. §. 1, insofern es sich um die Uebertragung des Eigenthums handelt, durch Auflassung erfüllt. Kochs Landrecht Bd. 2, Anm. zu I. 20 §§. 575 u. 631.

Unter Vorkaufsrecht im allgemeinen wird vom Landrecht auch der Retrakt oder das Näherrecht begriffen. Diesem Sprachgebrauche sind die neueren Gesetze gefolgt; so sind z. B. unter den im §. 4 des unten citirten Gesetzes vom 2. März 1850 aufrechterhaltenen vertragsmäßigen „Vorkaufsrechten" auch die „Näher- und Retraktrechte" des §. 2 und die in §§. 317—319 A.L.R. I. 11 erwähnten „Wiederkaufsrechte" zu verstehen (Kammerger., Jahrb. 3 S. 181). Die gesetzlichen Vorkaufsrechte, welche ehemals sehr zahlreich waren, sind jetzt größtentheils beseitigt.

a. Im Geltungsgebiet des A.L.R. steht ein gesetzliches Vorkaufsrecht nur noch den Miteigenthümern und den Expropriaten zu. Das Gesetz, betreffend die Ablösung der Reallasten ꝛc., vom 2. März 1850 verordnet unter §. 2 Nr. 6: „Ohne Entschädigung werden folgende Berechtigungen, soweit sie noch bestehen, hiermit aufgehoben: die Vorkaufs-, Näher- und Retraktrechte an Immobilien, mit Ausnahme der im §. 4 aufgeführten." Der §. 4 lautet:

„Das durch Verträge oder letztwillige Verfügungen begründete Vorkaufsrecht an Immobilien, das Vorkaufsrecht derjenigen, die eine Sache gemeinschaftlich zu vollem Eigenthum besitzen, an deren Antheilen, sowie das Retraktrecht der Miterben nach dem Rheinischen Civilgesetzbuch, bleiben in Kraft.

„Ein gesetzliches Vorkaufsrecht findet ferner wegen aller Theile von Grundstücken statt, welche in Folge des von dem Staate ausgeübten oder verliehenen Expropriationsrechtes zu gemeinnützigen Zwecken haben veräußert werden müssen, wenn in der Folge das expropriirte Grundstück ganz oder theilweise zu dem bestimmten Zweck nicht weiter nothwendig ist und veräußert werden soll.

„Das Vorkaufsrecht steht dem zeitigen Eigenthümer des durch den ursprünglichen Erwerb verkleinerten Grundstücks zu. Wer das Expropiationsrecht ausgeübt hat, muß die Absicht der Veräußerung und den angebotenen Kaufpreis dem berechtigten Eigenthümer anzeigen, welcher sein Vorkaufsrecht verliert, wenn er sich nicht binnen zwei Monaten darüber erklärt. Wird die Anzeige unterlassen, so kann der Berechtigte seinen Anspruch gegen jeden Besitzer geltend machen."

Durch diese Bestimmungen ist auch „das den Agnaten zustehende Vorkaufs- und Retraktrecht allgemein und ohne Rücksicht auf provinzielle Rechtsnormen ohne Entschädigung aufgehoben." O.Tr. Pl. (Pr. 2548) v. 18. September 1854, J.M.Bl. S. 390; Entsch. 28 S. 301; Str. Arch. 14 S. 263. Vgl. Kochs Landrecht Bd. 2, Anm. zu I. 18 §. 304.

„Das Vorkaufsrecht, welches in einem Erbzinsvertrage dem Erbzinsherrn ausdrücklich vorbehalten worden, ist als ein durch Vertrag begründetes anzusehen und wird daher durch die Aufhebung im §. 2 Nr. 6 des Ablösungsgesetzes vom 2. März 1850 in Gemäßheit des §. 4 Abs. 1 ebendaselbst nicht betroffen." O.Tr. Pl. (Pr. 2712) v. 5. März 1860, J.M.Bl. S. 162; Entsch. 42 S. 1; Str. Arch. 40 S. 1. Dasselbe gilt von dem Vorkaufsrechte, welches der Erbverpächter in dem Erbpachtvertrage sich ausbedungen hat. O.Tr. II, Str. Arch. 81 S. 129. Die Wirkung dieses Rechtes gegen Dritte ist aber durch die Eintragung im Grundbuche bedingt. Gr.B.O. §. 73.

Aus der Aufhebung der meisten gesetzlichen Vorkaufsrechte durch das Gesetz vom 2. März 1850 ist die Folgerung gezogen, daß derjenige, welcher ein vor dem Inkrafttreten dieses Gesetzes eingetragenes Vorkaufsrecht geltend macht, den erhobenen Anspruch nicht lediglich auf die Eintragung gründen kann, sondern die noch gegenwärtige Existenz des Rechtes durch Darlegung des Entstehungsgrundes desselben beweisen muß. O.Tr. III, Entsch. 78 S. 215, Str. Arch. 96 S. 302.

Das Vorkaufsrecht der Miterben findet auch dann statt, wenn einer derselben sein Miterbrecht an einen Fremden verkauft. O.Tr. I, Entsch. 34 S. 146, und III, Str. Arch. 75 S. 126.

Das gesetzliche Vorkaufsrecht ist nach dem A.L.R. I. 20 §. 594 nicht zessibel und folglich an sich auch unvererblich. O.Tr. I, Entsch. 80 S. 302. Das dem Käufer gegenüber begründete Abforderungsrecht dagegen geht auf die Erben über, sobald es einmal gerichtlich, wenn auch nicht gerade durch Klage, geltend gemacht ist. O.Tr. III, Entsch. 80 S. 82.

b. In den gemeinrechtlichen Gebietstheilen, welche bereits vor dem Erlaß des Ablösungsgesetzes vom 2. März 1850 zu Preußen gehörten, unterliegen die Vorkaufsrechte der Beurtheilung nach diesem Gesetz, da von dessen Geltung nur die am linken Rheinufer belegenen Theile der Monarchie ausgenommen waren. In Schleswig-Holstein wurden die auf Gesetz oder Gewohnheitsrecht beruhenden Beispruchsrechte bereits im vorigen Jahrhundert aufgehoben. (Falck, Handbuch des Schleswig-Holst. Privatrechts 5 S. 169 ff.; Stobbe, Handbuch des deutschen Privatrechts Bd. 2 §. 88 Note 31.) Für das Kurfürstenthum Hessen erfolgte die Aufhebung aller Arten des Retrakts, mit Ausnahme der vertragsmäßigen und testamentarischen Rechte, durch eine Verordnung vom 3. August 1822. (Platner, Sachenrecht S. 140 ff.) In Hannover bestehen nach dem Gesetz vom 24. Dezember 1872 (G.S. 1873 S. 2) nur noch: das durch Verträge oder letztwillige Verfügungen begründete Vorkaufsrecht; das in Fällen der Enteignung gesetzlich begründete Vorkaufsrecht; das auf den statutarischen Bestimmungen der Ritterschaft des Herzogthums Bremen beruhende Vorkaufs- und Retraktrecht der Agnaten an den ritterschaftlichen Erbstammgütern.

c. Das gesetzliche Vorkaufsrecht des Eigenthümers eines durch Expropriation verkleinerten Grundstücks besteht gleichmäßig für den ganzen Umfang der Monarchie. Nachdem das allgemeine Berggesetz vom 24. Juni 1865 §. 141 „wegen aller zu Zwecken des Bergbaubetriebes veräußerten Theile von Grundstücken" ein Vorkaufs- und Wiederkaufsrecht nach den Grundsätzen der Gesetze vom 3. November 1838 und vom 2. März 1850 anerkannt resp. eingeführt hatte, ist in dem Gesetz über die Enteignung von Grundeigenthum vom 11. Juni 1874 §. 57 folgendes verordnet:

„Alle den Vorschriften dieses Gesetzes entgegenstehenden Bestimmungen sowie die Bestimmungen über das Wiederkaufsrecht bezüglich des enteigneten Grundstückes werden aufgehoben."

„Ein gesetzliches Vorkaufsrecht findet wegen aller Theile von Grundstücken statt, welche in Folge des verliehenen Enteignungsrechtes zwangsweise oder durch freien Vertrag an den Unternehmer abgetreten sind, wenn in der Folge das abgetretene Grundstück ganz oder theilweise zu dem bestimmten Zweck nicht weiter nothwendig ist und veräußert werden soll." Die Schlußbestimmungen des §. 57 wiederholen wörtlich den 3. Absatz im §. 4 des Gesetzes vom 2. März 1850, mit der einzigen Abweichung, daß statt Expropriationsrecht gesagt ist „Enteignungsrecht".

Die in früheren Gesetzen bei Enteignung von Grundeigenthum, insbesondere bei der zu bergbaulichen Zwecken, begründeten Wiederkaufsrechte sind vollständig aufgehoben. Das Vorkaufsrecht kann auch bei älteren Expropriationen nicht mehr nach dem Gesetze vom 3. Novbr. 1838 §§. 16 ff., sondern nur nach Maßgabe der mit dem §. 4 des Gesetzes vom 2. März 1850 übereinstimmenden Vorschriften des Gesetzes vom 11. Juni 1874 §. 57 Abs. 2 u. 3 ausgeübt werden. O.Tr. III, Entsch. 79 S. 45.

Ist das Grundstück, mit welchem das Vorkaufsrecht verbunden ist, zerstückelt worden, so kann dieses Recht nur gemeinschaftlich von den Eigenthümern sämmtlicher Parzellen ausgeübt werden. Dernburg, Preuß. Privatr. 1 §. 380 Note 8. Ebenso O.Tr. III, Entsch. 79 S. 166.

2. Die Grundgerechtigkeiten. Was das Gesetz unter Grundgerechtigkeiten verstanden wissen will, ist nicht gesagt; es ist daher für deren Begriff das sonstige bürgerliche Recht maßgebend, also im Gebiete des preußischen Rechtes das A.L.R., in dem des gemeinen Rechtes dieses (R.G. III, Entsch. 30 S. 205). Nach dem A.L.R. I. 22 §§. 11 ff. ist eine Grundgerechtigkeit dasjenige Recht, vermöge dessen der Besitzer eines Grundstückes zum Vortheil des Grundstückes eines Anderen etwas dulden oder unterlassen muß, was er sonst vermöge seines Eigenthumsrechtes zu dulden oder zu unterlassen nicht verpflichtet sein würde. (O.Tr. II, Str. Arch. 55 S. 186, und 58 S. 253; R.G. V, Entsch. 8 S. 207, Gruchot 31 S. 75, und J.M.Bl. 1892 S. 349) Die Grundgerechtigkeiten sind also identisch mit den Prädialservituten (Grunddienstbarkeiten) des römischen Rechtes. Sie unterscheiden sich von den Reallasten wesentlich dadurch, daß diese den Besitzer des belasteten Grundstückes zu positiven Leistungen verpflichten. (O.Tr. II, Str. Arch. 20 S. 54. Vgl. auch O.Tr. II, ebenda 85 S. 187.) Die der Kultur und damit dem Kredit des Grundbesitzes schädlichsten Servituten sind in Folge der Gemeinheitstheilungen bereits aufgehoben oder in der Auflösung begriffen. Man hat deshalb, namentlich seitens der landwirthschaftlichen Behörden, das Bedürfniß, die Grundgerechtigkeiten an die Eintragung zu knüpfen, verneint. (Mot. bei Werner 2 S. 20.) Nach §. 58 des Anhanges zum A.L.R. (I. 22 §. 24) indessen soll es „dem Berechtigten sowohl als dem Verpflichteten freigestellt bleiben, ob sie dergleichen Eintragungen auf ihre Kosten nachsuchen wollen, und deren Unterlassung soll in keinem Falle den Verlust des wirklich bestehenden Realrechtes begründen

können." Der Eigenthümer des dienenden Grundstückes ist daher verpflichtet, die Eintragung der Servitut zu bewilligen, wenn der Berechtigte darauf besteht. O.Tr. II, Entsch. 74 S. 229, Str. Arch. 93 S. 209. Kammerger., Jahrb. 6 S. 90 u. 7 S. 94. Ob eine solche Verpflichtung auch in den Gebieten des gemeinen Rechtes anzuerkennen ist, bestimmt sich nach den daselbst neben den Gesetzen vom 5. Mai 1872 geltenden Vorschriften; für das Gebiet des Rheinischen Rechtes hat das O.L.G. Cöln (Jahrb. 12 S. 320) die Frage verneint. Andererseits darf natürlich der Richter die vom Eigenthümer beantragte Eintragung nicht aus dem Grunde ablehnen, weil es zur Erhaltung des Rechtes der Eintragung nicht bedarf (Kammerger., Jahrb. 2 S. 113).

Die Eintragung einer Grundgerechtigkeit hat übrigens weder rechtsbegründende noch rechtsvernichtende Kraft. Für den Umfang und die Grenzen derselben ist daher nicht der Vermerk im Grundbuche, sondern der Begründungsmodus (Vertrag, Ersitzung) entscheidend (O.Tr. II, Str. Arch. 67 S. 116), und zwar auch gegenüber neuen Erwerbern des herrschenden oder des dienenden Grundstückes (R.G. V, Entsch. 28 S. 325). Wohl aber hat die Eintragung rechtserhaltende Wirkung, insofern nämlich, als nach dem A.L.R. I. 22 §§. 49—54 die Grundgerechtigkeit, solange sie eingetragen ist, weder durch Verjährung noch durch Konfusion untergeht; vgl. Anm. zu §. 6 des Gesetzes und Kammerger., Jahrb. 6 S. 90.

Die Löschung vernichtet nicht die Grundgerechtigkeit, sondern nur die mit der Eintragung verbundenen Wirkungen.

Ueber die Frage, ob Grunddienstbarkeiten auch auf dem Blatte des herrschenden Grundstückes eingetragen werden, vgl. unten Anm. I. 3 zu §. 5 der Gr.B.O.

In dem Bezirk des Appellationsgerichtes zu Kassel erhalten nach dem Gesetze über das Grundbuchwesen vom 29. Mai 1873 §. 3 Verträge über Grundgerechtigkeiten dingliche Wirksamkeit nur durch Eintragung im Grundbuche.

3. Die Miethe und die Pacht.

a. Nach Allg. Landrecht verpflichtet der Pacht- und der Miethvertrag an sich nur die Kontrahenten. Durch seinen Abschluß wird aber für den Miether oder Pächter ein Recht zur Sache begründet, welches nach dem A.L.R. I. 19 §§. 3 ff. gegen die Sondernachfolger des Vermiethers oder Verpächters insofern resp. insoweit wirksam ist, als der Sondernachfolger die Verbindlichkeit seines Rechtsurhebers übernommen oder wenigstens bei der Erwerbung seines Rechtes gekannt hat. Hierin ist durch das Gesetz über den Eigenthumserwerb rc. nach dessen Motiven (Werner 2 S. 21) nichts geändert. Behrend in seiner Zeitschrift 7 S. 114; Dernburg und Hinrichs §. 31 Note 14 S. 421; Förster-Eccius 2 §. 136 Anm. 14 u. 3 §. 156 Anm. 20.

Ein Recht auf Eintragung besteht nur, wenn es der Verpächter oder Vermiether eingeräumt hat. (A.L.R. I. 21 §. 356 und Anh. 56 zu §. 401 das.) Durch die Eintragung erlangt das Pacht- und das Miethrecht Wirksamkeit gegen Dritte (§. 4 a. a. O.), aber nicht im Fall der Kollision mit einem dem Pächter bekannten älteren Rechte. Auf den §. 15 des Gesetzes kann der eingetragene Pächter oder Miether, dem die Sache nicht übergeben ist, sich nicht berufen. Kochs Landrecht Bd. 2 Anm. zu I. 19 §. 3; vgl. unten Anm 3 zu §. 15 des Gesetzes.

Volle Dinglichkeit wird für das Mieth- und Pachtrecht nur durch Uebergabe der Sache an den Berechtigten begründet. A.L.R. I. 21 §§. 2 ff, 358 ff. Die Eintragung des Mieth- und Pachtrechtes ist daneben zwar nicht erforderlich, aber doch zulässig (Turnau 1 S. 683. A. M. Korb in Gruchot 25 S. 345).

b. Nach gemeinem und rheinischem Recht sind, soweit nicht partikulare Bestimmungen entgegenstehen, Miethe und Pacht rein obligatorisch und verändern ihre Natur durch Eintragung nicht; vielmehr ist letztere als unzulässig zu erachten, da in der zweiten Abtheilung des Grundbuchblattes nur die im §. 11 der Gr.B.O. genannten Rechte, zu denen rein obligatorische Verbindlichkeiten nicht gehören, eingetragen werden können (vgl. oben S. 92 Anm. 3a u. S. 83 Anm. III. 1b; Turnau 1 S. 681, 684; Harriehausen S. 84 Anm. 1; Mügel S. 181).

In Neuvorpommern und Rügen können nach dem Gesetz über das Grundbuchwesen vom 26. Mai 1873 §. 14 „Pächter und Miether, deren Recht eingetragen ist, von einem späteren Erwerber des Grundstückes die Erfüllung des geschlossenen Vertrages bis zum Ablauf der vollen Vertragszeit beanspruchen, sofern der neue Erwerber nicht in Zwangsversteigerung gekauft, die von einem früher eingetragenen Gläubiger ausgebracht war."

Für den Bezirk des Appellationsgerichts zu Kassel bestimmt das Gesetz über das Grundbuchwesen vom 29. Mai 1873 §. 3: „Mieth- und Pachtverträge erhalten dingliche Wirksamkeit nur durch Eintragung im Grundbuche." Auch „im Gebiete des dänischen Rechtes können" nach dem Gesetze über das Grundbuchwesen in der Provinz Schleswig-Holstein vom 27. Mai 1873 §. 34 „Mieth- und Pachtrechte die Wirkung dinglicher Rechte nur durch ..... Eintragung erhalten."

4. Die bergrechtlichen Nutzungs- und Gebrauchsrechte. Es sind dies: das Recht, auf dem Grundstücke eines Anderen zu schürfen, und die Befugniß des Bergwerksbesitzers zur Benutzung eines fremden Grundstückes, soweit dieselbe für den Betrieb des Bergbaues nothwendig ist, namentlich Hülfsbaue. (Allg. Bergges. §§. 5 ff., 60, 64, 135 ff.) „Diese Rechte sind dinglicher Natur und haben eine innere Verwandtschaft mit den aus dem Pachtvertrage hervorgehenden Gebrauchs- und Nutzungsrechten; ja es wird vielfach nichts weiter als ein Pachtverhältniß vorhanden sein, wenn die Gebrauchs- und Nutzungsrechte zu Gunsten von Schürfunternehmungen oder des Bergbaues im Wege gütlicher Einigung zwischen Grundeigenthümer und Unternehmer zu Stande gekommen sind." Jeder Grundeigenthümer muß sie bei Vermeidung des Zwangsverfahrens gegen jährliche Entschädigung anerkennen; sie kennzeichnen sich überdies der Regel nach durch äußere Anlagen und sind dadurch für jeden Dritten in die Augen fallend. Das Gesetz macht daher die Dinglichkeit hier lediglich von der Besitzergreifung abhängig, ohne zur Wirksamkeit gegen Dritte die Eintragung vorzuschreiben. Es gilt dies nicht blos von solchen Rechten, welche zu Gunsten des Bergwerkseigenthums, sondern auch von solchen, welche zu Gunsten von selbständigen Kohlenabbaugerechtigkeiten in den vormals königlich sächsischen Landestheilen erworben werden. (Mot. bei Werner 2 S. 20.)

§. 12 Satz 3.

Der Eintragung bedürfen in Gemäßheit des Gesetzes über die Errichtung von Rentenbanken vom 2. März 1850 §§. 18 und 64 nur diejenigen Renten, welche an die Stelle eingetragener Reallasten treten. (Vgl. die Anm. zur Gr.B.O. §. 77.) Alle übrigen an die Rentenbank oder den Domainenfiskus zu entrichtenden Ablösungsrenten haben ohne Eintragung das Vorrecht der Staatssteuern. (§. 11 ebenda.) Sie sind deshalb von der Eintragung ausgeschlossen. Königsberg, Johow 7 S. 195. Anderer Meinung das Kammerger. ebd. S. 196. In einem Besch. v. 7. Juni 1877, ebd. S. 200, hat das Kammergericht die Zulässigkeit der von der Auseinandersetzungsbehörde nachgesuchten Eintragung von der Einwilligung des Eigenthümers des belasteten Grundstückes abhängig gemacht, und dieser Auffassung ist auch das ostpreußische Tribunal, ebd. 9 S. 188, beigetreten. Das ist nun gewiß nicht richtig. Denn wenn überhaupt die Rente eintragungsfähig ist, so wird die Bewilligung des Eigenthümers nach §. 14 durch das Ersuchen der Behörde ersetzt. Die Entscheidung hängt vielmehr davon ab, ob das der Rentenpflichtigkeit des Grundstückes korrespondirende Recht der Rentenbank auf einem privatrechtlichen oder auf einem öffentlichrechtlichen Titel beruht. (Gr.B.O. §. 11 Nr. 1.) Und diese Frage scheint, nach jener Gleichstellung der Renten mit den Staatssteuern, im Sinne der letzteren Alternative beantwortet werden zu müssen. A. M. Turnau 1 S. 300, Gr.B.O. §. 77 Anm. 6.

Besondere Bestimmungen enthalten: die Einf.Ges. für Hannover §§. 16—18, und für Kassel §§. 45, 46, sowie das oben S. 91 Anm. 2a citirte Gesetz vom 29. Mai 1874; ferner Ges, betr. die Beförderung deutscher Ansiedelungen in Westpreußen und Posen vom 26. April 1886 §. 3 Abs. 3, Ges. über Rentengüter v. 27. Juni 1890 §. 1 Abs. 3 und Ges., betr. die Beförderung der Errichtung von Rentengütern vom 7. Juli 1891 §§. 6, 12.

§. 13.

Zur Eintragung eines Rechts in der zweiten Abtheilung des Grundbuchs genügt der Antrag des eingetragenen oder seine Eintragung gleichzeitig erlangenden Eigenthümers unter bestimmter Bezeichnung des Rechts und des Berechtigten.

---

§. 13.

1. Die Bedeutung des Konsensprinzips für die dinglichen Rechte.
2. Die Bewilligung des eingetragenen Eigenthümers.
   a. Konvaleszenzprinzip.
   b. Inhalt der Bewilligung. S. 101.
   c. Beglaubigung der Urkunde. S. 102.
3. Der Antrag auf Eintragung. Bedeutung des Antrags; Hindernisse der Eintragung; Berechtigung zur Stellung des Antrags.
4. Der Eintragungsvermerk. S. 103.

1. Der §. 13 wendet das Konsensprinzip auf die Eintragungen in der II. Abtheilung des Grundbuchblattes an. Nach seiner Stellung in dem System des Gesetzes bezieht er sich nur auf die Eintragung **dinglicher** Rechte. Es unterliegt indessen keinem Bedenken, jede an sich statthafte Eintragung, welche gegen den Eigenthümer wirken soll, auf dessen Bewilligung zuzulassen, sofern nicht bezüglich gewisser Rechtsverhältnisse das Gesetz ergiebt, daß dieselben nur auf das Ersuchen einer bestimmten Behörde einzutragen sind. (Vgl. S. 87 Anm. 3.) Es ist dies um so weniger bedenklich, je sicherer es ist, daß das Konsensprinzip hier nicht für die Entstehung des Rechtsverhältnisses, sondern nur für die Eintragung verwerthet wird. (Anm. 1 u. 2 zu §. 12, S. 89 ff.) Darin weicht die Ordnung des 2. Abschnittes von der des ersten Abschnittes wesentlich ab, indem für die Uebertragung des Eigenthums der Konsens des bisherigen Eigenthümers nicht blos formelle Voraussetzung der Eintragung, sondern Bestandtheil des (dinglichen) Veräußerungsgeschäftes ist. Eine fernere Abweichung besteht darin, daß der Eigenthumsübergang nur mit Zustimmung des Erwerbers, die Rechte in der zweiten Abtheilung dagegen auf die einseitige Bewilligung des Eigenthümers eingetragen werden. Diese Abweichung rechtfertigt sich dadurch, daß der Erwerber eines Grundstückes mit dem Eigenthum nicht blos Befugnisse, sondern auch Pflichten überkommt, während eine Eintragung in der 2. Abtheilung den Eingetragenen nicht benachtheiligen kann. Gemeinsam ist der Anwendung des Konsensprinzips in dem §. 13 mit der Auflassung, daß es der Offenlegung des Rechtsgeschäftes, welches den Eigenthümer zu der Eintragungsbewilligung verpflichtet, nicht bedarf, und daß der Grundbuchrichter die causae cognitio auf dieses Geschäft zu erstrecken nicht berechtigt ist. Andererseits aber ist die Bewilligung des Eigenthümers unerläßlich, selbst dann, wenn der Berechtigte die Eintragung einer Last beantragt, welche auf einem **Gesetze** beruht. (**Breslau**, **Johow** 3 S. 187, **Turnau** 1 S. 283 Anm. 2). Nach beiden Richtungen enthält der §. 13 eine Aenderung des bisherigen Rechtes, indem nach diesem die bloße (abstrakte) Bewilligung des Eigenthümers in der Regel zu einer Eintragung in der 2. Rubrik weder genügend noch erforderlich war. Hyp.-O. von 1783 Tit. 1 §§. 49 ff. und Tit. 2 §§. 17 ff., 112, 115; Ges, betr. die Ablösung rc., vom 2. März 1850 §. 40. Die Eintragung erfolgte meist nur auf den Nachweis des Rechtes, welches eingetragen werden sollte. Gegenwärtig interessiren den Grundbuchrichter nur die Bewilligung und der Antrag.

2. Für die **Bewilligung** fordert das Gesetz:

a. daß sie von dem **eingetragenen** Eigenthümer ausgestellt ist. Es fragt sich indessen, ob der Bewilligende nur in dem Zeitpunkt, in welchem die bewilligte Eintragung vollzogen wird, oder auch zur Zeit der Ausstellung der Bewilligung eingetragener Eigenthümer sein muß. Die Beantwortung dieser Frage hängt von der Stellung ab, welche dem Gesetz über den Eigenthumserwerb zu dem Konvaleszenzprinzip des bisherigen Rechtes zugeschrieben wird. In den Anm. zu §. 5 Satz 2 ist die Aufrechterhaltung dieses Prinzips gegen die herr-

Auf Antrag des Berechtigten findet die Eintragung statt, wenn der eingetragene Eigenthümer ihm gegenüber in einer beglaubigten Urkunde die Eintragung bewilligt hat.

---

schende Meinung nachzuweisen versucht worden. Zu den dort angeführten Gründen treten hier noch folgende hinzu:

Nach der Gr.B.O. §§. 55 und 56 muß der Grundbuchrichter den Eigenthümer, der ohne Auflassung das Eigenthum erworben hat, anhalten, sich als solchen eintragen zu lassen, wenn ein dinglich oder zu einer Eintragung Berechtigter darauf anträgt. Die Sachlage, welche die Anwendung dieser Vorschrift voraussetzt, ist die, daß die Nichteintragung des Eigenthümers das einzige Hinderniß ist, welches der Eintragung des Antragstellers entgegensteht. Die Annahme, daß schon eine blos obligatorische Berechtigung auf Eintragung (oder vielmehr auf Eintragungsbewilligung) das Zwangsverfahren der §§. 55 und 56 rechtfertigte, untersagt sich durch die Erwägung, daß das Gesetz dann die Leitung des Verfahrens schwerlich dem Grundbuchrichter übertragen haben würde. Ist aber der Hauptfall des §. 55 der, daß der Antragsteller im Besitz einer Eintragungsbewilligung des nicht eingetragenen Eigenthümers sich befindet, so muß dieser auch berechtigt gewesen sein, die Eintragung zu bewilligen. Denn fehlte ihm die Berechtigung hierzu, so wäre seine Bewilligung nichtig und folglich nicht geeignet, nach seiner Eintragung als Eigenthümer gegen ihn einen Anspruch auf Wiederholung der Bewilligung zu begründen. Das ganze Verfahren der §§. 55 und 56 wäre mithin zwecklos, wenn nicht die von dem Eigenthümer vor seiner Eintragung ausgestellte Bewilligung nach seiner Eintragung als genügende Voraussetzung für die Vollziehung der von ihm bewilligten Eintragung anzusehen wäre. Vgl. Dernburg u. Hinrichs §. 22 Note 8 S. 270.

Hiervon abgesehen ergiebt übrigens die Fassung des zweiten Satzes in dem vorliegenden §. 13, daß die Bewilligung von dem eingetragenen Eigenthümer auch vor seiner eigenen Eintragung erklärt sein kann, um die gegen ihn nachgesuchte Eintragung in der zweiten Abtheilung zu rechtfertigen.

Die Gegner des Konvaleszenzprinzips halten eine Eintragung, welche von dem eingetragenen Eigenthümer vor seiner Eintragung als solcher bewilligt ist, für nichtig. Diese Konsequenz hat hier das besondere Bedenken gegen sich, daß die Eintragung nicht Bestandtheil des Begründungsaktes, sondern nur der Publikationsmodus ist, an welchen das Gesetz die Wirksamkeit des begründeten Rechtes gegen Dritte knüpft. Man setze z. B. den Fall, daß der Nießbrauch legirt ist, der Erbe auch dem Legatar das Grundstück übergeben, die Eintragung des Nießbrauches bewilligt und hierauf die Eintragung als Eigenthümer erlangt hat. Gewiß besteht hier der Nießbrauch als dingliches Recht. Aber wenn er auf Grund jener vorzeitigen Bewilligung eingetragen wird, so erhält er dadurch nicht Wirksamkeit gegen Dritte, muß vielmehr den Sondernachfolgern des Eigenthümers weichen, sofern man nicht annimmt, daß die Bewilligung mit der Eintragung des letzteren zu Kräften gekommen ist. Diese Konsequenz erscheint indessen nach dem §. 5 nicht geboten. Denn auch der Wortlaut desselben spricht dem Eigenthümer, der nicht eingetragen ist, nur das Recht der Belastung ab, nicht aber die Befugniß, die Eintragung eines das Grundstück bereits belastenden Rechtes zu bewilligen;

b. bestimmte Bezeichnung des Rechtes und des Berechtigten. Das Gesetz stellt dieses Erforderniß zu einem doppelten Zwecke auf: einmal, um zu verhindern, daß in das Grundbuch etwas eingetragen werde, was nicht in dasselbe gehört; sodann, um jedem Dritten die Beschaffenheit und den Umfang der Belastung des Grundstückes sowie die Person des Berechtigten erkennbar zu machen.

Der erstere Zweck kann freilich nur unvollkommen erreicht werden, weil die Prüfung der Entstehung des Rechtes dem Grundbuchrichter entzogen ist. Allein diese Unvollkommenheit muß man mit der Einschränkung des Legalitätsprinzips in den Kauf nehmen. Der Grundbuchrichter hat das Recht, dessen Eintragung bewilligt ist, nur nach Inhalt der Bewilligung zu prüfen. Ergiebt diese, daß die Eintragung ein nicht gültiges Recht beurkunden würde, so ist sie abzulehnen. (Gr.B.O. §. 46.) Nicht eintragungsfähig sind u a. Rechte aus Verhältnissen, welche die Gesetzgebung beseitigt hat, wie das Obereigenthum des Erbverpächters, ferner Rechte, welche aus einem nichtigen Vertrage hervorgehen. Turnau 1 S. 290 Anm. 6.

Zur Erreichung des zweiten Zweckes genügt es nicht, daß die zunächst Betheiligten wissen, was zu leisten ist. Die Bewilligung der Eintragung des Rechtes einer Kirche auf Messalien (Meßgetreide) ist daher in dieser Allgemeinheit nicht eintragungsfähig. Posen, Johow 5 S. 148. Wenn eine Verfügungsbeschränkung eingetragen werden soll, so muß ihr Inhalt und die Person desjenigen, zu dessen Gunsten der Eigenthümer sich in seinem Verfügungsrechte beschränkt, bestimmt bezeichnet sein; nicht aber bedarf es daneben noch einer Bezeichnung des Rechtes, zu dessen Schutz die Verfügungsbeschränkung dient. Kammerger. ebd. 6 S. 148. Die Eintragung eines Altentheiles ist nicht bedingt durch Angabe des höchsten Werthbetrages desselben. Naumburg ebd. S. 152.

Bei Belastung eines Theiles einer Parzelle bedarf es nach der Ansicht des Kammerger. (Jahrb. 8 S. 80) nicht einer räumlichen Theilung und Eintragung der Theilparzelle im Grundbuche; es genügt, wenn der belastete Theil durch den Vertrag genügend bezeichnet und hierauf in dem Eintragungsvermerke Bezug genommen ist; §. 58 der Gr.B.O. findet keine analoge Anwendung auf diesen Fall;

c. Beglaubigung der Bewilligungsurkunde. Die Eintragung kann nach der Gr.B.O. §. 31 ff. entweder mündlich zum Protokoll des Grundbuchamtes oder schriftlich bewilligt werden. Schriftliche Bewilligungen müssen (gerichtlich oder notariell aufgenommen oder) beglaubigt sein. Der §. 13 des Gesetzes erwähnt die Beglaubigung nur für den Fall, daß der Antrag auf Eintragung von dem Berechtigten gestellt wird. Indessen besteht nach der Gr B.O. §. 33 kein Zweifel, daß die Bewilligung der Beglaubigung auch dann bedarf, wenn der Eigenthümer selbst die Eintragung nachsucht.

3. Der Antrag bildet das Moment, durch welches die Thätigkeit des Grundbuchamtes in Bewegung gesetzt wird. Sein Eingang bestimmt den Zeitpunkt, in welchem die gesetzlichen Voraussetzungen der Eintragung vorhanden sein müssen. Der Grundbuchrichter hat also zu prüfen nicht blos, ob die Eintragungsbewilligung überhaupt rechtsgültig erklärt, sondern auch, ob sie noch bei Eingang des Antrages geeignet ist, die beantragte Eintragung zu rechtfertigen. (Gr.B.O. §. 46.)

Ob eine eingetragene Beschränkung des Eigenthumsrechtes (§. 11) die Befugniß des Eigenthümers zur Bewilligung einer Eintragung in der 2. Abtheilung ausschließt, richtet sich nach ihrem Inhalt. Ist z. B. das Grundstück, über welches durch Eintragung verfügt werden soll, ein Familienfideikommiß, so darf die Verfügung des Eigenthümers (Fideikommißbesitzers) nur mit Genehmigung der Fideikommißbehörde eingetragen werden. Denn nur dieser Behörde, nicht dem Grundbuchamt, steht die Prüfung der Zulässigkeit solcher Verfügungen nach Maßgabe der Stiftungsurkunde zu. Naumburg, Johow 5 S. 112. Dagegen hindert eine Vormerkung des §. 8 eine neue Eintragung gegen den Eigenthümer in der 2. Abtheilung nicht. (S. 63 Anm. III. 5a.) Dasselbe gilt der Regel nach auch dann, wenn der Eigenthümer nach Inhalt des Grundbuches in der Befugniß zur Verfügung über das Eigenthum beschränkt ist (S. 87 Anm. IV. 4 zu §. 11).

Der Antrag eines Gemeindekirchenrathes auf Eintragung einer Grundgerechtigkeit auf dem einer evangelischen Kirche gehörigen Grundstück bedarf nach einem Beschluß des Kammerger. (Jahrb. 6 S. 89) nicht der Genehmigung der staatlichen Aufsichtsbehörde, weil durch die Eintragung eine nicht bestehende Servitut nicht zur Entstehung gebracht wird und daher eine Belastung im Sinne des Gesetzes vom 3. Juni 1876 nicht vorliegt.

Zur Stellung des Antrages auf Eintragung sind befugt:

a. der eingetragene Eigenthümer. Der §. 13 hat nur den Fall im Sinne, daß der Antrag zugleich die Eintragungsbewilligung ist. Damit ist aber nicht ausgeschlossen, daß der Antrag auf Grund einer besonderen Bewilligung in einer von derselben getrennten Urkunde von dem Eigenthümer gestellt werden kann. In dem letzteren Falle bedarf der Antrag, wenn

§. 14.

Fehlt die Einwilligung des Eigenthümers, so kann die Eintragung, auch wenn das Recht auf einer letztwilligen Verfügung des Erblassers des Eigenthümers beruht, nur auf Grund eines rechtskräftigen Erkenntnisses auf Eintragung oder auf Ersuchen einer zuständigen Behörde erfolgen.

---

die Bewilligung den unter Nr. 1 aufgeführten Erforderniſſen entspricht, keiner Beglaubigung. Gr.B.O. §. 33.

Dem eingetragenen Eigenthümer ist in Ansehung der Befugniß zur Stellung des Antrages der seine Eintragung gleichzeitig erlangende Eigenthümer gleichgestellt, also namentlich der Erwerber eines Grundstückes, wenn er die Auflassung erlangt oder das Eigenthum ohne Auflassung erworben hat und seine Eintragung bei dem Grundbuchamt beantragt ist, vorausgesetzt, daß er wirklich auf Grund jener Auflassung oder dieses Antrages als Eigenthümer eingetragen wird;

b. der Berechtigte, d. i. derjenige, zu dessen Gunsten die Eintragung in beglaubigter Form von dem eingetragenen Eigenthümer bewilligt worden ist. Er kann die Eintragung entweder zum Protokoll des Grundbuchamtes oder in einer unbeglaubigten Schrift nachsuchen. Gr.B.O. §. 33.

Sucht der Eigenthümer die Eintragung einer seinem Grundstück eingeräumten Servitut auf dem Blatte des dienenden Grundstückes nach, so kann er mit diesem Antrage nicht um deswillen zurückgewiesen werden, weil er seinerseits noch nicht als Eigenthümer eingetragen ist. Posen, Johow 5 S. 110;

c. Notare nach näherer Bestimmung der Gr.B.O. §. 36;

d. andere Personen nur, wenn sie sich durch beglaubigte Urkunden als gesetzliche Vertreter oder als Bevollmächtigte des Eigenthümers (a) oder des Berechtigten (b) ausweisen. Gr.B.O. §. 37.

Zur Stellung von Eintragungs- und Löschungsanträgen Namens des Fiskus sind die Domänen-Rentämter auch ohne besonderen Auftrag der Regierung legitimirt. Reskr. vom 1. Februar 1841, J.Min.Bl. S. 83.

4. Ueber die Fassung des Eintragungsvermerkes vgl. oben S. 94 Anm. 3d zu §. 12 Satz 1 und unten Gr.B.O. §§. 43 und 76.

§. 14.

1. Die Bewilligung des Eigenthümers ist zu den Eintragungen in der 2. Abtheilung dergestalt nothwendig, daß sie nur durch das Vorhandensein eines der gesetzlich zugelassenen Surrogate entbehrlich wird. Ob der Grundbuchrichter von der Verpflichtung des Eigenthümers zur Ertheilung der Bewilligung überzeugt ist, ändert hierin nichts. Der Ehemann, der seinen gesetzlichen Nießbrauch an den Grundstücken seiner Frau in das Grundbuch eintragen lassen will, muß sich dazu die Bewilligung der Frau verschaffen. Ebenso ist die Eintragung des väterlichen Nießbrauches von einem dem Kinde zu bestellenden Pfleger zu bewilligen. (Turnau 1 S. 292.) Auch darf, wenn dem Erben ein anderer in dem Erbrecht substituirt ist, die durch die Substitution begründete Beschränkung des Eigenthumsrechtes an den Nachlaßgrundstücken nicht auf den einseitigen Antrag des substituirten Erben, sondern nur auf die Bewilligung des in der Verfügung über das Grundstück beschränkten Erben eingetragen werden. Naumburg, Johow 6 S. 150. Wegen der Reallasten siehe die Anm. 2b zu §. 13.

2. Die Surrogate der Eintragungsbewilligung sind: richterliches Urtheil und Ersuchen der zuständigen Behörde. Beide ersetzen die Bewilligung des Eigenthümers. Sie sind mithin nur unter denselben Voraussetzungen, wie diese, geeignet, die Eintragung zu rechtfertigen. Namentlich muß der Eigenthümer, gegen welchen das Urtheil ergangen oder das Ersuchen gerichtet ist, als solcher im Grundbuche eingetragen sein oder gleichzeitig die Eintragung erlangen, wenn auf Grund des Urtheiles oder des Ersuchens die Eintragung erfolgen soll.

§. 15.

Der Erwerb des eingetragenen dinglichen Rechts wird dadurch nicht gehindert, daß der Erwerber das ältere Recht eines Anderen auf Eintragung eines widerstreitenden dinglichen Rechts gekannt hat, oder daß sich Letzterer bereits in der Ausübung dieses Rechts befindet.

---

3. Durch das Erkenntniß auf Eintragung wird die Verpflichtung des Eigenthümers zur Bewilligung derselben festgestellt. Diese Verpflichtung folgt nicht überall aus der Existenz des dinglichen Rechtes. Die Eintragung von Rechten, welche ohne Eintragung volle Wirkung gegen Dritte haben, braucht der Eigenthümer nicht zu bewilligen, sofern nicht ein Rechtsgeschäft oder eine besondere Rechtsvorschrift ihn dazu verpflichtet. (Anm. zu §. 12 Satz 2.) Bedarf dagegen das Recht der Eintragung, um Wirksamkeit gegen Dritte zu erlangen, so kann der Berechtigte von jedem Eigenthümer, der es anerkennen muß, die Eintragungsbewilligung fordern. (A.L.R. Einl. §. 89; R G. V, Entsch. 27 S. 230.) Dies gilt auch bezüglich derjenigen Rechte, welche vor der Geltung des Gesetzes über den Eigenthumserwerb rc. begründet worden sind. O.Tr. II, Entsch. 75 S. 27, und III, ebd. 76 S. 138; Dernburg u. Hinrichs §. 31 S. 420.

Weigert sich der Eigenthümer die ihm obliegende Verpflichtung zu erfüllen, so kann der Berechtigte die Eintragung nur auf dem Wege des Prozesses erzwingen. Das Ziel dieses Weges ist nach dem vorliegenden §. 14 ein Erkenntniß „auf Eintragung". O.Tr. II, Entsch. 74 S. 239. Nach der Reichs-Civil-Proz.-O. §. 779 wird der Grundbuchrichter indessen kein Bedenken tragen können, die Eintragung auch dann vorzunehmen, wenn das Erkenntniß auf Verurtheilung des Eigenthümers zur Bewilligung der Eintragung lautet. Dem Konsensprinzip ist diese Fassung sogar entsprechender als die in dem §. 14 vorausgesetzte. Dagegen genügt nicht ein lediglich auf Anerkennung der dinglichen Last lautendes Erkenntniß (Kammerger. im Jahrb. 7 S. 94).

Die dem Grundbuchamt vorzulegende Urtheilsausfertigung muß aber mit dem Zeugnisse der Rechtskraft versehen sein. Die Vollstreckbarkeitsklausel ist weder ausreichend, noch erforderlich. Vgl. Anm. 5 zu §. 3. Ob das Erkenntniß vor dem Eintritt der Geltung des Gesetzes über den Eigenthumserwerb oder unter der Herrschaft desselben die Rechtskraft beschritten hat, ist gleichgültig. Hamm bei Johow 3 S. 147. Das Erkenntniß legitimirt den Berechtigten zur Stellung des Eintragungsantrages bei dem Grundbuchamt. (Dernburg und Hinrichs §. 11 Note 4 S. 99.) Ein Ersuchen des Prozeßgerichtes ist nicht erforderlich, aber durch den §. 14 auch nicht ausgeschlossen. Wenn indessen die Sache so liegt, daß die Eintragung auf den Antrag des Berechtigten unbeanstandet vor sich gehen kann, so gehört es schwerlich zu den Amtsgeschäften des Gerichtes, die Eintragung nachzusuchen.

Das Ersuchen einer Behörde ist nur da am Platze, wo eine Eintragung erfolgen muß, obwohl die Bewilligung dazu weder von dem Eigenthümer ertheilt noch durch ein rechtskräftiges Urtheil ersetzt ist, also namentlich im Fall der Einleitung der Subhastation, des Konkursverfahrens des Erlasses einer einstweiligen Verfügung des Prozeßgerichts rc.

§. 15.

1. Erklärung des §. 15 aus der Entstehungsgeschichte desselben und dem Allg. Landrecht.
2. Die dem §. 15 unterliegenden Kollisionsfälle. S. 105.
3. Andere Fälle der Kollision.
4. Kollision eines dinglichen Rechtes mit dem Anspruch auf Auflassung. S. 106.

1. Die Fassung des §. 15 ist nicht einwandsfrei. Sie ist aus dem Entwurf der Regierung übernommen mit der einzigen Abweichung, daß dem Worte „solchen", welches derselbe enthielt, das Adjektiv „widerstreitenden" substituirt worden ist. Die Bestimmung hatte in dem Entwurf ihre Beziehung zu dem ersten Satze des §. 12, indem dieser die Begründung der nicht ausgenommenen Rechte an fremden Grundstücken von der Eintragung abhängig machte. Hier-

mit glaubte man nämlich ein praktisches Resultat noch nicht erreichen zu können, sofern nicht gleichzeitig die landrechtliche Theorie vom „Recht zur Sache" entsprechend beschränkt würde.

Nach dem A.L.R. I. 19 §§. 3 bis 6 kann nämlich bei Kollision mehrerer persönlichen Rechte zu derselben Sache, von denen das eine durch Einräumung des Besitzes in ein dingliches übergegangen ist, der Besitznehmer sich seines dinglichen Rechtes demjenigen gegenüber nicht bedienen, dessen persönliches Recht zur Sache ihm zur Zeit der Besitzergreifung bekannt gewesen ist; vielmehr ist die Kollision „lediglich nach der Beschaffenheit ihres beiderseitigen persönlichen Rechtes zur Sache" zu lösen.

Beachtet man nun, daß nach Tit. 20 §. 570 und Tit. 21 §. 4 für die Dinglichkeit des Vorkaufsrechtes und der Nutzungsrechte die Eintragung im Hypothekenbuch die Besitzeinräumung ersetzen konnte, die Grundsätze des Titels 19 §§. 3 ff. mithin auch auf die Eintragung solcher Rechte Anwendung fanden, so bedurfte es einer ausdrücklichen Bestimmung gegen diese Grundsätze, um dem Recht zur Sache (dem „Recht auf Eintragung") die Wirkung gegen das durch Eintragung dinglich gewordene Recht zu nehmen. Diese Bestimmung giebt der §. 15. Dem Wortlaute nach stellt er freilich nur den Erwerb, d. h. den Akt der Erwerbung des eingetragenen Rechtes, nicht aber auch den Bestand des letzteren gegen den Anspruch aus Tit. 19 §. 5 sicher. Allein die Absicht bei der Formulirung des §. 15 ist nach den Materialien die gewesen, denjenigen, dessen dingliches Recht durch Eintragung gegen Dritte wirksam geworden ist, gegen jede Anfechtung zu schützen, welche bisher aus der Kenntniß des Erwerbers von einem älteren Recht zur Sache hergeleitet werden konnte. Werner 2 S. 21, 53, 68, 74, 112; Dernburg und Hinrichs §. 29 S. 376.

Der Fassung des §. 15 erwächst aber ein weiteres Bedenken dadurch, daß nach dem §. 12, wie derselbe jetzt lautet, nicht mehr die Erwerbung (Begründung), sondern nur die Wirksamkeit der dinglichen Rechte gegen Dritte von der Eintragung abhängig gemacht ist. Ein im Abgeordnetenhause gestellter Antrag indessen, den §. 15 dem §. 12 entsprechend zu fassen, wurde abgelehnt, wie es scheint, weil die Mehrheit ein Mißverständniß schon durch die gegenwärtige Fassung als ausgeschlossen ansah. (Werner 2 S. 130.) Jedenfalls können mit Rücksicht auf den §. 12 die Worte „Der Erwerb rc." keinen anderen Sinn haben als: „Die Wirksamkeit des eingetragenen dinglichen Rechtes gegen Dritte wird rc." Turnau S. 697 Anm. 1.

2. Der §. 15 bezieht sich auf die Kollision des eingetragenen dinglichen Rechtes nicht blos mit einem „Recht zur Sache", einem persönlichen Anspruch auf Eintragung, sondern auch mit einem bereits dinglich gewordenen, aber nicht eingetragenen Recht, welches nur durch Eintragung gegen Dritte wirksam werden kann. Die Entscheidung, welche getroffen wird, ist insoweit, als das persönliche Recht dem dinglichen weichen muß, lediglich eine Anwendung des Grundsatzes, auf welchem der §. 4 beruht. Soweit dagegen dem eingetragenen dinglichen Recht der Vorzug vor einem älteren nicht eingetragenen dinglichen Recht auch unter der Voraussetzung zugestanden wird, daß der Erwerber des ersteren zur Zeit der Eintragung Kenntniß von dem Dasein des letzteren gehabt hat, enthält der §. 15 eine Konsequenz des §. 12 Satz 1. Das praktische Ergebniß ist namentlich für den Nießbrauch überraschend. Jemand, dem der Nießbrauch vermacht und das Grundstück übergeben ist, muß einem Dritten, der von dem Erben den Nießbrauch an dem nämlichen Grundstück eingeräumt erhalten und die Eintragung seines Rechtes erlangt hat, ohne weiteres weichen, auch wenn der Dritte schon bei der Einräumung Kenntniß von dem Nießbrauch des Vermächtnißnehmers hatte. Der letztere kann zwar auf der nachträglichen Eintragung seines Rechtes bestehen, zur reellen Ausübung desselben jedoch erst nach dem voreingetragenen Nießbrauch gelangen, da bis dahin nach §. 17 die Priorität lediglich durch die Reihenfolge der Eintragungen bestimmt wird.

3. Der §. 15 findet nur dann Anwendung, wenn die einander widerstreitenden Rechte, von welchen das eine eingetragen ist, der Eintragung zur Wirksamkeit gegen Dritte bedürfen (R.G. I H.S., Entsch. 3 S. 261). Die übrigen Fälle der Kollision dinglicher Rechte unterliegen in dem ursprünglichen Geltungsbezirk des Gesetzes über den Eigenthumserwerb der

§. 16.

Eine Vormerkung zur Erhaltung des Rechts auf Eintragung eines dinglichen Rechts kann nur nach Vorschrift des §. 8 eingetragen und gelöscht werden.

Regel nach den Bestimmungen des A.L.R. I. 19 §§. 3 ff. (Hübner, die Reformen auf dem Gebiete des Immobiliarsachenrechtes ꝛc. 1869 S. 26); so insbesondere:

a. die Kollision zwischen einem der Eintragung bedürfenden und einem ohne Eintragung gegen Dritte wirksamen Recht. Hat der eingetragene Nießbraucher zur Zeit der Eintragung gewußt, daß das Grundstück verpachtet oder vermiethet und dem Berechtigten bereits übergeben war, so muß er die Pacht oder die Miethe gegen sich gelten lassen. Der nicht besitzende (also nur persönlich berechtigte) Pächter oder Miether dagegen muß in Gemäßheit des §. 12 dem Nießbraucher weichen, selbst wenn dieser bei Erlangung des Besitzes oder der Eintragung seines Rechtes von dem Pacht- oder Miethvertrage Kenntniß gehabt hat. Hat der Pächter oder Miether den Besitz erworben, dabei aber den älteren Nießbrauch gekannt, so steht er demselben nach. Der Besitz des nicht eingetragenen Nießbrauchers und die Eintragung des nicht besitzenden Pächters haben für die Dinglichkeit gleiche Bedeutung; es entscheidet mithin über den Vorzug die Prävention, sofern nicht jener bei der Besitzergreifung oder dieser bei der Eintragung Wissenschaft von dem älteren Titel des anderen gehabt hat. (A.L.R. I. 19 §§. 5 u. 6);

b. die Kollision zwischen nicht eingetragenen, aber der Eintragung bedürfenden Rechten. Der besitzende Nießbraucher muß dem nicht besitzenden Nießbraucher weichen, wenn das persönliche Recht des letzteren älter und ihm bei der Erlangung des Besitzes bekannt gewesen ist;

c. die Kollision zwischen Rechten, welche ohne Eintragung wirksam werden können. Hat der Eigenthümer das Grundstück an zwei Personen hinter einander verpachtet, so schließt der besitzende Pächter, solange sein Recht dauert, den nicht besitzenden aus. Die Kenntniß wirkt jedoch hier ebenso wie in dem Falle zu b. Ist das mit dem Besitze nicht verbundene Recht eingetragen, so geht es dem Recht des besitzenden Pächters nur vor, wenn die Eintragung älter ist als der Besitz oder der besitzende Pächter bei der Besitzergreifung gewußt hat, daß das Recht des anderen zur Sache früher als das seinige entstanden ist;

d. die Kollision zwischen einer Eigenthumsbeschränkung im Sinne des §. 11 und einem dinglichen Recht. Erlangt letzteres nur durch Eintragung Wirksamkeit gegen Dritte, so kann es gegen die damals dem Eingetragenen bekannt gewesene nicht eingetragene Beschränkung selbst dann nicht geltend gemacht werden, wenn der aus der Beschränkung Berechtigte bei Entstehung derselben von dem dinglichen Rechte Wissenschaft gehabt hat.

Wo es auf die Kenntniß des Erwerbers ankommt, wird dieselbe durch die Kenntniß seines Bevollmächtigten nur ersetzt, wenn dieser sie vor oder bei der Erwerbung von dem anderen Theil erlangt hat. Mittheilungen, welche ein Dritter dem Bevollmächtigten gemacht hat, stehen dem Machtgeber an sich nicht entgegen. O.Tr. III, Entsch. 76 S. 200.

4. Ueber die Kollision eines dinglichen Rechtes mit dem Anspruch auf Auflassung hat das Gesetz eine Bestimmung nicht. Nach den §§. 1, 4, 12 u. 15 scheint es indessen dem Recht zur Sache die Wirksamkeit gegen das dingliche, durch Eintragung gegen Dritte wirksam gewordene Recht überhaupt versagen zu wollen. Wenn diese Auffassung der Absicht des Gesetzgebers entspricht, so ist jene Kollision dahin zu lösen, daß die Wirksamkeit eines dinglichen Rechtes, die dasselbe durch die Eintragung erlangt, durch die Kenntniß des Berechtigten von einem älteren Anspruch auf Auflassung weder aufgehoben noch abgeschwächt wird. (Vgl. die Bemerkungen von Achilles in Kochs Landrecht Bd. 2 I. 19 Note 13, 21, 22, 24; R.G. V, Entsch. 18 S. 299, Gruchot 35 S. 1101, u. J.M.Bl. 1892, S. 354.)

Anders dagegen liegt das Verhältniß, wenn nicht ein (persönlicher) Anspruch auf Auflassung, sondern das Eigenthum selbst in Frage ist. Von demjenigen, der seiner Eintragung ungeachtet nicht der wahre Eigenthümer ist, kann Niemand, der dies weiß, ein Recht an dem Grundstück erwerben. (§§. 5 u. 9.) Vgl. die Anm. zu §. 18 des Gesetzes.

Durch die Vormerkung wird für die endgültige Eintragung die Stelle in der Reihenfolge der Eintragungen gesichert.

Ausführungsgesetz zur Civilprozessordnung §§. 18, 19, abgedruckt oben S. 58.

---

§. 16.

1. Die Vormerkungen des §. 16 bezwecken, ebenso wie die des §. 8, Rechte an und zu der Sache gegen die Gefahren zu schützen, welche mit dem öffentlichen Glauben des Grundbuches und dem Eintragungsprinzip verbunden sind. Vorgemerkt werden kann also sowohl ein bereits erworbenes, aber gegen Dritte nicht wirksames Recht als auch ein persönlicher Anspruch auf Erwerbung (Bestellung) eines dinglichen Rechtes. Nach Behrend, Zeitschrift für die deutsche Gesetzgebung ꝛc. 7 S. 119, soll auch zum Schutze einer Eigenthumsbeschränkung und einer Beschränkung des Verfügungsrechtes des Eigenthümers eine Vormerkung zulässig sein.

2. Voraussetzung der Eintragung einer Vormerkung ist entweder das Ersuchen des Prozeßrichters oder die Bewilligung des eingetragenen Eigenthümers. Durch die Gleichstellung dieser beiden Akte giebt das Gesetz zu erkennen, daß die Eintragung des Eigenthümers auch im Fall des richterlichen Ersuchens unerläßliche Bedingung der gegen ihn gerichteten Vormerkung ist. Auch gegen die nicht eingetragenen Erben des eingetragenen Eigenthümers kann eine Vormerkung nicht eingetragen werden. Die Personen-Identität des Erben mit dem Erblasser, worauf das App.Ger. zu Glogau, Johow 5 S. 123, die Zulässigkeit gegründet hat, ist nicht maßgebend. Entscheidend ist die in der Grundbucheinrichtung begründete Regel, welche das Gesetz in den §§. 2, 3, 5, 13, 19 ff. anerkennt, daß nur gegen den eingetragenen Eigenthümer eine neue Eintragung statthaft ist. Dieser Regel aber unterliegen nicht blos die endgültigen, sondern auch die vorläufigen Einschreibungen (die Vormerkungen), weil diese ihrer inneren Natur nach von jenen nur durch den Mangel der Liquidität des Rechtes auf Eintragung sich unterscheiden.

In Fällen, in welchen dem Ersuchen einer Behörde um endgültige Eintragung eines dinglichen Rechtes stattgegeben werden muß, scheint es nicht bedenklich, auch eine Vormerkung auf das Ersuchen dieser Behörde einzutragen. Im Uebrigen genügt es hier, bezüglich der Eintragung auf die Anm. III 2 bis 4 zu §. 8, S. 60 ff., zu verweisen.

3. In der Wirkung unterscheiden sich die Vormerkungen des §. 16 von denjenigen des §. 8 (Anm. III 5, S. 62 ff.) in zwiefacher Weise:

a. Während nach §. 8 die zum Nachtheil der Vormerkung von dem eingetragenen Eigenthümer getroffenen Verfügungen über das Grundstück sich als nichtig erweisen, wenn der aus der Vormerkung Berechtigte als Eigenthümer eingetragen wird, erleidet das Verfügungsrecht des Eigenthümers in Folge einer Vormerkung des §. 16 gar keine Einschränkung; weder die Veräußerung noch die Belastung des Grundstückes wird dadurch gehindert.

b. Die Vormerkungen des §. 8 dienen nur zur Erhaltung des Rechtes auf Auflassung oder auf Eintragung des Eigenthumsüberganges; zur Verfügung über das Eigenthum legitimiren sie nicht. Durch eine Vormerkung im Sinne des §. 16 dagegen wird zwar ebenfalls das Recht auf Eintragung erhalten, aber der Berechtigte bedingt zugleich so gestellt, als sei sein Recht bereits endgültig eingetragen. Wenn daher die Voraussetzung der endgültigen Eintragung liquide gestellt ist, so kann das dingliche Recht ohne Weiteres zur Realisirung gelangen. Die Eintragung an der Stelle der Vormerkung hat wesentlich nur beurkundende Wirkung.

Dieser Unterschied ergiebt sich aus dem zweiten Satz des §. 16. Er hat einen formellen und einen materiellen Grund. Der formelle besteht darin, daß der Eigenthumsübergang in der ersten und die Vormerkung des §. 8 in der zweiten Abtheilung des Grundbuchblattes eingetragen, die dinglichen Rechte dagegen in einer und derselben Abtheilung eingetragen und vorgemerkt werden. Der materielle Grund beruht in der Verschiedenheit des Eigenthums und der jura in re. Der Eigenthümer repräsentirt das Grundstück in der Gesammtheit der rechtlichen Beziehungen desselben. Diese Repräsentation kann mit der Vormerkung des §. 8 auch nach Liquidestellung des Anspruches auf Auflassung oder auf Eintragung nicht verbunden werden, weil dann

§. 17.

Die Rangordnung der auf demselben Grundstück eingetragenen Rechte bestimmt sich nach der Reihenfolge der Eintragungen, die letztere nach der Zeit, zu welcher der Antrag auf Eintragung dem Grundbuchamt vorgelegt worden ist.

Eintragungen unter demselben Datum haben die Rangordnung nach ihrer Reihenfolge, wenn nicht besonders dabei bemerkt ist, daß sie zu gleichen Rechten neben einander stehen sollen.

Ausführungsgesetz zum Gerichtsverfassungsgesetze §. 31 Abs. 2, abgedruckt unten zu §§. 20 bis 24 der Gr.B.O.

---

immer noch die Kollision zwischen dem Berechtigten und dessen als Eigenthümer eingetragenen Gegner grundbuchmäßig ungelöst ist, dritten Personen aber nicht zugemuthet werden kann, sich auf eine Lösung der Kollision einzulassen, welche nicht durch das Grundbuch nachgewiesen wird. Die Vormerkungen des §. 16 dagegen schaffen eine solche Kollision überhaupt nicht, da das Gebiet ihrer Wirksamkeit durch die Stelle im Buche nach außen abgegrenzt ist. Einem Dritten kann wohl an der Löschung der Vormerkung gelegen sein. Wenn aber die Löschung nicht zu erlangen ist, die Vormerkung vielmehr durch den Nachweis des Rechtes sich auch als materiell gerechtfertigt erwiesen hat, so hat Niemand ein Interesse daran, die Geltendmachung des Rechtes an die endgültige Eintragung zu knüpfen.

4. Ueber die endgültige Eintragung des vorgemerkten Rechtes vgl. Gr.B.O. §. 89.

§. 17.

1. Die Rangordnung, wie sie der §. 17 bestimmt, ist mit der Grundbucheinrichtung von selbst gegeben. An sich rangiren mehrere Rechte, mit welchen ein Grundstück beschwert ist, nach der Zeit ihrer Entstehung. Der Eigenthümer hat das Grundstück nur insoweit, als dasselbe nicht bereits von dem Rechte eines Dritten ergriffen wird. Er kann folglich ein neues Recht daran nur unbeschadet der bereits begründeten Rechte bestellen, so daß, wenn zwischen den verschiedenen Rechten eine Kollision eintritt, das jüngere dem älteren nachstehen muß. Macht nun das Gesetz die Entstehung des Rechtes oder die Wirksamkeit desselben gegen Dritte von der Eintragung im Grundbuche abhängig, so folgt, daß der Eigenthümer neue Eintragungen nur insoweit bewilligen kann, als das Grundstück nicht bereits durch ältere Eintragungen belastet ist. Das Alter aber giebt sich, sofern es sich um Eintragungen in der nämlichen Abtheilung des Grundbuchblattes handelt, durch die Ordnung zu erkennen, in welcher die eine Eintragung an die andere sich anschließt. In diesem Sinne ist es ganz richtig, wenn die 10. Kommission des Abgeordnetenhauses in ihrem Bericht vom 15. Dezember 1869, Drucks. Nr. 212 S. 56, bemerkt:

„Für Eintragungen innerhalb derselben Rubrik bestimmt sich die Rangordnung allein nach der Reihenfolge, d. h. nach der Ordnung im Raum, die freilich, da in fortlaufenden Nummern ohne Zwischenraum eingetragen werden muß, insofern mit der Zeitfolge identisch ist, als der vorstehende Eintrag nothwendigerweise früher als der nachfolgende erlassen sein muß. Aus diesem Grundsatze folgt, daß auch Eintragungen unter demselben Tage verschiedene Priorität haben, und daß für Eintragungen derselben Rubrik das Datum überhaupt ohne Bedeutung ist. Sollen diese zu gleichem Rechte stehen, so müssen sie unter einer Nummer oder mit dem ausdrücklichen Vermerke gleicher Priorität eingetragen werden."

Die Schlußbemerkung ist jedoch nicht ohne Bedenken. Zwar hat das Ober-Tribunal in dem Präjudiz 27 sich dahin ausgesprochen: „Bei mehreren zu gleicher Zeit zur Eintragung angemeldeten und auf Grund derselben Verfügung aber unter verschiedenen Nummern in das Hypothekenbuch vermerkten Posten bestimmt die Reihenfolge dieser Nummern das Vorzugsrecht. — Für gleichzeitig eingetragene und daher verhältnißmäßig zu befriedigende Posten sind nur diejenigen zu erachten, die entweder unter derselben Nummer oder, wenn auch unter verschiedener Nummer, doch mit dem ausdrücklichen Beisatze „gleichzeitiger Eintragung“ im Hypothekenbuche vermerkt stehen.“ Allein es fragt sich, ob dieses unter der Herrschaft der Hyp.O. vom 20. Dezember 1783 ergangene Präjudiz auch jetzt noch durchweg eine Rechtswahrheit ist. Nach der Gr.B.O. vom 5. Mai 1872 §. 44 sind freilich, wie bisher, „die in die zweite und dritte Abtheilung einzutragenden Posten in jeder Abtheilung mit fortlaufenden Nummern zu versehen.“ Aber diese Vorschrift hat gegenüber dem zweiten Satz des §. 17 nur die Bedeutung einer Instruktion für das Grundbuchamt, deren Verletzung nicht nothwendig die materielle Wirkung der Eintragungen beeinflußt. Wenn daher auch regelmäßig das unter einer Nummer Eingetragene als rechtliche Einheit sich darstellt, so gilt dies doch nicht als ein Prinzip, aus welchem man mit Turnau 1 S. 142 Anm. 4 folgern dürfte, daß die unter einer Nummer eingetragenen Posten stets gleiche Priorität haben. Es wird vielmehr Sache der Auslegung im einzelnen Falle sein, ob durch die Aufführung zweier Posten unter einer Nummer im Sinne des §. 17 „besonders bemerkt“ ist, daß dieselben „zu gleichen Rechten neben einander stehen sollen.“ (Vgl. Dernburg und Hinrichs 1 §. 14 Note 11 S. 142.) Der Grundbuchrichter wird jedenfalls gut thun, wenn er sich genau an die Vorschrift des §. 17 hält.

Für die Rangordnung zwischen den Belastungen zur zweiten und dritten Abtheilung ist das Datum der Eintragung nach näherer Bestimmung des §. 36 entscheidend.

Der §. 17 kommt, wie der zweite Satz andeutet, auch dann zur Anwendung, wenn die Rangordnung zwischen der Eintragung eines dinglichen Rechtes und einer anderen Eintragung in Frage ist.

Ein Recht, welches dinglich ist, ohne eingetragen zu sein (§. 12 Satz 2), geht den eingetragenen Rechten vor, wenn es vor der Eintragung der letzteren entstanden ist. Sind die mit einander kollidirenden Rechte sämmtlich nicht eingetragen, so bestimmt sich ihre Rangordnung lediglich nach dem Zeitpunkte ihrer Entstehung. O.Tr. III, Entsch. 46 S. 371. Vgl. die Anm. 3 zu §. 15.

2. Die Reihenfolge, in welcher die Eintragungen zu vollziehen sind, bestimmt sich „nach der Zeit, zu welcher der Antrag auf Eintragung dem Grundbuchamt (d. h. nach §. 31 Abs. 2 des Ausf.Ges. z. G.V.G. „dem mit den Geschäften des Grundbuchrichters oder Grundbuchführers hinsichtlich des betreffenden Grundstückes beauftragten Richter oder Gerichtsschreibers“) vorgelegt worden ist.“ Diese Bestimmung rechtfertigt sich durch die Erwägung, daß die Behörde, welcher die wichtigsten Interessen des Immobiliarverkehrs anvertraut sind, diese Interessen mit gleichem Maße zu messen hat. Wäre alles vollkommen, so müßte jedes Gesuch sofort erledigt werden, sei es durch Eintragung, sei es durch Zurückweisung. Daraus ergäbe sich dann ganz von selbst, daß ein späteres Gesuch erst in Angriff genommen werden könnte, nachdem das jüngere erledigt worden wäre. Die sofortige Erledigung wird freilich ein frommer Wunsch bleiben. Aber auf das Prinzip, daß die Gesuche nach der Reihe zu erledigen sind, kann das Gesetz nicht verzichten. Gehen die Anträge gleichzeitig ein, so hat keiner vor dem anderen einen Vorzug. Die Eintragung aus ihnen muß daher, wenn sie überhaupt geschehen kann, zu gleichem Recht geschehen. Deshalb heißt es in der Gr.B.O. §. 45: „Aus mehreren Eintragungsgesuchen für dasselbe Grundstück erfolgt die Eintragung in der durch den Zeitpunkt der Vorlegung der Gesuche bei dem Grundbuchamt bestimmten Reihenfolge, und aus gleichzeitig vorgelegten Gesuchen zu gleichem Recht, wenn nicht in denselben eine andere Reihenfolge bestimmt ist.“ Das Verhältniß dieser Vorschrift zu dem §. 17 des Gesetzes ist das der Ausführung zu dem materiellen Rechtssatz.

Ueber abweichende Festsetzungen der Betheiligten vgl. unten Anm. 3 zu §. 45 der Gr.B.O. und Anm. 1 zu §. 34 des Gesetzes.

Der §. 17 entscheidet über die Reihenfolge selbst dann, wenn nach Eingang des (begründeten) Eintragungsgesuches das Konkursverfahren über das Vermögen des Eigenthümers eröffnet und die Eintragung des Konkursvermerkes noch vor der Erledigung jenes Gesuches beantragt wird. In diesem Fall ist erst das dingliche Recht und dann der Konkursvermerk einzutragen. Die Bestimmungen der Konkurs-Ordnungen vom 8. Mai 1855 §. 10 und vom 10. Februar 1877 §. 12 stehen nicht entgegen. Vgl. die Anm. zu §§. 18 u. 36.

Nach dem Prinzip des §. 17 bestimmt sich die Reihenfolge auch im Fall der Auflassung und des Einganges eines Antrags auf Eintragung eines dinglichen Rechts gegen den Veräußerer (R.G. V, Entsch. 28 S. 349, J.M.Bl. 1892 S. 197), nur daß, wenn dieser Antrag erst nach der Auflassung eingegangen ist, die Eintragung des Eigenthumsüberganges auf Grund der letzteren die beantragte Eintragung in der zweiten Abtheilung ausschließt. Ist der Antrag als gleichzeitig mit der Auflassung eingegangen anzusehen, so ist das Recht in der zweiten Abtheilung und der Eigenthumsübergang einzutragen, und zwar ersteres mit dem Bemerken, daß die von dem Veräußerer erklärte Eintragungsbewilligung gleichzeitig mit der Auflassung dem Grundbuchamt vorgelegt worden ist. (Turnau 1 S. 143; Dernburg, Preuß. Privatr. 1 §. 200.) Für Rheinl. vgl. Einf.Ges. §. 5 Abs. 2.

3. Wird durch eine Störung der gesetzlichen Reihenfolge Jemand in seinem Rechte verletzt, so fragt es sich, ob und wie die Verletzung gehoben werden kann. Der Antragsteller erlangt durch Anbringung seines Gesuches bei dem Grundbuchamt gegen dieses das Recht auf Eintragung an der Stelle, welche nach §. 17 zu gewähren ist. Dieses Recht hat von mehreren Antragstellern jeder für sich. Ein Rechtsverhältniß des einen zu dem anderen aber wird durch die Anbringung der Gesuche allein nicht begründet. Hieraus ergiebt sich die Entscheidung in folgenden Fällen:

a. Wird ein Antrag als unvollständig zurückgewiesen, später aber vervollständigt, so bestimmt sich seine Priorität durch den Zeitpunkt, in welchem die Vervollständigung bei dem Grundbuchamt eingeht; dasselbe gilt, wenn ohne Zurückweisung des mangelhaften Antrages dem Antragsteller die Abstellung des Mangels durch temporisirende Zwischenverfügung aufgegeben wird (Kammerger., Jahrb. 12 S. 97; Förster-Eccius 3 §. 184 Anm. 31a; vgl. unten Anm. 4 zu §. 46 der Gr.B.O.). Denn nur ein Gesuch, welches die sofortige Eintragung rechtfertigt, begründet ein Recht auf eine bestimmte Stelle. Nur für den Fall, daß die verschiedenen Anträge von demselben Eigenthümer gestellt sind, welcher bis zur Eintragung über die Priorität der Posten in maßgebender Weise bestimmen durfte, kann man mit dem Kammergericht (a. a. O. u. Jahrb. 10 S. 98) dem früher eingegangenen, beanstandeten, aber nicht formell zurückgewiesenen Antrag das Vorrecht zubilligen. — Wird im Beschwerdewege eine von dem Grundbuchamt abgelehnte Eintragung angeordnet, so hat die Eintragung an der Stelle im Buche zu erfolgen, welche ihr zur Zeit der Vorlegung des Eintragungsgesuches bei dem Grundbuchamt gebührte. Kann diese Stelle nicht gewährt werden, so ist an der nächst offenen einzutragen

b. Die Reihenfolge bestimmt die Rangordnung selbst dann, wenn sie der Vorschrift des §. 17 nicht entspricht, also wenn die eine Eintragung ohne Recht der anderen vorgestellt worden ist. (A.L.R. I. 20 §. 502.) Der hierdurch Benachtheiligte hat gegen den ihm Vorgezogenen auf Grund des §. 17 nicht den Anspruch auf Einräumung der Priorität. Er hat diesen Anspruch nur, wenn zwischen ihnen ein Rechtsverhältniß begründet ist, aus welchem derselbe hervorgeht. Ein solches Rechtsverhältniß kann namentlich durch den dolus oder durch ungerechtfertigte Bereicherung des Begünstigten entstehen. Aber die bloße Kenntniß des letzteren von dem früheren Eingange des Gesuches, aus welchem die Eintragung später erfolgte, ist noch kein dolus, und eine ungerechtfertigte Bereicherung kann nicht schon darin gefunden werden, daß die ungerechtfertigte Priorität erlangt ist. (Turnau 1 S. 148 ff.) Anderer Ansicht das O.Tr. IV, Str.Arch. 37 S. 217, und III, ebd. 62 S. 31; R.G. II H.S., Entsch. 4 S. 324 und Förster-Eccius 3 §. 184 Anm. 32. Gegen diese Entscheidungen siehe Koch, Landrecht Bd. 2 Tit. 20 §. 502 Note 31, 8. Aufl. S. 894.

Nach den beiden angeführten Entscheidungen des Kammergerichts kann die durch die Eintragungen bestimmte Rangordnung wegen unrichtigen Verfahrens durch Beschwerde angefochten werden, unbeschadet der von Dritten im redlichen Glauben an die Richtigkeit des Grundbuches erworbenen Rechte; als Dritter kommt aber nicht derjenige Gläubiger, welcher durch die gesetz-

Dritter Abschnitt.

Von dem Recht der Hypothek und der Grundschuld.

1. Von der Begründung dieser Rechte.

---

widrige Eintragung einen ihm nicht zukommenden Platz im Grundbuche erlangt hat, sondern erst dessen Rechtsnachfolger in Betracht.

Dritter Abschnitt.

Vorbemerkungen.

Die juristische Form, in welcher der Realkredit sich bethätigt, ist das Pfandrecht. Die Schwierigkeit, dieses Recht dem Kreditbedürfniß des Grundbesitzes entsprechend zu ordnen, liegt in dem Widerstreit, in welchen die an die Sicherheit und Beweglichkeit der Kapitalanlagen gestellten Anforderungen mit dem Pfandrechtsbegriff gerathen. Das bisherige Recht hat diese Schwierigkeit nicht überall zu überwinden vermocht. Ein neuer Versuch, dieselbe zu lösen, ist in dem vorliegenden Gesetze gemacht.

I. Für das Verständniß des neuen Rechtes kommen in Betracht:

1. das römische Recht. Nach ihm hat das Pfandrecht seinen Zweck nicht in sich selbst, sondern in einem anderen Recht, einem persönlichen Anspruch, dessen Realisirung es verbürgen soll. Die akzessorische Natur des pignus und der hypotheca ist nicht zweifelhaft. (L. 5 D. de pign. et hyp. 20, 1.) Das Pfandrecht entsteht durch Willenserklärung, durch richterliche Verfügung oder unmittelbar durch den Willen des Gesetzes. Eine bestimmte Form für die Begründung des dinglichen Rechtes ist nicht vorgeschrieben. Der Gläubiger, welcher Befriedigung aus dem ihm verpfändeten Grundstück suchte, war also allen Einreden, welche gegen die persönliche Schuld möglich waren, und obenein noch der Gefahr ausgesetzt, das Objekt seiner Befriedigung durch die Konkurrenz älterer ihm unbekannt gebliebener Pfandrechte zu verlieren;

2. das deutsche Recht. Der Pfandrechtsbegriff hat sich in der neueren Satzung unabhängig von dem römischen Rechte ausgebildet. Die Satzung hatte jedoch vor der Hypothek den wesentlichen Vorzug, daß schon bei ihrer Begründung die Forderung des Gläubigers entweder durch Anerkenntniß des Schuldners vor Gericht oder durch richterliches Urtheil exekutionsfähig festgestellt werden mußte. Dadurch war sie praktisch ein selbständiges Recht, insofern nämlich, als die Entstehung der Forderung nicht mehr bestritten und Einreden gegen dieselbe nur dann erhoben werden konnten, wenn sie nach der Begründung des Satzungsrechtes entstanden waren. Die weitere Entwickelung lehnte sich eng an den Rentenkauf an. Mit Einführung der Kündbarkeit der Rente ging der Anspruch auf Zahlung derselben in einen Anspruch auf Kapitalzahlung über. Die Pfandposten in Lübeck und die inskribirten Hypotheken in Hamburg sind erweislich aus dem Rentenkauf hervorgegangen. Von besonderem Interesse ist das hamburgische Hypothekenrecht, da dieses in neuerer Zeit den Anforderungen der Gegenwart entsprechend kodifizirt worden ist.

In Hamburg wird der Immobiliarkredit durch Eintragung von „Hypothekposten" vermittelt. Die Eintragung erfolgt auf den Antrag des Eigenthümers. Eingetragen wird aber nicht eine persönliche Schuld, sondern entweder eine bestimmte Summe (Kapitalposten) oder eine feste Rente unter Beifügung der Summe, durch deren Zahlung der Eigenthümer die Rente ablösen kann (Renteposten).

Durch die Eintragung eines Kapitalpostens erlangt der Gläubiger das Recht auf Zahlung der für ihn eingetragenen Summe. Dieses Recht unterscheidet sich von dem (eingetragenen) Renterecht wesentlich nur durch den Gegenstand der Leistung. Für beide gilt das aus der rechten Gewere hervorgegangene Prinzip des Rechtsbestandes und der Unumstößlichkeit. Kraft dieses Prinzipes ist die Eintragung in ihrer rechtlichen Existenz und Wirksamkeit unabhängig von ihrer Voraussetzung, also namentlich nicht bedingt durch das Bestehen einer persönlichen Forderung. Der Eigenthümer kann den Hypothekposten nur mittels einer neuen Einschreibung entkräften, und eine solche kann nur mit einem persönlichen Anspruche und auch nur gegen denjenigen durchgesetzt werden, der mit ihm in „vertragsmäßigen oder unmittelbar gesetzlichen Rechtsbeziehungen" steht. Hierdurch bestimmen sich zugleich die Einreden, welche gegen die hypothekarische Klage zugelassen sind. Erlangt der Gläubiger aus dem Grundstücke seine Befriedigung nicht, so muß der Eigenthümer mit seinem übrigen Vermögen für den Ausfall einstehen. Diese Verpflichtung geht auf jeden späteren Eigenthümer des belasteten Grundstückes über. Die Hypothek hat sonach ihren akzessorischen Charakter abgestreift; sie ist das Hauptrecht. Die persönliche Verbindlichkeit bildet das Nebenrecht. (Bornemann, im preuß. Justiz-Min.-Bl. von 1848 S. 41 ff. u. 53 ff.; Lührsen, Gutachten rc. in den Verhandlungen des Juristentages 1862 Bd. 1 S. 85 ff.: Bericht des von der hamb. Bürgerschaft am 9. November 1864 niedergesetzten Ausschusses, betr. den Entwurf eines Hypothekengesetzes 1866.)

Dies sind im wesentlichen die Grundsätze, welche in Hamburg seit den Stadtrechten von 1270 und 1292 allmählich sich entwickelt und in dem Gesetze über Grundeigenthum und Hypotheken vom 4. Dezember 1868, unter Zulassung der Eintragung von Hypotheken auf den Namen des Eigenthümers (unten Nr. 4 a. E.), den entsprechenden Ausdruck gefunden haben. Vgl. oben S. 6;

3. die preußische Gesetzgebung des vorigen Jahrhunderts. Die Hypotheken-O. von 1783 setzt den römischen Begriff der Hypothek voraus. Auch nach dem A.L.R. I. 20 §. 1 ist „Unterpfandsrecht das dingliche Recht, welches Jemanden auf eine fremde Sache zur Sicherheit seiner Forderung eingeräumt worden, und vermöge dessen er seine Befriedigung selbst aus der Substanz dieser Sache verlangen kann," und nach §. 415 ebd. hängt „die Gültigkeit des Hypothekenrechts" „an und für sich von der Gültigkeit des Anspruches ab, zu dessen Sicherheit dasselbe bestellt worden". (Vgl. auch §. 12 ebd.)

Die preußische Hypothek ist jedoch trotz dieser ihrer akzessorischen Natur von der römischen wesentlich verschieden. Die Verschiedenheit ist angebahnt durch die Einführung des Institutes der Hypothekenbücher. Die beiden Hauptprinzipien, welche mit diesem Institut verknüpft sind, — das Eintragungsprinzip und das Oeffentlichkeitsprinzip — haben der Hypothek ein eigenartiges Gepräge aufgedrückt.

a. Die Hypothek entsteht nach dem A.L.R. I. 20 §. 411 nur durch Eintragung in das Hypothekenbuch. Ihre Aufhebung erfolgt nach §§. 520 ff. durch Löschung. Hieraus hat man dann weiter gefolgert, daß die Hypothek, solange sie nicht gelöscht ist, fortbesteht. Der §. 52 des Anhanges zum A.L.R. (I. 16 §. 484) bestimmt wörtlich:

> „Hypothekenrechte werden nicht durch die bloße Vereinigung ihres Eigenthumes mit dem Eigenthume des verpflichteten Grundstückes in einer Person aufgehoben, so lange nicht eine von dem Antrage des Besitzers abhängende Löschung erfolgt ist, und kann der Besitzer bis dahin ein solches ungelöschtes Hypothekenrecht gültig an einen anderen abtreten."

Durch die Deklaration vom 3. April 1824, G.S. S. 77, ist diese Vorschrift auch dann für anwendbar erklärt worden, wenn der Eigenthümer des Grundstückes die auf demselben haftende Hypothek bezahlt, aber nicht löschen läßt.

b. Vermöge des öffentlichen Glaubens der Hypothekenbücher können dem Gläubiger, der Befriedigung aus dem Grundstücke sucht, Einreden nur insoweit entgegengesetzt werden, als sie zur Zeit der Erwerbung der Hypothek entweder in dem Buche eingetragen oder dem Erwerber sonst bekannt gewesen sind. A.L.R. I. 11 §. 379 und I. 20 §§. 410 u. 423 ff.

Daß die Hypothek durch diese Vorschriften sich von der Forderung, zu deren Sicherung sie eingetragen wird, praktisch losgelöst und eine gewisse Selbständigkeit erlangt hat, liegt auf der Hand;

4. das mecklenburgische Hypothekenrecht. Nach der Hyp.=O. für Landgüter vom 18. Oktober 1848 §. 16 „werden

1. durch die Eintragung keine bloße Sicherheitsrechte für eine persönliche Verhaftung des die Eintragung Beantragenden, vielmehr selbstständige dingliche Belastungen des Gutes existent; und ist
2. der Antrag auf Eintragung durch eine solche persönliche Verhaftung nicht nothwendig bedingt, vielmehr solcherhalb Alles einer Vereinbarung der Betheiligten überlassen.
3. Ein späterer Eigenthümer des Gutes ist als solcher für seine Person nicht verhaftet."

Die nämlichen Bestimmungen sind meist wörtlich in die revidirte Stadtbuch=O. vom 21. Dezember 1857 §. 19 und die Strelitzer revid. Hyp.=O. für den Privatgrundbesitz in den Domainen und im Cabinetsamte vom 24. Dezember 1872 §. 12 übergegangen.

„In diesen Sätzen", sagt v. Meibom, „ist die Selbstständigkeit der Hypothek, d. h. die Unabhängigkeit der Realobligation von der persönlichen Obligation, als ein Fundamentalsatz des Mecklenburgischen Hypothekenrechts .... ausgesprochen. Hiermit ist zuvörderst anerkannt, daß die Bestimmung zu dem Zwecke, die Realisirung einer außerhalb der Hypothek bestehenden Forderung zu sichern, nicht zum Wesen der Hypothek gehört, wie es nach römischem Recht der Fall ist; vielmehr besteht die Hypothek lediglich zu dem Zwecke, die Realisirung derjenigen Forderung zu sichern, welche in Folge der Zahlungsverknüpfung mit dem Grundstücke den Inhalt des hypothekarischen Rechtes ausmacht. Es ist anerkannt, daß die Entstehung der Hypothek die Existenz einer persönlichen Obligation nicht voraussetzt; eine solche kann neben der Realobligation bestehen, aber es gehört dies nicht zum Wesen der Hypothek. Es ist endlich anerkannt, daß im Falle des Nebeneinanderbestehens einer Realobligation und einer persönlichen Obligation die persönliche Forderung nicht als Hauptrecht, die dingliche Forderung nicht als Nebenrecht anzusehen ist, vielmehr keiner von beiden dem andern Rechte gegenüber ein accessorischer Charakter zukommt." v. Meibom, das mecklenburgische Hypothekenrecht S. 99 ff.

Die mecklenburgische Gesetzgebung hat dem Gedanken, der in dem §. 52 des Anhanges zum A.L.R. nur unvollkommen zum Ausdruck gelangt ist, zuerst eine greifbarere Gestalt gegeben. Nach der Hyp.=O. für Landgüter vom 18. Oktober 1848 §. 16 Nr. 4 kann nämlich der „zeitige Eigenthümer für sich selbst und auf seinen eigenen Namen eintragen lassen; auch dürfen bereits eingetragene Forderungen auf ihn cedirt und umgeschrieben werden. Der Lauf der auf solche Pöste eingetragenen Zinsen beginnt jedoch erst von dem Zeitpunkte, wenn entweder das Gut auf einen neuen Eigenthümer übergegangen oder ein solcher Posten auf einen Dritten übertragen ist." Durch spätere Verordnungen ist die Eintragung auf den Namen des Eigenthümers auch im Geltungsbereiche der Stadtbuch=O. und der Hyp.=O. für den ländlichen Kleingrundbesitz zugelassen und gleichzeitig außer Zweifel gestellt worden, daß die nicht begebene Hypothek des Eigenthümers im Konkurse des letzteren nicht in die Gemeinmasse fällt, sondern der Grundstückmasse verbleibt. Vgl. insbesondere die Verordnung vom 25. August 1876 Art. III.

Aus dem mecklenburgischen Hypothekenrechte ist die Eintragung auf den Namen des Eigenthümers in das hamburgische Gesetz vom 4. Dezember 1868 §. 35 und in die lübeckischen Verordnungen vom 22. Juli 1868 §. 3 und vom 15. Juli 1872 §. 4 übergegangen, jedoch mit der wesentlichen Abweichung, daß hier die unbegebene Hypothek des Eigenthümers in die Konkursmasse fällt.

II. Bei der Reform des Hypothekenrechtes in Preußen suchte man die Fortschritte zu verwerthen, welche die Gesetzgebung in Mecklenburg gemacht hatte. Namentlich war es das Prinzip der Selbständigkeit der Hypothek, von dessen Annahme man eine erhebliche Förderung des Realkredits erwartete. Die Motive zu dem Entwurf des vorliegenden Gesetzes äußern sich hierüber wie folgt:

„Das Prinzip dieser Selbständigkeit ist folgendes: Wenn der Besitzer eines Grundstückes eine Hypothek für eine Schuld bewilligt, so liegt in dieser Bewilligung ein Verzicht auf alle Einreden, welche aus der Entstehung des persönlichen Schuldverhältnisses entnommen, gegen die Rechtsbeständigkeit der Hypothek gerichtet werden könnten. Die Bestellung der Hypothek ist der freie Willensakt des Grundbesitzers. Hat er ihn vorgenommen, so hat er sich auch allen den Folgen unterworfen, welche das Gesetz daran knüpft, daß sie den Einreden nicht unterworfen ist, die aus dem obligatorischen Verhältniß gegen sie geschöpft werden könnten, so verletzt sie keine allgemeinen Rechtsgrundsätze. Eine Analogie bietet der Wechsel. Wenn ein Wechsel ausgestellt wird, um die Erfüllung einer materiellen Schuldverbindlichkeit, z. B. die Zahlung von rückständigem Kaufgeld, strenger zu sichern, so hat die Ausstellung oder Acceptation eines solchen Wechsels in Wirklichkeit den Charakter einer accessorischen Stipulation; nichtsdestoweniger ist die Existenz des Wechsels eine durchaus selbständige, durch Einreden aus der Schuld nicht anfechtbar; letztere wird durch die Wechselschuld verdeckt und kann nicht vorgebracht werden, wenn der Wechsel geltend gemacht wird. So kann und soll auch die Hypothek, in ihrem Zweck zwar eine accessorische Stipulation, in ihrer formalen Begründung selbständig und deshalb unabhängig, so zu sagen ein Realwechsel sein."

Die Konsequenzen, welche hieraus gezogen wurden, waren namentlich folgende:

1. Der erklärte Wille des eingetragenen Eigenthümers bildet den Rechtsgrund für die Eintragung der Hypothek. Der Schuldgrund ist ohne Einfluß auf die Entstehung des dinglichen Rechtes.

2. Gegen die hypothekarische Klage sind Einwendungen, die aus der ungültigen Entstehung des persönlichen Schuldverhältnisses hergeleitet werden, unzulässig.

3. Die Hypothek des Eigenthümers ist anerkannt, wenn auch anders als bisher aufgefaßt und entwickelt. (Werner 2 S. 23 ff.)

Bei den parlamentarischen Berathungen des Entwurfes fand das Prinzip desselben einen erheblichen Widerspruch nicht. Aber die Kommission des Herrenhauses fand es im höchsten Grade bedenklich, der Uniformität und Einfachheit des neuen Rechtsgedankens wegen die bisherige Konstruktion der Hypothek gänzlich aufzugeben und also die Grundbesitzer zu nöthigen, die Form der selbständigen Hypothek selbst da zu wählen, wo der Gläubiger mit der accessorischen Sicherheit zufrieden sei. Man beschloß daher, die accessorische Hypothek beizubehalten und zur Unterscheidung von derselben die selbständige als Grundschuld zu bezeichnen. (Werner 2 S. 53 u. 54.) Wie das Gesetz ergiebt, haben beide Formen in ihm Aufnahme gefunden.

1. Die Grundschuld des Gesetzes entspricht wesentlich der Hypothek des Regierungsentwurfes Die hauptsächlichsten Unterschiede zwischen beiden betreffen die Einreden gegen die Klage des Gläubigers.

a. Dem Entwurf diente zum Vorbild das mecklenburgische Recht. Durch positive Vorschriften, welche in der Hyp.-O. für Landgüter vom 18. Oktober 1848 §. 29 und der Stadtbuch-O. vom 21. Dezember 1857 §. 30 sich finden, sind wichtige Einreden gegen die hypothekarische Klage, auch wenn diese von dem ursprünglichen Gläubiger oder dessen Erben angestellt ist, im Interesse des Realkredits einfach ausgeschlossen. Der preußische Entwurf sah hierin lediglich eine Konsequenz aus dem Prinzip der Selbständigkeit der Hypothek. Seine Motive äußerten sich hierüber wie folgt:

„Wenn die Hypothek in ihrem weiteren Schicksal unabhängig gedacht wird von der Obligation, um derentwillen sie begründet worden, so wirkt dies auch ein auf das gegenseitige Verhältniß der persönlichen und der hypothekarischen Klage. Hierin liegt der Angelpunkt der neueren Rechtsentwickelung; es kommt daher Alles darauf an, das gegenseitige Verhältniß beider

Klagen klar zu erkennen. Beide scheiden sich dann scharf sowohl in ihrer Begründung und ihrem Zweck, als in der gegen sie zulässigen Vertheidigung.

Die hypothekarische Klage gründet sich nur auf die Thatsache der Eintragung der Hypothek und erstrebt die Befriedigung nur aus dem verpfändeten Grundstück. . . .

Die hypothekarische Klage soll frei sein von allen Einreden und Angriffen, deren Ziel es sein würde, ihre Ungültigkeit aus der ungültigen Entstehung der Schuld herzuleiten, denn letztere ist nicht ihr Fundament; sie bleibt aber allen Einreden ausgesetzt, die entweder aus dem Grundbuche sich ergeben oder die Aufhebung des Schuldverhältnisses dem Kläger gegenüber behaupten. Denn durch solche Einreden wird dargethan, daß der Zweck der Hypothek, die Sicherung einer Schuld, weggefallen ist, sie mithin selbst materiell nicht mehr besteht. Die hypothekarische Klage bleibt aber auch denjenigen Einreden ausgesetzt, durch welche nachgewiesen werden soll, daß das Hypothekenrecht selbst ungültig entstanden, z. B. betrügerisch von einem falschen Eigenthümer oder in einer gefälschten Urkunde bewilligt worden ist. Nur muß bei den Einreden, welche die Aufhebung des Schuldverhältnisses oder die ungültige Entstehung des Hypothekenrechtes behaupten, festgehalten werden, daß der Glaube des Grundbuches bewirkt, daß derjenige Erwerber der Hypothek unbedingt gesichert sein muß, der sie ohne Kenntniß oder Betheiligung bei den Thatsachen erworben hat, auf welche sich diese Einreden gründen, d. h. daß sie dem Beklagten dem jedesmaligen Kläger, sei er der ursprüngliche Gläubiger oder ein späterer Erwerber, gegenüber unmittelbar zustehen müssen. . . ." (Werner S. 23, 24.)

Aus diesen Gründen brachte der Entwurf unter §. 34 folgende Bestimmung:

„Gegen die hypothekarische Klage sind Einreden, welche die Begründung des persönlichen Schuldverhältnisses betreffen oder gegen das Verfügungsrecht des eingetragenen Klägers aus der Person seines Rechtsurhebers (Autors) gerichtet sind, unzulässig; andere Einreden sind nur soweit zulässig, als sie dem Beklagten gegen den jedesmaligen Kläger unmittelbar zustehen oder aus dem Grundbuch sich ergeben."

b. Diese Bestimmung stieß im Landtage auf den lebhaftesten Widerspruch. Die Kommission des Herrenhauses sprach sich in nachstehender Weise aus:

„Der Entwurf schlägt hier eine Bestimmung vor, welche noch über die formale Kraft des Wechselrechtes hinausgeht und welche bisher noch in keiner Gesetzgebung Anerkennung gefunden hat. Auch dem ursprünglichen Gläubiger und seinen Erben gegenüber sollen, wenn dieselben die hypothekarische Klage anstellen, alle Einreden aus der Entstehung des Schuldverhältnisses ausgeschlossen sein, während im Wechselprozesse dieselben nicht nur dem ursprünglichen Wechselgläubiger und seinen Erben, sondern selbst dem Indossaten gegenüber, wenn dieser von den betreffenden Thatsachen Kenntniß gehabt hat, vermöge der exceptio doli zulässig sind. . . . . .

Die Kommission war einstimmig der Ansicht, daß dies Prinzip sich nicht rechtfertigen lasse, sondern daß gegen die Klage aus einer Hypothek die Einreden nach den bisherigen gesetzlichen Bestimmungen unbeschränkt aufrecht erhalten und nur gegen die Klage aus einer Grundschuld dahin beschränkt werden müßten, als sie dem Beklagten gegen den jedesmaligen Kläger unmittelbar zustehen oder aus dem Grundbuch resp. Grundschuldbrief sich ergeben oder die Thatsachen, auf welche sich dieselben gründen, dem Kläger beim Erwerb der Grundschuld bekannt gewesen sind. Denn der Glaube des Hypothekenbuches dürfe nicht zum Deckmantel der Unredlichkeit benutzt und der Schutz des Gesetzes wie im Wechselverkehr nur dem redlichen dritten Inhaber gewährt werden (Art. 82 der Wechselordnung). Es müßten daher auch einem Grundschuldgläubiger und dessen in mala fide befindlichen Cessionarien alle Einreden entgegengesetzt werden dürfen, welche sich auf das der Konstituirung der Grundschuld zu Grunde liegende obligatorische Verhältniß bezögen."

Die Aufnahme des Wortes „Grundschuldbrief" anstatt des Wortes „Grundbuch" wurde „damit gerechtfertigt, daß der Verkehr mit Grundschulden sich ausschließlich an den Grundschuldbrief anknüpfen müsse, nicht an etwaige darin nicht vermerkte im Grundbuche befindliche Eintragungen. Sonst werde sich ein lebhafter Verkehr mit Grundschuldbriefen nicht entwickeln; es sei doch nicht möglich, daß der Erwerber sich durch Einsicht des Grundbuches eines vielleicht weit entfernten Grundbuchamtes vor dem Erwerbe erst versichere, ob darin etwas eingetragen sei, was nicht aus dem Grundschuldbriefe sich ergäbe."

Die Kommission beschloß hiernach, dem ersten Satz des §. 34 folgende Fassung zu geben:

„Gegen die Klage aus einer Grundschuld sind Einreden nur soweit zulässig, als sie dem Beklagten gegen den jedesmaligen Kläger unmittelbar zustehen oder aus dem Grundschuldbrief sich ergeben, oder die Thatsachen, auf welche sich dieselben gründen, dem Kläger beim Erwerb der Grundschuld bekannt gewesen sind."

Der Regierungskommissar war nur gegen den Ausdruck „Grundschuldbrief" an Stelle des Wortes „Grundbuch" aufgetreten. Im übrigen hatte er mit dem Beschluß der Kommission sich einverstanden erklärt, indem er versicherte, daß es niemals in der Absicht der Staatsregierung gelegen hätte, durch den §. 34 die exceptio doli ausschließen zu wollen. (Werner S. 57 u. 58.)

Der von der Kommission aufgestellte Satz ist hiernächst unverändert in den §. 38 des Gesetzes übergegangen.

2. Die Hypothek, welche der Landtag in den Entwurf eingefügt hat, ist im wesentlichen die des Allg. Landrechts. Die Kommission des Herrenhauses hatte beschlossen, den zweiten Satz des jetzigen §. 38 so zu fassen:

„Gegen die Klage aus einer Hypothek sind die Einreden aus dem persönlichen Schuldverhältniß oder welche aus dem Grundbuch sich ergeben, unbeschränkt zulässig."

Dieser Beschluß war eine Konsequenz der Annahme zweier Rechtsformen für die Kapitalbelastung der Grundstücke. Im Abgeordnetenhause täuschte man sich aber offenbar über seine Bedeutung. Der Bericht der Kommission desselben hielt sich an die in dem Bericht der Herrenhaus-Kommission vorkommende Bemerkung, daß „gegen die Klage aus einer Hypothek die Einreden nach den bisherigen gesetzlichen Bestimmungen unbeschränkt aufrecht erhalten werden müßten." (Werner S. 114.) Nichts halfen die Ausführungen Bährs im Plenum des Hauses, daß es auf den formulirten Beschluß des Herrenhauses ankäme, und daß dieser Beschluß wohl erwogen wäre, indem man neben der Grundschuld, als Verkehrshypothek, in der Beibehaltung der accessorischen Hypothek eine Nichtverkehrshypothek zulassen wollte. Das Haus nahm im Einverständnisse mit dem Regierungskommissar folgende Fassung an

„Gegen die Klage aus einer Hypothek können Einreden aus dem persönlichen Schuldverhältniß einem Dritten, welcher ein Recht auf die Hypothek gegen Entgelt erworben hat, nur entgegengesetzt werden, wenn sie ihm vorher bekannt geworden sind oder sich aus dem Grundbuch ergeben." (Werner S. 114 u. 132.)

Und dieser Satz ist sodann auch von dem Herrenhause und der Regierung angenommen worden. Er stellt die Hypothek in Ansehung der Verkehrsfähigkeit praktisch der Grundschuld gleich.

III. Während in Hamburg und Lübeck die selbständige Hypothek sich geschichtlich entwickelt hat, sind es in Preußen lediglich Zweckmäßigkeitsrücksichten, welchen die Grundschuld ihre Einführung verdankt. Der Gesetzgeber hat sich darauf beschränkt, das Rechtsinstitut nach diesen Rücksichten zu ordnen, und der Wissenschaft die Auffindung des Zusammenhanges der aufgestellten Rechtssätze mit dem hergebrachten System überlassen. Es sind deshalb verschiedene Versuche zur Lösung des Problems gemacht worden. Die wichtigsten mögen hier kurz erwähnt werden.

1. Bremer, der das Pfandrecht als ein „Recht am Werth" der Sache auffaßt, verwendet diese Auffassung auch zur Erklärung der Grundschuld. Der Eigenthümer kann darnach die Sache entweder als Gegenstand des Gebrauches und der Nutzung oder lediglich als Werthstück oder aber auch nach beiden Richtungen zugleich in Betracht ziehen. Ausschließlich als Werthobjekt dient die Sache, wenn der Eigenthümer sie zum Pfande giebt. Daß das Pfandrecht ein unselbständiges Recht ist, soll nicht aus seiner Eigenschaft als Werthrecht folgen, sondern daraus, daß es zur Sicherung einer Forderung bestellt wird. Bremer schließt deshalb weiter,

daß das Recht zur Verwerthung einer Sache auch ohne Beziehung auf eine Forderung von dem Eigenthümer einem Anderen eingeräumt werden könne. Mit diesem selbständigen Werthrecht identifizirt er die Grundschuld, indem er deren Inhalt in dem Recht zur Aneignung eines bestimmten Theiles des Grundstückswerthes erblickt. Der Eigenthümer hat nicht die Pflicht, wohl aber das Recht, die Zahlung des Grundschuldbetrages an den Gläubiger zu leisten und dadurch das Grundstück von der darauf haftenden Schuld zu befreien. Die Verpflichtung des Eigenthümers zur Entrichtung von Zinsen ist obligatorischer Natur, wofür das Rechtsverhältniß in den Fällen der servitus oneris ferendi etc. eine Analogie bietet. Bremer, Hypothek und Grundschuld (1869) insbes. S. 20 ff., 53 ff., 63.

Dieser Theorie stehen hauptsächlich folgende Bedenken entgegen:

a. Die Lösung des Werthes von der Sache widerspricht der natürlichen Anschauung der Dinge. Der Werth, den eine Sache hat, beruht auf der Meinung Anderer über ihre Brauchbarkeit im Verhältniß zum Gelde. Er ist nichts körperliches und folglich ungeeignet, der Gegenstand eines Rechtes zu sein. Der Pfandnexus ergreift die Sache selbst und nicht, wie Bremer (das Pfandrecht und die Pfandobjekte 1867 S. 27 ff., 60 ff.) und Andere lehren, den Werth. Exner, Kritik des Pfandrechtsbegriffes S. 32 ff.; Förster-Eccius Bd. 3 §. 190; Dernburg, Preuß. Privatr. 1 §. 315.

b. Das Recht zur Verwerthung einer Sache ist ohne Beziehung zu einer Forderung inhaltslos. (Kühnast, Untersuchung des Grundschuldbegriffes S. 12.) Die Verbindung des Pfandrechtes mit der Forderung ist nach römischer Anschauung keine zufällige, sondern eine dergestalt wesentliche, daß sie Entstehungselement des Pfandrechtes ist. (G. Buchka, die Hypothek des Eigenthümers S. 52.) Die für gewisse Fälle angenommene Fortexistenz des Pfandrechtes nach Tilgung der Schuld (Windscheid §. 225) ist eine Anomalie, aus welcher für die Erklärung der Grundschuld nichts entnommen werden kann. (Regelsberger, das bayerische Hypothekenrecht S. 175.) Wenn sonach das Bremersche Werthrecht eine den Römern fremde Rechtsbildung ist, so leistet es das nicht, was es leisten soll, — nämlich die Ueberbrückung der Kluft zwischen der Grundschuld und der accessorischen Hypothek.

c. Die Theorie des Werthrechtes vermag die Verpflichtung des Berechtigten zur Annahme der Zahlung des Kapitals von dem Eigenthümer nicht zu erklären. (Förster, Grundbuchrecht S. 135 ff.) Nach dem Gesetz über den Eigenthumserwerb §§. 37 ff. ist die Zahlung des Betrages, welcher den Gegenstand der Grundschuld bildet, nicht blos ein Recht, sondern die Pflicht des jeweiligen Eigenthümers; dieser ist der Schuldner, dem gegenüber der Gläubiger den Anspruch auf Zahlung und die Verpflichtung zur Annahme derselben hat.

d. Die Zinsenobligation steht in keinem organischen Zusammenhange mit dem dinglichen Werthrecht, sondern ist demselben rein äußerlich angefügt. Stüler S. 264; Stobbe, Handb. 2 §. 109 Note 15; Kühnast S. 15.

2. Nach Stüler, Werthantheile, in Behrends und Dahns Zeitschrift für die deutsche Gesetzgebung rc. 7 S. 261 ff., ist die Grundschuld ebenfalls ein dingliches Recht, „ein Recht der Herrschaft über eine fremde Sache, bestehend in der Aneignung eines Theiles ihres Werthes nach Ablauf einer gewissen Zeit und des Nutzungsbetrages dieses Werthes bis zu der Zeit." (S. 280.) Die Bestellung der Grundschuld erfolgt durch Veräußerung eines Antheils an dem Werth des Grundstückes. (S. 279.) Die Verpflichtung des Eigenthümers zur Zahlung des dem Werthaneignungsrecht entsprechenden Geldbetrages hat ihren Grund in dem Besitz; sie ist keine obligatorische, „stammt vielmehr aus dem Nebeneinanderbestehen von Herrschaftsansprüchen an dieselbe Sache", nämlich dem Eigenthum und dem Werthaneignungsrecht. Der Eigenthümer haftet dem Gläubiger mit dem Grundstück, für die Zinsen, welche auf seine Besitzzeit entfallen, mit seinem ganzen Vermögen, und zwar aus dem Grunde der Bereicherung mit den Nutzungen. (S. 278 u. 280.)

Diese Konstruktion leidet an derselben Schwäche, wie die Bremersche, weil sie ebenfalls auf der Voraussetzung beruht, daß das dingliche Recht ein „Recht am Werth" der Sache sei. Sie giebt überdies keinen Aufschluß darüber, weshalb der Werthantheil, auf dessen Aneignung das Grundschuldrecht gerichtet ist, bei der Zwangsvollstreckung in das Grundstück dem Werthantheil des Eigenthümers vorgeht.

3. Richard Goldschmidt faßt die Bestellung des Pfandrechtes als eine unter der Bedingung der Nichtzahlung erfolgende Veräußerung des Miteigenthumes auf und glaubt von dieser Grundlage aus auch das Problem der Selbständigkeit des hypothekarischen Rechtes lösen zu können. Seine Auffassung indessen, die in einer kleinen Schrift unter dem Titel „Systematik des Pfandrechtes und der Hypothek des Eigenthümers" (1877) niedergelegt ist, scheint bisher nur Widerspruch gefunden zu haben. Es genügt dieserhalb, auf die Kritik von Küntzel, in Gruchot 21 S. 925, und Kühnast, Untersuchung des Grundschuldbegriffes S. 36 ff. zu verweisen.

4. Voß, zur Theorie der Grundschuld, in Behrends und Dahns Zeitschrift 2c. 8 S. 477 ff., unterscheidet für die juristische Konstruktion der Grundschuld, ob die letztere in fremder Hand sich befindet oder dem Eigenthümer selbst gehört.

Die Grundschuld in fremder Hand definirt er „als ein (dingliches) Recht an einer fremden Sache zur Sicherung einer nur durch die eingetragene Summe nebst Zubehör inhaltlich bestimmten Zahlungsverbindlichkeit." (S. 505.) „Wir werden", sagt er, „das Richtige treffen, wenn wir der obligatorischen Seite des Grundschuldrechtes ihren Platz unter den Zustandsobligationen anweisen, also annehmen, daß die Obligation aus der Grundschuld aktiv an das Grundschuldrecht im subjektiven Sinne, passiv an das grundbuchmäßige — eingetragene oder nicht eingetragene — Eigenthum des verhafteten Grundstückes kraft Rechtssatzes sich anknüpft." (S. 510.) Da ein Wechsel sowohl in der Person des Eigenthümers als auch in der Person des Gläubigers sich vollziehen kann, ohne daß das Grundbuch über ihn Auskunft giebt, so stellt die Eintragung der Grundschuld nicht nothwendig fest, daß gerade zwischen den eingetragenen Personen ein obligatorisches Verhältniß zur Existenz komme. Der eingetragene Eigenthümer ist nur möglicher Schuldner, der eingetragene Gläubiger nur möglicher Gläubiger. Es drängt sich sonach die Analogie der Inhaberpapiere auf, wenn man mit Förster 3. Aufl. §. 64 Bd. 1 S. 365 annimmt, daß der Präsentant des Papieres der Gläubiger ist. (S. 511 ff.) Der Präsentation bei den Inhaberpapieren sollen bei der Grundschuld entsprechen: die Zahlungsaufforderung, das Angebot der Zahlung, die Einlösung, die Subhastation. „Gläubiger ist, wer die Zahlung von dem gegenwärtigen Eigenthümer des verhafteten Grundstückes rechtmäßig fordert oder annimmt, Schuldner derjenige Eigenthümer, von welchem Zahlung rechtmäßig gefordert resp. geleistet wird." (S. 513.) Demnach wird „ein obligatorisches Band zwischen Gläubiger und Schuldner nicht schon mit der Entstehung des dinglichen Rechtes, sondern zu einem späteren möglicherweise sehr fern liegenden Zeitpunkte geknüpft. (S. 516.)

Von dieser eigentlichen Grundschuld wesentlich verschieden ist nach Voß die uneigentliche, die Grundschuld des Eigenthümers. Sie ist „zwar ihrer grundbuchmäßigen Form nach ein selbständiges dingliches Recht, thatsächlich aber kein jus in re aliena, sondern ein aus dem allgemeinen Inhalte des Eigenthumes nicht auszuscheidender Inbegriff von Befugnissen" (S. 505). Das in ihr „zum Ausdruck gelangende Recht ist lediglich das Eigenthum selber." (S. 500.) Es kann zwar nur in der grundbuchmäßigen Form ausgeübt werden (S. 504.), aber es hat den nacheingetragenen Rechten gegenüber keine andere Bedeutung als die, daß der Eigenthümer für den Fall des Zwangsverkaufes sich einen der Grundschuld entsprechenden Betrag des Kaufgeldes vorbehalten hat (S. 500.).

An dieser Theorie ist zunächst das auszusetzen, daß sie die Einheitlichkeit des Begriffes der Grundschuld durch Scheidung derselben in eine eigentliche und eine uneigentliche aufgiebt. Sodann befriedigt die Erklärung der eigentlichen Grundschuld nicht, weil sie die Obligation, welche durch das dingliche Recht gesichert werden soll, erst nach der Begründung dieses Rechtes zur Entstehung kommen läßt. Die Förstersche Theorie der Inhaberpapiere ist, wie Kühnast treffend hervorhebt, „nicht so gesichert, daß auf sie die Theorie der Grundschuld gebaut werden könnte." Es erscheint kaum als denkbar, „daß die Grundschuld trotz Perpetuirung des Zinsenlaufes erst dann zu einer vollen Rechtsexistenz gelangen soll, wenn ihr Untergang durch ihre

Geltendmachung vorbereitet wird, daß Akte, welche sonst die Geltendmachung einer erworbenen Forderung bedeuten, hier mit der Bedeutung des Forderungserwerbes ausgestattet werden sollen, und daß trotz alledem der Sicherungszustand von vorne herein funktionirt." (Kühnast S. 33.) Die uneigentliche Grundschuld ist nach der Gestaltung, welche sie in dem Gesetz erfahren hat, nicht ein bloßer Vorbehalt gewisser im Eigenthum liegender Befugnisse, sondern eine Grundschuld, die begrifflich von der eigentlichen Grundschuld nicht unterschieden ist.

5. Die Schwierigkeiten, welchen die Konstruktion der Grundschuld begegnet, lösen sich einfach, wenn man das Grundstück als Subjekt der Verpflichtung auffaßt, welche durch dieselbe begründet wird. Allein diese Auffassung, aus welcher Tschierpe (Erörterungen zur mecklenb. rev. Hyp.-O. für Landgüter S. 92 und 104) die Hypothek des mecklenburgischen Rechtes zu erklären suchte, untersagt sich durch die Erwägung, daß ein Grundstück ebensowenig wie eine bewegliche Sache die Eigenschaft einer juristischen Person haben kann. (G. Buchka, die Hypothek des Eigenthümers S. 65 ff.) Für das preußische Recht ist es nach §. 37 des Gesetzes nicht zweifelhaft, daß der Eigenthümer als solcher und nicht blos als Vertreter des Grundstückes dem Gläubiger zur Zahlung verpflichtet ist.

6. Nach dem Entwurf von 1864 §. 23 sollte „die Eintragung einer Forderung eine selbstständige Realobligation" begründen. In den Motiven der späteren Entwürfe ist diese Vorstellung als inkorrekt und unklar aufgegeben. (Werner 2 S. 22.) Sie ist indessen nicht ohne wissenschaftlichen Hintergrund. v. Meibom hat aus den Quellen des deutschen Rechtes eine eigene Theorie der „Realschulden" zu entwickeln versucht. Die Realschuld ist darnach eine Obligation, bei welcher der Schuldner durch den Besitz einer Sache bestimmt wird, sich jedoch durch das Aufgeben des Besitzes von der Schuld befreien kann, so daß für diese nur die Sache, nicht auch das übrige Vermögen des Schuldners haftet. (v. Meibom, über Realschuld und Reallasten, in dem Jahrbuch des gemeinen deutschen Rechtes 4 S. 442 ff.) Daß Rechtsverhältnisse, welche nur eine auf die Sache beschränkte Haftung des Schuldners erzeugen, dem deutschen Rechte schon im Mittelalter bekannt gewesen, hat auch Stobbe in seiner Abhandlung zur Geschichte und Theorie des Rentenkaufes, in der Zeitschrift für deutsches Reich rc. 19 S. 178 ff., nachgewiesen. Es kann indessen hier auf die geschichtliche Berechtigung der Theorie v. Meiboms nicht eingegangen werden. Was dagegen die juristische Konstruktion der Realschulden betrifft, so ist zu erwähnen, daß dieselben im Gegensatz zu den Reallasten aufgefaßt und den römischen Noxalschulden an die Seite gestellt worden sind. Die preußische Grundschuld gestattet aber eine solche Parallele nicht, weil bei ihr der Eigenthümer von vornherein nur mit dem Grundstück haftet, während der Noxalschuldner für die Tilgung der Schuld mit seinem ganzen Vermögen einzustehen und nur die Vergünstigung hat, durch noxae deditio die Tilgung zu bewirken. Buchka S. 79; Kühnast S. 28.

7. Bähr operirt ebenfalls mit dem Begriff der Realobligation, entwickelt denselben aber aus dem römischen Recht. Er geht mit Bremer davon aus, daß dem Pfandrecht die accessorische Natur nicht wesentlich, sondern nur äußerlich hinzugefügt sei. Von dieser Voraussetzung gelangt er weiter dahin, daß der Gläubiger wie zwei Klagen, eine persönliche und eine dingliche, so auch eine persönliche und eine dingliche Forderung habe, die erstere aus dem Schuldverhältniß, die letztere aus der Pfandbestellung. Veräußert der Schuldner die Pfandsache, oder hat von vornherein ein Dritter seine Sache zum Pfande eingesetzt, so haften, wie Bähr unterstellt, dem Gläubiger zwei Schuldner, ganz nach Art der correi debendi, der persönliche Schuldner unbeschränkt, der Besitzer des verpfändeten Gutes, als dinglicher Schuldner, nur mit der Sache. Giebt man die Abhängigkeit der dinglichen Schuld von der persönlichen auf, so bleibt nur die Realobligation (Grundschuld). Die Eingehung der letzteren sollen zwei Verträge erklären, ein pactum de non petendo in personam zwischen dem Schuldner und dem Gläubiger und ein Verzicht des Pfandbesitzers auf die exceptio excussionis. Die Realobligation ist hiernach die Forderung des Gläubigers in ihrer Richtung auf ein bestimmtes, dinglich erfaßtes Exekutionsobjekt, und die Forderung beruht auf einem rein formalen Summenversprechen, für dessen Erfüllung das Grundstück haftet. (Bähr, die preußischen Gesetzentwürfe

über die Rechte am Grundvermögen, in den Jahrbüchern für die Dogmatik 11, Separatabdruck 1870, S. 49 ff. und 96 ff.)

Diese Theorie fällt mit ihrer Voraussetzung, wenn man annimmt, daß das römische Pfandrecht ohne Beziehung auf ein persönliches Schuldverhältniß nicht zur Entstehung gelangen kann. Das Dogma von der dinglichen Forderung ist ohnehin nicht römisch. Der Pfandbesitzer, welcher dem Gläubiger nicht persönlich verpflichtet ist, haftet demselben überhaupt nicht. (Stüler S. 269.) Er muß sich nur gefallen lassen, daß der Gläubiger die Sache in Besitz nimmt, um dieselbe zu verkaufen. (Buchka S. 55; Kühnast S. 27.) Soweit die Ausführungen Bährs darauf hinauslaufen, daß die Grundschuld auf ein formales Summenversprechen zurückzuführen sei, für welches das Grundstück hafte, fallen sie mit der Försterschen Theorie zusammen. (Stüler S. 273.)

8. Förster bestimmt das Recht aus der Grundschuld als „das Formalrecht auf die Leistung einer Summe, welche dem Eigenthümer desjenigen Grundstückes obliegt, dessen Werth zur Sicherung der Leistung eingesetzt ist." (Grundbuchrecht S. 139.) Die Grundschuld ist ihm „ein durch den Werth eines Grundstückes gesichertes Summenversprechen, ohne Rücksicht auf eine sog. cautio discreta; sie kann zwar in Veranlassung einer bestimmten Obligation von dem Leistungsverpflichteten bewilligt werden; aber die Bewilligung allein, nicht die Obligation ist ihr Rechtsgrund." (Theorie u. Pr. 3 §. 190 Anm. 24.) Die Definition Försters darf jedoch nicht so verstanden werden, als ob der Werth des Grundstückes den Gegenstand des Grundschuldrechtes bildete. Das dingliche Recht ergreift immer die Sache selbst. Das Grundstück ist mithin das eigentliche Objekt der Grundschuld. An dieses kann der Gläubiger unmittelbar sich halten, wenn der Schuldner nicht das leistet, was er zu leisten hat. Dernburg, Preuß. Privatr. 1 §. 315.

Nach der Theorie Försters, welche von dem R.G. I H.S. (Entsch. 3 S. 330) gebilligt ist und im Wesentlichen auch mit der Ansicht von Rudolph im Archiv für civilistische Praxis 67 S. 192 ff. übereinstimmt, unterscheidet sich die Grundschuld wesentlich nur dadurch von der Hypothek, daß durch diese eine Forderung mit benannter causa, durch jene eine abstrakte Forderung gesichert wird, daß der Schuldner aus der durch die Hypothek gesicherten Obligation unbeschränkt, aus der Grundschuld dagegen nur mit dem Grundstück haftet.

Die §§. 18, 19 und 38 des Gesetzes scheinen diese Auffassung zu rechtfertigen. Derselben stehen jedoch folgende Gründe entgegen:

a. Die Eintragung von Grundschulden auf den Namen des Eigenthümers bleibt eine Anomalie. (Kühnast S. 31.)

b. Die Beschränkung der Haftung des Bestellers der Grundschuld auf das Grundstück folgt nicht aus der Natur des formalen Rechtes. (Buchka S. 73.)

c. Förster vermag nicht zu erklären, weshalb im Fall der Veräußerung des Grundstückes der Veräußerer als Schuldner ausscheidet und der Erwerber als solcher eintritt. (Stüler S. 274.)

9. Die Verzichtstheorie, welche den Motiven des Entwurfes (oben S. 114) zu Grunde lag, findet in dem §. 38 des Gesetzes ihre Widerlegung. In den Motiven war aber ferner die Analogie des Wechsels herangezogen, die Grundschuld als ein Realwechsel bezeichnet. Auch Dernburg und Hinrichs 1 S. 62 erblicken in der Grundschuld „eine selbständige, in blanco cedirbare, an den Grundschuldbrief geknüpfte, als eine Art von Wechsel mit dinglicher Sicherheit gedachte Belastung des Grundstückes mit einer Summenschuld." Mit dieser Analogie ist jedoch nichts erklärt. Die Grundschuld hat mit dem Wechsel nur die Abstraktion von der causa (dem etwa vorhandenen persönlichen Schuldgrunde) und die Beschränkung der Einreden gemein; sie ist aber ihrem Wesen nach ein anders geartetes Rechtsinstitut als der Wechsel. (Kühnast S. 20 u. 21.)

10. Das Resultat, zu welchem Gerhard Buchka, die Hypothek des Eigenthümers S. 80 und 81, gelangt, ist insofern ein negatives, als er darauf verzichtet, für die selbständige Hypothek einen Platz unter den römischen Kategorien zu finden. In wirthschaftlicher Hinsicht

stellt er dieselbe freilich den dinglichen Rechten im römischen Sinne an die Seite, weil der Tauschwerth des Grundstückes durch das hypothekarische Recht unbestreitbar eine Minderung erfährt. In juristischer Hinsicht dagegen hebt die Dinglichkeit der selbständigen Hypothek sich scharf von der römischen Dinglichkeit ab. Die Verbindung, welche hier die obligatorische Natur mit der dinglichen eingeht, führt Buchka zur Betonung der Verwandtschaft der selbständigen Hypothek mit dem Institut der Reallasten.

11. Dem Gedanken, welchen Buchka und Andere nur schüchtern andeuten, hat Kühnast, Untersuchung des Grundschuldbegriffs, in ebenso geistreicher wie scharfsinniger Weise Gestalt gegeben.

Kühnast geht davon aus, daß nach deutschrechtlicher Anschauung der Bezug der Grundrente ein Recht des Grundeigenthümers ist. Er faßt jedoch dieses Recht nicht als ein integrales, sondern als ein pertinenzielles Moment des Eigenthumes auf. Ein Prinzip, welches ein Recht auf Einkünfte verleiht, giebt auch ein Recht auf den Stammwerth, aus welchem die Einkünfte sich bilden. Daher hindert nichts, jenes Moment des Eigenthumes „in einem beliebigen, von Hypotheken und Reallasten ungebundenen Theil der Grundrente in ihm selbst und in dem entsprechenden Stammkapital äußerlich — grundbuchmäßig — zu fixiren und damit für dasselbe eine besondere Existenz- und Rechtsverkehrsform zu fixiren."

„Die Eintragung der Grundschuld des Eigenthümers als eines Kapitals und Zinsen entspricht dem Begriff der natürlichen Kapitalrente." (S. 48.) In ihr „lebt der Grundgedanke der Reallast; denn die juridische Selbständigkeit des Eigenthumsertragsmomentes ist auch die begriffliche Voraussetzung der in der Stiftung der Reallast liegenden Disposition des Eigenthümers über sein Eigenthumszinsrecht."

„In fremder Hand funktionirt dieses Recht, welches ein Recht auf einen Theil einer fremden Grundrente geworden, selbständig, weil der Einkommensbezug aus dem Komplex der Eigenthumselemente auch thatsächlich getrennt ist. Es funktionirt in obligatorischen Ansprüchen, weil die effektive Theilung der Grundrente eine persönliche Thätigkeit erfordert."

„Als einem Recht auf einen Theil eines fremden Grundstücks-Einkommens ist der Grundschuld der Grundgedanke der Reallast ebenfalls immanent. Die Unlöslichkeit der Reallast ist kein begrifflich nothwendiges Kriterium derselben. Wo die Ausschließung der Kündbarkeit bestanden, war sie nicht eine Folge der Natur der Reallast, sondern eine Folge der der Stiftung der Reallast zu Grunde liegenden Rechtstitel. Wie die Reallast ist die Grundschuld ein dingliches Recht. Hier wie dort arbeitet das dingliche Recht mit dem äußeren Apparat einer Obligation." . . .

„Actio und nomen leben an und in dem Anspruch auf Zinsen und Kapital, die obligatio, das vinculum juris, fehlt."

„Zu einer Beschränkung der persönlichen Haft konnte das römische Recht nicht gelangen, weil das römische Prinzip der „Individualsouveränetät" eine Theilung des Vermögenskreises ausschloß. Der Rentenkauf ist der Typus dieser Theilung der individuellen Haft, das struktive Prinzip die deutschrechtliche Selbständigkeit des Grundstücks-Einkommens." (S. 49.)

Eine Definition der Grundschuld kann nach Kühnast nicht verlangt werden. (S. 50.) — Die Anknüpfung der Grundschuld an das alte Institut der Reallasten, insonderheit der Rentenberechtigung, ist nicht blos geschichtlich berechtigt, wie die Entwickelung der Hypothekenposten in Hamburg und Lübeck nach den oben S. 112 gemachten Andeutungen bestätigt, sondern auch zur Lösung der Probleme, welche die Grundschuld in ihren beiden Gestalten der Wissenschaft stellt, vorzugsweise geeignet.

12. Gegen diese Konstruktion der Grundschuld wendet Eccius (3 §. 190 Anm. 25a) ein, daß sie die unverzinsliche Grundschuld unerklärt läßt und in ihrer Konsequenz wie die Reallast auf die persönliche Verpflichtung des Eigenthümers hinausläuft. Er definirt die Grundschuld als „das Recht, aus der Substanz des Grundstückes die Zahlung der im Grundschuldbrief bezeichneten Summe zu verlangen" und spricht derselben insofern Pfandrechtnatur zu, als sie darauf hinausgeht, daß der Berechtigte die Veräußerung des eingesetzten Grund-

stückes herbeiführen kann, damit aus dem Erlös die zugesicherte Zahlung erfolge; denn jedes Pfandrecht laufe dem Inhalt nach darauf hinaus, daß der Berechtigte seine Befriedigung wegen einer Forderung, oder unabhängig von einer solchen eine bestimmte Geldzahlung aus der Substanz der Sache erlangen könne.

13. Vgl. schließlich noch Skonietzki in Gruchot 27 S. 412 ff., 497 ff., namentlich S. 522 ff.; Pütter im Magazin für das deutsche Recht der Gegenwart Bd. 4 S. 78 ff.; Süß ebd. Bd. 8 S. 16 ff., namentlich S. 62. ff; Stelling, die preußische Post ꝛc., Leipzig 1893.

IV. Verwandtschaft und Verschiedenheiten von Hypothek und Grundschuld: Hypothek und Grundschuld dienen demselben wirthschaftlichen Zwecke, indem sie dem Grundbesitz den Zufluß der erforderlichen Kapitalien ermöglichen. Beide begründen die Verpflichtung des Eigenthümers zur Zahlung der eingetragenen Summe ꝛc. aus dem Grundstück (§§. 30 u. 37) und das entsprechende Recht des Gläubigers, diese Zahlung zur Verfallzeit zu fordern und nöthigenfalls durch Zwangsvollstreckung in das Grundstück beizutreiben. (§. 43.) Sie sind folglich bei aller begrifflichen Verschiedenheit juristisch mit einander verwandt. Das Gesetz trägt dieser Verwandtschaft dadurch Rechnung, daß es nicht blos die Entstehung der Hypothek und der Grundschuld, sondern auch die Funktionen, in welchen dieselben ihre Existenz bethätigen, in einer Reihe von Paragraphen (z. B. §§. 18, 19, 21, 22, 25, 32 ff., 42 ff., 53 ff.) für beide gemeinschaftlich ordnet.

Verschieden sind sie dagegen in folgenden Punkten:

1. Begriff: Eine Bestimmung, welche die Hypothek oder die Grundschuld definirte, findet sich im Gesetz nicht. Für den Begriff der Hypothek ist die Auffassung als maßgebend anerkannt, welche dem A.L.R. (vgl. oben Anm. I. 3) zu Grunde liegt (Gesetz §§. 19, 38, 52; O.Tr. III, Entsch. 77 S. 164). Danach ist die Hypothek accessorischer Natur, zwar nicht in demselben Sinne, wie im römischen Recht, da sie auch nach Tilgung der persönlichen Forderung, zu deren Sicherung sie dient, bis zur Löschung noch fortbesteht (vgl. §§. 57, 63 ff. des Ges.) und ihr in Folge des guten Glaubens des Grundbuches Einreden aus dem persönlichen Schuldverhältniß nur beschränkt entgegengesetzt werden können (§. 38 Abs. 2); aber zu ihrer Entstehung setzt sie eine gültige Forderung voraus (vgl. unten Anm. 3 zu §. 19 und Anm. II. 3a zu §. 38 Abs. 2 des Ges.). Die Grundschuld dagegen ist durch eine Forderung nicht bedingt; sie ist ein selbständiges Rechtsverhältniß, welches für den Berechtigten den Anspruch auf Zahlung gegen den Eigenthümer des von ihr ergriffenen Grundstückes erzeugt, zur Befriedigung dieses Anspruches indessen nur das Grundstück der Zwangsvollstreckung unterwirft (§§. 37, 43). Aus diesem begrifflichen Unterschied erklären sich folgende gesetzliche Verschiedenheiten:

a. Zur Eintragung der Grundschuld bedarf es nicht, wie zur Eintragung der Hypothek, der Angabe des Schuldgrundes und der Vorlage der Schuldurkunde (§. 19 Nr. 1).

b. Zur Sicherung eines der Größe nach unbestimmten Anspruches kann nur eine Hypothek dienen, da der Betrag von dem zu Grunde liegenden Rechtsverhältniß abhängt (§. 24).

c. Ebenso ist die Eintragung einer vollstreckbaren Forderung oder des rückständigen Kaufgeldes im Zwangsversteigerungsverfahren als Grundschuld unzulässig (Zwangsvollstr.Ges. §§. 6, 124);

d. desgleichen die Eintragung des zur Sicherung einer Forderung bedungenen Eigenthumsvorbehaltes als Grundschuld (§. 26 des Ges.).

e. Eine Grundschuld kann auf den Namen des Eigenthümers eingetragen werden, nicht ebenso eine Hypothek, da der Eigenthümer eine persönliche Forderung gegen sich nicht haben kann (§. 27).

f. Während die Hypothek nur gemeinsam mit dem persönlichen Recht abgetreten werden kann, ist die Abtretung derjenigen Grundschuld, welcher bei ihrer Entstehung ein persönlicher Anspruch zu Grunde gelegen hat, auch ohne dessen gleichzeitige Abtretung zulässig (§. 52).

g. Bei Uebernahme einer Hypothek in Anrechnung auf das Kaufgeld seitens des Erwerbers des belasteten Grundstückes erlangt der Gläubiger gegen diesen die persönliche Klage. Bei einer Grundschuld ist dies nicht möglich (§. 41).

§. 18.

Das Recht der Hypothek und der Grundschuld entsteht durch die Eintragung im Grundbuch.

---

2. Wegen ihrer Unabhängigkeit von einem persönlichen Anspruch eignet sich die Grundschuld mehr als die Hypothek für den Verkehr. Deshalb gelten für dieselbe verschiedene Besonderheiten, welche den Verkehr erleichtern und sichern sollen.

a. Vor Allem ist dem Grundschuldbrief eine erhöhte Bedeutung beigelegt. Auf seine Ausfertigung darf nicht verzichtet werden (Gr.B.O. §. 122 a. E.). Erst durch seine Aushändigung erlangt der Gläubiger die Verfügung über die Grundschuld (§. 20 des Ges.); infolge dessen bedarf es nach der Ansicht des Reichsgerichts (vgl. unten Anm. 4 zu §. 52 des Ges.) auch bei der Cession der Uebergabe des Grundschuldbriefes. Nicht der Inhalt des Grundbuches, sondern der des Grundschuldbriefes entscheidet über die Frage, welche Einreden dem dritten redlichen Erwerber entgegengesetzt werden können (§§. 38, 49 des Ges.).

b. Grundschulden können ohne Nennung des Erwerbers abgetreten werden (§. 55 des Ges.).

c. Mit dem Grundschuldbriefe können Zinsquittungsscheine ausgegeben werden (§. 39 Abs. 2).

d. Die Einreden sind nicht nur gegenüber dem dritten entgeltlichen Erwerber der Grundschuld, sondern gegenüber jedem dritten Erwerber beschränkt (vgl. 38 des Ges.).

3. Schließlich läßt das Gesetz die Umwandlung einer Hypothek in eine Grundschuld, aber nicht umgekehrt, zu (§. 29) und beschränkt die Anfechtbarkeit der letzteren (§. 40).

4. Die Grundschuld ist in den Gesetzen vom 5. Mai 1872 erschöpfend geregelt. Für die Hypothek gelten dagegen die Bestimmungen des bisherigen Rechtes noch insoweit, als sie nicht durch das Gesetz beseitigt worden sind. Vgl. unten die Anm. zu §. 72.

§. 18.

1. An Stelle des §. 18 enthielt der Entwurf des Gesetzes vom Jahre 1871 die Bestimmung: „Das Hypothekenrecht entsteht durch die auf Grund der Bewilligung des eingetragenen Eigenthümers erfolgte Eintragung im Grundbuch." Diese Bestimmung paßte jedoch nur für die selbständige Hypothek des Entwurfes, d. i. die Grundschuld des Gesetzes. Die Beibehaltung der accessorischen Hypothek führte deshalb in der Kommission des Herrenhauses zu der gegenwärtigen Fassung des §. 18 und zur Verweisung der Voraussetzungen, welche die Eintragung der Hypothek und der Grundschuld bedingen, in den §. 19. (Werner 2 S. 29, 30, 54.) Der Standpunkt des Entwurfes ist also insoweit, als die Eintragung in ihrer rechtsbegründenden Kraft von ihrer Voraussetzung abhängt, nicht aufgegeben. Hypothek und Grundschuld entstehen nur, wenn die Eintragung mit einer der unter §. 19 bestimmten Voraussetzungen zusammentrifft. Die Eintragung hat nicht die Natur eines Formalaktes in dem damit oben S. 6 verbundenen Sinne.

2. Die Eintragungsbewilligung hat für die Hypothek und die Grundschuld eine ähnliche Bedeutung wie für die Erwerbung des Eigenthumes. (§. 1.) Sie bildet den Inhalt des Geschäftes, welches in der Form der Eintragung die dingliche Belastung des Grundstückes ins Leben ruft. Nach §§. 5 und 19 muß sie von dem eingetragenen Eigenthümer erklärt oder durch ein gegen denselben gerichtetes Behörden-Ersuchen oder rechtskräftig gewordenes Urtheil ersetzt sein. Die Konsequenzen hiervon sind die:

a. Wenn derjenige, gegen welchen die Voraussetzung der Eintragung sich richtet, nicht als Eigenthümer eingetragen ist, so entsteht durch die Eintragung einer Hypothek oder Grundschuld kein dingliches Recht. O.Tr. III, Gruchot 23 S. 130.

b. Ist der Schuldner zwar als Eigenthümer eingetragen, in Wahrheit aber nicht der Eigenthümer, so erwirbt der Gläubiger dem wahren Eigenthümer gegenüber durch die Eintragung ebenfalls ein Recht an dem Grundstück nicht. Diese Konsequenz tritt jedoch nur ein, wenn der Gläubiger zur Zeit der Eintragung den Mangel im Recht seines Auktors kannte oder unentgeltlich erwarb. (§. 9 Absatz 2 d. Ges.; O.Tr. III, Entsch. 78 S. 161.) Der gutgläubige Erwerber war schon nach dem A.L.R. I. 10 §. 10 und I. 20 §. 410 kraft des Grundsatzes der publica fides des Grundbuches geschützt. Im guten Glauben aber befindet sich derjenige nicht, der sich von seinem als Alleineigenthümer eingetragenen Schuldner eine Hypothek bestellen läßt, ungeachtet er weiß, daß derselbe verheirathet ist, und am Wohnort der Eheleute Gütergemeinschaft gilt. Die Kenntniß davon, daß gerade diese Ehe eine gütergemeinschaftliche ist, braucht nicht besonders erwiesen zu werden. O.Tr. III, Entsch. 78 S. 299, Str. Arch. 97 S. 12.

Die Frage nach dem guten oder bösen Glauben desjenigen, für welchen die Eintragung vollzogen wurde, ist nur dann erheblich, wenn der wahre Eigenthümer außerhalb des Grundbuches dem bloßen Bucheigenthümer gegenübersteht. Sind dagegen für dasselbe Grundstück im Buche zwei Blätter angelegt, so kann der Gläubiger, für welchen die Hypothek auf dem einen Blatte eingetragen ist, auf den öffentlichen Glauben des Grundbuches sich nicht berufen. Die Frage, ob ein Hypothekenrecht gültig entstanden, ist dann aus Gründen des materiellen Rechtes zu entscheiden. Diese aber führen zur Verneinung der Frage, wenn der wirkliche Eigenthümer das Grundstück bereits erworben hatte, als dasselbe irrthümlich auch noch dem Besteller der Hypothek zugeschrieben wurde. O.Tr. III, Entsch. 75 S. 333, Str. Arch. 94 S. 176. Andererseits muß der Erwerber des Grundstückes, für welches zwei Grundbuchblätter bestehen, eine vor seinem Erwerb rechtsgültig bestellte und nur auf dem einen Blatte eingetragene Hypothek gegen sich gelten lassen, auch wenn er nur das andere Blatt kannte (R.G. V, Entsch. 13 S. 247). Vgl. oben S. 54 Anm. 1e zu §. 7 Abs. 1 und Kammerger., Jahrb. 13 S. 100.

3. Die Eintragung als die Form, in welcher die Hypothek und die Grundschuld zur Entstehung gelangen, ist dergestalt wesentlich, daß, wenn sie unterbleibt, eine Belastung des Grundstückes nicht eintreten kann. (O.Tr. III, Gruchot 23 S. 133.) Das Gesetz ist daher ebensowenig ein Entstehungsgrund für die Hypothek (oder Grundschuld) wie die bloße Willenserklärung. Letzteres gilt selbst dann, wenn der Antrag auf Eintragung von dem Grundbuchamt aus unzutreffenden Gründen zurückgewiesen ist. Wird daher nach der Zurückweisung über das Vermögen des Eigenthümers, der die Eintragung bewilligt hatte, das Konkursverfahren eröffnet, so kann der Gläubiger den Anspruch auf Eintragung gegen die Konkursmasse nicht darauf gründen, daß die Hypothek (oder Grundschuld) schon vor Eröffnung des Verfahrens hätte eingetragen werden müssen. O.Tr. III, Entsch. 76 S. 173.

Daß eine Ausnahme von der Regel des §. 18 für die Beschlagnahme im Zwangsversteigerungsverfahren nach dem Zwangsvollstr.-Ges. vom 13. Juli 1883 behauptet wird, ist bereits oben (S. 86 Anm. III. 2b β zu §. 11) erwähnt. Da das Gesetz aber eine dahin zielende Bestimmung nicht enthält, ist mit dem R.G. V (Entsch. 12 S. 262) der entgegengesetzten Ansicht der Vorzug zu geben und der Beschlagnahme nur die oben (a. a. O.) bezeichnete Wirkung zuzusprechen. Vgl. über diese Frage Krech u. Fischer, Zwangsvollstr.Ges. S. 121 und Friedensburg in Gruchot 30 S. 559 ff. — Bei der Zwangsverwaltung erlangt der betreibende Gläubiger durch die Beschlagnahme ein Pfandrecht an den Einkünften des Grundstückes, nicht an diesem selbst (Zwangsvollstr.-Ges. §. 143).

4. Wie oben (S. 85 Anm. III. 2b α zu §. 11) bemerkt, hat die Eröffnung des Konkurses über das Vermögen des eingetragenen Eigenthümers die Wirkung, daß alle nachher erworbenen Pfandrechte den Konkursgläubigern gegenüber wirkungslos und Eintragungen im Wege der Zwangsvollstreckung zu Gunsten einzelner Konkursgläubiger unbedingt unzulässig sind (KonkursO. §§. 11, 12). Streitig ist, ob diese Bestimmungen sich auch auf die zur Zeit der Konkurseröffnung bereits präsentirten, aber noch nicht erledigten Eintragungsanträge beziehen, oder ob sie nur die nachher vorgelegten Gesuche betreffen. In der vorigen Auflage war im Anschluß an die Rechtsprechung des Obertribunals (III, Str. Arch. 52 S. 131, 66 S. 165, 97 S. 12; Entsch. 47 S. 179, 58 S. 196, 78 S. 299) letzteres angenommen, also als entscheidender Zeitpunkt für den Erwerb des Hypotheken- oder Grundschuldrechtes die Präsentation des ordnungsmäßigen Eintragungsgesuches und nicht die wirklich vollzogene Eintragung angesehen. Jetzt ist die Streit-

§. 19.

Die Eintragung erfolgt:

1) wenn der eingetragene oder seine Eintragung gleichzeitig erlangende Eigenthümer sie bewilligt.

Die Bewilligung kann mit Angabe eines Schuldgrundes geschehen

---

frage durch die feststehende Praxis des Reichsgerichtes (III u. V, Entsch. 14 S. 288, 26 S. 395 und 28 S. 283; abweichend II. H.S., Entsch. 4 S. 324) im entgegengesetzten Sinne entschieden. Das Reichsgericht verkennt nicht, daß Billigkeitsgründe für die von ihm verworfene Ansicht sprechen, weil der Antragsteller mit der Vorlegung seines Antrages alles gethan habe, was ihm gesetzlich obliege, und durch die Verzögerungen im Grundbuchamte, welche er nicht hindern könne, keinen Nachtheil erleiden dürfe; es hält aber diese Gründe gegenüber den gesetzlichen Bestimmungen, insbesondere dem Wortlaut des §. 12 der Konk.O., für bedeutungslos und beruft sich auf die Analogie des Pfändungspfandrechtes, welches auch nicht schon mit dem Auftrag an den Gerichtsvollzieher als erworben gilt. (Vgl. auch Kammerger., Jahrb. 3 S. 146.)

§. 19.

1. Die Eintragung ist nur zulässig:
   - a. gegen den Eigenthümer. Behandlung des Miteigenthums, insbesondere des Falls der ehelichen Gütergemeinschaft;
   - b. gegen den eingetragenen Eigenthümer. Konvaleszenzprinzip. S. 126;
   - c. gegen den seine Eintragung gleichzeitig erlangenden Eigenthümer.
2. Verschiedene Bedeutung des Konsensprinzips für die Hypothek und die Grundschuld. S. 127.
3. Das Legalitätsprinzip in seiner Anwendung auf die Eintragung einer Hypothek. Verschiedene Auffassungen:
   - a. Beschränkung der Prüfungspflicht des Grundbuchrichters auf die Bewilligung (resp. deren Surrogate) und das Vorhandensein einer Schuldurkunde. S. 128.
   - b. Ausdehnung auf den Schuldgrund und den Inhalt der Urkunde.
   - c Standpunkt der Praxis. S. 129.

1. Die Bestellung einer Hypothek oder Grundschuld enthält eine Verfügung über die Substanz des Eigenthumes; sie steht mithin nur dem Eigenthümer zu. (Windscheid §§. 229 u. 230; A.L.R. I Tit. 8 §. 1, Tit. 19 §. 30, Tit. 20 §§. 15 ff.) Der Eigenthümer kann aber, da für den Verkehr die Hypothek sowohl wie die Grundschuld die wesentlichen Bedingungen ihrer Existenz in dem Grundbuche hat, zur Belastung des Grundstückes in der einen oder der anderen Gestalt nur verstattet werden, wenn er seinerseits durch das Buch als Eigenthümer nachgewiesen wird. (§. 5.) Das Gesetz läßt deshalb keinen Zweifel, daß die Eintragung nicht statthaft ist, wenn nicht gegen den eingetragenen Eigenthümer die Voraussetzungen begründet sind.

a. Daraus, daß nur der Eigenthümer die Belastungsbefugniß hat, folgt, daß im Fall des Miteigenthumes die Eintragung, welche das Grundstück ganz ergreifen soll, von allen Miteigenthümern bewilligt sein muß. Gegen diejenigen, deren Bewilligung fehlt, erlangt der Gläubiger durch die Eintragung kein Recht an dem Grundstück; erst in der Hand des gutgläubigen Sondernachfolgers des Gläubigers kann der Mangel im Recht des Ausstellers der Eintragungsbewilligung seine Wirkung verlieren. (§§. 9 u. 38.)

Soll die Eintragung auf ein Grundstück erfolgen, als dessen Eigenthümer Eheleute eingetragen sind, die mit einander in Gütergemeinschaft leben, so bedarf es der Bewilligung beider Gatten. Es fragt sich indessen, ob die Bewilligung des einen Gatten dann genügt, wenn demselben die Verfügung über das Grundstück ohne Zuziehung des anderen Gatten in Gemäßheit des betreffenden Güterrechtes zusteht. Das App.-Ger. zu Münster (Johow 8 S. 196) hat die Frage bejaht. Das Obertribunal dagegen hat in einem Fall, in welchem auf das gütergemeinschaftliche Grundstück eine Forderung gegen die überlebende Wittwe eingetragen war, die Eintragung für ungültig erklärt, indem es davon ausging, daß die etwa in dem materiellen Rechte begründete Befugniß der Wittwe zur Verfügung über das Grundstück die Eintragungs-

(Hypothek), oder ohne Angabe eines Schuldgrundes (Grundschuld). Im ersteren Falle muß die Schuldurkunde vorgelegt werden;

2) wenn der Gläubiger auf Grund eines rechtskräftigen Erkenntnisses, durch welches der eingetragene Eigenthümer zur Bestellung einer Hypothek oder Grundschuld verurtheilt worden ist, die Eintragung beantragt;

3) wenn eine zuständige Behörde gegen den eingetragenen Eigenthümer die Eintragung nachsucht.

---

bewilligung der Erben des miteingetragenen Ehemannes nicht ersetzen könnte. O.Tr. III, Gruchot 23 S. 133. Diese Ansicht kann aus dem oben S. 36 am Ende von Anm. 1 hervorgehobenen Gesichtspunkt nicht gebilligt werden; natürlich ist aber die Eintragung der Erben des verstorbenen Ehemannes vor der Eintragung der Hypothek erforderlich (Anm. 2 zu §. 5 Satz 3 S. 51).

Bei korrektem Verfahren muß der Eintragungsantrag zurückgewiesen werden, wenn nur einer der als Eigenthümer eingetragenen Eheleute die Eintragung bewilligt hat. In der Praxis ist die von dem anderen Gatten nachträglich erklärte Genehmigung nicht für ausreichend erachtet worden. (Posen, Johow 3 S. 138.) Das ist jedoch nur in dem Sinne zu billigen, daß an die Genehmigungserklärung dieselben Anforderungen zu stellen sind, wie an die Eintragungsbewilligung. Ausnahmsweise reicht jedoch die Bewilligung des Ehemannes aus, wenn derselbe allein ein Grundstück erwirbt und bei der Auflassung die Eintragung einer Restkaufgeldhypothek bewilligt. Denn dann gelangt das Grundstück nur mit dem Vorbehalt der Belastung in die Gütergemeinschaft. (Cöslin, Johow 4 S. 148.)

Ueber die Frage, ob der Grundbuchrichter das Vorhandensein einer gütergemeinschaftlichen Ehe auch dann berücksichtigen muß oder darf, wenn dieselbe aus dem Grundbuch nicht erhellt, vgl. unten Anm. 3 b zu § 46 der Gr.B.O.

Ueber die Einwirkung des ehelichen Güterrechtes auf die Eintragungsbewilligungen vgl. Turnau 1 S. 332: Krech u. Fischer, Zwangsvollstr.Ges. S. 231 ff.; Wolff, die Eintragung in das Grundbuch zur Vollstreckung einer Forderung, 1886, S. 109 ff.

b. Die Voraussetzung, an deren Vorhandensein die Eintragung der dinglichen Belastung geknüpft ist, muß gegen den eingetragenen Eigenthümer begründet sein. Es ist zweifellos, daß die nachgesuchte Eintragung einer Hypothek oder einer Grundschuld abgelehnt werden muß, wenn derjenige, gegen welchen sie vollzogen werden soll, nicht als Eigenthümer eingetragen ist und auch nicht zugleich als solcher eingetragen werden kann. Dagegen ist es streitig, ob die trotzdem, zu Unrecht, erfolgte Eintragung nichtig ist, und ob eine Bewilligung, welche vor der Eintragung des Bewilligenden als Eigenthümer erklärt ist, den Antrag auf Eintragung der bewilligten Hypothek oder Grundschuld rechtfertigt, sobald der Bewilligende als Eigenthümer eingetragen ist, oder ob nach dieser Eintragung die Bewilligung wiederholt werden muß. Ueber diese Fragen vgl. oben die Anm. zu §. 5 Satz 2 S. 47 ff. und Anm. 2 a zu §. 13 S. 100.

c. Dem eingetragenen Eigenthümer ist in Ansehung der Befugniß zur Eintragungsbewilligung der „seine Eintragung gleichzeitig erlangende Eigenthümer" gleichgestellt. Damit sind diejenigen Hypotheken und Grundschulden gesichert, deren Eintragung der Erwerber des Grundstückes bei oder nach der Auflassung resp. der Stellung des Antrages auf Eintragung des Eigenthumsüberganges bewilligt hat, vorausgesetzt natürlich, daß die Auflassung oder der Antrag zur Eintragung führt. Mit der begründeten Auflassung geht die Belastungsbefugniß auf den Erwerber über, sodaß Eintragungen gegen den Veräußerer, welche in der Zeit zwischen der Auflassung und der Eintragung des Erwerbers nachgesucht werden, abzulehnen und, wenn sie irrthümlich vollzogen worden, ungültig sind. (Küntzel in Johows Jahrb. 6 S. 145; Turnau 1 S. 305; Kühnast S. 98 Note 2. Siehe auch die Anm. I. 1 b zu §. 1 S. 29). Letzterenfalls hat der Erwerber das Beschwerderecht und kann auf Löschungsbewilligung gegen den

Gläubiger klagen; darüber, ob die Löschung auch von Amts wegen erfolgen kann, vgl. Anm. 3 zu §. 118 der Gr.B.O.

Das Erforderniß der Gleichzeitigkeit ist nicht so zu verstehen, daß die Eintragungsbewilligung in demselben Protokoll wie die Auflassung beurkundet sein müßte. Kammerger. Johow 4 S. 147.

Das ostpreußische Tribunal zu Königsberg hat in einem Bescheid vom 14. Februar 1877 (Johow 7 S. 205) ausgeführt, daß, wenn Erben vor einem Notar den Antrag auf Eintragung des Eigenthumsüberganges verlautbart und gleichzeitig die Eintragung einer Hypothek bewilligt haben, dem Erforderniß des §. 19 genügt sei und folglich die Eintragung der Hypothek nicht um deswillen abgelehnt werden könne, weil etwa der Notar sie erst am Tage nach Aufnahme jener Akte bei dem Grundbuchamt nachgesucht habe. Diese Ausführung ist jedoch rechtsirrthümlich. Der Notar ist nicht die zur Entgegennahme von Anträgen, nach welchen das Grundbuchamt zu verfahren hat, berufene Person. Er verifizirt nur die Erklärung der Betheiligten. Und wenn in einer solchen Erklärung ein Antrag an eine Behörde enthalten ist, so ist er als gestellt anzusehen nicht schon zur Zeit dieser Erklärung, sondern erst in dem Zeitpunkt, in welchem er der Behörde vorgelegt wird. Das Erforderniß der Gleichzeitigkeit ist mithin nicht gewahrt und die Verfügung des ostpr. Tribunals nur haltbar, wenn man annimmt, daß die Bewilligung mit der Eintragung des Eigenthumsüberganges vermöge des Konvaleszenzprinzipes zu Kräften gekommen ist. Kochs Landrecht 2 (8. Aufl.) S. 818 Note 84b. Vgl. jedoch Zwangsvollstr.Ges. §. 124 Abs. 5 und Rhein. Einf.Ges. §. 4 Abs. 2, §. 5 Abs. 3 (oben Anm. 2 zu §. 5 Satz 2 S. 48).

Anders liegt die Sache aber, wenn eine Auflassung zwar nicht vor dem zuständigen Grundbuchrichter, aber vor einem anderen Richter des Amtsgerichtes, bei welchem das Grundbuch über das betreffende Grundstück geführt wird, wenn auch auf einem Gerichtstage, erklärt ist. In diesem Falle erlangt der Erwerber bereits mit der Auflassung, nicht erst mit dem Eingang des Auflassungsprotokolles bei dem Grundbuchrichter, die Belastungsbefugniß, vgl Ausf.Ges. z. G.B.O. §. 23 Abs. 2. Die Vorschrift des §. 31 Abs. 2 dess. Ges. steht nicht entgegen, da sie nur die Priorität der bewilligten Lasten betrifft. Kammerger. v. 25. Sept. 1893, J.M.Bl. 1894 S. 41 u. Jahrb. 13 S. 119.

2. Die Eintragung kann grundsätzlich nur erfolgen, wenn derjenige sie bewilligt, dem nach Anm. 1 das Recht der Belastung des Grundstückes zusteht. Das Gesetz konstruirt die Hypothek und die Grundschuld mit Hülfe des Konsensprinzipes, welchem auch die Uebertragung des Eigenthumes (§§. 1 ff.) und die dinglichen Rechte (§§. 13 ff.) unterworfen sind. Das Konsensprinzip hat eine negative und eine positive Bedeutung. Die erstere besteht darin, daß die Bewilligung des Eigenthümers erforderlich, die letztere darin, daß sie auch ausreichend ist zur Eintragung. Aus der negativen Richtung des Prinzipes folgt, daß die Buchbehörde die fehlende Bewilligung nicht ergänzen darf. Der Wille des Eigenthümers kann nach §. 19 Nr. 2 und 3 nur durch ein richterliches Urtheil oder das Ersuchen einer zuständigen Behörde ersetzt werden (vgl. Anm. 1 zu §. 19 Nr. 2.). Denn dem Falle, in welchem Jemand thatsächlich will, steht es rechtlich nur gleich, wenn er judikatmäßig wollen muß (Nr. 2) oder ein Anderer für ihn kraft rechtlicher Befugniß den Willen äußert (Nr. 3). Hiervon besteht nur die Ausnahme des Zwangsvollstr.Ges. §§. 6 ff., Zus. zu §. 19. Die positive Richtung des Prinzipes führt zur Abstraktion der Erklärung des Willens von dem Grunde desselben, so zwar, daß das Recht durch die abstrakte Bewilligung, welche durch die (ausdrückliche oder konkludente) Zustimmung des anderen Theiles zum dinglichen Vertrage wird, in der Form der Eintragung zur Entstehung gelangt. Diese Konsequenz hat indessen das Gesetz in dem dritten Abschnitt nur für die Grundschuld gezogen. Die Grundschuld beruht auch materiell auf dem Konsensprinzip, indem sie ihren Rechtsgrund lediglich in der Eintragungsbewilligung des eingetragenen Eigenthümers hat. Für die Hypothek dagegen hat dieses Prinzip nur eine formelle Bedeutung, die nämlich, daß die Eintragung nicht auf Grund eines Pfandvertrages,

welcher den Eigenthümer zur Abgabe der Eintragungsbewilligung verpflichtet, sondern nur auf die formell erklärte oder rechtmäßig ersetzte Bewilligung vollzogen werden darf.

3. Die Hypothek entsteht ihrem Begriffe nach nur zur Sicherung einer Forderung. (Vgl. unten Anm. II. 3a zu §. 38 Abs. 2 des Ges.) Ihre Eintragung begründet indessen nach §. 37 ohne weiteres die dingliche Klage gegen den Eigenthümer. Soll daher die Grundbucheinrichtung ihren Zweck, die rechtlichen Beziehungen der Immobilien klar zu stellen, möglichst erfüllen, so muß wenigstens eine gewisse Garantie dafür geboten werden, daß nur gültige Hypotheken in das Grundbuch kommen. Diese Garantie bietet das Gesetz dadurch, daß es die Eintragung nicht blos von der Bewilligung des eingetragenen Eigenthümers abhängig macht, sondern außerdem noch die Angabe des Schuldgrundes und die Vorlegung der Schuldurkunde fordert. Dies sind wesentliche Erfordernisse der Eintragungsbewilligung; ist also eine Schuldurkunde nicht vorhanden, so muß der Grundbuchrichter auf deren Errichtung bestehen (A. M. Dernburg, Hyp.R. §. 13 Ziff. 5, S. 99, und Eccius 3 §. 198 Anm 19, welche die Vorschrift dahin verstehen, daß die Schuldurkunde nur dann vorzulegen sei, wenn eine solche bestehe). Sehr streitig ist es aber, wieweit die Pflicht und das Recht der Buchbehörde zur Prüfung dieser Momente geht. Die Gr.B.O. beantwortet die Frage in dem §. 46 dahin: „Der Grundbuchrichter ist verpflichtet, die Rechtsgültigkeit der vollzogenen Auflassung, Eintragungs- oder Löschungsbewilligung nach Form und Inhalt zu prüfen. Ergiebt diese Prüfung für die beantragte Eintragung oder Löschung ein Hinderniß, so hat der Grundbuchrichter dasselbe dem Antragsteller bekannt zu machen. Mängel des Rechtsgeschäftes, welches der vollzogenen Auflassung, Eintragungs- oder Löschungsbewilligung zu Grunde liegt, berechtigen nicht, die beantragte Eintragung oder Löschung zu beanstanden." Die Tragweite dieser Bestimmungen in ihrer Richtung auf die Eintragung von Hypotheken ist zweifelhaft.

a. Förster ist der Meinung, daß der Grundbuchrichter den Inhalt der Schuldurkunde nicht zu prüfen habe, die Urkunde vielmehr nur zu dem Zwecke vorzulegen sei, um sie mit dem Hypothekenbriefe zu verbinden. (Förster, Grundbuchrecht S. 61.) Hiergegen dürfte jedoch zu erinnern sein, daß das Gesetz die Rechtsgültigkeit der Eintragungsbewilligung nicht an die Vorlegung einer beliebigen Urkunde knüpft, die der Eigenthümer als diejenige bezeichnet, aus welcher der in der Bewilligung angegebene Schuldgrund hervorgehe, — sondern daß die Vorlegung der Schuldurkunde gefordert wird, der Richter mithin, der den Schuldgrund unter Hinweis auf die Urkunde in das Grundbuch eintragen soll, verpflichtet erscheint, zu untersuchen, ob die Urkunde überhaupt einen Schuldgrund enthält und ob der beurkundete Schuldgrund mit dem in der Bewilligung angegebenen identisch ist. Ergiebt diese Untersuchung des Inhaltes der Schuldurkunde ein negatives Resultat, so ist die Eintragung der Hypothek zu beanstanden. (Johow, in seinem Jahrb. 2 S. 248 ff.)

Turnau hält zwar dafür, daß die Frage nach der Identität des angegebenen Schuldgrundes mit dem in der Urkunde enthaltenen Schuldgrunde zu prüfen sei, nähert sich aber im übrigen der Auffassung Försters, indem er bemerkt: „Die Eintragung und damit der Erwerb des Hyp.-Rechtes nimmt den Ausgangspunkt nicht aus dem Schuldgrunde und der Schuldurkunde, sondern lediglich aus der Eintragungsbewilligung". (Turnau 1 S. 157 Anm. 2e zu §. 46 der Gr.B.O. Aehnlich Kammerger, Jahrb. 3 S. 144.) Diese Bemerkung dürfte aber das Bedenken gegen sich haben, daß die Hypothek auch gegenwärtig noch ein accessorisches Recht und folglich in ihrer Existenz durch die Gültigkeit der Forderung, resp. des Schuldgrundes, welcher die Forderung erzeugt, bedingt ist. Sie kann daher auch den Schluß, daß „an die Stelle des materiellen Rechtsgeschäftes die rein formelle Willenserklärung getreten" sei, nicht rechtfertigen. Die Eintragungsbewilligung hat ganz die Bedeutung, welche das Gesetz vom 24. Mai 1853 §. 8 der Verpfändungserklärung beilegte; sie bringt das dingliche Recht, die Hypothek, nur zur Entstehung, wenn das persönliche Schuldverhältniß gültig begründet ist. Der Rechtszustand ist jetzt der nämliche wie derjenige, welcher vor der Geltung jenes Gesetzes nach dem A.L.R. I. 20 §§. 403, 404, 415 bestand.

b. Nach Heidenfeld S. 44 u. 100 ist der Richter verpflichtet, nicht blos die Identität des in der Bewilligung angegebenen mit dem verbrieften Schuldgrunde, sondern auch die gesetzliche Zulässigkeit des letzteren und die Form des Dokuments zu prüfen.

Bahlmann fordert die richterliche Prüfung soweit, „als es sich darum handelt, ob die Schuldurkunde mit der Eintragungsbewilligung im Einklange steht und in derselben eine Forderung verbrieft ist, welche ihrem Umfange nach geeignet ist, die Grundlage für das accessorische Hypothekenrecht zu bilden.“ (Bahlmann 3. Aufl. S. 311.)

Johow, der die Frage a. a. O. ausführlich behandelt, tritt der Ansicht Bahlmanns mit der Maßgabe bei, daß die Worte „ihrem Umfange nach“ gestrichen werden.

Nach Eccius (3 §. 198 Anm. 19) ist die Bewilligung „nach ihrer Eintragungsfähigkeit“, „die Übereinstimmung des angegebenen Schuldgrundes mit dem Inhalt der vorgelegten Urkunde“, aber nach §. 46 Satz 3 der Gr.B.O. nicht „die Rechtsgültigkeit des Schuldgrundes“ zu prüfen.

Darüber scheint fast allgemeines Einverständniß zu bestehen, daß der Grundbuchrichter prüfen muß, ob die Schuldurkunde der Formvorschrift der Gr.B.O. §. 33 entspricht. (Nur Eccius a. a. O. hält für die Schuldurkunde, welche nicht zugleich die Eintragungsbewilligung enthält, die Form des §. 33 nicht für erforderlich; dagegen Coing in Gruchot 37 S. 153.) Auch ergiebt der §. 19, daß nur eine solche Urkunde genügt, welche den Schuldgrund enthält, der in der Eintragungsbewilligung bezeichnet ist. Die Streitfrage spitzt sich demnach darauf zu, ob der Schuldgrund selbst, wie er beurkundet ist, einen Gegenstand der amtlichen Prüfung bildet. Um diese Frage richtig beantworten zu können, darf man nicht übersehen, daß das Gesetz den Unterschied zwischen Grundschuld und Hypothek unter §. 19 Nr. 1 in die Eintragungsbewilligung verlegt. Für die Grundschuld genügt die Bewilligung. Für die Hypothek muß der Schuldgrund in der Bewilligung angegeben und die Schuldurkunde vorgelegt werden; Angabe des Schuldgrundes und Vorlegung der Schuldurkunde sind sonach wesentliche Erfordernisse der Eintragungsbewilligung. Ist nun die Rechtsgültigkeit der letzteren nach Form und Inhalt zu prüfen, so folgt, daß diese Prüfung auch auf den Inhalt der Schuldurkunde sich erstrecken muß, der Grundbuchrichter mithin nur eintragen darf, wenn er sich überzeugt, daß nach Inhalt der Urkunde die Schuld, deren Grund in der Eintragungsbewilligung angegeben ist, rechtsgültig besteht. Nur „das Rechtsgeschäft, welches der Eintragungsbewilligung zu Grunde liegt“, d. h. den Eigenthümer bestimmt, die Eintragung einer Hypothek für die angegebene Schuld zu bewilligen, ist nach der Gr.B.O. §. 46 Satz 3 der causae cognitio der Buchbehörde entzogen. Gegen diese Auslegung kann nicht ins Gewicht fallen, daß die Bestrebungen, welchen die Gesetze vom 5. Mai 1872 Rechnung tragen, die Richtung gegen das Legalitätsprinzip verfolgten. Denn dieses Prinzip kann nur durch das Konsensprinzip eingeschränkt werden. Wo der Konsens zur Eintragung nicht genügt, muß das Legalitätsprinzip sich bethätigen. Sonst verlieren die Grundbücher den Charakter der Zuverlässigkeit und sinken herab zu bloßen Registern nach Art der französischen, welche die Richtigkeit ihres Inhaltes nicht garantiren können. Wer die Belästigungen scheut, welchen die Prüfungspflicht des Richters ihn aussetzt, mag eine Grundschuld bewilligen. Wählt er die Hypothek, so muß er sich der amtlichen causae cognitio unterwerfen. —

c. Aus der Praxis sind folgende Aussprüche zu erwähnen:

Es ist eine genügende Angabe des Schuldgrundes, wenn der Eigenthümer erklärt, daß er die einzutragende Summe dem Gläubiger aus einem Wechsel schuldig geworden sei, welchen er zurückerhalten habe. (Posen, Johow 5 S. 129, und Stettin ebd. 8 S. 217.) Ebenso ist das Bekenntniß des Eigenthümers, die bezeichnete Summe dem Gläubiger aus verschiedenen Geschäften zu verschulden, als eintragungsfähig angesehen. (Königsberg ebd. 7 S. 222.) Dieser Auffassung steht jedoch das Bedenken entgegen, daß das wesentlich abstrakte Schuldanerkenntniß schwerlich ein gültiger Schuldgrund im Sinne des preußischen Rechtes ist. Das Obertribunal hat eine Hypothek, die zur Sicherstellung einer in einem Schiedsmannsvergleiche übernommenen Zahlungspflicht im Wege der Zwangsvollstreckung eingetragen war, für ungültig erklärt, weil der Vergleich keine Auskunft über das Rechtsgeschäft gab, aus welchem die Verpflichtung entstanden sein sollte. (O.Tr. III, Gruchot 23 S. 457.) Die Entscheidung beruht freilich auf dem älteren Rechte. Sie erscheint indessen auch nach dem Gesetze über den Eigenthumserwerb 2c. gerechtfertigt. Unter der Herrschaft dieses Gesetzes ist angenommen, daß, wenn der Schuldner verspricht, mehr zurückzuzahlen, als er empfangen hat, die Eintragung der höheren Summe erfolgen müsse, weil in dem Versprechen des plus keine Schenkung, sondern eine Zinsenstipulation zu finden sei. Marienwerder, Joh. 7 S. 221.

Zur Eintragung einer Hypothek für einen Drittgläubiger in Folge einer Schuldübernahme bedarf es nicht der Vorlegung der Schuldurkunde über das Rechtsverhältniß zwischen dem ursprünglichen Schuldner und dem Drittgläubiger; es genügt die Vorlage der Urkunde, in welcher der Uebernehmer die Schuldverbindlichkeit zufolge der Schuldübernahme mit unmittelbarer Beziehung auf den Drittgläubiger erklärt; Kammerger., Jahrb. 11 S 156.

Wird die Eintragung einer Wechselforderung bewilligt, so muß der Wechsel vorgelegt werden. Das Anerkenntniß, die Wechselsumme zu verschulden, genügt nicht, weil es nur in Verbindung mit dem Wechsel den Schuldgrund darstellt. (Naumburg, Johow 8 S. 215. Ebenso Marienwerder, Jahrb. 1 S. 77 für den Fall der Eintragung einer vollstreckbaren Wechselforderung als Judikatshypothek selbst bei Verzicht auf Bildung eines Hypothekenbriefes.) Dagegen ist in einem anderen Falle „die Beschwerde über ein Grundbuchamt, welches die Eintragung einer Darlehnsforderung von der Beibringung des über den Empfang des Darlehns zuerst ausgestellten, dem Eintragungsantrage nicht beigefügten Schuldscheins abhängig gemacht hatte, für begründet erachtet". Als Grund hierfür ist angegeben, daß „die vorgelegte Schuldurkunde in Gemäßheit des §. 19 die Angabe des Schuldgrundes enthält und es deshalb zum Zwecke der Eintragung des Darlehns nicht noch außerdem der Beibringung des in Bezug genommenen Schuldscheines bedarf." (Naumburg, Joh. 8 S. 216.) Ob zwischen diesen beiden Verfügungen kein Widerspruch besteht, wie der Einsender derselben annimmt, läßt sich diesseits nicht entscheiden, weil der Inhalt der Urkunden nicht mitgetheilt ist. An sich liegen die Fälle verschieden, weil die Wechselforderung nur durch den Wechsel begründet werden kann, der Schuldschein dagegen nur Beweismittel des Darlehns ist. Legt der Schuldner eine Erklärung vor, nach welcher er bekennt, das in dem nicht beigebrachten Schuldschein bezeichnete Darlehn von so und so viel empfangen zu haben, so ist dies gewiß eine die Eintragungsbewilligung rechtfertigende Urkunde. —

Da die Eintragung auf Grund der (erklärten oder ersetzten) Bewilligung erfolgt, die Bewilligung aber den Schuldgrund angeben muß, so versteht es sich, daß der Schuldgrund auch in das Grundbuch mit eingetragen werden muß. Turnau 1 S. 311 Anm. 6.

§. 19 Nr. 1.

1. Eintragungsbewilligung im Gegensatz zur Verpfändungserklärung.
2. Beglaubigung der Bewilligung. S. 131
3. Hindernisse der Bewilligung. Unfähigkeit des Ausstellers derselben; Vormerkungen.
4. Bewilligung und Antrag. Die zur Stellung des Antrages auf Eintragung berechtigten Personen:
   a der Eigenthümer. S. 132;
   b. der Gläubiger;
   c der Notar. S. 133;
   d andere Personen.

1. Die Bewilligung des eingetragenen Eigenthümers bildet die normale Voraussetzung, auf Grund deren Hypotheken und Grundschulden eingetragen werden. Ihre Erfordernisse ergeben sich im Allgemeinen aus den vorstehenden Bemerkungen zu §. 19; ihr nothwendiger Inhalt ist in dem §. 23 bestimmt. Der Eigenthümer braucht nicht gerade der Worte des Gesetzes sich zu bedienen. Aber seine Erklärung muß so gefaßt sein, daß die Worte seinen unmittelbar auf die Eintragung gerichteten Willen zum Ausdruck bringen, d. h. keine andere Deutung zulassen, als daß die Eintragung auf Grund dieser Erklärung gewollt werde. Hieraus folgt die Unzulässigkeit einer nicht bewilligten Eintragung selbst dann, wenn sich dieselbe als eine nothwendige Konsequenz des Rechtsgeschäftes darstellt, welches derjenige eingegangen ist, gegen den sie wirksam werden soll. Zwar sagt das Gesetz nicht, daß die Eintragungsbewilligung

ausdrücklich erklärt sein müsse. Aber darum genügt doch nicht, wie Dernburg, Preuß. Privatr. 1 §. 197 Note 11 annimmt, eine stillschweigende Erklärung. Denn das Gesetz will nicht, daß der Grundbuchrichter darüber entscheide, welche Konsequenzen aus den Rechtsgeschäften der Betheiligten für die Eintragung zu ziehen sind; gerade deshalb hat es das Konsensprinzip angenommen, so zwar, daß die causae cognitio der Buchbehörde sich auf die Einschreibungsbewilligung beschränkt. (Gr.B.O. §. 46.) Jene Konsequenzen zu ziehen, ist Sache des Prozeßgerichtes. Der Grundbuchrichter muß, wenn eine ausdrückliche Bewilligung nicht vorliegt, auf der Beibringung eines rechtskräftigen Urtheiles bestehen. (§. 19 Nr. 2.) Es genügt daher auch nicht eine Verpfändungserklärung, zumal schon das A.L.R. I. 20 §§. 402 ff. einer solchen die Eintragungsbewilligung gegenüberstellte. Die Bewilligung macht die Verpfändungserklärung überflüssig, aber sie kann nicht umgekehrt, wie nach dem Gesetze vom 24. Mai 1853 §. 8, durch diese Erklärung ersetzt werden. Turnau 1 S. 307; Förster-Eccius 3 §. 198 Anm. 33.

2. Die Eintragungsbewilligung muß nach näherer Bestimmung der Gr.B.O. §§. 32 ff. authentisch beurkundet oder beglaubigt sein. Stützt sich der Antrag lediglich auf eine schriftliche (unbeglaubigte) Bewilligung, so ist er zurückzuweisen. Doch ist die Beglaubigung nicht Form in dem Sinne, daß ihr Fehlen die Eintragung nichtig machte (§. 31 a. a. O.), sondern nur der Ordnung wegen vorgeschrieben, weil der Grundbuchrichter zur Feststellung der Aechtheit unbeglaubigter Urkunden nicht im Stande ist. (Kammerger., Jahrb. 11 S. 151.) Eine schriftliche Eintragungsbewilligung ist dagegen wesentlich (Kammerger. a. a. O.; R.G. V. v. 10. April 1889, Entsch. 23 S. 271 u. J.M.Bl. S. 291), und wenn der Bewilligende der deutschen Sprache nicht mächtig ist, so bedarf es auch der Beobachtung der für solche Personen vorgeschriebenen Formen (Gr.B.O. §. 34; R.G. a. a. O.).

3. Die Eintragung ist abzulehnen, wenn sie von einem Unfähigen bewilligt ist. Eine Ehefrau hat die Fähigkeit, die Eintragung einer Hypothek für ihren Mann zu bewilligen, nach dem A.L.R. II. 1 §§. 198 ff. nur beschränkt; die Bewilligung muß gerichtlich (vor dem Grundbuchamt) erklärt und von einem der Frau zugeordneten Beistand genehmigt werden. Kammerger., Johow 3 S. 211. Vgl. dasselbe im Jahrb. 13 S. 157.

Erlangt der Eigenthümer die Fähigkeit, die Eintragung zu bewilligen, erst nach Ausstellung der Bewilligung, so wird die letztere und mit ihr die Eintragung nur durch ein verbindliches Anerkenntniß rechtsgültig. Ein solches Anerkenntniß ist jedoch unwirksam gegen Dritte, welche in der Zwischenzeit Rechte an der Sache erworben haben. A.L.R. I. 20 §§. 18 und 20; Dernburg, Pand. 1 §. 122.

Die Eintragungsbewilligung hat ihre Beziehung sowohl zu Demjenigen, für den die Eintragung erfolgen soll, als auch zu dem Grundbuchamt, welches zu ihrer Vollziehung zuständig ist. Für das Grundbuchamt gilt die Eintragung als bewilligt erst von dem Zeitpunkte ab, in welchem sie bei ihm nachgesucht ist. Wenn daher vor diesem Zeitpunkte der Aussteller der Bewilligung die Fähigkeit oder die Befugniß zur Belastung des Grundstückes verliert, so ist die Eintragung unstatthaft. Tritt der Verlust erst nach Eingang des Eintragungsgesuches ein, so beeinflußt er die Wirksamkeit der Bewilligung nicht. (Vgl. S. 29 Anm. I. 1 b zu §. 1, andererseits S. 124 Anm. 3 zu §. 18.)

Vormerkungen zur Erhaltung des Rechtes auf Auflassung hindern den Eigenthümer an der Bewilligung einer Eintragung ebensowenig wie der Vermerk der Eröffnung des Konkurs- oder des Subhastationsverfahrens im Grundbuche. Die Hypothek oder die Grundschuld wird jedoch vollwirksam resp. unanfechtbar erst, wenn die Vormerkung wegfällt, ohne zur Auflassung zu führen, oder das Verfahren eingestellt und das Grundstück dem Eigenthümer nicht entzogen wird. Vgl. oben Anm. III. 5 zu §. 8 und Anm. III. 2 und IV. 4 zu §. 11 des Gesetzes.

4. Von der Eintragungsbewilligung begrifflich unterschieden ist der Antrag auf Eintragung. Die Bewilligung bildet die materielle Rechtfertigung der letzteren; der Antrag giebt den formellen Anstoß für die Thätigkeit des Grundbuchamtes, welche zu der Einschreibung erforderlich ist. Hypotheken und Grundschulden dürfen nicht von Amtswegen eingetragen werden.

Die Befugniß, die Eintragung zu beantragen, gründet sich auf das Recht, dieselbe zu bewilligen. Deshalb sind zur Stellung des Antrages berechtigt:

a. der Eigenthümer, von dessen Bewilligung die Eintragung abhängig ist. Der Antrag bedarf der Beglaubigung nicht, wenn ihm die beglaubigte Bewilligungsurkunde beiliegt. (Gr.B.O. §. 33.) Eine solche Urkunde ist aber nicht nöthig, wenn der Antrag den Erfordernissen des §. 23 entspricht. (Posen, Johow 3 S. 137, und Hamm ebd. 5 S. 130; Kammerger. Jahrb. 2 S. 117; R.G. III, Entsch. 22 S. 235; Turnau 1 S. 102 Anm. 6 zu Gr.B.O. §. 33.) Denn in dem Antrage findet die Bewilligung ihren „stärksten Ausdruck". (Johow in seinem Jahrb. 2 S. 242.) Selbstredend muß der Antrag, der zugleich die Bewilligung ersetzen soll, von dem Grundbuchrichter aufgenommen oder gerichtlich oder notariell beglaubigt sein.

Hat der Eigenthümer den Antrag einseitig gestellt, so kann er denselben auch einseitig zurücknehmen; jedoch muß die bezügliche Erklärung beglaubigt sein. Wird der Zurücknahme ungeachtet die Eintragung vollzogen, so entsteht kein dingliches Recht. (O.Tr. III v. 6. Dez. 1875, Str. Arch. 94 S. 287, und v. 10. Sept. 1877, Turnau 1 S. 310.) Haben dagegen der Eigenthümer und der Gläubiger gemeinschaftlich die Eintragung beantragt, so kann diese durch einseitige Zurücknahme der Bewilligung und des Antrages seitens des ersteren nicht mehr gehindert werden (Kammerger., Jahrb. 2 S. 118). Ein gemeinsamer Antrag liegt aber schon dann vor, wenn der Gläubiger dem vom Schuldner zu Protokoll erklärten Antrage in dessen Gegenwart auch nur mündlich unter Ueberreichung der Schuldurkunde beigetreten ist (dass. ebd. 4 S. 178), oder wenn die Bewilligungsurkunde oder die Schuldurkunde ergiebt, daß der Gläubiger sein Einverständniß mit der Eintragung bereits erklärt hat. (Eccius 3 §. 198 Anm. 33.) Abweichend das App.-Ger. zu Posen, Johow 4 S. 164, und Turnau a. a. O., bezüglich eines Falles, wo in der Obligation der Gläubiger die Verpfändung und die Eintragungsbewilligung angenommen hatte, die Wiederholung des ebenfalls gestellten Antrages jedoch vorbehalten war, — weil der Grundbuchrichter von dem Inhalt des obligatorischen Rechtsgeschäftes keine Kenntniß zu nehmen hätte;

b. der Gläubiger, für den die Eintragung von dem Eigenthümer bewilligt ist, auf Grund der beglaubigten Bewilligungsurkunde. Der Antrag kann in einer unbeglaubigten Privatschrift gestellt oder von einem Beamten des Grundbuchamtes zu Protokoll genommen werden. (Vgl. unten Anm. 2 und 3a zu §. 33 der Gr.B.O.)

Die Legitimation des Gläubigers zu dem Eintragungsantrage war früher streitig; gegen dieselbe haben sich Bahlmann (Note 2c zu §. 19 Nr. 1), John (Erört. S. 13 und 24), Förster (Theorie u. Praxis 3. Aufl. 3 S. 458 Note 17), Posen (Johow 4 S. 163) und Königsberg (ebd. 7 S. 215) erklärt. Indessen kann sie einem begründeten Zweifel nicht unterliegen. Allerdings machte der Entwurf nach Vorgang des mecklenburgischen Rechtes (vgl. v. Meibom S. 70 ff., 82, 83, 123) die Eintragung einer Hypothek von dem Antrage des Eigenthümers abhängig. Im Einklange hiermit steht, daß die Gr.B.O. unter §. 122 die Aushändigung des Hypotheken- und des Grundschuldbriefes an den Eigenthümer vorgeschrieben und das Stempelgesetz vom 5. Mai 1872 §. 8 nicht die Bewilligung, sondern den Antrag des Eigenthümers auf Eintragung einer Hypothek oder Grundschuld als stempelpflichtig bezeichnet hat. In dem §. 19 des vorliegenden Gesetzes aber ist das Wort „beantragt" bei der Umarbeitung des Entwurfes im Jahre 1870—1871 durch das Wort „bewilligt" ersetzt worden. Es kann sonach keinem Zweifel unterliegen, daß das preußische Gesetz den zwecklosen Formalismus des mecklenburgischen Rechtes nicht übernommen hat. Dafür spricht namentlich auch die Analogie des Verfahrens bei Eintragung dinglicher Rechte (§. 13) und der Hypothek im Falle des §. 19 Nr. 2. Hier genügt überall der durch die Bewilligung des Eigenthümers begründete Antrag des Berechtigten. Wenn dagegen die erwähnten Bestimmungen der Gr.B.O. und des Stempelgesetzes in ihrer ursprünglichen, die Nothwendigkeit eines Antrages des Eigenthümers voraussetzenden Fassung stehen geblieben sind, so beweist das beim Mangel jeder diesbezüglichen Motivirung nur, daß es übersehen worden ist, sie mit dem vorliegenden Wortlaute des §. 19 in Einklang zu setzen.

Auf Grund dieser Erwägungen hat sich nicht nur die überwiegende Mehrzahl der Schriftsteller, sondern auch die Praxis für die Antragsberechtigung des Gläubigers erklärt, sodaß man mit Eccius (3 §. 198 Anm. 17 a. E.) den Streit als erledigt ansehen kann. Vgl. u. a. Johow, Grundbuchkontroversen, in seinem Jahrbuch 2 S. 239—245; Werner S. LVIII; Neubauer S. 27; Philler, Nachtragsheft 1 S. 4; Dernburg, Preuß. Privatr. 1 §. 318 a. E., Hyp.R. 2 S. 102; Turnau 1 S. 309; Dalcke in Gruchot 18 S. 156; Kindel ebenda 20 S. 101; Küntzel in Johow 7 S. 215; Stettin, Johow 3 S. 136; Naumburg, ebd. 6 S. 155; Kammerger., ebd. 5 S. 77; R.G. III, Entsch. 22 S. 235.

Der Antrag schöpft seine Berechtigung lediglich aus der Bewilligung des Eigenthümers. Der Gläubiger kann daher die Eintragung nur so beantragen, wie sie ihm bewilligt ist. Zu einer Modifizirung der Bewilligung ist er nicht befugt. Kammerger., Johow 4 S. 152.

Ist die Eintragung von dem Eigenthümer ungetheilt für Mehrere bewilligt, so ist jeder derselben legitimirt, sie zu beantragen. Naumburg, Johow 6 S. 125; Turnau 2 §. 14 Ziff. 1, S. 164.

Darüber, ob der Gläubiger, dem die Eintragung bewilligt ist, dieselbe von vornherein auf den Namen seines Zessionars verlangen kann, siehe Königsberg bei Johow 7 S. 219. Vgl. auch Frankfurt a. O. ebd. 8 S. 214.

Fraglich ist, ob der Gläubiger den von ihm gestellten Antrag zurücknehmen kann. Der dingliche Vorgang, durch welchen die Hypothek oder die Grundschuld begründet wird, kommt freilich erst mit der Eintragung zur Vollendung. Aber dies hindert nicht, daß der Gläubiger durch die Annahme der Eintragungsbewilligung obligatorisch gebunden wird, die Vollziehung der Eintragung nicht zu hindern. Wenn er daher die ihm bewilligte Eintragung selbst beantragt hat, so kann dieselbe durch eine nachträgliche einseitige Erklärung seinerseits nicht aufgehalten werden. Vgl. indessen die oben unter a angezogenen Entscheidungen des Obertribunals;

c. der Notar in den Fällen der Gr.B.O. §. 36;

d. andere Personen nur, wenn sie sich als gesetzliche Vertreter des Eigenthümers oder des Gläubigers, für welchen dieser die Eintragung bewilligt hat, ausweisen. Die Vollmacht muß in Gemäßheit der Gr.B.O. §. 37 gerichtlich oder notariell aufgenommen oder beglaubigt sein.

§. 19 Nr. 2.

1. Das Urtheil des Gerichtes als Ersatz der Eintragungsbewilligung. Nothwendiger Inhalt der Urtheilsformel; Titel zur Hypothek.
2. Die Eintragung auf Grund der Verurtheilung des eingetragenen Eigenthümers; gegen dessen Rechtsnachfolger. S. 134.
3. Rechtskraft und Vollstreckbarkeit des Urtheils.
4. Verurtheilung des Nichteigenthümers oder des nicht eingetragenen Eigenthümers. S. 135.

1. Das Konsensprinzip, wie es in dem Gesetz über den Eigenthumserwerb rc. aufgefaßt ist, bringt es mit sich, daß Hypotheken und Grundschulden, deren Eintragung weder von dem Eigenthümer bewilligt noch von einer zuständigen Behörde nachgesucht ist, nur auf Grund einer rechtskräftigen Verurtheilung des Eigenthümers eingetragen werden dürfen. (Oben S. 127 Anm. 2 zu §. 19.) Das Urtheil des Gerichtes ersetzt nach der Civilprozeß-O. §. 779 die Eintragungsbewilligung. Seine Formel muß mithin den Erfordernissen entsprechen, welche das Gesetz für die Bewilligung aufstellt (vgl. die Anm. zu §. 19 Nr. 1). Soll eine Hypothek eingetragen werden, so ist der Schuldgrund in der Urtheilsformel anzugeben und die Schuldurkunde vorzulegen. Ist eine Urkunde über die Schuld nicht ausgestellt, so gilt das Urtheil als Schuldurkunde. Fehlt die Angabe des Schuldgrundes, so ist im Zweifel eine Grundschuld einzutragen. Daß der Eigenthümer ausdrücklich zur Bestellung einer Grundschuld verurtheilt sein müßte, um die Eintragung einer solchen zu rechtfertigen, ist nach §. 19 Nr. 1 nicht

anzunehmen. Das Gericht wird indessen, um Bedenken des Grundbuchrichters vorzubeugen, gut thun, die Fassung der Urtheilsformel möglichst dem Wortlaut der Nr. 2 des §. 19 anzuschließen. Turnau 1 S. 314 (3).

Das Gesetz verlangt die Verurtheilung des Eigenthümers „zur Bestellung einer Hypothek oder Grundschuld". Es scheint indessen nicht zweifelhaft zu sein, daß die Eintragung auf Grund eines Erkenntnisses auch dann zu erfolgen hat, wenn durch dasselbe der Eigenthümer verurtheilt ist, die Eintragung zu bewilligen. Dem Konsensprinzip wäre es sogar entsprechender gewesen, wenn anstatt „Bestellung" gesagt wäre „Bewilligung der Eintragung." Man hat dem gewählten Ausdruck vielleicht um deswillen den Vorzug gegeben, weil die in dem bisherigen Recht begründeten Titel zum Pfandrecht an einem Grundstück in dem Recht resp. dem Anspruch des Berechtigten auf „Bestellung" einer Hypothek bestehen.

Die Titel zur Hypothek, welche durch Willenserklärungen des Eigenthümers oder durch Rechtsvorschriften begründet werden können, liegen außerhalb der Grenzen des Grundbuchrechtes. (Vgl. Kochs Landrecht 2, Anm. 5 zu I. 20 §. 3.) Das Gesetz über den Eigenthumserwerb hat sie in Kraft gelassen, ihre Wirksamkeit jedoch insofern eingeschränkt, als in Folge des Konsensprinzips der Titel, welcher in concreto gegen den eingetragenen Eigenthümer gegeben ist, den Berechtigten nicht mehr legitimirt, die Eintragung von der Buchbehörde zu verlangen, sondern nur mit einem Anspruch auf Eintragungsbewilligung (Bestellung einer Hypothek oder einer Grundschuld) gegen den Verpflichteten ausstattet. Vgl. die Einf.-Ges. für Neuvorp. §. 20, Schlesw.-Holst. §. 35, Kassel §§. 9 bis 11, Rheinl. §§. 11, 12; Ausf.Ges. z. Konk.O. §. 4.

2. Das Erkenntniß, auf Grund dessen der Gläubiger die Eintragung von der Buchbehörde verlangen kann, muß gegen den eingetragenen Eigenthümer ergangen sein. (Anm. 1 zu §. 3 S. 41 u. Anm. 2 zu §. 14 S. 103.) Die Eintragung des Eigenthümers hat hier dieselbe Bedeutung wie für den Fall, wo derselbe ausdrücklich die Eintragung einer Hypothek oder einer Grundschuld bewilligt hat. Erkennt man das Konvaleszenzprinzip an, so genügt es, daß der Eigenthümer als solcher eingetragen ist, wenn gegen ihn die Eintragung für den Gläubiger vollzogen wird. (Anm. zu §. 5 Satz 2 S. 47.) Gegenfalls ist die Vorschrift der Nr. 2 des §. 19 in ihrer Anwendbarkeit beschränkt auf den Fall, in welchem der zur Bestellung einer Hypothek oder einer Grundschuld Verurtheilte zur Zeit der Verurtheilung als Eigenthümer im Grundbuche eingetragen ist; a. M. Turnau (1 S. 191 Anm. 7 u. S. 313 Anm. II, 1), welcher, obwohl Gegner des Konvaleszenzprinzipes, den Zeitpunkt des Eintragungsantrages für maßgebend erachtet auf Grund der Erwägung, daß die Eintragung auf Grund des Urtheiles sich als ein Akt der Zwangsvollstreckung darstelle, diese aber nicht ohne den Willen des Gläubigers erfolgen dürfe, daher auch das Urtheil der Eintragungsbewilligung erst in dem Zeitpunkt ersetzen könne, in welchem der Gläubiger seinen Willen, von dem Urtheil Gebrauch zu machen, durch den Eintragungsantrag kundgebe.

Veräußert der eingetragene Eigenthümer das Grundstück, so findet auf Grund seiner Verurtheilung die Eintragung einer Hypothek oder Grundschuld nicht statt, sofern der Erwerber vor Eingang der Urtheilsausfertigung bei dem Grundbuchamt die Eintragung als Eigenthümer erlangt. Die Regel der Civilprozeß-Ordnung vom 30. Januar 1877 §§. 237, 665, daß die Entscheidung in Ansehung der Sache selbst auch gegen den Rechtsnachfolger vollstreckbar ist, ist hier unanwendbar, weil der persönliche Anspruch auf Bewilligung der Eintragung einer Hypothek das Grundstück nicht zu einer „im Streit befangenen Sache" macht, es sei denn, daß die Hypothek bereits vorgemerkt ist; vgl. oben S. 42 Anm. 4 zu §. 3 und Turnau 1 S. 188 (5). Gegen die Universalsuccessoren des Verurtheilten ist das Urtheil dagegen unter Einhaltung der Vorschriften der §§. 665 ff. der C.P.O. vollstreckbar; dieselben müssen aber erst zur Eintragung ihres Eigenthumes nach näherer Bestimmung der Gr.B.O. §§. 55 und 56 angehalten werden, bevor die Hypothek oder die Grundschuld eingetragen werden kann. (§. 5 des Ges.)

3. Das Erkenntniß, welches der §. 19 als Voraussetzung der Eintragung gelten läßt, muß rechtskräftig sein. (Anm. 5 zu §. 3 u. Anm. 3 Abs. 3 zu §. 14.) Die Eintragung erfolgt auf den

Antrag des Gläubigers, wenn dem Grundbuchamt eine mit dem Zeugnisse der Rechtskraft versehene Urtheilsausfertigung vorgelegt ist. Das Zeugniß der Vollstreckbarkeit ist nur erforderlich, wenn die Bestellung der Hypothek oder der Grundschuld von einer Gegenleistung abhängig gemacht ist. C.P.O. §. 779.

4. Wenn Jemand rechtlich verpflichtet ist, eine Hypothek oder eine Grundschuld zu bestellen, so ist er im Fall des Streites zur Erfüllung dieser Verpflichtung zu verurtheilen, gleichviel ob er Eigenthümer des Grundstückes ist oder nicht. (Anm. 1 zu §. 3; Turnau 1 S. 313; Bahlmann S. 96.) Die Vorschrift des §. 19 Nr. 2 ist indessen nur anwendbar gegen den eingetragenen Eigenthümer. Fehlt diese Voraussetzung, so ist zu unterscheiden:

a. Ist der Verurtheilte nicht der Eigenthümer des Grundstückes, so kann der Gläubiger auf Grund des Urtheiles, welches den Schuldner zur Eintragungsbewilligung verurtheilt, die Eintragung seiner Hypothek nicht erwirken, da nach dem oben Anm. 1 zu §. 3 Gesagten weder die Voraussetzungen der §§. 773, 774 der C.P.O., noch die des §. 17 des Ausf.Ges. zu derselben vorliegen. Es bleibt ihm daher nichts übrig, als seine Interesseforderung auf Grund des Rechtsverhältnisses, welches dem Anspruch auf Eintragung der Hypothek zu Grunde liegt, geltend zu machen. Hat er daraufhin die Verurtheilung des Schuldners zur Zahlung einer Geldsumme erwirkt, so kann er durch das im §. 17 des Auf.Ges. z. C.P.O. geordnete Verfahren die Eintragung des Schuldners als Eigenthümer erwirken, falls diesem ein Anspruch auf Auflassung zusteht.

b. Hat der Verurtheilte das Eigenthum zwar erworben, die Eintragung desselben jedoch nicht nachgesucht, so muß der Gläubiger den in der Gr.B.O. §§. 55 u. 56 vorgezeichneten Weg betreten, um die Eintragung des Eigenthümers zu erwirken. Das Obertribunal scheint freilich diesen Weg dem Gläubiger verschließen zu wollen. O.Tr. III, Gruchot 23 S. 457.

Wird der zur Bestellung der Hypothek oder Grundschuld Verurtheilte als Eigenthümer eingetragen, so kann der Gläubiger auf Grund des Urtheils die Eintragung des Kapitals unmittelbar bei der Buchbehörde beantragen, vgl. oben Anm. 2.

§. 19 Nr. 3.

1. Begriff der Zuständigkeit. Vormundschaftsrichter; Prozeßrichter.
   Zuständig sind:
   a. der Subhastationsrichter;
   b. die Gerichtskassen-Verwaltung;
   c. andere Behörden. S. 136.
2. Das Ersuchen als Ersatz der Bewilligung. S. 137.

1. Die Behörde, auf deren Ersuchen die Eintragung erfolgen soll, muß zuständig, d. h. gesetzlich ermächtigt sein, Ansprüche gegen den Eigenthümer in das Grundbuch eintragen zu lassen, ohne daß derselbe die Eintragung bewilligt hat oder zur Ausstellung der Bewilligung verurtheilt ist. Geht ein solches Ersuchen ein, so hat der Grundbuchrichter zu prüfen, ob der Behörde, von welcher es ausgeht, die in Anspruch genommene Zuständigkeit beigelegt ist.

Der Vormundschaftsrichter ist nach der Vormundschafts-O. vom 5. Juli 1875 §§. 32 u. 58 nicht berechtigt, die Eintragung einer Kaution auf die Grundstücke des Vormundes zur Sicherstellung des Pflegebefohlenen bei dem Grundbuchamt nachzusuchen. (Insterburg, Johow 6 S. 154.) Davon besteht eine Ausnahme für die vormals kurhessischen Landestheile (Einf.Ges. f. Kassel §. 11; O.L.G. Kassel im Jahrb. 12 S. 294). Die Zuständigkeit des Prozeßrichters zur Nachsuchung der Eintragung vollstreckbarer Forderungen auf die Grundstücke des Schuldners ist weggefallen (Zwangsvollstr.Ges. §. 12).

Zuständig sind u. a. folgende Behörden:

a. der Subhastationsrichter zur Nachsuchung der Eintragung von Hypotheken nach näherer Bestimmung des Zwangsvollstr.Ges. §. 124 Nr. 3 und 4 (vgl. die Kommentare zum Zwangsvollstr.Ges. und Turnau 2 §. 111 Ziff. I 5c u. d S. 480 ff.; siehe auch unten Anm. II.2 zu §. 42 des Gesetzes);

b. die Gerichtskassen-Verwaltung zu dem Ersuchen um hypothekarische Eintragung der nach Maßgabe der Kostengesetze, insonderheit des deutschen Gerichtskostengesetzes vom 18. Juni 1878, zu erhebenden Gebühren und Auslagen der Gerichte auf die Grundstücke des Schuldners. Im Einklange mit dem Gesetz, betreffend den Ansatz und die Erhebung der Gerichtskosten, vom 10. Mai 1851 §. 15 bestimmt das zum deutschen Gerichtskostengesetze 2c. erlassene Ausführungsgesetz vom 10. März 1879 §. 29: „Jede Kostenforderung giebt einen Titel zum Pfandrecht auf die Gegenstände des unbeweglichen Vermögens des Schuldners; auf Grund desselben erfolgt die Eintragung eines Pfandrechtes im Grund- oder Hypothekenbuche.“ Das Nähere ergiebt sich jetzt aus der Verordnung betr. das Verwaltungszwangsverfahren vom 7. September 1879 (vgl. unten c) und der Instruktion für die Verwaltung der Kassen bei den Justizbehörden v. 15. Juli 1893 (J M Bl. hinter S. 327). Danach ist der Rendant der Gerichtskasse oder an seiner Stelle der Kurator zu dem Antrage auf Eintragung der Hypothek zuständig (Instr. §. 28). Dem Antrag ist eine beglaubigte Abschrift der Kostenrechnung beizufügen, und wenn die Eintragung für die Kasse des Reichsgerichtes (nach Maßgabe der Dienstanweisung vom 21. Juni 1879, J.M.Bl. 1884 S. 254) oder eines anderen Bundesstaates (nach Maßgabe der Anweisung des Bundesrathes vom 23. April 1880, J.M.Bl. S. 128 ff.) erfolgt, so ist zu beantragen, daß in der Eintragungsformel auch die Preußische Kasse erwähnt wird, welcher die Vertretung obliegt (Instr. §. 36, vgl. §. 35). Auf Bildung eines Hypothekenbriefes ist zu verzichten (ebd. §. 36).

Zu den Gerichtskosten, welche von den Gerichtskassen einzuziehen sind, gehören auch die Transportkosten, die Kosten der Civil-, der Untersuchungs- und Strafhaft, soweit sie zur Staatskasse fließen, und zwar auch wenn sie bei den unter Leitung des Ministers des Innern stehenden Straf- und Gefängnißanstalten erwachsen sind (ebd. §. 19). Auch für diese kann also auf Ersuchen des Rendanten (oder Kurators), nachdem sie von dem Gerichtsschreiber bezw. dem Sekretär der Staatsanwaltschaft als Strafvollstreckungsbehörde berechnet und festgestellt sind, eine Hypothek auf die Grundstücke des Zahlungspflichtigen eingetragen werden (ebd. §§. 11, 37 ff., insbes. §. 38 Nr. 9, 10). Da diese Kosten aber zu den Auslagen gehören, kann nach §§. 1, 96 des Gerichtskostengesetzes ihre Eintragung erst erfolgen, nachdem sie entstanden sind, es sei denn, daß ausnahmsweise (vgl. Gerichtskostenges. §§. 83, 84) eine gesetzliche Vorschußpflicht besteht (Kammerger. v. 11. Dezember 1882 und 5. Januar 1883, Jahrb. 3 S. 150). Für künftig erwachsende Auslagen kann höchstens ein Arrest nach den Vorschriften der C.P.O. erwirkt werden, wenn nicht nach §§. 325, 326, 332 der Strafprozeßordnung eine Beschlagnahme zulässig ist (Kammerger. a. a. O.). Das weitergehende Beschlagnahmerecht zur Deckung der Kosten des Strafverfahrens, welches das Gesetz vom 9. Mai 1854 Art. 1 gewährt, ist in die Reichsjustizgesetze nicht aufgenommen und daher weggefallen (Turnau 1 S. 138 a. E.).

Die in der vorigen Auflage erörterte Streitfrage, ob die Eintragung einer Kostenforderung auf alle Grundstücke des Schuldners ungetheilt verlangt werden könne, ist jetzt durch den (die Verordnung vom 4. März 1834 §. 23 aufhebenden) §. 6 des Zwangsvollstr.Ges. bejahend entschieden. Ueber das frühere Recht vgl. Johow 4 S. 200, 7 S. 217, 8 S. 218 ff.;

c. andere Behörden, welchen die Befugniß zur Zwangsvollstreckung zusteht. Nach der Verordnung vom 7. September 1879 (G.S. S. 591) erfolgt „die Zwangsvollstreckung wegen aller derjenigen Geldbeträge, welche nach den bestehenden Vorschriften auf Grund einer Entscheidung oder Anordnung der zuständigen Verwaltungsbehörde, eines Verwaltungsgerichtes, einer Auseinandersetzungsbehörde oder eines solchen Instituts einzuziehen sind, dem die Befugniß zur Zwangsvollstreckung zusteht“, „ausschließlich nach den Vorschriften dieser Verordnung“ (§. 1). Als Vollstreckungsbehörden sind diejenigen Behörden oder Beamten zuständig, „denen die Einziehung der der Beitreibung im Verwaltungszwangsverfahren unterliegenden Geldbeträge zusteht“ (§. 3). Diese haben den Antrag auf Eintragung der Forderung zu stellen. Die Vollstreckbarkeit der Forderung und die Zulässigkeit der Zwangsvollstreckung unterliegen nicht der Beurtheilung des Gerichtes (§ 54). Wohl aber ist die Zulässigkeit des Verwaltungszwangsverfahrens und die Zuständigkeit der Verwaltungsbehörde zu prüfen. Vgl. unten die Anm. zu §. 41 der Gr.B.O.; Krech und Fischer S. 702 ff.; Wolff, die Eintragung in das Grundbuch zur Vollstreckung einer Forderung, 1886, S. 183 ff.

Gesetz, betr. die Zwangsvollstreckung in das unbewegliche Vermögen. Vom 13. Juli 1883. (G.S. S. 131).

§ 6. Eine vollstreckbare Geldforderung, deren Betrag in gesetzlicher Währung bestimmt ist, wird auf Antrag des Gläubigers als Hypothek eingetragen, wenn der Schuldner im Grundbuche als Eigenthümer eingetragen ist oder seine Eintragung gleichzeitig erlangt wird. Der Gläubiger kann die Eintragung auf alle Grundstücke des Schuldners beanspruchen.

Die Forderung wird auf mehrere Grundstücke ungetheilt eingetragen, sofern der Gläubiger nicht etwas Anderes beantragt. Im Falle der Uebermässigkeit der für eine Forderung durch die Eintragung entstandenen Sicherheit steht dem Schuldner das Recht zu, mittels einer gegen den Gläubiger anzustellenden Klage die Vertheilung der Forderung auf einzelne Grundstücke beziehungsweise die Befreiung einzelner Grundstücke von der eingetragenen Hypothek zu beantragen.

Aus vollstreckbaren Urkunden (§. 702 Nr. 5 der Civilprozessordnung) und aus vollstreckbaren Vergleichen ausserhalb der in §. 702 Nr. 1 und 2 der Civilprozessordnung vorgesehenen Fälle wird nur eine Vormerkung eingetragen.

Ist der Schuldner Eigenthümer, als solcher aber nicht eingetragen, so ist der Gläubiger berechtigt, an Stelle desselben dessen Eintragung als Eigenthümer zu beantragen und die zum Zwecke derselben erforderlichen Urkunden von Gerichten und Notaren zu fordern.

---

2. Das Ersuchen einer Behörde als Voraussetzung der Eintragung beruht auf dem Gesetz. Die Behörde bringt den unter gewissen Umständen auf die Eintragung gerichteten Willen des Gesetzes durch ihr Ersuchen auf den einzelnen Fall zur Anwendung. Das Ersuchen vertritt insofern die Eintragungsbewilligung des Eigenthümers; es muß mithin den Erfordernissen derselben entsprechen, namentlich gegen den eingetragenen Eigenthümer gerichtet sein. (§. 19 Nr. 1.) Die Streitfrage hinsichtlich des Konvaleszenzprinzips hat jedoch hier nur eine beschränkte Bedeutung, weil das Ersuchen der Behörde nicht blos die Bewilligung, sondern zugleich den Eintragungsantrag darstellt. Das Verhältniß ist so anzusehen, wie wenn die Eintragung in dem Zeitpunkte, in welchem das Ersuchen bei dem Grundbuchamt eingeht, bewilligt und beantragt würde. Es dürfte deshalb die Eintragung von dem Grundbuchrichter unbedenklich auch dann zu vollziehen sein, wenn der Schuldner erst nach Erlaß des Ersuchens als Eigenthümer eingetragen ist.

Zusatz zu §. 19: Zwangsvollstr.-Ges. §§. 6 bis 12.

§. 7. Ist die Forderung nur vorläufig oder nur gegen Sicherheitsleistung vollstreckbar, so wird nur eine Vormerkung eingetragen. Dieselbe wird auf Antrag des Gläubigers nach Vorlegung einer unbeschränkt vollstreckbaren Ausfertigung des Schuldtitels in eine Hypothek umgeschrieben.

Die Vormerkung ist einzutragen, ohne dass die Sicherheit, von deren Leistung die Zwangsvollstreckung abhängig gemacht ist, geleistet zu werden braucht.

§. 8. Mit dem Antrage auf Eintragung muss die vollstreckbare Ausfertigung des Schuldtitels vorgelegt werden.

Wenn sich der Schuldtitel auf Inhaberpapiere oder Wechsel gründet oder auf Papiere, welche auf Order lauten und durch Indossament übertragen werden können (Handelsgesetzbuch Artikel 301 bis 304), so sind auch diese Urkunden, und wenn die Forderung bereits auf andere Grundstücke eingetragen ist, auch die vorhandenen Hypothekenurkunden oder Grundschuldbriefe mit dem Antrage vorzulegen, widrigenfalls nur eine Vormerkung eingetragen werden darf. Diese wird nach Vorlegung der bezeichneten Urkunden in eine Hypothek umgeschrieben.

Literatur: Die Kommentare zum Zwangsvollstr.Ges.; Hinrichs, Studien aus dem Gebiete des preuß. Hypothekenrechtes, 1. Heft, 1883; Wolff, die Eintragung in das Grundbuch zur Vollstreckung einer Forderung, 1886; Rothenberg in Gruchot 35 S. 753 ff., 36 S. 595 ff; Thiele ebd. 37 S. 625 ff.

Nachdem für den Geltungsbereich der Allg. Gerichts-O. schon die Verordnung vom 4. März 1834 (§§. 22, 23) den vollstreckbaren Schuldtiteln die Bedeutung eines „Titels zum Pfandrecht auf die dem Schuldner zugehörigen Immobilien" beigelegt hatte und in neuerer Zeit ähnliche Bestimmungen auch für einige gemeinrechtliche Gebietstheile ergangen waren (Ehrenbreitstein: Ges. v. 2. Febr. 1864 §. 8, vgl. dazu O.Tr. III, Entsch. 79 S. 122; Neuvorpommern: Einf.Ges. §. 22 Abs. 2; Kassel: Einf.Ges. §. 15; vgl. auch Zwangsvollstr.Ges. v. 4. März 1879 §. 22), ist die sog. Judikatshypothek jetzt für den ganzen Geltungsbereich der Gr.B.O. durch die §§. 2, 6 bis 12 des Zwangsvollstr.Ges. vom 13. Juli 1883 einheitlich geregelt (auch für das Gebiet des Rheinischen Rechtes, vgl. Einf.Ges. §§. 2, 11 Abs. 2). Dadurch ist jedem Gläubiger, welcher für eine Geldforderung einen vollstreckbaren Schuldtitel erwirkt hat, das Recht gegeben, durch einen unmittelbar an den Grundbuchrichter gerichteten Antrag die Eintragung seiner Forderung als Hypothek oder Vormerkung auf diejenigen Grundstücke zu erwirken, als deren Eigenthümer der Schuldner eingetragen ist oder gleichzeitig eingetragen wird, unbeschadet des Rechtes desselben, statt oder neben dieser Eintragung die Zwangsversteigerung und Zwangsverwaltung zu betreiben (§. 2 des Ges.).

I. Ueber die rechtliche Natur dieser Zwangseintragung herrscht viel Streit. Während Wolff (a. a. O. S. 14 ff.) die Eintragung als einen Akt der Zwangsvollstreckung, den Grundbuchrichter in dieser Thätigkeit als Vollstreckungsrichter betrachtet, sind Krech und Fischer Zwangsvollstr.Ges. S. 220 ff., 809 ff.) der Ansicht, daß eine Zwangsvollstreckung in diesem Falle überhaupt nicht stattfinde und die Eintragung nur ein Akt der freiwilligen Gerichtsbarkeit sei. Zwischen diesen beiden Meinungen stehen die Ansichten der meisten Schriftsteller in der Mitte, indem sie übereinstimmend annehmen, daß der Grundbuchrichter zwar als Richter der freiwilligen Gerichtsbarkeit, nicht als Vollstreckungsrichter handle, daß aber trotzdem eine Zwangsvollstreckung stattfinde. Ueber die Frage, worin letztere liege, weichen sie aber sehr von einander ab; die meisten (so auch das Reichs- und das Kammergericht in den unten erwähnten Entscheidungen) finden sie in der Thätigkeit des Grundbuchrichters, Eccius (1 §. 111 Anm. 4) dagegen in der des Gläubigers, und Rothenberg (Gruchot 35 S. 753 ff.) läßt die Vollziehung der Zwangsvollstreckung unmittelbar kraft Gesetzes mit dem Eingang des Eintragungsantrages beim Grundbuchrichter eintreten, vorausgesetzt daß der Eintragung keine Hinderungsgründe entgegenstehen.

Obwohl dieser Streit von praktischer Bedeutung ist, bedarf es hier keines näheren Ein-

§. 9. Die im §. 8 bezeichneten Urkunden sind mit dem Hypothekenbriefe als Schuldurkunden zu verbinden.

Der Hypothekenbrief ist dem Gläubiger auszuhändigen.

Wird ein Hypothekenbrief nicht ausgefertigt, so wird die erfolgte Eintragung auf der vollstreckbaren Ausfertigung des Schuldtitels vermerkt.

Der Schuldner erhält eine Benachrichtigung.

§. 10. Soll ein Arrestbefehl vollzogen werden, so wird auf Antrag des Gläubigers eine Vormerkung zur Höhe des zu sichernden Geldbetrages eingetragen.

An Stelle der Vormerkung erfolgt die endgültige Eintragung nach den Vorschriften der §§. 6, 8, 9.

§. 11. Die Einwilligung des Gläubigers zur Löschung einer nach Vorschrift der §§. 6, 7, 10 erfolgten Eintragung wird durch eine Urkunde ersetzt, auf Grund deren nach den Vorschriften der Civilprozessordnung die Zwangsvollstreckung mit der Wirkung einzustellen ist, dass die bereits erfolgten Vollstreckungsmassregeln aufgehoben werden.

§. 12. Die nach den Vorschriften der §§. 6 bis 11 erforderlichen Anträge sind unmittelbar an den Grundbuchrichter zu richten.

Eine Beglaubigung der Anträge oder der Vollmachten der die Anträge stellenden Prozessbevollmächtigten ist nicht erforderlich.

---

gehens auf denselben, da die wichtigeren Fragen, deren Beantwortung von der Stellung zu demselben abhängt, durch die Rechtsprechung ihre Erledigung gefunden haben. Dieselben werden unten einzeln erwähnt werden; hier sind nur zwei Punkte voranzuschicken, über welche fast allgemeines Einverständniß herrscht.

1. Der Grundbuchrichter handelt bei der Zwangseintragung nicht als Vollstreckungsgericht, sondern nur als Grundbuchrichter. Sein Verfahren unterliegt daher nicht den Vorschriften der C.P.O., sondern denen der Grundbuchgesetze und den sonstigen Bestimmungen über das Verfahren in Sachen der freiwilligen Gerichtsbarkeit; insbesondere kommen nur diese für die Rechtsmittel gegen die Entscheidungen des Grundbuchrichters in Betracht. Hierfür spricht nicht nur der Wortlaut des §. 12 des Zwangsvollstr.Ges., welcher die Anträge einfach an den „Grundbuchrichter" verweist, sondern auch die Erwägung, daß das Gesetz sich sonst zu der C.P.O. in Widerspruch setzen würde, da nach dieser nur das Amtsgericht der belegenen Sache als Vollstreckungsgericht für die Immobiliarzwangsversteigerung zuständig ist (§. 755), während das Grundbuch unter Umständen bei einem anderen Amtsgericht geführt wird (vgl. Ausf.Ges. z. G.V.G. §. 32 Abs. 2), und, auch abgesehen hiervon, Grundbuchrichter und Vollstreckungsgericht begrifflich verschieden sind. So auch das R.G. (im Jahrb. 7 S. 305), das Kammerger. (ebd. 4 S. 116, 5 S. 88 u. 7 S. 101) und das L.G. Hannover (ebd. 11 S. 419). A. M. Wolff a. a. O. und Ring in der Zeitschr. für deutschen Civilprozeß 7 S. 567.

2. Andererseits darf der Grundbuchrichter die Eintragung nur vornehmen, wenn alle Voraussetzungen der Zwangsvollstreckung, nicht nur die in den §§. 6 bis 12 des Gesetzes aufgeführten besonderen, sondern auch die in der C.P.O. geregelten allgemeinen, vorliegen; er hat also deren Vorhandensein zu prüfen (Kammerger., Jahrb. 7 S. 102, 10 S. 113). Dies versteht sich von selbst, wenn man die Zwangseintragung als eine Art der Zwangsvollstreckung auffaßt, selbst wenn man den Grundbuchrichter nicht als Vollstreckungsgericht ansieht; denn §. 46 der Gr.B.O. macht ihm diese Prüfung zur Pflicht. Aber auch Krech und Fischer (S. 223 Ziff. 6) nehmen das Gleiche an auf Grund der ausdrücklichen Bestimmung des §. 2 des Zwangsvollstr.Ges.: „Die Zwangsvollstreckung in Grundstücke erfolgt: 1. durch Eintragung der vollstreckbaren Forderung in das Grundbuch", womit das Gesetz den allgemeinen Bestimmungen über die Zwangsvollstreckung Anwendung auf einen Fall verliehen hätte, der nicht Zwangsvollstreckung sei. Hierüber scheint also Einverständniß zu herrschen.

II. Die **Voraussetzungen** der Zwangseintragung sind folgende:

1. Die einzutragende **Forderung** muß vollstreckbar und persönlicher Natur, und ihr Betrag muß in gesetzlicher Währung bestimmt sein (§. 6).

a. Das Erforderniß der **Vollstreckbarkeit** bedeutet nach dem oben Gesagten: es müssen die allgemeinen Vorbedingungen der Zwangsvollstreckung gegeben sein. Diese sind nach der C.P.O.:

α. ein **vollstreckbarer Schuldtitel.** Als solche erkennt die C.P.O. an: 1. die rechtskräftigen oder für vorläufig vollstreckbar erklärten Endurtheile (einschließlich der in den §§. 502, 562 der C.P.O. genannten Urteile) eines deutschen ordentlichen Gerichtes (C.P.O. §§. 644, 645, 648 ff.) oder eines Konsulargerichtes (Ges. v. 14. Juli 1879 §. 14); 2. Urtheile eines ausländischen Gerichtes, sofern die Zulässigkeit der Zwangsvollstreckung durch ein Vollstreckungsurtheil eines deutschen Gerichtes ausgesprochen ist (C.P.O. §§. 660, 661); 3. Arrestbefehle (§§. 809—811); 4. Schiedssprüche, wenn die Zulässigkeit der Zwangsvollstreckung durch ein Vollstreckungsurtheil ausgesprochen ist (§. 868); 5. im Laufe eines Rechtsstreites zur Beilegung desselben vor einem deutschen Gericht geschlossene Vergleiche (§. 702 Nr. 1); 6. im amtsgerichtlichen Sühneverfahren eingegangene Vergleiche (das. Nr. 2, §. 471); 7. mit der Beschwerde anfechtbare Entscheidungen (§. 702 Nr. 3); 8. Vollstreckungsbefehle (das. Nr. 4, §. 640); 9. gerichtliche oder notarielle Urkunden über einen Anspruch auf eine bestimmte Quantität Fungibilien, in denen sich der Schuldner der sofortigen Zwangsvollstreckung unterworfen hat (§. 702 Nr. 5).

Zu diesen in der C.P.O. aufgezählten Titeln kommen dann noch einige in anderen Reichsgesetzen geregelte: 10. die Tabelle im Konkurse hinsichtlich der festgestellten und vom Gemeinschuldner im Prüfungstermin nicht bestrittenen Forderungen (Konk.O. §. 152 Abs. 2, vgl. §§. 132, 134, 192); 11. der rechtskräftig bestätigte Zwangsvergleich hinsichtlich derselben Ansprüche (das. §. 179); 12. im Strafprozeß die den Verfall einer Sicherheit, gegen welche ein Beschuldigter von der Untersuchungshaft befreit wurde, aussprechende Entscheidung (Strafprz O. §. 122 Abs. 3); 13. rechtskräftige strafgerichtliche Entscheidungen über Vermögensstrafen oder Bußen (das. §§. 495, 483; vgl. oben S. 135 Anm. 1 b zu §. 19 Nr. 3 u. **Turnau** 1 S. 326 bb a. E.); 14. Festsetzungen von Strafen und Kosten nach der Rechtsanwaltsordnung §§. 97, 58, 63, 94; 15. nach dem Genossenschaftsgesetz vom 1. Mai 1889 §§. 99—107 die im Genossenschaftskonkurse vom Konkursverwalter aufgestellte, vom Konkursgericht für vollstreckbar erklärte Vorschuß- und Nachschußberechnung betreffend die Beiträge der Genossen zur Deckung des Fehlbetrages; 16. nach dem Gesetz, betr. die Gewerbegerichte, vom 29. Juli 1890 §. 56 die rechtskräftigen oder für vorläufig vollstreckbar erklärten Endurtheile der Gewerbegerichte oder die vor diesen nach Erhebung der Klage geschlossenen Vergleiche (vgl. auch ebd. §. 73 und für die Gewerbegerichte in der Rheinprovinz Ges. v. 11. Juli 1891 §§. 1, 10).

Schließlich läßt der §. 706 der C.P.O. auch noch landesgesetzliche Vollstreckungstitel zu. Dahin gehören: 17. die Entscheidungen deutscher und außerdeutscher Rheinschiffahrts- und Elbzollgerichte (Ges. v. 8. März 1879 §. 12 u. v. 9. März 1879 §. 9); 18. vor einem Schiedsmann abgeschlossene Vergleiche (SchiedsmannsO. v. 29. März 1879 §. 32, vgl. §. 25; **Turnau** 1 S. 325 unter e. 3); 19. die gemäß §. 59 der Feldpolizeiordnung vom 1. November 1847 vor der Polizeibehörde geschlossenen Vergleiche (Ausf.Ges. z. C.P.O. §. 12); 20. die gerichtlich bestätigte Dispache (ebd. §. 29) u. dgl. m. (Vgl. noch **Jastrow** in **Gruchot** 30 S. 297 ff. über die Entscheidungen des Vormundschaftsgerichtes gemäß A.L.R. II. 2 §. 72 und oben S. 135 ff. die Anm. zu §. 19 Nr. 3 über das Verwaltungszwangsverfahren.)

β. Eine **vollstreckbare Ausfertigung** des Schuldtitels bildet die zweite Vorbedingung der Zwangsvollstreckung, denn nach §§. 662, 702 der C.P.O. erfolgt diese nur „auf Grund einer mit der Vollstreckungsklausel versehenen Ausfertigung des Urtheils“ oder sonstigen Titels. Davon macht die C.P.O. aber für Arrest- und Vollstreckungsbefehle Ausnahmen, es sei denn, daß nach deren Erlaß eine Rechtsnachfolge auf Seiten des Gläubigers oder Schuldners eingetreten ist (§§. 704, 809).

Die Vollstreckungsklausel lautet: „Vorstehende Ausfertigung wird dem u. s. w. zum

Zwecke der Zwangsvollstreckung ertheilt"; sie ist der Ausfertigung am Schlusse beizufügen, vom Gerichtsschreiber zu unterschreiben und mit dem Gerichtssiegel zu versehen (C.P.O. §. 663). Ertheilt wird sie von dem Gerichtsschreiber (über Gerichtsschreibergehülfen vgl. Gesetz über die Dienstverhältnisse der Gerichtsschreiber vom 3. März 1879 §. 5 Abs. 2) des Gerichtes erster Instanz und, wenn der Rechtsstreit bei einem höheren Gerichte anhängig ist, von dem Gerichtsschreiber dieses Gerichtes (§. 662). Der Gerichtsschreiber bedarf aber einer in der Klausel zu erwähnenden, vorhergehenden Anordnung des Vorsitzenden (§§. 666, 669): 1. wenn derselben Partei eine weitere vollstreckbare Ausfertigung ertheilt werden soll, ohne daß die erste zurückgegeben wird (§. 669), 2. wenn die Vollstreckung nach dem Inhalt des Titels von dem durch den Gläubiger zu beweisenden Eintritt einer anderen Thatsache abhängt, als einer Sicherheitsleistung, des Eintritts eines Kalendertages oder einer Gegenleistung, welche Zug um Zug mit der vollstreckbaren Leistung zu erfüllen ist (§. 664), und schließlich 3. wenn für oder gegen einen Rechtsnachfolger der im Vollstreckungstitel bezeichneten Parteien eine Ausfertigung beantragt wird (§. 665). Außerdem muß in den beiden letzten Fällen der Eintritt der Thatsache oder die Rechtsnachfolge durch öffentliche Urkunden nachgewiesen werden oder in dem letzten Falle notorisch sein, widrigenfalls der Gläubiger beim Prozeßgericht erster Instanz auf Ertheilung der Vollstreckungsklausel Klage zu erheben hat (§. 667). Die Notorietät der Rechtsnachfolge ist in der Klausel zu erwähnen (§. 665 Abs. 2).

Diese zunächst für die vorstehend (*a*) unter 1 und 2 genannten Vollstreckungstitel erlassenen Bestimmungen finden auch auf die übrigen entsprechende Anwendung, soweit nicht abweichende Vorschriften für sie ergangen sind. Dies ist in der C.P.O. — von der Bestimmung des §. 704 Abs. 3 abgesehen, welche die Zuständigkeit für die Klage auf Ertheilung der Vollstreckungsklausel bei Vollstreckungsbefehlen regelt — nur bezüglich „gerichtlicher und notarieller Urkunden" der Fall, unter denen nach der sehr bestrittenen Ansicht des Reichsgerichtes (III, Entsch. 21 S. 345) nicht nur die unter Ziff. 9 bei *a*, sondern auch die unter 5 und 6 ebd. genannten Titel zu verstehen sind (vgl. hierüber die Kommentare zur C.P.O. und Krech u. Fischer S. 142 ff.). Für sie bestimmt §. 705 Abs. 1 der C.P.O., daß bei gerichtlichen Urkunden der Gerichtsschreiber des Gerichtes, welches die Urkunde aufgenommen hat, und bei notariellen der Notar oder die Behörde, welche die Urkunden verwahren, die vollstreckbare Ausfertigung zu ertheilen haben (vgl. noch C.P.O. §. 705 Abs. 2, 4). Für die in den Absätzen 2 und 3 unter *a* aufgeführten Schuldtitel sind die daselbst angeführten gesetzlichen Bestimmungen zu vergleichen. In dem ebd. unter 10 genannten Falle ist eine auszugsweise Ausfertigung der Tabelle, im Falle 11 diese in Verbindung mit dem rechtskräftig bestätigten Zwangsvergleich, im Falle 13 das strafgerichtliche Urtheil (vgl. R.G. I, Entsch. 1 S. 233, u. Wolff a. a. O. S. 48 ff.) mit der Vollstreckungsklausel zu versehen. Im Falle 14 hat der Schriftführer des Vorstandes der Anwaltskammer eine beglaubigte Abschrift der Entscheidungsformel mit der Bescheinigung der Vollstreckbarkeit zu versehen und daraufhin die Vollstreckung zu betreiben. Im Falle 15 ist die Entscheidung des Konkursgerichtes, welches die Berechnung für vollstreckbar erklärt, und ein Auszug aus der Berechnung auszufertigen und von dem Gerichtsschreiber mit der Vollstreckungsklausel zu versehen (Genossenschaftsges. §. 102). Die Entscheidungen außerdeutscher Rheinschifffahrtsgerichte (17) versieht das O.L.G. Köln (Ges. v. 8. März 1879 §. 12 Abs. 1) und die außerdeutscher Erbzollgerichte jedes Landgericht, zu dessen Bezirk ein Erbzollgericht gehört, mit der Vollstreckungsklausel (Ges. v. 9. März 1879 §. 9). Auf die Vollstreckung der vor einem Schiedsmann abgeschlossenen Vergleiche (18) finden die oben erwähnten Vorschriften über die Zwangsvollstreckung aus notariellen Urkunden entsprechende Anwendung, aber in den Fällen der §§. 664, 665 der C.P.O. bedarf es zur Ertheilung der Vollstreckungsklausel einer Anordnung des Amtsgerichtes, in dessen Bezirk der Schiedsmann seinen Wohnsitz hat (SchiedsmannsO. §. 32). Dieselbe Vorschrift enthält §. 12 des Ausf.Ges. z. C.P.O. für Fall 19.

Ob alle diese Vorschriften beobachtet sind, hat übrigens der Grundbuchrichter nicht zu untersuchen; denn die Prüfung der Zulässigkeit der Vollstreckungsklausel ist Sache des diese ertheilenden Beamten. Dem Grundbuchrichter liegt es nur ob festzustellen, ob sie von dem zuständigen Beamten und formell ordnungsmäßig ertheilt ist (Kammerger., Jahrb. 9 S. 92).

γ. Dritte Voraussetzung der Zwangsvollstreckung ist die namentliche Bezeichnung der Personen, für und gegen welche sie stattfinden soll, in dem Schuldtitel oder in der diesem beigefügten Vollstreckungsklausel (§. 671 der C.P.O.) Vgl. unten 2a.

δ. Ferner muß vor dem Beginn der Zwangsvollstreckung die Zustellung des Schuldtitels und in den Fällen der §§. 664, 665 der C.P.O. auch der Vollstreckungsklausel und der öffentlichen Urkunden, auf Grund deren diese ertheilt ist, an den Schuldner erfolgt sein (C.P.O. §. 671). Die in der C.P.O. zugelassene gleichzeitige Zustellung kann hier nicht vorkommen. Die Zustellung ist dem Grundbuchrichter durch Vorlage der Zustellungsurkunde nachzuweisen (Kammerger. im Jahrb. 1 S. 120 und bezüglich Kostenfestsetzungsbeschlüsse L.G. Hannover ebd. 10 S. 326). Hiervon macht §. 809 Abs. 3 (Novelle vom 30. April 1886) für Arrestbefehle eine Ausnahme; vgl. unten VII.

ε. Wenn die Vollstreckung von einer dem Gläubiger obliegenden Sicherheitsleistung abhängt, darf nach §. 672 Abs. 2 der C.P.O. die Zwangsvollstreckung erst beginnen, wenn die Sicherheitsleistung durch eine öffentliche Urkunde nachgewiesen und eine Abschrift dieser Urkunde bereits zugestellt ist oder gleichzeitig zugestellt wird. Diese Bestimmung kommt hier nicht in Betracht, da §. 7 Abs. 2 des Zwangsvollstr.Ges. die Eintragung einer Vormerkung auch vor Leistung der Sicherheit gestattet.

ζ. Ist die Geltendmachung der vollstreckbaren Forderung von dem Eintritt eines Kalendertages abhängig, so darf die Zwangseintragung erst nach diesem geschehen (§. 672).

η. Die Vollstreckbarkeit einer Leistung Zug um Zug hängt nicht davon ab, daß die Gegenleistung gemacht oder angeboten ist. Aber in der Zwangseintragung ist diese zu erwähnen (Turnau 1 S. 322; Dernburg, Hyp.R. S. 117).

ϑ. Die Vollstreckung eines Arrestbefehles setzt ferner voraus, daß seit der Verkündung oder der Zustellung desselben an den Gläubiger noch nicht zwei Wochen verstrichen sein dürfen (C.P.O. §. 809 Abs. 2). Läuft diese Frist vor der Eintragung der Vormerkung ab, so darf diese nicht erfolgen (R.G. III, Entsch. 26 S. 395; Thiele in Gruchot 37 S. 804 ff.; a. M. Rothenberg ebd. 35 S. 783 ff., welcher die Frist durch den rechtzeitigen Eingang des Eintragungsantrages für gewahrt hält). Ueber die Anwendbarkeit dieser Bestimmung auf einstweilige Verfügungen vgl. unten Anm. 5b zu §. 70 des Gesetzes.

ι. Unter Umständen müssen mit Rücksicht auf die Person des Schuldners besondere Vorbedingungen erfüllt sein, z. B. nach §. 673 der C.P.O., wenn er dem aktiven Heer oder der aktiven Marine angehört, die Anzeige an die vorgesetzte Militärbehörde, ferner nach den durch §. 15 Nr. 4 des Einf.Ges. z. C.P.O. aufrecht erhaltenen, im Gebiete der Allg. GerichtsO. geltenden Bestimmungen über die Zwangsvollstreckung gegen den Fiskus, die Gemeinden und andere Kommunalverbände, sowie gegen solche Korporationen, deren Vermögen von Staatsbehörden verwaltet wird, die Einholung der Einwilligung der Regierung, eventuell der Anweisung des Justizministers (vgl. A.G.O. I. 35 §. 33 u. Anhang §. 242, Anh. 153 zu A.G.O. I. 24 §. 45; Verf. v. 24. März 1882, J.M.Bl. S. 59; Turnau 1 S. 329 Anm. 3a; Rothenberg in Gruchot 36 S. 782; a. M. Krech u. Fischer S. 145).

κ. Endlich darf der Grundbuchrichter auch dann die beantragte Eintragung nicht vornehmen, wenn ihm vor Erledigung derselben eine Urkunde vorgelegt wird, auf Grund deren nach den Vorschriften der C.P.O. §. 691 Nr. 1 bis 3, §. 692 die Zwangsvollstreckung mit der Wirkung einzustellen ist, daß die bereits erfolgten Vollstreckungsmaßregeln aufgehoben werden, denn da diese Urkunde nach §. 11 des Gesetzes die Löschungsbewilligung des Gläubigers ersetzt, muß sie auch die Eintragung hindern. Ob dasselbe gilt, wenn die Zwangsvollstreckung ohne Aufhebung der erfolgten Vollstreckungsmaßregeln einstweilen eingestellt ist (C.P.O. §. 691 Ziff. 2, 4, 5, §. 692; V.O., betr. die Kompetenzkonflikte, v. 1. August 1879 §. 19 u. s. w.), ist streitig. Die Frage wird von Krech u. Fischer (S. 251 Anm. 5 zu §. 12) und Turnau (1 S. 358 Anm. 7) verneint, dagegen von Wolff (S. 181 ff.) und Rothenberg

(Gruchot 35 S. 794 ff.) bejaht. Nimmt man mit der herrschenden Meinung an, daß bei der Zwangseintragung eine Zwangsvollstreckung stattfinde, so gebührt der letzteren Ansicht der Vorzug, da beim Schweigen des Zwangsvollstr.Ges. §. 691 der C.P.O. anzuwenden ist. Zwischen Rothenberg und Wolff besteht aber eine Meinungsverschiedenheit über den Zeitpunkt, wann die die einstweilige Einstellung ergebende Urkunde beim Grundbuchrichter eingehen muß, um die Eintragung zu hindern; letzterer hält den Eingang vor der Eintragung für genügend, ersterer dagegen den Eingang vor oder gleichzeitig mit dem Eintragungsantrage für erforderlich, in Konsequenz seiner Ansicht, daß mit dem Eingehen des letzteren die Zwangsvollstreckung vollzogen sei. Bei der feststehenden Rechtsprechung des Reichsgerichtes (III u. V, Entsch. 26 S. 395 und 28 S. 283), daß die Zwangsvollstreckung erst durch die Eintragung der Judikatshypothek in das Grundbuch vollzogen werde, empfiehlt sich für die Praxis der Anschluß an die Ansicht von Wolff.

b. Die vollstreckbare Forderung muß ferner nach §. 6 Abs. 1 des Zwangsvollstr.Ges. eine Geldforderung sein, deren Betrag in gesetzlicher Währung bestimmt ist. Darin liegt, 1. daß eine Forderung auf andere Fungibilien oder sonstige Sachen zur Zwangseintragung nicht geeignet ist, 2. daß der Betrag der Geldforderung nicht unbestimmt sein darf, eine Judikats-Kautionshypothek also unzulässig ist, und 3. daß die Geldsumme in Reichswährung ausgedrückt sein muß. Fehlt es an einem dieser Erfordernisse, so ist der vollstreckbare Schuldtitel nicht geeignet, eine Zwangseintragung zu rechtfertigen, sondern kann höchstens die Grundlage für einen anderen Titel bilden, aus welchem die Eintragung zulässig ist (vgl. Turnau 1 S. 328; Wolff S. 90; Krech u. Fischer S. 225).

Ueber die in dem Vollstreckungstitel festgesetzte Summe hinaus kann die Eintragung nicht erfolgen. Stellt der Titel neben der Kapitalschuld eine Zinsverbindlichkeit fest, so ist auch deren Eintragung zulässig.

Die Prozeßkosten sind nur dann der Eintragung fähig, wenn für sie ein Kostenfestsetzungsbeschluß in vollstreckbarer Ausfertigung und unter Wahrung der übrigen Voraussetzungen der Zwangsvollstreckung vorliegt. Streitig ist aber die Behandlung der Zwangsvollstreckungskosten, insbesondere, da das Grundstück nach §. 30 des Gesetzes ohne weiteres für die Eintragungskosten haftet, der außergerichtlichen Kosten des Eintragungsantrages, z. B. der Anwaltsgebühren (§. 23 der Gebühren-O. für Rechtsanwälte). Nachdem das Kammerger. früher (Jahrb. 1 S. 122, 2 S. 122 ff., 5 S. 155 u. 7 S. 101, ebenso LG. Hannover ebd. 10 S. 327) angenommen hatte, daß deren Eintragung einen vollstreckbaren Kostenfestsetzungsbeschluß nach §§. 98, 99 der C.P.O. voraussetze, hat es am 6. Juli 1892 (Jahrb. 12 S. 91) mit Recht seine Ansicht geändert und den §. 697 der C.P.O., als zu den allgemeinen Bestimmungen über Zwangsvollstreckung gehörig, für anwendbar erklärt. Der Grundbuchrichter hat also selbst die Nothwendigkeit der Kosten zu prüfen (ebenso Wolff S. 75 ff., Rothenberg in Gruchot 35 S. 780; a. M. Krech u. Fischer S. 226 d, Turnau 1 S. 328).

c. Schließlich muß die vollstreckbare Geldforderung ein persönlicher Anspruch sein, da auf Grund dinglicher Ansprüche nur die dinglich verhafteten Grundstücke in Anspruch genommen, neue dingliche Haftungen also nicht geschaffen werden können. Dagegen steht es der Judikatshypothek nicht entgegen, wenn die vollstreckbare persönliche Forderung bereits durch eine Hypothek an einem anderen Grundstück gesichert ist (vgl. §. 8 Abs. 2 des Zwangsvollstr.Ges.; Turnau 1 S. 327 Anm. 1i; Krech u. Fischer S. 225 I. 1a).

2. Hinsichtlich der Person des Schuldners setzt die Judikatshypothek voraus, daß er in dem Vollstreckungstitel oder der Vollstreckungsklausel namentlich bezeichnet, eingetragener Eigenthümer und nicht durch Beschränkungen des Eigenthumsrechtes an der Belastung des Grundstückes gehindert ist.

a. Das erste Erforderniß, namentliche Bezeichnung des Schuldners, ist bereits oben erwähnt (Anm. 1 a γ). Gegen einen Universalsuccessor des in dem Vollstreckungstitel genannten Schuldners kann daher eine Judikatshypothek erst eingetragen werden, wenn gegen ihn auf dem oben (1 a β) angegebenen Wege eine Vollstreckungsklausel erwirkt und ihm zugestellt ist. Dies gilt nicht nur dann, wenn der Universalsuccessor bereits seine Eintragung als Eigenthümer im Grundbuch erwirkt hat, sondern auch, wenn in demselben noch der Erblasser, gegen den sich der Schuldtitel richtet, als Eigenthümer verzeichnet steht, denn nach den, auch hier anwendbaren, allgemeinen Bestimmungen der C.P.O. über die Zwangsvollstreckung (§§. 671, 693, 694) kann eine Zwangsvollstreckung, welche bei Lebzeiten des Schuldners noch nicht begonnen hat, nach dessen Tode erst unter jener Voraussetzung betrieben werden. Als Beginn der Zwangsvollstreckung ist aber bei der Judikatshypothek frühestens der Eingang des Eintragungsantrages bei dem Grundbuchrichter anzusehen; ist der Schuldner zu dieser Zeit bereits todt und dieses aus dem Grundbuch ersichtlich, so ist der Eintragungsantrag abzulehnen (Kammerger., Jahrb. 10 S. 111 ff.; Rothenberg in Gruchot 35 S. 792; a. M. Krech u. Fischer S. 228 I. 3 d). — Läßt der verurtheilte Schuldner sein Grundstück vor dem Eingang des Eintragungsantrages auf, so kann eine Eintragung gegen den Erwerber nicht mehr stattfinden (Anm. 2 zu §. 17 S. 110), da es sich hier um persönliche Ansprüche handelt, das Grundstück also nicht „im Streit befangen" im Sinne der §§. 236, 665 der C.P.O. ist, es sei denn, daß zur Zeit der Auflassung die Judikatshypothek bereits vorgemerkt war (vgl. S. 42 Anm. 4 zu §. 3 und die Anm. zu §. 89 der Gr.B.O).

b. Der in dem Vollstreckungstitel oder der Vollstreckungsklausel genannte Schuldner muß ferner im Grundbuch als Eigenthümer eingetragen sein oder seine Eintragung gleichzeitig erlangt werden (Ges. §. 6 Abs. 1; vgl. hierüber oben Anm. 1c zu §. 19, Anm. 2 zu §. 19 Nr. 2). Dieser Satz gilt ausnahmslos, auch bezüglich der Erben des verurtheilten Schuldners (vgl. Anm. 2a) oder der zur Bezahlung einer Schuld des Erblassers verurtheilten Erben (Naumburg, Johow 5 S. 122 und 8 S. 205; Kammerger. ebd. 7 S. 212; R.G. V, Gruchot 36 S. 1087). Selbst wenn der verurtheilte Schuldner sein Grundstück in anfechtbarer Weise an einen Dritten aufgelassen hat, kann der Gläubiger nicht, wie Thiele bei Gruchot 37 S. 633 annimmt, gemäß §§. 6 ff. des Zwangsvollstr.Ges. seine Forderung vormerken lassen, sondern nur unter Vermittelung des Prozeßgerichtes eine Anfechtungsvormerkung erwirken (vgl. S. 74 Anm. 2 zu § 9 Abs. 3).

Ist der Schuldner bereits Eigenthümer, aber als solcher nicht eingetragen, so ist der Gläubiger nicht nur befugt, den Antrag auf das in den §§. 55, 56 der Gr.B.O. geordnete Zwangsverfahren beim Grundbuchrichter zu stellen, sondern auch selbst an Stelle des Schuldners dessen Eintragung zu beantragen und die zum Zwecke derselben erforderlichen Urkunden von Gerichten und Notaren zu fordern (Ges. §. 6 a. E.). Befinden sich diese Urkunden in den Händen dritter Personen, so kann der Gläubiger deren Herausgabe unstreitig nur verlangen, wenn ihm nach dem sonstigen bürgerlichen Recht ein dahin gehender Anspruch zusteht. Hat sie aber der Schuldner in Händen, so räumen Krech und Fischer (S. 229 und S. 812 Note 35) dem Gläubiger das Recht ein, lediglich auf Grund der Bestimmung des §. 6 Abs. 4 des Zwangsvollstr.Ges. die Herausgabe im Prozeßwege zu erzwingen, weil dem Recht des Gläubigers, die Eintragung zu bewirken, die Pflicht des Schuldners, ihm dieselbe zu ermöglichen, gegenüberstehe; indessen ist dieses Recht weder aus dem Wortlaut noch aus der Entstehungsgeschichte des Gesetzes zu folgern (vgl. Turnau 1 S. 331 und Wolff S. 117 ff.). Bedarf es zur Begründung des Antrages auf Eintragung des Eigenthums noch einer besonderen Erklärung, z. B. einer eidesstattlichen Versicherung, des Schuldners, so kann diese vom Gläubiger nicht abgegeben werden; nur zur Stellung des Antrages und Einforderung der Urkunden von Gerichten und Notaren ist er berechtigt. Diese Rechte übt er „an Stelle" des Schuldners aus, also nur innerhalb der dem Schuldner gezogenen Schranken, und ferner auch nur dann, wenn er gleichzeitig mit der Eintragung des Eigenthumes die Eintragung seiner Forderung erreichen kann; vgl. Kammerger. im Jahrb. 5 S. 131 ff. Nach der letzteren Entscheidung ist der Gläubiger, dessen Schuldner ein Miterbe ist, nicht befugt, die Eintragung aller Erben bei ungetheilter Erbschaft zu beantragen.

Wenn der Schuldner noch nicht Eigenthümer eines Grundstückes ist, aber einen Anspruch auf Auflassung hat, so kann der Gläubiger nach den Vorschriften der C.P.O. und des §. 17 des Ausf.Ges. z. C.P.O. auf Grund seines Vollstreckungstitels diesen Anspruch pfänden und sich überweisen lassen und alsdann durch den zu bestellenden Sequester die Eintragung des Eigenthumes des Schuldners und die Vormerkung seiner Forderung bewirken; vgl. oben S. 39 Anm. 5e zu §. 2.

c. Beschränkungen des als Eigenthümer eingetragenen Schuldners in seinem Eigenthumsrechte hindern die Eintragung einer Judikatshypothek regelmäßig dann, wenn sie der Eintragung einer von ihm bewilligten Hypothek entgegenstehen würden. Siehe hierüber, insbesondere auch über die Wirkungen der Konkurseröffnung und der Zwangsversteigerung (außer Zwangsvollstr.Ges. §. 2 Abs. 2), die Anm. zu §. 11, ferner über die Gütergemeinschaft die Anm. 1a zu §. 19 des Gesetzes, und über die Frage, ob der Grundbuchrichter aus dem Grundbuch nicht ersichtliche Eigenthumsbeschränkungen berücksichtigen darf oder muß, unten die Anm. 3b zu §. 46 der Gr.B.O. Vgl. die Zusammenstellung bei Krech und Fischer S. 231 ff., Turnau 1 S. 332, Wolff S. 107 ff.

3. Der zum Antrag auf Eintragung berechtigte Gläubiger muß in dem vollstreckbaren Schuldtitel oder in der diesem beigefügten Vollstreckungsklausel namentlich bezeichnet sein (oben Anm. 1 a γ). Ein (Gesammt- oder Sonder-) Rechtsnachfolger des in jenem benannten Gläubigers muß also erst auf dem oben (1 a β) angegebenen Wege eine Vollstreckungsklausel für sich erwirken und diese zustellen lassen, bevor er die Zwangseintragung beantragen kann.

Für den Gläubiger kann ein Bevollmächtigter den Antrag stellen. Derselbe bedarf nach §. 37 der Gr.B.O. einer gerichtlich oder notariell aufgenommenen oder beglaubigten Vollmacht. Hiervon macht das Zwangsvollstr Ges. §. 12 Abs. 2 eine Ausnahme für die Prozeßbevollmächtigten, welche sich durch ihre unbeglaubigte Vollmacht genügend legitimiren. Die Bestimmung des §. 36 der Gr.B.O., nach welcher Notare unter Umständen einer Vollmacht zur Stellung von Eintragungsanträgen nicht bedürfen, ist hier unanwendbar, da die Eintragungsbewilligung nicht in einer notariellen Urkunde, sondern in dem vollstreckbaren Schuldtitel liegt (Turnau 1 S. 359 Anm. 4; Krech u. Fischer S. 252 Anm. 3; Rothenberg a. a. O. S. 779; Wolff S. 127).

Vgl. ferner über die Frage, in wieweit die Person des Gläubigers unbestimmt gelassen sein darf, unten Anm. 1 zu §. 23 des Gesetzes.

4. Der Antrag des Gläubigers ist nach dem Zwangsvollstr. Ges. §. 12 Abs. 1, ebenso wie schon früher nach §. 22 des Ges. vom 4. März 1879, unmittelbar an den Grundbuchrichter zu richten, während bis zum 1. Oktober 1879 die Vermittelung des Prozeßgerichtes erforderlich war. Einer Beglaubigung desselben bedarf es nicht (§. 12 Abs. 2). Mit ihm sind alle Urkunden, aus denen erhellt, daß die Vorbedingungen der Zwangseintragung gegeben sind, insbesondere die vollstreckbare Ausfertigung des Schuldtitels vorzulegen (§. 8 Abs. 1). Diese ersetzt die Schuldurkunde im Sinne des Gesetzes über den Eigenthumserwerb 2c. §. 19 Nr. 1.

Der Antrag hat zu enthalten: die Bezugnahme auf den Vollstreckungstitel, die Bezeichnung der Forderung, welche indessen durch Bezugnahme auf den Titel ersetzt werden kann, wenn die Forderung zu ihrem vollen Betrage eingetragen werden soll, den Antrag auf Eintragung und die Bezeichnung der Grundstücke, auf welche die Eintragung erfolgen soll. Daß der Gläubiger die Eintragung der ganzen Forderung ungetheilt auf alle Grundstücke des Schuldners beanspruchen kann (§. 6 Abs. 1, 2), sofern der Schuldtitel (z. B. Arrestbefehl) keine Einschränkung enthält, ist eine Neuerung des Gesetzes vom 13. Juli 1883 (über das frühere Recht vgl. V.O. vom 4. März 1834 §. 23). Eine besondere Angabe des Schuldgrundes im Eintragungsantrage ist nicht nöthig, da dieser durch den Schuldtitel gegeben ist, und wenn dem letzteren Inhaber- oder Orderpapiere zu Grunde liegen, so ist deren Vorlage nicht Voraussetzung jeder Eintragung, sondern nur der Eintragung einer Hypothek, da bei ihrem Fehlen nur eine Vormerkung eingetragen werden darf (§. 8 Abs. 2). Ebensowenig ist eine Erklärung des Gläubigers darüber erforderlich, ob er die Eintragung einer Hypothek oder nur einer Vormerkung beantrage, denn das Gesetz giebt die Fälle, wenn diese oder jene eingetragen ist, genau an. Vgl. unten III 1.

III. Liegen alle diese Voraussetzungen vor, so hat der Grundbuchrichter die Eintragung der Forderung zu verfügen,

1. und zwar entweder als Hypothek oder als Vormerkung einer solchen, nie als Grundschuld, da nur „die an sich fortbestehende Forderung im Wege der Zwangsvollstreckung pfandrechtlich gesichert werden soll“ (Motive zu §. 6). Regelmäßig ist eine Hypothek einzutragen, dagegen nur eine Vormerkung in folgenden Fällen:

a. wenn die Forderung nur vorläufig vollstreckbar ist. Nach der C.P.O. sind vorläufig vollstreckbar: diejenigen Urtheile, welche noch nicht rechtskräftig, aber entweder gegen Sicherheitsleistung oder ohne weiteres für vorläufig vollstreckbar erklärt sind, und die noch nicht rechtskräftigen Vollstreckungsbefehle (C.P.O. §§. 644, 648—650, 652 Abs. 1, 640), dagegen nicht die anderen Schuldtitel der C.P.O. (vgl. §. 703, wo obige §§. nicht erwähnt sind), insbesondere auch nicht die Entscheidungen, gegen welche das Rechtsmittel der Beschwerde stattfindet (z. B. Kostenfestsetzungsbeschlüsse), da die Möglichkeit der Beschwerde nie und deren Einlegung nur ausnahmsweise die Vollziehung der Entscheidung hindert (C.P.O. §. 535). Da aber das Zwangsvollstr.Ges. sich in seiner Ausdrucksweise eng an die C.P.O. anlehnt und weder aus dem Wortlaut noch aus der Entstehungsgeschichte des §. 7 erhellt, daß hier ein neuer Begriff der vorläufig vollstreckbaren Forderungen aufgestellt werden soll, so sind als vorläufig vollstreckbar im Sinne des §. 7 nur anzusehen: die Forderungen aus den für vorläufig vollstreckbar erklärten, noch nicht rechtskräftigen Entscheidungen der ordentlichen oder besonderen Gerichte, deren Vollstreckbarkeit an sich erst mit der Rechtskraft eintreten würde, und aus den diesen gesetzlich gleichgestellten Schuldtiteln, wie den Strafbefehlen und den noch mit sofortiger Beschwerde anfechtbaren strafgerichtlichen Entscheidungen der St.P.O. §. 122 Abs. 3, welche eine Sicherheit für verfallen erklären. Dagegen gehören die der Beschwerde unterliegenden civilprozessualen Entscheidungen, z. B. die Kostenfestsetzungsbeschlüsse, nicht hierher; aus ihnen ist also stets eine Hypothek einzutragen (Krech u. Fischer S. 236 Anm. 9a; L.G. Hannover im Jahrb. 10 S. 325; a. M. Wolff S. 33 ff. und Turnau 1 S. 339 Anm. 2). Freilich ist nicht zu verkennen, daß diese Ansicht zu dem merkwürdigen Ergebniß führt, daß aus einem für vorläufig vollstreckbar erklärten Endurtheil nur eine Vormerkung, aus dem auf Grund desselben erlassenen Kostenfestsetzungsbeschlusse dagegen eine Hypothek eingetragen werden kann; aber diese Erwägung ist nur de lege ferenda von Bedeutung. Läßt man sich durch dieselbe verleiten, die hier vertretene Ansicht zu verwerfen, so verliert der Begriff der vorläufig vollstreckbaren Forderungen jede reale Grundlage, wie aus einem Vergleich der Ansichten von Wolff und Turnau erhellt; während jener alle noch mit einem ordentlichen Rechtsmittel anfechtbaren Entscheidungen für vorläufig vollstreckbar erklärt, (wodurch, wie er selbst zugiebt, das obige unbefriedigende Ergebniß nicht beseitigt wird,) will Turnau außerdem einen Kostenfestsetzungsbeschluß dann dazu rechnen, wenn entweder er oder das Urtheil, auf welchem er beruht, noch einem ordentlichen Rechtsmittel unterliegt, wodurch der Beschluß seines Charakters als eines selbständigen Schuldtitels entkleidet werden würde.

b. §. 7 nennt neben den nur vorläufig vollstreckbaren Forderungen die gegen Sicherheitsleistung vollstreckbaren. Auch aus ihnen darf nur eine Vormerkung eingetragen werden, dies aber ohne Rücksicht darauf, ob die Sicherheit geleistet ist oder nicht. Es fragt sich, welche Fälle hierher zu rechnen sind. Da die gegen Sicherheitsleistung für vorläufig vollstreckbar erklärten Entscheidungen (C.P.O. §§. 650, 652 Abs. 1) schon zu den unter a genannten gehören, ist nach dem Wortlaut des §. 7 Abs. 1 anzunehmen, daß hierher auch die Fälle zu zählen sind, in denen die Zwangsvollstreckung aus einem unbeschränkt vollstreckbaren Schuldtitel nachträglich von einer Sicherheitsleistung abhängig gemacht wird (z. B. C.P.O. §§. 647, 657, 668 Abs. 2, 685, 688—690). Dies steht auch mit der obigen (II 1 a α) Erörterung über die Wirkung der Einstellungsbeschlüsse im Einklang (Turnau 1 S. 340 Anm. 4; Wolff S. 66 ff.; a. M. Krech u. Fischer S. 237 Anm. 9b). In diesen Fällen ist also nach §. 7 stets eine Vormerkung einzutragen, auch wenn die Sicherheit geleistet ist (A. M. letzterenfalls Wolff a. a. O.).

c. Ferner ist nach §. 6 Abs. 3 nur eine Vormerkung zulässig aus den vollstreckbaren Urkunden im Sinne der C.P.O. §. 702 Nr. 5 und aus vollstreckbaren Vergleichen mit Ausnahme der im amtsrichterlichen Sühneverfahren und im Laufe eines Rechtsstreites zu dessen Beilegung abgeschlossenen. Die Bestimmung ist von der Herrenhauskommission eingeschaltet, weil dem Schuldner in den vorausgesetzten Fällen keine Gelegenheit geboten ist, Einreden geltend zu machen, und diese gegenüber der Hypothek nach §. 38 des Gesetzes nur beschränkt zulässig sind (vgl. Krech u. Fischer Seite 237 Anm. 9 d; Turnau 1 S. 336 Anm. 6). Hierher gehören die oben II 1 a α unter Nr. 9, 18 und 19 genannten Fälle und die vor den Vergleichskammern der rheinischen Gewerbegerichte geschlossenen Vergleiche (vgl. ebd. Nr. 16).

d. Gründet sich der Schuldtitel nach seinem Inhalt auf Inhaber- oder Orderpapiere und werden diese Papiere bei dem Antrage auf Zwangseintragung dem Grundbuchrichter nicht vorgelegt, so darf ebenfalls nur eine Vormerkung eingetragen werden, und dasselbe gilt, wenn die Forderung bereits auf ein anderes Grundstück eingetragen ist und die vorhandenen Hypothekenurkunden oder Grundschuldbriefe nicht vorgelegt werden (§. 8 Abs. 2). Diese Bestimmung erklärt sich aus der Beschränkung der Einreden gegenüber den genannten Papieren und Urkunden und der damit verbundenen Gefahr für den Schuldner, doppelt zahlen zu müssen (vgl. Turnau 1 S. 341 ff.; Krech u. Fischer S. 238 ff.).

e. Schließlich läßt §. 10 des Gesetzes die Eintragung einer Vormerkung zur Vollziehung eines Arrestbefehls zu und beseitigt damit die Streitfragen des bisherigen Rechtes über die Stelle der Eintragung des Arrestes im Grundbuche und über deren Wirkung (vgl. über das frühere Recht: Turnau 1 S. 344 I; Hinrichs a. a. O. S. 53 ff.; Rintelen bei Johow 4 S. 320; Schultze bei Gruchot 15 S. 727 ff.; Kindel ebd. 20 S. 122, 24 S. 315 ff.; Behrend in seiner Zeitschr. 7 S. 126; O.Tr. Plen.Entsch. 8 S. 57; O.Tr. IV, Str.Arch. 13 S. 380 und Entsch. 35 S. 211; O.Tr. III., Entsch. 71 S. 108, 73 S. 106 u. Str.Arch. 93 S. 191; R.G. V, Gruchot 24 S. 98; R.G. II H.S., Entsch. 3 S. 315, 4 S. 266 u. 5 S. 296). Nach dem Gesetze vom 13. Juli 1883 kann der Arrestgläubiger auf Grund des Arrestbefehls eine Vormerkung zur Höhe des zu sichernden Geldbetrages auf die Grundstücke des Arrestbeklagten eintragen lassen. Diese Vormerkung ist die gewöhnliche Vormerkung zur Erhaltung des Rechtes auf Eintragung einer Hypothek (§. 22 d. Ges.); sowohl hinsichtlich der Frage, in welcher Abtheilung des Grundbuchblattes sie einzutragen ist, als auch bezüglich ihrer Wirkung gilt nichts Besonderes (vgl. Thiele in Gruchot 37 S. 796 ff.). Ihre Voraussetzungen sind, soweit sie den Grundbuchrichter interessiren, oben unter II (vgl. namentlich 1 a β, δ u. ϑ) besprochen; im übrigen sind die §§. 796 bis 813 der C.P.O. zu vergleichen. Der durch den Arrest zu sichernde Anspruch braucht nicht auf Geld zu gehen; durch die nach §. 803 der C.P.O. erforderliche Feststellung des Geldbetrages im Arrestbefehle, durch dessen Hinterlegung die Vollziehung des Arrestes gehemmt wird, wird dem oben II 1 b besprochenen Erfordernisse des §. 6 des Zwangsvollstr.Gesetzes genügt.

Die Wirkung eines Arrestes hat auch die Beschlagnahme einzelner Gegenstände im Strafverfahren nach §§. 325, 480 der St.P.O. Im Verwaltungszwangsverfahren kann ein Arrest zwar vollzogen werden, zum Erlaß bedarf es aber regelmäßig eines gerichtlichen Arrestbefehls (V.O. v. 7. Septbr. 1879 §. 55; Kammerger., Jahrb. 2 S. 130, 3 S. 151), ausgenommen z. B. bei Defektenbeschlüssen (V.O. v. 24. Jan. 1844 §§. 14, 15, u. v. 23. Sept. 1867 §. 1 Nr. 8; Reichsbeamtenges. v. 31. März 1873 §. 143; vgl. Krech u. Fischer S. 706 Anm. 10 bis 12, Turnau 1 S. 355 III).

Auf einstweilige Verfügungen ist §. 10 des Zwangsvollstr.Ges. nicht anzuwenden. Ordnen diese unmittelbar die Eintragung einer Vormerkung an, so findet §. 22 des Gesetzes Anwendung. Das Zwangsvollstr.Ges. kann nur in Betracht kommen, wenn eine einstweilige Verfügung eine Verurtheilung zu einer Geldzahlung, z. B. von Alimenten, enthält; dann kann der Gläubiger auf Grund derselben nach den §§. 6 und 7 entweder die Eintragung einer

Hypothek oder einer Vormerkung fordern, je nachdem die Entscheidung rechtskräftig oder nur für vorläufig vollstreckbar erklärt ist (vgl. Kammerger., Jahrb. 12 S. 102 ff.).

In allen den unter a bis e genannten Fällen ist auch dann ohne Weiteres eine Vormerkung einzutragen, wenn der Antrag auf Eintragung einer Hypothek geht; denn hierin ist im Zweifel der Antrag auf Eintragung einer Vormerkung als das Geringere enthalten (Wolff S. 133, Turnau 1 S. 337 Anm. 6 a. E. A. M. Johow im Jahrb. 6 S. 327). Umgekehrt darf man dem Gläubiger das Recht nicht versagen, in Fällen, in denen die Eintragung einer Hypothek zulässig ist, sich mit dem Geringeren, der Vormerkung zu begnügen (Thiele in Gruchot 37 S. 785 Anm. 92. A. M. Kammerger., Jahrb. 6 S. 103).

2. Die Eintragung der Hypothek oder Vormerkung hat zu dem in dem Schuldtitel erwähnten Betrage zu erfolgen, sofern nicht der Gläubiger in seinem Antrage seine Forderung ermäßigt hat; vgl. oben II. 1 b und 4. Sind mehrere Schuldner vorhanden, darf auf die Grundstücke eines von ihnen nur dann die volle Forderung eingetragen werden, wenn sie nach dem Schuldtitel solidarisch verpflichtet sind; ob das der Fall ist, hat der Grundbuchrichter aus dem gesammten Inhalt des Schuldtitels durch Auslegung zu ermitteln (Kammerger., Jahrb. 9 S. 92).

Für die Frage, auf welche Grundstücke die Eintragung geschehen soll, kommt regelmäßig nicht der Titel, sondern der Antrag in Betracht, da ersterer nur ausnahmsweise hierüber bestimmen wird; ist letzteres aber der Fall, ist z. B. in einem Arrestbefehl der dingliche Arrest nur auf bestimmte Grundstücke angeordnet, so kann auch nur auf diese die Forderung eingetragen werden. Beantragt der Gläubiger die Eintragung auf mehrere Grundstücke, so erfolgt in Ermangelung einer anderweitigen Bestimmung des Gläubigers die Eintragung der ganzen Forderung als Korrealhypothek auf jedes derselben (§. 6 Abs. 2; vgl. oben II. 4).

3. Ueber die Eintragung der Judikatshypothek ist ein Hypothekenbrief auszufertigen und dem Gläubiger (nicht, wie nach §. 122 der Gr.B.O., dem Eigenthümer) auszuhändigen, es sei denn, daß dieser auf den Brief verzichtet. Mit demselben sind als Schuldurkunden zu verbinden: der Schuldtitel und, wenn dieser sich auf Inhaber- oder Orderpapiere gründet, oder wenn über dieselbe Forderung bereits Hypotheken- oder Grundschuldbriefe vorhanden sind, auch diese Urkunden. Verzichtet der Gläubiger auf Ausstellung eines Hypothekenbriefes oder wird nur eine Vormerkung eingetragen, so ist die Eintragung auf der vollstreckbaren Ausfertigung des Schuldtitels zu vermerken. Der Schuldner erhält über jede Eintragung eine Benachrichtigung (§. 9 des Zwangsvollstr.Ges.; vgl auch V O. v. 2. Novbr. 1883, J M.Bl S. 332, Nr. 1 a. E. über die Benachrichtigung der vorgesetzten Dienstbehörde des Schuldners bei Eintragung auf ein zum öffentlichen Dienst oder Gebrauch bestimmtes Grundstück). Im übrigen gelten auch hier die §§. 121 ff. der Gr.B.O.

IV. Die Wirkungen der Zwangseintragung bestimmen sich nach dem Gesetz; insbesondere hat die Vormerkung die unten zu §. 22 zu erörternden Wirkungen der Vormerkung zur Erhaltung des Rechtes auf Eintragung einer Hypothek, einerlei welcher Schuldtitel ihr zu Grunde liegt, also namentlich auch dann, wenn dieser ein Arrestbefehl ist (vgl III. 1 e).

Ist die Eintragung trotz des Fehlens einer der oben (II) genannten Vorbedingungen erfolgt, so ist die Hypothek oder Vormerkung ungültig. Damit ist jedoch nicht gesagt, daß jeder, insbesondere auch der Schuldner, berechtigt ist, die Ungültigkeit geltend zu machen, vielmehr gilt auch hier das oben Anm. 3 zu §. 5 Satz 2 über die Konvaleszenz einer ungültigen Hypothek Gesagte. Vgl. hierüber R.G. V, VI und III, Entsch. 20 S. 433, 25 S. 368 u. 26 S. 395; Turnau 1 S. 323, 351; Neukamp in Gruchot 35 S. 564 ff.

V. Die Uebermäßigkeitsklage. Dadurch, daß der Gläubiger die Eintragung seiner Forderung auf alle Grundstücke des Schuldners ungetheilt beantragen darf, kann er eine weit größere Sicherheit erwirken, als zu seiner Deckung erforderlich ist, und den Schuldner unnöthig drücken und dessen Kredit gefährden. Um dies zu beseitigen, giebt das Zwangsvollstr. Ges. §. 6 Abs. 2, in Anschluß an Art. 2161 ff. des Code civil, dem Schuldner das Recht, „mittelst einer gegen den Gläubiger anzustellenden Klage die Vertheilung der Forderung auf einzelne Grundstücke bezw. die Befreiung einzelner Grundstücke von der eingetragenen Hypothek zu beantragen.“ Diese Vorschrift hat zu verschiedenen Streitfragen Veranlassung gegeben; da die Klage aber nur sehr selten in der Praxis vorkommt, genügt hier eine kurze Erwähnung derselben. Man streitet zunächst über die rechtliche Natur der Klage; Krech und Fischer (S. 242) sehen sie — wohl mit Recht — als eine Art actio negatoria an, welche jedem Eigenthümer der belasteten Grundstücke zustehe; Wolff (S. 139; dagegen Johow im Jahrb. 6 S. 327) betrachtet sie als eine actio quasi ex delicto und Rothenberg (bei Gruchot 36 S. 595 ff.) als eine actio quod metus causa, welche nur von dem Schuldner und seinen Universalsuccessoren, nicht von seinen Nachfolgern im Eigenthum der belasteten Grundstücke erhoben werden könne. Beklagter ist jedenfalls der Gläubiger und dessen Rechtsnachfolger, und zwar ein jeder Rechtsnachfolger, da die Uebermäßigkeit aus dem Grundbuch selbst erhellt (§. 38 Abs. 2 des Gesetzes). Die Klage ist im dinglichen Gerichsstande (C.P.O. §. 25) zu erheben (a. M. Rothenberg a. a. O. S. 604: im Gerichtsstande der §§. 12 oder 32 der C.P.O.), nicht nur bei Hypotheken, sondern auch bei Vormerkungen (einschließlich der Arrestvormerkung, a. M. Turnau I S. 350 II. 3a) zulässig und setzt den Nachweis der Uebermäßigkeit der Sicherheit durch den Kläger voraus. Ueber das Vorhandensein der letzteren entscheidet das richterliche Ermessen; nach Rothenberg (a. a. O. S. 603) und Wolff (S. 149 ff.) ist für die Frage, ob die Sicherheit eine übermäßige ist, der Zeitpunkt der Präsentation des Eintragungsantrages entscheidend.

VI. Die Umschreibung der Vormerkung in eine Hypothek kann einmal nach der Vorschrift des §. 89 der Gr.B.O., daneben auch dann erfolgen, wenn die Voraussetzungen der Eintragung einer Judikatshypothek für die vorgemerkte Forderung nachträglich dem Grundbuchrichter nachgewiesen werden, z. B. wenn statt des nur vorläufig vollstreckbaren Schuldtitels eine unbeschränkt vollstreckbare Ausfertigung desselben vorgelegt wird (§. 7), oder wenn im Falle des §. 8 Abs. 2 die Order- und Inhaberpapiere oder die früheren Hypotheken- und Grundschuldbriefe nachträglich beigebracht werden, oder wenn für den durch eine Arrestvormerkung gesicherten Anspruch ein unbeschränkt vollstreckbarer, auf eine Geldsumme lautender Schuldtitel erwirkt ist. Eine neue Vollstreckungsklausel ist zu dieser Umschreibung, von dem letzten Falle abgesehen, regelmäßig nicht erforderlich, vielmehr im ersten Falle das Zeugniß der Rechtskraft des Schuldtitels unter der früheren Klausel genügend (Wolff a. a. O. S. 35; Krech u. Fischer S. 239 Anm. 10); nur bei einem inzwischen eingetretenen Wechsel im Eigenthum des Grundstückes bedarf es nach der Ansicht des Kammergerichtes (Jahrb. 10 S. 119) in diesem Falle einer gegen den neuen Eigenthümer gerichteten Vollstreckungsklausel, welche im Wege des §. 665 der C.P.O. zu erwirken ist.

VII. Für die Löschung der Zwangseintragungen kommen die Vorschriften der Grundbuchgesetze (§§. 58, 59 des Ges.; Gr.B.O. §§. 92, 94) und daneben die Bestimmung des §. 11 des Zwangsvollstr.Ges. in Betracht. Nach letzterer ist die Löschung auf Grund einer Urkunde zulässig, laut deren nach den Vorschriften der C.P.O. (§§. 691 Nr. 1 bis 3, 692) die Zwangsvollstreckung mit der Wirkung einzustellen ist, daß die bereits erfolgten Vollstreckungsmaßregeln aufgehoben werden (vgl. oben II. 1 a × und darüber, daß im Falle der Nr. 1 des §. 691 die vorläufige Vollstreckbarkeit der Entscheidung genügt, Kammerger., Jahrb. 7 S. 161). Diese Urkunde ersetzt nur die Löschungsbewilligung des Gläubigers; es bedarf also nach der Gr.B.O. noch außerdem des Löschungsantrages des Eigenthümers oder seines Bevollmächtigten, auf den die Bestimmungen des §. 12 (oben II 3) Anwendung finden, und beim Vorhandensein eines Hypothekenbriefes dessen Vorlegung; dagegen ist eine Vermittelung des Prozeßgerichtes nach §. 12 nicht nöthig. Ob die durch den vorgelegten Gerichtsbeschluß angeordnete Aufhebung der Vollstreckungsmaßregeln gesetzlich zulässig war, unterliegt nicht der Prüfung des Grundbuchrichters.

Entscheidungen, welche die vorläufige Einstellung der Zwangsvollstreckung ohne Aufhebung der Vollstreckungsmaßregeln anordnen, sind gegenüber einer bereits vollzogenen Eintragung ohne Wirkung; vgl. oben II. 1 a ×.

Von den genannten Voraussetzungen der Löschung kann auch in dem Falle nicht abgesehen

§. 20.

Der eingetragene Gläubiger erlangt das Verfügungsrecht über die Grundschuld erst durch die Aushändigung des Grundschuldbriefs an ihn.

werden, wenn sich herausstellt, daß die Vorbedingungen der Eintragung nicht vorgelegen haben, und beim Arrestbefehl insbesondere dann nicht, wenn die Zustellung des Arrestbefehls an den Schuldner nicht spätestens innerhalb der in der C.P.O. §. 809 Abs. 3 (Novelle vom 30. April 1886) vorgeschriebenen Fristen von einer Woche nach der Eintragung und zwei Wochen nach der Verkündung oder Zustellung an den Gläubiger erfolgt ist (Kammerger. v. 30. Juni 1887, Jahrb. 7 S. 156; Krech u. Fischer S. 816 Anm. 50; Marcus in Gruchot 31 S. 37 ff.; Wyszomirski ebd. 32 S. 811; Wachsmann ebd. S. 845 ff.; Rothenberg ebd. 35 S. 786; Thiele ebd. 37 S. 803; vgl. auch Jastrow in der Zeitschr. für deutschen Civilprozeß 10 S. 275 ff. und Falkmann ebd. 11 S. 72 ff.).

§. 20.

1. Zur Rechtfertigung des §. 20 heißt es in den Motiven des Regierungsentwurfes: „Wenn auch die Hypothek . . . durch die Eintragung entsteht, so giebt doch die Thatsache der Eintragung dem Gläubiger noch nicht die Disposition über die Hypothek. Auch diese kann er nur durch den Willen des Schuldners erlangen, welcher sich darin ausspricht, daß der Schuldner dem Gläubiger den Hypothekenbrief einhändigt. In dem Hypothekenbrief, der einen obligatorischen Schuldgrund nicht angiebt, sondern nur das Recht ausdrückt, welches dem Gläubiger an dem Grundstück eingeräumt sein soll, drückt sich der Charakter der Selbständigkeit der Hypothek aus. Aehnlich wie der Wechsel im Gebiete des persönlichen Verkehrs, ist der Hypothekenbrief im Gebiete des Realverkehrs der Ausdruck einer sogenannten cautio indiscreta, die nur in dem Verpflichtungswillen des Eigenthümers des Grundstückes ihren Rechtsgrund hat. Solange der Eigenthümer den Hypothekenbrief an sich behält, hat dieser Verpflichtungswille dem Gläubiger gegenüber noch nicht seinen vollen Ausdruck erlangt. Der Gläubiger hat nur möglicher Weise eine Klage gegen den Eigenthümer auf Aushändigung des Briefes; aber er kann nicht die Hypothek auf Andere übertragen, weil diese Uebertragung von der des Briefes nicht zu trennen ist. (Vgl. O. Bähr in den Jahrb. für Dogmatik Bd. 11 S. 89.)" Werner 2 S. 30.

Die Kommission des Herrenhauses glaubte in Folge der von ihr beschlossenen Zulassung von Hypotheken und Grundschulden das Verfügungsrecht des Gläubigers im Fall der (accessorischen) Hypothek von der Aushändigung des Briefes nicht abhängig machen zu dürfen. Dem auch hinsichtlich der Grundschuld gegen die vorgeschlagene Bestimmung erhobenen Bedenken, daß das Recht des Gläubigers „schon durch die Eintragung entstanden und durch die Publizität des Grundbuches sogar zur öffentlichen Kenntniß gebracht sei," wurde entgegengehalten, „daß die Sicherheit des Verkehrs verlange, daß das Recht der Grundschuld im Grundschuldbriefe sich verkörpere und von dessen Besitz untrennbar sei." (Werner S. 55.)

In der Kommission des Abgeordnetenhauses wurde die Ausdehnung des §. 20 auf Hypotheken beantragt, der Antrag aber abgelehnt und dagegen ausgeführt, „daß bei der accessorischen Natur der Hypothek das Verfügungsrecht über ein vielleicht schon länger bestehendes Recht nicht von Aushändigung der Urkunde über die Eintragung abhängig gemacht werden könne, mit solcher Beschränkung auch die Eintragung einer Hypothek ohne Bildung eines Dokumentes, wie die Gr.B.O. sie zweckmäßig zulassen wolle, ausgeschlossen sein würde." (S. 113.)

2. Aus den vorstehend mitgetheilten Materialien wurde in der zweiten Ausgabe S. 67 gefolgert, daß der Gläubiger das Recht aus der Grundschuld erst mit der Aushändigung des Briefes erwerbe. Diese Folgerung, die auch Heidenfeld S. 118 ff. und Bahlmann Note 5 zu §. 20, 3. Ausgabe S. 100, gezogen haben, erscheint jedoch unhaltbar. Das Gesetz sagt unter §. 18 mit dürren Worten, daß das Recht der Grundschuld durch die Eintragung im Grundbuch entsteht; und wenn auch die erklärte oder ersetzte Bewilligung des ein-

getragenen Eigenthümers, als Voraussetzung der Eintragung, nach §. 19 zugleich als Entstehungselement der Grundschuld zu gelten hat, so ist doch nirgends bestimmt, daß der Gläubiger bei der Entstehung des Rechtes der Grundschuld mitzuwirken habe. Die Grundschuld entsteht also durch einen einseitigen Akt in der Form der Eintragung, und zwar, da das Gesetz keine Andeutung dafür enthält, daß sie zunächst für den Eigenthümer entstehe, von vornherein für den Gläubiger. (Kühnast S. 81, 83, 101.) Der Gläubiger erwirbt demgemäß auch den Anspruch auf Zahlung der eingetragenen Summe ꝛc. nach §. 37 schon durch die Eintragung der Grundschuld. Freilich kann der Eigenthümer diesen Anspruch durch den Nachweis entkräften, daß die Eintragung ohne Zustimmung oder gar ohne Wissen des Gläubigers von ihm bewilligt worden oder daß der Rechtsgrund, in dessen Veranlassung die Bewilligung von ihm ertheilt sei, der Gültigkeit entbehre oder die durch die Eintragung bewirkte Bereicherung des Gläubigers materiell nicht rechtfertige. (A. M. Eccius 3 §. 199b Anm. 4 und Dernburg, Hyp.R. S. 82, welche dem Gläubiger, dem der Grundschuldbrief nicht ausgehändigt ist, den Beweis auferlegen, daß er die Valuta bezahlt habe; vgl. auch Paris, die Uebertragungsform der Grundschuld, Berlin 1883, S. 27.) Aber das sind alles Momente, welche zwar ein Recht des Eigenthümers gegen das Recht des Gläubigers begründen, das Bestehen der Grundschuld aber nicht in Frage stellen, sondern nur entweder die zeitweise Geltendmachung des Anspruches aus der Eintragung hindern oder den Gläubiger zur Löschungsbewilligung verpflichten können. Der §. 20 ist deshalb lediglich in dem Sinne zu verstehen, welchen die Worte ausdrücken: der Gläubiger darf über die Grundschuld nicht verfügen, so lange ihm der Brief nicht ausgehändigt ist; er kann insbesondere sein Recht nicht abtreten, nicht verpfänden. (Vgl. R.G. V, Gruchot 29 S. 959.)

Die praktische Seite der Frage liegt auf dem Gebiete des Konkurses. Wird in der Zeit zwischen der Eintragung und der Aushändigung des Briefes das Konkursverfahren über das Vermögen des Eigenthümers eröffnet, so wird dadurch das Recht des Gläubigers aus der Grundschuld nicht berührt. Dieses Recht umfaßt zugleich das Recht auf den Besitz des Briefes. Die Konsequenz hiervon ist die, daß die Klage des Gläubigers auf Aushändigung des Briefes eine dingliche und denselben Einreden ausgesetzt ist, wie die Klage auf Zahlung der eingetragenen Summe ꝛc.

Wird dagegen angenommen, daß der Gläubiger das für ihn eingetragene Recht erst durch die Aushändigung des Grundschuldbriefes an ihn erwerbe, so entsteht eine Grundschuld für ihn mit verbindlicher Kraft gegen die Konkursgläubiger überhaupt nicht, wenn der Eigenthümer vor der Aushändigung des Briefes in Konkurs versinkt. (Konk.O. v. 10. Febr. 1877 §. 12.) Die Analogie des Wechsels kann für diese Annahme nicht herangezogen werden. Denn das Wechselrecht kommt nur in und mit dem Wechsel zur Entstehung; die Grundschuld dagegen entsteht durch die Eintragung nicht in den Grundschuldbrief, sondern in das Grundbuch. Der Grundschuldbrief ist nicht wie der Wechsel die Form der Willenserklärung, welche die Verpflichtung begründet, sondern nur ein Zeugniß darüber, daß die Momente, an welche das Gesetz die Entstehung der Grundschuld knüpft, nach Inhalt des Briefes gegeben sind. Nur in diesem Sinne kann man sagen, daß die Grundschuld in dem Briefe sich verkörpere.

Daß zur Abtretung der Grundschuld nach der Ansicht des Reichsgerichtes die Zession nicht genügt, sondern die Uebergabe des Grundschuldbriefes erforderlich ist, darüber vgl. unten Anm. 4 a. E. zu §. 52 des Gesetzes.

3. Auf Hypotheken findet der §. 20 nach seinem Wortlaute und nach der Absicht seiner Urheber keine Anwendung. (A. M. Dernburg, Hyp.R. S. 83.) Der Gläubiger kann daher, sobald die Eintragung erfolgt ist, die Forderung mit der Hypothek abtreten oder verpfänden. Ist aber überhaupt ein Hypothekenbrief gebildet, so ist seine Vorlegung erforderlich, wenn Zahlung von dem Eigenthümer beansprucht wird. Der Zessionar und der Pfandnehmer haben daher solange ein nur unvollkommen wirkendes Recht, als ihnen nicht der Hypothekenbrief ausgehändigt ist. (Gr.B.O. §§. 79, 94.) Vgl. auch O.Tr. III, Str. Arch. 90 S. 175.

§. 21.

Der eingetragene Miteigenthümer kann auf seinen Antheil eine Hypothek oder Grundschuld bewilligen; auch kann im Wege des gesetzlichen Zwanges gegen ihn auf seinen Antheil eine solche eingetragen werden.

§. 21.

1. Der einzelne Miteigenthümer hat das Recht der Verfügung über den ihm an dem gemeinschaftlichen Grundstücke zustehenden Antheil. Er kann daher diesen Antheil veräußern und folglich auch verpfänden, beziehungsweise mit Hypotheken und Grundschulden belasten (A.L.R. I. 17 §§. 4, 60 ff. 69 ff.). Die rechtliche Möglichkeit der Belastung führt von selbst dahin, daß demjenigen, der die Bestellung einer Hypothek oder Grundschuld zu fordern hat, zur Realisirung seiner Forderung, d. i. zur Eintragung, eventuell im Wege der Exekution verholfen werden muß. Die Rechte der übrigen Miteigenthümer dürfen indessen durch die Belastung des Antheiles nicht beeinträchtigt werden. Wenn also die Theilung auf eine bestimmte Zeit ausgeschlossen ist, so muß der Realgläubiger, bevor er zur Subhastation schreitet, den Ablauf der Zeit abwarten. Auch kann der Ausübung des gesetzlichen Vorkaufsrechtes der übrigen Miteigenthümer nicht widersprochen werden. Ueber das Verfahren vgl. Zwangsvollstr.Ges. §§. 67, 70, 71; C.P.O. §§. 685, 688, 690; Krech u. Fischer S. 152 ff., 392 ff.

Bei der Belastung des Grundstückes durch einen Miteigenthümer kommen noch folgende Fragen in Betracht:

a. Ist es erforderlich, daß die Eigenthumsquoten der einzelnen Miteigenthümer an dem Grundstück buchmäßig feststehen, wenn §. 21 Anwendung finden soll? Diese Frage wird von der herrschenden Meinung verneint, so vom Kammerger., Jahrb. 8 S. 86; L.G. Hannover ebd. 10 S. 314; Turnau 1 S. 360; Dernburg, Preuß. Privatr. 1 §. 328 Note 8; Dernburg u. Hinrichs 1 §. 26 Note 20; Bahlmann S. 108 Anm. 5. Man beruft sich hierfür auf den Wortlaut und die Entstehungsgeschichte des Gesetzes. In dem Entwurf von 1864 §. 30 (S. 68) wurde „die Belastung unbestimmter Antheile" nicht gestattet, „da sie die Miteigenthümer benachtheiligte und den Realkredit beschränkte." Die Entwürfe von 1869 ab dagegen brachten die Bestimmung für Hypotheken in der nämlichen Fassung, in welcher das Gesetz dieselbe unter §. 21 für Hypotheken und Grundschulden angenommen hat. Die Kommission des Abgeordnetenhauses, welche im Jahre 1870 den Entwurf berieth, fand nach ihrem Bericht S. 74 sich nicht veranlaßt, das bisherige Recht, nach welchem die Belastung unbestimmter Antheile nicht ausgeschlossen wäre, zu ändern. In der Kommission des Herrenhauses vom Jahre 1872 wurden die Unzuträglichkeiten, welche mit einer Belastung ideeller Antheile verbunden wäre, hervorgehoben, eine Modifikation der Vorlage jedoch unter Berufung auf die Motive nicht beliebt. (Werner 2 S. 55.) Hiernach scheint im Landtage die Meinung überwogen zu haben, daß die Belastung eines grundbuchmäßig nicht feststehenden Antheils mit den Grundsätzen des Gesetzes über den Eigenthumserwerb nicht unvereinbar sei. Trotzdem stehen derselben erhebliche Bedenken entgegen. Das Gesetz gesteht die Belastung des Grundstückes nur dem eingetragenen Eigenthümer zu. (§. 5.) Nur wenn gegen diesen die Voraussetzung der Eintragung begründet ist, darf dieselbe erfolgen. (§. 19.) Die Eintragungsbewilligung aber muß das verpfändete Grundstück bezeichnen (§. 23), und zwar, wenn sie ihren Zweck erfüllen soll, so genau, daß der Grundbuchrichter nicht im Zweifel sein kann, daß der Verpfänder als Eigenthümer gerade desjenigen Grundstückes eingetragen ist, welches den Gegenstand der Verpfändung bildet. Man wird aus diesen Bestimmungen den Schluß ziehen dürfen, daß das Gesetz die Eintragung nur zulassen will, wenn das Eigenthum desjenigen, der dieselbe bewilligt, und das Objekt der Eintragungsbewilligung aus dem Grundbuche hervorgeht.

b. Kann ein Miterbe vor der Theilung eine Hypothek oder Grundschuld an einem seiner Erbquote entsprechenden Antheile eines Nachlaßgrundstückes wirksam bestellen? Diese Frage ist für das Gebiet des gemeinen Rechtes zu bejahen, da jeder Miterbe ohne weiteres Miteigenthümer der einzelnen Nachlaßsachen zu seiner Erbquote und daher nach seiner Eintragung als Eigenthümer im Grundbuche (§. 5 des Gesetzes) zur Belastung seines Antheils befugt ist. Im Gebiete des preußischen Rechtes sind dagegen, wie bereits oben S. 32 Anm. I. 3 d zu §. 1 bemerkt, nach der herrschenden Meinung die Miterben vor der Erbtheilung nur gemeinschaftliche Eigenthümer der ganzen Erbschaft, nicht Miteigenthümer der einzelnen Erbschaftsstücke; erst durch die Theilung gehen diese in das Eigenthum des oder der Miterben, welchen sie zugetheilt werden, über. Deshalb ist bei ungetheilter Erbschaft kein Miterbe zur Belastung eines Erbschaftsgrundstückes befugt, denn es ist ungewiß, ob er das Objekt, welches er belastet, überhaupt jemals erwerben wird. Wollte man die Eintragung auf die Gefahr hin gestatten, daß dieser Erwerb nicht eintritt, so würde man Hypotheken und Grundschulden schaffen, die ihrer unbedingten Eintragung ungeachtet es von vornherein zweifelhaft ließen, ob die Wirkungen, welche das Gesetz in den §§. 18, 30, 37, 43 u. a. mit der Eintragung verbindet, in ihnen überhaupt jemals zur Existenz gelangten. Das aber scheint mit dem auf Zweifellosigkeit und Unanfechtbarkeit der dinglichen Rechte abzielenden System des Gesetzes nicht vereinbar. So u. a. Stettin, Johow 3 S. 134, und Marienwerder ebd. 4 S. 168; Eccius 4 §. 271 S. 577 ff. Dagegen Naumburg, Johow 5 S. 100, und Königsberg ebd. 7 S. 231; Turnau 2 §. 15 Nr. 3 b S. 174; Förster, Grundbuchr. S. 160; Dernburg, Preuß. Privatr. 1 §. 329 Anm. 9; Dernburg u. Hinrichs 1 S. 342 ff. Vgl. auch Königsberg, Johow 8 S. 178. Das Obertribunal hat in einer Verfügung vom 14. Dezember 1874, ebd. 5 S. 239, die hier bekämpfte Meinung für die richtige erklärt. (Vgl. dazu Küntzel ebd., und dagegen auch Muskat im Magazin für das deutsche Recht der Gegenwart Bd. 8 S. 93 ff.) Es hat aber ferner in einem Falle, wo die als Eigenthümer eingetragenen Erben das Nachlaßgrundstück veräußert und zur Erwirkung der Löschung mehrerer auf den angeblichen Antheil einer Miterbin eingetragener Vormerkungen sich verpflichtet hatten, sich dahin geäußert:

α. Die Hypothek und folglich auch die Vormerkungen sind unwirksam, wenn die Miterbin, gegen welche die Eintragung erfolgt ist, durch die Erbtheilung einen Antheil an dem Grundstück nicht erhält.

β. Der Nachweis, daß die Miterbin mit Rücksicht auf die ihr obliegende Kollationspflicht aus der Erbschaft nichts mehr zu erhalten habe, ersetzt den Nachweis der Erbtheilung und des Ergebnisses derselben nicht.

γ. Durch die Veräußerung des Nachlaßgrundstückes können die Erben die bedingte Wirksamkeit des Hypothekenrechtes nicht vereiteln. O.Tr. III v. 6. Juli 1877, Entsch. 80 S. 75. (Kochs Landrecht 2, 8. Aufl., S. 825 ff. Note 39.)

Das Reichsgericht V (Entsch. 16 S. 251) hat, unter Verwerfung der abweichenden Ansicht des II. H.S. (Gruchot 25 S. 745 ff.), angenommen, daß eine Grundschuld, welche ein im Grundbuch lediglich als Miteigenthümer, ohne Quotenangabe, bezeichneter Miterbe errichtet hat, gegenüber einem dritten gutgläubigen Erwerber der Grundschuld nicht deshalb angefochten werden könne, weil der Besteller bei der Erbtheilung kein Eigenthum an dem Grundstück erhalten habe, denn auf Grund des §. 11 des Gesetzes sei für den Erwerber der Grundschuld anzunehmen, daß der Besteller zur Verfügung über einen Antheil, und zwar einen Kopftheil, befugt gewesen sei, da aus dem Grundschuldbrief keine Beschränkung ersichtlich gewesen wäre.

c. Auf den Fall der ehelichen Gütergemeinschaft findet der §. 21 keine Anwendung, weil das Rechtsverhältniß, welches dieselbe bezüglich der in die Ehe eingebrachten Grundstücke hervorruft, wenn es auch im allgemeinen als Miteigenthum bezeichnet wird, doch dem einzelnen Gatten einen ideellen Antheil, über welchen er unabhängig verfügen könnte, nicht zuweist. (Turnau 2 S. 364 § 72 Nr. 5; Kammerger., Jahrb. 3 S. 159; R.G. IV v. 28. Okt. 1889, Jur. Woch. S. 455.)

2. Nach der Ansicht des Kammergerichtes (Jahrb. 8 S. 85) kann auch der Alleineigenthümer eine ideelle Quote, wie veräußern, so auch verpfänden.

3. Nach dem Rhein. Einf.Ges. §. 9 (vgl. auch §. 65) ist die Eintragung einer Hypothek oder Grundschuld auf den Antheil eines Miteigenthümers ausgeschlossen.

§. 22.

Der Gläubiger hat das Recht, unter Vermittelung des Prozeßrichters eine Vormerkung auf dem Grundstück seines Schuldners eintragen zu lassen.

Auch diejenigen Behörden, welche die Eintragung einer Hypothek gegen den Eigenthümer nachzusuchen gesetzlich berechtigt sind, können die Eintragung einer Vormerkung verlangen.

Durch die Vormerkung wird für die endgültige Eintragung die Stelle in der Reihenfolge der Eintragungen gesichert.

---

§. 22.

1. Die Protestation pro conservando jure et loco.
2. Die Vormerkung zur Erhaltung des Rechtes auf Eintragung einer Hypothek oder Grundschuld. S. 155.
   a. Formelle Voraussetzung ihrer Eintragung.
   b. Materielle Voraussetzung. S. 156.
   c. Wirkung der Vormerkung.
   d. Verfahren bei der endgültigen Eintragung und Löschung. S. 157.
3. Die Eintragung eines Arrestes.

1. Ueber das ältere Recht im allgemeinen siehe die Anm. I zu §. 8, oben S. 58. Von besonderer Bedeutung für das Verständniß der Vormerkung des §. 22 sind folgende Bestimmungen des A.L.R. I. 20:

§. 416. So lange ..... der angebliche Schuldner der Forderung selbst widerspricht, so lange findet die Eintragung einer Hypothek dafür nicht statt.

§. 417. Doch kann der Gläubiger, gegen die nachtheiligen Folgen dieses Widerspruches, durch Eintragung einer Protestation, wider alle nachtheiligen Verpfändungen sich decken.

§. 418. Dergleichen Protestation soll aber nur von demjenigen angenommen werden, welcher eine solche Forderung, wodurch ein rechtsgültiger Titel zur Erlangung eines Hypothekenrechtes an sich begründet wird, durch unverdächtige Urkunden, oder sonst, einigermaßen bescheinigt hat.

§. 419. Insonderheit ist die Eintragung einer Protestation zulässig, wenn der Eintragung des Anspruches selbst der Mangel einer noch zu ergänzenden Formalität, welche nur mehrerer Zuverlässigkeit und Beglaubigung wegen bei einer Handlung erfordert wird, entgegen stehet.

§. 420. Betrifft aber der Mangel ein zum Wesen und zur Gültigkeit der Handlung, oder des Anspruches, nach den Gesetzen nothwendiges, Erforderniß: so findet auch die Eintragung einer Protestation nicht statt.

Die Eintragung einer Protestation im Sinne der §§. 417—419 erfolgte nach der Hypotheken-O. von 1783 Tit. 2 §§. 18, 57, 72, 150 ff. entweder von Amtswegen oder auf den unmittelbar bei der Hypothekenbehörde von dem Berechtigten zu stellenden Antrag. (Vgl. die V. v. 4. März 1834 §. 22 Abs. 3.) Das Gesetz vom 24. Mai 1853 machte die Eintragung in den meisten Fällen von einer Requisition des Prozeßrichters abhängig. „Behufs Erlassung dieser Requisition" war nach §. 47 „erforderlich, daß in Betreff des behaupteten Realanspruches die Klage wenigstens angemeldet und der Anspruch, der Vorschrift des §. 291 Titel II der Hypotheken-Ordnung gemäß, bescheinigt worden."

In ihrer Voraussetzung unterschied sich die Protestation von der Hypothek wesentlich nur durch den Mangel der Liquidität des Rechtes auf endgültige Eintragung. Eine Protestation, welcher der Titel zu einer Hypothek fehlte, hatte keine rechtliche Wirkung. (O.Tr. III, Str.Arch. 3 S. 90, und 30 S. 162.) Die protestativisch eingetragene Hypothek war eine bedingte Hypothek. (O.Tr. III, Entsch. 14 S. 274.) Die Bedingung, an welche ihre Wirkung geknüpft war, bestand in der Beseitigung des Mangels der Liquidität, insonderheit des Widerspruches des Schuldners gegen die endgültige Eintragung. Wurde dieser Widerspruch beseitigt, beziehungsweise jener Mangel gehoben, der Titel zur Hypothek nachgewiesen, so hatte der Berechtigte ganz die Stellung eines Hypothekengläubigers:

a. Die Verjährung der Forderung wird durch die Protestation unterbrochen und ausgeschlossen. O.Tr. II, Entsch. 37 S. 79, Str.Arch. 27 S. 174.

b. Der Gläubiger erwirbt ein wirkliches Hypothekenrecht mit dem Anspruch auf Befriedigung an der Stelle, wo die Protestation im Hypothekenbuche eingetragen worden. Er ist folglich auch zur Anstellung der hypothekarischen Klage legitimirt. O.Tr. III, Entsch. 14 S. 274, und Str.Arch. 16 S. 69.

c. Der Eigenthümer kann die nur protestativisch eingetragene Forderung erwerben und über dieselbe nach den Grundsätzen der Eigenthümerhypothek verfügen. O.Tr. III, Entsch. 13 S. 257.

d. Die Eröffnung des Konkurses über das Vermögen des Schuldners entzieht der Protestation ebensowenig die Wirksamkeit wie die Einleitung der Subhastation des Pfandgrundstückes. O.Tr. III, Entsch. 13 S. 257, 14 S. 274 und 76 S. 103.

e. Die gegen den Bucheigenthümer eingetragene Protestation wirkt auch gegen den wahren Eigenthümer. O.Tr. II (Pr. 981), Präj.Samml. 1 S. 114, und III, Str.Arch. 1 S. 324. Vorausgesetzt ist, daß der Gläubiger bei Eintragung der Protestation nicht mala fide gewesen ist. O.Tr. III (Pr. 2346), Entsch. 22 S. 229 u. Str.Arch. 18 S. 84.

Die vorstehenden Wirkungen treten mit der Wegräumung des Hindernisses, welches der endgültigen Eintragung entgegenstand, mit dem Nachweise des Titels zur Hypothek, ohne weiteres ein. Die Umschreibung der Protestation in eine unbedingte Hypothek ist nicht erforderlich; sie kann jedoch, wenn der Eintritt der Bedingung nachgewiesen ist, jederzeit, selbst noch nach Eröffnung des Konkursverfahrens über das Vermögen des Schuldners, verlangt werden. O.Tr. III, Str. Arch. 16 S. 69 und Entsch. 62 S. 342.

2. Die Gesetze vom 5. Mai 1872 haben die Ausnahmefälle, in welchen nach dem Hypothekengesetz vom 24. Mai 1853 die Protestation auf den unmittelbar bei dem Hypothekenrichter von dem Protestanten zu stellenden Antrag oder von Amtswegen eingetragen werden konnte, nicht aufgenommen, an dem Erforderniß der Klageanmeldung nicht festgehalten, den Protestationen zur Vorbereitung endgültiger Einschreibungen den Namen „Vormerkung" beigelegt und hiervon die Eintragung bloßer Verfügungsbeschränkungen unterschieden. Die Eintragung einer Vormerkung erfolgt in der Regel auf das Ersuchen des Prozeßrichters. Das Erforderniß der Bescheinigung ist ersetzt durch die Bestimmung des Gesetzes über den Eigenthumserwerb rc. §. 70, daß „der Prozeßrichter auf den Antrag einer Partei die Eintragung einer Vormerkung bei dem Grundbuchamt nachzusuchen hat, wenn ihm der Anspruch oder das Widerspruchsrecht, welche durch die Vormerkung gesichert werden sollen, glaubhaft gemacht sind." (Achilles, der Rechtsschutz durch vorläufige Einschränkung im Grundbuch, in Johows Jahrb. 8 S. 320. Vgl. auch Rosenbaum in Gruchot 21 S. 805 ff.; Turnau 1 S. 366 ff.; Dernburg und Hinrichs 1 S. 356 ff.; Borchardt, das Institut der Vormerkung, 1887, S. 10 ff.; Thiele in Gruchot 37 S. 625 ff., 785 ff.) Die Vormerkung des §. 22 ist in materieller Hinsicht wesentlich identisch mit der unter Nr. 1 gekennzeichneten Protestation pro conservando jure et loco. Folgende Punkte sind besonders hervorzuheben:

a. Die Vormerkung kann nur gegen den eingetragenen Eigenthümer (§§. 5, 16, 19) und nur in Höhe einer bestimmten Summe eingetragen werden. (§. 23.) Sie dient zur Sicherstellung des Gläubigers, wenn der Schuldner sich weigert, die endgültige Eintragung zu bewilligen, deshalb setzt sie einen richterlichen Akt voraus. Nach dem Ausführungsgesetze zur deutschen C.P.O. vom 24. März 1879 §. 18 findet jedoch „die Vermittelung des Prozeßrichters nur als Ausführung einer einstweiligen Verfügung" in Gemäßheit der C.P.O. §§. 814 ff. statt. Bewilligt der eingetragene Eigenthümer die Eintragung der Vormerkung, so fällt der Grund für die Anrufung des Richters fort. Es ist nicht zweifelhaft, daß die Vormerkung auf die Bewilligung des Eigenthümers eingetragen werden kann. Jäckel in Gruchot 18 S. 43; Turnau 1 S. 366; Dernburg u. Hinrichs 1 S. 354 ff.

Daß Behörden, auf deren Ersuchen eine Hypothek eingetragen werden muß, auch die Eintragung einer Vormerkung als das minus verlangen können, sagt der §. 22 ausdrücklich. Die Vormerkung einer Grundschuld auf das Ersuchen einer Behörde, welche nicht der Prozeßrichter ist, findet nicht statt.

b. Die materielle Voraussetzung der Vormerkung ist der Anspruch des Gläubigers auf Eintragung einer Hypothek oder einer Grundschuld. Die nach dem Wortlaute des §. 22 Satz 1 und des §. 70 kaum abzuweisende Meinung, daß jeder Gläubiger zur Sicherung seiner Forderung eine Vormerkung auf das Grundstück des Schuldners eintragen lassen könne, steht nach der Praxis nicht im Einklange mit dem Willen des Gesetzgebers. (O.Tr. III, Str. Arch. 93 S. 191, und Entsch. 76 S. 103.) Das Reichsoberhandelsgericht hat sich dahin geäußert: „Der §. 22 findet sich in dem Abschnitte des Gesetzes, welcher von der Begründung des Hypothekenrechtes handelt. Nach §. 18 entsteht das Hypothekenrecht durch Eintragung im Grundbuche. Der §. 19 bestimmt die Bedingungen, unter welchen eine Eintragung erfolgen kann. Wenn sich daran (nach den hier nicht interessirenden Bestimmungen der §§. 20 u. 21) der §. 22 anschließt, so liegt es schon nach der Konstruktion des Gesetzes nahe, daß unter dem Eingangsworte des §. 22 „der Gläubiger" nicht jeder persönliche Gläubiger, sondern nur derjenige Gläubiger hat verstanden werden sollen, welcher bereits ein persönliches Recht auf Eintragung einer Hypothek, einen Titel zur Hypothek hat. Jeder Zweifel wird aber gehoben durch die unmittelbar folgenden Bestimmungen in Alin. 2 und 3 des §. 22. Es liegt nahe, daß Alin. 1 u. 2 des §. 22 nicht verschiedene Gattungen von Gläubigern im Auge haben können; da Alin 2 nach dem klaren Wortlaut ein bereits bestehendes gesetzliches Recht auf Eintragung voraussetzt, so kann auch Alin. 1 nur auf solche Gläubiger bezogen werden, welche bereits einen Titel zur Hypothek haben, deren „endgültiger Eintragung aber noch irgend ein Hinderniß entgegensteht. Daß dies von dem Gesetzgeber beabsichtigt worden, ergeben ferner die Motive des Regierungsentwurfes, welche bei den Landtagsverhandlungen von keiner Seite eine Anfechtung, vielmehr stillschweigend allseitige Billigung gefunden haben. Die Motive zu . . . . §. 22 ergeben klar, daß hier nur von den sogen. Protestationen pro conservando jure et loco die Rede hat sein sollen, wovon in §§. 418 und 419 I. 20 A.L.R. und in der Hyp.O. II §§. 18 u. 289 ff. gehandelt wird. Nach diesem älteren Recht wird aber nur dann eine Protestation pro conservando jure zugelassen, wenn ein Titel zur Hypothek bereits existirt und bescheinigt ist, und der wirklichen Eintragung nur noch nebensächliche formale Hindernisse entgegenstehen, wogegen der §. 290 der Hyp.O. ausdrücklich bestimmt, daß wegen blos persönlicher Forderungen keine Protestation stattfinde. Nur unter derselben Voraussetzung, daß ein Titel zur Hypothek bereits besteht, kann ein Gläubiger nach §. 22 eine Vormerkung eintragen lassen." (R.O.H.G. II, Entsch 16 S. 369.) Zustimmend das Reichsgericht V, Gruchot 24 S. 97, und II H.S., Entsch. 4 S. 268; Borchardt a. a. O S. 14; Thiele a. a. O. S. 635.

Diesen Titel muß der Gläubiger dem Prozeßrichter glaubhaft machen, wenn er die Vermittelung desselben für die Eintragung einer Vormerkung zur Erhaltung des Rechtes auf Eintragung einer Hypothek oder einer Grundschuld nachsucht.

c. Die Vormerkung hat unter der Voraussetzung, daß der Anspruch des Gläubigers auf endgültige Eintragung liquide gestellt wird, dingliche Wirkung; sie verschafft dem Gläubiger dieselben Rechte, welche nach der unter Nr. 1 a bis e mitgetheilten Praxis durch die Protestation pro conservando jure et loco begründet wurden. Die Ausübung dieser Rechte ist unabhängig von der Umschreibung der Vormerkung in eine unbedingte Hypothek oder Grundschuld. Es folgt dies aus dem 3. Satze des §. 22, der unter Berücksichtigung des bisherigen Rechtes und der Vormerkungstheorie des Gesetzes über den Eigenthumserwerb so ausgelegt werden muß, daß durch die Vormerkung unter allen Umständen die Stelle in der Reihenfolge der Eintragungen für die Hypothek oder die Grundschuld gesichert wird. Wenn dies richtig ist, so hat die endgültige Eintragung nur beurkundende, nicht rechtserzeugende Kraft. Das dingliche Recht ist durch die Vormerkung von dem Zeitpunkt ab, in welchem dieselbe eingetragen worden, begründet, wenn das Recht auf die endgültige Eintragung durch einen dieselbe rechtfertigenden

§. 23.

Die Eintragungsbewilligung muß auf den Namen eines bestimmten Gläubigers lauten, das verpfändete Grundstück bezeichnen, und eine bestimmte Summe in gesetzlicher Währung, den Zinssatz oder die Bemerkung der Zinslosigkeit, den Anfangstag der Verzinsung und die Bedingungen der Rückzahlung angeben.

Akt (richterliches Urtheil 2c. §. 19) liquide gestellt wird. (O.Tr. III, Str. Arch. 98 S. 154. R.G. II H.S., Entsch. 3 S. 316, 4 S. 268 und V, Jur. Wochenschr. 1893 S. 49 Nr. 50: Borchardt S. 20 ff. A. M. in dem letzten Punkte Thiele a. a. O. S. 785 ff., vgl. auch S. 642 ff.)

Die Eröffnung des Konkursverfahrens über das Vermögen des Schuldners ist dem dinglichen Recht des Gläubigers unnachtheilig. Das Obertribunal hat bezüglich der Vormerkung, welche auf Grund der A. D. Wechsel-O. Art. 29 gegen den Wechselschuldner eingetragen ist, anerkannt, daß die Vormerkung, auch wenn der Schuldner mit seinen Konkursgläubigern einen Akkord geschlossen hat, in eine unbedingte Hypothek umgeschrieben und von dem Schuldner nicht angefochten werden kann. (O.Tr. III, Entsch. 76 S. 103.) Stellt sich heraus, daß der Schuldner, gegen welchen die Vormerkung eingetragen worden, seiner eigenen Eintragung ungeachtet, nicht der wahre Eigenthümer war, so ist dennoch die Vormerkung wirksam, sofern nicht bei ihrer Eintragung der Berechtigte sich im bösen Glauben befunden hat. (§. 9 Abs. 2.)

d. Das Verfahren bei der endgültigen Eintragung an der Stelle einer Vormerkung ist in der Gr.B.O. §. 89 geordnet. Vgl. die Anm. dazu, namentlich auch über den Fall eines inzwischen eingetretenen Eigenthumswechsels. Wegen der Löschung der Vormerkungen siehe §. 59 des Gesetzes und Ausf.Ges. z. C.P.O. §. 19 (oben S. 58).

3. Daß Vormerkungen auch zu Gunsten persönlicher Gläubiger auf Grund vollstreckbarer Schuldtitel und insbesondere auf Grund von Arrestbefehlen mit den oben bezeichneten Wirkungen eingetragen werden können, ist bereits erörtert; vgl. die Anm. zu §§. 6 bis 12 des Zwangsvollstr.Ges. (Zus. zu §. 19 des Ges.), namentlich über die Arrestvormerkung die Anm. III 1e, S. 147.

§. 23.

Der §. 23 bestimmt die Erfordernisse der Eintragungsbewilligung in positiver Beziehung. Was die Bewilligung nicht enthalten darf, ist im Allgemeinen nicht zu sagen. Gewiß ist, daß sie eine Bedingung oder Zeitbestimmung nicht verträgt. (A. M. Dernburg, Hyp.R. S. 94: Turnau 1 S. 308. Dagegen Eccius 3 §. 198 Anm. 31.) Wohl aber können Hypotheken und Grundschulden unter Bedingungen eingetragen werden. Auch die Eintragung unter einem Endtermin ist nicht unzulässig. (Werner 2 S. 23; Turnau 1 S. 388 Anm. 13, 14, zu §. 24; Eccius a. a. O. Anm. 32 ff.) Dagegen fällt der Anfangstermin in das Gebiet der Zahlungsbedingungen.

Die Erfordernisse der Eintragungsbewilligung, welche übrigens bei Verbindung der Eintragungsbewilligung mit der Schuldurkunde nicht gerade in dem die erstere enthaltenden Theile der Urkunde aufgeführt zu sein brauchen (Kammerger., Jahrb. 2 S. 117), sind nach §. 23:

1. Bezeichnung des Gläubigers. Durch die Vorschrift, daß die Eintragungsbewilligung auf den Namen eines bestimmten Gläubigers lauten muß, ist nach den Motiven die Eintragung von Hypotheken und Grundschulden auf den Inhaber ausgeschlossen. (Werner 2 S. 28 u. 30.) Die in §. 55 zugelassene Blanko-Zession der Grundschuldbriefe bietet indessen die Möglichkeit, denselben die nämliche Verkehrsfähigkeit zu sichern, wie den Inhaber-

papieren. (Hartmann, das preußische Immobiliarsachenrecht rc. S. 69) Der §. 23 setzt voraus, daß Gläubiger und Eigenthümer nicht mit einander identisch sind. Grundschulden können indessen nach §. 27 von vornherein auf den Namen des Eigenthümers eingetragen werden.

Das App.G. zu Frankfurt hatte in einem Bescheide, Johow 4 S. 247, aus dem §. 23 die Unzulässigkeit der Eintragung und Umschreibung von Hypotheken auf die Deszendenz oder die Kinder, welche von einer bestimmten Person noch geboren werden möchten, hergeleitet. Ebenso das Kammerger., ebd. 5 S. 147. Beide Gerichte haben jedoch in anderen Fällen die Einschreibung zugelassen, ersteres bei Johow 4 S. 245, letzteres ebd. 6 S. 182 und im Jahrb. 2 S. 125. Die Frage ist nicht aus dem §. 23 zu entscheiden, sondern aus dem materiellen Recht, wie bei Johow 5 S. 148 u. 149 unter Mittheilung der Entstehungsgeschichte des §. 23 überzeugend nachgewiesen ist. Vgl. auch den Aufsatz von Beling, über die Zulässigkeit hypothekarischer Eintragungen für eine Deszendenz, ebd. 6 S. 311 bis 319 und unten Anm. 1 zu §. 10 der Gr.B.O.

Die von dem Nachlaßkurator beantragte Eintragung einer Judikatshypothek für die von ihm vertretenen unbekannten Erben ist von dem App.Ger. zu Posen, Johow 6 S. 158, für statthaft erklärt, weil der §. 23, auf Grund dessen sie von dem Grundbuchamt abgelehnt worden, nach seinen Motiven nur die Ausschließung der Inhaberhypothek bezweckte. Vgl auch den Besch. desselben Gerichtes ebd. 8 S. 245. Dagegen hat Königsberg die Eintragung einer Post für die nicht namhaft gemachten Testamentserben einer bestimmten Person nicht zugelassen (ebd. 7 S. 220). Das Kammerger. hält die individuelle Bezeichnung des Gläubigers für nothwendig, sieht aber als eine solche auch eine Kollektivbezeichnung für eine Mehrheit von Personen an, wenn diese unzweideutig auf bestimmte physische Personen zu beziehen und deren Feststellung jeder Zeit erreichbar ist; mit dieser Begründung ist die Eintragung für eine bestimmte Nachlaßmasse unter Bezugnahme auf Testaments- oder Vormundschaftsakten, aus denen die Erben zu ermitteln waren, für zulässig erklärt (Jahrb. 4 S. 184 u. 6 S. 98. Dagegen Eccius 3 §. 198 Anm. 19a). In einem anderen Beschluß (ebd. 5 S. 158) ist dagegen die Eintragung auf den Namen eines Testamentsvollstreckers als Verwalters eines bestimmten Nachlasses abgelehnt, weil die Erben bekannt seien, da von der namentlichen Bezeichnung des Gläubigers nur ausnahmsweise abgesehen werden könne. — Die Eintragung unbekannter Berechtigter mit Vorbehalt der Feststellung derselben läßt ausnahmsweise das Zwangsvollstr.Ges. §. 120 (vgl. §. 124 Nr. 4, §. 127 Abs. 2) zu.

Der Grundbuchrichter hat nach der Gr.B.O. §. 46 nur zu prüfen, ob die Eintragungsbewilligung so, wie sie vorliegt, rechtsgültig ist. Wenn ihm freilich amtlich bekannt ist, daß die Person, auf deren Namen die Eintragung erfolgen soll, nicht existirt, so kann unter Umständen die Beanstandung der Eintragung sich rechtfertigen. Zu forschen aber hat er nicht nach dem angeblichen Träger des ihm bezeichneten Namens.

Nach Bahlmann, 3. Aufl. S. 107, soll im Fall der Eintragungsbewilligung auf den Namen einer juristischen Person der Grundbuchrichter den Nachweis der rechtlichen Existenz der letzteren verlangen, sofern die juristische Persönlichkeit nur durch Verleihung erworben sein kann. Der hierfür mögliche Grund wäre die Verhinderung wirkungsloser Eintragungen. Allein dieser Grund beweist zu viel. Denn mit demselben Rechte, mit welchem der Grundbuchrichter die Eintragung von dem Nachweise der Existenz der juristischen Person abhängig machen dürfte, könnte er, wenn eine physische Person als Gläubiger bezeichnet ist, die Vorlegung eines Zeugnisses über deren Geburt verlangen. So weit geht indessen Niemand. Die einzige Person, welche bei der Frage nach der Existenz des Gläubigers interessirt, ist der Eigenthümer, welcher die Eintragung bewilligt hat. Dieser aber hat sich die Nachtheile, die aus der Verneinung jener Frage entstehen, selbst zuzuschreiben. Der gegen das Legalitätsprinzip gerichteten Tendenz des Gesetzes entspricht es mithin, wenn der Grundbuchrichter die Frage ruhen läßt. Vgl. Anm. 5 zu §. 80 der Gr.B.O.

Bei Handelsgesellschaften und Genossenschaften ist die eingetragene Firma der Name, unter welchem die Gesellschaft oder die Genossenschaft Rechte erwirbt. Daher muß, wenn für sie eine

Hypothek oder Grundschuld eingetragen werden soll, die Eintragungsbewilligung auf die Firma lauten. Das Kammerger. hat in einem Bescheide vom 23. Febr. 1875, Johow 5 S. 126, angenommen, daß auch ein Kaufmann, der nicht in einem Gesellschaftsverhältnisse steht, unter seiner Firma Hypotheken für Forderungen aus Handelsgeschäften erwerben kann. Zustimmend Turnau 2 S. 202 §. 22e. Dagegen Keyßner in der Zeitschrift für das gesammte Handelsrecht 23 S. 606 und Kammerger. im Jahrb. 9 S. 1. Vgl. auch Anm. 1 zu §. 10 u. Anm. 5b zu §. 80 der Gr.B.O.

Die Eintragungsbewilligung muß auf den Namen des Gläubigers lauten, nicht des Vertreters, auch wenn dieser eine Polizeibehörde ist. (Frankfurt, Johow 8 S. 212.) Ebenso selbstverständlich ist es, daß die Eintragung für eine Konkursmasse unzulässig ist, weil dieselbe nicht die Eigenschaft eines Rechtssubjektes hat. (Kammerger., ebd. S. 245; Wolff, die Eintragung in das Grundbuch zur Vollstr. einer Forderung S. 96 ff.) Dagegen haben Landwehrvereine, deren Statut bestätigt ist und mit welchen Sterbe- und Unterstützungskassen verbunden sind, die Rechte juristischer Personen; es können daher Hypotheken für sie eingetragen werden. Naumburg, ebd. 5 S. 128.

2. Bezeichnung des verpfändeten Grundstückes. Durch dieses Erforderniß hat nicht nur die Bestellung einer Generalhypothek ausgeschlossen (vgl. die Einf.Ges. für Neuvorp. §. 19, Schlesw.-Holst. §. 36, Hannover §. 11, Kassel §. 12), sondern auch das Spezialitätsprinzip in Beziehung auf das Objekt schärfer als bisher betont werden sollen. Das Grundstück, welches dem Gläubiger haftet, muß in seiner Individualität, in seiner Gegensätzlichkeit zu anderen Grundstücken, aus dem Grundbuche erkennbar sein. Die Bezeichnung des oder der Grundstücke durch Angabe des Grundbuchblattes erscheint indessen genügend; die Beschreibung derselben nach dem Kataster-Flurbuch, wie solche nach §. 27 der Verordnung vom 31. März 1834 in Westfalen erfolgen mußte, ist nicht mehr erforderlich, auch wenn das Grundbuch mit der Grundsteuermutterrolle nicht mehr übereinstimmt (Kammerger., Jahrb. 6 S. 97). Wenn Jemand alle seine Grundstücke verpfändet, so ersetzt das nicht die Eintragungsbewilligung. (A.L.R. I. 20. §. 402.) Bahlmann, 3. Aufl. S. 108.

Ueber die Frage, ob auch der reelle Theil eines Grundstückes, ohne zugleich als ein selbständiges Grundstück im Grundbuche nachgewiesen zu werden, mit Hypotheken und Grundschulden belastet werden kann, ist viel gestritten. Die Frage ist bejaht: von Kretschmann in Gruchot 11 S. 227; Bahlmann 3. Aufl. S. 108; Steiner S. 103; Neubauer S. 42; Turnau 1 S. 372 ff; Dernburg, Hyp.R. S. 88 (anders Preuß. Privatr. 1 §. 194 a. E.); verneint: von Förster-Eccius 3 §. 192a Anm. 3; Werner S. XIII und XLVII. Zweifellos ist, daß der Gläubiger obligatorisch gebunden sein kann, zur Beitreibung seiner Forderung nur einen bestimmten reellen Theil des Grundstückes in Anspruch zu nehmen, beziehungsweise dem Eigenthümer einen gewissen Theil frei zu lassen. Aber es fragt sich, ob das Gesetz über den Eigenthumserwerb die Handhabe bietet, ein solches Rechtsverhältniß zu einem binglichen zu erheben. Wird ein Grundstück, welches bereits mit einer Hypothek oder einer Grundschuld belastet ist, einem anderen Grundstück zugeschrieben, so tritt eine Mithaft des letzteren nach §. 32 nicht ein. Hiervon abgesehen kennt das Gesetz die Belastung eines Bestandtheiles, von welcher nicht das ganze Grundstück ergriffen würde, nicht. (§. 30.) Die Theile einer Sache können eine von dieser unabhängige juristische Existenz nicht haben. (Windscheid §§. 138 u. 142 Nr. 1 u. 3.) Das durch das Grundbuch nachgewiesene Grundstück ist eine rechtliche Einheit, eine Sache, deren einzelne Theile nicht Gegenstand eines besonderen Rechtsverhältnisses sind. Will der Eigenthümer blos einen bestimmten Theil belasten, so ist das nur so ausführbar, daß entweder das zu belastende oder das von der Belastung auszuschließende Stück auf ein neues Blatt übertragen (Naumburg, Johow 6 S. 160) oder die Zerlegung des Grundstückes in verschiedene Theile auf dem bisherigen Blatte vermerkt, überhaupt der in Betracht kommende Theil grundbuchmäßig als ein selbständiges Grundstück nachgewiesen wird. Daher ist es auch unzulässig, die Gebäude, welche dem Eigenthümer des Grundstückes gehören, von der Belastung des letzteren auszuschließen. (Kammerger., Johow 8 S. 226.) Dagegen hat das App.Ger. zu Marienwerder ebd. 7

S. 230, angenommen, daß „es nicht unzulässig sei, einzelne Bestandtheile eines Grundstückes zu verpfänden, beziehungsweise zu entpfänden."

Ueber die Verpfändung eines ideellen Theiles durch den Alleineigenthümer des Grundstückes vgl. Anm. 2 zu §. 21 des Gesetzes.

3. Angabe einer bestimmten Summe in gesetzlicher Währung. Diese dem bisherigen Rechte unbekannte Vorschrift gilt ausnahmslos, vgl. §. 24 des Gesetzes.

Die Bedingung der Rückzahlung eines Darlehns in Pfandbriefen eines Kreditinstitutes ist nicht eintragungsfähig, weil diese Papiere dem Kurse unterworfen sind, mithin dem Erforderniß der bestimmten Summe, welches der §. 23 aufstellt, nicht genügen können; eine derartige Verpflichtung kann nur durch eine Kautionshypothek sicher gestellt werden. Stettin u. Posen Johow 3 S. 154 u. 155; Kammerger., ebd. 4 S. 153 u. 6 S. 360, und Jahrb. 4 S. 172. A. M. Königsberg, Johow 7 S. 220; Marienwerder, ebd. 4 S. 158, und Cöslin ebd. S. 249, letztere unter Berufung auf §. 47 der Gr.B.O. Vgl. dagegen R.G. V, Entsch. 20 S. 220; v. Brünneck in Gruchot 29 S. 163 ff.; Neubauer S. 38; siehe auch unten die Anm. zu §. 47 der Gr.B.O.

„Seit dem 1. Jan. 1875 sind nur solche Urkunden eintragungsfähig, in denen die einzutragende Summe in Reichswährung angegeben ist." Besch. des Kammerger., Johow 5 S. 133. Ueber die Umrechnung einer vor Geltung des Münzgesetzes vom 4. Mai 1857 kontrahirten und eingetragenen Schuld vgl. dass. im Jahrb. 4 S. 181.

Die Bedingung der Rückzahlung in Reichsgoldmünzen trotz späterer Aenderung der Münzgesetzgebung ist vom Kammerger (Jahrb. 9 S. 79) für eintragungsfähig erklärt (anders dass. ebd. 7 S. 117).

4. Angabe des Zinssatzes oder die Bemerkung der Zinslosigkeit. Der Zinssatz ist eine Quote des Kapitals, welche in Prozenten ausgedrückt zu werden pflegt. Kann nun das Kapital nur in einer bestimmten Summe Geldes eingetragen werden, so folgt ohne Weiteres, daß der Zinssatz in einer Quantität Naturalien nicht ausgedrückt werden darf. Mögen immerhin Naturalien, welche der Gläubiger für die dem Schuldner überlassene Nutzung des Kapitals sich vorbedingt, die Natur der Zinsen haben, als Zinssatz können sie nicht eingetragen werden. Dies verkannte das App.G. zu Marienwerder, als es (Johow 7 S. 229) das Grundbuchamt anwies, 14 Scheffel Kartoffeln, welche der Schuldner als Zinsen für ein ihm auf ein Jahr gegebenes Gelddarlehn zu liefern hatte, als „Zinssatz" einzutragen. Die Berufung auf §. 30 des Gesetzes ist unzutreffend, weil dort nicht, wie das Appellationsgericht sagt, von Jahresleistungen, sondern von Jahreszahlungen die Rede ist. Der Anspruch auf die Kartoffeln konnte nur in der Form der Kautionshypothek eingetragen werden.

Ob die Zinsen auf alle Fälle oder nur im Falle des Verzugs zu entrichten sind, erscheint gleichgültig. Die Eintragungsfähigkeit von Zögerungszinsen ist nach §. 30 zweifellos, auch in der Praxis anerkannt. (Kammerger., Johow 5 S. 138, u. Jahrb. 7 S. 143, und Naumburg, Johow 5 S. 139.) Es muß jedoch das den Verzug begründende Moment mit eingetragen werden. Turnau 1 S. 376.

Hiernach erscheint auch die Erhöhung des Zinssatzes von 5 auf 5½ Prozent für den Fall, daß die Zinsen nicht pünktlich entrichtet würden, zur Eintragung geeignet; der §. 24 ist nicht anwendbar, weil der Betrag nicht unbestimmt ist. (Marienwerder, Johow 4 S. 157. Glogau, ebd. 5 S. 141, und Königsberg ebd. 7 S. 226; Kammerger. im Jahrb. 1 S. 130.) Die Eintragung der für denselben Fall versprochenen Konventionalstrafe indessen ist, als nur in der Form der Kautionshypothek zulässig, abgelehnt worden von dem App.Ger. zu Hamm, Johow 4 S. 156, und dem Kammerger., ebd. 7 S. 224 und im Jahrb. 7 S. 76.

5. Angabe des Anfangstages der Verzinsung. Ein bedingter, dem Eintritt oder doch der Zeit nach ungewisser Anfangs- oder Endtermin der Verzinsung ist eintragungsfähig. (Posen, Johow 4 S. 166 und 168.) Bei Kautionshypotheken untersagt sich die Angabe des Anfangstages der Verzinsung durch die Natur des Rechtsverhältnisses. Dernburg,

Hyp.R. S. 90 hält überhaupt die Angabe des Anfangstages der Verzinsung für entbehrlich und beim Fehlen derselben die Zinsen vom Augenblick der Eintragung der Hypothek an für versichert.

6. Angabe der Rückzahlungsbedingungen. Nach dem Gesetz v. 24. Mai 1853 §. 29 geschah „der Nebenbestimmungen über die Zahlung des Kapitals in dem Eintragungsvermerke keine Erwähnung." Das Gesetz über den Eigenthumserwerb hat dies durch den §. 23 geändert. Darnach sind die Bedingungen der Rückzahlung selbst dann in die Eintragungsbewilligung aufzunehmen, wenn sie den gesetzlichen Vorschriften entsprechen. Stettin, Johow 4 S. 155. Abweichend in Ansehung der Hypothek: Königsberg, ebd. 7 S. 223, und Kammerger., Jahrb. 4 S. 174; nach letzterer Entsch. sind die gesetzlichen Bestimmungen maßgebend, soweit die Hypothekenurkunde über die Rückzahlung nichts festsetzt, und einer Angabe der Rückzahlungsbedingungen bedarf es nicht, wo eine solche nach Lage des Falles, wie bei Kautionshypotheken, Illaten- u. a. Forderungen nicht wohl thunlich, oder wo, wie bei Eintragungen im Wege der Zwangsvollstreckung, eine ausdrückliche Angabe überflüssig ist. Aehnlich auch R.G. V (Entsch. 14 S. 273, J.M.Bl. 1886 S. 81), vgl. unten Anm. 3 zu §. 43 der Gr.B.O.

Kapitalien, für welche mehr als 6 % Zinsen bedungen worden, können nach dem Bundesgesetze vom 14. November 1867 §. 2 zur Rückzahlung nach Ablauf eines halben Jahres gekündigt werden, auch wenn eine längere Frist bedungen oder die Kündigung zeitweise ausgeschlossen ist. Diese dem Schuldner eingeräumte Vergünstigung geht durch die Eintragung der Rückzahlungsbedingungen nicht verloren. v. Beaulieu-Marconnay S. 36; Turnau 1 S. 379; Dernburg, Hyp.R. S. 92.

Das Ablösungsgesetz vom 2. März 1850 bestimmt unter §. 92: „Die Kündigung von Kapitalien, welche einem Grundstücke oder einer Gerechtigkeit auferlegt werden, kann künftig nur während eines bestimmten Zeitraumes, welcher 30 Jahre nicht übersteigen darf, ausgeschlossen werden. Kapitalien, welche auf einem Grundstücke oder einer Gerechtigkeit angelegt sind und bisher Seitens des Schuldners unkündbar waren, können von jetzt ab, sobald 30 Jahre seit der Verkündigung dieses Gesetzes verflossen sind, mit einer sechsmonatlichen Frist Seitens des Schuldners gekündigt werden. Diese Bestimmungen finden auf sämmtliche Kreditinstitute keine Anwendung." Ebenso für die Hohenzollernschen Lande das Gesetz v. 28. Mai 1860 §. 19, für Hessen-Nassau das Gesetz v. 15. Februar 1872 §. 14, für Schleswig-Holstein das Gesetz v. 3. Januar 1873 §. 55 und für Kassel das Gesetz v. 23. Juli 1876 §. 26. Verabredungen, welche dem §. 92 des Gesetzes vom 2. März 1850 widersprechen, sind nicht vonvornherein nichtig, ihnen ist nur die Wirksamkeit über einen Zeitraum von 30 Jahren hinaus entzogen. Wird z. B. die Kündbarkeit eines Hypothekenkapitals für die Lebensdauer des Gläubigers ausgeschlossen, so ist diese Festsetzung an sich gültig und eintragungsfähig. Es tritt nur die Kündbarkeit ein entweder mit dem Zeitpunkte, in welchem der Gläubiger stirbt, oder mit dem Ablauf von 30 Jahren, wenn der Gläubiger diesen Zeitraum überlebt. O.Tr. III, Entsch. 75 S. 68, Str. Arch. 95 S. 21; Turnau 1 S. 378; L.G. Brieg, Jahrb. 10 S. 323.

Neubauer S. 39 will unter den Kreditinstituten, welche in dem §. 92 des Ablösungsgesetzes erwähnt sind, alle derartigen Institute und Dernburg (Hyp.R. S. 93) alle auf Gegenseitigkeit gegründete, landesherrlich genehmigte Anstalten verstanden wissen. Das Kammergericht (Johow 5 S. 137) dagegen begreift darunter nur die landschaftlichen und ritterschaftlichen Pfandbriefs-Institute. Es hat angenommen, daß „Bodenkredit-Banken, denen das Privilegium ertheilt ist unkündbare Pfandbriefe auszugeben, dadurch nicht die Eigenschaft eines Kreditinstitutes im Sinne des §. 92" gewinnen, daß daher „Schuldner, welche von solchen Banken Darlehne unter Festsetzung einer 30 Jahre überschreitenden Amortisationsperiode erhalten, sich nicht rechtsgültig verpflichten können, dieselben nicht innerhalb dieser Frist zu kündigen", und daß „eine solche Ausschließung der Kündigung nicht eintragungsfähig" ist. (Abweichend Königsberg ebd. 7 S. 227.)

Es ist eine genügende Angabe der Rückzahlungsbedingung, wenn dem Gläubiger die

§. 24.

Wenn die Größe eines Anspruchs zur Zeit der Eintragung noch unbestimmt ist (Kautions-Hypotheken), so muß der höchste Betrag eingetragen werden, bis zu welchem das Grundstück haften soll.

Kündigungsbefugniß versagt, dagegen bestimmt ist, daß von einem gewissen Zeitpunkt ab jährlich gewisse Theilbeträge der Schuld abbezahlt werden sollen. Hamm, ebd. 5 S. 130. —

Der Zahlungsort braucht in der Eintragungsbewilligung nicht angegeben zu werden. Er bestimmt sich im Fall der Hypothek durch den Ort, an welchem die Zahlung aus dem persönlichen Schuldverhältniß geleistet und angenommen werden muß. Für die Grundschuld hat das Gesetz einen Zahlungsort nicht vorgeschrieben. Im Zweifel ist die Leistung an dem Orte zu leisten, wo das Grundbuch geführt wird. (Vgl. R.G. IV, Jur.Woch. 1891 S. 58 Nr. 104 u. die Anm. zur Gr.B.O. §. 93.) Die Bestimmung des Zahlungsortes betrifft die Rückzahlungsbedingungen; ihre Eintragung unterliegt mithin nicht der Vorschrift des §. 24. Wird sie aber erst nach Eintragung der Hypothek (oder Grundschuld) bewilligt, so kann sie mit Rücksicht auf die §§. 17 u. 36 nicht an der Stelle des Kapitals vollzogen werden, wenn nicht die nacheingetragenen Berechtigten zustimmen, sondern nur an der zunächst offenen Stelle des Grundbuchblattes. Kammerger., Johow 5 S. 134.

§. 24.

1. Der allgemeine Begriff der Kaution (Windscheid §. 134; A.L.R. I. 14 §. 178) ist wenig ergiebig für die Erklärung der Kautionshypotheken. Das Wort „Kaution" kann hier nur in dem Sinne von Sicherstellung der Erfüllung einer Verbindlichkeit genommen werden. In diesem Sinne ist die Hypothek selbst eine Kaution. Man kann freilich auch sagen: die Hypothekbestellung ist ein Mittel zur Kautionsleistung. Aber damit ist nichts erklärt. Der §. 24 unterscheidet die Kautionshypotheken von den übrigen Hypotheken lediglich durch die Vorstellung, welche der Verpfänder von der Größe des zu sichernden Anspruches hat. Wird vorausgesetzt, daß der Gegenstand dieses Anspruches eine bestimmte Geldsumme sei, so ist der Fall der gewöhnlichen Hypothek gegeben. Ist dagegen eine Geldschuld überhaupt nicht in Frage, oder ist ihr Betrag auf eine bestimmte Summe nicht festgestellt, so ist die Bewilligung nur einer Kautionshypothek angezeigt. In dem Entwurfe von 1868 begann die Vorschrift: „Wenn die Größe eines künftigen Anspruchs." Sie traf mithin nicht den Fall, in welchem ein gegenwärtiger Anspruch der Art sicherzustellen ist. Die jetzige Fassung begreift auch diesen Fall. (Naumburg, Johow 8 S. 224.) Für die Anwendung des §. 24 ist es demnach gleichgültig, ob der Anspruch blos dem Betrage oder auch dem Grunde nach ungewiß ist. — Dernburg unterscheidet zwischen den für künftige Forderungen unbestimmter Höhe eingetragenen Kautionshypotheken im engeren Sinne und den „Ultimathypotheken für feste Schulden, bei denen nur die künftige Relation zur heimischen Währung dem Schwanken unterliegt" (z. B. für ein in Pfandbriefen zahlbares Darlehn), und erklärt die für erstere geltenden Ausnahmevorschriften (unten Anm. 3 a. E., §. 67 des Ges.) für unanwendbar auf letztere (Hyp.R. §. 26, S. 198 ff.).

Soll eine zukünftige Forderung sichergestellt werden, so kann es sich fragen, inwieweit das Rechtsverhältniß bestimmt sein muß, aus welchem sie erwartet wird. Die Frage ist im gemeinen Recht überaus streitig. (Windscheid §. 242 Nr. 3 Note 8.) Durch den Formalismus des Grundbuchrechtes löst sie sich einfach dahin, daß jede Bezeichnung des Schuldgrundes genügt, wenn sie nur später die Feststellung gestattet, daß der Anspruch des Gläubigers aus der Hypothek auf den eingetragenen Schuldgrund zurückzuführen ist. (Kammerger.,

Johow 8 S. 222.) Die Praxis ist in dieser Hinsicht nicht eben streng. So ist z. B. angenommen, daß der Schuldgrund ausreichend bezeichnet sei, wenn der Eigenthümer die Eintragung einer Kautionshypothek für Wechsel bewilligt, welche „Jemand ausgestellt hat und noch ausstellen wird." (Marienwerder, Johow 6 S. 162.) Noch weiter ist das App.Ger. zu Hamm gegangen, indem es die Eintragung auf die Erklärung gestattete, daß der Schuldner mit einem Banquier in Geschäftsverbindung getreten sei und die Kaution für die aus dieser Verbindung entstehenden Ansprüche bestelle (Gruchot 5 S. 465), und das Kammerger., (Jahrb. 5 S. 160) erklärt die Eintragung einer Kautionshypothek für statthaft „wegen aller Forderungen, welche der Gläubiger an den Besteller derselben habe oder künftig erwerben werde", da das Gesetz in dieser Beziehung der Vertragsfreiheit keine Schranken gezogen habe.

2. Die Kautionshypothek ist eine wahre Hypothek. Die Bewilligung ihrer Eintragung muß mithin den Erfordernissen des §§. 19 und 23 entsprechen. (Siehe indessen Anm. 5 zu §. 23.) Namentlich muß sie den Schuldgrund angeben und die höchste Summe bezeichnen, bis zu welcher das Grundstück haften soll; eine ohne Angabe des Höchstbetrages eingetragene Hypothek ist nichtig und kann im Beschwerdewege beseitigt werden (Kammerger., Jahrb. 5 S. 163). Ein Zinsvermerk kann nicht eingetragen werden (dass. ebd. 13 S. 151). Es versteht sich, daß eine Kautionshypothek auch auf Grund eines den Eigenthümer zu ihrer Bestellung verurtheilenden Erkenntnisses oder auf das Ersuchen einer zuständigen Behörde eingetragen werden kann. Dagegen ist seit dem Zwangsvollstr.Ges. v. 13. Juli 1883 die Eintragung einer vollstreckbaren Forderung als Kautionshypothek nicht mehr zulässig; vgl. oben S. 143 (b).

Nur in der Form der Kautionshypothek sind eintragungsfähig:

a. Verzugszinsen rückständig bleibender Zins- rc. -Raten. Posen, Johow 8 S. 152. Abweichend Marienwerder, ebd. 8 S. 256;

b. Konventionalstrafen, vgl. oben Anm. 4 a. E. zu §. 23;

c. die Verpflichtung, ein Darlehn in Pfandbriefen zurückzuzahlen, vgl. ebd. Anm. 3;

d. die Verpflichtung des Eigenthümers, im Falle einer Veräußerung des Pfandgrundstückes dem Hypothekengläubiger eine Provision zu zahlen. Kammerger., Jahrb. 8 S. 92;

e. die Verpflichtung zur Erstattung der von dem Gläubiger vorzuschießenden Brand- und Hagel-Versicherungs-Prämien. Posen, Johow 4 S. 166;

f. die Kosten der Mandatskündigungsklage. Posen, ebd. S. 167 und Kammerger., ebd. 7 S 224. Vgl. die C.P.O. §§. 49 u. 231;

g. die Korrealhaft des Besitzers eines mit landschaftlichen Zentral-Pfandbriefen beliehenen Gutes für die gesammten Pfandbriefschulden der Landschaft. Kammerger., ebd. 6 S. 364;

h. das sogenannte Surplusreservat. Für den Fall der Trennung einer gütergemeinschaftlichen Ehe durch den Tod der Frau bestimmt der §. 79 des Anhanges zum A.L.R. (II. 1 §. 648): „Dem Vater, welcher sich nach dem Tode seiner Ehefrau mit seinen minorennen Kindern auseinandersetzt, kann das Eigenthum des auf seinen Namen eingetragenen Grundstückes, gegen Einwerfung des Erwerbungspreises in die zu theilende Masse, unter dem auf das Grundstück einzutragenden Vorbehalte, daß bei einem höheren Verkaufe dieses Grundstückes das Mehrere der gemeinschaftlichen Masse zuwachse, ohne gerichtliche Abschätzung der Subhastation überlassen werden." Ein solches Sur plus reservat wirkt nach Koch, Komm. Note 3 zu §. 79 des Anh., „keine Einschränkung des Eigenthums oder der Verfügungsbefugniß, sondern begründet eine Obligation, welche in die dritte Rubrik einzutragen ist, wodurch eine eigentliche Hypothek für die künftige und bedingte Forderung auf nachträgliche Theilung des Mehreren erworben wird." Der Vorbehalt kann daher jetzt nur dann eingetragen werden, wenn die Eintragungsbewilligung auf eine bestimmte Summe lautet. Ist das Reservat ohne Bestimmung einer Maximalsumme eingetragen, so wird durch die Eintragung ein Recht an dem Grundstück nicht begründet, auch wenn der Titel dazu aus der Zeit vor dem 1. Oktober 1872 herrührt. O.Tr. III, Entsch. 78 S. 167, Str. Arch. 96 S. 263;

i. Privilegien zur Sicherung einer Forderung und gesetzliche Hypotheken im Gebiete des französischen Rechtes nach dem rhein Einf.Ges. §§. 11, 12. —

Die Vorschrift der Gr.B.O. §. 122, daß über die Eintragungen der Hypotheken Hypothekenbriefe ausgefertigt werden, bezieht sich auch auf Kautionshypotheken. Neubauer S. 44; Naumburg, Johow 4 S. 175, und Hamm, ebd. 5 S. 165.

Auf Altentheile findet der §. 24 keine Anwendung. Naumburg, ebd. 6 S. 152.

3. Durch die Eintragung der Kautionshypothek erwirbt der Gläubiger eine Hypothek für den später von ihm nachzuweisenden Betrag, soweit derselbe nicht die eingetragene Summe übersteigt. Es bedarf daher, wenn später die Forderung durch ein rechtskräftiges Erkenntniß festgestellt und der Schuldner zu deren Zahlung verurtheilt wird, nicht erst der Umschreibung der Kaution in eine Hypothek oder einer neuen Eintragung des in dem Judikate liegenden neuen Titels zur Hypothek. (O.Tr. III, Str. Arch. 67 S. 151.) Der Gläubiger kann vielmehr den festgestellten Betrag bei der Subhastation ohne Weiteres liquidiren, vorausgesetzt, daß er denselben dann noch zu fordern hat. Ist die Forderung dagegen theilweise berichtigt worden, so findet nur wegen des Restes ein Anspruch auf die Kaufgeldermasse statt. In einem Falle hatte der Schuldner die Umschreibung der Kaution in eine förmliche Hypothek auf Höhe des festgestellten Betrages bewilligt. Die Umschreibung selbst war jedoch erst erfolgt, nachdem der Gläubiger eine Abschlagszahlung empfangen und den ihm gezahlten Betrag dem Schuldner abgetreten hatte. Letzterer zedirte diesen Betrag als Hypothek des Eigenthümers weiter, und sein Zessionar, der die Sachlage kannte, trat bei der Kaufgeldervertheilung als Hypothekengläubiger auf. Die Hypothek wurde jedoch von nacheingetragenen Gläubigern bestritten. Das Obertribunal erklärte dieselbe für ungültig, und zwar einmal, weil die Kaution in Höhe des an den Gläubiger abgeführten Betrages gegenstandslos geworden und folglich zur Umschreibung in eine förmliche Hypothek, wegen Mangels der Forderung, nicht mehr geeignet gewesen wäre, sodann weil überhaupt die Grundsätze der Hypothek des Eigenthümers auf Kautionshypotheken nicht angewendet werden könnten. (O.Tr. III, Str. Arch. 87 S. 240 u. 96 S. 201.) Diese Entscheidungen gründen sich auf das Wesen der Kautionshypothek im Sinne des Landrechtes. Ihre Richtigkeit ist indessen auch nach dem Gesetz über den Eig.Erw. v. 5. Mai 1872 §§. 24 u. 67 unbestreitbar. (Kochs Landrecht 2, Anm. 7 zu I. 20 §. 4 S. 736.)

Auch für die Kosten der Klage und Beitreibung der Forderung haftet das Grundstück, denn auf diese Nebenforderungen findet, da nach §. 30 des Gesetzes ihre Eintragung nicht erforderlich ist, §. 23 und daher auch §. 24 des Gesetzes keine Anwendung (R.G. V. v. 3. März 1888, J.M.Bl. S. 176 u. Gruchot 32 S. 1088).

Der Regierungsentwurf von 1871 hatte unter §. 35 folgende Bestimmungen vorgeschlagen: „Die hypothekarische Klage aus einer für einen dem Betrage nach ungewissen Anspruch eingetragenen Hypothek bedarf der Begründung aus dem persönlichen Schuldverhältniß. Gegen die Klage stehen dem Beklagten die Einreden unbeschränkt zu.“ Die Kommission des Herrenhauses strich indessen diese Sätze, weil sie überhaupt gegen die Klage des Hypothekengläubigers die Einreden aus dem persönlichen Schuldverhältniß unbeschränkt zulassen wollte. (Oben S. 116.) Nachdem dann der §. 38 des Gesetzes in der Kommission des Abgeordnetenhauses seine auch die Einreden gegen die Hypothek beschränkende Fassung erhalten hatte, wurde es übersehen, dem §. 35 des Entwurfes gerecht zu werden. Nichtsdestoweniger bedarf der Anspruch aus der Kautionshypothek der Begründung durch den Nachweis der Forderung aus dem persönlichen Schuldverhältniß, weil nur so der Betrag sich feststellen läßt, für welchen das Grundstück haften soll. Aus demselben Grunde können auch die Einreden, soweit sie dieses Verhältniß betreffen, einer Beschränkung nicht wohl unterworfen werden. (Turnau 1 S. 382; Förster-Eccius 3 §. 198 Anm. 35).

Da der Anspruch des Gläubigers auf die Eintragung der Kautionshypothek zurückzuführen ist, so findet er auch dann statt, wenn die Forderung an den (persönlichen) Schuldner erst nach der Auflassung des Grundstückes oder nach Einleitung des Subhastationsverfahrens (O.T. III, Entsch. 61 S. 384) entstanden ist, letzterenfalls vorausgesetzt, daß bereits vor der

Beschlagnahme eine Gebundenheit des Schuldners in dem Sinne bestand, daß er die Entstehung der Forderung nicht mehr willkürlich verhindern konnte (R.G. III, Entsch. 14 S. 249; vgl. auch R.G. V, ebd. 27 S. 169; Dernburg, Pand. 1 §. 275; Förster-Eccius 3 §. 192 Note 16b, 17); denn eine Neubegründung der durch Kautionshypotheken gesicherten Forderungen durch einen Akt freier Willkür des Schuldners nach der Beschlagnahme ist dem betreibenden Gläubiger gegenüber wirkungslos (vgl. oben S. 86 Anm. III. 2 b β zu §. 11; Turnau 1 S. 384; Krech u. Fischer S. 272. A. M. Dernburg, Hyp.R. S. 202).

4. Die Umschreibung einer Kautionshypothek in eine Hypothek mit festbestimmtem Betrage ist zwar nicht ausdrücklich vorgesehen, aber soviel ersichtlich allgemein als zulässig anerkannt. Sie erfolgt auf das erklärte oder durch rechtskräftiges Urtheil ersetzte Schuldanerkenntniß des Bestellers der Hypothek und, sofern dieser nicht der persönliche Schuldner ist, auch des letzteren. Wenn Jemand für den Kredit, der ihm und Anderen gegen solidarische Verhaftung von einem Dritten gewährt worden, diesem durch Eintragung einer Kaution auf sein Grundstück Sicherheit bestellt hat, so genügt sein Schuldanerkenntniß zur Umschreibung der Kaution in eine förmliche Hypothek, weil die Kaution, vermöge der Solidarverbindlichkeit der Schuldner, für die jedem einzelnen gegebenen Vorschüsse in den Grenzen des eingetragenen Limitums ganz haftet. (Hamm, Gruchot 4 S. 88.) Bleibt die Summe, deren Eintragung definitiv bewilligt ist, hinter dem eingetragenen Kautionsbetrage zurück, so ist zu der Umschreibung auch die Zustimmung des Gläubigers erforderlich. A. M. Turnau 1 S. 385, welcher letztere stets für erforderlich hält.

Fraglich ist, ob zur Umschreibung der Kautionshypothek die Zustimmung der nacheingetragenen Gläubiger und nach erfolgter Auflassung des Grundstückes auch die Bewilligung des Erwerbers nöthig ist. Letztere Frage bejaht unter Berufung auf §. 19 des Gesetzes Naumburg (Johow 6 S. 169) und beide Fragen Eccius 3 §. 199a Nr. III, weil die Kautionshypothek nur unter der Bedingung, daß die gesicherte persönliche Forderung Kraft erlange, Gültigkeit habe und der Eintritt dieser Voraussetzung nicht lediglich durch das Anerkenntniß des persönlichen Schuldners zum Nachtheil des Erwerbers und der nacheingetragenen Gläubiger festgestellt werden könne. Richtiger scheint jedoch die Verneinung zu sein. Denn das Grundstück ist durch die bewilligte Eintragung bereits dinglich gebunden. (Exner, das österreichische Hypothekenrecht §. 20 S. 133.) Die Umschreibung der Kautionshypothek in eine Hypothek von festem Betrage ist daher nicht Eintragung einer neuen Hypothek an der Stelle der alten, sondern nur die Veröffentlichung der Feststellung des bisher ungewissen Betrages auf eine bestimmte Summe. Diese Feststellung aber hat der Besteller der Kautionshypothek lediglich in seinem persönlichen Interesse, beziehungsweise im Interesse des persönlichen Schuldners vorbehalten. Für den Eigenthümer und die nacheingetragenen Gläubiger ist das Grundstück in Höhe der eingetragenen Summe von vornherein nicht anders, als bei der gewöhnlichen Hypothek, beschwert; ihre Rechtsstellung erleidet daher durch die Umschreibung keine Aenderung. Allerdings haben sie ein Interesse daran, daß die Kautionshypothek nicht umgeschrieben, sondern gelöscht werde. Aber einen Anspruch auf die Löschung kann keiner von beiden anders als durch Anfechtung der Eintragung oder der Umschreibung begründen. (Vgl. Marienwerder, Johow 7 S. 232; O.Tr. IV, Str. Arch. 91 S. 289; R.G. II. H.S., Entsch. 5 S. 234; Kammerger., Jahrb. 5 S. 169; L.G. Osnabrück, ebd. 10 S. 328; Dernburg, Hyp.R. S. 207; Turnau a. a. O.) Bei der Umschreibung kann auf Grund einer Novation ein neuer Schuldgrund eingetragen werden (Osnabrück u. Turnau a. a. O.).

Ueber die Frage, ob bei der Umschreibung Zinsen über den Höchstbetrag hinaus mit dem Range der Kautionshypothek eingetragen werden können, vgl. S. 167 Anm. 4 zu §. 25.

5. Ist zur Eintragung der Kaution nur die linke Hälfte des Raumes der ersten Hauptspalte verwendet, so dient die rechte Hälfte zur Umschreibung. Nimmt dagegen die Eintragung diesen Raum ganz ein, so findet die Umschreibung in der Spalte „Veränderung" statt.

Die Kaution bleibt insoweit, als ihr Betrag nicht durch die Umschreibung erschöpft wird, bestehen. Das Recht kann nur mit Bewilligung des Gläubigers gelöscht werden. Die Um-

§. 25.

Für Kapitalien, welche zinslos oder mit Zinsen unter dem Zinssatz von fünf vom Hundert eingetragen sind, kann der Eigenthümer des Grundstücks einen Zinssatz bis fünf vom Hundert mit der Rangordnung des Kapitals eintragen lassen. Der Einwilligung der nach dem Tage, an welchem dieses Gesetz in Kraft getreten ist, gleich- oder nachstehend eingetragenen Gläubiger bedarf es nicht.

Auch bei denjenigen Hypotheken, welche seit der Geltung des Gesetzes vom 24. Mai 1853 mit Zinsen unter fünf vom Hundert eingetragen worden sind, bedarf es einer Zustimmung der gleich- oder nachstehenden Gläubiger zu diesem Zwecke nicht.

---

schreibung und beziehungsweise die Löschung werden auf dem vorhandenen Hypothekenbriefe vermerkt. Turnau 1 S. 386 Anm. 8.

§. 25.

1. Nach dem A.L.R. I. 20 §§. 482 u. 483 haftete das Grundstück dem Hypothekengläubiger nur für die vorbedungenen Zinsen, nicht auch für bloße Zögerungszinsen, für jene aber selbst dann, wenn sie nicht eingetragen waren. O.Tr. III (Pr. 744), Präj.Samml. 1 S. 118, (Pr. 1227) Entsch. 8 S. 337, und Str. Arch. 21 S. 214 Sollten für ein eingetragenes Kapital, welches unverzinslich war, nachträglich Zinsen oder bei dem bereits eingetragenen Zinssatze eine Erhöhung desselben mit der Rangordnung des Kapitals eingetragen werden, so bedurfte es der Zustimmung aller gleich- oder nachstehenden Gläubiger. Diesen Zustand änderte das Gesetz vom 24. Mai 1853 für die künftig einzutragenden Hypotheken, indem es unter §. 30 bestimmte:

„Wenn Kapitalien mit vorbedungenen Zinsen unter dem Zinsfuße von fünf vom Hundert eingetragen werden, so steht dem Schuldner frei, einen erhöhten Zinsfuß bis zu fünf Prozent, mit dem Vorzugsrechte der bereits eingetragenen Zinsen, eintragen zu lassen, ohne daß es der Zustimmung der gleich- und nachstehenden Gläubiger bedarf."

2. Diese Bestimmung hat durch den §. 25 des Gesetzes über den Eigenthumserwerb eine Erweiterung dahin erfahren, daß der fraglichen Befugniß des Eigenthümers fortan nur die vor der Geltung des Gesetzes v. 24. Mai 1853 eingetragenen Kapitalien, ferner die zinslos eingetragenen Kapitalien und die nicht vorbedungenen Zinsen unterworfen sind.

Da die Haftung des Grundstückes für die Zinsen nach §. 30 des Gesetzes durch die Eintragung derselben bedingt ist, so würde nach den §§. 17, 34 u. 35 zu folgern sein, daß die erst nach Eintragung des Kapitals eingetragenen Zinsen hinter den inzwischen eingetragenen Hypotheken und Grundschulden rangiren müßten, beziehungsweise den Rang vor denselben nur durch Zustimmung der betheiligten Gläubiger erlangen könnten. Diese Folgerung durchbricht der §. 25 im Interesse des Realkredits, indem er dem mit Kündigungen bedrohten Eigenthümer die Eintragung eines Zinssatzes bis zur Höhe von 5 Prozent mit der Rangordnung des Kapitals erleichtert. Dabei sind aber folgende Fälle zu unterscheiden:

a. Bei Hypotheken und Grundschulden, welche erst unter der Herrschaft des Gesetzes über den Eigenthumserwerb, also nach dem 30. September 1872 eingetragen sind, muß der Zinssatz oder die Erhöhung des eingetragenen Zinssatzes auf die einseitig erklärte Bewilligung des Eigenthümers eingetragen werden. (§. 25 Abs. 1.)

b. Dasselbe gilt für die Eintragung der Erhöhung des Zinssatzes eines unter der Herrschaft des Gesetzes vom 24. Mai 1853 mit Zinsen unter 5 Prozent eingetragenen Kapitals. (§. 25 Abs. 2.)

c. Soll bei einem vor dem 1. Oktober 1872 zinslos eingetragenen Kapital ein Zinssatz eingetragen werden, so bedarf es der Zustimmung der gleich- oder nachstehenden Gläubiger,

§. 26.

Der bei der Veräußerung eines Grundstücks zur Sicherstellung einer Forderung bedungene Vorbehalt des Eigenthums gewährt dem Veräußerer nur das Recht, für die bestimmte Summe eine Hypothek auf das Grundstück eintragen zu lassen.

---

soweit dieselben nicht erst nach dem 30. September 1872 eingetragen sind. Stettin, Johow 7 S. 262.

d. Die Eintragung eines Zinssatzes oder der Erhöhung desselben bei einem vor der Geltung des Gesetzes vom 24. Mai 1853 eingetragenen Kapital ist von der nämlichen Voraussetzung (c) abhängig. Kammerger., ebd. 8 S. 255.

Die Fälle c und d unterliegen, soweit nicht der zweite Satz des ersten Absatzes (§. 25) zur Anwendung kommt, der Beurtheilung nach dem bisherigen Recht, welches um deswillen maßgebend ist, weil der §. 25 nicht rückwirkende Kraft hat. Gegen die abweichende Meinung, welche Königsberg, Johow 7 S. 265, vertritt, siehe Steiner ebd. und Wandersleben in Gruchot 19 S. 724 ff.

Soweit der einzutragende Zinsatz 5 Prozent übersteigt, ist in den Fällen a bis d die Genehmigung der gleich- oder nachstehend eingetragenen Gläubiger stets unerläßlich.

3. Die Eintragung des Zinssatzes oder der Erhöhung desselben erfolgt in der Spalte „Veränderungen" neben dem Kapital, auf welches sie sich bezieht.

Nach einer anderen, namentlich von dem Kammerger., Johow 6 S. 192, gebilligten Meinung soll „die Erhöhung des Zinsfußes einer Hypothek, wenn den erhöhten Zinsen eine gleiche Rangordnung mit dem Kapitale nicht zusteht, in der Hauptspalte unter neuer Nummer, nicht in der Spalte Veränderungen einzutragen und über diese Eintragung gemäß Gr.B.O. §. 122 ein Hypothekenbrief zu bilden" sein. Begründet ist diese Meinung nicht. Denn die aufgestellte Behauptung, daß die Zinserhöhung nicht eine Veränderung im Sinne des §. 12 der Gr.B.O., sondern eine neue Hypothek sei, ist mit Rechtsgründen nicht unterstützt. Der Zinsfuß, d. h. die Verzinslichkeit eines Kapitals zu einem bestimmten Prozentsatze, ist keine Hypothek, selbst wenn die Eintragung nicht zugleich mit dem Kapital erfolgt. Hypotheken kennt das Gesetz nur in bestimmten Summen. Vgl. die Anm. zur Gr.B.O. §. 129.

4. Wenn eine Kautionshypothek in eine unbedingte Hypothek umgeschrieben wird, so fragt es sich, ob dabei von dem festgesetzten Betrage Zinsen mit dem Range des Kapitals eingetragen werden können. Das O.Tr. hatte früher angenommen, daß das Pfandgrundstück auch für Zinsen nur bis zu dem eingetragenen Höchstbetrage der Kaution hafte. (O.Tr. III, Gruchot 21 S. 860.) Richtiger scheint es indessen zu sein, den §. 25 auch auf Kautionshypotheken anzuwenden. Posen, Johow 3 S. 163 u. 4 S. 181, u. Naumburg, ebd. 6 S. 168; Dernburg, Preuß. Privatr. 1 §. 332 Note 7. Einmal nämlich unterscheidet das Gesetz hier nicht, und sodann kommt in Betracht, daß kein Hinderniß besteht, gleich nach der Umschreibung der Kautionshypothek auf einen festen Betrag einen Zinsatz nach Maßgabe des §. 25 eintragen zu lassen. Das Obertribunal hat in einer jüngeren Entscheidung den §. 25 auch auf Kautionshypotheken bezogen (O.Tr. III, Gruchot 23 S. 754) und das Reichsgericht, das Kammerger. und das L.G. Osnabrück haben in den oben am Ende von Anm. 4 zu §. 24 angeführten Erkenntnissen ebenso entschieden. Ebenso Turnau 1 S. 386.

5. §. 25 Abs. 2 findet natürlich nur in dem Geltungsbereiche des Gesetzes vom 24. Mai 1853 Anwendung, vgl. die Einf.Ges. für Jade §. 2, Hannover §. 2, Schlesw.Holst. §. 2, Kassel §. 2 und Rheinl. §§ 2 u. 10. In Neuvorpommern und Rügen ist §. 25 durch §. 17 des Einf.Ges. ersetzt, darnach bedarf es nie der Einwilligung der gleich- und nachstehenden Gläubiger; und in Schlesw.Holst. (Einf.Ges. §. 40) findet die V.O. vom 12. Febr. 1828 auf die vor dem Inkrafttreten des Grundbuchrechtes protokollirten Hypotheken auch ferner Anwendung.

---

§. 26.

1. Ueber die Wirkung des Eigenthumsvorbehaltes (pactum reservati dominii) nach gemeinem Recht vgl. Windscheid 1 §. 172 Nr. 7 und Dernburg, Pand. 1 §. 215, und nach preußischem Recht vgl. A.L.R. I. 11 §§. 258 ff., insbesondere §. 268.

Der Entwurf eines Gesetzes über den Eigenthumserwerb, der im Jahre 1871 dem Landtage vorgelegt wurde, enthielt unter §. 23 folgenden Satz: „Der Vorbehalt des Eigenthums für den Veräußerer kann nur als Hypothek für eine bestimmte Geldsumme eingetragen werden." Hierzu war in den Motiven bemerkt: „Soll die Verabredung des vorbehaltenen Eigenthums suspensive Wirkung haben, so gehört sie nicht hierher, vielmehr macht sie in solchem Falle die Auflassung zu einer bedingten und hindert daher die Eintragung des Eigenthums." (Werner 2 S. 30.) Ungeachtet dieser Bemerkung glaubte man in der Kommission des Herrenhauses die Fassung des Entwurfes dem Mißverständnisse ausgesetzt, „daß der Vorbehalt des Eigenthums auch als Suspensiv-Bedingung nicht mehr solle stipulirt werden dürfen." Die Vorschrift wurde deshalb so gefaßt, wie sie in dem §. 26 des Gesetzes vorliegt. (S. 56 das.) Hiergegen aber wandte man in der Kommission des Abgeordnetenhauses ein, „daß der Vorbehalt des Eigenthums sich nicht auf eine beliebige Forderung, sondern auf eine Gegenleistung gegen die Veräußerung beziehe, und nicht klar ausgedrückt sei, ob der Veräußerer erst die Bestellung einer Hypothek vom Käufer solle fordern können oder diese Bestellung in dem Vorbehalt schon zu finden sei. Deshalb wurde beantragt:

a. das Wort „Forderung" durch „Gegenleistung" zu ersetzen,

b. die Worte nach „für" durch folgende zu ersetzen:

„den Geldbetrag dieser Gegenleistung die Bestellung einer Hypothek an dem veräußerten Grundstücke von dem Erwerber zu verlangen."

Der Regierungskommissar hielt den ersten Antrag für unerheblich und führte aus, daß nach der vom Herrenhause angenommenen Fassung der Veräußerer besser gestellt sei als nach dem Antrage.

Die Abänderungsvorschläge wurden abgelehnt." (S. 113 ebd.)

2. Es ist streitig, ob die Eintragung der Hypothek im Falle des §. 26 auf Grund des Eigenthumsvorbehaltes in dem Kaufvertrag oder nur auf die abstrakte Bewilligung des Erwerbers zu erfolgen hat. Für die letztere Alternative sind eingetreten: Ziebarth, die Reform des Grundbuchrechtes (1870) S. 83, Heidenfeld S. 46, Bahlmann (3. Aufl.) S. 116, Steiner S. 62, Förster-Eccius 2 §. 126 Anm. 18; für die erstere: Johow, Grundbuchkontroversen, in seinem Jahrb. 2 S. 246, Philler S. 16 und Nachtragsheft 1 S. 5, Brettner in Gruchots Beitr. 17 S. 162, Werner S. XL, Kayser S. 5, Dernburg, Preuß. Privatr. 1 §. 318 Note 12, Hyp.R. S. 94, Turnau 1 S. 397.

Der Wortlaut, die Entstehungsgeschichte (1) und die Tendenz des §. 26 fordern, daß von der Vorlegung einer besonderen Eintragungsbewilligung abgesehen werde.

Die §§. 19 und 23 stehen nicht entgegen: der §. 19, welcher die Eintragung von der Bewilligung des Eigenthümers abhängig macht, nicht, weil der §. 26 nicht blos materielles Recht schafft, sondern dem Eigenthumsvorbehalt zugleich die formelle Bedeutung der Eintragungsbewilligung beilegt; der §. 23 nicht, weil die von ihm aufgestellten Erfordernisse der Bewilligung auch bei dem Eigenthumsvorbehalt angetroffen werden müssen, um das Recht des Veräußerers auf Eintragung einer Hypothek zu begründen.

Für die Aufnahme des §. 26 in das Gesetz lassen sich Erwägungen anführen, die vielleicht für das System desselben nicht passen, geschichtlich aber gewiß ihre Berechtigung haben. „Der Eigenthumsvorbehalt zur Sicherung einer Forderung hat den wirthschaftlichen Zweck eines Pfandrechtes, man hat ihn darum auch ein potenzirtes oder qualifizirtes Pfandrecht genannt, und er verdankt seine Verbreitung im früheren Rechtsverkehr dem damaligen unvollkommenen Rechtssystem, wonach das beste Pfandrecht durch später entstehende privilegirte Pfandrechte entwerthet werden konnte. Neben einer Hypothek des neueren Systems entbehrt dieser Eigenthumsvorbehalt zwar nicht jedes Werthes; er kann aber als ein Bedürfniß nicht mehr angesehen

§. 27.

Der Eigenthümer kann auf seinen Namen Grundschulden eintragen und sich Grundschuldbriefe ausfertigen lassen. Er erlangt dadurch das Recht, über diese Grundschuld zu verfügen und auf dritte Personen die vollen Rechte eines Grundschuldgläubigers zu übertragen.

---

werden." (Regelsberger, das bayerische Hypothekenrecht §. 54 S. 246.) Der Veräußerer hat nach dem Wegfall der Pfandprivilegien ein Interesse nur daran, daß seine Forderung vor anderen Verfügungen des Erwerbers über das Grundstück sicher gestellt werde. Deshalb hat das A.L.R. im Einklange mit einer weitverbreiteten Praxis dem Eigenthumsvorbehalt im Falle des §. 268 cit. die Bedeutung des Vorbehaltes einer Hypothek beigelegt. Es wird angenommen, daß der Veräußerer das Grundstück nur mit der Hypothek belastet auf den Erwerber übergehen lassen will. Daher verleiht ihm das Gesetz die Befugniß, ohne die sonst erforderliche Bewilligung des neuen Eigenthümers die Hypothek eintragen zu lassen. (O.Tr. III, Entsch. 14 S. 459.) Diesen Standpunkt aber hat das Gesetz über den Eigenthumserwerb einfach festgehalten. Freilich hat es dadurch den obligatorischen Vertrag der Prüfung des Grundbuchrichters unterworfen. Allein dies war unvermeidlich, wenn man nicht dem bisher mit dem Eigenthumsvorbehalt verbundenen Pfandrechtstitel die praktische Bedeutung entziehen wollte.

3. Von dem A.L.R. weicht der §. 26 insofern ab, als er dem Veräußerer das Recht, für seine Forderung eine Hypothek eintragen zu lassen, nicht blos dann verleiht, wenn für die Zahlung kein Termin bestimmt ist, sondern auch dann, wenn die Bestimmung eines Zahlungstermines stattgefunden hat. Die Fälle des A.L.R. I. 11 §§. 266 u. 268 sind also einander gleichgestellt, und zwar im Sinne des §. 268. Der §. 270 ist beseitigt. Vgl. die §§. 4, 15, 17—19 und 34 des Gesetzes.

Eine weitere Abweichung des §. 26 von dem bisherigen Recht scheint der Wortlaut des Gesetzes zu bedingen, indem nach ihm der Vorbehalt zur Sicherung jeder Forderung, deren Gegenstand eine bestimmte Summe Geldes ist, nicht blos zur Sicherstellung rückständigen Kaufgeldes, die Bedeutung des Rechtes auf Eintragung einer Hypothek annehmen kann. Die Materialien geben über die Absicht des Gesetzgebers in dieser Hinsicht keine Auskunft. Es kann namentlich aus der Ablehnung des oben unter Nr. 1a bezeichneten Antrages in der Kommission des Abgeordnetenhauses nicht, wie Bahlmann 3. Aufl. S. 116 will, gefolgert werden, daß das Wort „Forderung" nur im Sinne von „Gegenleistung" gebraucht ist. Nach Turnau 1 S. 398 soll für diese Einschränkung vornehmlich die Rücksicht auf das bisherige Recht entscheiden. Da indessen, wie der von Turnau konstruirte Fall ergiebt, der Veräußerer recht wohl ein Interesse haben kann, auch eine andere Forderung als das Kaufgeld durch den Vorbehalt sich zu sichern, so dürfte es nicht angezeigt sein, die Wortauslegung aufzugeben.

4. Für den Vorbehalt des Eigenthumes an beweglichen Sachen, die mit einer unbeweglichen Sache verbunden sind, ist im Grundbuche kein Platz. (Gr.B.O. §. 11.) Dies verkannte das App.G. zu Posen, indem es den Vorbehalt des Eigenthumes an einem Brennerei-Apparat und an einer Schneidemühlen-Einrichtung zu Gunsten des Lieferanten auf dem Blatte des Grundstückes, für welches diese Gegenstände geliefert worden, eintragen ließ. Ueber das Unzutreffende der Gründe, welche hierfür (Johow 4 S. 139 und 6 S. 149) angegeben sind, siehe Kochs Landrecht 2, 8. Aufl. S. 833 Anm. 48.

§§. 27 und 28.

Bei der Vertheilung der Kaufgelder in Folge einer gerichtlichen Zwangsversteigerung kann er die Grundschuld für sich geltend machen.

§. 28.

Hat der Eigenthümer das Eigenthum des Grundstücks abgetreten, so erlangt er an der auf seinen Namen eingetragenen Grundschuld alle Rechte eines Grundschuldgläubigers.

---

3. Rechte des Eigenthümers aus der für ihn eingetragenen Grundschuld (§. 27):
   a. das Verfügungsrecht. S. 174;
   b. das Recht bei der Vertheilung des Kaufgeldes.
4. Die freiwillige Veräußerung des Grundstückes (§. 28). S. 175.
5. Das Zinsrecht.

1. Nach dem §. 52 des Anhanges zum A.L.R. und der Deklaration desselben vom 3. April 1824 konnte, wie oben S. 112 hervorgehoben worden, die Hypothek von dem Eigenthümer und das Grundstück von dem Gläubiger erworben werden, ohne daß dadurch das hypothekarische Recht aufgehoben wurde. Dagegen war die Begründung einer Hypothek durch Eintragung derselben auf den Namen des Eigenthümers nicht vorgesehen. Erst das Gesetz, betr. die Einführung von Grund- und Hypothekenbüchern 2c. in Neuvorpommern und Rügen, vom 21. April 1868 bestimmte, nach dem Vorgange des mecklenburgischen Rechtes (oben S. 113), unter §. 81:

„Der eingetragene Eigenthümer ist befugt, bestimmte Summen für sich selbst mit einem bestimmten Zinssatze eintragen zu lassen. Er tritt durch die Eintragung hinsichtlich der eingetragenen Summe in das Verhältniß eines Hypothekengläubigers. Die Zinsverpflichtung tritt aber erst von dem Zeitpunkte an in Kraft, in welchem der Eigenthümer die Forderung an einen Dritten abtritt oder das zur Hypothek gestellte Grundstück an einen Dritten veräußert."

Die hiernächst dem Landtage vorgelegten Entwürfe eines Gesetzes über den Eigenthumserwerb 2c. gestatteten ebenfalls die Eintragung von Hypotheken auf den Namen des Eigenthümers. Zur Rechtfertigung dieser Neuerung heißt es in den Motiven zu der Vorlage von 1871: „Ein praktisches Bedürfniß ist unleugbar für dieses Rechtsinstitut vorhanden: es besteht darin, daß der Eigenthümer je nach seiner Kreditbedürftigkeit in der Lage sein muß, Hypotheken mit besserer Priorität als die bereits eingetragenen zu vergeben. Im Verkehr verschafft sich auch häufig dieses Bedürfniß dadurch Befriedigung, daß der Eigenthümer eine Hypothek nur mit dem Vorbehalt der Priorität für ein später von ihm auf eine angegebene bestimmte Summe einzutragendes Hypothekengeschäft bewilligt und der Vorbehalt der Priorität bei der Hypothek vermerkt wird; allein diese Modifikation hängt doch von der Genehmigung des Gläubigers ab, dem die Hypothek bewilligt wird, und wenn er sie versagt, würde dem Eigenthümer das Mittel fehlen, später eine bessere Hypothek zu vergeben. Das praktische Bedürfniß des Eigenthümers ist also hierdurch noch nicht gesichert. Daher hat in weiterer Ausbildung des durch den Anh. § 52 und dessen Deklaration bereits in das Preußische Recht eingeführten Rechtsinstitutes der Hypothek des Eigenthümers das Gesetz folgende Sätze aufgestellt:

1) Der Eigenthümer kann auf seinen eigenen Namen Hypotheken eintragen lassen;
2) der Eigenthümer kann, wenn der persönliche Anspruch, für welchen die Hypothek bestellt worden, durch Tilgung oder Konfusion erloschen, dennoch die Hypothek fortbehalten;
3) der hypothekarische Gläubiger kann, wenn er Eigenthümer des Grundstückes wird, die Hypothek also eigentlich durch Konsolidation erloschen ist, dieselbe dennoch für sich bestehen lassen;

in den Fällen 2. und 3. unter der Voraussetzung, daß die Hypothek nicht gelöscht worden ist. Es ist also daran festgehalten, daß die Löschung die Hypothek vernichtet und nicht einen leeren Platz zurückläßt, über welchen der Eigenthümer später wieder disponiren kann." (Werner 2 S. 26.)

Die Kommission des Herrenhauses acceptirte die Eintragung auf den Namen des Eigenthümers nur für die Grundschuld. (S. 56 ebd.) Mit den hierdurch bedingten Abänderungen sind die Vorschläge der Regierung in das Gesetz übergegangen.

2. Die Theorie der Grundschuld des Eigenthümers hat, wie es scheint, bisher nicht das ihr gebührende Interesse gefunden. Nach den Motiven ist es Aufgabe der Wissenschaft, „zu erwägen, ob die Hypothek in der Hand des Eigenthümers als eine wirkliche Hypothek anzusehen, ob ihm neben seinem Eigenthum noch ein besonderes dingliches Recht am Grundstück zustehen, ob die Hypothek auf dem eigenen Grundstück als ein realer Bestandtheil seines Mobiliarvermögens angesehen werden, ob der Eigenthümer in einer Person Gläubiger und Schuldner sein kann, ob diesen logischen Unmöglichkeiten und unklaren Vorstellungen dadurch auszuweichen ist, daß man dem Grundstück seinem Eigenthümer gegenüber eine selbstständige Persönlichkeit vindicirt, oder ob die Hypothek in der Hand des Eigenthümers nur ein ihm gegebenes formales Dispositionsrecht ist." (Werner 2 S. 27.) Die Motive geben jedoch ihren Standpunkt insofern selbst wieder auf, als sie dem Satze des Gesetzes vom 21. April 1868 §. 81, daß der Eigenthümer durch die Eintragung in das Verhältniß eines Hypothekengläubigers trete, die Rechtswahrheit absprechen. Es fehlen, so wird gesagt, „dem Eigenthümer die wesentlichen Rechte des Hypothekengläubigers; er kann nicht bloß keine Zinsen von sich selbst fordern; er kann auch nicht die Zahlung des Kapitals durch den Antrag auf Subhastation gegen sich erzwingen und etwa dadurch ein bequemes Mittel erlangen, sich von den dann ausfallenden Hypotheken zu befreien. Die Hypothek ruht, so lange sie sich in seinen Händen befindet, sie ist kein selbständiges Vermögensobjekt für ihn und hat nur den negativen Werth, daß der Eigenthümer Kapital und Zinsen der Hypothek keinem Dritten schuldet. Nur ein Recht hat er, und nur dieses verlangt das praktische Bedürfniß, ihm zu geben: im Interesse seines Kredits muß ihm gestattet werden, die Hypothek zu veräußern und sich dadurch Kapital zu verschaffen, er muß über dieselbe verfügen und dadurch auf denjenigen, dem er die Hypothek abtritt, alle Rechte eines Hypothekengläubigers übertragen können." (Werner S. 27.) Wenn diese Ausführung richtig wäre, müßte sie auch für die Grundschuld zutreffen, da der Hypothek des Entwurfes die Grundschuld des Gesetzes entspricht. Aber sie ist nicht richtig.

Daraus, daß der Eigenthümer weder das Kapital und die Zinsen fordern, noch die Subhastation ausbringen kann, folgt durchaus nicht, daß diese Befugnisse mit der ihm zustehenden Grundschuld nicht verbunden seien. Beachtet man, daß das Gesetz selbst den Eigenthümer für befugt erklärt, den Betrag der Grundschuld bei der Kaufgeldvertheilung im Falle der Zwangsversteigerung zu liquidiren und die vollen Rechte eines Grundschuldgläubigers auf dritte Personen zu übertragen, so liegt es viel näher, daß er diese Rechte durch die Eintragung erlangt und an der Ausübung derselben nur durch die Vereinigung des Eigenthumes mit der Hypothek in seiner Person verhindert ist.

Von den Versuchen, die Grundschuld des Eigenthümers juristisch zu konstruiren, mögen folgende hier erwähnt werden.

a. Nach Bremer, Hypothek und Grundschuld, wird durch die Eintragung für den Gläubiger ein Recht nur an der durch die Stelle im Grundbuche bestimmten Quote des Grundstückswerthes begründet. Die Tilgung einer Post, sowie das Zusammentreffen derselben mit dem Eigenthum in Einer Person hat eine Verbesserung der Priorität nachstehender Hypotheken und Grundschulden nicht zur Folge. Der freigewordene Werththeil bleibt zur Verfügung des Eigenthümers. Der Eigenthümer kann auch vonvornherein bestimmte Theile des Werthes sich vorbehalten. Die Form hierfür ist die Eintragung der Grundschuld auf seinen Namen. Bewilligt er später neue Eintragungen für dritte Personen, so geschieht das unter der stillschweigenden Abrede, daß ihm die vorbehaltenen Beträge frei bleiben müssen. Das Recht des Eigenthümers aus der Grundschuld beruht also auf einem Vertrage mit den nachstehenden Gläubigern, welcher diese verpflichtet, jenem den eingetragenen Betrag im Fall der Zwangsvollstreckung in das Grundstück zu belassen, d. h. sich an den Erlös nur nach Abzug dieses Betrages zu halten. Die Grundschuld des Eigenthümers ist also nach Bremers Auffassung keine wahre Grundschuld, sondern der Vorbehalt eines Präzipuums aus dem Erlöse, der durch die Verwerthung des Grundstückes erzielt werden möchte.

Diese Theorie fällt mit der Voraussetzung, daß das dingliche Recht der Gläubiger nur einen bestimmten Theil des Grundstückswerthes ergreife. Nach dem §. 30 des Gesetzes haftet den Hypotheken- und Grundschuldgläubigern das ganze Grundstück, und folglich, wenn es mittels der Zwangsvollstreckung in Geld umgesetzt wird, der ganze Erlös, soweit er nicht zur Befriedigung vorstehender Gläubiger in Anspruch genommen wird. Nun ist zwar der Vertrag, vermöge dessen dem Gläubiger ein Präzipuum zusteht, für den Gläubiger, welcher ihn eingegangen ist, verbindlich. Aber daß er zugleich eine Gebundenheit des Grundstückes erzeugte, also dinglich wirkte, wäre eine Unterstellung, welche das geltende Recht nicht für sich hätte; ein Sondernachfolger jenes Gläubigers brauchte mithin dem Eigenthümer die vorbehaltene Summe nicht zuzugestehen (Buchka S. 86 ff.)

Der Theorie Bremers steht ferner die Erwägung entgegen, daß das Gesetz, wenn es nur einen Vorbehalt für den Eigenthümer schaffen wollte, dieser Absicht den entsprechenden Ausdruck gegeben haben würde: wenigstens ist ein Grund nicht ersichtlich, der zur Verwendung des Apparates der Grundschuld für einen solchen Vorbehalt hätte bestimmen können. (Kühnast S. 44.) Fremde Gesetze haben in der That den Vorbehalt der Hypothekenstelle für den Eigenthümer als besonderes Rechtsinstitut geordnet; so das bayerische Hypothekengesetz §. 150. Das mecklenburgische Recht kennt dasselbe, wie v. Meibom §. 18 S. 138 bezeugt, neben der Eigenthümerhypothek. Vgl. v. Roth, die hyp. Succession und die Eigenthümerhypothek (1879) S. 29 ff.

b. Nach einer anderen Theorie wird durch Eintragung einer Post auf den Namen des Eigenthümers die Entstehung des Rechtes noch nicht vollendet, sondern nur erst ermöglicht.

α. v. Meibom führt S. 148 ff. für das mecklenburgische Recht aus: die Hypothek entstehe zwar durch die Einschreibung in das öffentliche Buch; allein zur Vollendung dieses Aktes gehöre, daß der Vollzug der Einschreibung von der Buchbehörde dem Grundeigenthümer und dem Gläubiger unmittelbar oder mittelbar eröffnet werde. Der regelmäßige Weg der Eröffnung sei der, daß die Behörde den Eigenthümer durch Aushändigung des Hypothekenscheines und der Eigenthümer den Gläubiger durch Uebergabe der Urkunde von der Eintragung benachrichtige. Der Eigenthümer sei also in der Lage, durch Zurückbehaltung des Hypothekenscheines die Entstehung des hypothekarischen Rechtes hinauszuschieben. Werde die Hypothek auf seinen Namen eingetragen, so könne die Buchbehörde die Benachrichtigung des Gläubigers nicht ausführen, weil die Person des letzteren ihr unbekannt sei. Im Grunde liege eine Hypothek für einen unbestimmten Gläubiger vor. Eine solche sei mit der gesetzlichen Regel, daß der Name des Gläubigers eingetragen werden solle, an sich unvereinbar, von dem Gesetze aber zur Erleichterung des Verkehres gestattet und mit der Regel durch Zulassung der einstweiligen Eintragung auf den Namen des Eigenthümers in Einklang gebracht. Der Eigenthümer vollende die Entstehung des hypothekarischen Rechtes dadurch, daß er entweder dasselbe einem Anderen einräume oder das Grundstück veräußere

Was gegen diese Theorie vom Standpunkt des mecklenburgischen Rechtes einzuwenden ist, muß hier ununtersucht bleiben. Zu erwähnen ist indessen, daß das Ober-Appellationsgericht zu Rostock in einem dem Justizministerium zu Schwerin am 17. Juli 1873 erstatteten Erachten (Johow 5 S. 255 ff.), im Widerspruch mit der Auffassung v. Meiboms, die Eigenthümerhypothek für eine wirkliche, wenn auch nicht vollwirksame Hypothek erklärt hat. (Vgl. auch G. Buchka, die Hypothek des Eigenthümers S. 95 ff.). Soviel leuchtet überdies ohne weiteres ein, daß, wenn der Begründungsakt der Hypothek mit der Uebergabe des Hypothekenscheines vollendet wird, nach der Theorie v. Meiboms es unerklärt bleibt, weshalb es einer Abtretung Seitens des Eigenthümers bedarf, um das hypothekarische Recht in der Hand eines Dritten zur Entstehung zu bringen, und wie ein noch nicht vollgültig entstandenes Recht abgetreten und durch die Abtretung gültig werden kann. Für das preußische Recht ist diese Theorie keinesfalls zu verwerthen, weil nach dem vorliegenden Gesetz §§. 18 ff. zur Begründung des Rechtes der Grundschuld nichts weiter gehört als die Eintragung auf Grund der Bewilligung des eingetragenen Eigenthümers.

β. Heidenfeld baut die Theorie der Grundschuld auf die Auslegung des §. 20 auf, welche dem Gläubiger vor der Aushändigung des Grundschuldbriefes an denselben jedes Recht aus der Eintragung abspricht. Er argumentirt S. 116 ff. so: Die Grundschuld entstehe allerdings nach §. 18 durch die Eintragung, d. h. sie bestehe nicht, solange sie nicht eingetragen sei. Ein Rechtsverhältniß aber werde durch die Eintragung noch nicht begründet. Dazu bedürfe es eines (binglichen) Vertrages, durch welchen der Eigenthümer des Grundstückes das Eigenthum an dem Grundschuldbrief und damit das Recht aus der Grundschuld auf den Gläubiger übertrage. Dieser Vertrag manifestire sich in der Tradition des Grundschuldbriefes. Das sei die Bedeutung der Vorschrift des §. 20. Ob nun der Eigenthümer seinen Traditionswillen dadurch bekunde, daß er die Grundschuld vonvornherein für den Gläubiger eintragen lasse, oder dadurch, daß er die auf seinen eigenen Namen eingetragene Grundschuld dem Gläubiger abtrete, sei gleichgültig. In beiden Fällen sei die Grundschuld vor der Uebergabe des Briefes an den Gläubiger kein aktuelles, sondern nur ein virtuelles, immer aber dasselbe Recht.

Heidenfeld knüpft also die Entstehung der Grundschuld und die Entstehung des Gläubigerrechtes an verschiedene Vorgänge. Dieser Gedanke, dessen gesetzgeberische Berechtigung nicht bestritten werden soll, ist aber nicht der des preußischen Gesetzes. Wie bereits bei der Erläuterung des §. 20 ausgeführt ist, entsteht im Falle der Eintragung auf fremden Namen das Gläubigerrecht durch die Eintragung. Wenn also die Eigenthümer-Grundschuld ihrem Wesen nach sich nicht von der Grundschuld in fremder Hand unterscheidet, so muß auch der Eigenthümer, der eine Grundschuld für sich eintragen läßt, die Befugnisse, welche dieselbe gewähren kann, schon mit der Eintragung erlangen. Nur die Befugniß, über die Grundschuld zu verfügen, ist an die Urkunde gebunden. In der That ist die Grundschuld des Eigenthümers ein aktuelles Recht. Sie erzeugt für den Eigenthümer die binglichen Ansprüche auf Herausgabe des Grundschuldbriefes, auf Anerkennung oder Berichtigung der Priorität und auf Perzeption des entsprechenden Theiles von dem Kaufgelde, welches in der Subhastation erzielt wird. (Kühnast S. 35.) Hätte der Eigenthümer nicht ein aktuelles Recht, so könnte er ein solches auch nicht durch die Veräußerung des Grundstückes erlangen. Denn eine Tradition des Grundschuldbriefes an den Veräußerer Seitens des Erwerbers findet nicht statt; die von Heidenfeld unterstellte brevi manu traditio aber ist eine Fiktion, für welche das Gesetz keinen Anhalt bietet.

c. Nach Kühnast S. 55 ist „die Grundschuld des Eigenthümers . . . eine Manifestation des Eigenthumsrechtes unter Kreirung eines spezifischen juristischen Apparates für das Recht der Grundrente, kein besonderes Recht an der eigenen Sache, das außerhalb des Eigenthumsrechtes steht, sondern der ökonomische Inhalt des Eigenthums in einem selbständigen rechtlichen Ausdruck, ein geschlossener Bestandtheil des Eigenthumsrechtes. Um dieser Verkehrsmaschinerie willen entsteht auch die Grundschuld des Eigenthümers erst mit der Eintragung.“ Der Eigenthümer fixirt durch die Eintragung „einen Theil seiner von Reallasten und Hypotheken ungebundenen Grundrente sowohl in dem unmittelbaren Jahresbetrage, als in dem Kapitalbetrage, der diesem Ertrage entspricht und die betreffende Sphäre des nutzungsfreien Eigenthumsgehaltes repräsentirt.“ Er hebt also insoweit die Pertinenzeigenschaft des Rechtes der Grundrente auf und verleiht demselben eine selbständige rechtliche Existenz. So erklärt es sich, daß die Grundschuld des Eigenthümers von dem Schicksal des Grundstückes, auf welchem sie haftet, unberührt bleibt und ihrerseits nur nach Maßgabe der für die Grundschuld bestimmten Formen einen Gegenstand des Rechtsverkehres bildet. (Kühnast S. 64 ff.) Vgl. im übrigen oben S. 121.

Nach dieser Theorie lösen sich die Schwierigkeiten, mit welchen die juristische Konstruktion der Eigenthümer-Grundschuld bisher zu kämpfen hatte, in einfacher Weise. Es wird für den

Eigenthümer durch die Eintragung ein Kapital von dem Grundstück gelöst oder vielmehr die Lösung vorbereitet, das Recht auf dieses Kapital, welches bisher zu dem Eigenthum gehörte, verselbständigt. Zwischen der Grundschuld des Eigenthümers und der Grundschuld in fremder Hand besteht nur der Unterschied, daß bei dieser das Recht auf das Kapital nebst Zinsen, welches bei jener nur rechtlich von dem Eigenthum getrennt ist, auch thatsächlich die Verbindung mit dem letzteren gelöst hat.

3. Der Eigenthümer erlangt durch die Eintragung der Grundschuld auf seinen Namen alle die Befugnisse, welche dem Grundschuldgläubiger zustehen. Diese Befugnisse ruhen nur insoweit, als ihrer Ausübung die Vereinigung des Eigenthumes mit dem Recht aus der Grundschuld in Einer Person hindernd entgegentritt. So erklären sich namentlich die Rechte, welche das Gesetz ausdrücklich hervorhebt:

a. das Recht über die Grundschuld zu verfügen. Es umfaßt nach §. 27 vor allem „das Recht, auf dritte Personen die vollen Rechte eines Grundschuldgläubigers zu übertragen." Das Beiwort „vollen" fehlte in dem Entwurfe von 1868. Später wurde es hinzugefügt, um außer Zweifel zu stellen, daß der Zessionar auch die bisher suspendirten Befugnisse des Gläubigers erlangte. (Ber. der Komm. des A.H. v. 15. Dezember 1869, Drucks. Nr. 212 S. 71.) Nach der richtigen Auffassung liegt eine Ausnahme von der Regel, daß Niemand mehr Rechte auf einen Anderen übertragen kann, als er selber hat, nicht vor. Der Eigenthümer überträgt gerade das Recht, welches ihm zusteht, nicht mehr und nicht weniger. Die Uebertragung erzeugt nicht neues Recht, sondern beseitigt nur das Hinderniß, welches der vollen Ausübung des durch die Eintragung begründeten Rechtes entgegenstand.

Das Recht des Eigenthümers, über die Grundschuld zu verfügen, schließt auch die Befugniß in sich, die Post zu verpfänden, dieselbe zu legiren, einem postlozirten Gläubiger Priorität einzuräumen. Dieselbe bildet auch einen Gegenstand der Pfändung und Ueberweisung im Wege der Zwangsvollstreckung für die Gläubiger des Eigenthümers; vgl. unten Anm. 6 zu §. 54 des Ges. und Anm. 2, 3 zu §. 87 der Gr.B.O. Der Vollstreckungsgläubiger erlangt durch die Ueberweisung das Klagrecht gegen den Eigenthümer, und zwar nicht nur durch die Ueberweisung an Zahlungsstatt, welche ihn zum Zessionar macht, sondern auch durch die zur Einziehung, weil auch dadurch das Hinderniß der vollen Ausübung des Gläubigerrechtes beseitigt wird (Förster-Eccius 3 §. 199b Anm. 5);

b. das Recht des Eigenthümers, bei der Vertheilung der Kaufgelder infolge einer gerichtlichen Zwangsversteigerung die Grundschuld für sich geltend zu machen.

Die Rechtfertigung dieses Satzes soll nach den Motiven darin liegen, „daß der Subhastat nach preußischem Recht das Eigenthum am Grundstück durch die Verkündigung des Zuschlagsurtheiles verliert, bei der Kaufgeldervertheilung die Post bereits als Nichteigenthümer besitzt, mithin in diesem Zeitpunkt in ihr ein wirkliches Objekt seines Mobiliarvermögens geltend machen kann." (Werner 2 S. 27.) Diese Begründung befriedigt jedoch nicht. Sie würde vom Standpunkte ihres Urhebers nur zutreffen, wenn der Ersteher mit dem Eigenthum zugleich die Rolle des Schuldners bezüglich der für den Subhastaten eingetragenen Grundschuld überkäme, — — eine Voraussetzung, welche der §. 47 unzweideutig ausschließt. Ueberdies bleibt nach den Motiven die Befugniß zur Liquidirung der Grundschuld für den Fall, daß der Subhastat selbst der Ersteher ist (§. 46), unerklärt.

Die Ausübung des Rechtes aus der Grundschuld ist nicht dadurch bedingt, daß ein Schuldner vorhanden ist; vielmehr ist sie, wie schon der Vorgang des römischen Pfandrechtes an der eigenen Sache zeigt, juristisch möglich und praktisch werthvoll schon dann, wenn das Grundstück von dritten Personen zum Gegenstande der Befriedigung gemacht wird. Wesentlich für die Bethätigung des Rechtes aus der Eigenthümer-Grundschuld ist immer nur, daß demselben eine Person entgegentritt, deren Angriffe auf das Grundstück resp. den Erlös aus der Zwangsversteigerung desselben der Eigenthümer nicht schon durch die Berufung auf das Eigenthum abwenden kann.

Darüber, daß der zweite Absatz des §. 27 auch dann anwendbar ist, wenn der Eigenthümer

§. 29.

Eine Hypothek kann auf Antrag des Eigenthümers und des Gläubigers in eine Grundschuld umgewandelt werden, wenn diejenigen in der zweiten und dritten Abtheilung gleich- oder nacheingetragenen Berechtigten einwilligen, welche vor dem Tage, an welchem dieses Gesetz in Kraft tritt, eingetragen sind.

---

selbst das Grundstück erstanden hat, scheint eine Meinungsverschiedenheit nicht zu bestehen. Turnau 1 S. 402; Kühnast S. 35, 45, 64.

Es versteht sich, daß das Recht aus der auf den Namen des Eigenthümers eingetragenen Grundschuld im Fall der Eröffnung des Konkursverfahrens über das Vermögen des Eigenthümers für die Konkursmasse von dem Verwalter derselben ausgeübt wird. Konk.O. vom 10. Febr. 1877 §§. 1 u. 5. Abweichend das mecklenburgische Recht, oben S. 113.

Den nachstehenden Hypothekengläubigern gegenüber ist die Anwendung des zweiten Absatzes des §. 27 nicht dadurch bedingt, daß der Eigenthümer denselben nicht persönlich haftet. Vielmehr findet sie auch dann statt, wenn der Eigenthümer zur Deckung des etwaigen Ausfalles verpflichtet ist. Dem hiergegen von Bähr (die pr. Gesetzentwürfe über die Rechte am Grundvermögen S. 95) erhobenen Vorwurf der Ungerechtigkeit gegenüber ist zu bemerken, daß es doch fraglich ist, was gerechter ist, — dem Gläubiger, der eine schlechte Hypothek genommen hat, durch Beseitigung der vor derselben eingetragenen Grundschuld eine bessere Hypothek zu verschaffen, oder den postlozirten Realberechtigten wegen ihres Ausfalles zugleich mit den persönlichen Gläubigern die Möglichkeit zu geben, im Wege der Exekution sich an die Grundschuld des Eigenthümers zu halten.

4. Die Fassung des §. 28 ist insofern nicht ganz korrekt, als im Falle der Abtretung des Grundstückes der Veräußerer die Rechte des Gläubigers an der für ihn eingetragenen Grundschuld nicht erst „erlangt", sondern behält. Durch die Veräußerung (Auflassung) wird das Eigenthum von der Person des Gläubigers gelöst. Die Grundschuld des Eigenthümers ist zu einer Grundschuld in fremder Hand geworden. Der Ausübung des Gläubigerrechtes steht nunmehr ein Hinderniß nicht entgegen.

5. Nach dem in der Anlage G der Gr.B.O. beigegebenen Formular zu einem Grundschuldbrief soll die Verzinslichkeit der Grundschuld des Eigenthümers erst mit dem Tage der Abtretung anheben. Zweifellos ist, daß auch dann, wenn das Grundstück von dem bisherigen Eigenthümer veräußert ist, Zinsen von der für den letzteren eingetragenen Grundschuld entrichtet werden müssen. Es ist aber überhaupt nicht zu empfehlen, den Zinsenlauf anders als vom Tage der Eintragung ab im Grundbuche zu fixiren. Das Zinsrecht entsteht zugleich mit der Grundschuld. Deshalb kann der Eigenthümer, ohne über das Kapitel zu verfügen, Zinsquittungsscheine ausgeben und der Einlösung derselben sich nicht entziehen. (Turnau 1 S. 402 Anm. 7; Kühnast S. 57; Bahlmann 3. Aufl. S. 121.) Er kann, wenn er das Kapital bei der Kaufgeldervertheilung in Folge der Zwangsversteigerung liquidirt, auch die nach Inhalt des Grundbuches ihm zustehenden Zinsen beanspruchen.

§. 29.

1. Vgl. die Gesetze über das Grundbuchwesen in dem Jadegebiet §. 8, Neuvorpommern und Rügen §. 18, Schleswig-Holstein §. 31, Hannover §. 23, Kassel §§. 43 u. 44, Ehrenbreitstein §. 11, den Hohenzollernschen Landen §. 13 und Rheinl. §. 13. In dem Bezirk Kassel findet der §. 29 des Gesetzes über den Eigenthumserwerb „auf die nach Maßgabe desselben errichteten Hypotheken in der Weise Anwendung, daß deren Umwandlung in Grundschulden nur den Antrag des Eigenthümers und Gläubigers voraussetzt" (§. 44); für die Umwandlung der älteren Hypotheken sind besondere Vorschriften gegeben (§. 43). In den übrigen Gebieten sind an die Stelle des §. 29 die angezogenen Paragraphen der Gesetze über das Grundbuchwesen getreten.

2. Der §. 29 gestattet nicht etwa die Eintragung einer Grundschuld an der Stelle der Hypothek, — denn dadurch würde er mit dem Prinzip des §. 62 in Widerspruch treten, — sondern die Umwandlung einer Hypothek in eine Grundschuld, d. i. „die Aufhebung des materiellen dinglichen Rechtes durch Begründung des dinglichen Formalrechtes." (Kühnast S. 94.) Man hat diesen Vorgang als „Novation" bezeichnet (Förster 3. Aufl. §. 97 Note 14 Bd. 1 S. 618, Rocholl, Rechtsfälle 2 S. 337 ff.; dagegen Eccius 1 §. 97 Anm. 28), gewiß nicht unzutreffend; nur muß man sich hüten, die Grundsätze, welchen die Novation der Forderungsrechte unterliegt, auf den Fall des §. 29 zu übertragen. Es handelt sich hier nicht um den Wechsel des Sicherungsmittels für eine fortbestehende Schuld. Der §. 29 enthält keine Andeutung dafür, daß die Grundschuld, in welche die Hypothek umgewandelt werden kann, zur Sicherung des bisher durch die Hypothek gesicherten persönlichen Rechtes bestimmt sein müßte. Das Schicksal dieses Rechtes hängt vielmehr von der Abrede des Betheiligten ab. Dasselbe kann beseitigt werden. Es kann aber auch bestehen bleiben. Die Umwandlung für sich entscheidet darüber nicht. (Turnau 1 S. 483 Anm 2).

3. Die Einwilligung des persönlichen Schuldners, der nicht zugleich der Eigenthümer des verpfändeten Grundstückes ist, wird nicht gefordert.

Der Antrag des Eigenthümers genügt, wenn derselbe die Rechte des Gläubigers mit dem Eigenthum in seiner Person vereinigt, d. h. auch die Eigenthümerhypothek kann in eine Grundschuld umgewandelt werden. (Turnau a. a. O. Anm. 3.)

Der Antrag des Eigenthümers und des Gläubigers muß entweder von dem Grundbuchrichter aufgenommen oder in einer gerichtlich oder notariell errichteten oder beglaubigten Urkunde erklärt sein. (Gr.B.O. §§. 31—33.) Liegt die Bewilligung beider Betheiligten in authentischer Form vor, so wird es keinem Bedenken unterliegen, auch auf den unbeglaubigten Antrag eines derselben die Umwandlung einzutragen. (Oben S. 131 ff.) Der Antrag, den der §. 29 verlangt, ist materiell die Bewilligung, und nur in dieser Eigenschaft bedarf er der Beglaubigung.

Der Antrag des Eigenthümers und des Gläubigers unter Beifügung des Hypothekenbriefes genügt, wenn die Hypothek, welche in eine Grundschuld umgewandelt werden soll, die letzte Post in der Reihenfolge der Eintragungen ist, desgleichen wenn die ihr gleich- oder nachstehenden Rechte erst nach dem Eintritt der Geltung des Gesetzes über den Eigenthumserwerb zur Eintragung gelangt sind. Dagegen ist die Einwilligung der vor diesem Zeitpunkt eingetragenen Berechtigten, welche der umzuwandelnden Hypothek nicht vorgehen, unerläßlich, weil dieselben das ihnen gegebenen Falles zustehende Recht der Anfechtung der voreingetragenen Hypothek durch die Umwandlung der letzteren in eine Grundschuld verlieren (§. 40) und überdies, wie Kühnast S. 93 bemerkt, „ihre Realsicherheit durch Lockerung der kumulativen persönlichen Haft des Konstituenten der Hypothek bei der Novation derselben und die Möglichkeit, daß demnächst die Grundschuld, in welche die Hypothek umgewandelt ist, ohne den persönlichen Anspruch abgetreten wird, letzterer also erlischt, verschlechtert werden kann."

4. Daß auch eine Kautionshypothek insoweit, als sie in eine Hypothek mit festem Betrage umgeschrieben werden kann, zur Umwandlung in eine Grundschuld geeignet ist, dürfte nicht zweifelhaft sein. Hamm, Johow 8 S. 227; Bahlmann 3. Aufl. S. 122.

5. Die Umwandlung einer Grundschuld in eine Hypothek ist unzulässig, weil das Gesetz sie nicht vorgesehen hat. Heidenfeld S. 142; Kühnast S. 93. A. M. Kammerger. im Jahrb. 1 S. 139; Marienwerder, Johow 7 S. 267; Turnau 1 S. 485 Anm. 7; Dernburg, Preuß. Privatr. 1 §. 331 Nr. 4; Förster-Eccius 3 §. 199a a. E. Diese haben jedoch nichts vorgebracht, was den angeführten Grund zu entkräften geeignet wäre.

a. Das Kammergericht a. a. O. bezeichnet den von den Vorinstanzen für die hier vertretene Meinung angeführten Grund, daß „nur ausdrücklich im Gesetze vorgeschriebene Eintragungen zulässig" seien, als „nicht vereinbar mit dem deutlich erklärten Zwecke der Grundbuchgesetze, den Realkredit in jeder Weise zu fördern." Gewiß bedarf es keiner ausdrücklichen

2. Von dem Umfang des Hypotheken- und des Grundschuldrechts.

§. 30.

Für das eingetragene Kapital, für die eingetragenen Zinsen und sonstigen Jahreszahlungen und für die Kosten der Eintragung, der Kündigung, der Klage und Beitreibung haften:

das ganze Grundstück mit allen seinen, zur Zeit der Eintragung nicht abgeschriebenen Theilen (Parzellen, Trennstücken);

Vorschrift, um die Statthaftigkeit einer Eintragung zu begründen. Immerhin aber muß das Gesetz ergeben, daß es diese Eintragung gewollt habe. Sonst ist die Eintragung gegen das Gesetz. Das Kammerger. hat nicht bewiesen, daß die Umwandlung einer Grundschuld in eine Hypothek dem Willen des Gesetzes entspreche. Der Hinweis auf den Zweck der Grundbuchgesetze macht diesen Beweis nicht überflüssig. Denn die Vorschriften, welche zur Erreichung des Zweckes der Gesetze in denselben gegeben sind, enthalten nichts von der Umwandlung einer Grundschuld in eine Hypothek. Man findet auch nirgend in unserem Rechtssystem einen Grundsatz, der den Betheiligten die willkürliche Verwandlung ihrer Rechte gestattete. Ein Recht kann daher in ein anderes nur dann umgewandelt werden, wenn die Umwandlung durch eine positive Bestimmung gestattet ist.

b. „Daß nur über die Umwandlungen von Hypotheken in Grundschulden spezielle Vorschriften getroffen sind", erklärt das Kammergericht „daraus, daß nur durch solche die Umwandlung älterer Hypotheken erreichbar gemacht werden konnte." Die Materialien der Grundbuchgesetze erweisen jedoch die Richtigkeit dieser Erklärung nicht. Viel näher liegt es, daß man die Umwandlung einer Grundschuld in eine Hypothek um deswillen nicht ins Auge gefaßt hat, weil die Bedürfnißfrage nicht aufgeworfen wurde. In der That muß die Frage verneint werden, weil die Grundschuld schon an sich recht wohl geeignet ist, als Sicherungsmittel für eine Forderung verwerthet zu werden.

c. Das Kammergericht behauptet, daß die Umwandlung einer Grundschuld in eine Hypothek „niemand benachtheiligt, nacheingetragene Gläubiger bezüglich der Anfechtung sogar in eine günstige Lage bringt." De lege lata ist diese Behauptung, die übrigens von Kühnast a. a. O. bestritten wird, nicht von Gewicht.

d. „Das einzuhaltende Verfahren" endlich soll sich „aus der entsprechenden Anwendung des §. 90" der Gr.B.O. ergeben. Auch dies ist nicht anzuerkennen, da Formvorschriften nicht analog angewendet werden können.

Vgl. indessen Zwangsvollstr.Ges. §§. 124 Nr. 4, 117, 122, 127, nach denen es vorkommen kann, daß an Stelle einer Grundschuld eine Hypothek eingetragen wird, nämlich wenn der auf jene fallende Theil des Kaufgeldes nicht baar bezahlt, sondern überwiesen wird.

6. Ueber das Verfahren vgl. Gr.B.O. §. 90.

§. 30.

I. Das Recht aus der Eintragung umfaßt
   1. das eingetragene Kapital, S. 178;
   2. die eingetragenen Zinsen und sonstigen Jahreszahlungen.
      a. Zinsen.
      b. sonstige Jahreszahlungen, S. 179;
   3. die Kosten, S. 180.

II. Gegenstand des Rechtes aus der Eintragung:
   1. das ganze Grundstück;
   2. die Gebäude, S. 181;
   3. die An- und Zuwüchse (Früchte), S. 182;
   4. die abgesonderten Früchte, S. 184;

die auf dem Grundstück befindlichen oder nachträglich darauf errichteten, dem Eigenthümer gehörigen Gebäude;

die natürlichen An- und Zuwüchse, die stehenden und hängenden Früchte;

die auf dem Grundstück noch vorhandenen abgesonderten, dem Eigenthümer gehörigen Früchte;

die Mieth- und Pachtzinsen und sonstigen Hebungen;

die zugeschriebenen unbeweglichen Zubehörstücke (Pertinenzien) und Gerechtigkeiten;

das bewegliche, dem Eigenthümer gehörige Zubehör, so lange bis dasselbe veräußert und von dem Grundstück räumlich getrennt worden ist;

die dem Eigenthümer zufallenden Versicherungsgelder für Früchte, bewegliches Zubehör und abgebrannte oder durch Brand beschädigte Gebäude, wenn diese Gelder nicht statutenmäßig zur Wiederherstellung der Gebäude verwendet werden müssen oder verwendet worden sind.

---

5. die Mieth- und Pachtzinsen, S. 185;
6. die unbeweglichen Zubehörstücke und Gerechtigkeiten;
7. das bewegliche Zubehör, S. 186;
8. die Versicherungsgelder, S. 187.

I. Das Recht aus der Eintragung umfaßt:

1. das eingetragene Kapital (vgl. oben Anm. 3 zu §. 23);
2. die eingetragenen Zinsen und sonstigen Jahreszahlungen.

a. Nach gemeinem Recht ist die Haftung des Pfandobjektes für die von dem Kapital zu entrichtenden vereinbarten Zinsen bestritten. (Dernburg, Pfandrecht 1 S. 555.) Das Richtige ist, daß die Haftung eintritt, wenn der Verpfänder sie gewollt hat. Für Verzugszinsen haftet die Pfandsache ohne Weiteres. (Windscheid 1 S. 226 Note 2 u. 5; Dernburg, Pand. 1 §. 275.)

Nach dem A.L.R. I. 20 §. 482 gebührte „das Recht, sich an die vorgeschriebene Sache zu halten, dem Gläubiger sowohl in Ansehung des Hauptstuhls seiner Forderung, als in Ansehung der davon vorbedungenen Zinsen", und zwar, wie das Obertribunal annahm, in Ansehung dieser Zinsen selbst dann, wenn dieselben nicht eingetragen waren. O.Tr. bei Simon, Rechtsp. 1 S. 98 u. Entsch. 1 S. 212, III (Pr. 744) Präjud.Samml. S. 118, (Pr 1227) Entsch. 8 S. 337, und Str. Arch. 21 S. 14. Dagegen erstreckte sich nach §. 483 „das dingliche Recht des Gläubigers nicht auf bloße Zögerungszinsen." Im Widerspruch hiermit hat das Gesetz, betreffend die Anlegung von Grund- und Hypothekenbüchern in Neuvorpommern und Rügen, vom 21. März 1868 §. 21 „das durch die Eintragung erworbene Recht" auf „eingetragene sowie Verzugszinsen" ausgedehnt.

„Die Haft der Hypothek für Verzugszinsen" bezeichnen indessen die Motive des Entwurfes zu dem vorliegenden Gesetz als „eine offenbare Verletzung des Spezialitätsprinzips; denn Verzugszinsen können in keiner Weise durch das Grundbuch ersichtlich gemacht werden. Außerdem sind sie nicht Früchte des eingetragenen Kapitals, sondern nur eine nach Maßgabe der Zinsen berechnete Entschädigungsforderung, die ihren Grund lediglich in einem persönlichen, schuldbaren Verhalten des Schuldners hat." (Werner S. 31.) Deshalb hatte der Entwurf unter Anerkennung des landrechtlichen Prinzipes den Eingang der erforderlichen Vorschrift in folgender Fassung:

„Für das eingetragene Kapital, für die vorbedungenen Zinsen und für die Kosten . . . . haften . . . ."

Die Kommission des Herrenhauses erklärte sich damit einverstanden, daß „das dingliche Recht sich wie bisher nach §. 483 l. c. nur auf vorbedungene, nicht auch auf Verzugszinsen erstrecken solle", hat jedoch nach §. 30 den vorbedungenen „die eingetragenen Zinsen" substituirt, um hierdurch auch „die ausdrücklich stipulirten Verzugszinsen z. B. von rückständigen Amortisationszahlungen . . . als hypothekarisch gesichert anerkannt zu sehen." (Werner S. 57.)

Das verpfändete Grundstück haftet also jetzt nur für eingetragene, nicht mehr für nicht eingetragene vorbedungene Zinsen. Ob diese Bestimmung auch auf die vor dem 1. Okt. 1872 im ursprünglichen Geltungsbereich des Gesetzes eingetragenen Hypotheken Anwendung findet, ist streitig, aber wohl richtiger mit Turnau 1 S. 713 Anm. 6 und Krech u. Fischer (Zwangsvollstr.Ges. S. 317 Anm. 3) mit Rücksicht auf das im §. 73 der Gr.B.O. ausgesprochene Prinzip zu bejahen.

Der Entstehungsgrund der eingetragenen Zinsen ist gleichgültig. Eingetragene Zinsen jeder Art werden durch das Pfand gesichert. Daß Zögerungszinsen nicht blos auf die Bewilligung des Eigenthümers, sondern auch im Wege der Zwangsvollstreckung eingetragen werden können, unterliegt nach §. 19 Nr. 3 keinem Bedenken. Im Uebrigen ist die Anm. 4 zu §. 23 zu vergleichen.

Vorbedungene Zinsen verlieren diesen ihren Charakter nach der Ansicht des R.G. I. H.S. und V (Gruchot 26 S. 963 u. Entsch. 16 S. 183) zwar dadurch, daß das Kapital fällig und infolge dessen der persönliche Schuldner auch aus dem Grunde des Verzuges zur Entrichtung von Zinsen verpflichtet wird. Sie hören damit aber nicht auf eingetragene Zinsen zu sein. (Kammerger., Johow 6 S. 188; Turnau 1 S. 712 Anm. 6.)

Eingeschränkt wird die Haftung des Grundstückes für die Zinsen durch die kurze Verjährung. Nach dem Gesetz vom 31. März 1838 §. 2 Nr. 5 verjähren „mit dem Ablauf von vier Jahren die Forderungen wegen der Rückstände an vorbedungenen Zinsen . . . . und allen andern zu bestimmten Zeiten wiederkehrenden Abgaben und Leistungen, es mag das Recht dazu im Hypothekenbuche eingetragen sein oder nicht." Denselben Wortlaut hat die Vorschrift der Verordnung für die gemeinrechtlichen Landestheile vom 6. Juli 1845 §. 2 Nr. 5 (ausgedehnt durch Ges. v. 12. März 1860 und 9. Febr. 1869), bei welcher es nach den Gesetzen über das Grundbuchwesen in Neuvorpommern und Rügen vom 26. Mai 1873 §. 7 und in dem Bezirk Ehrenbreitstein vom 30. Mai 1873 §. 6 bewendet. Der nämlichen Verjährung ist „die Klage auf rückständige Zinsen eingetragener Kapitalien", ohne Unterschied, ob sie vorbedungen sind oder nicht, unterworfen durch die Gesetze über das Grundbuchwesen im Jadegebiet §. 7, in Schleswig-Holstein §. 30, Hannover §. 9 und Kassel §. 7. Die Verjährung beginnt nach allen diesen Gesetzen „mit dem 31. Dezember desjenigen Jahres, in welchem die Zinsen fällig geworden sind."

Für die nicht verjährten Zinsrückstände haftet das Grundstück ohne Rücksicht auf das Alter derselben; dieses ist nur auf den Rang von Einfluß. Nach §§. 35 u. 37 des Zwangsvollstr.Ges. werden nämlich an der Stelle, an welcher das Kapital anzusetzen ist, nur die laufenden Zinsen oder anderen Leistungen und deren Rückstände aus den beiden letzten Jahren berichtigt; die älteren als zweijährigen Rückstände kommen dagegen erst hinter sämmtlichen Realansprüchen und den Forderungen, für welche das Grundstück beschlagnahmt ist, zur Hebung, und zwar nach der für die Kapitalforderungen festgesetzten Reihenfolge. Für die Zwangsverwaltung vgl. §. 147 dess. Gesetzes. Durch diese Vorschriften ist eine Streitfrage des früheren Rechtes beseitigt. (Vgl. die vorige Aufl. S. 212 ff.; Förster-Eccius 3 §. 199 Anm. 40.)

b. Die Jahreszahlungen, welche außer den Zinsen zu leisten sind, müssen, wie die Fassung des Gesetzes ergiebt, eingetragen sein. Sonst haftet für sie das Grundstück nicht. Es gehören nach dem Bericht der Kommission des Herrenhauses hierher „insbesondere die nach den Statuten vieler Pfandbriefsinstitute als Zuschlag zu den Zinsen bedungenen Amortisationsquoten." (Werner 2 S. 57; R.G. II. H.S. u. V, Entsch. 2 S. 286 u. 20 S. 220.) Nach dem Gesetze über das Grundbuchwesen in der Provinz Hannover §. 20 haftet das einer in dieser Provinz bestehenden, „vom Staate genehmigten Kreditanstalt verpfändete Grundstück für die statutenmäßigen Beiträge und sonstigen Leistungen des Schuldners, auch insoweit dieselben nicht

Kapitalsabtrag sind." Die Jahres-Zahlungen sind übrigens nicht mit anderen Leistungen zu verwechseln. Vgl. Anm. 4 zu §. 23 des Gesetzes und Anm. 5 zu §. 47 der Gr.B.O.;

3. die Kosten. Nach gemeinem Recht haftet das Pfandobjekt dem Gläubiger auch für die Prozeßkosten. (Dernburg, Pfandr. 1 S. 551.) Dagegen bestimmte das A.L.R. I. 20 §. 484: „Wegen der Kosten zur Ausklagung und Beitreibung der Forderung hat der Gläubiger kein dingliches Recht, wenn ihm nicht dasselbe in dem Hauptinstrumente ausdrücklich vorbehalten und dieser Vorbehalt im Hypothekenbuche mit vermerkt worden." Dasselbe galt nach §§. 488 u. 489 bezüglich der Eintragungskosten.

Das Gesetz vom 24. Mai 1853 änderte nur den §. 484, indem es unter §. 29 verordnete: „Die Hypothek haftet, wenn von den Betheiligten nicht ein anderes verabredet wird, auch für die Kosten der Kündigung, Ausklagung und Beitreibung .... Jener Kosten .... geschieht in dem Eintragungsvermerke keine Erwähnung." Durch die Konkurs-O. vom 8. Mai 1855 §. 54 Nr. 1 wurde dann die Haftung des Grundstückes auch auf die Liquidationskosten ausgedehnt und dadurch die Bestimmung des A.L.R. I. 20 §. 510 beseitigt. Das Gesetz über den Eigenthumserwerb endlich hat noch die Kosten der Eintragung hinzugefügt. Seine Anwendung ist aber hier auf die unter seiner Herrschaft eingetragenen Hypotheken und Grundschulden beschränkt. Bezüglich der älteren Hypotheken entscheidet das zur Zeit der Eintragung derselben geltend gewesene Recht. Rintelen S. 160.

Der §. 30 umfaßt:

a. die Eintragungskosten. Für die Kosten der Schuldurkunde und der Eintragungsbewilligung haftet das Grundstück nicht. Bahlmann 3. Aufl S. 126;

b. die Kündigungskosten. Die Kosten der Mandatskündigungsklage des bisherigen Rechtes sind hierher nur insoweit zu rechnen, als sie nicht die gewöhnlichen Kündigungskosten übersteigen. Vgl. die Anm. 2f zu §. 24. Unter der Kündigung ist die an den Eigenthümer, nicht die an den persönlichen Schuldner zu verstehen (Dernburg, Hyp.R. S. 196);

c. die Kosten der Klage. Das sind die Kosten der hypothekarischen Klage, nicht auch einer von dieser getrennt angestellten persönlichen Klage (R.G. III, Entsch. 1 S 105) und auch nur solche Kosten, deren Erstattung dem Prozeßgegner gesetzlich obliegt. Soll gemäß Verabredung das Grundstück für weitere Kosten haften, so muß für dieselbe eine besondere Hypothek, welche jedoch inbetreff ihres Maximums nach §. 24 des Gesetzes zu limitiren ist, eingetragen werden. Hamm v. 8. Okt. 1873, Johow 4 S. 451. Vgl. die C.P.O. §. 87;

d. die Kosten der Beitreibung. Hierunter begreift das Gesetz auch die Liquidationskosten. (Bericht der Kommission des Abg.H. v. 15. Dez. 1869, Drucks. 212 S. 45.) Insbesondere gehören hierher die Gebühren, welche ein nicht als Extrahent der Subhastation aufgetretener Hypothekengläubiger an seinen Anwalt dafür bezahlt hat, daß der Betrag der Hypothek von demselben bei der Kaufgeldervertheilung erhoben und an ihn abgesendet worden ist, vorausgesetzt, daß diese Gebühren in dem einzelnen Falle zu den „nothwendigen" Kosten im Sinne des § 697 der C.P.O. gehören. (R.G. V, Entsch. 22 S. 322 u. O.Tr. III, Entsch 74 S. 144.)

Ueber die Stelle, an welcher die Kosten bei einer Zwangsversteigerung zur Hebung kommen, vgl. §. 35 des Zwangsvollstr Ges

II. Gegenstand der Haftung für die vorstehend gekennzeichneten Ansprüche sind nach §. 30, gleichviel ob über das Vermögen des Eigenthümers das Konkursverfahren eröffnet ist oder nicht (Konk.O. v. 10. Februar 1877 §. 39 und Zwangsvollstr Ges. §. 1 Abs 2).

1. das ganze Grundstück mit allen seinen, zur Zeit der Eintragung nicht abgeschriebenen Theilen (Parzellen, Trennstücken).

a. Es liegt hierin eine Anerkennung des gemeinrechtlichen Satzes: Pignoris causa est individua. Das Pfand haftet in allen seinen Theilen ganz für die ganze Forderung, d. h. bis zur vollständigen Befriedigung des Gläubigers. (L. 16 §. 8 D. de pignoribus et hypothecis. 20. 1; L. 65. D. de evictionibus. 21. 2.) Dem entsprechend verordnet das A.L.R. I. 20 §. 443: „Das dingliche Recht des Hypothekengläubigers erstreckt sich auf das ganze Grundstück und alle zur Zeit der Eintragung dabei befindlichen Pertinenzstücke." §. 467. „Das Recht eines Hypothekengläubigers erstreckt sich in Ansehung seiner ganzen Forderung sowohl auf das Ganze, auf welches dasselbe durch die Eintragung bestellt worden, als auf die einzelnen Theile desselben." Diese Bestimmungen, bemerkt das Obertribunal (zur Widerlegung der Meinung, daß den postlozirten Gläubigern nur der nach Abzug der voreingetragenen Posten noch übrige Rest des Werthes verpfändet sei), „lassen keinem Zweifel darüber Raum, daß jedem Hypothekengläubiger, er stehe in dem Grundbuche oben oder unten, das ganze Grundstück verpfändet sei, und daß sein über das Ganze sich erstreckendes dingliches Recht nicht etwa auf denjenigen speziellen Theil des Grundstückes, oder des in dessen Stelle tretenden Kaufgeldes beschränkt ist, welcher in der Reihe der Hypotheken durch die für ihn erfolgte Belastung des Grundstückes repräsentirt wird." O.Tr.Plen. (Pr 1606), Entsch. 11 S. 54. Hierzu Koch: „Diese Auffassung ist die allein juristische. Daraus fließt denn die durch diesen Plen.Beschl. anerkannte Befugniß jedes postlozirten Gläubigers, die vorstehenden Scheinhypotheken, wenn sein Recht damit in Kollision tritt (im Falle der Unzulänglichkeit), aus dem Wege zu räumen." Koch, Landrecht 2 Anm. 52 zu I. 20 §. 443. Ueber das Anfechtungsrecht der Realgläubiger siehe unten die Anm. zu §. 40 des Gesetzes.

b. Das dingliche Recht ergreift das Grundstück in dem Umfange, welchen das Grundbuch zur Zeit der Eintragung der Hypothek oder der Grundschuld ausweist. Darauf, ob die Theile des Ganzen einzeln auf dem Grundbuchblatt verzeichnet sind, kommt es nicht an. Es muß nur feststehen, daß ein bestimmtes Stück, dessen Haftung dem Gläubiger streitig gemacht wird, zur Zeit der Anlegung des Blattes ein Theil des nach Inhalt desselben belasteten Grundstückes gewesen und später nicht abgeschrieben ist. „Das dingliche Recht des Hypothekengläubigers erstreckt sich auch auf einen im Hypothekenbuche nicht speziell aufgeführten Theil der Substanz des verpfändeten Grundstückes, welcher schon vor der Eintragung der Hypothek in das Eigenthum eines Dritten übergegangen, aber in diesem Zeitpunkte vom Hauptgute im Hypothekenbuche noch nicht abgeschrieben war." O.Tr Plen. (Pr. 2616) vom 19. März 1855, J.M.Bl. S. 179, Entsch. 30 S. 1, Str. Arch. 16 S. 306. Dasselbe muß auch zu Gunsten der Grundschuld angenommen werden. Wenn freilich der Gläubiger zur Zeit der Eintragung wußte, daß dem Besteller der Hypothek oder der Grundschuld ein bestimmter Theil nicht mehr eigenthümlich gehörte, so erstreckt sich sein dingliches Recht nicht auf diesen Theil. (§§. 18, 19, 38.) Bahlmann, 3. Aufl. S. 127.

c. Ist zur Erhaltung des Rechtes auf Auflassung eines Trennstückes eine Vormerkung eingetragen, so wird dieses Stück zwar von den nachher auf das ganze Grundstück eingetragenen Rechten mitergriffen; erfolgt aber später auf Grund des vorgemerkten Rechtes die Auflassung an den aus der Vormerkung Berechtigten, so verlieren ihm gegenüber die Hypotheken ihre Wirkung. Die unbelastete Abschreibung des Trennstückes darf jedoch nicht ohne Bewilligung der Gläubiger erfolgen. Vgl. oben S. 63ff. Anm. III. 5b zu §. 8 und unten Anm. 4 zu §. 65 der Gr.B.O.

d. Erklärt der Gläubiger seine Zustimmung zu der Veräußerung eines Bestandtheiles, so liegt darin ein Verzicht auf sein dingliches Recht, der den Erwerber zur Negatorienklage gegen ihn berechtigt. O.Tr. III, Gruchot 23 S. 761;

2. die auf dem Grundstück befindlichen oder nachträglich darauf errichteten, dem Eigenthümer gehörigen Gebäude. „Die Superfizies haftet also dem Hypothekengläubiger nicht, ebensowenig die Baulichkeit, die sich ein Pächter für die Dauer seiner Pachtzeit zu seinen Zwecken errichtet hat. Der Pächter hat vielmehr bei Geltendmachung des Pfandrechtes durch den Gläubiger das Recht der Wegnahme; bei vorhandener Superfizies kann der Gläubiger das Grundstück nur mit dieser Belastung zur Veräußerung bringen, falls nicht die Superfizies später als die Hypothek bestellt worden, in welchem Fall der Superfiziar zu weichen und auch nur das Recht der Wegnahme hat. Die eigenthümlichen Vorschriften des A.L.R. I. 20 §§. 472—474 beizubehalten, schien nicht empfehlenswerth. Sie sind ziemlich unpraktisch geblieben und beschränken den Hypothekengläubiger ohne Grund auf die höchste Taxe

des Bodens, während bei dem nothwendigen Verkauf doch ein höherer Preis erzielt werden kann. Anderen Rechten ist eine solche künstliche Bestimmung unbekannt." (Motive bei Werner 2 S 31.) Was hier von der Hypothek gesagt ist, gilt auch von der Grundschuld.

Aus diesen Ausführungen der Motive ist zu entnehmen, welche Gebäude als „dem Eigenthümer gehörig" anzusehen sind. Wollte man diese Worte dahin verstehen, daß alle im Eigenthum des Grundeigenthümers stehenden Gebäude für das Pfand haften, so würden im Gebiete des gemeinen Rechtes (über das A.L.R. vgl. Koffka in Gruchot 27 S. 81 ff., 382 ff.) nach dem Satze „superficies solo cedit" alle Gebäude, einerlei von wem sie errichtet sind, der Haftung unterliegen und von den vorstehenden Ausführungen der Motive nur der Satz, welcher von einer der Hypothek vorgehenden Superfizies spricht, Anwendung finden, das jus tollendi aber, welches das gemeine Recht dritten Inhabern der Pfandsache gegenüber der actio hypothecaria einräumt (l. 29 §. 2 D. de pign. 20, 1; Dernburg, Pand. 1 §. 284 Anm. 13; Windscheid 1 §. 235 Ziff. 4), beseitigt sein. Dies widerspricht dem aus den Motiven erkennbaren Willen des Gesetzgebers: man darf daher die Worte „dem Eigenthümer gehörig" nur dahin verstehen, daß diejenigen Gebäude, welche der Vindikation des Grundeigenthümers unterliegen, dem Pfandgläubiger haften (Eccius 3 §. 199 Nr 2 Abs. 1; vgl. Turnau 1 S. 719 Anm. II. 1 und R.G. V, Gruchot 34 S 1109) Demnach sind sowohl nach gemeinem wie nach preußischem Recht alle dritte Inhaber der Pfandsache (im Gegensatz zu dem eingetragenen Eigenthümer), welche ein Gebäude auf derselben errichtet haben, z. B diejenigen dinglich Berechtigten, deren Rechte der Hypothek oder Grundschuld nachstehen, ferner Pächter und nicht eingetragene Käufer, zur Wegnahme des Gebäudes berechtigt, wenn sie dieses Recht der rei vindicatio des eingetragenen Eigenthümers gegenüber geltend machen können.

Für die vor dem 1. Okt. 1872 eingetragenen Hypotheken gilt im ursprünglichen Geltungsbereich des Gesetzes noch das frühere Recht, wenn nicht die Baulichkeit unter der Herrschaft des vorliegenden Gesetzes errichtet ist (Rintelen S. 160 ff.; R.G. V, Gruchot 33 S. 1070).

Die Materialien aus einem abgebrochenen Gebäude fallen nicht unter die obige Vorschrift. Nach gemeinem Recht werden sie von dem Pfandrecht überhaupt nicht ergriffen, während sie im Gebiete des A.L.R (I. 2 §. 89) als bewegliches Zubehör der Pfandhaftung unterliegen können, vgl. Ziff. 7 (Förster-Eccius a. a. O Abs. 2; Dernburg, Preuß. Privatr. 1 §. 187 Note 4: Bahlmann S. 128; Turnau 1 S. 721 Anm. 3 a. E.)

Im Fall der Erwerbung des Eigenthums durch Bauen auf fremdem Grund und Boden nach A.L.R bleibt die betreffende Fläche für die Hypotheken und Grundschulden verhaftet. Bahlmann a. a. O; vgl. oben S 46 Anm. 15 zu §. 5 Satz 1.

Zu den Bestandtheilen eines Gebäudes gehören nach der Ansicht des R.G. IV und V (Entsch. 2 S. 251 u. 26 S. 344) nach A.L.R. die einem Fabriketablissement eingefügten Maschinen, wenn nicht blos eine auf die Dauer berechnete mechanische Verbindung derselben mit dem Grundstück hergestellt worden ist, sondern letzteres erst durch Einfügung der Maschinen zu derjenigen Sache, zu der es bestimmt ist, nämlich zum Fabriketablissement geworden ist und diese Eigenschaft durch Entfernen der Maschinen wieder verlieren würde; dieselben unterliegen in diesem Falle den an dem Grundstücke bestellten Hypothekenrechten, und zwar als Substanztheile des Gebäudes selbst dann, wenn sich ihr Lieferant das Eigenthum vorbehalten hat. Im gemeinen Recht sind nach den Entsch des R.G. III (Entsch. 9 S. 169 u. 20 S. 203) Maschinen nur dann Bestandtheile des Gebäudes, wenn ihre Verbindung mit diesem so eng und fest ist, daß die Trennung ohne wesentliche Beschädigung der Maschinen oder des Hauses nicht erfolgen kann. Liegt eine solche Verbindung nicht vor, so können sie als bewegliches Zubehör nach Ziff 7 dem Pfandrecht unterworfen sein, falls die Voraussetzungen der Zubehöreigenschaft gegeben sind. (Vgl. für das gemeine Recht auch R.G. I, Entsch. 12 S. 157.)

3. die natürlichen An- und Zuwüchse, die stehenden und hängenden Früchte.

a. Nach gemeinem Recht haftet mit der Pfandsache Alles, was mit derselben zu einem Ganzen verbunden ist (Windscheid §. 226a; Dernburg, Pand. 1 §. 273); also haften auch die natürlichen An- und Zuwüchse, z. B die Erweiterungen, welche das an einem öffentlichen Flusse belegene Grundstück durch allmälige Anschwemmungen (Alluvionen) oder durch Avulsionen erfährt, ferner Anpflanzungen, aber nicht das verlassene Flußbett und die neu entstandene Flußinsel, da diese selbständige Grundstücke sind. Das A.L.R. I. 20 §. 470 bestimmte dagegen: „An- und Zuwüchse, sie mögen durch Natur oder durch die Handlung eines Menschen entstehen, insofern letztere nicht Pertinenzstücke sind, die aus fremdem Eigenthume der Sache beigefügt worden, sind dem Hypothekenrechte des eingetragenen Gläubigers unterworfen." Das Gesetz über den Eigenthumserwerb hat diese Unterscheidung, deren Bedeutung sehr bestritten ist (Koch, Landrecht 2, Note 67 zu I. 20 §. 454) aufgegeben und das gemeinrechtliche Prinzip zur Anerkennung gebracht. Für das Gebiet des A.L.R. sind jedoch die Avulsionen nicht, wie im gemeinen Recht, als „natürliche An- und Zuwüchse" anzusehen, da zu ihrem Erwerb Besitzergreifung erforderlich ist (A.L.R. I. 9 §§. 223, 224; Turnau 2 §. 119 Ziff. 2; Förster-Eccius 3 §. 199 Anm. 24). Andererseits gilt im Landrecht das natürlich zugelandete oder verlassene Flußbett nicht als selbständige Sache, sondern als natürlicher Zuwachs (Turnau a. a. O. Ziff 5; Förster-Eccius a. a. O. Anm. 23).

Anpflanzungen fallen nach dem Wortlaut des Gesetzes dann nicht unter die Hypothek, wenn sie durch Menschenhand geschehen sind. indessen ist unbedenklich anzunehmen, daß auch solche Anpflanzungen, sofern sie dem Eigenthümer zukommen, ebenso wie die Gebäude, für die Hypotheken und Grundschulden mithaften (Dernburg, Preuß. Privatr. 1 §. 329 Nr. 1).

b. Eine Spezies der An- und Zuwüchse sind die stehenden und hängenden Früchte. Unter „Frucht" ist der „regelmäßige wirthschaftliche Ertrag" einer Sache zu verstehen d. h. derjenige Ertrag, welcher aus ihr bei ordentlicher Wirthschaft, ohne Beeinträchtigung ihrer Substanz, gewonnen wird (Dernburg, Pand. 1 §. 78; Windscheid 1 §. 144; Förster-Eccius 1 §. 21, 3 §. 199 Anm. 16a; Turnau 1 S. 727 ff. Anm. V 5). Sind die Früchte noch mit der Hauptsache verbunden, so sind sie nach gemeinem Recht Theile derselben und werden als solche von den an ihr begründeten Rechten mitergriffen. (Windscheid u. Dernburg a. a. O.) Nach dem A.L.R. I. 20 §. 475 haften „die Früchte und Nutzungen der verpfändeten Sache dem Hypothekengläubiger insofern, als sie sich zur Zeit der Exekutionsvollstreckung noch unabgesondert von der Substanz befinden." Diese Bestimmung betrifft jedoch nur den Umfang des dinglichen Rechtes in Beziehung auf das Objekt. Ueber die Voraussetzungen, unter welchen der eine Gläubiger vor dem anderen Befriedigung erlangen kann, ist daraus nichts zu entnehmen. (O.Tr. IV, Str. Arch. 83 S. 238.) Auch der §. 30 des Gesetzes über den Eigenthumserwerb entscheidet nicht über diese Voraussetzungen. Im allgemeinen bestimmt sich das Vorrecht des einen vor dem anderen durch die Reihenfolge der Eintragungen im Grundbuch. (§. 34.) Konkurrirt ein in der zweiten Abtheilung eingetragenes Recht mit einer Hypothek oder einer Grundschuld, so ist das Datum der Eintragung maßgebend für die Priorität. (§. 36.) Wenn also in der zweiten Abtheilung ein Nießbrauchsrecht eingetragen ist, so haften die Früchte nicht für die Posten der dritten Abtheilung, welche unter einem jüngeren Datum als jenes eingetragen sind. Anders dagegen, wenn das Zeitverhältniß das umgekehrte ist. Zwar sind nach dem A.L.R. I. 9 §. 221 „die Früchte einer Sache gleich bei ihrem Entstehen das Eigenthum desjenigen, welcher das Nutzungsrecht der Sache hat." Hiernach ist auch der jüngere Nießbraucher Eigenthümer der Früchte schon vor deren Trennung von dem Grundstück. Aber sofern ältere Hypotheken und Grundschulden vorhanden sind, hat das Grundstück nur mit ihnen behaftet, d. h. unbeschadet ihrer dinglichen Wirksamkeit, Gegenstand eines Nießbrauches werden können. Das letztere ist folglich insoweit wirkungslos, als die Früchte zur Befriedigung der vor ihm eingetragenen Posten dienen.

Anders ist das Verhältniß des Pachtrechtes zu den Hypotheken und Grundschulden gestaltet. Nach gemeinem Recht begründet die Pacht für den Pächter nur einen obligatorischen Anspruch auf den Fruchtbezug gegen den Verpächter. Dieser Anspruch kann daher gegen die dinglich Berechtigten nicht geltend gemacht werden; dem Pfandgläubiger insbesondere haften auch die dem Pächter zuwachsenden Früchte. Hierin liegt jedoch eine offenbare Unbilligkeit und Unzuträglichkeit für die wirthschaftliche Bestimmung des Grundbesitzes. (v. Beaulieu-Marconnay, das Grundbuchrecht des Herzogthums Oldenburg S. 38; Mansfeld, die Grundbuchgesetze des Herzogthums Braunschweig S. 78.) Dem preußischen Recht kann ein solcher Vorwurf nicht gemacht werden. Nach dem A.L.R. I. 21 §§. 2 ff. und 358 ff. erlangt der Pächter mit dem Besitz der Sache ein dingliches Recht an derselben. Die Früchte gehören ihm mit der Entstehung, ohne dem Recht der Hypotheken- und Grundschuldgläubiger unterworfen zu sein. An ihre Stelle tritt das Pachtgeld, auch wenn dieses Recht älter ist als der Besitz des Pächters. (Tit. 20 §. 476.) Hiermit hat die neuere Gesetzgebung auch den Rechtszustand in den gemeinrechtlichen Landestheilen in Einklang gesetzt. Es bestimmen nämlich die Gesetze über das Grundbuchwesen in Neuvorpommern und Rügen §. 15, Schleswig-Holstein § 38, Hannover §. 19, Kassel §. 18, Ehrenbreitstein §. 7, Hohenzollern §. 6 und Rheinl. §. 14: „Die dem Pächter zuwachsenden, oder ihm gehörigen, auf dem Grundstück noch vorhandenen Früchte haften nicht den am Grundstück dinglich Berechtigten."

Das dingliche Recht des Gläubigers auf die Früchte wird durch den die Zwangsversteigerung oder die Zwangsverwaltung des Grundstückes einleitenden Beschluß (Zwangsvollstr.Ges. §§. 16, 140) oder auch durch selbständige Pfändung der Früchte (C.P.O. §§. 714, 723; a. M. Niedieck in Gruchot 30 S. 532 ff.) ausgeübt. Die zur Zeit der Beschlagnahme im Immobiliarzwangsvollstreckungsverfahren oder zur Zeit der Pfändung stehenden oder hängenden Früchte können von dem Gläubiger zu seiner Befriedigung verwandt werden, auch wenn sie bereits veräußert sind (vgl. auch unten §. 31). Derselbe ist nach §. 206 des Zwangsvollstr.Ges. auch befugt, gegenüber einer Pfändung der Früchte durch einen persönlichen Gläubiger des Eigenthümers oder einen nachstehenden Realberechtigten nicht nur aus §. 710 der C.P.O. vorzugsweise Befriedigung, sondern sogar nach §. 690 derselben die Aufhebung der Zwangsvollstreckung zu erlangen;

4. die auf dem Grundstück noch vorhandenen abgesonderten, dem Eigenthümer gehörigen Früchte. Vgl hierzu Johow in Behrends Zeitschrift 5 S. 3 und Heidenfeld in Gruchot 27 S. 588 ff.

Das römische Recht unterwirft dem Pfandnexus die Früchte auch nach deren Trennung von der verpfändeten Sache, sofern dieselben mit ihrer Absonderung in das Eigenthum des Verpfänders gelangen. (Windscheid 1 §. 226 a und Dernburg, Pand 1 §. 273 a. E.) Nach dem A L R. I 20 § 475 (oben Anm 3 b) dagegen haften die abgesonderten Früchte als solche dem Hypothekengläubiger nicht „So lange also", heißt es unter §. 476, „der Hypothekengläubiger die von der Substanz abgesonderten Früchte und Nutzungen oder die an deren Stelle tretenden Pacht- und Miethgelder noch nicht in gerichtlichen Beschlag genommen hat, so lange kann der Eigenthümer gültig darüber verfügen." Das Gesetz über den Eigenthumserwerb löst diesen Gegensatz dadurch, daß es zwar das Recht der Hypothek und der Grundschuld auch auf die von dem Grund und Boden abgesonderten Früchte erstreckt, aber zugleich dem Eigenthümer im Interesse der Wirthschaftsführung und der Verkehrsfreiheit die Möglichkeit giebt, über die Früchte vor deren Beschlagnahme frei zu verfügen. Das Verhältniß gestaltet sich nach §. 30 so, daß die Früchte von dem dinglichen Rechte nicht ergriffen werden,

a. wenn sie nicht dem Eigenthümer gehören,

b. wenn sie von dem Grundstück, welches sie hervorgebracht hat, weggeschafft sind, ohne in das Eigenthum eines Dritten übergegangen zu sein, und zwar ohne Unterschied, ob die Wegschaffung mit oder ohne den Willen des Schuldners erfolgt, ob sie infolge einer Verpflichtung desselben oder nur thatsächlich eingetreten ist (R.G. V, Entsch. 22 S. 272; vgl. Förster-Eccius 3 §. 199 Anm. 17 u. 17 a),

c. wenn sie zwar auf dem Grundstück geblieben, aber bereits veräußert, z. B. verkauft und übergeben, und hierdurch Eigenthum des Erwerbers geworden sind.

Liegt einer dieser drei Fälle vor, so unterliegen die Früchte nicht mehr der Beschlagnahme seitens des Gläubigers. Diese kann hier regelmäßig nur durch die Einleitung der Zwangsverwaltung oder durch besondere Pfändung geschehen, denn nur diejenigen Erzeugnisse, welche zur Fortsetzung der Wirthschaft bis zur nächsten Ernte erforderlich sind, werden von der Beschlagnahme im Zwangsversteigerungsverfahren ergriffen (Zwangsvollstr.Ges. §. 16 Abs. 2). Auch kann der Hypothekengläubiger einer anderweitigen Pfändung der abgesonderten Früchte gegenüber sich nicht auf §. 690 der C.P.O. berufen, da §. 206 des Zwangsvollstr.Ges. nur von Theilen und Zubehörungen spricht.

Sind die abgesonderten Früchte nach A.L.R. I. 2 §. 49 ff. Zubehör eines Landgutes, so findet Ziff. 7 auf sie Anwendung; sie scheiden alsdann erst durch Veräußerung und räumliche Trennung vom Grundstück, nicht durch eines dieser beiden Momente, aus der Pfandhaftung aus (vgl. O.Tr. III, Str. Arch. 13 S. 96, 30 S. 184, Entsch. 39 S. 122 u. 72 S. 233);

5. die Mieth- und Pachtzinsen und sonstigen Hebungen. Das dingliche Recht der Hypotheken- und Grundschuldgläubiger greift nicht unmittelbar in das obligatorische Verhältniß ein, welches aus dem Pacht- oder dem Miethvertrage zwischen den Kontrahenten entsteht. Der Eigenthümer kann, soweit ihm nicht durch den §. 31 Schranken gesetzt sind, über eine Forderung aus einem solchen Vertrage frei verfügen, auch den ihm schuldigen Betrag mit rechtlicher Wirkung gegen die dinglich Berechtigten erheben. Das dingliche Recht wird erst durch die Beschlagnahme der Pacht- oder der Miethzinsforderung wirksam (vgl. Heidenfeld in Gruchot 26 S. 489 ff.). Hat der Pächter oder der Miether die Schuld vorher durch Zahlung, Deposition oder sonstwie getilgt, so ist die Forderung des Eigenthümers aufgehoben und also ein Gegenstand der Beschlagnahme nicht mehr vorhanden. (O.Tr. III, Str. Arch. 98 S. 74 u. 99 S. 240; R.G. V. Entsch. 29 S. 239.) Dies gilt auch dann, wenn an den Konkursverwalter laufende Miethzinsen von den Miethern eines von einem Hypothekengläubiger zur Zwangsversteigerung gebrachten Grundstückes des Gemeinschuldners gezahlt sind (R.G. V, Entsch. 23 S. 54). Denn nach §. 16 des Zwangsvollstr.Ges. werden die Pacht- und Miethzinsen von dem Zwangsversteigerungsverfahren nicht berührt. Ihre Beschlagnahme erfolgt nur durch Einzelpfändung (C.P.O. §§. 730 ff.) oder durch Einleitung der Zwangsverwaltung (Zwangsvollstr.-Ges. §. 140). §. 206 Abs. 2 des Zwangsvollstr.Ges. findet, wie im vorigen Falle, so auch hier keine Anwendung. (R.G. V, Entsch. 31 S. 317. A. M. Rothenberg in Gruchot 31 S. 326 ff.) Ueber die Wirkungen der Beschlagnahme der Pacht- und Miethzinsen im Zwangsverwaltungsverfahren vgl R.G. V, Entsch. 20 S. 291 u. 24 S. 273.

Unter den „sonstigen Hebungen" sind nur die an Stelle der Früchte und Nutzungen tretenden Nutzungswerthe des Grundstückes zu verstehen, z B. Erbpachtgelder, Kanon, nicht der Reingewinn aus dem Betriebe einer Fabrik (R.G. III, Entsch. 2 S. 244);

6. die zugeschriebenen unbeweglichen Zubehörstücke (Pertinenzien) und Gerechtigkeiten.

a. Nach römischem Recht ergreift das an einer Sache begründete Pfandrecht Alles, was dem Verpfänder „an dieser Sache zugehörte, unabhängig von der Erscheinungsform, in welcher es ihm zugehörte" (Windscheid 1 §. 226a Note 6), also nicht blos die Bestandtheile, sondern auch die Pertinenzien der Sache. (Dernburg, Pfandrecht 1 S. 435 ff.)

Das A.L.R. erstreckte das Recht des Hypothekengläubigers ebenfalls auf die Pertinenzstücke, und zwar auf diejenigen, welche zur Zeit der Eintragung bei dem Grundstück sich befänden. Die Praxis behandelte jedoch die Pertinenzien und die Substanztheile nicht durchweg gleich. (Koch, Landrecht 2, Anm. 54 zu I. 20 §. 443.)

„Während Substanztheile eines Gutes, welche vor der Eintragung der Hypothek in das Eigenthum eines Dritten übergegangen und von dem Blatt des Muttergutes zur Zeit der Eintragung der Hypothek nicht abgeschrieben waren, dem Gläubiger haften (Entsch. 30 S. 1), ist inbetreff der unbeweglichen Pertinenzstücke angenommen, daß sie dem Gläubiger nicht haften, wenn sie vor der Eintragung der Hypothek von dem Gute thatsächlich wie rechtlich getrennt worden (Entsch. 2 S. 267; Rechtsfälle 3 S. 426; Str. Arch. 11 S. 352; Präjudiz 416, in der Sammlung 1 S. 117). Eine solche Unterscheidung zwischen Substanztheil und Pertinenzstück läßt sich bei dem Vorhandensein eines Grundbuches, welches in gleicher Weise sowohl die Parzellen und Pertinenzien nachweisen soll, nicht aufrecht halten. Das allein entscheidende Moment darf nur sein, daß Alles haftet, was im Buch zur Zeit der Eintragung der Hypothek als Zubehör des Grundstückes vermerkt ist, und daß nur durch die Abschreibung das Zubehörstück oder der Theil ausscheiden kann. Ueberdies ist jetzt der Fall nicht mehr denkbar, daß ein unbewegliches Zubehör oder ein Theil ohne Abschreibung in das Eigenthum eines Dritten übergehen können, denn dieser Uebergang setzt die Auflassungserklärung voraus, mit der sich die Abschreibung unmittelbar verbindet, und nur durch die Eintragung auf das neue oder ein anderes Blatt geht das getrennte Stück in das Eigenthum des Erwerbers über." Motive bei Werner 2 S. 31. Die letztere Bemerkung ist indessen nur insoweit richtig, als sie sich auf die Fälle bezieht, in welchen der Eigenthümer das Grundstück freiwillig veräußert. Außerhalb dieser Fälle geht das Eigenthum auch an einem Zubehörstück ohne Abschreibung auf den Erwerber über. (§. 5.) Bahlmann 3. Aufl. S. 132.

Auf Grund dieser Ausführungen der Motive faßt das R.G. V (Entsch 27 S. 240, J.M.Bl. 1891 S. 107) die Bestimmung des §. 30 alin. 1 dahin auf, daß alle einzelnen Theile des belasteten Grundstückes ohne Rücksicht darauf, ob sie zu den Substanztheilen oder zu den Pertinenzstücken zu rechnen sind, für die Hypotheken und Grundschulden haften, sofern sie nur nicht durch Abschreibung im Grundbuche von dem Grundstück getrennt sind, und hat deshalb entschieden, daß unbewegliche Zubehörstücke, welche zur Zeit der Eintragung der Hypothek oder Grundschuld dem Hauptgute im Grundbuch nicht zugeschrieben, aber bei demselben thatsächlich vorhanden waren, für eine nach dem Inkrafttreten des Gesetzes eingetragene Post haften, falls in jenem Zeitpunkt das Grundbuch noch nicht auf die Steuerbücher zurückgeführt war.

Die Zubehörstücke, welche ein besonderes Blatt im Grundbuche haben, werden von den Belastungen des Hauptgrundstückes nur ergriffen, wenn sie auf dem Titel des letzteren verzeichnet sind und das Blatt über das Zubehörstück in Gemaßheit der Gr B O §. 5 Abs. 4 geschlossen ist. Bahlmann a. a. O.; Turnau 1 S 723 IV. 1

Den vor dem 1. Oktober 1872 eingetragenen Hypotheken haften die zugeschriebenen Zubehörstücke nicht, wenn sie der Verpfänder bereits zur Zeit der Eintragung in das Eigenthum eines Dritten übertragen hatte. Rintelen S. 162

Vgl. schließlich noch Gesetz §. 32 nebst Anm, unten S 191.

b. Diejenigen Gerechtigkeiten, welche das Grundbuchblatt nach der Gr.B.O. §. 5 mitumfaßt, (die sogen subjektiv dinglichen Rechte) werden von den Belastungen des Grundstückes mitergriffen. Der §. 30 kann sich nur auf die selbständigen Gerechtigkeiten beziehen, welche juristisch den Immobilien gleichstehen und deshalb ein besonderes Folium im Grundbuche erhalten können; nur diese müssen dem Grundstücke, zu welchem sie gehören, zugeschrieben sein, um für dessen Belastungen zu haften. Dernburg u. Hinrichs §. 18 Note 4 S. 187; Turnau 1 S. 46 ff, Gr.B.O. §. 5 Anm. 6; Eccius 3 §. 199 Anm. 37;

7. das bewegliche, dem Eigenthümer gehörige Zubehör, so lange bis dasselbe veräußert und von dem Grundstück räumlich getrennt worden ist.

Was unter „Zubehör" zu verstehen ist, bestimmt sich nach dem in den einzelnen Gebietstheilen geltenden bürgerlichen Recht; R.G. III, Entsch. 15 S. 215; vgl. A.L.R. I. 2 §§. 42 ff., (Turnau 1 S. 731 ff.) und für die gemeinrechtlichen Landestheile: Windscheid 1 §. 143, Dernburg, Pand. 1 §. 77 und R.G. a. a. O., sowie über die Pertinenzeigenschaft von Maschinen in Fabrikgebäuden: R.G. III, Entsch. 20 S. 203 (vgl. oben Anm. II. 2); ferner für Neuvorpommern Einf.Ges. §. 15 und für Schleswig-Holst Einf.Ges. §. 38. Nach diesem Recht ist auch die Frage zu entscheiden, ob Sachen, welche nicht dem Eigenthümer der Hauptsache gehören, Zubehör sein können (für das A L.R. verneint vom O.Tr. III, Gruchot 24 S. 110 u. vom R G. V, Entsch. 9 S. 304, für das gemeine Recht dagegen bejaht vom R.G. VI, ebd. 28 S. 147); jedenfalls haftet den Hypotheken- und Grundschuldgläubigern nur das „dem Eigenthümer gehörige Zubehör".

Nach den Motiven hat das bisherige Recht nicht geändert, sondern nur in dem Sinne, in welchem die Praxis es aufgefaßt hatte, präzisirt werden sollen. Das Zubehör folgt an sich dem rechtlichen Schicksale der Hauptsache. „Insofern jedoch," heißt es im A.L.R. I. 20 §. 445, „bewegliche Pertinenzstücke, in der Zwischenzeit von der Eintragung bis zur wirklichen Vollstreckung der richterlichen Exekution, von der Hauptsache getrennt worden, geht die darauf gehaftete Verpflichtung auf den dritten Besitzer nicht mit über." Diese Vorschrift ist so ausgelegt, daß die Trennung thatsächlich und rechtlich vollzogen sein mußte, um das Zubehörstück von dem Pfandnexus zu befreien, daß also die Veränderung des Eigenthümers allein, selbst im Falle einer gerichtlichen Versteigerung, nicht genügte, sondern ein wirkliches Fortschaffen oder Wegnehmen des Pertinenzstückes von der Hauptsache hinzukommen mußte. (O.Tr.Plen., Pr. 284, Entsch. 2 S. 383; O.Tr. III, Str. Arch. 12 S. 289 u. 80 S. 132) Dies ist jetzt nach der Fassung des §. 30 zweifellos. Es genügt also weder die Veräußerung des Zubehörstückes allein ohne Trennung noch die räumliche Trennung desselben von der Hauptsache ohne Veräußerung, selbst wenn diese in Ausführung einer Verpfändung oder Pfändung erfolgte, da hierin noch keine Veräußerung zu finden ist (O.Tr. III, Entsch. 80 S. 76; R.G. II. H.S u. V, Gruchot 27 S. 743 u. 31 S. 432). Eine symbolische Uebergabe bildet noch keine räumliche Trennung (Koch, A.L.R. 2 Note 56 zu I. 20 §. 445). Andererseits scheiden durch Verkauf und räumliche Trennung die beweglichen Zubehörstücke aus der Pfandhaftung aus, auch wenn der Verkauf nicht im Wege ordentlicher Wirthschaftsführung, oder wenn derselbe vom Konkursverwalter bewirkt ist, ohne daß die Hypothekengläubiger zuvor eine Beschlagnahme erzielt hatten; auf den Kaufpreis der Zubehörstücke haben diese selbst dann keinen Anspruch, wenn der Konkursverwalter ihr Absonderungsrecht kannte (R.G. V, Entsch. 25 S. 19).

Der entscheidende Zeitpunkt ist auch hier der der Beschlagnahme, sei es im Zwangsversteigerungs- oder Zwangsverwaltungsverfahren (Zwangsvollstr.Ges. §§. 16, 140) oder durch besondere Pfändung (C.P.O. §§. 712 ff.). Eine nachher erfolgende Veräußerung und räumliche Trennung des beweglichen Zubehörs befreit dieses daher nicht von dem dinglichen Rechte der Hypothekengläubiger; vgl. oben S. 86 Anm. III. 2 b β zu §. 11. Davon gilt aber bei der Zwangsversteigerung eine Ausnahme für den Fall, daß die Veräußerung und Trennung im Wege ordentlicher Wirthschaftsführung erfolgte, da dem Schuldner die Verwaltungsbefugniß durch die Einleitung des Zwangsversteigerungsverfahrens nicht entzogen wird.

Auf eine Pfändung der noch nicht veräußerten und getrennten Zubehörstücke findet §. 206 Abs. 2 des Zwangsvollstr.Ges. Anwendung, vgl. oben Anm. 3 a. E.;

8. die dem Eigenthümer zufallenden Versicherungsgelder für Früchte, bewegliches Zubehör und abgebrannte oder durch Brand beschädigte Gebäude, wenn diese Gelder nicht statutenmäßig zur Wiederherstellung der Gebäude verwendet werden müssen oder verwendet worden sind. (Vgl. statt dessen für Rheinl. Einf.Ges. §. 14 Abs. 2 u. Ges. v. 17. Mai 1884.)

a. Nach gemeinem Recht ist es streitig, ob die Versicherungsgelder für die verpfändete Sache dem Pfandgläubiger haften. Dernburg, Pfandrecht 2 S. 565; Windscheid 1 §. 248 Note 9. Das R.G. III, Entsch. 12 S. 169, hat die Haftung verneint.

Die preußische Praxis hat früher ebenso entschieden. O.Tr. Plen. (Pr. 2490) v. 5. Dezbr. 1853, J.M.Bl. 1854 S. 65 u. 1855 S. 312; Entsch. 27 S. 1. Vgl. hierzu Förster-Eccius 1 § 22 Anm. 12, 2 §. 145 Anm. 89. Das Gesetz über den Eigenthumserwerb hat dies geändert; ob auch für die vor dem 1. Oktober 1872 eingetragenen Hypotheken, ist bestritten; das R.G. a. a. O. hat die Frage verneint. Die Bejahung erscheint aber richtiger, da die ganze Anlage und Tendenz des Gesetzes darauf hinweist, daß die Vortheile desselben auch den Hypothekengläubigern aus der Zeit des früheren Rechtes zu Gute kommen sollen. Die Verneinung müßte im Falle der Konkurrenz solcher Gläubiger mit jüngeren zu dem Ergebnisse führen, daß diese befriedigt würden, während jene leer ausgingen, — einem Ergebnisse, dessen Unzuträglichkeit wohl am besten dafür spricht, daß es nicht beabsichtigt sein kann. So auch R.G. V, J.M.Bl. 1882 S. 369; Kochs Landrecht 2, Anm. zu §. 30 des Gesetzes. Aehnlich O.Tr. III, Gruchot 23

§. 31.

Die Abtretung und Verpfändung der Ansprüche auf Versicherungsgelder, die Vorauserhebung, Abtretung und Verpfändung von Pacht- und Miethzinsen auf mehr als ein Vierteljahr, und die Veräußerung stehender und hängender Früchte ist, soweit sie zum Nachtheil der eingetragenen Gläubiger gereicht, ohne Wirksamkeit.

S. 466. Vgl. auch Rintelen S. 162; Bahlmann 3. Aufl. S. 135; Turnau 1 S. 736 VIII. 1.

b. Das dingliche Recht an den Versicherungsgeldern steht juristisch auf gleicher Linie mit dem Recht des Gläubigers an der Sache selbst, beziehungsweise den Früchten und Zubehörstücken derselben. Es wird mithin, sofern es überhaupt zur Wirksamkeit gelangt, nicht erst durch die Beschlagnahme des Anspruches des Versicherten an den Versicherer, sondern schon durch die Eintragung der Hypothek oder der Grundschuld begründet. Daraus folgt, daß im Fall der Pfändung der Versicherungsgelder für persönliche Gläubiger des Eigenthümers das hierdurch in Gemäßheit der Civilprozeßordnung entstehende Pfandrecht den Rang nach dem Recht der Hypotheken- und Grundschuldgläubiger hat, und letztere berechtigt sind, vorzugsweise Befriedigung auf Grund des §. 710 der C.P.O. zu verlangen; dagegen findet hier § 206 Abs. 2 des Zwangsvollstr.Ges. keine Anwendung (vgl. Anm 3 und 4 a. E.; a. M. Rothenberg bei Gruchot 31 S. 326 ff.). Die Versicherungsgelder für (stehende und hängende sowohl wie abgesonderte) Früchte und bewegliches Zubehör haften den Realgläubigern unbeschränkt. Bei den Versicherungsgeldern für abgebrannte und durch Brand beschädigte Gebäude dagegen ist zu unterscheiden, ob dieselben zur Wiederherstellung der Gebäude statutenmäßig zu verwenden sind oder nicht. In jenem Falle tritt die Haftung überhaupt nicht ein, in diesem erlischt sie durch die thatsächlich erfolgte Verwendung der Gelder zur Wiederherstellung der Gebäude.

c. Die volle Wirksamkeit wird dem dinglichen Recht erst durch die Beschlagnahme der Versicherungsgelder, welche entweder durch die Einleitung des Zwangsversteigerungs- oder des Zwangsverwaltungsverfahrens oder durch Einzelpfändung erfolgen kann (vgl. Zwangsvollstr.Ges. §§. 16 Abs. 2, 140; C.P.O. §§. 729 ff.). Solange eine solche nicht vollzogen ist, unterliegen dieselben der Verfügung des Grundeigenthümers mit der aus § 31 sich ergebenden Beschränkung. Der Versicherer kann daher die schuldige Zahlung mit der Wirkung, daß seine Verbindlichkeit erlischt, an den Versicherten ohne Genehmigung der Realgläubiger leisten. (R.G. I, Entsch. 25 S. 219; O.Tr. IV, Entsch. 77 S. 210, Dernburg, Preuß. Privatrecht 1 § 329 a. E.; Meyländer in Gruchot 19 S. 681; Turnau 1 S. 737 ff. VIII 3, 4. Abweichend Bahlmann 3. Aufl. S. 135.) Denn ebenso wie ein Mieth- oder Pachtvertrag (vgl. oben Anm. 5), begründet der Versicherungsvertrag an sich Rechte und Pflichten nur für die Kontrahenten. Der Anspruch mithin, welcher durch den Eintritt des Versicherungsfalles gegen den Versicherer erworben wird, kann nur von dem Versicherten geltend gemacht werden. Um einen Realgläubiger zur Ausübung desselben zu legitimiren und den Versicherer zu verpflichten, die Vertragserfüllung nicht an seinen Vertragsgegner, sondern gerade an jenen Realgläubiger zu leisten, bedarf es in gleicher Weise, wie bei den Pacht- und Miethzinsen, eines besonderen Aktes, nämlich der Beschlagnahme, es sei denn, daß die Bedingungen des Versicherungsvertrages etwas Abweichendes festsetzen (vgl. über letzteren Fall: R.G. I, Entsch. 8 S. 169). Eine bloße Anzeige des Hypothekengläubigers an den Versicherer steht der Beschlagnahme nicht gleich (a. M. Dernburg, Hyp.R. S. 162). Vgl. Hannov. Hyp.Ges. vom 14. Dezbr. 1864 §. 18 Abs. 3 und 4.

§. 31.

1. Die Geschäfte, über welche der §. 31 Bestimmung trifft, sind an sich gültig und demnach für die Kontrahenten wirksam. Sie entbehren der Wirksamkeit nur gegenüber den eingetragenen Gläubigern insoweit, als dieselben dadurch benachtheiligt würden. (O.Tr. III vom

29. Juni 1877, Str. Arch. 99 S. 209.) Daraus folgt, daß der Gläubiger, welcher die Unwirksamkeit behauptet, diese Behauptung thatsächlich begründen, namentlich also beweisen muß, daß das von ihm angegriffene Geschäft, wenn es nicht der Wirksamkeit gegen ihn ermangelte, ihm zum Nachtheil gereichen würde; vgl. hierüber R.G. V, J.M.Bl. 1889 S. 109, Gruchot 33 S. 1073; Entsch. 29 S. 239 und 31 S. 321. A. M. Dernburg, Hyp.R. S. 156 und Förster-Eccius 3 §. 199 Anm. 22a, welche nicht den Nachweis materieller Schädigung verlangen, sondern das Geschäft ohne Weiteres deshalb als nachtheilig ansehen, weil dadurch dem Gläubiger ein Objekt entzogen wurde, welches ihm Sicherung gewährte und Befriedigung verschaffen konnte.

Die Unwirksamkeit der fraglichen Geschäfte kann auf Grund des §. 31 nur von den Realgläubigern, nicht auch von anderen Personen, weder von dem Ersteher eines subhastirten Grundstückes (O.Tr. III, Gruchot 23 S. 122) noch dem Sequester eines Gutes oder dem gerichtlichen Administrator eines Hauses (O.Tr. III. Entsch. 26 S. 42, u Str. Arch. 39 S. 227), auch nicht im heutigen Zwangsverwaltungsverfahren, noch auch von dem Konkursverwalter (O.Tr. III, ebd. 39 S. 325) geltend gemacht werden. Dagegen sind hierzu die aus einer Vormerkung Berechtigten nach Liquidestellung ihres Rechtes (R.G. V, Entsch. 24 S. 275) und die Rechtsnachfolger eingetragener Gläubiger befugt, nicht jedoch nicht eingetragene Gläubiger, selbst wenn ihr Titel zur Eintragung vorgelegt ist (O.Tr. III, Str. Arch. 86 S. 333).

Die Klage der Realgläubiger gegen den Versicherer, den Miether oder Pächter auf Zahlung der Versicherungsgelder, der Mieth- oder Pachtzinsen setzt außer der Beschlagnahme (C.P.O. §§. 730 ff., Zwangsvollstr.Ges. §§. 16, 143) die Ueberweisung der Forderung voraus (a. M. Turnau 1 S. 743 Anm. 5); zur Klage auf Feststellung der Unwirksamkeit der Abtretung oder Verpfändung gegen den Zessionar oder Pfandgläubiger bedarf es dagegen der letzteren nicht (Dernburg, Preuß. Privatr. 1 §. 329, Hyp.R. S. 157; Heidenfeld in Gruchot 26 S. 512 ff.; Förster-Eccius 3 §. 199 Anm. 19). Ein antichretischer Pfandgläubiger kann nach der Ansicht des R.G. IV (Gruchot 36 S. 1089) sein dingliches Recht auch ohne vorherige Beschlagnahme geltend machen.

2. Bezüglich der Versicherungsgelder ist nur die Abtretung und Verpfändung zum Nachtheil der eingetragenen Gläubiger verboten. Erheben kann der Versicherte die Gelder, solange der Anspruch auf dieselben nicht mit Beschlag belegt ist, es sei denn, daß der Versicherungsvertrag etwas anderes festsetzt (vgl. oben S. 188 unter c). Die Beschlagnahme entzieht nach allgemeinen Rechtsgrundsätzen dem Versicherten die Ausübung des ihm zustehenden Gläubigerrechtes. Jede ihr zuwider vorgenommene Rechtshandlung entbehrt der Wirksamkeit, soweit sie denjenigen zum Nachtheil gereichen würde, zu deren Gunsten die Beschlagnahme erfolgt ist. Der §. 31 giebt jedoch nicht eine hierauf abzielende Vorschrift; er richtet vielmehr seine Spitze gegen Abtretungen und Verpfändungen, welche vor der Beschlagnahme vorgenommen werden möchten, er setzt für seine Anwendung namentlich nicht voraus, daß zur Zeit dieser Rechtshandlungen bereits die Subhastation des Grundstückes eingeleitet gewesen sei (O.Tr. III, Entsch. 82 S. 172). Das Obertribunal hat sogar die Ansicht vertreten, daß die Rechtswirksamkeit der Abtretung und Verpfändung eines Anspruches auf Versicherungsgelder von der Einwilligung der eingetragenen Gläubiger oder dem Nachweise, daß sie diesen nicht zum Nachtheile gereiche, abhängig und dieser Nachweis von dem Zessionar oder dem Pfandnehmer nicht blos bei der Rechtsverfolgung gegen den Versicherer, sondern auch anderen Berechtigten gegenüber zu führen sei. (O.Tr. IV, Entsch. 77 S. 214; ebenso Turnau 1 S. 744 Anm. 7c; Dernburg, Hyp.R. S. 163). Dagegen sind Meyländer (in Gruchot 19 S. 685) und Eccius (3 §. 199 Anm. 35a) der Ansicht, daß der Versicherer, wie an den Versicherten, so auch an dessen Zessionar oder Pfandnehmer den fälligen Versicherungsbetrag gültig zahlen könne, wenn nicht vor der Zahlung eine Beschlagnahme zu Gunsten eines eingetragenen Gläubigers erfolgt sei. Letztere Ansicht ist richtiger, da ein Grund für den Unterschied zwischen einer Zahlung an den Versicherten selbst und einer an dessen Rechtsnachfolger nicht zu finden ist.

3. Die Vorschrift des §. 31 über die Pacht- und Miethzinsen soll zum Ersatz der Bestimmungen des A.L.R. I. 20 §§. 477—481 dienen, entspricht aber denselben nicht durchweg. „Das A.L.R. erklärt im §. 477 Verträge, durch welche der Schuldner über künftige Früchte und Nutzungen im Voraus verfügt, soweit sie zum Nachtheil der schon eingetragenen Hypothekengläubiger gereichen, für unkräftig. Es ist im Interesse eines gesicherten Realkredits zweckmäßig, diese Bestimmungen beizubehalten. Die §§. 480 u. 481 unterscheiden inbetreff der Vorauserhebung der Pacht- und (wie die Praxis mit Recht annimmt) Miethzinsen zwischen den eingetragenen und den erst später eingetragenen Gläubigern. Die ersteren müssen sich die Vorauserhebung auf ein Vierteljahr gefallen lassen; den letzteren kann sie nur entgegengesetzt werden, wenn sie im Hypothekenbuche vermerkt worden. Das ist eine unnöthige Kasuistik", die das Gesetz über den Eigenthumserwerb vermeidet. Die Absicht des §. 31 ist die, „ohne jede Unterscheidung zwischen gegenwärtigen und späteren Gläubigern, die Vorauserhebung auf ein Vierteljahr zu gestatten, darüber hinaus aber, sofern daraus für die Hypothekengläubiger Nachtheil erwächst, für unwirksam anzusehen. Ein solcher Rechtszustand ist einfacher und durchsichtiger und wird dazu dienen, die Gläubiger gegen betrügerische Entziehungen zu sichern, die, wie die Erfahrung lehrt, von überschuldeten Eigenthümern oft noch in den letzten Momenten mit Erfolg ins Werk gesetzt werden." (Motive, bei Werner 2 S. 31.)

Ob ein Vertrag als Pacht- oder Miethvertrag anzusehen ist, bestimmt sich nach dem bürgerlichen Recht. Nach preußischem Recht können zum Hauptgegenstande eines Pachtvertrages auch solche Nutzungen gemacht werden, welche mit einer Verminderung der Substanz des Grundstückes verbunden sind, z. B. das Recht zur Abfuhr von Sand und Kies in unbeschränkter Menge. (R.G. V, Gruchot 37 S. 920.)

Unter dem Vierteljahr, für welches die Vorauserhebung, Abtretung und Verpfändung der Mieth- und Pachtzinsen mit Wirkung gegen die eingetragenen Gläubiger zulässig ist, ist sowohl nach A.L.R. als nach dem §. 31 des Gesetzes das zur Zeit der Beschlagnahme (C.P.O. §. 730; Zwangsvollstr.Ges. §. 143 Abs. 3, vgl. oben Anm. II. 5 zu §. 30) laufende zu verstehen (O.Tr., Pr. 258, Entsch. 2 S 318; O.Tr. III, Str. Arch. 14 S. 127, 86 S. 269 u. Gruchot 23 S. 764; R.G. I H S., J.M.Bl. 1882 S. 381; R.G. V, J.M.Bl. 1889 S. 109, Gruchot 33 S 1073 u. Entsch. 24 S. 273).

Der Verpfändung der Pacht- und Miethzinsen steht eine Pfändung gleich (Dernburg, Hyp R. S. 156; Turnau 1 S. 744, 746, Anm. 7 d u. 8 b). Ueber die Frage, ob ein antichretischer Pfandvertrag aus §. 31 angefochten werden kann, vgl. R.G. V, Entsch. 31 S. 320.

Bei der Vorschrift des §. 31 handelt es sich nur um das Verhältniß zwischen den Realgläubigern und dem Pächter oder dem Miether. Wenn daher der Pächter die nochmalige Zahlung der zuviel im Voraus an den Verpächter berichtigten Pacht an die Hypothekengläubiger unterläßt, so verletzt er seine Vertragspflichten gegen den Verpächter nicht; vielmehr ist er berechtigt, von dem Verpächter Gewährleistung wegen der Schmälerung seines Nutzungsrechtes und der Beschränkung seiner Disposition über das Pachtrecht zu verlangen, wenn auf Antrag der Hypothekengläubiger Sequestration eingeleitet wird. O.Tr. III, Str. Arch. 41 S. 92.

4. Stehende und hängende Früchte sind Bestandtheile des Grundstückes. Nach gemeinem Rechte können sie daher nicht veräußert, d. h. in das Eigenthum eines Anderen übertragen werden. Das preußische Recht gestattet indessen ein von dem Grundeigenthum verschiedenes Eigenthum an den Früchten. Die Früchte können mithin schon vor ihrer Trennung vom Grund und Boden veräußert werden. Eine solche Veräußerung erklärt der §. 31 den dadurch benachtheiligten Realgläubigern gegenüber für unwirksam.

Sind die Früchte, welche als stehende oder hängende veräußert sind, vor der Beschlagnahme durch die Hypothekengläubiger von dem Grundstück weggeschafft, so erlischt nach §. 30 des Gesetzes (vgl. S. 184 Anm. 4) ihre Haftung, und die eingetragenen Gläubiger sind nicht befugt, die Veräußerung auf Grund des §. 31 anzufechten (O.Tr. III, Entsch 72 S. 234, Str. Arch. 91 S. 233; Förster-Eccius 3 §. 199 Anm. 17; Dernburg, Hyp.R. S. 154 und Preuß. Privatr. 1 §. 329 Nr. 5). A. M. R.G. II. H.S., Entsch. 5 S. 293 (ebenso Heiden-

§. 32.

Werden nach der Eintragung der Hypothek oder Grundschuld dem verpfändeten Grundstück andere Grundstücke als Zubehör zugeschrieben, so treten diese in die Pfandverbindlichkeiten desselben; es gehen jedoch die mitübertragenen Posten des zugeschriebenen Stücks — soweit es sich um Befriedigung derselben aus diesem Stück handelt — den zur Zeit der Zuschreibung auf dem Hauptgut eingetragenen vor.

---

feld in Gruchot 27 S. 595 ff, 620; Turnau 1 S. 726 Anm. V. 2 zu §. 30), weil die Veräußerung den Gläubigern gegenüber ungültig sei und dem Erwerber deshalb durch die Absonderung und Wegschaffung kein Rechtstitel erwachse; indessen nach §. 30 genügt die Wegschaffung der Früchte von dem Grundstücke zu ihrer Befreiung aus der Haftung, auch wenn der Eigenthümer des Grundstückes das Eigenthum an ihnen behält.

§. 32.

1. Nach dem A.L.R. I. 2 §. 44 haben „unbewegliche Sachen, die einem anderen Ganzen durch die Handlung oder Bestimmung eines Menschen zugeschlagen werden, die Eigenschaft eines Pertinenzstückes." Die Streitfrage, ob die Zubehöreigenschaft zu ihrer Entstehung eine ausdrückliche oder nur eine stillschweigende Willenserklärung erfordert, ist hier nicht von Belang. Denn der §. 32 ist nur anwendbar, wenn das eine Grundstück dem anderen als Zubehör im Grundbuche zugeschrieben ist, und die Zuschreibung kann zweifellos nur auf eine ausdrückliche und beglaubigte Erklärung des eingetragenen Eigenthümers von der Buchbehörde vorgenommen werden. Fehlt eine solche Erklärung, so kann im Fall der Uebertragung von einem Blatt auf ein anderes das Grundstück nur als ein selbständiges übertragen werden. (Turnau 1 S. 251.) Nur „das bei einer Gemeinheitstheilung, einer Regulirung behufs der Eigenthumsverleihung oder Auflösung von Reallasten zur Abfindung gegebene Land wird durch Gesetz Zubehör des Gutes, zu welchem die Sache oder das Recht gehört hat, wofür die Abfindung gegeben worden ist. Das Recht darauf geht auf jeden neuen Besitzer dieses Gutes über." O.Tr. II (Pr. 2508), Entsch. 27 S. 194.

2. Nach dem A.L.R. I. 20 §. 454 waren die „nach erfolgter Eintragung aus fremdem Eigenthume dem Hauptgute beigefügten" Pertinenzstücke dem dinglichen Recht des Gläubigers nicht unterworfen; und wenn die auf dem Hauptgute haftende Hypothek auch auf das Zubehörstück eingetragen wurde, so wirkte diese Eintragung gemäß §. 455 erst von dem Zeitpunkte ihrer Vollziehung an. Diese Bestimmungen sind noch anzuwenden auf die vor dem 1. Oktober 1872 erfolgten Zuschreibungen. (Kammerger., Jahrb. 3 S. 127; Neumann ebd. 10 S. 357.) Dagegen richtet sich die Wirkung einer nach dem 30. September 1872 geschehenen Zuschreibung nach dem vorliegenden §. 32, gleichviel ob die davon betroffenen Posten unter der Herrschaft des alten oder des neuen Rechtes eingetragen sind. (Dernburg, Preuß. Privatrecht 1 §. 192 Nr. 2, Hyp.R. S. 147; Turnau 1 S. 251 ff.)

3. Der §. 32 hat die unfruchtbare Kasuistik des Landrechtes aufgegeben und im Interesse der Sicherheit des Gläubigers dem dinglichen Rechte desselben die Zubehörstücke ohne Rücksicht auf das bisherige Eigenthum unterworfen. Es versteht sich, daß die Zubehöreigenschaft ausdrücklich im Grundbuche vermerkt sein muß, um die Rechtsfolge des §. 32 zu begründen. (Gr.B.O. §. 61.) Die bloße Thatsache, daß ein Grundstück auf das Blatt eines anderen übertragen wird, stellt eine rechtliche Beziehung zwischen beiden nicht her. (§§. 13 ff. a. a. O.)

Die Vorschrift, daß die mitübertragenen Posten des zugeschriebenen Stückes, soweit es sich um ihre Befriedigung aus diesem Stück handelt, den Belastungen des Hauptgutes zur Zeit der Zuschreibung vorgehen, ist nicht eine Folge der publica fides des Grundbuches, sondern nur eine Bethätigung des dinglichen Rechtsverhältnisses, welches nicht gestattet, daß ihm sein Gegen

§. 33.

Werden unbewegliche Zubehörstücke oder Theile des Grundstücks auf dem Blatt des bisherigen Haupt- oder Stammguts abgeschrieben und auf ein anderes Blatt übertragen, so haften sie für die eingetragenen Belastungen des bisherigen Haupt- oder Stammguts nur dann, wenn diese bei der Abschreibung auf das andere Blatt mitübertragen worden sind.

3. Von der Rangordnung der auf demselben Grundstück haftenden Hypotheken und Grundschulden.

§. 34.

Die Rangordnung der auf demselben Grundstück haftenden Hypotheken und Grundschulden bestimmt sich nach den in §. 17 gegebenen Vorschriften.

---

stand durch neue Belastungen geschmälert werde. Sie harmonirt auch mit dem §. 34, nach welchem die Reihenfolge der Eintragungen über die Rangordnung entscheidet. Denn die Posten des Hauptgutes sind als auf das zugeschriebene Stück eingetragen erst von der Zuschreibung ab, also als hinter den mit diesem Stück mitübertragenen Posten stehend zu achten. (Vgl. Neumann a. a. O. S. 362 ff)

Das Prinzip des §. 32 ist nicht auch umgekehrt anerkannt. Das Hauptgut tritt nicht in die Pfandverbindlichkeiten des zugeschriebenen Stückes. Vgl. das A.L.R. I. 2 §. 105.

§. 33.

Das abgeschriebene Trennstück bleibt für die zur Zeit der Abschreibung auf dem Hauptgute im Grundbuche eingetragenen Schulden und Lasten auch dann verhaftet, wenn die letzteren nicht gerade bei der Abschreibung, sondern später auf das Blatt des Trennstückes übertragen sind. Die Abschreibung wirkt aber als Löschung dieser Belastungen, sofern resp. soweit dieselben überhaupt nicht auf das Folium des Trennstückes übertragen werden. Die Uebertragung hat stets zu erfolgen, wenn nicht „entweder nach gesetzlicher Vorschrift das Trennstück frei von Lasten und Schulden aus dem Verbande des Hauptgutes ausscheidet oder die Berechtigten das Trennstück aus der Mithaft entlassen." (Gr.B.O. § 65.) Wird die Uebertragung in einem Falle, wo sie de jure hätte geschehen müssen, bei der Abschreibung nicht vorgenommen, so ist das Versäumte von dem Grundbuchamte nachzuholen, d. h. die Schulden und Lasten sind nachträglich auf das Blatt des Trennstückes zu übertragen, jedoch nicht zum Nachtheile Derjenigen, die nach der Abschreibung des Trennstückes vom Hauptgute Rechte an dem ersteren oder auf eine der zu übertragenden gleich- oder nachstehende Post in redlichem Glauben erworben haben (Gr.B.O. §. 118).

Die (ungetheilte) Mitübertragung von Hypotheken auf Trennstücke wird auf den Hypothekenbriefen nicht vermerkt, vgl. Gr.B.O. §. 70. Marienwerder, Johow 6 S. 210.

§. 34.

1. Die Rangordnung der auf einem Grundstück haftenden Posten bestimmt sich in Gemäßheit des §. 17, auf dessen Erläuterung hier verwiesen wird, nach der Reihenfolge, in welcher dieselben eingetragen sind. Bei der Revenuenvertheilung im Fall der Zwangsverwaltung und bei der Vertheilung des Kaufgeldes im Fall der Zwangsversteigerung sind also immer erst die vorstehenden Hypotheken und Grundschulden zu berichtigen, bevor die dahinter eingetragenen Posten zur Hebung gelangen können. Es fragt sich indessen, ob die Betheiligten an diese Ordnung gebunden sind. Zwei Fälle kommen hier in Betracht:

a. der Vorbehalt der Stelle. Es besteht kein Zweifel, daß dieses Institut, welches in fremden Gesetzen vorkommt (oben S. 172 Anm. 2a a. E.), dem Gesetz über den Eigenthumserwerb ꝛc. sowohl wie dem A.L.R. unbekannt ist. Die wirthschaftlichen Funktionen, welche es erfüllen könnte, versieht die Eintragung von Grundschulden auf den Namen des Eigenthümers. Es kann nicht die erste und die dritte Hypothek eingetragen und die zweite der späteren Verfügung des Eigenthümers vorbehalten werden. Die einzelnen Posten schließen sich unmittelbar aneinander an; eine unbesetzte Stelle zwischen ihnen ist rechtlich undenkbar. Die sogenannte Lokustheorie ist verworfen (§§. 30 u. 62);

b. die Eintragung einer Post mit dem Vorbehalt des Ranges für eine später einzutragende Hypothek oder Grundschuld. Die Betheiligten können miteinander verabreden, daß der Eigenthümer das Recht haben solle, mit dem Vorrecht vor der Post, deren Eintragung er bewilligt, später eine der Summe nach bestimmte Hypothek oder Grundschuld eintragen zu lassen. (Nach einer Entsch. des Kammerger., Jahrb. 11 S. 164, tritt die im Folgenden besprochene obligatorische Gebundenheit selbst dann ein, wenn die spätere Hypothek ihrem Betrage nach unbestimmt ist.) Eine solche Abrede bindet den Gläubiger nach näherer Bestimmung des Obligationsrechtes. Aber sie ist nicht geeignet, eine dingliche Wirkung zu erzeugen. Denn der Rang, welchen eine Post einnimmt, ist kein dingliches Recht, sondern nur eine Eigenschaft, welche der Hypothek oder Grundschuld zukommt und auf eine andere Post nicht übertragen werden kann. Aber die obligatorische Verbindlichkeit geht auch auf die Sondernachfolger des Verpflichteten über, wenn die Verabredung diesen bekannt gewesen oder in das Grundbuch eingetragen bezw., falls die zurücktretende Post eine Grundschuld ist, auf dem Grundschuldbriefe vermerkt ist (§§. 38, 49). Gelangt die Post, welcher das Vorrecht vorbehalten ist, wirklich zur Eintragung, so treten dieselben Wirkungen ein, wie bei einer Vorrechtseinräumung, vgl. §. 35 und die Anm. dazu.

Gegen die Gläubiger, welche der Eigenthümer später eintragen läßt, wirkt der Vorbehalt nicht. Wenn also zwischen der Post, bei welcher der Vorbehalt vermerkt ist, und der Post, zu deren Gunsten er dienen soll, Hypotheken und Grundschulden eingetragen sind, so kann bis zum Betrage derselben der Vorbehalt nicht ausgeübt werden. Die Zwischenposten werden von dem persönlichen Rechtsverhältnisse, in welchem der Eigenthümer zu dem voreingetragenen und dem nacheingetragenen Gläubiger steht, nicht berührt. Der Eigenthümer kann mithin sein Recht aus dem Vorbehalt nur insoweit verwirklichen, als der vorbehaltene Betrag nicht durch die Posten unbetheiligter Personen erschöpft wird. (Vgl. hierüber Rintelen in Johows Jahrb. 6 S. 309 ff.; Küntzel in Gruchot 28 S. 468 u. Turnau 1 S. 136 ff.) Nur insoweit ist das Grundbuchamt in der Lage, bei der Post, welcher der Eigenthümer das Vorrecht zugesteht, dasselbe im Grundbuche zu vermerken.

Bei der Eintragung der vortretenden Post bedarf es nach der Ansicht des Kammerger., Jahrb. 4 S. 186, nicht der Vorlegung des Hypothekendokumentes über die zurücktretende Post, welche durch Gr B.O. §. 86 für den Fall der Vorrechtseinräumung vorgeschrieben ist, vorausgesetzt daß der Vorbehalt bei Eintragung der letzteren im Grundbuch und auf dem Dokumente vermerkt ist und nicht besondere Umstände (z. B. die Existenz von Zwischenposten) ein solches Verfahren bedenklich erscheinen lassen.

2. Der §. 34 bestimmt im Einklange mit dem A.L.R. I. 20 §. 500 die Rangordnung nur für die eingetragenen Posten. Für das Rangverhältniß, in welchem diese im Fall der Zwangsvollstreckung zu den nicht eingetragenen aber bei der Vertheilung des Kaufgeldes zu berücksichtigenden Forderungen stehen, ist das Zwangsvollstr.Ges. §§. 23 bis 38, 147 maßgebend. Wegen der Zinsrückstände siehe oben S. 179 Anm. I. 2a zu §. 30.

3. Die Reihenfolge der Eintragungen entscheidet über das Rangverhältniß auch dann, wenn für eine Post nicht die Substanz, sondern nur die Revenuen des Grundstückes haften. Der nachstehende Substanzgläubiger kommt, auch wegen seiner Zinsforderung, im Falle der Zwangsverwaltung (§. 147 Abs. 2 des Zwangsvollstr.Ges.) wie der Zwangsversteigerung erst nach völliger Berichtigung der Revenuenhypothek zur Hebung. Bei letzterer wird das in Ermangelung einer Bestimmung des Zwangsvollstr.Ges. auch jetzt noch in der Weise auszuführen sein, daß „die Kaufgelder des subhastirten Grundstückes, welche nach Befriedigung der vorstehenden

§. 35.

Ein voreingetragener Gläubiger kann sein Vorrecht einem nachstehenden einräumen. Die Einräumung des Vorrechts für das Kapital bezieht sich auch auf die Nebenleistungen. Die Vorrechte der Zwischenposten werden hierdurch nicht geändert.

Gläubiger übrig bleiben, so lange im Depositorium bleiben und zinsbar belegt werden müssen, bis der Revenuengläubiger aus den gewonnenen Zinsen mit seinem Kapitale und den kurrenten und privilegirten Zinsen befriedigt worden." O.Tr., Entsch. 11 S. 316. Vgl. Turnau 1 S. 145 Anm. 5a.

4. Im Bergrecht bestimmt sich die Priorität zwischen denjenigen Gläubigern, welchen das ganze Bergwerk, und denjenigen, welchen nur einzelne Kuxe dinglich verhaftet sind, ebensowie bei einer anderen im Miteigenthum befindlichen unbeweglichen Sache lediglich nach der Ordnung der Eintragung im Hypothekenbuche. O.Tr. III, Str. Arch. 81 S. 147. Vgl. Krech u. Fischer S. 346, Förster-Eccius 3 §. 182 Anm. 64 u. §. 194 Anm. 66.

§. 35.

1. Ueber die Bestimmungen des früheren Rechtes über die Vorrechtseinräumung vgl. A.L.R. I. 20 §§. 497, 498 und für das gemeine Recht Windscheid 1 §. 247, Dernburg, Pfandr. 2 §. 158 u. Pand. 1 §. 290 Anm. 11 a. E.

Die Literatur derselben ist eine sehr reichhaltige, vgl. Paris, die Lehre von der Prioritäts-Abtretung, 1883; Strohal, die Prioritäts-Abtretung, 1880; Küntzel bei Gruchot 26 S. 68 ff.; Conrad, die Prioritäts-Abtretung in ihrer Wirkung auf Zwischenhypotheken; Nowak, die Vorrechtseinräumung; Förster-Eccius 3 §. 199a II; Dernburg, Hyp.R. §. 38 S. 275 ff.; Krech u. Fischer Anm. 8 zu §. 29 S. 301 ff.; Regelsberger, bayerisches Hyp.R. S. 448; Exner, österr. Hyp.R. 2 S. 483 ff. u. a.

2. Ueber die rechtliche Natur und die Wirkung der Vorrechtseinräumung herrscht Streit. Indessen bedarf es an dieser Stelle keines näheren Eingehens auf diese Frage, da sie durch die übereinstimmende Rechtsprechung des Obertribunals und des Reichsgerichts für die Praxis erledigt ist. Danach ist die Prioritätszession nicht dinglicher Natur und hat nicht die absolute Kraft, daß die vortretende Post geradezu in die Stelle der zurücktretenden einrückt, als wenn sie an dieser Stelle von vornherein eingetragen wäre (so z. B. Dernburg u. Strohal a. a. O.), sie hat vielmehr nur obligatorische Wirkungen, welche jedoch durch Eintragung in das Grundbuch bezw. durch Vermerk auf dem Grundschuldbriefe für jeden Rechtsnachfolger des zurücktretenden Gläubigers bindend werden. Ihre Rechtswirkung besteht nicht nur in einer Verpflichtung des Prioritätszedenten, den bei der Zwangsversteigerung auf seine Hypothek entfallenen Theil des Erlöses an den Prioritätszessionar auszuzahlen, sondern darin, daß bei einer Kollision der beiden Pfandrechte der Zurücktretende den Vorrang seiner Hypothek nicht geltend machen und erst hinter der vortretenden Post an deren Stelle Befriedigung erlangen darf, während der Vortretende befugt ist, sein an sich gültig bleibendes Pfandrecht an der Stelle des Zurücktretenden geltend zu machen. (Vgl. namentlich R.G. V, Entsch. 16 S. 249; O.Tr. III, Pr. 547, Entsch. 6 S. 359, u. Str. Arch. 89 S. 191.) Hieraus folgt:

a. Die Vorrechtseinräumung entzieht dem zurücktretenden Gläubiger nicht die Befugniß, über seine Post zu verfügen. Er kann ohne Einwilligung des vortretenden seine Forderung einziehen und zur Löschung bringen (R.G. III, J.M.Bl. 1881 S. 177) und auch anderen Posten, nach Ansicht des Kammergerichtes selbst einer Zwischenhypothek das Vorrecht einräumen (Kammerger., Jahrb. 5 S. 180).

b. Durch die Löschung der zurücktretenden Post wird die Vorrechtseinräumung gegenstandslos. Die Zwischenforderungen rücken vor, da ihre Rechte nach Satz 3 des §. 35 durch die Prioritätszession nicht geändert sind, und entziehen dadurch dem vortretenden Gläubiger die

Stelle, an welcher er auf Grund der Vorrechtseinräumung Befriedigung erlangen könnte. (R.G. III a. a. O.; O.Tr. Präj. 547 a. a. O. A. M. Dernburg a. a. O.; vgl. gegen diesen auch Colberg, über die Bedeutung des öffentlichen Glaubens 2c., S. 87 ff.)

c. Erweist sich die zurücktretende Post später als ungültig, so ist die Vorrechtseinräumung gleichfalls wirkungslos. Der vortretende Gläubiger kann sich auf den öffentlichen Glauben des Grundbuches nicht berufen. (O.Tr. III, Entsch. 63 S. 187; P. Hinschius in der Zeitschr. für Gesetzgebung 5 S. 444.)

d. Da die Vorrechte der Zwischenposten von der Vorrechtseinräumung unberührt bleiben, so kann natürlich der vortretende Gläubiger nur in Höhe des Betrages der zurücktretenden Post an deren Stelle Befriedigung erlangen.

e. Der Prioritätszessionar, welcher an der Stelle der zurücktretenden Post bei einer Zwangsversteigerung zur Hebung gelangt, macht damit sein Pfandrecht und nicht das des Prioritätszedenten geltend. Daher erlischt, falls nur einer von beiden befriedigt wird, die Post des ersteren und nicht die des letzteren auf den mitverhafteten Grundstücken nach §. 42 Abs. 2 des Gesetzes. (R.G. V. a. a. O.; R.G. III, Entsch. 12 S. 204; der V. Sen. war anfangs a. M., vgl. Entsch. 6 S. 308.)

f. Die früher sehr zweifelhafte Frage der Berücksichtigung der Vorrechtseinräumung bei Feststellung des geringsten Gebotes im Zwangsversteigerungsverfahren (vgl. einerseits J.M.Verf. v. 19. Dezbr. 1888 bei Gruchot 33 S. 406 ff., andererseits Krech u. Fischer Anm. 9 zu §. 29 S. 303) ist jetzt durch das Gesetz v. 30. Mai 1893 (Ges.S. S. 97) erledigt; dasselbe schreibt die Berücksichtigung der „Vorrechte" vor, „welche durch Vorrechtseinräumungen begründet und im Grundbuch eingetragen sind."

3. Nach §. 86 der Gr.B.O. genügt „zur Einräumung des Vorrechts" „eine darauf gerichtete Erklärung des Einräumenden" in der durch das bürgerliche Recht vorgeschriebenen Form (nach A.L.R. I. 5 §. 134 u. I. 20 §. 497 ist Schriftlichkeit erforderlich). Indessen da sie den Einräumenden in seiner Verfügung über die Post insoweit beschränkt, als sie ihn hindert, bei Kollision seines Pfandrechtes mit dem vortretenden sein Vorrecht geltend zu machen (gegen die Annahme einer Verfügungsbeschränkung u. a. Eccius a. a. O. Anm. 17), wirkt sie nach §. 49 des Gesetzes an sich nur gegen den Einräumenden selbst und seine Universalsuccessoren, gegen Dritte dagegen nur dann, wenn sie bei Hypotheken in das Grundbuch eingetragen oder bei Grundschulden auf dem Grundschuldbrief vermerkt ist, oder wenn sie denselben bei dem Erwerb der Post bekannt war (R.G. III, J.M.Bl. 1880 S. 136; V, Entsch. 15 S. 264 u. 19 S. 345). Zu den Dritten gehören aber nicht die Konkursgläubiger im Falle eines Konkurses des Prioritätszedenten (R.G. V, Gruchot 31 S. 404, u. I, Entsch. 19 S. 59), wohl aber ist ein Dritter auch der Eigenthümer des belasteten Grundstückes, welcher die zurücktretende Post durch Tilgung erwirbt (§§. 63 ff. des Gesetzes).

Hat der Gläubiger das Vorrecht nach Abtretung desselben an einen Anderen rechtswidrig einem dritten Gläubiger eingeräumt, so muß dieser, selbst nach Eintragung seines Vorrechtes, jenem weichen, wenn ihm die früher nicht eingetragene Vorrechtseinräumung bekannt gewesen ist (O.Tr. III bei Vahlmann S. 142; vgl. Turnau 1 S. 463 Anm. 2).

Ueber das Verfahren bei Eintragung der Vorrechtseinräumung vgl. Gr.B.O. §. 86 und die Anm. dazu.

4. Da der vortretende Gläubiger bei der Einräumung des Vorrechtes nicht mitzuwirken braucht, so steht nichts entgegen, daß Jemand, für den mehrere Posten auf einem Grundstück haften, der einen das Vorrecht vor der anderen bewilligt. Frankfurt a. O., Johow 4 S. 242; Kammerger., Jahrb. 8 S. 92.

5. Der Entwurf hatte auf den Antrag des Landesökonomie-Kollegiums die Bestimmung aufgenommen: „Die Einräumung des Vorrechtes bezieht sich auch auf das Zins- und Kostenrecht." Daraus ist in der Kommission des Herrenhauses mit Rücksicht auf die „sonstigen Jahreszahlungen", für die das Grundstück nach §. 30 ebenfalls haftet, der zweite Satz des §. 35 in der gegenwärtigen Fassung entstanden. (Werner S. 57.) Unter den Nebenleistungen sind

13*

also die Kosten und die eingetragenen Zinsen und sonstigen Jahreszahlungen zu verstehen (aber nicht die als Nebenforderung eingetragene Verpflichtung, im Falle einer Veräußerung des Pfandgrundstückes dem Gläubiger eine Provision zu zahlen, Kammerger. a. a. O).

6. Der Eigenthümer als solcher hat außerhalb der Subhastation nicht das Recht, von einem eingetragenen Realberechtigten die Anerkennung des Vorrechtes eines anderen, für einen Dritten auf dem Grundstücke haftenden Realrechtes zu fordern oder auch nur auf Aberkennung eines von jenem geltend gemachten Vorrechtes zu klagen. O.Tr. III, Gruchot 23 S. 913.

7. Die Löschung einer eingetragenen Prioritätseinräumung unterliegt der Bestimmung des §. 117 der Gr.B.O.

8. Die Vorrechtseinräumung kommt nicht nur bei Hypotheken und Grundschulden, sondern auch bei den in Abth. II einzutragenden Rechten vor, wenn das Gesetz sie auch bei diesen nicht ausdrücklich zuläßt. Vgl. das amtliche Formular II Abth. II Post Nr. 2 Spalte 7, Brettner im Jahrb. 12 S. 362 und L.G. Kassel ebd. S. 366.

9. Die Einwilligung des Eigenthümers und des Schuldners ist zur Vorrechtseinräumung nicht erforderlich. Da sie aber durch diese erheblich geschädigt werden können, so fragt es sich, ob sie nicht bei der Tilgung der Hypothek oder Grundschuld, deren Vorrecht ohne ihre Einwilligung geändert ist, deren Abtretung mit dem ursprünglichen Range oder Schadensersatz verlangen können, auch wenn dieser Anspruch sich in dem einzelnen Falle nicht aus einem besonderen Vertragsverhältnisse ergeben sollte. Zwei Fälle sind zu unterscheiden:

a. Der Eigenthümer des belasteten Grundstückes tilgt die Hypothek oder Grundschuld. Nach §. 63 des Gesetzes ist der Gläubiger in diesem Falle verpflichtet, ihm Quittung oder Löschungsbewilligung zu ertheilen oder die Post ohne Gewährleistung abzutreten, und nach §. 64 erwirbt er durch jeden dieser Rechtsakte des Gläubigers die sog. Eigenthümerhypothek. Das R.G. V (Entsch. 9 S. 250) ist nun der Ansicht, daß im §. 63 die Pflichten des Gläubigers gegen den zahlenden Eigenthümer erschöpfend geregelt seien, und daß es daher an einem Rechtsgrunde fehle, aus welchem die weitergehende Verbindlichkeit auf Verschaffung des früheren Ranges hergeleitet werden könne. Dagegen nehmen eine solche Verbindlichkeit an Dungs (Gruchot 33 S. 32 ff.), Dernburg (Hyp.R. §. 10 Ziffer 3 u. §. 38 Ziffer 5, S. 65, 283) und Eccius (3 §. 199a Anm. 18d ff. und bei Gruchot 36 S. 642 ff.), aber mit verschiedener Begründung. Die ersteren beiden stützen sich auf die Vorschrift des A.L.R. I. 20 §. 159, nach welcher der Schuldner nach Erfüllung der Hauptverbindlichkeit die Rückgabe des dafür gegebenen Faustpfandes zu fordern berechtigt ist, und stellen eine analoge Verpflichtung des Hypothekengläubigers auf Rückgewähr der Hypothek, im Range unverkürzt, auf. Diese Ansicht wird durch Eccius (bei Gruchot a. a. O.) treffend widerlegt. Letzterer begründet seine Ansicht folgendermaßen: Der Eigenthümer erwerbe mit der Bestellung der Hypothek und der spätere Erwerber des verpfändeten Grundstückes mit dem Eigenthum desselben das bedingte Recht, die Post durch Zahlung als Eigenthümerhypothek (bezw. -grundschuld) zu erwerben, wie sie zur Zeit der Eintragung bezw. des Eigenthumserwerbes bestehe; Handlungen des Gläubigers, durch welche dieses Recht ohne Einwilligung des Eigenthümers verschlechtert werde, wie die Prioritätseinräumung, enthielten einen schuldhaften Eingriff in dasselbe und verpflichteten jenen zum Schadensersatz (vgl. A L.R. I. 4 §. 103; l. 9 pr. D. de lege comm. 18, 3). Hierdurch wird die Ansicht des Reichsgerichts widerlegt. Natürlich trifft den Gläubiger diese Verbindlichkeit dann nicht, wenn ihr besondere Umstände, vor allem ein besonderes Vertragsverhältniß, entgegenstehen.

b. Für den Fall, daß der persönliche Schuldner, welcher nicht zugleich der Eigenthümer des verpfändeten Grundstückes ist, die Hypothek oder Grundschuld tilgt, ist eine gleiche Verbindlichkeit des Gläubigers für die Regel nicht anzuerkennen. Dernburg a. a. O. ist zwar, anders als Dungs, auch für diesen Fall auf Grund des §. 159 A.L.R. I. 20 der obigen Meinung, doch genügt es hier zu seiner Widerlegung auf Eccius a. a. O. zu verweisen. Indessen wird auch von letzterem die obige Frage bejaht: für die Grundschuld und ausnahmsweise auch für die Hypothek im Falle der Schuldübernahme durch den Grundstückserwerber nach §. 41 des Gesetzes.

§. 36.

Die Rangordnung zwischen den Belastungen zur zweiten und dritten Abtheilung des Grundbuchs bestimmt sich nach dem Datum der Eintragung.

α. Für letzteren Fall sind Dungs a. a. O., Turnau 1 §. 41 Anm. 27 S. 803, und (für das gemeine Recht) auch das R.G. III (Entsch. 28 S. 192) derselben Ansicht wie Eccius. Diese findet ihre Rechtfertigung durch die Erwägung, daß der Veräußerer des Grundstückes, welcher dem Gläubiger von der Schuldübernahme durch den Erwerber Mittheilung macht, nach §. 41 des Gesetzes (vgl. Anm. 4 dazu) für die Hypothek nur noch unter der Bedingung haftet, daß der Gläubiger rechtzeitig sein dingliches Recht verfolgt und dabei nicht befriedigt wird. Er tritt also in die Stellung eines Bürgen und hat, wenn der Gläubiger sein persönliches Recht gegen ihn in der Zwischenzeit verfolgen sollte, auf Grund des Schuldübernahmevertrages Regreßrecht gegen den Erwerber. Damit er dieses Recht in vollem Umfange durchführen kann, darf der Gläubiger nach Bekanntmachung der Schuldübernahme seinen persönlichen Anspruch gegen ihn nur unter Zession des unverkürzten Hypothekenrechtes geltend machen und verliert denselben, wenn er sich dazu nach dem Empfang der Mittheilung durch Verzicht auf die Hypothek oder Prioritätseinräumung außerstandesetzt.

β. Der persönliche Schuldner, neben dessen Verbindlichkeit eine Grundschuld getreten ist, soll nach Eccius (bei Gruchot a. a. O) bei der Zahlung seiner Schuld die Abtretung der Grundschuld fordern und, wenn ihm diese nicht so, wie sie begründet war, übertragen werden kann, die aus der Zahlung ihm erwachsenden Nachtheile durch exceptio doli generalis abwenden können. Dies folgert Eccius aus der Selbständigkeit der Grundschuld und der mit Treu und Glauben unvereinbaren Gefahr, welche dem persönlichen Schuldner durch die Zahlung ohne gleichzeitige Tilgung oder Uebertragung der Grundschuld erwächst, und zieht die Analogie des zahlungshalber gegebenen Wechsels heran. Indessen diese Gründe rechtfertigen m. E. nur ein Recht des persönlichen Schuldners auf löschungsfähige Quittung, nicht auf Abtretung der Grundschuld, da dadurch die Gefahr doppelter Zahlung beseitigt und der Schuldner befugt wird, durch die Löschung der zurückgetretenen Post der Vorrechtseinräumung ihre Wirksamkeit zu entziehen. Zur Ertheilung einer löschungsfähigen Quittung ist aber jeder Gläubiger, zu dessen Sicherung eine Hypothek oder Grundschuld bestellt ist, verpflichtet, denn der vom preußischen und gemeinen Recht anerkannte Anspruch des zahlenden Schuldners auf Quittung bezweckt, denselben durch gehörigen Beweis der Zahlung vor der Gefahr doppelter Zahlung zu schützen, und dieser entgeht er im Falle der Sicherung seiner Schuld durch Hypothek oder Grundschuld nach Grundbuchrecht nur dann, wenn er löschungsfähige Quittung, also in gerichtlich oder notariell beglaubigter Form unter Rückgabe des Grundschuld- oder Hypothekenbriefes, erhalten hat. (Vgl. auch O.Tr. III, Str. Arch. 53 S. 90; Eccius 3 §. 199a Abs. 2.)

10. Eine Aenderung des Ranges der im Grundbuch eingetragenen Posten kann auch ohne Prioritätseinräumung eintreten, namentlich bei einer Zwangsversteigerung. Wenn nämlich eine nicht rechtzeitig angemeldete und deshalb bei Feststellung des geringsten Gebotes nicht berücksichtigte Post von dem Ersteher mit Einwilligung des Gläubigers in Anrechnung auf das Kaufgeld oder kraft gesetzlicher Vorschrift als Ersatz für eine im geringsten Gebot berücksichtigte Post übernommen ist, so bleibt sie im Grundbuch stehen, verliert aber ihr Vorrecht vor den nachstehenden, aber in dem geringsten Gebot berücksichtigten Forderungen (Zwangsvollstr.Ges. §§. 55, 56, 58, 59, 108, 116, 124); und bei Ueberweisung des rückständigen Kaufgeldes auf die nicht eingetragenen, aber den eingetragenen und zu übernehmenden Posten vorgehenden Ansprüche sind die überwiesenen Beträge mit dem Vorrange vor den bisher eingetragenen Posten in das Grundbuch einzutragen (ebd. §. 124 Ziff. 4 und Abs. 3; Eccius 3 §. 199a II a. E.).

§. 36.

1. Nach der Konkurs-O vom 8. Mai 1855 §. 55 wird „die Rangordnung zwischen Reallasten und Hypothekenforderungen durch die Eintragung in das Hypothekenbuch bestimmt."

Eintragungen unter demselben Datum stehen zu gleichem Recht, wenn nicht besonders dabei bemerkt ist, daß die eine der anderen nachstehen soll.

4. Von der Wirkung des Rechts der Hypotheken und der Grundschulden.

§. 37.

Durch die Eintragung der Hypothek und der Grundschuld wird für den Gläubiger die dingliche Klage gegen den Eigenthümer begründet. Der Letztere haftet nur mit dem Grundstück nach Maßgabe der §§. 30. 32.

Diese Vorschrift ist durch den vorliegenden §. 36 näher präzisirt und verallgemeinert. (Mot. a. a. O. S. 32.) Während für die Rangordnung in derselben Abtheilung (Rubrik) die mit der Zeit der Eintragung zusammenfallende Reihenfolge im Raume entscheidet, kann bei der Kollision von Posten verschiedener Abtheilungen, da diese räumlich voneinander getrennt sind, die Priorität nur durch die Zeit der Eintragung (nicht der Verfügung, durch welche die Eintragung angeordnet ist) geregelt werden. Der geringste Zeittheil, der durch das Grundbuch ersichtlich gemacht wird, ist der Tag, d. h. der Zeitabschnitt von Mitternacht zu Mitternacht, dies civilis. (A.L.R. I. 3 §§. 45 ff.) Der Tag in diesem Sinne wird durch das Datum bezeichnet. Wird durch das Versehen eines Beamten ein falsches Datum eingetragen, so ist dasselbe nachträglich zu berichtigen, jedoch nicht zum Schaden Derjenigen, für die in der Zwischenzeit ein Recht in der andern Abtheilung eingetragen ist. (Gr.B.O. §. 18.)

2. Die Eintragung in der einen Abtheilung begründet an sich keinen Vorzug vor der Eintragung in der andern. Daraus folgt, daß die unter demselben Datum in der zweiten und dritten Abtheilung vorgenommenen Eintragungen grundsätzlich die gleiche Priorität haben. Von mehreren Eintragungsgesuchen hat aber das zuerst bei dem Grundbuchamte vorgelegte Anspruch auf prioritätische Berücksichtigung. Wenn daher an einem Tage verschiedene Anträge nicht gleichzeitig eingehen, so ist die Post, deren Eintragung zuerst beantragt war, mit dem Bemerken einzutragen, daß ihr das Vorzugsrecht vor der unter demselben Datum in der anderen Abtheilung eingetragenen zustehe. (Gr.B.O. §. 45.)

3. Ein dingliches Recht, welches gegen Dritte wirksam ist, ohne eingetragen zu sein (§. 12 Satz 2), geht den eingetragenen Rechten vor, wenn es vor der Eintragung derselben entstanden ist (vgl. oben S. 109 Anm. 1 a. E. zu §. 17). Hierzu gehört nach §. 30 des Zwangsvollstr.-Ges. auch das durch die Beschlagnahme im Zwangsversteigerungsverfahren entstehende Recht des betreibenden Gläubigers auf vorzugsweise Befriedigung aus dem beschlagnahmten Grundstück (oben S. 86 Anm. III 2 b β zu §. 11; Krech u. Fischer S. 270 Anm. 9 C b β zu §§. 16, 17 u. S. 311 Anm. 3 zu §. 30; Förster-Eccius 3 §. 169 Anm. 27; die in der vorigen Ausgabe für das frühere Recht vertretene abweichende Ansicht trifft seit dem Zwangsvollstr.Ges. vom 13. Juli 1883 nicht mehr zu).

§. 37.

1. Ziel und Konstruktion der dinglichen Klage des Gläubigers nach römischem und nach preußischem Recht, S. 199.
2. Begründung der Klage, S. 200,
   a. wenn der Kläger als Gläubiger eingetragen ist;
   b. wenn ein Rechtsnachfolger des eingetragenen Gläubigers klagt.
3. Passivlegitimation des Eigenthümers.
4. Fälligkeit der Post, S. 201.
5. Klageantrag.
6. Gerichtsstand.
7. Prozeßart.
8. Klage aus der Vormerkung und der Kautionshypothek, S. 202.

1. Nach römischem Recht hat der Gläubiger auf Grund der Hypothek einen Anspruch auf den Besitz der Sache, um dieselbe zum Zwecke seiner Befriedigung zu verkaufen, und zwar nicht blos gegen den Eigenthümer, sondern gegen jeden, der den Besitz ihm vorenthält. Dieser Anspruch ist dinglich, weil die Hypothek, aus welcher er entspringt, ein dingliches Recht ist. Zu seinem Schutze ist daher eine dingliche Klage gegeben, die der rei vindicatio nachgebildete actio in rem hypothecaria. (Windscheid 1 §§. 234 u. 235; Dernburg, Pand. 1 §. 284.)

Das preußische Recht verbindet mit der Hypothek nicht den Anspruch auf den Besitz des Grundstückes. Der Inhalt der Hypothek besteht nach dem A.L.R. I. 20 §§. 49, 52, 436 u. 482 wesentlich in dem Recht des Gläubigers, wegen seiner Forderung „sich an die verschriebene Sache zu halten", und zwar ohne Rücksicht darauf, ob der Verpfänder noch Eigenthümer ist oder nicht (§. 492), und mit dem Vorrechte vor den persönlichen Gläubigern des letzteren und den später eingetragenen Berechtigten (§§. 1 u. 500). Das Gesetzbuch spricht zwar auch von einer Haftung des dritten Eigenthümers (§. 54), aber es meint damit anscheinend nicht eine Verpflichtung zur Zahlung, sondern nur „die Pflicht, dem Gläubiger zu gestatten, daß er seine Befriedigung aus der Sache nehme" (§. 53). Die Hypothek begründet daher nach dem A.L.R. nicht eigentlich eine Schuld des jeweiligen Eigenthümers, und die aus ihr gegen denselben entspringende Klage wäre nicht auf Verurtheilung des Beklagten zur Zahlung zu richten, sondern auf Feststellung der Befugniß des Gläubigers, die ihm zustehende Summe durch Zwangsvollstreckung aus dem Grundstück beizutreiben.

Allein die preußischen Gerichte haben regelmäßig keinen Anstand genommen, den nicht persönlich haftenden Eigenthümer zu verurtheilen, die eingetragene Summe &c. zur Vermeidung der Exekution in das Grundstück an den Gläubiger zu zahlen. Damit ist anerkannt, daß dem hypothekarischen Anspruch des Gläubigers die Verpflichtung des Eigenthümers zur Zahlung aus dem Grundstück gegenübersteht. Das ist freilich nicht römisch, aber es ist darum nicht minder wahr, weil es eine Konsequenz der Entwickelung des modernen Hypothekenrechtes ist. (Stobbe, Handbuch des d. Privatrechtes 2 §. 109 Note 5; Regelsberger, das bayerische Hypothekenrecht §. 10 S. 32 ff.) Wenn der Gläubiger die Sache nicht in Besitz nehmen und nicht selbst verkaufen darf, so muß die Rechtsordnung eine Person bezeichnen, welcher die Pflicht obliegt, die Haftung der Sache zu verwirklichen. Diese Person kann nur der Eigenthümer sein, weil nur er die Sache als Ganzes zu seiner Verfügung hat. Die Zahlungspflicht des Eigenthümers ist indessen nicht als eine vertragsmäßige zu denken. Es kommt garnicht darauf an, ob sein Wille auf die Uebernahme einer Verpflichtung gegenüber den Realgläubigern gerichtet ist. Das Gesetz legt ihm die Zahlungspflicht auf, weil das Grundstück, welches von dem derselben entsprechenden Recht ergriffen wird, seiner Verfügungsgewalt unterliegt. Es beschränkt aber zugleich die Haftung, da dieselbe auf das Verhältniß zu dem Grundstück zurückzuführen ist, auf die Kräfte des Grundstückes. Abzuweisen ist die Vorstellung, als ob die Verpflichtung des Eigenthümers aus dem dinglichen Recht des Gläubigers entstände. Recht und Pflicht sind vielmehr Bestandtheile des einheitlichen Rechtsverhältnisses, welches durch die Eintragung begründet wird und passiv mit dem Eigenthum an dem Grundstück verbunden ist.

Man wird nicht fehlgehen, wenn man diese Konstruktion auch als die dem Gesetze über den Eigenthumserwerb entsprechende bezeichnet und daher den Eigenthümer sowohl bei der Grundschuld, wo sich dieses aus dem oben (S. 121 ff.) Gesagten ohne Weiteres ergiebt, als auch bei der Hypothek als zur Zahlung der eingetragenen Summe &c. aus dem Grundstück verpflichtet ansieht. (A. M. Krech u. Fischer S. 134 ff.; Eccius 3 §. 194a Anm. 17; vgl. auch Staub in Gruchot 27 S. 709 u. Boß ebd. 29 S. 793.)

Die Dinglichkeit des Rechtes der Hypothek und der Grundschuld hat mit der römisch rechtlichen Dinglichkeit gemeinsam die Wirksamkeit gegen dritte Personen, deren Rechte an dem Grundstück jünger sind als das Recht des Klägers, und gegen die persönlichen Gläubiger, auch im Konkurse, sie unterscheidet sich von derselben wesentlich dadurch, daß sie sich nicht, wie nach römischem Recht, in einem Anspruch auf den Besitz der Sache, sondern in dem Anspruch auf Zahlung aus derselben bethätigt.

2. Der eigentliche Grund der dinglichen Klage ist die Thatsache, daß die Post, deren Bezahlung oder Verzinsung der Kläger fordert, auf das Grundstück des Beklagten in das Grundbuch eingetragen ist. Dies wurde in der Kommission des Herrenhauses mißverstanden. Nach dem Bericht derselben machte man das Bedenken geltend, „daß nach dem Entwurf schon die Eintragung zur Klage legitimiren solle, während diese Legitimation bei Hypotheken doch nur durch Vorlegung der Schuldurkunde und bei Grundschulden des Grundschuldbriefes erfolgen könne, und deshalb

das generelle Amendement gestellt, hinter „Gläubiger" hinzuzufügen: „welcher zur Verfügung darüber berechtigt ist",

eventualiter

den Paragraphen dahin zu fassen:

„Die dingliche Klage des Gläubigers wird durch die Eintragung und bei Grundschuldbriefen durch deren Besitz begründet."

Es wurde entgegnet, daß der §. 37 nur das materielle Fundament der Klage bezeichne, die Frage, wann und wie Jemand aus diesem Fundament zu klagen legitimirt sei, hänge von den übrigen materiellen Bestimmungen des Gesetzes ab und gehöre zur prozessualischen Beurtheilung des Richters. Es bliebe dem Verklagten unbenommen, dem Kläger den Einwand zu machen, daß er wegen Nichtaushändigung des Grundschuldbriefes noch nicht das Verfügungsrecht über die eingetragene Post habe. Andererseits könne der Fall leicht vorkommen, daß der Verklagte dem Kläger die Aushändigung desselben mit Unrecht verweigere und dieser deshalb klagen müsse, oder daß die Berufung auf die Grundakten zur Legitimation genügend sei. Alles dies sei lediglich prozessualischer Natur und bedürfe hier keiner speziellen Hervorhebung." Die Kommission lehnte die Amendements ab und nahm den Paragraphen in der jetzt vorliegenden Fassung an. (Ber. bei Werner S. 57.) Nach derselben stellt sich das Verhältniß so:

a. Der §. 37 deckt durch seinen ersten Satz vollständig nur den Fall, in welchem der Kläger in das Grundbuch als Gläubiger eingetragen ist. In diesem Fall genügt zur Begründung der Klage der Hinweis auf den Inhalt des Buches. Die Eintragung bringt zwar nur in Verbindung mit ihrer Voraussetzung die Hypothek sowohl wie die Grundschuld zur Entstehung; für die Hypothek tritt überdies noch ein drittes Entstehungselement hinzu, die Forderung nämlich, zu deren Sicherheit sie eingetragen ist. (§§. 18 u. 19.) Nichtsdestoweniger verlangt das Gesetz nicht, daß der Kläger sich über die Voraussetzung der Eintragung (Bewilligung, Urtheil, Ersuchen einer zuständigen Behörde) oder über die Forderung schon in der Klage verbreite, augenscheinlich indem es davon ausgeht, daß diese Momente vor der Eintragung von dem Grundbuchrichter soweit festgestellt sind, daß sie auch im Prozesse bis zum Beweise des Gegentheils als richtig angenommen werden dürfen. Thatsachen mithin, welche die Unrichtigkeit darthun sollen, sind vom Beklagten im Wege der Einrede vorzubringen und zu beweisen. (A. M. bezüglich der Beweislast Eccius 3 §. 199b Anm. 3 u. 6.) Zur Begründung der Klage gehört auch nicht die Beibringung der über die Eintragung gebildeten Urkunde. Denn nicht die Urkunde, sondern die Eintragung erzeugt das dingliche Recht. Der Beklagte kann jedoch, weil er nur gegen löschungsfähige Quittung bezw. gegen Abtretung der Post zu zahlen hat, verlangen, daß der Kläger sich durch Vorlegung des Hypotheken- oder Grundschuldbriefes als gegenwärtigen Gläubiger legitimire. Vgl. oben S. 150 Anm. 2 zu §. 20.

b. Ist der Kläger nicht als Gläubiger oder als Rechtsnachfolger des Gläubigers in das Grundbuch eingetragen, so muß er zu seiner Legitimation beweisen, daß das Recht desjenigen, welchem nach §. 37 die dingliche Klage zustand, auf ihn übergegangen sei; er muß insbesondere auch den Hypotheken- oder den Grundschuldbrief beibringen, weil sein Vorgänger nur, wenn er zugleich die Urkunde auslieferte, mit dinglicher Wirkung über die Post verfügen konnte. O.Tr. III, Str. Arch. 98 S. 178.

3. Passiv legitimirt gegen die dingliche Klage ist der eingetragene Eigenthümer (§. 7) und in den Fällen des §. 5 derjenige, welcher das Eigenthum des Grundstückes ohne Eintragung erworben hat. Das von Platner, Sachenrecht §. 43 Note 1 S. 187, gegen die

Legitimation des nicht eingetragenen Eigenthümers erhobene Bedenken, daß dieser das Grundstück nicht belasten könne, ist nicht zutreffend. Denn das Ziel der dinglichen Klage ist nicht eine Belastung des Grundstückes, sondern die Verwirklichung des einer bereits begründeten Belastung entsprechenden Rechtes. Vielleicht hat Platner an die Möglichkeit gedacht, daß der aus einer nichtigen Hypothek oder Grundschuld beklagte Eigenthümer sich verurtheilen läßt, ohne die Nichtigkeit einzuwenden. In diesem Fall würde allerdings mit der Rechtskraft des Urtheils die Nichtigkeit gehoben und also materiell eine neue Belastung geschaffen werden. Allein hierauf bezieht sich das Belastungsverbot des §. 5 nicht.

Ist das Grundstück reell oder ideell getheilt, so kann der Gläubiger die dingliche Klage wegen der ganzen Forderung gegen jeden Eigenthümer eines Trennstückes oder gegen jeden Miteigenthümer anstrengen (R.G. V, Entsch. 20 S. 270; Turnau 1 S. 751 Anm. 5). Von dem im Alleineigenthum stehenden, ungetheilten Grundstücke kann er dagegen nicht einen beliebigen Theil herausziehen, sondern muß sich an das ganze Pfandstück halten (Krech u. Fischer S. 184 Anm. 12 zu §. 1).

4. Ergiebt sich die Fälligkeit der Post nicht aus dem Grundbuche, so muß sie anderweit von dem Kläger nachgewiesen werden. Ist sie von einer Kündigung abhängig, so ist deren rechtzeitige und gehörige Vollziehung darzuthun. (Vgl. R.G. III. H.S., Entsch. 1 S. 383.) Das Kapital muß demjenigen gekündigt werden, der es zahlen soll, also dem Eigenthümer des belasteten Grundstückes. Die Kündigung an einen mit dem Eigenthümer nicht identischen Schuldner ist weder erforderlich (vgl.. Einf.Ges. für Kassel §. 19, Rheinl. §. 15) noch ausreichend, wie Bahlmann 3. Aufl. S. 145 annimmt. Sie ist für den Eigenthümer eine res inter alios acta. Veräußert der eingetragene Eigenthümer nach erfolgter Kündigung das Grundstück, so wird davon die einmal eingetretene Fälligkeit der Post nicht berührt. Sie wirkt für und gegen den Erwerber. Dieser kann sich nicht auf den öffentlichen Glauben des Grundbuches berufen, da er aus dem Buche die Kündbarkeit ersehen konnte, die Thatsache der Kündigung aber nicht zur Eintragung bestimmt ist. Die Wirksamkeit der Kündigung für und gegen den Rechtsnachfolger des Gläubigers, welchem oder von welchem gekündigt worden, ist nicht zweifelhaft. Dernburg, Preuß. Privatrecht 1 §. 341; Eccius 3 §. 199b Anm. 2b.

5. Der Klageantrag ist mit Rücksicht auf die §§. 30, 32 und 43 darauf zu richten, daß der Beklagte verurtheilt werde, an den Kläger zur Vermeidung der Zwangsvollstreckung in das ꝛc. Grundstück die darauf in das Grundbuch von ꝛc. Nr. . . Abth. 3 Nr. . . eingetragenen . . . . Mark (Hypothek oder Grundschuld) nebst . . . . Zinsen seit dem . . . . und . . Mark Kündigungskosten zu zahlen. Dies gilt auch für das Gebiet des gemeinen Rechtes; der aus dem römischen Pfandrecht entspringende Anspruch des Gläubigers auf Herausgabe der Sache zum Zwecke der Zwangsvollstreckung ist dem Gesetz unbekannt. (Vgl. oben Anm. 1.)

Wird mit der hypothekarischen Klage die (persönliche) Schuldklage verbunden, so ist die Verurtheilung des Beklagten zur Zahlung bei Vermeidung der Zwangsvollstreckung in dessen Vermögen, namentlich in das verpfändete Grundstück, zu verlangen.

Nach Krech u. Fischer S. 134 ff. u. a. ist der Klagantrag dahin zu fassen, daß der Beklagte als Eigenthümer des Grundstückes verurtheilt werde, sich die Zwangsvollstreckung in das ꝛc. Grundstück wegen der ꝛc. Forderung gefallen zu lassen, und bei einer Verbindung der hypothekarischen Klage mit der Schuldklage dahin, daß Beklagter verurtheilt werde, 1000 Mk. zu zahlen und sich als Eigenthümer des Grundstückes A die Zwangsvollstreckung in dieses für jene 1000 Mk. dinglich verhaftete Grundstück wegen der 1000 Mk. gefallen zu lassen.

6. Für die dingliche Klage ist nach der Civilprozeßordnung § 25 „das Gericht ausschließlich zuständig, in dessen Bezirke die Sache belegen ist." In diesem Gerichtsstande kann nach §. 26 „mit der hypothekarischen Klage die Schuldklage verbunden werden, wenn die verbundenen Klagen gegen denselben Beklagten gerichtet sind."

7. Die Ansprüche aus Hypotheken und Grundschulden können, da sie auf Zahlung einer bestimmten Geldsumme gehen, nicht blos im ordentlichen Prozesse, sondern auch im Urkundenprozesse (C.P.O. §§. 555 ff.) oder im Mahnverfahren (§§. 628 ff.) geltend gemacht werden.

§. 38.

Gegen die Klage aus einer Grundschuld sind Einreden nur soweit zulässig, als sie dem Beklagten gegen den jedesmaligen Kläger unmittelbar zustehen oder aus dem Grundschuldbrief sich ergeben, oder die Thatsachen, auf welche sich dieselben gründen, dem Kläger beim Erwerb der Grundschuld bekannt gewesen sind.

Gegen die Klage aus einer Hypothek können Einreden aus dem persönlichen Schuldverhältniß einem Dritten, welcher ein Recht auf die Hypothek gegen Entgelt erworben hat, nur entgegengesetzt werden, wenn sie ihm vorher bekannt geworden sind oder sich aus dem Grundbuch ergeben.

Einreden gegen das Verfügungsrecht des Klägers aus der Person seines eingetragenen Rechtsurhebers (Autors) sind sowohl gegen die Klage aus einer Grundschuld als gegen die aus einer Hypothek unzulässig.

Wird im Urkundenprozesse geklagt, so müssen die sämmtlichen nach den Anm. 2—4 „zur Begründung des Anspruches erforderlichen Thatsachen durch Urkunden bewiesen werden."

Im Fall der Hypothek bedarf es einer Klage überhaupt nicht, wenn die Schuldurkunde, welche mit dem Hypothekenbrief verbunden ist, den Erfordernissen einer vollstreckbaren Urkunde im Sinne der C.P.O. §. 702 Nr. 5 entspricht. Auf Grund einer vollstreckbaren Ausfertigung kann ohne weiteres die Zwangsversteigerung und die Zwangsverwaltung eingeleitet werden. Hat jedoch der Schuldner, welcher in der Schuldurkunde der sofortigen Zwangsvollstreckung sich unterworfen hat, das Grundstück veräußert, so wird dadurch die Vollstreckbarkeit der Urkunde in das Grundstück aufgehoben. Vgl. unten Anm. 2 zu §. 44 des Gesetzes.

8. Ist nur eine Vormerkung eingetragen, so gehört zur Begründung der dinglichen Klage der Nachweis, daß dem Kläger der Anspruch auf endgültige Eintragung der Hypothek oder der Grundschuld zusteht (§. 22 Anm. 1b und 2c) Die Klage aus der Kautionshypothek kann nur aus dem persönlichen Schuldverhältniß begründet werden. (§. 24 Anm. 3.)

§. 38.

1. Das Gesetz beschränkt unter §. 38 die Einreden gegen die dingliche Klage. Auf die Klage aus dem persönlichen Schuldverhältniß finden seine Vorschriften keine Anwendung. (O.Tr. III, Str. Arch. 97 S. 280: vgl. Turnau 1 S. 757 Anm. 11.) Die Zulässigkeit der Einreden gegen diese bestimmt sich nach dem bürgerlichen Recht.

Auch gegenüber der dinglichen Klage aus einer Vormerkung und aus einer Kautionshypothek ist §. 38 unanwendbar (vgl. vorstehende Anm. 8 zu §. 37).

2. Das Wort „Einrede" hat in der Rechtswissenschaft eine materielle und eine formelle Bedeutung. Vgl. darüber Windscheid 1 §. 47, Dernburg, Preuß. Privatrecht 1 §. 127. Hier kommt dasselbe in dem umfassenderen formellen Sinne in Betracht und bedeutet: jede Behauptung des Beklagten, welche nicht ein bloßes Bestreiten des Klagegrundes (§. 37) ist.

3. Der Zweck des §. 38 ist der Rechtsschutz des Erwerbers einer Hypothek oder einer Grundschuld gegen Einreden, welche dem Rechtsurheber desselben entgegenstanden. In diesem Schutz bethätigt sich der öffentliche Glaube des Grundbuches. Wer im Vertrauen auf die Richtigkeit und Vollständigkeit des öffentlichen Buches sich eine Hypothek oder Grundschuld bestellen läßt oder eine bereits eingetragene Post erwirbt, muß dagegen gesichert sein, daß sein Recht nicht auf Grund von Thatsachen in Frage gestellt werde, von welchen er bei der Erwerbung keine Kenntniß hatte. Zur Erreichung dieses Zweckes hätte es hier (mit Rücksicht auf §. 9) nur der Vorschrift bedurft, daß die gegen den Rechtsurheber des Klägers begründeten Einreden der dinglichen Klage nicht entgegengesetzt werden können, wenn sie weder aus dem Grundbuche sich ergeben noch dem Kläger bei Erwerbung der Post bekannt gewesen sind. Statt dessen bestimmt das Gesetz unter §. 38 Abs. 1 und 2, welche Einreden überhaupt nur zuge-

lassen werden sollen, — als ob der normale Zustand die Unzulässigkeit jeder Einrede gegen den dinglichen Anspruch des Gläubigers wäre. In der That stand der Verfasser des Regierungsentwurfes unter der Vorstellung, daß der Eigenthümer durch die Eintragungsbewilligung auf die ihm zustehenden Einreden verzichtete. (S. 114 oben.) Diese Vorstellung wurde freilich im Landtage zurückgewiesen, die Fassung des Gesetzes aber von ihr nicht vollständig emanzipirt. (S. 115.) In Zusammenhang hiermit steht die Sonderung der gegebenen Vorschriften, jenachdem der Anspruch, gegen welchen die Einrede erhoben wird, aus einer Grundschuld oder aus einer Hypothek hervorgeht. Der Sache nach ist die Verschiedenheit zwischen beiden Fällen nicht von großer praktischer Bedeutung. Sie besteht darin:

a. daß gegen die hypothekarische Klage die Einreden, welche sich aus dem Grundbuche ergeben, zulässig sind, gegen die Grundschuldklage dagegen diejenigen, welche aus dem Grundschuldbriefe hervorgehen;

b. daß bei der Hypothek der Kläger, welcher die Post ohne Entgelt erworben, sich alle Einreden aus der Person seines Rechtsvorgängers gefallen lassen muß, während bei der Grundschuld sich der unentgeltliche Erwerber, ebenso wie der entgeltliche, auf den öffentlichen Glauben des Grundbuches berufen kann.

Diese Besonderheiten der Grundschuld erleiden indessen durch §. 9 des Gesetzes eine Einschränkung zu Gunsten desjenigen, welcher die Eigenthumseintragung des Bestellers der Grundschuld mit Erfolg angefochten hat, und zum Nachtheil des ersten Grundschuldgläubigers, nicht eines späteren Erwerbers der Grundschuld; denn dieser kann jenem gegenüber sich auf den öffentlichen Glauben des Grundbuches nicht berufen, wenn das Anfechtungsrecht desselben zwar nicht aus dem Grundschuldbriefe, aber aus dem Grundbuche hervorging, oder wenn die Bestellung der Grundschuld unentgeltlich erfolgt ist (vgl. oben S. 73 Anm. 3 zu §. 9 Abs. 2; Turnau 1 S. 754 Anm. 5; R.G. V, Entsch. 1 S. 129. A. M. Borchardt, das Institut der Vormerkung S. 138).

Die Einreden, welche dem Beklagten gegen den jedesmaligen Kläger unmittelbar zustehen, sind immer zulässig, wenngleich die juristische Konstruktion bei der Grundschuld theilweise eine andere ist als bei der Hypothek.

Will der Eigenthümer eine ihm gegen den Gläubiger zustehende Einrede auch gegen die Sondernachfolger desselben sich erhalten, so muß er dafür sorgen, daß das Verhältniß resp. die Thatsachen, aus welchen die Einrede sich ergiebt, durch das Grundbuch bezw. den Grundschuldbrief veröffentlicht oder dem Erwerber der Post vor der Erwerbung bekannt werde. Vgl. über die protestatio pro conservandis exceptionibus des früheren Rechtes A.L.R. I. 11 §. 739 u. I. 20 §. 424 und Gesetz vom 24. Mai 1853 §§. 46 ff.; Turnau Anm. 8 zu §. 49 des Ges., 1 S. 491 ff, und unten Anm. I zu §. 38 Abs. 2. Das Gesetz über den Eigenthumserwerb 2c. hat keine besonderen Vorschriften über die Eintragung von Einreden. Es sind dafür die allgemeinen Bestimmungen der §§. 49, 60 und 70 maßgebend. Darnach kann nicht unmittelbar die Einrede, wohl aber eine Beschränkung des Gläubigers in der Verfügung über die Post, beziehungsweise „Widerspruch gegen weitere Verfügungen des Gläubigers", d. i. eine Vormerkung, jedoch nur mit Bewilligung des Gläubigers oder auf Ersuchen des Prozeßrichters eingetragen werden. O.Tr. III, Entsch. 75 S. 197, Str. Arch. 93 S. 305.

4. Der Beweis der Einrede liegt demjenigen ob, welcher dieselbe erhebt. Diese Beweislast umfaßt nicht blos die Begründung, sondern auch die Zulässigkeit der Einrede. Wenn also die Zulässigkeit darauf gestützt wird, daß der Kläger die vom Beklagten behaupteten Thatsachen bei Erwerbung der Post gekannt oder die letztere unentgeltlich erworben habe, so ist dies von dem Beklagten zu beweisen. So auch das O.Tr. III, Gruchot 23 S. 895, Entsch. 83 S. 233 und R.G. III H.S., Entsch. 1 S. 382. Die Fassung des Gesetzes läßt einen Zweifel hieran nicht zu.

5. Verschiedene Einreden, welche das römische Recht gegen die dingliche Klage des Gläubigers gestattete, das preußische Landrecht aber versagte, sind neuerdings auch in Gebieten des gemeinen Rechtes weggefallen; so z. B. die exceptio legis Anastasianae, die Einreden der

Vorausklage und der Verjährung. Vgl. die Gesetze über das Grundbuchwesen in Neuvorpommern und Rügen §§. 7–9, Schleswig-Holstein §§. 30, 32 und 33, Hannover §§. 9 u. 10, Kassel §§. 7 u. 8, Ehrenbreitstein §§. 6 u. 8 und Hohenzollern §§. 4 u. 7.

6. §. 38 findet nur auf Hypotheken und Grundschulden Anwendung. Für die in Abth. II einzutragenden binglichen Rechte (z. B. Renten) fehlt es an einer entsprechenden Vorschrift, weil sie nicht für den Verkehr bestimmt sind (R.G. V, Entsch. 28 S. 234).

§. 38 Abs. 1.

1. Die dem Beklagten gegen den Kläger unmittelbar zustehenden Einreden.
   a. Ungültige Entstehung der Grundschuld.
   b. Mangel der Aktivlegitimation.
   c. Ungültigkeit des Rechtsgeschäfts, S. 205.
   d. Nichterfüllung des Rechtsgeschäfts Seitens des Klägers.
   e. Befriedigung des Klägers.
2. Einreden aus dem Grundschuldbrief, S. 206.
   a. Verhältniß des Gläubigers zu dem Eigenthümer.
   b. Verhältniß mehrerer Prätendenten der Grundschuld zueinander, S. 207.
   c. Verhältniß des Gläubigers zu andern Realberechtigten.
3. Einreden aus Thatsachen, welche dem Kläger bei Erwerbung der Grundschuld bekannt gewesen sind.

Gegen die Klage aus einer Grundschuld sind nur zulässig:

1. Einreden, welche „dem Beklagten gegen den jedesmaligen Kläger unmittelbar zustehen“. Die Fassung ist dem Art. 82 der A.D.W.O. entlehnt. Die civilrechtlichen Einreden, welche der Wechselkläger sich gefallen lassen muß, können daher auch der Grundschuldklage entgegengesetzt werden. Der Rechtsgrund aber, auf welchem die Einrede beruht, ist an sich gleichgültig. Das Gesetz unterscheidet namentlich nicht, ob die Einreden aus dem Grundschuldrecht oder aus den persönlichen Beziehungen der Parteien hergeleitet sind. Es gehören hierher insbesondere:

a. die Einrede der ungültigen Entstehung der Grundschuld, wenn derjenige klagt, für den ursprünglich die Eintragung erfolgt ist.

Die Grundschuld entsteht durch die Eintragung nur auf Grund ihrer Voraussetzung, d. h. der erklärten oder durch rechtskräftiges Urtheil ersetzten Bewilligung des eingetragenen Eigenthümers. (§§. 18 u. 19) Wenn nun auch nach der positiven Vorschrift des §. 37 die Voraussetzung der Eintragung in der Klage nicht berührt zu werden braucht, so ist doch dem Beklagten nicht die Einrede verschränkt, daß er weder die gegen ihn erwirkte Eintragung bewilligt habe noch zu deren Bewilligung verurtheilt worden sei. Ebensowenig kann ihm der Einwand versagt werden, daß die Eintragungsbewilligung der Gültigkeit entbehre aus einem Grunde, welcher gesetzlich die Willenserklärung entkräftet.

Hat der zu einer solchen Einrede Berechtigte das Grundstück veräußert, so hat auch der Erwerber die Einrede, wenn aus dem Thatbestand, auf welchem dieselbe beruht, die Nichtigkeit der Eintragung sich ergiebt. Das Recht zur Anfechtung einer an sich gültigen Eintragung geht durch die Veräußerung des Grundstückes nicht auf den Erwerber über.

Einem dritten Erwerber der Grundschuld kann diese Einrede nur dann entgegengesetzt werden, wenn sie ihm bei dem Erwerbe der Grundschuld bekannt war oder sich aus dem Grundschuldbrief ergiebt (R.G. V, Gruchot 24 S. 458 u. 35 S. 698);

b. die Einrede, daß der Kläger zur Geltendmachung der Grundschuld nicht legitimirt sei, soweit sie nicht durch die Bestimmung unter Abs. 3 abgeschnitten ist. In der Regel freilich wird der Mangel der Aktivlegitimation des Klägers sich zugleich als Mangel der Klage darstellen und daher nicht Gegenstand einer eigentlichen Einrede sein. Doch sind immerhin Fälle denkbar, in welchen das Vorbringen jenes Mangels sich als Einrede kennzeichnet, z. B. wenn die Abtretungsurkunde nur zum Schein ausgestellt oder gefälscht ist.

Fraglich ist, ob der Beklagte einwenden kann, daß der Grundschuldbrief dem Kläger nicht ausgehändigt sei. Stehen sich die ursprünglichen Parteien gegenüber, so ist dieser Umstand für sich allein nicht erheblich, sofern die Aushändigung von dem Willen des Beklagten abhängt. In allen anderen Fällen ist die Einrede gegeben, weil der Gläubiger Zahlung nur gegen Aushändigung des Briefes zu verlangen berechtigt ist;

c. die Einrede der Ungültigkeit des Rechtsgeschäftes, in dessen Veranlassung die Eintragung der Grundschuld bewilligt worden ist. Die Ungültigkeit des Rechtsgeschäftes hat nicht die Ungültigkeit der Grundschuld zur Folge, wenn die Eintragungsbewilligung den gesetzlichen Erfordernissen entspricht. (Vgl. Anm. 4 zu §. 40 des Gesetzes.) Die Einrede steht daher dem Beklagten gegen den Kläger unmittelbar nur zu, wenn jener die Eintragung für diesen bewilligt hat.

Ist die Grundschuld zur Tilgung einer als gültig vorausgesetzten Verbindlichkeit bestellt, so hat die Bestellung die Bedeutung der Zahlung oder der Hingabe an Zahlungsstatt. Stellt sich dann heraus, daß die Verbindlichkeit nicht existirte, beziehungsweise das Rechtsgeschäft, aus welchem sie hergeleitet wurde, der Gültigkeit ermangelte, so kann der Besteller der Grundschuld deren Löschung unter denselben Voraussetzungen verlangen, unter welchen er das Gezahlte kondiziren dürfte. Würde auch die Zahlung nicht zurückgefordert werden können, so verbleibt auch die Grundschuld dem Gläubiger.

Wenn also z. B. Jemand zur Deckung seines Verlustes im Spiel dem Gewinner eine Grundschuld bestellt und den Grundschuldbrief ausgehändigt hat, so kann er der Klage des Gewinners aus der Grundschuld nicht durch den Hinweis auf die Ungültigkeit der Spielschuld ausweichen. Er kann dies ebensowenig, wie er das auf die Spielschuld Gezahlte zurückzufordern berechtigt ist. (A.L.R. I. 11 §§. 577, 578; Dernburg, Pand. 2 §. 104.)

Behauptet der Beklagte, die den persönlichen Schuldgrund enthaltende Erklärung sei ihm abgezwungen, so entkräftet der Kläger die aus dem Zwange hergeleitete Einrede durch den Hinweis auf die Willensfreiheit des Beklagten bei der Eintragungsbewilligung. Die Einrede des Zwanges kann also nur dann zutreffen, wenn die Bewilligung erzwungen worden ist. Wendet der Beklagte hingegen ein, der persönliche Schuldgrund, der ihn zur Bewilligung der Eintragung veranlaßt habe, sei wegen **Betruges** ungültig, so ist dies ein zulässiger Einwand gegen die Klage, weil der durch den Betrug hervorgerufene Irrthum auch die **Bewilligung** entkräftet, sofern der Kläger nicht nachweist, daß der Beklagte damals, als er die Eintragung bewilligte, bereits Kenntniß von den den Betrug begründenden Thatsachen gehabt habe. Dies gilt für das Gebiet des A.L.R. wie des gemeinen Rechtes;

d. die Einrede, daß das Rechtsgeschäft vom Kläger nicht erfüllt sei (exceptio non adimpleti contractus). Ist der persönliche Schuldgrund an sich gültig, hat aber der Kläger der ihm darnach obliegenden Verpflichtung nicht genügt, so kann es sich fragen, ob der Beklagte hieraus eine Einrede herleiten kann. Z. B. der Beklagte hat von dem Kläger eine Sache gekauft und für den Preis eine Grundschuld bestellt. Hier kann er gegen die dingliche Klage einwenden, die Sache sei ihm nicht übergeben, wenn die Bestellung der Grundschuld nur zur Sicherung der Kaufgeldforderung des Klägers (§. 52) geschehen ist. War dagegen die Absicht bei Bestellung der Grundschuld die Tilgung der persönlichen Verbindlichkeit des Beklagten, so findet die Einrede nicht statt, weil der Mangel der Uebergabe bereits bei der Eintragungsbewilligung vorhanden gewesen ist und daher auf die Rechtsbeständigkeit der letzteren nicht von Einfluß sein kann. Dem Beklagten bleibt hier nur überlassen, die Uebergabe der Sache klagend oder widerklagend zu fordern. Ist in diesem Falle dem Kläger die Uebergabe aus einem Grunde unmöglich, den er zu vertreten hat, so ist der Vertrag nach A.L.R. I. 11 §. 100 (anders nach gemeinem Recht) aufgehoben und folglich auch die Grundschuld nicht zu halten, weil der Beklagte nunmehr berechtigt ist, die Herstellung des Status quo zu verlangen, d. i. das von ihm Geleistete zu kondiziren;

e. die Einrede, daß dem Kläger der Betrag der Grundschuld bereits gezahlt oder in sonstiger Weise gewährt sei. Sie steht dem Beklagten, von dem der Kläger befriedigt ist, ohne Weiteres zu. Dagegen ist es eine unstatthafte Exceptio de jure tertii, wenn nicht der Beklagte, sondern ein früherer Eigenthümer oder sonst Jemand den Kläger befriedigt hat. (§§. 64 ff.)

Hier kann ein unmittelbares Verhältniß zwischen den Parteien nur so begründet werden, daß der Beklagte von seinem Rechtsvorgänger dessen Rechte sich abtreten läßt. Geschieht dies nicht, so ist der Beklagte zur Bezahlung der Grundschuld zu verurtheilen. Die Rechte seines Rechtsvorgängers gegen den Kläger bleiben natürlich gewahrt;

2. Einreden, welche „aus dem Grundschuldbrief sich ergeben." Die Zulassung solcher Einreden enthält keine Verletzung des Publizitätsprinzipes. Das Recht der Grundschuld entsteht zwar schon durch die Eintragung. Allein da der Gläubiger die Verfügung über die Post erst durch die Aushändigung des Grundschuldbriefes erlangt (§. 20), so wird kein vorsichtiger Mann die Valuta für die Grundschuld zahlen, ohne sich durch Einsicht der Urkunde überzeugt zu haben, daß der Inhalt der Urkunde mit dem bezüglichen Inhalt des Grundbuches übereinstimmt, beziehungsweise den Bedingungen entspricht, unter welchen er zur Erwerbung der Grundschuld sich verpflichtet hat. Dem Gläubiger geschieht daher kein Unrecht, wenn ihm die Grundschuld nur nach Maßgabe des über sie ausgefertigten Briefes gewährt wird. Nun kann freilich die Grundschuld auch zur Sicherung eines ohne Rücksicht auf sie entstandenen Rechtes dienen (§. 52). Allein dann ist es erst recht nicht bedenklich, wenn für den Gläubiger der dingliche Anspruch nur mit den aus der Urkunde sich ergebenden Einreden erworben wird.

Es ist bereits S. 115 erwähnt, daß in dem Regierungsentwurf das Wort „Grundbuch" stand und daß es erst in der Kommission des Herrenhauses durch das Wort „Grundschuldbrief" ersetzt wurde, weil man den Verkehr mit Grundschulden nicht an das Buch, sondern an die Urkunde binden wollte. Der Kommissar der Regierung hatte sich unter Hinweis auf die Gr B.O. §§. 86 und 91 gegen diese Aenderung erklärt, „weil dieselbe im Wesentlichen nichts Anderes bezwecke, als was der Entwurf bereits erreiche und verbürge. Der Brief werde stets in Uebereinstimmung mit dem Grundbuche sein und bleiben." Man stellte hiernach in der Kommission die Frage so, ob in dem Falle, in welchem „durch ein Versehen des Grundbuchamtes der Grundschuldbrief von vornherein oder später nicht in vollständiger Uebereinstimmung mit dem Bucheintrag sei, der Inhaber des Grundschuldbriefes oder der, welcher eine abweichende Eintragung erlangt habe, den Vorzug haben solle." Die Annahme des Antrages deutet darauf hin, daß die Mehrheit sich für die erstere Alternative entschieden hat. Es ist jedoch sehr fraglich, ob dabei die Tragweite des Beschlusses vollständig übersehen worden ist. Folgende Punkte dürften in Betracht kommen:

a. Das Verhältniß des Grundschuldgläubigers zu dem beklagten Eigenthümer. Letzterer hat gegen die dingliche Klage die aus dem Grundbuche sich ergebenden Einreden, welche zu einer (quantitativen oder qualitativen) Minderung des den Gegenstand der Klage bildenden Anspruches führen. Wenn also der Grundschuldbrief über 10000 Mark ausgefertigt ist, im Grundbuche aber nur 1000 Mark eingetragen sind, so wird die auf Zahlung von 10000 gerichtete Klage durch den aus dem Grundbuche hergeleiteten Einwand des Beklagten in Höhe von 9000 beseitigt, weil das Recht der Grundschuld nur durch die Eintragung entsteht (§. 18), die 9000 aber nicht eingetragen sind. Aehnlich ist der Fall, wenn zwar der Schuldbrief mit dem Grundbuche ursprünglich übereingestimmt hat, später aber von den 10000 Mark 5000 bezahlt und gelöscht, der Grundschuldbrief aber, ohne daß darauf die Löschung vermerkt worden, in Folge des Versehens eines Beamten, dem Gläubiger zurückgegeben ist, sodann die volle Forderung weiter zedirt und von dem redlichen Zessionar geltend gemacht wird. Der Richter wird den nach §. 57 erheblichen Einwand der Löschung von 5000 Mark unbedenklich zulassen müssen. Denn Einreden der Art sind immer solche, die dem Beklagten unmittelbar gegen den Kläger zustehen.

Im Gegensatze hierzu hat Förster 3. Aufl. §. 194 Bd. 3 S. 438 die gesetzten Fälle dahin entschieden, daß der Eigenthümer die höheren Beträge, welche sich aus dem Grundschuldbriefe ergeben, zahlen müsse und auf den Regreß gegen den Beamten eventuell den Staat gewiesen sei; er beruft sich hierfür auf die unzweideutige Vorschrift des §. 38, indem er bemerkt, daß eine aus dem Grundbuche hervorgehende Einrede nicht eine solche sei, welche dem Beklagten gegen den Kläger unmittelbar zustehe. Ueber den Begriff der unmittelbar zustehenden Einrede läßt freilich sich streiten. Aber wenn man mit diesem Begriff hier nicht operiren will, so wird man in der Behauptung des Beklagten, daß die Grundschuld nach Inhalt des öffentlichen Buches nicht in der von dem Grundschuldbrief bekundeten Höhe bestehe, überhaupt keine Einrede, sondern lediglich eine Verneinung des Klagegrundes erblicken dürfen (§§. 18, 37, 57; ebenso Eccius 3 §. 199 b Anm. 23);

b. das Verhältniß des Klägers zu einem Prätendenten des Rechtes aus der Grundschuld. Man setze folgenden Fall:

Es klagt der Gläubiger unter Produktion des Grundschuldbriefes, auf dem eine Zession nicht vermerkt ist. Der Beklagte macht aber geltend, im Grundbuche sei ein Zessionar des Klägers eingetragen. Letzterer räumt dies ein, hält es aber für unerheblich, indem er behauptet, die Eintragung sei durch Fälschung erschlichen. Der Einwand des Beklagten ist zulässig, ungeachtet er aus dem Grundschuldbriefe des Klägers nicht hervorgeht. Der Grund ist, daß der Eigenthümer mit seinem Grundstück an sich dem eingetragenen Gläubiger haftet (§§. 18, 37, 38 Absatz 3), die Frage aber, ob der angebliche Zessionar mit Recht oder Unrecht eingetragen, ob namentlich sein Grundschuldbrief und die Zession, auf Grund deren die Umschreibung stattgefunden hat, oder der Grundschuldbrief des Klägers gefälscht ist, nur zwischen den beiden Prätendenten zum Austrage gebracht werden kann. Es ist auch dies eine dem Beklagten unmittelbar gegen den Kläger zustehende Einrede. Letzterer wird freilich nicht immer abzuweisen, der Beklagte vielmehr gegebenen Falles zur Zahlung ad depositum zu verurtheilen sein. Eccius a. a. O. kommt zu demselben Ergebniß auf Grund der Erwägung, daß der Schuldner nur gegen löschungsfähige Quittung zu zahlen brauche;

c. das Verhältniß mehrerer Grundschuldgläubiger zueinander oder eines Grundschuldgläubigers zu anderen Realberechtigten in dem Fall, wenn die Rangordnung, welche der Grundschuldbrief ausweist, von der Reihenfolge der Eintragungen im Grundbuche abweicht. Hier kann der Inhaber des Briefes eine bessere Priorität, als ihm das Grundbuch zugesteht, bei der Vertheilung der Subhastationskaufgelder nicht beanspruchen. (§§. 17, 34, 36; Zwangsvollstr.Ges. §. 29.)

Die Bevorzugung des Grundschuldbriefes vor dem Grundbuch, welche der §. 38 bezweckt, ist hiernach kaum von praktischer Bedeutung. Für die Fälle, in welchen sie eine solche haben kann, besteht die besondere Vorschrift des §. 49;

3. Einreden, die sich auf Thatsachen gründen, welche „dem Kläger beim Erwerb der Grundschuld bekannt gewesen sind.“ Vgl. hierüber das oben S. 71 ff. Anm. 2 zu §. 9 Abs. 2 und S. 124 Anm. 2b zu §. 18 Gesagte, welches auch hier gilt.

Nach R.G. III, Entsch. 16 S. 198, genügt nicht die Kenntniß des dritten Erwerbers, daß seiner Grundschuld (oder Hypothek) zu irgend einer Zeit eine bestimmte Einrede entgegengestanden hat, vielmehr muß er gewußt haben, daß dieselbe noch zur Zeit seines Erwerbes bestand, damit sie ihm entgegengehalten werden kann. — Gegen den dritten Erwerber einer Grundschuld (oder Hypothek), welche durch Umschreibung aus einer Vormerkung entstanden ist, kann eine Anfechtung nur dann erfolgen, wenn er bei seinem Erwerbe wußte, daß der erste Gläubiger zur Zeit der Eintragung der Vormerkung, nicht der Umschreibung dieser in die Hypothek, schlechtgläubig war: R.G. V, Gruchot 37 S. 731.

§. 38 Abs. 2.

3. Einzelne Einreden:
   a. der Ungültigkeit der Forderung,
   b. des Mangels der Fälligkeit derselben, S. 211,
   c. der Kompensation,
   d. der Verpflichtung des Zedenten zur Löschung,
   e. der Tilgung,
   f. der nicht erfolgten Gegenleistung,
   g. des Zwangsvergleichs.

III. Andere Einreden, S. 212.

IV. Verhältniß des Gläubigers zu dritten Personen.

I. Ueber die Entstehungsgeschichte des §. 38 Abs. 2 vgl. oben die Vorbemerkung vor §. 18, S. 113 ff. und 116.

Nach dem A.L.R. I. 20 §§. 422 ff. war die Zulässigkeit von Einreden gegen einen Dritten, welcher die Hypothek „durch einen lästigen Vertrag erworben hatte, dadurch bedingt, daß die Einrede im Hypothekenbuche eingetragen oder dem Dritten vor der Erwerbung bekannt geworden war. Dies ist auch der Standpunkt des Gesetzes über den Eigenthumserwerb. Das A.L.R. gestattete indessen unter §§. 425 und 426 dem Eigenthümer, gegen den die Hypothek eingetragen worden, binnen vier Wochen nach der Eintragung, seine Einwendungen gegen die Post im Hypothekenbuche vermerken zu lassen, sodaß also Niemand vor Ablauf dieser Frist die Hypothek oder ein Recht an derselben mit Sicherheit erwerben konnte. Eine derartige Abschwächung der publica fides des Grundbuches kennt das Gesetz über den Eigenthumserwerb 2c. nicht. Nach §. 38 hängt die Wirkung des eingetragenen Einwandes nicht davon ab, ob derselbe längere oder kürzere Zeit nach Eintragung der Hypothek in dem Grundbuche vermerkt ist. Da indessen die Bemerkung des Einwandes eine Beschränkung des Gläubigers in der Verfügung über die Post bezweckt, so findet sie nicht mehr statt, wenn der Gläubiger über die Post bereits verfügt hat. Ist sie gleichwohl erfolgt, so kann doch dem redlichen Zessionar, dessen Zession älter ist, als der Vermerk, die Einrede nicht entgegengesetzt werden. (§§. 49 u. 70.) Das Obertribunal sagt: „Die Befugniß des Schuldners, sich seine Einwendungen durch Eintragung eines Vermerkes im Grundbuche binnen einer gewissen Frist gegen Dritte unbedingt, auch mit rückwirkender Kraft, zu erhalten (§§. 424, 425), besteht nicht mehr; die Beschränkung, daß Rechte auf der Hypothek mit Sicherheit erst nach Ablauf der dem Schuldner bewilligten Frist erworben werden können (§. 426), ist beseitigt". (O.Tr. III, Entsch. 75 S. 201, Str. Arch. 93 S. 308).

II. Der Abs. 2 des §. 38 beschränkt die „Einreden aus dem persönlichen Schuldverhältniß" gegenüber der dinglichen Klage (vgl. oben S. 202 Anm. 1 zu §. 38) aus der Hypothek. Da letztere ihrem Begriffe nach ohne Forderung weder entstehen noch fortbestehen kann, müßten an sich die Einreden, welchen die Geltendmachung der Forderung ausgesetzt ist, auch gegen die Klage aus der Hypothek wirksam sein. Indessen im Interesse des Verkehres ist ihre Zulässigkeit gegenüber einem dritten entgeltlichen Erwerber der Hypothek eingeschränkt Ja, nach der Fassung und der Tendenz des Gesetzes gilt als Regel, daß gegen die hypothekarische Klage des Dritten Einreden aus dem persönlichen Schuldverhältniß unzulässig sind. Die Zulässigkeit ist die Ausnahme (O.Tr. III, Entsch. 83 S. 233).

1. Beschränkt sind diese Einreden nur gegenüber „einem Dritten, welcher ein Recht auf die Hypothek gegen Entgelt erworben hat". Dritter ist jeder Sondernachfolger des ersten eingetragenen Hypothekengläubigers. Vgl. darüber oben S. 70 Anm. zu §. 9 Abs. 2, S. 87 Anm. IV 1 zu §. 11 und S. 93 Anm. 3c zu §. 12 Satz 1. Zedirt der Gläubiger des Eigenthümers, dem dieser die Eintragung einer Hypothek für seine Forderung bewilligt hat, die Forderung mit diesem Titel zum Pfandrecht vor dessen Eintragung in das Grundbuch, so ist der Erwerber nicht ein Dritter, da er durch die Zession kein Recht auf eine bereits bestehende Hypothek erworben hat (R.G. V, Entsch. 19 S. 341; vgl. dass. bei Gruchot 32 S. 996; Dernburg, Hyp.R. S. 237). „Zu denjenigen, welche im Sinne des §. 38 Abs. 2 des Gesetzes ein Recht gegen Entgelt auf die Hypothek erworben haben, gehört nach der neueren konstanten Praxis des Reichsgerichtes auch der Erwerber eines Pfandrechtes an der Hypothek zur Sicherung einer ihm gegen den Gläubiger zustehenden Forderung, mag das Pfandrecht auf Grund einer freiwilligen Pfandbestellung

oder durch Pfändung erworben sein", und ohne Unterschied, ob der Pfändungsgläubiger sich die Hypothek an Zahlungsstatt oder nur zur Einziehung hat überweisen lassen (R.G. V, Entsch. 10 S. 251, Gruchot 33 S. 1183, J.M.Bl. 1891 S. 51 u. Entsch. 29 S. 244; vgl. daselbst u. R.G. II H.S., Entsch. 7 S. 238, auch über das frühere Recht). Im übrigen ist über die Bedeutung der Worte „gegen Entgelt" oben S. 73 Anm. 3 zu §. 9 Abs. 2 zu vergleichen.

Ob über die Hypothek ein Hypothekenbrief ausgefertigt worden, ist — anders als im früheren Recht (vgl. A.L.R. I. 20 §. 522; allg. Hyp.O. v. 20. Dez. 1783 Tit. 2 §§. 203 ff.; O.Tr. III, Entsch. 20 S. 222 u. Str. Arch. 95 S. 222) — für die Anwendung des §. 38 Abs. 2 gleichgültig. Denn wenn auch im Falle der Eintragung einer Zession im Grundbuche die nachträgliche Bildung des Hypothekenbriefes, auf welchen anfangs verzichtet war, erfolgen muß, so ist doch die Zession nach §. 54 des Gesetzes von der Eintragung unabhängig und daher der Zessionar, auch ohne eingetragen zu sein und einen Hypothekenbrief erhalten zu haben, zur Klage aus §. 37 des Gesetzes legitimirt. Auch ihm kann deshalb z. B. die Einrede der Zahlung an den Zedenten nur unter den Voraussetzungen des §. 38 Abs. 2 entgegengehalten werden. Nach der Ansicht des Obertribunals gilt dies sogar für Hypotheken, welche vor dem 1. Oktober 1872 eingetragen sind, wenn nur die Zahlung nach diesem Termin erfolgt ist (O.Tr. III, Entsch. 75 S. 294, Str. Arch. 94 S. 118. A. M. Dernburg, Hyp.R. §. 33 Nr. 2 u. Preuß. Privatr. 1 §. 342 Note 15).

Anders liegt dagegen das Verhältniß, wenn ein Hypothekenbrief ausgefertigt, aber dem Gläubiger nicht ausgehändigt ist. In diesem Falle hat der Eigenthümer, der sich im Besitz der Urkunde befindet, die Einreden gegen den Zessionar des Gläubigers unbeschränkt, da der Schuldner einen Zessionar nur, wenn er die ausgefertigte Urkunde in Händen hat, als empfangsberechtigten Gläubiger anzuerkennen und sich mit ihm einzulassen braucht, ihm deshalb auch entgegenhalten kann, daß er die Urkunde nicht aus der Hand gegeben habe, weil der Schuldgrund nie zur Entstehung gelangt sei (R.G. V, Gruchot 30 S. 703; vgl. O.Tr. III, Str. Arch. 90 S. 175; Turnau 1 S. 768 Anm. 19).

2. Gegen einen dritten entgeltlichen Erwerber wirken die Einreden aus dem persönlichen Schuldverhältniß nur dann:

a. „wenn sie ihm vorher bekannt geworden sind". Hierüber gilt das oben Anm. 2 zu §. 9 Abs. 2, Anm. 2b zu §. 18 und Anm. 3 zu §. 38 Abs. 1 Gesagte. Der Inhalt der mit dem Hypothekenbrief verbundenen Schuldurkunde ist stets als dem Erwerber der Hypothek rechtzeitig bekannt geworden anzusehen (R.G. V, Entsch. 23 S. 275. Vgl. O.Tr. III, Pr. 2000, Präj.Sammlg. S. 119), und da derjenige, welcher die Hypothek nicht von dem eingetragenen Gläubiger erwirbt, verpflichtet ist, die Legitimation seines Rechtsurhebers zu prüfen, so gilt das Gleiche von dem Inhalt der Legitimationsurkunden. Ergeben dieselben, daß die Hypothek erloschen ist, so steht der hieraus gegen die dingliche Klage hergeleiteten Einrede der §. 38 nicht entgegen. Der Fall, in welchem das O.Tr. III, Str. Arch. 95 S. 269, dies angenommen hat, war der, daß jemand eine Hypothek von dem ehemaligen Eigenthümer des Grundstückes sich hatte abtreten lassen, die dieser nach Veräußerung des Grundstückes bezahlt und dann zedirt erhalten hatte. Das R.G. V, Gruchot 32 S. 996, hat in demselben Falle ebenso entschieden, aber auf Grund folgender Erwägung: „An die Richtigkeit des Grundbuches kann nur bezüglich desjenigen geglaubt werden, was aus dem Grundbuch ersichtlich ist; folglich ist das Verfügungsrecht des Rechtsurhebers des Erwerbers einer Hypothek nur dann unantastbar, wenn der Rechtsurheber im Grundbuche als Inhaber der Hypothek eingetragen ist. Die Uebergänge des Eigenthums an einer Hypothek unterliegen, soweit sie sich vollzogen haben, ohne im Grundbuch kundgemacht zu sein, der Anfechtung nach den Regeln des .... bürgerlichen Rechtes, also auch dem .... Satze, daß niemand dem anderen mehr Rechte übertragen kann, als er selbst besitzt."

Um gegen einen Dritterwerber Einreden aus Gegenansprüchen gegen den Zedenten wirksam zu machen, ist im allgemeinen nicht erforderlich, daß bereits zur Zeit der Zession ein Einwand auf Grund derselben erhoben und dies dem Dritten zur Zeit der Zession bekannt war, vielmehr genügt dessen Kenntniß von dem Bestehen der Ansprüche. (Vgl. R.G. III, Entsch. 16

S. 198.) Ob davon für den Fall der Kompensation auf Grund des A.L.R. I. 16 §. 352, trotz der Vorschrift des §. 301 ebd., eine Ausnahme zu machen ist, wie das R.G. II H.S., Entsch. 4 S. 336 und das O.Tr. v. 23. Mai 1846 u. III v. 23. Novbr. 1868 (Entsch. 13 S. 278 und Str. Arch 73 S. 128) annehmen, ist eine Frage des A.L.R., nicht des Grundbuchrechtes und daher nicht hier zu entscheiden;

b. oder wenn die Einreden „sich aus dem Grundbuch ergeben." Vgl. hierüber oben Anm. I und §. 49 des Gesetzes;

c. die erst nach der Zession entstandenen Einreden werden von der Bestimmung des §. 38 Abs. 2 nach dessen Wortlaut nicht getroffen, da sie zur Zeit der Zession weder im Grundbuch vermerkt noch dem Zessionar bekannt sein können. Daraus folgert Gerbaulet in Gruchot 30 S. 808 ff., daß ihre Zulässigkeit lediglich nach den allgemeinen Vorschriften des bürgerlichen Rechtes zu beurtheilen sei. Im Interesse der Verkehrssicherheit erscheint es indessen richtiger und zugleich dem Sinne der Vorschrift des §. 38 entsprechender, wenn man diese mit Förster-Eccius 3 §. 199b Anm. 15b ausdehnend auch auf jene Einreden bezieht, und zwar nicht nur für den Fall, daß der Hypothekenbrief dem Zessionar übergeben ist (so Dernburg, Hyp.R. S. 248, Turnau 1 S. 758 Anm. 12), sondern auch wenn ein Hypothekenbrief noch nicht ausgefertigt ist. Nur wenn der ausgefertigte Hypothekenbrief noch in den Händen des Zedenten ist und die Zession weder aus demselben noch aus dem Grundbuch erhellt, wird man dem gutgläubigen Schuldner gegenüber den Zedenten noch zur Verfügung über die Post legitimirt ansehen dürfen, da der Zessionar erst mit der Uebergabe des Hypothekenbriefes, falls ein solcher ausgefertigt ist, die Verfügungsbefugniß erlangt (vgl. Anm. 3 zu §. 54 des Gesetzes). Das R.G. IV, Gruchot 31 S. 1160 hat sich dahin entschieden, daß eine Zahlung an den Zedenten nach der Zession, aber vor deren Eintragung dem gutgläubigen Zessionar der Hypothek nicht entgegengehalten werden könne.

3. Zu den Einreden aus dem persönlichen Schuldverhältniß, welche den Dritten nur unter den angegebenen Voraussetzungen entgegenzusetzen sind, gehören insbesondere:

a. die Einrede der Ungültigkeit der Schuld, für welche die Hypothek bestellt ist. Daß zur Entstehung einer Hypothek bei ihrer accessorischen Natur das Bestehen einer persönlichen Forderung erforderlich ist, ist bereits mehrfach erwähnt (Anm. 3 zu §. 19, Anm. 2a zu §. 37). Daher kann der Eigenthümer unter den Voraussetzungen des §. 38 Abs. 2 dem Gläubiger die Ungültigkeit der Schuld, insbesondere wegen Nicht-Empfanges der Darlehnsvaluta, entgegensetzen (Kammerger., Jahrb. 3 S. 176), und zwar auch dann, wenn er die Hypothek in Anrechnung auf den Kaufpreis übernommen hat (unten Anm. 3 zu §. 41 des Gesetzes; O.Tr. III. Str. Arch. 80 S. 189; R.G. V, Entsch. 32 S. 222).

Ungültig ist die Schuld aber nicht schon deshalb, weil ihr Rechtsgrund in der Urkunde unrichtig angegeben ist, vielmehr genügt es zur Unanfechtbarkeit der Hypothek, daß diejenige Schuld, für welche der Besteller diese hat bewilligen wollen, nach den Vorschriften des bürgerlichen Rechtes zu Recht besteht (O.Tr. III, Str. Arch. 12 S. 172, 63 S. 304 u. 82 S. 238; O.Tr. IV, Entsch. 40 S. 138, Str. Arch. 30 S. 350; R.O.H.G. II, Entsch. 5 S. 259, 428; R.G. II H.S. u. VI, Gruchot 26 S. 427 u. 34 S. 470). Auch ist es nicht erforderlich, daß die Schuld vonvornherein bestanden hat; kommt sie nachträglich zur Entstehung, so konvaleszirt dadurch die Hypothek mit rückwirkender Kraft (A.L.R. I. 20 §§. 12, 13; O.Tr. III, Gruchot 23 S. 756), so z. B. wenn die Darlehnsvaluta nachträglich, selbst wenn sie erst von einem Zessionar des eingetragenen Gläubigers ausbezahlt wird (R.G. V, Entsch. 27 S. 169). Sogar eine zum Schein bestellte Hypothek erlangt nach der Ansicht des R.G. V bei Gruchot 32 S. 693 Rechtsbeständigkeit, wenn der Zessionar die Darlehnsvaluta nachträglich zahlt und der Schuldner die Gültigkeit der Hypothek dem Zahlenden gegenüber anerkennt. Die Konvaleszenz setzt aber voraus, daß der Pfandbesteller zur Zeit der Zahlung der Valuta noch zu Belastungen befugter Eigenthümer des Grundstückes ist (R.G. V, Entsch. 27 S. 169; vgl. auch dass. ebd. 32 S. 225 und Förster-Eccius 3 §. 192 bei Note 16b).

Ob die Hypothek auch durch die nachträgliche Vereinbarung des eingetragenen Gläubigers und des Eigenthümers wirksam wird, daß die Hypothek nicht zur Sicherheit der in der Schuldurkunde bezeichneten, nicht zur Gültigkeit gelangten Forderung, sondern einer anderen Forderung des Gläubigers oder eines Dritten, welchem die Hypothek zedirt wird, dienen soll, darüber vgl. einerseits R.G. V, Gruchot 29 S. 962, J.M.Bl. 1885 S. 365, andererseits Boas in Gruchot 31 S. 53 ff. und Kempf, ebd. 34 S. 655 ff.

Die Ungültigkeit der Schuld ist gegenüber der Klage aus der Hypothek von dem Eigenthümer zu beweisen (vgl. Anm. 2a zu §. 37); die Bestimmungen des gemeinen Rechtes und des A.L.R. I 11 §. 738, nach welchen die Beweiskraft der Schuldbekenntnisse erst nach Ablauf einer gewissen Frist eintritt und bis dahin durch exceptio oder querela non numeratae pecuniae entkräftet werden kann, sind durch die §§. 18, 37, 38 und 49 des Gesetzes beseitigt (Turnau 1 S. 492, Anm. 8b zu §. 49; Einf.Ges. f. Neuvorp. §. 8 Abs. 2, Schlesw.-Holst. §. 32 Abs. 2, Hannover §. 10, Ehrenbr. §. 8, Kassel §. 8 und Hohenz. §. 7 Abs. 2). Behauptet aber der Gläubiger, daß der Schuldgrund falsch angegeben und die Hypothek für eine andere Forderung bestellt sei, so ist er beweispflichtig (R.G. V, Gruchot 31 S. 1048);

b. die Einrede, daß die Forderung noch nicht fällig sei. Bereits unter der Herrschaft des bisherigen Rechtes hatte die Praxis angenommen, daß der Eigenthümer auf eine dem Inhalt des Grundbuches widersprechende Abrede zwischen ihm und dem Gläubiger sich dem Zessionar des letzteren gegenüber nur nach näherer Bestimmung des A.L.R. I. 20 §§. 422 ff. berufen könne. (O.Tr. III, Entsch. 59 S. 131, Str. Arch. 69 S. 337 und 82 S. 328.) Eine solche Abrede begründet für den Eigenthümer gegen den Gläubiger, mit dem er kontrahirt hat, ein persönliches Recht, welches als exceptio doli gegen die dingliche Klage sich bethätigen kann. Dieser Einrede aber haftet der Zessionar nur unter den Voraussetzungen, unter welchen demselben überhaupt ein Einwand aus dem persönlichen Schuldverhältniß gemacht werden kann. Ueber den Fall, wenn die Fälligkeit erst nach vorangegangener Kündigung eintritt, siehe oben die Anm. 4 zu §. 37;

c. die Kompensationseinrede. Vgl. darüber oben Anm. II. 2a.

d. Dem Zessionar kann von dem Eigenthümer mit Erfolg die Einrede entgegensetzt werden, daß diesem gegenüber der Zedent sich der Verfügung über die (bereits getilgte) Forderung begeben und sich zu deren Löschung verbindlich gemacht habe, dies Abkommen aber dem Zessionar bei Erwerb der Forderung bekannt gewesen sei. O.Tr. III, Entsch. 67 S. 175; P. Hinschius, in der Zeitschr. für Gesetzgebung &c. 7 S. 139.

e. Bei der accessorischen Natur der Hypothek kann der dinglichen Klage des Gläubigers auch die Einrede entgegengesetzt werden, daß die Forderung bezahlt oder auf andere Weise getilgt ist, sofern nur die Tilgung dem Gläubiger zur Zeit seines Erwerbes bekannt war oder an ihn selbst geschehen ist; vgl. auch Anm. 2c. Ob die Tilgung durch den Beklagten selbst oder einen andern erfolgt ist, ist gleichgültig, es sei denn, daß ein früherer Eigenthümer des belasteten Grundstückes die Hypothek zu der Zeit, als er Eigenthümer war, bezahlt und infolge dessen nach §. 63 ff. des Gesetzes als Eigenthümerhypothek erworben hat. In diesem Falle wird der Beklagte aus der Zahlung, wenn der Kläger sonst urkundlich als Gläubiger legitimirt, insbesondere im Besitz des Hypothekenbriefes ist, kaum einen Grund zur Abweisung der dinglichen Klage, sondern höchstens das Recht zur Hinterlegung des Kapitals und der Zinsen herleiten können und dem Eigenthümerhypothekar die eigene Wahrung seiner Rechte überlassen müssen. (Vgl. Eccius 3 §. 199b bei Anm. 18.)

f. Auch die Einrede, daß der Zedent die ihm nach dem zweiseitigen Vertrage, zu dessen Sicherung die Hypothek bestellt ist, obliegende Gegenleistung nicht erfüllt habe, kann dem Zessionar entgegengestellt werden, wenn diese Thatsache ihm zur Zeit der Zession bekannt war. R.G. V, Gruchot 32 S. 949.

g. Der Einwand, daß die gesicherte Forderung durch einen Zwangsvergleich im Konkurse des Schuldners ermäßigt sei, kann nach der Konk.O. §. 178 der dinglichen Klage nicht entgegengehalten werden (R.G. III, Entsch. 23 S. 119; anders nach früherem Recht, vgl. O.Tr. III, Gruchot 23 S. 461).

III. Der §. 38 Abs. 2 beschränkt nur die Einreden aus dem persönlichen Schuldverhältniß gegenüber Dritten und enthält über sonstige Einreden keine Bestimmungen. Daß die Einreden, welche dem Beklagten gegen den jedesmaligen Kläger unmittelbar zustehen, durch das Grundbuchrecht keine Einschränkung erleiden, folgt aus §. 38 Abs. 1; vgl. die Anm. 1 dazu. Fraglich könnte es dagegen nach der Fassung des §. 38 sein, ob diejenigen Einreden gegen dritte entgeltliche Erwerber beschränkt sind, welche darauf hinauslaufen, daß ungeachtet des rechtsgültigen Bestehens der Forderung eine gültige Hypothek durch die Eintragung nicht entstanden sei, weil diese ohne eine der in dem §. 19 bestimmten Voraussetzungen vollzogen oder die thatsächlich vorhanden gewesene Voraussetzung nichtig ist. Das Obertribunal hatte früher angenommen, daß die Einrede der Minderjährigkeit des Schuldners auch dem gutgläubigen Zessionar entgegengestellt werden könne; das Hypothekenbuch sei nicht bestimmt, über die Dispositionsfähigkeit der Kontrahenten Auskunft zu geben, der Zessionar müsse sich um die Dispositionsfähigkeit der Kontrahenten erkundigen; wenn er es nicht thue, den Nachtheil sich selbst beimessen. Bei Entscheidung eines später vorgekommenen gleichen Falles hat dagegen das O.Tr. befunden: „Diese Ansicht, welche den Hypothekenverkehr ganz aufheben, jedenfalls sehr erschweren würde, kann ferner nicht aufrecht erhalten werden.“ O.Tr. III, Entsch. 59 S. 139. Das Gesetz über den Eigenthumserwerb entscheidet die Frage nicht ausdrücklich. Man wird indessen aus den §§. 9 Abs. 2, 38 Abs. 2 u. 3, 49 den allgemeinen Grundsatz herleiten dürfen, daß Einreden jeder Art, welche aus dem Grundbuche nicht zu ersehen waren, einem Dritten, der die Hypothek gegen Entgelt im guten Glauben erworben hat, nicht entgegengesetzt werden können (R.G. V, Entsch. 23 S. 275, J.M.Bl. 1889 S. 291 u. Gruchot 35 S. 698).

IV. Der §. 38 bezieht sich nach seiner Fassung nur auf Einreden, welche gegen die Klage in Frage kommen, über die der §. 37 Bestimmung trifft, also gegen die dingliche Klage des Gläubigers gegen den Eigenthümer. Aus der Natur der Hypothek als eines dinglichen Rechtes folgt indessen, daß der Anspruch des Gläubigers gegen dritte Personen nicht schwächer als gegen den Eigenthümer wirken kann. Der §. 38 kommt deshalb überall zur Anwendung, wo der Bethätigung des hypothekarischen Rechtes ein Dritter entgegentritt. In Anerkennung dieser Folgerung hat das Obertribunal entschieden, daß im Subhastationsverfahren Realgläubiger zum Bestreiten der Richtigkeit einer vorstehenden Forderung dem Zessionar gegenüber dann nicht befugt sind, wenn sich dieser beim Erwerbe derselben in gutem Glauben befunden hat. O.Tr. III, Entsch. 83 S. 70, Gruchot 23 S. 894 und S. 754; vgl. unten S. 218 Anm. 4 zu §. 40 des Gesetzes.

Auf demselben Gedanken beruht der auf das A.L.R. I. 20 §. 423 gegründete Ausspruch: Die Publizität des Hypothekenbuches schützt den Zessionar des Miteigenthümers einer Hypothekenforderung gegen die Behauptung des anderen Miteigenthümers, daß der Zedent durch Zahlung Seitens des Schuldners in Ansehung seines (aus dem Hypothekenbuche ersichtlichen) Antheilsrechtes abgefunden sei, sowie gegen den daraus hergeleiteten Anspruch, daß ihm das Alleineigenthum an der Hypothekenforderung zustehe. O.Tr. IV, Str. Arch. 80 S. 293.

§. 38 Abs. 3.

1. Der Sinn der Vorschrift des Abs. 3, welche sich auf Hypotheken und Grundschulden bezieht, ist der, daß der Uebergang einer Post, welche durch mehrere Hände gegangen ist, auf einen Zwischeninhaber durch dessen Eintragung in das Grundbuch mit Ausschluß des Gegenbeweises zu Gunsten des klagenden redlichen Gläubigers dargethan wird, daß also derjenige, welcher den Erwerb der Hypothek von einem eingetragenen Gläubiger nachweist, legitimirt ist, auch wenn diesem letzteren der gehörige Erwerb des Gläubigerrechtes bestritten werden könnte (Förster-Eccius 3 §. 199 b bei Note 7, 8; Achilles in Kochs A.L.R. 2 Anm. 76 zu §. 38 des Gesetzes S. 846; Turnau 1 S. 772. A. M. Paris, Kollision der Hypothek mit dem Eigenthum, Köslin 1875 S. 68 ff.).

Dies erhellt aus der Entstehungsgeschichte der Vorschrift. Das Gesetz v. 24. Mai 1853 bestimmte unter §. 15:

„Einem Dritten, welcher redlicher Weise über eine im Hypothekenbuche eingetragene Post mit dem als Zessionar, Erbe oder sonstigen Erwerber eingetragenen und im Besitz des darüber ausgefertigten Dokumentes befindlichen Inhaber sich eingelassen hat, können keine die Berechtigung seines Autors betreffende Einwendungen, soweit sie nicht aus der Urkunde oder dem Hypothekenbuch erhellen, entgegengestellt werden."

Eine entsprechende Bestimmung fehlte in dem Entwurf eines Gesetzes über den Eigenthumserwerb rc., der im Jahre 1868 dem Landtage vorgelegt wurde. Auf diese Lücke machte Hübner, die Reformen rc. S. 34—36, aufmerksam, indem er in dem mitgetheilten Paragraphen „den weitaus bedeutendsten Fortschritt des Hypothekengesetzes von 1853" erblickte. Infolge dessen wurde in dem Entwurf des folgenden Jahres ein Satz aufgenommen, der in den Motiven zu dem Entwurf des Jahres 1871 wie folgt gerechtfertigt wurde: „Zu den Einreden, die das Recht des Klägers ergreifen und zugleich unmittelbar gegen ihn zustehen, gehört auch die, daß er wegen eines Mangels in dem Recht seines Vorgängers (Autors) selbst nicht berechtigt sei. Das Gesetz vom 24. Mai 1853 hat in §. 15 diese Einrede, soweit sie nicht aus der Urkunde oder dem Grundbuche erhellt, gegen denjenigen Kläger versagt, der redlicher Weise, d. h. ohne Kenntniß von der fehlenden Berechtigung seines Autors, die Hypothek erworben hat. Es ist nicht zweifelhaft, daß der Glaube des Buches den Ausschluß einer solchen Einrede verlangt, und daß in dem gegenwärtigen Entwurf, der sich auf eine aus der Urkunde zu entnehmende Kenntniß nicht einlassen kann, der Ausschluß jener Einrede beibehalten werden muß, wenn sie nicht aus dem Grundbuch erhellt." (Werner 2 S. 24.) Der Entwurf schlug unter §. 34 folgenden Satz vor:

„Gegen die hypothekarische Klage sind Einreden, welche die Begründung des persönlichen Schuldverhältnisses betreffen oder gegen das Verfügungsrecht des eingetragenen Klägers aus der Person seines Rechtsurhebers (Autors) gerichtet sind, unzulässig; andere Einreden rc." Werner 1 S. 21.

Aus der Fassung ergiebt sich, daß man sich das Verfügungsrecht des Gläubigers von dem eingetragenen Recht selbst getrennt gedacht hat. Darauf deutet auch der Bericht der Kommission des H.H., wenn darin bemerkt ist, daß „die Ausführung den Beifall der Kommission und des Regierungskommissares fand, daß es zu weit und hinter die Novelle v. 24. Mai 1853 zurückginge, wenn man gegen die Klage aus einer Hypothek Einreden gegen das Verfügungsrecht des Klägers aus der Person seines eingetragenen Autors zulassen und die vom Grundbuchrichter anerkannte und eingetragene Legitimation desselben noch zur prozessualischen Kontestation zulassen wolle, während der Erwerber der Hypothek mit Recht habe annehmen können und müssen, daß dieselbe feststehe." Die Kommission gab dem in Rede stehenden Satz folgende Fassung:

„Einreden gegen das Verfügungsrecht des Klägers aus der Person seines eingetragenen Rechtsurhebers (Autors) sind ausgeschlossen." Werner 2 S. 58.

In der Kommission des Abgeordnetenhauses ist dann der vorliegende Wortlaut des Gesetzes entstanden.

Man hat sonach durch den dritten Satz des §. 38 nur das sagen wollen, was oben als der Sinn der Vorschrift hingestellt worden ist. Das Obertribunal hat angenommen, daß der §. 38 unter Abs. 3 nur die Bestimmung des Gesetzes vom 24. Mai 1853 §. 15 wiedergiebt (O.Tr. III, Gruchot 23 S. 125), und auch das R.G. V (Entsch. 30 S. 273) ist mit Eccius a. a. O. (anders Dernburg, Hyp.R. S. 247) der Meinung, daß §. 38 Abs. 3 wie §. 15 des Ges. von 1853 sich nur auf den Fall bezieht, daß der Kläger die Post redlich, ohne Kenntniß der Einrede, erworben habe. Von der Bestimmung dieses §. 15 unterscheidet sich die jetzige Vorschrift aber darin, daß der Besitz des Dokumentes für den eingetragenen Gläubiger nicht mehr Voraussetzung ihrer Anwendung ist.

2. Durch §. 38 Abs. 3 werden die Einreden, welche sich auf den Akt des Uebergangs der Forderung von dem eingetragenen Gläubiger auf den Kläger beziehen, nicht ausgeschlossen. Z. B. ist der Einwand, daß der als Gläubiger eingetragene Zedent zur Zeit der Zession

§. 39.

Gegen die dingliche Klage auf Rückstände von Zinsen und sonstigen Jahresleistungen ist die Einrede der Tilgung unbedingt zulässig.

Mit dem Grundschuldbriefe können Zinsquittungsscheine ausgegeben werden. Ist dies geschehen, so ist nur der Inhaber des fälligen Zinsquittungsscheines gegen Aushändigung desselben zur Empfangnahme der Zinsen berechtigt.

---

willens- oder handlungsunfähig gewesen, daß die Zession simulirt, daß der Zedent nach Maßgabe des §. 49 des Gesetzes mit Wirksamkeit gegen den Kläger in der Verfügung über die Hypothek beschränkt gewesen sei, durch §. 38 Abs. 3 nicht berührt (Eccius und Dernburg a. a. O.; Turnau 1 S. 773 Anm. 24).

3. Wer die Hypothek von dem eingetragenen Gläubiger sich hat abtreten lassen, ist dadurch nicht geschützt gegen die Einrede, daß die Eintragung für seinen Rechtsurheber nur zum Schein erfolgt und dies ihm bei der Erwerbung der Hypothek bekannt gewesen sei. O.Tr. III, Gruchot 23 S. 125, Str. Arch. 99 S. 341.

4. „Der Zessionar eines hypothekarisch eingetragenen Illatenkapitals, dessen Zinsen von Gläubigern des Ehemannes der Zedentin für eine zukünftige Zeit mit Arrest belegt sind, kann vor definitiver Beseitigung der Arreste nicht mit Erfolg auf Zahlung des zedirten Kapitals klagen." O.Tr. III, Gruchot 23 S. 758.

§. 39.

I. Die Einrede der Tilgung von Zinsenrückständen.
II. Die Zinsquittungsscheine.
1. Legislatorische Rechtfertigung des Instituts im Abgeordnetenhause.
2. Verfahren, Grundschuld des Eigenthümers, S. 215.
3. Natur der Quittungsscheine als Inhaberpapiere.
4. Bedeutung der Ausgabe der Scheine; dingliche Klage; Einreden.
5. Verzugszinsen von den rückständigen Zinsen, S. 216.
6. Löschung der Grundschuld.
7. Verlust (Vernichtung) eines Scheins.

I. Das Grundbuch giebt Auskunft über die Verzinslichkeit der Hypothek und der Grundschuld, über das Zinsrecht, nicht aber über die einzelnen Zinsraten, welche davon zu entrichten sind; zu deren Tilgung bedarf es keiner Löschung im Grundbuche (Kammerger., Jahrb. 12 S. 117). Die Erwerbung einer eingetragenen Post steht daher bezüglich der Rückstände an Zinsen nicht unter dem Schutze der publica fides des Buches. Die Einrede der Tilgung ist auch dem gutgläubigen Erwerber gegenüber unbeschränkt zulässig. Für Zinsraten, welche erst nach der Zession (oder nach der Ansicht von Gerbaulet in Gruchot 30 S. 805 ff., Turnau 1 S. 774 und Dernburg, Hyp.R. S. 250: nach der Denuntiation, vgl. oben Anm. II 2c zu §. 38 Abs. 2) fällig werden, gilt dies nicht, denn da das Zinsrecht aus dem Grundbuch erhellt, kann der Erwerber einer Post nicht nur hinsichtlich des Kapitales, sondern auch der künftig fällig werdenden Zinsen dem öffentlichen Glauben des Grundbuches vertrauen (R.G. II H.S., Entsch. 4 S. 334, J.M.Bl. 1882 S. 37; Förster-Eccius 3 §. 199b a. E.; a. M. Oppenheim in Gruchot 26 S. 636 ff.).

II. Das Institut der Zinsquittungsscheine ist eine Nachbildung der Koupons, welche mit den auf den Inhaber lautenden Schuldverschreibungen ausgegeben zu werden pflegen.

1. In der Kommission des Abgeordnetenhauses, in welcher die Einfügung dieses Instituts in das Gesetz von dem Abgeordneten v. Behr vorgeschlagen wurde, stieß der Vorschlag auf lebhaften Widerspruch und wurde abgelehnt, ungeachtet der Regierungskommissar ihn befürwortete. (Werner 2 S. 114.) Das Plenum des Hauses nahm ihn jedoch mit großer Majorität an, indem es sich augenscheinlich von folgenden Erwägungen leiten ließ:

Die Ausgabe von Quittungsscheinen erleichtert dem Schuldner die Zinsenzahlung wesentlich insonderheit dann, wenn der Grundschuldbrief in blanco abgetreten, die Person des

Zessionars mithin oftmals nicht bekannt ist (§. 55). Dem Gläubiger bietet sich die nämliche Erleichterung bei Erhebung der Zinsen; er hat nicht nöthig, sich durch Produktion des Schuldbriefes zu legitimiren, er kann den Zinsquittungsschein einem am Orte des Schuldners wohnenden Geschäftsfreunde zum Incasso übersenden oder in Zahlung geben, auch des Postmandates zur Einziehung der Zinsen sich bedienen. Der dritte Erwerber des Grundschuldbriefes endlich findet in dem Institut ein Sicherungsmittel gegen die Gefahr, welcher ihn die Vorschrift des §. 39 Abs. 1 in dem Falle aussetzt, wenn ihm Zinsenrückstände abgetreten werden. (S. 133 u. 134 ebd.)

2. Die formellen Vorschriften über die Zinsquittungsscheine enthält die Gr.B.O. §§. 95, 96, 115, 128. Die Ausgabe der Scheine Seitens der Buchbehörde geschieht nur auf den Antrag des Eigenthümers, die Erneuerung nach Verbrauch derselben auf einseitiges Verlangen des Gläubigers. Auch wenn die Eintragung auf den Namen des Eigenthümers erfolgt ist, können dem Grundschuldbrief Zinsquittungen beigegeben werden. Auf Hypotheken dagegen ist das Institut nicht berechnet.

3. Die Zinsquittungsscheine sind öffentliche Urkunden im Sinne der Allg. Gerichts-O. I. 10 §. 123. Man hat sie bei den Landtagsverhandlungen als Inhaberpapiere bezeichnet. Ihrem Inhalte nach sind es, wie das der Grundbuchordnung beigefügte Formular ergiebt, Quittungen, die nur die Eigenthümlichkeit haben, daß sie von dem Zahlungsempfänger nicht unterschrieben, sondern statt dessen durch den Stempel des Grundbuchamtes beglaubigt werden. (Gr.B.O. §. 128.) Die Beweiskraft der Quittung beginnt aber erst in der Hand des Schuldners. (A.L.R. I. 16 §§. 86, 104 ff.) Hat sie der Gläubiger einem Dritten anvertraut, so gilt dieser für ermächtigt zur Empfangnahme der Zahlung. (I. 13 §. 130.) Aus der Quittungsnatur des Scheines läßt sich somit die Legitimation des Inhabers zur Erhebung, die Befugniß des Schuldners zur Zahlung der Zinsen an den Vorzeiger der Urkunde erklären. Das Gesetz geht aber weiter, indem es bestimmt, daß nur der Inhaber des fälligen Scheines gegen Aushändigung desselben zur Empfangnahme der Zinsen berechtigt sei. Es knüpft also die Berechtigung (nicht blos die Legitimation) an den Besitz des Zinsquittungsscheines, und zwar ohne Rücksicht darauf, ob der Besitzer (Inhaber) mit dem Grundschuldgläubiger identisch ist oder nicht. Damit ist die rechtliche Natur des Scheines als Inhaberpapier bewiesen. (Vgl. R.G. I, Entsch. 14 S. 155.)

Die Kab.Ordre vom 17. Juni 1833 steht dieser Auffassung nicht entgegen. Darnach dürfen allerdings „Papiere, wodurch die Zahlung einer bestimmten Geldsumme an jeden Inhaber versprochen wird", von Niemand ausgestellt und in Umlauf gesetzt werden, der dazu nicht die Königliche Genehmigung erhalten hat. Allein hierdurch ist nicht der Begriff der Inhaberpapiere überhaupt, sondern nur die Gattung derselben näher bestimmt, welche der Kabinets-Ordre unterworfen ist. Es giebt eine Menge Inhaberpapiere, die nicht das ausdrückliche Versprechen der Zahlung an jeden Inhaber enthalten. Das Wesen der Lettres au porteur liegt in der Unbestimmtheit des Gläubigers und der daraus folgenden Verknüpfung des Rechtes mit der Urkunde.

4. Der Inhaber des Grundschuldbriefes kann, auch wenn er der Grundeigenthümer ist, die Quittungsscheine weggeben, ohne über die Grundschuld selbst zu verfügen. Durch die Ausgabe des Scheines wird der Zinsenanspruch von dem Anspruch auf das Kapital gelöst, zu einer selbständigen Forderung erhoben. (Turnau 1 S. 588 Anm. 5.) Zur Begründung der Klage gehört nur die Vorlegung des Scheines und der Nachweis, daß der Beklagte der Eigenthümer des Grundstückes ist. Die Einreden gegen diese Klage unterliegen den Beschränkungen, welche aus der Natur des Scheines als Inhaberpapier sich ergeben. Die Ansicht Bahlmanns, 3. Aufl. S. 159, daß Einreden aus der Person der Vorinhaber des Scheines unbedingt ausgeschlossen seien, ist nicht richtig. Wenn z. B. der Rechtsurheber des Klägers von dem Beklagten Zahlung erhalten, ohne die Zinsquittung herauszugeben, und der Kläger bei Erwerbung der letzteren dies gewußt hat, warum soll der Beklagte gegen den Kläger hieraus einen Einwand nicht herleiten dürfen? Daraus, daß nur der Inhaber gegen Aushändigung des Scheines zur Empfangnahme der Zahlung berechtigt ist, folgt nicht, daß diese Berechtigung dem Inhaber

§. 40.

Gleich- oder nacheingetragene Gläubiger können Grundschulden nur dann anfechten, wenn sie im Wege der Zwangsvollstreckung die Eintragung erlangt haben.

Gesetz, betr. die Zwangsvollstreckung in das unbewegliche Vermögen. Vom 13. Juli 1883. (Ges.S. S. 131.)

§. 5. Der Gläubiger, welcher für eine auf dem Grundstück eingetragene Forderung einen Titel zur Zwangsvollstreckung in das Grundstück hat, kann im Rechtswege und durch Anträge bei dem Grundbuchrichter das dem Eigenthümer zustehende Recht auf Löschung voreingetragener Posten insoweit geltend machen, als es sich nicht um rechtsbeständige Hypotheken oder Grundschulden handelt, welche auf den Eigenthümer übergegangen sind. Derselbe ist auch berechtigt, in den Fällen der §§. 103, 104 der Grundbuchordnung vom 5. Mai 1872 (Gesetz-Samml. S. 446) an Stelle des Eigenthümers das Aufgebot der auf dem Grundstück voreingetragenen Posten, deren Tilgung er behauptet, und nach Erlass des Ausschlussurtheils die Löschung der Posten zu betreiben.

---

unter allen Umständen zusteht. Richtig ist nur, daß die Tilgungseinrede, wenn nicht der Kläger selbst Befriedigung erhalten hat, nur als exceptio doli begründet werden kann, der Abs. 1 des §. 39 mithin nur beschränkt anwendbar ist.

5. Die Forderung verliert dadurch, daß zu ihrer Geltendmachung der Inhaber des Zinsquittungsscheines berechtigt ist, nicht den Charakter der Zinsenforderung. Der Schuldner (Eigenthümer) kann daher zur Verzinsung des Betrages, über den der Schein lautet, nach A L R. I. 11 §§. 818, 821 nicht schon vom Tage der Fälligkeit, sondern erst vom Tage der Rechtskraft des Erkenntnisses ab und nach gemeinem Recht überhaupt nicht verurtheilt werden. (Vgl. R.G. I, Entsch. 5 S. 254.)

6. Das Grundstück, auf welches die Grundschuld eingetragen ist, haftet nicht blos für die fälligen, sondern überhaupt für die ausgegebenen, mithin auch für die erst später fällig werdenden Zinsen. Daraus folgt, daß die Grundschuld nur dann gelöscht werden kann, wenn die noch nicht verjährten Zinsquittungsscheine dem Buchamt übergeben werden oder der erforderliche Betrag gerichtlich niedergelegt wird (Gr.B.O. §. 95). Der Eigenthümer wird also gut thun, die eingelösten Zinsquittungsscheine während der vierjährigen Verjährungsfrist aufzubewahren. Auch ist es dem Erwerber eines Grundstückes, auf welchem Grundschulden mit Zinsquittungsscheinen haften, zu empfehlen, die noch nicht verjährten (eingelösten) Scheine sich von dem Veräußerer aushändigen zu lassen.

7. Der Verlust (die Vernichtung) des Zinsquittungsscheines zieht den Verlust des Anspruches auf die darin quittirten Zinsen nach sich. Das folgt aus der Natur der Scheine als Inhaberpapiere. Der Regel nach können zwar Lettres au porteur amortisirt und an Stelle der amortisirten Stücke neue Urkunden ausgefertigt werden. In Ansehung der Koupons indessen ist ein solches Verfahren schon nach dem bisherigen Recht unzulässig. (Verordnung vom 16. Juni 1819 §§. 13, 14, 18; Gesetz vom 7. Juni 1821 §. 1; Kab.O. vom 18. September 1822, betreffend die Verjährung und die Unzulässigkeit des Aufgebotes der Zinskoupons von Staatspapieren.) Die Gr.B.O. §. 96 Abs. 4 schließt das Aufgebot der Zinsquittungsscheine noch ausdrücklich aus. (Turnau 1 S. 515.)

§. 40.

Der Gläubiger, welcher auf Grund der vorstehenden Bestimmung einen dem Eigenthümer zustehenden Anspruch durch Klage verfolgt, ist verpflichtet, dem Eigenthümer gerichtlich den Streit zu verkünden, sofern nicht eine Zustellung im Ausland oder eine öffentliche Zustellung erforderlich wird. Das Aufgebot ist dem Eigenthümer mitzutheilen.

---

1. Die Entwürfe der Regierung hatten eine Bestimmung vorgeschlagen, nach welcher Hypotheken, die unter der Herrschaft des neuen Gesetzes zur Eintragung gelangen würden, von nacheingetragenen Gläubigern nicht sollten angefochten werden dürfen. Der Vorschlag wurde als eine Konsequenz der Selbständigkeit des hypothekarischen Rechtes bezeichnet. (Werner 2 S. 26.) Im Landtage fand diese Vorstellung indessen nur wenig Anklang. Die Kommission des Herrenhauses beschloß, bezüglich der Anfechtbarkeit der Hypotheken an dem bisherigen Recht nichts zu ändern und die Anfechtung von Grundschulden den im Wege der Zwangsvollstreckung gleich- oder nacheingetragenen Gläubigern zu gestatten. (S. 59 das.) In der Kommission des Abgeordnetenhauses wurden Zweifel rege, „ob durch den Paragraph die Anfechtungsrechte der Personalgläubiger berührt würden, ob es sich um die actio Pauliana handle oder ob die Anfechtung nur bei der Zwangsversteigerung geltend zu machen sei. Der Herr Regierungskommissar hob in dieser Beziehung hervor, daß im Herrenhause nur von der Pauliana gesprochen sei.“ Die Kommission nahm hierauf den §. 40 in der vorliegenden Fassung an. (S. 115 ebd)

2. Die Tragweite des §. 40 und damit dessen heutige Gültigkeit ist zweifelhaft. Der Zweifel bezieht sich darauf, ob nur die eigentliche Anfechtung (Subhast.O. v. 15. März 1869 §. 71) oder auch das Bestreiten der Grundschuld (das. §. 70) beschränkt sein soll. Ersterenfalls ist §. 40 durch die Konkurs-O. und das Reichsanfechtungsgesetz vom 21. Juli 1879, welche das Anfechtungsrecht erschöpfend regeln, aufgehoben (Förster-Eccius 3 §. 199 Anm. 7, 8). Letzterenfalls gilt die Vorschrift auch heute noch, wenn auch durch §. 5 des Zwangsvollstr.Ges. modifizirt.

Früher wurde gewöhnlich angenommen, daß der §. 40 des Gesetzes die Fälle des §. 70 der Subh.O. nicht hätte berühren wollen. Schon Hübner bemerkte zu dem betreffenden Satze des Entwurfes von 1868: „Ueber den Fall der actio Pauliana hinaus hat der Gesetzentwurf eine Unanfechtbarkeit vorstehender Hypotheken zum Nachtheile Postlozirter nicht geschaffen, und es wird daher das Liquidat eines Hypothekengläubigers aus Gründen, welche nicht aus der Beschaffenheit der zum Grunde liegenden causa debendi abgeleitet werden, sowohl in Ansehung seiner Richtigkeit (z. B. bezüglich des Umfanges der Liquidation), als in Ansehung des Rechtsbestandes der Hypothek als solcher, wie auch in Ansehung des in Anspruch genommenen Vorrechtes nach wie vor von den übrigen hierbei interessirenden Gläubigern bestritten werden dürfen. (Vgl. §. 392 Konk.O., §. 70 Subhast.O.) In dieser Beziehung erscheint eine Beschränkung des Rechtes Postlozirter rechtlich auch nicht möglich. Denn aus dem Prinzip, daß jedes Hypothekenrecht nicht blos die ihm angewiesene Stelle, sondern das ganze Grundstück erfaßt, folgt von selbst, daß kein Theil der Kaufgelder durch eine nicht zu Recht bestehende und lediglich löschungsreif gewordene Hypothek oder durch ein zu Unrecht prätendirtes Vorrecht nachgesetzten Gläubigern entzogen werden darf. Dieses Rechtsprinzip ist aber unter Verwerfung der s. g. Lokustheorie auch von dem Entwurfe adoptirt worden, indem derselbe in dem Kapitel von „Löschungen“ anerkennt, daß an die Stelle einer gelöschten Hypothek keine andere eingetragen werden darf, sondern daß die nachstehenden Hypotheken von Rechtswegen vorrücken.“ (Hübner, die Ref. auf dem Gebiete des Immobiliar-Sachenrechtes ꝛc. S. 48 u. 49.) Ebenso Jäckel, die Anfechtung der Grundschuld, in Gruchot 18 S. 561 ff, und Achilles, zur Anfechtung der Grundschuld, in Johow 6 S. 298 ff. Dagegen hat das Obertribunal entschieden, daß nicht nur das Anfechtungsrecht aus §. 71 der Subh.O, sondern auch das dem gleich- und nachstehenden Gläubiger im §. 70 daselbst eingeräumte Recht, die Richtigkeit einer gleich- oder vorstehenden Forderung zu bestreiten, hinsichtlich der Liquidate aus Grundschulden durch §. 40 des Gesetzes vom 5. Mai 1872 dahin beschränkt worden, daß das Anfechtungsrecht nur demjenigen nach- und gleicheingetragenen Gläubiger zusteht, der im Wege der Exekution die Eintragung erlangt hat. (O.Tr. III, Gruchot 23 S. 743.) Auf demselben Standpunkt steht Dernburg, Preuß. Privatr. 1 §. 335 u. Hyp.R. §. 40 Nr. 4.

3. Wäre die letztere Ansicht die richtige, so würde, wie bereits gesagt, §. 40 des Gesetzes auch heute noch Geltung haben, freilich nicht für paulianische Anfechtungen, wohl aber für die früher im §. 70 des Subhastationsgesetzes vom 15. März 1869 geregelten Fälle, in denen ein Realgläubiger „die Richtigkeit, das Realrecht und das Vorrecht" einer vor- oder gleichstehenden Grundschuld bestreitet. Allerdings ist die Vorschrift des §. 70 in das neue Zwangsvollstr.Ges. vom 13. Juli 1883 nicht aufgenommen; nach den Motiven überläßt dieses die Feststellung der Gründe, weshalb jemand im Vertheilungsverfahren Widerspruch gegen den Theilungsplan erheben kann, dem materiellen Recht (vgl. Krech u. Fischer Anm. 7 zu §§. 113, 114 S. 532). Daher ist das frühere Recht, insbesondere auch §. 40 des Gesetzes, in Kraft geblieben, soweit nicht die Vorschrift des §. 5 des Zwangsvollstr.Ges. eingreift. Diese giebt jedem Gläubiger einer eingetragenen Forderung, welcher für dieselbe einen Titel zur Zwangsvollstreckung in das Grundstück erwirkt hat, die Befugniß, an Stelle des Eigenthümers die Löschung voreingetragener Posten — mit Ausnahme der Eigenthümerhypotheken und -grundschulden (§§. 63 ff des Gesetzes) — zu erwirken, ohne Unterschied, ob er seine Eintragung im Wege der Zwangsvollstreckung erlangt hat oder nicht. Die Wirksamkeit des §. 40 hat dadurch eine weitere Einschränkung erfahren, aber aufgehoben ist sie durch §. 5 nicht; denn dieser regelt nicht die Voraussetzungen jeder Anfechtung durch einen eingetragenen Gläubiger, insbesondere setzt der Widerspruch gegen den Theilungsplan im Zwangsvollstreckungsverfahren nicht voraus, daß der Widersprechende für seine eingetragene Forderung einen Vollstreckungstitel erwirkt hat; ist dieses nicht geschehen, so findet §. 40 auch jetzt noch Anwendung — vorausgesetzt, daß §. 40 überhaupt die Fälle des Bestreitens und nicht nur, wie in voriger Anmerkung ausgeführt ist, die paulianische Anfechtung im Auge hat. Vgl. im übrigen über §. 5 des Zwangsvollstr.Ges. unten Anm. 5 zu §. 58 des Gesetzes und Anm. 5 zu §. 103 der Gr.B.O., und die Kommentare zum Zwangsvollstr.Ges.

4. Das Recht der Gläubiger zur Anfechtung von Hypotheken und Grundschulden unterliegt denselben Beschränkungen, welchen die Einreden des Eigenthümers gegen die dingliche Klage durch §. 38 des Gesetzes unterworfen sind (Anm. IV zu §. 38 Abs. 2. Vgl. auch O.Tr. III, Entsch. 77 S. 169). Auf die Thatsachen, aus welchen der Eigenthümer unmittelbar gegen den Gläubiger eine Einrede hat, kann in der Regel auch ein gleich- oder nacheingetragener Gläubiger das Recht der Anfechtung gründen (O.Tr. III, Gruchot 23 S. 743). Wenn jedoch der Thatbestand der Einrede nicht die Ungültigkeit, sondern die Abtretung der Post an den Eigenthümer zur rechtlichen Folge hat, so trifft die Regel nicht zu, weil die von dem Eigenthümer erworbene Post, sofern sie an sich rechtsgültig begründet ist, den Angriffen der Realgläubiger sich entzieht. — Die Einrede der Ungültigkeit der persönlichen Forderung kann ein nachstehender Realgläubiger zwar einer voreingetragenen Hypothek entgegensetzen, vorausgesetzt, daß die Vorschrift des §. 38 Absatz 2 nicht entgegensteht, nicht aber einer vorstehenden Grundschuld, weil deren Rechtsgültigkeit von der Existenz der persönlichen Forderung nicht abhängt (R.G. V, J.M.Bl. 1890 S. 337, Entsch. 26 S. 271).

5. Auf die Anfechtung von Grundschulden durch persönliche Gläubiger und auf die Anfechtung von Hypotheken bezieht sich §. 40 nicht. Aus der diese betreffenden Rechtsprechung des Reichsgerichtes sind folgende Sätze hervorzuheben: Durch die paulianische Anfechtung einer Hypothek tritt der anfechtende Gläubiger nicht an Stelle desjenigen, für den die Hypothek eingetragen ist; vielmehr hat die Anfechtung nur die Wirkung, daß dem Anfechtenden gegenüber die Hypothek als nicht vorhanden behandelt wird (R.G. I H.S., Gruchot 25 S. 111). Nur zu Gunsten des Anfechtenden wird also die Hypothek beseitigt, nicht auch zu Gunsten des Eigenthümers (R.G. III, Gruchot 36 S. 1113, Jur. Wochenschr. 1892 S. 227) oder der nachstehenden Hypothekengläubiger, falls nicht diese, sondern der Konkursverwalter oder persönliche Gläubiger die Anfechtung durchgeführt haben. Ebensowenig ist der Anfechtungs-

§. 41.

Hat der Erwerber eines Grundstücks die auf demselben haftende Hypothek in Anrechnung auf das Kaufgeld übernommen, so erlangt der Gläubiger gegen den Erwerber die persönliche Klage, auch wenn er dem Uebernahmevertrag nicht beigetreten ist.

Der Veräußerer wird von seiner persönlichen Verbindlichkeit frei, wenn der Gläubiger nicht innerhalb eines Jahres, nachdem ihm der Veräußerer die Schuldübernahme bekannt gemacht, die Hypothek dem Eigenthümer des Grundstücks gekündigt und binnen sechs Monaten nach der Fälligkeit eingeklagt hat.

Ist das Kündigungsrecht für eine bestimmte Zeit ausgeschlossen oder an den Eintritt eines bestimmten Ereignisses geknüpft, so beginnt die Frist mit Ablauf der Zeit oder Eintritt des Ereignisses.

---

beklagte zu dem Einwand berechtigt, daß ohne die Vornahme der angefochtenen Rechtshandlung die nachstehenden Hypothekengläubiger vor dem Anfechtungskläger befriedigt sein würden (R.G. VI, Entsch. 24 S. 92).

Die Rückgewährpflicht des Empfängers der anfechtbaren Leistung besteht allen anfechtungsberechtigten Gläubigern gegenüber nur einmal, da der Inhalt des Anfechtungsanspruches aller derselbe ist. Daher befreit er sich durch Rückgewähr an einen Gläubiger auch allen übrigen gegenüber (R.G. a. a. O.).

Fechten mehrere persönliche Gläubiger dieselbe Post an, so sind sie alle gleichberechtigt, weder die frühere Erhebung oder Erledigung der Anfechtungsklage noch die Eintragung des Anfechtungsvermerkes bei der angefochtenen Post im Grundbuche (vgl. oben S. 75 Anm. 2 zu §. 9 Abs. 3) gewährt ein Vorrecht. Erfolgt dagegen die Anfechtung zugleich durch einen nachstehenden Hypothekengläubiger und durch einen persönlichen Gläubiger, so steht jenem vor diesem das Vorrecht zu: denn weil infolge der Anfechtung die Post zu Gunsten des Anfechtenden als beseitigt gilt, rückt der anfechtende Hypothekengläubiger mit seiner Hypothek vor (R.G. V, Entsch. 29 S. 182).

§. 41.

1. Nach **römischem** Recht wird der Erwerber eines Grundstückes den Gläubigern des Veräußerers, welchen dasselbe verpfändet ist, dadurch noch nicht verpflichtet, daß er in dem Veräußerungsvertrage die Verbindlichkeiten seines Rechtsurhebers übernimmt. Der allgemeine Grundsatz, daß dritte Personen aus einem zu ihrem Gunsten geschlossenen Vertrage, dem sie nicht beigetreten sind, nicht berechtigt werden, macht auch gegen die Hypothekengläubiger sich geltend. (Vgl. Dernburg, Pand. 2 §. 53).

Im allgemeinen ist dies auch der Standpunkt des **preußischen** Rechtes. Vgl. A.L.R. I. 5 §§. 74 ff., I. 20 §§. 53, 54. In der Praxis trat jedoch die Meinung hervor, „daß der Käufer eines Grundstücks, welcher die Hypotheken in Anrechnung auf das Kaufgeld übernimmt, durch diese Uebernahme auch in dessen persönliche Verbindlichkeit eintrete, daß der Gläubiger der Hypothek auch seine persönliche Klage gegen den Uebernehmer richten könne." (Motive, bei Werner 2 S. 25) Um die entstandenen Zweifel zu beseitigen, bestimmte die Deklaration (des §. 54) vom 21. März 1835, daß der Hypothekengläubiger aus dem zwischen dem Veräußerer und Erwerber abgeschlossenen Schuldübernahmevertrage keinen persönlichen Anspruch gegen letzteren erwirbt, selbst wenn dieser auf die übernommene Schuld etwas an den Gläubiger leistet, daß aber der Veräußerer befugt ist, seinen Anspruch aus dem Versprechen des Erwerbers, in welchem sich dieser zur Tilgung der Hypotheken persönlich verpflichtete, den Gläubigern abzutreten.

An diese Bestimmungen knüpften sich verschiedene Streitfragen, die indessen meist von dem Obertribunal gelöst wurden. (Vgl. Koch, Landrecht Bd. 2 Note 83 zu I. 20 §. 54; Förster-Eccius I §. 102). Zu erwähnen sind namentlich folgende Aussprüche:

„Durch die bloße Uebernahme hypothekarischer Schulden auf Abrechnung des Kaufgeldes von Seiten des Käufers wird derselbe gegen den Verkäufer persönlich verpflichtet, Zahlung der übernommenen Post zu leisten oder die Befreiung des Verkäufers von seiner Verbindlichkeit gegen den Hypothekengläubiger zu bewirken.“ O.Tr. Plen. (Pr. 1096) v. 14. Februar 1842, J.M.Bl. S. 212.

„Der Verkäufer kann das nach Pr. 1096 für ihn entspringende Recht auch an den Hypothekengläubiger abtreten und Letzterer auf Grund dieser Zession gegen den persönlich verpflichteten Käufer sofort auf Zahlung der ihm zustehenden Forderung klagen.“ O.Tr. III, Entsch. 7 S. 298. (Vgl. auch R.G. V, Entsch. 22 S. 239.)

Obwohl durch diese und andere Entscheidungen das geltende Recht in einem Sinne festgestellt war, in welchem es dem praktischen Bedürfniß im wesentlichen genügte, entschloß man sich dennoch, bei der neuesten Reform des Hypothekenrechtes den Standpunkt des Landrechtes und der Deklaration zu verlassen und dem Hypothekengläubiger aus der in dem Kaufvertrage erfolgten Uebernahme der Hypothek Seitens des Käufers ein direktes Klagerecht gegen den letzteren zu geben. Hierfür waren nach den Motiven des §. 41 (Werner 2 S. 25 u 26) hauptsächlich drei Gründe entscheidend:

a. „das in der modernen deutschen Rechtsentwickelung hervorgetretene Streben, es für rechtlich zulässig zu erachten, daß ein Dritter aus Verträgen Anderer ein direktes Recht erwerbe, wenn sich der Inhalt des Vertrages auf sein Recht bezieht, mithin der Wille der Kontrahenten darauf gerichtet ist, dem Dritten entweder ein Recht zu schaffen oder auf ein schon vorhandenes Recht desselben einzuwirken. Die sogenannten Verträge zu Gunsten oder zum Vortheil Dritter, — der Ausdruck ist nicht ganz scharf und richtig — aus denen das römische Recht dem Dritten kein unmittelbares Klagerecht giebt, haben in der gemeinrechtlichen Praxis vielfach Anerkennung gefunden, so daß man sagen kann, daß ein, wenn auch nicht allgemeines doch ziemlich weit verbreitetes, Gewohnheitsrecht den Satz des römischen Rechtes modifiziert hat. . . . . .

Neuere Legislationen und legislative Versuche haben diese Frage erörtert, und zwar allgemein nicht gerade in der besonderen Beziehung auf die Uebernahme der Hypothekenforderungen . . . .“ (Mot.);

b. die theoretische Unrichtigkeit des Ausweges, an die Zession des Befreiungsanspruches die Folge eines Klagerechtes auf Zahlung gegen den Uebernehmer zu knüpfen. „Mit Recht ist dagegen eingewendet worden, daß der Schuldner dem Gläubiger nicht das Recht zediren könne, daß jener von diesem frei werde, daß eine solche Zession eigentlich inhaltslos sei und der Gläubiger ein neues Recht dadurch nicht erwerbe. Die Praxis hat aus dieser Zession des Befreiungsanspruches daher etwas Anderes machen müssen; sie giebt dem Gläubiger auf Grund derselben direkt die persönliche Klage gegen den neuen Eigenthümer des Grundstückes auf Zahlung der Schuld“ (Mot.);

c. die Absicht der Betheiligten bei dem Geschäft. „Wenn der Käufer des Grundstückes, wie dies ganz regelmäßig geschieht, bei der Uebernahme der Hypotheken sich gegen seinen Verkäufer persönlich verpflichtet, ihn von der persönlichen Verbindlichkeit gegen den Gläubiger zu befreien, so geht offenbar seine Intention dahin, daß er nunmehr dem Gläubiger gegenüber nicht blos hypothekarisch, d. h. nur mit dem Grundstück für die Hypothek, sondern auch persönlich aus der Obligation Schuldner sein will. Ihm wird daher gewiß nicht zu nahe getreten, wenn das, was sein unzweifelhafter Wille ist, vom Gesetz als unmittelbare Folge seiner Verpflichtung hingestellt wird. Es kann sich nur fragen, ob dem Gläubiger damit gedient ist. Daß er in einem solchen Falle auch ohne jene künstliche Zession durch das Gesetz berechtigt wird, gegen den Uebernehmer zu klagen, ist für ihn ein Vortheil, weil er in einem Prozeß die persönliche und hypothekarische Klage anstellen kann und neben dem Recht auf den Verkauf des Grundstückes gleichzeitig das Exekutionsrecht in das übrige Vermögen des Eigenthümers erlangt.

Zweifelhaft kann dieser Vortheil nur werden, wenn für ihn als Folge seines unmittelbaren persönlichen Klagerechtes gegen den Uebernehmer der Verlust des persönlichen Klagerechtes gegen den ursprünglichen Schuldner festgesetzt wird; denn der Uebernehmer kann weniger zahlungsfähig sein als der ursprüngliche Schuldner. Ohne seinen Willen kann der Gläubiger offenbar in diese nachtheiligere Lage nicht gebracht werden, d. h. er kann zwar durch den Uebernahmevertrag zwischen dem Käufer und Verkäufer des Grundstückes auch ohne eigenen Beitritt die persönliche Klage gegen den Käufer erwerben, nicht aber seine persönliche Klage gegen den Verkäufer verlieren. Daraus folgt jedoch nur, daß ihm ein Wahlrecht bleiben muß zwischen der persönlichen Klage gegen den Einen oder den Anderen, damit er die Möglichkeit hat, sich an den zahlungsfähigeren zu halten, wenn er bei dem Grundstück ausfällt; es folgt daraus aber nicht, daß er auch, nachdem er gewählt und den neuen Eigenthümer nicht blos mit der hypothekarischen sondern auch mit der persönlichen Klage in Anspruch genommen, nun doch noch auf den ursprünglichen Schuldner muß zurückgreifen dürfen. Während das dem Gläubiger zuzugestehende Wahlrecht ihn hinlänglich schützt, indem ihm selbst die Prüfung in die Hand gelegt wird, wo er sich am besten seine Befriedigung holen kann, würde ein späterer Rückgriff auf den alten Schuldner gegen diesen eine große Härte und Unbilligkeit enthalten, eine Unbilligkeit, die um so härter wird, wenn mehrfache Veräußerungen des Grundstückes dazwischen liegen, oder wenn seitdem der Schuldner gestorben und seine Erben und Erbeserben kaum noch eine Kenntniß davon haben, daß ihr Erblasser früher ein Grundstück einmal besessen und auf dasselbe eine Hypothek bestellt hat, für deren Ausfall sie nunmehr, noch vielleicht kurz vor Ablauf der Verjährungsfrist, aufkommen sollen. Man darf hierbei nicht außer Acht lassen, daß der Gläubiger bei Hingabe des Kapitals gegen Hypothek zwar gewiß neben der Realsicherheit, die ihm das Grundstück bietet, fast immer auch die Personalsicherheit des Schuldners ins Auge fassen und um so eher geneigt sein wird, sein Kapital hinzugeben, wenn zur Realsicherheit noch eine gute Personalsicherheit hinzutritt. Aber die Erfahrung lehrt, daß der Gläubiger doch hauptsächlich sein Augenmerk auf den Erwerb der Hypothek richtet, daß ihm daneben die Person des Schuldners zurücktritt, daß er die Sicherheit des Grundstückes prüft, und wenn diese ihm genügend erscheint, er nicht weiter die Sicherheit der Person beachtet; — daß andererseits der Schuldner, der sein Grundstück für die Schuld verpfändet, in der Regel damit allein die Sicherheit gewähren will und daß er, wenn er das Grundstück veräußert und die Hypothek auf den Preis verrechnen läßt, aus der Schuldverbindlichkeit herausgetreten zu sein meint. Die Intentionen beider Theile richten sich darauf, daß die Befriedigung der hypothekarischen Forderung aus dem Grundstück erfolgen soll, und daraus rechtfertigt sich, wenn dem Gläubiger gegen den Uebernehmer auch ohne Beitritt oder Zession das direkte Klagerecht gegeben und der erste persönliche Schuldner freigelassen wird, sobald der Gläubiger, nachdem er von dem Veräußerer die Uebernahme durch den Erwerber erfahren, — was zu bewirken im Interesse des Veräußerers liegt, — dem neuen Schuldner gegenüber unthätig bleibt und dadurch an den Tag legt, daß er sich die Uebernahme gefallen läßt. Aus der bloßen Annahme der Zinsen oder aus der Bewilligung einer Frist für den neuen Schuldner würde sich eine solche Folgerung noch nicht mit Sicherheit ziehen lassen, wohl aber daraus, daß der Gläubiger das Kapital dem Schuldner läßt, obschon er es ihm kündigen konnte, und deshalb ist im Gesetz vorgeschrieben, daß, wenn ein Jahr lang die Kündigung nicht erfolgt oder, wenn sie erfolgt ist, der Gläubiger nicht binnen 6 Monaten nach der Fälligkeit klagt, jene Folge eintreten soll. Das dagegen erhobene Bedenken, daß dadurch Kündigungen provozirt würden, kann für erheblich nicht erachtet werden; denn solche werden doch nur stattfinden, wenn dem Gläubiger der neue Schuldner nicht sicher erscheint, und dann sind sie an sich schon begründet." (Mot. a. a. O. S. 26.)

Vom Standpunkt des Regierungsentwurfes war der §. 41 entschieden bedenklich. Denn da derselbe die Hypothek als ein von dem etwa vorhandenen persönlichen Schuldverhältniß unabhängiges Rechtsverhältniß konstruirte, so hatte er eigentlich keinen Grund, bei dem Käufer, der eine solche selbständige Hypothek in Anrechnung auf das Kaufgeld übernehmen würde, den Willen, sich dem Gläubiger persönlich verbindlich zu machen, vorauszusetzen. Mit Recht widersprach deshalb der Regierungskommissar der in der Kommission des Herrenhauses beantragten Ausdehnung des §. 41 auf die Uebernahme von Grundschulden, „weil der persönliche Anspruch, welchen der Grundschuldgläubiger gegen den Veräußerer etwa habe, im Grundbuch keinen Anhalt und keine Publizität habe und daher aus der Uebernahme der Grundschuld die Uebernahme der persönlichen Verbindlichkeit nicht wohl gefolgert werden könne." (Komm.-Ber., bei Werner 2 S. 59.) Die Ausführung der Motive paßt nur auf den Fall der accessorischen Hypothek.

2. Der in der zweiten Ausgabe S. 99 gemachte Versuch, den §. 41 mit der landrechtlichen Vertragstheorie in Einklang zu bringen, scheitert an dem Inhalt der Motive, dem die Kommission des Herrenhauses ausdrücklich beigetreten ist und Niemand im Landtage widersprochen hat. Darnach hat bei dem Gesetzgeber die Absicht vorgewaltet, in Beziehung auf die Uebernahme hypothekarischer Schulden das moderne Dogma, daß das einseitige Versprechen den Versprechenden zur Erfüllung verpflichten könne, durch den §. 41 zu bethätigen (Vgl. über die Entwickelung dieses Dogmas u. a. Gareis, Verträge zu Gunsten Dritter; Unger, in den Jahrb. für die Dogmatik 10 S. 68 ff.; Windscheid 2 §. 316; Förster-Eccius Bd. 1 §. 75.)

Die Uebernahme einer Hypothek Seitens des Erwerbers in Anrechnung auf das Kaufgeld ist zwar dem Veräußerer gegenüber ein vertragsmäßiges, für den Gläubiger dagegen, der dem Vertrage nicht beigetreten ist, ein einseitiges Versprechen. Durch dieses Versprechen wird der Gläubiger ohne weiteres Zuthun seinerseits nach §. 41 berechtigt. (R.G. I H.S., Entsch. 1 S. 117.) Die juristische Erklärung hierfür liegt in der den Versprechenden zur Erfüllung verpflichtenden Kraft des Versprechens, welche jenes Dogma dem letzteren beilegt. Das Obertribunal hat angenommen, die Berechtigung des Gläubigers zu der persönlichen Klage gegen den Erwerber „beruhe in der Fiktion, daß Kläger der Vereinbarung beitrete und den Verklagten nach Maßgabe derselben als persönlichen Schuldner annehme." (O.Tr. III, Entsch. 81 S. 164.) Eine solche Fiktion ist jedoch weder in dem Gesetze angedeutet noch zur Erklärung desselben erforderlich. (O.Tr. III, Str. Arch. 95 S. 314.)

Voraussetzungen der persönlichen Klage des Gläubigers gegen den Erwerber des Grundstückes sind:

a. der Abschluß eines Kaufvertrages oder eines anderen auf die Veräußerung des Grundstückes gerichteten Geschäftes, bei welchem die Gegenleistung des Erwerbers die Natur des Kaufgeldes hat. Das R.G. V, Entsch. 22 S. 244, hat den §. 41 auch bei einem Erbtheilungsvertrage für anwendbar erklärt, in welchem die Uebernahme der Hypothek in Anrechnung auf den Ueberlassungspreis der Pfandgrundstücke erfolgt ist Bei einer Veräußerung im Wege der Zwangsvollstreckung findet §. 41 ebenfalls Anwendung, jedoch nur, wenn die Uebernahme auf Grund der gesetzlichen Bestimmungen über das geringste Gebot, nicht wenn sie freiwillig in Anrechnung auf das baar zu zahlende Kaufgeld erfolgt ist; vgl. Zwangsvollstr.Ges. §§. 115 Abs. 3, 116 (Krech und Fischer S. 549 Anm. 6b). Ein mündlicher Kaufvertrag ist ausreichend, da nach §. 10 des Gesetzes der Formmangel durch die Auflassung geheilt wird (O.Tr. IV, Entsch. 80 S. 68);

b. ein persönlicher Anspruch des Hypothekengläubigers gegen den Veräußerer. Haftete dieser nur mit dem Grundstück, so erlangt jener keine persönliche Klage gegen den Erwerber (R.G. V, Gruchot 32 S. 107 und Entsch. 22 S. 237). Dieses gilt auch im Falle des Zwangsvollstr.Ges. §. 115; der Ersteher haftet dem Gläubiger der übernommenen Hypothek nur dann persönlich, wenn der Vollstreckungsschuldner ihm persönlich verpflichtet war (R.G. V, Entsch. 23 S. 251, J.M.Bl. 1890 S. 157);

c. die Uebernahme der Hypothek in Anrechnung auf das Kaufgeld in dem Veräußerungsvertrage selbst oder in einem neben diesem abgeschlossenen besonderen Vertrage, dessen mangelnde Form durch die nachfolgende Auflassung geheilt wird (vgl. oben S. 77 Anm. 3a zu §. 10).

Der Grund des Ueberganges der Verbindlichkeit des Veräußerers auf den Erwerber ist der Wille des letzteren. Dieser Wille gilt als genügend geäußert, wenn der Erwerber erklärt, daß er die Hypothek übernehme. An diese Erklärung knüpft das Gesetz den Uebergang der persönlichen Schuld, ohne indessen den Umfang derselben auf den Umfang der dinglichen Schuld zu beschränken. Vielmehr ist „der Umfang der übernommenen Schuld lediglich nach der Vereinbarung des Uebernehmers mit dem Schuldüberlasser zu beurtheilen und davon auch eine Einschränkung des Klagerechtes des Gläubigers abhängig." (O.Tr. III, Entsch. 81 S. 161.) Wenn dieses Recht auf den Willen des Grundstückserwerbers zurückzuführen ist, so folgt von selbst, daß es nicht zur Entstehung gelangt, sofern der Erwerber seinen Willen dahin erklärt, daß er zwar die Hypothek auf das Kaufgeld anrechne, eine persönliche Verbindlichkeit aber dem Gläubiger gegenüber nicht übernehme.

Der Hypothek steht eine Vormerkung gleich (R.G. V, Gruchot 30 S. 709). Auf Kautionshypotheken findet §. 41 ebenfalls Anwendung, vorausgesetzt daß sie die Sicherung nicht einer blos künftig möglichen, sondern einer bereits obligatorisch begründeten, wenn auch erst später entstehenden oder ihrer Höhe nach festzustellenden Forderung bezwecken (R.G. V vom 23. Januar 1892, J.M.Bl. S. 273 und Jur. Woch. S. 130 Nr. 20; Turnau 1 S. 784 Anm. 6);

d. der Uebergang des Eigenthums auf den Erwerber. Solange der Veräußerer noch Eigenthümer des Grundstückes ist, kann durch Vereinbarung zwischen ihm und dem Erwerber der auf die Veräußerung gerichtete Vertrag aufgehoben oder geändert, mithin auch die Uebernahme der Hypothek Seitens des Erwerbers rückgängig gemacht werden. Erst mit dem Eigenthumsübergang erlangt der Gläubiger ein der Einwirkung des Veräußerers und des Erwerbers entzogenes Recht. Auch wenn diese beiden nachher den Uebernahmevertrag rückgängig machen (R.G. I H.S., Entsch. 1 S. 117), oder wenn der Erwerber das Grundstück weiter veräußert, verbleibt ihm die einmal übernommene Verbindlichkeit. Er kann von derselben nur nach näherer Bestimmung des §. 41 Abs. 2 u. 3 befreit werden (R.G. I HS., J.M.Bl. 1882 S. 33 u. V, Entsch. 17 S. 277).

Erwirbt der Hypothekengläubiger selbst das verpfändete Grundstück von seinem persönlichen Schuldner unter Uebernahme seiner Hypothek auf den Kaufpreis, so erlischt die persönliche Schuld und lebt auch durch Zession der Hypothek an einen Dritten nicht wieder auf (R.G. I H.S., Entsch. 5 S. 321. Vgl. auch R.G. IV, Gruchot 27 S. 469 und unten Anm. 1 zu §. 66 des Gesetzes). Wird dagegen der Veräußerer erst nach der Auflassung an den Schuldübernehmer Gläubiger der übernommenen Hypothek, so tritt eine Konfusion zu Gunsten des Erwerbers nicht ein (R.G. I H.S., Gruchot 26 S. 1126; Turnau 1 S. 786 Anm. 8).

3. Der Erwerber des Grundstückes tritt in das Schuldverhältniß mit denjenigen Nebenverpflichtungen und Zahlungsmodalitäten ein, welche für diese Schuld vertragsmäßig bestehen und durch die Eintragung im Grundbuche gedeckt sind; dagegen übernimmt er nicht ohne Weiteres mit der Schuld eine besondere Kautionshypothek, welche für bedingte Nebenverpflichtungen bestellt und eingetragen ist (R.G. V, Entsch. 30 S. 288). Andererseits hat er gegen die persönliche Klage des Gläubigers die Einreden aus dem persönlichen Schuldverhältnisse, soweit dieselben nach §. 38 dem Gläubiger entgegengesetzt werden können, und die Einreden aus dem Schuldübernahmevertrage mit dem Veräußerer. Dies folgt aus dem zwiefachen Grunde, auf welchem die Klage beruht.

Die Klage ist von dem dritten Senat des Obertribunals als „die Klage aus dem ursprünglichen Schuldverhältniß" bezeichnet, in dem Sinne, daß der Erwerber des Grundstückes durch die Uebernahme der Hypothek nur das Schuldverhältniß des Veräußerers überkommt und also nicht behindert ist, die Mängel dieses Verhältnisses gegen den Gläubiger geltend zu machen. Die Uebernahme der Hypothek enthält keinen Verzicht auf die Einreden gegen dieselbe. (O.Tr. III, Str. Arch. 95 S. 314. Vgl. auch O.Tr. ebd. 80 S. 189.) Andererseits findet die Haftung des Erwerbers in dem Schuldübernahmevertrage ihre Begründung und Begrenzung; daher können dem Gläubiger auch aus diesem Vertrage Einreden entgegengesetzt werden. Vgl. oben Anm. 2c.

Mit diesen vom O.Tr. III aufgestellten Sätzen stimmt die Ansicht des Reichsgerichtes überein (I H.S., J.M.Bl. 1880 S. 232, 1882 S. 33, Entsch. 1 S. 403 u. 7 S. 220; IV, J.M.Bl. 1883 S. 344; H.S., Gruchot 27 S. 1032). Sie sind aber sehr bestritten.

a. Als den Grund der Klage betrachten nicht das ursprüngliche Schuldverhältniß, sondern den Kauf- und Schuldübernahmevertrag: O.Tr. IV, Entsch. 80 S. 73, Rocholl (Rechtsfälle 1 S. 132) und „ein preußischer Jurist" in Gruchot 25 S. 23 ff., 410 ff., und zwar nimmt letzterer eine Anweisung (A.L.R. I. 16 §§. 251 ff.), Rocholl eine Expromission (A.L.R. I. 14 §. 399) als vorliegend an und ersterer sieht in der Uebernahme der Hypothek Seitens des Käufers eine Uebernahme der Verpflichtung zur Zahlung eines dem Betrage der Hypothek entsprechenden Theiles des Kaufgeldes an den Hypothekengläubiger. Diese Konstruktionen stehen aber nicht im Einklange mit dem Gesetze, welches nach seinem Wortlaut und seinen Motiven darauf abzielt, dem Gläubiger die persönliche Klage, d. h. die Klage aus dem der Hypothek unterliegenden Schuldverhältniß, welche gegen den Veräußerer begründet ist, auch gegen den Erwerber zu geben. Daher ist die hier vertretene Meinung die herrschende (vgl. Förster-Eccius 1 §. 102 Anm. 43; Turnau 1 S. 790 Anm. 17; Dernburg, Hyp.R. S. 74 ff. und Preuß. Privatr. 2 §. 65 Nr. 2, und Rassow in Gruchot 25 S. 32 ff.).

b. Daß dem Erwerber die Einreden aus dem persönlichen Schuldverhältniß zustehen, wird natürlich nach dem oben Gesagten von dem „preußischen Juristen" und Rocholl (a. a. O.) bestritten, folgt aber nothwendig aus der Natur der Klage. Nur die Einschränkung wird man mit Turnau (a. a. O. S. 792) und Dernburg a. a. O. machen müssen, daß eine Kompensation mit Gegenforderungen des Veräußerers unzulässig ist, weil sie dem Zweck der Schuldübernahme, daß der Gläubiger aus dem Vermögen des Erwerbers befriedigt werde, widerstreitet. (Vgl. auch gegen Dernburg, Preuß. Privatr. a. a. O, welcher diese Einreden als regelmäßig de jure tertii bezeichnet, R.G. H.S., Gruchot 27 S. 1032.)

c. Vor allem ist die Frage streitig, ob der Erwerber auch aus dem Kauf- und Uebernahmevertrage Einreden entnehmen kann. Nach dem oben (Anm. 2c) Gesagten sind diejenigen Einreden zuzulassen, welche die Schuldübernahme betreffen (so R.G. I H.S., J.M.Bl. 1882 S. 34 ff., Gruchot 26 S. 1124; Turnau 1 S. 794), also namentlich solche, welche den ganzen Vertrag als nichtig hinstellen. (Dagegen Rassow in Gruchot 25 S. 40.) Ob man aber noch weiter gehen und alle Einreden aus dem Kaufvertrage z. B. wegen Nichterfüllung desselben, Verletzung über die Hälfte oder Mängel, zulassen darf, ist sehr zweifelhaft und wohl richtiger mit dem R.G. a. a. O. zu verneinen, wenn auch die Schuldübernahme einen Theil des Kaufvertrages bildet (Eccius a. a. O. Anm. 44. A. M. Dernburg, Hyp R. S. 76).

4. Die Befreiung des Veräußerers von der Verpflichtung aus dem persönlichen Schuldverhältnisse, welches der Hypothek zu Grunde liegt, ist das Ziel, welches durch die Zulassung der persönlichen Klage gegen den Erwerber erreicht werden soll. Dasselbe tritt aber nicht ohne weiteres mit der Auflassung an den Schuldübernehmer ein. Der Gläubiger hat zunächst zwei persönliche und solidarische Schuldner, den Veräußerer und den Erwerber, deren Rechtslage insofern verschieden ist, als ersterer, wenn er vom Gläubiger belangt wird, zwar nicht die Einrede der Vorausklage (R.G. I H.S., J.M.Bl. 1882 S. 33), wohl aber wegen seines Rückgriffes gegen den Erwerber ein Recht auf Zession der hypothekarischen Forderung hat (oben S. 197 Anm. 9bα zu §. 35), und daß die Haftung des Veräußerers eine zeitlich begrenzte ist (R.G. V u. III, Entsch. 17 S. 277 und 28 S. 192).

Die Befreiung des Veräußerers setzt dreierlei voraus:

a. daß der Gläubiger die persönliche Klage gegen den Erwerber erlangt. Findet diese Klage aus Gründen, welche in dem Rechtsverhältniß zwischen dem Veräußerer und dem Erwerber liegen, nicht statt, so behält der Gläubiger den Anspruch gegen den Veräußerer. Dies ergiebt sich aus der Tendenz des Gesetzes, nach welcher dem Gläubiger gegenüber der Erwerber an die Stelle des Veräußerers treten soll, und aus dem Zusammenhange, in welchem der zweite Satz mit dem ersten Satz des §. 41 steht (R.G. V, Entsch. 22 S. 237). War der Erwerber bereits vorher neben dem Veräußerer persönlicher Schuldner der übernommenen Hypothekenforderung, so findet §. 41 Abs. 2 ebenfalls Anwendung, wenn auch durch die Uebernahme keine Erweiterung oder Stärkung der Gläubigerrechte erwirkt wird (R.G. V, Entsch. 29 S. 217, J.M.Bl. 1892 S. 331);

b. daß die Uebernahme der Schuld Seitens des Erwerbers dem Gläubiger durch den Veräußerer gehörig bekannt gemacht ist.

Das Gesetz „gewährt dem Veräußerer die Möglichkeit, den Gläubiger in die Lage zu versetzen, daß derselbe innerhalb einer bestimmten Frist sein Wahlrecht dahin ausübt, sich entweder mit dem neuen Erwerber“ des Grundstückes „als alleinigem Personalschuldner zu begnügen oder doch die bestehende Mitschuld des Veräußerers durch Realisirung seiner Hypothek zu einer sofort fälligen zu machen und damit zu definiren. Die vorgeschriebene Bekanntmachung der erfolgten Schuldübernahme hat die rechtliche Bedeutung einer Interpellation, mit welcher die Frist zur Ausübung des Wahlrechtes beginnt. Wer sie behauptet, muß sie beweisen“. O.Tr. III, Gruchot 23 S. 128. Ebenso R.G. IV, Entsch. 29 S. 254.

Da die Bekanntmachung die erwähnte Frist in Lauf setzt, so darf sie erst nach der Auflassung an den Schuldübernehmer erfolgen; ist sie vorher erfolgt, so ist sie wirkungslos und konvaleszirt nicht durch den späteren Eigenthumserwerb des Uebernehmers (R.G. V, Gruchot 32 S. 1092, 34 S. 1089, 35 S. 933 und J.M.Bl. 1890 S. 138).

Die Bekanntmachung muß den Kaufvertrag bezeichnen und dessen Inhalt insoweit wiedergeben, als zur Begründung der persönlichen Klage gegen den Erwerber nach Abs. 1 erforderlich. (Vgl. Bahlmann S. 172.)

Die Bekanntmachung ist nur dann wirksam, wenn sie von dem Veräußerer oder dessen legitimirten Vertreter an den Gläubiger oder dessen Vertreter (z. B. an den Ehemann als Verwalter des gütergemeinschaftlichen Vermögens, R.G. V, Gruchot 32 S. 1092) geschehen ist. Die Anzeige seitens eines Dritten, insbesondere auch die amtliche Benachrichtigung des Gläubigers von dem Eigenthumsübergange genügt nicht (R.G. V v. 18. Februar 1893, Jur. Woch. S. 190 und Gruchot 37 S. 1114). Bei mehrfacher Veräußerung desselben Grundstückes unter Uebernahme derselben Hypothek durch jeden Erwerber hat jeder Veräußerer die Bekanntmachung zu erlassen; die eines anderen Veräußerers kommt ihm nicht zu gute (Turnau 1 S. 802 Anm. 24).

Eine blos mündliche Bekanntmachung, selbst durch Mittelspersonen, genügt, wenn nur die Thatsachen, aus welchen dieselbe zu bestehen hat, wirklich zur Kenntniß des Gläubigers gelangen und letzterer erkennen kann, daß die Bekanntmachung von dem Veräußerer zu dem sich aus §. 41 des Gesetzes ergebenden Zwecke gemacht wird (R.G. V, Gruchot 32 S. 1094 u. 37 S. 1110, Jur. Woch. 1893 S. 280).

Durch §. 41 wird der Veräußerer nicht dem Erwerber gegenüber verpflichtet, den Gläubiger zu benachrichtigen'; der Klage des Veräußerers, welcher die Hypothek bezahlt hat, kann der Erwerber daher nicht die Einrede entgegenstellen, daß jener bei rechtzeitiger Benachrichtigung von der Schuld befreit wäre; R.G. IV, Entsch. 7 S. 255;

c. daß der Gläubiger die Hypothek dem Eigenthümer nicht rechtzeitig gekündigt oder nicht rechtzeitig eingeklagt hat.

α. Zur Kündigung ist dem Gläubiger eine einjährige Frist gestattet. Die Frist beginnt mit dem Zeitpunkte, von welchem ab das Kündigungsrecht ausgeübt werden kann, also mit dem Tage der Bekanntmachung der Schuldübernahme, wenn dieses Recht weder zeitlich beschränkt noch bedingt ist (Abs. 2), sonst mit dem Eintritt der Zeit oder der Bedingung (Abs. 3).

Läßt der Gläubiger das Jahr verstreichen, ohne zu kündigen, so hat er den Anspruch gegen den Veräußerer verloren, vorausgesetzt, daß die Hypothek nicht vor Ablauf dieser Frist (durch Zwangsversteigerung) erloschen ist (R.G. II H.S., Entsch. 5 S. 329; R.G. IV, ebd. 20 S. 230, J.M.Bl. 1888 S. 243).

β. Die Worte „und binnen sechs Monaten nach der Fälligkeit eingeklagt", welche in den ersten Entwürfen der Regierung fehlten, sind von der Kommission des Abgeordnetenhauses im Jahre 1869 eingeschaltet, um zu verhindern, daß der Gläubiger kündige ohne die ernstliche Absicht, die Hypothek zu realisiren, blos zum Zwecke der Erhaltung des persönlichen Anspruches an den Veräußerer. Durch diesen Zusatz erhält der §. 41 überhaupt erst praktischen Werth (Bericht der Kommission X in den Drucksachen des Abg.H. 1869—1870 Nr. 212 S. 64). Der Gläubiger muß also klagen, wenn er den persönlichen Anspruch an den Veräußerer nicht verlieren will, und zwar vor Ablauf von sechs Monaten seit der Fälligkeit der Hypothek, gleichviel ob die Fälligkeit infolge einer Kündigung eingetreten ist oder nicht, es sei denn, daß die Hypothek vor Ablauf dieser Frist erloschen ist (vgl. *α*. a. E.). War die Post bereits fällig, als die Schuldübernahme dem Gläubiger bekannt gemacht wurde, so laufen die sechs Monate vom Tage der Bekanntmachung (R.G. V, Entsch. 1 S. 122, J.M.Bl. 1890 S. 135 u. Gruchot 34 S. 1085). Nimmt der Gläubiger die Klage zurück, so gilt nach der Civilprozeß-O. §. 243 der Rechtsstreit als nicht angebracht.

Die zur Wahrung der Frist erforderliche Klage ist die gegen den neuen Eigenthümer, nicht gegen den Veräußerer. Denn §. 41 giebt nicht etwa dem Gläubiger ein Recht, beliebig zwischen den beiden Schuldnern zu wählen und dieses Wahlrecht durch Klage auszuüben, sodaß durch Erhebung der persönlichen Klage gegen den einen der andere frei wird. Sondern der Gläubiger wird durch die Bekanntmachung vor die Wahl gestellt, entweder sich mit dem Erwerber als alleinigen Schuldner zu begnügen oder seine „Hypothek" zu realisiren (Anm. 4b). Die persönliche Verpflichtung des Veräußerers wird durch die Bekanntmachung eine bedingte, sie besteht für die Zeit nach Ablauf der Fristen nur noch für den Fall, daß die rechtzeitige Verfolgung des dinglichen Rechtes nicht zur Befriedigung des Gläubigers geführt hat (R.G. IV, Entsch. 29 S. 254) Trotz der Klage des Gläubigers gegen den Veräußerer erlischt daher seine Verbindlichkeit, wenn nicht innerhalb der gesetzlichen Fristen Kündigung und Klage gegen den Erwerber erfolgen. Dieses kann gegen ein inzwischen ergangenes Urtheil nach Vorschrift des §. 686 der C.P.O. geltend gemacht werden (R.G. a. a. O.).

Die anzustellende Klage ist die dingliche, sei es auf die ganze Forderung oder einen Theil derselben, wenn sie nur zur Zwangsversteigerung des Pfandgrundstückes führt (R G. V, Gruchot 26 S. 111). Wird ebenderselbe Erfolg durch die persönliche Klage herbeigeführt, so soll nach der Ansicht des R.G V, Entsch. 17 S 277, auch deren Erhebung gegen den neuen Eigenthümer zur Erhaltung der Verbindlichkeit des Veräußerers genügen. Den Untergang dieser Verbindlichkeit kann die Anstellung der letzteren Klage allein nie herbeiführen (A. M. Dernburg, Hyp.R. S. 77).

Nach derselben R.G.Entsch. steht ein Zahlungsbefehl der Klage gleich, vorausgesetzt natürlich, daß die Wirkungen der Rechtshängigkeit nicht nach §§. 637, 641 der C.P O. erlöschen.

5. Der §. 41 findet keine Anwendung, wenn der Erwerber des Grundstückes die Hypothek vor Geltung des Gesetzes über den Eigenthumserwerb übernommen hat. Ist dagegen die Uebernahme unter der Herrschaft dieses Gesetzes erfolgt, so findet er auch bezüglich solcher Hypotheken Anwendung, welche vor dem Tage, an dem dasselbe in Kraft getreten ist, eingetragen worden sind. „Es könnte sich nur fragen, ob, wenn die Uebernahme vorher erfolgt ist, der Veräußerer den Gläubiger von derselben aber nach diesem Termine benachrichtigt hat, dieser bei Verlust seines persönlichen Anspruches gegen den Veräußerer die Forderung kündigen und einklagen muß. Dieses ist aber zu verneinen. Denn der Verlust dieses Anspruches gegen den

§. 42.

Wenn eine Hypothek oder Grundschuld ungetheilt auf mehreren Grundstücken haftet, so ist der Gläubiger berechtigt, sich an jedes einzelne Grundstück wegen seiner ganzen Forderung zu halten.

Soweit der Gläubiger aus dem einen Grundstück seine Befriedigung erhalten hat, erlischt die Hypothek oder Grundschuld auf dem mitverhafteten Grundstück. Der Eigenthümer desselben erlangt nicht das Recht, über diese Post zu verfügen, oder sie für sich zu liquidiren.

Bei den Vorschriften der Artikel V. VI. VII. des Gesetzes vom 12. März 1869 verbleibt es für dessen Geltungsbereich.

Veräußerer steht in derartig innigem Zusammenhange mit der Entstehung des persönlichen Anspruches gegen den Erwerber, daß diese Entstehung eine nothwendige Voraussetzung jenes Verlustes ist." (Rintelen S. 165 ff.)

§. 42.

I. Aus dem Prinzip der Untheilbarkeit des Pfandrechtes folgt, daß im Fall der Verpfändung mehrerer Grundstücke für dieselbe Forderung (Gesammthypothek) der Gläubiger berechtigt ist, nach seiner Wahl aus allen Grundstücken zugleich oder aus dem einen oder dem anderen allein Befriedigung zu suchen. Dies ist der Standpunkt des gemeinen Rechtes (l. 8 D. de distr. pign. 20, 5; Dernburg, Pand. 1 §. 277; Windscheid 1 §. 241 Anm. 1) und des A.L.R. I. 20. §§. 467, 468.

Die Konkursordnung vom 8. Mai 1855 gab den einfachen Standpunkt des Landrechtes auf, indem sie unter §. 56 bestimmte: „Wenn eine Forderung ungetheilt auf mehreren zur Konkursmasse gehörigen Grundstücken haftet, so ist bei Vertheilung der Kaufgelder nach folgenden Grundsätzen zu verfahren:

1. Der Gläubiger ist berechtigt, sich an die Kaufgelder jedes einzelnen Grundstückes wegen seiner ganzen Forderung zu halten.

2. Kommen die Kaufgelder aller oder einzelner Grundstücke gleichzeitig zur Vertheilung, so müssen von der Masse eines jeden dieser Grundstücke die der Forderung vorgehenden Posten abgerechnet und die verbleibenden Reste der einzelnen Massen zusammengerechnet werden; nach dem Verhältniß dieser Summe zu den einzelnen Masseresten ist alsdann die Forderung aus den einzelnen Massen antheilig zu berichtigen. Sind die Grundstücke nur nach einem Gesammtgebote zugeschlagen, so werden die Taxwerthe der einzelnen Grundstücke der Berechnung zu Grunde gelegt.

3. Erfolgt die Vertheilung der Kaufgelder eines oder einiger Grundstücke früher, als die der übrigen, so wird von den Kaufgeldern der letzteren soviel auf die Forderung vertheilt, als daraus bei gleichzeitiger Vertheilung der Kaufgelder sämmtlicher verkauften Grundstücke auf die Forderung gefallen sein würde (Nr. 2). Der ermittelte Antheil kommt nach Befriedigung der Forderung den Gläubigern zu gut, welche auf den Grundstücken, deren Kaufgelder früher vertheilt worden sind, hinter der Forderung eingetragen waren und einen Ausfall erlitten haben. Dieser Anspruch der ausgefallenen Gläubiger ist sogleich nach jeder früheren Kaufgelder-

Gesetz, betr. die Zwangsvollstreckung in das unbewegliche Vermögen. Vom 13. Juli 1883. (G.S. S. 131.)

§. 204. Die Bestimmungen des §. 125 treten im Sinne des Artikels V des Gesetzes vom 12. März 1869 (Gesetz-Samml. S. 465) an Stelle des §. 56 der Konkursordnung vom 8. Mai 1855 in der Fassung des erwähnten Gesetzes. Mit dieser Massgabe bleiben die Artikel V, VI, VII des erwähnten Gesetzes in Kraft.

§ 125. Ist eine Forderung, welche ungetheilt auch auf einem anderen Grundstücke eingetragen ist, durch Zahlung getilgt, oder von dem Ersteher mit Einwilligung des Gläubigers in Anrechnung auf den Kaufpreis übernommen (§. 116), so ersucht das Gericht den Grundbuchrichter um Löschung der Forderung bei dem mitverhafteten Grundstücke. Mit dem Ersuchen ist eine auszugsweise Ausfertigung des Protokolls und im Falle der Uebernahme der Forderung die Schuldurkunde vorzulegen.

Ist für eine solche Forderung ein Kaufgeldrückstand überwiesen, so ist bei Eintragung des Kaufgeldrückstandes die Mithaft des anderen Grundstücks zu vermerken.

---

vertheilung in das Hypothekenbuch der übrigen Grundstücke bei der Forderung von Amtswegen einzutragen.

4. Verlangt der Gläubiger, vermöge des ihm nach Nr. 1 zustehenden Rechtes, eine andere als die unter Nr. 2 und 3 vorgeschriebene antheilige Befriedigung aus einer oder der anderen Masse, so wird dadurch gleichwohl in dem Beitragsverhältnisse der einzelnen Massen unter sich nichts geändert, und es muß den Massen, welche zur Befriedigung des Gläubigers über ihren Antheil hergegeben haben, dieser Mehrbetrag aus den Massen, welche garnichts oder weniger als ihren vollen Antheil hergegeben haben, verhältnißmäßig erstattet werden."

Diese Vorschriften galten auch bei Zwangsversteigerungen außerhalb des Konkurses.

Das Gesetz vom 12. März 1869 hat im Art. I dem §. 56 der Konk.O. eine neue, dem §. 41 Abs. 1 und 2 des Gesetzes entsprechende Fassung gegeben und die Rechte, welche darin den Gläubigern der hinter einer Korrealhypothek eingetragenen Hypotheken gewährt waren, beseitigt; in den Art. V bis VII hat es jedoch den letzteren, falls sie vor dem 1. Juli 1869 eingetragen waren, dem bisherigen Rechte entsprechende Befugnisse verliehen. Diese sind durch Abs. 3 des §. 42 und jetzt auch durch §. 204 des Zwangsvollstr.Ges. aufrecht erhalten, von letzterem jedoch mit der Maßgabe, daß der §. 125 des Zwangsvollstr.Ges. an Stelle des §. 56 der Konk.O. in der Fassung des Gesetzes vom 12. März 1869 tritt. Demnach lauten die Art. V bis VII dieses Gesetzes in der heute giltigen Fassung:

„Art. V. Der §. 125 des Zwangsvollstreckungsgesetzes vom 13. Juli 1883 kommt auch hinsichtlich derjenigen Hypotheken, welche vor dem 1. Juli 1869 hinter einer Korrealhypothek eingetragen sind, zur Anwendung, jedoch mit der Beschränkung, daß der Gläubiger einer solchen Hypothek im Kaufgelderbelegungs-Termine darauf anzutragen berechtigt ist, den ihm nach §. 56 der bisherigen Fassung von der Masse des mitverhafteten Grundstückes gebührenden Antheil zu ermitteln und ihm zu überweisen. In dem Falle der Nr. 3 des §. 56 der bisherigen Fassung wird der ermittelte Antheil im Hypothekenbuche des mitverhafteten Grundstückes an der Stelle der Korrealhypothek für den Gläubiger eingetragen.

Bei dieser Ermittelung gilt als Kaufgeldmasse eines mitverhafteten, aber nicht zur Subhastation stehenden Grundstückes diejenige Summe, welche sich zu dem Betrage der auf diesem Grundstücke haftenden Grund- und Gebäudesteuer ebenso verhält, wie der Kaufpreis des subhastirten Grundstückes zu dem Betrage der auf diesem haftenden Grund- und Gebäudesteuer, oder wenn bereits mehrere mithaftende Grundstücke subhastirt sind, wie die Summe der Kaufpreise zu der Summe der Steuerbeträge. Hierbei ist derjenige Steuerbetrag maßgebend, welcher am 1. Juli 1869 auf den Grundstücken haftet.

Der Eigenthümer des mitverhafteten Grundstückes und die auf demselben hinter der

Korrealhypothek eingetragenen Gläubiger sind befugt, in dem Ermittelungsverfahren ihr Interesse wahrzunehmen und werden deshalb von den anzusetzenden Terminen benachrichtigt.

Art. VI. Nach der Vorschrift des Art. V. werden auch bei den auf Grund des §. 56 der bisherigen Fassung in dem Hypothekenbuche eingetragenen Vermerken die den betheiligten Gläubigern zustehenden Summen auf den Antrag eines Gläubigers oder des Eigenthümers ermittelt und an der Stelle des Vermerks eingetragen. Der Antrag ist bei dem Subhastationsrichter, auf dessen Ersuchen der Vermerk eingetragen worden, zu stellen.

Art. VII. Für das Ermittelungsverfahren, mit Ausnahme der Prozeßverhandlungen über hervortretende Streitpunkte, und für die Umschreibung in dem Hypothekenbuche werden Gerichtskosten nicht angesetzt. Baare Auslagen sind von dem Extrahenten einzuziehen."

Diese Bestimmungen gelten natürlich nur für den Geltungsbereich der preußischen Konk.O. von 1855 und haben auch für dieses Gebiet nur geringe praktische Bedeutung, sodaß es hier keines näheren Eingehens auf dieselben bedarf. Vgl. R.G. II H.S., Entsch. 7 S. 201; Turnau 1 S. 421 Anm. IV; Krech u. Fischer S. 707; Dernburg, Hyp.R. §. 24.

II. Der §. 42 bringt im Anschluß an das Gesetz vom 12. März 1869 den Grundsatz, daß das ganze Pfandobjekt für den ganzen Anspruch des Gläubigers haftet, allgemein zur Anerkennung.

1. Wenn der Gläubiger berechtigt ist, sich an jedes einzelne Grundstück wegen seiner ganzen Forderung zu halten (vgl. auch oben S. 201 Anm. 3 Abs. 2 zu §. 37), so muß er auch befugt sein, auf sein dingliches Recht an dem einen oder dem anderen Grundstück oder auf das Vorrecht desselben (vgl. oben S. 196 Anm. 9) zu verzichten. Weder der Eigenthümer desjenigen Grundstückes, aus welchem die Befriedigung der Korrealhypothek gefordert wird, noch die auf demselben nacheingetragenen Gläubiger können dem Verzicht widersprechen; jener nicht, weil das zwischen ihm und dem Korrealgläubiger bestehende Rechtsverhältniß ihn zur vollen Zahlung aus dem Grundstück verpflichtet (§§. 37 u. 42), diese nicht, weil sie durch die Eintragung in einem anderen Rechtsverhältnisse als dem durch die Rangordnung nach §§. 34 ff. begründeten zu den voreingetragenen Gläubigern nicht stehen. (Turnau 1 S. 406. Vgl. auch Posen, Johow 4 S. 182.)

Bereits unter der Herrschaft des A.L.R. ist angenommen, daß, „wenn einem Hypothekengläubiger mehrere Grundstücke conjunctim verpfändet sind und derselbe auf Befriedigung aus der Kaufgeldermasse des einen mitverpfändeten und subhastirten Grundstückes verzichtet, demnächst aber seine ganze Forderung gegen den Besitzer eines anderen mitverpfändeten Grundstückes geltend macht, der letztere dem Anspruche nicht den Einwand entgegensetzen kann, daß er nur nach Verhältniß des Werthes seines Grundstückes zur Zahlung verpflichtet sei. Es macht hierbei keinen Unterschied, wenn auch der klagende Gläubiger das erstgedachte mitverpfändet gewesene Grundstück in der Subhastation erworben und die Kaufgelder auf postlozirte, auf dem subhastirten Grundstücke ausschließlich für ihn haftende Posten verrechnet hat". O.Tr. III (Pr. 2405), Entsch. 24 S. 100. Derselben Ansicht ist für das jetzige Recht das R.G. V, Entsch. 16 S. 164 u. Gruchot 35 S. 1021.

Kann der Gläubiger auf sein dingliches Recht an dem einen Grundstück gültig verzichten, so kann er dem Eigenthümer desselben auch die Löschung wirksam bewilligen. Die auf dem anderen Grundstücke nacheingetragenen Gläubiger können der Löschung nicht widersprechen, wie heute allgemein anerkannt ist (Turnau 1 S. 407), während es für das frühere Recht streitig war (vgl. Koch, Hyp.O. II §. 159 Note 185b; Förster, Hyp.O. S. 127 Note 129).

2. Der zweite Absatz des §. 42 ist nur unter der Voraussetzung anwendbar, daß der Gläubiger aus dem einen Grundstück ganz oder theilweise Befriedigung erhalten hat. Es fragt sich, wann diese Voraussetzung vorliegt.

a. Sie ist unbestreitbar gegeben, wenn die Befriedigung aus dem Kaufgelde eines subhastirten oder aus den Einkünften eines unter Zwangsverwaltung gestellten Grundstückes erfolgt ist (Zwangsvollstr.Ges. §§. 125, 152).

b. Dasselbe gilt, wenn die Post bei einer Zwangsversteigerung von dem Ersteher nicht auf Grund der gesetzlichen Vorschriften über das geringste Gebot (§§. 57 ff. ebd.), sondern mit Einwilligung des Gläubigers übernommen wird, sei es kraft einer besonderen Kaufbedingung oder in Anrechnung auf das baar zu zahlende Kaufgeld; denn „eine solche Uebernahme wirkt wie eine aus dem Grundstücke gewährte Befriedigung“ (ebd. §§. 116, 125). Erfolgt die Uebernahme auf Grund der gesetzlichen Vorschriften, so ändert sich nichts an der Haftung. (Vgl. jedoch über die bei Korrealhypotheken und -grundschulden vorgeschriebene Ersatzübernahme: §§. 59 Abs. 2, 110 dess. Ges., und über die Löschung des Eventualanspruches in diesem Falle Kammerger. im Jahrb. 12 S. 125.)

c. Wenn die Hypothek oder Grundschuld bei der Zwangsversteigerung eines der verhafteten Grundstücke aus dem baar zu zahlenden Kaufgelde zu tilgen war, aber, weil die Baarzahlung nicht erfolgt ist, statt desselben ein entsprechender Theil des rückständigen Kaufgeldes dem Gläubiger überwiesen ist, so ist die Post auf dem versteigerten Grundstück auf Antrag des Vollstreckungsgerichtes zu löschen und an deren Stelle mit dem im Theilungsplan festgestellten Range der überwiesene Teil des rückständigen Kaufgeldes als Hypothek einzutragen. Dabei ist die Mithaft der übrigen Grundstücke zu vermerken. Diese bleiben nämlich nach wie vor verhaftet; eine solche Ueberweisung ist also keine Befriedigung aus dem Grundstück im Sinne des §. 42. Sie wird aber zu derselben, wenn der Gläubiger nicht binnen sechs Monaten nach der Ueberweisung die Wiederversteigerung des Grundstückes nach §. 128 dess. Ges. beantragt und ohne Verzögerung durchführt, es sei denn, daß er seine Rechte aus der Ueberweisung innerhalb dieser Frist aufgiebt und sich dadurch die Rechte an den mitverhafteten Grundstücken erhält (ebd. §§. 117, 124, 125 Abs. 2).

d. Gestützt auf den Wortlaut der Motive (Werner 2 S. 32) ist in der vorigen Ausgabe die Ansicht vertreten, daß hierher auch der Fall gehöre, in welchem der Eigenthümer des einen verhafteten Grundstückes den Gläubiger befriedigt hat. (Ebenso Königsberg, Johow 7 S. 251; Kammerger., Jahrb. 2 S. 162, und namentlich Korb im Magazin für das deutsche Recht der Gegenwart Bd. 5 S. 57 ff.) Nachdem jetzt aber das Reichsgericht wiederholt dahin entschieden hat, daß als Befriedigung „aus dem einen Grundstück“ im Sinne des §. 42 des Ges. nur eine im Wege der Zwangsvollstreckung erfolgte anzusehen sei (R.G. II H.S. u. V, Entsch. 3 S. 259, Gruchot 24 S. 1129, J.M.Bl. 1883 S. 287, Gruchot 27 S. 1039 u. 34 S. 139), und das Kammergericht sich dem angeschlossen hat (Jahrb. 8 S. 113 u. 9 S. 87), ist diese Frage für die Praxis erledigt (vgl. auch Turnau 1 S. 407 II 2a; Dernburg, Hyp.R. S. 185; Förster-Eccius 3 §. 194 Anm. 80).

Nach der Ansicht des Reichsgerichtes (a. a. O.) erlangt der Eigenthümer, welcher eine auf seinem Grundstück lastende Korrealhypothek oder -grundschuld tilgt, nicht nur durch Zession des Gläubigers, sondern nach §. 63 des Ges. auch durch dessen Quittung und Löschungsbewilligung die im §. 64 aufgeführten Rechte an allen verhafteten Grundstücken; er tritt vollkommen in die Rechte des befriedigten Gläubigers ein und kann insbesondere auch die Post auf seinem Grundstücke löschen und auf den übrigen fortbestehen lassen (vgl. Turnau 1 S. 408 II 2b; Förster-Eccius 3 §. 200 Anm. 52 ff.). Aus der bloßen Thatsache der Mithaft seines Grundstückes kann seiner Klage gegen den Eigenthümer des mitverhafteten Grundstückes eine Einrede nicht entgegengesetzt werden; diese ist vielmehr durch den Nachweis der Beitragspflicht des Klägers aus der Entstehung der Korrealpost zu begründen. — Hat der Eigenthümer die Post nicht getilgt, sondern nur die Entlassung seines Grundstückes aus der Mithaft erwirkt, so ist er nur zur Löschung befugt und erwirbt keine Eigenthümerhypothek.

3. Steht das mit einer Hypothek oder einer Grundschuld belastete Grundstück im Eigenthum mehrerer Personen, so wird durch die Belastung eine Korrealhaft der Miteigenthumsantheile nicht begründet. Wenn dagegen die Post auf die einzelnen Antheile eingetragen ist, so liegt das Verhältniß juristisch ebensowie im Falle der Eintragung auf mehrere Grundstücke. Wird daher der Gläubiger aus dem einen Antheil im Wege der Zwangsvollstreckung befriedigt, so erlischt das dingliche Recht auf den übrigen; zahlt der eine Miteigenthümer freiwillig, so

erlangt er eine Eigenthümerhypothek (oder -grundschuld) an allen Antheilen. Vgl. unten Anm. 4 zu §. 64 des Gesetzes; Turnau 1 S. 410 Anm. II 3.

4. Die Folge der Befriedigung des Gläubigers aus dem einen Grundstück ist das Erlöschen der Hypothek oder der Grundschuld bei den mitverhafteten Grundstücken, nicht blos ein zwingender Grund zur Löschung. Der §. 42 enthält mithin eine Modifikation der Regel des §. 57, daß Hypotheken und Grundschulden nur durch Löschung im Grundbuche aufgehoben werden. Die legislatorische Berechtigung dieser Regel liegt in der Eigenthümerhypothek, und nicht in der Schutzbedürftigkeit dritter Personen, welche nach Befriedigung des Gläubigers von demselben die Post im guten Glauben erwerben möchten; denn eine solche Erwerbung ist durch den öffentlichen Glauben des Grundbuches (§. 38) hinlänglich geschützt. Kann nun die Hypothek und die Grundschuld durch Befriedigung des Gläubigers aus dem einen Grundstück von den Eigenthümern der mitverhafteten Grundstücke nicht erworben werden (§§. 63 u. 64), so hat sie ihre Existenzberechtigung, soweit sie auf diesen Grundstücken eingetragen steht, verloren. Ihre Löschung muß daher erfolgen, damit sie nicht zu betrüglichen Manipulationen benutzt werde. Es hätte aber genügt, wenn das Gesetz die Löschung vorgeschrieben hätte, anstatt das Erlöschen auszusprechen. Dadurch hätte es denselben Zweck erreicht und zugleich dem Grundsatze des §. 57 die Ausschließlichkeit gewahrt.

Wenn die Post bei der Kaufgeldvertheilung infolge der Subhastation des einen Grundstückes zur Hebung gelangt und also nach §. 42 bei den mitverhafteten Grundstücken erlischt, so ist es möglich (freilich nur durch eine Inkorrektheit des Verfahrens oder durch eine strafbare Handlung, vgl. Zwangsvollstr.Ges. §. 120 und dazu die Anm. 2 bei Krech u. Fischer S. 556), daß der Gläubiger, trotz seiner Befriedigung, den Hypotheken- oder Grundschuldbrief zurückerhält, ohne daß auf demselben die Befriedigung vermerkt ist. Gelangt dann die Post an einen gutgläubigen Zessionar, so können die Eigenthümer der mitverhafteten Grundstücke, wenn sie mit der dinglichen Klage belangt werden, gegen dieselbe nicht einwenden, daß das dingliche Recht erloschen sei. (§. 38 Absatz 2 Anm. III S. 212; Turnau 1 S. 417 Anm. III 3. A. M. Bahlmann 3. Aufl. S. 177.)

5. Die Löschung der Korrealposten erfolgt in den oben Anm. 2 unter a und b aufgeführten Fällen auf Ersuchen des Vollstreckungsgerichtes, welches von Amtswegen nach Ausführung des Theilungsplanes an den Grundbuchrichter zu richten ist.

a. In dem dort unter a erwähnten Falle ist dem Ersuchen um Löschung auf dem versteigerten Grundstücke eine Ausfertigung des über die Vertheilung des Kaufgeldes aufgenommenen Protokolles und des Zuschlagsurtheiles beizufügen. Dagegen bedarf es nicht der Vorlegung der Hypothekenurkunden, deren Vernichtung Sache des Vollstreckungsrichters ist (Zwangsvollstr.-Ges. §§. 122, 124). Mit dem Ersuchen um Löschung auf den mitverhafteten Grundstücken ist eine auszugsweise Ausfertigung jenes Protokolles vorzulegen (§. 125).

b. In dem Falle b der Anm. 2 bleibt die Post auf dem versteigerten Grundstücke stehen und ist auf den mitverhafteten Grundstücken auf Ersuchen des Vollstreckungsgerichtes zu löschen. Dem Ersuchen ist eine auszugsweise Ausfertigung des Protokolles und die Schuldurkunde beizufügen (§. 125). Der Grundbuchrichter hat die Hypothek oder Grundschuld auf den nicht versteigerten Grundstücken und den Vermerk der Mithaft bei dem versteigerten zu löschen und die Hypotheken- oder Grundschuldbriefe über jene Eintragungen nach §§. 114, 115 der Gr.B.O. zu vernichten.

c. In dem Anm. 2c genannten Falle erfolgt die Löschung der Post auf dem versteigerten Grundstück und die Eintragung des Kaufgelderrückstandes auf dasselbe ebenfalls auf Ersuchen des Vollstreckungsgerichtes in der Form des §. 124 des Zwangsvollstr.Ges. (oben a). Demselben sind, wenn nicht der Gläubiger auf Ausfertigung eines Hypothekenbriefes verzichtet, Ausfertigungen des entscheidenden Theiles des Zuschlagsurtheiles und eines Auszuges aus dem Protokoll über die Vertheilung des Kaufgeldes als Schuldurkunde für den neu zu bildenden Hypothekenbrief sowie die alte Urkunde über die Korrealpost beizufügen. Mit dieser ist der

§. 43.

Der hypothekarische oder Grundschuldgläubiger, dessen Anspruch vollstreckbar geworden, hat das Recht, auf gerichtliche Zwangsverwaltung und gerichtliche Zwangsversteigerung anzutragen.

Haftet die Hypothek oder Grundschuld nur auf einem Antheil des Grundstücks, so kann nur der Antheil zur Zwangsverwaltung und Zwangsversteigerung gestellt werden.

---

neue Brief durch Schnur und Siegel zu verbinden. Letzterer ist dem Gläubiger auszuhändigen — abweichend von der Regel des §. 122 der Gr.B.O. (Zwangsvollstr.Ges. §. 127.)

Erfolgt in diesem Fall nachträglich das Erlöschen der Korrealpost auf dem mitverhafteten Grundstücke (vgl. oben Anm. 2c), so hat der Eigenthümer desselben oder nach §. 5 des Zwangsvollstr.Ges. (oben S. 216) ein nacheingetragener Gläubiger, welcher für seine eingetragene Forderung einen Titel zur Zwangsvollstreckung in das Grundstück erlangt hat, die Löschung nach §§. 92 ff. der Gr.B.O. zu beantragen.

Dasselbe gilt, wenn der Vollstreckungsrichter versehentlich das Ersuchen um Berichtigung des Grundbuches unterlassen hat und auch nicht nachträglich erläßt. Eine Löschung von Amtswegen oder auf Antrag, ohne daß die Vorschriften der §§. 92 ff. gewahrt sind, ist nicht zugelassen.

6. Wenn die Kaufgelder aus der Versteigerung mehrerer Grundstücke, welche ungetheilt für eine Hypothek oder eine Grundschuld haften, gleichzeitig zur Vertheilung gelangen, so entscheidet nach §. 42 Abs. 1 zunächst die Erklärung des Gläubigers darüber, aus welchem der Grundstücke er befriedigt sein will. Es fragt sich aber, wie beim Mangel einer bezüglichen Erklärung des Gläubigers das Beitragsverhältniß zu bestimmen ist. Das Einfachste ist, daß die nach Befriedigung der vorstehenden Gläubiger zur Verfügung bleibenden Kaufgelder zusammengerechnet werden und, wenn die Summe den Betrag der Korrealhypothek übersteigt, dieser Betrag nach dem Verhältnisse jener Summe zu den einzelnen Masseresten aus denselben berichtigt wird. Beträgt also der verfügbare Rest der einen Masse 2000 und der anderen 1000, so erhält der Korrealgläubiger, welcher 300 zu fordern hat, aus jener Masse 200 und aus dieser 100. (Dernburg, Preuß. Privatr. 1 §. 330 a. E., Hyp.R. §. 24 Nr. 5a; Eccius 3 §. 194 Anm. 64a; vgl. Lotze in Gruchot 36 S. 260 ff.) Sind die Grundstücke zusammen zu einem Preise zugeschlagen, so ist der Vertheilung des Preises auf die einzelnen Grundstücke an Stelle des Werthes dieser der Grundsteuerreinertrag oder Gebäudesteuernutzungswerth zu Grunde zu legen (Zwangsvollstr.Ges. §. 112; vgl. Krech u. Fischer S. 513).

7. Für den Fall, daß der Forderung des die Zwangsversteigerung betreibenden Gläubigers eine Korrealhypothek oder -grundschuld vorgeht, welche auch auf einem anderen, dem betreibenden Gläubiger für seine Forderung haftenden Grundstücke lastet, hat §. 205 des Zwangsvollstr.-Ges. ein besonderes jus offerendi eingeführt, um den betreibenden Gläubiger dagegen zu schützen, daß infolge der Berücksichtigung der vorgehenden Korrealpost zu ihrem vollen Betrage bei dem geringsten Gebot der Einzelverkauf eines der verhafteten Grundstücke nicht zu seiner Befriedigung führt. Wird in einem solchen Falle ein zu seiner Befriedigung ausreichendes Gebot nicht abgegeben, so kann der betreibende Gläubiger die Abtretung der Korrealpost gegen vollständige Berichtigung derselben verlangen, und zwar, falls sie noch nicht fällig sein sollte, unter Beobachtung einer dreimonatlichen Kündigungsfrist. Der vorstehende Korrealgläubiger kann sich der Abtretung dadurch entziehen, daß er die Post auf die dem betreibenden Gläubiger mitverhafteten Grundstücke antheilsweise vertheilen oder auf einem derselben löschen läßt. „Die gleichen Rechte wie der betreibende Gläubiger hat jeder demselben nachstehende Gläubiger, wenn seine Forderung nach Berücksichtigung der auf mehreren Grundstücken ungetheilt haftenden Hypothek oder Grundschuld auf Grund der Vorschriften der §§. 59, 117 bedingt zur Hebung gekommen ist.“ (§. 205 Abs. 3.) Näheres siehe bei Krech u. Fischer S. 710 ff.

Ausführungsgesetz zum Deutschen Gerichtskostengesetze und zu den Deutschen Gebührenordnungen für Gerichtsvollzieher und für Zeugen und Sachverständige. Vom 10. März 1879. (G.S. S. 145.)

§. 29 (Satz 3). Die Zwangsversteigerung von Gegenständen des unbeweglichen Vermögens ist wegen einer Kostenforderung nur gegen denjenigen zulässig, welcher das mit einem Pfandrechte für die Kostenforderung belastete Grundstück durch Vertrag unter Lebenden erworben hat und weder Descendent noch Ehegatte eines Descendenten des ersten Schuldners ist.

---

§. 43.

1. Gesetze über die Zwangsvollstreckung in Grundstücke.
2. Das zuständige Gericht; Voraussetzungen der Zwangsvollstreckung.
3. Arten derselben.
4. Der Privatverkauf, S. 234.
5. Lex commissoria und addictio in diem.
6. Jus offerendi.
7. Die Zwangsvollstreckung in den Antheil eines Miteigenthümers, S. 235.

1. Hypothek und Grundschuld erzeugen nicht, wie das römische Pfandrecht, die Befugniß des Gläubigers zum Verkauf der Sache, sondern den Anspruch auf Zahlung aus dem Grundstück gegen den jeweiligen Eigenthümer desselben. (§. 37.) Die Frage, unter welchen Voraussetzungen und in welcher Weise dieser Anspruch zu vollstrecken, ist daher nicht eigentlich eine hypothekenrechtliche.

Die Voraussetzungen der Zwangsvollstreckung in das unbewegliche Vermögen bestimmen sich nach der Civilprozeß-O. v. 30. Januar 1877 §§. 664 ff., die Zwangsvollstr. selbst in Gemäßheit des §. 757 daselbst nach den Landesgesetzen. Als solches kommt für den Geltungsbereich der Grundbuchgesetze jetzt nur das Zwangsvollstreckungsgesetz vom 13. Juli 1883 in Betracht (vgl. auch Einf.Ges. f. Rheinl. §. 1). Dasselbe hat an den Vorschriften des §. 43 nichts geändert.

2. Der Antrag auf Zwangsvollstreckung ist nicht bei dem Prozeßgericht, wie früher nach der Subh.O. vom 15. März 1867 §. 5, sondern bei dem zuständigen Vollstreckungsgericht zu stellen. Als solches ist dasjenige Amtsgericht zuständig, in dessen Bezirk das Grundstück belegen ist. (C.P.O. §. 755, vgl. auch §. 756 und dazu Zwangsvollstr.Ges. §. 3.)

Die Zulässigkeit der Zwangsvollstreckung in das Grundstück ist auch dann, wenn der Eigenthümer desselben dem Gläubiger persönlich haftet, nicht davon abhängig, daß die Zwangsvollstreckung in das bewegliche Vermögen ohne Erfolg stattgefunden hat. Die Begründung des Antrages auf Zwangsvollstreckung in das Grundstück richtet sich nach dem Prozeßrecht resp. dem Subhastationsrecht. (Vgl. Zwangsvollstr.Ges. §§. 13 ff., 139.) Das Gesetz über den Eigenthumserwerb hebt unter §. 43 nur die Vollstreckbarkeit des Anspruches hervor, welcher dem Gläubiger zusteht. Gemeint ist der Anspruch aus der Hypothek oder der Grundschuld, also der dingliche Anspruch. Aber auch auf Grund des persönlichen, durch die Hypothek gesicherten oder neben der Grundschuld herlaufenden Anspruches gegen den Eigenthümer kann, wenn für ihn ein vollstreckbarer Schuldtitel erwirkt ist, die Zwangsvollstreckung in das Grundstück auf Grund der C.P.O. und des Zwangsvollstr.Ges. erfolgen. Ob die Vollstreckbarkeit der Forderung sich in einem gegen den Eigenthümer für vollstreckbar erklärten Urtheil oder in einem vollstreckbaren Schuldtitel anderer Art gründet, macht keinen Unterschied. (Vgl. oben S. 140 Anm. II 1 a α.)

Auf den Antrag der Direktion eines Pfandbriefinstituts findet die Zwangsversteigerung eines bepfandbrieften Grundstückes auch dann statt, wenn ein vollstreckbarer Schuldtitel nicht beigebracht ist. Kab.O. v. 14. Februar 1829, v. 8. Juni 1835 und v. 19. März 1836.

3. Nach §. 2 des Zwangsvollstr.Ges. erfolgt die Zwangsvollstreckung in Grundstücke durch Eintragung der vollstreckbaren Forderung in das Grundbuch (vgl. oben Zus. zu §. 19 des Gesetzes), durch Zwangsversteigerung oder Zwangsverwaltung. Die früher zulässige Immission (A.L.R. I. 20 §. 490) ist beseitigt. Dagegen kann der Gläubiger sein dingliches Recht auch

durch Pfändung der Früchte, der Mieth- und Pachtzinsen, des beweglichen Zubehörs und der dem Eigenthümer zufallenden Versicherungsgelder zur Geltung bringen (R.G. V, Entsch. 29 S. 24; Meyländer in Gruchot 19 S. 668; Heidenfeld ebd. 26 S. 503; a. M. Riedieck ebd. 30 S. 532 ff. Vgl. oben S. 184 ff.).

4. Der Gläubiger erlangt durch die Eintragung nicht das Recht, seinen Anspruch privatim zu realisiren. Schon das A.L.R. I. 20 §. 28 bestimmt deshalb, daß der Pfandverkauf in der Regel gerichtlich geschehen müsse. Aber es läßt in den §§. 29—32 unter den daselbst geregelten Voraussetzungen einen außergerichtlichen Verkauf des verpfändeten Grundstückes zu, wenn ein darauf gerichteter Vertrag des Gläubigers mit dem Verpfänder geschlossen ist. Es fragt sich, ob dies noch gegenwärtig gilt. Gewiß fassen die Motive den Einfluß des Gesetzes über den Eigenthumserwerb nicht richtig auf, wenn sie aus der Nichterwähnung des außergerichtlichen Verkaufes dessen Abschaffung folgern. Die Rechtsbeständigkeit eines Vertrages, wie ihn das Landrecht unter §. 29 cit. voraussetzt, ist nicht anzuzweifeln. (Bahlmann 3. Aufl. S. 180.) Aber die §§. 29—32 sind für das Hypothekenrecht nicht mehr praktisch. Denn der Gläubiger, der seine Befriedigung sucht, kann durch den außergerichtlichen Verkauf des ihm verhafteten Grundstückes nicht zum Ziele gelangen, weil er nicht in der Lage ist, dem etwaigen Käufer das Eigenthum aufzulassen. (Förster, Grundbuchrecht S. 173.) Allerdings läßt sich, wie Küntzel hervorhebt, „die Schwierigkeit durch die dem Pfandvertrage beizufügende Ermächtigung (Vollmacht) zur Auflassung beseitigen, und sodann steht wohl nichts im Wege, daß der verkaufende Gläubiger auf Bewirkung der Auflassung an seinen Käufer klagt und das Recht des letzteren durch Veranlassung der Eintragung einer Vormerkung schützt". (Johow 5 S. 269.) Allein die Möglichkeit, auf Grund einer Vollmacht des eingetragenen Eigenthümers das Grundstück aufzulassen, besteht für Jeden, den der Eigenthümer bevollmächtigt; aber wenn dieser dem Grundbuchamt in authentischer Form erklärt, daß er die Vollmacht zurückziehe, so wird auch der Gläubiger gewiß nicht zur Auflassung verstattet werden. Freilich kann dann der Eigenthümer zur Auflassung an den Käufer verurtheilt werden (vgl. Förster-Eccius 3 §. 194 Anm. 32), aber wahrscheinlich nur, wenn letzterer gemeinschaftlich mit dem Gläubiger klagt. Sicherlich führt weder dieser noch jener Weg zu einer praktischen Anwendung der §§. 29 ff. Es scheint überhaupt, als wären diese §§. auch früher nur sehr beschränkt zu verwerthen gewesen, nämlich wenn der Gläubiger im Besitz des Pfandgrundstückes und dadurch zur Uebertragung des Eigenthumes in den Stand gesetzt, zugleich aber auch durch Eintragung der ihn zum außergerichtlichen Verkauf ermächtigenden Abrede gegen Dritte gesichert war.

Ueber die besonderen Rechte der Kreditinstitute und -verbände, welche zum Theil an die Stelle der Gerichte treten können, vgl. Zwangsvollstr.Ges. §§. 145, 202 (und dazu Krech u. Fischer S. 616, 700).

5. Nach L. 3 C. de pactis 8. 34 (35) ist die lex commissoria beim Pfandvertrage verboten, während der Vertrag, daß das von dem Hauptschuldner bestellte Pfand dem Bürgen verfallen sein soll, wenn dieser nicht innerhalb der vereinbarten Frist von der Bürgschaft befreit wird, nach l. 81 D. de contr. emt. 18, 1 erlaubt ist. In dem A.L.R. I. 20 §§. 33, 35 sind diese Nebenverträge schlechthin für ungültig erklärt. Daran hat weder das Reichsgesetz, betr. die vertragsmäßigen Zinsen, vom 14. November 1867 noch das vorliegende Gesetz etwas geändert. (Vgl. über jenes R.G. I H.S. u. I, Entsch. 2 S. 333 und 4. S. 51; O.Tr. IV, Entsch. 65 S. 38, Str. Arch. 80 S. 351; a. M. Förster, Grundbuchr. S. 174; in letzterer Hinsicht a. M. die Motive bei Werner 2 S. 29.) Wenn dem Gläubiger das Recht eingeräumt ist, die ihm verpfändete Sache für einen bestimmten Preis noch vor dem Zeitpunkt der Fälligkeit seiner Forderung zu erwerben, so steht der Gültigkeit einer solchen Abrede die Vorschrift des §. 43 nicht entgegen. (R.O.H.G. I, Entsch. 7 S. 65.)

6. Nach römischem Recht war, wie die herrschende Lehre annimmt, der Verkauf des Pfandes nur dem vorstehenden Gläubiger gestattet. Der nachstehende Pfandgläubiger konnte aber ein erhebliches Interesse daran haben, daß der vorstehende das Verkaufsrecht ausübte oder

nicht ausübte. Deshalb gab man ihm das jus offerendi, d. i. das Recht, die Forderung (oder, wie Andere annehmen, nur das Pfandrecht) des vorstehenden Gläubigers durch Befriedigung desselben zu erwerben. (v. Roth, die hypothekarische Succession und die Eigenthümerhypothek 1879 S. 15.) Ob dasselbe auch dem vorstehenden Pfandgläubiger gegen den nachstehenden zustand, ist bestritten (vgl. Windscheid 1 §. 233b Anm. 14).

Für das preußische Recht fällt das angeführte Motiv fort, weil jeder Gläubiger, dessen Anspruch vollstreckbar geworden, berechtigt ist, die Zwangsversteigerung des Grundstückes seines Schuldners zu verlangen. Nichtsdestoweniger erklärt das A.L.R. I. 20 §§. 36 ff. den Pfandgläubiger nach abgelaufenem Zahlungstermine für schuldig, einem Jeden, der ein dingliches Recht auf die Sache, ingleichen dem, welcher für die Schuld Bürgschaft geleistet hat, gegen vollständige Befriedigung sein Pfandrecht abzutreten.

In dem Gesetz über den Eigenthumserwerb ist das Eintrittsrecht nicht erwähnt. Die Absicht bei Aufstellung des Entwurfes war die, es abzuschaffen. Es ist, heißt es in den Motiven, „schon im System des A.L.R. ziemlich bedeutungslos, da auch der spätere Hypothekengläubiger das Grundstück zum Verkauf bringen kann und überdies der Gläubiger von jedem Dritten Zahlung annehmen muß. Es wird völlig bedeutungslos, wenn der Gläubiger, wie dies in diesem Gesetz vorgeschlagen ist, nach erhaltener Befriedigung dem Eigenthümer gegenüber verpflichtet ist, dem zahlenden Dritten Zession zu ertheilen. (§. 63.) Dadurch wird leicht erreicht, daß der nacheingetragene Gläubiger eine vorstehende Hypothek erwerben kann." (Werner 2 S. 29.) Ob diese Bemerkungen hinreichten, die Beseitigung des jus offerendi zu rechtfertigen, muß hier ununtersucht bleiben. Gewiß indessen ist, daß dasselbe durch das Gesetz über den Eigenthumserwerb nicht abgeschafft worden ist, da es mit dessen Bestimmungen nicht in Widerspruch steht. (Vgl. oben S. 23.) Auffällig ist die Bemerkung in den Motiven, daß der Hypothekengläubiger von jedem Dritten Zahlung annehmen müsse. Allerdings spricht hierfür der Wortlaut der Bestimmungen des A.L.R. I. §§. 46, 49, 50. Allein wenn dieselben auch gegen den Hypothekengläubiger anwendbar wären, dann hätte es der Ordnung des Eintrittsrechts im Titel 20 §§. 36 – 41 überhaupt nicht bedurft. Für die heutige Gültigkeit des landrechtlichen jus offerendi hat sich auch das R.G. V, Entsch. 12 S. 258, erklärt; dasselbe läßt es auch gegenüber einem die Zwangsversteigerung betreibenden, nicht eingetragenen Gläubiger zu, welcher zwar kein Pfandrecht an dem Grundstücke habe, aber ein Recht, sich in derselben Weise wie ein Pfandgläubiger aus dem Verkauf desselben zu befriedigen, bei dem also die in den §§. 36 ff. A.L.R. I. 20 ausgesprochene ratio legis zutreffe. Auch das Zwangsvollstr.Ges. §. 205 läßt das jus offerendi des bisherigen Rechtes bestehen und führt daneben das oben S. 232 Anm. 7 besprochene, besondere jus offerendi gegenüber einem dem betreibenden Gläubiger vorgehenden Korrealgläubiger ein. (Dernburg, Hyp.R. S. 256 hält jedoch das jus offerendi des vorstehenden Pfandgläubigers gegen den nachstehenden für beseitigt, weil jener jetzt durch einen Versteigerungsantrag des letzteren unberührt bleibe.)

Dem Grundschuldgläubiger gegenüber findet nur das Eintrittsrecht des §. 205 des Zwangsvollstr.Ges. statt.

7. Der zweite Satz des §. 43 entscheidet die Streitfrage des A.L.R. I. 17 §. 74, ob die auf den Antheil eines Miteigenthümers eingetragene Post das Recht auf Zwangsversteigerung und Zwangsverwaltung des ganzen Grundstückes oder nur des Antheiles gewährt, im Sinne der letzteren Alternative.

Die weitere Zweifelfrage, welche sich an den §. 74 knüpfte, ob die Subhastation auch dann stattfindet, wenn der Antheil nicht in einer bestimmten Quote feststeht, wird durch §. 43 nicht erledigt, obwohl dieser nach seiner Begründung in den amtlichen Motiven die „in der Praxis bei Auslegung des §. 74 hervorgetretenen Zweifel beseitigen soll". Der Zweifel ist dahin zu lösen, daß der Antheil, auf welchem die Post haftet, feststehen muß, wenn er unter Subhastation gestellt werden soll. Ist also eine Hypothek auf den ideellen Antheil eines Miterben eingetragen, so kann der Gläubiger auf Zwangsversteigerung erst dann dringen, wenn der Schuldner mittels der Erbtheilung das Grundstück ganz oder zu einem Bruchtheile über-

§. 44.

Der Antrag auf Zwangsverwaltung und Zwangsversteigerung ist auch dann zulässig, wenn seit der Zustellung der Klage ein Wechsel in der Person des Eigenthümers des Grundstücks eingetreten ist.

---

eignet erhalten hat Küntzel in Johow 5 S. 240: R.G. V, Entsch. 20 S. 270. Vgl. oben S. 152 die Anm. zu §. 21 des Gesetzes und Krech u. Fischer S. 153 ff.

Das Reichsgericht a. a. O. hält auch die Zwangsversteigerung eines ideellen Antheiles eines ganz verpfändeten, ideell getheilten Grundstückes für zulässig, da jede Quote nicht ein aliud, sondern ein minus im Verhältniß zum Eigenthum an der ganzen Sache sei. (Streitig, vgl. Krech u. Fischer a. a. O. und oben S. 201 Anm. 3 Abs. 2 zu §. 37.)

Die Worte „zur Zwangsverwaltung und" sind von der X. Kommission des Abgeordnetenhauses bei der Vorberathung im Jahre 1869 eingeschaltet worden. Von einer Seite wurde damals bemerkt, daß ein ideeller Antheil sich der Sequestration entzöge. Die Mehrheit der Kommission aber hielt dies nicht für richtig, war vielmehr der Ansicht, der „Sequester übe die nämlichen Verwaltungsbefugnisse u. s. w. wie der Miteigenthümer aus; die für die praktische Handhabung sich ergebenden Schwierigkeiten werde die Praxis lösen". (Drucks. des A.H. 1869 Nr. 212 S. 65.) Die Ausführbarkeit der gerichtlichen Adminisţation eines Antheiles des Grundstückes ist in der That zweifellos. Natürlich müssen die auf den Antheil entfallenden Revenuen, bevor sie unter die Realgläubiger vertheilt werden können, erst durch Theilung zwischen dem Administrator, als Vertreter des Exequenden, und den übrigen Miteigenthümern festgestellt werden.

Nach §. 16 des Rhein. Einf.Ges. kann in dessen Geltungsbereich der Antheil eines Miteigenthümers nicht zur Zwangsverwaltung oder Zwangsversteigerung gestellt werden.

§. 44.

1. Die Bestimmung des §. 44 des Gesetzes stimmt mit den Vorschriften der C.P.O. §§. 236, 665 überein. Sie betrifft ebensowie diese nur die dingliche Klage; von der persönlichen Klage ist in den §§. 37 ff. des Gesetzes überhaupt nicht die Rede (O.Tr. III, Gruchot 23 S. 751. Vgl. S. 42 oben Anm. 4 zu §. 3 und S. 144 Anm II 2a). Der §. 44 hat heute daher höchstens noch die Bedeutung, jeden Zweifel darüber auszuschließen, daß die Zwangsvollstreckung gegen den neuen Eigenthümer trotz des öffentlichen Glaubens des Grundbuches zulässig ist, §. 238 der C.P.O. also keine Anwendung findet.

2. Streitig ist die Anwendbarkeit der obigen Bestimmung auf die nach §. 702 Nr. 5 der C.P.O. vollstreckbaren gerichtlichen oder notariellen Urkunden, in denen sich der Schuldner der sofortigen Zwangsvollstreckung unterworfen hat (oben S. 140 II 1 a α Nr. 9). Eine solche Urkunde ist bei einer Hypothek in zwiefacher Weise möglich: einmal so, daß der Eigenthümer sich hinsichtlich der persönlichen Forderung in der Schuldurkunde der sofortigen Zwangsvollstreckung unterwirft; sodann so, daß er dem durch die Eintragung begründeten dinglichen Recht die sofortige Vollstreckbarkeit zugesteht. In dem ersteren Falle kann von einer Vollstreckbarkeit gegen den neuen Eigenthümer keine Rede sein, da die Vorschriften der §§. 236, 665 der C.P.O. und des §. 44 des Gesetzes nur dingliche Ansprüche betreffen. Dagegen gehört der letztere Fall, der auch bei der Grundschuld vorkommen kann, hierher. Für denselben behaupten namentlich Kurlbaum (die Subhast.O. v. 15. März 1869 ꝛc. S. 19—23), Eccius (3 §. 194 Anm. 49), Krech u. Fischer (S. 138 ff.), Seuffert (Kommentar z. C.P.O. §. 703 Anm. 1), Wilmowski u. Levy (Kommentar z. C.P.O. §. 665 Anm. 5) u. A. die Zulässigkeit der Vollstreckbarkeit der Urkunde gegen einen neuen Eigenthümer des Grundstückes, welcher es von dem Aussteller der Urkunde vor Beginn der Zwangsvollstreckung erworben hat, auf Grund der Bestimmung des §. 703 der C.P.O., nach welcher die §§. 662 bis 701, also auch §. 665 der C.P.O. bei vollstreckbaren Urkunden entsprechend anzuwenden sind. Diese Auffassung steht im Gegensatz zu der amtlichen Begründung des §. 652 in dem Entwurfe der C.P.O., für welche

§. 45.

Ein Vertrag zwischen dem hypothekarischen oder Grundschuldgläubiger und dem Eigenthümer, durch welchen Ersteren das Recht der Veräußerung zum Zweck ihrer Befriedigung entzogen wird, ist nichtig.

---

freilich „Niemand die Verantwortung übernehmen wollte" (S. 21), und zu der Auslegung, welche von den meisten Kommentatoren der C.P.O. vertreten ist. Einverständniß scheint darüber zu bestehen, daß die Vollstreckbarkeit des Urtheils gegen den Sondernachfolger des Verurtheilten in der durch die Erhebung der Klage begründeten Litigiosität der in Streit befangenen Sache ihre Rechtfertigung findet. Das gegen den Veräußerer eines Grundstückes ergangene Urtheil auf Zahlung einer darauf eingetragenen Hypothek oder Grundschuld ist gegen den Erwerber vollstreckbar, nicht wegen seiner formales Recht zwischen den Parteien schaffenden Kraft, sondern weil es den streitig gewesenen Rechtszustand des Grundstückes selbst feststellt oder wenigstens als feststellend behandelt wird. Das Urtheil wirkt insoweit dinglich und deshalb gegen Dritte. Die Wirkung aber kann einer vollstreckbaren Urkunde nur durch eine positive Gesetzesvorschrift beigelegt werden, weil sie nicht aus der Vollstreckbarkeit des Titels, sondern aus der besonderen Bedeutung des Urtheils sich ergiebt. Eine solche Vorschrift liegt nicht vor. Denn der §. 703 fordert nicht die Anwendung der §§. 662 ff. schlechthin, sondern nur die entsprechende Anwendung derselben auf den Fall der vollstreckbaren Urkunde. Es entspricht aber nicht dem Gedanken des Gesetzgebers, die Wirkung, welche der §. 665 dem Urtheil als der Entscheidung eines Rechtsstreites zugesteht, auch mit einer vollstreckbaren Urkunde, welche nicht zur Beilegung eines Rechtsstreites bestimmt ist, zu verbinden. Die Urkunde steht dem Urtheil nur insofern gleich, als sie formales Recht für die Parteien schafft; sie kann daher gegen den Sondernachfolger ihres Ausstellers nicht vollstreckt werden. (Vgl. namentlich Schultze, die Vollstreckbarkeit der Schuldtitel für und gegen die Rechtsnachfolger, 1891, S. 107 ff.)

Mit dieser Frage hängt die weitere zusammen, ob die Abrede, daß der Schuldner sich der sofortigen Zwangsvollstreckung unterwerfe, in das Grundbuch eingetragen werden kann. Auch dies ist streitig. Einige (z. B. Wilmowski u. Levy a. a. O.) haltenes nicht nur für zulässig, sondern sogar für nothwendig, um die nach ihrer Ansicht mögliche Zwangsvollstreckung gegen den neuen Eigenthümer zu rechtfertigen. Indessen da §. 44 des Ges. die Vollstreckung gegen diesen ohne Rücksicht auf den guten Glauben des Grundbuches zuläßt (Anm. 1), kann der Eintragung der Abrede keine Bedeutung beigelegt werden. Das Kammergericht (Jahrb. 8 S. 87), Schultzenstein (ebd. 2 S. 317 ff.) und Hinrichs (Studien 1 S. 39 Anm. 24) verneinen daher die obige Frage, weil die Eintragung für das Grundbuchwesen ohne allen Belang sei.

3. Wie bereits oben S. 143 Anm. II 2a erwähnt, darf die Zwangsvollstreckung gegen einen Rechtsnachfolger des verurtheilten Schuldners nur beginnen, wenn ersterer in der Vollstreckungsklausel namentlich bezeichnet und das Urtheil nebst der Klausel ihm zugestellt ist (C.P.O. §. 671). Das ist auch hier zu beachten. Dagegen kann eine bereits begonnene Zwangsversteigerung wegen einer Hypothek oder Grundschuld ohne weiteres gegen einen nach der Beschlagnahme eintretenden neuen Eigenthümer fortgesetzt werden (Zwangsvollstr.-Ges. §. 17 Abs. 2; Krech u. Fischer S. 270).

§. 45.

1. Der §. 45 richtet sich gegen die Bestimmungen des A.L.R. I. 20 §§. 26 u. 27, welche lauten:

§. 26. Ist ausdrücklich verabredet, daß der Gläubiger den Verkauf der verpfändeten Sache zu verlangen nicht berechtigt sein solle, so ist ein solcher Vertrag so zu deuten, daß der Gläubiger seine Befriedigung nur aus den Früchten und Nutzungen suchen könne.

§. 27. Erhellet aus der Natur des Geschäftes oder aus der Beschaffenheit des Pfandes, daß dieses nicht die Absicht der Kontrahenten gewesen sein könne: so hat ein solcher Nebenvertrag nur die Wirkung, daß der Gläubiger nicht eher, als wenn über das Vermögen des Schuldners Konkurs entsteht, auf die Veräußerung des Pfandes antragen kann.

Diese Bestimmungen unterscheiden nicht, ob der Vertrag vor oder nach Eintragung der Hypothek geschlossen ist. Der vorliegende §. 45 dagegen trifft nach seinem Wortlaut nur den Fall, in welchem dem Hypotheken- oder Grundschuldgläubiger das Verkaufsrecht entzogen werden soll, also nur den nach der Eintragung errichteten Vertrag. Die Absicht des Gesetzgebers scheint indessen weiter zu gehen In den Motiven des Entwurfes ist nämlich gesagt: „Ein solcher Vertrag widerstreitet direkt dem Inhalt des Hypothekenrechtes. Die Veräußerung, welche sein alleiniger Inhalt ist, darf dem Gläubiger nicht entzogen werden." Die in dem A.L.R. I. 20 §. 27 gegebene „Auslegung des Willens der Kontrahenten, die in ihn etwas hineingelegt, was ihm widerspricht, ist nicht gerechtfertigt, vielmehr wird der Rechtszustand bestimmter, wenn den Kontrahenten verboten wird, einen derartigen Vertrag, der das Hypothekenrecht inhaltlos macht, abzuschließen". (Werner 2 S. 32 u. 33.) Diese Motivirung ist freilich nicht überzeugend. Denn wenn die Parteien verabreden, daß der Gläubiger den Verkauf nicht ausbringen dürfe, so bleibt ihm immer noch die Möglichkeit, auf dem Wege der Zwangsverwaltung oder aus dem Kaufgelde, welches durch eine von anderer Seite beantragte Zwangsversteigerung erzielt werden kann, befriedigt zu werden. Eine solche Abrede über die Art und Weise der Befriedigung des Gläubigers aus dem Grundstück widerstreitet also keineswegs dem Inhalt des Hypothekenrechtes, und ein öffentliches Interesse, sie zu verbieten, ist schwerlich erweisbar. Allein die amtliche Begründung des §. 45 ist im Landtage keinerseits beanstandet worden, und in der Doktrin wird ziemlich allgemein angenommen, daß die Bestimmungen des A.L.R. I. 20 §§. 26 u. 27 aufgehoben sind. (Förster, Grundbuchrecht S. 173; Dernburg, Preuß. Privatr. 1 §. 328 Nr. 3; Turnau 1 S. 423. Abweichend Küntzel in Johow 5 S. 269.)

2. Nach dem A.L.R. I. 20 §. 225 ist es „dem Schuldner erlaubt, sich vorzubedingen, daß der Gläubiger seine Befriedigung nicht aus der Substanz, sondern blos aus den Nutzungen des Pfandes nehmen solle". Diese Bestimmung bezieht sich aber, wie ihre Stellung im System des 20. Titels ergiebt, nicht auf die Hypothek, sondern nur auf das eigentliche Pfandrecht (§§. 71 ff.). Gleichwohl ist sie für die Zulässigkeit einer sogenannten Revenuenhypothek angeführt worden. Die Motive zu dem Entwurf des vorliegenden Gesetzes erklärten sich gegen diese Form der Hypothek, soweit dieselbe nicht aus der Eigenschaft des Grundstückes als Lehn oder Fideikommiß sich ergäbe, und vermeinten im übrigen die Revenuenhypothek, nach Beseitigung der §§. 26 u. 27, durch Nichtaufnahme einer dem §. 225 cit. entsprechenden Vorschrift abzuschaffen. (Werner 2 S. 33.) Die Praxis hat sich für die Zulässigkeit einer Revenuenhypothek auf ein Familien-Fideikommißgrundstück wiederholt ausgesprochen. (O.Tr. IV, Str. Arch. 92 S. 293; Kammerger., Jahrb. 9 S. 111. A. M. Krech u. Fischer S. 813 Zus. 39.) Sie wird auch nicht zweifelhaft sein, daß ein Lehngut in dieser Form belastet werden kann. Die Hypothek ergreift hier wie dort die Sache selbst, nur mit der aus dem Rechte des Bestellers der Hypothek sich ergebenden Einschränkung, daß der Gläubiger nicht befugt ist, das Grundstück zur Zwangsversteigerung zu bringen. Man hat aber weiter behauptet, daß auch in dem Falle, wo dem Eigenthümer die volle und uneingeschränkte Verfügung über die Substanz des Grundstückes zusteht, die Revenuen desselben ein selbständiger Gegenstand der Hypothek sein können. (Dernburg, Preuß. Privatr. 1 §. 328 Nr. 3, Hyp.R. §. 23 Nr. 2 S. 166.) Diese Behauptung entbehrt jedoch der Begründung. Die Hypothek entsteht nur durch Eintragung in das Grundbuch. Das Grundbuch aber weist nur die Grundstücke nach. Daher kann nur ein Grundstück zur Hypothek bestellt werden. Was mit dem Grundstück gesetzlich haftet, ist darum noch nicht Gegenstand einer die Substanz nicht ergreifenden Hypothek; es kann dies insoweit nicht sein, als es nicht durch das Grundbuch nachgewiesen wird. Die Form der Eintragung

§. 46.

Der Eigenthümer ist berechtigt, bei der Zwangsversteigerung mitzubieten. Es muß jedoch, sobald ein Betheiligter seiner Zulassung widerspricht, für sein jedesmaliges Gebot im Termin eine Sicherheit baar oder in inländischen öffentlichen nicht außer Umlauf gesetzten Papieren einschließlich der Schuldverschreibungen des Deutschen Reichs erlegt werden. Diese Papiere müssen mit den laufenden Zinsscheinen und Talons eingereicht werden und sind nach dem Börsenpreise zu berechnen. Wenn der Eigenthümer der Meistbietende geblieben und ein begründeter Widerspruch nicht erfolgt ist, so wird durch Erkenntniß ausgesprochen, daß ihm das Eigenthum an dem Grundstück zu belassen sei.

§. 47.

Der Ersteher erwirbt das Eigenthum frei von allen Hypotheken und Grundschulden. Diejenigen Gebrauchs- und Nutzungsrechte, welche nach §§. 8. 142 des Allgemeinen Berggesetzes vom 24. Juni 1865 im Wege des Zwangsverfahrens gegen den Eigenthümer des Grundstücks erworben werden können, gehen als Lasten auf den Ersteher über, sofern dieselben vor Einleitung der Zwangsversteigerung durch Besitzergreifung die Eigenschaft dinglicher Rechte erlangt haben.

Dingliche Lasten anderer Art, welche aus privatrechtlichen Titeln herrühren, müssen von dem Ersteher übernommen werden, wenn denselben keine Hypothek oder Grundschuld vorgeht. Gebote, durch welche der Bietende sich zur Uebernahme derartiger, einer Hypothek oder Grundschuld nachstehender Lasten bereit erklärt, dürfen nur dann berücksichtigt werden, wenn dieselben zugleich für sämmtliche der zu übernehmenden Last vorgehende Hypotheken oder Grundschulden vollständige Deckung gewähren.

§. 48.

Ein Vertrag, durch welchen sich der Eigenthümer einem Hypotheken- oder Grundschuldgläubiger gegenüber verpflichtet, das Grundstück nicht weiter zu belasten, ist nichtig.

---

paßt für eine Verpfändung der Revenuen nicht, weil die Buchführung auf diese sich nicht erstreckt. Das R.G. V, Entsch. 13 S. 239, und das Kammerger., Jahrb. 6 S. 118, haben sich jedoch Dernburgs Ansicht angeschlossen: §. 45 habe nur die Substanzhypothek im Auge, nur bei dieser widerstreite der Vertrag, worin der Gläubiger seinem Veräußerungsrechte entsage, dem Pfandrechte, und nur hier könne davon die Rede sein, daß dem Gläubiger ein Recht „entzogen" werde; das Gesetz stehe auch der Form der Eintragung, wie sie vorher üblich war — auf dem Grundstücke mit Einschränkung des Gläubigers auf dessen Früchte und Nutzungen, also als beschränkte Grundstückshypothek — nicht entgegen; wie bei Lehn- und Fideikommißgütern, sei diese bei allen Revenuenhypotheken anwendbar. Vgl. dagegen Eccius in Gruchot 28 S. 1 ff, Krech u. Fischer a. a. O.

§§. 46, 47.

Die §§ 46 und 47 des Ges. sind durch das Zwangsvollstr.Ges. vom 13. Juli 1883 beseitigt; an Stelle des §. 46 sind die §§. 62—64 und §. 83 Abs. 3 und an Stelle des §. 47 die §§. 22, 57—60, 115, 116 getreten. Vor allem ist der erste Satz des §. 47 geändert, indem jetzt der Ersteher die der Forderung des betreibenden Gläubigers vorgehenden Hypotheken und Grundschulden zu übernehmen hat. Diese Vorschriften gehören jedoch nicht in das Gebiet des Grundbuchrechtes, sondern in das des Zwangsvollstreckungsrechtes; es ist daher hier auf die Kommentare zum Zwangsvollstr.Ges. (vor allem Krech u. Fischer) zu verweisen. Ueber das frühere Recht vgl. Koch, A.L.R. 1 S. 807 ff. Anm. 54 zu I 11 §. 342.

§. 48.

1. Im gemeinen Recht zieht der Vertrag zwischen dem Verpfänder und dem Pfandgläubiger, in welchem sich jener verpflichtet, die Pfandsache nicht weiter zu veräußern, nach l. 7 §. 2 D. de distr. pign. 20, 5 die Nichtigkeit der trotzdem erfolgten Veräußerung nach sich. Man hat die Korrumpirung dieser Stelle behauptet, um sie mit dem Prinzip, daß vertragsmäßige Veräußerungsverbote keine dingliche Wirkung haben, in Einklang zu bringen (Dernburg, Pand. 1 §. 9 Anm. 7, §. 217 Nr. 3; Windscheid 1 §. 172a Note 8).

Nach dem A.L.R. I. 20 §. 438 kann der Schuldner „auf die einem Gläubiger zur Hypothek verhaftete Sache auch einem Andern ein Hypothekenrecht gültig einräumen". Und nach §. 439 ist „selbst ein Vertrag, daß die Sache keinem Andern mehr zur Hypothek verschrieben werden solle, ohne rechtliche Wirkung".

Gegen diese Bestimmung war monirt worden, daß dem Gläubiger aus verschiedenen Gründen daran gelegen sein könne, daß der Schuldner das Pfandgrundstück nicht weiter verpfände. Suarez hatte das Monitum indessen durch die Bemerkung zurückgewiesen, daß ein pactum de non amplius oppignorando dem Schuldner höchst nachtheilig und ohne wahres Interesse für den Gläubiger, auch zwecklos sei, da doch die Eintragung von Personalgläubigern sich nicht hindern lasse. (Jahrb. Bd. 41 S. 60, Bd. 52 S. 37.) Auf den nämlichen (nicht zweifellosen) Erwägungen beruht der §. 48 des Gesetzes über den Eigenthumserwerb.

2. Der §. 48 setzt nach seinem Wortlaute voraus, daß die Hypothek oder Grundschuld zur Zeit der Errichtung des Vertrages schon existent ist, wenn letzterer der Nichtigkeit unterliegen soll. Es scheint jedoch nicht, als sei dies der Sinn der Vorschrift. Vielmehr wird auch ein bei der Hypothekenbestellung konstituirtes pactum de non amplius oppignorando für nichtig zu erachten sein. (Bericht der X. Komm. des Abgeordnetenhauses vom 15. Dezember 1869 S. 57 u. 58.) Das pactum hat in diesem Falle die rechtliche Natur eines Nebenvertrages. Ein solcher aber ist an sich nicht Bestandtheil des Hauptvertrages. „Deshalb bleibt dieser unbetroffen, wenn auch die Nebenabrede hinfällt. Das ist die Regel. Die Verabredung kann aber von der Art sein, daß sie eine Bestimmung des Gegenstandes des Hauptvertrages ausmacht und nicht wegfallen kann, ohne den Gegenstand zu verändern. In diesem Falle ist die scheinbare Nebenabrede ein Bestandtheil des Hauptvertrages und macht diesen selbst hinfällig, wenn sie unzulässig ist." (Koch, Landrecht Bd. 1 I. 5 §. 228 Note 54.) Vgl. das A.L.R. I. 4 §§. 6, 136 und 137.

Eine nach §. 48 des Gesetzes nichtige Abrede ist nicht eintragungsfähig (Förster-Eccius 3 §. 169 Anm. 31a).

3. Der §. 48 trifft nicht den Fall, wenn Jemand in dem Vertrage, durch den er ein Grundstück veräußert, für das kreditirte Kaufgeld sich Hypothek bestellen läßt, zugleich aber sich ausbedingt, daß der Käufer, solange die Hypothek auf dem Grundstück hafte, das letztere nicht veräußern, namentlich nicht weiter mit Hypotheken belasten dürfe. Ein solches pactum, an welchem der Veräußerer (z. B. der Vater) ein großes Interesse haben kann, ist als ein Vorbehalt, mit welchem die Veräußerung erfolgt ist, rechtsgültig und im Gebiete des A.L.R. (jedoch nicht in dem des gemeinen Rechtes) in der Abtheilung II des Grundbuchblattes (Gr.B.O. §. 11) eintragungsfähig. Vgl. Anm. II, III 1b zu §. 11 des Gesetzes, oben S. 81 u. 83.

Auch die in einem Pachtvertrage von dem Verpächter eingegangene Verpflichtung, das Grundstück ohne Zustimmung des Pächters nicht zu belasten, ist rechtsgültig und im Gebiete des A.L.R. eintragungsfähig. (Frankfurt a. O., Johow 8 S. 191.) Dasselbe gilt nach Ansicht des Kammergerichts (Jahrb. 9 S. 80) von der von dem Eigenthümer übernommenen Verbindlichkeit, ohne Genehmigung des Hypothekengläubigers das Grundstück mit Grundschulden nicht weiter zu belasten, widrigenfalls der Gläubiger befugt sei, das Kapital zurückzufordern, weil diese Abrede nur als Rückzahlungsmodalität, nicht als Verfügungsbeschränkung des Eigenthümers aufzufassen sei und letzterem die Weiterverpfändung nicht gänzlich entziehe.

Die von dem Eigenthümer bei einer Hypothekbestellung gegenüber dem Gläubiger abgegebene Erklärung, daß er auf die Befugniß, über die durch Leistung von Theilzahlungen

§. 49.

Beschränkungen des eingetragenen Gläubigers in der Verfügung über die Hypothek oder Grundschuld erlangen Rechtswirkung gegen Dritte nur, wenn dieselben bei Hypotheken im Grundbuch eingetragen oder bei Grundschulden auf dem Grundschuldbrief vermerkt sind oder wenn sie den Dritten bei Erwerb ihres Rechts an dem Grundstück bekannt waren.

Die Eintragung erfolgt entweder mit Bewilligung des Gläubigers oder auf Ersuchen einer zuständigen Behörde.

---

erworbene Eigenthümerhypothek zu verfügen, verzichte, fällt ebenfalls nicht unter §. 48 des Gesetzes; L.G. Kassel, Jahrb. 12 S. 347. Vgl. unten §. 64 Anm. 7 des Gesetzes.

§. 49.

1. Die Beschränkungen des Gläubigers in der Verfügung über die Hypothek und die Grundschuld; ihre Wirksamkeit gegen Dritte:
   a. im Fall der Hypothek;
   b. im Fall der Grundschuld, S. 242;
   c. im Fall der Hypothek und der Grundschuld.
2. Die Voraussetzungen der Eintragung einer Verfügungsbeschränkung:
   a. die erklärte oder ersetzte Bewilligung des Gläubigers;
   b. die Vorlegung des Hypotheken- oder des Grundschuldbriefes.
3. Inhalt der Eintragung, S. 243.
4. Einzelheiten, S. 244:
   a. Arreste auf Hypotheken und Grundschulden.
   b. Vorrechtseinräumung.

1. Der erste Satz des §. 49 lautete in dem Entwurf der Regierung: „Beschränkungen des eingetragenen Gläubigers in der Verfügung über die Hypothek erhalten nur durch Eintragung Rechtswirkung gegen Dritte." Die Bestimmung des Gesetzes ist in der Kommission des Herrenhauses entstanden als eine Konsequenz der Beschlüsse, welche dieselbe zu den §§. 11 und 38 gefaßt hatte. (Werner 2 S. 61.) Sie verstößt nicht gegen die Prinzipien der §§. 4 und 15. Denn die Beschränkungen, von welchen der §. 49 handelt, stellen nicht nothwendig die Erwerbung der Post seitens des als Gläubiger eingetragenen Berechtigten in Frage, sondern nur die Befugniß oder die Fähigkeit desselben, über das an sich vielleicht ganz wirksame Recht zu verfügen. Es gehören hierher namentlich Beschränkungen, welche der Berechtigte durch Eröffnung des Konkursverfahrens über sein Vermögen, durch einstweilige Verfügungen des Prozeßgerichtes, durch Arreste, welche gegen ihn vollzogen sind, oder durch Mängel seiner Verfügungsfähigkeit erleidet. (Vgl. oben die Anm. zu §. 11.) Andererseits werden aber auch Einreden, welche dem Eigenthümer gegen den Anspruch aus der Hypothek oder der Grundschuld zustehen, zu den Verfügungsbeschränkungen im weiteren Sinne zu rechnen sein, wenigstens insoweit, als sie nur in der Form der Verfügungsbeschränkung zur Eintragung in das Grundbuch gelangen können (oben S. 203 Anm. 3 zu §. 38).

Derartige Beschränkungen des Berechtigten wirken an sich auch gegen die Rechtsnachfolger desselben. Nur vermöge der publica fides des Grundbuches (beziehungsweise des Grundschuldbriefes) versagt ihnen das Gesetz die Rechtswirkung gegen Dritte, welche im Vertrauen auf die Vollständigkeit des Buches (oder des Briefes) die Post oder ein Recht an derselben erworben haben. Ueber den Begriff „Dritter" vgl. oben S. 70 Anm. a. A. zu §. 9 Abs. 2, S. 87 Anm. IV 1, S. 93 Anm. 3c, S. 195 Anm. 3 und S. 208 Anm. II 1.

a. Nach dem A.L.R. I. 4 §. 19 „kann sich Niemand mit der Unwissenheit einer in das Hypothekenbuch eingetragenen Verfügung entschuldigen." Das Gesetz wendet aber diesen Grundsatz unter §. 49 nur auf Hypotheken an. Ist bei einer Hypothek eine Verfügungsbeschränkung gegen den eingetragenen Gläubiger in das Grundbuch eingetragen, so wirkt sie gegen jeden, der nach der Eintragung ein diese Hypothek betreffendes Rechtsgeschäft eingeht, selbst dann, wenn sie auf dem Hypothekenbrief vermerkt werden mußte, aber nicht vermerkt worden ist. (O.Tr. III, Entsch. 75 S. 139.)

Die Wirkung ist verschieden je nach dem Inhalt der Beschränkung. Ist z. B. bei der Hypothek eingetragen, daß der eingetragene Gläubiger für einen Verschwender erklärt ist, so sind Verfügungen, welche dieser ohne seinen Vormund trifft, nichtig und folglich nicht eintragungsfähig. Wenn dagegen durch eine einstweilige Verfügung des Prozeßrichters dem Gläubiger die Abtretung der Hypothek untersagt und dies eingetragen ist, so wird zwar der Grundbuchrichter Anstand nehmen, eine gegen das Verbot vollzogene Abtretung einzutragen, die Abtretung selbst aber ist gültig für den Fall, daß die einstweilige Verfügung des Gerichtes zur Aufhebung gelangt.

b. Bei der Grundschuld ist das Prinzip des öffentlichen Glaubens der Grundbücher durchbrochen. Es läßt sich zwar von diesem Prinzip aus nichts dagegen sagen, daß die auf dem Grundschuldbriefe vermerkte Beschränkung des Gläubigers in der Verfügung über die Grundschuld jedem entgegengesetzt werden kann, der sich die Post abtreten oder verpfänden läßt. Denn in solchen Fällen ist der Inhalt der Urkunde als rechtzeitig bekannt geworden vorauszusetzen, weil die einfachste Vorsicht fordert, daß man die Urkunde einsieht, bevor man ein auf Erwerbung der Grundschuld oder eines Rechtes an derselben gerichtetes Rechtsgeschäft abschließt. Weshalb aber die in das Grundbuch eingetragene Verfügungsbeschränkung, deren Vermerkung auf dem Grundschuldbriefe versäumt ist, der Wirkung gegen den Dritten, der das Grundbuch nicht eingesehen und auch sonst keine Kenntniß von der Sache erlangt hat, entbehren soll, bleibt unerfindlich. Vgl. indessen S. 206 Anm. 2 zu §. 38 Abs. 1 des Gesetzes.

c. Die Kenntniß von der Verfügungsbeschränkung vermittelt deren Wirkung gegen Dritte in den Fällen der Hypothek und der Grundschuld; sie ist in dem §. 49 der Eintragung in das Grundbuch resp. der Vermerkung in dem Grundschuldbriefe gleichgestellt. Hier kommt das oben Anm. 2 zu §. 9 Abs. 2, 2b zu §. 18, 3 zu §. 38 Abs. 1 und II 2a zu §. 38 Abs. 2 Gesagte zur entsprechenden Anwendung.

2. Die Eintragung einer Verfügungsbeschränkung (vgl. G.B.O. §. 11) setzt zweierlei voraus: die erklärte oder vorschriftsmäßig ersetzte Bewilligung des eingetragenen Gläubigers und die Beibringung der über die Post gebildeten Urkunde.

a Daß die Eintragung erfolgen kann, wenn der Gläubiger sie bewilligt hat, entspricht dem Konsensprinzip des Gesetzes. Praktisch wird die erklärte Bewilligung namentlich dann vorkommen, wenn der Gläubiger die Verpflichtung eingegangen ist, die Post nicht abzutreten oder nicht zu verpfänden.

Die Einrede der nicht erhaltenen Valuta konnte nach dem bisherigen Recht auf den einseitigen Antrag des Schuldners im Hypothekenbuche eingetragen werden. (Allg. Hyp.O. 2 §§. 175—181; A.L.R. I. 11 §§. 738 u. 739; Ges. v. 24. Mai 1853 §. 49.) Dies ist jetzt nicht mehr zulässig. (O.Tr. III v. 2. April 1875, Entsch. 75 S. 197; Str. Arch. 93 S. 302.) Das Gesetz über den Eigenthumserwerb wendet auch hier das Konsensprinzip an.

Beim Mangel der Bewilligung des Gläubigers war nach §. 49 das Ersuchen einer zuständigen Behörde in allen Fällen erforderlich. Hierin hat die neue Prozeßgesetzgebung eine zwiefache Aenderung getroffen. Einmal nämlich kann, da nach der Civilprozeß-O. v. 30. Januar 1877 § 779 eine Willenserklärung als abgegeben gilt, sobald das die Partei zu ihrer Abgabe verurtheilende Erkenntniß die Rechtskraft beschritten hat, auch die Bewilligung der Eintragung einer Verfügungsbeschränkung durch ein solches Urtheil ersetzt werden. Sodann ersetzt nach dem Ausführungsgesetz vom 24. März 1879 §. 16, Zus. zu §. 53, im Falle der Beschlagnahme einer eingetragenen Post die Pfändung derselben die Eintragungsbewilligung.

Von diesen Fällen abgesehen ist die Eintragung durch das Ersuchen einer zuständigen Behörde bedingt. Für das Ersuchen des Prozeßrichters ist der §. 70 maßgebend.

b. Die Grundbuch-O. bestimmt unter §. 91: „Beschränkungen des Verfügungsrechtes über ein in der zweiten oder dritten Abtheilung eingetragenes Recht werden neben demselben in der zweiten Hauptspalte vermerkt. Auf der über das eingetragene Recht gebildeten und beizubringenden Urkunde ist von dem Grundbuchamt die Eintragung der Beschränkung zu vermerken." Die Beschränkung darf daher nicht eingetragen werden, wenn die Urkunde nicht herbeigeschafft wird. (Förster, Grundbuchrecht S. 202; Turnau 1 S. 488; Kammerger., Johow 5 S. 153, 6 S. 205 u. Jahrb. 2 S. 129; Marienwerder, Johow 7 S. 268, Naumburg und Frankfurt a. O., ebd. 8 S. 261.) Für die entgegengesetzte Ansicht ist geltend gemacht worden, daß die Eintragung einer Verfügungsbeschränkung bei Hypotheken auch ohne den entsprechenden Vermerk auf dem Hypothekenbriefe Wirksamkeit gegen Dritte erlange und, wenn von Beibringung der Urkunde die Eintragung abhängig gemacht werde, ein Arrest auf Hypotheken in der Regel unmöglich sei. (Cöslin, Johow 5 S. 153, Posen ebd. 6 S. 205, Insterburg und Ehrenbreitstein ebd. 8 S. 260; Strützki in Gruchot 17 S. 755 u. 777.) Beide Gründe sind gegenüber der ausdrücklichen Vorschrift der Grundb.O. §. 91 ohne alles Gewicht. Das Obertribunal hat denn auch die Nothwendigkeit der Beibringung des vorhandenen Hypothekenbriefes als zweifellos vorausgesetzt. (O.Tr. III, Entsch. 75 S. 143, 146, 148.) Der juristische Grund hierfür ist der, daß die Eintragung einer Person als Gläubiger einer Hypothek ohne Vorlegung der Urkunde auch nicht einmal die Wahrscheinlichkeit begründet, daß dieser Person das Gläubigerrecht noch zusteht, eine die Verfügung über die Post hemmende Eintragung mithin nur auf die Gefahr der Verletzung von Rechten dritter Personen möglich ist.

Eine andere Frage dagegen ist die, ob eine Urkunde über die Hypothek gebildet werden muß, wenn eine solche bisher nicht vorhanden war. Vgl. darüber Gr.B.O. §. 129 Anm. 4.

3. Der nothwendige Inhalt der Eintragung einer Verfügungsbeschränkung bestimmt sich durch den Inhalt der Beschränkung. Das Obertribunal hat ausgesprochen: Zur Erhaltung der dem Schuldner gegen eingetragene Forderungen zustehenden Einwendungen bedarf es nicht, diese Einwendungen nach Grund und Gegenstand in das Hypothekenbuch verzeichnen zu lassen; der Schuldner ist vielmehr befugt, von den ihm zustehenden Einwendungen gegen den dritten Erwerber der eingetragenen Forderung Gebrauch zu machen, wenn auch in dem Hypothekenbuche nur allgemein vermerkt ist, daß der Schuldner Einwendungen zu haben behauptet. (O.Tr. III, Entsch. 26 S. 324, Str. Arch. 11 S. 254.) So allgemeine Vermerke sind indessen jetzt, wo nicht mehr die Einrede als solche, sondern entweder eine Vormerkung oder eine Verfügungsbeschränkung eingetragen wird, schwerlich empfehlenswerth. Wird bei einer Post eine Verfügungsbeschränkung eingetragen ohne nähere Angabe, worin sie besteht, so kommt dies thatsächlich einer Aufhebung der Verkehrsfähigkeit der Hypothek oder der Grundschuld gleich. Darin liegt aber für den Gläubiger eine arge Rechtsverletzung, wenn derselbe nur in einer gewissen Beziehung beschränkt oder die Verfügungsbeschränkung so ist, daß ihre baldige Löschung für den mit der Sachlage Bekannten nicht zweifelhaft sein kann. Soll daher nicht die Verfügung über die Post überhaupt ausgeschlossen sein, so muß das Grundbuch ergeben, inwiefern der Gläubiger in der Verfügung beschränkt sein soll. Die Beschränkung muß wenigstens so genau bezeichnet sein, daß sich später gegenüber einem Dritten, der trotz ihrer die Post an sich bringt, mit Sicherheit feststellen läßt, ob die Beschränkung des Rechtsurhebers, welche der Erwerbung entgegengesetzt wird, mit der eingetragenen identisch ist. Kann dies nicht festgestellt werden, so wird beim Mangel einer mala fides des Dritten zur Wahrung der publica fides des Grundbuches dem unbestimmten Vermerk vielleicht die Wirkung abzusprechen sein. Doch kommt hier wesentlich die thatsächliche Lage des konkreten Falles in Betracht. So genügt es z. B., wenn eingetragen wird, daß der Eigenthümer die Tilgung der Post behaupte. Eine mündliche Mittheilung dieses Inhalts an den Zessionar vor der Zession ersetzt die Eintragung. O.Tr. III, Zeitschr. für Gesetzgebung ꝛc. 4 S. 755.

Wenn eine Ehefrau als Hypothekengläubigerin eingetragen ist, gelten damit auch die Beschränkungen als eingetragen, welchen die Gläubigerin in ihrer Eigenschaft als Ehefrau unterliegt; die von ihr einem Dritten eingeräumten Rechte an der Hypothek haben daher nur insoweit Wirkung, als diese Beschränkungen nicht entgegenstehen. R.G. V, Entsch. 19 S. 345.

§. 50.

Erhebliche Verschlechterungen des Grundstücks, durch welche die Sicherheit des Gläubigers gefährdet wird, berechtigen denselben, bei dem Prozeßrichter Sicherungsmaßregeln zu beantragen, auch seine Befriedigung vor der Verfallzeit zu fordern.

---

4. Im einzelnen sind noch zu erwähnen:

a. Arreste auf Hypotheken und Grundschulden. Dieselben bewirkten nach früherem Recht eine Beschränkung des Gläubigers in der Verfügung über seine Post und fielen daher unter §. 49 des Gesetzes (vgl. O.Tr. III, Entsch. 62 S. 127; Str. Arch. 76 S. 245; Gruchot 23 S. 758; Str. Arch. 90 S. 355 u. 98 S. 174 u. Entsch. 75 S. 207). Nach §. 810 der C.P.O. erfolgt jetzt die Vollziehung eines Arrestbefehles durch Pfändung nach den Vorschriften der C.P.O., also bei Hypotheken und Grundschulden durch einen vom Arrestgericht (§. 810 Satz 3) nach §§. 730 ff. erlassenen Pfändungsbeschluß, und begründet ein Pfandrecht, wie jede andere Pfändung. Es kommen daher, wie auf die sonstigen Pfändungen der Hypotheken und Grundschulden, so auch auf den Arrest die Vorschriften der §§. 53, 54 des Gesetzes und des §. 16 des Ausf.Ges. z. C.P.O. zur Anwendung. Dabei kann die Streitfrage, ob ein Pfändungspfandrecht eine Verfügungsbeschränkung im Sinne des §. 49 ist (bejaht vom R.G. V, Entsch. 20 S. 311, verneint von demselben ebd. 25 S. 287), dahingestellt bleiben, denn wenn dies auch zu verneinen wäre, so würde das in den §§. 9, 38 und 49 ausgesprochene Prinzip doch zur analogen Anwendung der Vorschrift des §. 49 zwingen. Vgl. unten §§. 53, 54, namentlich Anm. 6 zu §. 54;

b. Vorrechtseinräumungen. Daß §. 49 auch auf diese zur Anwendung kommt, ist oben S. 195 Anm. 3 zu §. 35 bereits erwähnt.

§. 50.

1. Ueber die Rechte des Hypothekengläubigers bei einer Gefährdung seiner Sicherheit nach gemeinem Recht vgl. Dernburg, Pand. 1 §. 276 unter a und Windscheid 1 §. 235 Note 2, und nach preußischem Recht A.L.R. I. 20 §§. 23, 441, 442.

Von diesen Vorschriften des Landrechts weicht das Gesetz über den Eigenthumserwerb in mehreren Punkten ab:

a. Das Landrecht macht das Recht des Gläubigers von erheblichen Substanzverringerungen abhängig. Das Gesetz gewährt seinen Schutz schon, wenn erhebliche Verschlechterungen des Grundstückes vorliegen.

b. Die Sicherheit des Gläubigers muß nach dem Landrecht geschmälert, nach dem Gesetz braucht sie nur gefährdet zu sein.

c. Das Landrecht faßt nur Handlungen und Unterlassungen des Besitzers (Eigenthümers) ins Auge. Das Gesetz legt auf die Person des Urhebers der Deteriorationen kein Gewicht.

d. Der Gläubiger hat die ihm beigelegten Rechte nach Landrecht alternativ, beziehungsweise die Devastationsklage nur subsidiär; nach dem Gesetz hat er diese Rechte stets kumulativ. Kochs Landrecht 2, Note 51 zu §§. 441 u. 442, 8. Aufl. S. 875

2. Ob die Verschlechterung eine erhebliche ist, kann nicht nach Rechtsgrundsätzen, sondern nur nach der thatsächlichen Lage des einzelnen Falles entschieden werden. (R.G. I H.S., Gruchot 25 S. 457.) Die Abholzung einer Waldparzelle ist nicht nothwendig eine Verschlechterung, sondern vielleicht der Anfang einer bedeutenden Verbesserung des Grundstückes. Auch wenn eine Verschlechterung vorliegt, ist dennoch ihre Erheblichkeit relativ. „Wer mit einer kleinen Post zur ersten Stelle auf ein großes Grundstück eingetragen steht, für den ist die Verminderung der Substanz der Sache um mehr als die Hälfte wohl unerheblich; wer aber mit seiner Post bis an die Grenze des vollen Werthes oder vielleicht noch darüber hinausreicht, für den ist die geringste Substanzverringerung eine positive Vermögensbeschädigung.“ (Koch a. a. O.) Des-

halb fordert der §. 50 zu seiner Anwendung, daß durch die Verschlechterung des Grundstückes die Sicherheit des Gläubigers gefährdet wird. Eine derartige Gefährdung kann schon in der Verminderung des beweglichen Zubehöres liegen. Dernburg, Preuß. Privatrecht 1 §. 340 Nr. 1.

3. Die Maßregeln, welche zur Sicherung des Gläubigers erforderlich sind, bestimmt der Richter nach seinem Ermessen. Er kann namentlich eine Sequestration des Grundstückes und eine Beschlagnahme der Früchte desselben anordnen. (O.Tr. III, Gruchot 24 S. 116.) Praktisch wird sich die Sache jetzt in der Regel so stellen, daß der Gläubiger Klage erhebt und die Anordnung einer einstweiligen Verfügung bei dem Prozeßgericht nachsucht. Die Verfügung kann indessen auch vor Erhebung der Klage erlassen werden. Das Gericht hat dann aber auf Antrag eine Frist zu bestimmen, innerhalb welcher die Klage anzustellen ist. (C.P.O. §§. 806, 814 ff.) Denkbar ist es auch, daß der Gläubiger von einer einstweiligen Verfügung absieht und sich daran genügen läßt, die von ihm für nöthig gehaltenen Maßregeln gegen den anderen Theil klagend zu beantragen.

4. Die vorstehend gekennzeichnete Klage ist die actio hypothecaria negatoria auf Abwehr unberechtigter Eingriffe in den Gegenstand der Hypothek oder der Grundschuld. Sie ist daher in dem dinglichen Gerichtsstande anzustellen. (O.Tr. III, Str. Arch. 65 S. 102 u. 104; C.P.O. §. 25.)

Vermöge seines dinglichen Charakters ist der Anspruch des Gläubigers nicht dadurch bedingt, daß die Verschlechterung des Grundstückes von dem Eigenthümer verschuldet oder beabsichtigt gewesen ist. Der auf Zahlung belangte Eigenthümer, welcher das Gebäude hat abreißen lassen, soll nach der Ansicht des Obertribunals nicht einwenden können, daß der Abbruch in der Absicht eines den Werth der Pfandsicherheit erhöhenden Neubaues erfolgt und letzterer inzwischen vollendet sei. Dagegen steht ihm die Einrede zu, daß der Gläubiger den Abbruch, wenn auch nur in mündlicher Form, genehmigt habe, desgleichen die, daß das alte Gebäude in dem Maße baufällig gewesen sei, daß ein polizeiliches Einschreiten zur Beseitigung dieses Zustandes habe erwartet werden müssen. (O.Tr. III, Entsch. 76 S. 117, Str. Arch. 95 S. 86.) Die Verwerfung des ersten Einwandes ist nicht ohne Bedenken. Wenn durch den Neubau die Sicherheit des Gläubigers erhöht ist, so ist die Rüge des Abbruches der alten Baulichkeit kaum etwas anderes als Chikane.

Nach der Ansicht von Dernburg (Hyp.R. §. 34 Nr. 2 S. 253 ff.) hat der Gläubiger bei zufälligen Verschlechterungen und bei Beschädigungen des Pfandgrundstückes durch Dritte, für welche der Eigenthümer nicht verantwortlich gemacht werden kann, kein Kündigungsrecht, sondern nur Anspruch auf Sicherheitsmaßregeln, und Eccius (3 §. 194 Note 7) hält nicht §. 50, sondern nur A.L.R. I. 20 §. 23 auf diese Fälle für anwendbar. Das Gesetz giebt für diese Unterscheidung keinen Anhalt.

5. Da der Anspruch aus §. 50 ein dinglicher ist, so geht er an sich auch gegen dritte Personen, welche das Grundstück verschlechtern und dadurch die Sicherheit des Gläubigers gefährden, natürlich nur insoweit, als der Dritte in seinen das Grundstück betreffenden Handlungen sich Schranken setzen lassen muß. (A. M. Förster-Eccius a. a. O. Anm. 5, welcher die Klage gegen Dritte zwar zuläßt, aber nicht als die aus §. 50 ansieht.) Gegen gültig vollzogene Rechtshandlungen richtet das Gesetz sich nicht. Der vor der Beschlagnahme erfolgte Verkauf eines Gebäudes zum Abbruch ist an sich nicht eine rechtswidrige Handlung im Sinne des A.L.R. I. 6 §§. 8, 10, 29. Der Käufer mithin, der die aus dem Abbruch gewonnenen Materialien wegschaffen läßt, kann aus diesem Grunde wegen Theilnahme an einer unerlaubten Handlung von den Hypothekengläubigern auf Schadensersatz nicht belangt werden. O.Tr. III, Entsch. 72 S. 167.

Ist das Grundstück im Besitz eines Nießbrauchers, so ist der Anspruch aus §. 50 nur gegen den Nießbraucher und den Eigenthümer verfolgbar. O.Tr. III, Str. Arch. 82 S. 198.

6. Der §. 50 ist analog auch zum Schutze von Reallastberechtigten anwendbar. O.Tr. II, St. Arch. 95 S. 153.

§. 51.

An den bestehenden Vorschriften über die unter Aufsicht einer Behörde zu bewirkende Verwendung der dem Grundstückseigenthümer zufallenden Kapitalien im Interesse der dinglich Berechtigten wird durch dieses Gesetz nichts geändert.

5. Von dem Uebergang der Hypotheken und Grundschulden.

§. 52.

Die Hypothek kann nur gemeinsam mit dem persönlichen Recht abgetreten werden.

Wird eine zur Sicherung eines persönlichen Rechts dienende Grundschuld ohne den persönlichen Anspruch abgetreten, so erlischt letzterer.

---

7. Das Recht des Gläubigers, Befriedigung vor der Verfallzeit zu fordern, hat seinen Grund in der durch die Gefährdung der Sicherheit liegenden Veränderung der Umstände. (Vgl. das A.L.R. I. 11 §§. 758—760 und I. 20 §§. 22, 23, 441.) Gemeint ist die dingliche Klage auf Befriedigung, nicht die persönliche, da das Gesetz über letztere keine Bestimmungen getroffen hat (vgl. oben S. 236 Anm. 1 zu §. 44; Dernburg a. a. O. S. 255).

8. Die besonderen Privilegien der Landschaften und sonstigen mit korporativen Rechten versehenen Kreditinstitute werden durch den §. 50 nicht berührt (§.71). Bericht der Komm. des H.H., bei Werner 2 S. 61.

§. 51.

Zur Begründung des §. 51 heißt es in den Motiven des Regierungsentwurfes: „Die bestehenden Vorschriften über die Verwendung der Ablösungskapitalien im Interesse der Realgläubiger und über die Sicherstellung ihrer Rechte einer Revision zu unterwerfen, ist um so weniger erforderlich, als die Ablösungen und Gemeinheitstheilungen ihrem Ende entgegengehen. Auch hat sich ein Bedürfniß zu einer solchen Revision nicht herausgestellt. Der Paragraph hat aber eine allgemeine Fassung erhalten müssen, weil hier nicht bloß die Ablösungskapitalien in Betracht kommen, sondern auch andere dem Eigenthümer geleistete Kapitalzahlungen, z. B. im Falle der Enteignung." (Werner 2 S. 33.) Vgl. A.L.R. I. 20 §§. 460—465; Gemeinheitstheilungs-O. vom 7. Juni 1821 §§. 76 und 147 ff.; Gesetz wegen Sicherstellung der Rechte dritter Personen bei Gemeinheitstheilungen v. 29. Juni 1835 §§. 3 u. 8; Reskript v. 10. Novbr. 1831, bei Koch, Landrecht I. 17 Anm. zu §. 158 der Gem.Th.O.; Gesetz, betr. die Ablösung der Reallasten, v. 2. März 1850 §§. 110—112; Gesetz über die Errichtung von Rentenbanken v. 2. März 1850 §. 49; Gesetz über die Eisenbahnunternehmungen v. 3. November 1838 §. 12; Gesetz über den erleichterten Austausch einzelner Parzellen von Grundstücken v. 13. April 1841 §. 2 Nr. 3; Gesetz, betr. den erleichterten Abverkauf kleiner Grundstücke, v. 3. März 1850 §. 4; Gesetz v. 27. Juni 1860, betr. die Abänderung des Gesetzes v. 13. April 1841 (vgl. Anm. 6 und 7 zu §. 71 der Gr.B.O.); Gesetz über die Enteignung von Grundeigenthum v. 11. Juni 1874 §§. 37, 38, 45 ff.

§. 52.

1. Der Uebergang der Hypothek als Folge der Abtretung des persönlichen Rechts, S. 247.
2. Unabtretbarkeit der Hypothek ohne die Forderung.
3. Die Abtretung der Grundschuld; Entstehungsgeschichte des §. 52; Rechtsverhältnisse im Fall der Sicherungsgrundschuld:
   a. Verhältniß des dinglichen Anspruchs zu dem persönlichen, S. 248;
   b. Geltendmachung der Grundschuld;
   c. Geltendmachung des persönlichen Anspruchs, S. 249;
   d. Tilgung der persönlichen Schuld; Aushändigung des Grundschuldbriefes; Gefahren bei der Sicherungsgrundschuld.
4. Anwendbarkeit von Bestimmungen über die Zession der Forderungsrechte.

1. Nach römischem Recht vermittelt regelmäßig die Uebertragung der Forderung zugleich den Uebergang der Hypothek. Der Zessionar erwirbt mit der Forderung auch deren Nebenrechte, namentlich das Pfandrecht, ohne daß die Willenserklärung des Zedenten hierauf besonders gerichtet sein müßte. (Windscheid §§. 233a und 332.)

Das preußische Recht weicht anscheinend hiervon ab. In dem A.L.R. I. Tit. 20 §. 512 ist darüber, „was bei Cessionen eingetragener Forderungen Rechtens sei," auf den Tit. 11 Abschn. 3 verwiesen, und hier ist unter §. 402 bestimmt: „Durch die Cession tritt der neue Inhaber in alle abgetretenen Rechte und damit verbundenen Pflichten des Cedenten." Die Frage, ob die Hypothek durch Abtretung der Forderung als mitabgetreten anzusehen ist, kann daher nur für den einzelnen Fall aus dem Inhalt der Abtretungserklärung beantwortet werden. Da indessen die Hypothek ohne die Forderung für den Zedenten der letzteren einen Vermögenswerth nicht darstellt, so wird im Zweifel die gestellte Frage bejaht werden müssen. (Dernburg, Preuß. Privatr. 1 §. 325 Note 20.) Ist die Forderung mit Ausschluß der Hypothek zedirt, so wird ihre Geltendmachung durch den Zessionar vor der Löschung der Hypothek nicht selten erfolglos sein, da der Schuldner, wenn er noch Eigenthümer des verpfändeten Grundstückes ist, den Gläubiger nach A.L.R. I. 20 §. 46 auf die Verfolgung des dinglichen Anspruches verweisen kann, und weil derselbe stets nur gegen löschungsfähige Quittung zu zahlen braucht, damit er nicht Gefahr läuft, doppelt zahlen zu müssen (Koch, A.L.R. Bd. 2 S. 857 Anm. 4).

2. Die Hypothek kann als ein accessorisches Recht ohne die Forderung weder entstehen noch (ausgenommen als Eigenthümerhypothek, §§. 63 ff. des Ges.) fortbestehen, mithin auch nicht selbständig, sondern nur gemeinsam mit der Forderung, zu deren Sicherheit sie bestellt ist, an einen Anderen abgetreten werden. Das römische Recht kannte noch einige Fälle, in welchen ausnahmsweise die Hypothek von der durch sie gesicherten Forderung getrennt und auf eine andere Forderung übertragen werden konnte. (Windscheid §. 233b.) Diese Ausnahmen sind, soweit sie bisher geltendes Recht waren, durch das Gesetz über den Eigenthumserwerb beseitigt.

Nach der Ansicht von Dernburg (Hyp.R. §. 28 Nr. 5 S. 216, u. Preuß. Privatr. 1 §. 325 Anm. 18) und Turnau (1 S. 430 Anm. 6) kann die Hypothek ohne die persönliche Forderung dann abgetreten werden, wenn letztere nach der Absicht der Betheiligten untergehen soll, da §. 52 nur die Gefahr doppelter Geltendmachung derselben Forderung ausschließen wolle. Hiergegen spricht der Wortlaut des §. 52 und der accessorische Charakter der Hypothek (Förster-Eccius 3 §. 199a Anm. 1).

3. Eine andere Behandlung des Verhältnisses zwischen dinglichem und persönlichem Recht tritt bei der Grundschuld ein. Die Grundschuld deckt sich wesentlich mit der Hypothek, welche die Regierung vorgeschlagen hatte. Bezüglich dieser selbständigen Hypothek bestimmte der Entwurf:

„Das mit einer Hypothek verbundene persönliche Recht kann nur gemeinsam mit der Hypothek, diese dagegen ohne das persönliche Recht abgetreten werden. Geschieht Letzteres, so erlischt der persönliche Anspruch."

Das hier vorgeschlagene Verbot der Abtretung eines persönlichen Rechtes (d. i. einer Forderung) ohne die dafür bestellte Hypothek war jedoch aus Rechtsgründen überhaupt nicht zu rechtfertigen und durch Zweckmäßigkeitsrücksichten nicht ausreichend begründet. Die Kommission des Herrenhauses lehnte es daher sowohl für die accessorische als auch für die selbständige Hypothek ab. Die Zulassung der Abtretung des dinglichen Rechtes ohne das persönliche dagegen paßte, wie in der Anm. 2 angedeutet ist, nicht für die alte, sondern nur für die neue Form, die Grundschuld. Diese letztere, so berichtet die Kommission des H.H., „ruft das Dilemma hervor, daß dieselbe, obwohl ihr meistens ebenfalls eine persönliche Schuldverbindlichkeit zu Grunde liegen wird, ohne die persönliche Forderung abgetreten werden, der Schuldner also in die Lage kommen könnte, einmal dem Grundschuldgläubiger und zweitens dem persönlichen Gläubiger gegenüberzustehen und doppelt zahlen zu müssen. Der Gesetzentwurf untersagt daher dem Gläubiger, die Grundschuld ohne den persönlichen Anspruch, zu dessen Sicherung dieselbe bestellt ist, abzutreten, und bestimmt, daß, wenn dies doch geschehen, letzterer erlöschen solle. Der Schuldner ist mithin berechtigt, der persönlichen Klage des ursprünglichen Gläubigers den Einwand entgegenzusetzen, daß derselbe die damit in Verbindung stehende Grundschuld abgetreten habe, und dadurch dessen Anspruch zu beseitigen. Der Gläubiger wird dann durch Vorlegung des Grundschuldbriefes seine Legitimation und daß er noch Inhaber der Forderung sei, zu beweisen haben. Da in der Regel aus der Schuldurkunde sich ergeben wird, welche Grundschuld damit in Verbindung gesetzt ist, so wird die Substantiirung des Einwandes für den Schuldner auch meistens nicht schwierig sein." In Anerkennung dieser Gründe und im Einverständniß mit dem Regierungskommissar wurde der Paragraph in der Fassung angenommen, welche hiernächst in das Gesetz übergegangen ist. (Ber. der Komm. des H.H. bei Werner 2 S. 61.) Es fragt sich jedoch, wie man juristisch eine Grundschuld, die zur „Sicherung eines persönlichen Rechtes dient", und das Erlöschen des letzteren durch die davon getrennte Zession der Grundschuld sich zu erklären hat?

Ihrem Wesen nach ist die Grundschuld, im Gegensatz zur Hypothek, nicht, wie diese, zur Sicherung eines anderen Anspruches bestimmt. Denn das Recht, den eingetragenen Betrag bei Vermeidung der Exekution in das dafür verhaftete Grundstück von dem Eigenthümer des letztern zu fordern, folgt aus der Grundschuld, nicht weil der Eigenthümer oder dessen Vorgänger dem Gläubiger aus irgend einem Rechtsgrunde den Betrag verschuldete, sondern weil dieser Betrag mit Bewilligung des derzeitigen Eigenthümers in das Grundbuch eingetragen worden ist. Der Grund, der den Eigenthümer zu dieser Bewilligung bestimmte, ist an sich gleichgültig. Die Konstituirung einer Grundschuld kann namentlich sein: Schenkung, Tilgung einer Verbindlichkeit oder die Gegenleistung für eine Leistung des Gläubigers, insbesondere für die Hingabe eines Kapitals an den Eigenthümer.

In allen diesen Fällen dient die Grundschuld nicht „zur Sicherung eines persönlichen Rechtes." Die Parteien können überhaupt mit rechtlicher Wirkung nicht verabreden, daß die Grundschuld diesen **Inhalt** haben solle. Der Grundbuchrichter würde, wenn der Eigenthümer die Eintragung mit dem Zusatz verlangte, daß dadurch der von ihm bezeichnete Anspruch gesichert werde, Angesichts des §. 19 Nr. 1 die Eintragung einer G r u n d s c h u l d ablehnen oder die Schuld ohne den Zusatz eintragen müssen. Dagegen ist der **Zweck**, welchen der Eigenthümer mit der Eintragungsbewilligung resp. Aushändigung des Grundschuldbriefes verbindet, außerhalb der dinglichen Sphäre zu suchen und folgeweise dem Ermessen der Betheiligten anheimgegeben. Die Parteien hindert rechtlich nichts, miteinander übereinzukommen, daß die Grundschuld einen persönlichen Anspruch des Gläubigers sichern solle. Das Verhältniß ist dann dieses:

a. Der Gläubiger hat zwei Ansprüche, einen dinglichen aus der Grundschuld und einen obligatorischen aus dem persönlichen Schuldverhältnisse. Beide sind an sich voneinander unabhängig, berühren sich aber dadurch, daß sie dem gleichen Zwecke dienen, nämlich dem, eine und dieselbe Leistung dem Gläubiger zu verschaffen. Dies hat wie bei der Solidarobligation die Folge, daß die einmalige Vollziehung der Leistung als Befriedigung beider Ansprüche wirkt.

b. Es versteht sich, daß der Gläubiger die Grundschuld trotz der Bestimmung derselben als Sicherungsmittel ohne Rücksicht auf das gesicherte Schuldverhältniß realisiren kann. Er kann dies auf doppelte Weise: einmal durch Geltendmachung des dinglichen Rechtes gegen den Eigenthümer, sodann durch Abtretung der Grundschuld.

Betritt er den ersteren Weg, so ist er den Einreden aus dem persönlichen Schuldverhältniß ausgesetzt. Der Eigenthümer hat aber dem formalen Anspruch aus der Grundschuld gegenüber die Beweislast; er muß also nicht blos das persönliche Schuldverhältniß aufdecken und beweisen, sondern auch die Beziehung der Grundschuld auf dasselbe darthun.

Realisirt der Gläubiger die Grundschuld durch Abtretung, so erlischt folgerecht der persönliche Anspruch, weil der Gläubiger durch die Abtretung zu erkennen giebt, daß er die Grundschuld an Zahlungsstatt annehme, resp. sich aus derselben bezahlt mache, die Zahlung aber nur einmal geleistet zu werden braucht. Der zweite Satz des §. 52 ist also lediglich eine Konsequenz aus dem gegebenen Verhältniß. Kühnast S. 87 ff.

Durch die Abtretung der Grundschuld ohne den persönlichen Anspruch erlischt letzterer endgültig. (Förster-Eccius 3 §. 199a Abs. 2; a. M. Dernburg, Preuß. Privatr. 1 §. 325 Anm. 19, welcher dem persönlichen Schuldner nur eine Einrede giebt, solange die Gefahr des Zwanges zu doppelter Zahlung besteht, und demnach die persönliche Forderung wieder zu Geltung kommen läßt, wenn ihr Gläubiger die Grundschuld zurückerwirbt oder diese in der Zwangsversteigerung ausgefallen ist.)

Die Vorschrift des §. 52 Abs. 2 regelt aber nur den Fall, daß bei der ursprünglichen Bestellung der Grundschuld verabredet war, diese solle zur Sicherung eines persönlichen Anspruches dienen, und findet keine Anwendung, wenn eine bestehende Grundschuld an den Gläubiger einer persönlichen Forderung zu deren Sicherung übertragen wird (R.G. I, Entsch. 9 S. 294). Auch ist nach der Ansicht des Reichsgerichtes die Bestimmung nicht zwingenden Rechtes, vielmehr kann ausdrücklich oder stillschweigend das Gegentheil vereinbart werden; vgl. darüber R.G. I, J.M.Bl. 1887 S. 320, und dagegen v. Krämel im Magazin f. das deutsche Recht der Gegenwart 7 S. 200 ff., welcher überhaupt die Vorschrift des §. 52 Abs. 2 als über das Ziel hinausschießend bekämpft.

c. Macht der Gläubiger den persönlichen Anspruch geltend, so steht dem Schuldner die Einrede zu, daß zur Sicherung dieses Anspruches eine Grundschuld bestellt sei. Der Erfolg der Einrede ist aber zunächst nur die Verpflichtung des Gläubigers zur Vorlegung des Grundschuldbriefes. Erfolgt die Vorlegung, so ist der Schuldner zwar zur Zahlung zu verurtheilen, die Zahlung jedoch von der Aushändigung des Grundschuldbriefes und der Ausstellung einer Löschungsbewilligung abhängig zu machen.

Vermag der Kläger den Brief nicht vorzulegen, so ist er mindestens zur Zeit abzuweisen. Stellt sich heraus, daß er die Grundschuld abgetreten hat, so ist der persönliche Anspruch erloschen und mithin seine Abweisung geboten.

d. Tilgt der Schuldner die persönliche Schuld, ohne sich den Grundschuldbrief aushändigen zu lassen, so ist er der Gefahr ausgesetzt, auch die Grundschuld bezahlen zu müssen. Gegen die Grundschuldklage des ursprünglichen Gläubigers schützt ihn freilich die Einrede der Tilgung. Einem Zessionar indessen kann er diese Einrede nur nach Maßgabe des §. 38 entgegensetzen.

Man sieht, daß die Bestellung einer Sicherungsgrundschuld für den Schuldner nicht ungefährlich ist. Ein vorsichtiger Mann wird, wenn er mit seinem Grundstücke Sicherheit leisten will, es vorziehen, die hierzu bestimmte Form der Hypothek zu wählen. Jedenfalls wird er, bevor er sich zu einer Grundschuld entschließt, darauf bedacht sein, daß die Bestellung derselben in der Urkunde über das persönliche Schuldverhältniß erwähnt oder daß ihm ein besonderes Anerkenntniß über die Beziehung der Grundschuld zu diesem Verhältniß von dem Gläubiger ausgestellt werde. Nur ein schriftlicher Beweis dieser Art vermag den Schuldner auf alle Fälle gegen die Nothwendigkeit doppelter Zahlung zu schützen.

4. Das Gesetz hat die Uebertragung der Hypotheken und Grundschulden Seitens des bisherigen Gläubigers nicht besonders geordnet. Der §. 52 läßt indessen keinen Zweifel, daß dieselbe als ein von der Abtretung der Forderungsrechte verschiedenes Rechtsinstitut nicht gedacht worden ist, der Gesetzgeber vielmehr als selbstverständlich vorausgesetzt hat, daß die dieses Institut ordnenden Normen insoweit, als nicht Bestimmungen des Grundbuch- und Hypothekenrechtes entgegenstehen, auch auf die Abtretung der Hypothek und der Grundschuld angewendet werden müssen.

Die Zession einer Forderung nun erheischt eine auf die Uebertragung derselben gerichtete Erklärung des bisherigen Gläubigers und die Annahme des Erwerbers. (Windscheid 2 §. 330; A.L.R. I. 11 §. 393.) Durch den Zusammenschluß dieser beiden Erklärungen geht das abgetretene Recht auf den neuen Gläubiger über. Die Zession ist also ebenso wie die Eigenthumstradition ein Vertrag, der gegen den etwa vorhergegangenen den Gläubiger zur Abtretung

§. 53.

Die Eintragung der Abtretung oder Verpfändung einer Hypothek oder Grundschuld darf nur auf Grund der Bewilligung des Gläubigers oder seiner

---

verpflichtenden Vertrag sich scharf abhebt. (Windscheid a. a. O. Note 4 u. 5; A.L.R. I. 11 §§. 376 u. 377.) Das römische Recht hat eine besondere Form für die Abtretung nicht vorgeschrieben. Nach preußischem Recht unterliegt die Erklärung des Zedenten der allgemeinen Vertragsform. Forderungen, über welche schriftliche Urkunden vorhanden sind, können nur schriftlich abgetreten werden. (A.L.R. I. 11 §. 394, vgl. über die Erfordernisse der schriftlichen Erklärung R.G. V, III u. I, Entsch. 14 S. 298, 15 S. 60 u. 17 S. 115.) Die Annahme des Zessionars kann auch mündlich, ja sogar durch konkludente Handlungen, namentlich durch Annahme der Urkunde geschehen. Bei Hypotheken und Grundschulden hat der Zessionar gegen den Zedenten allemal den Anspruch auf Ertheilung einer gerichtlich oder notariell beglaubigten Abtretungsurkunde, beziehungsweise einer den Vorschriften der Gr.B.O. entsprechenden Umschreibungsbewilligung, da dieser alles zu thun hat, was nöthig ist, jenen in den Stand zu setzen, daß er die abgetretene Forderung geltend machen und sich dem Schuldner und Dritten gegenüber legitimiren kann (R.G. IV, Gruchot 30 S. 686). Zur Uebertragung des Gläubigerrechtes ist aber die Aushändigung dieser Zessionsurkunde nicht erforderlich (R.G. I H.S., Entsch. 4 S. 225, und V, Gruchot 35 S. 668). Ebensowenig bedarf es hierzu bei der Hypothek der Uebergabe des Hypothekenbriefes (R.G. I, Entsch. 26 S 45); dagegen ist nach feststehender Praxis des Reichsgerichtes (I H.S., I u. V, Entsch. 3 S. 326, 14 S. 98 u. Gruchot 35 S. 668) zur Uebertragung des Rechtes aus der Grundschuld die Uebergabe des Grundschuldbriefes an den Zessionar und zur Theilabtretung Bildung und Aushändigung eines Zweigsdokumentes nach §. 83 der Gr.B.O. erforderlich, da der Grundschuldbrief in höherem Maße als die Hypothekenurkunde Träger des beurkundeten Rechtes ist (vgl. Gesetz §§. 20, 38, 49, 55; Gr.B.O. §. 122, vgl. Anm. 5 hierzu. A. M. Paris, die Uebertragungsform der Grundschuld, Berlin 1883).

§. 53.

1. Die Eintragung der Abtretung und der Verpfändung von Hypotheken und Grundschulden hat eine ganz andere Bedeutung als die Eintragung der Veräußerung (Auflassung) und der Belastung eines Grundstückes nach §§. 1 und 18. Sie ist nicht die Form des Geschäfts, durch welche die Rechtsänderung bewirkt wird, sondern hat nur den Zweck, die Rechtsänderung durch das Grundbuch zu veröffentlichen. (§. 54.) Dennoch hat das Gesetz unter §. 53 das Konsensprinzip, welches in den §§. 2 u. 19 anerkannt ist, auch auf die Eintragung der Abtretung und der Verpfändung von Hypotheken und Grundschulden angewendet.

2. Die Grundbuch-O. bestimmt:

§. 79. Zur Eintragung der Abtretung einer Hypothek ist die Vorlegung der Hypothekenurkunde, zur Eintragung der Abtretung einer Grundschuld die Vorlegung des Grundschuldbriefes erforderlich.

§. 80. Die Abtretungserklärung muß den Namen des einzutragenden Erwerbers enthalten. Der Annahmeerklärung des letzteren bedarf es nicht.

Es ist nicht zweifelhaft, daß der §. 80 das materielle Zessionsrecht nicht hat ändern, sondern nur dem Grundbuchrichter hat vorschreiben wollen, was zu fordern sei, wenn die Eintragung der Abtretung begehrt werde. Der §. 80 handelt also ebenso wie der §. 79 von der Voraussetzung der Eintragung. Die Voraussetzung ist darnach: Vorlegung des Hypotheken- oder des Grundschuldbriefes und der Abtretungserklärung. Wenn nun das Gesetz über den Eigenthumserwerb 2c. die Eintragung von der Bewilligung des Gläubigers abhängig macht, so fragt es sich, wie hiermit die Bestimmung der Gr.B.O. zu vereinigen ist. In dem Bericht der Kommission des Herrenhauses ist gesagt: „Zur Eintragung der Zession oder Verpfändung einer Hypothek oder Grundschuld ist die ausdrückliche oder durch den Richter oder eine sonst zuständige Behörde ergänzte Bewilligung des eingetragenen Gläubigers nöthig; außerdem bedarf es aber

rechtskräftigen Verurtheilung zur Bewilligung oder auf Grund eines Ersuchens einer zuständigen Behörde gegen den eingetragenen Gläubiger erfolgen.

Ausführungsgesetz zur Deutschen Civilprozessordnung. Vom 24. März 1879. (Ges.S. S. 281.)

§. 16. Die Pfändung einer in einem Grund- oder Hypothekenbuche eingetragenen Forderung oder Berechtigung ersetzt die Bewilligung des Schuldners zur Eintragung des entstandenen Pfandrechts. Zum Nachweise der Pfändung ist der Nachweis der Zustellung des Pfändungsbeschlusses an den Eigenthümer des Grundstücks erforderlich und ausreichend.

Die Ueberweisung einer in einem Grund- oder Hypothekenbuche eingetragenen Geldforderung an Zahlungsstatt ersetzt die Bewilligung des Schuldners zur Eintragung der Abtretung.

Zu dem Antrage des Gläubigers auf Eintragung ist weder die Vermittelung des Prozessgerichts oder des Vollstreckungsgerichts, noch die Beglaubigung erforderlich.

Die Vorschriften des bürgerlichen Rechts über die Voraussetzungen, unter welchen die Rechte an einer in einem Grund- oder Hypothekenbuche eingetragenen Forderung Rechtswirkung gegen Dritte erlangen, bleiben unberührt.

---

der Vorlegung der Zessions- und Verpfändungsurkunde, wie bisher, nach näherer Bestimmung der Grundbuchordnung." (Werner 2 S. 61.) Die Lösung des Widerspruchs kann jedoch als richtig nicht anerkannt werden.

a. Nach dem Wortlaut des §. 53 bedarf es zur Eintragung der Abtretung der Bewilligung des Gläubigers. Wenn aber der Gläubiger die Eintragung der Abtretung bewilligt, so giebt er dadurch zugleich zu erkennen entweder, daß er die Hypothek oder die Grundschuld an den von ihm bezeichneten Erwerber bereits abgetreten habe, oder, wenn seine Worte diese Auffassung nicht gestatten, daß er die Abtretung durch diese seine Erklärung vollziehe. Der nach dem A.L.R. I. 11 §. 393 wesentliche Inhalt der Abtretungserklärung, „daß der Andere das abgetretene Recht von nun an als das seinige auszuüben befugt sein soll," ist in jeder Eintragungsbewilligung enthalten. Es bedarf daher, wenn die letztere vorschriftsmäßig erfolgt ist, zur Eintragung nicht noch der Vorlegung einer Abtretungsurkunde. Ebenso Turnau 1 S. 433; Bahlmann 3. Aufl. S. 199; Frankfurt a. O., Johow 8 S. 249; Kammerger., Jahrb. 3 S. 169.

b. Zur Umschreibung der Hypothek oder der Grundschuld auf den Namen des Zessionars oder, wie es in dem §. 53 heißt, zur „Eintragung der Abtretung" genügt auch die in der Gr.B.O. §. 80 bezeichnete Abtretungserklärung. Wenn hiergegen Turnau 1 S. 433 bemerkt, daß unter den Abtretungserklärungen der Gr.B.O. nur solche zu verstehen seien, welche zugleich die Eintragungsbewilligung enthalten, so legt er in das Gesetz etwas hinein, was in demselben nicht liegt. Wie es scheint, hat der Gesetzgeber in jeder Abtretung einer Hypothek oder einer Grundschuld die Einwilligung des abtretenden Gläubigers in die Umschreibung der Post auf den neuen Gläubiger sehen wollen. Wenigstens entspricht diese Auffassung durchaus der Natur des Verhältnisses. Denn wenn der Berechtigte durch die Abtretung sein ganzes Recht aufgiebt und auf den Zessionar überträgt dergestalt, daß nunmehr ohne seinen Willen weiter über das Recht verfügt werden kann, so kann er auch nichts dagegen haben, daß der Zessionar als Gläubiger in das Grundbuch eingetragen werde. Es wäre ein nutzloser Formalismus, den Zedenten, der eine beglaubigte Abtretungsurkunde ausgestellt hat, noch zur Ausstellung der Eintragungsbewilligung zu nöthigen. Die letztere wird auch für das Grundbuch vollständig ersetzt durch die Abtretungserklärung.

Die vorstehende Auffassung vertreten u. a. Dernburg, Preuß. Privatr. 1 §. 197 Note 11 und §. 325 Note 14, Hyp.R. §. 30 Nr. 3a S. 226; Eccius 3 §. 199a Anm. 8; Bahlmann (3. Aufl.)

§. 54.

Der Erwerb der Hypothek oder Grundschuld durch Abtretung und die Wirksamkeit der Verpfändung derselben hängt nicht von der Eintragung ab.

S. 199; Neubauer S. 46; Marienwerder, Johow 4 S. 187; Kammerger., Jahrb. 7 S. 134.

Anderer Ansicht (außer Turnau): Förster, Grundbuchrecht S. 169; Stettin, Johow 3 S. 162; Kammerger., ebd. 4 S. 188 u. 189, und Hamm, ebd. S. 186.

Vergl. im übrigen über die Eintragung der Zession die Anm. zu §§. 79 und 80 der Gr.B.O.

3. Nach dem Konsensprinzip wird die Bewilligung des Gläubigers durch dessen rechtskräftige Verurtheilung zur Abgabe der Bewilligung ersetzt. (Vgl. §. 19 Nr. 2 und die Anm. dazu.) Die in der Anm. 2 dargelegte Modifikation dieses Prinzipes berührt auch den Inhalt des Urtheiles. Ist der Gläubiger rechtskräftig verurtheilt, die Hypothek oder die Grundschuld abzutreten, so wird die Abtretung auf Grund einer Ausfertigung dieses Urtheiles in das Grundbuch eingetragen.

Das Behörden-Ersuchen als Voraussetzung der Eintragung einer Abtretung hat durch das Ausführungsgesetz zur C.P.O. vom 24. März 1872 §. 16, Zus. zu §. 53, erheblich an praktischer Bedeutung verloren. Es kann noch vorkommen, wenn eine Verwaltungsbehörde das ihr zustehende Recht der Zwangsvollstreckung ausübt. Aber es wird dann meist nur die Bedeutung des Antrages haben, weil die Bewilligung nicht sowohl in dem Ersuchen als vielmehr in dem Ueberweisungsbeschlusse der Behörde ihren Ersatz finden wird.

4. Für die Eintragung der Verpfändung gilt dasselbe wie für die Eintragung der Abtretung. Vgl. die Gr.B.O. §. 84 und über die Voraussetzungen und Wirkungen der Verpfändung die Anm. 5 zu §. 54 des Gesetzes.

5. Ueber die Eintragung der im Wege der Zwangsvollstreckung erfolgenden Pfändung und Ueberweisung einer Hypothek oder Grundschuld vgl. Gr.B.O. §. 87 und über die Voraussetzungen und Wirkungen dieser Akte die Anm. 6 zu §. 54 des Gesetzes.

§. 54.

1. Die amtliche Begründung des § 54.
2. Der Uebergang des Rechtes durch die Abtretung; Konkurs des Zedenten, S. 253.
3. Bedeutung des Hypotheken- und des Grundschuldbriefes für das Verhältniß des Zessionars zu dem Eigenthümer; im Fall der Abtretung an mehrere hintereinander.
4. Vortheile der Eintragung, S. 254.
5. Die Verpfandung von Hypotheken und Grundschulden.
6. Die Pfandung derselben, S. 255.

1. Nach dem A.L.R. I. 20 §. 513 ist „die Eintragung einer gehörig geleisteten Zession in das Hypothekenbuch zur Gültigkeit des Geschäftes nicht nothwendig."

Der Entwurf von 1864 hatte diesen Grundsatz aufgegeben und die Erwerbung der Hypothek von der Eintragung abhängig machen wollen. Es beruhte dies auf der Vorstellung, daß die Nichteintragung dem Publizitätsprinzip widerspreche. Diese Vorstellung war jedoch eine unzutreffende. Denn „der allein für die Publizität erhebliche Umstand, daß eine bestimmte Hypothek mit bestimmter Priorität eingetragen ist, ist öffentlich gemacht. Zu wissen, wer der augenblickliche Gläubiger der Hypothek ist, hat aber nur Interesse für den Eigenthümer, weil er wissen muß, an wen er Zinsen und Kapital zu zahlen hat, nicht für die nachstehenden Gläubiger. Der Eigenthümer wird aber in allen Fällen leicht und zuverlässig erfahren können, wer sein Hypothekengläubiger ist. Der nächste Zinstermin bringt ihm diese Kenntniß, und er hat alle Mittel in der Hand, nicht eher zu zahlen, als bis er sich von der Legitimation überzeugt hat. Der Verkehr hilft sich in solchen Fällen selbst, ohne daß es besonderer gesetzlicher Bestimmungen hierüber bedarf. Es hat daher auch von der Vorschrift des Hypothekengesetzes für Neuvorpommern §. 88, daß der Eigenthümer eine Bekanntmachung der Eintragung der

Cession durch das Hypothekenamt abzuwarten hat, um gültig zahlen zu können, Abstand genommen werden können. Sie führt, wie mit Recht gegen sie eingewendet worden, nothwendig zu einem indirekten Zwang, daß jede Cession eingetragen werden muß. Die Eintragung der Cessionen aber obligatorisch zu machen, verbietet unabweisbar das praktische Bedürfniß des Verkehrs; es würde der oft sehr schnelle Uebergang der einzelnen Hypothek von Hand in Hand auf das Erheblichste erschwert, die Masse der Eintragungen, damit die Geschäftslast der Hypothekenbehörde außerordentlich vermehrt werden. Es ist daher aus den Kreisen des Verkehrs und von denjenigen Behörden, welche diese vertreten, einstimmig der Wunsch ausgesprochen, von der Nothwendigkeit der Eintragung der Cessionen abzusehen." (Mot. zu dem Entw. von 1871, bei Werner 2 S. 28.)

Aus diesen Gründen ist eine Aenderung des bisherigen Rechtes unterblieben. Der §. 88 des Gesetzes für Neuvorpommern und Rügen vom 21. März 1868 ist durch das Gesetz über das Grundbuchwesen vom 26. Mai 1873 beseitigt worden.

Der §. 54 hat mehr den Charakter eines Lehrsatzes als den eines Rechtssatzes. Wenn er fehlte, so würde dasselbe gelten, was er ausspricht. Denn die Eintragung ist zur Gültigkeit einer Rechtsänderung oder zur Erwerbung eines Rechtes immer nur dann erforderlich, wenn das Gesetz dies Erforderniß aufstellt.

2. Der Zessionar einer Hypothek erwirbt das Gläubigerrecht unmittelbar durch die von ihm angenommene Abtretung der Hypothek. Wenn daher später über das Vermögen des Zedenten das Konkursverfahren eröffnet wird, so gehört die abgetretene Post dem Zessionar, sodaß dieser den etwa in der Masse vorgefundenen Hypothekenbrief mittelst eines dinglichen Anspruches abfordern kann. Bei der Grundschuld gilt dieses nicht, wie bereits in Anm. 4 zu §. 52 gesagt ist.

3. Die Abtretung einer Hypothek legitimirt aber für sich allein den Erwerber nicht zur Ausübung des Gläubigerrechtes gegen den Eigenthümer (Schuldner). Ist sie dem Schuldner (Eigenthümer) gehörig bekannt gemacht, so darf derselbe in Verhandlungen über die Post mit dem Zedenten zum Nachtheil des Zessionars sich nicht mehr einlassen. Einreden, welche der Schuldner gegen den Zedenten erst nach der Bekanntmachung erwirbt, können dem Zessionar nicht entgegengesetzt werden. (Windscheid 2 §. 331; A.L.R. I. 11 §§. 413 ff.) An den Zessionar aber kann der Schuldner mit Sicherheit nur zahlen, wenn ihm der Hypothekenbrief ausgehändigt und der Uebergang des Rechtes auf den Zessionar urkundlich nachgewiesen wird, oder die Eintragung der Abtretung erfolgt ist. (A.L.R. I. 11 §§. 395 ff.; Gr.B.O. §. 94; vgl. Förster-Eccius 1 §. 99 Anm. 203.) Die Legitimation zur Anstellung der dinglichen Klage erlangt der Zessionar nur durch den Besitz der über die Eintragung der Post gebildeten Urkunde. (O.Tr. III, Entsch. 81 S. 25; vgl. oben S. 200 Anm. 2b zu §. 37.)

Der Besitz des Hypothekenbriefes ist von großer Bedeutung auch für die Frage, welchem von mehreren Zessionaren, denen der Gläubiger die Post hintereinander abgetreten hat, der Vorzug gebührt. Da zur Abtretung der Hypothek die Uebergabe des Briefes nicht erforderlich ist, erwirbt grundsätzlich der erste Zessionar das Gläubigerrecht, auch wenn ihm die Urkunde nicht übergeben ist. Trotzdem ist die herrschende Meinung, wenigstens für das Gebiet des preußischen Rechtes, für das Vorrecht des jüngeren redlichen Zessionars, falls diesem und nicht dem älteren der Hypothekenbrief ausgehändigt ist (O.Tr. III, Gruchot 24 S. 111 — unter Berufung auf das A.L.R. I. 10 §§. 21 ff., I. 11 §§. 395 ff. —; Turnau 1 S. 437 Anm. 2a; Dernburg, Hyp.R. S. 214, anders früher, Preuß. Privatrecht 1 §. 325 a. E.; Förster-Eccius 1 §. 99 Anm. 156c; und vor allem das R.G. IV, Gruchot 27 S. 917, u. I, Entsch. 10 S. 198; vgl. auch R.G. V, ebd. 25 S. 287); und diese Ansicht ist auch die richtigere, denn aus den §§. 9, 38 und 49 des Gesetzes ist der Grundsatz zu entnehmen, daß jeder, welcher von einem eingetragenen Berechtigten ein Recht an dem Grundstück oder, mit Aushändigung des Briefes, an einer Hypothek entgeltlich erwirbt, sich nur solche Einreden sowohl von dem Eigenthümer wie von einem Dritten gefallen zu lassen braucht, welche aus dem Grundbuch hervorgehen oder ihm beim Erwerbe bekannt waren (vgl. oben S. 212 Anm. III zu §. 38 Abs. 2). Infolge dessen kann dem jüngeren Zessionar; welcher redlich und entgeltlich die Post abgetreten und den Hypothekenbrief ausgehändigt erhalten hat, die frühere Zession nicht entgegengesetzt werden, und zwar nicht nur im Gebiete des preußischen, sondern auch in dem des gemeinen Rechtes (vgl. auch Anm. 6). Für den Fall, daß ein Hypothekenbrief nicht vorhanden oder der vorhandene Brief keinem der Zessionare ausgehändigt ist, gebührt dem ersten Zessionar unstreitig der Vorzug (vgl. Turnau a. a. O.).

Für die Grundschuld erledigen sich alle diese Fragen durch die Rechtsprechung des Reichsgerichts, welches zu deren Abtretung die Aushändigung des Grundschuldbriefes an den Zessionar fordert (oben §. 52 Anm. 4 a. E. S. 250).

4. Nach dem A.L.R. I. 20 §. 514 muß der Zessionar, der „die Eintragung zu suchen verabsäumt hat, die daraus entstehenden nachtheiligen Folgen in den durch die Hypothekenordnung näher bestimmten Fällen wider sich gelten lassen.“ In der Hyp.O. v. 20. Dezember 1783 Titel 2 §. 213 waren diese Folgen einzeln aufgeführt. (Vgl. auch die Allg. Ger.O. I Tit. 38 §. 21, Tit. 47 §. 65, Tit. 50 §. 412 und das A.L.R I Tit. 17 §. 153 und Tit. 20 §§. 529 u. 530.) Die Hyp O. freilich ist durch die Grundb.O. aufgehoben. Allein auch jetzt noch wird der Zessionar gut thun, erst nach seiner Eintragung die Valuta zu zahlen und jedenfalls die Eintragung nicht zu verzögern. Zahlt er die Valuta lediglich gegen Aushändigung der Urkunden, so setzt er sich der Gefahr aus, eine ausgefallene und gelöschte Post zu erwerben. Dieser Gefahr kann man allerdings dadurch ausweichen, daß man sich durch Einsicht des Grundbuches von dem Bestehen der Hypothek oder der Grundschuld überzeugt. Aber die Eintragung ist dann immer noch wichtig, weil der nichteingetragene Zessionar auf seine Zuziehung zu einem etwaigen Subhastationsverfahren nicht rechnen kann und überdies riskirt, daß die Post oder die darüber gefertigte Urkunde öffentlich aufgeboten wird. Weitere Vortheile ergeben sich aus §§. 37 u. 38 Abs. 3.

Ist die Eintragung der Abtretung, z. B. bei mangelndem Besitz der Hypothekenurkunde, nicht sofort zu erreichen, so kann sich der Zessionar durch Eintragung einer Vormerkung sichern, vgl. Form. I Abth. III zu Nr. 9; L.G. Hannover, Jahrb. 10 S. 331.

5. Die Hypothekenverpfändung kommt nach römischem Recht in doppelter Weise vor, einmal so, daß eine Forderung und mit ihr von selbst auch die dafür bestellte Hypothek den Gegenstand des Pfandrechtes bildet, sodann so, daß nur die Hypothek zum Pfande bestimmt wird. (Windscheid 1 §§. 227 u. 239. A. M. Dernburg, Pand. 1 §. 293 a. E.) Einer besonderen Form bedarf die Pfandbestellung weder in dem einen noch in dem anderen Falle. Doch ist die Benachrichtigung des Schuldners erforderlich, um denselben zu verhindern, sich durch Leistung an seinen Gläubiger oder durch sonstige Verhandlung mit diesem zu befreien. (Windscheid 1 §. 239 Ziff 2.) Partikularrechtlich bestehen aber in einzelnen gemeinrechtlichen Gebieten Formvorschriften (z. B. Hann. Hyp.Ges. v. 14. Dezbr. 1864 §. 50), und ein Absonderungsrecht im Konkurse hat der Pfandgläubiger überall nur, wenn die Voraussetzungen der §§. 15 u. 16 des Einf.Ges. zur Konk.O. vom 10. Febr. 1877 vorliegen.

Nach preußischem Recht kann die Hypothek nicht ohne die Forderung verpfändet werden, zu deren Sicherheit sie bestellt ist. Die Verpfändung war schon nach dem A.L.R. I. 20 §§. 513 und 516 nicht von der Eintragung abhängig; sie unterliegt in Gemäßheit des §. 515 den Vorschriften über die Verpfändung ausstehender Forderungen. Zur Verpfändung einer Forderung aber gehört zweierlei:

a. eine schriftliche Erklärung des Verpfänders. (Verordnung vom 9. Dezember 1809 §. 1; O.Tr. IV, Str Arch. 42 S. 4. Ueber die Form vgl. die Anm. 4 zu §. 52 citirten Entsch. des Reichsgerichts.) Fehlt diese Erklärung, so kann durch Aushändigung des Dokumentes zum Zwecke der Verpfändung nur ein Zurückbehaltungsrecht an der Urkunde begründet werden, welches im Konkurse des Schuldners wirkungslos ist. (O.Tr. III, Entsch. 63 S. 79, Str. Arch. 77 S. 242; R.G. III, V u. VI, Entsch 15 S. 55, 16 S. 169 u. 20 S. 133.)

b. Aushändigung der über die Forderung vorhandenen Urkunde an den Pfandnehmer. (A.L.R. I. 20 §. 281.) Die Verpfändung einer Hypothekenforderung kann auch durch Eintragung im Hypothekenbuche nicht vollzogen werden. Zur gültigen Bestellung eines Pfandrechtes an dem Antheile einer Hypothekenforderung ist die Ausfertigung eines Antheildokumentes und dessen Uebergabe an den Pfandgläubiger erforderlich. (O.Tr. IV, Str. Arch. 18 S. 57.) Dem Gläubiger kann aber auch, mit der Antheilsverpfändungserklärung, das Originalinstrument ausgehändigt werden, in welchem Falle es der Ausfertigung eines Theildokumentes (Abzweigung) nicht bedarf, solange der Verpfänder nicht über den Rest verfügen will. (Koch, Landrecht 2, Anm. 15 zu I. 20 §. 281, 8. Aufl. S. 789; R.G. V, Jur. Woch. 1890 S. 210 Nr. 35.) Siehe hiergegen Hoffmann in Gruchot 16. S. 181.

Die Besitzübertragung an der Urkunde kann, wenn diese sich im Gewahrsam eines Dritten befindet, auch durch Erklärung der Anweisung seitens des Hypothekengläubigers, daß der Inhaber die Urkunde im Namen des Pfandgläubigers innehaben solle, und durch Annahme der Anweisung seitens des letzteren erfolgen; der Benachrichtigung des Inhabers bedarf es zum Besitzübergang nicht (A.L.R. I. 7 §§. 66, 67; O.Tr. III, Str. Arch. 61 S. 86; R.G. V, Entsch. 22 S. 325).

Wer das Dokument über eine ihm schriftlich verpfändete Hypothek, deren Verpfändung weder im Grundbuch noch auf dem Dokument vermerkt ist, herausgiebt, damit ein Theil der Hypothek an einen Dritten abgetreten und ein Zweiginstrument zu diesem Behufe angefertigt werde, verliert diesem Dritten gegenüber sein Pfandrecht an dem zedirten Theil der Hypothek. (O.Tr. III, Entsch. 70 S. 191.) Hiervon abgesehen ist die bloße Zurückgabe eines verpfändeten Instrumentes, ohne Rückgabe der Verpfändungsurkunde, oder ohne deren Kassation nicht geeignet zu dem sicheren Schlusse, daß das Pfandrecht aufgegeben sein solle; dazu ist, um eine solche Entsagung erkennen zu lassen, die erklärte Absicht erforderlich. (O.Tr. IV, Str. Arch. 38 S. 44.) Koch, A.L.R. 2 Note 97 zu I. 20 §. 253 S. 782.

Die Bekanntmachung der Pfandbestellung an den Schuldner gehört zur Gültigkeit derselben nach dem A.L.R. I. 20 §. 288 nur, wenn über die verpfändete Hypothek eine Urkunde nicht gebildet ist. Sie ist aber in allen Fällen räthlich, weil der Schuldner, der von der Verpfändung keine Kenntniß erhalten hat, berechtigt ist, die Zinsen nach wie vor an den Verpfänder zu zahlen. (§§. 282—284.)

Ueber die Art und Weise der Geltendmachung des Pfandrechtes an einer Forderung vgl. Windscheid §§. 227 u. 239 sowie Kochs Landrecht 2 (Note 23 zu I. 20 §. 289) S. 790 und Förster-Eccius 3 §. 192a Nr. II 1.

Auf die Verpfändung einer Grundschuld sind die Bestimmungen über die Forderungsverpfändung analog anzuwenden.

6. Für das durch Pfändung entstehende Pfandrecht an Hypotheken und Grundschulden sind die Bestimmungen der C.P.O. §§. 730 ff. maßgebend. (Vgl. über die Pfändung von Grundschulden Voß in Gruchot 27 S. 922 ff.)

a. Darnach wird die Pfändung durch Zustellung des gerichtlichen Pfändungsbeschlusses an den Eigenthümer als Drittschuldner bewirkt, ohne daß es der Eintragung derselben in das Grundbuch oder der Aushändigung des Hypotheken- oder Grundschuldbriefes an den Pfändungsgläubiger bedarf; auch aus §. 731 der C.P.O. und §. 16 des Ausf.Ges. zur C.P.O. (Zus. zu §. 53) ist das Erforderniß der Eintragung zur Gültigkeit der Pfändung nicht herzuleiten (R.G. V, Entsch. 20 S. 307). Für die Pfändung blanco-abgetretener Grundschuldbriefe gilt nichts Besonderes (a. M. Voß a. a. O. S. 824, welcher §. 722 der C.P.O. für anwendbar hält). Ueber die Pfändung einer Grundschuld vor Aushändigung des Grundschuldbriefes vgl. Kammerger., Jahrb. 13 S. 163.

b. Hinsichtlich der Eintragung des Pfändungspfandrechtes und der Ueberweisung an Zahlungsstatt in das Grundbuch vgl. Gr.B.O. §. 87 nebst den Anm. dazu.

c. Durch die Pfändung erlangt der Gläubiger ein Pfandrecht an der Hypothekenforderung bezw. der Grundschuld (C.P.O. §. 709). Durch einen weiteren Gerichtsbeschluß, der indessen mit dem Pfändungsbeschlusse verbunden werden kann, wird ihm die Post nach seiner Wahl entweder zur Einziehung oder an Zahlungsstatt überwiesen. Letztere Ueberweisung hat die Wirkung der

§. 55.

Grundschulden können ohne Nennung des Erwerbers abgetreten werden (Blankoabtretung).

Jeder Inhaber erlangt dadurch das Recht, die Blankoabtretung durch einen Namen auszufüllen, die Grundschuld auch ohne diese Ausfüllung abzutreten, und die dingliche Klage anzustellen.

Abtretung (Ausf.Ges zur C.P.O. §. 16), erstere berechtigt den Gläubiger zur Einziehung der Forderung an Stelle des Schuldners (vgl. C.P.O. §§. 736 ff.).

d. Wenn auch weder zur Pfändung noch zur Ueberweisung der Besitz des Hypotheken- oder Grundschuldbriefes für den Gläubiger erforderlich ist, bedarf es desselben doch — außer zur Eintragung, vgl. Gr.B.O. §. 87 Anm. 3c — zur Geltendmachung des Pfändungspfandrechtes gegen den Schuldner und gegen Dritte aus denselben Gründen, aus denen der Zessionar einer Hypothek des Hypothekenbriefes bedarf, vgl. oben §. 54 Anm. 3 und R.G. V, Entsch. 20 S. 307. Insbesondere gilt auch hier der Satz, daß der Pfändungsgläubiger, dessen Recht im Grundbuch nicht eingetragen ist und welcher die Urkunde nicht in Händen hat, einem jüngeren Zessionar oder Pfandgläubiger der Post zu weichen hat, wenn letzterer im guten Glauben war und in den Besitz des Briefes gelangt ist. Das R.G. a. a. O. folgert dies aus §. 49 des Gesetzes; aber auch wenn man diese Vorschrift auf Pfandrechte nicht für anwendbar erachtet, wird man dieser Ansicht aus denselben Gründen beitreten müssen, welche für das Vorzugsrecht des jüngeren redlichen und im Besitz der Urkunde befindlichen Zessionars gegenüber dem älteren sprechen; vgl. §. 54 Anm. 3 und R.G. V, Entsch. 25 S. 287.

e. Daß zu Gunsten des Gläubigers, welcher sich die Hypothek oder Grundschuld hat überweisen lassen, §. 38 des Gesetzes zur Anwendung kommt, ist oben S. 208 Anm. II 1 zu §. 38 Abs. 2 bereits gesagt.

f. Erfolgt die Pfändung gegen den Zedenten nach der Zession, wenn auch vor deren Eintragung, so ist sie wirkungslos, und der Pfändungsgläubiger kann sich auf den guten Glauben des Grundbuches nicht berufen, da dieses über den jeweiligen Gläubiger gemäß §. 54 des Gesetzes keine sichere Auskunft giebt.

g. Die vorstehenden Bestimmungen finden auch auf Arreste Anwendung (vgl. S. 244 Anm. 4a zu §. 49), jedoch mit der Maßgabe, daß aus ihnen eine Ueberweisung nicht zulässig ist.

§. 55.

1. Das Obertribunal hat in der Beantwortung der Frage nach der Zulässigkeit der Blanko-Zession geschwankt. Die Frage ist verneint in einem Erkenntnisse v. 13. August 1836, Entsch. 1 S. 161, bejaht in dem Erk. des IV. Senats (Pr. 1965) v. 20. Dez. 1847, Entsch. 16 S. 142. Die Unzulässigkeit, für welche Koch, Beurth. der Entsch. S. 40, Förster-Eccius 1 §. 99 Anm. 49 und Dernburg 2 §. 82 Nr. 1 sich ausgesprochen haben, ergiebt sich daraus, daß in der Regel nur bestimmte Personen miteinander kontrahiren können, der Zessionsakt aber ein Vertrag ist. Hinzutritt, daß in allen Fällen, in welchen die Zession schriftlich erklärt werden muß, aus der Schrift der Name des Zessionars nicht fortbleiben kann, ohne sich der formgerechten Beurkundung zu entziehen. Die Existenz jener Streitfrage veranlaßte indessen die Gesetzgebung, dazu in dem vorliegenden Gesetze Stellung zu nehmen. Die Regierung hielt es

für zweifellos, daß die Frage nach der Zulässigkeit von Blankozessionen nur bei der Hypothek (Grundschuld) des Eigenthümers Berechtigung hätte. Dem eingetragenen Gläubiger glaubte sie ein solches Recht versagen zu müssen, „weil dadurch die Lage des Eigenthümers als Schuldners ohne sein Wissen und Willen wesentlich erschwert werden würde." Der Entwurf bestimmte deshalb:

„Der Eigenthümer ist befugt, Hypotheken, über welche ein auf seinen Namen lautender Hypothekenbrief ausgefertigt ist, ohne Nennung des Erwerbers abzutreten (Blanko-Abtretung)."

Zur Aufnahme des Institutes in dieser Weise aber führten nach den Motiven „die Erwägungen, daß theils die Erfahrungen, die in anderen Ländern, namentlich in Mecklenburg, gemacht worden, nicht allein die Unschädlichkeit der Maßregel im Allgemeinen, sondern auch die Nützlichkeit für den Eigenthümer erweisen, und daß, wenn der Eigenthümer selbst sich den Schwierigkeiten unterziehen will, die mit der nothwendig werdenden jedesmaligen Prüfung der Legitimation des Gläubigers verbunden sind, kein Grund vorliegt, ihm zu versagen, dadurch in bequemer Weise sich auf seine Hypothek Geld zu verschaffen." (Motive, bei Werner 2 S. 29.)

Die Kommission des Herrenhauses beschränkte in Konsequenz früherer Beschlüsse die Blankoabtretung auf Grundschulden; hier aber wurde das Institut auf alle Grundschulden ausgedehnt, nach dem Bericht der Kommission auf Grund folgender Erwägung: „Das praktische Bedürfniß, die Analogie des Grundschuldbriefes mit dem Wechsel und die Nothwendigkeit, die Grundschuldbriefe lombardfähig zu machen, was in kritischen Zeiten vongroßem Werth sei, verlange" diese Ausdehnung. „Die Legitimation durch aufeinanderfolgende Indossamente sei auch, wenn es auf eine Eintragung im Grundbuche ankomme, viel einfacher und übersichtlicher, als wenn eine Reihe von Zessionsurkunden beigebracht und deren Gültigkeit geprüft werden müsse. Die Schwierigkeiten wegen der Zinszahlung und Aufkündigung seien zu überwinden, wie die langjährige Erfahrung in Mecklenburg und im Kanton Zürich bewiesen habe, auch die Kostenersparniß sei ein nicht unerhebliches Moment dafür." Die Kommission entschied sich für ein Amendement, durch welches dem ersten Satze des §. 55 die vorliegende Fassung gegeben wurde. (Ber. der Komm., bei Werner S. 62.)

2. Die rechtliche Natur der Blankoabtretung ist streitig. Nach den Motiven soll durch dieselbe „die Hypothekenurkunde nicht ein Inhaberpapier werden, so wenig wie dies der in blanco indossirte Wechsel ist, sondern in die Kategorie derjenigen Urkunden treten, bei denen dem Schuldner die Legitimationsprüfung des Gläubigers erleichtert ist." Welche Urkunden hiermit gemeint sind, ist nicht gesagt. Vermuthlich ist an Sparkassenbücher, Lebensversicherungspolizen u. dgl. gedacht. Allein die Rechtslage des Inhabers des Grundschuldbriefes unterscheidet sich wesentlich von der des Inhabers einer Polize oder eines Sparkassenbuches dadurch, daß der Schuldbrief mit der Blankoabtretung nicht blos eine Legitimationsurkunde ist, sondern der Träger des Rechtes selbst, welches der Inhaber ausübt.

Wenn die Abtretung das Mittel zur Veräußerung von Rechten ist und das Gesetz gestattet, daß das Recht aus der Grundschuld ohne Nennung des Erwerbers abgetreten wird, so folgt, daß der Grundschuldgläubiger auch durch Blankoabtretung sich seines Rechtes entäußern und dasselbe auf einen Anderen übertragen kann. Allerdings geschieht die Entäußerung unmittelbar nur zu Gunsten desjenigen, welchem der bisherige Gläubiger in dieser Absicht den Schuldbrief mit der Blankozession übergiebt, aber doch zugleich mit der rechtlichen Folge, daß jeder spätere Inhaber die Rechte des Gläubigers als seine eigenen ausüben darf, ohne genöthigt zu sein, vorher die Abtretungserklärung auszufüllen oder seinerseits eine weitere Zessionsurkunde auszustellen. Der in blanco abgetretene Grundschuldbrief hat daher die Natur des Inhaberpapieres ebenso wie der in blanco indossirte Wechsel. (Siehe wegen des Wechsels das Erk. des O.Tr. IV, Entsch. 29 S. 187.) Zu demselben Resultate gelangen: Dernburg, Preuß. Privatrecht 1 §. 326 Nr. 2, Hyp R. §. 29 Nr. 2; Stobbe, Handbuch des deutschen Privatrechtes 2 §. 113 Ziff. II 4; Colberg S. 153 Anm. 2. Gegen die Auffassung des in blanco abgetretenen Schuldbriefes als Inhaberpapier namentlich Bahlmann (3. Aufl.) S. 204 bis 206; Förster-Eccius 1 §. 64 Anm. 8; Kühnast S. 97 ff.; Paris, die Uebertragungsform der Grundschuld S. 8 ff.

Förster macht als Grund für seine Ansicht nur geltend, daß der Grundschuldbrief auf den Namen eines bestimmten Gläubigers eingetragen werden muß. Kühnast nimmt an, daß zwar der Gläubiger durch die Blankoabtretung sein Eigenthum an der Grundschuld mit der Aushändigung des Briefes aufgebe, daß aber der Inhaber der Urkunde dasselbe erst durch die Ausfüllung der Blankoabtretung mit seinem Namen erwerbe; er statuirt somit eine Pendenz des Eigenthumes, ein subjektloses Recht, und mißt für die Zwischenzeit dem Besitzer die Befugniß zur Ausübung des Gläubigerrechtes bei. Bahlmann beruft sich auf die Autorität v. Meiboms, für dessen Auffassung der in blanco zedirten Hypothekenscheine des mecklenburgischen Rechtes auch das Reichsoberhandelsgericht, Entsch. 19 S. 388, und das R.G. I, Entsch. 4 S. 175 (scheinbar anders R.G. I H.S., ebd. 3 S. 330), eingetreten sind.

v. Meibom sagt wörtlich: „Die Blankozession ist nicht eine Zession an jeden Inhaber. Sie ist auch nicht eine Zession an denjenigen, auf dessen Namen die Blankozessionsurkunde ausgefüllt wird. Sie enthält vielmehr eine Zession an denjenigen Inhaber der Blankozessionsurkunde, welcher durch Ausfüllung derselben auf seinen Namen oder in anderer Weise den Willen erklärt, Zessionar zu werden .... Bis dahin ist das Zessionsgeschäft unfertig, der Zedent als Gläubiger anzusehen, der Inhaber der Blankozessionsurkunde noch nicht Gläubiger, aber in der Lage, durch eine in seinem Belieben stehende Handlung jederzeit Gläubiger zu werden, daher in Ansehung des wirthschaftlichen Erfolges einem Gläubiger gleichzuachten." (v. Meibom, das mecklenb. Hypothekenrecht §. 29 S. 239.)

Bei dieser Ausführung ist aber nicht zu übersehen, daß in Mecklenburg die Blankoabtretung durch Gewohnheitsrecht eingeführt und bei der Natur dieser Rechtsquelle für eine viel freiere Konstruktion empfänglich ist als in Preußen, wo das Institut auf positiven Gesetzesvorschriften beruht. Nach diesen Vorschriften ist die Vorstellung, daß der Gläubiger trotz der Blankozession und der Aushändigung des Dokumentes Gläubiger bleibe, ausgeschlossen. Freilich ist auch nach preußischem Recht die Abtretungserklärung des Zedenten noch nicht ausreichend zur Vollziehung des Rechtsüberganges. Es bedarf dazu der Annahme des Zessionars. Diese aber kann auch stillschweigend, namentlich durch Annahme der Urkunde, erfolgen. Jedenfalls sind die Handlungen des Inhabers, welche der §. 55 unter Abs 2 aufführt, nicht Mittel zur Erwerbung des Gläubigerrechtes, sondern rechtliche Folgen der Erwerbung. Darum ist auch die Kühnastsche Unterstellung eines subjektlosen Rechtes während der Schwebezeit entbehrlich.

Bahlmann hat noch zwei Gründe für seine Meinung beigebracht. Der eine, von dem erkennbar auch Förster ausgeht, beruht in der Behauptung, daß das Inhaberpapier von vornherein auf den Inhaber lauten müsse, der andere in der Auffassung, daß die gesetzliche Beschränkung der Vindikation von Inhaberpapieren auf die in blanco zedirten Grundschuldbriefe nicht anwendbar sei. Beide Gründe scheinen nicht zuzutreffen.

a. Das Eigenthümliche der Inhaberpapiere liegt nicht darin, daß der Schuldner von vornherein einem unbestimmten Gläubiger sich verpflichtet. Die ältesten lettres au porteur, die wir kennen, waren immer auf den Namen des Berechtigten ausgestellt, erhielten aber daneben die Klausel, daß man auch dem späteren Inhaber Zahlung leisten werde. Daraus entwickelten sich erst allmälig die Papiere, in welchen der Aussteller von vornherein zur Zahlung einer bestimmten Summe dem Inhaber der Urkunde sich verpflichtete. (Förster-Eccius 1 §. 64 bei Anm. 8) Solche Papiere dürfen nach der Kab.O. vom 17. Juni 1833 (und V.O. v. 17. Sept. 1867) in Preußen ohne Königliche Genehmigung weder ausgestellt noch ausgegeben werden. Das Landrecht kennt aber auch Inhaberpapiere, die überhaupt kein Zahlungsversprechen enthalten, z. B. Aktien. (I. 2 §. 12.) Das Bedürfniß des Verkehres hat außerdem noch verschiedene Formen geschaffen, in denen das Prinzip der lettres au porteur zum Ausdruck gelangt. (Beseler, System §. 87, 4. Aufl. §. 86.)

b. Es kann nicht zugegeben werden, daß der Unterschied zwischen Inhaber- und sonstigen Schuld-Papieren in der Vindikationsklage zu suchen sei. Das Wesen der ersteren besteht in der Unbestimmtheit des Gläubigers und der daraus folgenden Verknüpfung des Rechtes mit der Urkunde (oben S. 215 Anm. II 3). Der Inhaber des Papieres ist zur Ausübung des darin beurkundeten Rechtes befugt; er hat die Vermuthung des Eigenthumes an dem Recht und der Urkunde für sich. Daß diese Vermuthung überhaupt widerlegt werden kann, fordert die Gerechtigkeit. Das Landrecht läßt indessen die Widerlegung im Interesse des Verkehres nur beschränkt zu. Daraus folgt aber nicht, daß die Inhaberpapiere ihren Charakter als solche verlieren würden, auf welche die Vorschriften des A.L.R. I. 15 §§. 45 und 46 nicht anwendbar wären. Es ist übrigens nicht erfindlich, weshalb die in blanco abgetretenen Grundschuldbriefe nicht diesen Vorschriften und der Bestimmung des Art. 307 des Handelsgesetzbuches unterworfen sein sollen. Dafür spricht, daß das Gesetz die Rechte des Eigenthümers dem Inhaber des Briefes und der Blankoabtretung beilegt, den Erwerb des Eigenthumes also nicht davon abhängig macht, ob der Autor des Inhabers in Wirklichkeit das Recht aus resp. an der Urkunde zu Eigenthum erworben hatte.

Außer Kurs gesetzt wird der Grundschuldbrief dadurch, daß die Blankoabtretung durch einen Namen ausgefüllt wird. Eine neue Blankozession macht die Urkunde wieder verkehrsfähig.

3. Die Wirkungen der Blankoabtretung für den Inhaber sind nach §. 55 Absatz 2 folgende:

a. Der Inhaber kann die Blankoabtretung durch einen Namen ausfüllen. Es braucht nicht nothwendig sein eigener Name zu sein. Durch die Eintragung eines fremden Namens in die Urkunde aber erwirbt dessen Träger noch nicht das Recht aus der Grundschuld. Dazu ist vielmehr wie bei jeder Abtretung die Aushändigung der Abtretungsurkunde an den Erwerber und die Annahme-Erklärung desselben erforderlich. Die Ausfüllung der Urkunde durch einen Namen ist stets unerläßlich, wenn die Abtretung eingetragen werden soll. (Gr.B.O. §. 80.)

b. Der Inhaber kann die Grundschuld abtreten, ohne die Blankozessionsurkunde durch seinen Namen ausgefüllt zu haben. Das Gesetz deutet dadurch, daß es jedem Inhaber die Rechte des Gläubigers beilegt, in nicht mißzuverstehender Weise an, daß die Abtretung durch Uebergabe der Urkunde vollzogen wird. Natürlich steht nichts entgegen, neben der Blankoabtretung noch eine auf den Namen des Erwerbers lautende Zessionsurkunde auszustellen. Fraglich ist nur, ob der Zedent hierzu verpflichtet ist, d. h. ob der Zessionar, wenn er sonst die Ertheilung einer schriftlichen Abtretungsurkunde würde beanspruchen können, diesen Anspruch auch dann hat, wenn ihm die Grundschuld in blanco abgetreten ist. Das Reichsoberhandelsgericht hat diese Frage für das mecklenburgische Recht bejaht, weil nach demselben die Blankozessionen „nicht als Zessionen an den Inhaber aufzufassen, so daß jeder Inhaber ohne weiteres die Rechte eines Zessionars auszuüben berechtigt und resp. legitimirt wäre." (R.O.H.G. II, Entsch. 19 S. 388.) Für die Blankoabtretung des vorliegenden Gesetzes trifft aber dieser Grund nicht zu, indem hiernach derjenige, welchem der Grundschuldbrief mit der Blankoabtretung übergeben wird, als Gläubiger anzusehen ist, mithin insoweit ein Interesse an einer auf seinen Namen lautenden Zessionsurkunde nicht hat. Ein Interesse kann der Zessionar nur daran haben, daß die Herleitung seines Rechtes von dem bisherigen Gläubiger beurkundet wird. Ob er aber ein Recht hierauf hat, hängt von der Beschaffenheit des konkreten Falles ab. Ist zwischen den Betheiligten die Abtretung in blanco vereinbart, so wird man dem Zessionar nur den Anspruch auf Ertheilung einer Blankozessionsurkunde zugestehen dürfen. Beim Mangel einer solchen Verabredung hingegen kann der Zessionar, wenn ihm der Anspruch auf Ertheilung einer Abtretungsurkunde schlechthin zustand, jedoch nur eine Blankoabtretung ertheilt ist, auf Grund jenes Anspruches noch eine schriftliche Erklärung des Zedenten dahin fordern, daß er ihm die Urkunde in der Absicht der Rechtsübertragung übergeben habe.

c. Der Inhaber kann, ohne daß die Blankoabtretung durch seinen Namen ausgefüllt ist (a. M. Turnau 1 S. 445 Anm. 5; Paris a. a. O.), die dingliche Klage anstellen. Damit ist zugleich anerkannt, daß der Inhaber den Anspruch auf Zahlung der eingetragenen Summe 2c. gegen den Eigenthümer hat. Denn die dingliche Klage dient zum Schutze resp. zur Verwirklichung dieses Anspruches. Zu ihrer Begründung gehört die Beibringung des Grundschuldbriefes und der Blankozessionsurkunde.

Was die Einreden anlangt, so wurde in der zweiten Ausgabe im Anschluß an Bahlmann (3. Aufl. S. 204) angenommen, „daß alle Einwendungen fortfallen, die bei der Zession aus der Person eines früher Berechtigten (Autors) hergeleitet werden könnten." Diese Annahme kann jedoch nicht aufrecht erhalten werden, da das Gesetz besondere Vorschriften über die Beschränkung der Einreden gegen den Inhaber der Blankoabtretung nicht giebt. Wenn daher der Eigenthümer im Stande ist, die Person, von welcher der Inhaber die Grundschuld erworben hat, zu ermitteln und nachzuweisen, so dürfen ihm auch die gegen jene Person zustehenden Einreden dem Inhaber gegenüber nicht versagt werden, sofern diesem die bezüglichen Thatsachen bei Erwerbung der Grundschuld bekannt gewesen sind. (§. 38) Vgl. die Anm. 4 zu § 39, oben S. 215, u. R.G. I, Entsch. 4 S. 180.

4. Die Blankoabtretung ist in dem §§. 55 lediglich als Abtretung, nicht als Indossament zugelassen. Es genügt daher nicht die bloße Namensunterschrift des Gläubigers unter dem Grundschuldbrief, und der Inhaber ist nicht befugt, die Abtretungserklärung darüber zu setzen, wie Dernburg, Preuß. Privat. 1 §. 326 Note 2, Hyp.R. §. 22 Nr. 2, und Brettner in Gruchot 17 S. 163 annehmen. Vielmehr „muß der Uebertragungswille in der Abtretungserklärung ausgedrückt oder sonst nachgewiesen oder doch aus den Umständen zu entnehmen sein" (R.G. V, Entsch. 20 S. 308, und Gruchot 27 S. 1038; Turnau 1 S. 444 Anm. 3). Liegen diese Voraussetzungen aber vor, so ist auch die Zession in der Form eines Indossamentes („für mich an die Ordre des Herrn L. Sch . . .") zulässig; R.G. V, Gruchot 30 S. 1033; Turnau a. a. O.; vgl. Voß in Gruchot 27 S. 922 ff.

Auf die Gültigkeit der Abtretung ist es ohne Einfluß, ob die Erklärung des Zedenten auf den Grundschuldbrief oder auf ein mit demselben nicht zusammenhängendes Stück Papier geschrieben wird. (Ber. der Komm. des H.H. und des A.H., bei Werner 2 S. 173 und 190.) Zweckentsprechend ist nur der erstere Modus. Denn der Zweck, den man durch Zulassung der Blankozession zu erreichen hofft, ist die Verkehrsfähigkeit der Schuldbriefe. Diese Fähigkeit wird aber vermindert, wenn außer dem Papier, an welches die Grundschuld geknüpft ist, noch mehrere Papiere vorhanden sind. Die Geldleute lieben es nicht, Effekten zu kaufen, die sie nicht mit Leichtigkeit überblicken können. Ebenso Dernburg, Preuß. Privatr 1 §. 326 Note 3. Dagegen empfiehlt Bahlmann (3. Aufl.) S. 204 ein besonderes Schriftstück mit Rücksicht auf die Gr B.O. §§. 82 u. 83.

Zur Gültigkeit der Blankoabtretung genügt eine schriftliche Erklärung. Beglaubigung nach näherer Bestimmung der Gr.B.O. §§. 33 u. 34 ist erforderlich, wenn der Zessionar eingetragen werden oder die Löschung der Grundschuld erfolgen soll.

Das Aufgebot verloren gegangener in blanco abgetretener Grundschuldbriefe bestimmt sich nach der Gr.B.O. §§. 110—112.

5. Wenn der Grundschuldgläubiger seinem Gläubiger zur Sicherung der Forderung desselben den in blanco zedirten Grundschuldbrief „als Faustpfand im Sinne des Art. 309 des Handelsgesetzbuches" übergiebt, so ist als Wille der Kontrahenten anzunehmen, daß der letztere berechtigt sein soll, den Grundschuldbrief nach Bewilligung des für ihn zuständigen Handelsgerichtes durch dieses Gericht mit der Wirkung verkaufen zu lassen, daß der Käufer durch Aushändigung des Briefes Inhaber des Grundschuldrechtes wird und der Pfandgläubiger berechtigt ist, den erzielten Nettoerlös auf seine Forderung zu verrechnen. R.G. I, Entsch. 9 S. 292.

§. 56.

In Ermangelung einer Vereinbarung der Betheiligten werden die Kosten der Verpfändung einer Hypothek oder Grundschuld und deren Eintragung von dem Verpfänder allein, die Kosten der Abtretung und deren Eintragung von dem abtretenden Gläubiger und dem Erwerber zu gleichen Theilen getragen; hat jedoch der befriedigte Gläubiger auf Veranlassung des Eigenthümers die Hypothek oder Grundschuld ihm oder einem Anderen abgetreten, so hat der Eigenthümer die Abtretungs- und Eintragungskosten zu zahlen.

6. Von der Löschung der Hypotheken und Grundschulden.

§. 57.

Das Hypotheken- und Grundschuldrecht wird nur durch Löschung im Grundbuch aufgehoben.

---

§. 56.

Der §. 56 ersetzt die fast gleichlautenden Bestimmungen des A.L.R. I. 20 §§. 517—519 und regelt ebenso wie diese nur das Verhältniß der Kontrahenten zueinander. Die Staatskasse ist nach dem Gesetze vom 10. Mai 1851 §. 10 berechtigt, die bei dem Gericht oder dem Grundbuchamt entstandenen Kosten von demjenigen einzuziehen, der „die Thätigkeit des Gerichtes für das Geschäft, für welches die Kosten anzusetzen sind, in Anspruch genommen“ hat. Wegen dieses Anspruches steht ihr ein Zurückbehaltungsrecht an den Urkunden zu. Vgl. Kammerger., Jahrb. 3 S. 194.

§. 57.

1. Nach den Motiven ist es ein „Fundamentalsatz im Recht der öffentlichen Bücher, daß das eingetragene Recht nur und definitiv durch Löschung, den eigentlichen contrarius actus der Eintragung, aufhört.“ (Werner 2 S. 28.) Der §. 57, der diesen Satz zur Geltung bringen soll, schließt sich dem bisherigen Recht im Geltungsbereiche der Hyp.O. vom 20. Dezember 1783 an. Dem Landrecht selbst war der Satz allerdings fremd (vgl. A.L.R. I. 20 §§. 520—524); aber durch §. 52 des Anhanges zum A.L.R. I. 16 §. 484 und die Deklaration vom 3. April 1824 (vgl. oben I 3a der Vorbemerkungen zum dritten Abschn., S. 112, und unten §. 63 Anm. 1, S. 267 ff.) hatten die zivilrechtlichen Erlöschungsgründe ihre Bedeutung für die Hypothek im wesentlichen verloren (v. Roth, die hypothekarische Succession und die Eigenthümerhypothek S. 35 ff.), sodaß schon für das frühere Recht die Regel aufgestellt werden konnte: Die Hypothek erlischt nur durch Löschung im Buche.

2. Die Regel des §. 57 ist nicht ohne Ausnahmen. Entsagt z. B. der Gläubiger dem Hypothekenrecht, behält aber die Forderung, welche durch dasselbe gesichert war, so erlischt die Hypothek, und der Eigenthümer, zu dessen Gunsten die Entsagung geschehen, ist nicht berechtigt, nach Subhastation des Grundstückes die (erloschene) Hypothek zu liquidiren. (O.Tr. III, Str. Arch. 95 S. 278.) Auch die unter einer auflösenden Bedingung bestellte Hypothek geht ohne Löschung unter, wenn die Bedingung eingetreten ist. (Bahlmann 3. Aufl. S. 207. Vgl. indessen das A.L.R. I. 20 §§. 56 ff.) Eine weitere Modifikation des §. 57 enthält der §. 42 Abs. 2.

Die Regel bezieht sich nur auf das dingliche Recht als solches. Das Recht des Gläubigers erlischt durch dessen Befriedigung, ohne daß es gegen ihn der Löschung bedarf. (O.Tr., Entsch. 18 S. 264, und III, Str. Arch. 43 S. 268.)

3. Die Bedeutung des §. 57 ist eine negative: Hypotheken und Grundschulden, welche nicht gelöscht sind, bestehen fort. Daraus folgt, daß eine Post, die nach den Grundsätzen des Civilrechtes getilgt ist,

§. 58.

Die Löschung erfolgt auf Antrag des Eigenthümers, oder auf Ersuchen einer zuständigen Behörde.

---

a. von einem Dritten, dem die Tilgung unbekannt ist, und

b. von dem Eigenthümer des Grundstückes erworben werden kann.

Die Möglichkeit der Erwerbung des Dritten ergiebt sich bereits aus dem öffentlichen Glauben des Grundbuches. Die Erwerbung des Eigenthümers dagegen ist nur möglich, wenn das Gesetz davon ausgeht, daß die Post bis zu ihrer Löschung in Kraft bleibt.

4. Der §. 57 besagt dagegen nicht, daß die Löschung durch ihre formale Kraft das dingliche Recht aufhebe. Dieselbe hat diese Wirkung nur, wenn ihre materielle Voraussetzung (Gr.B.O. §. 94) gegeben ist. Beruht dagegen die Löschung auf einem Versehen des Grundbuchamtes oder erweist sich die angeblich von dem Gläubiger ausgestellte Bewilligungsurkunde, auf Grund deren die Löschung erfolgte, nachträglich als gefälscht, so ist das Hypotheken- oder Grundschuldrecht nicht aufgehoben und der Gläubiger berechtigt, die Wiedereintragung der Post mit ihrem früheren Range zu verlangen. Dieser Anspruch ist ein dinglicher; er wirkt folglich auch gegen die Konkursgläubiger des Eigenthümers, auf dessen Antrag die Löschung erfolgte, und unterliegt gegen Dritte nur der Beschränkung, welche sich aus dem Prinzip der publica fides des Grundbuches ergiebt (vgl. Gr.B.O. §. 118; R.G. V, Entsch. 1 S. 168 u. 19 S. 296; Koch, A.L.R. Bd. 2 S. 861 Anm 10 zu §. 57; Eccius 3 § 200 Anm. 7 ff.).

5. Der Löschung steht es gleich, wenn ein mit Hypotheken oder Grundschulden belastetes Grundstück frei von diesen Lasten auf ein anderes Blatt übertragen wird. (§. 33.)

§. 58.

1. Die Hypothek sowohl wie die Grundschuld hat eine von dem Willen des Gläubigers unabhängige Existenz. Die Post geht mit dem Wegfall des Gläubigerrechtes der Regel nach in das Vermögen des Eigenthümers über, ohne sich mit dem Eigenthum zu konsolidiren. Daher kann die Entscheidung darüber, ob sie gelöscht werden soll, nur von dem Eigenthümer getroffen werden. Dieser allein ist zu dem Antrage auf Löschung befugt. Ueber die Frage, ob der Löschungsantrag der Beglaubigung nach näherer Bestimmung der Gr.B.O. §. 33 bedarf, vgl. Anm. 3 d zu diesem §. 33.

2. Wie der Antrag des Eigenthümers auf Löschung zu begründen ist, bestimmt die Gr.B.O. §. 94. Darnach muß entweder der Eigenthümer die Post erworben (Nr. 1—3) oder bezüglich derselben ein rechtskräftiges Ausschlußerkenntniß erwirkt oder die eingetragene Summe nebst Zinsen nach Maßgabe des §. 106 hinterlegt haben. Hieraus ergiebt sich, daß, wenn nicht der Antragsteller, sondern ein früherer Eigenthümer, während er Eigenthümer war, die Post getilgt hat, ohne dessen Zustimmung die Löschung nicht geschehen darf (vgl. Anm. 3 zu §. 64 des Ges.). In der Kommission des Abgeordnetenhauses war beantragt, dem §. 58 den Satz hinzuzufügen: „Hat ein früherer Eigenthümer die Zahlung geleistet, so ist auch dessen Antrag zur Löschung nöthig." Dieser Zusatz wurde abgelehnt (Werner 2 S. 116), gewiß mit Recht, weil der Antrag des Zahlungsleisters nicht erforderlich, die Nothwendigkeit der Zustimmung desselben aber zweifellos ist. Nach der Ansicht des Kammergerichtes (Jahrb. 2 S. 142, 147, 148 und 8 S. 109) soll letztere durch den Nachweis ersetzt werden, daß durch die Löschung das Recht des Vorbesitzers nicht verletzt wird, z. B. weil dieser sich dem jetzigen Eigenthümer zur Herbeiführung der Löschung verpflichtet hatte.

3. Der Löschungsantrag des Eigenthümers wird durch dessen rechtskräftige Verurtheilung zur Stellung des Antrages ersetzt. (C.P.O. §. 779.) Die Löschung erfolgt in diesem Falle, wenn sie der obsiegende Theil unter Ueberreichung einer vollstreckbaren Ausfertigung des Urtheils und des Hypotheken- oder des Grundschuldbriefes nachsucht. Das Anerkenntniß des Eigenthümers, daß er zur Löschung verpflichtet sei, ersetzt nicht den Antrag desselben. (Kammerger., Johow 5 S. 158.)

§. 59.

Vormerkungen werden gelöscht auf Ersuchen derjenigen Behörde, auf deren Antrag dieselben im Grundbuch vermerkt worden, oder auf Bewilligung dessen, für den sie vermerkt worden sind.

Ausführungsgesetz zur Deutschen Civilprozessordnung. Vom 24. März 1879. §. 19, abgedruckt oben S. 58.

Ist bei der Hypothek oder der Grundschuld eingetragen, daß die Löschung derselben nur unter Zustimmung eines nachstehenden Gläubigers, dem aber die Priorität eingeräumt worden, erfolgen dürfe, so ist zur Löschung außer dem Antrage des Eigenthümers diese Zustimmung oder die rechtskräftige Verurtheilung des Gläubigers zu ihrer Ertheilung erforderlich.

4. Der Löschungsantrag des Eigenthümers wird ferner ersetzt durch das Ersuchen einer zuständigen Behörde. Zuständig zu einem solchen Antrage ist aber die Behörde nur, wenn sie gesetzlich berufen ist, denselben gegen den Eigenthümer zu stellen. Aus der Zuständigkeit zur Nachsuchung der Eintragung folgt nicht die Zuständigkeit zu dem Ersuchen um Löschung. Der Subhastationsrichter mithin, auf dessen Requisition die rückständigen Kaufgelder eingetragen sind, ist darum noch nicht ermächtigt, die Löschung derselben ohne Bewilligung der betheiligten Gläubiger und den Antrag des Eigenthümers zu verlangen.

Die Direktion eines Pfandbriefinstituts ist nicht eine zur Nachsuchung von Löschungen befugte Behörde. Kammerger., Johow 4 S. 219.

Die Zuständigkeit des Vollstreckungsgerichtes zur Nachsuchung von Löschungen ist durch den §. 779 der C.P.O. erheblich eingeschränkt.

5. Eine Ausnahme von der Vorschrift des §. 58 ist durch §. 5 des Zwangsvollstr.Ges. (oben S. 216) eingeführt. Darnach kann ein Gläubiger, welcher für eine eingetragene Forderung einen Titel zur Zwangsvollstreckung in das Grundstück erwirkt hat, an Stelle des Eigenthümers die Löschung voreingetragener Posten beantragen, aber nur insoweit, als es sich nicht um rechtsbeständige Hypotheken oder Grundschulden handelt, welche auf den Eigenthümer übergegangen sind; die Posten müssen also auf andere als in den §§. 63 ff. des Ges. angegebene Weise (z. B. durch Tilgung seitens eines Dritten, ohne daß dieser die Post erworben hat) erloschen oder vonvornherein ungültig gewesen sein. Natürlich bedarf der Gläubiger zur Rechtfertigung seines Löschungsantrages außer seiner Legitimation durch Vorlage der Urkunde über seine Forderung und des Vollstreckungstitels derselben Nachweise, wie sie der Eigenthümer nöthig haben würde. Auf deren Beschaffung ist er zu klagen befugt (vgl. Krech u. Fischer Anm. zu §. 5 S. 211 ff.; Turnau 1 S. 499 ff.).

§. 59.

1. Die materielle Voraussetzung der Löschung einer Vormerkung ist entweder

a. das Ersuchen derjenigen Behörde, auf deren Antrag die Vormerkung eingetragen worden ist. Der praktisch wichtigste Fall war nach dem Gesetz der, daß der Prozeßrichter eine Vormerkung in Gemäßheit der §§. 22 u. 70 hatte eintragen lassen. Zur Löschung einer solchen Vormerkung ist die Vermittelung des Gerichtes nach §. 19 des Gesetzes vom 24. März 1879 nicht mehr erforderlich, wohl aber noch zulässig (vgl. oben S. 66 Anm. III 6 zu §. 8; a. M. Eccius 3 §. 200 Anm. 11 b); — oder

b. die Bewilligung desjenigen, für den die Vormerkung eingetragen worden ist. War sie auf Grund der Bewilligung des Eigenthümers eingetragen, so kann sie nur auf die erklärte oder durch rechtskräftiges Urtheil in Gemäßheit der C.P.O. §. 779 ersetzte Bewilligung des Gläubigers gelöscht werden. Die Vermittelung des Prozeßgerichtes findet nicht statt; — oder,

c. wenn die Vormerkung in Ausführung einer einstweiligen Verfügung eingetragen ist, das Urtheil oder der Beschluß, wodurch diese Verfügung aufgehoben wurde (Ausf.Ges. z. C.P.O. §. 19). Vgl. hierüber Anm. III 6 zu §. 8, oben S. 65 ff.

§. 60.

Weigert der Gläubiger die Bewilligung der Löschung, so bleibt dem Eigenthümer überlassen, zugleich mit der Klage gegen den Gläubiger bei dem Prozeßrichter den Antrag zu begründen, das Grundbuchamt zu ersuchen, daß bei der Hypothek oder Grundschuld Widerspruch gegen weitere Verfügungen des Gläubigers vermerkt werde.

---

2. Die formelle Voraussetzung der Löschung ist entweder das Ersuchen der Behörde oder der (nach Anm. 1b oder c begründete) Antrag des Eigenthümers (Gr B.O. §. 92). Neubauer, Kontroversen S. 55, folgert aus der Fassung des §. 59, daß die Vormerkung auch auf den Antrag des Berechtigten gelöscht werden könne. Diese Folgerung dürfte jedoch nicht zutreffen. Der §. 59 entscheidet nicht darüber, wer zur Stellung des Antrages legitimirt ist. Die Analogie der §§. 8 und 16 kann nicht herangezogen werden, weil an der Aufrechterhaltung der auf Grund derselben eingetragenen Vormerkungen nur derjenige ein Interesse haben kann, für den die Vormerkung eingetragen ist. An der Aufrechterhaltung der Vormerkung des §. 22 aber, auf die allein der §. 59 sich bezieht, kann auch der Eigenthümer ein Interesse haben, nämlich dann, wenn die Vormerkung materiell begründet und also unter Umständen zur Umschreibung in eine Hypothek oder Grundschuld auf seinen Namen geeignet ist. Fordert nun das Gesetz vom 24. März 1879 §. 19 selbst in dem Fall, wo die Vormerkung oder vielmehr die einstweilige Verfügung, in deren Ausführung sie eingetragen worden, als ungerechtfertigt von dem Gericht aufgehoben ist, den Antrag des Eigenthümers, so kann von diesem Antrage überhaupt nicht abgesehen werden. (Turnau 1 S. 496 u. S. 567; Eccius a. a. O.)

3. Ueber die Löschung der im Wege der Zwangsvollstreckung eingetragenen Vormerkungen nach dem Zwangsvollstr.Ges. vom 13. Juli 1883, vgl oben S. 149 Anm. VII.

4. Protestationen, welche unter der Herrschaft der Hyp.O. v 20. Dez. 1783 Tit. 2 §. 18 eingetragen sind, können seit dem 1. Okt. 1872 nur dann gelöscht werden, wenn die Voraussetzungen vorliegen, unter welchen die Löschung nach den Gesetzen v. 5. Mai 1872 statthaft ist, gleichviel, ob der Löschungsantrag nach §. 43 des Gesetzes vom 24. Mai 1853 zuläsig gewesen sein würde. (Kammerger., Johow 6 S. 196) Der Anspruch auf Bewilligung der Löschung einer solchen Protestation, der unter der Herrschaft des Gesetzes v. 24. Mai 1853 entstanden ist, hat natürlich durch die Aufhebung dieses Gesetzes in der Gr.B.O. §. 143 nicht wieder verloren gehen konnen. (O.Tr. III, Str. Arch. 94 S. 287.)

§. 60.

1. Der §. 60 reproduzirt die Vorschrift des A.L.R. I. 20 §. 523. Daraus erklärt sich seine mit dem sonstigen Sprachgebrauch des Gesetzes nicht in Einklang stehende Wortfassung. In dem A.L.R. ist das Wort „Widerspruch" lediglich eine Uebersetzung des Wortes „Protestation". Das Gesetz über den Eigenthumserwerb aber kennt keine Protestationen, sondern statt derselben nur Vormerkungen und Verfügungsbeschränkungen. Daher fragt es sich, ob der Widerspruch, dessen Eintragung der § 60 gestattet, als Vormerkung oder nur als Verfügungsbeschränkung anzusehen ist. Nachdem Förster, Grundbuchrecht S. 68, die Vermerkung des Widerspruches als Eintragung einer protestatio de non amplius disponendo bezeichnet hatte, hat Behrend in seiner und Dahns Zeitschrift 7 S. 119 überzeugend ausgeführt, daß dieser Widerspruch in §. 70 ganz richtig der Vormerkung gleichbehandelt worden, weil er in der That nur eine Spezies der Vormerkung sei. Behrend sieht in der Vermerkung des Widerspruches ein Mittel zum Schutz eines Rechtes auf die Sache, nämlich des durch die löschungsreife Hypothek oder Grundschuld in seiner Freiheit gefährdeten Eigenthums, und dieser Auffassung ist auch Förster in der 3. Auflage seiner Theorie und Praxis des preußischen Privatrechtes §. 198 Bd. 3 S. 462 beigetreten.

Die Eintragung des Widerspruches findet statt sowohl, wenn die Post nichtig, als auch

§. 61.

Die Kosten der Quittung und Löschung hat beim Mangel einer Vereinbarung der Betheiligten der Schuldner, die besonderen Kosten für den Nachweis der Berechtigung des Gläubigers der Letztere zu tragen.

---

dann, wenn sie gültig entstanden, der Gläubiger aber von dem Eigenthümer befriedigt ist. In dem ersteren Fall waltet ein Bedenken gegen die Auffassung Behrends nicht ob. In dem letzteren Fall dagegen schützt die Eintragung des Widerspruches insofern, als der Eigenthümer auf Grund der von ihm begehrten Löschungsbewilligung die Post auf seinen Namen umschreiben lassen oder darüber anderweitig verfügen kann, weniger das Eigenthum als vielmehr das Recht des Eigenthümers an der von ihm durch Befriedigung des Gläubigers erworbenen Post. (Eccius 3 §. 199b Anm. 24.)

2. Der Antrag auf Vermerkung des Widerspruches ist bei dem Prozeßgericht zu stellen. Legitimirt dazu ist nicht blos der eingetragene Eigenthümer, sondern auch dessen nicht eingetragener Rechtsnachfolger. (Turnau 1 S. 479. Anderer Ansicht Rosenbaum in Gruchot 21 S. 818.) Die Eintragung des Widerspruches kann aber, da sie als Vormerkung zugleich eine Verfügungsbeschränkung ist, nach §. 49 nur gegen den eingetragenen Gläubiger vollzogen werden. Zur Begründung des Antrages gehört nach §. 70, daß der Eigenthümer die Verpflichtung des Gläubigers zur Bewilligung der Löschung dem Prozeßgerichte glaubhaft macht. Auch muß der Hypotheken- oder der Grundschuldbrief beigebracht werden. (Gr.B.O. §. 91.)

3. Nach dem Wortlaut des §. 60 ist der Antrag nur „zugleich mit der Klage" zulässig. Ein Grund für diese Abweichung von der allgemeinen Vormerkungstheorie ist nicht ersichtlich. Nach dem Gesetz vom 24. März 1879 §. 18 findet die Vermittelung des Prozeßgerichtes zur Eintragung einer Vormerkung nur als Ausführung einer einstweiligen Verfügung statt. Einstweilige Verfügungen aber können nach näherer Bestimmung der C.P.O. §§. 806, 814 und 815 sowohl vor als auch nach Erhebung der Klage nachgesucht und erlassen werden. Es ist daher anzunehmen, daß jetzt die Beschränkung der Vermerkung des Widerspruches auf den Fall der Klage beseitigt ist. Turnau, die preuß. Grundbuchgesetze rc. (1879) S. 65; Bahlmann 3. Aufl. S. 211.

4. Wenn nur eine Vormerkung zur Erhaltung des Rechtes auf eine Hypothek oder Grundschuld eingetragen, der Eigenthümer aber bereits rechtskräftig verurtheilt ist, dergestalt, daß es der Gläubiger in der Hand hat, sich jeder Zeit definitiv eintragen zu lassen (vgl. C.P.O. §. 779), so kann dem Eigenthümer, der die Befriedigung des Gläubigers in der Exekutionsinstanz glaubhaft macht, gleichfalls die Eintragung eines Widerspruches gegen Verfügungen über die Vormerkung nicht versagt werden. Denn würde diese Eintragung abgelehnt, so würde der Eigenthümer dem redlichen Zessionar, der inzwischen die definitive Eintragung an der Stelle der vorläufigen erlangt hätte, beziehungsweise dem Sondernachfolger desselben die Einrede der Tilgung nicht mehr entgegensetzen können. Gerade aber zur Vermeidung eines solchen Ergebnisses hat das Gesetz die Vermerkung des Widerspruches im Grundbuche zugelassen. (Turnau 1 S. 479 Anm. 4. A. M. für die Grundschuld Rosenbaum a. a. O. S. 818.)

5. Der Fall, wenn Jemand der Löschung widerspricht, ist nicht vorgesehen. Die Bestimmung der Gr.B.O. §. 102 ergiebt aber, daß eine Vormerkung zur Erhaltung des von der Löschung bedrohten Realrechtes der Gesetzgebung vom 5. Mai 1872 nicht unbekannt ist. Hat der Eigenthümer Quittung oder Zession erhalten, die Zahlung aber noch nicht geleistet, so kann der Gläubiger, der die Urkunde nur in Erwartung der Zahlung ausgestellt hat, Schutz gegen Löschung der Post durch eine einstweilige Verfügung des Prozeßgerichtes erlangen, und diese Verfügung kann nach der C.P.O. §. 817 auch darin bestehen, daß dem Eigenthümer die Löschung, Abtretung und Verpfändung der Post verboten und dieses Verbot in das Grundbuch eingetragen wird. Eine solche Eintragung hat die Natur der Vormerkung.

§. 62.

An die Stelle einer gelöschten Hypothek und Grundschuld darf eine andere nicht eingetragen werden, vielmehr rücken die nachstehenden Posten vor.

---

§. 61.

1. Nach dem A.L.R. I. 16 §. 86 ist derjenige, welcher „Zahlung geleistet hat, Quittung, d. h. ein schriftliches Bekenntniß der empfangenen Zahlung, von dem Gläubiger zu fordern berechtigt.“ Die Pflicht zur Quittungsleistung ist eine gesetzlich mit der Annahme der Zahlung verknüpfte Pflicht des Gläubigers, der Schuldner mithin nicht verbunden, die Kosten, welche durch Ausstellung der Quittung entstehen, zu tragen. Dies bezieht sich indessen nur auf die einfache (schriftliche) Quittung. Der Schuldner bedarf aber einer beglaubigten Urkunde, um über die bezahlte Post verfügen oder dieselbe löschen lassen zu können. Wenn nun auch der Gläubiger nach §. 63 des Gesetzes und §. 33 der Gr.B.O. verpflichtet ist, seine Mitwirkung bei der Beglaubigung der Urkunde zu gewähren, so folgt doch hieraus nicht, daß er die Kosten, welche damit verbunden sind, zu tragen hätte. Es ist daher nur folgerecht, wenn §. 61, im Einklange mit §. 54 des Anhanges zum A.L.R. I. 20 §. 532, diese Kosten dem Schuldner auferlegt. Daß die Kosten der Legitimation des Gläubigers nicht den Schuldner treffen können, ist selbstverständlich, weil sie nicht dadurch entstehen, daß die Quittung eine löschungsfähige sein muß.

2. Die Löschungskosten hätten in dem Gesetz unerwähnt bleiben können. Die Staatskasse zieht sie von demjenigen ein, der die Löschung nachsucht, d. h. dem Eigenthümer, und daß dieser deswegen einen Erstattungsanspruch an den (gewesenen) Gläubiger nicht hat, bedarf keiner Ausführung.

Eine andere Frage ist die, ob der Eigenthümer, der nicht zugleich der persönliche Schuldner ist, von diesem die Erstattung der Kosten fordern kann. Hierauf giebt das Gesetz keine Antwort; denn unter dem „Schuldner“ im §. 61 ist nicht der persönliche Schuldner zu verstehen, sondern der Eigenthümer des belasteten Grundstückes, der dem die Löschung bewilligenden Gläubiger gegenüber als Schuldner funktionirt. Das Verhältniß des persönlichen Schuldners zu dem Gläubiger gehört gar nicht hierher, ebensowenig das Verhältniß des Eigenthümers zu dem persönlichen Schuldner. Die Frage, ob dieser jenem die Kosten der Löschung zu erstatten hat, ist eine obligationenrechtliche, für deren Beantwortung in erster Linie die Bestimmungen des A.L.R. I. 20 §§. 532 und 533 maßgebend sind.

§. 62.

1. Der §. 62 enthält eine Anwendung des Prinzips der sogenannten Untheilbarkeit des Pfandrechtes auf den Fall der Löschung einer Hypothek oder Grundschuld. Dem Gläubiger haftet das ganze Grundstück ungetheilt (§. 30). Sein Recht kann nach diesem Grundsatze nur dadurch beschränkt sein, daß noch anderen Personen die Befugniß eingeräumt ist, sich ebenfalls an das Grundstück zu halten. Die dadurch entstehende Kollision zwischen den mehreren Berechtigten findet in der Rangordnung, welche das Grundbuch ausweist, ihre Lösung (§§. 17 und 34). In diese Ordnung darf der Eigenthümer willkürlich nicht eingreifen. Erlischt daher eine Grundschuld oder Hypothek, so rücken die eingetragenen Posten vor, indem nunmehr ein Hinderniß beseitigt ist, welches der Ausübung ihres Realrechtes bisher im Wege stand.

Diese Auffassung liegt sowohl der Allg. Hyp.O. 2 §§. 284 ff. als auch dem A.L.R. I. 20 §§. 524 ff. zu Grunde. Das mecklenburgische Recht dagegen unterscheidet, wie die Motive berichten, „eine Tilgung, welche es dem Eigenthümer des Grundstückes noch gestattet, an Stelle der gelöschten Post später eine andere gleich große eintragen zu lassen, welche also eine leere Stelle (locus) dem Eigenthümer zur Disposition vorbehält, und die reine Tilgung, welche die Hypothek vernichtet, die Eintragung einer andern an derselben Stelle unmöglich macht und nur auf besonderen Antrag des Eigenthümers erfolgt (§. 26 Stadtbuch-O., §. 21 der Doman.Hyp.O., §. 24 Nr. 2 der revidirten Hypotheken-Ordn. für Landgüter).“

§. 63.

Wenn eine Hypothek oder Grundschuld von dem Eigenthümer bezahlt oder auf andere Weise getilgt worden ist, so ist der bisherige Gläubiger nach der Wahl des Eigenthümers verpflichtet, entweder Quittung oder Löschungsbewilligung zu ertheilen, oder die Post ohne Gewährleistung abzutreten.

Das vorliegende Gesetz „bleibt bei dem jetzt geltenden preußischen Recht und läßt die Hypothek durch Löschung untergehen, obschon von mehreren Seiten die Aufnahme dieser doppelten Art der Löschung aus dem mecklenburgischen Recht empfohlen worden ist. Ein praktisches Bedürfniß für jene Unterscheidung zwischen Tilgung und reiner Tilgung oder, wie man auch sagen könnte, zwischen relativer und absoluter Tilgung ist nicht vorhanden, wenn der Eigenthümer sonst die Befugniß hat, über eine ihm angefallene ungelöschte Hypothek zu disponiren. Es liegt ja in seiner Hand, diese Disposition sich dadurch zu erhalten, daß er die Hypothek nicht löschen läßt.

Es spricht aber gegen diese Theorie nicht allein, daß durch sie ganz unnöthigerweise das Hypothekenrecht mit einem neuen Begriff, die Geschäftsbehandlung beim Hypothekenbuch mit einer neuen Manipulation belastet wird, sondern auch, daß der leere locus ein Nichts ist, über welches zu disponiren unmöglich erscheint." (Werner 2 S. 28.)

„Löschung und gleichzeitige generelle Offenhaltung des locus für eine künftig einzutragende Forderung widersprechen sich und würden eine dem Realkredit unbedenklich sehr nachtheilige Neuerung enthalten." (Bericht der Komm. des H.H., ebd. S. 63.)

2. Der Entwurf von 1869 hatte vor dem Worte „vor" in dem §. 62 noch die Worte „von Rechts wegen." In der damaligen Kommission des Abgeordnetenhauses erhob sich hiergegen Widerspruch. Man deduzirte so: „Bedeuten die qu. Worte soviel, wie „von selbst", so seien sie für überflüssig zu erachten; allein man könne mehr hineinlegen. Es erscheine nicht unzulässig, daß ein Eigenthümer bei Konstituirung oder Begebung einer Hypothek mit dem Hypothekar verabrede, daß Letzterer auch bei Löschung vorstehender Posten nicht vorrücken solle." (Ber. der Komm. vom 15. Dezember 1869, Drucks. des A.H. Nr. 212 S. 78.) Die Worte, welche von der Kommission gestrichen wurden, fanden in dem Entwurf von 1871 keine Aufnahme. Nach den Motiven zu diesem Entwurf ist der §. 62 „eine Konsequenz der Verwerfung der Theorie von den Werthparzellen als den eigentlichen Objekten der Hypothek. Er spricht scharf aus, daß das Grundstück selbst dieses Objekt für jeden Gläubiger ist, und daß nur eine vorstehende Hypothek den nachstehenden Gläubiger auf den Ueberrest des Grundstückswerthes beschränken kann, daß, wo eine solche fehlt, der Gläubiger das ganze Grundstück in Anspruch zu nehmen berechtigt ist." Die Zulässigkeit eines Abkommens, wonach der Realgläubiger im Falle der Löschung vorstehender Posten nicht vorrücken soll, erscheint hiernach mit der durch §. 62 intendirten Verwerfung der Lokustheorie unvereinbar. (Turnau 1 S. 516 Anm. 3; Bahlmann 3. Ausgabe S. 212, anders 2. Ausgabe S. 149.)

§. 63.

1. Die Ausbildung der Eigenthümerhypothek unter der Herrschaft des A.L.R.
2. Verschiedene Theorien, S. 268.
   a. v. d. Hagen.
   b. Koch, S. 269.
   c. Obertribunal.
3. Die Eigenthümerhypothek des vorliegenden Gesetzes, S. 270.
4. Die Verpflichtungen des befriedigten Gläubigers, S. 272.
5. Die Grundschuld des Eigenthümers, S. 273.

1. Die Hypothek erlosch nach dem A.L.R. I. 16 §. 482 und I. 20 §. 55 durch das Zusammentreffen des Eigenthumes mit dem dinglichen Recht in Einer Person, desgleichen durch Tilgung oder sonstige Aufhebung des Anspruches, zu dessen Sicherheit sie bestellt war. Da indessen ihre Löschung nur auf den Antrag des Eigenthümers erfolgen durfte, so war es bei dem

öffentlichen Glauben des Hypothekenbuches möglich, daß nicht nur der Gläubiger, der das Grundstück erworben hatte, sondern auch der Eigenthümer, auf den das Recht des Gläubigers übergegangen war, zu Gunsten eines mit der Sachlage unbekannten Dritten über die Hypothek verfügte. Nur wenn der Dritte von der Konsolidation oder Konfusion Kenntniß hatte, war er außer Stande, die Hypothek zu erwerben. Hiergegen erklärte sich die vormalige Gesetzkommission in einem Gutachten vom 10. Juli 1802 (v. Kamptz, Jahrb. 50 S. 196 ff.), indem sie unter Berufung auf das römische Pfandrecht an der eigenen Sache dafür eintrat, daß zur Förderung des Realkredits demjenigen, in dessen Person die Rechte des Eigenthümers und des Gläubigers zusammengetroffen wären, die freie Verfügung über die Hypothek gestattet würde. (v. Roth, die hyp. Succession und die Eigenthümerhypothek S. 37 ff) Aus diesem Gutachten ist der §. 52 des Anhanges zum A.L.R. (I. 16 §. 484) hervorgegangen. Nach ihm werden „Hypothekenrechte nicht durch die bloße Vereinigung ihres Eigenthums mit dem Eigenthume des verpflichteten Grundstücks in einer Person aufgehoben, so lange nicht eine von dem Antrage des Besitzers abhängende Löschung erfolgt ist, und kann der Besitzer bis dahin ein solches ungelöschtes Hypothekenrecht gültig an einen Andern abtreten.“ Diese Vorschrift ist durch Verordnung vom 3. April 1824 dahin deklarirt worden, „daß der Eigenthümer eines Grundstücks, welcher eine auf dasselbe hypothekarisch versicherte Geldsumme auszahlt, und die Forderung in dem Hypothekenbuche nicht hat löschen lassen, alle Rechte eines Zessionars dieser Hypothek genießen soll, ohne Unterschied, ob ihm bei der Auszahlung eine förmliche Zession oder nur eine Quittung ertheilt worden ist, indem für diesen Fall die bloße Quittung so ausgelegt werden soll, als ob darin eine ausdrückliche Zession enthalten wäre.“ Somit konnte eine Eigenthümer-Hypothek entstehen:

a. wenn das verpfändete Grundstück von dem Gläubiger erworben wurde;

b. wenn der Eigenthümer das Recht des Gläubigers durch Abtretung oder durch Erbfolge erwarb;

c. wenn der Gläubiger durch Zahlung (oder auf andere Weise) von dem Eigenthümer befriedigt wurde.

Im Einzelnen veranlaßten die Bestimmungen des Anhanges §. 52 und der Deklaration desselben eine ganze Fluth von Streitfragen, nach deren Lösung Wissenschaft und Praxis ein halbes Jahrhundert hindurch gerungen haben. Die zahlreichen Entscheidungen des Obertribunals, welche sich mit der Hypothek des Eigenthümers beschäftigen, sind auszugsweise mitgetheilt bei v. Rönne, Ergänzungen zum A.L.R. (Anh. §. 52. Bd. 2 (6. Ausg) S. 246—262. Siehe auch Kochs Landr. Bd. 2 Note 9 zu I. 16 §. 484.

Literaturnachweise finden sich bei v. Rönne a. a. O S. 247, Förster-Eccius 3 §. 200 Note 13 und Stobbe, Handb. des deutschen Privatrechtes Bd. 2 §. 111 Note 26.

2. Die Schwierigkeiten einer wissenschaftlichen Erklärung der Eigenthümerhypothek liegen in der accessorischen Natur des hypothekarischen Rechtes. Ist der Eigenthümer nicht der persönliche Schuldner, so läßt die Fortdauer der Hypothek in seiner Hand schon aus der Kategorie der ruhenden Rechte (Windscheid §. 65) und dem Pfandrecht an der eigenen Sache, wie dasselbe die römischen Juristen ausgebildet haben, sich erklären. (Gustav Hartmann, Rechte an eigener Sache, Programmschrift 1877, S. 38 ff) Wenn dagegen der Eigenthümer, der die Rechte des Gläubigers überkommen hat oder von demselben beerbt worden ist, zugleich der persönliche Schuldner war, so entsteht das Problem, wie man sich bei der Abhängigkeit des Pfandrechtes von dem persönlichen Schuldverhältniß die Fortdauer des letzteren denken soll, wenn die Forderung durch Befriedigung des Gläubigers getilgt oder mit der Schuld in der Person des Eigenthümers sich vereinigt hat. Von den verschiedenen Versuchen, dieses Problem zu lösen, mögen hier folgende erwähnt werden.

a. Der erste Versuch von wissenschaftlicher Bedeutung war der, mit welchem v. d. Hagen in seiner Schrift „die Hypothek des Eigenthümers“ 1836 an die Oeffentlichkeit getreten ist. Der Gedanke, von welchem dieser Versuch ausgeht, gipfelt in der Vorstellung, daß der eigentliche Gegenstand der Hypothek nicht durch das Grundstück selbst, sondern durch dessen Werth gebildet werde, so zwar, daß der vorstehende Gläubiger von dem Grundstückswerthe für sich so viel in Anspruch nehme, als zu seiner Befriedigung erforderlich sei, dem nachstehenden Gläubiger mithin nur der Ueberrest hafte. Wird jener befriedigt, so kann das nicht diesem zugutekommen, sondern nur dem Eigenthümer, der durch die Befriedigung des Gläubigers den demselben verpfändet gewesenen Werththeil frei macht. Hypothek und Forderung erlöschen in der Hand des Eigenthümers. Aber der Eigenthümer hat das Recht, den freigewordenen Theil des Werthes zur Begründung einer neuen Hypothek an der Stelle der alten zu verwenden. Daß dies nur in der Form einer Zession der letzteren geschehen kann, beruht auf positiver Vorschrift, ändert aber das Wesen des Verhältnisses nicht.

Gegen diese Theorie, an welche Göppert in der preußischen Anwaltszeitung 1864 S. 278 ff., Schollmeyer, die Hypothek des Eigenthümers nach dem Gesetz vom 5. Mai 1872, und Andere angeknüpft haben, spricht alles das, was oben S. 172 Anm. 2a zu §§. 27, 28 zur Widerlegung des Bremerschen Werthrechtes vorgebracht worden ist.

Die Konstruktion v. d. Hagens führt nothwendig zu dem Ergebniß, daß die Eigenthümerhypothek in Wirklichkeit nur die Bedeutung der Offenhaltung einer Stelle im Buche zur Begründung einer neuen Hypothek habe. Neuere Schriftsteller, wie Göppert, a. a. O., und Bekker, die Reform des Hypothekenwesens als Aufgabe des norddeutschen Bundes (1867), haben denn auch den Ersatz der Eigenthümerhypothek durch das Institut der Offenhaltung des Lokus empfohlen. Daß die Lokustheorie in dem preußischen Recht keinen Boden hat, ist nach §. 62 des Gesetzes über den Eigenthumserwerb unzweifelhaft.

b. In ganz anderer Weise hat Koch die Hypothek des Eigenthümers zu erklären gesucht. Andeutungen seiner Auffassung finden sich bereits in der 1831 anonym erschienenen Schrift: „Ist die Hypothek nach preußischem Recht ein accessorisches oder ein selbständiges dingliches Recht?" Koch, welcher diese Schrift verfaßt haben soll, hat dann in seiner „Lehre von dem Uebergange der Forderungsrechte" (1837) S. 91 ff. unter Berufung auf die in älteren Stadtrechten (z. B. in der Danziger Willkühr II. 2 Art. 8) hervorgetretene Auffassung der Hypothek als eines selbständigen Rechtes das Dogma aufgestellt, daß die Hypothek die mit dem Grundstück verknüpfte Verpflichtung des Eigenthümers zur Zahlung begründe, ohne begrifflich eine persönliche Zahlungspflicht zur Voraussetzung zu haben. Das Landrecht hat diesen Begriff der Hypothek dadurch verdunkelt, daß es die beiden Ansprüche des Gläubigers — den dinglichen und den persönlichen — unter dem Einflusse des römischen Rechtes dergestalt miteinander verbunden hat, daß jener abhängig ist von diesem. Erst wenn der Eigenthümer den Gläubiger befriedigt, oder die Rechte beider in Einer Person zusammentreffen, tritt der Begriff der Hypothek klar hervor: die persönliche Forderung erlischt, aber das dingliche Recht bleibt zur Verfügung des Eigenthümers.

Diese Theorie, die Koch auch in seinen späteren Werken vertreten hat, scheint freilich dem Landrecht nicht ganz gerecht zu werden. Das Landrecht hat die Hypothek insoweit dem römischen Pfandrecht nachgebildet, als es dieselbe nur zur Sicherung einer Forderung verwerthet, und wenn es hiervon abweicht, so giebt es nur dem öffentlichen Glauben des Hypothekenbuches nach, ohne die accessorische Natur des hypothekarischen Rechtes aufzugeben. Allein mit der neueren Gesetzgebung ist Kochs Theorie sehr wohl vereinbar.

c. Das Obertribunal hat sich lediglich an den Begriff gehalten, den das Landrecht mit der Hypothek verbindet; es hat in konstanter Praxis nicht blos das dingliche Recht, sondern auch die Forderung, zu deren Sicherung dasselbe bestimmt ist, als fortdauernd in der Hand des Eigenthümers angesehen. Der Eigenthümer hat die Rechte des Gläubigers und ist an deren Ausübung nur insoweit gehindert, als aus der Vereinigung der Hypothek mit dem Eigenthum in seiner Person sich ein Hinderniß ergiebt. (O.Tr. Plen. Präj. 664 vom 27. Mai 1839, Entsch. 5 S. 51, und Präj. 1665 vom 9. Januar 1846, ebd. 12 S. 59.)

Es mag sein, daß das Obertribunal auf dem Boden des Gutachtens der Gesetzkommission vom 10. Juli 1802 zu seiner Auffassung der Eigenthümerhypothek gelangt ist. Aber eine Erklärung des Rechtsinstitutes selbst ist damit nicht gegeben. Tilgung der Schuld nicht minder wie Vereinigung derselben mit der Forderung in Einer Person sind nun einmal Thatsachen, mit deren Eintritt das obligatorische Verhältniß untergehen muß. Wenn daher das Obertribunal zur Rettung des accessorischen Charakters der Hypothek annimmt, daß Forderung und Schuld in der Person des Eigenthümers fortleben, so operirt es mit einer Anomalie, die zu den hergebrachten Rechtsbegriffen in einen viel schärferen Gegensatz tritt als das Dogma von der Selbständigkeit des hypothekarischen Rechtes. Nichtsdestoweniger hat die Theorie des Obertribunals, weil sie dem Wortlaut des Anh. §. 52 und der Deklaration desselben entsprechen und dem praktischen Bedürfniß Rechnung tragen soll, in der Wissenschaft und Praxis großen Anklang gefunden. Beigetreten sind ihr namentlich Förster-Eccius 3 §. 200 Anm. 29 ff., Stobbe Bd. 2 S. 113 Anm. 39; Roth S. 45.

3. Das Gesetz über den Eigenthumserwerb hat es vermieden, eine bestimmte Thorie der Hypothek des Eigenthümers zur Geltung zu bringen. Die §§ 60—63 des Regierungsentwurfes, welchen die §§. 63—66 des Gesetzes entsprechen, sollten nach den Motiven „die Rechte des Eigenthümers an der ungelöscht gebliebenen Hypothek, wie sie im preußischen Recht durch den Anh. §. 52 .... und durch die Deklaration vom 3. April 1824 bereits eingeführt sind, systematisch kodifiziren. Neu ist in diesen Bestimmungen nur, daß der befriedigte Gläubiger dem Eigenthümer gegenüber auch verpflichtet wird, die Hypothek abzutreten." (Mot. bei Werner 2 S. 34.) Auch in der Kommission des Herrenhauses ist man davon ausgegangen, daß „die hier vorgeschlagenen Bestimmungen die Rechte des Eigenthümers an der auf ihn übergegangenen Hypothek nach Maßgabe des bereits geltenden Rechtes kodifiziren. (Ber. der Komm., ebd. S. 63.) Das O.Tr. hat denn auch unter der Herrschaft des neuen Rechtes an seiner Theorie der Eigenthümerhypothek festgehalten, obwohl es annimmt, daß der Anh. § 52 und die Deklaration vom 3. April 1824 aufgehoben sind (O.Tr. III, Entsch. 81 S. 32), und das Reichsgericht (I H.S. u. V, Entsch. 3 S. 266, 7 S. 217 u. J.M.Bl 1883 S. 287; anders I H.S., Entsch. 5 S. 321) ist ihm beigetreten. Ebenso Turnau 1 S. 521, 530; Bahlmann S. 213; Kühnast S. 65.

Aus den mitgetheilten Stellen der Materialien des Gesetzes kann für die Konstruktion der Eigenthümerhypothek Nichts gefolgert werden. Bei der Aufstellung des Entwurfes war die Schwierigkeit, welcher diese Konstruktion begegnet, überhaupt nicht vorhanden. Denn der Entwurf kannte nur eine von der Forderung unabhängige Hypothek, welche dem Eigenthümer des belasteten Grundstückes recht wohl zustehen kann, ohne in ihrem Wesen sich zu ändern. (Oben S. 171 u. 174.) Wenn daher der Entwurf nur das bisherige Recht kodifiziren wollte, so konnte er nur die Befugnisse im Sinne haben, welche dasselbe dem Eigenthümer einräumte, nicht aber die juristische Auffassung der Eigenthümerhypothek, zu welcher die Praxis gelangt war. Eine weitere Absicht kann auch der Bemerkung in dem Bericht der Kommission des Herrenhauses nicht unterstellt werden, zumal die Fassung, welche die Kommission den entworfenen Bestimmungen gab, gleichmäßig auf die Grundschuld und die (accessorische) Hypothek berechnet war. Der Konstruktionsfrage ist somit durch das Gesetz nicht vorgegriffen. Den Schlüssel zur richtigen Lösung derselben bietet die Theorie Kochs von der Eigenthümerhypothek.

Der Grundsatz des Obligationenrechts, daß die Schuld erlischt, wenn der Schuldner das leistet, was der Gläubiger zu fordern hat, oder wenn Schuld und Forderung in derselben Person sich vereinigen, gestattet seinem Wesen nach eine Ausnahme nicht. Wird daher die Hypothek als abhängig gedacht von der (persönlichen) Forderung, so muß sie mit dieser untergehen, sobald der Schuldner, auf dessen Grundstück sie haftet, den Gläubiger befriedigt oder dessen Rechte in sich vereinigt. Nach positiver Satzung indessen soll dieser Erfolg nicht eintreten, die Hypothek vielmehr nur durch Löschung beseitigt werden können und so lange, bis sie gelöscht ist, in der Hand des Eigenthümers ein tauglicher Gegenstand rechtlicher Verfügungen sein. Das läßt sich aber juristisch nur so denken, daß die Aufhebung des Rechtsverhältnisses auf die obligatorische Seite desselben zu beschränken, die dingliche Seite hingegen davon auszunehmen ist. Freilich führt diese Auffassung zu einer Verletzung des Grundsatzes, daß die Hypothek in ihrer Existenz durch den Anspruch bedingt werde, zu dessen Sicherheit sie bestellt ist, mit der persönlichen Forderung des Gläubigers stehen und fallen müsse. Allein schon das Landrecht hat die accessorische Natur der Hypothek nicht ausnahmslos zur Geltung gebracht. Der Schuldner, welcher eine auf seinem Grundstück haftende Post berichtigt und Quittung darüber erhalten, aber es versäumt hat, die Hypothek löschen oder das darüber gebildete Instrument sich ausantworten zu lassen, hat doch immer seine Schuld getilgt, sodaß er gegen den persönlichen Anspruch auch des redlichen Zessionars gesichert ist; nur der hypothekarischen Klage des letzteren kann er die Einrede der Tilgung nicht entgegensetzen. In einem solchen Falle ist also bereits nach Landrecht eine Hypothek ohne persönlichen Anspruch denkbar. (A.L.R. I. 11 §§. 402, 407, 738 ff.; I. 20 §§. 415, 422 ff.)

Hat nun das neue Gesetz durch Einfügung der selbständigen, von dem obligatorischen Rechtsverhältnisse unabhängigen Grundschuld in das Rechtssystem die bisherige Anomalie als Regel neben die accessorische Hypothek hingestellt, so muß auch die Schwierigkeit schwinden, mit welcher die Rechtsprechung bei der Anwendung des Anh. §. 52 und der Deklaration desselben zu kämpfen hatte. Die von dem Erlöschen des persönlichen Rechtes im Falle der Hypothek des Eigenthümers ausgehende Meinung kann fortan nicht mehr durch den Einwand abgethan werden, daß die Hypothek ohne persönlichen Anspruch rechtlich unmöglich sei. Der Gesetzgeber hat diese Unmöglichkeit durch Zulassung der Grundschuld beseitigt. Kennt aber das Recht einmal eine Form der selbständigen Kapitalbelastung der Grundstücke, so zwingt Nichts mehr zu einer Ausnahme von der fundamentalen Regel des Obligationenrechtes, daß jede Verbindlichkeit durch Erfüllung sowie durch Konfusion resp. Konsolidation aufgehoben wird. Nach dem vorliegenden Gesetz ist daher anzunehmen, daß der persönliche Anspruch immer erlischt, wenn der Hypothekengläubiger befriedigt wird oder die Rechte desselben mit den Pflichten des ihm persönlich verhafteten Eigenthümers des belasteten Grundstückes in Einer Person zusammentreffen. Nur das Realrecht bleibt bestehen. Die Hypothek des Eigenthümers behält also nur formell die Eigenschaft der Hypothek; materiell ist sie mit der Grundschuld identisch. Zu demselben Ergebniß gelangen: Dernburg, Preuß. Privatr. 1 §. 337 Nr. 3, Hyp.R. §. 39 Nr. 5c; G. Buchka, die Hypothek des Eigenthümers S. 115; Richard Goldschmidt, Systematik des Pfandrechtes S. 35, und jetzt auch Eccius 3 §. 200 bei Anm. 41a S. 607 (ähnlich R.G. I. H.S., Entsch. 5 S. 321).

Es ist freilich hiergegen geltend gemacht worden, daß die Annahme des Erlöschens der Forderung bei der Eigenthümerhypothek zu einer besonderen Klasse von Hypotheken oder von Grundschulden führe und daß hierfür das Gesetz keinen Anhalt biete. (Kühnast 2. Aufl. S. 65; Bahlmann 3. Aufl. S. 213.) Allein dieser Einwand wiegt nicht schwer, weil die hier versuchte Konstruktion dem juristischen Denken zweifellos viel weniger widerstrebt als die Vereinigung der Funktionen des Gläubigers und des Schuldners in Einer Person. Man hat insbesondere die Bestimmung des §. 52 angeführt, nach welcher eine Hypothek nur mit dem persönlichen Recht abgetreten werden könne. Gewiß mit Unrecht. Denn diese Bestimmung trifft nicht den Fall, in welchem das persönliche Recht erloschen, die Hypothek aber in Kraft geblieben ist.

In der Kommission des Herrenhauses war hervorgehoben, „daß es inkonsequent und jedenfalls der gemeinrechtlichen Auffassung von der accessorischen Natur der Hypothek widersprechend erscheine, wenn man den Eigenthümer berechtigen wolle, eine getilgte Post als Hypothek abzutreten, man dürfe ihm eigentlich nur gestatten, an Stelle der getilgten Hypotheken Grundschuldbriefe auszugeben." Ein Antrag in diesem Sinne unterblieb indessen „auf die Entgegnung, daß dies jedenfalls eine für die bisherigen Hypotheken nicht zulässige Aenderung des bestehenden Rechtes sein würde und daß doch selbst das römische Recht schon Analogien für die Eigenthümerhypothek enthalte". (Werner S. 63.) Hieraus folgt jedoch gegen die obige Auffassung der Hypothek des Eigenthümers nichts. Legislatorisch richtiger wäre es wohl gewesen, wenn das Gesetz dem Eigenthümer nur die Umwandlung der Hypothek in eine Grundschuld gestattet hätte. Da dies jedoch nicht der Standpunkt des Gesetzes über den Eigenthumserwerb ist, so bleibt nichts anderes übrig, als nach einer Konstruktion zu suchen, welche die

Grundsätze des Obligationenrechtes möglichst unberührt läßt. Die hier gegebene Konstruktion verfolgt dieses Ziel, und daß sie dem römischen Pfandrecht an der eigenen Sache nahe steht, ist nicht zweifelhaft. Die römischen Juristen haben auch bei diesem Institut nie das Axiom verleugnet, daß Forderung und Schuld in Einer Person nicht fortbestehen können.

4. Der §. 63 bestimmt die Verpflichtungen des Gläubigers, welcher von dem Eigenthümer befriedigt worden ist.

a. Diese Verpflichtungen setzen zweierlei voraus: Befriedigung des Gläubigers und Befriedigung durch den Eigenthümer.

Was die erstere Voraussetzung anlangt, so ist es gleichgültig, auf welche Weise der Gläubiger befriedigt worden ist. Nach der Deklaration vom 3. April 1824 konnte man zweifeln, ob der Zahlung jede andere Tilgungsart gleichzustellen wäre. Der §. 63 löst diese Zweifel im Sinne der Gleichstellung (vgl. R.G. V, Gruchot 27 S. 937, über Tilgung durch Kompensation). Hat der Gläubiger nur seinem dinglichen Recht entsagt, den persönlichen Anspruch aber behalten, so ist der Fall des §. 63 nicht gegeben; der Gläubiger ist dann nur verpflichtet die Löschung zu bewilligen. (O.Tr. III, Str. Arch. 43 S. 275 und 95 S. 278; R.G. I H.S., Gruchot 27 S. 935; vgl. R.G. V, Entsch. 32 S. 309.) Ist die Post nur zum Theil getilgt, so entsteht die Verpflichtung des Gläubigers nur in Ansehung dieses Theiles. Der Restforderung steht in Ermangelung einer entgegenstehenden Vereinbarung gleicher Rang wie der auf den Eigenthümer übergegangenen Theilforderung zu (O.Tr. II Pr. 838, Entsch 6 S. 128; R.G. III H.S., Entsch. 2 S. 206; Dernburg, Hyp.R. §. 39 Nr. 5b, S. 296, anders Preuß Privatrecht 1 §. 338 Note 12; Eccius 3 §. 200 Anm. 56, 57. A. M. Förster 3. Aufl §. 200 Note 57 und Rothenberg in Gruchot 37 S. 659). Ist aber der Eigenthümer für die hypothekarisch gesicherte Forderung persönlich verhaftet, so kann er dem Gläubiger gegenüber von seinem Rechte auf antheilmäßige Befriedigung keinen Gebrauch machen, weil es dolos sein würde, dem Gläubiger dasjenige zu entziehen, was er wiederzuersetzen hätte: die gleiche Einrede steht, wenn der Eigenthümer in Konkurs gefallen ist, den Konkursgläubigern und, wenn ein persönlicher Gläubiger sich die Eigenthümerhypothek hat überweisen lassen, diesem entgegen (R.G. V, Gruchot 29 S. 685; R.G. III, Entsch 27 S. 188).

Die zweite Voraussetzung deutet an, daß der bisherige Gläubiger durch seine Befriedigung dem Eigenthümer nicht verpflichtet wird, wenn er von einem Dritten befriedigt ist. Der Dritte hat seinerseits das Recht, Abtretung der Forderung oder Quittung zu fordern. (A.L.R. I. 16 §§. 46, 50, 86.) Dieses Recht kann nur durch Zession oder Erbgang auf den Eigenthümer übergehen. Hat der Veräußerer des Grundstückes, der sich dem Erwerber zur Löschung einer Post verpflichtet hatte, dieselbe getilgt, so ist er zur Klage auf Löschungsbewilligung gegen den befriedigten Gläubiger berechtigt. (O.Tr. III, Str. Arch. 30 S. 68.) Der gegenwärtige Eigenthümer ist in diesem Falle auch unter dem Vorwande der Freiheit seines Eigenthumes nicht befugt, Quittung von dem bisherigen Gläubiger zu fordern. (O.Tr. III, Str. Arch. 82 S. 5, R.G. II H.S., Gruchot 26 S. 112). Anders bei einer Kautionshypothek gemäß §. 67 des Gesetzes; bei dieser ist der Eigenthümer befugt, auf Löschung zu klagen, wenn er nachweist, daß eine Forderung, für welche die Hypothek haftbar wäre, nicht mehr besteht und nicht mehr entstehen kann, ohne Rücksicht darauf, welches der Erledigungsgrund ist und, falls sie gezahlt sein sollte, von wem die Zahlung erfolgt ist. (R.G. V, Entsch. 18 S. 265, J.M.Bl. 1887 S. 182.)

Bei einer Korrealpost ist der Eigenthümer eines jeden der verhafteten Grundstücke berechtigt, durch Zahlung die ganze Korrealpost zu erwerben: vgl. oben S. 230 Anm. II 2d zu §. 42 des Gesetzes.

b. An sich folgt aus der Befriedigung des Gläubigers nur die Verpflichtung desselben, zu quittiren. Da jedoch ein dingliches Recht in Frage steht, so muß der bisher Berechtigte, in dessen Person das Recht erloschen ist, auf Verlangen des Eigenthümers die Erklärung abgeben, welche für das Grundbuchrecht die Quittung ersetzt, d. i. die Löschungsbewilligung. Wenn das Gesetz nun den Eigenthümer für berechtigt erklärt, statt der Quittung oder der Löschungsbewilligung Abtretung der Post zu fordern, so ist dies eine positive Bestimmung, die nur im

§. 64.

Der eingetragene Eigenthümer ist berechtigt, auf Grund der Quittung oder Löschungsbewilligung die Post auf seinen Namen umschreiben zu lassen oder über sie zu verfügen.

Hinblick auf die Eigenthümerhypothek sich rechtfertigen läßt. Nach dem Wortlaut des Gesetzes muß der Gläubiger, wenn ihn der Eigenthümer befriedigt hat, auf dessen Verlangen die Post auch an einen Dritten abtreten. Für diesen Fall fragt es sich, ob der Gläubiger zur Rechtfertigung seines Antrages auf Umschreibung der Post auf den Dritten den Nachweis erbringen muß, daß er hierzu von dem Eigenthümer beauftragt sei, falls er selbst angiebt, daß er von dem Eigenthümer bezahlt sei und auf dessen Veranlassung die bezahlte Post an den Dritten abtrete; diese Frage ist vom Kammergericht früher (Jahrb. 2 S. 127) verneint, jetzt (ebd. 9 S. 87) dagegen mit Recht bejaht, weil der Gläubiger ohne diesen Auftrag zur Verfügung über die Post, welche ihm nach seiner eigenen Erklärung nicht mehr gehört, nicht legitimirt ist.

Ueber die Frage, ob der zahlende Eigenthümer von dem Gläubiger, welcher ohne Einwilligung des Eigenthümers einer anderen Post den Vorrang vor der seinigen eingeräumt hat, die Wiederbeschaffung des früheren Rangs verlangen kann, vgl. oben S. 196 Anm. 9 zu §. 35.

Der Gläubiger muß, wenn er zur Quittungsleistung verpflichtet ist, löschungsfähig quittiren, d. h. in der Form, welche dem Eigenthümer die Löschung ermöglicht; er muß in dieser Form auch seine Befugniß zur Verfügung über die Post nachweisen. (O.Tr. III, Str. Arch. 53 S. 91.) Seiner Verpflichtung aus §. 63 genügt er nur, wenn durch die von ihm ausgestellte Urkunde der Eigenthümer in die Lage gesetzt wird, die ihm in §. 64 beigelegten Rechte auszuüben Hierzu aber ist eine privatschriftliche Urkunde nicht ausreichend. Auch nach Empfang einer solchen ist der Eigenthümer berechtigt, von dem befriedigten Gläubiger die Ausstellung einer löschungsfähigen Quittung zu verlangen, d. i. einer in öffentlicher Form errichteten oder beglaubigten Erklärung, auf Grund deren die Löschung oder die Umschreibung der Hypothek auf den Namen des Zahlungsleisters erfolgen kann. Dieses Recht des Eigenthümers ist nicht ein rein persönliches, sondern dergestalt mit der Hypothek verbunden, daß es, wenn die letztere durch freiwillige oder nothwendige Zession von dem Eigenthümer auf einen Dritten übertragen wird, ohne Weiteres auf den Zessionar mitübergeht. (O.Tr. III, Str. Arch. 90 S. 190.) Zu einer löschungsfähigen Quittung gehört nach §. 94 der Gr.B.O. auch die Rückgabe des Hypotheken- oder Grundschuldbriefes (R.G. V, Gruchot 27 S. 937).

Hat der Eigenthümer den Gläubiger vor dem 1. Oktober 1872 befriedigt, so ist er nicht berechtigt, Zession der Hypothek zu verlangen. (Rintelen S. 167.) Dagegen ist es gleichgültig, wann die Hypothek eingetragen ist, da der Zahlung im §. 63 eine neue Wirkung beigelegt ist. (R.G. V, Gruchot 34 S. 139; Jur Woch. 1889 S. 443.)

Der §. 63 kann vertragsmäßig außer Anwendung gesetzt werden. Hat der Eigenthümer sich verpflichtet, lediglich gegen die Quittung des Gläubigers zu zahlen, so kann er auf einer Abtretungserklärung nicht bestehen. O Tr. III, Str. Arch. 95 S. 373.

5. Alles dieses gilt nicht nur für die Hypothek, sondern auch für die Grundschuld. Zwischen beiden besteht nur der Unterschied, daß, während der befriedigte Hypothekengläubiger zur Abtretung der Forderung und der dafür bestellten Hypothek verpflichtet ist, die neben der Grundschuld etwa vorhandene Forderung des Gläubigers durch dessen Befriedigung objektiv erlischt und folglich ein Gegenstand der Abtretung an den Eigenthümer nicht sein kann.

§. 64.

1. Gegenstand der Verfügung des Eigenthümers, S. 274.
   a Fälle der ungültigen Hypothek oder Grundschuld.
   b. Vormerkung.
   c Pfandbriefe, S. 275.
   d. Revenuenhypothek.

1. Die Befugnisse, welche der §. 64 dem eingetragenen Eigenthümer einräumt, setzen voraus, daß die Hypothek oder die Grundschuld in der Person des befriedigten Gläubigers rechtsgültig bestand, als sie auf den Eigenthümer überging.

a. Eine Hypothek, welcher eine gültige Forderung nicht zu Grunde liegt, ist ungültig und folglich nicht Gegenstand der Verfügung des Eigenthümers. (O.Tr. III, Str. Arch. 92 S. 1; Kammerger., Jahrb. 3 S. 176; R.G. I H.S., Gruchot 25 S. 112 u. Entsch. 3 S. 266; R.G. V, Entsch. 32 S. 309.)

Ist eine Darlehnsforderung, während sie noch eine blos persönliche war, also vor der Eintragung, durch Zahlung untergegangen, so kann in Ermangelung eines gültigen Titels durch die spätere hypothekarische Eintragung ein Hypothekenrecht nicht mehr entstehen. Hieraus folgt rechtlich, daß der Schuldner durch die ihm ertheilte Quittung, in welcher das Kapital wahrheitswidrig als schon eingetragen bezeichnet ist, das Eigenthum der bezahlten Forderung nicht erwerben, also auch nach nunmehr erst auf sein Grundstück erfolgter Eintragung nicht weiter zediren kann. O.Tr. III, Str. Arch. 47 S. 149.

Ist eine Hypothek der Eintragung ungeachtet nicht entstanden, weil die Forderung, welche durch sie gesichert werden sollte, nicht zur Entstehung gelangt ist, so hat auch die Löschungsbewilligung des Gläubigers sowenig wie die Zession an den Eigenthümer die Wirkung, daß auf diesen ein gültiges Hypothekenrecht übertragen würde. Benutzt gleichwohl der Eigenthümer seine formelle Legitimation (§. 64) zur Abtretung an einen Dritten, so ist dieser, wenn ihm die Sachlage bekannt war, der Anfechtung seines Liquidats bei der Kaufgeldvertheilung durch die ausfallenden nacheingetragenen Gläubiger ausgesetzt. O.Tr. III, Entsch. 77 S. 164. Vgl. auch Zwangsvollstr.Ges. §. 5, Zus. zu § 40 des Gesetzes, S. 216.

Wenn die dem Grundbuchamt vorgelegte Erklärung ergiebt, daß die Löschung bewilligt ist, weil die Forderung, deren Sicherung die Hypothek bezweckte, nicht zur Entstehung gelangt ist, so ist die Umschreibung der Hypothek auf den Namen des Eigenthümers oder eines von diesem bezeichneten Dritten abzulehnen. Vgl. Kammerger., Johow 6 S. 183.

Alle diese Sätze finden auf den Fall der Grundschuld keine Anwendung, weil die Grundschuld ohne Rücksicht auf die obligatorischen Beziehungen der Betheiligten zueinander gültig ist, wenn ihre Eintragung auf Grund der Bewilligung des eingetragenen Eigenthümers stattgefunden hat.

b. Ob die Hypothek oder die Grundschuld endgültig oder nur vorläufig eingetragen ist, macht keinen Unterschied. Daher ist eine Vormerkung (nach dem Zwangsvollstr.Ges. auch eine Arrestvormerkung) an sich nicht ungeeignet, von dem Eigenthümer durch Befriedigung des Gläubigers erworben zu werden. (§. 22 Anm. 1 c.) Der Gläubiger muß aber wirklich den Anspruch auf endgültige Eintragung an der Stelle der Vormerkung gehabt haben. War die Vormerkung in der Hand desjenigen, für welchen sie eingetragen, wirkungslos, weil derselbe entweder keine Forderung oder keinen Titel zur Eintragung hatte, so kann sie auch in der Hand des Eigenthümers nicht wirksam werden. (Förster-Eccius 3 §. 200 Anm. 48 ff.)

c. Die Frage, ob Pfandbriefposten ein tauglicher Gegenstand der Eigenthümerhypothek sind, entscheidet sich nach den Statuten der einzelnen Landschaften. Hinsichtlich der kur- und neumärkischen ritterschaftlichen Pfandbriefe ist sie auf Grund des Nachtrages zum Kreditreglement vom 2. April 1784 (O.Tr. III, Str. Arch. 55 S. 287) und hinsichtlich der Pfandbriefe der schlesischen Landschaften bezüglich des Amortisationsfonds auf Grund der Regulative von 1839 und 1858 (R.G. II H.S., Entsch. 3 S. 222) verneint worden. Nach dem Gesetz über den Eigenthumserwerb steht nichts entgegen, daß der Eigenthümer eine Hypothek, auf Grund welcher die Landschaft Hypothekenbriefe ausgegeben hatte, durch Abtragung der Schuld erwirbt. Vgl. Förster-Eccius 3 §. 200 Anm. 45 und Turnau 1 S. 523.

d. Der §. 64 ist auch dann anwendbar, wenn die Hypothek nur auf den Revenuen des Grundstückes haftet. Förster-Eccius a. a. O. Anm. 47.

e. Der Anspruch auf die Zinsen, welche in die Zeit der Vereinigung des Eigenthumes mit der Hypothek in Einer Person fallen, geht durch diese Vereinigung unter O.Tr. III, Entsch. 76 S. 301, Str. Arch. 95 S. 163. Dagegen bilden die jährlichen Amortisationsraten, auch wenn sie nach Prozenten berechnet sind, einen Gegenstand der Eigenthümerhypothek (R.G. I H.S., Entsch. 5 S. 398).

f. Die bisherige Gesetzgebung ermöglichte dem Eigenthümer nur, Hypotheken zu erwerben, nicht auch Rechte auf Abgaben, welche in die 2. Abtheilung des Grundbuchblattes eingetragen sind. (O.Tr. III, Entsch. 63 S. 168, Str. Arch. 77 S. 342.) Von den Hypotheken waren überdies diejenigen ausgeschlossen, welche zur Sicherung von Ansprüchen auf Lieferung von Sachen oder auf Leistung von Handlungen eingetragen waren. (O.Tr. III, Entsch. 64 S. 125, Str. Arch. 78 S. 187 und 80 S. 315.)

Das Gesetz über den Eigenthumserwerb hat den Hypotheken die Grundschulden hinzugefügt, sonst aber die Gegenstände des Rechtes an der eigenen Sache nicht erweitert. Es kennt beide Formen der dinglichen Belastung nur in Höhe einer bestimmten Geldsumme. Die von dem Obertribunal entschiedene Kontroverse ist daher insoweit erledigt. Der Gedanke aber, von welchem die Eigenthümerhypothek getragen wird, hat eine über das Gebiet der Hypotheken und Grundschulden hinausgehende Bedeutung. (A.L.R. I. 16 §. 484 und I. 22 §§. 53 u. 54.) Vgl. hierüber die geistvolle Programmschrift von G. Hartmann, Rechte an eigener Sache, Untersuchungen zur Lehre vom Eigenthumsrecht. 1877.

2. Der Eigenthümer hat die Befugnisse aus §. 64 nur, wenn er selbst oder ein Dritter für ihn den Gläubiger befriedigt hat. (Anm. 4a zu §. 63.) In einem Urtheil vom 7. März 1840, Entsch. 6 S. 127, hatte das Obertribunal in einem Fall, in welchem ein Dritter die Zahlung in eigenem Namen geleistet hatte, dennoch die Hypothek als dem Eigenthümer erworben angesehen. Später ist die richtige Meinung zur Geltung gelangt. (O.Tr. III, Str. Arch. 78 S. 26 und 80 S. 341.) Tilgt der Veräußerer des Grundstückes kraft der in dem Veräußerungsvertrage eingegangenen Verbindlichkeit die von dem Erwerber nicht übernommenen Posten, so ist darin nicht mit Dernburg, Hyp R. §. 39 Nr. 4 b S. 294, eine Tilgung für den neuen Eigenthümer zu sehen (Turnau 1 S. 525 a. E.)

Hat der Gläubiger dem Eigenthümer die Forderung erlassen, nicht bloß dem Hypothekenrecht entsagt, so ist der Fall der Eigenthümerhypothek gegeben. (O.Tr. III, Str. Arch. 80 S. 336 und 83 S 183.)

3. Die Ausübung der in dem §. 64 dem Eigenthümer zugeschriebenen Befugnisse ist dadurch bedingt, daß derselbe in das Grundbuch als Eigenthümer eingetragen ist.

a. Wer nicht Eigenthümer des Grundstückes ist, auf welchem die Hypothek oder die Grundschuld haftet, erwirbt durch die Befriedigung des Gläubigers die Post nicht. Er kann daher, auch wenn er später Eigenthümer wird, die Rechte aus §. 64 nicht für sich in Anspruch nehmen. Ebenso Turnau 1 S. 526. Abweichend Dernburg, Preuß. Privatr. 1 §. 338 Note 6, Hyp.R. §. 39 Nr. 4 a. E.

b. Der Eigenthümer kann, auch wenn er nicht eingetragen ist, die Rechte des Gläubigers erwerben. (§. 63.) Er kann aber diese Rechte, wenn ihm dieselben nicht abgetreten sind, auf

Grund der ihm etwa ertheilten Quittung oder Löschungsbewilligung erst nach seiner Eintragung als Eigenthümer ausüben. Küntzel in Johow 5 S. 270; Turnau a. a. O.

c. Hat der Eigenthümer, nachdem er als solcher in das Grundbuch eingetragen worden, eine auf dem Grundstück haftende Hypothek oder Grundschuld getilgt, so hat er dadurch, auch vor Ertheilung der Quittung, Löschungsbewilligung oder Zession, deren es nur zu seiner Legitimation bedarf (streitig bei der Grundschuld gemäß §. 20 des Gesetzes, vgl. oben §. 52 Anm. 4 a. E. und Turnau 1 S. 529), das Gläubigerrecht erworben. Dieser Erwerb kann ihm ohne seinen Willen nicht wieder entzogen werden, namentlich nicht dadurch, daß das Grundstück von ihm aufgelassen wird. Die Eigenthümerhypothek begründet nicht ein blos formales Dispositionsrecht, welches an dem Eigenthum haftet; sie ist vielmehr eine wirkliche Hypothek, die ihre volle Kraft entfaltet, wenn die Vereinigung des Eigenthumes mit dem Gläubigerrecht aufhört. Der bisherige Eigenthümer kann daher auf Grund der ihm ertheilten Quittung oder Löschungsbewilligung die Rechte aus §. 64 auch dann noch ausüben, wenn ein Anderer als Eigenthümer eingetragen ist. O.Tr. Plen., Entsch. 5 S. 51; III, Entsch. 81 S. 30, Str. Arch. 98 S. 40 und S. 270; R.G. I H.S., Entsch. 5 S. 311, und V, Gruchot 34 S. 144; Kammerger., Jahrb. 1. S. 131; Förster-Eccius 3 §. 200 Anm. 58; Turnau 1 S. 529 Anm. 3dd; Küntzel a. a. O.; Bahlmann 3. Aufl. S. 217. Anderer Meinung: Heidenfeld S. 102. Hatte sich der bisherige Eigenthümer aber dem Erwerber gegenüber zur Tilgung der Hypothek verpflichtet, so kann er die Rechte zum Nachtheil desselben nicht geltend machen (vgl. oben Anm. 2 zu §. 58), und dasselbe gilt im Falle der Konkurseröffnung über sein Vermögen von den Konkursgläubigern (R.G. I, Entsch. 19 S. 59, Gruchot 32 S. 382).

d. Bezahlt der Schuldner erst nach der Veräußerung des Grundstückes die auf demselben hypothekarisch haftende Schuld, so erwirbt er dadurch die Forderung weder nach Tit 16 §. 46 noch auf Grund des Anh. §. 52. Das Hypothekenrecht erlischt und ist mithin nicht mehr Gegenstand einer gültigen Zession. (O.Tr. III, Str. Arch. 95 S. 269.) Dies gilt auch unter der Herrschaft des Gesetzes über den Eigenthumserwerb (R.G. V, Gruchot 32 S. 990), jedoch mit der Modifikation, daß jetzt auch der bisherige Schuldner, der das Grundstück veräußert hat, im Fall der Uebernahme der Schuld seitens des Erwerbers die Forderung und damit die Hypothek durch Abtretung erwerben kann. Turnau 1 S. 527.

4. Ein Miteigenthümer, welcher eine auf dem ganzen Grundstück lastende Post bezahlt hat, ist zu deren Zession nur in Gemeinschaft mit den übrigen Miteigenthümern berechtigt (Posen, Johow 4 S. 180.) Das ostpreußische Tribunal (ebd. 7 S. 237) hat dagegen angenommen, daß der Ehemann, welcher mit seiner Frau in Gütergemeinschaft lebt, über eine von ihm bezahlte Hypothek allein verfügen könne, auch wenn beide Eheleute als Eigenthümer des belasteten Grundstückes eingetragen sind. Der angeführte Grund, daß nur derjenige Eigenthümer die Hypothek erwerbe, welcher dieselbe bezahlt habe, rechtfertigt jedoch die Verfügung nicht, weil der eine Gatte präsumtiv nicht für sich allein, sondern für die Gemeinschaft erwirbt. Diese Präsumtion wird dadurch nicht widerlegt, daß die Quittung auf den Namen des Mannes ausgestellt war. Anders vielleicht, wenn der Mann statt der Quittung eine Zession sich hätte ertheilen lassen. Vgl. ferner oben S. 230 die Anm. II 3 zu §. 42.

Ueber die Korrealhypotheken und -grundschulden ist oben S. 230 die Anm. II 2d zu §. 42 zu vergleichen.

5. Der Eigenthümer kann die Rechte aus §. 64 nur ausüben, wenn er sich durch eine Erklärung des bisherigen Gläubigers als dessen Rechtsnachfolger auszuweisen vermag. Am einfachsten für die juristische Konstruktion liegt die Sache, wenn der Gläubiger die Hypothek oder die Grundschuld abgetreten hat. Der §. 64 erwähnt die Abtretung nicht, weil dieselbe der regelmäßige Modus für die Uebertragung der Rechte und folglich auch den Uebergang einer eingetragenen Post auf den Eigenthümer zu vermitteln geeignet ist, wenn überhaupt das Gesetz diesen Uebergang als möglich anerkennt. (Marienwerder, Johow 7 S. 249.) Dagegen mußten die Quittung und die Löschungsbewilligung besonders hervorgehoben werden, um klar zu stellen, daß der Eigenthümer eine Hypothek oder Grundschuld schon durch deren Tilgung

erwirbt. Die Quittung beweist ihrem Wesen nach die Befriedigung des Gläubigers. Die Löschungsbewilligung dagegen gestattet an sich nur den Schluß, daß der Gläubiger dem dinglichen Recht entsagt habe. Das Gesetz stellt sie jedoch der Quittung solange gleich, bis der Beweis geführt wird, daß der Gläubiger nicht befriedigt ist. Der Grundbuchrichter muß daher Verfügungen des Eigenthümers über die Post auf Grund der Löschungsbewilligung eintragen, ohne nach dem Tilgungsmodus zu forschen. (Kammerger., Johow 7 S. 250.)

Erhellt aus der Quittung oder Löschungsbewilligung, daß eine der Voraussetzungen der Eigenthümerhypothek nicht vorliegt, daß z. B. die Hypothek ungültig ist, oder daß die Tilgung nicht durch den Eigenthümer oder für ihn, oder nicht zu der Zeit, als er Eigenthümer war, erfolgt ist, so ist der Eigenthümer zur Verfügung über die Hypothek nicht befugt. Zweifelhaft ist aber, ob umgekehrt aus der Urkunde hervorgehen muß, von wem und wann die Tilgung der Urkunde erfolgt ist, damit der Eigenthümer die Rechte aus §. 64 geltend machen kann. Das Kammergericht hat am 12. Januar 1880 (Jahrb. 1 S. 132) diese Frage bejaht, sich aber später wiederholt für die entgegengesetzte Ansicht entschieden, so am 12. März 1883 (ebd. 3 S.172) dahin, daß die Quittung den Zeitpunkt der Zahlung nicht zu erwähnen brauche und der Grundbuchrichter den Nachweis, daß der Zahlende zur Zeit der Zahlung Eigenthümer gewesen sei, nicht fordern dürfe; und am 1. Juni 1885 und 14. November 1887 (ebd. 6 S. 127, 7 S. 120), daß der Grundbuchrichter, welchem der Eigenthümer eine abstrakte Löschungsbewilligung vorlege, kraft des Konsensprinzips nicht befugt sei, die Klarlegung des zu Grunde liegenden materiellen Rechtsverhältnisses zu fordern, daß er dagegen eine nicht abstrakte Löschungsbewilligung zu prüfen verpflichtet sei.

Die Erklärung des Gläubigers kann durch die rechtskräftige Verurtheilung desselben zur Abtretung, Quittung oder Löschungsbewilligung nach näherer Bestimmung der Civilprozeß-O. §. 779 ersetzt werden.

Dagegen steht ein Ausschlußurtheil der Quittung oder Löschungsbewilligung nicht gleich. (Kammerger., Jahrb. 6 S. 108. A. M. Dernburg, Hyp.R. S. 327, 330.)

6. Die Befugnisse, welche der §. 64 dem Eigenthümer einräumt, lassen sich nur so erklären, daß das Gesetz denselben als Zessionar des Gläubigers behandelt wissen will. Es entspricht diese Auffassung nicht allein dem Wesen der Eigenthümerhypothek, sondern auch dem Wortlaut der Deklaration vom 3. April 1824. (A. M. Paris, die Lehre von der Prioritätsabtretung, S. 32 ff., und Korb, im Magazin für das deutsche Recht der Gegenwart, Bd. 5 S. 73 ff.) Folgerungen hieraus sind:

a. Die Post kann auf den Namen des Eigenthümers umgeschrieben werden. (§. 53.) Die Umschreibung erfolgt, wenn sie von dem eingetragenen Eigenthümer unter Vorlegung der Quittung oder der Löschungsbewilligung beantragt wird. Nach dem bisherigen Recht war es streitig, ob die Umschreibung erfolgen dürfte. Dernburg, Preuß. Privatr. 1 §. 338 Note 15.

b. Der eingetragene Eigenthümer kann auf Grund der Quittung oder der Löschungsbewilligung über die Hypothek oder die Grundschuld verfügen. (Vgl. die Anm. 3 c.) Ist über sein Vermögen das Konkursverfahren eröffnet, so steht das Verfügungsrecht seinen Gläubigern zu und wird von dem Konkursverwalter ausgeübt. (O.Tr. Plen. Pr. 1665, Entsch. 12 S. 59; Konk.O. §. 5.) Außerhalb des Konkursverfahrens ist die Post ein Gegenstand der Zwangsvollstreckung für die Gläubiger des Eigenthümers. (O.Tr. III, Str. Arch. 12 S. 39.) Im übrigen ist auf die Anm. 3a zu §. 27 und 6 zu §. 54, oben S. 174 und S. 255, zu verweisen.

c. Ist das Grundstück subhastirt, so kann der als Eigenthümer eingetragene Subhastat, der den Gläubiger vor dem Zuschlage befriedigt hat, die Post bei der Vertheilung des Kaufgeldes für sich liquidiren, auch wenn sie noch nicht auf seinen Namen umgeschrieben ist. (O.Tr. IV, Str. Arch. 16 S. 34.) Die nach dem Zuschlage erfolgte Befriedigung des Gläubigers vermittelt den Uebergang der Hypothek oder der Grundschuld auf den Subhastaten nicht, weil mit dem Zuschlage das Eigenthum des Grundstücks auf den Ersteher übergeht; es müßte denn der Subhastat selbst der Ersteher sein. (Siehe oben Anm. 3b zu §§. 27, 28.) Ebenso Förster-

§. 65.

Ein gleiches Recht hat der eingetragene Eigenthümer, welcher die Hypothek oder Grundschuld von Todeswegen erworben hat, auf Grund des Testaments, des Erbvertrages oder der Erbbescheinigung.

Hat derselbe die Post als Vermächtnißnehmer erworben, so bedarf es zur Umschreibung der Einwilligung des Erben, oder seiner rechtskräftigen Verurtheilung zu derselben.

Eccius 3 §. 200 Anm. 51; Dernburg, Preuß. Privatr. 1 §. 338 Note 13; Turnau 1 S. 529.

d. Veräußert der eingetragene Eigenthümer das Grundstück, nachdem er die auf demselben haftende Post getilgt hat, so wird das Hinderniß, welches der vollen Ausübung des Gläubigerrechtes entgegenstand, gehoben. Die Quittung oder die Löschungsbewilligung legitimirt nunmehr den gewesenen Eigenthümer als Gläubiger. (§. 28.) Vgl. oben die Anm. 3 c.

Der Veräußerung steht der Fall gleich, daß der Eigenthümer das Grundstück einem Legatar vermacht; alsdann geht nämlich die Eigenthümerhypothek nicht auf diesen, sondern auf die Erben über, denn das Legat des Grundstückes begreift nicht ohne weiteres das Legat der Eigenthümerhypothek, welche ein von dem Grundstück verschiedenes Vermögensobjekt bildet, unter sich. R.G. IV v. 17. Jan. 1889, Entsch. 23 S. 189 u. J.M.Bl. S. 167.

7. Der Eigenthümer kann sich einem Hypothekengläubiger gegenüber verpflichten, über eine ältere Post, falls er dieselbe bezahlen würde, nicht — beziehungsweise nicht ohne dessen Zustimmung — zu verfügen. (R.G. I, Entsch. 19 S. 59, Gruchot 32 S. 382, vgl. auch oben Anm. 3 c a. E.) Die Eintragung einer solchen eventuellen Verfügungsbeschränkung kann jedoch nur erfolgen, wenn sie von dem vorstehenden Gläubiger bewilligt und dessen Hypothekenbrief beigebracht ist. (Kammerger., Johow 7 S. 260.) Das App.G. zu Posen hatte die Eintragung in einem Bescheid v. 26. Okt. 1872, Johow 3 S. 168, unter Berufung auf die Gr.B.O. §. 91 für unzulässig erklärt. In einem durch Verf. v. 12. Jan. 1874, ebd. 4 S. 184, entschiedenen Falle hat es dieselbe zugelassen. Die Beschränkung ist dabei als eine Modalität des Darlehns, welches der jüngere Gläubiger dem Eigenthümer gegeben hatte, aufgefaßt und deshalb bei dem Darlehn eingetragen worden. Der Grundbuchrichter hatte, gewiß richtiger, die Eintragung bei der älteren Post, auf welche die Beschränkung des Eigenthümers berechnet war, vornehmen wollen. Kochs Landr. 2 S. 865 Anm 19; Turnau 1 S. 494 Anm. 9 zu §. 49 des Gesetzes.

Ebenso ist auch die Vereinbarung zwischen dem Eigenthümer und dem Gläubiger, daß jener nicht befugt sein soll, über die durch etwaige Theilzahlungen erworbenen Eigenthümerhypotheken zu verfügen, wirksam und eintragungsfähig (L.G. Cassel, Jahrb. 12 S. 347).

Diese Sätze gelten auch für das Gebiet des gemeinen Rechts; denn wenn auch hier derartige Vereinbarungen an sich nur obligatorischer Natur und daher nach dem oben S. 53 Anm. III 1 b zu §. 11 Gesagten nicht eintragungsfähig sind, so liegt doch in ihnen zugleich ein Verzicht des Eigenthümers auf Geltendmachung des Vorrangs oder des gleichen Ranges der Eigenthümerhypothek vor der Post bezw. der Resthypothek des Gläubigers, zu dessen Gunsten die Vereinbarung getroffen ist, und demnach eine Vorrechtseinräumung im Sinne des §. 35 des Gesetzes (vgl. R.G. und Cassel a. a. O.).

§. 65.

1. Der erste Satz des §. 65 enthält das Anerkenntniß der Eigenthümer-Hypothek und -Grundschuld für den Fall der Konfusion durch Erbgang. Es ist dies einer der Fälle, die schon der §. 52 des Anh. zum A.L.R. (oben §. 63 Anm. 1) vorgesehen hatte. Vgl. wegen der letztwilligen Verfügungen die Gr.B.O. §§. 39, 40 u. 51 und wegen der Erbbescheinigung das Gesetz v. 12. März 1869 §. 6.

§. 66.

Erwirbt der Gläubiger das verpfändete Grundstück, so kann er die Hypothek oder Grundschuld auf seinen Namen stehen lassen oder über sie verfügen.

§. 67.

Die Vorschriften der §§. 63—66 finden auf Kautionshypotheken keine Anwendung.

---

2. Der zweite Satz beruht auf einer Eigenthümlichkeit des Rechtsverhältnisses zwischen Erben und Vermächtnißnehmer. Letzterer erwirbt zwar das Vermächtniß unmittelbar von dem Erblasser. Aber der Gegenstand des Vermächtnisses vermindert sich, wenn durch dessen ungeschmälerte Ausscheidung aus dem Nachlasse Erbschaftsgläubiger oder Pflichttheilsberechtigte benachtheiligt werden würden. (A.L.R. I. 12 §§. 288, 294, 296, 305 ff., 352.) Der Erbe bedarf deshalb eines Schutzes gegen vorzeitige Verfügungen des Legatars. (Vgl. Dernburg, Pand. 3 §. 99 Ziff. 1.) Diesen Schutz gewährt ihm der §. 65, wenn der Erblasser eine Hypothek oder Grundschuld dem Eigenthümer des dafür verhafteten Grundstückes vermacht hat. Vgl. die Gr.B.O. §. 85.

§. 66.

1. Der Gläubiger, welcher das Grundstück erwirbt, behält der Konsolidation ungeachtet die Hypothek oder die Grundschuld. Es entspricht dies dem bisherigen Recht, wie solches in dem Anh. §. 52 gestaltet war. (O.Tr. III, Entsch. 47 S. 138, Str. Arch. 44 S. 257 und Entsch. 49 S. 153.) Die Befugnisse, welche dem Gläubiger nach der Erwerbung des Grundstückes zustehen, ergeben sich aus §§. 27 u. 28. Vgl. die Anm. 6 zu §. 64.

Der Hypothekengläubiger, welcher das verpfändete Grundstück von seinem persönlichen Schuldner unter Uebernahme seiner Hypothek auf den Kaufpreis käuflich erworben und sodann seine Hypothekenforderung an einen Dritten zedirt hat, haftet für letztere dem Zessionar und dessen Rechtsnachfolgern nicht persönlich (R.G. I H.S., Entsch. 5 S. 321; R.G. IV, Gruchot 27 S. 469).

2. Früher wurde darüber gestritten, ob der §. 66 auch dann zur Anwendung kommt, wenn der Gläubiger das Grundstück in der nothwendigen Subhastation ersteht. Namentlich vertrat Koch, Prozeß-O. 6. Aufl. S. 1295, die Meinung, daß die Löschung der Hypothek oder der Grundschuld des Erstehers erfolgen müßte, ebenso Förster in Gruchot 7 S. 334, während Stieve ebd. 9 S. 492, Jäckel, Subh.O. S. 173, und andere die Löschung gegen den Willen des Erstehers für unzulässig hielten. Das Zwangsvollstr.Ges. v. 13. Juli 1883 §. 124 Nr. 2 schreibt nur die Löschung derjenigen Realforderungen vor, welche nicht nach gesetzlicher Vorschrift auf den Ersteher übergehen oder von demselben übernommen worden sind. Die Forderung des Erstehers bleibt darnach jedenfalls dann unverändert bestehen, wenn sie, als unter das geringste Gebot fallend, nach gesetzlicher Vorschrift übernommen ist (§§ 57, 115 desselben Gesetzes). Aber auch wenn sie aus dem baar zu zahlenden Kaufgelde zur Hebung kommt, kann sie der Ersteher nach §. 116 übernehmen, ohne daß es hierzu eines weiteren Erfordernisses, als seiner Erklärung bedarf. Giebt er diese ab, so erlischt zwar die persönliche Verbindlichkeit, aber das dingliche Recht bleibt zur Verfügung des Eigenthümers.

Anders liegt dagegen die Sache, wenn die Post des Erstehers durch dessen Meistgebot nicht gedeckt wird. In diesem Fall hat das dingliche Recht sich als gegenstandslos erwiesen; es unterliegt mithin der Löschung.

§. 67.

1. Die Kautionshypothek (§. 24) konnte schon nach dem bisherigen Recht in der Hand des Eigenthümers nicht fortbestehen. (O.Tr. III, Str. Arch. 87 S. 240 und 96 S. 201.) Sie verliert aber ihre Besonderheiten, wenn sie in eine Hypothek mit festem Geldbetrage umgeschrieben wird. Sie wird durch die Umschreibung zu einer gewöhnlichen Hypothek. (O.Tr. III, Str.

Vierter Abschnitt.

Von dem Bergwerkseigenthum und den selbstständigen Gerechtigkeiten.

Arch. 91 S. 286.) Die auf einen festen Geldbetrag umgeschriebene Hypothek unterliegt mithin den Vorschriften der §§. 63—66 ganz so, als wenn sie vonvornherein als eine unbedingte eingetragen wäre. Ebenso Förster, Grundbuchrecht S. 149; Dernburg, Preuß. Privatr. 1 §. 338 Nr. 1, Hyp.R. S. 208; Heidenfeld S. 104; Kayser S. 66; Johow in seinem Jahrb. 3 S. 291; John S. 70; Philler, Nachtragsheft 1 S. 6; Turnau 1 S. 535. Nur Bahlmann 3. Aufl. S. 221 und Steiner S. 64 u. 92 sind dieser Auffassung entgegengetreten, deren Richtigkeit sich aus den Bemerkungen zu §. 24 des Ges. und aus der Entstehungsgeschichte des §. 67 bei Werner 2 S. 63 ergiebt.

2. Eine zweite Ausnahme von den Vorschriften der §§. 63—66 ordnet §. 124 Abs. 3 des Zwangsvollstr.Ges. an. Darnach finden diese Bestimmungen auf die für diejenigen Theile des rückständigen Kaufgeldes eines versteigerten Grundstückes eingetragenen Hypotheken keine Anwendung, welche auf die Kosten des Verfahrens oder die in den §§. 24, 26 deff. Ges. bezeichneten Ansprüche (bei der Zwangsverwaltung des Grundstückes gemachte Ausgaben und Liedlohn) überwiesen sind.

Vierter Abschnitt.

Die drei ersten Abschnitte regeln unmittelbar nur die Rechte am Grund und Boden. Es ist in ihnen, wenn der Gegenstand dieser Rechte bezeichnet werden soll, immer nur von Grundstücken die Rede. Der vierte Abschnitt wendet die für Grundstücke gegebenen Vorschriften auch auf die Bergwerke ꝛc. (§. 68) und die selbständigen Gerechtigkeiten, sofern dieselben ein Blatt im Grundbuche haben (§. 69), mit einigen Zusätzen an. Es entspricht dies dem bisherigen Recht.

1. Die Trennung des Bergwerkseigenthums von dem Grundeigenthum ist ein alter Grundsatz des deutschen Bergrechtes. Fraglich ist nur, was als Gegenstand des Bergwerkseigenthums anzusehen ist, ob eine selbständige Gerechtigkeit oder körperliche Sachen.

Das A.L.R. II. 16 zählt das Bergwerksregal zu den „Rechten des Staates auf herrenlose Güter und Sachen", es bezeichnet die Mineralien als „unterirdische Schätze der Natur, auf welche noch Niemandem ein besonderes Recht verliehen worden" (§. 6), mithin als besondere, selbständige Sachen, an denen dem Grundeigenthümer als solchem ein Eigenthumsrecht nicht zusteht. (§§ 109, 113, 117, 142 ff.)

Das rheinische Recht dagegen betrachtete die Gegenstände des Bergbaues als Theile des Grund und Bodens. (Code civil art. 552.) Aber es ließ ein besonderes Eigenthum daran entstehen, sobald einem Dritten die Konzession zum Bergbau ertheilt war. Das französische Gesetz vom 21. April 1810 bestimmt nämlich unter art. 19: „Du moment, où une mine sera concedée, cette propriété sera distinguée de celle de la surface et desormais considerée comme propriété nouvelle."

Neuerdings machte sich die Ansicht geltend, daß die Mineralien, solange sie in der Erde ruhten, überhaupt keine Sachen wären, ein besonderes Eigenthum daher an denselben nicht möglich und das, was wir Bergwerkseigenthum nennen, nichts weiter wäre als ein jus in re, eine Gerechtigkeit. Diese Meinung fand namentlich in den Motiven zu dem im Jahre 1862 aufgestellten Entwurfe eines Berggesetzes Ausdruck. Hiergegen erhoben sich indessen gewichtige Stimmen. Das allgemeine Berggesetz vom 24. Juni 1865 nahm deshalb von einer Entscheidung der Frage Abstand, indem es dieselbe der Rechtswissenschaft überließ. Es hat aber die wichtigsten Mineralien von der Verfügung des Grundeigenthümers ausgeschlossen (§. 1) und die Aufsuchung derselben unter Beobachtung der gesetzlichen Vorschriften Jedem gestattet (§. 3). Das Bergwerkseigenthum wird als ein selbständiges, zu den unbeweglichen Sachen gehöriges Recht behandelt (§. 50). Das Gesetz bestimmt ausdrücklich, daß auf das Bergwerkseigenthum „hinsichtlich der Veräußerung, der Verpfändung und des Arrestes die allgemeinen gesetzlichen Vorschriften, welche für das Grundeigenthum gelten, Anwendung finden" (§. 52); auch unterwirft es das Bergwerkseigenthum „den allgemeinen gesetzlichen Vorschriften über die Führung der Hypothekenbücher, die Subhastation, den Konkurs und die Rangordnung der Gläubiger" (§. 53). Hiernach erscheint es kaum bedenklich, das Bergwerkseigenthum nicht als eine Gerechtigkeit, sondern als eine Art Sacheigenthum aufzufassen. (Klostermann, Kommentar zum allg. Berggesetz ꝛc. §§. 1 u. 50, 3. Aufl. S. 71 u. 125 ff. Vgl. auch Turnau 2 S. 126.) In den Motiven zu dem Gesetze über den Eigenthumserwerb ꝛc. macht diese Auffassung mit voller Bestimmtheit sich geltend. (Werner 2 S. 34.)

Ausgenommen hiervon sind nur die sogenannten Kohlenabbaugerechtigkeiten. In den vormals zum Königreich Sachsen gehörigen Landestheilen nämlich, mit Ausschluß der Grafschaften Mansfeld und Barby und der standesherrlichen Gebiete der Grafen von Stolberg-Stolberg und Stolberg-Roßla, unterliegen die Stein- und Braunkohlen lediglich dem Verfügungsrechte des Grundeigenthümers. Das Bergwerkseigenthum ist also hier ausnahmsweise nicht ein besonderes Sacheigenthum, sondern ein Bestandtheil des Grundeigenthums und, wo es von letzterem getrennt ist, eine selbständige Gerechtigkeit (jus in re). Hinsichtlich der Veräußerung, der Verpfändung, des Arrestes, des Konkurses, der Subhastation und der Rangordnung der Gläubiger werden jedoch die Kohlenabbaugerechtigkeiten ebenso behandelt wie das verliehene Bergwerkseigenthum. Auch sind dafür mit einigen Modifikationen die allgemeinen gesetzlichen Vorschriften über das Hypothekenwesen maßgebend.

Die Verhältnisse sind speziell geregelt durch das Gesetz vom 22. Februar 1869, „betreffend die Rechtsverhältnisse des Stein- und Braunkohlen-Bergbaues in denjenigen Landestheilen, in welchen das Kurfürstlich Sächsische Mandat vom 19. August 1743 Gesetzeskraft hat" (G.S. S. 401; vgl. Turnau 2 S. 154 ff.).

2. „Die Hypotheken-Ordnung von 1783 schreibt in I §. 14 vor, daß auch Gerechtigkeiten, welche nicht gewissen Grundstücken ankleben, sondern für sich selbst bestehen, einen eigenen bestimmten Werth haben, auch ohne den Besitz eines Grundstückes ausgeübt, folglich auch für sich allein veräußert und verpfändet werden können, unter besonderen Nummern im Grundbuch eingetragen werden sollen. Dem entsprechend sagt das A.L.R. I. 20 §. 395: daß Gerechtigkeiten, die für sich selbst bestehen und auch ohne den Besitz eines Grundstückes ausgeübt werden können, in das Grundbuch in besonderen Tabellen eingetragen werden müssen. Dergleichen Gerechtigkeiten sind aber durch die neuere Gesetzgebung zum größten Theil beseitigt, insbesondere die früheren ausschließlichen und vererblichen Gewerbeberechtigungen, die Erbpachtgerechtigkeit, die Jagdgerechtigkeit auf fremden Grundstücken." (Mot., bei Werner 2 S. 35. Vgl. Edikt vom 2. Nov. 1810 §. 17; Deklaration v. 11. Juli 1822; Ges. v. 15. Mai 1833 §§. 16 ff.; Gewerbe-O. v. 17. Januar 1845; Ges. v. 31. Oktober 1848; Ges. vom 31. Mai 1858.) Demnach sind für das Gebiet des Landrechtes als Merkmale der selbständigen Gerechtigkeiten aufzustellen: Unabhängigkeit vom Grundbesitz, Dauer, Vererblichkeit und Veräußerlichkeit. Das erstere Kennzeichen bedeutet nicht nur, daß die Gerechtigkeit nicht subjektiv dinglich sein darf, sondern daß sie überhaupt „ohne den Besitz eines Grundstücks ausgeübt" werden kann; daher gehören Erbpachtrechte und Superfizies nicht hierher (Förster-Eccius 3 §. 185 Anm. 32, §. 198 Anm. 3a; Turnau 1 S. 30 Anm. 4 zu Gr.B.O. §. 3; ostpr. Trib., Jahrb. 1 S. 81; Kammerger., ebd. 7 S. 86; O.L.G. Kassel, ebd. 10 S. 398; anders im letzten Punkte Dernburg, Preuß. Privatr. 1 § 289 Note 11; Dernburg u. Heinrichs 1 S. 195). Als selbständige Gerechtigkeiten von einiger Bedeutung sind jetzt nur zu nennen die Schiffsmühlen-Gerechtigkeiten in öffentlichen Flüssen (A.L.R. II. 15 §§. 229, 230) und die vor dem Gesetz vom 2. November 1810 verliehenen Apothekerprivilegien. In denjenigen Landestheilen jedoch „welche zu dem vormaligen Königreich Westphalen eine Zeitlang gehört haben, ist die Vererblichkeit der Apothekerprivilegien auch da, wo sie früher bestand, sowie die Pflicht zur Entrichtung von Abgaben für die Ausübung solcher Privilegien aufgehoben, selbst wenn diese Abgaben als Erbzins für die Verleihung des Privilegiums vorbedungen waren. O.Tr. (Pr. 637),

§. 68.

Verliehene Bergwerke, unbewegliche Bergwerksantheile und die selbstständigen Kohlen-Abbaugerechtigkeiten in den vormals Königlich Sächsischen Landestheilen unterliegen den Vorschriften dieses Gesetzes mit folgenden zusätzlichen Bestimmungen:

1) Das Bergwerkseigenthum wird durch die von dem Oberbergamt ertheilte Verleihung, bestätigte Konsolidation, Theilung oder Vertauschung von Grubenfeldern und Feldestheilen erworben.

Der Erwerber ist in diesen Fällen von Amtswegen zur Eintragung seines Bergwerkseigenthums anzuhalten.

Zu diesem Zweck hat das Oberbergamt dem Grundbuchamt eine beglaubigte Abschrift der Verleihungsurkunde oder die Ausfertigung des bestätigten Konsolidations-, Theilungs- oder Tauschaktes zuzustellen.

2) In Betreff der Befugniß des eingetragenen Bergwerkseigenthümers, das verliehene Feld zu theilen, Feldestheile auszutauschen, oder auf dieselben zu verzichten, kommen die Vorschriften des Allgemeinen Berggesetzes vom 24. Juni 1865. zur Anwendung.

3) Hülfsbaue, welche unter die Vorschriften der §§. 60. ff. des Allgemeinen Berggesetzes vom 24. Juni 1865. fallen, erlangen auch ohne Eintragung in das Grundbuch durch Uebergang des Besitzes die Eigenschaft dinglicher Rechte. Dieselben erlöschen nicht durch Ertheilung des Zuschlages in Folge gerichtlicher Zwangsversteigerung.

Entsch. 4 S. 226. Wegen der sonst noch vorkommenden Gerechtigkeiten siehe Kochs L.R. Bd. 2, Zus. 10 zu Tit. 20 §. 398 Note 96; Krech u. Fischer, Zwangsvollstr.Ges. S. 192 ff.

Zweifelhaft ist es, ob derselbe Begriff der selbstständigen Gerechtigkeiten auch für die gemein- und französischrechtlichen Gebietstheile anzunehmen ist, falls nicht besondere partikularrechtliche Bestimmungen entgegenstehen. Dies bejaht das O.L.G. Kassel a. a. O., während Detmold im Magazin f. das deutsche Recht der Gegenwart Bd. 3 S. 74 ff. der entgegengesetzten Ansicht ist und als selbständige Gerechtigkeiten in Ermangelung einer gesetzlichen Definition diejenigen ansieht, welche ihrer Natur nach geeignet erscheinen, als Gegenstand des Grundbuchverkehrs zu dienen. Folgt man dieser Ansicht, so würden die obigen Merkmale ebenfalls maßgeblich sein, aber das erste nur in der Bedeutung, daß die Ausübung der Gerechtigkeit nicht mit einem berechtigten Grundstück verknüpft sein darf. Vgl. ferner noch für Hannover Einf.Ges. §. 7, nach welchem der Untereigenthümer als Eigenthümer einzutragen ist, für Rheinl. Einf.Ges. §. 17, wonach der Nießbrauch an einem Grundstück nicht hierher gehört, und über das rheinische Kellereigenthum Jahrb. 12 S. 313, 318.

§. 68.

III. Beseitigte Rechte, S. 285.
1. Erbstollengerechtsame.
2. Freikuxe.
3. Privatzehntrechte.

I. Die Gegenstände, auf welche der §. 68 die Vorschriften des Gesetzes ausdehnt, sind:

1. die verliehenen Bergwerke. Das Bergwerk wird als Ganzes in das Grundbuch eingetragen und, wenn dies geschehen ist, nach den Vorschriften des Gesetzes über den Eigenthumserwerb veräußert (aufgelassen) und belastet. Vgl. das Formular III zur Grundb.O. §. 6.

Zur Umschreibung der für eine nach französischen Gesetzen errichtete Bergbaugesellschaft eingetragenen Immobilien auf den Namen der Aktiengesellschaft, in welche dieselbe umgewandelt worden, ist Auflassung erforderlich. Hamm, Johow 6 S. 116; vgl. oben Anm. I 3e zu §. 1;

2. die unbeweglichen Bergwerksantheile (Kuxe des alten Rechts). Siehe hierzu das Gesetz über das Grundbuchwesen im Bezirk des Justizsenats zu Ehrenbreitstein vom 30. Mai 1873 §§. 21 ff. und die Gr.B.O. §. 6 Anm. 5 und §. 17. Die vor der Geltung des allgemeinen Berggesetzes vom 24. Juni 1865 errichteten Bergwerke zerfielen, soweit sie nicht Einer Person gehörten, in eine bestimmte Anzahl Kuxe, welche zu den Immobilien gerechnet wurden und getheilt werden konnten; die Rechtsverhältnisse an diesen Kuxen werden durch das Grundbuch nachgewiesen. Nach dem allg. Bergges. §§. 94 ff. bilden „zwei oder mehrere Mitbetheiligte eines Bergwerks eine Gewerkschaft. Die Gewerkschaft führt den Namen des Bergwerks, sofern sie nicht in dem Statut einen anderen Namen gewählt hat." Sie kann unter ihrem Namen Rechte erwerben und Verbindlichkeiten eingehen. Das Bergwerk wird unter diesem Namen in das Hypothekenbuch eingetragen. Es kann nur von der Gewerkschaft und nur als Ganzes dinglich belastet werden. „Für die Verbindlichkeit der Gewerkschaft haftet nur das Vermögen derselben." „Die Zahl der gewerkschaftlichen Antheile — Kuxe — beträgt" nach §. 101 „hundert. Durch das Statut kann die Zahl auf tausend bestimmt werden. Die Kuxe sind untheilbar. Sie haben die Eigenschaft der beweglichen Sachen." Das allgemeine Berggesetz hat aber auch die Rechtsverhältnisse der älteren, in unbewegliche Antheile zerfallenden Bergwerke geordnet und deren Umwandlung in die neue Form vorgesehen. (§§. 226 ff.) Vgl. das Gesetz, betreffend die Abänderung des §. 235 des allgemeinen Berggesetzes, vom 9. April 1873, G.S. S. 181;

3. die selbständigen Kohlenabbaugerechtigkeiten in den vormals königlich sächsischen Landestheilen. (Vgl. Turnau 2 §. 11, S. 154 ff.) „Das Recht zum Stein- oder Braunkohlen-Bergbau kann" nach dem Gesetz vom 22. Februar 1869 §. 2 „von dem Eigenthume an dem Grundstücke, in welchem die Stein- und Braunkohlen anstehen, abgetrennt und als eine selbstständige Gerechtigkeit sowohl dem Grundeigenthümer selbst als auch dritten Personen zustehen. Die Eigenschaft einer selbstständigen Gerechtigkeit erlangt dasselbe entweder

1) durch die gerichtliche oder notarielle Erklärung des Grundeigenthümers, daß das Abbaurecht von dem Eigenthume an dem Grundstücke oder einem Theile desselben in Zukunft abgetrennt sein solle, oder
2) durch die in gleicher Form bewirkte gesonderte Veräußerung des Abbaurechtes an dritte Personen."

Diese Bestimmungen sind durch das Gesetz über den Eigenthumserwerb nicht aufgehoben. Die Trennung des Rechtes zum Abbau der Kohlen von dem Grundeigenthum und die Konstituirung desselben als selbständige Gerechtigkeit erfolgt nicht durch Auflassung. O.Tr. III, Entsch. 79 S. 56. Ueber die rechtliche Natur der Kohlen-Abbaugerechtigkeit siehe O.Tr. III, ebd. 76 S. 186.

Auf Grund eines Separationsrezesses, zu welchem die Mitbesitzer einer solchen Gerechtigkeit zugezogen und in dem sie für legitimirt erachtet sind, kann deren Eintragung nicht erfolgen; vielmehr bedarf es der Vorlegung der Erwerbungsurkunde. Naumburg, Johow 7 S. 164.

II. Der besondere Inhalt des §. 68 betrifft:

1. die Erwerbung des Bergwerkseigenthums 2c.

a. „Das allg. Berggesetz hat das Bergregal beseitigt und mit einem eigentlichen Berghoheitsrechte vertauscht. Die Verleihung eines Bergwerkes, durch welche das Eigenthum an demselben begründet wird (§. 50 des allg. B.G.), ist daher kein Veräußerungsakt, sondern charakterisirt sich als die Ausübung eines staatlichen Hoheitsrechtes. Dasselbe ist der Fall, wenn nach §. 49 des Allg. Berggesetzes das Oberbergamt eine Konsolidation" (d. i. die Vereinigung mehrerer Bergwerke zu einem einheitlichen Ganzen) „bestätigt oder nach §. 51 die reale Theilung eines Feldes oder den Austausch von Feldestheilen genehmigt. Die rechtlichen Wirkungen dieser hoheitsrechtlichen Akte können nicht von der Eintragung in das Grundbuch abhängig gemacht werden, zumal dieselben nicht einen translativen, sondern einen konstitutiven Charakter haben. Die Verleihungsurkunde veräußert nicht das Bergwerkseigenthum, sondern schafft dasselbe. Durch die genehmigte Konsolidation oder die reale Theilung eines Feldes wird gleichfalls ein neues Eigenthum geschaffen, wie denn auch bei Berathung des Allgemeinen Berggesetzes auf dem Landtage anerkannt worden ist, daß die Bestätigung einer Konsolidation u. s. w. in dieser Rücksicht gleich der Verleihung aufgefaßt werden müsse." (Motive, bei Werner 2 S. 34 u. 35.) Vgl. Klostermann a. a. O. Tit. 2 Abschn. 5 Anm. 89 S. 119; Turnau 2 §. 3 S. 128 ff.

b. Die Eintragung des Bergwerkseigenthums 2c. erfolgt von Amtswegen. Die durch die Kabinetsordre vom 31. Oktober 1838 angeordnete Suspension der Zwangsverpflichtung zur Berichtigung des Besitztitels hat sich nicht auf das Bergrecht erstreckt. Die Bergwerksbesitzer sind vielmehr immer für verpflichtet erachtet worden, ihren Besitztitel berichtigen zu lassen. Es ist dies ausdrücklich ausgesprochen in der „Instruktion für die Königlichen Bergämter zu Bochum und Essen wegen Einrichtung und Bearbeitung des Berghypothekenwesens" vom 21. September 1832 §. 5 (Jahrb. Bd. 40 S. 226) sowie in der „Verordnung, betreffend die Einrichtung des Berg-Hypothekenwesens in dem Herzogthum Westphalen, dem Fürstenthum Siegen" 2c. v. 28. Februar 1845 §. 6, G.S. S. 100.

Das vorliegende Gesetz hält diese Zwangsverpflichtung nur für die Fälle des §. 68 aufrecht. Im Uebrigen sind die §§. 1 und 5 maßgebend. Das bisherige Verfahren ist „bei Konsolidationen und dem Austausche von Feldestheilen schon deshalb nahezu nothwendig, als offenbar mit Rücksicht auf die Vorschriften des allg. Berggesetzes §§. 48 und 51 (am Schluß) das Grundbuch mit dem infolge der Konsolidation u. s. w. eingetretenen Rechtszustande sofort in Uebereinstimmung gebracht werden muß und andererseits alle durch die Konsolidation u. s. w. eingetretenen Veränderungen zusammen und mit einem Male im Grundbuche vermerkt werden müssen und daher nicht von den zu verschiedenen Zeiten möglicher Weise erhobenen Anträgen der Interessenten abhängig gemacht werden dürfen." (Motive.) Vgl. Kammerger. Jahrb. 7 S. 79. Der §. 32 des vorliegenden Gesetzes kann bei Aufrechterhaltung der bergrechtlichen Bestimmungen nur modifizirt zur Anwendung kommen, vgl. Klostermann a. a. O.;

2. die Befugniß, das verliehene Feld zu theilen, Feldestheile auszutauschen oder auf dieselben zu verzichten. Hierfür sind die Bestimmungen des Berggesetzes §§. 51 und 162 nach wie vor entscheidend. In Kraft geblieben sind auch die §§. 156 bis 161, welche den Verlust des Bergwerkseigenthums wegen Unterlassung des Betriebes regeln. (Klostermann, Kommentar Anm. 128 S. 134.)

Der §. 33 des Gesetzes über den Eigenthumserwerb 2c. kann infolge jener Paragraphen des Berggesetzes bei Bergwerken nicht zur Anwendung kommen. Bei den Kohlenabbaugerechtigkeiten dagegen gilt er in Gemäßheit des Gesetzes vom 22. Februar 1869 §. 6. Förster Grundbuchrecht S. 101;

3. die Hülfsbaue. Vgl. oben S. 99 Anm. 4. Hülfsbaue sind die von dem Bergwerksbesitzer außerhalb seines Feldes errichteten Anlagen, „welche die Gewinnung des in seinem Felde anstehenden Minerals bezwecken." „Bei der Anlage des Hülfsbaues im fremden Felde nimmt die Befugniß des Bergwerksbesitzers den Charakter der nothwendigen Servitut an,

weil der Bergwerksbesitzer, in dessen Felde der Hülfsbau angelegt wird, dadurch eine Einschränkung in seinem Eigenthume oder in dem daraus fließenden ausschließlichen Rechte zum Bergwerksbetriebe erleidet." Klostermann Anm. 156 u. 157.

III. Die Erbstollengerechtsame, die Freikuxe und die Zehntrechte bei Privatregalen (Allgem. Berggesetz §§. 223, 224, 250) sollen nach den Motiven der Eintragung nicht bedürfen, weil §. 12, der dieselbe fordere, sich nicht auf bereits bestehende dingliche Rechte beziehe. (Motive, bei Werner S. 35.) Vom Standpunkte der Entwürfe des Jahres 1869 mag dies richtig gewesen sein. Nachdem aber bei der damaligen Berathung in der Kommission des Abgeordnetenhauses die Grundbuchordnung um die Vorschrift (§. 73) bereichert worden ist, daß auch die vor dem 1. Oktober 1872 begründeten Rechte zur Erhaltung ihrer Dinglichkeit eingetragen werden müssen, (Drucks. des A.H. 1869 Nr. 23 S. 81, Nr. 234 S. 33) trifft jener Grund nicht mehr zu. Die Frage, ob jene drei Rechte auch ohne Eintragung gegen Dritte wirksam bleiben, ist daher eine offene.

1. Die Erbstollengerechtigkeit, die früher durch Privileg verliehen wurde, nach dem Allg. Berggesetze §. 223 aber nicht mehr verliehen werden darf, hat nicht die Natur eines dinglichen Rechtes an einer fremden Sache. Das Recht des Erbstöllners besteht in der Befugniß, von einem bestimmten Punkt aus in das Gebirge, welches in der Verleihungsurkunde bezeichnet ist, einen Stollen zu treiben, um den Gruben Wasser- und Wetter-Lösung zu verschaffen. Er ist berechtigt, in fremde Grubenfelder einzuschlagen und das in das Stollenfeld einbrechende Material zu gewinnen, auch für die Wetter- und Wasser-Lösung die Stollengebühren von den Grubenbesitzern zu erheben. (A.L.R. II. 16 §§. 221 ff.) Das Recht der Gewinnung von Gegenständen des Bergbaues macht die Erbstollengerechtsame zu einer besonderen Art des Bergwerkseigenthumes. (§§. 227, 228, 235, 247, 252 a. a. O.) Die Eintragung dieser Berechtigung in das Grundbuch einer bestimmten Grube ist daher nicht erforderlich, generell auch nicht ausführbar, „weil sich nicht feststellen läßt, welche Grubenfelder dem Erbstöllner dereinst dienstbar oder gebührenpflichtig werden können." (Förster, Grundbuchrecht S. 114.) Abweichend Klostermann Anm. 120. Das Recht auf Gebühren, welche die einzelne Grube an den Erbstöllner zu entrichten hat, bedarf zur Erhaltung seiner Wirksamkeit gegen Dritte nach der Gr.B.O. §. 73 der Eintragung. Turnau 2 S. 152 ff., §. 9 Nr. 3.

2. Die Freikuxe des Grundeigenthümers und der Kirche und Schule sind nicht ideelle Bergwerksantheile, sondern dingliche Rechte an einer fremden Sache (dem Bergwerk). Die Verpflichtung zur Gewährung derselben ruhte früher auf allen Bergwerken (A.L.R. II. 16 §§. 117 ff., 134), war also eine gemeine Last im Sinne der Hypothekenordnung I. §. 48. Nach dem Allg. Berggesetz §. 224 entsteht die Freikuxberechtigung nicht mehr, sodaß jetzt Gruben neben einander liegen können, von denen einige der Berechtigung unterworfen sind, andere nicht. Man wird indessen hieraus eine Aenderung der rechtlichen Natur der vorhandenen Feikuxe nicht folgern dürfen und daher annehmen müssen, daß dieselben nicht eingetragen zu werden brauchen, um ihre dingliche Wirkung gegen Dritte zu behalten. (Förster S. 112.) So auch das vormalige Obertribunal, oben S. 91 Anm. 2a zu §. 12 Satz 1 des Gesetzes.

3. Die Privatzehntrechte beruhen auf Privilegien; sie bedürfen daher ebenso wie alle sonstigen Abgaben, welche an Privatpersonen zu entrichten sind, zu ihrer Wirksamkeit gegen Dritte der Eintragung. (Vgl. A.L.R. II. 16 §§. 106 ff.) Der Zehnte, welcher den früher reichsunmittelbaren Standesherren gebührt, beruht auf dem Gesetz und ist daher in seiner Wirkung durch die Eintragung nicht bedingt (Ges. v. 21. Juni 1815 Nr. 5; Instr. v. 30. Mai 1820 §. 23; Berggesetz §. 250). Turnau 2 §. 9 Nr. 2 S. 152. Dasselbe gilt natürlich von der Bergwerksabgabe, die an den Staat zu entrichten und an die Stelle des Bergzehnten getreten ist. Ges. v. 16. Mai 1851 §. 1, vom 22. Mai 1861 und vom 20. Oktober 1862.

§. 69.

Wenn für selbstständige Gerechtigkeiten Grundbuchblätter eingerichtet sind, so wird die Veräußerung und der Erwerb des Eigenthums an ihnen, ihre Belastung und Verpfändung nach den Vorschriften dieses Gesetzes beurtheilt.

Fünfter Abschnitt.

Allgemeine Bestimmungen.

§. 70.

Der Prozeßrichter hat auf den Antrag einer Partei die Eintragung einer Vormerkung bei dem Grundbuchamt nachzusuchen, wenn ihm der Anspruch oder das Widerspruchsrecht, welche durch die Vormerkung gesichert werden sollen, glaubhaft gemacht sind.

Ausführungsgesetz zur Deutschen Civilprozessordnung. Vom 24. März 1879. (G.S. S. 281.) §. 18, abgedruckt oben S. 58.

§. 69.

Der §. 69 entscheidet die Frage, ob für eine bestehende Gerechtigkeit ein Grundbuchblatt angelegt werden kann, nicht; er bestimmt vielmehr nur, daß die Gerechtigkeiten, wenn für sie Grundbuchblätter eingerichtet sind, nach den Vorschriften dieses Gesetzes veräußert und belastet werden. (Vgl. die Motive bei Werner 2 S. 35.) Die bestehenden Grundbuchblätter können nicht auf Grund der Feststellung, daß die Gerechtigkeiten gegenstandslos oder werthlos geworden seien, geschlossen werden (Kammerger. im Jahrb. 7 S. 86).

In dem Bericht der Kommission des H.H. ist der § 69 so ausgelegt, als schließe er „die Anlegung neuer Folien für die selbständigen Gerechtigkeiten aus und konservire nur die bisherigen.“ Diese Auslegung hat jedoch den Wortlaut des Gesetzes nicht für sich. Darüber ob eine Gerechtigkeit noch jetzt ein Blatt im Grundbuche erhalten kann, entscheidet die Grundbuchordnung §. 3.

§. 70.

1. Nach dem früheren Recht (Gesetz vom 24. Mai 1853 § 47) erforderte das Einschreiten des Prozeßrichters im Fall des Antrages auf Eintragung einer Protestation, daß

a. in Betreff des behaupteten Realanspruches die Klage wenigstens angemeldet und

b. der Anspruch, der Vorschrift der Hyp.O. 2 §. 291 gemäß, bescheinigt worden.

Von diesen Erfordernissen ist das zweite durch die Vorschrift des §. 70 ersetzt und das erste, von der Bestimmung des §. 60 abgesehen, in das Gesetz nicht aufgenommen und jetzt auch für den Fall des § 60 durch das Ausf Ges. z. C.P.O. § 18 beseitigt. Letztere Bestimmung erklärt die Vorschriften der C.P.O. über einstweilige Verfügungen auf die zur Eintragung einer Vormerkung erforderliche Vermittelung des Prozeßrichters für anwendbar und erledigt damit die vielen Streitfragen, welche vor dem 1. Oktober 1879 in Ermangelung ausdrücklicher gesetzlicher Bestimmungen (außer den Einf.Ges. für Jade §. 3 Abs. 2 und Hannover §. 3 Abs. 3) über die prozessuale Erledigung des Antrages auf Eintragung einer Vormerkung bestanden. (Vgl. vorige Ausgabe Anm. 2 zu §. 70 S. 321.) Das geltende Recht ist dies:

2. Die Voraussetzungen der einstweiligen Verfügung, durch welche die Eintragung einer Vormerkung angeordnet wird, sind ausschließlich durch §. 70 geregelt, ohne daß daneben die Vorschriften der C.P.O. über die Voraussetzungen des Gesuches um Erlaß einer einstweiligen Verfügung (§§. 814, 819, 815, 797, 798, 800, 801) in Betracht kommen. Denn nach §. 16

Nr. 4 des Einf.Ges. z. C.P.O. bleiben von der C.P.O. unberührt „die Vorschriften des bürgerlichen Rechts, nach welchen in bestimmten Fällen einstweilige Verfügungen erlassen werden können", also auch die Bestimmung des §. 70, und §. 18 des Ausf.Ges. betrifft nur das Verfahren und läßt ebenfalls die materielle Vorschrift des §. 70 unberührt (R.G. V, J.M.Bl. 1884 S. 136, Entsch. 11 S. 279, 20 S. 244, Gruchot 34 S. 1083 und Entsch. 30 S. 351; Turnau 1 S. 276; Bahlmann S. 229; Thiele in Gruchot 37 S. 640.) Darnach setzt die einstweilige Verfügung nur, aber auch unter allen Umständen voraus: die Glaubhaftmachung des Anspruches oder Widerspruchsrechtes, welche durch die Vormerkung gesichert werden sollen.

a. Der durch die Vormerkung zu schützende Anspruch muß auf eine endgültige Eintragung, sei es des Eigenthumes (§§. 8, 9 des Gesetzes; §. 64 der Gr.B.O) oder eines in Abth. II oder III einzutragenden Rechtes (§§. 16, 22 des Gesetzes), oder auf Löschung irgend einer Eintragung, (vgl. z. B. §§. 9, 60 des Gesetzes) oder auf Schutz eines eingetragenen Rechtes gegen unbefugte Löschung (vgl. Gr.B.O. §. 102) gehen. Daß er bereits fällig ist, ist nicht erforderlich; ein bedingter, betagter oder von Gegenleistungen abhängiger Anspruch genügt. (vgl. oben S. 62 Anm. III 3.) Dagegen muß er nothwendiger Weise gegen den eingetragenen Eigenthümer bezw. Berechtigten gerichtet sein; ein Anspruch gegen einen Dritten, z. B. auf Auflassung, genügt selbst dann nicht, wenn diesem wieder der eingetragene Eigenthümer zur Auflassung verpflichtet ist (R.G. V, Entsch. 20 S. 242).

b. Formell ist die Glaubhaftmachung dieses Anspruches erforderlich. Diese kann nach der C.P.O. §. 266 durch jedes in der C.P.O. zugelassene Beweismittel, dessen Erledigung sofort erfolgen kann, mit Ausnahme der Eideszuschiebung, wohl aber auch durch eidliche Versicherung der Wahrheit erfolgen. Damit sind indessen die Möglichkeiten der Glaubhaftmachung nicht erschöpft, vielmehr genügt z. B. auch eine Versicherung an Eidesstatt (R.G. verein. Str. S., Entsch. in Straff. 19 S. 414) und eine Bezugnahme auf gerichtliche Akten (O.Tr. VI, Entsch. 79 S. 265); unter Umständen wird sogar eine Beweisaufnahme überhaupt nicht erforderlich, sondern die Behauptung nach den Umständen des Falles ohne weiteres glaubhaft sein.

Durch die Glaubhaftmachung des Anspruches erwirbt der Antragsteller ein Recht auf Anordnung der Vormerkung. Der Prozeßrichter kann weiteres nicht verlangen, insbesondere nicht die Feststellung einer besonderen Gefahr oder eine Sicherheitsleistung (R G. V, Gruchot 34 S. 1083), während andererseits letztere die Glaubhaftmachung nicht ersetzt.

3. Zuständig für den Erlaß der einstweiligen Verfügung ist „das Gericht der Hauptsache" d. h. dasjenige Gericht, welches für den durch die Vormerkung zu sichernden Anspruch zuständig ist, einerlei ob letzterer bereits anhängig ist oder nicht. Schwebt die Hauptsache zur Zeit in der Berufungsinstanz, so entscheidet diese, sonst stets das erstinstanzliche Gericht. In dringenden Fällen kann die Entscheidung über die einstweilige Verfügung durch den Vorsitzenden des Gerichts der Hauptsache oder durch das Amtsgericht der belegenen Sache erfolgen. Doch ist die Entscheidung durch das Amtsgericht nur eine vorläufige, da dasselbe beim Erlaß der einstweiligen Verfügung eine Frist zu bestimmen hat, innerhalb welcher der Antragsteller den Gegner zur mündlichen Verhandlung über die Rechtmäßigkeit der einstweiligen Verfügung vor das Gericht der Hauptsache zu laden hat, und nach deren fruchtlosem Ablaufe die Verfügung auf Antrag aufzuheben ist (C.P.O. §§. 816, 820 bis 822; vgl. R.G. VI, Entsch. 30 S. 351, Jur. Woch. 1892 S. 514 Nr. 33).

4. Bezüglich des Verfahrens kommen die §§. 816 Abs. 2, 802, 804 bis 806 der C.P.O., mit Ausnahme der hierin enthaltenen Bestimmungen über Sicherheitsleistung, dagegen nicht die §§. 801 Abs. 2, 803, 807, 813 und 818 in Betracht (vgl. Anm. 2). Regelmäßig muß der Entscheidung eine mündliche Verhandlung vorausgehen; dann erfolgt sie durch Endurtheil. Gegen dieses greifen dieselben Rechtsmittel Platz, welche gegen das von derselben Instanz in der Hauptsache erlassene Endurtheil zulässig sein würden, also insbesondere gegen die Entscheidung des Oberlandesgerichtes, bei welchem das Gesuch um Erlaß der einstweiligen Verfügung während der Anhängigkeit der Hauptsache bei demselben angebracht ist, die Revision, obwohl die Entscheidung eine erstinstanzliche ist; denn der Zweck der Bestimmung des §. 821

der C.P.O., welche das Berufungsgericht in dem gegebenen Falle für zuständig erklärt, ist der, eine abweichende Beurtheilung der Hauptsache zu verhüten (R.G. II, Entsch. 5 S. 430; vgl. Küntzel in Gruchot 24 S. 142; v. Krämel in Busch Zeitschr. f. Civilprozeß Bd. 2 S. 397).

In dringenden Fällen kann die Entscheidung ohne vorgängige mündliche Verhandlung durch Beschluß erfolgen (§. 816 Abs. 2). Gegen ihn findet nach §§. 804, 805 Widerspruch statt, welcher durch Ladung zur mündlichen Verhandlung über die Rechtmäßigkeit der einstweiligen Verfügung erhoben wird und bewirkt, daß über dieselbe nach mündlicher Verhandlung durch Endurtheil entschieden wird. Die Vollziehung der einstweiligen Verfügung wird dadurch nicht gehemmt.

Daß die Anhängigkeit der Hauptsache nicht mehr Voraussetzung des Einschreitens des Prozeßgerichtes ist, ist bereits in Anm. 1 erwähnt. Doch ist sie noch insofern von Bedeutung, als bei ihrem Fehlen das Gericht auf Antrag die Erhebung der Klage binnen bestimmter Frist der Partei, welche die einstweilige Verfügung beantragt hat, aufzugeben und bei Nichtbefolgung dieser Anordnung die Verfügung aufzuheben hat (§. 806).

5. Ueber die Vollziehung der einstweiligen Verfügung bestehen verschiedene Streitfragen:

a. Zunächst ist es zweifelhaft, wer die Eintragung bei dem Grundbuchrichter zu beantragen hat. Die C.P.O. überläßt die Vollstreckung grundsätzlich dem Selbstbetrieb der Parteien. Trotzdem ist bei dem Wortlaut des §. 18 des Ausf.Ges. z. C.P.O. (vgl. auch den §. 19 desselben Gesetzes, oben S. 58) anzunehmen, daß an der Bestimmung des §. 70, nach welcher auf Antrag der Partei das Prozeßgericht den Grundbuchrichter zu ersuchen hat, nichts geändert ist. Allgemein wird deshalb das Ersuchen des Prozeßrichters für zulässig gehalten (R.G. V, Entsch. 11 S. 281; Kammerger, Jahrb. 5 S. 198, 6 S. 123), während über die Frage, ob daneben der Parteibetrieb statthaft ist, Streit besteht. Indessen dürfte es keinem Bedenken unterliegen, eine von der Partei selbst beantragte Eintragung der durch einstweilige Verfügung angeordneten Vormerkung vorzunehmen; denn dieses Verfahren hat den grundsätzlichen Standpunkt der C.P.O. für sich. (Dernburg Hyp.R. §. 15 Nr. 4, S. 110; Wolff, die Eintragung in das Grundbuch zur Vollstreckung einer Forderung, S. 65; vgl. auch Hinrichs, Studien, Heft 1 S. 10 ff. A. M. Turnau 1 S. 278 Anm. 4 und Eccius 3 § 198 Anm. 36; letzterer sieht in der Ausführung der einstweiligen Verfügung in diesem Falle, wo es sich um keine Nöthigung des Gegners handle, keine Zwangsvollstreckung.)

b. Eine zweite Streitfrage betrifft die Anwendbarkeit des §. 809 Abs. 2 der C.P.O. auf einstweilige Verfügungen. Nach dieser Vorschrift ist die Vollziehung eines Arrestbefehles unstatthaft, wenn seit seiner Verkündung oder Zustellung an den Gläubiger zwei Wochen verstrichen sind. Nach der früheren Ansicht des Kammerger. (Jahrb. 6 S. 123) muß binnen dieser Frist der Antrag der Partei auf Nachsuchung der Eintragung beim Prozeßgericht eingehen, während der Eingang des Ersuchens des Prozeßgerichtes beim Grundbuchrichter nicht an eine Frist gebunden sei. Das Reichsgericht III (Entsch. 21 S 416) ist dagegen der Ansicht, daß nur die Zustellung der einstweiligen Verfügung an den Beklagten innerhalb der erwähnten Frist erforderlich sei, denn dadurch sei die Gebundenheit des Willens desselben herbeigeführt, einerlei ob ihm etwas geboten oder verboten würde, und somit die Verfügung vollzogen, wenn auch zur Wirkung gegen Dritte die Eintragung in das Grundbuch erforderlich sei. Dem ist das Kammergericht am 21. November 1892 (Jahrb. 12 S. 102) beigetreten.

c. Im übrigen müssen sämmtliche Voraussetzungen der Zwangsvollstreckung eines Arrestbefehles, wie sie oben S. 140 ff. in der Anm. II 1a aufgezählt sind, auch bei der einstweiligen Verfügung vorliegen, aber auch nur diese. Eine Zustellung der einstweiligen Verfügung vor der Eintragung in das Grundbuch bedarf es daher seit dem Reichsgesetz vom 30. April 1886 (C.P.O. §. 809 Abs. 3) nicht mehr. Ob alle Erfordernisse vorhanden sind, hat der Grundbuchrichter nur dann zu prüfen, wenn die Partei unmittelbar die Eintragung beantragt, dagegen nach §. 41 der Gr.B.O. nicht, wenn das Prozeßgericht dieselbe nachsucht.

§. 71.

Die statutenmäßigen Befugnisse der mit Korporationsrechten versehenen Kreditinstitute in Betreff der Zwangsverwaltung werden durch dieses Gesetz nicht berührt.

§. 72.

Dieses Gesetz tritt am 1. Oktober 1872 in Kraft.

Urkundlich unter Unserer Höchsteigenhändigen Unterschrift und beigedrucktem Königlichen Insiegel.

Gegeben Berlin, den 5. Mai 1872.

(L. S.) **Wilhelm.**

Fürst v. Bismarck. Gr. v. Roon. Gr. v. Itzenplitz. v. Selchow. Gr. zu Eulenburg. Leonhardt. Camphausen. Falk.

---

d. Gegen den die Eintragung ablehnenden Bescheid des Grundbuchrichters steht dem Antragsteller, also beim Ersuchen des Prozeßgerichts diesem, die Beschwerde gemäß den Vorschriften der Gr.B.O. §. 24 und des Ausf.Ges. z. G.V.G. §§. 40, 51 ff. (nicht die sofortige Beschwerde der C.P.O. oder die des §. 160 des G.V.G.) zu (Kammerger., Jahrb. 3 S. 3 u. 5 S. 198).

6. Ueber die Löschung der eingetragenen Vormerkung vgl. §. 19 des Ausf.Ges. z. C.P.O. (oben S. 58) und Anm. III 6 zu §. 8 des Gesetzes, oben S. 65.

§. 71.

Der §. 71 ist jetzt durch die Bestimmungen des Zwangsvollstr.Ges. §§. 202, 145 ersetzt worden. Durch §. 202 sind „die besonderen Rechte der bestehenden Kreditverbände bei der Zwangsvollstreckung" (nicht nur bei der Zwangsverwaltung, wie nach §. 71) „in die zu denselben gehörigen oder von denselben beliehenen Grundstücke", mit Ausnahme der besonderen Widerspruchsrechte gegen die Ertheilung des Zuschlags, aufrechterhalten, und §. 145 läßt außerdem die Uebertragung eines Theiles der gerichtlichen Thätigkeit bei der Zwangsverwaltung auf die mit Korporationsrechten versehenen Kreditinstitute zu. Vgl. Krech u. Fischer S. 700 ff., 616 ff., und Kammerger. im Jahrb. 5 S. 151.

§. 72.

1. Das Gesetz ist am 1. Oktober 1872 nur in den Geltungsgebieten des A.L.R und der A. Hyp.O., mit Ausschluß der Gebietstheile der Provinz Hannover, in Kraft getreten. Ueber den Beginn seiner Geltung in den übrigen Landestheilen, in welchen es im Jahre 1873 bezw. 1888 eingeführt ist, siehe die Daten in der Einleitung, oben S. 22 ff.

2. Das Gesetz hat nicht rückwirkende Kraft. Die zeitlichen Grenzen seiner Herrschaft bestimmen sich daher nach den allgemeinen Regeln. Vgl. Einl. S. 23 Nr. 3 und die Anm. zu den einzelnen §§. Windscheid §§. 31—33; Publikationspatent vom 5. Februar 1794 §§. VIII. ff.; A.L.R. Einl. §§. 14 ff.; Dernburg, Preuß. Privatr. 1 §§. 30 und 192; Rintelen, über den Einfluß neuer Gesetze auf die zur Zeit ihrer Emanation bestehenden Rechtsverhältnisse ꝛc. 1877.

3. Der Entwurf der Regierung enthielt noch einen Paragraphen, welcher lautete: „Alle diesem Gesetze entgegenstehenden Vorschriften werden aufgehoben." Motivirt war dieser Paragraph wie folgt:

„Die Natur einer Kodifikation bringt es mit sich, das ältere Recht durchgreifend aufzuheben. Im vorliegenden Fall kann aber die Aufhebung nicht blos darin bestehen, daß die betreffenden einzelnen Paragraphen oder Gesetze bezeichnet würden, weil viele von diesen auch noch allgemeine, durch dieses Gesetz nicht betroffene Beziehungen haben und für diese ihre

Gültigkeit behalten müssen. Die Bestimmungen im A.L.R. I, 10 beziehen sich auch auf den Erwerb beweglicher Sachen, die §§. 1—70 I, 20 A.L.R. enthalten die allgemeinen Grundsätze über das Pfandrecht, beziehen sich mithin auch auf das sog. Pfandrecht im engeren Sinn. Es kann daher nur die beziehungsweise Aufhebung solcher Bestimmungen in ihrer Anwendung auf die durch dieses Gesetz normirten Rechtsmaterien angenommen werden. Die §§. 227—238, 242, 390—457, 466—535 I, 20 A.L.R., die Anhangsparagraphen 52, 53, 54, die Deklarationen vom 3. April 1824 und vom 21. März 1835 sind durch die Bestimmungen dieses Gesetzes aufgehoben." (Motive, bei Werner S. 35.)

Diese Bemerkungen haben bei der Gestalt, welche das Gesetz erhalten hat, ihren Werth verloren. Die Frage, was von den älteren Vorschriften aufgehoben ist, muß bezüglich jeder Vorschrift besonders geprüft werden. (Vergl. Einl. S. 23 Ziff. 2.) Jedenfalls sind die §§. 390—535 des 20. Titels im ersten Theil des Landrechts durch den dritten Abschnitt nicht im Ganzen ersetzt. Auch die Bestimmungen über das antichretische Pfandrecht (§§. 7, 99, 100, 136, 139 ff., 158, 255 ff. a. a. O.) sind durch die Gesetze vom 5. Mai 1872 nicht beseitigt. (Gr.B.O. §. 12.)

Grundbuch-Ordnung.

(Gesetz-Sammlung 1872 S. 446 ff.)

Wir **Wilhelm,** von Gottes Gnaden König von Preußen ꝛc. verordnen für die Landestheile, in welchen die Hypotheken-Ordnung vom 20. Dezember 1783 gilt, mit Ausnahme der Gebietstheile der Provinz Hannover, unter Zustimmung beider Häuser des Landtages Unserer Monarchie, was folgt:

Vorbemerkungen.

1. Die Gr.B.O. gilt in denselben Gebieten, in welchen das Gesetz über den Eigenthumserwerb ꝛc. Gesetzeskraft hat. (Vgl. oben S. 22.) Ihr Verhältniß zu dem bisherigen Rechte ist einfacher als dasjenige dieses Gesetzes. Indem sie die Form und Einrichtung der Grundbücher, die Organisation der Buchbehörden, das Verfahren in Grundbuchsachen ꝛc. regelt, findet sie Anwendung auch auf die unter der Herrschaft des früheren Rechtes begründeten Verhältnisse. Die Ausnahmen ergeben sich meist aus den einzelnen Paragraphen.

Für das Geltungsgebiet des A.L.R. ist die Gr.B.O. an die Stelle der Hypotheken-O. vom 20. Dezember 1783 getreten. Sie hat die Hyp.O. und „alle dieselbe ergänzenden und abändernden Gesetze" formell aufgehoben (§. 143) und dadurch einen klaren und sicheren Rechtszustand geschaffen.

2. Der Inhalt der Gr.B.O. lehnt sich eng an die Hyp.O. und deren Abänderungen an. Die Staatsregierung äußerte sich in dieser Hinsicht wie folgt:

„Die äußere Einrichtung der jetzigen preußischen Hypothekenbücher und ihre Eintheilung in Blätter für jedes einzelne Grundstück mit Titel und drei Rubriken hat sich im Wesentlichen durchaus bewährt. Sie ist an sich einfach und übersichtlich, auch ohne Schwierigkeit in gleicher Weise anwendbar auf große und kleine, ländliche und städtische Grundstücke. Es liegt daher kein Bedürfniß vor, hieran etwas zu ändern, und zwar um so weniger, als die Bücher in denjenigen Provinzen, in denen die Hypothekenordnung vom 20. Dezember 1783 gilt, mit wenigen Ausnahmen vollendet sind, und eine Aenderung der Form große Arbeitslast ohne wesentliche Vortheile herbeiführen würde. Dagegen hat die in neuerer Zeit in sehr beträchtlichem Umfange vorgeschrittene Zertheilung der Grundstücke, welche namentlich in Westphalen, in einem Theile der Provinzen Sachsen und Schlesien und a. a. O. hervorgetreten ist, und eine große Anzahl von Grundstücken kleinster Dimensionen, deren viele sich im Eigenthum derselben Personen befinden, gebildet hat, die Nothwendigkeit erzeugt, für dergleichen Parzellen ein Grundbuch-

Erster Abschnitt.

Von der Form und Einrichtung der Grundbücher.

§. 1.

Für jeden Gemeinde-, selbstständigen Guts- oder besonderen Grundsteuer-Erhebungsbezirk werden ein oder mehrere Grundbücher angelegt. In diese werden die selbstständigen, in den Grundsteuerbüchern verzeichneten Grundstücke eingetragen.

Die Eintragung erfolgt in fortlaufender Nummerreihe.

Formular aufzustellen, welches noch einfacher, als das Formular der Hypothekenordnung von 1783 ist und besser, als dies in den jetzt für die sogenannten Wandeläcker und walzenden Grundstücke angewendeten Formularen der Fall ist, Uebersicht über den Realzustand jeder einzelnen Parzelle gewährt. Dies ist in der vorliegenden Ordnung geschehen, und wird bei den betreffenden Paragraphen die nähere Motivirung gegeben werden."

„Aus den Prinzipien, welche in dem Gesetzentwurf über das materielle Recht des Eigenthumserwerbes und die dingliche Belastung der Grundstücke aufgestellt sind, und welche in wesentlichen Beziehungen von dem bisherigen Altpreußischen Recht abweichen, ergiebt sich die Nothwendigkeit, auch die Grundbuch-Ordnung hiernach umzuändern und mit jenen Prinzipien in Einklang zu bringen. Daß dies nicht in Form einer Novelle geschehen kann, vielmehr ein den Gegenstand erschöpfendes neues Gesetz vorzuziehen ist, rechtfertigt sich aus denselben Gründen, wie die Kodifikation des materiellen Rechts. Theils die tiefgreifenden prinzipiellen Aenderungen, theils die für eine leichte, schnelle und doch sichere Erledigung der Geschäfte bei dem Grundbuch unentbehrliche Einheitlichkeit und Uebersichtlichkeit des Rechts widerrathen die bloße Ausbesserung oder Aenderung von Einzelheiten, insbesondere, da zugleich in Aussicht genommen werden muß, die neue Ordnung auch in andere Provinzen des Staates einzuführen. Es liegt allerdings in der Natur der Sache, daß bei dieser Kodifizirung viel bewährte Vorschriften des bisherigen Rechts in die neue Ordnung herübergenommen werden konnten, aber in Folge jener geänderten Prinzipien sind doch auch die neuen Vorschriften von größerer Anzahl und innerer Wichtigkeit." (Mot., bei Werner 2 S. 149.)

3. Die erheblichsten Aenderungen des bisherigen Rechtes sind bereits oben S. 14, 15 angegeben.

4. Die Abänderungen, welche die GrB.O. durch die neuere Gesetzgebung erlitten hat, werden bei den einzelnen Paragraphen hervorgehoben werden.

Erster Abschnitt.

§. 1.

1 Die Grundbuchbezirke.
2. Die zur Eintragung geeigneten Gegenstände, insbesondere
 a. die selbständigen Grundstücke, S. 293.
 b. die in den Steuerbüchern verzeichneten Grundstücke.
3. Die Nummerreihe, S. 294.

1. Die Grundbücher werden für räumlich abgegrenzte Bezirke geführt. Der Grundbuchbezirk deckt sich der Regel nach mit dem Gemeindebezirk oder einem Theil desselben. Sofern ein Gut einen eigenen Kommunalverband darstellt, erhalten die in seinem Bezirk belegenen Grundstücke ein besonderes Grundbuch. Wo mehrere Gemeinde- oder Gutsbezirke zu einem Grundsteuer-Erhebungsbezirk vereinigt sind, werden für diesen Bezirk ein oder mehrere Grundbücher eingerichtet.

Der Begriff des Grundsteuer-Erhebungsbezirkes ergiebt sich aus den §§. 3 u. 4 des Gesetzes vom 8. Februar 1867, welche lauten:

„So lange die Vorschrift im §. 1 Absatz 2 des Gesetzes vom 14. April 1856, betreffend die Landgemeinde-Verfassungen in den sechs östlichen Provinzen der Monarchie (Ges.S. für 1856 S. 359) noch nicht vollständig ausgeführt ist, und Liegenschaften vorhanden sind, welche einem bestehenden Gemeinde- oder selbstständigen Gutsbezirke nicht angehören, sind einzelne Liegenschaften nach der Bestimmung der Bezirksregierung Behufs der Grundsteuereinziehung benachbarten Gemeinde- beziehungsweise Gutsbezirken zuzuschlagen und größere Komplexe zu besonderen Grundsteuer-Erhebungsbezirken zu vereinigen."

„Im Wege der Vereinbarung zwischen den betheiligten Gemeinde- beziehungsweise Gutsbezirken können einzelne, einem Gemeinde- oder Gutsbezirke angehörige Liegenschaften zum Zwecke der Steuererhebung einem anderen dergleichen Bezirke zugeschlagen oder Gutsbezirke zu dem gedachten Zwecke vereinigt werden.

Dergleichen Vereinbarungen unterliegen der Bestätigung der Bezirksregierung."

2. Das Grundbuch hat die Bestimmung, über die Grundstücke und die an denselben bestehenden Rechte Auskunft zu geben. Den Grundstücken sind in dem §. 3 die Bergwerke und Gerechtigkeiten gleichgestellt. Aber nicht jedes Grundstück ist eintragungsfähig. Das Grundbuch soll nur über selbständige, in den Grundsteuerbüchern verzeichnete Grundstücke geführt werden.

a. Die Hypothekenordnung von 1783 (I. §. 6) und das Gesetz für Neuvorpommern vom 21. März 1868 (§. 1) geben die Merkmale an, welche vorhanden sein müssen, damit ein Grundstück für ein selbständiges, zur Eintragung in das Hypothekenbuch geeignetes angesehen werden könne. Die Grundbuchordnung hat eine solche Definition vermieden; sie behandelt diejenigen Grundstücke, welche in den Grund- resp. Gebäudesteuerbüchern verzeichnet sind, ohne weiteres als selbständige und folglich eintragungsfähige. Die Frage, ob für jedes Grundstück ein Blatt anzulegen ist, entscheidet sich nach den für die einzelnen Provinzen erlassenen Gesetzen (vgl. §. 133 und die Einführungsgesetze von 1873 und 1888). In der Provinz Westfalen ist die Anlegung des Blattes von dem Antrag des Eigenthümers abhängig. (Kab.O. v. 31. Oktober 1831.) Dies ist auch das — subsidiär zur Anwendung kommende — Prinzip der Grundbuchordnung. (§. 134.) Einen direkten Zwang zur Eintragung gestattet dieselbe nur in den Fällen des §. 55. Ein indirekter Zwang liegt in der Vorschrift des Gesetzes über den Eigenthumserwerb §. 5, daß der Eigenthümer das Recht der Auflassung und Belastung seines Grundstückes nur durch seine Eintragung in das Grundbuch erlangt.

Der Antheil eines Miteigenthümers ist nicht ein selbständiges Grundstück und demnach ungeeignet, als solches in das Grundbuch eingetragen zu werden. (Turnau 1 S. 22 Anm. 3.)

Daß Landseen zu den selbständigen Grundstücken gehören, wurde in der Kommission des H.H. als unzweifelhaft angesehen. (Werner 2 S. 163.) Auch andere Gewässer können, soweit sie in den Steuerbüchern als selbständige Grundstücke angeführt sind, in das Grundbuch eingetragen werden; nur solche Gewässer, welche als öffentliche in Niemandes Eigenthum stehen, sind von der Eintragung ausgeschlossen. (L.G. und O.L.G. Kassel, Jahrb. 11 S. 396, 377.)

Für das Gebiet des rheinischen Rechtes, welches ein besonderes Stockwerkseigenthum kennt, wird von Mügel (S. 46 und in Gruchot 37 S. 156) und Turnau (a. a. O.) das Stockwerk als ein selbständiges Grundstück angesehen, welches ein besonderes Grundbuchblatt erhalten kann. Indessen ist dasselbe ebensowenig ein Grundstück im Sinne der Gr.B.O., wie im Gebiete des A.L.R. das dem Superfiziar gehörige Gebäude. Vgl. den Beschluß des O.L.G. Köln, Jahrb. 12 S. 313, und die das. S. 318 mitgetheilte Verf. des Landgerichtspräs. zu Elberfeld.

b. Nach dem Entwurfe sollte die Grundsteuer-Mutterrolle die Basis für das Grundbuch bilden. Die Kommission des Abgeordnetenhauses hat der Mutterrolle die „Grundsteuerbücher" substituirt, weil man der Meinung war, daß wie in Westfalen, so auch in den übrigen Provinzen nicht die Mutterrollen, sondern die Flurbücher das Vorbild für die Bezeichnung der

§. 2.

Für Domainen und andere dem Staat gehörige Grundstücke, für Grundstücke der Kirchen, Klöster, Schulen und Gemeinden, für Eisenbahnen und öffentliche Landwege bedarf es der Anlegung eines Grundbuchblatts nur im Fall der Veräußerung oder Belastung, oder wenn von dem Eigenthümer oder einem Berechtigten darauf angetragen wird.

Die Grundstücke der Eisenbahnen und die öffentlichen Landwege werden dann in dem Grundbuch eines jeden Bezirks (§. 1.), in welchem sie liegen, eingetragen.

Grundstücke im Grundbuch abgeben müßten. (Werner 2 S. 185.) Der Ausdruck „Grundsteuerbücher" umfaßt sowohl die Mutterrollen als auch die Flurbücher. Vgl. unten Anm. 2 zu §. 4, S. 297 ff.

3. In der Kommission des Herrenhauses wurde es von einer Seite für möglich gehalten, den Schlußsatz des §. 1 so zu verstehen, „daß die Grundbuchblätter nach der Nummerreihe der Grund- und Gebäudesteuermutterrollen und identisch mit denselben verzeichnet werden sollten." Der Kommissar der Regierung konstatirte deshalb ausdrücklich, „daß die Eintragung nach fortlaufender Nummerreihe nicht den Sinn der Identität der Nummer des Grundbuchblattes mit den Nummern des Katasters haben, sondern nur die fortlaufende Nummer des Grundbuchs für jeden Gemeinde- oder Gutsbezirk resp. bei großen Städten der besonderen Distrikte derselben bedeuten solle." (Bericht der Kommission des Herrenhauses, bei Werner S. 162.)

§. 2.

Der Regierungsentwurf hatte den zweiten Satz des §. 1 in folgender Fassung: „In diese wird **jedes** selbständige, in der Grundsteuer-Mutterrolle verzeichnete Grundstück eingetragen." Folgerichtig fehlte deshalb eine Bestimmung, wie solche jetzt in dem ersten Satze des §. 2 enthalten ist. Man wollte eben, um die Prinzipien des Gesetzes über den Eigenthumserwerb und des Anschlusses der Hypothekenbücher an die Grund- und Gebäudesteuerbücher konsequent durchzuführen, zu dem im Laufe der Zeit vielfach modifizirten Grundsatze der alten Hypotheken-Ordnung, daß alle Grundstücke in das Hypothekenbuch einzutragen seien, zurückkehren und demgemäß auch für die Grundstücke des Fiskus, der Kirchen, Schulen, Gemeinden und Eisenbahnen ein Blatt im Grundbuche anlegen. (Motive.) Hiergegen erhob sich jedoch in der Kommission des Herrenhauses ein lebhafter Widerspruch. Man wies darauf hin, daß durch die vorgeschlagene Neuerung „nicht nur eine Masse unnützer Arbeit, Kosten und Schreiberei, sondern ohne Zweifel bisweilen recht schwierige Ermittelungen herbeigeführt werden würden, weil die Besitztitel für jene Grundstücke, insbesondere für die fiskalischen, oft in sehr alte Zeiten zurückgingen, Lücken mancher Art sich ergeben würden und bei Wegen vielfach auch die bedenkliche Kontestation entstehen würde, ob dieselben als Landstraßen oder Kommunikationswege, als öffentliches, kommunales oder Privat-Eigenthum zu qualifiziren seien, indem das Eigenthum an Wegen meistens mehr als eine Last, wie ein Recht angesehen zu werden pflege." Die Kommission hielt deshalb als Regel daran fest, daß für die erwähnten Grundstücke ein Blatt im Grundbuch nur dann anzulegen wäre, wenn das Bedürfniß oder der Antrag eines Betheiligten dies erfordere. Man gab dementsprechend dem §. 2 die vorliegende Fassung. (Komm.Ber., bei Werner 2 S. 162.)

Das bisherige Recht ist durch den §. 2 nicht erheblich geändert worden. Vgl. wegen der Domänen namentlich die KabO. v. 27. Dezember 1808 und die Reskripte vom 26. u. 28. Januar 1809, vom 18. April 1812 (Koch, Recht und Hypothekenwesen der preuß. Dom. S. 219, 263, 266, 307) und vom 21. April 1832 (v. Kamptz, Jahrb. 39 S. 461), die Instr. v. 16. Juni 1834 und v. 1. Juni 1835 §§. 1 u. 2 (ebd. 45 S. 513 u. 529); wegen anderer Grundstücke des Fiskus das Reskript vom 10. Juni 1834 (ebd. 47 S. 592); wegen des

§. 3.

Die für Grundstücke gegebenen Vorschriften dieses Gesetzes gelten auch für Bergwerke und Gerechtigkeiten, sofern nicht ein Anderes ausdrücklich bestimmt ist.

Grundbesitzes der Kirchen, Klöster, Schulen und Gemeinden die Reskripte v. 9. März u. 29. Mai 1789 und v. 24. Dezember 1792 (bei Rabe 1 S. 763 und 771, 2 S. 377); wegen der Eisenbahnen Gruchot 3 S. 416 u. 417.

2. Soll die Veräußerung oder Belastung eines in das Grundbuch noch nicht eingetragenen Grundstückes einer Gemeinde 2c. erfolgen, so muß zunächst für dasselbe ein Grundbuchblatt angelegt und die Gemeinde 2c. als Eigenthümerin in das Grundbuch eingetragen werden. Die unmittelbare Eintragung des Erwerbers als Eigenthümer im Falle einer Veräußerung ist unzuläsig (Ausn.: Gesetz, betr. die durch ein Auseinandersetzungsverfahren begründeten gemeinschaftlichen Angelegenheiten, vom 2. April 1887 §. 8). Ob auf diese Anlegung von Grundbuchblättern in den gemein- oder französischrechtlichen Landestheilen die besonderen Vorschriften der Einführungsgesetze über die erste Anlegung der Grundbücher Anwendung finden, auch wenn für den Gemeindebezirk, in welchem das Grundstück liegt, das Grundbuchrecht im allgemeinen in Kraft getreten ist, ist streitig, vgl. darüber L.G. Hannover, Jahrb. 11 S. 403; Harriehausen, Grundbuchrecht S. 129; Detmold im Magazin f. das deutsche Recht der Gegenwart 3 S. 69 ff.; anders Baring ebd. 3 S. 344 ff., 5 S. 101 ff. und Wedekind ebd. 5 S. 95 ff.; die Bestimmungen der Einf.Ges. über den Beweis des Eigenthums wird man jedenfalls zur Anwendung bringen müssen, da die §§. 103 ff. der Gr.B.O. in diesen Gebieten nicht gelten.

Tritt die Nothwendigkeit der Anlegung eines Grundbuchblattes nur bezüglich eines Theiles des betreffenden Grundstückes ein, so kann dieser Theil von dem Ganzen abgetrennt und dann in das Grundbuch aufgenommen werden. Die Anlegung eines Blattes für das unveräußert und unbelastet bleibende Restgrundstück ist nicht erforderlich. (Neubauer, Kontrov. S. 17; Ostpr. Trib., Jahrb. 1 S. 58.)

3. In der Kommission des A.H. wurde die Streichung des zweiten Satzes in dem §. 2 beantragt. „Die Bestimmung", so meinte man, „sei an und für sich nach §. 1 selbstverständlich, jedoch führe die Fassung zu der Annahme, daß bezüglich der bezeichneten Grundstücke jede Ausnahme (§. 13) unstatthaft sei. Dies könne sich aber insbesondere in Betreff der Grundstücke der Eisenbahnen nicht empfehlen, indem für diese ein Blatt im Bezirke eines jeden Grundbuchamts genüge und sogar unter Umständen die Bildung eines einzigen Blattes für den ganzen Bahnkörper (§. 25) wünschenswerth erscheinen könne. Die Kommission entschied sich für Beibehaltung des Alinea." (Werner 2 S. 185.) Damit ist jedoch nicht gesagt, daß die §§. 13 u. 25 auf Eisenbahnen und öffentliche Landwege nicht anzuwenden wären. Die Anwendbarkeit wird für unbedenklich gehalten. (Turnau 1 S. 27.)

4. Aus dem §. 2 darf nicht gefolgert werden, daß, wenn die Veranlassung zur Anlegung des Blattes fortfällt, das angelegte Blatt (wie nach früherem Recht) geschlossen werden könne. Die Schließung findet nur nach Maßgabe der allgemeinen Bestimmungen statt. (§§. 5, 27, 59, 62, 72.) Königsberg v. 19. August 1874, Johow 7 S. 316. Anderer Meinung das vormalige App.Ger. Glogau in dem Besch. v. 4. Sept. 1877, ebd. 8 S. 137. Das Kammerger., Jahrb. 7 S. 91, hat sich der hier vertretenen Ansicht angeschlossen; dasselbe hält jedoch die Schließung eines Grundbuchblattes für ein Grundstück, welches ganz in das Eigenthum einer Stadtgemeinde durch Auflassung und Eintragung derselben übergegangen ist, für zulässig, weil nach dem Gesammtinhalt und der daraus erhellenden Absicht des Gesetzes bestimmte Gründe nicht entgegenstehen, sofern nicht im einzelnen Falle besondere Bedenken vorhanden sind.

§. 3.

1. Das Allg. Berggesetz vom 24. Juni 1865 bestimmt unter §§. 52 u. 53: „Auf das Bergwerkseigenthum finden hinsichtlich der Veräußerung, der Verpfändung und des Arrestes .....

§. 4.

Die Grund- und Gebäudesteuerbücher, von welchen dem Grundbuchamt eine Abschrift mitgetheilt werden soll, dienen zur Ausmittelung der in die Grundbücher einzutragenden oder bereits eingetragenen Grundstücke, ihrer Lage und Größe. Ihre Bezeichnung in den Steuerbüchern ist bei den Grundbüchern beizubehalten. Bei Gutskomplexen genügt die Eintragung der Gesammtfläche und des Gesammtreinertrages.

---

die allgemeinen gesetzlichen Vorschriften Anwendung, welche in dieser Beziehung für das Grundeigenthum gelten." „Die allgemeinen gesetzlichen Vorschriften über die Führung der Hypothekenbücher und rheinischen Hypothekenregister, die Subhastation, den Concurs und die Rangordnung der Gläubiger sind auch für das Bergwerkseigenthum maßgebend, soweit nicht im gegenwärtigen Gesetze etwas Anderes bestimmt ist. (§§. 246 bis 249.)" Diesen Sätzen entsprechen für das materielle Recht der §. 68 des Gesetzes über den Eigenthumserwerb 2c., für das formelle Recht der §. 3 der Gr.B.O. (Vgl. auch das Ges. über das Bergwerkseigenthum in den ehemals Großherzogl. und Landgräfl. Hess. Gebietstheilen v. 31. Mai 1887, G.S. S. 181, und dazu allg. Verf. v. 25. Okt. 1887, J.M.Bl. S. 287.)

2. Es ist streitig, ob für eine selbständige Gerechtigkeit, welche bisher kein Folium hatte, ein Blatt im Grundbuche angelegt werden darf. Förster, Grundbuchrecht S. 34, hat die Frage unter Berufung auf die Fassung des §. 69 in dem Gesetze über den Eigenthumserwerb 2c. verneint, desgleichen das vormalige ostpreußische Tribunal in den Bescheiden v. 9. Mai und 19. Nov. 1873, Johow 7 S. 301. Richtiger ist aber die Bejahung, weil eine besondere Bestimmung, welche die Verneinung ausspräche, nicht nachweisbar ist, im übrigen aber nach §. 3 der Gr.B.O. die für Grundstücke gegebenen Vorschriften derselben auch auf Gerechtigkeiten Anwendung finden. Daß der §. 3 so aufgefaßt werden muß, ergeben auch seine Motive, welche lauten: „Für die Anlegung von Grundbuchblättern für selbständige Gerechtigkeiten ist zwar ein praktisches Bedürfniß nicht eigentlich vorhanden, und nach §. 3 der Verordnung vom 31. März 1834 ist in dem Herzogthum Westphalen, dem Fürstenthum Siegen, den Aemtern Burbach, Neuenkirchen und in der Herrschaft Wittgenstein-Wittgenstein und Wittgenstein-Berleburg die Anlegung von Blättern für solche Gerechtigkeiten untersagt. Es empfiehlt sich jedoch nicht, dieses Verbot zu verallgemeinern, um nicht einem etwa hervortretenden Bedürfniß die Befriedigung zu entziehen." Die meisten Schriftsteller, welche die Frage nach der Zulässigkeit neuer Blätter für Gerechtigkeiten erörtern, entscheiden sich deshalb für die Bejahung; so namentlich Turnau 1 S. 30; Dernburg, Preuß. Privatr. 1 §. 193 Note 14; Dernburg und Hinrichs 1 S. 152; Bahlmann 3. Aufl. S. 242; Förster-Eccius 3 §. 198 Anm. 3. Vgl. auch Einf.Ges. für Schlesw.-Holst. §. 42. Damit steht die Frage im Zusammenhang, ob bei der ersten Anlegung der Grundbücher in den gemein- und französischrechtlichen Gebietstheilen, wie für Grundstücke, so auch für Gerechtigkeiten von Amtswegen Grundbuchblätter anzulegen sind; vgl. darüber einerseits Münchmeyer im Magazin f. das deutsche Recht der Gegenwart 2 S. 1 ff. und Baring ebd. 3 S. 344 ff., andererseits Detmold ebd. 3 S. 65 ff. und J.M.Bl. 1882 S. 194.

Daß nur selbständige Gerechtigkeiten ein eigenes Blatt im Grundbuche erhalten können, ist nach den §§. 1, 3 u. 5 unzweifelhaft. Ueber deren Begriff siehe oben S. 281 Anm. 2.

§. 4 Abs. 1.

1. Das Grundbuch ist dazu bestimmt, das Eigenthum und die übrigen Rechte am Grund

Sofern in den Steuerbüchern die Größe von Gebäuden, Hofräumen und Hausgärten, welche nicht zu einem Gutskomplex gehören, nicht angegeben ist, hat der Eigenthümer bei dem Fortschreibungsbeamten die Vermessung und Vervollständigung der Grundsteuerbücher zu beantragen.

Die Zurückführung der bereits angelegten Grundbuchblätter auf die Grund- und Gebäudesteuerbücher erfolgt nach den Bestimmungen der darüber zu erlassenden Ausführungsverfügung.

---

und Boden sicherzustellen, den Immobiliar-Verkehr und Kredit zu festigen, die Betheiligten gegen Täuschungen zu schützen. Diese Bestimmung kann es in einigermaßen vollkommener Weise nur erfüllen, wenn es nicht blos den Rechtsstand, sondern auch die thatsächlichen Beziehungen des einzelnen Grundstückes, welche den Werth der Rechte an demselben bedingen, zuverlässig nachweist. Die Bucheinrichtung fordert daher eine geometrische Vermessung und Kartirung der Flächenabschnitte. An dem Mangel dieses Erfordernisses krankten die nach den Vorschriften der Hypotheken-O. von 1783 angelegten Bücher, — einem Mangel, der um so fühlbarer wurde, je mehr die Bodenzersplitterung zunahm. Eine spezielle Landesvermessung zu Zwecken des Grundbuches unterblieb jedoch wegen des bedeutenden Aufwandes an Zeit und Kosten, welcher damit verbunden gewesen sein würde. Dagegen hat die Immobiliengesetzgebung sich die Ergebnisse zu nutze gemacht, welche die zur Einführung resp. ergiebigen Gestaltung der Grundsteuer ins Werk gesetzte Katastrirung des Landes geliefert hat.

Für das Herzogthum Westfalen bestimmte bereits die Verordnung vom 31. März 1834 §. 5:

„Den Hypothekenbüchern wird das Kataster zum Grunde gelegt. Die Flurbücher, wovon jedem Untergericht für seinen Bezirk eine Abschrift mitgetheilt werden soll, dienen zur Ausmittelung der in die Hypothekenbücher gehörenden Grundstücke, ihrer Lage und Größe. Ihre Bezeichnung im Kataster und in den Flurbüchern ist bei dem Hypothekenbuche beizubehalten."

Durch Kabinets-O. v. 16. Juli 1840, J.Min.Bl. S. 250, wurden diese Bestimmungen auf die Bezirke sämmtlicher Obergerichte der Provinz Westfalen ausgedehnt. Auch nach dem Gesetze für Neuvorpommern und Rügen vom 21. März 1868 §. 5 bilden „die Grund- nnd Gebäudesteuerbücher die Grundlage des Hypothekenbuchs." Die Grundbuch-O. hat dieses Prinzip für den ganzen Umfang ihres Geltungsbezirkes zur Anerkennung gebracht.

Inwieweit hierdurch der Grundsatz der Spezialität zur Durchführung gelangt, kann fraglich sein. Ein Fortschritt jedoch ist in der Verbindung der Grundbücher mit den Grundsteuerbüchern nicht zu verkennen. Siehe indessen Lorenz, die Zurückführung des Grundbuches auf das Kataster (Halle 1874); Winterfeld, der §. 4 der Gr.B.O. 2c., in Gruchot 20 S. 1; Mücke, Beitr. zu der Frage, ob und welche Bedenken der Zurückführung des Grundbuches auf das Kataster entgegenstehen, ebd. S. 25; Neumann, die Verbindung des Grundbuches mit dem Steuerbuch, Berlin, 1893.

Vgl. über die Bedeutung der Steuerbücher für die Frage, in welchem Umfange der Erwerber Eigenthümer wird, oben S. 53 Anm. 1d. zu §. 7 Abs. 1 des Gesetzes und Koppers bei Gruchot 36 S. 338 ff.

2. Grund- und Gebäudesteuerbücher, wie sie die Gr.B.O. voraussetzt, wurden in den beiden westlichen Provinzen bereits geführt, als die Verordnung vom 31. März 1834 für das Herzogthum Westfalen die Verbindung des Hypothekenbuches mit dem Kataster vorschrieb. In den übrigen Provinzen der Monarchie sind sie erst zur Ausführung des Gesetzes, betr. die anderweite Regelung der Grundsteuer, und des Gesetzes, betr. die Einführung einer allgemeinen Gebäudesteuer, vom 21. Mai 1861 angelegt worden (vgl. Koppers a. a. O. S. 320 ff.).

Die Steuerbücher eines jeden Gemeinde-, selbständigen Guts- oder Grundsteuererhebungsbezirkes bestehen aus dem Flurbuche, der Grundsteuer-Mutterrolle und der Gebäudesteuerrolle.

Das **Flurbuch** hat sämmtliche Liegenschaften des betreffenden Bezirkes in ihrem natürlichen Zusammenhange und mit Angabe ihres Flächeninhaltes und Reinertrages, sowie des Eigenthümers nachzuweisen. (V.O. v. 12. Dezember 1864 §. 10; Ges. v. 8. Febr. 1867 §. 6.) Die **Grundsteuermutterrolle** führt für jeden Eigenthümer in einem besonderen Artikel dessen sämmtliche dem Bezirke angehörigen Liegenschaften (einschließlich der Gebäudegrundstücke) auf mit Angabe ihres Flächeninhaltes und Reinertrages, sowie der Grundsteuer (vgl. ebd.). Die **Gebäudesteuerrolle** enthält unter fortlaufenden Nummern alle Gebäudegrundstücke des Bezirkes mit Hofraum und Hausgarten unter Angabe der örtlichen Bezeichnung, des Eigenthümers, der Bezeichnung nach der Grundsteuermutterrolle, der Gattung der einzelnen Gebäude, des jährlichen Nutzungswerthes und des Steuerbetrages (vgl. Ges. v. 21. Mai 1861 §§. 15 bis 18; Muster A zur Anweisung des Finanzministers v. 16. Aug. 1872, J.M.Bl. S. 208).

Diese Bücher stützen sich auf die Katasterkarten. Für jede „Gemarkung" besteht nämlich eine Karte, welche bei größeren Gemarkungen in mehrere **Kartenblätter** zerfällt. Dieselbe weist alle einzelnen „**Parzellen**" nach, und zwar nach fortlaufenden Nummern, welche für jedes Kartenblatt im Nordwesten mit 1 beginnen und nach rechts weiter laufen. Eine Parzelle bildet jedes Grundstück, welches demselben Eigenthümer gehört, in demselben Bezirke und innerhalb desselben in derselben Feldlage belegen und von derselben Kulturart (Acker, Wiese, Weide, Garten, Hofraum, Hausgarten 2c.) ist. Ist die Parzellennummer durch einen Bruch ausgedrückt, z. B. Kartenblatt 3 Parzelle $\frac{180}{25}$, so deutet dies darauf hin, daß sie durch eine Veränderung der Stammparzelle, vorliegendenfalls der Parzelle 25 Kartenblatt 3, namentlich durch eine Theilung entstanden ist; denn in einem solchen Falle behalten die neuen Parzellen die Parzellennummer der Stammparzelle als Nenner und erhalten als Zähler die nächsten, in dem Kartenblatt bislang nicht vertretenen Nummern. Bei nochmaliger Theilung oder sonstiger Veränderung obiger Parzelle verschwindet regelmäßig die Nummer 180, während die neuen Theilparzellen den Nenner 25 behalten; ausnahmsweise werden beide als Nenner geführt, z. B Parzelle $\frac{220}{(25)\ 180}$ Der Zusatz „2c." beim Nenner, z. B. Parzelle $\frac{235}{40\ 2c.}$ Kartenblatt 6, läßt erkennen, daß in dieser Parzelle die Parzelle 40 und eine benachbarte Parzelle oder Theile von ihnen vereinigt sind; und der Zusatz „O" ebenfalls beim Nenner, z. B. $\frac{290}{(O)\ 4}$, besagt, daß die Parzelle erst nachträglich steuerpflichtig geworden ist und eine Parzellennummer erhalten hat, unter welche als Nenner zur Orientirung die Nummer der nächstanliegenden Stammparzelle gesetzt ist. — In Westfalen und der Rheinprovinz giebt es keine Gemarkungen und Kartenblätter, sondern an deren Stelle Katastergemeinden und Fluren.

In einem Verkoppelungsverfahren erhalten die Grundstücke noch besondere Bezeichnungen, welche später in dem Flurbuche und der Grundsteuermutterrolle unter der Feldlage der Parzellen angeführt zu werden pflegen, und deren Beachtung zuweilen zur Feststellung der Identität der Grundstücke von Bedeutung ist. (Z B. „II 414. 5c" bedeutet Planche II Nr. 414 der Verkoppelungskarte, welches Grundstück durch den Rezeß demjenigen Interessenten zugewiesen ist, der in dem Verfahren die Littera 5c erhalten hat.)

Die bezeichneten Gesetze haben Fürsorge getroffen, daß die Grund- und Gebäude-Steuerbücher auf dem Laufenden erhalten werden, Zu diesem Behufe sind besondere Behörden eingesetzt, welche den Namen „Katasteramt" führen. Verwalter des Katasteramts ist der Katasterkontroleur. Den Katasterämtern liegt die Feststellung und Fortschreibung derjenigen Aenderungen ob, welche die Grundstücke in ihren durch die Steuerbücher nachzuweisenden thatsächlichen und rechtlichen Beziehungen erfahren. Vgl. hierüber die durch die Amtsblätter bekannt gemachten Anweis. des Finanzministers v. 31. März 1877.

3. Die Verbindung der Grundbücher mit den Steuerbüchern besteht darin, daß die ersteren den Angaben der letzteren bezüglich der Identität, der Lage und Größe, sowie der Bezeichnung der einzelnen Grundstücke sich anschließen. Um diese Verbindung durchzuführen,

werden den Grundbuchämtern, jetzt den Amtsgerichten, welchen nach Aufhebung der Grundbuchämter die Geschäfte derselben übertragen sind, seitens der Katasterämter Abschriften der Flurbücher und Gebäudesteuerrollen (nicht der Grundsteuermutterrollen) ertheilt. Das Verfahren bei der Anfertigung und Mittheilung dieser Abschriften ordnen die Anweisungen des Finanzministers vom 16. August 1872, Anl. A und C zur Ausführungsverf. v. 2. September 1872, J.Min.Bl. S. 180 u. 208. Zur Aufrechterhaltung der Uebereinstimmung zwischen den Grundbüchern und den Steuerbüchern werden alljährlich nach Berichtigung der letzteren den Grundbuchämtern Flurbuchsanhänge und Gebäudesteuerrollenanhänge von den Katasterkontroleuren zugefertigt. Auf Grund dieser Anhänge werden die betreffenden Veränderungen des Katasters, soweit zulässig und erforderlich, gemeindeweise in das Grundbuch übernommen. Wie hierbei zu verfahren ist, ergeben die Anweisungen des Finanzministers vom 31. März 1877 und die Bestimmungen des Justizministers vom 5. Juni 1877 V—VII, J.M.Bl. S. 103 (siehe unten die Beilagen zur Gr.B.O.)

Wenn der Grundbuchrichter durch Mittheilung des Katasteramtes oder auf andere Weise die Ueberzeugung gewinnt, daß die den Steuerbüchern entnommenen Eintragungen in das Grundbuch, insbesondere die Größenverhältnisse der Parzellen, unrichtig sind, so wird man ihm mit dem Kammerger. (Jahrb. 4 S. 130 und 11 S. 91) unbedenklich das Recht zugestehen, von Amtswegen einen vorläufigen Vermerk in das Grundbuch einzutragen, welcher durch Mittheilung der Sachlage die Gefahr beseitigt, die mit einer falschen Eintragung infolge des öffentlichen Glaubens des Grundbuches verknüpft ist. Auch ist er ohne weiteres zur Berichtigung der Größenangabe berechtigt, wenn die Unrichtigkeit lediglich auf falscher Vermessung des einen Grundstückes, nicht auf einem Irrthum über die Grenzen desselben beruht. Ist dagegen einem Grundstück irrthümlich ein Theil eines anderen zugemessen und infolgedessen bei der Zurückführung des Grundbuches auf die Steuerbücher die Größe unrichtig angegeben, so kann die Berichtigung nur mit Einwilligung derjenigen dritten Personen erfolgen, welche nach der Zurückführung Rechte an dem Grundstück erworben haben; denn für den Umfang der Rechte derselben ist im Falle ihrer Redlichkeit die zur Zeit ihres Erwerbes aus dem Grundbuch ersichtliche Bezeichnung des Grundstückes maßgebend, und durch einfache Abschreibung des irrthümlich zugeschriebenen Grundstückstheiles würden sie ihrer Rechte an diesem verlustig gehen. Der im Streitfalle nöthigen Entscheidung des Prozeßrichters, ob ihre Rechte verletzt sind, darf der Grundbuchrichter nicht vorgreifen (Kammerger., Jahrb. 11 S. 96. A.M. dass., ebd. 2 S. 89, 11 S. 91 u. ostpr. Trib., Johow 7 S. 128. Vgl. auch Kammerger., Jahrb. 13 S. 100.)

4. Die Grundsteuerbücher weisen jeden einzelnen Flächenabschnitt, dessen Größe und Reinertrag nach. Schließt sich nun das Grundbuch, wie in Westfalen (oben Anm. 1), genau an das Steuerbuch an, so ist das Spezialitätsprinzip vollkommen durchgeführt, indem nicht blos die einzelnen (rechtlich gegen einander selbständigen) Grundstücke, sondern im Fall der Vereinigung verschiedener Flächenabschnitte zu einer wirthschaftlichen und rechtlichen Einheit auch die Bestandtheile der letzteren nach Größe und Reinertrag auf dem Grundbuchblatte bezeichnet werden.

„Da indeß die hiermit verbundene Arbeit", so heißt es in den Motiven, „mit dem zu erwartenden Vortheile nicht im Verhältniß steht, und es für den hier hauptsächlich in's Auge zu fassenden Realkredit als ausreichend erscheint, wenn bei Gütern nur der Flächeninhalt der Gutsbestandtheile und deren Reinertrag, und bei städtischen Grundstücken der jährliche Nutzungswerth nach Angabe der Grund- und Gebäuderollen ersichtlich gemacht wird, so ist nach dem Vorgange des Neuvorpommerschen Hypothekengesetzes §. 5 die Eintragung bei Gütern auf die Aufnahme der Gesammtfläche und des Gesammt-Reinertrages beschränkt. Ueberdies giebt die Verweisung auf die Nummer, unter welcher das Grundstück in dem Grund- oder Gebäudesteuerbuche eingetragen ist, hinreichend Anhalt dafür, genauere Kenntniß von den einzelnen Theilen sich zu verschaffen." (Werner 2 S. 150.)

Der §. 4 bestimmt aber nur: „Bei Gutskomplexen genügt die Eintragung der Gesammtfläche und des Gesammtreinertrages." Es kann also unter Umständen auch der Flächeninhalt und der Reinertrag der einzelnen Bestandtheile des Komplexes eingetragen werden. Die vorliegende Fassung ist von der Kommission des Abgeordnetenhauses in der Sitzungsperiode von 1869–1870 gewählt, „um einerseits die Nothwendigkeit einer Aenderung der Grundbuchblätter in der Provinz Westphalen zu vermeiden und andererseits dem Ermessen des Grundbuchrichters anheimzustellen, welche Art der Eintragung in den einzelnen Fällen am zweckmäßigsten anzuwenden sei.“ (Ber. vom 8. Januar 1870, Drucks. 1869 Nr. 234 S. 4, 5.)

„Bei Gesammtblättern über mehrere selbstständige Grundstücke ist jedes einzelne Grundstück und dessen Reinertrag anzugeben.“ (Mot. a. a. O.) Das Verfahren dabei ist in der Ausführungsverfügung Art. 4 geregelt.

5. In dem Entwurf der Regierung begann der letzte Satz des ersten Absatzes mit den Worten: „Bei Güterkomplexen.“ Die Kommission des Herrenhauses hat den Güterkomplexen die „Gutskomplexe“ substituirt. Dabei machte sich die Meinung geltend, „daß darin weniger ein juristischer als ein wirthschaftlicher Begriff zu finden sei.“ Man wollte unter Gutskomplex ein Grundstück verstehen, welches wirthschaftlich eine Einheit bildet, jedoch in dem Kataster wegen der besonderen Zwecke desselben in verschiedenen Flächenabschnitten und unter verschiedenen Nummern aufgeführt ist. Den Gegensatz fand man in den Grundstücken, welche zwar auf einem Blatte vereinigt sind, aber im Verkehr doch als besondere Grundstücke erscheinen. (Ber. der Komm. des H. H., bei Werner S. 163.)

Die Aenderung ist als Verbesserung anzusehen. Die Fassung des Entwurfes würde der an sich zweckmäßigen Bestimmung nur ein beschränktes Gebiet der Anwendung gestattet haben. Denn „Güterkomplex“ ist (nach dem gewöhnlichen Sprachgebrauche) dasselbe, was man sonst wohl auch als „Herrschaft“ — d. h. eine Vereinigung mehrerer Güter (Hyp.O. von 1783 I §. 39) — zu bezeichnen pflegt; wollte man den Begriff weiter fassen, so würde man denselben überhaupt nicht definiren können. Ein „Gutskomplex“ dagegen läßt sich als eine Mehrheit von Grundstücken charakterisiren, die in der Hand ihres Eigenthümers zu einem Gute vereinigt sind. Das Wort bezeichnet mithin, da der Komplex meist seinen eigenen Namen haben wird, in der That auch etwas Juristisches, nämlich ein Begriffsganzes (A.L.R. I. 2 §§. 32, 36 ff.). Ein Gutskomplex ist also im Wesentlichen nichts Anderes als ein „Gut“ (Rittergut, Bauerngut, Landgut, Wirthschaft) im Gegensatze zu den einzelnen (walzenden) Grundstücken. (Instruktion vom 3. August 1853 Art. II Nr. 2.) In diesem Sinne steht das Wort auch in der Ausführungsverfügung vom 2. September 1872 Art. 3.

§. 4 Abs. 2.

Die Bestimmung des §. 4 Abs. 2 ist mit Rücksicht auf die Vorschriften der V.O. vom 12. Dezember 1864 §. 14 und des Ges. v. 8. Febr. 1867 §. 10 getroffen. Nach ihrem Wortlaut ist anzunehmen, daß den Eigenthümern der darin bezeichneten Liegenschaften eine Verpflichtung hat auferlegt werden sollen, und dafür spricht auch die Begründung der Regierungsvorlage (Werner 2 S. 150) und die Verhandlungen der Herrenhauskommission, welche einen Antrag, die Worte „hat der Eigenthümer“ in „bleibt dem Eigenthümer überlassen“ abzuändern, verwarf, obwohl sie nicht darüber im Zweifel war, daß dadurch den Eigenthümern eine Zwangspflicht auferlegt werden würde (Ber. S. 163). Trotzdem ist Förster (Grundbuchr. S. 31) der Ansicht, daß es jedem Eigenthümer überlassen bleibe, den Antrag auf Vermessung zu stellen, und die Ausführungsverfügung vom 2. Septbr. 1872 Art. 11 ist seiner Auffassung beigetreten.

§. 4 Abs. 3.

Indem der dritte Absatz des §. 4 die Zurückführung der bereits angelegten Grundbuchblätter auf die Steuerbücher in Aussicht nimmt, stellt er außer Zweifel, daß die nach den Vorschriften der Hyp.O. von 1783 und den dieselben abändernden und ergänzenden Gesetzen eingerichteten Bücher nicht einfach bei Seite gelegt, sondern beibehalten werden sollen. Die Ausführungsverfügung, nach deren Bestimmungen die Zurückführung dieser Bücher auf das Kataster erfolgt, ist am 2. September 1872 erlassen und durch das J.M.Bl. veröffentlicht worden. Sie ist unten abgedruckt und mit Erläuterungen versehen.

§. 5.

Das Grundbuchblatt eines Grundstücks umfaßt dessen Bestandtheile, unbewegliche Zubehörstücke und Gerechtigkeiten.

Zubehörstücke erhalten nur dann ein besonderes Blatt im Grundbuch, wenn das Hauptgut im Auslande oder in dem Bezirke eines anderen Grundbuchamtes liegt.

Im ersteren Fall ist das Zubehörstück, sofern nicht durch Staatsverträge ein Anderes bestimmt ist, als ein selbstständiges Grundstück zu behandeln.

Im letzteren Fall ist auf dem Titel des Zubehörstücks zu vermerken, zu welchem Hauptgut dasselbe gehört, demnächst das Blatt gegen weitere Eintragungen zu schließen, und auf dem Titel des Hauptgutes auf das Grundbuchblatt des Zubehörstücks hinzuweisen.

Diese Vorschriften gelten auch für die Zubehörstücke der Bergwerke.

---

§. 5.

I. Den Gegenstand der Buchführung bilden die Grundstücke. Das einzelne Grundstück soll aber nicht blos in seinen natürlichen Bestandtheilen, sondern zugleich in seinen rechtlichen Erweiterungen nachgewiesen werden. Doch erstreckt sich dieser Nachweis nicht auf die zu dem Grundstück gehörigen Mobilien. Das Grundbuchblatt umfaßt demnach

1. die Bestandtheile des Grundstückes. Das ist aber nicht so zu verstehen, als ob dieselben einzeln aufgeführt werden müßten. Der Absatz 1 des §. 5 kennzeichnet nur im allgemeinen das Grundbuchobjekt und unterscheidet dabei sachgemäß das Grundstück in dessen natürlicher Individualität, die Bestandtheile, von den dazu gehörigen Grundstücken und Rechten.

„Bodenerzeugnisse gehören nicht zu denjenigen Bestandtheilen oder Zubehörstücken des Grundstücks, welche nach den §§. 5 und 8 im Grundbuche ersichtlich gemacht werden; ihre Abschreibung vom Grundbuchblatte des Grundstücks ist daher ebenso unthunlich wie die Eintragung eines vorläufigen Vermerkes über ihre Abveräußerung (§§. 60 u. 64); der Käufer von solchen Erzeugnissen ist somit außer Stande, seinen Anspruch im Grundbuche erkennbar zu machen." O.Tr. III, Entsch. 78 S. 97, Str. Arch. 96 S. 170;

2. die unbeweglichen Zubehörstücke. Ein durch das Grundbuch nachgewiesenes Grundstück, welches Zubehör eines anderen sein soll, muß dem letzteren auf dessen Titel zugeschrieben werden (§§. 58 ff.). Es wird von den Belastungen des Hauptgutes nach dem Gesetz über den Eigenthumserwerb ꝛc. §§. 30, 32, 33, 37 nur ergriffen, wenn es dem Hauptgute zugeschrieben ist. (Vgl. dagegen die Hyp.O. von 1783 I. §§. 34 ff. und das A.L.R. I. 2 §§. 43, 44, 105 ff. und I. 20 §§. 443 ff.) Eine besondere Behandlung erheischen die Zubehörstücke bei dem Grundbuche nur, wenn das Hauptgut nicht dem Bezirke des Grundbuchamtes angehört, in welchem das Zubehörstück belegen ist.

a. Liegt das Hauptgut im Auslande, so ist das Zubehörstück, falls nicht das Verhältniß zwischen beiden durch Staatsverträge geregelt ist, als ein selbständiges Grundstück zu behandeln; es erhält ein eigenes Blatt im Grundbuche, für dessen Führung die allgemeinen Vorschriften maßgebend sind. Dies verordnete bereits ein Reskript v. 13. Mai 1831, Jahrb. 37 S. 379. Der Grund für diese Vorschrift liegt darin, daß das ausländische Recht, dem das Hauptgut unterworfen ist, in Ermangelung von Staatsverträgen, auf die rechtlichen Beziehungen des inländischen Grundstückes nicht angewendet werden kann. Für letzteres ist an sich die Lex rei sitae maßgebend (A.L.R. Einl. §. 32). Die auf das ausländische Hauptgut gelegten Hypotheken und sonstigen Realrechte ergreifen daher das Pertinenzstück nicht, wenn sie darauf nicht besonders eingetragen sind.

Die Vorschrift des Abs. 3 in dem §. 5 ist analog auch dann anzuwenden, wenn das Hauptgut zwar im Inlande liegt, aber in einem Landestheil, dessen Gesetze die Grundbucheinrichtung nicht kennen. (Bahlmann 3. Aufl. S. 253.)

Ausländische Zubehörstücke dürfen auf dem Grundbuchblatte eines inländischen Hauptgutes nicht verzeichnet werden. (Turnau 1 S. 44 Anm. 3; vgl. Förster-Eccius 3 §. 198 Anm. 4 a. E.)

b. Liegt das Hauptgut in dem Bezirke eines anderen Grundbuchamtes, jetzt Amtsgerichtes, so kann das Zubehörstück ein eigenes Blatt im Grundbuche erhalten. Nothwendig ist dies jedoch nicht. Das vormalige App.G. Naumburg, Johow 8 S. 143, hat sogar angenommen, daß „für die dem Hauptgute schon zugeschlagenen Pertinenzstücke, welche bisher kein eigenes Folium hatten, ein solches auch nach der neuen Gr.B.O. nicht anzulegen" sei. Ob dieses auch für die erste Anlegung der Grundbücher im Gebiete des gemeinen oder französischen Rechtes gilt, hängt von den Bestimmungen der Einführungsgesetze ab. (Vgl. Kolligs im Magazin für das deutsche Recht der Gegenwart Bd. 5 S. 98 ff.)

Der §. 5 ändert die Bestimmungen der Hypothekenordnung von 1783 Tit. 1 §§. 12 und 13 insofern, als er die Schließung des für das Zubehörstück angelegten Blattes vorschreibt. Die Fortführung des Blattes würde zwecklos sein, weil das Zubehörstück, solange es diese Eigenschaft hat, ipso jure an dem Realnexus des Hauptgutes Theil nimmt und getrennt von letzterem nicht belastet werden darf. Nach dem bisherigen Recht haftete für die Realverbindlichkeiten des Hauptgutes das auf einem besonderen Folium verzeichnete Pertinenzstück nur dann, wenn dieselben auf letzteres eingetragen waren. Vgl. die Hyp.O. 1 §§. 13 u. 34.

Die Eigenschaft eines Grundstückes als Zubehör eines andern kann nur auf den Antrag des Eigenthümers in das Grundbuch eingetragen werden. (A.L.R. I. 2 §§. 42 ff.; Gr.B.O. §. 33.) Der Antrag ist bei dem Amtsgericht zu stellen, in dessen Bezirk das Hauptgut belegen ist. (Turnau 1 S. 44 Anm. 4 läßt auch die Antragstellung bei dem Grundbuchrichter des Zubehörstückes zu.) Dieses Gericht theilt den Antrag des Eigenthümers dem Amtsgericht für das Zubehörstück mit und ersucht dasselbe um Schließung des Foliums und Ertheilung einer beglaubigten Abschrift des letzteren. Die Schließung erfolgt durch einen Vermerk auf dem Titel des Grundbuchblattes. In dem Grundbuche des Hauptgutes wird das Zubehörstück auf dem Titel verzeichnet und die Zuschreibung in Abth. I vermerkt; die Belastungen der Abth. II u. III werden übertragen.

Die Schließung ist keine endgültige, sondern nur ein Sperrvermerk „gegen weitere Eintragungen"; die Eintragungen sind daher nicht roth zu unterstreichen, und das geschlossene Blatt wird wiedereröffnet, wenn die Zubehöreigenschaft aufgehoben wird. Die Aufhebung erfolgt durch Abschreibung des Pertinenzstückes auf dem Blatte des Hauptgutes. Die Belastungen des letzteren werden dabei auf das Blatt des Zubehörstückes übertragen, desgleichen die Veränderungen und Löschungen der auf demselben bereits vorhandenen Eintragungen. (Turnau 1 S. 45 Anm. 5.)

Einer Genehmigung der höheren Instanz zu diesem Verfahren bedarf es nicht. Königsberg, Johow 7 S. 129.

Solange nicht das Zubehörstück auf dem Blatte des Hauptgutes abgeschrieben ist, kann das Amtsgericht, in dessen Bezirk es belegen ist, die Auflassung des Zubehörstückes nicht entgegennehmen. Naumburg, ebd. S. 133;

3. die Gerechtigkeiten des Grundstückes. Das ostpreußische Tribunal, Johow 7 S. 202, hat angenommen, daß der §. 5 unter Gerechtigkeiten nur solche verstehe, welche selbstständig veräußert und verpfändet werden können, und hieraus gefolgert, daß eine Grundgerechtigkeit dem berechtigten Grundstück nicht zugeschrieben werden dürfe. Die Annahme ist

jedoch willkürlich. Allerdings ist nur bei selbständigen Gerechtigkeiten die Zuschreibung erforderlich, damit sie für die Hypotheken und Grundschulden mithaften, während die subjektiv dinglichen Rechte von diesen auch ohne Zuschreibung mitergriffen werden (Anm. II 6 b zu §. 30 des Gesetzes). Daraus folgt aber höchstens, daß die Zuschreibung überflüssig, nicht, daß sie unzulässig ist. Ebenso unrichtig ist es, wenn das Kammergericht (Jahrb. 1 S. 113) die Eintragung einer Grundgerechtigkeit auf dem Blatte des herrschenden Grundstückes nur dann für zulässig erklärt, wenn sie „für den Werth des Grundstückes und den Realkredit seines Besitzers nicht ohne Bedeutung ist", da der Grundbuchrichter nicht befugt ist, über die wirthschaftliche Bedeutung des Rechtes zu entscheiden; oder wenn das Landgericht Hannover (Jahrb. 10 S. 318 ff.), welches die Zulässigkeit dieser Eintragung grundsätzlich verneint, sie ausnahmsweise unter Berufung auf §. 8 Nr. 2 und 4 der Gr.B.O. für das Recht zuläßt, ein auf dem herrschenden Grundstücke befindliches Gebäude über einen Theil des Nachbargrundstückes auszudehnen, weil in diesem Falle der Eintragungsvermerk zur Erkennbarmachung des räumlichen Umfanges des Grundstückes diene; denn §. 8 schreibt nur die Angabe der Größe des herrschenden Grundstückes vor, welche durch die Gerechtigkeit keine Erweiterung erfährt. Als das Richtige erscheint es, die Eintragung jeder subjektiv dinglichen Gerechtigkeit auf das Blatt des herrschenden Grundstückes zuzulassen, denn da sie nach §. 5 von diesem umfaßt wird, ist sie für den Verkehr regelmäßig von Bedeutung.

Zur Eintragung der Grundgerechtigkeit auf das Blatt des herrschenden Grundstückes bedarf es auch nicht, wie das ostpr. Tribunal a. a. O. angenommen hat, der vorhergehenden Eintragung auf das Blatt des dienenden Grundstückes, da diese für die Entstehung und Wirkung des Rechtes nach §. 12 des Gesetzes bedeutungslos ist.

Auf eingetragene nicht selbständige Gerechtigkeiten finden die Vorschriften des §. 38 des Gesetzes über den öffentlichen Glauben des Grundbuches keine Anwendung (vgl. oben S. 204 Anm. 6 zu §. 38; Turnau 1 S. 48 Anm. 7; R.G. II H.S., Gruchot 27 S. 738).

II. Die Vorschrift des §. 5 ist auch für anwendbar auf die Zubehörstücke der Bergwerke erklärt. Die abweichenden Vorschriften des §. 4 der Verordnung vom 8. Februar 1845 sowie der für das Hypothekenrecht ergangenen Instruktionen sind unzweckmäßig und um so weniger beizubehalten, als das Grundbuch über Bergwerke schon jetzt in einem großen Theile des Staates durch die Gerichte geführt wird." (Mot.)

Für das Berghypothekenwesen war bisher maßgebend:

a. die Allg. Hypotheken-Ordnung vom 20. Dezember 1783;

b. die Instruktion für die Bergämter zu Bochum und Essen, wegen Einrichtung und Bearbeitung des Hypothekenwesens, vom 21. September 1832 (Jahrbücher Bd. 40 S. 226);

c. die Verordnung, betreffend die Einrichtung des Berghypothekenwesens in dem Herzogthum Westphalen, dem Fürstenthum Siegen mit den Aemtern Burbach und Neuenkirchen ꝛc., vom 28. Februar 1845 (G.S. S. 100);

d. die Instruktion für die Ausführung der Verordnung zu c vom 21. März 1845 (J.M.Bl. S. 78);

e. das Gesetz vom 24. Mai 1853 (G.S. S. 521);

f. die Allgemeine Verfügung des Ministers für Handel ꝛc. und des Justizministers vom 20. März 1854, betreffend die Ausführung des Gesetzes vom 24. Mai 1853 und der Instruktion vom 3. August 1853 in Berghypothekensachen;

g. das Gesetz, betreffend die Befugniß der Bergämter zur Führung der Berggegen- und Hypothekenbücher, vom 18. April 1855 (G.S. S. 221);

h. die Instruktion vom 10. Juli 1856 zur Ausführung des Gesetzes vom 18. April 1855 (J.M.Bl. S. 201);

i. das Gesetz, die Kompetenz der Oberbergämter betreffend, vom 10. Juni 1861 (G.S. S. 425);

k. das Allg. Berggesetz vom 24. Juni 1865 §§. 53, 97, 246 (G.S. S. 705);

l. das Gesetz vom 22. Februar 1869 (G.S. S. 404).

§. 6.

Die Grundbücher werden, insoweit dieselben neu anzulegen oder umzuschreiben sind, nach den diesem Gesetz beigelegten Formularen I. oder II. eingerichtet (Anlage A. B.).

Das Grundbuchamt hat zu ermessen, welches der beiden Formulare anzuwenden ist.

Für die Bergwerke mit unbeweglichen Antheilen der Gewerken (Kuxe) wird das Formular III. (Anlage C.) vorgeschrieben.

Die unter b bis h in Bezug genommenen Gesetze rc. sind abgedruckt bei **Koch**, Hypotheken-Ordnung S. 272 ff.

III. Nach dem Wortlaut des §. 5 finden dessen Vorschriften nur auf das Blatt-Formular, nicht auf Formular II Anwendung; und in der That ist bei dessen Einrichtung die Zuschreibung von Gerechtigkeiten und Zubehörstücken ausgeschlossen. Auch für den Fall, daß die Zuschreibung eines in einem Artikel verzeichneten Grundstückes zu einem Hauptgut, für welches ein Blatt angelegt ist, beantragt wird, können aus der entsprechenden Anwendung des §. 5 Absatz 4 erhebliche Schwierigkeiten entstehen, wenn nicht alle in demselben Bezirk belegenen Grundstücke des Eigenthümers Zubehör werden, der Artikel also theils zu schließen, theils weiterzuführen ist.

§. 6.

1. Aenderung der bisherigen Formulare. Einführung des Formulars II.
2. Allmählige Anwendung des neuen Formulars, S. 305.
3. Bestimmung des Formulars.
4. Ausschließlichkeit eines Formulars für ein bestimmtes Grundbuch.
5. Das Grundbuch für Bergwerke.

1. Das Formular I entspricht dem Formular der Hyp.O. vom 20. Dezember 1783. Vergleicht man beide Formulare, so ergeben sich ohne weiteres die Aenderungen, welche die bisherigen Grundbuchblätter nach den Vorschriften der Gr.B.O. erfahren. Die hauptsächlichste Aenderung besteht in der Vervollständigung des Titels (Titelblattes) infolge der Zurückführung des Grundbuches auf das Steuerkataster.

Das Formular II dagegen ist neu, insbesondere durch die Vereinigung des Titels mit der ersten Abtheilung. Die Einführung dieses Formulares ist in folgender Weise motivirt worden:

„Für die Gegenden, in denen der Grundbesitz sehr stark parzellirt ist, paßt das bisherige Formular insofern nicht, als es auf dem Titel nicht Raum genug bietet für die Aufführung und nähere steuermäßige Bezeichnung der einzelnen Parzellen, und der Uebersichtlichkeit ermangelt, da diejenigen Rechtsverhältnisse, die nur einzelne der auf dem Titel zusammengefaßten Parzellen betreffen, hinter einander eingetragen werden müssen, die Einträge also, die sich auf ein und dieselbe Parzelle beziehen, zerstreut und nur mühsam auffindbar sind, so daß ein Uebersehen dabei leicht möglich bleibt. An diesem Mangel leiden namentlich auch die Hypothekenblätter für sogenannte walzende Grundstücke oder Wandeläcker und die in der Provinz Westphalen mit dem Kataster in Verbindung gebrachten Blätter. . . . . .

Die gegenwärtig beabsichtigte Reform des Grundbuchwesens giebt die Gelegenheit, gesetzlich und grundsätzlich diesen Uebelständen abzuhelfen. Die Aufgabe ist, ein Grundbuchblatt zu konstruiren, welches einerseits sämmtliche einem Besitzer gehörige Grundstücke auf dasselbe Blatt bringt — insoweit also als Personalfolium anzusehen ist — und zugleich das Ausscheiden oder Hinzutreten einzelner Parzellen leicht übersichtlich macht, andererseits auch die Beziehung der dinglichen Belastungen, obwohl sie chronologisch in den betreffenden Abtheilungen hintereinander eingeschrieben werden müssen, zu jeder einzelnen Parzelle leicht auffinden und erkennen läßt. Der Entwurf von 1869/70 hatte ein Formular vorgeschlagen, welches den letzteren Zweck dadurch zu erreichen suchte, daß es Alles, was den Realzustand derselben Parzelle betrifft, nebeneinander stellte. Abgesehen aber von den Arbeitsschwierigkeiten, die die Führung eines solchen tabellarischen Blattes in den Fällen der Gesammthaft vieler Parzellen, welche regelmäßig vorkommt, bereitet, ließ das entworfene Formular auch das große Bedenken übrig, daß der Raum für die nöthigen Eintragungen viel zu eng erschien. Die Königliche Staatsregierung hat daher eine erneute Prüfung unter Zuziehung sachverständiger Ingrossatoren aus denjenigen Gegenden, wo sehr zersplitterter Grundbesitz vorherrscht, vorgenommen. Das Resultat dieser Prüfung ist die Aufstellung des jetzt in Vorschlag gebrachten Formulars II, welches, indem es für die Veränderungen im Grundbesitz eine besondere (die erste) Abtheilung eingerichtet hat, in den beiden anderen Abtheilungen sich nur durch eine zwischengeschobene Spalte von dem Formular I unterscheidet, welche bestimmt ist, bei jeder einzelnen Eintragung diejenigen Parzellen sofort erkennbar zu machen, auf welche sich die Eintragung bezieht. Das Formular gewährt für alle Veränderungen eine leichte und bequeme Uebersichtlichkeit, den nöthigen Raum und vermeidet die Arbeitsvermehrung bei Einträgen zur Gesammthaft." (Motive, bei Werner 2 S. 151.)

2. Die Formulare I und II kommen insoweit zur Anwendung, als die Grundbücher „neu anzulegen oder umzuschreiben sind". Der Zwischensatz in dem Absatz 1 des §. 6, der diese Einschränkung hervorhebt, ist von der Kommission des H. H. eingeschaltet worden, „um einige Sicherheit dafür zu gewinnen, daß nicht irriger Weise versucht werden würde, die jetzt bestehenden Grundbuchblätter ohne weiteres in die neuen Formulare hinüberzuleiten". (Werner 2 S. 164.) Vgl. die unten abgedruckte Ausführungsverf. vom 2. September 1872 Art. 7 ff.

3. Das Grundbuch ist ein Institut des öffentlichen Rechtes, die Wahl des zu dem Buche zu verwendenden Formulars daher dem Organe des Staates, dem Grundbuchamt, jetzt dem Amtsgericht, welches dabei an den Antrag des betheiligten Privaten nicht gebunden ist, überlassen. „Praktisch wird sich die Sache so stellen, daß, wo noch geschlossene und größere Grundstücke vorherrschend sind, das Formular I wie bisher zur Anwendung kommen, wo aber der Grundbesitz sehr stark parzellirt ist, von der Behörde das Formular II vorgezogen werden wird. Bewährt sich in der Praxis das Formular II, so ist zugleich die Aufgabe gelöst, selbst für den bis auf's Aeußerste parzellirten Grundbesitz das Grundbuchwesen in einer einfachen Weise durchzuführen, und damit wird eins der wesentlichsten Hindernisse beseitigt sein, die man jetzt noch gegen die Einführung von Grundbüchern in diejenigen Provinzen geltend macht, in denen der parzellirte Besitz vorherrscht." (Motive a. a. O.) Vgl. hiermit den Art. 9 der Ausf.-Verfügung.

4. In einem und demselben Grundbuch kann nur eines der beiden Formulare, welche das Gesetz zuläßt, zur Verwendung kommen. Besteht in einem bestimmten Bezirk, für welchen an sich ein einziges Buch genügte, Veranlassung zur Benutzung beider Formulare, so müssen zwei Bücher eingerichtet werden, von welchen das eine nach Formular I und das andere nach Formular II zu führen ist. (§. 15.)

In den Bezirken der vormaligen Appellationsgerichte Münster und Paderborn sind nach Turnau 1 S. 50 Anm. 1 a. E. besondere Formulare mit Genehmigung des Justizministers eingerichtet worden, ohne daß ersichtlich ist, worauf diese Abweichung von dem Gesetze sich gründet.

5. Bergwerke, welche im Eigenthum einer einzelnen Person stehen, erheischen bei dem Grundbuche eine besondere Behandlung nicht (Allg. Bergges. v. 24. Juni 1865 §. 53). Wenn dagegen Mehrere an dem Werke betheiligt sind, so ist zu unterscheiden:

a. Das Allgemeine Berggesetz behandelt die Gewerkschaften, welche unter seiner Herrschaft sich bilden, als juristische Personen (§§. 94 ff. a. a. O.). In das Grundbuch wird daher als Eigenthümer des Bergwerks nur das ideale Subjekt der Gewerkschaft unter dem von den Gewerken gewählten Namen — event. dem Namen des Bergwerks — eingetragen; nur von der Veräußerung und dinglichen Belastung des Bergwerks wird beim Grundbuche Notiz genommen. Die Antheile der Gewerken (untheilbare Kuxe) sind bewegliche Sachen und folgeweise kein Gegenstand der Eintragung in das Grundbuch.

§. 7.

In dem Formular I. erhält jedes Grundstück ein eigenes Grundbuchblatt. Dasselbe besteht in einem Titel und drei Abtheilungen.

§. 8.

Der Titel giebt in der ersten Spalte an:

1) die Bezeichnung des Grundstücks:
bei selbstständigen Gütern den Namen des Guts und des Kreises;
bei städtischen Grundstücken die Nummer, Straße und sonstige ortsübliche Bezeichnung;
bei kleineren ländlichen, zu einer Ortschaft gehörenden Gütern die Bezeichnung des Kreises, der Ortschaft, der Nummer oder sonstigen Kennzeichen;
2) die Eigenschaft des Grundstücks;
3) die Nummer, welche das Grundstück im Steuerbuch führt;
4) die Größe und den Grundsteuerreinertrag oder Nutzungswerth (§. 4.);
bei vereinigten Grundstücken (§. 13.) die Größe und den Grundsteuerreinertrag oder Nutzungswerth eines jeden einzelnen Grundstücks.

Die zweite Spalte ist für Abschreibungen bestimmt.

Zu dem Grundbuchblatt des Bergwerks wird ebenso, wie in dem Falle, in welchem letzteres einer physischen Person gehört, das Formular I verwendet.

b. Die Bergwerke, welche vor Eintritt der Geltung des Allgem. Berggesetzes bereits vorhanden waren, stehen im Miteigenthume der Betheiligten, nicht im Eigenthum der Gewerkschaft; diese kann daher nicht als Eigenthümerin in das Grundbuch eingetragen werden. (Kammerger., Jahrb. 12 S. 84; siehe das. auch über die Umwandlung einer Gewerkschaft alten Rechtes in eine solche neuen Rechtes. Vergl. R.G. V, Entsch. 3 S. 279.) Die Antheile jedes einzelnen Miteigenthümers (Kuxe) werden zu den unbeweglichen Sachen gerechnet und deshalb im Grundbuche nachgewiesen; sie sind theilbar und können unter den Formen, welche für das Grundeigenthum vorgeschrieben sind, veräußert und verpfändet werden (§§. 226 ff. a. a. O.).

Für Bergwerke dieser Art ist das Formular III bestimmt. Dasselbe charakterisirt sich als eine Fortbildung der bestehenden Einrichtungen. (Siehe oben S. 303 Anm. II zu § 5 und unten S. 316 §. 17).

§. 7.

In dem Formular I gelangt das Prinzip der Realfolien zur Geltung. Diesem Prinzip entsprach das Formular der Hyp.O. von 1783 Tit. 1 §. 8. Im Laufe der Zeit wurde die Vereinigung mehrerer Grundstücke desselben Eigenthümers auf einem Blatte zugelassen und möglichst begünstigt. (Instr. v. 3. August 1853 Art. 2 Nr. 1, Just.M.Bl S 275.) Die Gr.B.O. (§. 13) hat diese Einrichtung übernommen.

Die Eintheilung des Blattes in Titel und drei Abtheilungen (Rubriken) schließt sich der Hyp.O. 1 §. 30 an.

§. 8.

Der Titel des Formulars I hat zwei Spalten, von denen jede in mehrere Unterspalten sich theilt.

I. Die erste Spalte soll enthalten:

1. die Bezeichnung des Grundstückes. Dieselbe dient zur Unterscheidung des Grundstückes von anderen Grundstücken: sie ist daher eine verschiedene je nach der Gattung, zu welcher die nachzuweisende Liegenschaft gehört. Der §. 8 giebt in dieser Hinsicht genügenden Anhalt.

Zu bemerken ist nur, daß in dem Formular, welches der Gr.B.O. beigegeben ist, der Kreis, in welchem das Gut liegt, nicht in der ersten Spalte, sondern in der Ueberschrift seinen Platz erhalten hat;

2. die Eigenschaft des Grundstückes; „ob es z. E.“, wie die Hyp.O. 1 §. 33 sich ausdrückte, „ein Ritter- oder ein anderes Gut, ein Haus, eine dienstbare oder Freistelle, ob es Lehn oder Erbe sei.“

Die Lehns- und die Fideikommiß-Eigenschaft eines Gutes ist stets auf dem Titelblatt zu verzeichnen, außerdem aber noch in die zweite Abtheilung (Rubrik) einzutragen. Ist die Eintragung in letztere unterblieben, so wird dennoch schon die Bezeichnung des Gutes als Lehn- oder Fideikommiß auf dem Titel ausreichen, um die Wissenschaft eines Dritten von der Beschränkung des Eigenthümers in der Verfügung über das Grundstück zu fingiren. (R.G. II H.S., Entsch 2 S. 222)

Die Eintragung eines Vermerkes dahin, daß das Grundstück ein Fabrik- oder Ziegelei-Grundstück sei, ist nicht für unzulässig zu erachten; sie kann jedoch nur auf Grund amtlicher Bescheinigung erfolgen. Kammerger., Johow 8 S. 144;

3. die Nummer des Grundstückes im Steuerbuche. Damit ist die Nummer des Artikels der Grundsteuer-Mutterrolle gemeint, wie das Formular I ergiebt. Daneben ist aber bei Gebäudegrundstücken auch die Nummer der Gebäudesteuerrolle (vgl. allg. Verf. v. 5. Juni 1877 I Abs. 3) und bei den in die Landgüterrolle eingetragenen Grundstücken deren Nummer anzugeben (vgl. die Landgüterordnungen für die Prov. Westfalen und die Kreise Rees, Essen, Duisburg und Mühlheim v. 30. April 1882 §. 3 Abs. 3, für die Prov. Brandenburg v. 10. Juli 1883 §. 3 Abs. 3, für die Prov. Schlesien v. 24. April 1884 §. 3 Abs. 3, für Schleswig-Holst. v. 2. April 1886 §. 3 Abs. 3 u. für Kassel v. 1. Juli 1887 §. 5 Abs. 5).

Eine von Turnau 1 S. 52 mitgetheilte Verfügung des Justizministers vom 13. Juni 1873 lautet:

„Dem rc. wird auf den Bericht, betr. das Formular I eröffnet, daß die Absicht des §. 8 Gr.B.O. dahin gegangen ist, durch die Verweisung auf die Nummer, unter welcher ein Grundstück in dem Grund- und Gebäudesteuerbuche eingetragen ist, jedem Interessenten die Möglichkeit zu geben, sich von den einzelnen Theilen der im Grundbuch eingetragenen Güter genaue Kenntniß zu verschaffen. Es ist hierbei vorausgesetzt, daß der gesammte geschlossene Grundbesitz jedes Eigenthümers in demselben Grundsteuer-Erhebungsbezirke auf Einen Artikel der Grundsteuer-Mutterrolle zusammengetragen ist und die Verweisung auf die Artikelnummer der Mutterrolle dem gedachten Zwecke entspricht. Es genügt deshalb, wenn in der Ueberschrift des Formulars I. der Gr.B.O. nur die Artikelnummer vermerkt, also statt „Art. . . . . . Nr. . . . . .“ „Artikel-Nummer“ ausgefüllt und in Uebereinstimmung hiermit auch die 3. Spalte durch Bezeichnung des Grundstückes nach der Grundsteuer-Mutterrolle ausgefüllt wird. Es ist indessen auch zulässig, mehrere auf verschiedenen Artikeln der Grundsteuer-Mutterrolle eingetragene Gutskomplexe auf den Antrag des Eigenthümers auf dasselbe Grundbuchfolium einzutragen. In diesem Falle ist die Artikelnummer des dem Grundbuchfolium zugeschriebenen Grundstückes in der Spalte 3 des Form. I „Grundsteuer-Mutterrolle“ einzutragen. Sowohl in der Ueberschrift als auch der Spalte 3 ist die Nummer der Grundsteuer-Mutterrolle einzutragen, welche der jetzige Eigenthümer erhalten hat. Einer Angabe der Nummern der Kataster-Blätter auf dem Titel des Grundbuchblattes bedarf es nicht, wenn für den Eigenthümer ein Artikel der Mutterrolle angelegt ist. Nach der den Grundbuchämtern bereits durch die allg. Verf. v. 31. Januar 1873 bekannt gemachten Mittheilung des Fin.Min. ist in den 6 östlichen Provinzen für alle selbständigen Gutsbezirke, welche steuerpflichtige Liegenschaften von nicht mehr als Einem Eigenthümer enthalten, nur das Flurbuch, nicht aber die Mutterrolle angelegt. Da es in diesem Falle nicht möglich ist, das Form. I durch Angabe der Nummer der Mutterrolle auszufüllen, so ist in der Ueberschrift des Formulars I sowohl als in Spalte 3 zur Bezeichnung des Grundstücks statt der Nummer der Grundsteuermutterrolle die im Flurbuch eingetragene Nummer des Kartenblattes der Gemarkung einzutragen“;

§. 9.

Bei Bergwerken und den Kohlenabbaugerechtigkeiten in den vormals Königlich Sächsischen Landestheilen ist eine Beschreibung derselben in den Titel aufzunehmen, welche den wesentlichen Inhalt der Verleihungsurkunde oder des sonstigen Berechtigungstitels anzugeben hat. Für die Zubehörungen der Bergwerke und Kohlenabbaugerechtigkeiten an Grundstücken und Gebäuden, welche sich im Eigenthume des Bergwerkseigenthümers befinden, sind die Bestimmungen des §. 8. Nr. 1—4. dieses Gesetzes maßgebend.

---

4. die Größe und den Grundsteuerreinertrag oder Nutzungswerth. Der Nutzungswerth kommt nur bei den zur Gebäudesteuer veranlagten, in der Gebäudesteuerrolle aufgeführten Grundstücken in Betracht (Ges. v. 21. Mai 1861 §§. 4, 6, 7) und wird jetzt in Mark angegeben, während der Reinertrag der grundsteuerpflichtigen Liegenschaften (V.O. vom 12. Dezember 1864 §. 11; Ges. v. 8. Febr. 1867 §. 7) noch immer in Thalern und Hundertheilen von Thalern bezeichnet wird; die Umrechnung desselben in Mark und Pfennig im Grundbuche ist durch eine Verfügung des Justizministers vom 29. Januar 1882 (Jahrb. 2 S. 87) für unzulässig erklärt. — Vgl. im übrigen die Anm. zu §. 4, namentlich Anm. 3.

II. Die zweite Spalte dient zum Nachweise derjenigen Flächen, welche von dem Grundstück abgeschrieben werden.

Das Titelblatt des ursprünglichen Formulars der Hypothekenordnung hatte keine Kolonne für Abschreibungen. Letztere wurden in der ersten Rubrik vermerkt (Hyp.O. I §§. 36, 40); erst später wurde ihnen eine besondere Kolonne auf dem Titelblatt angewiesen. Siehe die Instr. vom 19. und 29. April 1834 (Jahrb. Bd. 43 S. 610, 622), vom 30. Januar 1842 (J.M.Bl. S. 67) und vom 3. August 1853 (J.M.Bl. S. 275).

§. 9.

I. Die Urkunde, durch welche das Bergwerkseigenthum verliehen wird, muß nach dem Allg. Berggesetze vom 24. Juni 1865 §. 34 enthalten:

„1. den Namen, Stand und Wohnort des Berechtigten,
2. den Namen des Bergwerkes,
3. den Flächeninhalt und die Begrenzung des Feldes unter Verweisung auf den Situationsriß (§. 33),
4. den Namen der Gemeinde, des Kreises, des Regierungs- und Oberbergamtsbezirks, in welchem das Feld liegt,
5. die Benennung des Minerals oder der Mineralien, auf welche das Bergwerkseigenthum verliehen wird,
6. Datum der Urkunde,
7. Siegel und Unterschrift des verleihenden Oberbergamtes."

Vgl. das Gesetz über den Eigenthumserwerb §. 68 Nr. 1.

II. Der Berechtigungstitel ist bei den Bergwerken — abgesehen von dem Falle der Verleihung — der von dem Oberbergamt bestätigte Konsolidations-, Theilungs- oder Tauschakt (Allg. Berggeſ. §§. 41 ff, 51 ff.), bei Kohlenabbau-Gerechtigkeiten „die gerichtliche oder notarielle Erklärung des Grundeigenthümers, daß das Abbaurecht von dem Eigenthume an dem Grundstücke oder einem Theile desselben in Zukunft abgetrennt sein solle, oder die in gleicher Form bewirkte gesonderte Veräußerung des Abbaurechtes an dritte Personen." (Ges. v. 22. Februar 1869 §. 2.) Vgl. oben S. 281 u. 283.

III. Die mit dem Bergwerk verbundenen Rechte an fremden Grundstücken und Grubenfeldern werden ebenso wie die dem Bergwerkseigenthümer gehörigen unbeweglichen Zubehörstücke auf dem Titel des berechtigten Bergwerkes aufgeführt. (§. 5.)

§. 10.

In die erste Spalte der ersten Abtheilung ist einzutragen:

der Eigenthümer nach Vor- und Zunamen, nach Stand, Gewerbe oder anderen unterscheidenden Merkmalen, Wohnort oder Aufenthaltsort; eine juristische Person nach ihrer gesetzlichen oder in der Verleihungsurkunde enthaltenen Benennung; eine Handelsgesellschaft, Aktiengesellschaft und Genossenschaft unter ihrer Firma und Bezeichnung des Orts, wo sie ihren Sitz hat;

in die zweite Spalte:

das Datum der Auflassung und der Eintragung, die Vermerke über Zuschreibungen (§. 61.), und auf Antrag des Eigenthümers der Erwerbsgrund;

in die dritte Spalte:

auf Antrag des Eigenthümers der Erwerbspreis, die Schätzung des Werths nach einer öffentlichen Taxe und bei Gebäuden die Feuerversicherungssumme mit Angabe des Datums.

---

§. 10.

Die erste Abtheilung des Grundbuchblattes entspricht der ersten Rubrik des Foliums, welches in Gemäßheit der Hyp.O. v. 20. Dez. 1783 Tit. 1 §§. 41 ff. geführt wurde. Sie zerfällt wie bisher in drei Kolonnen, jetzt Spalten genannt. Nach dem Formular der Hyp.O. bildete der Inhalt des Titelblattes und der ersten und zweiten Kolonne der ersten Rubrik einen zusammenhängenden Satz; z. B. „Das Bauergut 2c. hat der Landwirth Christel von dem Bauer Furchwitz laut Vertrages vom 1. Februar 1870 für 10000 Mark gekauft". Nach dem Formular der Gr.B.O. findet ein solcher grammatischer Zusammenhang nicht statt; Titel und erste Abtheilung nehmen die Gestalt besonderer Register an; die Namen der Eigenthümer werden unter fortlaufenden Nummern in die erste Spalte der ersten Abtheilung eingetragen. Der nach dem 30. September 1872 zuerst eingetragene Eigenthümer führt nach Bahlmann 3. Aufl. Note 3 zu §. 6 die Nummer 1. Von den drei Spalten dient

1. die erste zur Bezeichnung des Eigenthümers. Persönliche Eigenschaften desselben, welche die Verfügungsfähigkeit beeinflussen, wie Alter, Bevormundung 2c., werden nicht hier, sondern, sofern sie überhaupt eintragbar sind, in der zweiten Abtheilung vermerkt.

Als Eigenthümer kann nur ein Rechtssubjekt eingetragen werden; die künftige Descendenz einer bestimmten Person daher nur dann, wenn das bürgerliche Recht sie bereits als Rechtssubjekt anerkennt. Dies bejaht für das A.L.R. das Kammerger., Jahrb. 3 S. 114 ff. (siehe auch Turnau 2 §. 102 S. 434 ff.). Richtiger ist die Frage mit Eccius (4 §. 251 Note 45 bis 48, S. 397) zu verneinen, da der Mensch nach Landrecht, wie nach gemeinem Recht, erst mit seiner Geburt Rechtssubjekt wird. Dagegen steht der Vormerkung ihres Anspruches auf Eintragung als Eigenthümer oder auf Auflassung für den Fall ihrer Geburt, also im Falle ihrer testamentarischen Erbeseinsetzung dem Vermerke ihrer fideikommissarischen Substitution in Abtheilung II nichts entgegen, da diese Vermerke die Hinzufügung einer Bedingung vertragen.

Ein Einzelkaufmann kann nur unter seinem bürgerlichen Namen, nicht unter seiner Firma eingetragen werden (Kammerger., Jahrb. 4 S. 133). Vgl. über diese Fragen auch Anm. 1 zu §. 23 des Gesetzes, oben S. 158 ff.

Nach gemeinem Recht sind Subjekte der kirchlichen Vermögensrechte und daher als Eigenthümer einzutragen nicht die Kirchengemeinden, sondern die einzelnen kirchlichen Institute (Kirche, Pfarre, Küsterei, Pfarrwittwenthum 2c.) als mit juristischer Persönlichkeit ausgestattete Anstalten (Richter-Dove, Kirchenrecht §. 302; L.G Hannover, Jahrb. 10 S. 312). Nach A.L.R. II. 11 §§. 160 ff. ist dagegen die Kirchengemeinde Eigenthümerin; trotzdem hat das Kammerger. am 25. September 1882 (Jahrb. 3 S. 117, anders am 14. Febr. 1881, ebd. 2 S. 105) die Eintragung der einzelnen Institute (und entsprechend auch der Schule) für zulässig erklärt, weil sie dieselbe Bedeutung wie die Eintragung der Kirchengemeinde habe und nur in zulässiger Weise kundgebe, zu welcher Art des kirchlichen Vermögens die einzelnen Grundstücke gehören.

Wegen der Gesellschaften, welche der §. 10 erwähnt, siehe das A. D. Handelsgesetzb. Art. 111, 164 u. 213 (vgl. auch Anm. 5 a. E. zu §. 80 der Gr.B.O.), wegen der Genossenschaften das Gesetz vom 1. Mai 1889 §. 17, R.G.Bl. S. 55, wegen der eingeschriebenen Hülfskassen das Gesetz vom 7. April 1876 §. 5, R.G.Bl. S. 125, wegen der Genossenschaften mit beschränkter Haftpflicht des R.G. vom 20. April 1892 §. 13, R.G.Bl. S. 477. Vereine ꝛc., welchen durch das Gesetz weder die Eigenschaft einer juristischen Person noch das Recht zur Erwerbung von Grundbesitz beigelegt ist, können Grundstücke auf ihren Namen nicht erwerben. Als Eigenthümer sind gegebenenfalls sämmtliche Vereinsmitglieder in das Grundbuch einzutragen. (Kammerger., Jahrb. 10 S. 88.) Seit dem Gesetz vom 2. April 1887 (G.S. S. 105) kann auch die Gesammtheit der bei einem Auseinandersetzungsverfahren Betheiligten, sofern sie in Gemäßheit dieses Gesetzes mit einer Vertretung ausgestattet ist, als Eigenthümerin in das Grundbuch eingetragen werden (dass., ebd. 11 S. 111).

2. Die zweite Spalte gab nach der Hyp.O. I §. 42 darüber Auskunft, „aus welchem Rechtsgrunde der Besitzer zu dem Eigenthum des Grundstücks gelangt wäre, ob er solches aus freier Hand, oder aus einer gerichtlichen Subhastation gekauft, eingetauscht, geerbt, geschenkt erhalten, oder wie er solches sonst erworben hätte". Nach dem von der Staatsregierung aufgestellten Entwurfe einer Grundbuchordnung sollten nur „die Zeit der Eintragung, die Vermerke über Zuschreibungen (§. 61) und auf Antrag des Eigenthümers der Erwerbsgrund" eingetragen werden, nach dem Vorschlage der Kommission des H.H. dagegen „das Datum der vorgelegten Urkunde, der Auflassung und Eintragung, der Erwerbsgrund und die Vermerke über Zuschreibungen". Die Eintragung des Datums der Urkunde und des Erwerbungsgrundes (ohne Antrag) war eine Konsequenz der Beschlüsse der Kommission zu §. 2 des Gesetzes über den Eigenthumserwerb. (Vgl. oben S. 16.) Die Kommission des A.H., welche diesen Beschlüssen nicht beigetreten war, gab dem Entwurf die vorliegende Fassung. (Werner 1 S. 37 und 2 S. 37, 48, 164, 186.)

In der Bestimmung, daß auch die Auflassung in dem Eintragungsvermerk zu erwähnen ist, liegt eine Verbesserung des Regierungsentwurfes. Denn da im Fall der freiwilligen Veräußerung die Eintragung nur dann das Eigenthum überträgt, wenn sie auf Grund der Auflassung erfolgt, so fordert die Rücksicht auf das Publizitätsprinzip, daß die Auflassung im Grundbuche bezeichnet wird.

Dagegen ist die Eintragung des Erwerbsgrundes neben der Auflassung zwecklos. Denn der einzige Zweck, den sie haben könnte, — die Sicherung des Identitätsbeweises bezüglich des Rechtsgeschäftes, in dessen Veranlassung die Auflassung vollzogen wurde, — wird schon durch die Bezeichnung dieses Geschäftes bei der Auflassung und die Uebergabe der über dasselbe errichteten Urkunde an das Grundbuchamt erreicht. (§. 48.)

Der Erwerbsgrund kann auf den Antrag des Eigenthümers nur eingetragen werden, wenn durch eine authentische Erklärung des anderen Theiles außer Zweifel gestellt ist, daß der von dem Eigenthümer angegebene Erwerbsgrund der richtige ist. (A. M. Turnau 1 S. 56 Anm. 2.) Unter dieser Voraussetzung ist die Eintragung des Erwerbsgrundes auch nach der Eintragung des Erwerbers als Eigenthümer zulässig. (Kostentarif §. 3 Nr. 2.)

Für den Fall des Eigenthumserwerbes ohne Auflassung ist es streitig, ob die Erwerbsart (Erbgang, Zwangsversteigerung ꝛc.) bei der Eintragung anzugeben ist. Dies bejahen Dernburg u. Hinrichs 1 S. 292 und Rocholl, Rechtsfälle 1 S. 212, unter Berufung auf die Ueberschrift der zweiten Spalte „Zeit und Grund des Erwerbes" und die Beispiele in den

§. 11.

In die erste Hauptspalte der zweiten Abtheilung werden eingetragen:

1) dauernde Lasten und wiederkehrende Geld- und Naturalleistungen, welche auf einem privatrechtlichen Titel beruhen.

Von der Eintragung sind ausgeschlossen die an den Staat zu entrichtenden öffentlichen Abgaben und Leistungen.

Der Eintragung bedürfen nicht die Leistungen zur Erfüllung der Deichpflicht und die im §. 49. der Konkursordnung vom 8. Mai 1855. aufgeführten gemeinen Lasten;

2) die Beschränkungen des Eigenthums und des Verfügungsrechts des Eigenthümers.

amtlichen Formularen, während Turnau 1 S. 55 Anm. 2 sich dagegen erklärt. Da §. 10 diesen Zusatz nicht vorschreibt, kann man ihn keinenfalls mit Rocholl für wesentlich halten, wohl aber ist dem Formular die Bedeutung einer instruktionellen Vorschrift nicht abzusprechen.

3. Der Inhalt der dritten Spalte soll Auskunft über den Werth des Grundstückes geben. Da die Frage, was ein Grundstück werth ist, immer nur für eine bestimmte Zeit beantwortet werden kann, so schreibt das Gesetz zweckmäßig die Angabe des Datums bei denjenigen Thatsachen vor, welche den Werth beeinflussen. Es steht nicht im Belieben des Eigenthümers, welche Beträge einzutragen sind. Die Fassung des Gesetzes deutet unverkennbar an, daß die Momente, deren Eintragung der Eigenthümer verlangen kann, urkundlich feststehen müssen. Darum wird auch nur das eingetragen, was der Grundbuchrichter feststellen kann nämlich:

a. der Erwerbspreis. Ist ein schriftlicher Vertrag errichtet, so muß er bei der Auflassung vorgelegt und von dem Veräußerer als derjenige anerkannt werden, auf Grund dessen das Grundstück aufgelassen wird. Beantragt der Erwerber erst nach seiner Eintragung als Eigenthümer, den Erwerbspreis einzutragen, so ist eine beglaubigte Erklärung des Veräußerers erforderlich, welche den Preis und die sonstigen Essentialien des Vertrages angiebt. Ist der Preis in Einer Summe für mehrere Grundstücke vereinbart, so kann er nur dann eingetragen werden, wenn dieselben auf dem nämlichen Blatte oder Artikel stehen. Ein für unbewegliche und bewegliche Sachen zusammen verabredeter Preis ist nicht eintragungsfähig. Vgl. Turnau 1 S. 56 Anm. 3;

b. die Schätzung des Werthes nach einer öffentlichen Taxe. Als solche gilt nach Ansicht des Kammergerichtes (Jahrb. 3 S. 105) eine unter öffentlicher Autorität aufgenommene, z. B. gerichtliche oder landschaftliche Taxe;

c. die Feuerversicherungssumme. Dieselbe kann eingetragen werden, gleichviel, ob die Versicherung bei einem öffentlichen Institut oder bei einer inländischen oder einer ausländischen Privatgesellschaft genommen ist. Die Eintragung erfolgt auf Grund eines amtlichen Attestes oder der Police. (Bahlmann 3. Aufl. S. 261.) Streng genommen (§. 33) müßte die Police beglaubigt sein.

§. 11.

Die zweite Rubrik des Foliums der Hyp.O. führte in der Hauptkolonne die Ueberschrift: „Onera perpetua und Einschränkungen des Eigenthums oder der Disposition.“ In dem Formular der Gr.B.O. heißt es statt dessen: „Dauernde Lasten und Einschränkungen des Eigenthums.“ Die Ueberschrift erschöpft jedoch den Inhalt der zweiten Abtheilung nicht. Es gehören in dieselbe alle Belastungen und Rechte, welche das Grundstück selbst ergreifen oder den Eigenthümer in der Verfügung über dasselbe beschränken. Nur die Hypotheken und Grundschulden werden in die dritte Abtheilung eingetragen. Die zweite Abtheilung enthält drei Hauptspalten. Der Betrag, welchen die Eintragungen repräsentiren, wird in einer besonderen

In die zweite Hauptspalte „Veränderungen“ werden alle Veränderungen eingetragen, welche die in der ersten Hauptspalte vermerkten Rechte und Beschränkungen erleiden.

Ist ein in der ersten Hauptspalte eingetragenes Recht aufgehoben, so erfolgt die Löschung in der Hauptspalte „Löschungen“; die Löschung einer Veränderung wird unter der zweiten Hauptspalte in der Nebenspalte „Löschungen“ bewirkt.

Spalte links neben der ersten Hauptspalte ausgeworfen. Zur Linken dieser Sonderspalte stehen die laufenden Nummern der Eintragungen. Zu Bemerkungen geben nur die in dem §. 11 erwähnten Spalten Anlaß.

I. Die erste Hauptspalte dient zur Aufnahme aller Eintragungen, für welche die zweite Abtheilung bestimmt ist. Es werden hier insbesondere eingetragen:

1. dauernde Lasten rc. Die auf einem Grundstücke ruhenden Lasten können dreierlei Art sein:

a. Lasten, welche in einem privatrechtlichen Titel ihren Grund haben. Sie müssen eingetragen werden, um gegen Dritte zu wirken. (Ges. über den Eigenthumserw. §. 12; Gr.B.O. §. 73.) Vgl. oben S. 89 Anm. 1a zu §. 12 Satz 1 des Gesetzes;

b. öffentliche Abgaben und Leistungen, welche an den Staat zu entrichten sind. Sie ergeben sich aus allgemeinen Gesetzen, beschweren nach Maßgabe derselben den Grundbesitz und sind deshalb von der Eintragung ausgeschlossen. Zu nennen sind insbesondere die Grundsteuer und die Gebäudesteuer. Wegen der Ablösungsrenten siehe oben S. 99 die Anm. zu §. 12 Satz 3 des Gesetzes;

c. gemeine Lasten. Ihre Eintragung ist zulässig, aber zur Rechtswirkung gegen Dritte nicht nothwendig. Vgl. über diese oben S. 91 Anm. 2a zu §. 12 Satz 1 des Gesetzes;

2. die Beschränkungen des Eigenthums und des Verfügungsrechts des Eigenthümers. Die Bestimmung ist in dem weitesten Sinne zu verstehen, der mit den Worten verbunden werden kann.

Der im Jahre 1864 veröffentlichte Entwurf einer Hypotheken-Ordnung rechnete zu den Beschränkungen des Eigenthums u. a. die Lehns- und die Fideikommiß-Qualität, die Rechte der fideikommissarischen Substituten, die Superfizies, das Anerbenrecht und das Sur plus reservat, die vertragsmäßigen Vor- und Wiederkaufsrechte, die auflösende Bedingung der Eigenthumsübertragung, die Servituten, soweit sie nicht ohne Eintragung dinglich sind, die Nutzungs- und Gebrauchsrechte, insbesondere Wohnungsrechte, Altentheile (Auszüge), Herbergs- und Pflegeberechtigungen, Leibrenten, die Rechte aus antichretischen Verträgen, die Beschränkungen aus den bestehenden Vorschriften rücksichtlich des Anbaues innerhalb des Bereiches einer Festung und wegen polizeiwidrig geschehenen Baues, das Verbot, ein bestimmtes Grundstück zu einem gewissen Gewerbe zu benutzen, den Vorbehalt zu Gunsten von Parzellenkäufern, den vorläufigen Vermerk bei Gemeinheitstheilungen, Ablösungen und bäuerlichen Regulirungen, daß die Abfindung durch Kapital erfolgen werde. Nicht alle diese Rechte gehören zu den Beschränkungen des Eigenthumsrechtes im Sinne des Gesetzes über den Eigenthumserwerb §. 11. Das Surplusreservat ist richtiger in die dritte Abtheilung einzutragen. (O.Tr. III, Entsch. 78 S. 172, Str. Arch. 96 S. 264.) Ueber die Antichresis siehe die Anm. zu §. 12 der Gr.B.O.

Eine kasuistische Aufzählung der in die zweite Abtheilung gehörigen Beschränkungen ist hier entbehrlich. Es genügt hervorzuheben, daß in dieser Abtheilung alle überhaupt eintragungsfähigen Beschränkungen des Eigenthumes und des Eigenthümers, welche in den Anmerkungen zu §. 11 des Gesetzes erörtert worden sind, mit Einschluß der dinglichen Rechte und der Vormerkungen aus §§. 8, 9 und 16 ihre Stelle finden. Uebrigens ist die Eintragung nicht nichtig, wenn ein in die zweite Abtheilung gehöriges Recht in die dritte oder ein in diese gehöriges Recht in jene Abtheilung eingetragen wird. (Vgl. oben S. 307 Anm. 2; R.G. III, Entsch. 31 S. 311;

§. 12.

In die erste Hauptspalte der dritten Abtheilung werden die Hypotheken und Grundschulden eingetragen.

Wenn mit solchen Rechten der Besitz und Genuß des Grundstücks von Seiten des Gläubigers verbunden ist, so wird zugleich dieses Recht in der zweiten Abtheilung vermerkt.

In die zweite Hauptspalte „Veränderungen“ sind alle Veränderungen der in der ersten Hauptspalte eingetragenen Posten zu vermerken.

Die Nebenspalte „Löschungen“ in der zweiten Hauptspalte ist für die Löschung der Veränderungen, die Hauptspalte „Löschungen“ zur Löschung der in der ersten Hauptspalte eingetragenen Posten bestimmt.

O.Tr., Str. Arch. 96 S. 266; Bahlmann Anm. 2 zu §. 11, 3. Aufl. S. 262; Turnau 1 §. 43 Anm. 4 S. 130; a. M. Rocholl, Rechtsfälle 1 S. 211.)

II Die zweite Hauptspalte weist die Veränderungen nach, welche mit dem Inhalt der ersten Hauptspalte vor sich gehen (z. B. nach §. 17 Abs. 2 des rhein. Einf.Ges. das Pfandrecht an einem Nießbrauche; vgl. auch das Ende der Anm. zu §. 12 der Gr.B.O.). In dem Formular der Hyp.O. fehlte diese Spalte. Schon ein Reskript vom 14. Juni 1806 (Rabe 8 S. 610) ordnete indessen die Einrichtung einer Nebenkolonne für Cessiones (Veränderungen) an. Später theilte man diese Nebenkolonne in zwei Unterabtheilungen ein, von welchen die eine für die Eintragung, die andere für die Löschung der Veränderungen bestimmt war. (Instr. vom 19. und 29. April 1834, Jahrb. 43 S. 610 u. 622, und vom 30. Januar 1842, J.M.Bl. S. 67.) Das so konstruirte Formular ist durch die Instr. v. 3. August 1853 zu dem Gesetze v. 24. Mai dess. Jahres (J.M.Bl. S. 275) allgemein vorgeschrieben. Damit stimmt das Schema des §. 11 der Gr.B.O. im Wesentlichen überein.

III. Die Bestimmung der dritten Hauptspalte „Löschungen“ bedarf einer Erläuterung nicht.

§. 12.

Die dritte Rubrik des Formulars der Hyp.O. (I. §§. 55 ff.) war in vier Kolonnen getheilt: „Quantum, gerichtlich versicherte Schulden und andere Realverbindlichkeiten, Cessiones, Löschungen.“ Die zweite Kolonne tauschte demnächst die Bezeichnung „Hypotheken“ ein. Die dritte erhielt die Benennung „Zessionen und andere Subinskriptionen“ und gleichzeitig zwei Unterkolonnen für „Eintragung“ und „Löschung“. (Siehe die in der Anm. II zu §. 11 in Bezug genommenen Instruktionen.)

Das Formular der Gr.B.O. hat hierin sachlich nichts weiter geändert, als daß es den Hypotheken die Grundschulden hinzugefügt hat. Die Eintheilung der dritten Abtheilung ist die nämliche wie die der zweiten. Die Bezeichnung der einzelnen Spalten ergiebt sich aus dem §. 12 und den Formularen, welche der Gr.B.O. beigefügt sind.

In die erste Hauptspalte werden nicht bloß die Hypotheken und Grundschulden, sondern nach §. 88 auch die Vormerkungen zur Erhaltung des Rechtes auf Eintragung solcher Posten eingetragen. Was der Eintragungsvermerk enthalten muß, erhellt aus den Formularen I, II, III (Anl. A. B. C.) in Verbindung mit den Bestimmungen des Gesetzes §§. 19 u. 23 ff. Vgl. auch die Gr.B.O. §. 43. Der zweite Satz des §. 12 stellt außer Zweifel, daß das antichretische Pfandrecht durch die Gesetze vom 5. Mai 1872 nicht beseitigt ist. Ob und wie dasselbe noch vorkommen kann, bestimmt sich nach dem bisherigen Recht. Der richterlichen Bestätigung bedarf es nach Aufhebung der Wuchergesetze nicht mehr. Die Vorschriften des A.L.R. I. 20 §§. 227 bis 237 sind weggefallen. (Siehe dazu die Note in Kochs Kommentar) Die Eintragung in die zweite und dritte Abtheilung war schon früher üblich. Die Eintragungsbewilligung des Eigenthümers genügt zur Begründung des Antrages, den der Gläubiger stellt. Es ist nicht

§. 13.

Für mehrere im Bezirk desselben Grundbuchamts liegende Grundstücke desselben Eigenthümers kann auf dessen Antrag ein gemeinschaftliches Blatt angelegt werden, wenn daraus nach dem Ermessen des Grundbuchamts keine Verwirrung zu besorgen ist.

§. 14.

In dem Formular II. erhält jeder Eigenthümer einen Artikel, unter welchem sämmtliche ihm zugehörige Grundstücke, ihre Steuerverhältnisse, ihre dinglichen Belastungen und deren Veränderungen eingetragen werden.

nöthig, daß die Partei ausdrücklich Eintragung in beide Abtheilungen fordert. Die Frage, in welche Abtheilung ein Recht einzutragen ist, hat der Grundbuchrichter von Amtswegen zu prüfen und zu entscheiden. Das ergeben die §§. 11 u. 12. Nach der Ansicht des Kammerger., Jahrb. 11 S. 161, bedarf es übrigens im Gebiete des A.L.R. und nach Dernburg, Pand. 1 §. 278 bei Anm. 9, auch in dem des gemeinen Rechtes zur Gültigkeit der Antichrese nicht daneben einer Hypothekbestellung; darnach kann deren Eintragung in Abtheilung II allein erfolgen.

In die zweite Hauptspalte sind insbesondere einzutragen: der Uebergang einer Post auf den Zessionar, den Erben, den Vermächtnißnehmer, Verpfändungen, Prioritätseinräumungen (§. 86), die Umwandlung einer Hypothek in eine Grundschuld (§. 90), Arreste auf die Post (§. 91), Ueberweisungen im Wege der Exekution (§. 87), die Umschreibung einer Kautionshypothek in eine Hypothek mit festem Betrage 2c.

§. 13.

1. Zu dem „gemeinschaftlichen Blatt" im Sinne des §. 13 ist das Formular I zu verwenden. Aehnliche Blätter kannte auch das frühere Recht. (Verord. vom 31. März 1834 §. 6, G.S. S. 47, und Instr. für das Departement Naumburg vom 2. August 1839 §. 63; Kab.Ordre vom 9. Mai 1839, G.S. S. 163; Instr. v. 3. Aug. 1853 Art. 2, J.M.Bl. S. 273.)

2. Die Anlegung eines gemeinschaftlichen Blattes setzt voraus:

a. daß die Grundstücke demselben Eigenthümer gehören,

b. daß sie im Bezirke desselben Amtsgerichtes liegen (anders Gr.B.O. §§. 5, 25). Dieses ist durch §. 31 des Ausf.Ges z. G B G. (unten S. 322) an die Stelle des Grundbuchamtes getreten. Ob die Grundstücke demselben Gemeinde 2c. Bezirke (§. 1) angehören, ist gleichgültig. Die Einrichtung wird nach den Motiven „ihre Anwendbarkeit hauptsächlich auf geschlossene Güter oder größere Grundstücke haben, die nicht in derselben Feldflur liegen, während im letzteren Fall bei kleineren Grundstücken das nunmehr vorgeschriebene Formular II dem Bedürfniß besser entsprechen wird." (Werner 2 S. 152.)

c. Ferner ist ein Antrag des Eigenthümers erforderlich (Kammerger., Jahrb. 3 S. 103). Derselbe kann nicht nur bei Anlegung eines neuen Blattes, sondern auch sonst gestellt werden (Turnau 1 S. 65 Anm. 4). Nach dem Kostentarif §. 1 Nr. 3 Satz 2 ist der Grundbuchrichter befugt, den Eigenthümer zur Stellung des Antrages aufzufordern.

d. Schließlich darf nach dem Ermessen des Grundbuchrichters aus der Vereinigung keine Verwirrung zu besorgen sein (anders bei Zubehörstücken nach §. 5, wo die Zuschreibung auf Antrag erfolgen muß, vgl. Jahrb. 5 S. 413).

3. Durch Anwendung des §. 13 verlieren die einzelnen Grundstücke nicht, wie im Falle Zuschreibung als Zubehör (Ges. §. 32), ihre Selbständigkeit.

4. Das Verfahren ordnet die Ausführungsverf. Art. 4 (siehe unten).

§. 15.

Die Artikel werden in einem besonderen Grundbuch für jeden Bezirk (§. 1.) mit Bezeichnung der Artikelnummer des Steuerbuchs angelegt, und in jedem Artikel die einzelnen Grundstücke nach fortlaufenden Nummern eingetragen.

§. 16.

Grundstücke, welche eine Ehefrau in eine Ehe mit Gemeinschaft der Güter einbringt oder während derselben erwirbt, werden auf den Antrag beider Eheleute in dem Artikel des Ehemannes eingetragen. Bei Trennung der Ehe erhält die Frau einen besonderen Artikel.

---

§. 14.

Das Formular II, dessen Zweck und Wesen bereits in den Anm. zu §. 6 erörtert sind, verwirklicht den Gedanken einer Verschmelzung des Realfoliums mit dem Personalfolium. Realfolium ist es insofern, als es eine Anzahl Grundstücke und deren rechtliche Beziehungen vollständig nachweist, Personalfolium insofern, als die Person des Eigenthümers den Ort für die Grundstücke in dem Buche bestimmt. Die Abweichungen von dem Formular I betreffen daher vorzugsweise den Titel und die erste Abtheilung. Während auf dem Titel des Form. I die Grundstücke und ihre Bestandsveränderungen verzeichnet sind, giebt der Titel des Form. II nur die Person des Eigenthümers und dessen Artikelnummer in der Grundsteuermutterrolle an. Im Uebrigen finden sich die Angaben, welche das Formular I auf dem Titel und in der ersten Abtheilung macht, bei dem Formular II in der ersten Abtheilung vereinigt. Die Einrichtung der beiden anderen Abtheilungen ist nach beiden Formularen dieselbe; doch hat das Formular II zwischen der Spalte für den „Betrag" und der ersten Hauptspalte noch eine Spalte zur „Bezeichnung des belasteten Grundstückes nach der laufenden Nummer der ersten Abtheilung."

Das Vorbild des Formulars II ist nicht das Flurbuch, sondern die Grundsteuermutterrolle. Dieselbe ist in Artikel eingetheilt. Jeder Artikel weist die sämmtlichen Grundstücke nach, welche einer bestimmten Person in dem Bezirk der Mutterrolle gehören. (Oben S. 298 Anm. 2.) Die Anlegung mehrerer Artikel für die in demselben Gemeinde- rc. Bezirke belegenen Grundstücke desselben Eigenthümers ist demnach, wie in der Grundsteuermutterrolle, so auch im Grundbuch unzulässig, und wenn sie versehentlich erfolgt sein sollte, von Amtswegen zu berichtigen.

§. 15.

Die Mutterrolle weist die in einem bestimmten Gemeinde-, selbständigen Guts- oder besonderen Grundsteuererhebungs-Bezirk belegenen Grundstücke nach. Mit diesem Bezirk muß nach §. 1 der Bezirk des Artikel-Grundbuches sich decken. Daraus folgt, daß der Artikel einer Person in der Mutterrolle sowohl wie im Grundbuche die Grundstücke dieser Person nur insoweit aufnehmen kann, als dieselben in dem nämlichen Bezirke liegen. Nur in der Rheinprovinz können nach §. 18 des Einf.Ges. auch die in verschiedenen Katastergemeinden belegenen Grundstücke einer Person auf Einem Folium vereinigt werden, und dasselbe hat die Justizverwaltung in Westfalen zugelassen (vgl. Turnau 1 S. 66 Anm. 3; Schwarz 1 S. 604 ff.).

Stellt sich im Fall der Veräußerung eines Grundstückes heraus, daß der Erwerber noch keinen Artikel in der Mutterrolle hat, so hindert dies die Auflassung und Eintragung des Eigenthumsüberganges nicht. Die Nummer des Artikels der Grundsteuermutterrolle wird in diesem Falle später nachgetragen. Die „Bezeichnung der Artikelnummer des Steuerbuches" im §. 15 ist überhaupt nicht dahin zu verstehen, daß die Nummern der Grundbuchartikel mit denen der Steuerartikel sich decken müssen, sondern nur so, daß auf dem Titelblatt des Grundbuchartikels neben dessen Nummer die des letzteren anzugeben ist. Dafür spricht §. 1 Abs. 2 der Gr.B.O. (Verf. v. 21. November 1888 für Rheinl. §. 28, J.M.Bl. S. 303; Schwarz 1 S. 603 und die das. mitgetheilte J.M.Verf. v. 31. Jan. 1873.)

Leben die Eheleute unter getrenntem Güterrecht, so erhält zwar die Ehefrau einen besonderen Artikel, aber mit der Nummer des Artikels ihres Mannes, wenn im Steuerbuch die Grundstücke der Ehefrau in dem Artikel des Mannes eingetragen sind.

§. 17.

In dem Grundbuchblatt nach Formular III. ist die Anzahl der Kuxe, welche sich im Eigenthum eines jeden Gewerken befindet, anzugeben.

§. 18.

Für jedes Grundbuchblatt und für jeden Artikel werden besondere Grundakten gehalten. Den Grundakten sind Tabellen vorzuheften, welche eine wörtliche Abschrift der Grundbuchblätter und Artikel sein müssen.

§. 16.

1. In der Grundsteuermutterrolle wurden die Grundstücke der Ehefrau früher stets auf dem Artikel des Mannes verzeichnet. Deshalb fehlten in dem Entwurfe der Regierung die Worte: „auf den Antrag beider Eheleute." (Vgl. die Motive in den Drucks. des A.H. 1869 Nr. 24 S. 57.) Bei der Berathung im Jahre 1871 fand dies Anstoß. „Es wurde bemerkt," so berichtet die Kommission des Herrenhauses, „daß hier ein Verfahren von Amtswegen vorgeschrieben scheine, was mit den sonstigen Bestimmungen des Gesetzes nicht harmonire. Es scheine jedoch nicht zweifelhaft, daß die hier vorgesehene Uebertragung der Grundstücke einer Ehefrau in den Artikel des Mannes nur auf Antrag beider Eheleute für zulässig erachtet werden könne. Die sich wieder verheirathende Wittwe oder die Tochter und Erbin eines wohlhabenden Besitzers könne bereits einen besonderen Artikel mit einer Masse von Grundstücken haben, während der sie heirathende Mann nur einen Artikel mit einer sehr unbedeutenden Zahl von Grundstücken, welche mit denen der Frau nicht das Geringste gemein hätten, besäße. Wenn in den Motiven für den Entwurf angeführt werde, daß in den Grundsteuermutterrollen die Grundstücke der Ehefrau stets in dem Artikel des Mannes eingetragen würden, so könne dies nur zur Bequemlichkeit der Steuerbehörde dienende Verfahren für die davon ganz verschiedenen Verhältnisse beim Grundbuch nicht maßgebend sein." Die Kommission des Herrenhauses schaltete deshalb die in dem Entwurf vermißten Worte ein. (Werner 2 S. 164.)

Der zweite Absatz des §. 16 begann in dem Entwurf der Regierung mit der Vorschrift: „Bei Trennung der Ehe erhält die Frau einen besonderen Artikel." Auch diese Vorschrift fand in der Komm. des H. H. Widerspruch. Sie wurde jedoch angenommen, aber in den ersten Absatz versetzt.

2. Nach den Anweisungen des Finanzministers vom 31. März 1877 §. 64 Nr. 3 u. vom 25. Oktober 1881 §. 132 Nr. 3 werden die Grundstücke, welche sich in getrenntem Eigenthum von Ehegatten befinden, auf getrennten Artikeln nachgewiesen. Die Vorschrift des vorliegenden §. 16, daß der Grundbuch-Artikel der Frau die Artikel-Nummer des Mannes erhalten soll, ist somit jetzt gegenstandslos. (Turnau 1 S. 68 Anm. 2 a. E.)

3. Besondere Bestimmungen für den Fall der ehelichen Gütergemeinschaft finden sich in den Gesetzen über das Grundbuchwesen in Neuvorpommern und Rügen §§. 11 u. 12 und in dem Bezirk des (vormaligen) Justizsenats Ehrenbreitstein §. 5. In der Rheinprovinz findet §. 16 keine Anwendung (Einf.Ges. §. 19). Für Hohenzollern vgl. Jahrb. 10 S. 370.

§. 17.

Vergl. die Anm. 5 zu §. 6. Das Gesetz über das Grundbuchwesen in Ehrenbreitstein hat unter §. 21 für die Hüttenwerke in der Grafschaft Sayn-Altenkirchen ein besonderes Formular vorgeschrieben.

§. 18.

1. Die Grundakten sind dazu bestimmt, den Geschäftsverkehr des Grundbuchamtes in Beziehung auf das Grundbuchblatt oder den Artikel zu beurkunden, namentlich über die Veranlassung zu den einzelnen Eintragungen und Löschungen den erforderlichen Aufschluß zu geben. Es gehören daher zu den Grundakten insbesondere alle Eingaben, Anträge und Bewilligungen, überhaupt die Urkunden, auf Grund deren Einschreibungen vorgenommen werden, und sofern sie den Betheiligten zurückgegeben werden müssen, beglaubigte Abschriften davon, ferner die Konzepte der Verfügungen, Berichte ꝛc., welche von der Buchbehörde ausgehen. Der Anfertigung einer beglaubigten Abschrift bedarf es nicht, wenn eine solche bereits bei anderen Grundakten sich befindet; es genügt dann der Vermerk, wo die Abschrift sich befindet. Daher ist aus §. 18 die Unzulässigkeit der Kollektivanträge d. h. solcher Anträge, welche sich auf mehrere Grundbuchblätter beziehen, nicht zu folgern (Kammerger., Jahrb. 7 S. 96). Vgl. das Gesetz vom 24. Mai 1853 §. 5 und die Instr. v. 3. August 1853 Art. 4 Nr. 2. (Bahlmann 3. Aufl. S. 270; Turnau 1 S. 70 Anm. 4.)

Das Institut der Grundakten bestand zur Zeit der Hypotheken-Ordnung von 1783 nur bei den Obergerichten (Collegiis). Bei den Untergerichten wurde es durch die sogenannten Ingrossationsbücher ersetzt. Diese Bücher sind längst außer Gebrauch. Statt ihrer werden überall Grundakten gehalten. Siehe die Allg. Hyp.O. I §§. 68, 69, die Patente vom 22. Mai 1815 §. 13 (G.S. S. 185) und vom 4. April 1818 §. 17 (G.S. S. 20), die Verordnung vom 26. Juni 1820 §. 29 (G.S. S. 101) und vom 31. März 1834 §. 28 (G.S. S. 47), das Gesetz vom 24. Mai 1853 §. 5 (G.S. S. 521).

Nähere Bestimmungen über die Einrichtung und Führung der Grundakten enthält die unten abgedruckte Verfügung des Justizministers vom 14. November 1872 §§. 3 ff. Vgl. auch die §§. 51, 76, 82, 90, 115, 130 der Gr.B.O.

2. Die den Grundakten vorgehefteten Tabellen dienen zur Bequemlichkeit des Richters bei der Dekretur und der Aufnahme von Erklärungen der Parteien. Die Einrichtung gründet sich auf das Reskript vom 31. August 1829 (von Kamptz, Jahrb. 34 S. 125), das Cirkularreskript vom 13. Dezember 1832 und die Kabinets-Ordre vom 11. Dezember 1833 (ebd. 42 S. 437). Der Hypothekenrichter ist gewohnt, die Tabellen bei den Grundakten für unentbehrlich zu halten. Die Regierung glaubte indessen dieser Auffassung entgegentreten zu müssen. Die Entwürfe seit dem Jahre 1864 verwarfen das Institut. Die Kommission des Abgeordnetenhauses, welche den Entwurf der Grundbuchordnung im Jahre 1869 berieth, erklärte sich hiermit einverstanden. Man wollte in den Tabellen nur eine unnütze Schreiberei erblicken, die um so entbehrlicher wäre, als der Grundbuchrichter fortan seine Geschäfte in dem Amtslokal zu erledigen hätte. (Bericht der Kommission des Abgeordnetenhauses vom 8. Januar 1870 S. 8 u. 9.) Bei der Berathung im Jahre 1871 nahm die Kommission des Herrenhauses sich der alten Einrichtung an; sie fügte dem §. 18 den (in der Regierungsvorlage fehlenden) zweiten Satz hinzu. (Bericht, bei Werner 2 S. 165.)

3. Ueber das Verhältniß der den Grundakten vorgehefteten Tabellen zu den Hypothekenfolien war bisher nur vorgeschrieben, daß beide miteinander übereinstimmen müßten, und daß der Ingrossator für die Uebereinstimmung zu haften hätte. (Instr. vom 3. August 1853 Art. 18 Nr. 5.) Man verfuhr daher bei vielen Gerichten so, daß der Richter die für das Hypothekenbuch bestimmten Vermerke in die Grundakten-Tabelle schrieb und der Ingrossator (Buchführer) dieselben von dort in das Hypothekenbuch übertrug. Dies Verfahren, welches der Justizminister in der Instruktion vom 9. Juni 1868 Art. 22 (J.M.Bl. S. 191) noch ausdrücklich gestattet hatte, ist von der Grundbuchordnung durch die Vorschrift, daß die Tabellen eine wörtliche Abschrift der Grundbuchblätter und Artikel sein müssen, verworfen. Darnach hat der Richter in seiner die Eintragung anordnenden Verfügung den Eintragungsvermerk wörtlich anzugeben, und der Buchführer denselben in das Grundbuch einzutragen und sodann die Tabelle damit in Uebereinstimmung zu bringen. (Förster, Grundbuchrecht S. 34 u. 64.) Die Treue der Abschrift ist nachwievor von dem Buchführer zu vertreten. Der Richter indessen, der

§. 19.

Die Einsicht der Grundbücher und Grundakten ist Jedem gestattet, welcher nach dem Ermessen des Vorstehers des Grundbuchamts ein rechtliches Interesse dabei hat.

Oeffentlichen Behörden und den von ihnen beauftragten Beamten steht in den gesetzlich bestimmten Fällen die Einsicht der Grundbücher und Grundakten und die Entnahme von Bemerkungen aus denselben frei, auch sind sie berechtigt, Abschriften zu verlangen.

---

sich darauf verläßt, theilt im Falle der Ungenauigkeit der Tabelle die Verantwortung. (Dernburg, Preuß. Privatr. 1 §. 197 Note 18.)

Bahlmann (3. Aufl. S. 271) empfiehlt „dringend, daß der Grundbuchrichter selbst die Eintragungsvermerke in die den Akten vorgeheftete Tabelle einträgt und mit Bezug auf dieselben die Eintragung verfügt." Ein solches Verfahren, welches auch Turnau 1 S. 70 Anm. 3 sowie Dernburg und Hinrichs 1 S. 125 Anm. 10 für zulässig halten, verstößt jedoch gegen den Wortlaut des Gesetzes. Die Wort-Auslegung giebt aber einen ganz guten Sinn und hat eine weitverbreitete Praxis für sich. Sie aufzugeben, liegt umsoweniger eine Veranlassung vor, als die Materialien keinen Anhalt dafür bieten, daß der Gesetzgeber etwas Anderes gewollt als gesagt hat.

§. 19.

1. Begrenzung der formalen Oeffentlichkeit des Grundbuches und der Grundakten.
2. Nachweis des Interesses an der Einsicht.
3. Recht auf Abschriften, S. 319.
4. Recht auf Entnahme von Notizen.
5. Die Befugniß öffentlicher Behörden.
6. Versendung der Grundakten, S. 320.

1. Nach der Hyp.O. 1 §§. 71—74 durfte der Buchführer oder Ingrossator das Hypothekenbuch dem Eigenthümer sowie jedem Anderen, der durch dessen Einwilligung sich legitimirte, einem Dritten dagegen nur auf Befehl des Gerichtes vorlegen, und die Gerichte sollten „in jedem vorkommenden Falle genau erwägen: ob der Ansuchende ein wirkliches Recht und ein gegründetes Interesse dabei habe." Diese formelle Publizität, die durch das Gesetz vom 24. Mai 1853 auch auf die Grundakten übertragen wurde, ist die unerläßliche Voraussetzung für die materielle Publizität. Wenn nach dem A.L.R. I. 4 § 19 sich Niemand mit der Unwissenheit einer in das Hypothekenbuch eingetragenen Verfügung entschuldigen und der Inhalt des Buches gegen Jedermann wirksam werden kann, so fordert die Konsequenz, daß das Buch den Betheiligten zur Einsicht offen steht. Die weitere Folgerung indessen, welche die Gesetzgebung in Oesterreich, Hamburg und anderen Staaten aus dem Grundsatze der materiellen Oeffentlichkeit dahin gezogen hat, daß das Buch gegen Erlegung der tarifmäßigen Gebühren von Jedem müsse eingesehen werden dürfen, ist nicht zutreffend. Richtig ist nur, daß derjenige ein Recht auf die Einsicht des Buches hat, dessen Rechtsverhältnisse von dem Inhalt desselben betroffen werden können. Der bloßen Neugier oder gar der Erforschung fremder Vermögensverhältnisse in unlauterer Absicht darf die Grundbucheinrichtung nicht Vorschub leisten. Deshalb ist es ganz sachgemäß, wenn das Gesetz die Einsicht des Buches von einem rechtlichen Interesse abhängig macht.

2. „Die Befugniß zur Einsicht des Grundbuches ist gegenüber dem bestehenden Recht verallgemeinert, aber immer noch daran gebunden, daß dem Hypothekenrichter ein rechtliches Interesse nachgewiesen werden muß." (Motive, bei Werner S. 152.) Man darf indessen diese Bemerkung nicht wörtlich nehmen. Ein eigentlicher Beweis ist nicht erforderlich. Das Ermessen des Grundbuchrichters entscheidet. Dem Eigenthümer des Grundstückes und dem eingetragenen Realberechtigten ist die Einsicht des Grundbuches niemals zu versagen. Auch der-

jenige, welcher das Eigenthum oder ein dingliches Recht an dem Grundstück erwerben will, hat ein rechtliches Interesse, das Buch einzusehen. (Dernburg, Preuß. Privatr. I §. 202.) Auch dem Repräsentanten bei den Bergwerken ist nach den Motiven das Grundbuch vorzulegen. Der Richter wird hauptsächlich nur darauf zu halten haben, daß unter dem Vorwande des rechtlichen Interesses die Einsicht des Grundbuches nicht zur unbefugten Erforschung der Vermögensverhältnisse des Eigenthümers mißbraucht wird.

Die genannten Personen brauchen nicht in Person ihr Recht auf Einsicht auszuüben, sondern können sich dazu Bevollmächtigter bedienen. Als solche sind auch Winkelkonsulenten nicht ohne weiteres unzuläsig (vgl. ostpr. Trib., Jahrb. 1 S. 60, und Kammerger., ebd. 7 S. 97; letzteres hält die Zurückweisung für zulässig, wenn dem Winkelkonsulenten die Ausübung des Gewerbebetriebes untersagt ist oder seine Persönlichkeit zu Bedenken Anlaß giebt).

Gegen den Bescheid, welcher den Antrag auf Gestattung der Einsicht ablehnt, weil ein genügendes rechtliches Interesse nicht dargelegt sei, ist das Rechtsmittel der weiteren Beschwerde ausgeschlossen, weil es sich hierbei um eine Feststellung thatsächlicher Verhältnisse, nicht um eine Gesetzesverletzung handelt (vgl. Anm. 5 b zu §§. 20 bis 24 der Gr.B.O.; Kammerger., Jahrb. 3 S. 89).

3. Das Recht, das Grundbuch und die Grundakten einzusehen, enthält nicht das Recht, die Ertheilung einer Auskunft oder einer Abschrift aus dem Buche oder den Akten zu verlangen. Nur dem Eigenthümer muß, wenn er darauf anträgt, nach §. 120 eine Abschrift des Grundbuchblattes oder des Artikels bezw. des Titels und der ersten Abtheilung ertheilt werden. Hiervon abgesehen ist von einer Verpflichtung des Grundbuchamtes, einer Privatperson Auskunft über den Inhalt des Buches oder der Akten zu geben oder eine Abschrift daraus anfertigen zu lassen, in der Gr.B.O. nicht die Rede. Das Kammerger. hat deshalb, Johow 6 S. 97, diese Verpflichtung überhaupt verneint. Aehnlich das ostpreußische Tribunal, Johow 7 S. 102. Siehe auch Hamm, das. S. 105. Das App.G. zu Glogau dagegen hatte, ebd. 4 S. 224, angenommen, daß einer durch weite Entfernung an der Einsicht des Buches behinderten Partei eine Auskunft, welche dem Grundbuchamt keine irgendwie nennenswerthe Arbeit verursachte, ertheilt werden könnte, und auch das jetzige Kammerger. hat entschieden (Jahrb. 6 S. 81), daß es im einzelnen Falle dem richterlichen Ermessen unterliege, ob eine erbetene Abschrift zu ertheilen sei, und deshalb einen Bescheid aufgehoben, welcher einen dahin gehenden Antrag als gesetzlich unzulässig ablehnte. Auf das Maß der erforderlichen Arbeit kann es natürlich hier, wo es sich um Recht und Pflicht handelt, nicht ankommen. Das Recht des Grundbuchamtes mag hier auf sich beruhen. Aber eine Pflicht desselben ist nicht anzuerkennen, weil jede Auskunft durch eine Feststellung thatsächlicher oder rechtlicher Verhältnisse bedingt, mithin von einer Verantwortung begleitet ist, zu deren Uebernahme die Buchbehörde nur auf Grund des Gesetzes angehalten werden kann. Das Richtige ist, Abschrift oder Auskunft aus dem Grundbuche oder den Grundakten nur demjenigen zu ertheilen, der seinen bezüglichen Antrag nach Maßgabe der bestehenden Gesetze (z. B. nach §. 14 Nr. 2 des Zwangsvollstr.Ges., §. 24 Abs. 3 des Enteignungsgesetzes) zu begründen vermag. (Naumburg, Johow 6 S. 96.)

4. In dem Recht auf Einsicht ist zugleich das Recht enthalten, sich bei der Einsicht Notizen zu machen; denn ohne diese würde der Zweck des §. 19, daß der Interessirte sich mit dem Inhalte des Grundbuches bekannt machen und diese Kenntniß verwerthen darf, oft vereitelt werden und das Recht auf Einsicht dadurch an Bedeutung verlieren. (Kammerger., Jahrb. 7 S. 99.)

5. Das Recht der öffentlichen Behörden geht insofern weiter, als sie nicht blos die Grundbücher und Grundakten durch ihre Beamten einsehen und Bemerkungen daraus entnehmen, sondern auch Abschriften verlangen können. Es ist daher andererseits beschränkt auf die „gesetzlich bestimmten Fälle." In der Praxis sind namentlich drei Fragen streitig geworden:

Zweiter Abschnitt.

Von den Grundbuchämtern.

§. 20.

Zur selbstständigen Bearbeitung der Grundbuchsachen wird bei jedem Stadt- und Kreisgericht und jeder ständigen Kreisgerichtsdeputation ein Grundbuchamt gebildet.

Dasselbe besteht aus einem zum Richteramt befähigten Vorstand (Grundbuchrichter), einem Buchführer und den erforderlichen Schreibern und Unterbeamten.

§. 21.

In größeren Städten und Kreisen können durch Anordnung des Justizministers mehrere Grundbuchämter für geographisch abzugrenzende Bezirke gebildet werden.

a. Regelt der §. 19 Absatz 2 das Recht der öffentlichen Behörden erschöpfend und ausschließlich? Die Frage ist nach der Wortfassung und der auf Einschränkung des Schreibwerkes und der Arbeit bei dem Grundbuchamt gerichteten Tendenz des Gesetzes zu bejahen. Das Grundbuchamt ist daher nicht verpflichtet, einer öffentlichen Behörde Auskunft aus dem Grundbuche oder den Grundakten zu ertheilen, Legitimationstabellen auszufüllen oder tabellarische Zusammenstellungen von Notizen zu geben. (Posen, Johow 4 S. 227, und Kammerger., ebd. 6 S. 94; a. M. Insterburg, Johow 3 S. 182, und ostpr. Tribunal, Jahrb. 1 S. 59.)

b. Kann die Behörde nur eine einfache oder auch eine beglaubigte Abschrift verlangen? Ersteres ist von dem Kammerger., Johow 6 S. 94, letzteres von dem App.G. Hamm, ebd. S. 95, angenommen worden. Die Entscheidung des Kammergerichtes entbehrt nach dem Wortlaute des Gesetzes, welcher einen Unterschied zwischen einfachen und beglaubigten Abschriften nicht macht, der Begründung. Bahlmann 3. Aufl. S. 273. Ueber die Form der Beglaubigung vgl. Gr.B.O. §. 120 Anm. 3.

c. Hat die Behörde die Rechte aus §. 19 auch dann, wenn sie einen rein privatrechtlichen Anspruch vertritt? Die Frage ist mit dem ostpreußischen Tribunal (Johow 7 S. 104) gegen die abweichende Meinung des Kammerger. (ebd. S. 105) zu bejahen. Die öffentlichen Behörden haben jene Rechte schlechtweg, ohne den Zweck, den sie bei Ausübung derselben verfolgen, angeben zu müssen. Dieser Zweck entzieht sich mithin der Kognition des Grundbuchamtes. Das jetzige Kammerger. (Jahrb. 4 S. 113) ist sogar umgekehrt der Meinung, daß §. 19 Abs. 2 nur die Befugnisse öffentlicher Behörden betrifft, welche zur Wahrnehmung privatrechtlicher Interessen Kenntniß von dem Inhalt der Grundbücher erlangen wollen, und daß für das Verhältniß des Grundbuchrichters zu Verwaltungsbehörden, welche im öffentlichen Interesse Auskunft aus dem Grundbuch erbitten, der im §. 38 der V O v. 2. Jan. 1849 zum Ausdruck gelangte staatsrechtliche Grundsatz maßgebend ist, wonach sich die Gerichte und Verwaltungsbehörden bei Erledignng der ihnen obliegenden Geschäfte innerhalb ihres Ressorts Unterstützung leisten sollen.

Ueber die Rechte des Vorsitzenden der Veranlagungskommission auf Einsicht und Abschrift und des Vorsitzenden des Steuerausschusses auf Einsicht vgl. Einkommensteuergesetz vom 24. Juni 1891 §. 35 und Gewerbesteuerges. von demselben Tage §. 25 a. E., und über das Recht des Vollstreckungsgerichtes auf beglaubigte Abschrift und Auskunft Zwangsvollstr.Ges. §§. 19, 149.

6. Die Frage, ob Grundakten an eine öffentliche Behörde versendet werden dürfen, ist keine Rechtsfrage. Ein Reskript vom 26. Juni 1847, J.M.Bl. S. 188, entschied sie sachgemäß dahin, daß die Versendung auf die dringendsten Fälle zu beschränken wäre. Aehnlich das Gesetz für Neuvorpommern und Rügen vom 21. April 1868 §. 45. Abgelehnt ist in der Praxis die

§. 22.

Die Kreisgerichtskommissionen sind die Grundbuchämter für die in ihrem Bezirk belegenen Grundstücke, sofern nicht das Grundbuch über dieselben nach der Gerichtsverfassung bei den Kreisgerichten zu führen ist.

§. 23.

Die Grundbuchämter stehen unter der geschäftlichen Aufsicht der Stadtgerichtspräsidenten, der Kreisgerichtsdirektoren oder der Dirigenten der Kreisgerichtsdeputationen, welche in Verhinderungsfällen die Vertreter zu bestellen haben.

§. 24.

Beschwerden über Verzögerungen im Geschäftsbetrieb werden zunächst von dem Präsidenten, dem Direktor des Stadt- oder Kreisgerichts oder dem Dirigenten der Deputation, in zweiter Instanz von dem Präsidenten des Appellationsgerichts, in letzter Instanz von dem Justizminister entschieden.

Beschwerden über Verfügungen des Grundbuchrichters gehen an das Appellationsgericht des Bezirks, bei dessen Entscheidung es bewendet.

Ausführungsgesetz zum Deutschen Gerichtsverfassungsgesetz. Vom 24. April 1878. (G.S. S. 230.)

§. 23. Bei den mit mehreren Richtern besetzten Amtsgerichten werden die Geschäfte nach örtlich abgegrenzten Bezirken oder, wenn das Interesse der Rechtspflege dies erfordert, nach Gattungen oder nach Gattungen und Bezirken vertheilt. Die Vertheilung erfolgt durch das Präsidium des Landgerichts im Voraus auf die Dauer eines Geschäftsjahres nach den von dem Justizminister festgestellten Grundsätzen.

Die Gültigkeit der Handlung eines Amtsrichters wird dadurch nicht berührt, dass die Handlung nach der Geschäftsvertheilung von einem der anderen Amtsrichter vorzunehmen gewesen wäre.

Versendung an eine Gerichtskommission, welche die pupillarische Sicherheit einer Kapitalsanlage prüfen wollte (Kammerger., Johow 3 S. 184), sowie an das Prozeßgericht zum Zwecke der Beweisaufnahme (Naumburg, ebd. 6 S. 99). Zugelassen resp. angeordnet ist die Versendung an einen auswärtigen Staatsanwalt (Posen, ebd. 4 S. 228). Auch dem Stempelfiskal ist die Verabfolgung der Grundakten in seine Wohnung nicht zu versagen. Doch soll durch Vereinbarung Sorge getragen werden, daß die Akten während der Dienststunden im Geschäftslokal des Grundbuchamtes sich befinden. (Verf. des J.Min. vom 3. Februar 1874 bei Severin, Gesetz, betr. die Stempelabgaben 2c., vom 5. Mai 1872 S. 26.)

Zweiter Abschnitt.

§§. 20–24.

Die §§. 20—24 sind durch die Bestimmungen des Ausführungsgesetzes zum Deutschen Gerichtsverfassungsgesetze, von denen die hier am meisten interessirenden im Texte mitgetheilt sind, beseitigt, beziehungsweise ersetzt. Nach demselben ist die Organisation der Grundbuchbehörden fortan eine einheitliche.

1. Die bisherigen Grundbuchämter sind aufgehoben. (Ausf.Ges. z. G.V.G. §. 12.) Ihre Funktionen werden von den Amtsgerichten versehen. (§§. 16, 26, 31.) Ist das Amtsgericht nur mit Einem Richter besetzt, so ist dieser der Grundbuchrichter. Für die mit mehreren Richtern besetzten Amtsgerichte bestimmt sich nach der Geschäftsvertheilung, welcher Richter die Grundbuchsachen zu bearbeiten hat. (§. 23.) Die Grundsätze, welchen die Geschäftsvertheilung unterliegt, sind in der allg. Verf. des J.M. vom 21. Juli 1879, J.M.Bl. S. 198, aufgestellt. Es versteht sich, daß bei einem Amtsgericht auch mehrere Richter mit der Bearbeitung

§. 26. (Abs. 1.) Die Amtsgerichte sind zuständig für die Angelegenheiten, welche bisher durch Einzelrichter zu erledigen waren.

§. 31. Die Bildung von Grundbuchämtern findet nicht statt. Die Geschäfte der Grundbuchrichter werden von den Amtsrichtern, die Geschäfte der Grundbuchführer von den Gerichtsschreibern wahrgenommen.

Als Zeitpunkt des Eingangs eines Gesuchs um Eintragung im Grundbuche gilt derjenige Zeitpunkt, in welchem das Gesuch dem mit den Geschäften des Grundbuchrichters oder Grundbuchführers hinsichtlich des betreffenden Grundstückes beauftragten Richter oder Gerichtsschreiber vorgelegt wird.

§. 40. Die Landgerichte sind zuständig für die Verhandlung und Entscheidung über die Rechtsmittel in den Angelegenheiten, welche durch dieses Gesetz den Amtsgerichten zugewiesen sind.

Gegen die Entscheidung der Landgerichte findet das Rechtsmittel der weiteren Beschwerde statt.

§. 42. Die in diesem Gesetze den Landgerichten zugewiesenen Angelegenheiten werden von den Civilkammern erledigt.

§. 51. Das Oberlandesgericht in Berlin ist ausschliesslich zuständig für die Verhandlung und Entscheidung über das im §. 40 bezeichnete Rechtsmittel der weiteren Beschwerde. Für dieses Rechtsmittel gelten die nachstehenden Vorschriften.

---

der Grundbuchsachen betraut werden können. Die Zuständigkeit ist aber nicht an die Person des Richters, sondern an das Gericht geknüpft (§. 26), so zwar, daß eine Handlung um deswillen nicht ungültig ist, weil sie von einem Amtsrichter vollzogen wurde, dem ihre Vollziehung weder durch die Geschäftsvertheilung noch durch eine besondere Verordnung übertragen war. (§§. 23, 24.) Es kann also jeder Amtsrichter als solcher einen Akt, zu dessen Vornahme nach den Gesetzen vom 5. Mai 1872 der Grundbuchrichter ausschließlich berufen war, gültig vornehmen. Hiervon besteht nur die Ausnahme, welche in §. 31 Abs. 2 des Ausführungsgesetzes gemacht ist. Die Neuerung betrifft namentlich die Auflassung. Während nach dem Gesetze über den Eigenthumserwerb 2c. §. 2 und der Gr.B.O. §§. 32 und 48 die Auflassung nur vor dem Grundbuchrichter gültig erklärt werden konnte, ermangelt sie gegenwärtig der Gültigkeit nicht, wenn sie von einem anderen Richter des Amtsgerichtes, bei welchem das Grundbuch geführt wird, entgegengenommen ist.

2. Als **Grundbuchführer** fungiren die Gerichtsschreiber. (Ausf.Ges. §. 31.) Nach der Gr.B.O. § 20 durfte dem Grundbuchamt nur Ein Buchführer zugeordnet werden. Jetzt steht nichts entgegen, daß ein Grundbuchrichter mehrere Gerichtsschreiber als Buchführer beschäftigt Von den Gerichtsschreibergehülfen, die an sich „zur Wahrnehmung der Gerichtsschreibergeschäfte befähigt" sind, sollen nach dem Gesetz vom 3. März 1879 §. 5 „zur Wahrnehmung der Geschäfte des Grundbuchführers .... nur diejenigen verwendet werden, welche, abgesehen von der Erledigung der aktiven Dienstpflicht, die Vorbedingungen für die Anstellung als Gerichtsschreiber erfüllt haben." Diese Bestimmung ist jedoch nur instruktioneller Natur. (**Struckmann** und **Koch**, Ausführungsgesetze S. 165.)

3. Die **örtliche Zuständigkeit** der Amtsgerichte ist die allgemeine. Das Amtsgericht hat die Grundbuchsachen bezüglich aller in seinem Bezirk belegenen Grundstücke zu bearbeiten. (Ausf.Ges. §§. 16, 21, 26.) Die besondere Zuständigkeit über die Rittergüter ist weggefallen. Nur in Schleswig-Holstein besteht in Ansehung gewisser Grundstücke noch eine Singularität. (§. 32.) Vgl. auch Gr.B.O. §§ 5 u. 25.

Mit der Beseitigung der Grundbuchämter hat auch die Bezeichnung „Grundbuchamt" aufgehört. Das Amtsgericht hat die von ihm ausgehenden Verfügungen 2c. in Grundbuch-Angelegenheiten als „Amtsgericht" zu erlassen, allenfalls mit dem Zusatze „Abtheilung für Grundbuchsachen". Ueberall, wo in den bisherigen Gesetzen von dem Grundbuchamt die Rede ist,

§. 52. Die weitere Beschwerde kann nur darauf gestützt werden, dass die Entscheidung auf einer Verletzung des Gesetzes beruhe. Die Vorschriften der §§. 512, 513 der Deutschen Civilprozessordnung finden entsprechende Anwendung.

§. 53. Die weitere Beschwerde wird bei dem Gericht eingelegt. von welchem die angefochtene Entscheidung erlassen ist; sie kann in dringenden Fällen auch bei dem Oberlandesgericht in Berlin eingelegt werden.

Die Einlegung erfolgt durch Einreichung einer Beschwerdeschrift oder durch Erklärung zu Protokoll des Gerichtsschreibers. Im ersteren Falle muss die Beschwerdeschrift von einem Rechtsanwalt unterzeichnet sein. Oeffentliche Behörden, sowie Personen, welche zum Richteramt befähigt sind, können die Beschwerde schriftlich ohne Zuziehung eines Rechtsanwalts einlegen.

Die Beschwerde muss die Bezeichnung der verletzten Rechtsnorm enthalten. Eine unrichtige Bezeichnung der verletzten Rechtsnorm ist unschädlich.

§. 54. Die Vorschriften über die Frist des gegen die Entscheidung erster Instanz zulässigen Rechtsmittels finden auf die weitere Beschwerde entsprechende Anwendung. Die Einlegung bei dem Oberlandesgericht in Berlin genügt zur Wahrung der Nothfrist, auch wenn der Fall für dringlich nicht erachtet wird.

§. 55. Für das weitere Verfahren finden die Vorschriften der §§. 535—538 der Deutschen Civilprozessordnung entsprechende Anwendung.

---

muß jetzt „Amtsgericht" gelesen werden. Ein gesetzgeberischer Zweck für diese Neuerung ist freilich aus den Motiven des §. 31 nicht zu ersehen. An sich aber ist dieselbe für die Lektüre der Grundbuchgesetze recht störend. Das Ausführungsgesetz hätte, ohne seinen Standpunkt materiell zu ändern, sehr wohl die einmal eingebürgerte Bezeichnung beibehalten und, im Anschluß an die Gesetze über das Grundbuchwesen in Schleswig-Holstein §. 3, Hannover §. 5 und Kassel §. 21, sagen können: „Die Amtsgerichte sind die Grundbuchämter für die Grundstücke ihres Bezirkes."

4. Die geschäftliche Aufsicht über die an der Verwaltung des Grundbuchwesens betheiligten Beamten, welche bisher besonders geordnet war (Gr.B.O. §. 23), fällt jetzt mit der allgemeinen Dienstaufsicht zusammen, welcher die Richter und die Gerichtsbeamten unterworfen sind. (Ausf.Ges. §§. 78—80.) Beschwerden über Verzögerungen im Geschäftsbetriebe ꝛc. werden nach wie vor im Aufsichtswege erledigt. (§. 85 ebd.)

5. Beschwerden über Verfügungen des Grundbuchrichters, welche nicht im Aufsichtswege zu erledigen sich, gehen an das Landgericht. (Ausf.Ges. §§. 40 u. 42.) Gegen die Entscheidung des Landgerichtes findet weitere Beschwerde statt.

a. Das Rechtsmittel der Beschwerde (Gr.B.O. §. 24 Abs. 2) ist, von der Kompetenzvorschrift abgesehen, in dem Ausführungsgesetze nicht angeordnet. Es unterliegt daher den bisherigen Bestimmungen. Im Geltungsbereich der Verordnung vom 2. Januar 1849 ist die Beschwerde weder an eine besondere Form noch an eine Frist gebunden. Sie kann sowohl bei dem Gericht, dessen Verfügung angegriffen wird, als auch bei dem Beschwerdegericht eingelegt werden. Für Hannover gelten die Vorschriften der Prozeß-Ordnung vom 8. November 1850 §§. 455, 456, 458 und für das Gebiet des rheinischen Rechtes die §§. 532—538 der C.P.O. (Einf.Ges. §. 21.)

b. Das Rechtsmittel der weiteren Beschwerde ist neu. Seine Einführung bezweckt vornehmlich die Anbahnung einer gleichmäßigen Praxis in Grundbuchsachen. Zur Entscheidung über das Rechtsmittel ist das Kammergericht zu Berlin nach näherer Bestimmung des Ausführungsgesetzes §§. 51—57 berufen. Eine Nothfrist ist nicht eingeführt. Es gelten in dieser Hinsicht die Vorschriften über die Beschwerde (a), nicht die der C.P.O. (Kammerger., Jahrb. 2 S. 3 und S. 7). Ueber die Formalien vgl. §. 53 des Ausf.Ges. und Turnau 1 S. 88. Das Rechtsmittel der weiteren Beschwerde kann, entsprechend der Revision in Civil- und Strafsachen, nur auf Verletzung eines Gesetzes gestützt werden (§. 52), aber ohne Unterschied, ob eine

§. 56. Wird die weitere Beschwerde ausschliesslich auf die Verletzung einer Rechtsnorm gestützt, welche in dem Bezirke des Oberlandesgerichts in Berlin nicht gilt, so hat dasselbe die Verhandlung und Entscheidung dem Oberlandesgerichte zu überweisen, zu dessen Bezirk das Landgericht gehört, welches die angefochtene Entscheidung erlassen hat. Eine gleiche Ueberweisung kann erfolgen, wenn die weitere Beschwerde auf die Verletzung mehrerer Rechtsnormen gestützt wird, von denen die eine, nicht aber die andere im Bezirke des Oberlandesgerichts in Berlin Geltung hat.

Das Oberlandesgericht, an welches die Ueberweisung erfolgt ist, hat sich der Erledigung der Sache zu unterziehen. Dasselbe ist an die rechtliche Begründung des Ueberweisungsbeschlusses nicht gebunden.

§. 57. Die in den §§. 20, 24, 29, 32, 49, 51, 87, 93, 94 den Oberlandesgerichten zugewiesenen Angelegenheiten werden von den Civilsenaten erledigt

§. 85. Beschwerden, welche Angelegenheiten der Justizverwaltung, insbesondere den Geschäftsbetrieb und Verzögerungen betreffen, werden im Aufsichtswege erledigt.

§. 88. Die Vorschriften der §§. 177—185 des Deutschen Gerichtsverfassungsgesetzes über die Aufrechterhaltung der Ordnung finden in gerichtlichen Angelegenheiten, welche zu der ordentlichen streitigen Gerichtsbarkeit nicht gehören, entsprechende Anwendung. . . . .

§. 91. Auf die Angelegenheiten der nicht streitigen Gerichtsbarkeit sind die Gerichtsferien ohne Einfluss. . . . .

---

formelle oder materielle Rechtsnorm verletzt ist. Unrichtige, aber nicht gesetzwidrige Würdigung thatsächlicher Verhältnisse bildet keinen Grund zu ihrer Rechtfertigung, und neue Thatsachen und Beweismittel können von dem Kammergericht nicht mehr berücksichtigt werden (vgl. oben §. 19 Anm. 2 a. E.; und die Entsch. des Kammerger. im Jahrb. 1 S. 6 ff., 140, Bd. 2 S. 10 ff., 81 ff., Bd. 13 S. 139; Turnau 1 S. 86 ff.; sowie die allg. Verf. vom 11. Juni 1887, J.M.Bl. S. 170).

c. Unbeschadet dieser letzterwähnten Besonderheit der weiteren Beschwerde sind für beide Arten Beschwerde (a u. b) noch folgende Punkte hervorzuheben:

α. Die Beschwerde dient nicht nur zur Beseitigung grober Verstöße und Berichtigung unzweifelhafter Irrthümer, sondern sie ist gegen jede Verfügung des Grundbuchrichters, welche einen Antrag ablehnt oder demselben zu Unrecht stattgiebt, zulässig und befaßt die höhere Instanz mit der selbständigen Entscheidung aller in dieselbe gediehenen Streitfragen. Eine ungerechtfertigte Eintragung kann jedoch im Beschwerdewege nur dann beseitigt werden, wenn der Erwerb buchmäßiger Rechte seitens Dritter nicht entgegensteht, und eine formell begründete Eintragung ist, auch wenn sie auf irrigen Voraussetzungen beruht, nicht im Beschwerdewege, sondern nur mit Einwilligung des Berechtigten, der die rechtskräftige Verurtheilung desselben zur Einwilligung nach §. 779 der C.P.O. gleichsteht, zur Löschung zu bringen (Kammerger., Jahrb. 3 S. 82 ff., 5 S. 86, 6 S. 150; vgl. auch Turnau 1 S. 85, 89).

Ueber einzelne Fälle der Beschwerde vgl. oben S. 110 Anm. 3 a. E. zu §. 17 (Rangordnung), S. 139 Anm I. 1 zum Zus. zu §. 19 (Zwangseintragung) und S. 289 Anm. 5 d zu §. 70 des Ges. (Ablehnung der vom Prozeßgerichte beantragten Eintragung einer Vormerkung)

β. Zur Einlegung der Beschwerde sind die durch die angefochtene Entscheidung verletzten Personen befugt, nicht nur die Parteien selbst, sondern auch z. B deren Vertreter, falls ihre Vertretungsbefugniß verneint ist (vgl. Kammerger, Jahrb. 6 S. 138). An Stelle der Parteien können deren Bevollmächtigte die Beschwerde erheben; Notare sind hierzu auch ohne Vollmacht berechtigt, wenn ihr gemäß §. 36 der Gr.B.O. gestellter Eintragungsantrag abgelehnt wird (Kammerger., Jahrb. 7 S. 15, 17; O.L.G. Köln, ebd. 12 S. 306). Als verletzt ist aber derjenige nicht anzusehen, welcher zur Zeit der angefochtenen Entscheidung noch keine Rechte

§. 25.

Liegen Grundstücke, welche einem einheitlichen Gutsverbande angehören, in den Bezirken verschiedener Grundbuchämter, so hat das Appellationsgericht zu bestimmen, welches Amt das Grundbuch zu führen hat; liegen sie in verschiedenen Appellationsgerichts-Bezirken, so hat der Justizminister diese Bestimmung zu treffen.

§. 26.

Streitigkeiten über die Zuständigkeit mehrerer in dem Bezirk desselben Appellationsgerichts bestehender Grundbuchämter werden von dem Appellationsgericht, andernfalls von dem Justizminister entschieden.

Ausfuhrungsgesetz zum Deutschen Gerichtsverfassungsgesetz. Vom 24. April 1878. (G.S. S. 230.)

§. 20. In den durch dieses Gesetz den ordentlichen Gerichten übertragenen Angelegenheiten erfolgt die Bestimmung des örtlich zuständigen Gerichts durch das Oberlandesgericht:

1) wenn das an sich zuständige Gericht in einem einzelnen Falle an der Ausübung des Richteramts rechtlich oder thatsächlich verhindert ist;

---

an dem Grundstück hatte, auch wenn er sie hinterher erwarb. (Kammerger., Jahrb. 4 S. 190, 6 S. 147 u. 7 S. 160.)

Auch Behörden sind zur Beschwerde befugt, wenn sie mit der Vertretung betheiligter Interessenten befaßt sind oder deren Eintragungsanträge nach besonderer gesetzlichen Bestimmung zu vermitteln haben oder selbst gemäß §. 41 der Gr.B.O. zur Stellung von solchen berechtigt sind; dagegen kann z. B. nicht das Amtsgericht, dessen Beschluß von dem Landgericht aufgehoben ist, gegen den Aufhebungsbeschluß weitere Beschwerde erheben (Kammerger., Jahrb. 1 S. 5, 2 S. 12, 13, 3 S. 6, 4 S. 5, 6, 7).

6. Zustellungen in Grundbuchsachen „erfolgen, sofern sie beurkundet werden sollen, unter entsprechender Anwendung der Vorschriften der §§. 152 bis 159, 165 bis 174, 176 bis 179, 182 bis 185, 187 bis 189 der C.P.O." (Ausf.Ges. z. C.P.O. §. 1; vgl. Geschäfts-Ordnung für die Gerichtsschreibereien der Amtsgerichte vom 3. August 1879 §. 18.) Eine vereinfachte Form lassen §. 72 des Rhein. Einf.Ges. und §. 53 des Gesetzes vom 25. Mai 1885 für Kassel zu.

„Zustellungen, die nicht beurkundet werden sollen, sowie Behändigungen jeder Art sind durch die Post zu bewirken. Am Orte sind damit regelmäßig Gerichtsdiener zu beauftragen." (Geschäfts.O. a. a. O.) Vgl. ferner die Geschäftsanweisung für die Gerichtsvollzieher v. 24. Juli 1879 (J.M.Bl. S. 214) §. 44 und die allg. Verf. v. 4 Juni 1887 (J.M.Bl. S. 157), betr. die durch die Post zu bewirkenden Behändigungen von Urkunden; nach letzterer sind „Postsendungen, welche wichtige Urkunden (Hypothekenurkunden, Wechsel u. s. w.) enthalten", mit der Bezeichnung „Einschreiben" und, falls der Richter es für erforderlich erachtet, auch mit den Bemerkungen „Rückschein" oder „Eigenhändig" zu versehen.

§§. 25, 26.

1. Ein Widerspruch zwischen dem §. 25 und dem §. 5 Abs. 2 und 4 ist nicht vorhanden. Denn in dem Fall, welchen der §. 25 ordnet, sind die Grundstücke Bestandtheile des Gutes; in dem Fall des §. 5 ist das eine Zubehör des andern. In der Kommission des Herrenhauses ist dies des Weiteren erörtert worden. (Werner 2 S. 166.)

2. Die §. 25 und 26 sind durch das Ausführungsgesetz zum Deutschen Gerichtsverfassungsgesetze dahin geändert, daß anstatt Grundbuchamt „Amtsgericht" und statt Appellationsgericht „Oberlandesgericht" zu lesen ist.

2) wenn Streit oder Ungewissheit über die örtliche Zuständigkeit mehrerer Gerichte obwaltet;

3) wenn nach den bestehenden Vorschriften ein gemeinschaftlicher Gerichtsstand zu bestellen ist.

In den Fällen der Nr. 2, 3 erfolgt die Bestimmung durch den Justizminister, wenn die mehreren Gerichte den Bezirken verschiedener Oberlandesgerichte angehören oder wenn es sich um Angelegenheiten handelt, für welche die Oberlandesgerichte in erster Instanz zuständig sind.

§. 27.

Wenn ein Grundbuchblatt aus dem Bezirk eines Grundbuchamts in den eines anderen übergeht, so wird dem letzteren eine vollständige beglaubigte Abschrift des Blattes mitgetheilt und das frühere Blatt geschlossen. In diese Abschrift ist nur der noch gültige Inhalt aufzunehmen.

§. 28.

Rücksichtlich des Fortbestandes der Berg-Hypothekenkommissionen und der Ressortverhältnisse derselben bewendet es bei den Bestimmungen des §. 246. des Allgemeinen Berggesetzes vom 24. Juni 1865., der Gesetze vom 18. April 1855. und 10. Juni 1861.

§. 29.

Die Beamten des Grundbuchamts haften für jedes Versehen bei Wahrnehmung ihrer Amtspflichten, soweit für den Beschädigten von anderer Seite her Ersatz nicht zu erlangen ist.

---

§. 27.

1. Der §. 27 findet jetzt Anwendung, wenn ein Grundbuchblatt aus dem Bezirk eines Amtsgerichtes in den Bezirk eines anderen Amtsgerichtes übergeht. Das kann geschehen in den Fällen der Gr.B.O. §§. 25 u. 26 sowie bei Aenderungen der Gerichtsbezirke. Mit der beglaubigten Abschrift des Grundbuchblattes sind auch die dasselbe betreffenden Grundakten abzugeben. (Kammerger., Johow 6 S. 90.)

2. Wenn das Gesetz die beglaubigte Anschrift auf den noch gültigen Inhalt beschränkt, so meint es die Weglassung der gelöschten Vermerke. Ob im übrigen eine Eintragung, welche nicht gelöscht ist, der Gültigkeit ermangelt, entzieht sich der Feststellung durch die Buchbehörde.

3. Die Geschäfte, welche durch den Uebergang eines Grundbuchblattes in den Bezirk eines anderen Amtes veranlaßt werden, sind kostenfrei (weil im öffentlichen Interesse) zu erledigen. Kostentarif §. 10.

§. 28.

Der §. 28 hat jetzt nur noch rechtsgeschichtliche Bedeutung. Das Berggegen- und Hypothekenbuch wurde früher bei den Bergämtern durch den Justitiarius des Bergamtes geführt. (Ges. v. 18. April 1855.) Durch das Gesetz vom 10. Juni 1861 sind die Bergämter aufgehoben und ihre Funktionen auf die Oberbergämter übertragen. Die auf Grund dieses Gesetzes durch Verordnung vom 29. Juni 1861 ins Leben gerufenen Berghypotheken-Kommissionen für die Bezirke der Oberbergämter zu Bonn, Breslau, Halle und Dortmund sind in Ausführung des Allg. Berggesetzes vom 24. Juni 1865 §. 246 wieder aufgehoben, nämlich die Kommission zu Siegen (für den Bonner Bezirk) durch Verordnung vom 9. August 1867, G.S. S. 1425, die Kommission zu Breslau durch V. v. 22. Juli 1868, G.S. S. 713, die Kommission zu Halle a. S. durch V. v. 24. März 1869, G.S. S. 524, und die beiden Kommissionen zu Dortmund durch V. v. 14. Dezember 1874, G.S. 1875 S. 77. Der §. 28 der Gr.B.O. ist deshalb nunmehr gegenstandslos.

Soweit der Beschädigte nicht im Stande ist, Ersatz seines Schadens von dem Grundbuchbeamten zu erhalten, haftet ihm für denselben der Staat.

---

§. 29.

I. Nachdem die Grundbuchämter aufgehoben und ihre Funktionen auf die Amtsgerichte übergegangen sind, wird anzunehmen sein, daß die Haftpflicht, welche der §. 29 den Beamten des Grundbuchamtes auferlegte, nunmehr diejenigen Beamten des Amtsgerichtes trifft, welchen die Verwaltung des Grundbuchwesens oder eine Mitwirkung bei Erledigung der bezüglichen Geschäfte obliegt.

1. Der Beamte haftet für jedes Versehen bei Wahrnehmung seiner Amtsgeschäfte. „An sich liegt kein Grund vor, die Verantwortlichkeit der Grundbuchbehörde über das Maß für die Vertretung bei anderen Beamten zu steigern. Sie sollen ihre Amtspflichten mit Aufmerksamkeit wahrnehmen und haben dabei nach den allgemeinen Grundsätzen jedes Versehen zu vertreten. Die Bestimmungen darüber sind in II. 10 A.L.R. enthalten, und diese stehen in innerer Verbindung mit den Regeln von den Obligationen aus unerlaubten Handlungen in I. 6 A.L.R." (Motive, bei Werner 2 S. 153.) In der Kommission des H.H. wurde gegen die Fassung des §. 29 erinnert, daß die Worte „für jedes Versehen" nicht so weit gingen wie die in dem Gesetze für Neuvorpommern gebrauchten Worte „für jede Verschuldung", indem unter „Versehen" etwaige dolose Handlungen nicht zu subsumiren wären, und daß eine Bestimmung darüber fehle, in welcher Abstufung Grundbuchrichter und Buchführer hafteten. Der Kommissar des Herrn Justizministers entgegnete, daß durch das Wort „jedes" das dreigradige System des A.L.R. getroffen werden solle und daß in Beziehungen auf Verschuldungen die allgemeinen landrechtlichen Vorschriften den genügenden Anhalt darböten." (Bericht der Komm. des H.H., ebd. S. 167 u. 168.)

2. Um die Haftpflicht der Grundbuchbeamten zur Geltung zu bringen, hätte es einer neuen gesetzlichen Bestimmung nicht bedurft. Denn daß jeder Beamte den Schaden, welchen er durch sein Verschulden (dolus oder culpa) einem Privaten zufügt, ersetzen muß, ist schon nach dem bisherigen Recht anzunehmen gewesen (vgl. A.L.R. II. 10 §§. 88 ff., eingeführt in die neuen Provinzen durch V.O. v. 23. September 1867). Das allgemeine Landrecht ordnet (anders als das gemeine Recht) nur die Ersatzpflicht verschieden, je nachdem das Verschulden als Vorsatz oder als grobes oder als mäßiges oder als geringes Versehen sich darstellt (A.L.R. I. 6 §§. 10 ff.), und es war streitig, ob den Beamten auch ein geringes Versehen schadensersatzpflichtig mache. (Siehe die Entsch des O.Tr. bei Koch, Landrecht II. 10 §§. 88 u. 89.) Diesen Streit hat die Gr.B.O. durch den ersten Satz des §. 29 erledigt. Sonst hat derselbe, von der Subsidiarität der Beamten-Haftpflicht abgesehen, einen besonderen Rechtsinhalt nicht. Man hat freilich die Bestimmung so gedeutet, daß den Graden des Versehens jede Bedeutung habe abgesprochen werden sollen, und hieraus weiter gefolgert, daß der Grundbuchbeamte, wenn er überhaupt hafte, dem Beschädigten auch den entgangenen Gewinn vergüten müsse. (Förster, Grundbuchrecht S. 40.) Allein die Worte des Gesetzes berechtigen hierzu nicht, und auch sonst ist nichts beigebracht, was darauf hindeutete, daß der Gesetzgeber den Gegenstand der Ersatzpflicht habe

erweitern wollen. Es scheint daher angezeigt zu sein, in dieser Hinsicht nach wie vor das bisherige Recht zur Anwendung zu bringen. (R.G. IV, Gruchot 33 S. 1080; Turnau 2 §. 122 Ziff. 2 S. 538.)

Wenn der Grundbuchrichter die Expedition, welche der Gerichtsschreiber in Ausführung einer richterlichen Verfügung zu entwerfen hatte, bei deren Vorlage mangelhaft geprüft und dabei übersehen hat, daß der Entwurf eines verfügten Benachrichtigungsschreibens unterblieben ist, so ist er nicht dafür haftbar, da ihn das Gesetz nicht verpflichtet, die Ausführung seiner Verfügung in der Art zu überwachen. R.G. a. a. O.

3. Die Haftung der Beamten für Versehen tritt nach dem A.L.R. II. 10 §. 91 nur ein, „wenn kein anderes gesetzmäßiges Mittel, wodurch den nachtheiligen Folgen eines solchen Versehens abgeholfen werden könne, mehr übrig ist." Zuerst haftet also immer derjenige, welcher „dolos" das Versehen des Beamten herbeigeführt, und derjenige, der durch dasselbe bereichert worden. Das Hypothekengesetz für Neuvorpommern hat sich auch damit begnügt, diesen Grundsatz im allgemeinen auszusprechen. Die Hypotheken-Ordnung von 1783 und das Allg. Landrecht haben einzelne Fälle spezialisirt (vgl. A.L.R. I. 20 §. 428 und Hyp.O. II. §§. 77, 78; A.L.R. I. 20 §§. 409, 449, 450, 503, 531; Hyp.O. II. §. 285; A.L.R. I 20 §. 432; Hyp.O. II. §§. 40, 41, 170, 316; Ges. v. 24. Mai 1853 §. 25); es ist aber in dem vorliegenden Gesetz in Uebereinstimmung mit dem Gesetz für Neuvorpommern von einer solchen Spezialisirung Abstand genommen, theils weil die hervorgehobenen Fälle schon durch den allgemeinen Grundsatz erledigt sind, theils weil eine Aufzählung des Einzelnen doch nicht erschöpfend sein kann." (Mot., bei Werner 2 S. 153.)

Es fragt sich aber, ob die Spezialbestimmungen des bisherigen Rechtes weggefallen sind. Die Hypotheken-O. und die sie abändernden und ergänzenden Gesetze sind durch die Gr.B.O. §. 143 aufgehoben. Die Vorschriften des A.L.R. aber sind, soweit sie nicht mit den Gesetzen vom 5. Mai 1872 unvereinbar sind, bestehen geblieben. (Dernburg, Preuß. Privatr. 1 §. 206 Note 4, 5. Abweichend Bahlmann 3. Aufl. S. 284.)

4. Ist eine dem Beschädigten haftende Privatperson nicht vorhanden, so kann derselbe ohne weiteres an den Beamten sich halten (O.Tr. I. v. 1. Mai 1860, Str. Arch. 37 S. 216.) Dagegen ist „zur Begründung der von dem Gläubiger direkt gegen den solidarisch haftenden Hypothekenrichter wegen seines aus der versäumten Eintragung der Hypothek erlittenen Schadens anzustellenden Regreßklage der Umstand, daß der zunächst für den Schaden Verhaftete schon früher unpfandbar befunden worden und den Manifestationseid geleistet hat, nicht ausreichend." (O.Tr. I v. 27. Mai 1857, ebd. 24 S. 341.)

5. Im Aufsichtswege kann der Beamte zur Befriedigung des Beschädigten nicht angehalten werden. (Ausf.Ges. zum G.V.G. §. 82.) Die nicht anerkannte Ersatzpflicht ist nur im Wege der Klage verfolgbar. Die Klage ist im persönlichen Gerichtsstande des Beamten anzustellen. Zuständig ist ohne Rücksicht auf die Höhe des Streitgegenstandes das Landgericht. (G V.G. §. 70; Ausf Ges. §. 39.)

6. Fraglich ist die Haftung des Grundbuchrichters für die rechtliche Auffassung, von welcher derselbe bei der Bearbeitung einer Sache sich leiten läßt. Man hat behauptet, daß nach dieser Richtung die Haftung nicht schärfer sein könne, als die des Spruchrichters, dieser aber nur die Folgen des dolus und der culpa lata zu vertreten habe. (Dernburg, Preuß. Privatrecht 1 §. 206 Nr. 1 und 2 §. 298 Note 17; Dernburg und Hinrichs 1 S. 133; Turnau 2 S. 543; Bahlmann S. 284.) Der §. 29 gestattet freilich nach seinem Wortlaut eine solche Auslegung nicht. Aber im Resultat trifft dieselbe zu, weil nicht anzunehmen ist, daß das Gericht, welches über den Regreßanspruch entscheidet, darin allein ein Versehen finden wird, daß der Grundbuchrichter bei der Rechtsanwendung aus dem vorhandenen Material andere Schlüsse gezogen hat, als seiner Meinung nach daraus hätten gezogen werden müssen.

7. Die Haftung des Beamten ist ausgeschlossen, wenn sein Verschulden nur durch Hinzutritt eines Versehens des Beschädigten die Beschädigung hat zur Folge haben können, also namentlich, wenn der Beschädigte selbst die ihn benachtheiligende Verfügung extrahirt oder die Beschwerde versäumt oder den aus der ihm zugegangenen Urkunde ersichtlichen Fehler nicht

angezeigt hat, vorausgesetzt, daß der Schade durch die Beschwerde oder Anzeige noch abgewendet werden konnte. (Dernburg, Preuß. Privatr. 1 §. 206 Note 5; Pand. 2 §. 45 Ziff. 3.) Die allgemeinen Grundsätze enthält das A.L.R. I. 6 §§. 18 ff. Die Spezialbestimmungen des Tit. 20 §§. 451 und 452 sind indessen nicht aufgehoben. (Förster, Grundbuchrecht S. 40 und 176; R.G. V, Gruchot 27 S. 894. A. M. Eccius 2 §. 154 Anm. 33.)

Die Haftung für einen Dolus kann der Beamte weder durch die Berufung auf die Mithaft eines Anderen noch durch den Hinweis auf das eigene Versehen des Beschädigten abwenden.

8. Der Anspruch gegen den Beamten unterliegt einer besonderen Verjährung. Es bestimmt nämlich das A.L.R. I. 6 §§. 54 u. 55: „Wer einen außerhalb dem Falle eines Kontrakts erlittenen Schaden innerhalb dreier Jahre, nachdem das Dasein und der Urheber desselben zu seiner Wissenschaft gelangt sind, gerichtlich einzuklagen vernachlässigt, der hat sein Recht verloren." „Sind seit der Schadenszufügung dreißig Jahre verflossen, so kommt es auf den Zeitpunkt der erlangten Wissenschaft nicht weiter an." Der erstere Satz (§. 54) findet nach der Deklaration vom 31. März 1838 auch „Anwendung auf Entschädigungsansprüche, welche gegen öffentliche Beamte aus ihrer Amtsführung von dritten Personen, nicht aber auf solche, welche von dem Staat oder demjenigen, in dessen Diensten der Beamte angestellt ist, erhoben werden. Wenn der Beschädiger sich zugleich mit dem Schaden des Anderen einen Vortheil verschafft hat, so tritt die ordentliche Verjährung ein, soweit der Anspruch des Beschädigten die Höhe jenes Vortheiles nicht übersteigt."

Das gleiche Recht gilt nach den Gesetzen über das Grundbuchwesen in Neuvorpommern und Rügen §. 25, Schleswig-Holstein §. 47, Hannover §. 22, Kassel §. 20, Ehrenbreitstein §. 9, Hohenzollern §. 8 und Rheinland §. 20.

II. Der zweite Satz des §. 29 enthält für den größten Theil des Staates ein neues und überaus wichtiges Prinzip.

1. Aus privatrechtlichen Gesichtspunkten läßt sich die Haftung des Fiskus für Beschädigungen, welche die Beamten bei Wahrnehmung ihrer Amtsgeschäfte anrichten, nicht begründen. Nach dem A.L.R. I. 6 §. 50 haftet derjenige, welcher „einem Anderen einen in den Gesetzen nicht gemißbilligten Auftrag macht, nicht für den von selbigem bei Ausrichtung dieses Auftrags verursachten Schaden." Der Staat mithin, der als Fiskus von seinen Beamten vertreten wird, hat für die Versehen derselben nicht einzustehen, und zwar umsoweniger, als der Fiskus als juristische Person die Rechte der Unmündigen hat, ein Unmündiger aber für die Handlungen seines Vertreters nicht verantwortlich gemacht werden kann. Nur wenn der Fiskus Handel und Gewerbe treibt, hat er ausnahmsweise für den von seinen Angestellten verschuldeten Schaden aufzukommen.

„Der Staat im eminenten Sinne", als Träger von Hoheits-Rechten, kann nach den hergebrachten Anschauungen „durch die unerlaubten Handlungen seiner mit Ausübung der Regierungsgewalt beauftragten Beamten niemals verbindlich gemacht werden, weil er Subjekt von Privatrechten oder Verbindlichkeiten gar nicht sein kann." (Koch, Kommentar zum A.L.R., Anm. zu I. 6 §. 54.) In neuerer Zeit hat sich indessen in den Rechtsanschauungen insofern ein Umschwung vollzogen, als man die Forderung aufgestellt hat, daß der Fiskus für den Schaden einzutreten habe, welcher von den Beamten des Staates bei Handhabung der Hoheitsrechte desselben verursacht wird. Man verlangte namentlich, daß demjenigen, der durch das Versehen eines Grundbuchbeamten beschädigt wird, ein Anspruch auf Ersatz gegen die Staatskasse gegeben würde. Die Gesetzgebungen Mecklenburgs, Bayerns und Sachsens haben dies Verlangen bereits als berechtigt anerkannt. Die preußische Regierung dagegen sträubte sich bisher lebhaft gegen die Einführung eines Grundsatzes, dessen Tragweite nicht zu übersehen wäre. Das Abgeordnetenhaus indessen fügte bei Berathung der Grundbuchordnung im Jahre 1870 dem Entwurfe derselben eine Bestimmung hinzu, durch welche die subsidiäre Haftung des Fiskus für die Versehen der Grundbuchbeamten ausgesprochen wurde. Die Regierungsvorlage vom Jahre 1871 brachte gleichwohl den §. 29 ohne den jetzt darin enthaltenen zweiten Satz.

Dritter Abschnitt.

Von dem Verfahren in Grundbuchsachen.

1. Allgemeine Bestimmungen.

§. 30.

Die Grundbuchämter verfahren, mit Ausnahme der im Gesetz bestimmten Fälle, nur auf Antrag.

(Werner 1 S. 43 und 2 S. 133, 166 ff.) Auch wurde die Aufnahme desselben bei dem Widerspruche der Staatsregierung in den Kommissionen der Häuser des Landtages abgelehnt. Erst das Plenum des Abgeordnetenhauses hat diesen Satz dem Entwurf der Gr.B.O. hinzugefügt. (Werner 2 S. 193 ff.)

Dadurch, daß der Beschluß des A.H. die Zustimmung des Herrenhauses und der Staatsregierung gefunden hat, ist in das Rechtssystem ein Prinzip eingeführt worden, dessen Gerechtigkeit schwerlich verkannt werden wird. Denn so wahr es ist, daß der Staat das Grundbuchwesen nicht blos im Interesse derer, welche Grundstücke besitzen oder beleihen, sondern im Interesse der Rechtsordnung überhaupt in die Hand genommen hat, ebenso gerecht und billig ist es auch, daß der Schaden, welchen der Einzelne, der — durch das Gesetz genöthigt — die Thätigkeit der Beamten in Anspruch nimmt, dabei erleidet, im Falle des Unvermögens des Beschädigers nicht von dem Beschädigten allein, sondern von der Gesammtheit der an der Rechtsordnung Betheiligten (den Steuerzahlern) getragen und folglich aus der Staatskasse ersetzt wird.

2. Der Staat (Fiskus) haftet für den Schaden, welchen der Beamte durch eine vorsätzliche oder eine fahrlässige Handlung oder Unterlassung angerichtet hat, sofern und soweit von dem Beamten Ersatz zu leisten, aber nicht zu erlangen ist. Die Haftung ist eine subsidiäre. Das Rechtsverhältniß des Staates zu dem Beschädigten ist das des Bürgen zu dem Gläubiger. Beim Mangel besonderer Bestimmungen, welche dieses Verhältniß ordnen, ist es nicht zweifelhaft, daß die Bestimmungen über die Bürgschaft analog zur Anwendung zu bringen sind. (Dernburg, Preuß.' Privatr. 1 §. 206 a. E.) Die Haftung des Fiskus fällt daher fort, wenn der Beschädigte seinen Anspruch gegen den Beamten verloren hat, gleichviel ob der Verlust durch Verjährung, Verzicht ꝛc. eingetreten ist.

3. Der Gerichtsstand des Fiskus bestimmt sich nach der Deutschen Civilprozeßordnung §. 20 durch den Sitz der zur Vertretung des Fiskus berufenen Behörde. Diese Behörde ist hier, da der Anspruch aus §. 29 der Gr.B.O. eine Angelegenheit der Justizverwaltung betrifft, nach dem Gesetze vom 14. März 1885 (G.S. S. 65) und der allg. Verf. vom 23. dess. Mon. (J.M.Bl. S. 119) die Staatsanwaltschaft bei demjenigen Oberlandesgericht, in dessen Bezirk das Amtsgericht belegen ist. Zuständig ist nach §. 39 Nr 2 des Ausf.Ges. z. G.V.G. das Landgericht.

Dritter Abschnitt.

„Dieser Abschnitt enthält die allgemeinen Vorschriften über das Verfahren der Grundbuchämter, die Begründung der Eintragungs- und Löschungsanträge und die darauf zu erlassenden Verfügungen. Sie beruhen strenger als das bisherige Recht auf dem Grundsatz, daß die Thätigkeit des Amts **nur** auf Antrag eintritt und daß demgemäß die gestellten Anträge der Interessenten allein die Grundlage der Einschreibungen in das Grundbuch bilden." (Mot., bei Werner S. 153.)

1. Allgemeine Bestimmungen.

§. 30.

1. Der §. 30 enthält lediglich die Bestimmung darüber, wodurch die Buchbehörden zum Einschreiten veranlaßt werden können. Die Regel ist die, daß sie nicht aus eigenem Antriebe, nicht von Amtswegen, sondern nur auf Antrag handeln sollen. Ueber die Gültigkeit und Wirksamkeit einer Einschreibung ist aus dem §. 30 nichts zu entnehmen. Es kann namentlich nicht der Schluß aus demselben gezogen werden, daß eine Einschreibung, welche ohne den erforderlichen Antrag vollzogen worden, ungültig sei. Dies verkannte das vormalige Obertribunal, indem es in einem Erkenntniß vom 28. September 1877 aussprach: „Nach den §§. 13, 19 des Gesetzes vom 5. Mai 1872 über den Eigenthumserwerb von Grundstücken und §. 30 der Grundbuch-Ordnung ist der Antrag des Berechtigten oder des Eigenthümers wesentliche Bedingung zur Eintragung. Ohne diesen Antrag ist die Eintragung wirkungslos.“ (Striethorst, Arch. 98 S. 27.) Beide Sätze beruhen auf einer Verwechselung des Antrages mit der Bewilligung. Wesentlich ist der Antrag nur als Bestandtheil der Auflassung. Warum sollte auch die Eintragung des Eigenthumsüberganges auf die Erben unwirksam sein, wenn sie nicht beantragt war? Das Obertribunal hat freilich nur der nicht beantragten Eintragung eines dinglichen Rechtes (Altentheils) und einer Hypothek die Wirksamkeit in der angezogenen Entscheidung abgesprochen. Aber auch mit dieser Einschränkung ist seine Auffassung des Antrages nicht richtig. Bei den dinglichen Rechten, die nach §. 12 des Gesetzes ohne Eintragung begründet werden, könnte es sich sogar fragen, ob der Mangel der Bewilligung die Eintragung des begründeten Rechtes entkräfte. Jedenfalls ist dafür, daß die ohne Antrag vollzogene Eintragung unwirksam sei, ein stichhaltiger Grund nicht aufzufinden. Für die Hypothek ist die Frage durch die §§. 18 u. 19 des Gesetzes ganz unzweideutig dahin entschieden, daß, wenn der eingetragene Eigenthümer die Eintragung für eine Forderung bewilligt hat, die Eintragung selbst das Recht der Hypothek zur Entstehung bringt. Der Eintragungsantrag kann daher in diesem Falle nicht wesentlich sein. Vgl. über den Unterschied zwischen Antrag und Bewilligung Johow, in dessen Jahrb. 2 S. 242 ff.

2. Aus den vorstehenden Erörterungen ergiebt sich, daß die Regel des Gesetzes, daß ohne den erklärten oder durch das Ersuchen einer zuständigen Behörde oder durch richterliches Urtheil ersetzten Willen desjenigen, gegen den die Eintragung gerichtet ist, Nichts in das Grundbuch eingetragen werden darf, nicht den Inhalt des §. 30 bildet. „Durch diesen Paragraphen ist“ vielmehr nur „der Grundsatz ausgesprochen, daß der Hypothekenrichter nicht von Amtswegen zu verfahren hat und die im §. 28 des Gesetzes vom 24. Mai 1853 beibehaltene Pflicht desselben, gewisse Nebenbestimmungen aus Verträgen von Amtswegen einzutragen, aufgehoben und das Offizialverfahren auf diejenigen Fälle beschränkt ist, die in dieser Ordnung besonders hervorgehoben werden.“ (Motive a. a. O.)

3. Darüber, wer den Antrag zu stellen hat, finden sich die nöthigen Vorschriften in dem Gesetze über den Eigenthumserwerb 2c. §§. 2, 8, 13, 16, 19, 27, 29, 49, 58, 58 ff. und in der Gr.B.O. §§. 33, 41, 54, 56, 74, 92, 99 ff. Vgl. oben S. 102 Anm. 3 zu §. 13 und S. 131 ff. Anm. 4 zu §. 19 Nr. 1 des Gesetzes.

4. Von Amtswegen hat die Buchbehörde zu verfahren in den Fällen des Gesetzes über den Eigenthumserwerb 2c. §. 68, der Gr.B.O. §§. 64, 66—69, 97, 112, 118, des Enteignungsgesetzes v. 11. Juni 1874 §. 24 (oben S. 60 Anm. III. 2a zu §. 8 des Ges.), bei der Neuanlegung der Grundbücher in den gemein- oder französisch-rechtlichen Gebieten nach näherer Bestimmung der Einf.Gesetze und bei der Eintragung der Nummer des Landgüterrollenblattes in das Grundbuch (oben S. 307 Anm. I. 3 zu §. 8). Vgl. noch für Hannover Ges. vom 13. April 1887 (G.S. S. 115), wonach das Vereinzelungsverbot landtagsfähiger Lehngüter von Amtswegen zu löschen ist, und Anm. 3 a. E. zu §. 4 Abs. 1 der Gr.B.O.

§. 31.

Die Anträge werden mündlich bei dem Grundbuchamt angebracht oder schriftlich eingereicht.

§. 32.

Mündliche Anträge auf Eintragungen oder Löschungen sind von dem Grundbuchrichter aufzunehmen.

§. 31.

Die Auflassung kann (ausgenommen im Gebiete des rhein. Rechtes, oben S. 40 Anm. 7 zu §. 2 des Gesetzes) nur mündlich vor dem zuständigen Amtsgericht erklärt werden. Im übrigen haben die Betheiligten die Wahl, ob sie ihre Anträge mündlich oder schriftlich anbringen wollen. Der Antrag ist aber stets in selbständiger Form zu stellen. Anträge, welche mehrere Grundstücke desselben Amtsgerichtsbezirks betreffen, können in Ein Gesuch zusammengefaßt werden. Handelt es sich dagegen um Grundstücke, welche in den Bezirken verschiedener Amtsgerichte belegen sind, so hat der Grundbuchrichter innerhalb seiner Zuständigkeit sachlich zu verfügen, im übrigen aber den Antragsteller an das zuständige Amtsgericht zu verweisen.

§. 32.

1. „Während der §. 31 die generelle Vorschrift enthält und den Fall in sich schließt, daß Gesuche beim Grundbuchamt auch von dem Buchführer aufgenommen werden können, enthält der §. 32 die spezielle Bestimmung, daß mündliche Anträge auf Eintragung oder Löschung von dem Grundbuchrichter aufzunehmen seien." (Ber. der K. des H.H., bei Werner S. 168) Der Richter darf sich dabei (auch bei der Auflassung) der Hülfe eines Protokollführers bedienen. Denn das Gesetz ordnet nirgends an, daß er eigenhändig die Protokolle zu schreiben habe. Ein Zusatz, durch den die Mitwirkung einer anderen Person ausdrücklich für statthaft erklärt würde, ist von der Kommission des Herrenhauses als überflüssig abgelehnt worden.

2. Anträge, welche im Fall ihrer schriftlichen Einreichung nach §. 33 der Beglaubigung nicht bedürfen, können ungeachtet der Vorschrift des §. 32 auch von dem Buchführer aufgenommen werden. Denn das, was der Buchführer zu Protokoll nimmt, hat unbestreitbar die Kraft einer privatschriftlichen Erklärung der Partei, welche das Protokoll unterzeichnet hat.

3. Es versteht sich, daß die Anträge in Grundbuchsachen, gleichviel ob sie von dem Richter oder von dem Buchführer aufgenommen worden, als Akte der freiwilligen Gerichtsbarkeit gehörig protokollirt werden müssen. (Allg. Ger.O. II. 2 §§. 42, 44—46.) Die Ansicht von John S. 1 ff. und Löbell S. 8 ff., daß namentlich bei der Auflassung ein Protokoll entbehrlich sei, ist ohne zutreffenden Grund. (Neubauer S. 21; Turnau 1 S. 95 Anm. 3; R.G. V, Gruchot 29 S. 966.)

4. Der Ort, wo der Akt innerhalb des Amtsbezirkes aufgenommen wird, ist gleichgültig. (Allg. Ger.O. II. 2 §. 10.) In der Regierungsvorlage standen zwischen „sind" und „von" noch die Worte: „im Geschäftslokal des Grundbuchamts". Die Kommission des Herrenhauses strich indeß diese Worte „wegen der daraus entstehenden Erschwerungen". (Ber. der Komm. a. a. O.)

Auch auf Gerichtstagen sind die Anträge des §. 32 aufzunehmen und zu diesem Zwecke die Grundakten (aber nie die Grundbücher) auf Gesuch der Betheiligten mitzunehmen. „Dem Ermessen der Gerichtstagskommissare bleibt es überlassen, auch Auflassungserklärungen an den Gerichtstagen aufzunehmen, sofern sie die Aufnahme nach Lage des einzelnen Falles für unbedenklich erachten" (Verf. v. 21. Novbr. 1888 für Rheinl. §. 8; allg. Verf. v. 11. Mai 1882; früher abweichend hinsichtlich der Auflassungen Verf. v. 18. Juni 1881; vgl. Turnau 1 S. 81, Schwartz 1 S. 296 ff.)

5. Enthalten die von dem Grundbuchrichter aufgenommenen Protokolle nur Anträge auf

§. 33.

Schriftliche, zu einer Eintragung oder Löschung erforderliche Anträge und Urkunden müssen gerichtlich oder notariell aufgenommen oder beglaubigt sein. Jedoch bedürfen schriftliche Anträge, welchen die beglaubigten Urkunden beiliegen, in denen die Betheiligten die beantragte Eintragung oder Löschung schon bewilligt haben, keiner besonderen Beglaubigung.

Der Aufnahme eines besonderen Protokolls über die Beglaubigungen und der Zuziehung von Zeugen bedarf es nicht.

Eintragungen oder Löschungen, so sind sie zu den Grundakten zu nehmen und nicht auszufertigen, weil sie nicht für die Interessenten, sondern für das Grundbuchamt bestimmt sind.

§. 33.

1. Tragweite des §. 33. Antrag; Bewilligung.
2. Die Betheiligten, S. 334.
3. Einzelne Anträge.
4. Die Urkunden des §. 33, S. 336.
5. Die Erfordernisse der Beglaubigung.
6. Inhalt des unbeglaubigten Antrags, S. 337.
7. Bewilligung und Antrag in einer Urkunde.
8. Wirkung eines Verstoßes gegen §. 33.

1. Der §. 33 schreibt die Beglaubigung der Eintragungs- und Löschungsanträge als Regel vor. Der Gedanke indessen, welcher dieser Vorschrift zuGrunde liegt, hat in den Worten des Gesetzes nicht den entsprechenden Ausdruck gefunden. Denn wenn nach dem zweiten Satze des §. 33 für diejenigen Anträge, welchen die beglaubigten Bewilligungsurkunden beiliegen, die privatschriftliche Form genügt, so ist klar, daß ein Einschreibungsantrag als solcher der Beglaubigung nicht bedarf. Beglaubigung des Antrages ist nur erforderlich, insofern derselbe zugleich die Bewilligung ist. Das, was der §. 33 als Regel bezeichnet, ist also in Wirklichkeit die Ausnahme und das, was er als Ausnahme zuläßt, die Regel. Die Vorschrift, daß die Einschreibungsbewilligungen zu beglaubigen sind, hat ihren guten Grund darin, daß nur die Beglaubigung eine Bürgschaft dafür gewährt, daß ohne Zustimmung desjenigen, welchem eine Eintragung oder eine Löschung zum Nachtheil gereicht, die Einschreibung nicht vollzogen wird. Liegt aber diese Zustimmung in beglaubigter Form vor, so ist der Gefahr einer Rechtsverletzung vorgebeugt. Es wäre mithin eine nutzlose Belästigung des Publikums, wenn auch der Antrag, welcher die Vollziehung der Bewilligung bezweckt, beglaubigt werden müßte. Wenn gleichwohl der Entwurf der Gr.B.O. die Beglaubigung aller Einschreibungsanträge forderte, so erklärt sich dies daraus, daß der Verfasser des Entwurfs von der Vorstellung ausging, daß die Einschreibungsbewilligung, von Ausnahmen abgesehen, in der Form des **Antrags** erklärt werden müßte. Diese Vorstellung aber hat in dem Gesetz über den Eigenthumserwerb, wie oben S. 132 Anm. 4b zu §. 19 Nr. 1 des Gesetzes dargelegt ist, keinen Ausdruck gefunden.

In der Kommission des Herrenhauses erregte der erste Satz der Regierungsvorlage lebhafte Bedenken. Wenn, so heißt es in dem Bericht, „zu allen schriftlichen Anträgen, welche auf eine Eintragung oder Löschung bezüglich wären, Beglaubigung gefordert werde, so gehe diese Vorschrift zur Belästigung der Interessenten hinter die dem praktischen Bedürfniß völlig entsprechenden Bestimmungen der §§. 3 und 4 der Hypothekennovelle vom 24. Mai 1853 zurück, welche für Gesuche in **den** Fällen keine Beglaubigung verlangten, 1) wenn in den denselben beigefügten Urkunden bereits die Eintragungs- oder Löschungsanträge bestimmt enthalten seien, oder 2) wenn es sich um die Erwerbung oder Erhaltung eines Rechts handle. Man müsse diese Erleichterungen konserviren und könne höchstens zum Schutz gegen etwa mißbräuchliche Einreichung von Urkunden hinter dem Rücken des Berechtigten nur die Einschränkung hinzufügen, daß bei dem Grundbuchamt über die Richtigkeit der unbeglaubigten Unterschrift eines Gesuches kein Zweifel obwalte." Ein diesen Erwägungen entsprechendes Amendement fand einstimmige Annahme. (Werner 2 S. 168.) In der Kommission des Abgeordnetenhauses erhielt dann der zweite Satz des §. 33 seine jetzige Fassung. (S. 187 das.) Die Absicht ist also erkennbar die gewesen, die Beglaubigung nur für die materielle und nicht auch für die formelle Voraussetzung der Einschreibungen zu fordern. Ein Antrag mithin, der nur das formelle Einschreibungsgesuch enthält, seine materielle Begründung hingegen in den ihm beigefügten beglaubigten Urkunden findet, bedarf der Beglaubigung nicht.

2. Fraglich ist, welche Personen als Betheiligte im Sinne des zweiten Satzes des §. 33 anzusehen sind. Nach einer Meinung, die namentlich von Turnau 1 S. 103 ff. Anm. 7 unter Zustimmung von Bahlmann 3. Aufl. S. 289 und Dernburg u. Hinrichs 1 S. 105 vertreten wird, soll die beglaubigte Erklärung aller an der Eintragung Betheiligten, also nicht blos des Ausstellers der Bewilligung 2c., sondern auch des etwa mit demselben nicht identischen Antragstellers erforderlich sein. Eine anderere Meinung dagegen, die in der Praxis überwiegt und am besten in einem Bescheide des Kammerger., Johow 8 S. 241, begründet ist, verlangt nur, daß die Erklärungen der an der Bewilligung Betheiligten, d. h. derjenigen, welche zu der Bewilligung der Einschreibung berechtigt sind, in beglaubigter Form vorliegen. Für die erstere Meinung ist ein zutreffender Grund nicht beigebracht. Turnau geht von dem Satze aus: „Im Allgemeinen sind diejenigen Personen die Betheiligten, welche sich bei der Bewilligung oder dem Antrage in den einzelnen Fällen betheiligen müssen, damit es zur Eintragung kommt." Allein dieser an sich unbestreitbare Satz beweist hier nichts, weil er zu der Frage, wer im Sinne des §. 33 betheiligt ist, gar keine Stellung nimmt. Turnau giebt zwar als Grund dafür, daß die Erklärungen der an der Eintragung Betheiligten beglaubigt sein müssen, die Erwägung an, „daß nur die Beglaubigung eine Garantie dafür bietet, daß der Betheiligte auch nach den Gesetzen die Fähigkeit und Befugniß hat, eine Rechtshandlung, wie einen Antrag oder eine Bewilligung, gültig vorzunehmen." Allein daß eine solche Garantie auch bezüglich des Antragstellers, der nur aktiv an der Eintragung betheiligt ist, zu gewähren beabsichtigt gewesen sei, ist nicht anzunehmen. Für die andere Meinung sprechen:

a. der Wortlaut des Gesetzes, nach welchem es nicht zulässig ist, unter den Betheiligten, welche „die beantragte Eintragung oder Löschung schon bewilligt haben," andere Personen zu verstehen als diejenigen, deren Bewilligung erforderlich ist;

b. die Entstehungsgeschichte des Gesetzes, welche oben mitgetheilt ist;

c. der Zweck des Gesetzes, der auf Vereinfachung und Erleichterung des Verfahrens gerichtet ist. Die Bestimmung wäre zwecklos, wenn der Antragsteller, dessen Bewilligung nicht Voraussetzung der Einschreibung ist, mit seinem unbeglaubigten Antrage noch eine beglaubigte Erklärung seinerseits, die doch auch nur ein Antrag sein könnte, beibringen müßte.

3. In Uebereinstimmung mit diesen Ausführungen hat die Praxis folgende Entscheidungen gefällt:

a. Keiner Beglaubigung bedarf der Antrag des Gläubigers auf Eintragung einer Hypothek, wenn die Schuldurkunde und die Bewilligung des eingetragenen Eigenthümers in beglaubigter Form vorliegen. (Stettin, Johow 4 S. 67.) Im Falle der Grundschuld gilt dasselbe, mit der Abweichung natürlich, daß die Vorlegung einer Schuldurkunde nicht stattfindet. Will der Eigenthümer auf seinen Namen eine Grundschuld eintragen lassen, so ist Beglaubigung seines Antrages erforderlich, weil derselbe zugleich die Bewilligung ist. Entgegensteht indessen nichts, daß die Eintragung besonders bewilligt und diese Erklärung beglaubigt wird; in einem solchen Falle genügt der unbeglaubigte Antrag. Wegen der Eintragung einer Judikatshypothek siehe das Zwangsvollstr.Ges. §. 12 (oben S. 139).

b. Ebenso genügt ein unbeglaubigter Antrag auf Eintragung der Vorrechtseinräumung, wenn die hierauf gerichtete Erklärung des zurücktretenden Gläubigers beglaubigt ist (Kammerger., Johow 5 S. 77), und

c. ein unbeglaubigter Antrag auf Eintragung der Abtretung, wenn diese durch beglaubigte Urkunden nachgewiesen ist. (Kammerger. und Frankfurt, Johow 8 S. 241, und Kammerger. im Jahrb. 3 S. 91. Anderer Meinung Posen, Johow 3 S. 180, und Königsberg, ebd. 7 S. 112.) Dagegen hat das Kammerger., Jahrb. 7 S. 108, die Umschreibung einer Hypothek auf den Erben des eingetragenen Gläubigers auf Grund eines unbeglaubigten Antrages des Erben unter Beifügung der Erbbescheinigung für unstatthaft erklärt, weil keine Eintragungsbewilligung vorliege und die Ausnahmebestimmung des Satzes 2 des §. 33 nicht analog auszudehnen sei. (A. M. Korb in Gruchot 25 S. 338 ff.) Hinsichtlich der Eintragung einer gerichtlichen Ueberweisung siehe das Ausf.Ges. zur C.P.O. vom 24. März 1879 §. 16, oben S. 251.

d. Der Antrag des Eigenthümers auf Löschung einer Hypothek oder einer Grundschuld bedarf, sofern nicht die beigefügten beglaubigten Urkunden die Löschungsbewilligung desselben enthalten, dann der Beglaubigung, wenn die Voraussetzungen der Eigenthümerhypothek vorhanden sind oder vorhanden sein können. Denn in diesem Fall hat der Antrag nicht nur eine formelle Bedeutung, da er das Verfügungsrecht des Eigenthümers nach §. 64 des Gesetzes beseitigt und deshalb zugleich eine Löschungsbewilligung enthält. Königsberg, Johow 7 S. 113, Posen, ebd. 3 S. 180, und Kammerger., ebd. 5 S. 77 und Jahrb. 9 S. 100, 105. Abweichend Marienwerder, Johow 4 S. 113, und früher auch das Kammerger., Jahrb. 3 S. 92, 6 S. 130 ff. Die Löschung der durch eine einstweilige Verfügung angeordneten Eintragungen erfolgt nach dem Gesetze vom 24. März 1879 §. 19 (oben S. 58) und die der Zwangseintragungen nach dem Zwangsvollstr.Ges. §. 12 (oben S. 139) auf den unbeglaubigten Antrag.

4. Zu den Urkunden, welche nach §. 33 der Beglaubigung bedürfen, sind nach der Ansicht des Kammergerichtes nicht alle zu zählen, deren Vorlage zur Begründung eines Antrages auf Eintragung oder Löschung erforderlich ist, sondern nur diejenigen, welche die unmittelbare Grundlage des Antrages bilden, „welche die zur Begründung oder Aufhebung der in das Grundbuch einzutragenden oder eingetragenen Rechte von den Betheiligten abgegebenen Willenserklärungen nachweisen sollen". Der Nachweis anderer thatsächlicher oder rechtlicher Verhältnisse kann durch öffentliche Urkunden geführt werden. So hat das Kammergericht z. B. zur Feststellung der Verfassung einer unter staatlicher Aufsicht stehenden Anstalt eine von der Aufsichtsbehörde beglaubigte Abschrift des Statuts (Jahrb. 3 S. 101) und zum Nachweis der staatlichen Genehmigung zum Erwerb eines Grundstückes durch eine Kirchengemeinde eine von dem Konsistorium beglaubigte Abschrift der hierauf bezüglichen ministeriellen Erklärung (ebd. 5 S. 120) für genügend erachtet. Die Richtigkeit dieser Ansicht erscheint zwar bei dem Wortlaut der §§. 33, 35 der Gr.B.O. zweifelhaft; für die Praxis ist sie indessen empfehlenswerth, da der entgegengesetzte Standpunkt undurchführbar ist.

Zum Nachweis der erforderlichen Genehmigung einer staatlichen Aufsichtsbehörde genügt nicht eine Erklärung einer anderen Behörde, welche die Ertheilung bezeugt, sondern es bedarf der Vorlage der Genehmigungserklärung in Urschrift oder beglaubigter Abschrift, da der Grundbuchrichter selbst zu prüfen hat, ob nach derselben die erforderliche Genehmigung bezüglich der betreffenden Grundstücke ertheilt ist (Kammerger., ebd. 8 S. 68).

Der erste Satz des §. 33 findet auch auf letztwillige Verfügungen Anwendung, selbst wenn sie gültig in privatschriftlicher Form errichtet sind (Kammerger,. Jahrb. 1 S. 95), vgl. die unten Anm. 13 zu §. 51 angeführten Vorschriften der Einf.Gesetze. Hiervon besteht eine Ausnahme für die formlosen Nachzettel des A.L.R. (Anh. §. 35 zu §. 163 I. 12), da diese als ein Ganzes mit der letztwilligen Verfügung, in welcher sie vorbehalten sind, anzusehen sind, sofern sie mit dieser publizirt und ausgefertigt sind (dass., ebd. 7 S. 109).

Ob die Urkunden in Urschrift oder beglaubigter Abschrift vorgelegt werden, und ob letztere von der Urschrift oder von einer anderen beglaubigten Abschrift entnommen ist, ist gleichgültig (dass., ebd. 6 S. 112); vgl. jedoch unten §. 37 Anm. 2 und §. 51 Anm. 6.

5. Die Beglaubigung muß da, wo sie erforderlich ist, eine gerichtliche oder notarielle sein. Eine weniger strenge Form ist nachgelassen in den Einf.Ges. für Neuvorp. §. 28,

Ehrenbreitst. §. 10 und Hohenz. §. 10. Für Rheinl. vgl. Einf.Ges. §§. 22, 70, 71, 73. Ueber die Beglaubigung durch Reichskonsuln siehe unten §. 37 Anm. 3.

Unter der gerichtlichen Beglaubigung ist nicht nothwendig eine richterliche zu verstehen; kann die Beglaubigung nach den Gesetzen des Ortes, wo sie geschehen ist, durch den Gerichtsschreiber erfolgen, so ist sie eine gerichtliche im Sinne des §. 33 (Kammerger., Jahrb. 8 S. 96), und nach der Gesetzgebung des vorm. Herzogthums Nassau sind von einem dortigen Bürgermeister erfolgte Beglaubigungen von Namensunterschriften der Gemeindeangehörigen den gerichtlichen gleichzuachten (dass., ebd. 12 S. 110).

Die Form der Beglaubigung ist durch §. 33 Abs. 2 im Verhältniß zum früheren Recht insofern vereinfacht, als die Erfordernisse der Zuziehung von Zeugen und der Aufnahme eines Protokolls beseitigt sind. Dies ist jetzt keine Besonderheit des Grundbuchrechtes mehr; die Gesetze, enthaltend Bestimmmungen über das Notariat, vom 8. März 1880 §. 5 und 15. Juli 1890 §§. 4 und 8 haben die Vorschrift des §. 33 Abs. 2 verallgemeinert. Zugleich hat das letztere Gesetz genaue Bestimmungen getroffen, wie die Beglaubigung zu erfolgen habe, und dadurch die früher bestehenden Streitfragen (vgl. Turnau 1 S. 97 ff.) beseitigt. §. 8 desselben lautet:

„Für die Beglaubigung von Unterschriften oder Handzeichen sind im ganzen Umfange der Monarchie die Amtsgerichte und Notare zuständig.

Die Beglaubigung darf nur erfolgen, wenn in Gegenwart des richterlichen Beamten oder Notars die Unterschrift beziehentlich das Handzeichen gefertigt oder vor denselben von dem Aussteller persönlich als von ihm gefertigt anerkannt worden ist.

Die Beglaubigung geschieht durch einen unter die Unterschrift oder das Handzeichen zu setzenden Vermerk des Inhalts, daß die vorstehende Unterschrift oder das vorstehende Handzeichen der nach Vor- und Zunamen, Wohnort und etwaigem Stand oder Gewerbe zu bezeichnenden Person beglaubigt werde. Dabei muß angegeben werden, ob die Beglaubigung auf Grund der vor dem beglaubigenden Beamten erfolgten Fertigung oder der vor demselben erfolgten Anerkennung geschieht.

Diesem Vermerk muß Ort und Datum der Ausstellung, sowie die Unterschrift des Gerichts oder Notars beigefügt, auch das Amtssiegel beigedrückt werden. Erfolgt die Beglaubigung durch einen Notar, so soll außerdem die Nummer des Notariatsregisters, unter welcher die Beglaubigung eingetragen ist, angegeben und die Gebührenrechnung beigefügt werden.

Für die erforderliche Prüfung der Identität und der Geschäftsfähigkeit des Ausstellers ist der richterliche Beamte oder Notar verantwortlich.

Der Aufnahme eines Protokolls über die Beglaubigung bedarf es nicht."

Wie sich der Notar oder Richter von der Identität und der Geschäftsfähigkeit des Ausstellers überzeugt hat, braucht er demnach in dem Beglaubigungsvermerk nicht zu erwähnen (vgl. Kammerger, Jahrb. 7 S. 105). Zu der Identität einer Ausstellerin gehört auch deren Stellung als Ehefrau oder Wittwe; ist sie also im Beglaubigungsvermerk als Wittwe bezeichnet, so steht diese ihre Eigenschaft für den Grundbuchverkehr fest, es sei denn das Gegentheil gerichtskundig (dass., ebd. 4. S. 128).

Notariatsurkunden bedürfen der Beidrückung des Dienstsiegelstempels; eine Siegelmarke ersetzt diese nicht (dass., ebd. 13 S. 96, J.M.Bl. 1893 S. 177).

Aenderungen, welche nach der Beglaubigung der Unterschrift in der über dieser stehenden Erklärung vorgenommen sind, sei es selbst durch den beglaubigenden Notar in Gegenwart und mit Einwilligung des Ausstellers, werden durch die Unterschrift und deren Beglaubigung nicht gedeckt; denn letztere hat den Zweck, eine Garantie für die Echtheit der über der Unterschrift stehenden Erklärung zu gewähren, und von einer solchen Garantie kann bei einem nach der Beglaubigung erfolgten Zusatze keine Rede sein (dass., Jahrb. 9 S. 77).

Daß auch heute noch statt der einfachen Beglaubigungsform ein Protokoll aufgenommen werden darf, ist nach der Fassung des letzten Abs. des §. 8 zweifellos; dies ist zu empfehlen,

§. 34.

Die für die Gültigkeit der Verträge der Taubstummen, Blinden und Schreibunkundigen und der Deutschen Sprache nicht mächtigen Personen vorgeschriebenen besonderen Formen gelten auch für ihre Anträge bei dem Grundbuchamte.

---

wenn der Beglaubigung die Feststellung einer dem beglaubigenden Beamten nicht bekannten Thatsache vorhergehen muß (Turnau 1 S. 100 Anm. 2 a. E.).

Die gesetzlichen Bestimmungen, nach denen ein Notar im einzelnen Falle an der Ausübung seines Notariats verhindert ist, gelten auch bei der Beglaubigung von Unterschriften (Kammerger., Jahrb. 2 S. 68).

Vgl. schließlich noch über die Beglaubigung von Unterschriften taubstummer, blinder, schreibunkundiger oder der deutschen Sprache nicht mächtiger Personen unten §. 34 und die Anm. dazu, und über die Stempelfreiheit der Beglaubigungen nach §. 33 der Gr.B.O. Ges. vom 26. März 1873 §. 2 Nr. 6 (unten Zus. zu §. 11 des Ges., betr. die Stempelabgaben ꝛc.).

6. Ueber den Inhalt der unbeglaubigten Anträge, denen die beglaubigten Bewilligungen beiliegen, ist nichts bestimmt. Jedenfalls muß aus ihnen unzweideutig erhellen, welche Eintragung beantragt wird. Auch muß sich der Antrag mit dem Inhalt der beigefügten Eintragungsbewilligung decken, darf insbesondere auch nicht auf eine geringere Summe gehen als diese. Weiteren Erfordernissen braucht er nicht zu genügen (vgl. Turnau 1 S. 106 Anm. 8).

7. Enthält die beglaubigte Urkunde außer der Eintragungsbewilligung auch zugleich den Antrag auf Eintragung, so genügt deren Einsendung an das Amtsgericht, ohne daß es eines weiteren Antrages bedarf. Der Grundbuchrichter darf die Eintragung nur dann ablehnen, wenn erhellt, daß die Vorlage gegen den Willen des Antragstellers geschehen ist (Kammerger., Jahrb. 1 S. 108 u. 4 S. 118; R.G. III, Entsch. 22 S. 235; Turnau 1 S. 102 Anm. 6. A. M. Dernburg u. Hinrichs 1 S. 101).

8. Eine ohne Antrag, aber auf Grund einer gehörigen Bewilligung erfolgte Eintragung ist ebensowenig nichtig, wie eine Eintragung, der eine unbeglaubigte Eintragungsbewilligung zu Grunde liegt; vgl. oben S. 131 Anm. 2 zu §. 19 Nr. 1 des Gesetzes. (Dernburg u. Hinrichs 1 S. 107.)

§. 34.

Im Geltungsbereiche des A.L.R. ist die Form für die Verträge der unter §. 34 bezeichneten Personen in der Regel die gerichtliche, eine notarielle Aufnahme oder eine gerichtliche oder notarielle Beglaubigung daher nicht genügend.

1. Ueber das Verfahren bei Aufnahme von Verträgen solcher Personen, die taub oder stumm sind, bestimmt die Allg. Ger.O. II. 3 §§. 3—5 das Nähere. Die gerichtliche Form ist aber hier nicht vorgeschrieben. Dagegen können Personen, welche taub und stumm zugleich sind, nur vor Gericht kontrahiren. Taubstumme, die nicht schreiben und Geschriebenes lesen können, sind der Regel nach vertragsunfähig und, wenn sich für sie die Nothwendigkeit der Abschließung eines Vertrages ergiebt, unter Vormundschaft zu stellen. (§. 7 a. a. O.) Vgl. auch J.M.Verf. v. 11. April 1841 (J.M.Bl. S. 151; Schwartz 1 S. 1171) und Rhein. Einf.Ges. §. 73.

Hinsichtlich der notariellen Verhandlungen schreibt §. 4 Abs. 1 des Notariatsgesetzes vom 15. Juli 1890 vor: „Die Zuziehung von Instrumentszeugen oder eines zweiten Notars an Stelle derselben bei Aufnahme notarieller Verhandlungen ist fortan nur erforderlich, wenn eine Person, deren Erklärung beurkundet werden soll, blind, taub oder stumm ist.“ Vgl. ferner Notariatsges. v. 11. Juli 1845 §. 11.

2. Blinde können nach dem A.L.R. I. 5 §. 171 ihre Verträge nur gerichtlich schließen. Wie dabei zu verfahren, schreibt die Allg. Ger.O. II. 3 §. 8 vor. Vgl. die Verf. v. 11. April 1841 a. a. O.

§. 35.

Urkunden und Anträge öffentlicher Behörden bedürfen, wenn sie ordnungsmäßig unterschrieben und untersiegelt sind, keiner Beglaubigung.

---

3. Die Vertragsform für Analphabete ist im Gebiete des A.L.R. die gerichtliche oder notarielle. (A.L.R. I. 5 §§. 172 ff.) „Bei gemeinen Landleuten" ist indessen die Aufnahme des Kontraktes vor gehörig besetztem Dorfgericht für ausreichend erklärt. Das Dorfgericht ist aber in diesem Sinne nur dann gehörig besetzt, wenn außer dem Schulzen und zwei Schöppen noch ein vereideter (Dorf-)Gerichtsschreiber mitwirkt. (A.L.R. I. 5 §. 173, II. 7 §. 79; O.Tr. Präjud. 1605 vom 27. Sept. 1845; Kammerger., Jahrb. 13 S. 109.) Daß bei Veräußerungen von Domänen ausnahmsweise auch Protokolle der Verwaltungsbeamten genügen, darüber vgl. O.Tr. Präj. 3 bei Koch A.L.R. Anm. 6 zu §. 172 cit., Bd. 1 S. 229.

Zu den Analphabeten gehört auch derjenige, welcher augenblicklich (z. B. durch Krankheit) am Schreiben gehindert ist, dagegen nicht, wer seinen Namen schreiben und die von ihm unterzeichnete Schrift lesen kann. (O.Tr., Entsch. 16 S. 108.)

Ueber die Besonderheiten der gerichtlichen Form vgl. für die landrechtlichen Gebiete A.L.R. I. §§. 175—178 und Anhang §. 5 zu §. 178, A.G.O. Anh. zu §. 19 I 10 §§. 68—72, Kabinets-O. v. 20. Juni 1816; Turnau 2 §. 100 Nr. 3, S. 428; Schwartz 1 S. 1173 ff.; O.Tr. Präj. 1558, Entsch. 11 S. 185; R.G. V, Gruchot 25 S. 658; darnach ist, wenn die Verhandlung nicht unter Hinzuziehung eines Aktuars, vereideten Protokollführers oder zweier Gerichtsschöppen aufgenommen wird, dem Schreibensunfähigen ein Beistand zuzuordnen, welcher in seinem Namen die Unterschrift abgiebt. Für das Gebiet des rhein. Rechts vgl. Einf.Ges. §. 73 und Notariatsges. vom 15. Juli 1890 §§. 15, 6.

Für die notarielle Form gilt jetzt §. 6 des letzteren Gesetzes für die ganze Monarchie; derselbe lautet: „Werden notarielle Verhandlungen mit Personen aufgenommen, welche dieselben nicht unterschreiben können, so muß, falls nicht aus anderen Gründen die Zuziehung von Instrumentszeugen oder eines zweiten Notars geboten ist, ein Schreibzeuge zugezogen werden, welcher die für Instrumentszeugen erforderlichen Eigenschaften hat. Die Gegenwart des Schreibzeugen ist nur erforderlich bei der Vorlesung und Genehmigung der Verhandlung, sowie bei der etwaigen Beifügung von Handzeichen. Die Verhandlung muß von dem Schreibzeugen unterschrieben werden." Daneben kommen noch die Vorschriften des Notariatsges. vom 11. Juli 1845 §§. 13 ff., der Hannov. Not.O. vom 18. Sept. 1853 §. 36 und der Rhein. Not.O. vom 25. April 1822 Art. 29 in Betracht.

4. Die der deutschen Sprache nicht mächtigen Personen sind den Analphabeten gleichgestellt. (A.L.R. I. 5 §§. 179 ff.) Vgl. R.G. V, Entsch. 23 S. 273, J.M.Bl. 1889 S 291 (siehe oben S. 131 Anm. 2 zu §. 19 Nr. 1 des Gesetzes). Ueber die Zuziehung eines Dolmetschers ist das Erforderliche in dem Notariatsgesetz vom 11. Juli 1845 §§. 24 ff (bezw. der Hannov. Not.O. §. 43 und der Rhein. Not O. vom 25. April 1822 Art. 33—35) und dem Gesetze, betr. die Geschäftssprache der Behörden ꝛc., vom 28. August 1876 vorgeschrieben. Dieselbe Person darf nicht zugleich als Schreibzeuge und Dolmetscher fungiren. Kammerger., Jahrb. 13 S. 185.

§. 35.

1. Der §. 415 des Anhanges zur A.G.O. II. 1 §. 3 Nr. 3 lautet: „Sind Urkunden von Behörden, deren Beamten zwar keine gerichtliche, aber doch öffentliche Glaubwürdigkeit gebührt, ausgestellt und besiegelt worden, so bedarf es der gerichtlichen Beglaubigung der Unterschrift einer solchen öffentlichen Behörde zum Behuf der Eintragung ihrer Erklärungen in das Hypothekenbuch nicht." Desgleichen bedarf es nach §. 45 des Anh. zum A.L.R. I. 13 § 115 „einer attestirten Spezialvollmacht nicht, wenn Collegia und Institute, deren Beamte öffentlichen Glauben haben, dieselbe in dieser Eigenschaft ausgestellt und mit dem Amtssiegel bedrückt haben." Hiermit steht der §. 35 der Gr.B.O. in Einklang.

2. Oeffentliche Behörden sind alle unmittelbar oder mittelbar zur Erreichung des Staats-

§. 36.

Notare bedürfen zur Stellung der Anträge keiner besonderen Vollmacht, wenn die von ihnen aufgenommene oder beglaubigte und eingereichte Urkunde die Bewilligung oder den Antrag der Betheiligten auf Eintragung oder Löschung enthält.

---

zweckes mitwirkenden Behörden, also nicht blos Staats- und Gemeinde-, sondern auch andere Behörden, welche hierzu berufen sind, z. B.

a. die königliche Hofkammer (Kammerger., Johow 5 S. 71),

b die Kuratorien der Kreis- und der städtischen Sparkassen (Kammerger., Johow 7 S. 108, und Stettin, ebd. 8 S. 135; Kammerger., Jahrb. 11 S. 136, J.M.Bl. 1892 S. 51; allg. Verf. v. 21. März 1882, J.M.Bl. S. 56; über die Vertretungsbefugniß des Magistrats bezw. des Vorstandes bei städtischen Sparkassen siehe Kammerger., Jahrb. 2 S. 78, 4 S. 124),

c. das bischöfliche General-Vikariat (Münster, Johow 3 S. 177, und Marienw., ebd. 6 S. 351),

d. die Vorstände katholischer Pfarrgemeinden (Ges. v. 20. Juni 1875 §. 19; Marienwerder, Johow 7 S. 107; J.M.Verf. v. 21. März 1882 a. a. O.; Kammerger., Jahrb. 1 S. 104),

e. die evangelischen Gemeindekirchenräthe (Kammerger., Johow 5 S. 73, 6 S. 100 und Jahrb. 1 S. 102; Frankfurt und Naumburg, Johow 5 S. 73 u. 74. Vgl. auch das Erk. des O.Tr. v. 22. Mai 1867, J.M.Bl. S. 175; Verf. v. 21. März 1882 a. a. O. Ueber die einzelnen Gesetze siehe unten Anm. V 1f zu §. 48),

f. Vorstände und Kuratorien staatlich genehmigter Armen- und Wohlthätigkeitsanstalten (A.L.R. II. 19 §§. 32, 42, 43, 76, 80—83; Ges. v. 7. Juni 1876 §. 1 Nr. 2, §. 2; Kammerger., Jahrb. 6 S. 124; a. M. dass. bei Johow 6 S. 102 bezüglich des Kuratoriums der Hospitäler zum hl. Geist und zu St. Georg in Berlin).

3. Den öffentlichen Behörden im Sinne des §. 35 stehen diejenigen Korporationen gleich, deren Urkunden statutenmäßig die Eigenschaft öffentlicher Urkunden zugestanden ist, z. B. die preußische Rentenversicherungs-Anstalt (Jur. Woch. 1874 S. 87) und die Aeltesten der Kaufmannschaft zu Berlin (Kammerger., Johow 5 S. 72).

4. Nur eine solche Urkunde, welche die Behörde in einer zu ihrem Ressort gehörigen Angelegenheit ausstellt, fällt unter die Vorschrift des §. 35. (Hamm, Johow 3 S. 197.) Wenn daher z. B. die Regierung die Löschungsbewilligung eines Kirchenvorstandes, die auch von dem Patron unterschrieben ist, ressortmäßig genehmigt, so ersetzt dies nicht die Beglaubigung der Unterschrift des Patrons, weil die Regierung nicht dazu berufen ist, Unterschriften zu beglaubigen. (Kammerger., Johow 4 S. 218 und 5 S. 73.)

5. Anträge einer Behörde, welchen die materiell die Eintragung rechtfertigenden Urkunden beiliegen, bedürfen nicht der Form des §. 35. Wenn daher die Regierung unter Ueberreichung eines bestätigten Auseinandersetzungsrezesses Eintragungen aus demselben nachsucht, so braucht das Ersuchungsschreiben nicht untersiegelt zu sein. (Königsberg, Johow 7 S. 111.)

6. Vgl. ferner oben S. 335 §. 33 Anm. 4 und darüber, daß die in der Form des §. 35 ausgestellten Urkunden die Vermuthung der Echtheit für sich haben, Kammerger., Jahrb. 3 S. 97 und 100.

§. 36.

1. Das Gesetz vom 24. Mai 1853 bestimmte unter §. 4: „Notare bedürfen zur Anbringung derjenigen Anträge, welche auf die von ihnen aufgenommenen oder der Unterschrift nach beglaubigten Urkunden begründet sind, keiner Vollmacht.“ Diesem Satze ist der §. 36 der Gr.B.O., wie seine Motive hervorheben, „entnommen“. (Werner 2 S. 154.) Gleichwohl ist behauptet worden, die bisherige Befugniß der Notare zur Stellung von Einschreibungsanträgen sei jetzt

dahin eingeschränkt, daß der Notar den Antrag nur dann stellen könne, wenn derjenige, in dessen Namen er handelt, nach Inhalt der überreichten Urkunde die Einschreibung bewilligt oder beantragt habe. (Bahlmann 3. Aufl. S. 202). Der Wortlaut des Gesetzes unterstützt jedoch diese Auffassung nicht, und die Motive sprechen dafür, daß das bisherige Recht nicht hat geändert werden sollen. Der §. 36 ermächtigt ebenso wie das Gesetz v. 24. Mai 1853 den Notar, den formellen Antrag zu stellen, die Thätigkeit des Grundbuchamts nach Maßgabe der die Rechtsverhältnisse klarstellenden Urkunden in Bewegung zu setzen. (So jetzt auch Turnau 1 S. 112.) Es handelt sich also in dem §. 36 lediglich um solche Anträge, welche nach §. 33 in unbeglaubigter Privatschrift gestellt werden können. Aus diesem Grunde ist auch für den Antrag des Notars eine besondere Förmlichkeit nicht eingeführt. Namentlich braucht der Unterschrift das Amtssiegel nicht beigefügt zu sein, wenn der Notar bei einem innerhalb seines Amtsbezirks belegenen Grundbuchamt auftritt. (Kammerger., Johow 6 S. 106.)

2. Aus der vorstehenden Auffassung ergiebt sich die Entscheidung folgender Fälle:

a. Hat der Notar die Urkunde, welche die Eintragungsbewilligung des Eigenthümers bezüglich einer Hypothek oder einer Grundschuld enthält, aufgenommen oder beglaubigt, so kann er die Eintragung bei dem Amtsgericht nachsuchen, und zwar sowohl im Namen des Eigenthümers als auch im Namen des Gläubigers und ohne Angabe eines Vertretungsverhältnisses. (So jetzt auch Turnau a. a. O.)

b. Der Notar kann unter Ueberreichung einer von ihm aufgenommenen Abtretungsurkunde den Antrag auf Eintragung der Abtretung stellen. Das vormalige App.G. zu Naumburg sprach ihm jedoch beim Mangel einer Vollmacht des Zessionars diese Befugniß ab, weil es auch den Zedenten nicht für legitimirt zu dem Antrage hielt. (Johow 6 S. 178.) Die Entscheidung fällt mit ihrem Grunde. Die Abtretung kann nach §. 53 des Gesetzes über den Eigenthumserwerb rc. nur auf die Bewilligung des bisherigen Gläubigers eingetragen, und diese kann durch die Abtretungserklärung ersetzt werden. Wer aber wirksam eine Eintragung bewilligen kann, der kann dieselbe auch beantragen, sofern nicht das Gesetz den Antrag des anderen Theils (wie bei der Auflassung) vorschreibt.

c. Zu dem Antrage auf Löschung einer Hypothek oder einer Grundschuld blos auf die Bewilligung oder die Quittung des bisherigen Gläubigers ist der Notar nicht befugt. (Naumburg, Johow 4 S. 145, u. Kammerger., Jahrb. 6 S. 146.) Denn der Antrag des Eigenthümers, von welchem die Löschung abhängig ist, hat, wie zu §. 58 des Gesetzes über den Eigenthumserwerb rc. nachgewiesen wurde, zugleich die Bedeutung der Bewilligung. Diese aber kann nicht durch den Antrag des Notars ersetzt werden.

3. Die Annahme von John, Erört. S. 48, und Dalcke, in Gruchot 18 S. 156, daß die von dem Notar aufgenommene oder beglaubigte Urkunde nicht blos die Bewilligung, sondern auch den Antrag der Betheiligten enthalten müsse, wenn der §. 36 angewendet werden soll, entbehrt der Begründung. Der Antrag scheint neben der Bewilligung in dem §. 36 nur deshalb erwähnt zu sein, weil die Bewilligung nicht selten in der Form des Antrages erklärt wird.

4. Die Befugniß des Notars beschränkt sich darauf, vorschriftsmäßig bewilligte oder beantragte Einschreibungen bei dem Grundbuchamt nachzusuchen. Zu dem Antrage, den Hypothekenbrief dem Gläubiger auszuhändigen, ist der Notar durch die von ihm aufgenommene oder beglaubigte Eintragungsbewilligung des Eigenthümers nicht ermächtigt. (Naumburg, Johow 4 S. 144, und Königsberg, ebd. 7 S. 297.) Auch die Legitimation zu dem Antrage auf Anberaumung eines Termins zur Entgegennahme der Auflassung hat man ihm abgesprochen. (Königsberg, ebd. S. 160.) Dagegen hat das Kammergericht wiederholt erkannt, daß dem Notar die Hindernisse, welche seinem gemäß §. 36 gestellten Antrage entgegenstehen, bekannt zu machen sind, und daß er im Falle der Ablehnung des Antrages zur Beschwerde berechtigt ist (Jahrb. 4 S. 122, 5 S. 97; vgl. oben S. 324 Anm. 5 c β zu §§. 20 bis 24 der Gr.B.O.).

§. 37.

Andere Personen, welche als Bevollmächtigte Anträge stellen,[1] haben sich durch gerichtlich oder notariell aufgenommene oder beglaubigte Vollmacht auszuweisen.

---

§. 37.

1. Daß Jemand, der nicht kraft Gesetzes, Statuts oder obrigkeitlicher Anordnung der Vertreter einer fremden Persönlichkeit ist, für eine solche nur auf Grund einer ihm von derselben ertheilten Vollmacht Erklärungen, welche eine Einschreibung in das Grundbuch bezwecken, abgeben kann, ist selbstverständlich. Der Schwerpunkt des §. 37 liegt deshalb darin, daß die Vollmacht, durch welche der Bevollmächtigte bei dem Grundbuchamt sich auszuweisen hat, gerichtlich oder notariell aufgenommen oder beglaubigt sein muß. Für die Beglaubigung genügt die Form des §. 33 der Gr.B.O., vgl. Anm. 5 zu §. 33. Daß die Vollmachten der Prozeßbevollmächtigten, welche Anträge auf Eintragung oder Löschung von Judikatshypotheken stellen, nach §. 12 des Zwangsvollstr.Ges. keiner Beglaubigung bedürfen, ist oben S. 145 Anm. 3 und S. 149 Anm. VII bereits gesagt.

2. Der Bevollmächtigte muß die Vollmacht in Urschrift oder, wenn sie gerichtlich oder notariell aufgenommen ist, in Ausfertigung vorlegen, weil nur der Besitz derselben Sicherheit dafür gewährt, daß der Auftrag nicht widerrufen ist. Aus diesem Grunde genügt die Beibringung einer beglaubigten Abschrift nicht. (Kammerger., Jahrb. 12 S. 107.) Wohl aber genügt das Vorhandensein der Vollmacht in Akten des Gerichts, wenn der Bevollmächtigte dieselbe zu seiner Legitimation dem Gerichte überreicht hat. Ist die Vollmacht bei dem Gericht zu Protokoll gegeben, aber noch nicht ausgefertigt, so reicht die Bezugnahme auf das Protokoll aus, wenn der Machtgeber die Aushändigung der Ausfertigung an den Bevollmächtigten beantragt hat. Dagegen genügt nicht ein der Beglaubigung der Unterschrift des Bevollmächtigten beigefügtes Attest des beglaubigenden Notars, daß ihm eine Ausfertigung der Vollmacht vorgelegt sei. (Kammerger. a. a. O.)

3. „Die von den preußischen Gesandten und Residenten an auswärtigen Höfen attestirten Vollmachten" sind nach dem §. 46 des Anhangs zum A.L.R. I. 13 §. 117 „den gerichtlichen gleich zu achten." Man bezieht indeß diese Vorschrift nur auf Vollmachten preußischer Unterthanen.

Den diesseitigen Konsuln und Konsularagenten in den überseeischen Ländern wurde bereits durch Kabinets-O. vom 11. Nov. 1829, G.S. 1830 S. 2, die Befugniß ertheilt, den gerichtlichen gleich zu achtende Vollmachten preußischer Unterthanen aufzunehmen und zu attestiren. Die Konsuln des deutschen Reichs haben nach dem Bundesgesetze vom 8. Nov. 1867 bezüglich der Reichsangehörigen im wesentlichen die Befugnisse der Notare; dieselben haben aber, anders als diese, auch jetzt noch bei Beglaubigungen zwei Zeugen zuzuziehen. (Ges. v. 8. Nov. 1867 §§. 14—17; Kammerger., Jahrb. 5 S. 101.)

4. Wegen der Vollmachten der Kollegia und Institute siehe die Anm. 1 zu §. 35.

5. Zu welchen Anträgen es einer Spezialvollmacht bedarf, ist nach den das Vollmachtsverhältniß ordnenden Rechtsvorschriften zu bestimmen. Bezüglich der Auflassung siehe oben S. 38 Anm. 5 zu §. 2 des Gesetzes.

6. Vgl. daselbst auch über die Fragen, welche Personen Vollmacht erhalten, ob beide Parteien dieselbe Person bevollmächtigen können, und welchen Einfluß der Tod des Vollmachtgebers auf die Vollmacht hat.

7. Ein Testamentsvollstrecker legitimirt sich durch Vorlegung der letztwilligen Verfügung, vgl. §. 51 der Gr.B.O. (Kammerger., Jahrb. 7 S. 109.) Siehe über seine Befugnisse oben S. 39 Anm. 5f und S. 51 Anm. 2 und unten Anm. V 3a zu §. 48 u. Anm. 3 zu §. 92, sowie Kammerger., Jahrb. 13 S. 143.

8. Vertreter von Handelsgesellschaften legitimiren sich nach dem preuß. Einf.Ges. zum H.G.B. vom 24. Juni 1861 Art. 23 §§. 2, 3 durch Atteste des Handelsgerichts aus dem

§. 38.

Sind die zur Eintragung oder Löschung erforderlichen Urkunden oder Vollmachten von einer ausländischen Behörde ausgestellt oder beglaubigt, und ist die Befugniß dieser Behörde zur Ausstellung öffentlicher Urkunden nicht durch Staatsverträge verbürgt, oder sonst dem Grundbuchamt bekannt, so muß die Befugniß der ausländischen Behörde zur Aufnahme des Aktes und deren Unterschrift auf gesandtschaftlichem Wege festgestellt werden.

Reichsgesetz, betr. die Beglaubigung öffentlicher Urkunden. Vom 1. Mai 1878 (R.G.Bl. S. 89).

§. 1. Urkunden, die von einer inländischen öffentlichen Behörde oder von einer mit öffentlichem Glauben versehenen Person des Inlandes aufgenommen oder ausgestellt sind, bedürfen zum Gebrauch im Inlande einer Beglaubigung (Legalisation) nicht.

§. 2. Zur Annahme der Echtheit einer Urkunde, welche als von einer ausländischen öffentlichen Behörde oder von einer mit öffentlichem Glauben versehenen Person des Auslandes ausgestellt oder aufgenommen sich darstellt, genügt die Legalisation durch einen Konsul oder Gesandten des Reichs.

Handelsregister. (vgl. Instr. v. 12. Dezbr. 1861 §. 15.) Doch können sie ihre Vertretungsbefugniß auch auf andere Weise nachweisen. Insbesondere genügt es, daß der Grundbuchrichter sich durch Einsicht des Handelsregisters von derselben überzeugt, vorausgesetzt daß dieses bei demselben Gericht geführt wird, wie das Grundbuch. (Instr. §. 105.) Auf Grund dieser Bestimmung hält das Kammergericht (Jahrb. 5 S. 92, vgl. auch dass., ebd. 9 S. 6) den Grundbuchrichter für verpflichtet, das bei demselben Gericht geführte Handelsregister einzusehen, und nicht für befugt, statt dessen ein Attest zu fordern, wenn sich aus jenem die Vertretungsbefugniß ergeben sollte. Eine notarielle Bescheinigung über den Inhalt des Handelsregisters reicht dagegen nicht aus, da Notare zur Ausstellung solcher Atteste nicht ermächtigt sind (dass., ebd. 5 S. 94). — Die Beweiskraft der Atteste des Handelsgerichts erstreckt sich grundsätzlich nicht über die Zeit ihrer Ausstellung hinaus (dass., ebd. 2 S. 69).

9. Zur Legitimation des Vorstandes einer Erwerbs- oder Wirthschaftsgenossenschaft genügt nach §. 26 Abs. 2 des Genossenschaftsgesetzes vom 1. Mai 1889 eine Bescheinigung des das Genossenschaftsregister führenden Gerichts, „daß die darin zu bezeichnenden Personen als Mitglieder des Vorstandes in das Genossenschaftsregister eingetragen sind" (vgl. auch §§. 24—26, 40 dess. Ges.).

10. Die Gesellschaften mit beschränkter Haftpflicht werden durch Geschäftsführer vertreten, vgl. Reichsges. v. 20. April 1892 §§. 6, 35 ff.

§. 38.

Durch das Reichsges. vom 1. Mai 1878 §. 1 ist §. 38 insoweit beseitigt, als er sich auf die von deutschen, außerpreußischen Behörden ausgestellten oder beglaubigten Urkunden bezieht. Des Nachweises der Befugniß einer solchen Behörde zur Aufnahme des beurkundeten Aktes oder zur Ausstellung der Urkunde bedarf es nicht mehr (Kammerger., Jahrb. 5 S. 99). Wohl aber kann der Grundbuchrichter den Nachweis fordern, daß die thatsächlichen Voraussetzungen erfüllt sind, von denen das Recht des betreffenden Staates, dem die Behörde angehört, die Gültigkeit der Beurkundung abhängig macht, z. B. daß das gebrauchte Siegel vorschriftsmäßig ist (dass., ebd. 6 S. 85).

Vgl. die Ministerial-Erklärungen über die Erweiterungen der Staatsverträge Preußens mit Altenburg, Reuß jüng. L., Rudolstadt, Weimar vom 10. Februar 1857, G.S. S. 113—117, Anhalt, Reuß ält. L. vom 7. April 1857, G.S. S. 285—287, Königreich Sachsen vom 19. Sept. 1863, G.S. S. 657, betr. Altenburg auch Verf. vom 27. Okt. 1873, J.M.Bl. S. 301, und die Erklärung vom 25. August 1889, G.S. S. 169, und betr. Sachsen die Verf. vom 18. Okt. 1870,

§. 39.

Bei Eintragungen und Löschungen auf Grund von Erbverträgen, letztwilligen Verfügungen und Erbtheilungsurkunden genügt ein Auszug aus diesen Urkunden, soweit derselbe die einzutragende oder zu löschende Bestimmung betrifft, wenn in den nach dem freien Ermessen des Nachlaßrichters dazu geeigneten Fällen eine Bescheinigung desselben darüber beigefügt ist:

daß in der Urkunde eine weitere hierauf bezügliche Bestimmung nicht enthalten sei.

§. 40.

Sind Nachlaßforderungen getheilt, so genügt zu deren Umschreibung eine Bescheinigung des Nachlaßrichters:

daß die Forderung bei der Theilung des Nachlasses dem Erben oder Vermächtnißnehmer übereignet worden sei.

J.M.Bl. S. 304, ferner die Staatsverträge Preußens mit Lippe vom 18. März 1857 Art. 32, G.S. S. 298, Koburg-Gotha vom 11. Juni 1858 Art. 32, G.S. S. 350, und Meiningen vom 2. Mai 1859 Art. 32, G.S. S. 230, sowie die Verträge des deutschen Reiches mit Oesterreich-Ungarn vom 25. Februar 1880 und 13. Juni 1881 (R.G.Bl. 1881 S. 4 ff., 253 ff.). Siehe auch die allg. Verf. vom 25. März 1885 (J.M.Bl. S. 128), betr. die Befugniß der Magistrate und Amtsgerichte im Großherzogthum Mecklenburg-Strelitz zu Beurkundungen in Grundbuch- bezw. Hypothekenangelegenheiten.

§. 39.

1. „Die Bestimmung des §. 39 entspricht dem §. 11 des Hypothekengesetzes vom 24. Mai 1853, welcher sich praktisch bewährt hat." (Motive.) Vgl. die Hyp.O. 2 §§. 67, 73 und die Verfügung vom 28. April 1834 (Jahrb. Bd. 43 S. 448).

2. „Bei der Ertheilung eines solchen attestirten Auszuges aus einer letztwilligen Verordnung ist zu beachten, daß neben der auf den Erwerb eines gewissen Grundstücks bezüglichen Bestimmung auch diejenigen Anordnungen berücksichtigt werden müssen, welche das Eigenthum des Besitzers und dessen Befugniß, über das Grundstück zu verfügen, einschränken. Uebrigens ist . . . hinsichtlich der bei der Ausfertigung letztwilliger Verordnungen überhaupt zu berücksichtigenden Verhandlungen (vgl. Verfügung vom 3. Dezember 1832, Jahrb. Bd. 40 S. 416) nichts geändert." Instr. vom 3. August 1853 Art. 6 Nr. 3. Vgl. §. 51.

3. Eine Bescheinigung des Nachlaßrichters, daß mehrere Zwischenbesitzer einer Hypothek die testamentarischen Miterben des eingetragenen Gläubigers geworden seien und ihrerseits ihre Erbantheile an spätere Zwischenbesitzer weiter begeben haben, ist nicht geeignet, die Beibringung der zur Begründung des Umschreibungsantrages erforderlichen Legitimationsurkunde zu ersetzen. Die Vorschrift des §. 39 darf über ihren wörtlichen Inhalt hinaus nicht ausgedehnt werden. (Ratibor, Johow 8 S. 247.)

4. Die Ertheilung des Auszuges ist nicht auf den Fall beschränkt, in welchem der Nachlaß gerichtlich regulirt wird. Das Ermessen des Nachlaßrichters findet aber in dem Inhalt der Urkunde seine Begrenzung. Auf Fragen, welche außerhalb des dem Richter zugewiesenen Prüfungsrechtes liegen, bezieht es sich nicht. (Kammerger., ebd. 7 S. 17.)

5. Nachlaßrichter ist dasjenige Amtsgericht, bei welchem der Erblasser zur Zeit seines Todes seinen allgemeinen Gerichtsstand hatte (A.G.O. I. 2 §. 12; Rhein. Einf.Ges. §. 23; Ausf.Ges. z. G.V.G §. 26 Nr. 1; Gesetz, betr. die Ausstellung gerichtlicher Erbbescheinigungen, vom 12. März 1869 §. 2; vgl. Kammerger., Jahrb. 1 S. 25).

§. 40.

1. Wird die Umschreibung einer Nachlaßforderung auf den Erben oder Vermächtnißnehmer, welchem sie bei der Erbtheilung zugefallen ist, beantragt, so würde nach den Bestim-

§. 41.

Dem auf Eintragung oder Löschung gerichteten Ersuchen einer zuständigen Behörde, welches den gesetzlichen Erfordernissen entspricht, insbesondere auch alle wesentlichen Punkte des einzutragenden Vermerks enthalten muß, haben die Grundbuchämter zu genügen, oder den aus dem Grundbuch sich ergebenden Anstand der ersuchenden Behörde bekannt zu machen.

---

mungen der §§. 33, 35 und 39 der Nachweis, daß die Forderung auf den Antragsteller übergegangen ist, durch Vorlegung der letztwilligen Verfügung oder der Erbbescheinigung und der Erbtheilungsurkunde oder wenigstens von Auszügen aus diesen in der Form des §. 39 erbracht werden müssen. Durch §. 40 ist dieser Nachweis erheblich vereinfacht: es genügt eine Bescheinigung des Nachlaßrichters, daß die Forderung bei der Theilung des Nachlasses dem Erben oder Vermächtnißnehmer übereignet worden sei. Da der Nachlaßrichter „die Legitimation der Interessenten bei dem Abschluß des Erbrezesses prüfen muß, so befindet er sich vollständig in der Lage, auf Grund der vor ihm erfolgten Theilungsverhandlungen darüber ein" nach der Allg. Gerichtsordnung I. 10 §. 127 „beweisendes Attest auszustellen: daß und welche Forderungen den Miterben bei der Theilung überwiesen sind. Ein solches Attest ist für die Operationen beim Grundbuch ausreichend, und es rechtfertigt sich deshalb die Bestimmung des §. 40, wonach das Attest des Nachlaßrichters auf einem zur Erbschaft gehörenden Dokumente, daß solches einem Miterben bei der Theilung überwiesen sei, für Umschreibung der Eintragung auf den Namen des Erben zureicht." (Motive.) Daß die Bescheinigung auf das Dokument gesetzt werden müßte, wird indessen aus dem §. 40 nicht gefolgert werden können. Der §. 40 ist vielmehr nach seinen Worten auch dann anwendbar, wenn ein Dokument nicht gebildet worden ist. (Bahlmann 3. Aufl. S. 296; Turnau 1 S. 122.)

2. Die Zuständigkeit des Nachlaßrichters (vgl. Anm. 5 zu §. 39; für das Gebiet des rhein. Rechtes ist in diesem Falle das Theilungsgericht zuständig, Einf.Ges. §. 23) für die Ausstellung der Bescheinigung ist eine ausschließliche. Sie ist aber nach der Ansicht des Kammerger. (Jahrb. 7 S. 113; anders Bahlmann a. a. O., Turnau a. a. O. Anm. 4) nicht dadurch bedingt, daß der Nachlaßrichter selbst den Erbrezeß aufgenommen hat. Die mitgetheilten Auslassungen der Motive sprechen zwar gegen diese Absicht; gegenüber dem Wortlaute des §. 40 sind sie aber in diesem Punkte ebenso bedeutungslos wie in der am Ende von Anm. 1 berührten Frage. Natürlich muß der Nachlaßrichter, wenn der Erbrezeß nicht vor ihm geschlossen ist, sich diesen und die letztwillige Verfügung bezw. Erbbescheinigung vorlegen lassen und deren Inhalt prüfen.

3. Nur die Thatsache, daß die Forderung bei der Erbtheilung dem Erben oder dem Vermächtnißnehmer übereignet sei, kann der Nachlaßrichter in Gemäßheit des §. 40 bescheinigen. Ein Zeugniß dahin, daß die Masse rechtskräftig dem Fiskus zugesprochen, und dieser die Masse an A, B und C abgetreten habe, ist nicht geeignet, dem Löschungsantrag des Schuldners durch die von den drei Zessionaren ausgestellte Quittung zu begründen. (Königsberg, Johow 7 S. 285.)

4. Das vormalige App.G. zu Posen hat in einem Bescheide vom 8. Nov. 1873 eine Ansicht vertreten, die bei Johow 4 S. 179 dahin formulirt ist: „Zu den Nachlaßforderungen, für deren Erwerb der im §. 40 der Gr.B.O. nachgelassene Ausweis ausreicht, gehören nicht allein die vom Erblasser hinterlassenen Forderungen, sondern auch diejenigen, welche durch die Verfügung über Nachlaßgegenstände für die Gesammtheit der Miterben vor der Theilung entstanden sind." (Ebenso Turnau 1 S. 122 Anm. 6.)

§. 41.

1. Zu den Behörden, welchen das Recht zusteht, eine Einschreibung in das Grundbuch zu verlangen, gehören insbesondere:

a. das Prozeßgericht in den Fällen des Gesetzes über den Eigenthumserwerb ꝛc. §§. 8, 9, 14, 16, 22, 49, 50, 59, 60, 70 und der Gr.B.O. §§. 64, 87, sowie des Rhein. Einf. Ges. §. 31;

b. das Subhastationsgericht nach näherer Bestimmung des Zwangsvollstreckungsgesetzes vom 13. Juli 1883. Vgl. über die Eintragung des Zwangsversteigerungs- bezw. Zwangsverwaltungsvermerks in das Grundbuch §§. 18, 139, über deren Löschung §§. 100, 124 Nr. 2, 152, 154, über die Eintragung des Erstehers §. 124 Nr. 1, über die Löschung der Realforderungen, Eintragung von Aenderungen bei diesen sowie die Eintragung des etwa rückständigen Kaufgeldes §§. 124, 125, 152 (oben S. 229 ff. Anm. II 2, 5 zu §. 42 des Ges.). Ueber die Prüfungspflicht des Grundbuchrichters siehe Anm. 2 Abs. 1 und die dort angeführten Entscheidungen; über das Erforderniß eines schriftlichen Ersuchens, selbst wenn der Zwangsvollstreckungsrichter zugleich Grundbuchrichter ist, Kammerger., Jahrb. 5 S. 186;

c. das Vormundschaftsgericht in den vorm. kurhessischen Landestheilen, vgl. Anm. 1 zu §. 19 Nr. 3 des Ges., oben S. 135;

d. das Konkursgericht hinsichtlich der Eintragung und Löschung des Konkursvermerkes, vgl. Anm. III 2 b α zu §. 11 des Gesetzes, oben S. 86;

e. der Strafrichter resp. das Gericht in den Fällen des Strafgesetzbuches §§. 93 u. 140 sowie der Strafprozeß-O. §§. 325, 326, 332 ff.;

f. das Gericht, welches die Bestellung eines Erbschatzes aufgenommen hat, in dem Fall des A.L.R. II. 1 §. 283;

g. das Erbschaftsgericht nach Maßgabe des A.L.R. II. 2 §. 428;

h. das Oberlandesgericht als Fideikommißbehörde im Fall der Gr.B.O. §. 74 (vgl. für Hannover Einf.Ges. §. 14, für Rheinl. Einf.Ges. §. 33);

i. die Militärgerichte bei der Beschlagnahme des Vermögens eines Deserteurs in Gemäßheit des Gesetzes vom 11. März 1850 und des Einführungsgesetzes zum Militär-Strafgesetzbuch vom 20. Juni 1872 §. 2;

k. die Auseinandersetzungsbehörden nach näherer Bestimmung der Verordnung vom 30. Juni 1834 §§. 10, 59, 62, G.S. S. 96, des Gesetzes vom 29. Juni 1835 §. 3, der Deklaration vom 30. Juli 1842 und der Gesetze vom 2. März 1850 §. 18, vom 26. Juni 1875 §§. 3 u. 5, vom 18. Febr. 1880 §. 86 und vom 7. Juli 1891, betr. die Beförderung der Errichtung von Rentengütern, §. 6 Nr. 6, §. 12 (vgl. Rhein. Einf.Ges. §§. 1, 31). Vgl. über die Zuständigkeit der Spezialkommissarien der Generalkommission Stettin, Johow 3 S. 144, über die Grenzen der dem Grundbuchrichter zustehenden Prüfung Königsberg, ebd. 7 S. 201, über die exekutivische Kraft der von den Auseinandersetzungsbehörden bestätigten Rezesse Königsberg, ebd. S. 187, über die Stellung des Grundbuchrichters gegenüber einer von einer Generalkommission in Auseinandersetzungsangelegenheiten betriebenen Zwangsvollstreckung Kammerger., Jahrb. 8 S. 98, und über die Bildung von Rentengütern dass., ebd. 13 S. 188. Siehe Stöckel, die Grundbuchberichtigungen nach Ersuchen der Auseinandersetzungsbehörden, Berlin 1886;

l. die Verwaltungsbehörden, wenn sie das ihnen nach der Instruktion vom 23. Oktober 1817 §. 11, G.S. S. 248, und den derselben angehängten Bestimmungen der Verordnung vom 26. Oktober 1808, der Kabinets-O. v. 31. Dez. 1825, G.S. 1826 S. 5, und der Exekutions-Ordnung vom 30. Juni 1853, G.S. S. 409, zustehende Recht der Zwangsvollstreckung ausüben, in Gemäßheit der Verordnung, betr. das Verwaltungszwangsverfahren wegen Beitreibung von Geldbeträgen, v. 7. September 1879 §§. 54 u. 55, G.S. S. 591, und des Zwangsvollstr.Ges. §. 203 (vgl. oben S. 136 Anm. 1 c zu §. 19 Nr. 3 des Gesetzes, u. Kammerger., Jahrb. 7 S. 115);

m. die Aufsichtsbehörde im Falle von Defekten eines Beamten nach der Verordnung vom 24. Januar 1844 §. 15, G.S. S. 52, (eingeführt in die neuen Provinzen durch V.O. v. 23. Septbr. 1867 §. 1 Nr. 8 und aufrechterhalten durch §. 82 des Ausf.Ges. z. G.V.G.) und dem Reichsgesetze vom 31. März 1873 §. 143 (Turnau 1 S. 355; R.G. III, Entsch. 31 S. 311);

n. die Enteignungsbehörde nach näherer Bestimmung des Gesetzes vom 11. Juni 1874 §. 33 (Kammerger., Jahrb. 6 S. 88 u. 13 S. 115), die Deichbehörde in den Grenzen des Gesetzes vom 28. Januar 1848 §. 20 (Marienwerder, Johow 7 S. 175), der Kreislandrath in den Fällen der Gesetze, betr. die Errichtung trigonometrischer Marksteine, v. 7. Oktober 1865, 7. April 1869 und 3. Juni 1874;

o. die Bergbehörden nach dem Allg. Berggesetze v. 24. Juni 1865 §§. 160, 162, 223, 234. Der Grundbuchrichter ist nicht befugt, den Antrag des Oberbergamtes auf Eintragung des Beschlusses über die Mobilisirung von Kuxen um deswillen abzulehnen, weil der Beschluß nicht rechtsgültig zu Stande gekommen ist. Naumburg, Johow 7 S. 192;

p. die Rentenbank-Direktionen, wenn die Rentenpflichtigkeit gelöscht werden soll, nach dem Gesetz vom 2. März 1850 §. 4 und der allg. Verfügung vom 15. Dezember 1865, J.M.Bl. S. 286 (Ratibor, Johow 8 S. 186); desgl. die Landeskultur-Rentenbanken nach dem Ges. vom 13. Mai 1879 §. 31;

q. der Vorsitzende des Waldschutzgerichtes in den Fällen des Gesetzes vom 6. Juli 1875 §§. 17 u. 39;

r. der Vorstand einer freien Wassergenossenschaft nach Maßgabe des Gesetzes vom 1. April 1879 §. 28;

s. der Vorstand der Hauberggenossenschaft nach näherer Bestimmung der Haubergordnung v. 17. März 1879 §§. 3, 5, 17.

t. Wegen Eintragung der Gerichts- und der Haftkosten siehe oben S. 135 ff. Anm. 1 b und über die Eintragung von gerichtlich festgesetzten Ordnungsstrafen, Kammerger., Jahrb. 13 S. 131.

2. Die Zuständigkeit der Behörden zur Nachsuchung von Einschreibungen in das Grundbuch bestimmt sich, wie die vorstehende Uebersicht ergiebt, durch das Gesetz. Der Grundbuchrichter hat daher in jedem einzelnen Falle zu prüfen, ob die ersuchende Behörde gesetzlich berufen ist, eine solche Einschreibung zu verlangen (R.G., Jahrb. 7 S. 305; Kammerger., ebd. 3 S. 153), sowie ob das Ersuchen formell den Gesetzen entspricht. Nicht aber hat er zu untersuchen, ob gerade diese Einschreibung, wenn sie nur überhaupt in der nachgesuchten Weise zulässig ist, gegen den passiv Betheiligten hätte nachgesucht werden sollen, oder ob das dem Ersuchen vorausgehende Verfahren vor der ersuchenden Behörde gesetzmäßig war. Die Verantwortung hierfür fällt nach der Gr.B.O. der ersuchenden Behörde zu (vgl. S. 136 Anm. 1 c zu §. 19 Nr. 3 des Gesetzes; Kammerger., Jahrb. 3 S. 129; L.G. Danzig, Jahrb. 12 S. 350 und 341. Anders im Falle des §. 71 der Gr.B.O., vgl. Anm. 3 daselbst).

Aus der Zurückführung der Zuständigkeit auf das Gesetz ist gefolgert worden, daß Einschreibungsgesuche nichtpreußischer Behörden abzulehnen sind, da den diesseitigen Richter die Gesetze des Auslandes nicht binden. Bahlmann, 3. Aufl. S. 298, erstreckt diese Folgerung sogar auf die Gesuche deutscher Behörden, weil das Bundesgesetz über die Gewährung der Rechtshülfe vom 21. Juni 1869 und das Gerichtsverfassungsgesetz vom 27. Januar 1877 auf die freiwillige Gerichtsbarkeit sich nicht beziehen. Seine Ansicht ist jedoch als richtig nicht anzuerkennen. In allen Fällen, in welchen die Behörde eines Bundesstaates im Wege der Zwangsvollstreckung eine Einschreibung nachsucht, wird der Grundbuchrichter sich nicht ablehnend verhalten dürfen. Er wird auch die Eröffnung des Konkursverfahrens über das Vermögen des Eigenthümers bei einem deutschen Gerichte auf dessen Ersuchen eintragen müssen. Auch zur Ablehnung der Eintragung von Gerichtskosten liegt ein stichhaltiger Grund nicht vor. (Naumburg, Johow 8 S. 218.) Es ließen sich noch mehrere Fälle anführen, in welchem dem Einschreibungsersuchen einer nichtpreußischen Behörde stattzugeben ist. Zu beachten ist nur, daß die Einschreibung dann nicht vollzogen werden darf, wenn sie auch auf das Ersuchen der inländischen Behörde bei gleicher Sachlage nicht zulässig oder die fremde Behörde zu einem Vorgehen gegen den passiv Betheiligten nach diesseitigen Gesetzen nicht berechtigt ist. Ein allgemeines Prinzip positiven Inhaltes ist nicht vorhanden. Die Frage muß in jedem einzelnen Fall nach dessen Lage entschieden werden. (Vgl. Turnau 1 S. 124 Anm. 4.)

§. 42.

Die Anträge sowohl als die Urkunden sind genau mit dem Zeitpunkt des Eingangs vom Grundbuchrichter oder Buchführer zu bezeichnen.

---

§. 42.

1. Die Vorschrift, daß Anträge und Urkunden, welche bei dem Grundbuchamt eingehen, genau mit dem Zeitpunkt des Einganges zu bezeichnen sind, bezieht sich auf alle derartigen Schriftstücke, also auch auf die Protokolle, die von einem Richter oder einem Gerichtsschreiber aufgenommen werden.

2. „Als Zeitpunkt des Eingangs eines Gesuches um Eintragung in das Grundbuch gilt" nach dem Ausf.Ges. z. G.V.G. §. 31 Abs. 2 (oben S. 322) „derjenige Zeitpunkt, in welchem das Gesuch dem mit den Geschäften des Grundbuchrichters oder Grundbuchführers hinsichtlich des betreffenden Grundstücks beauftragten Richter oder Gerichtsschreiber vorgelegt wird." Hat einer dieser beiden Beamten selbst das Gesuch zu Protokoll genommen, so fällt der Eingang des Gesuches mit dem Abschlusse des Protokolles zusammen. Wenn dagegen ein anderer Beamter (Richter oder Gerichtsschreiber) des Gerichtes, bei welchem das Grundbuch geführt wird, das Gesuch protokollirt hat, so bestimmt nicht der Abschluß des Protokolles, sondern die Vorlegung desselben bei dem (zuständigen) Grundbuchrichter oder dem als Grundbuchführer fungirenden Gerichtsschreiber den Zeitpunkt des Einganges.

Die mit der Gr.B.O. aufgetauchte Streitfrage, ob der Zeitpunkt des Einganges eines Gesuches lediglich durch den „Einlauf im Geschäftslokal und zwar in den Geschäftsstunden" bestimmt wird, wie Dernburg, Preuß. Privatr. 1 §. 197 Anm. 12 ausführt, oder ob es nur darauf ankommt, wann dem zur Präsentation berufenen Beamten das Schriftstück zugeht, gleichviel an welchem Orte, was Bahlmann (3. Aufl. S. 301) vertritt, ist durch die mitgetheilte Bestimmung des Ausführungsgesetzes zum deutschen Gerichtsverfassungsgesetze im Sinne der letzteren Meinung entschieden (Dernburg a. a. O.; Turnau 1 S. 127 Anm. 5). Der Vorschlag, nur die „im Amtslokal" erfolgende Vorlegung über den Zeitpunkt des Einganges entscheiden zu lassen, ist im Abgeordnetenhause abgelehnt worden, freilich aus Gründen, die den Rechtspunkt in keiner Weise würdigen, sondern auf angeblich praktischen Anschauungen beruhen. Hierauf an dieser Stelle näher einzugehen, wäre indessen zwecklos. Es genügt, darauf hinzuweisen, daß Grundbuchrichter und Buchführer überall, wo sie sich gerade befinden, — zu Hause, im Wirthshause, im Eisenbahnwagen rc. — Eintragungsgesuche, annehmen können, und daß der Zeitpunkt der Annahme den Zeitpunkt des Einganges bestimmt.

3. Dieser Zeitpunkt ist um deswillen von besonderer Wichtigkeit, weil er bei der Konkurrenz mehrerer Gesuche für die Reihenfolge maßgebend ist, in welcher die Eintragungen zu vollziehen sind. Seine Feststellung hat deshalb mit der möglichsten Genauigkeit zu erfolgen. Sie geschieht durch die sogenannte Präsentation, d. h. durch den von dem Beamten auf das Gesuch und dessen Anlagen zu setzenden und zu unterschreibenden Vermerk über den Tag und die Stunde des Einganges. Kommt es auf die Minute an, so ist auch diese ersichtlich zu machen. Näheres hierüber enthalten die unten abgedruckten Bestimmungen des §. 4 der Verf. des J.M. über die Bureau-Verwaltung bei den Grundbuchämtern vom 14. Nov. 1872 und des §. 5 der Geschäftsordnung für die Gerichtsschreibereien der Amtsgerichte.

Nach der Hyp.O. 2 §§. 7 ff. war das Präsentiren der Gesuche und Urkunden Sache des Registrators. Der Entwurf der Grundbuchordnung vom Jahre 1869 wollte diese Funktion dem Grundbuchrichter in erster Linie und nur, wenn dieser es unterlassen hätte, den Buchführer beilegen. Die Kommission des damaligen Abgeordnetenhauses fand jedoch keinen Grund, die Berechtigung des Buchführers auf eine solche Eventualität zu beschränken; sie gab deshalb dem Paragraphen die gegenwärtige Fassung. (Bericht vom 8. Januar 1870, in den Drucks. des A.H. 1869 Nr. 234 S. 19 und 20.)

4. Die Präsentation eines Schriftstückes durch einen Beamten des Gerichtes, der nicht zu-

§. 43.

Die Verfügungen auf die Anträge sind vom Grundbuchrichter zu erlassen und vom Buchführer auszuführen.

Die Eintragungsformel ist dem Antrag gemäß von dem Richter wörtlich in der Fassung zu entwerfen, in welcher sie in das Grundbuch eingetragen werden soll.

Nebenbestimmungen, insbesondere über Kündigung oder Zahlung des Kapitals, sind dem Antrag entsprechend in die Formel aufzunehmen.

---

gleich der Grundbuchrichter oder der Buchführer ist, sichert die Priorität vor einem später bei einem dieser Beamten eingereichten Antrage nicht, wenn die Vorlegung des Antrages vor jenem Schriftstücke erfolgt. Fungiren bei einem Amtsgericht mehrere Grundbuchrichter und Buchführer, so ist doch nur derjenige von ihnen zur gültigen Präsentation befugt, zu dessen Geschäftskreis das betreffende Grundstück gehört. Der geschäftsordnungsmäßige Vertreter des einen oder des anderen hat natürlich dieselben Befugnisse wie der Vertretene.

5. Der Präsentationsvermerk begründet keine praesumtio juris et de jure, sondern nur einen Urkundenbeweis, der im Prozeßwege entkräftet werden kann. Dabei ist von der gleichen Beweiskraft der Vermerke des Grundbuchrichters und des Buchführers auszugehen. (Bahlmann 3. Aufl. S. 303.)

§. 43.

1. Die Hyp.O. 2 §. 19 verlangte, daß „die Einschreibung dem Hypothekenbuchführer schriftlich anbefohlen" würde. Diese schriftlichen Befehle wurden ehemals förmlich ausgefertigt. (§. 26 daselbst.) Das änderte sich aber bei manchen Gerichten schon im vorigen Jahrhundert. Schließlich bestand kein Zweifel, daß die Verfügungen des Hypothekenrichters im Original dem Ingrossator vorzulegen waren. (Koch, Anm. 23 zur Hyp.O. §. 19.) Dabei beläßt es auch die Grundbuchordnung. Nach Dernburg u. Hinrichs 1 S. 129 soll eine Eintragung, welche ohne Verfügung des Grundbuchrichters erfolgt, nichtig sein. Diese auch von Bahlmann (3. Aufl. S. 307) und Turnau (1 S. 132 Anm. 3 zu §. 44) vertretene Auffassung ist jedoch in der vorgetragenen Allgemeinheit nicht zutreffend. Man denke nur an den Fall, in welchem die von dem Buchführer oder einem Referendar ganz sachgemäß entworfene Verfügung in Folge eines Versehens nicht unterschrieben, im Uebrigen aber die Einschreibung ordnungsmäßig vorgenommen wird. Eine solche Einschreibung ist nicht nichtig. Der §. 43 enthält nur eine Ordnungsvorschrift, nicht eine Formvorschrift, deren Nichtbeobachtung die Einschreibung nichtig machen könnte.

2. Der Antrag muß, wenn er nicht zugleich die Eintragungs- oder die Löschungsbewilligung enthält, mit der Bewilligung sich decken. (§§. 19, 23, 27 des Gesetzes) Die Eintragungsformel richtet sich nach dem Antrage. Ihre Fassung ist indessen Sache des Richters. Die Partei kann die Worte nicht vorschreiben. (Kammerger., Jahrb. 2 S. 86 u. 11 S. 156.) Siehe im Uebrigen die Anm. 3 zu §. 18, Anm. 3 zu §. 76 der Gr.B.O. und Hamm, Johow 5 S. 130.

3. Der Abs. 3 des §. 43 entspricht den Vorschriften der Hyp.O. 2 §§. 21, 156 und 157, welche durch das Gesetz vom 24. Mai 1853 §. 29 dahin abgeändert waren, daß „der Nebenbestimmungen über die Zahlung des Kapitals in dem Eintragungsvermerke keine Erwähnung" geschah. Das Motiv für die Rückkehr zu dem alten Recht lag für die Regierung darin, daß nach ihrem Entwurfe (§. 123) die Schuldurkunde mit dem Hypothekenbriefe nicht verbunden werden sollte. (Werner 2 S. 155.) Dieser Grund trifft nun freilich nach dem Gesetze nur noch bei den Grundschulden zu, da bei Hypotheken die Verbindung des Schulddokumentes mit dem Briefe durch Schnur und Siegel in der Grundbuchordnung §. 122 vorgeschrieben ist. Allein die Vervollständigung der Eintragungsvermerke wird dennoch auch im Fall der Hypothek für

§. 44.

Bei allen Einschreibungen in das Grundbuch ist der Tag der Einschreibung anzugeben; die in die zweite und dritte Abtheilung einzutragenden Posten sind in jeder Abtheilung mit fortlaufenden Nummern zu versehen. Die Einschreibungen sind im Grundbuch von dem Grundbuchrichter und dem Buchführer zu unterzeichnen.

---

zweckmäßig und jedenfalls dem Publizitätsprinzip entsprechend angesehen werden müssen. Denn wenn auch demjenigen, der eine Hypothek erwerben will, die Urkunde ein genügendes Mittel bietet, die Zahlungsmodalitäten kennen zu lernen, so kann doch der Erwerber des Grundstückes diese Kenntniß der Regel nach mit Sicherheit nur durch Einsicht des Grundbuches sich verschaffen. Fortan sind mithin Täuschungen des Grundstückskäufers über den mehr oder weniger langen Ausschluß der Kündigungsbefugniß des Hypothekengläubigers (die sich der Verkäufer oftmals erlaubt hat, um sein von der Subhastation bedrohtes Grundstück los zu werden) leicht zu vermeiden.

Was der Eintragungsvermerk im einzelnen Fall enthalten muß, ergiebt sich aus den Bestimmungen des Gesetzes über den Eigenthumserwerb bezüglich der Bewilligungen, auf Grund deren die Einschreibungen erfolgen. Für die Hypothek und die Grundschuld ist hier auf die ausführlichen Erörterungen zu §. 23 des Ges. zu verweisen. Denselben ist nur noch hinzuzufügen, daß die Formel für die Eintragung einer Hypothek auch den Schuldgrund angeben und die Schuldurkunde bezeichnen muß. (§. 19 des Ges.) Bietet der Antrag die hiernach erforderliche Unterlage für die Eintragungsformel nicht, so hat der Grundbuchrichter die Eintragung zu beanstanden. (§. 46 der Gr.B.O.)

Eine Hypothek, deren Eintragungsvermerk unvollständig ist, z. B. die Rückzahlungsbedingungen nicht enthält, ist jedoch nicht ungültig, denn aus dem Gesetze selbst erhellt, daß es die im §. 23 des Ges. gestellten Anforderungen nicht auf alle Fälle hat anwenden wollen, z. B. nicht bei der Eigenthümergrundschuld und der Kautionshypothek (R.G. V, Entsch. 14 S. 274, J.M.Bl. 1886 S. 81). Andererseits darf der Grundbuchrichter von der Aufnahme der in der Eintragungsbewilligung enthaltenen Nebenbestimmungen in den Eintragungsvermerk nicht lediglich deshalb absehen, weil diese sich auch ohne besondere Festsetzung kraft Gesetzes von selbst verstehen, denn er hat nur die Rechtsgültigkeit der Eintragungen, nicht ihre Tragweite festzustellen (Kammerger., Jahrb. 3 S. 160).

Eine Berichtigung oder Ergänzung unrichtiger oder unvollständiger Eintragungen ist nicht ausgeschlossen. Sie kann aber nur durch Eintragung eines selbständigen Vermerkes geschehen. Korrekturen &c. sind unstatthaft. (Dernburg u. Hinrichs 1 S. 126; Bahlmann 3. Aufl. S. 304.) Es versteht sich, daß jeder neue Vermerk dem Gesetze der Rangordnung unterliegt und überhaupt nur geschehen kann unbeschadet der Rechte dritter Personen. Vgl. §. 118.

§. 44.

1. Der Tag der Einschreibung.
2. Die Numerirung der einzelnen Posten, S. 350.
3. Die Unterzeichnung der Einschreibungen.

1. Nach den in den Jahren 1868 und 1869 dem Landtage vorgelegten Entwürfen sollte im Einklange mit dem bisherigen Recht bei allen Einschreibungen der Tag der die Eintragung oder die Löschung anordnenden Verfügung angegeben werden. Dieser Tag ist indessen für die rechtliche Bedeutung der Einschreibung nicht von Belang. Wenn man sich bei der Berathung im Jahre 1869 gleichwohl für seine Beibehaltung entschied, so geschah es nur deshalb, weil man annahm, daß bei der neuen Einrichtung „die Eintragung sich der Verfügung stets alsbald anschließen werde.“ (Bericht der Komm. des A.H. vom 8. Januar 1870 S. 20.) Erst in dem jüngsten Entwurfe gelangte die richtige Ansicht zur Geltung, daß nur der Tag der Ein-

schreibung für das Grundbuch von Interesse ist. (Mot., bei Werner S. 154.) Nun streitet man aber darüber, welcher Tag dies sei, wenn die Unterschriften nicht unmittelbar der Einschreibung folgen, ob der Tag, an welchem der Vermerk in das Grundbuch eingeschrieben wird, oder der Tag der Unterschrift des Buchführers, welchem die Einschreibung obliegt, oder der Tag, an welchem die Unterschrift auch von dem Grundbuchrichter vollzogen wird. Es vertreten die erste Ansicht: das App.G. Hamm bei Johow 4 S. 58, und Löbell, Studien S. 15; die zweite: Schultzenstein, drei Fragen aus dem preußischen Grundbuchrecht S. 61 ff., zur Auslegung und Anwendung des §. 44 rc., bei Johow 6 S. 322; die dritte: das Kammerger., ebd. S. 320, im Einklange mit einer Verfügung des Justizministers vom 4. März 1876, ebd. S. 322, und Turnau 1 S. 131. Die beiden zuletzt gedachten Meinungen erledigen sich durch den in der Anm. 3 zu erbringenden Nachweis, daß die Gültigkeit einer Einschreibung durch die Unterschrift weder des Grundbuchrichters noch des Buchführers bedingt ist. Es bleibt dann nur die erste Meinung, welche den Wortlaut des Gesetzes für sich hat. Nach demselben ist die Einschreibung ihrer Datirung und Unterzeichnung gegenübergestellt; sie ist als solche vorhanden, sobald sie im Grundbuche steht. Der Tag der Einschreibung, welcher derselben beigefügt werden soll, ist mithin derjenige Tag, an welchem der Grundbuchführer den Vermerk in das Grundbuch einschreibt. Wird die Beifügung des Tages unterlassen, so ist die Einschreibung darum nicht nichtig; aber sie steht in denjenigen Fällen, in welchen die Rangordnung der Eintragungen sich durch das Datum derselben bestimmt, allen denjenigen datirten Einschreibungen nach, bezüglich welcher das Grundbuch nicht ergiebt, daß der nicht datirte Vermerk vor demselben eingeschrieben sein muß.

2. Die Numerirung der einzelnen Posten in der 2. und der 3. Abtheilung ist nur der Ordnung wegen vorgeschrieben. Auf die Rangordnung ist sie einflußlos. Wird z. B. die Post Nr. 5 vor die Post Nr. 4 gesetzt, so hat sie damit auch den Vorrang vor derselben. Vgl. die Anm. zu §. 17 des Gesetzes.

3. Die Vorschrift, daß die Einschreibungen im Grundbuche von dem Richter und dem Buchführer zu unterzeichnen sind, ist neu, zur Kontrole der Echtheit der Vermerke jedoch gewiß zweckmäßig. Sie ist aber, schon ihrer Fassung nach, eine bloße Ordnungsvorschrift, durch deren Verletzung eine Einschreibung nicht ungültig wird. (Neubauer S. 20; Förster-Eccius 3 §. 178 Note 43; Bahlmann 3. Aufl. S. 306; Dernburg, Preuß. Privatrecht 1 §. 197 Note 17.)

Zu einer anderen Auffassung führen die in der Anm. 1 angeführten Verfügungen des Justizministers und des Kammerger., Johow 6 S. 320 und 322, weil, wenn mit ihnen angenommen wird, daß die Einschreibung erst durch die Mitunterschrift des Grundbuchrichters sich vollende, die nothwendige Folge die ist, daß eine nicht unterschriebene Einschreibung der Gültigkeit ermangelt (so Turnau a. a. O.; Rocholl, Rechtsfälle 1 S. 212). Dies haben schon früher darzuthun versucht: Dalcke in Gruchot 17 S. 646 und Löbell S. 15. Nach Schultzenstein, drei Fragen rc. S. 52 ff., soll nur die Unterschrift des Buchführers, nicht auch die des Richters wesentlich sein.

a. Das Kammergericht will aus der Entstehungsgeschichte des §. 44 folgern, „daß diese Vorschrift für eine solche zu erachten ist, deren Nichtbeobachtung die Gültigkeit der Eintragung gefährdet.“ Die Entstehungsgeschichte gestattet jedoch eine solche Folgerung nicht. Nach der Regierungsvorlage sollten die Einschreibungen nur mit dem Namenszuge des Grundbuchrichters und des Grundbuchführers unterzeichnet werden. In den Motiven ist hierzu nur bemerkt, daß sich dies „als eine jedenfalls nützliche Kontrole für die Echtheit der Einschreibung rechtfertigen“ werde. (Werner 2 S. 154.) In der Kommission des Herrenhauses „wurden verschiedene Ansichten geäußert, einerseits die Unterzeichnung, die auch jetzt nicht vorkomme, für überflüssig, andererseits die Unterzeichnung blos mit dem Namenszuge für nicht hinreichend erachtet und beantragt, die Unterzeichnung des vollen Namens zu verlangen, weil nur dieser rekognoscirt werden könne und müsse. Zur Unterstützung dessen wurde darauf hingewiesen, daß das Gesetz der Eintragung eine erhöhte Bedeutung gebe, indem dieselbe jetzt den

Uebergang, welcher sich früher durch Tradition vollzogen, vermittele.“ Demgemäß erhielt der §. 44 seine jetzige Fassung. (S. 169 a. a. O.) Hieraus erhellt zur Genüge, daß nur eine Kontrolvorschrift in Frage gewesen ist, und daß diejenigen, welche eine solche wollten, nur darin verschiedener Meinung waren, ob zur Kontrole der Echtheit der bloße Namenszug oder der ausgeschriebene Name der Beamten gefordert werden sollte. Daß man in der Aenderung des bisherigen Rechtes, welches von einer Unterzeichnung der Einschreibungen nichts wußte, noch weiter zu gehen und eine Form zu schaffen beabsichtigte, von deren Beobachtung die Gültigkeit der Einschreibungen abhinge, dafür ist irgend eine Andeutung nicht zu finden. Eine solche Absicht kann aber dem Gesetzgeber um so weniger unterstellt werden, als sie mit dem Wesen des Grundbuchinstitutes schwer in Einklang zu bringen wäre.

Die Aufbewahrung und Führung der Grundbücher ist mit so vielen Kautelen umgeben, daß das Gesetz unbedenklich davon ausgehen kann, daß nichts in dieselben eingeschrieben werden wird, was nicht hineingehört. Sollte gleichwohl eine Fälschung vorkommen, so schützt den Dritten der öffentliche Glaube des Grundbuches. Derjenige, für den eine Eintragung erfolgt, hat freilich bezüglich ihrer diesen Schutz nicht. Aber seine Stellung ist nur insoweit eine gefährdete, als ihr die dem materiellen Recht nicht entsprechende Eintragung keine Stütze bietet. Ist dagegen eine Diskrepanz zwischen dem formellen und dem materiellen Recht nicht vorhanden, so ist es ganz gleichgültig, von wem die dem letzteren gemäß angeordnete und vollzogene Eintragung geschrieben ist. Oder soll etwa die Eintragung einer Hypothek für den Gläubiger das dingliche Recht blos um deswillen nicht begründen, weil sie von dem Schreiber, dessen der Buchführer sich zu bedienen pflegt, einmal eigenmächtig, aber ganz richtig, ausgeführt worden ist? Die Rücksicht auf die Rechtssicherheit würde die Bejahung dieser Frage nicht gestatten. Wie steht es nun aber, wenn das Gesetz die Unterschrift des Buchführers und des Richters fordert? Man setze den Fall, daß jener Schreiber gleich die Namen beider, vielleicht in deren Auftrage, unter die Einschreibung setzt. Gewiß ist die so hergestellte Unterschrift im Sinne des Gesetzes keine Unterschrift, die Einschreibung also eine nicht unterzeichnete, und dennoch wird sie vermöge der Autorität, die dem Grundbuche für das betheiligte Publikum beigelegt werden muß, als ebenso wirksam zu behandeln sein wie eine unterzeichnete. Wenn dies aber richtig ist, so kann auch eine Einschreibung, unter welcher gar kein Name steht, nicht ungültig sein. Wäre die Vorschrift der Unterzeichnung mehr als eine Dienstanweisung, so müßte sie in dem Gesetz über den Eigenthumserwerb ꝛc. stehen, weil in diesem die Erfordernisse der Erwerbung und des Verlustes der dinglichen Rechte geordnet sind.

b. Einen zweiten Grund formulirt das Kammergericht so: „Nur durch die Mitunterzeichnung übernimmt der Grundbuchrichter die volle Verantwortlichkeit für die Richtigkeit der Eintragung, da er zuvor nicht in der Lage gewesen ist, die Richtigkeit der Eintragung zu prüfen, und vorgekommene Fehler beseitigen zu lassen.“ Man kann diesen Satz zugeben, nicht aber die daraus gezogene Folgerung, welche lautet: „Erst mit der Vollziehung des Eintragungsvermerks im Grundbuche durch den Grundbuchrichter ist deshalb die Gewähr für eine vollgültige Eintragung vorhanden, und daher erst mit diesem Augenblick die Einschreibung selbst beendet.“ Beide Schlüsse sind unhaltbar. Da der Richter die Formel, welche in das Grundbuch eingeschrieben werden soll, vorher entwirft, so ist die Thätigkeit des Einschreibens lediglich eine mechanische, ein Abschreiben. Für die Treue der Abschriften haften aber sonst nur die Subalternbeamten (vgl. oben S. 328 Anm. 2 a. E.). Daß es mit dieser Haftung bisweilen nicht sehr genau genommen werden mag, berechtigt nicht zu dem Schlusse, daß diese Genauigkeit auch bei der Grundbuchführung fehlen möchte, schon deshalb nicht, weil der Buchführer für die Uebereinstimmung des eingeschriebenen mit dem von dem Richter entworfenen Vermerk nicht blos dienstlich, sondern auch dem Betheiligten mit seinem Vermögen haftet. Eine hohe Gewähr ist sonach vorhanden, freilich keine absolute; aber eine solche bietet auch die Mitunterschrift des Richters nicht. Und wenn sie dieselbe böte, warum soll denn ihr Fehlen im einzelnen Fall die dennoch richtige Einschreibung ungültig machen? Hierauf wird schwerlich eine

§. 45.

Aus mehreren Eintragungsgesuchen für dasselbe Grundstück erfolgt die Eintragung in der durch den Zeitpunkt der Vorlegung der Gesuche bei dem Grundbuchamt bestimmten Reihenfolge, und aus gleichzeitig vorgelegten Gesuchen zu gleichem Recht, wenn nicht in denselben eine andere Reihenfolge bestimmt ist.

---

befriedigende Antwort gefunden werden. Vgl. im übrigen Schultzenstein in Johows Jahrb. 6 S. 327 ff.

§. 45.

1. Der §. 45 wiederholt in seinem ersten Theil die Vorschrift, welche, wenn auch anders gefaßt, bereits in dem Gesetz über den Eigenthumserwerb ꝛc. §. 17 enthalten ist. (Vgl auch Rhein. Einf.Ges. §. 5 Abs. 2.) Den Bemerkungen zu diesem Paragraphen (oben S. 108 ff.) ist hier nur Folgendes hinzuzufügen:

a. „Der Tag und die Stunde des Einganges eines Einigungsgesuches beim Gericht bestimmt ohne Rücksicht darauf, wann dasselbe zu den Grundakten gekommen, die Präsentation. Wenn daher eine Ingrossation auf mehrere Grundstücke in Einer Vorstellung gesucht wird, so ist sie bei allen Grundstücken zugleich präsentirt, wenn sie auch bei den Grundakten des einen früher allein zum Vortrag gelangt." (O.Tr. Pr. 653 v. 5. April 1839, Präj.Samml. S. 273) Auf den Fall, in welchem die Eintragung auf Grundstücke in den Bezirken verschiedener Amtsgerichte nachgesucht wird, kann jedoch dieser Grundsatz nicht ausgedehnt werden. In einem solchen Fall hat der Grundbuchrichter die Eintragung, soweit er zuständig ist, bewirken zu lassen und im übrigen den Antragsteller an das weiter zuständige Gericht zu verweisen. (§. 46.)

b. Seit Aufhebung der Grundbuchämter bestimmt sich die Priorität der Einschreibungsgesuche durch den Zeitpunkt der Vorlegung bei dem mit den Geschäften des Grundbuchrichters oder des Grundbuchführers hinsichtlich des betreffenden Grundstückes beauftragten Richter oder Gerichtsschreiber. (Vgl. die Anm. zu §. 42.) Wenn daher in dem unter a gesetzten Falle die Grundstücke zwar in dem Bezirk desselben Amtsgerichtes liegen, jedoch in den Geschäftskreis verschiedener Richter und Gerichtsschreiber fallen, so kann der Zeitpunkt der Vorlegung für jedes einzelne Grundstück ein verschiedener sein. Um diesen Erfolg zu vermeiden, wird es sich empfehlen, daß die Beamten, soweit thunlich, dafür Sorge tragen, daß das Gesuch ungesäumt jedem der betheiligten Richter resp. Gerichtsschreiber vorgelegt und von demselben präsentirt werde.

2. Die Reihenfolge, in welcher die Einschreibungen vorzunehmen sind, bestimmt sich nach dem Zeitpunkt der Vorlegung der Gesuche, nicht nach dem Zeitpunkt, in welchem der Präsentationsvermerk auf dieselben gesetzt wird. Deshalb ist die Praxis eine ganz richtige, welche die mit derselben Briefpost eingehenden Gesuche als gleichzeitig eingegangen behandelt und mit dem nämlichen Präsentationsvermerk versieht. (Bahlmann 3. Aufl. S. 307 und Turnau 1 S. 139.) Im Gegensatz hierzu bemerkt Dernburg, Preuß. Privatr. 1 §. 200 Note 3: „Wie, wenn mehrere Anträge durch dieselbe Briefpost einlaufen? Wird man die Gesuche als gleichzeitig angebracht erachten, damit der zufällige Umstand nicht entscheide, welcher Brief vom Beamten zuerst eröffnet wird? So billig dies scheint, so führt doch solche Billigkeit auf eine schiefe Ebene. Das Richtige ist, daß der Beamte schlechthin nach der Ordnung, in welcher ihm die Gesuche in die Hand kommen, präsentirt. Jede zufällige Verzögerung in der Präsentation trifft den Antragsteller."

Wäre dies richtig, so wären die Worte „und aus gleichzeitig vorgelegten Gesuchen zu gleichem Recht" ohne Bedeutung. Das sind sie aber nicht. Denn ein Antrag, der ihre Streichung bezweckte, ist in der Kommission des Abgeordnetenhauses gestellt, jedoch abgelehnt, „nachdem bemerkt worden, daß die gleichzeitige Vorlegung von Gesuchen sehr häufig vorkomme und die Aufnahme einer bezüglichen Bestimmung deshalb nothwendig sei." (Komm.-

§. 46.

Der Grundbuchrichter ist verpflichtet, die Rechtsgültigkeit der vollzogenen Auflassung, Eintragungs- oder Löschungsbewilligung nach Form und Inhalt zu prüfen. Ergiebt diese Prüfung für die beantragte Eintragung oder Löschung ein Hinderniß, so hat der Grundbuchrichter dasselbe dem Antragsteller bekannt zu machen.

Mängel des Rechtsgeschäfts, welches der vollzogenen Auflassung, Eintragungs- oder Löschungsbewilligung zu Grunde liegt, berechtigen nicht, die beantragte Eintragung oder Löschung zu beanstanden.

Ber. bei Werner S. 188.) Die Ansicht Dernburgs leidet an dem Fehler, daß sie dem Zufall, der kein Prinzip ist, unwillkürlich zum Prinzip erhebt. Das vermeidet man, wenn man es bei der bisherigen Praxis beläßt. Das Gesetz faßt nicht den Zeitpunkt ins Auge, in welchem der Beamte das Schriftstück ergreift, sondern den Zeitpunkt, in welchem dasselbe ihm vorgelegt wird. (§. 42.)

3. Die gesetzliche Regel, daß der Zeitpunkt, in welchem die Gesuche vorgelegt werden, die Reihenfolge der Eintragungen bestimmt, kommt nicht zur Anwendung, wenn in den Gesuchen eine andere Reihenfolge gültig vorgeschrieben ist.

a. Der praktisch wichtigste Fall ist der, daß der Eigenthümer die Eintragungen beantragt. Er kann, weil seine Bewilligung für die Beschwerung des Grundstücks maßgebend ist, auch die Reihenfolge festsetzen, in welcher die von ihm bewilligten Eintragungen vorgenommen werden sollen. Liegen Antrag und Bewilligung in besonderen Schriftstücken vor, so bilden beide zusammen das „Gesuch". Ist in den mehreren Bewilligungsurkunden eine Reihenfolge nicht angegeben, so kann dennoch in den Anträgen eine solche bestimmt werden. Aber die Anträge bedürfen dann der Beglaubigung; weil sie zur Ergänzung der Bewilligungen dienen. Dasselbe gilt, wenn die Anträge eine von den Bewilligungen abweichende Reihenfolge vorschreiben. (Turnau 1 S. 138 Anm. Ib.)

b. Konkurriren die Gesuche verschiedener Antragsteller, so kann keiner derselben einseitig eine dem anderen nachtheilige Priorität beanspruchen. Eine Abweichung von der gesetzlichen Reihenfolge ist nur zuläßig, wenn sie in den mehreren Anträgen übereinstimmend verlangt oder zwar nur von einem Theil aber zum Vortheil des anderen nachgesucht wird. Auch hier ist Beglaubigung erforderlich.

c. Liegen mehrere Anträge desselben Gläubigers vor, so entscheiden die ihnen beigefügten Bewilligungsurkunden, wenn in diesen eine Reihenfolge bestimmt ist, welche mit der durch die Zeit der Vorlegung bedingten in Widerspruch steht. Schreibt der Gläubiger eine besondere Reihenfolge vor, so ist seiner Vorschrift nur insoweit nachzugeben, als er berechtigt sein würde, nach vollzogener Eintragung der einen Post den Vorzug vor der anderen einzuräumen.

§. 46.

1. Worauf der Grundbuchrichter seine Prüfung zu richten hat, wenn ihm ein Gesuch um Eintragung oder um Löschung vorliegt, ergiebt sich aus den Bestimmungen des Gesetzes über die Voraussetzungen der verschiedenen Einschreibungen, unter welchen nach dem Konsensprinzip die Bewilligung des passiv Betheiligten die wichtigste ist, und aus den Vorschriften der Grundbuch-O. über die Form und den Inhalt der Anträge, das Verhältniß mehrerer Gesuche zu einander rc. Wenn daher hier bestimmte Sätze zur Begrenzung der grundbuchrichterlichen Prüfungspflicht aufgestellt sind, so entbehren sie des besonderen Inhalts. Es sind Abstraktionen aus

anderweiten Vorschriften in Form von Anweisungen an den Grundbuchrichter, die ihre Stelle ebensogut in einer ministeriellen Instruktion hätte finden können. Ihre Aufnahme in die Gr.B.O. erklärt sich aus den Vorstellungen, die man sich damals über das Legalitätsprinzip machte. Dieses Prinzip wurde als der Grund alles Uebels, als ein Erzeugniß des Strebens nach Bevormundung des Publikums angesehen, während es in Wirklichkeit die Grundlage des ganzen Buchinstituts ist, wie dasselbe in Preußen sich entwickelt hat. Die ehemalige Schärfe des Prinzips war im wesentlichen eine Folge des materiellen Rechts. Wenn dieses die obligatorischen Rechtsverhältnisse als Entstehungselemente der dinglichen Rechte ansieht, so muß konsequent der Eintragung der letzteren in ein Buch, welches öffentlichen Glauben haben soll, eine amtliche Prüfung jener Verhältnisse vorausgehen. Dies hat sich nun geändert, indem bei verschiedenen Geschäften, namentlich der Uebertragung des Eigenthums, den obligatorischen Beziehungen der Betheiligten die auf die Eintragung gerichtete abstrakte Willenserklärung substituirt ist. Damit hat das Legalitätsprinzip ganz von selbst die wünschenswerthe Einschränkung erfahren.

2. Nach der Allg. Hyp.O. von 1783 Tit. 1 §. 77 waren die Gerichte, „denen das Hypothekenwesen anvertraut ist, nicht schuldig, die Gültigkeit und Rechtsbeständigkeit der von den Parteien vorgenommenen Handlungen selbst zu vertreten.“ Dagegen ist ihnen im Tit. 2 §. 12 die Anweisung ertheilt, mit möglichster Sorgfalt darauf zu achten, „daß keine gesetzwidrige und offenbar ungültige Negotia in die Bücher vermerkt, das Vertrauen des Publici auf die Legalität einer bei Gerichten eingetragenen Handlungen zu Hintergehungen und Betrügereien nicht gemißbraucht, noch auch durch Unvollständigkeit, Dunkelheit oder andere Mängel der dabei vorkommenden Dokumente zu künftigen Prozessen oder sonstigen Weiterungen Anlaß gegeben werde.“

Das Allg. Landrecht I. 20 entbindet den Richter ebenfalls von der Haftung „für Fehler oder Mängel in dem Anspruche selbst, zu dessen Sicherheit die Hypothek bestellt worden“ (§. 429). Aber es bestimmt unter §. 430:

> „Liegt der Grund, warum durch die Eintragung gar kein Hypothekenrecht hat erworben werden können, in einem in die Augen fallenden Fehler des Instruments, dem es an einem nach den Gesetzen nothwendigen Erforderniße gebricht: so haften die Hypotheken-Buchführer“ (d. h. die Hypothekenbehörden) „demjenigen, der im Vertrauen auf ihre Rechtskenntnisse bei einer solchen fehlerhaften Eintragung sich beruhigt hat.“

Hierin erkennen die Motive zu dem im Jahre 1871 dem Landtage vorgelegten Entwurfe der Grundbuchordnung „den eigentlichen Sitz des Legalitätsprinzips.“

„Gegen diese Bestimmung,“ — so heißt es dort — „die den Grundbuchrichter verleitet, den persönlichen Anspruch, für welchen die Hypothek Sicherheit gewähren soll, in formeller und materieller Beziehung einer eindringenden Prüfung zu unterwerfen, sind hauptsächlich Klagen und Angriffe gerichtet gewesen. Man hat ihr Schuld gegeben, daß sie die Peinlichkeit und Langsamkeit in der Bearbeitung der Grundbuchsachen erzeugt habe, daß sie eine unzulässige und lästige Bevormundung der Parteien enthalte. Mag nun dieser Vorwurf auch mit mehr oder weniger Uebertreibung erhoben sein, — mit den Prinzipien, auf denen der vorliegende Entwurf beruht, ist jene Vorschrift schlechthin unvereinbar. Wenn der Eigenthümer eine Hypothek bewilligen kann, ohne das Geschäft anzugeben, so fällt die Prüfung des letzteren von selbst hinweg; sie hat daher auch keine Rechtfertigung mehr, wenn mit dem Eintragungsgesuch die Schuldurkunde vorgelegt wird.“ (Werner 2 S. 155.)

So motivirt — erhielt folgender Paragraph Aufnahme in dem Entwurf:

> „Steht der beantragten Eintragung oder Löschung ein Hinderniß entgegen, so hat das Grundbuchamt dasselbe dem Antragsteller bekannt zu machen.
>
> Das Grundbuchamt ist nicht berechtigt, eine beantragte Eintragung oder Löschung wegen Mängel des Rechtsgeschäfts, welches der Eintragungs- oder Löschungsbewilligung zu Grunde liegt, zu beanstanden.“ (Werner 1 S. 49.)

Gegen den zweiten Satz erhob sich im Herrenhause eine lebhafte Opposition. Die Stimmung war im Allgemeinen dem Legalitätsprinzip günstig. In der Kommission wurden Amendements gestellt, die wesentlich dessen Beibehaltung in der bisherigen Weise bezweckten. Die

Gründe dafür wurden aus der Stellung hergeleitet, welche die Majorität zu den Prinzipien des Gesetzes über den Eigenthumserwerb (§§. 2, 4, 19) einnahm.

Der Regierungskommissar gab im Laufe der Debatten folgende Erklärung ab:

„Die Staatsregierung sei bei Ausarbeitung der Grundbuchordnung von der Ueberzeugung ausgegangen, daß das sogenannte Legalitätsprinzip, insofern es in einer richterlichen Prüfung derjenigen Rechtsgeschäfte nach ihrer formellen und materiellen Seite sich äußere, auf deren Grund Eintragungen oder Löschungen im Grundbuch erfolgen sollten, aufgegeben werden müsse. — Diese Ueberzeugung gründe sich auf die fast einstimmige Verurtheilung, die das Legalitätsprinzip in der angegebenen Ausdehnung überall da erfahren habe, wo eine Reform des Hypothekenwesens für nöthig oder nützlich erachtet worden sei. — Es sei fast keine Frage in diesen Reformbestrebungen so übereinstimmend beantwortet worden, als diese. . . . . Die Staatsregierung müsse daher dringend wünschen, daß der Paragraph ohne jede Modifikation oder Abschwächung angenommen werde, und könne er Namens derselben zu keinem Amendement seine Zustimmung erklären. Jede Prüfung der Rechtsgeschäfte, werde sie auch auf die Form der Urkunden beschränkt, werde in der Praxis je nach der Individualität des einzelnen Richters eine Unbestimmtheit und Verschiedenheit des Verfahrens entwickeln, welche dem Verkehr bei dem Grundbuch nicht zum Heil gereichen werde." —

Ungeachtet dieser Erklärung beschloß die Kommission, dem zweiten Satze des Paragraphen folgende Bestimmung zu substituiren:

> „Der Grundbuchrichter ist nur verpflichtet, eine beantragte Eintragung oder Löschung zu beanstanden, wenn die gesetzlichen Formen der Anträge und Urkunden nicht erfüllt sind, oder wenn die Anträge mit den nach dem Gesetze vorzulegenden Urkunden im Widerspruch stehen." (Werner 2 S. 170.)

Das Plenum des Herrenhauses billigte diesen Beschluß.

In der Kommission des Abgeordnetenhauses begann der Kampf aufs Neue. Das Resultat desselben war der §. 46 in seiner gegenwärtigen Fassung, von welcher der Regierungskommissar erklärte, daß sie „von dem Vorschlage der Regierung nur insofern abweiche, als sie dasjenige, was die Regierung für selbstverständlich erachte, positiv ausspreche. (S. 189 a. a. O.)

3. Wenn die Betheiligten die Auflassung erklären, oder eine Eintragung oder eine Löschung mündlich vor dem Gericht bewilligen, so hat der Grundbuchrichter wie jeder Richter, der einen Akt der freiwilligen Gerichtsbarkeit aufnimmt, vor Allem von der Handlungs- und Verfügungsfähigkeit der vor ihm handelnd auftretenden Personen, von der Identität und der Legitimation derselben sich zu überzeugen und ihren wahren Willen zu erforschen. (Allg. G.O. II. 2 §§. 23 ff.) Der §. 46 der Gr.B.O., der diese Verpflichtung bestehen läßt, regelt dagegen die Frage, worauf die Prüfung des Richters sich zu erstrecken hat, wenn er auf Grund des ihm abgeschlossen vorliegenden Aktes die beantragte Eintragung oder Löschung vornehmen soll. Das Legalitätsprinzip ist hier dahin eingeschränkt, daß der Richter die Rechtsgültigkeit der Auflassung und der Bewilligung zu prüfen, von dem Rechtsgeschäfte dagegen, welches die Veranlassung zu der Disposition bei dem Grundbuch gegeben, in der Regel keine Kenntniß zu nehmen hat. Die Untersuchung ist vornehmlich darauf zu richten, „ob das Recht, dessen Einschreibung verlangt wird, eintragungsfähig ist, ob die nöthige Bestimmtheit und Ernstlichkeit des Willens aus den vorgelegten Anträgen und Bewilligungen erhellt. Praktisch am wichtigsten ist der sogenannte Legitimationspunkt. Hierbei fragt es sich, ob, wer den Antrag oder die Einwilligung erklärt hat, gerade die zur Abgabe solcher Erklärungen befugte Person ist, ferner, ob er die persönliche Handlungsfähigkeit hat, welche die rechtliche Wirksamkeit einer solchen Willenserklärung bedingt. Nicht weniger ist die Erwerbsunfähigkeit in Betracht zu ziehen, z. B. einer nicht ins Handelsregister eingetragenen Firma, einer angeblichen Korporation." (Dernburg, Preuß. Privatr. 1 §. 205.)

Im einzelnen sind folgende Punkte hervorzuheben:

a. Eintragungsfähig sind nur diejenigen Rechte, deren Eintragung in den Grundbuchgesetzen zugelassen ist; vgl. oben S. 80ff. Anm. II u. III zu §. 11 des Gesetzes und S. 302 Anm. I. 3 zu §. 5 der Gr.B.O. und über die Zulässigkeit der Eintragung des Retentionsrechtes Hahn in Gruchot 30 S. 380. Dem Antrag auf Eintragung anderer Rechte darf der Grundbuchrichter nicht stattgeben (Förster-Eccius 3 §. 169 Anm. 30). Dagegen darf er die an sich zulässige Eintragung eines Rechtes nicht wegen Zweifel an dessen Bedeutung oder Bedenken über seine Tragweite ablehnen (Kammerger., Jahrb. 3 S. 79, 139, 7 S. 126 u. 8 S. 66; vgl. unten Anm. 12 zu §. 51 und oben S, 349 Anm. 3 a. E. zu §. 43 der Gr.B.O.).

b. Da der Grundbuchrichter die Verfügungsfähigkeit des die Eintragung Bewilligenden zu prüfen hat, so muß er den Eintragungsantrag ablehnen, wenn der Bewilligende entweder nicht als derjenige Berechtigte, dessen Bewilligung erforderlich ist, eingetragen, oder wenn er laut einer eingetragenen Beschränkung zu der Bewilligung nicht befugt ist. Vgl. über letzteren Punkt die Anm. zu §. 11 des Ges, namentlich Anm. IV 4. Es fragt sich aber, ob er zu der gleichen Entscheidung verpflichtet oder berechtigt ist, wenn er nicht aus dem Grundbuch, sondern auf andere Weise von dem Mangel der Verfügungsfähigkeit Kenntniß erlangt hat. Diese Frage ist in der Rechtsprechung des Kammergerichtes namentlich für den Fall der gütergemeinschaftlichen Ehe praktisch geworden (vgl. jedoch für Neuvorpommern Einf.Ges. §§. 11—13); sie trifft aber ebensogut die anderen Fälle, in denen der eingetragene Eigenthümer oder Gläubiger nicht der wirklich Berechtigte oder durch eine Beschränkung an der Verfügung behindert ist, vorausgesetzt, daß die letztere auch ohne Eintragung dinglich wirkt; rein persönliche Verpflichtungen des eingetragenen Berechtigten bilden nie einen Grund zur Ablehnung des Antrages (vgl. Kammerger., Jahrb. 3 S. 120, 5 S. 128, 10 S. 85). In der Beantwortung dieser Frage schwankt die Praxis. Nach einigen Entscheidungen soll der Grundbuchrichter selbst ihm bekannte, nicht eingetragene Mängel in der Verfügungsbefugniß nicht berücksichtigen dürfen (Stettin, Johow 4 S. 68, 8 S. 197; dass. und Marienwerder, ebd. 7 S. 208). Dies ist jedoch nicht als richtig anzuerkennen; denn der Grundbuchrichter hat nach §. 46 die Rechtsgültigkeit der vollzogenen Auflassung, Eintragungs- oder Löschungsbewilligung zu prüfen und muß daher auch befugt sein, bei deren Ungültigkeit den Eintragungsantrag abzulehnen, einerlei, wie er zur Kenntniß der Ungültigkeit gelangt ist. Mit Recht hat deshalb das Kammergericht den Grundbuchrichter für berechtigt erklärt, wegen des Bestehens einer gütergemeinschaftlichen Ehe, obwohl das Grundbuch hierüber nichts ergiebt, einen Eintragungsantrag abzulehnen, wenn das Bestehen derselben ihm bekannt ist (Jahrb. 4 S. 151) oder aus der Eintragungsbewilligung hervorgeht (ebd. 6 S. 91). Ueberhaupt muß er stets für befugt gelten, etwaige Bedenken hinsichtlich der Verfügungsfähigkeit dem Antragsteller mitzutheilen und, falls dieser die denselben zu Grunde liegenden Thatsachen zugiebt, den Antrag abzulehnen (Koch, A.L.R. 1 Anm. 8a S. 669); und wenn er einen Eintragungsantrag beanstandet, weil er berechtigte Zweifel an der Verfügungsfähigkeit des Bewilligenden hat (z. B. weil derselbe verheirathet ist und an seinem Wohnort gesetzlich das System der Gütergemeinschaft gilt), bis ihm die Unbegründetheit der Bedenken nachgewiesen wird, so handelt er nicht gesetzwidrig (ostpr. Trib, Jahrb. 1 S. 62; Kammerger., ebd. 10 S. 295 Anm.). Daß er vor seiner Entscheidung die Betheiligten zu hören habe, wie das Kammerger. (ebd. 5 S. 96) meint, ist nirgends vorgeschrieben (vgl. auch Anm. 4).

Eine andere Frage ist es, ob der Grundbuchrichter nicht nur berechtigt, sondern auch verpflichtet ist, nicht eingetragene Mängel der Verfügungsbefugniß zu berücksichtigen und nach ihnen zu forschen. Aus seiner Verpflichtung, die Rechtsgültigkeit der Eintragungsbewilligung zu prüfen, ergiebt sich mit der Nothwendigkeit auch die Pflicht, ihm amtlich bekannte Mängel, welche die Ungültigkeit zur Folge haben, zu berücksichtigen, einerlei ob sie ihm schon vorher bekannt waren oder erst aus der Eintragungsbewilligung oder der Verhandlung mit den Betheiligten hervorgingen (Kammerger., Jahrb. 6 S. 91). Dagegen ist eine weitergehende Verpflichtung nicht anzuerkennen, insbesondere nicht eine Pflicht, nach Mängeln zu forschen oder wegen Bedenken, deren Begründetheit von den Betheiligten bestritten wird, die Eintragung abzulehnen, denn eine derartige Verpflichtung ist ihm gesetzlich nicht auferlegt. Das R.G. III,

§. 47.

Die für die Kreditinstitute ergangenen statutenmäßigen Vorschriften über die Aufnahme, Eintragung und Löschung der Pfandbriefsdarlehne, sowie über die Umschreibung eingetragener Forderungen in Pfandbriefsdarlehne und die Umwandlung der Pfandbriefe bleiben unberührt.

Gruchot 36 S. 458, hat die Verbindlichkeit des Grundbuchrichters, das Verfügungsrecht einer Ehefrau mit Rücksicht auf das Bestehen einer allgemeinen Gütergemeinschaft zu prüfen, selbst für den Fall verneint, daß dieselbe an einem Orte wohnt, an welchem gesetzlich dieses Güterrechtssystem gilt (ebenso O.L.G. Frankfurt, Jahrb. 10 S. 292).

c. Vor der Eintragung des Eigenthumsüberganges ist insbesondere zu prüfen, ob die Auflassung den gesetzlichen Erfordernissen entspricht, (Anm. zu §. 2 des Ges.) und, wo es der Auflassung nicht bedarf, ob der Eigenthumserwerb des Antragstellers urkundlich nachgewiesen ist. (§. 5 a. a. O.) Vgl. unten §. 48.

d. Ueber den Umfang des Legalitätsprinzipes bei Eintragung von Hypotheken siehe die Anm. zu §. 19 des Ges., S. 128 ff.

e. Vgl. schließlich noch unten Anm. IV u. V zu §. 48 der Gr.B.O., S. 361 ff.

4. Stehen einer beantragten Eintragung Hindernisse entgegen, so ist der Antrag regelmäßig zurückzuweisen. Die Praxis läßt jedoch auch sog. temporisirende Zwischenverfügungen zu. Zu diesen ist aber der Grundbuchrichter nicht verpflichtet, sondern nur berechtigt, sodaß die Unterlassung keinen Beschwerdegrund bildet (Kammerger., Jahrb. 12 S. 139). Durch dieselben wird auch dem beanstandeten Antrag die Priorität nicht gewahrt; vielmehr steht er den völlig gerechtfertigten Eintragungsanträgen nach, welche nach ihm, aber vor der Hebung des Hindernisses eingehen, welches zu seiner Beanstandung geführt hat. Denn wenn nach §. 45 der Gr.B.O. im Einklange mit §. 17 des Gesetzes über den Eigenthumserwerb ꝛc. die Reihenfolge der Eintragungen sich nach der Zeit des Einganges der Anträge bestimmen soll, so sind damit nur solche Anträge gemeint, welche eintragungsfähig sind. (Vgl. oben Anm. 3a zu §. 17 des Gesetzes; Turnau 1 S. 140 ff. Anm. 3; Kindel in Gruchot 20 S. 100. Abweichend das Kammerger. in Johow 4 S. 150, Dernburg u. Hinrichs 1 S. 122.) Dem Betheiligten bleibt, wenn ihm die sofortige Begründung des Eintragungsgesuches nicht möglich ist, nur übrig, durch Vermittelung des Prozeßgerichtes eine Vormerkung eintragen zu lassen.

Besteht der vollzogenen Auflassung gegenüber das Hinderniß der Eintragung blos in dem Mangel der Genehmigung einer Behörde, so ist die Eintragung nur von der Beibringung dieser Genehmigung und nicht von einer Wiederholung der Auflassung abhängig zu machen. So Ratibor im Jahrb. 1 S. 69 (vgl. oben S. 37 Anm. 3). Der Ausspruch hat aber das Bedenken gegen sich, daß er die Frage nicht löst, was der Grundbuchrichter thun soll, wenn vor Eingang der Genehmigung das Grundstück an einen Dritten aufgelassen wird. Dann muß doch die erste Auflassung zurückgewiesen werden.

§. 47.

1. Die älteren Landschaften, welche zu den Kreditinstituten im Sinne des § 47 gehören, sind:

a. die Schlesische Landschaft (Reglement vom 9. und 15. Juli 1770, Korn'sche Edikten-Samml. 12 S. 192);

b. die Kur- und Neumärkische Landschaft (Ritterschaftliches Kredit-Reglement vom 14. Juni 1777, Mylius, N. C. C. tom. V pag. 678);

c. die Pommersche Landschaft (Konfirmirtes Landsch.-Regl. vom 13. März 1781, bei Raabe Bd. 2 S. 1);

d. die Westpreußische Landschaft (Konfirm. Landsch.-Regl. vom 19. April 1787, ebd. S. 243);

e. die Ostpreußische Landschaft (Regl. vom 16. Februar 1788; revid. Landsch.Regl. vom 24. Dezember 1808, ebd. S. 474);

f. die Posensche Landschaft (Landschaftl. Kredit-Ordnung vom 15. Dezember 1821, G.S. S. 217).

2. Die neueren Landschaften, auf welche der §. 47 Anwendung findet, sind:

a. das Königl. Kreditinstitut für Schlesien (Verordnung vom 8. Juni 1835, G.S. S. 101);

b. die ständische Darlehnskasse für die Provinz Schlesien (Allerh. Erlaß vom 5. Dezember 1854, G.S. S. 209);

c. der neue landschaftliche Kreditverein für die Provinz Posen (Allerh. Erlaß vom 13. Mai 1857, G.S. S. 326);

d. die neue Westpreußische Landschaft (Allerh. Erlaß vom 3. Mai 1861, G.S. S. 206);

e. der landschaftliche Kreditverband der Provinz Sachsen (Allerh. Erlaß vom 30. Mai 1864, G.S. S. 353);

f. das Kreditinstitut für die Preußische Ober- und Niederlausitz (Allerh. Erlaß vom 30. Oktober 1865, G.S. S. 1056);

g. das neue Brandenburgische Kreditinstitut (Allerh. Erlaß vom 30. August 1869, G.S. S. 1034);

h. der Pommersche Landkreditverband (Allerh. Erlaß und Statut v. 9. August 1871, G.S. S. 353);

i. die Centrallandschaft für die preußischen Staaten, zu welcher die unter 1b—e und die unter 2d—h genannten Institute zusammengetreten sind (Allerh. Erlaß vom 21. Mai 1873, G.S. S. 309);

k. die Landschaft der Provinz Westfalen (Allerh. Erlaß vom 15. Juli 1877, G.S. S. 222, Amtsbl. Minden S. 165, ausgedehnt durch Allerh. Erlaß vom 4. April 1882, Amtsbl. Düsseldorf S. 223).

Zu 1. und 2. Die Reglements und Statuten der Kreditinstitute sind im Laufe der Zeit vielfach geändert und ergänzt worden. Eine Nachweisung der bezüglichen Nachträge, Erlasse ꝛc. findet sich bei v. Rönne, Preuß. Staatsrecht Bd. 4 §. 335, und Bahlmann 3. Aufl. S. 312 ff. Vgl. auch v. Brünneck in Gruchot 28 S. 48 ff., 318 ff, 481 ff., 29 S. 23 ff, 161 ff., 465 ff.

3. Den Kreditinstituten sind endlich noch zuzuzählen: das Berliner Pfandbriefamt (Allerh. Erlaß vom 8. Mai 1868, G.S. S. 450), der Danziger Hypothekenverein (Allerh. Erlaß vom 21. Dezember 1868, G.S. 1869 S. 37) und die Landeskultur-Rentenbanken (Ges. vom 13. Mai 1879, G.S. S. 367). Dagegen haben die (Hypotheken-) Banken ꝛc., welchen das Privilegium zur Ausgabe von Pfandbriefen auf den Inhaber ertheilt ist, dadurch nicht die Eigenschaft von Kreditinstituten im Sinne des §. 47.

4. Die Bestimmung, welche die Regierung zu Gunsten dieser Institute vorgeschlagen hatte, lautete: „Für die Eintragung und Löschung der Pfandbriefe, sowie für die Umschreibung eingetragener Kapitalien in landschaftliche Hypotheken bleiben die Vorschriften der landschaftlichen Reglements maßgebend." Die gegenwärtige Fassung ist dem §. 47 in der Kommission des Herrenhauses gegeben. Die Aenderung wurde dadurch motivirt, „daß nach den neueren Bestimmungen der landschaftlichen Reglements nicht mehr die Pfandbriefe, sondern die Darlehen ins Hypothekenbuch eingetragen und auf Grund dieser Eintragung dann Pfandbriefe ohne Bezeichnung der Spezialhypothek ausgegeben würden und daß bei der Aufnahme der Urkunden darüber es der Zuziehung eines Richters oder Notars nicht bedürfe, wenn der Syndikus der Landschaft Richterqualität hätte." (Bericht der Komm., bei Werner 2 S. 170.)

5. Aus der Praxis sind folgende Entscheidungen hervorzuheben:

a. §. 47 betrifft nur das Verfahren bei der Eintragung und Löschung von Pfandbriefdarlehnen, hält aber keineswegs die etwa in den einzelnen Reglements getroffenen, von den Be-

2. Eintragung des Eigenthümers.

§. 48.

Der Grundbuchrichter darf die Auflassungserklärung erst entgegennehmen, wenn er nach Prüfung der Sache dafür hält, daß der sofortigen Eintragung des Eigenthums ein Hinderniß nicht entgegensteht.

---

stimmungen der Grundbuchgesetze über den Umfang und die rechtliche Wirkung der Eintragungen abweichenden Bestimmungen aufrecht. Demnach kann die Eintragung von Zinsen und eines zur Ausgleichung der Kursdifferenz bewilligten Zuschußdarlehns nicht durch Bezugnahme auf das Reglement in dem Eintragungsvermerk ersetzt werden. (R.G. II H.S. u. V, Entsch. 2 S. 286 u. 20 S. 220; vgl. oben S. 160 Anm. 3) Aus demselben Grunde können Nebenrechte, welche eine bestimmte Summe nicht repräsentiren, nur als Kautionshypotheken eingetragen werden, vgl. §§. 23, 24 des Gesetzes. (v. Brünneck, Gruchot 29 S. 163 ff. A.G. Marienwerder, Johow 6 S. 163 u. Kammerger., Jahrb. 9 S. 83.)

b. Die den Syndiken des Kur- und Neumärkischen Ritterschaftlichen Kreditinstituts im Allerhöchsten Erlasse vom 2. Juli 1859 beigelegte Befugniß zur Aufnahme und Ausfertigung der zum Zwecke des §. 4 des Regulativs vom 15. März 1858 auszustellenden Urkunden mit der Glaubwürdigkeit von Notariatsakten beschränkt sich auf solche Urkunden, in denen für Pfandbriefdarlehne Hypothek oder für bewilligte Vorschüsse Sicherheit bestellt wird, und bezieht sich insbesondere nicht auf die Erklärungen anderer Hypothekengläubiger des zu bepfandbriefenden Gutes, daß sie dem aufzunehmenden Pfandbriefdarlehen das Vorzugsrecht einräumen. (Kammerger., Jahrb. 3 S. 95; anders Johow 5 S. 75.)

c. Die Erklärung des Eigenthümers eines zu bepfandbriefenden Grundstücks, durch welche er dasselbe der General-Garantie unterwirft, muß auch nach Eintritt der Geltung der Gr.B.O. in das Grundbuch eingetragen werden und gehört in die zweite Abtheilung der letzteren. (Königsberg, Johow 7 S. 204; v. Brünneck in Gruchot 29 S. 187.) Diese Entscheidung ist aber nicht so „unbedenklich", wie in ihrer Begründung betont ist, vielmehr recht bedenklich. Denn die General-Garantie, deren Eintragung allerdings durch die landesherrlich genehmigten Beschlüsse des Generallandtages der ostpreußischen Landschaft vorgeschrieben ist (Allerh. Erl. v. 13. Juli 1868, G.S. S. 762), kann nicht als eine Beschränkung des Verfügungsrechts des Eigenthümers, sondern nur als eine Bürgschaft angesehen werden. Die Frage ist also die, ob eine für diese Bürgschaft bewilligte Hypothek, die natürlich in die dritte Abtheilung des Grundbuchblattes gehört, in unbestimmter Höhe eingetragen werden kann. Das aber ist von dem Kammergericht, Johow 6 S. 365, auf Grund des Gesetzes §. 24 wohl mit Recht verneint worden.

d. Werden altlandschaftliche Pfandbriefe in ein neues landschaftliches Darlehn umgeschrieben, so steht der Umstand, daß jene in verschiedenen Posten im Grundbuche eingetragen stehen, der Ausfertigung einer einzigen Hypothekenurkunde über das neue landschaftliche Darlehn nicht entgegen. (Glogau, Johow 5 S. 166.)

e. Die Vorschriften über Bildung der Hypothekenurkunden über Pfandbriefdarlehne sind durch die Gr.B.O. nach §. 47 derselben unberührt geblieben. (Königsberg, Jahrb. 1 S. 84; vgl. auch O.L.G. Breslau, ebd. 3 S. 379.)

f. Zu dem Antrage auf Löschung einer Hypothek an Stelle des Eigenthümers sind die Kreditinstitute nicht ermächtigt. (Kammerger., Johow 4 S. 219.)

6. Besondere Bestimmungen für die Landeskreditinstitute enthalten die Gesetze über das Grundbuchwesen in Hannover §§. 20, 21, 36—38 und Kassel §. 46.

In der Auflassungserklärung können die Betheiligten das Rechtsgeschäft, welches der Auflassung zu Grunde liegt, bezeichnen, und sind dieselben befugt, eine Ausfertigung oder Abschrift der über das Rechtsgeschäft errichteten Urkunde zu den Akten zu geben.

Die Eintragung des Eigenthumsüberganges muß sich unmittelbar an die Auflassung anschließen.

---

2. Eintragung des Eigenthümers.

§. 48.

I. „Die Eintragung des Eigenthümers, der das Grundstück durch Auflassung von dem bisher eingetragenen Eigenthümer erworben hat, erfolgt nach §§. 1, 2 des Gesetzes über den Eigenthumserwerb durch eine vor dem Grundbuchamt abzugebende mündliche und gleichzeitige Erklärung des Veräußerers und Erwerbers. Es versteht sich von selbst, daß diese Erklärungen auch durch Bevollmächtigte vor dem Grundbuchamt abgegeben werden können, wenn sie eine notarielle oder gerichtlich aufgenommene oder beglaubigte Vollmacht vorzeigen. Da dem Grundbuchrichter nicht mehr das Rechtsgeschäft, auf dessen Grund die Auflassung erklärt worden ist, aufzudecken ist, der Erwerbsgrund auch nur auf Antrag und nach Angabe der Betheiligten eingeschrieben wird, so wird die Thätigkeit des Grundbuchrichters sehr einfach und beschränkt sich darauf, daß er die Identität, Verfügungsfähigkeit und Legitimation derjenigen Personen prüft, welche die Auflassung vor ihm zu erklären im Begriff stehen. Ergiebt diese Prüfung keinen Anstand, so kann die Auflassungserklärung entgegengenommen werden und die Einschreibung des neuen Eigenthümers sofort erfolgen. Es wird sich im Interesse der Betheiligten, um sich der Vollendung des Eigenthumsüberganges zu versichern, und im Interesse einer feierlichen öffentlichen Form — wie dies mit gutem Erfolg namentlich in Hamburg und Lübeck geschieht — empfehlen, daß die Einschreibung im Beisein der Betheiligten geschieht, die sich dann sofort von der Richtigkeit derselben überzeugen können. Dieses Verfahren beseitigt zugleich alle Bedenken, welche man, wenn die Einreichung schriftlicher Auflassungen zugelassen wird, in den Fällen haben kann, wo gleichzeitig mehrere, dasselbe Grundstück betreffende, von dem eingetragenen Eigenthümer ertheilte Auflassungen vorgelegt werden. Es bedarf daher auch nicht einer besonderen Vorschrift darüber, wie in solchen Fällen der Grundbuchrichter verfahren soll, um falsche Einschreibungen zu verhüten." (Motive, bei Werner 2 S. 155.)

Bei der Verwerthung dieser Begründung des Regierungsentwurfes für die Erklärung des §. 48 ist nicht außer Acht zu lassen, daß der Vorschlag, die Eintragung habe sofort nach der Auflassung zu erfolgen, nicht Gesetz geworden ist. Vgl. darüber unten die Anm. VIII.

II. Der §. 48 enthält nicht Sätze des materiellen Rechtes, sondern Instruktionen für das Verfahren bei der Auflassung. (A. M. Eccius 3 §. 178 Anm. 49.) Die Tendenz des ersten Satzes ist die, Auflassungen, welche die Eintragung nicht rechtfertigen, vorzubeugen. Deshalb soll der Grundbuchrichter vor Aufnahme des Aktes die Sachlage nach allen in Betracht kommenden Richtungen prüfen und nur, wenn er sich hierbei überzeugt, daß der sofortigen Eintragung ein Hinderniß nicht entgegenstehe, die Auflassung entgegennehmen. Der Gegenstand der Prüfung bestimmt sich vorzugsweise durch die Erfordernisse der Auflassung, welche in den §§. 1—3 des Gesetzes aufgestellt sind; sie bezieht sich, von der Zuständigkeitsfrage abgesehen, auf den Gegenstand der Veräußerung und die Personen, welche dieselbe vornehmen wollen.

III. Ueber das zuständige Gericht vgl. oben S. 40 Anm. 7 zu §. 2 des Gesetzes.

IV. Den regelmäßigen Gegenstand der Auflassung bilden die Grundstücke. (Anm. I 2 zu §. 1 des Gesetzes.) Ist das Grundstück unveräußerlich, so ist die Entgegennahme der Auflassung abzulehnen. Als unveräußerlich werden Lehne und Familienfideikommisse bezeichnet. Aber dies ist nicht unbedingt richtig. Das Lehn kann jedenfalls an den Nächstberechtigten veräußert werden. (A.L.R. I. 18 §§. 187 ff. und 266 ff.) Vgl. hierüber Kochs Landrecht Bd. 2 Note 37 zu §. 302 I 18, 8. Aufl. S. 652, und darüber, daß der Vermerk, das Grundstück sei allodificirtes Lehn, die Auflassung nicht hindert, L.G. Hannover, Jahrb. 11 S. 413. Kirchengebäude können an Privatpersonen veräußert werden, vgl. R.G. V, Entsch. 31 S. 219.

Sonstige Beschränkungen des Eigenthums hindern, auch wenn sie in das Grundbuch eingetragen sind, die Auflassung nicht, sondern bedingen nur die Genehmigung des eingetragenen Berechtigten. Vormerkungen und Vorkaufsrechte stehen der Entgegennahme der Auflassung nicht entgegen. (Oben S. 63 Anm. III 5a zu §. 8 und S. 87 Anm. IV 4 zu §. 11 des Gesetzes.) Vgl. ostpr. Trib. Johow 7 S. 159, und Kammerger., ebd. S. 158.

V. Bezüglich der Personen bestimmt sich die Prüfungspflicht des Grundbuchrichters einmal dadurch, daß die Entgegennahme der Auflassung ein Akt der freiwilligen Gerichtsbarkeit ist, sodann dadurch, daß die Auflassung das Geschäft ist, durch welches die Veräußerung von Grundeigenthum bezweckt wird. In ersterer Hinsicht genügt es hier, auf die Anm. 3 zu §. 46 zu verweisen. In letzterer Hinsicht ist den Bemerkungen zu §. 2 des Gesetzes folgendes hinzuzufügen:

Der richterlichen Prüfung unterliegen insbesondere: die Veräußerungsbefugniß, die Erwerbungsfähigkeit und die Legitimation.

1. Die Befugniß zur Veräußerung eines Grundstückes folgt im Allgemeinen aus dem Eigenthum. (A.L.R. I. 8 §. 9.) Gewisse Personen sind jedoch durch positive Gesetzesvorschriften in der Ausübung dieser Befugniß beschränkt. Sie sind freilich nicht unfähig, ihre Grundstücke zu veräußern. Aber die Veräußerung ist erschwert durch die Nothwendigkeit, bestimmte Voraussetzungen zu erfüllen, namentlich die Genehmigung einer höheren Behörde beizubringen. Es versteht sich, daß die Auflassung nur entgegengenommen werden darf, wenn die vorgeschriebenen Bedingungen erfüllt sind. Zu den in dieser Weise beschränkten Personen gehören insbesondere:

a. der Reichsfiskus nach §§. 5 bis 8 des Ges. über die Rechtsverhältnisse der zum dienstlichen Gebrauch einer Reichsverwaltung bestimmten Gegenstände v. 25. Mai 1873;

b. der preußische Fiskus in Ansehung der Domänen und anderer Staatsgüter. (Koch, das Recht und Hypothekenwesen der preußischen Domänen, 1838, S. 71 ff.) Die maßgebenden Vorschriften siehe bei Förster, Hyp.O. Beilage I S. 393 ff. Für die Veräußerung kleinerer Grundstücke bestehen Erleichterungen nach der Allerhöchsten Kab.O. v. 5. März 1870, J.Min.Bl. S. 178. Hierzu Kammerger., Johow 8 S. 150;

c. die Kreise nach der Kreisordnung v. 13. Dezbr. 1872 bezw. 19. März 1881 §§. 137, 176 Nr. 4, 5, sowie den Kreisordnungen für die Provinzen Hannover v. 6. Mai 1884 §§. 93, 103, Hessen-Nassau v. 7. Juni 1885 §§. 94, 104, Westfalen v. 31. Juli 1886 §§. 81, 91, die Rheinprov. v. 30. Mai 1887 §§. 81, 91, Schlesw.Holst. v. 26. Mai 1888 §§. 124, 139 und Posen Ges. v. 19. Mai 1889 Art. V. B. 5;

d. die Stadtgemeinden nach näherer Bestimmung des Zuständigkeitsges. v. 1. Aug. 1883 §. 30 und der Städte-O. für die sieben östlichen Provinzen v. 30. Mai 1853 §§. 50 u. 51, für Westfalen v. 19. März 1856 §§. 49 u. 50, ferner des Gesetzes für Schleswig-Holstein v. 14.

März 1869 §. 71, der Städte-O. für die Rheinprov. v. 15. Mai 1856 §§. 46, 47, Hannover v. 24. Juni 1858 §. 119, der Gemeinde-O. für das vorm. Kfstt. Hessen v. 23. Okt. 1834 §. 84;

e. die Landgemeinden nach dem A.L.R. II. 7 §§. 33 ff., dem Zuständigkeitsges. v. 1. Aug. 1883 §. 30, den LandgemeindeO. für die sieben östlichen Provinzen v. 3. Juli 1891 §. 88 Nr. 7, §§. 114, 115, für Westfalen v. 19. März 1856 §. 53, für die Rheinprov. v. 23. Juli 1845 (15. Mai 1856) §§. 97, 102, für Hannover v. 25. April 1859 §§. 42 ff. (über Realgemeinden vgl. Ges. v. 5. Juli 1888 §. 8 Nr. 1) und für Schlesw.-Holst. v. 4. Juli 1892 (G.S. S. 147 ff.) §§. 88 Nr. 7, §§. 114, 115;

f. die Kirchengemeinden, geistlichen Gesellschaften &c. nach dem A.L.R. II. 11 §§. 219, 647, 648, 650 ff., 952 und verschiedenen neueren Gesetzen. Vgl. insbesondere: Ges. über die Verwaltung erledigter katholischer Bisthümer v. 20. Mai 1874 §§. 6 u. 9 und V.O. v. 13. Jan. 1893 (G.S. S. 11), dazu Ratibor, Johow 8 S. 147; Ges. über die Vermögensverwaltung in den katholischen Kirchengemeinden v. 20. Juni 1875 §§. 3, 19, 48 ff. und Verordnungen über die Ausübung der Aufsichtsrechte des Staates &c. v. 27. Sept. 1875, (G.S. S. 571) und v. 13. Jan. 1893 (G.S. S. 13), dazu Kammerger, Jahrb. 1 S. 104; Ges. über die Aufsichtsrechte des Staates bei der Vermögensverwaltung in den katholischen Diözesen v. 7. Juli 1876 und Verord. v. 29. Sept. 1876, G.S. S. 401; Ges., betr. die evangelische Kirchenverfassung in den acht älteren Provinzen der Monarchie, v. 3. Juni 1876 Art. 24 und Verord. über die Ausübung der Rechte des Staates v. 9. Sept. 1876, G.S. S. 395, (dazu Kammerger. v. 4. Okt. 1886, Jahrb. 6 S. 74) u. v. 30. Jan 1893, G.S. S. 10, und Ges. vom 8. März 1893, betr. die kirchliche Aufsicht über die Vermögensverwaltung der evangelischen Kirchengemeinden in diesen Prov., G S. S. 21 ff; Ges, betr. die evangelische Kirchenverfassung in der Provinz Schlesw.-Holst. und in dem Amtsbezirke des Konsistoriums zu Wiesbaden, vom 6. April 1878 Art. 32 und Verordnungen vom 19. August 1878, G.S. S. 287, und v. 30. Jan. 1893 (dazu Kammerger., Jahrb. 8 S. 68); für die evangelisch-lutherischen Kirchengemeinden Hannovers Kirchenvorstands- und Synodalordnung v. 9. Oktober 1864, Hannov. G.S. S. 413, namentlich §. 26, und Ges. v. 6. Mai 1885, G.S. S. 135, V.O. v. 24. Juni 1885, G.S. S. 274, Erl. v. 22. Juni 1885, 17. Febr. 1886 u. 30. Jan. 1893, für die reformirten Kirchengemeinden Hannovers vor allem Ges. v. 12. April 1882, G.S. S. 224, und 6. Aug. 1883, G.S. S. 295 und V.O. v. 30. Jan. 1893;

g. die Synagogengemeinden nach dem Gesetz v. 23. Juli 1847 §. 48 Nr. 3;

h. die Schulen in Gemäßheit des A.L.R. II. 12 §§. 18 u. 19 (dazu Kammerger., Jahrb. 11 S. 120, 12 S. 68);

i. die milden Stiftungen nach dem A L.R. II. 19 §§. 42 u. 43. Vgl. Naumburg) Jahrb. 1 S. 70;

k. die Freimaurerlogen nach den Reskripten v. 9. Oktbr. 1797, Rabe 4 S. 302, u. v. 11. April 1836, v. Kamptz, Jahrb. 47 S. 595;

l. die Zünfte und Innungen nach der Gewerbe-O. v. 21. Juni 1869 bezw. 1. Juli 1883 §§. 88, 89, 101;

m. die Korporationen in Gemäßheit des A.L.R. II. 6 §§. 83 u. 84. Siehe ferner

n. Ges., betr. die durch ein Auseinandersetzungsverfahren begründeten gemeinschaftlichen Angelegenheiten, v. 2. April 1887 §. 8 Abs. 2,

o. Ges. über gemeinschaftliche Holzungen v. 14. März 1881 §. 8,

p. Ges., betr. die Beförderung der Errichtung von Rentengütern, v. 7. Juli 1891 §. 4.

2. Die Fähigkeit, Grundeigenthum zu erwerben, ist ein Ausfluß der Rechtsfähigkeit. Ehemals bestanden zahlreiche Beschränkungen, welche jetzt zum größten Theil beseitigt sind.

Besonderen Beschränkungen in der Erwerbung von Grundstücken sind noch jetzt unterworfen:

a. die Korporationen nach dem A.L.R. II. 6 §§. 81—84, dem Ges. über die Erwerbung des Grundeigenthumes für Korporationen und andere juristische Personen des Auslandes v. 4. Mai 1847 und dem auf inländische und ausländische Institute sich beziehenden Gesetz, betr. die Genehmigung zu Schenkungen und letztwilligen Zuwendungen sowie zur Uebertragung von unbeweglichen Gegenständen an Korporationen und andere juristische Personen, vom 23. Februar 1870. Unter den Begriff des Auslandes im Sinne dieser Gesetze fällt auch das nichtpreußische Deutschland. (O.Tr. v. 23. Oktbr. 1868, Min.Bl. der inneren Verwaltung S. 291.) Die für juristische Personen des Auslandes gegebenen Vorschriften hat das Kammergericht auch auf ausländische Aktiengesellschaften angewendet. (Johow 8 S. 145 u. 146.) Wegen der Kirchengemeinden ꝛc. siehe auch oben Anm. 1 f, g, h, i;

b. Ehefrauen in Ansehung des nicht vorbehaltenen Vermögens nach dem A.L.R. II. 1 §§. 205, 216, 219, 231, 232;

c. Kinder in väterlicher Gewalt nach dem A.L.R. II. 2 §§. 168 ff. (Kammerger., Johow 6 S. 129);

d. bevormundete Personen nach der Vormundschafts-O. v. 5. Juli 1875 §. 42;

e. Mönche und Nonnen nach dem A.L.R. II. 11 §§. 1199—1205;

f. die Standesherren nach der Instruktion v. 30. Mai 1820 §. 63;

g. gewisse Beamte der Domänen und Forstverwaltung nach näherer Bestimmung der Kab.O. v. 29. Februar 1812, G.S. S. 16, und v. 5. September 1821, G.S. S. 158;

h. Bergbeamte, deren Frauen und Hauskinder, nach dem Allg. Bergges. v. 24. Juni 1865 §. 195;

i. Aerzte in Ansehung der Apotheken nach einem Reskripte v. 28. Februar 1786, Rabe 1 Abth. 7 S. 494.

3. Bei der Legitimationsprüfung sind die Fälle der Vollmacht und der Vertretung kraft Gesetzes, Statuts oder obrigkeitlicher Anordnung auseinander zu halten.

a. Wegen der Vollmachten sind die Bemerkungen zu §. 2 des Gesetzes (Anm. 5) und zu §. 37 der Gr.B.O. zu vergleichen. Die Vollmacht muß beglaubigt sein. Minderjährige Bevollmächtigte braucht der Grundbuchrichter bei der Auflassungserklärung nicht zuzulassen. (Königsberg, Johow 7 S. 149.)

Dem Fall der Vollmacht steht es gleich, wenn in einem Testament einem Miterben oder dem Testamentsvollstrecker die Ermächtigung zur Auflassung eines Nachlaßgrundstückes ertheilt ist. Vgl. hierzu Kammerger., Johow 6 S. 127 und Jahrb. 6 S. 80, und Königsberg, Johow 7 S. 151.

b. Die übrigen Fälle der Vertretung bei Erwerbung und Veräußerung von Grundstücken sind zu verschieden, als daß es angezeigt wäre, sie hier erschöpfend zu behandeln. Es können nur folgende Andeutungen gegeben werden:

α. Ueber die Vertretung des Reichsfiskus besteht eine allgemeine Vorschrift nicht. Sofern nicht in einzelnen Gesetzen einer bestimmten Behörde die Erwerbung oder die Veräußerung von Grundstücken übertragen ist, muß der Reichskanzler beziehungsweise dessen Stellvertreter als zur privatrechtlichen Vertretung des Reiches durch die Verfassung Art. 17 ermächtigt angesehen werden. Der Reichsmilitärfiskus wird durch die Landeskontingentsverwaltungen vertreten, vgl. R.G. III, Entsch. 20 S. 148 u. 24 S. 36, Kammerger., Jahrb. 4 S. 147, und die folgende Anm. β. Ueber die Kaiserliche Kanalkommission zu Kiel vgl. allg. Verf. v. 12. Febr. 1887 (J.M.Bl. S. 58) u. 26. März 1888 (J.M.Bl. S. 65) und über die Auflassung von Postgrundstücken Kammerger., Jahrb. 2 S. 97.

β. Der preußische Fiskus wird bei der Erwerbung von Grundstücken durch den Minister des betreffenden Ressorts vertreten (Kabinetsordre v. 21. Febr. 1845, J.M.Bl. S. 70; Kammerger., Jahrb. 5 S. 121). Durch Allerhöchsten Erlaß vom 30. März 1886, J.M.Bl. S. 97, ist den sämmtlichen Ressortchefs die Ermächtigung ertheilt, die ihnen gegenwärtig zustehende Befugniß zum Erwerb unbeweglicher Sachen für den Staat auf die ihnen unterstellten Behörden zu übertragen (dazu Bek. v. 5. u. 11. Mai 1886, J.M.Bl. S. 139, u. 3. Novbr. 1889, J.M.Bl. S. 280). Die gleiche Ermächtigung ist durch Erlaß vom 30. April 1887, J.M.Bl. S. 211, dem Kriegsminister bezüglich der ihm für den Bereich der Preuß. Militärverwaltung zustehenden Befugniß zum Erwerbe unbeweglicher Sachen für das Reich ertheilt (dazu Verf. v. 17. Aug. 1887 ebd.). Ueber die Befugnisse der Kommission für die Herstellung des Schifffahrtskanals von Dortmund nach dem Emshafen vgl. V.O. v. 23. Mai 1889, G.S. S. 119, u. Bek. v. 3. Nov. 1889, J.M.Bl. S. 280. Zu einer Veräußerung bedarf es regelmäßig Königlicher Genehmigung; ausnahmsweise genügt die des Finanz- oder Justizministers. Vgl. die maßgebenden Vorschriften bei v. Rönne, Staatsr. der preuß. Monarchie, Bd. 4 §§. 420 ff. und über die Befugniß des Justizministers allg. Verf. v. 1. April 1874, J.M.Bl. S. 101 (siehe auch J.M.Bl. 1894 S. 161, Turnau 2 §§. 34, 35 und Kammerger., Jahrb. 5 S. 123).

γ. Die Vertretung der Provinzen, der Kreise, der Städte &c. bestimmt sich nach den betreffenden Verfassungsgesetzen. (s. Turnau 2 §§. 36 ff.) Vgl. z. B. die Provinzial-O. v. 29. Juni 1875 bezw. 22. März 1881 §§. 9 ff., die Kreis-O. v. 13. Dez. 1872 bezw. 19. März 1881 §§. 137 u. 176. Bei den nicht auf Gesetz beruhenden Korporationen haben die Vertreter sich durch Vorlegung des Statuts und beziehungsweise eines Attestes über ihre Wahl zu legitimiren. Ein solches Attest beweist jedoch nur seinen Inhalt, nicht nothwendig die Zusammensetzung des Vorstandes der Korporation für die Zeit nach seiner Ausstellung. (Kammerger., Jahrb. 1 S. 105.)

δ. Der Vormund muß sich als solcher durch Beibringung seiner Bestallung ausweisen. Ergiebt diese nicht seine Ermächtigung zur Veräußerung oder zur Erwerbung von Grundstücken für das Mündel, so ist die Genehmigung des Geschäftes durch das Vormundschaftsgericht erforderlich. (Vormundschafts-O. v. 5. Juli 1875 §§. 42 Nr. 5 u. 6, 46 u. 47.) Vgl. oben S. 37 Anm. 3 zu §. 2 des Gesetzes und Heise, Vormundschafts-Ordnung (1879) S. 143.

ε. Der Konkursverwalter ist zur Auflassung von Grundstücken des Gemeinschuldners durch die ihm von dem Gericht in Gemäßheit der Konk.O. v. 10. Februar 1877 §. 73 zu ertheilende „Bescheinigung seiner Ernennung" legitimirt. Er darf freilich nach §. 122 die Veräußerung nur vornehmen, wenn dieselbe von dem Gläubigerausschusse oder in Ermangelung eines solchen von einer Gläubigerversammlung genehmigt worden ist. Aber nach §. 124 wird „durch die Vorschriften der §§. 121—123 die Gültigkeit einer Rechtshandlung des Verwalters dritten Personen gegenüber nicht berührt." Der Grundbuchrichter ist daher nicht in der Lage, auf Vorlegung der Genehmigung zu bestehen. Die §§. 121—123 sind „nur Kautelen für den inneren Geschäftsgang." (Mot. zu dem Entw. der Konk.O., Drucks. des Reichstages II. Session 1874 Nr. 200 S. 356.)

ζ. Ueber den durch §. 17 des Ausf.Ges. z. C.P.O. eingeführten besonderen Fall der Vertretung durch einen Sequester vgl. oben S. 39 Anm. 5e zu §. 2 des Gesetzes.

VI. Zur Veranschaulichung des Verfahrens bei der Auflassung möge folgendes Muster dienen:

Verhandelt Berlin den 5. Februar 1880.

Im Geschäftshause des Amtsgerichts I hierselbst erschienen heute vor dem unterzeichneten Grundbuchrichter:

1. Der Kaufmann Albert Handel in seiner Eigenschaft als Vormund der minderjährigen Kinder des am 10. April 1871 verstorbenen Drechslermeisters Weichselholz von hier — Wilhelmine, Jakob, Franz, Geschwister Weichselholz,

2. der Konzipient Leberecht Rechthaber als Spezialbevollmächtigter der Wittwe Weichselholz — Wilhelmine Franziska geb. Kreisel,

3. der bisherige Hausknecht Johann Friedrich Ehrlich,

ihrer Angabe nach sämmtlich hier (.... Straße) wohnhaft und verfügungsfähig.

Der Kaufmann Handel ist dem Grundbuchrichter bekannt. Rechthaber und Ehrlich sind durch den Gerichtsboten Hurtig rekognoszirt, wie dieser durch seine Unterschrift bezeugt.

Hurtig.

Rechthaber und Handel übergaben die Erbbescheinigung vom 10. August 1871, Inhalts deren die Wittwe Weichselholz und deren drei Kinder die alleinigen Erben des Drechslermeisters Weichselholz geworden sind.

Beide legitimirten sich zur Auflassung des von dem Erblasser hinterlassenen hier .... Straße belegenen Grundstücks, und zwar Handel durch die obervormundschaftliche Ermächtigung vom 11. Januar 1880, Rechthaber durch die beglaubigte Vollmacht vom 29. Dezember 1879.

Nach Ueberreichung dieser Urkunden erklärten sie die Auflassung wie folgt:

„Der Drechslermeister Weichselholz ist als Eigenthümer des hier .... Straße belegenen Grundstücks im Grundbuche von der Königsstadt Nr. .. eingetragen. Wir bewilligen hiermit, daß der bisherige Hausknecht Joh. Ehrlich als Eigenthümer dieses Grundstücks eingetragen werde.

Ehrlich erklärte: „Ich beantrage, mich als Eigenthümer des mir soeben aufgelassenen Grundstücks in das Grundbuch einzutragen."

Den Werth des Grundstücks gaben die Anwesenden auf 130000 Mark an.

Vorgelesen, genehmigt und unterschrieben.

Albert Handel. Leberecht Rechthaber.

Johann Friedrich Ehrlich, jetzt Rentier.

v. w. o.

N.,

Grundbuchrichter.

VII. Wenn die Betheiligten von der ihnen durch den §. 48 Abs. 2 eingeräumten Befugniß Gebrauch machen, so ist dennoch das die Eintragung begründende Moment die Auflassung. Das Geschäft, welches der letzteren zu Grunde liegt, ist ohne Einfluß auf den Eigenthumsübergang. Die Causa ist der Konsens der Betheiligten. Weil der als Eigenthümer eingetragene X will, daß Z als Eigenthümer eingetragen werde, und weil Z seine Eintragung im Einklange mit dem erklärten Willen des X beantragt, — lediglich deshalb wird Z als Eigenthümer eingetragen. (Ges. über den Eigenthumserwerb §§ 1, 2.) Dennoch ist die Angabe des Erwerbsgrundes in der Auflassungserklärung und die Ueberreichung der Urkunde zu den Grundakten zweckmäßig, weil beide Theile dadurch für den Fall von Rechtsstreitigkeiten aus dem Veräußerungsgeschäft sich den Beweis sichern, daß die Auflassung gerade auf Grund dieses Geschäfts erfolgt ist. Der bezügliche Theil des Auflassungsprotokolls (vorige Anm.) kann in dem gesetzten Falle so gefaßt werden:

„Der Drechslermeister Weichselholz ist als Eigenthümer des ...... Grundstücks im Grundbuche .... eingetragen. Wir haben Namens der Erben des Weichselholz dieses Grundstück laut Vertrags vom 31. Dezember 1879 an den bisherigen Hausknecht Ehrlich für 130,000 Mark verkauft und bewilligen die Eintragung des Käufers als Eigenthümer in das Grundbuch."

Ehrlich erklärte: „Ich beantrage, mich als Eigenthümer des gedachten Grundstücks unter Erwähnung des Erwerbsgrundes und des Kaufpreises einzutragen."

Die Anwesenden überreichten hiernächst eine einfache Abschrift des Kaufvertrages vom 31. Dezember 1879 mit der Bitte, dieselbe zu den Grundakten zu nehmen.

VIII. Der letzte Satz des §. 48 lautete in dem Entwurfe der Regierung: „Die Eintragung des Eigenthumsübergangs erfolgt sofort nach der Auflassung." (Vgl. Anm. I.) In der Kommission des Herrenhauses hielt man die sofortige Eintragung in weitläufigen und verwickelten Fällen für unausführbar, wenn nicht etwa die Absicht dabei blos die sei, „daß die Eintragung des Eigenthumsüberganges sich unmittelbar an die Auflassung anschließen solle, wie im §. 1 des Grunderwerbsgesetzes vorgeschlagen gewesen, daß also, bevor die Eintragung auf Grund der Auflassung erfolgt sei, vom Grundbuchamt ein anderer auf den Eigenthumserwerb bezüglicher Akt nicht zugelassen werden solle." Die Kommission entschied sich deshalb für die gegenwärtige Fassung des Satzes. Aus demselben folgt, daß der Richter nicht blos die Ein=

§. 49.

Wer vor dem Zeitpunkt, in welchem dieses Gesetz in Kraft tritt, das Eigenthum eines Grundstücks ohne Eintragung erworben hat, erhält auf Antrag die Eintragung als Eigenthümer, wenn er seinen Erwerb nach den Vorschriften des bisherigen Rechts nachgewiesen hat. Diese Vorschriften behalten auch in Ansehung der Grundstücke, für welche ein Grundbuchblatt noch nicht angelegt werden kann, bis zur Anlegung desselben ihre Gültigkeit.

tragung des Eigenthümers zu beschleunigen hat, sondern die Auflassung — sei es durch Eintragung oder Zurückweisung — erst erledigen muß, bevor er einem nach der Auflassung gestellten Eintragungsantrag stattgeben darf. (Siehe die Anm. I 1 b zu §. 1 des Gesetzes.)

Unausführbar ist der sofortige Anschluß der Eintragung an die Auflassung jedenfalls nicht, da nach dem ersten Satze des §. 48 der Richter, wenn er die Auflassung entgegennimmt, sich bereits überzeugt haben muß, daß er in der Lage ist, einzutragen. Die entgegengesetzte Ansicht beruht erkennbar auf der Voraussetzung, daß der Richter, wenn die Parteien erscheinen, diese Ueberzeugung nicht immer in continenti gewinnen kann. Aber dann darf auch die Auflassung nicht erfolgen. Dem Richter bleibt in einem solchen Falle nur übrig, den Parteien ihre Urkunden abzunehmen, um die letzteren unter Vergleichung mit dem Grundbuche zu prüfen, und einen Termin zur Auflassung, eventuell zur Eröffnung seines Beschlusses, entweder sofort zu bestimmen oder nach beendeter Prüfung der Sache anzuberaumen. (Förster S. 88.) Erscheinen die Parteien in dem Termine nicht oder stehen sie freiwillig von der Auflassung ab, so ist freilich die — vielleicht sehr mühevolle — Prüfung nutzlos gewesen. Allein es ist nicht abzusehen, wie anders dem Gesetze Genüge geschehen soll. Daß die Betheiligten ihr Vorhaben, das Grundstück aufzulassen, dem Richter auch schriftlich unter Ueberreichung der Legitimations- und sonstigen Papiere kund thun und um Bestimmung eines Termins zur Entgegennahme der Auflassung bitten können, erscheint nicht zweifelhaft. Eine Verpflichtung des Grundbuchrichters zur Anberaumung eines Termins ist freilich nicht anerkannt. (Königsberg, Johow 7 S. 160.) Die Kosten sind im Falle der Zurückweisung des Antrages auf Entgegennahme der Auflassung ebenso wie im Falle der Vereitelung des Termins nach dem Gesetze v. 9. Mai 1854 Art. 15 zu liquidiren.

§. 49.

Der §. 49 gilt nur in den Landestheilen, in welchen das A. L. R. Gesetzeskraft hat, mit Ausschluß des Eichsfeldes, und in Neuvorpommern und Rügen. Er hat die Bestimmung, den Uebergang des bisherigen Rechtszustandes in den neuen zu regeln, und ist daher nur von vorübergehender Bedeutung. Der erste Satz betrifft lediglich das Verfahren; der zweite enthält materielles Recht. (Bahlmann 3. Aufl. S. 333 N. 4 und 334 a.)

I. Die Vorschrift des ersten Satzes findet nach ihrer Fassung auf alle Fälle der Erwerbung vor dem 1 Oktober 1872 Anwendung. Ihre besondere Beziehung aber hat sie zu den Fällen der freiwilligen Veräußerung, weil hiervon abgesehen nach §. 5 des Gesetzes das bisherige Recht ohnehin in Geltung geblieben ist.

1. In den Motiven der Regierungsvorlage heißt es: „Da nach dem Gesetzentwurf über

das materielle Recht künftig nur der eingetragene Eigenthümer veräußern kann und neben demselben nicht noch zur Veräußerung berechtigte Naturaleigenthümer vorhanden sein werden, so werden sich die Fälle, in denen es eines Aufgebots nach dem Gesetze vom 7. März 1845 bedarf, künftig nicht mehr ereignen können.

Den jetzt vorhandenen Eigenthümern, die sich nicht haben eintragen lassen, einen Zwang aufzuerlegen, um die Eintragung ihres Eigenthums herbeizuführen, ihnen zu diesem Zweck eine Frist zu setzen, deren Nichteinhaltung Strafen zur Folge haben müßte, erfordert das praktische Bedürfniß nicht, weil die Erfahrung lehrt, daß dergleichen schwebende Zustände einer ändernden Gesetzgebung gegenüber sich meist leicht und bald von selbst reguliren, zumal in diesem Fall, wo der nicht eingetragene Eigenthümer mit dem Tage, wo dieses Gesetz in Wirksamkeit tritt, die Möglichkeit der Veräußerung verliert, weil er ohne eingetragen zu sein, die Auflassungserklärung nicht abgeben kann." (Werner 2 S. 155.)

2. Wenn das Grundstück, welches den Eigenthümer gewechselt hat, im Grundbuche noch nicht verzeichnet ist, so ist der erste Satz des §. 49 nicht anwendbar. Der Erwerber muß dann, um seine Eintragung zu erlangen, die Aufnahme des Grundstücks in das Buch nach näherer Bestimmung der §§. 133 ff. beantragen. (Johow 7 S. 309; vgl. Kammerger., Jahrb. 5 S. 107.)

3. Die Erwerbung des Eigenthums muß dem Grundbuchrichter durch beglaubigte Urkunden nachgewiesen werden. Die Beglaubigung muß, sofern nicht für das Geschäft eine eigene Form vorgeschrieben ist, den Bestimmungen des §. 33 entsprechen.

Wenn der Erwerber das Grundstück vor dem 1. Oktober 1872 durch Kauf und Uebergabe erworben haben will, so kann es sich fragen, ob zum Beweise dessen eine nach dem 30. September 1872 aufgenommene Erklärung der Betheiligten genügt. Diese Frage ist in der vorigen Auflage verneint, weil die Urkunde nur die Abgabe, nicht aber die objektive Richtigkeit der Erklärungen beweise. In der Praxis wird sie aber bejaht, von dem Kammerger. (Jahrb. 4 S. 155) mit der Begründung, daß ein nachträgliches Anerkenntniß nach A.L.R. I. 5 §. 188 rückwirkende Kraft habe, und daß es für die objektive Richtigkeit der abgegebenen Erklärungen nach dem nach §. 49 maßgebenden älteren Rechte eines besonderen Nachweises nicht bedürfe, mit derartigen Feststellungen sei der Grundbuchrichter überhaupt nicht befaßt (vgl. auch O.Tr. III, Entsch. 80 S. 55; Posen, Johow 3 S. 125; Turnau 1 S. 204.)

Das Apell.G. Posen hat, Johow 4 S. 73, entschieden, daß, „wenn ein Minderjähriger vor dem 1. Oktober 1872 ohne vormundschaftlichen Beistand gekauft und übergeben erhalten hat, sodann nach erreichter Großjährigkeit und nach dem 1. Oktober 1872 seine Genehmigung des Kaufvertrages erklärt, ein schon vor dem 1. Oktober 1872 erworbenes Eigenthum vorliege, welches der Auflassung nicht bedürfe." Gegen diese Entscheidung siehe die zutreffenden Ausführungen von Küntzel, ebd. S. 290.

4. Der Beweis des Titels kann durch ein rechtskräftiges Präklusionserkenntniß auf Grund des Aufgebots in Gemäßheit des Gesetzes „zur Erleichterung des Verfahrens bei Berichtigung des Besitztitels" vom 7. März 1845 (G.S. S. 160) ersetzt werden. Die Einleitung des Aufgebotsverfahrens ist jedoch nur dann zulässig, wenn dem Prozeßrichter nachgewiesen wird, daß die gesetzlichen Voraussetzungen desselben bereits vor dem 1. Oktober 1872 vorhanden gewesen sind. Die Frage, ob dieses Gesetz aufgehoben ist, wird indeß nicht gleichmäßig beantwortet. Der Text des Gesetzes ergiebt, daß dasselbe darauf abzielt, etwaige Mängel im Titel des Erwerbers durch Aufgebot und Ausschluß möglicher Eigenthumsprätendenten zu heben, den unvollkommenen Titel auf diese Weise zu ergänzen. Wenn nun gegenwärtig in den Fällen freiwilliger Veräußerung der Titel, d. i. der obligatorische Vertrag, nicht mehr ein Element des Veräußerungsgeschäftes ist, so folgt, daß für diese Fälle das Gesetz vom 7. März 1845 unanwendbar weil gegenstandslos geworden ist. Es kann, wie Förster in Kochs Landrecht Bd. 1 (7. Ausgabe) S. 611 annimmt, nur noch „analoge Anwendung finden in denjenigen Erwerbsfällen, welche unter §. 5 des Ges. v. 5. Mai 1872 gehören, auch wenn sie nach dem 1. Okt. 1872 eingetreten sind." (Ebenso Turnau 1 S. 214; Förster-Eccius

1 §. 58 Anm. 11; vgl. Koch A.L.R. 8. Aufl. Bd. 1 S. 692 Anm. 45 zu I 10 §. 14, Bd. 2 S. 338 Note 104 zu I 16 §. 54.) Im Gegensatz hierzu hält Dernburg, Preuß. Privatr. 1 §. 189 die Bestimmungen des Gesetzes allgemein für fortgeltend, weil „unentbehrlich, da andernfalls dem Eigenthumsbesitzer die Möglichkeit der Eintragung in das Grundbuch und der hypothekarischen Belastung seines Grundstückes versperrt bliebe durch einen im Grundbuch grundlos stehenden, materiell bedeutungslosen Vermerk." (Aehnlich das Kammerger., Jahrb. 5 S. 113.) Allein soweit dieser Grund der vermeintlichen Unentbehrlichkeit des Aufgebots entnommen ist, fällt er de lege lata nicht ins Gewicht. Die Zeit der Geltung des Auflassungsprinzips in Preußen ist übrigens noch zu kurz, als daß man schon jetzt mit Sicherheit behaupten könnte, die Vorschriften der Gesetze vom 5. Mai 1872 reichten nicht aus, um das Grundbuch mit der Wirklichkeit in Einklang zu erhalten. Soweit dagegen Dernburg von einem Eigenthumsbesitze spricht, widerlegt ihn die Erwägung, daß, wenn das Gesetz die Auflassung und Eintragung zur Erwerbung des Eigenthumes fordert, einem Besitzer, dem zwar verkauft aber nicht aufgelassen ist, ein Eigenthumsbesitz nicht zugeschrieben werden kann. Damit erledigen sich auch die auf den titulirten Besitz gegründeten Ausführungen von Dernburg u. Hinrichs 1 §. 25 S. 311 ff. — Vgl. auch Daube, das Aufgebotsverfahren, 2. Aufl 1890, S. 215 ff.

Nicht unerwähnt bleiben mag übrigens, daß die Haubergordnung für den Kreis Siegen v. 17. März 1879, G.S. S. 228, unter §. 10 den Antrag auf Erlaß des Aufgebots nach Maßgabe des Gesetzes vom 7. März 1845 hinsichtlich der Haubergantheile ausdrücklich zugelassen hat.

II. Der zweite Satz des §. 49 bezieht sich, wie eine Vergleichung mit §. 5 des Gesetzes über den Eigenthumserwerb ergiebt, lediglich auf die Fälle der freiwilligen Veräußerung. (Bahlmann 3. Aufl. S. 334 b.)

1. Der Satz fehlte in dem Entwurfe der Regierung und war in den Motiven ausdrücklich für überflüssig erklärt. (Werner 2 S. 155.) Er ist jedoch von der Kommission des Herrenhauses dem §. 49 hinzugefügt worden, weil man „auch noch für den Ausnahmefall eine transitorische Bestimmung als nöthig erachtete, wenn für einzelne Grundstücke das Grundbuchblatt noch nicht angelegt werden könne, weil z. B. ein Aufgebot erfolgen müsse. Auch für diese" — so argumentirte man — „müsse die Gültigkeit der bisherigen Vorschriften bis dahin, daß die Anlegung erfolge, vorbehalten bleiben, weil das Grundstück sonst ohne allen Grund dem Verkehr entzogen werden würde und die Anwendung der Grundbuch-Verfassung die Möglichkeit der Anlegung des Grundbuchblattes voraussetze. Daß eine solche Ausnahme-Vorschrift nur restriktive Anwendung finden werde und nur von objektiven Hindernissen verstanden werden dürfe, dürfe erwartet werden." (S. 171 ebd.)

2. Die Vorschrift findet nach ihrem Wortlaut und ihren Motiven nur Anwendung, wenn der sofortigen Anlegung des Grundbuchblattes ein Hinderniß entgegensteht, dessen Beseitigung die Betheiligten nicht in der Hand haben. Die Thatsache, daß ein Grundbuchblatt noch nicht angelegt ist, genügt nicht (R.G. III, Entsch. 31 S. 301; O.Tr. III, Entsch. 77 S. 269; Turnau 1 S. 205; Peters in Gruchot 23 S. 613. A. M. Dernburg u. Hinrichs 1 S. 274; Dernburg, Preuß. Privatr. 1 §. 240 Anm. 4, Förster-Eccius 3 §. 178 Anm. 38).

3. In der Kommission des Abg.H. äußerte ein Mitglied die Befürchtung, daß die Frage, ob ein Grundbuchblatt angelegt werden könne, von dem Prozeßrichter im einzelnen Fall anders beantwortet werden möchte als von dem Grundbuchrichter. (Werner 2 S. 189.) Zwei Fälle sind zu unterscheiden:

a. Der Eigenthümer, der sein Grundstück veräußern will, beantragt die Anlegung eines Blattes für dasselbe im Grundbuch. Wird der Antrag von dem Grundbuchrichter zur Zeit abgelehnt, so ist damit, weil ihm allein die Anlegung obliegt, für die Parteien festgestellt, daß das Blatt noch nicht angelegt werden kann. Der Eigenthümer ist dann nicht in der Lage, die Auflassung zu erklären. Die Veräußerung ist ihm aber nicht verschränkt. Das Eigenthum muß daher durch Uebergabe auf Grund einer justa causa übertragen werden können. Der Prozeßrichter darf in diesem Falle den Beweis, daß die Entscheidung des Grundbuchrichters

§. 50.

Wo Gütergemeinschaft unter Eheleuten gilt, ist dieses Rechtsverhältniß auch auf den Antrag eines Ehegatten im Grundbuch zu vermerken.

Bei fortgesetzter Gütergemeinschaft ist das Miteigenthum der Kinder auf den Antrag des überlebenden Ehegatten, der Kinder oder deren gesetzlicher Vertreter einzutragen.

---

eine irrige und die Anlegung des Blattes, objektiv betrachtet, möglich gewesen sei, nicht zulassen.

b. Der Eigenthümer übergiebt sein Grundstück in der Absicht der Eigenthumsübertragung, ohne vorher die Anlegung des Blattes bei dem Grundbuchamte nachgesucht zu haben. Entsteht dann Streit darüber, ob das Eigenthum durch die Tradition auf den Besitzer übergegangen ist, so hat lediglich der Prozeßrichter zu befinden, ob zur Zeit der behaupteten Veräußerung ein Blatt über das Grundstück angelegt werden und also das letztere nur durch die Auflassung seinen Eigenthümer wechseln konnte.

4. Fraglich ist, ob der §. 49 auch dann maßgebend ist, wenn die Grundbücher eines Ortes zerstört oder verloren gegangen sind und das Gesetz, welches deren Wiederherstellung anzuordnen hat, noch nicht erlassen ist. Dernburg bejaht in der ersten Aufl. seines Lehrbuchs 1 S. 524 die Frage, weil er die Anwendung des alten Rechtes nach dem Wortlaute des Gesetzes für zulässig und für ein nothwendiges Auskunftsmittel hält. Die Begründung ist indessen nicht unbedenklich. Die Worte und die Entstehungsgeschichte des zweiten Satzes des §. 49 scheinen vielmehr zu fordern, in demselben nur eine Uebergangsvorschrift zu sehen, deren Geltung auf den Fall zu beschränken ist, in welchem das Grundstück überhaupt noch nicht im Grundbuche verzeichnet war.

III. Der Entwurf von 1869 regelte im Anschluß an das mecklenburgische Recht noch besonders den Fall, in welchem „der Erwerber eines Grundstückes einen vertragsmäßigen Anspruch auf Auflassung besitzt, diese Erklärung aber weder freiwillig erlangen noch im Wege der ordentlichen Rechtsverfolgung erzwingen kann, weil Hindernisse in der Person des Veräußerers dies unmöglich machen.“ In einem solchen Falle sollte der eingetragene Veräußerer — beziehungsweise dessen unbekannte Erben öffentlich vorgeladen, nach erfolgtem Aufgebot die Auflassung durch Erkenntniß ertheilt und auf Grund dieses Erkenntnisses dann der Erwerber, wenn er darauf antrüge, als Eigenthümer eingetragen werden. (Siehe den Entwurf von 1869 §. 50 und die Motive dazu in den Drucksachen des Abg.H. 1869 Nr. 24 S. 11 und 65.) Der Entwurf von 1871 hatte die bezüglichen Bestimmungen nicht aufgenommen. Die Grundbuchordnung kennt ein Aufgebotsverfahren zu dem gedachten Zwecke ebenfalls nicht. Dasselbe ist auch in der That entbehrlich, da das ordentliche Prozeßverfahren die Mittel bietet, die Verurtheilung des eingetragenen Eigenthümers oder der Erben desselben selbst dann zu erlangen, wenn ersterer in unbekannter Abwesenheit lebt oder letztere nicht zu ermitteln sind.

§. 50.

Der §. 50 bezieht sich auf jede Art der Gütergemeinschaft, auch auf die vertragsmäßige, da das Verhältniß bei dieser für die Eheleute dasselbe ist wie bei der gesetzlichen. Seine Bestimmungen verstoßen auch nicht, wie in der Kommission des H.H. angenommen wurde, gegen das Prinzip des Gesetzes, „wonach stets nur auf Antrag des bisherigen Eigenthümers oder auf Ersuchen des Prozeßrichters eine Eigenthumseintragung zu erfolgen habe.“ (Werner 2 S. 171.) Denn ein solches Prinzip ist in dieser Allgemeinheit in dem Gesetze überhaupt nicht anerkannt. Es gilt nur für die Fälle der freiwilligen Veräußerung in beschränkter Weise. Das Recht des einen Ehegatten an den Grundstücken des anderen aber entsteht da, wo Gütergemeinschaft eingeführt ist, durch das Gesetz. Die Frage mithin, auf wessen Antrag das Rechtsverhältniß einzutragen, ist durchaus nicht von prinzipieller Bedeutung.

§. 51.

Die Eintragung des Eigenthums gesetzlicher Erben an den zur Erbschaft gehörigen Grundstücken erfolgt auf Grund einer Erbbescheinigung des zuständigen Richters.

Beruht das Erbrecht auf einem Erbvertrag oder einem Testament, so muß die letztwillige Verordnung oder ein nach §. 39. bescheinigter Auszug aus derselben mit der Niederlegungs- und Verkündigungsverhandlung, oder den sonst zum Nachweise des Erbrechts erforderlichen Urkunden in Ausfertigung beigebracht werden, sofern diese Urkunden dem Grundbuchrichter nicht in Urschrift vorliegen.

I. Bezüglich des ersten Satzes sind folgende Punkte ins Auge zu fassen:

1. die Bedeutung der Eintragung. Wenn als Eigenthümer nur der eine Ehegatte eingetragen ist, so läuft der andere Gefahr, daß jener einseitig über das Grundstück verfügt. Denn der Grundbuchrichter ist nicht verpflichtet, darüber Erkundigungen einzuziehen, ob der eingetragene Eigenthümer verheirathet ist. (Vgl. oben S. 356 Anm. 3 b zu §. 46 der Gr.B.O.);

2. die Voraussetzung der Eintragung. Der §. 50 entscheidet nur, daß jeder der beiden Gatten ohne Zustimmung des anderen zur Stellung des Antrages befugt ist. Darüber, wie der Antrag zu begründen, enthält die Gr.B.O. nichts. Nach allgemeinen Rechtssätzen muß die Eheschließung und die Gütergemeinschaft, sofern das eine oder andere Moment nicht notorisch ist, bewiesen werden. Der Beweis der Gütergemeinschaft kann, wenn der eingetragene Eigenthümer der Antragsteller ist, durch dessen Erklärung als geführt gelten. Dasselbe wird gemeiniglich auch bezüglich des Beweises der Verheirathung angenommen. (Bahlmann 3. Aufl. S. 337.) Diese Annahme aber ist um deswillen bedenklich, weil das Bestehen einer Ehe objektiv nicht durch ein Anerkenntniß bewiesen werden kann;

3. die Art der Eintragung. Das durch die Gütergemeinschaft begründete Rechtsverhältniß ist zwar gemeinschaftliches Eigenthum, aber nicht condominium im Sinne des römischen Rechtes. Bei der Eintragung muß deshalb zum Ausdruck gebracht werden, daß dieselbe auf Grund der Gütergemeinschaft erfolgt. Die Eintragung gehört beim Formular I in die erste Abtheilung; beim Formular II wird dem Namen des als Eigenthümer eingetragenen Gatten der Name des anderen auf dem Titel hinzugesetzt und das Rechtsverhältniß entweder hierbei oder in der Abtheilung I („Zeit u. Grund ꝛc.") vermerkt. Turnau 1 S. 216.

II. Nach dem A.L.R. II. 1 §§. 634, 653, 656 ist das Rechtsverhältniß des überlebenden Ehegatten zu den Erben des verstorbenen nicht Gütergemeinschaft, sondern Miteigenthum. (Kochs Landrecht Bd. 3 Anm. 39 zu §. 653.) Der zweite Abs. des §. 50 hat somit nur da Bedeutung, wo das lokale Recht eine fortgesetzte Gütergemeinschaft besonders zuläßt. Die Voraussetzungen derselben müssen dem Grundbuchrichter urkundlich bewiesen werden. (Vgl. für den Geltungsbereich des Gesetzes, betr. die Gütergemeinschaft in Westfalen, vom 16. April 1860 den Plen.Besch. des vormaligen App.Ger. Paderborn, Johow 5 S. 30, und Turnau 1 S. 218.)

Wo der überlebende Ehegatte die Gütergemeinschaft auch mit anderen Erben als Kindern des Verstorbenen fortsetzt, kann das Verhältniß auch auf den einseitigen Antrag des Erben eingetragen werden. (Stettin, Johow 7 S. 152.)

III. Für das Gebiet des Rhein. Rechtes ist §. 50 durch §. 24 des Einf.Ges. ersetzt (vgl. dazu Kammerger., Jahrb. 12 S. 76). Siehe ferner die Einf.Ges. für Neuvorpommern § 11 und Ehrenbreitstein §. 5, und für Hohenzollern Jahrb. 10 S. 370 ff.

§. 51.

1. Die Eintragung der Erben als Eigenthümer erfolgt der Regel des §. 30 gemäß nur auf Antrag. Zur Stellung desselben ist im Gebiete des A.L.R. bei ungetheilter Erbschaft jeder

einzelne Miterbe (Kammerger., Jahrb. 12 S. 74; oben S. 33 Anm. I. 3d a. E.), außerdem der Testamentsvollstrecker und nach §. 6 Abs. 4 des Zwangsvollstr.Ges. (vgl. oben S. 144 Anm. II. 2b) auch ein Gläubiger des Erben, dessen Forderung vollstreckbar ist, befugt. Für das Gebiet des gemeinen Rechtes wird dem einzelnen Miterben nur das Recht zuzubilligen sein, seine Eintragung, nicht die aller Erben zu beantragen, da deren Antretung zum Erbschaftserwerb erforderlich und kein Miterbe ohne weiteres zur Vertretung der übrigen berechtigt ist (vgl. L.G. Kassel, Jahrb. 11 S. 405).

2. Von dem Nachweise der Berichtigung des Erbschaftsstempels (Gesetz vom 7. März 1822 §. 18) ist die Eintragung der Erben nicht mehr abhängig. (Bericht der Komm. des A.H. vom 8. Januar 1870, Druckf. 234 S. 28; Ges., betr. die Erbschaftssteuer, vom 30. Mai 1873 §. 49.)

3. Nach dem Gesetz, betr. die Ausstellung gerichtlicher Erbbescheinigungen, vom 12. März 1869 §. 2 war zur Ausstellung der Bescheinigung „zuständig dasjenige zur Ausübung der freiwilligen Gerichtsbarkeit berufene Gericht, im Bezirke des Appellations-Gerichtshofes zu Köln dasjenige Friedensgericht, in dessen Bezirk der Erblasser zur Zeit seines Todes seinen ordentlichen Gerichtsstand gehabt hat.“ Das Ausf.Ges. zum G.V.G. hat unter §. 26 die Ausstellung gerichtlicher Erbbescheinigungen den Amtsgerichten übertragen.

4. Zur Ausstellung von Erbbescheinigungen behufs Ergänzung von Testamenten solcher Personen, welche zur Zeit des Todes in Preußen keinen Gerichtsstand hatten, sind die inländischen Gericht nicht zuständig. (Ratibor, Johow 7 S. 14.)

5. Der Ausstellung einer ergänzenden Erbbescheinigung darüber, daß eine Person kinderlos verstorben sei, steht weder die gegen die Verheirathung und die Kindererzeugung streitende Vermuthung noch die Bestimmung des Gesetzes vom 12. März 1869 §. 9 Abs. 2 entgegen. Eine derartige Erbbescheinigung ist zwar nicht das einzige Mittel, um dem Grundbuchamte den Nachweis zu führen, daß eine Person keine Kinder hinterlassen habe. Die Vermuthung der Kinderlosigkeit aber ersetzt diesen Nachweis dem Grundbuchamt gegenüber nicht. (Königsberg, Johow 7 S. 15.) Der Nachweis der Nichtexistenz weiterer Descendenz des Erblassers, als der namentlich eingesetzten Erben kann nicht nur durch Bescheinigung des Nachlaßrichters, sondern z. B. auch durch Anerkenntniß des Vaters, welcher zur Vertretung solcher Kinder gesetzlich berufen wäre, dargethan werden (Kammerger., Jahrb. 4 S. 141).

6. Der Nachweis des Erbrechtes kann dem Grundbuchamt nicht allein durch eine Ausfertigung, sondern auch durch eine beglaubigte Abschrift der Erbbescheinigung geführt werden. Dagegen ist in den Fällen des vertragsmäßigen und des testamentarischen Erbrechtes die Eintragung des Erben durch Vorlegung einer Ausfertigung des Erbvertrages oder des Testamentes bedingt. (Kammerger., Johow 7 S. 121.) Diese Ausnahmebestimmung (vgl. S. 335 Anm. 4 a. E. zu §. 33) ist nicht analog auszudehnen und findet daher auf die Umschreibung einer Hypothek auf die Erben des eingetragenen Gläubigers (Gr.B.O. §. 54) keine Anwendung; hierzu genügt vielmehr die Vorlage einer beglaubigten Abschrift des Testamentes (Kammerger., Jahrb. 1 S. 134; Glogau, Johow 7 S. 134).

7. Die Ausfertigung letztwilliger Verordnungen ist Sache des Erbschaftsrichters, d. h. desjenigen Richters, in dessen Bezirk der Erblasser zur Zeit seines Ablebens seinen ordentlichen Gerichtsstand gehabt hat. (A.L.R. I. 12 §§. 226 ff.) Das Gericht, bei welchem das Testament oder der Erbvertrag niedergelegt worden, hat, wenn es nicht zugleich das Nachlaßforum ist, nach erfolgter Publikation die Original-Urkunden dem Richter der Erbschaft zur weiteren Veranlassung zu übersenden (§§. 237 und 238). Nur wenn der Testator ein Ausländer war, soll das diesseitige Gericht die hier deponirte letztwillige Verfügung behalten und die erforderlichen Ausfertigungen ertheilen. Reskr. vom 13. April 1821, Jahrb. Bd. 17 S. 12, und vom 28. Okt. 1833, ebd. Bd. 42 S. 286.

8. Die Niederlegungsverhandlung, deren Ausfertigung der §. 51 fordert, ist nicht das Deposital-Protokoll, sondern das Protokoll über die Annahme eines dem Richter

§. 52.

Lehns- oder Familienfideikommißfolger haben ihr Nachfolgerecht durch eine Bescheinigung der Lehns- oder Fideikommißbehörde nachzuweisen.

---

schriftlich übergebenen Testaments. Bei mündlich vor Gericht erklärten Testamenten wird eine besondere Annahme- (Niederlegungs-) Verhandlung nicht aufgenommen. Das Grundbuchamt kann daher die Vorlegung der Ausfertigung einer solchen in diesen Fällen nicht verlangen. (Frankfurt a. O., Johow 3 S. 82.)

9. Zur Ertheilung eines Auszuges aus der letztwilligen Verordnung ist nur der Richter befugt, dem die Ausfertigung der Verordnung obliegt. (Anm. 7.) Vergl. das Reskr. v. 30. Oktober 1837, Jahrb. 50 S. 597, und oben §. 39 Anm. 2.

10. Die Erklärung des Erbschaftsantritts, welche von dem Gesetz über das Grundbuchwesen in Neuvorpommern und Rügen §. 24 gefordert wird, braucht in den übrigen Gebieten des gemeinen Rechts nicht nachgewiesen zu werden, da in der Ueberreichung des Testaments oder des Erbvertrages in Verbindung mit dem Eintragungsantrage unbedenklich ein Erbschaftsantritt gefunden werden kann. (Mansfeld, die Grundbuchgesetze des Herzogthums Braunschweig S. 152.) Wegen des märkischen Ehegatten, der von dem verstorbenen testamentarisch zum Erben eingesetzt ist, siehe den Beschl. des Kammergerichts v. 21. Juni 1880, Jahrb. 1 S. 141.

Von dem Testamentsvollstrecker kann, da im Fall des testamentum destitutum auch seine Bestellung erlischt, der Nachweis des Erbschaftsantrittes Seitens eines Testamentserben gefordert werden. (Mansfeld a. a. O. S. 151.)

11. Im Geltungsgebiete des A.L.R. ist ein äußerlich fehlerfreies, förmliches Testament, auch beim Vorhandensein von Notherben, für den Grundbuchrichter maßgebend. (Königsberg, Johow 7 S. 142.) Für das gemeine Recht vgl. Dernburg, Pand. 3 §§. 147, 154, 155.

Ist in einem Testamente einem Notherben eine bestimmte Summe als Pflichttheil ausgesetzt, so bedarf es einer Anerkennung des Testamentes Seitens desselben nicht behufs Eintragung der Testamentserben als Eigenthümer. (Naumburg, Johow 7 S. 143.)

Hat sich der Testator im Testament die Errichtung von Nachzetteln vorbehalten, so kann der Grundbuchrichter nicht verlangen, daß ihm deren Nichtvorhandensein nachgewiesen werde. (Kammerger., Jahrb. 5 S. 175.)

Eine divisio parentum inter liberos ist zum Nachweise des Erbrechts der darin genannten Kinder nicht ausreichend. (Kammerger., Johow 7 S. 234.)

12. Die auf Grund einer letztwilligen Verfügung beantragte Eintragung von Rechten darf der Grundbuchrichter nicht deshalb ablehnen, weil die Befugniß des Testators zu der fraglichen Verfügung rechtlich zweifelhaft ist. Der Antragsteller hat ein Recht auf eine bestimmte Entscheidung. (Kammerger., Jahrb. 1 S. 94.) Ebensowenig darf eine Ablehnung erfolgen, weil der Sinn der letztwilligen Verfügung zweifelhaft sei; der Grundbuchrichter muß diesen nach der aus dem Gesammtinhalt des Testamentes zu entnehmenden Absicht des Testators feststellen (Kammerger., Jahrb. 3 S. 79, 7 S. 126 u. 8 S. 66; siehe auch dass., ebd. 3 S. 139)

13. Die Eintragung auf Grund von Privattestamenten und Erbverträgen ist besonders geordnet in den Gesetzen über das Grundbuchwesen in dem Jadegebiet §. 6, Neuvorpommern und Rügen §. 24, Schleswig-Holstein §. 39, Hannover §. 13, Kassel §. 14, Ehrenbreitstein §. 13, Hohenzollern §. 11.

14. Für das Gebiet des Rhein. Rechts vgl. Einf.Ges. §§. 23 Abs. 2, 25 bis 28.

§. 52.

1. Die Prüfung des Nachfolgerechts gebührt bei Lehengrundstücken nach dem A.L.R. I. 18 §. 166 der Lehnsbehörde, bei Familienfideikommißgrundstücken nach dem Gesetz, betr. die Kompetenz der Gerichtsbehörden in Familienfideikommißsachen, vom 5. März 1855 §. 1 der Fideikommißbehörde. Deshalb ist es gerechtfertigt, daß diese Behörden die Bescheinigungen

§. 53.

Vermächtnißnehmer müssen die Einwilligung der Erben in die Eintragung ihres Eigenthums in beglaubigter Form oder das die Erben zur Ertheilung der Einwilligung verurtheilende rechtskräftige Erkenntniß beibringen.

über das Lehnerbrecht und das Fideikommißfolgerecht ausstellen. „Die Eintragung des Fideikommiß- und Lehns-Nachfolgers muß von diesem selbst bei dem Grundbuchamt nachgesucht werden; es ist nicht Amtspflicht der Fideikommiß- oder Lehnsbehörde, dieselbe herbeizuführen.“ (Mot., bei Werner 2 S. 156.)

2. Das Lehnswesen steht nach der Verordnung v. 27. Oktober 1810, G.S. S. 3, unter dem Justizminister. Zuständig waren in der Regel die Appellationsgerichte für die Lehen ihres Bezirks. Die Verordnung vom 2. Januar 1849 §. 25 Nr. 4 beließ es hierbei. Als später der Lehnsverband mehr und mehr der Auflösung entgegengeführt wurde, gingen die Funktionen des Lehnhofes in einzelnen Landestheilen auf die Kreisgerichte über. (Vgl. z. B. das Gesetz, betr. die Auflösung des Lehnsverbandes in Westfalen, v. 3. Mai 1876 §. 3.)

Durch das Ausf.Ges. zum Gerichtsverfassungsges. vom 24. April 1878 §§. 41 u. 49 ist die Zuständigkeit in Lehnssachen, soweit sie bisher bei den Kreisgerichten war, auf die Landgerichte, im übrigen auf die Oberlandesgerichte übergegangen. (Vgl. die Zusammenstellung ꝛc. in dem Justiz-Min.Bl. 1879 S. 146.)

Wegen der 1866 mit Preußen vereinigten Gebiete siehe den Allerh. Erlaß v. 11. April 1868 (G.S. S. 399) und wegen Hannover den Allerh. Erlaß v. 29. August 1884 (G.S. S. 341.)

In Ansehung der Thronlehen kommt auch in diesen Gebieten der Allerh. Erl. v. 3. Oktober 1848, G.S. S. 269, zur Anwendung.

3. Die Familienfideikommißbehörde ist im Geltungsbereich des Gesetzes vom 5. März 1855 das Oberlandesgericht, in dessen Bezirk der Stifter bei Errichtung des Fideikommisses seinen Wohnsitz hatte (Ausf.Ges. z. G.V.G. §. 49; Verf. des Justizministers v. 24. Juli 1867 u. 18. Juli 1889 bei Gruchot 33 S. 850 ff.; für Schlesw.-Holst. siehe V.O. v. 25. Juni 1867 §. 25, G.S. S. 1078). Wegen des Königl. Hausfideikommisses siehe Kammerger., Johow 5 S. 71.

Besondere Bestimmungen finden sich in den Gesetzen über das Grundbuchwesen in Neuvorpommern und Rügen §. 26, Kassel §. 21 (u. Ges. v. 16. März 1881, betr. das Fideikommißvermögen des vorm. kurfürstl. hess. Hauses), Hannover §. 14 und Rheinl. §. 33 Abs. 1, 2.

4. In der Provinz Hannover werden in dem Geltungsbereich des gemeinen Rechts nach dem Ges. über das Grundbuchwesen v. 28. Mai 1873 §. 14 „Familienfideikommiß- oder Stammgutsnachfolger als Eigenthümer eingetragen, wenn sie ihr Nachfolgerecht durch eine Erbbescheinigung des zuständigen Richters nachweisen.“ Dasselbe bestimmt bezüglich der Familienfideikommißnachfolger das Gesetz, betr. die Abänderung von Bestimmungen der Gesetze über das Grundbuchwesen in Ehrenbreitstein und im Jadegebiete, v. 3. Februar 1879.

5. Der §. 52 bezieht sich nur auf die Succession. Soll ein Lehngrundstück veräußert werden, so ist Auflassung erforderlich. Soll das Lehn an den beim Tode des Besitzers zur Nachfolge Berechtigten aufgelassen werden, so ist eine Bescheinigung des Lehnhofes über das nächste Recht des Erwerbers beizubringen. Die Auflassung an einen Dritten ist nur mit Zustimmung der dadurch benachtheiligten näher Berechtigten zulässig. Vergl. hierüber in Kochs Landrecht Bd. 2 die Anmerk. des Verf. zu Th. I. 18 §§. 207, 302, 328, 645.

§. 53.

Nach dem A.L.R. I. 12 §. 288 geht „das Eigenthum der in einem Testament Jemandem zum Legate ausgesetzten Sachen und Rechte in der Regel mit dem Todestage des Erblassers auf den Legatarium über. (§. 377 sqq.)“; und nach gemeinem Recht erwirbt der Legatar die

§. 54.

Nebenbestimmungen aus Verträgen oder letztwilligen Verordnungen, welche das Eigenthum oder die Befugniß des Eigenthümers, über das Grundstück zu verfügen, beschränken, werden nur auf Antrag eingetragen.

---

ihm vermachte Sache, sofern sie dem Erblasser gehörte, mit dem Antritt der Erbschaft seitens des Erben, er darf sich jedoch nicht wider den Willen des letzteren in ihren Besitz setzen (Windscheid 3 §. 654, Dernburg, Pand. 3 §. 99). Damit stimmt die Vorschrift des §. 53 überein. Wenn auch das Eigenthum auf den Vermächtnißnehmer ohne weiteres übergeht, so ist doch zu dessen Eintragung die Einwilligung des Erben erforderlich, weil die Vermächtnisse zu den Nachlaßschulden beizutragen haben, falls zu deren Tilgung der reine Nachlaß nicht ausreicht. (Achilles in Gruchot 21 S. 36.) Vgl. S. 45 Anm. 2 zu §. 5 Satz 1 des Ges.

Aus dem Eigenthum des Legatars an dem vermachten Grundstück folgt, daß der Erbe dasselbe an einen Dritten ohne Zustimmung des Legatars nicht auflassen darf. (Ratibor, Johow 8 S. 152.)

Weigert der Erbe sich, die Eintragung des Vermächtnißnehmers zu bewilligen, so kann dieser nur auf Grund eines den Erben zu der Bewilligung rechtskräftig verurtheilenden Erkenntnisses als Eigenthümer eingetragen werden. (C.P.O. §. 779.)

§. 54.

1. Nach der allgem. Hyp.O. v. 20. Dezember 1783 Tit. 2 §§. 80 und 124 war der Richter verpflichtet, die bei der Besitztitel-Berichtigung ihm bekannt gewordenen „Nebenbestimmungen in Verträgen oder letztwilligen Verordnungen, welche das Eigenthum des Besitzers und dessen Befugniß, über das Grundstück zu verfügen, einschränken und demnach zur Eintragung in der zweiten Hauptrubrik des Hypothekenbuches geeignet sind," von Amtswegen einzutragen. Diese Verpflichtung wurde durch das Gesetz vom 24. Mai 1853 §. 28 nur für die Fälle beibehalten, in welchen die Nebenbestimmungen „die besondere rechtliche Beschaffenheit des Besitzverhältnisses, namentlich Fideikommiß-Eigenschaft des Grundstückes, oder eine auf der in Rede stehenden Erwerbung des Besitzrechtes selbst beruhende Einschränkung desselben, namentlich die Beschränkung durch Resolutivbedingungen oder Substitutionen betreffen." Nach der Gr.B.O. erfolgt auch in diesen Fällen die Eintragung der Nebenbestimmungen nur auf Antrag. Die bisherige Unterscheidung ist gleichwohl, wenn auch nach einer anderen Richtung hin, auch jetzt noch von Bedeutung.

a. Die Nebenbestimmungen, welche nach dem Gesetze vom 24. Mai 1853 von Amtswegen einzutragen waren, beschränken das Eigenthumsrecht in dem Sinne des Ges. über den Eig.Erw. §. 11. Enthält das Testament, auf Grund dessen der Erbe seine Einschreibung als Eigenthümer beantragt, solche Beschränkungen, sei es, daß das Eigenthum nur als Fideikommiß oder unter einer Resolutivbedingung oder sonst wie beschränkt vererbt ist, so kann der Eigenthumsübergang nur dann eingetragen werden, wenn gleichzeitig die Eintragung der Beschränkung nachgesucht wird. Es folgt dies daraus, daß bei der Eintragung des Eigenthümers in der ersten Abtheilung des Formulars I und auf dem Titel des Formulars II die Beschränkung des Eigenthums nicht ersichtlich gemacht werden darf (§§. 10, 14), ein unbeschränktes Recht aber dem Erben nach der Verordnung des Erblassers nicht zusteht. So im wesentlichen auch Dernburg u. Hinrichs 1 §. 30 S. 396 und Dernburg, Preuß. Privatr. 3 §. 158 bei Note 2. Abweichend Turnau 1 S. 228, Bahlmann 3. Aufl. S. 344 und Eccius 3 §. 169 Anm. 29, welche der Ansicht sind, daß §. 54 die offizielle Fürsorge des Grundbuchrichters für den aus der Nebenbestimmung Berechtigten schlechthin ausschließe; es sei ja möglich, daß der scheinbare Substitut selbst einsehe, daß er kein Recht habe, und deshalb keine Ansprüche erhebe. Auch die Praxis hat meist die Eintragung des Eigenthumes eines Fiduziarerben ohne Rücksicht auf das Recht des fideikommissarisch substituirten Erben zugelassen. Sie scheint dabei von dem Mißverständnisse geleitet zu sein, daß der §. 54 die Berücksichtigung der Nebenbestimmungen rc.

§. 55.

In den Fällen, in welchen der Erwerb des Eigenthums an Grundstücken eine Auflassungserklärung des bisher eingetragenen Eigenthümers nicht voraussetzt, kann der Eigenthümer zur Eintragung seines Eigenthums angehalten werden, wenn

---

von Amtswegen ausschließe, während doch nur die Eintragung derselben ohne Antrag unstatthaft ist. Vgl. Marienwerder, Johow 5 S. 99, Kammerger., ebd. 7 S. 138, Jahrb. 2 S. 108, 7 S. 128, und Ratibor Johow 8 S. 196. Nur in einem Beschluß vom 6. Okt. 1875 (Johow 5 S. 88) hat sich das frühere Kammergericht der hier vertretenen Ansicht angeschlossen.

b. Ist das Eigenthum selbst ohne Beschränkung erworben, einem Dritten aber in dem Testament ein Recht beigelegt, dessen Ausübung die Verfügungsbefugniß des Eigenthümers einschränkt, so hat der Grundbuchrichter den Eigenthümer auf dessen Antrag einzutragen, ohne von dem Rechte des Dritten Notiz zu nehmen. Der Grund ist, daß hier die Beschränkung nicht schon durch den Willen des Erblassers, sondern erst durch den Willen des von diesem Honorirten eintritt. Wenn der Honorirte das ihm zugedachte Recht nicht will, so gelangt dasselbe überhaupt nicht zur Existenz. In dem unter a gedachten Falle dagegen erwirbt der Erbe (oder Legatar) das Eigenthum mit der von dem Testator angeordneten Beschränkung; die letztere kann daher nur dadurch beseitigt werden, daß der Dritte sein der Beschränkung des Eigenthumes entsprechendes Recht aufgiebt.

Der Fall, in welchem die Einschreibung des Eigenthümers unabhängig ist von der Eintragung der Beschränkung, ist immer dann gegeben, wenn der Erblasser dem Einen das Grundstück und dem Anderen ein dingliches Recht an demselben (z. B. den Nießbrauch, eine Rente, eine Hypothek) zugewendet resp. zugedacht hat. Die Betheiligten werden deshalb gut thun, gleich nach der Publikation des Testamentes den Antrag auf Eintragung ihres Rechtes oder der Verfügungsbeschränkung des Eigenthümers zu stellen, beziehungsweise, wenn letzterer mit der Eintragung seines Eigenthumes zögert, ihn zur Nachsuchung derselben anhalten (§§. 55, 56) und zur Wahrung ihres Rechtes eine Vormerkung eintragen zu lassen. Versäumen sie dies, und der Erbe veräußert das Grundstück, so verlieren sie ihr Recht auf Eintragung. Der Erwerber des Grundstückes braucht sich dieselbe nicht gefallen zu lassen. „Der §. 28 des Gesetzes vom 24. Mai 1853 bestimmte zur Sicherung der Rechte der in einer letztwilligen Verfügung bedachten Person, daß die vom Besitzer vorgenommene Disposition ihrem Rechte nicht präjudizire, wenn sie dessen Eintragung innerhalb zweier Monate nach der Publikation der letztwilligen Verordnung nachsuche. Diese Bestimmung ist mit dem Glauben des Hypothekenbuches nicht vereinbar und deshalb nicht übernommen." (Motive, bei Werner S. 156.)

2. Der Antrag, von welchem die Eintragung einer Eigenthumsbeschränkung im Falle des §. 54 abhängig ist, kann sowohl von dem Eigenthümer als auch von demjenigen gestellt werden, zu dessen Gunsten das Eigenthum beschränkt ist. Stellt letzterer den Antrag, so muß er die Zustimmung des Eigenthümers zu seiner Eintragung oder das denselben zur Ertheilung derselben verurtheilende Erkenntniß beibringen. (C.P.O. §. 779.) Siehe oben S. 103 ff. die Anm. zu §. 14 des Gesetzes.

Von Amtswegen kann eine Eigenthumsbeschränkung gegenwärtig auch dann nicht eingetragen werden, wenn die Eintragung schon unter der Herrschaft des Gesetzes vom 24. Mai 1853 §. 28 hätte erfolgen sollen. (Naumburg, Johow 8 S. 190.)

§. 55.

1. Ueber das frühere Recht vgl. die Kab.O. vom 31. Oktober 1831, G.S. S. 251, und vom 6. Oktober 1833, G.S. S. 124, und die Gesetze vom 3. Januar 1845 §. 6, G.S. S. 26, und vom 24. Mai 1853 §. 4, G.S. S. 241.

1) eine zuständige Behörde dieselbe erfordert,
2) wenn ein dinglich oder zu einer Eintragung Berechtigter dieselbe beantragt.

Die Gr.B.O. hat die Berechtigung auf Einleitung des Zwangsverfahrens unter §. 55 prinzipiell geregelt. „Da nach dem Gesetz über den Eigenthumserwerb ꝛc.“, so heißt es in den Motiven, „bei Veräußerungen nur derjenige Eigenthümer wird, welcher als solcher auf Grund einer Auflassung eingetragen worden, mithin ein nicht eingetragener Eigenthümer, wie nach bisherigem Rechte, nicht mehr anerkannt wird, so kann in diesen Fällen grundsätzlich ein Zwang zur Eintragung des Eigenthümers nicht mehr stattfinden; denn Niemand kann gezwungen werden, Eigenthum zu erwerben. Es giebt jedoch noch Fälle, wo nicht die Eintragung der Erwerbsakt ist, dieser sich vielmehr anderweitig vollzieht; insbesondere bei dem Erwerb durch Erbgang, bei der Enteignung durch die Besitzeinweisung, bei den Gemeinheitstheilungen; und endlich sind auch die Fälle noch zu beachten, wo nach dem bisherigen Rechte Jemand durch Vertrag und Tradition Eigenthümer geworden, sich aber nicht hat eintragen lassen. In allen diesen Fällen kann es unter Umständen nothwendig erscheinen, den nicht eingetragenen Eigenthümer zu zwingen, sich eintragen zu lassen, um die durch die Eintragung bedingten Handlungen bei dem Grundbuch gegen den Eigenthümer vornehmen zu können. Folgt der Eigenthümer dann der Aufforderung nicht, so muß ein Zwangsverfahren gegen ihn eintreten, welches im §. 56 dem bestehenden Rechte entsprechend normirt ist.“ (Werner 2 S. 156.)

2. Zu den zuständigen Behörden, welche nach §. 55 Nr. 1 die Eintragung des Eigenthümers verlangen können, gehören auch die Spezialkommissarien der Generalkommission (Königsberg, Johow 8 S. 176; Kammerger., Jahrb. 8 S. 73.) Auch gegenüber dem Verlangen einer zuständigen Behörde ist der Grundbuchrichter berechtigt und verpflichtet zu prüfen, ob die Voraussetzungen des Zwangsverfahrens gegeben sind (Kammerger., ebd. 8 S. 73).

3. Die nach Vorschrift unter Nr. 2 Berechtigten sind

a. diejenigen, welche ein eintragungsfähiges Recht an dem Grundstück erworben haben, und

b. diejenigen, welchen ein Recht auf Eintragung zusteht, gleichviel ob das einzutragende Recht durch die Eintragung dinglich oder blos gegen Dritte wirksam werden soll. Besteht nur ein Anspruch auf Bewilligung der Eintragung (z. B. einer Hypothek), so ist die Voraussetzung des §. 55 nicht gegeben. (Abweichend Bahlmann 3. Aufl. S. 347 und Borchardt, Vormerkung S. 25; letzterer hält ein Recht auf eine Vormerkung für genügend.) Hat dagegen der (nicht eingetragene) Eigenthümer die Eintragung einer Hypothek bereits bewilligt oder ist er zur Ertheilung der Bewilligung rechtskräftig verurtheilt, so ist der Gläubiger ein „zu einer Eintragung Berechtigter.“ Dasselbe muß auch dann gelten, wenn der Eigenthümer zur Zahlung einer bestimmten Summe verurtheilt und der Gläubiger ex judicato die Eintragung einer Hypothek zu verlangen berechtigt ist. (Kammerger., Johow 5 S. 99.) Anderer Ansicht O.Tr. III, Gruchot 23 S. 455; vgl. dagegen oben S. 101 Anm. 2 zu §. 13 des Gesetzes. Miteigenthümer gehören nicht zu den antragsberechtigten dinglich Berechtigten (Kammerger., Jahrb. 6 S. 93; Turnau 1 S. 231).

4. Passiv legitimirt für das Verfahren ist nur der Eigenthümer. Dem Eigenthümer gleich steht indessen der Miteigenthümer (Königsberg, Johow 8 S. 178), namentlich in den Fällen der ehelichen Gütergemeinschaft (Posen, ebd. 4 S. 101) und des Erbrechts (Naumburg, ebd. 5 S. 99). Hat der Eigenthümer das Grundstück bereits aufgelassen, so ist gegen ihn das Zwangsverfahren nicht mehr zulässig (Kammerger., Jahrb. 8 S. 73).

Die Thatsache, daß Jemand auf fremdem Grund und Boden ein Haus erbaut hat, verschafft für sich allein dem Erbauer nicht das Eigenthum der Baustelle. Gegen ihn findet mithin das Zwangsverfahren nach §§. 55 und 56 nicht statt. (Naumburg, Johow 8 S. 176.)

5. Der in Anm. 1 mitgetheilte Satz der Motive, daß niemand gezwungen werden kann,

§. 56.

Wird von einem nach §. 55. hierzu Berechtigten die Eintragung des Eigenthümers beantragt, so hat der Grundbuchrichter den Eigenthümer unter Mittheilung des Antrages aufzufordern, binnen einer bestimmten Frist bei Vermeidung einer die Summe von 50 Thalern nicht übersteigenden Geldstrafe sich eintragen zu lassen.

Läßt derselbe die Frist fruchtlos verstreichen und bescheinigt auch nicht Hindernisse, welche einen ferneren Aufschub rechtfertigen, so setzt der Grundbuchrichter die Strafe fest und erneuert die frühere Aufforderung an ihn unter der Verwarnung, daß nach Ablauf der neuen Frist auf ferneres Andringen des hiervon zu benachrichtigenden Antragstellers im Wege der Zwangsvollstreckung die Eintragung seines Eigenthums werde herbeigeführt werden.

Bestreitet der Eigenthümer im Fall des §. 55. Nr. 2. das Recht des Antragstellers, so ist Letzterer zum Prozeßwege zu verweisen.

Eigenthum zu erwerben, hat eine Einschränkung durch den §. 17 des Ausf.Ges. z. C.P.O. erlitten, vgl. S. 39 Anm. 5e zu §. 2 des Gesetzes. Siehe auch S. 43 Anm. 7 zu §. 3.

6. Schließlich läßt §. 6 Abs. 4 des Zwangsvollstr.Ges. an Stelle des Zwangsverfahrens nach §§. 55 und 56 die Eintragung des Eigenthümers auf Antrag eines Gläubigers desselben, welcher für seine Geldforderung einen vollstreckbaren Schuldtitel erwirkt hat, ohne weiteres zu, vgl. Anm. II 2b zum Zus. zu §. 19 des Gesetzes, oben S. 144.

§. 56.

Das Zwangsverfahren richtet sich gegen den **Eigenthümer** des Grundstückes. Gehört dasselbe einer **Ehefrau**, so muß der „Strafbefehl gegen den Ehemann erlassen und vollstreckt werden, weil die Besitztitelberichtigung bei eingebrachten Grundstücken ein bloßer, ihm gesetzlich obliegender Verwaltungsakt ist." (**Koch**, Hyp.O. Note 67 S. 97.) Muß mit dem Verfahren zugleich die Anlegung eines Grundbuchblattes nach §. 135 Nr. 3 verbunden werden, so ist das Verfahren in Gemäßheit des §. 56 ausgeschlossen, sofern sich der angebliche Eigenthümer nicht im Besitze des Grundstückes befindet. (**Posen**, **Johow** 4 S. 103.) In dem Verfahren lassen sich drei Stadien unterscheiden:

1. Das erste Stadium beginnt mit dem Antrage des Berechtigten. Auf denselben erläßt der Grundbuchrichter an den Eigenthümer den Eintragungsbefehl, welcher wie folgt gefaßt werden kann:

„Sie erhalten hierbei den Antrag des ꝛc. vom ...... 1881 in Abschrift zugefertigt mit der Aufforderung, binnen vier Wochen, vom Tage des Empfanges dieses Befehls an gerechnet, bei Vermeidung einer Strafe von 60 Mark sich als Eigenthümer des hier ..... Straße Nr. ... belegenen Grundstückes in das Grundbuch von ..... Bd. ... Nr. ... eintragen zu lassen."

Wird hiernächst der Eigenthümer eingetragen, so ist das Verfahren erledigt. Der Antragsteller erhält Nachricht von der Eintragung, und es bleibt ihm überlassen, seine Rechte gegen den Eigenthümer zu verfolgen.

Wird gegen den Eintragungsbefehl Widerspruch erhoben, so kommt es darauf an, ob der Widersprechende die Erwerbung des Eigenthumes seinerseits oder die Berechtigung seines Gegners bestreitet. Ersterenfalls hat der Grundbuchrichter nach Lage der Sache über den Widerspruch zu befinden, letzterenfalls dagegen, wenn die Eintragung von einer Behörde beantragt ist, den Eigenthümer an diese, sonst den Antragsteller auf den Weg des Prozesses zu verweisen. Vgl. **Turnau** 1 S. 233.

2. Das zweite Stadium tritt ein, wenn ein nach vorstehenden Bemerkungen das Verfahren

§. 57.

Die Eintragung des Eigenthümers ist dem bisher eingetragenen Eigenthümer und den aus dem Grundbuch ersichtlichen dinglich Berechtigten, sowie der Grundsteuerbehörde und im Fall von Abzweigungen dem Landrath oder dem Magistrat bekannt zu machen.

---

hemmender Widerspruch innerhalb der gesetzten Frist nicht erhoben und eine etwa ertheilte Nachfrist verstrichen ist. Es wird eingeleitet durch eine Verfügung des Grundbuchrichters, für welche das nachstehende Muster sich empfehlen dürfte:

„Da Sie dem Eintragungsbefehle vom ..... 1881 nicht nachgekommen sind, so wird die Ihnen in demselben angedrohte Strafe von 60 Mark hierdurch festgesetzt. Sie haben dieselbe binnen acht Tagen an die Kasse ꝛc. zum Kassenzeichen ...... zu zahlen, widrigenfalls die zwangsweise Einziehung erfolgen wird.

Gleichzeitig werden Sie aufgefordert, nunmehr endlich binnen vierzehn Tagen sich als Eigenthümer des in dem gedachten Befehle bezeichneten Grundstückes eintragen zu lassen. Nach fruchtlosem Ablauf dieser Frist wird auf ferneres Anbringen des ꝛc. ... die Eintragung Ihres Eigenthums im Wege der Zwangsvollstreckung herbeigeführt werden."

Für den weiteren Verlauf der Sache ist auf die Anm. 1 zu verweisen. Es kann sich zwar fragen, ob ein Widerspruch gegen die zweite Verfügung überhaupt zulässig ist. Indessen wird man diese Frage bejahen müssen, da das Gesetz die Frist nicht als Ausschlußfrist bezeichnet und der letzte Satz des §. 56 sich seiner Stellung nach auf die beiden ersten Sätze bezieht.

3. Das dritte Stadium ist das der Zwangsvollstreckung. Dieselbe erfolgt nur auf Antrag. Zuständig ist das Amtsgericht, aber nicht, wie Bahlmann 3. Aufl. S. 348 annimmt, als Prozeßgericht, sondern als Buchbehörde. Nach Förster, Grundbuchrecht S. 103, ist das unter §. 56 geordnete Verfahren „der einzige Fall, in welchem dem Grundbuchamt ein Gerichtszwang zusteht." Hieran hat die neue Gesetzgebung nur das geändert, daß die Funktionen der aufgehobenen Grundbuchämter von den Amtsgerichten wahrgenommen werden. Der mit der Bearbeitung der Grundbuchsachen betraute Amtsrichter hat daher, auch wenn er nicht zugleich die Exekutionssachen bearbeitet, die Vollstreckungsmaßregeln gegen den Eigenthümer anzuordnen und zu leiten. Im übrigen kommen allerdings die Vorschriften der C.P.O. §. 774 an Stelle der Kab.O. v. 6. Oktober 1833 und der Verordnung v. 4. März 1834 zur Anwendung. (A. M. Jastrow in Gruchot 30 S. 297 ff.) §. 773 der C.P.O. ist unanwendbar, weil der Antrag auf Eintragung nur von dem Eigenthümer oder in dem in Anm. 6 zu §. 55 erwähnten Falle von dessen Gläubiger, von einem Dritten dagegen nur kraft einer Vollmacht dieser Personen gestellt werden kann und §. 773 nur solche Handlungen im Auge hat, welche auch ohne Vollmacht von Dritten vorgenommen werden können (vgl. Kipp, die Verurteilung zur Abgabe von Willenserklärungen, 1892, S. 137 ff). Wenn in dem einzelnen Falle die Eintragung nicht ausschließlich von dem Willen des Eigenthümers abhängt, kann sie im Wege der Zwangsvollstreckung nicht erwirkt werden. Ebensowenig, wie §. 773, kommt §. 778 der C.P.O. hier zur Anwendung, da §. 56 nur eine Eintragung im Wege der Zwangsvollstreckung, nicht eine Klage auf das Interesse zuläßt.

Für die in den Anm. 1 u. 2 bezeichneten Verfügungen kommen Kosten nicht in Ansatz. Für die Zwangsvollstreckung dagegen werden Kosten liquidirt; sie dürfen jedoch den Betrag von 150 Mark nicht übersteigen. (Kostentarif §. 8 Nr. 4.)

§. 57.

1. Der § 57 legt der Buchbehörde Verpflichtungen auf, welche durch die Eintragung eines neuen Eigenthümers begründet werden. Er setzt also zu seiner Anwendung voraus, daß der Erwerber des Grundstückes als Eigenthümer eingetragen wird. Hieraus folgt, daß für die Fälle, in welchen das Eigenthum noch jetzt ohne Auflassung übergeht, die älteren Bestimmungen in Kraft geblieben sind, nach welchen der Notar, der einen Veräußerungsvertrag aufgenommen

hat, oder der instrumentirende Richter, der nicht zugleich der Grundbuchrichter ist, eine Abschrift des Vertrages der Buchbehörde einzureichen und die Steuerbehörde zu benachrichtigen hat. Jene Bestimmungen sind enthalten in der Allg. Ger.O. II. 3 §. 26 und Anh. §. 426, der Dekl. v. 21. März 1835, G.S. S. 42, der Instr. v. 12. Juni 1835, v. Kamptz, Jahrb. 45 S. 510, den Reskripten v. 7. Nov. 1838, ebd. 52 S. 591, und v. 11. Januar 1842, J.Min.Bl. S. 26, und dem Notariatsgesetz v. 11. Juli 1845 §. 21. Vgl. Förster, Hyp.O. 2 §. 60 Note 66 S. 89 und die Ausf.Verf. v. 2. September 1872 Art. 14 (siehe unten).

2. Nachricht von der Eintragung eines neuen Eigenthümers erhalten:

a. der bisher eingetragene Eigenthümer. Die Vorschrift ist neu, aber sehr zweckmäßig, weil sie die Möglichkeit bietet, die Fälschung einer — etwa unter dem Namen des Eigenthümers von einer fremden Person vorgenommenen — Auflassung leicht zu entdecken. Aus diesem Grunde ist die Benachrichtigung auch dann nicht überflüssig, wenn der bisherige Eigenthümer nach Inhalt des Auflassungsprotokolls persönlich die Auflassung erklärt hat. (Ber. der Komm. des H.H., bei Werner S. 171.)

Da eine Beurkundung der Zustellung an den bisherigen Eigenthümer nicht vorgeschrieben ist, so unterliegt dieselbe nicht den Vorschriften der C.P.O., sondern nur den oben S. 325 im 2. Abs. der Anm. 6 zu §§. 20 bis 24 angeführten Vorschriften. Ist die Wohnung des Adressaten nicht zu ermitteln, so unterbleibt die Benachrichtigung. Eine öffentliche Bekanntmachung des Eigenthumsüberganges findet nicht statt;

b. die dinglich Berechtigten, sofern sie aus dem Grundbuche bekannt sind. Auch an sie erfolgt die Bekanntmachung in derselben Form, wie an den Eigenthümer, vgl. Anm. a.

„Bei der großen Bedeutung", welche nach der Subh.O. v. 15. März 1869 §§. 10 und 19 Nr. 1 und auch jetzt noch nach dem Zwangsvollstr.Ges. §§. 4 und 19 „die Anzeige des Wohnorts und die Bezeichnung eines Vertreters der Realberechtigten zu den Grundakten für das Subhastationsverfahren hat," ist den Hypothekenbehörden in der Ministerialverfügung vom 20. März 1869 Nr. 7 (J.M.Bl. S. 63) empfohlen worden, „auf einem besonderen Blatte unter dem Aktendeckel regelmäßig zu vermerken, was nach beiden Richtungen hin zu den Grundakten bekannt geworden ist" (vgl. unten die allg. Verf. v. 14. Novbr. 1872 §. 3);

c. der neue Eigenthümer. Seine Benachrichtigung ist zwar nicht ausdrücklich vorgeschrieben, aber selbstverständlich, da er der meist Interessierte ist (Turnau 1 S. 238);

d. die Grundsteuerbehörde. In den Grundsteuerbüchern und Gebäudesteuerrollen werden alle Veränderungen nachgetragen, welche dadurch entstehen, daß in den Eigenthumsverhältnissen der Grundstücke und Gebäude ein Wechsel eintritt. (Gr.Steuer-Ges. für die westlichen Provinzen vom 21. Januar 1839 §§. 14, 32; Ges., betr. die Einführung einer allgem. Gebäudesteuer, vom 21. März 1861 §. 15 Nr. 1; Gesetz, betreffend die definitive Unterverteilung und Erhebung der Grundsteuer in den sechs östlichen Provinzen, vom 8. Februar 1867 §§. 32 und 33.) Die Fortschreibung erfolgte bisher auf Grund der von den Parteien beizubringenden — eventuell auf Kosten derselben herbeizuschaffenden — Urkunden über den Eigenthumswechsel. Durch die unmittelbar von den Grundbuchämtern ausgehenden Nachrichten wird den Steuerbehörden die Arbeit erleichtert und die Möglichkeit gegeben, die Steuerbücher so zu führen, daß dieselben die Basis für das Grundbuch bilden können. (§. 4.)

Die Benachrichtigung der Grundsteuerbehörde erfolgt sofort nach der Eintragung des Eigenthümers in Gemäßheit der allg. Verf. des J.M. v. 24. Mai 1873, J.Min.Bl. S. 164, und v. 5. Juni 1877, J.Min.Bl. S. 103. Vgl. auch allg. Verf. v. 25. März 1890, J.Min.Bl. S. 109, und für die Hohenzollern'schen Lande die Verf. vom 9. Novbr. 1874 Art. XI, J.Min.Bl. S. 303;

e. im Fall von Abzweigungen der Landrath oder der Magistrat, je nachdem diesem oder jenem die Vertheilung der bisher auf dem ganzen Grundstück haftenden Abgaben auf die Parzellen obliegt. (Vgl. das Ges. vom 3. Januar 1845 §. 8 und das Gesetz, betr. die Vertheilung der öffentlichen Lasten bei Grundstückstheilungen ꝛc., vom 25. August 1876.) Diese

§. 58.

Wenn ein Grundstück, welches von einem eingetragenen Grundstück abgezweigt werden soll, auf ein anderes Blatt oder einen anderen Artikel zu übertragen ist, so muß das einzutragende Grundstück in der Auflassungserklärung nach dem Steuerbuch unter Beifügung eines beglaubigten Auszuges aus demselben und einer von dem Fortschreibungsbeamten beglaubigten Karte, aus welcher die Größe des abgezweigten Grundstücks hervorgeht, bezeichnet werden.

Benachrichtigung ist jetzt überflüssig geworden, weil der Katasterkontroleur, welcher als Grundsteuerbehörde ohnehin benachrichtigt wird, die Vertheilung der Renten vorzunehmen und behufs Vertheilung der übrigen Abgaben dem Landrath bezw. Magistrat die erforderlichen Auszüge zu übersenden hat, vgl. Ges. v. 26. Aug. 1876 §§. 4, 8, für Hannover Ges. v. 4. Juli 1887 §§. 4, 8 und für Schlesw.-Holstein Ges. v. 13. Juni 1888 §§. 4, 8. In Berlin wird die Eintragung des Eigenthümers auch dem Polizeipräsidium bekannt gemacht;

f. im Fall der Eröffnung des Enteignungsverfahrens auch die Enteignungsbehörde in Gemäßheit des Gesetzes vom 11. Juni 1874 §. 4;

g. bei der Veräußerung des Antheiles an einem Hauberge in den Kreisen Siegen oder Altenkirchen auch der Vorsteher der Genossenschaft nach den Haubergordnungen v. 17. März 1879 §. 10 und 9. April 1890 §. 11.

3. Wegen der Kosten siehe den Tarif §. 7.

§. 58.

1. Die Vorschrift des §. 58 ist unentbehrlich, wenn die Uebereinstimmung des Grundbuches mit dem Steuerbuche aufrecht erhalten werden soll. Die Einreichung einer von einem vereideten Feldmesser angefertigten Karte wurde schon früher bei Parzellirungen von verschiedenen Gerichten gefordert, weil meist nur durch eine solche die Identität des Grundstückes sich feststellen ließ. Die Vorschrift der Gr.B.O. hatte in dem Entwurfe der Regierung ihre Stelle unter §. 39. Erst in der Kommission des Abg.H. hat sie ihren gegenwärtigen Platz erhalten. (Werner 2 S. 154 u. 187.)

2. Eine Abzweigung liegt nur vor in dem Falle der realen Theilung eines selbständigen Grundstückes, gleichviel, ob die Parzelle auf dem Titel des Stammgrundstückes bereits nachgewiesen ist oder nicht. (Vgl. über die Form des vom Katasteramt zu ertheilenden Auszuges, wenn das abzuzweigende Grundstück bereits getrennt im Kataster nachgewiesen ist, allg. Verf. vom 2. Juli 1885, J.M.Bl. S. 233.) Die unter besonderen Nummern in dem Artikel des Eigenthümers (Formular II) verzeichneten Wandeläcker sind selbständige Grundstücke; ihre Abschreibung unterliegt daher nicht der Vorschrift des §. 58. Bei der Uebertragung der Parzelle auf das (vorhandene oder neu anzulegende) Blatt des Erwerbers sind die Vorschriften der Ausführungsverfügung vom 2. September 1872 Art. 7 ff. zu beachten.

3. Der §. 58 bezieht sich nach seinem Wortlaute nur auf den Fall, in welchem die Abschreibung des Trennstückes auf Grund der Auflassung erfolgt. Es herrscht indessen jetzt wohl Einverständniß darin, daß die Fassung der Vorschrift der Absicht des Gesetzgebers nicht vollständig entspricht, indem die Absicht dahin geht, das abgezweigte Stück im Anschluß an das Steuerbuch durch das Grundbuch zu identifiziren, diese Absicht aber nur durch Beibringung einer Karte und eines Auszuges aus dem Steuerbuche erreicht werden kann, gleichviel ob die Parzelle aufgelassen wird oder nicht. (Vgl. Dernburg, Preuß. Privatrecht 1 §. 244 Note 4 und 8; Turnau 1 S. 245; Bahlmann 3. Aufl. S. 356.) Die Praxis hat den §. 58 für anwendbar erklärt: bei der Theilung eines Grundstückes ohne Veräußerung eines Theiles; vgl. Formular II Abtheilung 1 Nr. 8 (Cöslin, Johow 3 S. 276, Kammerger., ebd. 4 S. 131 Königsberg, ebd. 7 S. 174, Marienwerder, ebd. 8 S. 182); bei der Enteignung (Posen, Johow 4 S. 104, und Königsberg, Jahrb. 1 S. 73); im Falle des §. 59 (Stettin, Johow 3

§. 59.

Wenn ein Theil eines Grundstücks unbelastet auf einen Eigenthümer übergehen soll, dessen Grundbesitz im Grundbuch nicht verzeichnet zu werden braucht (§. 2.), so kann auf Verlangen des Erwerbers die im Anschluß an die Auflassung zu bewirkende Eintragung des Eigenthumsüberganges dadurch ersetzt werden, daß auf dem bisherigen Grundbuchblatt oder Artikel die Abschreibung des Theils mit Angabe des Sachverhältnisses vermerkt wird. Dieser Vermerk hat die Wirkung der Eintragung des Eigenthumsüberganges.

S. 133.) Nach der Ansicht des Kammergerichtes wird aber im §. 58 „nur die Eintragung stattgehabter Parzellirungen auf Betrieb der Betheiligten geregelt"; darnach findet diese Bestimmung keine Anwendung bei Ersuchen der Enteignungsbehörde nach §. 33 des Ges. v. 11. Juni 1874 (Jahrb. 4 S. 161), bei Ersuchen der Auseinandersetzungsbehörde um Abschreibung von Abfindungsparzellen (ebd. S. 165 und 6 S. 152) und bei Ersuchen der Generalkommission nach §. 12 des Ges. vom 7. Juli 1891 bei Errichtung eines Rentengutes (L.G. Danzig, ebd. 12 S. 341). Nach einem Beschluß des L.G. Osnabrück (ebd. 10 S. 309) bedarf es vor der Auflassung keiner katastermäßigen Bezeichnung der bei Begradigungen, Verlegungen oder Erbreiterungen von Chausseen oder Gemeindewegen abgetretenen kleinen Grundstücksabschnitte (vgl. Katasteranweisung I und II vom 31. März 1877, namentlich II §. 28, J.M.Bl S. 103).

4. Die Beibringung der Karte und des Auszuges aus dem Steuerbuche wird dadurch nicht erübrigt, daß die Größe der aufzulassenden Parzelle bereits aus Karten und Auszügen, welche zu anderen Zwecken dem Grundbuchamt eingereicht sind, hervorgeht. (Königsberg, Johow 7 S. 185.) Die Auflassung eines Trennstückes, während das Separationsverfahren über das Stammgrundstück schwebt, ist von der Regulirung des Grundbuches in Gemäßheit des Gesetzes vom 26. Juni 1875 abhängig. (Kammerger., ebd. 6 S. 341, und Königsberg, ebd. 7 S. 186.) Dagegen ist die Auflassung und, wo es einer solchen nicht bedarf, die Abschreibung nicht bedingt durch die Zurückführung des Grundbuches auf das Steuerbuch. (Königsberg, ebd. S. 184.)

5. Ueber Form und Inhalt der Karte und des Auszuges ergeben das Nähere die Bestimmungen des J.Min. vom 5. Juni 1877, J.M.Bl. S. 104, Nr. II, und vom 2. Juli 1885, J.M.Bl. S. 233. Vgl. auch Kammerger., Jahrb. 3 S. 125. Die Karte braucht vom Fortschreibungsbeamten nicht angefertigt, sondern nur beglaubigt zu sein; allg. Verf. v. 17. August 1888, J.M.Bl. S. 199.

Die Karte braucht nicht nothwendig die Größe des Restgrundstückes nachzuweisen. Die Regierungsvorlage, welche zwischen den Worten „abgezweigten" und „hervorgeht" die Worte hatte: und des Restgrundstückes, ist von der Kommission des Herrenhauses zu der vorliegenden Fassung umgestaltet worden, um der Nothwendigkeit der Vermessung und Kartirung großer Grundstücke im Fall der Abtretung kleiner Theile zu begegnen. (Werner 2 S. 169.)

§. 59.

1. Der §. 59 ist nicht anwendbar, wenn ein Grundstück ganz veräußert wird. Nach dem Beschlusse der Kommission des H.H., welche diesen Paragraphen eingeschaltet hat, begann derselbe mit den Worten: „Wenn ein Grundstück oder ein Theil eines Grundstückes." (Werner 1 S. 45 und 53.) In der Kommission des A.H. wurde die Streichung der Worte „ein Grundstück oder" beschlossen. Der Antragsteller wollte ein Bedürfniß für die Bestimmung nur dann anerkennen, „wenn es sich um die Abschreibung kleiner Parzellen handele, für welche die Anlegung und Fortführung eines besonderen Grundbuchblattes nicht zweckmäßig erscheine." Die Kommission entschied sich für die beantragte Streichung der Worte, ungeachtet von anderer Seite hervorgehoben wurde, „die Unterscheidung zwischen ganzen Grundstücken und Trennstücken lasse sich nicht rechtfertigen: das abzuzweigende Grundstück werde durch die Ab-

schreibung ein selbständiges." (Werner 2 S. 187 u. 188.) Der Einwurf erscheint in der That begründet, hat auch eine Widerlegung bisher nicht gefunden. Der Fiskus, der ein Stück Land zur Anlage einer Chaussee, die Eisenbahngesellschaft, welche ein Grundstück für den Bahnkörper erwirbt, hat nicht das mindeste Interesse an der Anlegung eines Grundbuchblattes für dieses Grundstück. Fordert man gleichwohl des Prinzipes wegen die Anlegung, so hätte man wenigstens die Konsequenz für sich. Aber diese Konsequenz ist nicht beobachtet. Wenn eine der in §. 2 aufgeführten juristischen Personen ein Grundstück erwerben will, welches bisher der Theil eines anderen war, so bedarf es der Uebertragung auf ein vorhandenes oder neu anzulegendes Folium nicht unbedingt; besaß es dagegen bereits der Veräußerer als eine besondere Sache, so muß es auf ein anderes Blatt übertragen werden. Darin liegt eine rechtlich ungleichmäßige Behandlung thatsächlich gleicher Verhältnisse. Die Voraussetzung, daß die Trennstücke nur „kleine Parzellen", die „ganzen Grundstücke" größeren Umfanges sein werden, wird vielfach nicht zutreffen (vgl. Formular II), würde aber auch die Unterscheidung nicht rechtfertigen können. Dernburg u. Hinrichs 1 S. 294 Anm. 10 und Dernburg, Preuß. Privatrecht 1 §. 193 Anm. 11, wollen trotz der mitgetheilten Entstehungsgeschichte den §. 59 analog auch auf den Fall anwenden, daß ein selbständiges, bisher mit anderen Grundstücken auf demselben Blatt vereinigtes Grundstück veräußert wird; dagegen sind Turnau 1 S. 247 und Rocholl, Rechtsfälle 1 S. 210, der hier vertretenen Ansicht. Vgl. auch oben S. 295 Anm. 4 a. E. zu §. 2 der Gr.B.O.

2. Geht das Trennstück mit Realverbindlichkeiten belastet auf den Erwerber über, so kann von der Anlegung eines besonderen Grundbuchblattes nicht abgesehen werden, weil eine Belastung nur bei solchen Grundstücken denkbar ist, die ein Folium im Grundbuch haben. (§§. 5, 12, 18 des Ges.; Kammerger., Jahrb. 3 S. 132.)

3. Fraglich ist, ob die Eintragung des Eigenthumsüberganges durch Angabe des Sachverhältnisses in dem Abschreibungsvermerk auch dann ersetzt werden kann, wenn das Trennstück ohne Auflassung in das Eigenthum des Erwerbers übergegangen ist. Die Frage hat praktische Bedeutung nur im Falle der Enteignung. Sie wird von Dernburg, Preuß. Privatr. 1 §. 193 Note 11, auf Grund der Analogie bejaht, während Bahlmann 3. Aufl. S. 158 und Turnau 1 S. 247 sie im Hinblick auf den Wortlaut des §. 59 verneinen. Allerdings sind, wie Turnau hervorhebt, Anträge, welche auf eine alle Erwerbsarten betreffende Fassung des §. 59 abzielen, in den Landtagskommissionen abgelehnt worden. (Werner 2 S. 169 u. 187.) Allein da die Gründe für die Ablehnung nicht bekannt sind, so kann aus derselben nichts weiter gefolgert werden, als daß eine ausdrückliche Vorschrift nur für den Fall der Auflassung von den Gegnern jener Anträge beliebt worden ist. In diesem Fall bedurfte es in der That eines besonderen Ausspruches des Gesetzgebers zur Erreichung des Zweckes, weil es sonst zweifelhaft geblieben sein würde, ob gegenüber der Vorschrift des Gesetzes über den Eigenthumserwerb §. 1 die bloße Abschreibung des Trennstückes zur Vollendung des Eigenthumsüberganges genügte. Dieser Zweifel besteht aber nicht, wenn das Eigenthum ohne Eintragung erworben wird. Hier hat die Eintragung, wenn der Erwerber über das Trennstück nicht verfügen will, nur die Bedeutung der Veröffentlichung des Ueberganges durch das Grundbuch. Dieser Zweck aber wird vollkommen erreicht, wenn die Abschreibung bei dem Stammgrundstück erfolgt. Es erscheint daher nicht bedenklich, die Uebertragung auf ein anderes Blatt zu unterlassen, wenn dieselbe von dem Erwerber, der zu den nach §. 2 der Gr.B.O. privilegirten Personen gehört, nicht gewünscht wird. Für die Erwerbung kleiner Parzellen in Gemäßheit der Gesetze, betr. die Errichtung und Erhaltung von Marksteinen &c., vom 7. Oktober 1865, 7. April 1869 und 3. Juni 1874 wäre die Anlegung eines Blattes oder eines Artikels im Grundbuche nur eine nutzlose Schreiberei. In einem Falle, mit welchem sich Insterburg, Johow 5 S. 67, beschäftigte, scheint denn auch die Anwendung des §. 59 auf Marksteinschutzflächen nicht in Zweifel gezogen zu sein, und das Kammerger., Jahrb. 4 S. 159, hat sich allgemein der hier vertretenen Meinung angeschlossen.

4. Die Auflassung soll nach Dernburg, Preuß. Privatr. 1 §. 240 Note 15, in der Weise

§. 60.

Wird von dem Grundstück, für welches ein Grundbuchblatt nach dem Formular I. angelegt ist, ein Theil oder ein Zubehörstück getrennt, so wird dasselbe auf dem Titel abgeschrieben, und daselbst zugleich vermerkt, auf welches Grundbuchblatt es übertragen wird.

§. 61.

Soll das abgeschriebene Stück einem anderen Grundstück als Zubehör zugeschrieben oder auf das Blatt eines anderen Grundstücks selbstständig übertragen werden, so wird die Zuschreibung oder Uebertragung auf dem Titel und in der ersten Abtheilung eingetragen.

---

geschehen müssen, daß der Veräußerer die Abschreibung bewilligt und der Erwerber dieselbe unter Angabe des Sachverhältnisses beantragt, und Turnau 1 S. 248 hält die Erklärung des Veräußerers, daß er die Eintragung des Erwerbers bewillige, und die des letzteren, daß er diese Abschreibung ohne Uebertragung beantrage, für erforderlich. Es scheint jedoch nicht, daß diese Ansichten sich rechtfertigen lassen. Der §. 59 statuirt nicht eine besondere Form der Auflassung, sondern vereinfacht nur den Eintragungsmodus, dessen Anwendung überdies durch die Zustimmung des Veräußerers nicht bedingt ist. Es kann daher, wenn z. B. der Fiskus ein Trennstück unbelastet erwerben will, die Auflassung so formulirt werden:

Der Landwirth Schmidt erklärt: „Ich bewillige die Eintragung des Fiskus als Eigenthümer des . . . . Trennstückes."

Der Vertreter des Fiskus beantragt, diesen als Eigenthümer einzutragen, von der Uebertragung des Trennstückes jedoch abzusehen. —

Daß die Vorschrift des §. 58 auch im Falle des §. 59 zu beobachten ist, ergiebt das Verhältniß, in welchem beide §§. zueinander stehen. So auch Bleich, in Gruchot 17 S. 496, Johow, Literaturübersicht in seinem Jahrbuch 3 S. 294, Stettin, ebd. S. 132, und Insterburg, ebd. 5 S. 66.

Die Auflassung kann nicht durch den Nachweis ersetzt werden, daß das Trennstück zu einem öffentlichen Wege verwendet ist; Kammerger., Jahrb. 3 S. 132.

5. Da der Erwerber durch die Abschreibung des ihm aufgelassenen Trennstückes Eigenthümer wird, indem die Abschreibung die Eintragung des Eigenthumsüberganges ersetzt, so erlangt er auch die Rechtsstellung des eingetragenen Eigenthümers, mit Ausnahme des Rechtes der grundbuchmäßigen Verfügung. Diese steht ihm nicht zu, weil das Blatt oder der Artikel, auf welchem die Abschreibung vorgenommen ist, nur über das Stammgrundstück fortgeführt wird. Will der Erwerber über die Parzelle bei dem Grundbuche verfügen, so muß für dieselbe erst ein Grundbuchblatt oder ein Artikel angelegt werden. Es versteht sich, daß dieses Verfahren nicht den Bestimmungen der §§. 132 ff. unterliegt. (Dernburg u. Hinrichs 1 S. 294), es sei denn, daß die Abschreibung bereits vor dem 1. Okt. 1872 erfolgt ist (Kammerger., Jahrb. 2 S. 170).

§. 60.

Ueber das frühere Recht vgl. die Anm. II zu §. 8 der Gr.B.O. Wie jetzt zu verfahren ist, ergeben die Formulare. Vgl. ferner Ges., betr. die durch ein Auseinandersetzungsverfahren begründeten gemeinschaftlichen Angelegenheiten vom 2. April 1887 §. 8 und über die Löschung des abgeschriebenen Trennstückes in der Landgüterrolle §. 8 Abs. 2 der oben S. 307 Anm. I 3 genannten Landgüter-O. (bezw. §§. 6, 8 der Landgüter-O. für Kassel).

§. 61.

Zuschreibung ist die Handlung, durch welche die Zubehöreigenschaft eines Grundstückes oder die Vereinigung desselben mit einem anderen Grundstück auf dem Blatte des letzteren vermerkt wird. (§. 30 Anm. II. 6 und §. 32 des Ges., oben S. 186 und S. 191.)

§. 62.

Gehen alle auf einem Blatt nach Formular II unter einem Artikel eingetragene Grundstücke auf einen neuen Eigenthümer über, so wird für diesen ein neuer Artikel angelegt uud der alte geschlossen, nachdem sämmtliche noch gültige Eintragungen des letzteren auf den neuen übertragen worden sind.

§. 63.

Die Abschreibung eines einzelnen Grundstücks, welches nach Formular II. eingetragen ist, wird in der betreffenden Spalte der ersten Abtheilung mit der Angabe, wohin es übertragen worden ist, vermerkt. Ein auf dem Artikel verbleibender Rest wird in der ersten Abtheilung am Schluß mit der früheren laufenden Nummer und dem Zusatz eines Buchstabens eingeschrieben.

Uebertragung (im Gegensatz zur Zuschreibung) ist der Akt, durch welchen ein selbständiges oder ein durch Parzellirung selbständig gewordenes Grundstück auf ein anderes Blatt oder einen anderen Artikel versetzt wird, ohne mit den daselbst bereits verzeichneten Grundstücken in eine rechtliche Beziehung zu treten (§§. 13 und 14.) Vgl. die Hyp O. 1 §§. 35 und 37 und wegen der Zuschreibung in der Landgüterrolle §. 8 Abs. 1 der Landgüterordnungen (bezw. §§. 5, 8 der Kasseler).

§. 62.

In der Kommission des Herrenhauses war beantragt, den Nachsatz hinter „Eigenthümer über" so zu fassen:

„so wird auf dem Titel des Artikels der neue Eigenthümer statt des bisherigen vermerkt. Jedoch kann auf Verlangen des neuen Eigenthümers für diesen ein neuer Artikel angelegt und der alte geschlossen werden, nachdem sämmtliche 2c."

Dem Antragsteller erschien „die Anlegung eines neuen Artikels dann unnöthig, wenn sämmtliche Grundstücke auf den Erwerber — z. B. einen Sohn des bisherigen Eigenthümers — übergingen." Man entgegnete ihm indessen, „daß dies eine völlige Veränderung des Formulars II voraussetze, indem in demselben bei der Kolonne „Zeit und Grund des Erwerbes" für dergleichen Eintragungen kein Raum gegeben und daraus eventuell große Verwirrung zu befürchten sei." Die Kommission lehnte den Antrag ab und enschied sich für die gegenwärtige Fassung des §. 62. (Werner 2 S. 172.)

Die Praxis sucht, so gut sie kann, mit der unpraktischen Vorschrift auszukommen. Bei dem Uebergange sämmtlicher Grundstücke eines Artikels auf einen neuen Eigenthümer wird vielfach so verfahren, daß man den Namen des Veräußeres auf dem Titel und die sämmtlichen Vermerke der ersten Abtheilung in der Spalte „Zeit und Grund des Erwerbes" roth unterzieht und dann den Namen des Erwerbers auf den Titel und den Erwerbungsvermerk in die bezeichnete Spalte der ersten Abtheilung setzt. Dieses Verfahren ist von dem Justizminister in einem von Turnau 1 S. 254 angeführten Reskript vom 24. Januar 1874 und einer von Schwartz 1 S. 751 mitgetheilten Verf. vom 15. April 1885 ausdrücklich gebilligt, in ersterem unter der Voraussetzung, daß die Nummer des bisherigen Artikels in der Mutterrolle beibehalten werde. Dafür aber, daß diese Voraussetzung regelmäßig zutrifft, ist in der Anweisung I des Finanzministers vom 31. März 1877 §§. 26, 65—67 Sorge getragen. Vgl. auch die Bestimmungen des Justizministers vom 5. Juni 1877 Nr. IV., J.M.Bl. S. 104 (siehe unten).

§. 63.

Zur Erläuterung des §. 63 ist auf das Formular II Abth. I zu verweisen. Wie in dem Fall der Abschreibung eines ganzen Grundstückes zu verfahren ist, ergeben die auf die Grundstücke Nr. 1 und 2 bezüglichen Vermerke. Das Verfahren bei der Abschreibung eines Theiles

§. 64.

Der Erwerber eines Trennstücks kann noch vor der Auflassungserklärung des Veräußerers mit dessen Zustimmung die Eintragung eines vorläufigen Vermerks der erfolgten Veräußerung beantragen. Ohne Zustimmung des Veräußerers ist die Eintragung des Vermerks nur auf Ersuchen des Prozeßrichters statthaft. Der Vermerk wird in der zweiten Abtheilung eingetragen und bei der Abschreibung des Trennstücks von Amtswegen gelöscht.

---

erhellt aus den Vermerken zu Nr. 3. Dabei ist indessen auf zwei Fehler in dem Formular aufmerksam zu machen. Einmal nämlich hat der Rest des Grundstückes Nr. 3 hinter Nr. 5 als 3a bezeichnet werden müssen. Sodann ist der Zähler der Parzellen-Nummer dieses Restes in der dritten Spalte nicht über den Nenner 71 gesetzt, sondern weggelassen.

Das Formular veranschaulicht in den Vermerken zu dem Grundstück Nr. 8 noch einen dritten Fall, den der §. 63 nicht erwähnt, — den Fall der Theilung ohne Veräußerung eines Theiles. Dieser Fall wird bei dem Grundbuch nach Analogie der Abschreibung eines Trennstückes behandelt.

§. 64.

1. Unter der Herrschaft der Allg. Hyp.O. von 1783 mußte der Hypothekenrichter, sobald ihm der Parzellirungsvertrag vorgelegt war, von Amtswegen für den Erwerber einer Protestation zur Beschränkung der Dispositionsbefugniß des Veräußerers eintragen. (Hyp.O. 2 §§. 18 u. 57; Verf v. 8. Februar 1834, Jahrb. 43 S. 108; Instr. v. 3. Nov. 1839, J.M.Bl. S. 365; Instr. v. 3. August 1853 Art. 20, J.M.Bl. S. 275.) Nach der Gr B O. §. 30 findet die Eintragung von Amtswegen nur in den durch das Gesetz bestimmten Fällen statt. Hieraus folgt schon, daß der „vorläufige Vermerk der Veräußerung" ohne Antrag nicht eingetragen werden darf. Eine besondere Bestimmung war mithin in der Gr.B.O. Angesichts der Vorschrift des Gesetzes über den Eigenthumserwerb 2c. §. 8 nicht erforderlich. Der vorläufige Vermerk der Veräußerung ist nichts weiter als die Vormerkung des §. 8 in ihrer Anwendung auf das Recht auf Auflassung eines Trennstücks (R.G. V, Entsch. 15 S. 269). Gleichwohl enthält der §. 64 in seinem dritten Satz eine Vorschrift, welche dem §. 8 fremd ist. Ueber den Grund dieser Abweichung ist nichts bekannt. Diese Besonderheit findet nach dem Wortlaut des §. 64 auf die durch §. 8 des Gesetzes zugelassene Vormerkung zur Erhaltung des Rechtes auf Eintragung des Eigenthumsüberganges an einem Trennstücke außerhalb der Fälle freiwilliger Veräußerung keine Anwendung (vgl. Grosse in Gruchot 19 S. 83), doch sind Turnau 1 S. 255 Anm. 3 und Rintelen in Johow 4 S. 135 ff. für die analoge Anwendung.

2. Der Antrag resp. die Eintragungsbewilligung muß so gefaßt sein, daß daraus mit Sicherheit der Theil des Grundstückes erkannt werden kann, dessen Veräußerung behauptet wird. Die Beifügung einer Karte ist zu empfehlen, gesetzlich jedoch ebensowenig nothwendig wie die Beibringung eines Auszuges aus dem Steuerbuche in Gemäßheit des §. 58; die der Auflassung entgegenstehenden Hindernisse, bis zu deren Beseitigung der Erwerber durch den Vermerk gesichert werden soll, können gerade darin bestehen, daß der Katasterauszug oder die Karte nicht vorgelegt werden können (R.G. V, Gruchot 34 S. 1083: Posen, Johow 4 S. 134, und Marienwerder, ebd. 6 S. 361.)

3. Zur Stellung des Antrages auf Eintragung des Vermerkes sind berechtigt:

a. der eingetragene Eigenthümer. Vgl. oben S 61 Anm. III 2b zu §. 8 des Gesetzes;

b. der Erwerber des Trennstückes mit Bewilligung des Eigenthümers, weil in der Eintragungsbewilligung zugleich die Ermächtigung, die Eintragung nachzusuchen, enthalten ist. Vgl. oben S. 132 Anm. 4b zu §. 19 Nr. 1 des Gesetzes;

§. 65.

Haften auf dem Hauptgut oder auf dem ganzen Grundstück Lasten und Schulden, so wird das Trennstück frei von solchen abgeschrieben, wenn
entweder nach gesetzlicher Vorschrift das Trennstück frei von Lasten und Schulden aus dem Verbande des Hauptgutes ausscheidet,
oder die Berechtigten das Trennstück aus der Mithaft entlassen.

c. der Prozeßrichter, wenn ihm das Recht des Erwerbers auf Auflassung der Parzelle oder auf Eintragung als Eigenthümer derselben glaubhaft gemacht wird. (Ges. §. 70.) Es wird dies der Regel nach nur durch Vorlegung des Veräußerungsvertrages oder der letztwilligen Verfügung geschehen können. Ueber das Verfahren vgl. Ausf.Ges. z. C.P.O. §. 18 (Zus. zu §. 8 des Gesetzes) und die Anm. zu §. 70 des Gesetzes, oben S. 58 u. S. 286 ff;

d. andere Behörden, welche zur Stellung des Antrages auf Eintragung einer Vormerkung im Sinne des §. 8 des Gesetzes befugt sind; vgl. S. 60 Anm. III 2a zu diesem.

4. Die Eintragung des vorläufigen Vermerkes erfolgt in der zweiten Abtheilung. (§§. 11 u. 88.) Sie wahrt dem Erwerber für den Fall der Auflassung das Recht auf die Erwerbung der Parzelle in dem Rechtsstande, in welchem dieselbe zur Zeit der Eintragung des Vermerkes sich befand. Hypotheken, welche in der Zwischenzeit eingetragen sind, verlieren mit der Abschreibung ihre Wirkung gegen den Erwerber. Ihre Löschung erfolgt aber nicht von Amtswegen, vgl. S. 63 Anm. III 5b zu §. 8 und S. 181 Anm. II 1c zu §. 30 des Gesetzes. Der Grundbuchrichter ist also nicht berechtigt, von Uebertragung der eingetragenen Belastungen ohne Einwilligung der Berechtigten abzusehen, da ihm eine Entscheidung über das Verhältniß der kollidirenden Rechte nicht zusteht; er hat aber durch einen Vermerk bei denselben kundzugeben, daß bereits vor ihrer Eintragung die Vormerkung gebucht war. Ist die Uebertragung zu Unrecht unterblieben, so müssen auf Beschwerde eines der Uebergangenen die buchmäßigen Rechte aller Betheiligten, nicht nur des Beschwerdeführers, gewahrt werden (Kammerger., Jahrb. 5 S. 144; vgl. dass., ebd. 1 S. 116; anders Turnau 1 S. 255 Anm. 4).

5. Die Löschung des Vermerkes erfolgt:

a. von Amtswegen bei der Abschreibung, weil die mit der letzteren verbundene Eintragung des Erwerbers als Eigenthümer an die Stelle des vorläufigen Vermerkes der Veräußerung tritt. Die Vormerkung, welche nach §. 8 des Gesetzes eingetragen ist, kann nur auf Antrag gelöscht werden. (Gr.B.O. §. 30);

b. auf den einseitigen Antrag desjenigen, für den die Eintragung geschehen ist (Ges. §§. 16 u. 59);

c. auf den Antrag des Eigenthümers, der die Löschungsbewilligung des Berechtigten oder das diesen rechtskräftig zur Einwilligung in die Löschung verurtheilende Erkenntniß vorlegt. (Ges. §§. 59, 60; Heidenfeld in der Jur. Woch. 1873 S. 30.)

War die Eintragung durch eine einstweilige Verfügung des Gerichtes angeordnet, so erfolgt die Löschung nach der Vorschrift des Ausführungsges. v. 24. März 1879 §. 19 (oben S. 58);

d. auf das Ersuchen einer zuständigen Behörde, z. B. der Enteignungsbehörde (Ges. v. 11. Juni 1874 §. 24, oben S. 60) oder der Generalkommission, welche die Verwendung des Parzellen-Kaufgeldes in das Stammgrundstück leitet (Frankfurt a. O., Johow 7 S. 181).

§. 65.

1. Das Trennstück scheidet kraft des Gesetzes frei von Lasten und Schulden aus dem Verbande des Stammgrundstückes aus:

a. in den Fällen der Gr.B.O. §. 71;

b. in den Fällen der Enteignung nach näherer Bestimmung des Gesetzes über die Enteignung von Grundeigenthum v. 11. Juni 1874 und der Gesetze, betr. die Errichtung und Er-

§. 66.

Scheidet das Trennstück nicht aus der Mithaft mit dem Hauptgut aus, so werden die Lasten und Schulden auf das Blatt oder den Artikel des Trennstücks von Amtswegen übertragen. In Betreff der Lasten wird hierbei nach §. 93. des Gesetzes vom 2. März 1850. in dessen Geltungsbereich verfahren. Die hiernach erforderliche Vertheilung der Reallasten ist bei der Auseinandersetzungsbehörde zu beantragen.

---

haltung von Marksteinen ꝛc., v. 7. Oktober 1865, 7. April 1869 und 3. Juni 1874. Vgl. zu dem Enteignungsgesetz Frankfurt a. O., Johow 7 S. 176, und Marienwerder, ebd. 8 S. 182; wegen der Marksteinflächen Frankfurt a. O., ebd. S. 181. Nicht dasselbe gilt für den Fall der zwangsweisen Erwerbung von Grundstückstheilen durch den Bergwerkseigenthümer auf Verlangen des Grundeigenthümers nach §§. 138, 139 des Allg. Berggeſ. (Kammerger., Jahrb. 7 S. 139);

c. in den Fällen der Gemeinheitstheilung und der Ablösung von Reallasten, wenn eine Abfindung in Kapital oder Rente an die Stelle des Trennstückes tritt. Vgl. die S. 246 in der Anm. zu §. 51 des Gesetzes angeführten Gesetze.

Das lasten- und schuldenfreie Ausscheiden des Trennstückes wird in diesen Fällen auf den Hypotheken- und Grundschuldbriefen nicht vermerkt. (§. 70.) Auch im Grundbuche findet eine bezügliche Einschreibung nicht statt. (Turnau 1 S. 259 Anm. 1 a. E.)

2. Die Entlassung des Trennstückes aus der Mithaft hat die Natur der Löschungsbewilligung. Sie muß daher nach §. 33 in beglaubigter Form erklärt sein. Die Erklärungen können nicht blos von den eingetragenen Berechtigten, sondern auch von deren nicht eingetragenen Rechtsnachfolgern abgegeben werden. Die Beibringung der Urkunden ist Sache der Betheiligten. Die Buchbehörde hat in dieser Hinsicht nichts zu veranlassen. Die Bestimmungen der Hyp.O. 2 §. 91 und des Gesetzes vom 3. Januar 1845 §. 7 Nr. 2, wonach der Hypothekenrichter die Vermittelung „eines Regulativs mit den eingetragenen Realberechtigten und Hypothekengläubigern" sich angelegen sein lassen mußte, sind in die Grundbuchordnung nicht mitübernommen und folglich beseitigt (§. 143). Wenn also die Entlassung des Trennstückes aus dem Realverbande des Stammgrundstückes nicht urkundlich nachgewiesen wird, so hat der Grundbuchrichter die Belastungen der zweiten und der dritten Rubrik ungetheilt auf das Folium des Trennstückes zu übertragen. Siehe unten die Anm. zu §. 70. Die Entlassung aus der Mithaft wird im Grundbuche nur dann vermerkt, wenn das Trennstück auf ein anderes Folium nicht übertragen wird. Im Fall der Uebertragung bedarf es keines Vermerkes, weil die nicht mitübertragenen Schulden und Lasten, soweit sie auf dem Trennstück hafteten, kraft Gesetzes als gelöscht gelten. (Turnau 1 S. 260.) Vgl. das Gesetz §. 33 und die Anm. zu demselben, oben S. 192.

§. 66.

1. Die Regel ist, daß, soweit nicht das Trennstück aus der Mithaft ausscheidet, alle Vermerke, welche das Grundstück beschweren oder die Befugniß des Eigenthümers zur Verfügung über dasselbe einschränken, auf das Blatt oder den Artikel des Trennstückes mitübertragen werden. Hiervon ist nur die Ausnahme gestattet, daß Rechte, welche ihrem Inhalte und Gegenstande nach nur das Restgrundstück ergreifen können, nicht zu übertragen sind. (Dernburg u. Hinrichs 1 S. 436 Note 49; Neumann im Jahrb. 10 S. 360; Kammerger., ebd. 4 S. 167.) Wenn z. B. auf dem Grundstück für den östlichen Nachbar das Recht eingetragen steht, aus dem nahe der Grenze befindlichen Brunnen Wasser zu schöpfen, so wird der Grundbuchrichter kein Bedenken tragen, ein auf der Westseite belegenes Stück Gartenland frei von diesem Rechte abzuschreiben. Vorsicht ist jedoch anzurathen.

2. Das Gesetz, betr. die Ablösung der Reallasten ꝛc., vom 2. März 1850 bestimmt unter §. 93:

§. 67.

Gehen die Lasten und Schulden ungetheilt auf das Trennstück über, so wird dies bei den betreffenden Posten in der Spalte „Veränderungen" auf dem bisherigen Grundbuchblatt oder Artikel bemerkt, und die dinglichen Verbindlichkeiten werden auf das neue Blatt oder den neuen Artikel in die entsprechende Abtheilung übertragen.

§. 68.

Gehen die Lasten und Schulden antheilsweise über, so wird der auf das Trennstück fallende Antheil auf das Blatt oder den Artikel des letzteren übertragen und auf dem des Stammgrundstücks gelöscht.

„Wenn bei Zerstückelung von Grundstücken die darauf haftenden, den Bestimmungen des §. 64 unterliegenden Reallasten weder durch Kapital, noch nach den Vorschriften des Gesetzes vom heutigen Tage über Errichtung von Rentenbanken abgelöst werden, so bleiben für solche Reallasten das Hauptgrundstück und die Trennstücke in solidum verhaftet.

Dagegen ist der Berechtigte hinsichtlich solcher Renten, welche den Bestimmungen des §. 64 nicht unterliegen (§§. 53 bis 55, 65, 66 und 91) verpflichtet, sich eine Vertheilung dieser Renten auf die Trennstücke nach Verhältniß des Werths derselben gefallen zu lassen.

Er ist jedoch zu fordern berechtigt, daß diejenigen Rentenbeträge, welche nach der Vertheilung jährlich unter 4 Thaler betragen, durch Kapitalszahlung Seitens des Pflichtigen abgelöst werden."

3. Der Antrag auf Vertheilung der Reallasten nach Maßgabe dieser Bestimmungen ist von den Betheiligten bei der Auseinandersetzungs-Behörde zu stellen. Das Grundbuchamt hat damit Nichts zu thun, weil ihm die Grundbuchordnung eine solche Funktion nicht beigelegt hat. Auch darf von der Erledigung des Antrages bei der Auseinandersetzungs-Behörde weder die Entgegennahme der Auflassung noch die Uebertragung des Trennstückes auf das Grundbuchblatt oder den Artikel des Erwerbers abhängig gemacht werden. Ebensowenig ist der — dem Landrath oder dem Magistrat obliegenden — Regulirung der öffentlichen Lasten ein Einfluß auf die Thätigkeit des Grundbuchamtes zuzugestehen (§. 57).

Wegen der Grundstücke, welche der Rentenbank rentenpflichtig sind, ist das Rentenbankgesetz vom 2. März 1850 §§. 20 und 64 zu vergleichen.

4. Für Hannover gilt die Sonderbestimmung des Einf.Ges. §. 15 und für die linksrheinischen Landestheile die des §. 29 des Einf.Ges.

§. 67.

1. Der §. 67 giebt nur das bisherige Recht wieder. Vgl. die Reskr. v. 8. Februar und 2. Juni 1834, Jahrb. 43 S. 108 und 595, v. 24. März 1840, J.M.Bl. S. 128, und v. 7. März 1842, J.M.Bl. S. 103. Die Eintragungsformel ergiebt sich aus Form. II Abth. III Spalte 7 zu Nr. 1.

2. In den Fällen des §. 67 werden Vermerke auf die Hypothekenurkunden und die Grundschuldbriefe nicht gesetzt, weil die Rechte der Realgläubiger durch die Uebertragung der dinglichen Verbindlichkeiten auf das Blatt oder den Artikel des Trennstückes nicht vermindert werden. (§. 70.) Dies ist jedoch nicht, wie Bahlmann 3. Aufl. S. 364 bemerkt, eine Ausnahme von der Regel des §. 129. Denn der Vermerk, der nach §. 67 in die Spalte „Veränderungen" eingetragen wird, hat gerade die Bedeutung, außer Zweifel zu stellen, daß der Gegenstand des Rechtes, der Abschreibung des Trennstückes ungeachtet, sich nicht geändert hat. (Marienwerder, Johow 6 S. 210.)

3. Die ungetheilte Uebertragung der Lasten und Schulden begründet die Korrealhaft des Trennstückes und des Restgrundstückes. Siehe darüber §. 42 des Gesetzes über den Eigenthumserwerb, oben S. 227.

§. 69.

Uebernimmt der Erwerber des Trennstücks die Lasten und Schulden unter Zustimmung der Berechtigten allein, so werden dieselben auf dem Blatt oder Artikel des Stammgrundstücks gelöscht und auf das Blatt oder den Artikel des Trennstücks vollständig übertragen.

§. 70.

Die Entlassung des Trennstücks aus der Mithaft, sowie die alleinige oder antheilsweise Haftung des Trennstücks wird auf den Hypothekenurkunden und Grundschuldbriefen vermerkt.

§. 71.

Der Grundbuchrichter hat einzelne Theile oder Zubehörstücke des Grundstücks ohne Einwilligung der Lehns- oder Familienfideikommiß-Berechtigten, der

---

§. 68.

Das Verfahren, welches der §. 68 anordnet, ist bereits in einem Reskripte v. 1. August 1835, Jahrb. 46 S. 147, vorgeschrieben. Die Grundschuldbriefe und die Hypothekenurkunden sind mit den entsprechenden Vermerken zu versehen. (§§. 69, 70, 114, 116.) Vgl. die folgende Anmerkung.

§. 69.

Die Löschung auf dem Blatte oder dem Artikel des Stammgrundstückes ist unabhängig von einem Antrage des Eigenthümers. Insofern enthält der §. 69 gleichwie der §. 68 eine Ausnahme von der Regel des Gesetzes §. 58. Diese Ausnahme findet in dem §. 42 ihre Erklärung. (S. 229 oben.)

§. 70.

Der §. 70 bezieht sich nicht auf den Fall des §. 65, in welchem nach gesetzlicher Vorschrift das Trennstück frei von Lasten und Schulden aus dem Verbande des Hauptgutes ausscheidet; in diesem Falle wird auf den Hypotheken- und den Grundschuldbriefen Nichts vermerkt.

Der Vermerk des §. 70 ist nur in dem zweiten Falle des §. 65 und in den Fällen der §§. 68 und 69 erforderlich. Werden hier die Hypotheken- und die Grundschuldbriefe nicht beigebracht, so sind die Erklärungen der Realberechtigten unvollständig und demgemäß die §§. 65, 68, 69, soweit darnach die Regulirung des Realzustandes von der Zustimmung der Betheiligten abhängig ist, unanwendbar; es kann dann nur in Gemäßheit der §§. 66 und 67 verfahren werden.

Wenn bei der Parzellirung eines Grundstückes eine darauf haftende Hypothek zu einem Theile ausschließlich auf dem Stammgrundstück eingetragen bleibt, zum anderen Theil ausschließlich auf das Trennstück übertragen wird, so steht weder der Zerlegung des ursprünglichen Hypothekenbriefes in zwei selbständige Dokumente noch der Anheftung neuer Hypothekenbriefe an die ursprüngliche Schuldurkunde unter Kassation des älteren Briefes ein gesetzliches Hinderniß entgegen. Es ist dabei nach den §§. 83 bezw. 130 der Gr B.O. zu verfahren. Ein hierauf abzielender Antrag des Hypothekengläubigers ist, jedenfalls nach Beitritt des Grundeigenthümers, nicht abzulehnen. Kammerger., Jahrb. 5 S. 201. Vgl. noch dass., ebd. 13 S. 173.

§. 71.

1 Auf Grund eines Unschädlichkeitsattestes sind niemals Hypotheken zu löschen, sondern nur Theile eines Grundstückes unbelastet abzuschreiben (L.G. Danzig, Jahrb. 12 S. 341).

Auf Renten findet §. 71 keine Anwendung; diese sind nach §. 20 des Rentenbankgesetzes vom 2. März 1850 bei Zerstückelung auf alle Parzellen zu vertheilen (Kammerger., ebd. 4 S. 203).

Hypotheken- und Grundschuldgläubiger oder anderer dinglich Berechtigter unbelastet abzuschreiben oder den Umtausch gegen andere Grundstücke zu vermerken, wenn die Unschädlichkeit der Veräußerung oder des Austausches für diese Berechtigten von der zuständigen Auseinandersetzungsbehörde oder bei landschaftlich beliehenen Grundstücken von der Kreditdirektion bezeugt wird.

---

2. Neben dem Unschädlichkeitszeugnisse bedarf es nicht noch einer Genehmigung der Lehns- oder der Fideikommißbehörde. (Königsberg, Johow 7 S. 188.)

3. „Eine Bescheinigung der Auseinandersetzungsbehörde dahin, daß die pfandfreie Abschreibung einer veräußerten Parzelle erfolgen könne, wenn die Löschung bestimmter Hypothekenposten auf dem Stammgrundstücke bewirkt werde, entspricht den gesetzlichen Erfordernissen. Die Prüfung, ob die erforderlichen Löschungen veranlaßt oder auf Grund vorhandener Anträge zu veranlassen sind, liegt dem Grundbuchrichter ob." (Kammerger., Jahrb. 1 S. 118.) Aus der Bestimmung des §. 71 „folgt nicht, daß der Grundbuchrichter auf ein Unschädlichkeitsattest der Kreditdirektion ohne weitere Prüfung und auch dann abzuschreiben hat, wenn es ihm nicht entgehen kann, daß die von der Auseinandersetzungsbehörde zu treffende Bestimmung über die Verwendung des Kaufgeldes nicht erfolgt ist." R.G. VI, Entsch. 29 S. 249.

Ueber die Haftung der Kreditverbände für die Schäden, welche durch Versehen ihrer Direktionen bei Ausstellung von Unschädlichkeitsattesten herbeigeführt sind, vgl. R.G. VI a. a. O., J.M.Bl. 1892 S. 75 u. Entsch. 28 S. 335.

4. Im Falle des Austausches tritt das eingetauschte Stück kraft des Gesetzes an die Stelle des Trennstückes in die Haftung für die Belastungen des Stammgrundstückes ein, ohne daß die Haftung im Grundbuche vermerkt zu werden brauchte. (§. 32 des Ges.) Durch Vorlegung der Hypothekenurkunden und Grundschuldbriefe ist die Abschreibung nicht bedingt. (Anm. 1 a. E. zu §. 65.)

5. Der Paragraph lautete in dem Entwurfe von 1871:

„Der Eigenthümer ist berechtigt, einzelne Theile oder Zubehörstücke des Grundstücks ohne Einwilligung der Lehns- oder Familien-Fideikommißberechtigten, der Hypothekengläubiger oder anderer dinglich Berechtigter frei und unbelastet zu veräußern oder gegen andere Grundstücke auszutauschen, wenn ꝛc."

In der Kommission des Herrenhauses befürchtete man, daß hierdurch die Bestimmungen des bisherigen Rechtes für beseitigt erachtet werden könnten. Auch fand man es „bedenklich, daß hier eine materielle Vorschrift gegeben werde, während es sich doch nur darum handele, unter welchen Voraussetzungen der Grundbuchrichter in dem Falle, von welchem hier die Rede sei, die Abschreibung vorzunehmen habe. Der Regierungskommissar bemerkte, daß der Paragraph für die alten Provinzen nur das bisherige Recht erhalte, indem die Unschädlichkeitsatteste der Auseinandersetzungsbehörden und Kreditdirektionen nach wie vor nach den bisherigen Gesetzen ertheilt werden müßten. — Nur für die neuen Provinzen enthalte das Gesetz eine neue allgemeine Vorschrift und bedürfe deshalb des materiellen Inhaltes. Es wurde entgegnet, daß dann die Vorschrift nicht für vollständig erachtet werden könne, weil doch dann für die neuen Provinzen zugleich die Bedingungen gesetzlich festgestellt werden müßten, unter welchen dergleichen Unschädlichkeitsatteste zu ertheilen wären."

Auf Grund dieser Erörterungen fand ein Amendement, durch welches dem §. 71 die gegenwärtige Fassung gegeben wurde, die Zustimmung der Kommission. (Werner 2 S. 172.)

6. Der §. 71 ordnet hiernach nur das Verfahren. Das materielle Recht, auf dessen Ausführung dasselbe berechnet ist, bestimmt sich in den älteren Landestheilen nach dem Gesetz, betr. den erleichterten Abverkauf kleiner Grundstücke, vom 3. März 1850 und dem Gesetz, betr. die Abänderung des Gesetzes vom 13. April 1841 über den erleichterten Austausch einzelner Parzellen von Grundstücken, vom 27. Juni 1860, sowie dem Gesetz, betr. die Erleichterung

unentgeltlicher Abtretung einzelner Gutstheile oder Zubehörstücke zu öffentlichen Zwecken, vom 15. Juli 1890 (vgl. Turnau 2 §. 118).

a. Das Gesetz vom 3. März 1850 verordnet für den ganzen damaligen Umfang der Monarchie mit Ausnahme der auf dem linken Rheinufer belegenen Landestheile:

§. 1. Jeder Grundeigenthümer, sowie jeder Lehns- und Fideikommißbesitzer ist befugt, einzelne Gutsparzellen gegen Auferlegung fester, nach den Vorschriften der Ablösungs-Ordnung ablösbarer Geldabgaben oder gegen Feststellung eines Kaufgeldes auch ohne Einwilligung der Lehns- und Fideikommißberechtigten, Hypotheken- und Realgläubiger zu veräußern, sofern bei landschaftlich beliehenen Gütern die Kreditdirektion, bei anderen die Auseinandersetzungsbehörde, bescheinigt, daß die Abveräußerung den gedachten Interessenten unschädlich sei.

§. 2. Ein solches Unschädlichkeitszeugniß darf nur ertheilt werden, wenn das Trennstück im Verhältniß zu dem Hauptgute von geringem Werth und Umfang ist, und wenn die auferlegte Geldabgabe oder das verabredete Kaufgeld den Ertrag oder den Werth des Trennstücks erreicht.

§. 3. Das veräußerte Trennstück scheidet aus dem Realverbande des Hauptgutes, zu welchem dasselbe bis dahin gehört hat, aus, und die demselben auferlegte Geldabgabe, sowie das verabredete Kaufgeld treten in Beziehung auf die Lehns- und Fideikommißberechtigten, Hypotheken- und Realgläubiger des Hauptgutes an die Stelle des Trennstücks.

§. 4. Hinsichtlich der Verwendung der festgesetzten Kaufgelder in das Hauptgut kommen die gesetzlichen Vorschriften über die Verwendung der Ablösungs-Kapitalien zur Anwendung.

§. 5. Alle Bestimmungen, welche den Vorschriften des gegenwärtigen Gesetzes entgegenstehen oder sich mit denselben nicht vereinigen lassen, werden außer Kraft gesetzt.

b. Das Gesetz v. 27. Juni 1860 bestimmt für den damaligen Umfang des Staates, mit Ausnahme der zum Bezirke des rheinischen Appellationsgerichtshofes gehörigen Landestheile, der Hohenzollernschen Lande und des Jadegebietes, was folgt:

§. 1. Das Gesetz vom 13. April 1841. über den erleichterten Austausch einzelner Parzellen von Grundstücken (G.S. 1841. S. 79.) wird hierdurch aufgehoben. An dessen Stelle treten nachstehende Bestimmungen:

§. 2. Jeder Grundeigenthümer, sowie jeder Lehns- und Fideikommißbesitzer, ist befugt, einzelne Gutsparzellen gegen andere Grundstücke auch ohne Einwilligung der Lehns- und Fideikommißberechtigten, Hypotheken- und Realgläubiger zu vertauschen, sofern bei landschaftlich beliehenen Gütern die Kreditdirektion, bei anderen die Auseinandersetzungsbehörde bescheinigt, daß der Tausch den gedachten Interessenten unschädlich sei.

§. 3. Ein solches Unschädlichkeitsattest darf nur ertheilt werden, wenn die abzutretende Parzelle, im Verhältniß zu dem Gute, von welchem sie abgetreten werden soll, von geringem Werthe und Umfange ist und das letztere durch den Tausch an Werth nicht verliert.

Sind diese Bedingungen bei dem einen der beiden Güter, zwischen denen der Austausch bewirkt werden soll, vorhanden, bei dem andern aber nicht, so ist nur bei jenem das gegenwärtige Gesetz anzuwenden, für das andere bleibt es bei den allgemeinen Gesetzen, nach welchen die Einwilligung der einzelnen Real-, Lehns- und Fideikommißberechtigten rc. erforderlich ist.

§. 4. Wenn der Werth der abzutretenden Parzelle mehr beträgt als der Werth des einzutauschenden Grundstücks, so ist eine Ausgleichung durch Kapitalzahlung zulässig.

Hinsichtlich der Verwendung solcher Kapitalien in das Hauptgut kommen die gesetzlichen Vorschriften über die Verwendung der Ablösungskapitalien zur Anwendung.

§. 5. Die abgetretene Parzelle scheidet aus dem Realverbande des Gutes, zu welchem

§. 72.

Grundbuchblätter oder Artikel werden geschlossen, wenn sämmtliche darauf eingetragene Grundstücke abgeschrieben sind.

solche bis dahin gehört hat, aus und das eingetauschte Grundstück tritt in Beziehung auf die Lehns- und Fideikommißberechtigten, Hypotheken- und Realgläubiger, an die Stelle der abgetretenen Parzelle.

§. 6. Alle Bestimmungen, welche mit den Vorschriften des gegenwärtigen Gesetzes in Widerspruch stehen, oder sich mit denselben nicht vereinigen lassen, werden außer Kraft gesetzt."

c. Das Gesetz vom 15. Juli 1890, welches für den Geltungsbereich der Gesetze vom 3. März 1850 und 25. März 1889 (vgl. Anm. 7) gilt, lautet:

„§. 1. Jeder Grundeigenthümer, sowie jeder Lehns- und Fideikommißbesitzer ist befugt, einzelne Gutsparzellen auch ohne Einwilligung der Lehns- und Fideikommißberechtigten, der Hypotheken- und Realgläubiger zu öffentlichen Zwecken unentgeltlich zu veräußern, sofern bei landschaftlich beliehenen Gütern die Kreditdirektion, bei anderen die Auseinandersetzungsbehörde bescheinigt, daß die Abveräußerung den gedachten Interessenten unschädlich sei.

Ein solches Unschädlichkeitszeugniß darf nur ertheilt werden, wenn das abzutretende Trennstück im Verhältniß zu dem Hauptgute von geringem Werth und Umfange ist und wenn die durch die öffentliche Anlage herbeigeführte Werthserhöhung des Hauptgutes den Werth des Trennstücks erreicht.

§. 2. Die schulden- und lastenfreie Abschreibung des unentgeltlich abgetretenen Trennstücks vom Grundbuchblatte des Hauptgutes kann erfolgen, wenn die Auseinandersetzungsbehörde bescheinigt hat, daß mit der Ausführung der öffentlichen Anlage begonnen sei.

§. 3. Die Unschädlichkeitsatteste, welche auf Grund des gegenwärtigen Gesetzes, und solche, welche auf Grund des Gesetzes vom 25. März 1889 (G.S. S. 65) bezüglich der im §. 1 Nr. 3 daselbst bezeichneten Geschäfte ausgestellt werden, sind stempel- und gebührenfrei.

§. 4. Den Bestimmungen des gegenwärtigen Gesetzes unterliegen auch die vor dem Inkrafttreten desselben stattgefundenen unentgeltlichen Abtretungen einzelner Gutstheile oder Zubehörstücke zu öffentlichen Zwecken."

7. Die vorstehenden Gesetze gelten jetzt auch im Reg.Bez. Kassel mit Ausnahme der vorm. Großherzogl. Hess. Gebietstheile, in Hohenzollern, Schleswig-Holstein und im Geltungsbereich des Rheinischen Rechtes auf Grund der Gesetze vom 12. April 1885 (G.S. S. 115), 22. April 1886 (G.S. S. 139) und des Rhein. Einf.Ges. §. 76. Für Hannover sind den beiden älteren Gesetzen entsprechende Vorschriften durch das Gesetz vom 25. März 1889 (G.S. S. 65) erlassen; das Gesetz vom 15. Juli 1890 gilt auch in dieser Provinz.

§. 72.

Anwendungen der Regel, daß Grundbuch-Blätter oder Artikel nach Abschreibung aller Grundstücke geschlossen werden, sind in den §§. 5, 16, 27 u. 62 gemacht. Die Gr.B.O. schweigt indessen darüber, wie die Schließung im Grundbuche erkennbar zu machen ist. Nach der Ministerial-Instruktion vom 3. August 1853 Art. 2 Nr. 5 erfolgt sie dadurch, „daß ein desfallsiger Vermerk auf das Folium gesetzt und dasselbe in allen Kolonnen roth durchstrichen wird." In der Praxis pflegt die Schließung auf dem Titel und in jeder Abtheilung hinter der letzten Eintragung in der Hauptspalte vermerkt zu werden.

3. Verfahren bei Eintragungen in der zweiten und dritten Abtheilung.

§. 73.

Beschränkungen des Verfügungsrechts des Eigenthümers, sowie auf einem privatrechtlichen Titel beruhende dingliche Rechte, welche an dem Tage, wo dieses Gesetz in Kraft tritt, ohne Eintragung rechtsgültig bestehen, müssen bis zum 1. Oktober 1873. eingetragen werden, widrigenfalls sie dritten Personen gegenüber nicht geltend gemacht werden können.

---

3. Verfahren bei Eintragungen in der zweiten und dritten Abtheilung.

§. 73.

1. Der §. 73 gilt nur im ursprünglichen Geltungsbereich der Gr.B.O. (vgl. §. 1 der Einf.Gef.)

2. Ueber den Begriff der Beschränkung des Verfügungsrechtes siehe die Anm. II zu §. 11 des Gesetzes, oben S. 80. Die dort kurz in Bezug genommene Entstehungsgeschichte des §. 73 ist diese:

Um die Gr.B.O. mit dem §. 11 des Gesetzes in Einklang zu bringen, pflichtete die Kommission des H.H. einem Vorschlage bei, nach welchem der §. 73 folgendermaßen lauten sollte: „Beschränkungen des Verfügungsrechts des Eigenthümers sowie auf einem privatrechtlichen Titel beruhende dingliche Rechte, welche an dem Tage, wo dieses Gesetz in Kraft tritt, ohne Eintragung rechtsgültig bestehen **und nach dem Gesetz vom heutigen Tage über den Eigenthumserwerb der Eintragung bedürfen**, müssen bis zum ersten Oktober 1873 eingetragen **oder vorgemerkt** werden, widrigenfalls sie dritten Personen gegenüber nur geltend gemacht werden können, **wenn diese davon Kenntniß gehabt haben**." (Werner 2 S. 172.) Hierzu wurde in der Kommission des A.H. bemerkt, daß man die Beschränkungen der Verfügungsbefugniß des Eigenthümers von den dinglichen Rechten scheiden müsse; in ersterer Beziehung sei der Beschluß des Herrenhauses korrekt, in letzterer Hinsicht (nach §. 15 des Gesetzes) nicht. Ein Amendement in diesem Sinne erhielt jedoch nicht die Majorität. Dagegen entschied sich die Kommission für die Regierungsvorlage, nachdem man geltend gemacht hatte, „daß es mit den Prinzipien des Entwurfes im Widerspruch stehe, der erlangten Kenntniß Wirksamkeit beizulegen." (Ber. a. a. O. S. 189.) In den weiteren Stadien der Berathung des Entwurfes ist die Fassung des §. 73 nicht geändert worden. Die Prinzipwidrigkeit desselben gegenüber dem §. 11 des Gesetzes ist in Anm. II zu diesem dargelegt.

3. Die dinglichen Rechte werden von dem §. 73 nur insoweit betroffen, als sie nach §. 12 des Gesetzes eingetragen werden müssen, um Rechtswirkung gegen Dritte zu erlangen. (S. 89, 92, 93.) Diejenigen Rechte, welchen der §. 12 die absolute Wirkung ohne Eintragung beilegt, bedürfen der Eintragung auch dann nicht, wenn sie vor dem 1. Oktober 1872 begründet worden sind. (O.Tr. III, Entsch. 74 S. 219. Vgl. auch die Ausführungen oben S. 81 u. 95.) Die Eintragung solcher Rechte braucht der Eigenthümer nur zu bewilligen, wenn er hierzu aus einem besonderen Rechtsgrunde verpflichtet ist. Hiermit stimmt die Praxis, wie in der Anm. zu §. 12 Satz 2 des Gesetzes nachgewiesen ist, überein.

4. Die Rechte des §. 73 bedürfen der Eintragung nur zur Wirksamkeit gegen Dritte. Den Eigenthümer des Grundstückes, der vor dem 1. Oktober 1873 die dem Rechte entsprechende Last zu tragen hatte, hat die Gr.B.O. nicht befreien wollen. Dieser kann daher auch nach dem 1. Oktober 1873, falls er dann noch als Eigenthümer eingetragen ist, die von dem Berechtigten verlangte Eintragung des dinglichen Rechtes nicht ablehnen. (O.Tr. II, Entsch. 75 S. 27, Str. Arch. 93 S. 370. Ebenso O.Tr. III, Entsch. 76 S. 138.) Wer ein Grundstück,

§. 74.

Die Eintragung der Familienfideikommiß-Eigenschaft kann nur auf Ersuchen der Fideikommißbehörde erfolgen.

§. 75.

Geldrenten bedürfen behufs ihrer Eintragung nicht der Kapitalisirung, andere zu gewissen Zeiten wiederkehrende Abgaben und Leistungen nicht der Veranschlagung in Geld.

§. 76.

Altentheile werden in der zweiten Abtheilung eingetragen. In dem Eintragungsvermerk ist auf die zu den Grundakten in beglaubigter Form einzureichende Festsetzung des Altentheils zu verweisen; einer Eintragung der einzelnen Leistungen bedarf es nicht.

---

welches an dem Tage des Inkrafttretens der Gr.B.O. vom 5. Mai 1872 mit einem auf privatrechtlichem Titel beruhenden, ohne Eintragung rechtsgültigen, nicht eingetragenen dinglichen Rechte belastet ist, vor dem 1. Oktober 1873 erworben hat, gehört nicht zu den im §. 73 der Gr.B.O. bezeichneten dritten Personen. O.Tr.Pl. (Pr. 2779) Entsch. 76 S. 1, J.M.Bl. 1875 S. 54. Vgl. auch oben S. 93 Anm. 3 c zu §. 12 Satz 1 des Ges.

5. Zu den Dritten im Sinne des §. 73 gehören auch die dinglich Berechtigten, deren Rechte absolute Wirkung haben. Ist das der Eintragung bedürfende Recht vor dem 1. Oktober 1873 eingetragen, so hat es die ihm nach Maßgabe des älteren Rechtes zukommende Priorität gegenüber allen Berechtigten. Anderenfalls ist die bisherige Priorität durch den §. 73 beseitigt. Die nach dem 30. September 1873 eingetragenen Rechte unterliegen lediglich den Bestimmungen des §. 17 des Gesetzes. Vgl. hierzu Rintelen S. 156.

Eine vor dem 1. Oktober 1872 eingetragen gewesene, aber versehentlich gelöschte Post kann auch nach dem 1. Oktober 1873 noch eingetragen werden, jedoch mit der aus §. 118 Satz 2 der Gr.B.O. hervorgehenden Einschränkung. §. 73 findet hierauf keine Anwendung. R.G. II H.S., Entsch. 5 S. 288.

6. Die Eintragung, welche nach §. 73 erforderlich ist, erfolgt nach den Vorschriften der §§. 13, 14 u. 16 des Gesetzes. (Turnau 1 S. 282.)

§. 74.

1. Die Fideikommißbehörde hat nach dem Gesetz, die Kompetenz der Gerichtsbehörden in Familien-Fideikommiß-Sachen betreffend, vom 5. März 1855 §. 3 „wegen Eintragung des Fideikommisses beim Hypothekenbuche das nach den bestehenden Gesetzen Erforderliche von Amtswegen zu veranlassen." Vgl. das A.L.R. II. 4 §§. 64 u. 65.

2. Der §. 74 gilt nur bedingungsweise in dem Bezirk Kassel nach dem Einf.Ges. §. 21, überhaupt nicht in den gemeinrechtlichen Theilen Hannovers nach dem Einf.Ges. §. 14 und in dem Gebiet des Rheinischen Rechtes nach dem Einf.Ges. §. 33, ferner nicht im Jadegebiet und dem Bezirk Ehrenbreitstein nach dem Gesetz v. 3. Februar 1879. Die angezogenen Gesetze enthalten die maßgebenden Vorschriften.

Im übrigen vgl. die Anm. zu §. 52.

§. 75.

Man könnte versucht sein, aus dem Prinzip der Spezialität zu folgern, daß jede Belastung des Grundstückes in einer bestimmten Summe ausgedrückt sein müßte. Dieser Folgerung tritt der §. 75 entgegen, und zwar völlig im Einklange mit den angenommenen Grundsätzen, da eine bestimmte Summe nur für die Eintragungen in der dritten Abtheilung erfordert

§. 77.

Die an die Rentenbanken abgetretenen Renten und die an den Domainenfiskus zu entrichtenden Ablösungsrenten werden in dem Geltungsbereich des Gesetzes vom 2. März 1850. nach Maßgabe desselben eingetragen. Im Uebrigen ist aus den von den Auseinandersetzungsbehörden bestätigten Rezessen nur in folgenden Fällen der bezügliche Inhalt in das Grundbuch einzutragen:

---

wird, Renten und Naturalleistungen aber in die zweite Abtheilung gehören. (Gesetz §§. 13, 23; Gr.B.O. §. 11.)

§. 76.

1. Altentheil oder Auszug, auch Altsitz, Leibgedinge oder Leibzucht genannt, ist ein dingliches Recht. Das A.L.R. I. 11 §. 602 bezeichnet damit „diejenigen Vortheile, welche der Uebernehmer einer Rusticalstelle dem vorigen Besitzer zu seiner Versorgung auf Lebenszeit anweist", nimmt aber wegen der „näheren Bestimmungen" auf die Provinzialgesetze Bezug (§. 605). Die Streitfrage, ob der Altentheil mehr die Natur der Hypothek habe oder als eine Eigenthumsbeschränkung aufzufassen sei, ist schon durch das Gesetz vom 24. Mai 1853 §. 2 in dem letzteren Sinne entschieden, indem dasselbe die Eintragung des Altentheils in der zweiten Abtheilung des Hypothekenbuches vorgeschrieben hat. Die einzelnen Ansprüche des Auszüglers beruhen auf einem einheitlichen dinglichen Recht, welches nicht mit der Hypothek, sondern mit dem Nießbrauch auf gleicher Linie steht. (O.Tr.Plen., J.M.Bl. 1855 S. 55, Entsch. 39 S. 301.) Zur Eintragung des Altentheils bedarf es daher der Angabe eines Höchstbetrages, bis zu welchem das Grundstück haften soll, nicht. (Naumburg, Johow 6 S. 152.) Dagegen erlangt das Recht des Auszüglers Wirksamkeit gegen Dritte nur durch die Eintragung. (O.Tr. III, Entsch 73 S. 178.)

2. Die Eintragung des Altentheils hat insofern etwas Mißliches, als das Recht in der Regel auf eine ganze Reihe einzelner Leistungen geht, für deren Aufführung im Grundbuche die betreffende Spalte nicht Raum genug bietet. Deshalb gestattete schon das Gesetz vom 24. Mai 1853 §. 2, „in dem Eintragungsvermerke statt der Angabe der einzelnen zu dem Altentheil gehörenden Rechte nur auf die Stellen der Urkunde, durch welche der Altentheil begründet wird, Bezug zu nehmen." Hieran schließt sich der §. 76 der Gr.B.O. an. Die Abweichung von dem bisherigen Recht ist durch das Konsensprinzip gegeben. Nach diesem Prinzip kann das Gesetz nicht mit einer Urkunde über das Rechtsgeschäft rechnen. Es muß daher genügen, wenn die einzelnen Leistungen in abstracto festgesetzt sind und die Eintragung unter Ueberreichung und Bezugnahme auf die Festsetzungsurkunde bewilligt wird. Wird freilich die Urkunde über das Rechtsgeschäft vorgelegt, so kann sie die besondere Festsetzungsurkunde ersetzen. (Werner S. 172 u. 173.)

Zur Beglaubigung der Urkunde ist die Form des §. 33 ausreichend. Im übrigen erfolgt die Eintragung des Altentheils nach den Vorschriften des Gesetzes über den Eigenthumserwerb 2c. §§. 13 ff.

3. Die analoge Anwendung des §. 76 auf andere Rechte als Altentheile ist als zulässig nicht anzuerkennen. Der Inhalt der Festsetzungsurkunde ergänzt die Eintragung. Eine solche Ergänzung aber widerspricht an sich dem Eintragungsprinzip; sie kennzeichnet sich daher als eine Ausnahme von der Regel des Gesetzes §. 12, weshalb sie auf das ihr ausdrücklich angewiesene Gebiet beschränkt bleiben muß. Das O.Tr. hat bereits in einem Erkenntnisse vom 29. Novbr. 1859, Str. Arch. 35 S. 317, angenommen, daß die der Eintragung bedürfenden Lasten im Hypothekenbuch speziell eingetragen werden müssen, um als eingetragen zu gelten. So auch Turnau 1 S. 296 Anm. 3. Abweichend Dernburg u. Hinrichs 1 S. 431 u. 437 und R.G. V, Entsch. 20 S. 280, sowie das Kammerger., Jahrb. 8 S. 81, vgl. oben S. 94 Anm. 3d zu §. 12 Satz 1 des Gesetzes.

4. Für den Fall, daß die zu den Grundakten überreichte Festsetzung des Altentheils mit

1) wenn ein im Grundbuch ausdrücklich bemerktes Sach- und Rechtsverhältniß aufgehoben oder verändert wird;
2) wenn ein berechtigtes Grundstück durch Kapital entschädigt wird, sei es, daß dasselbe baar oder in Rentenbriefen gezahlt wird;
3) wenn ein verpflichtetes Grundstück eine Rente oder andere Last neu übernimmt.

dem Originalvertrage, in welchem dieser vereinbart ist, nicht übereinstimmt, wirkt der Altentheil doch nur in dem Umfange jener Festsetzung gegen Dritte, da sie als Bestandtheil des Eintragungsvermerkes anzusehen ist (Turnau 1 S. 297 Anm. 5; Dernburg, Preuß. Privatr. 1 §. 310 Anm. 6).

§. 77.

I. Das Rentenbankgesetz.
II. Besondere Gesetze für einzelne Landestheile, S. 397.
III. Landeskulturrenten und Rentengüter.
IV. Zweck des zweiten Satzes in dem §. 77 Instr. v. 8. Aug. 1853.
V. Behandlung der Landabfindungen, S. 398.
VI. Fortgeltung des älteren Rechtes.
VII. Bedeutung der Landabfindungen für die dinglich Berechtigten.

I. Das Gesetz über die **Errichtung von Rentenbanken** vom 2. März 1850 (G.S. S. 112) bestimmt unter §. 18:

„Die an die Rentenbank abgetretenen Renten genießen bei Konkurrenz mit anderen Verpflichtungen des belasteten Grundstücks dasselbe Vorzugsrecht, welches die Gesetze den Staatssteuern beilegen. Sie bedürfen keiner Eintragung in das Hypothekenbuch des verpflichteten Grundstücks, welches jedoch für die Dauer der Amortisations-Periode der Rentenbank verhaftet bleibt.

Diejenigen eingetragenen Reallasten, an deren Stelle die Renten getreten sind, werden im Hypothekenbuche kostenfrei gelöscht; dagegen wird in diesem Falle kostenfrei im Hypothekenbuche vermerkt, daß das Grundstück der Rentenbank rentenpflichtig ist.

Die Löschung wird von der Auseinandersetzungs-Behörde **beantragt**, sobald die Uebernahme der Rente von der Direktion der Rentenbank und die Abfindung des Berechtigten erfolgt sind (§. 30.)."

Nach §. 64 desselben Gesetzes sind diese Grundsätze auch auf die dem Domainenfiskus als Berechtigten zustehenden Renten, welche sonst zur Ablösung durch die Rentenbanken geeignet wären, anzuwenden.

„Auf Grund des von den Regierungen, resp von den ordentlichen Auseinandersetzungs-Behörden bestätigten Rezesses, werden diejenigen Reallasten, an deren Stelle die dem Domainen-Fiskus zustehenden, sich amortisirenden Renten getreten sind, kostenfrei auf den **Antrag** der den Rezeß bestätigenden Behörde im Hypothekenbuche gelöscht, und dagegen in Rubrik II kostenfrei vermerkt:

„Daß das Grundstück, nach näherem Ausweis des in Bezug zu nehmenden Regulirungs-Rezesses, wegen durch Amortisation abzulösender Renten, dem Domainen-Fiskus verhaftet bleibe."

Sind die Reallasten, an deren Stelle die Amortisationsrente tritt, im Hypothekenbuche nicht eingetragen, so unterbleibt der vorstehende Vermerk. §. 18 des Rentenbank-Gesetzes. Instr. des Fin.Min. vom 1. August 1850 §§. 12, 14, 19." (**Koch**, Hypotheken-Ordn. S. 44 Note 67.)

Die **Löschung der Rentenpflichtigkeit** erfolgt kostenfrei. Die Quittungen, welche die Rentenbank-Direktionen mit dem Löschungsantrage (§. 92) einsenden, sind von den Grundbuchämtern nach geschehener Löschung den Interessenten zuzustellen. (Allg. Verf. vom 15. Dezember 1865, J.M.Bl. S. 286.)

II. Besondere Bestimmungen enthalten:

1. für das Jadegebiet das Einf.Ges. §. 23;

2. für Schleswig-Holstein die Gesetze v. 3. Januar 1873 §. 53 und v. 17. August 1876 §§. 25 u. 26;

3. für Hannover die Verordnung, betr. die Ablösung der Reallasten ꝛc., v. 28. Sept. 1867 §. 16, das Ges. v. 3. April 1869 §. 6 und das Einf.Ges. §§. 17 u. 18;

4. für Kassel die Gesetze v. 29. Mai 1874, 16. Juni u. 23. Juli 1876, sowie das Einf.-Ges. §§. 45—47;

5. für Hohenzollern das Gesetz vom 23. Mai 1885 (G.S. S. 143) §§. 30, 31, und

6. für den Geltungsbereich des Rheinischen Rechtes die Gesetze vom 24. Mai 1885 (G.S. S. 156) und 19. Mai 1851 (G.S. S. 383) und Einf.Ges. §. 31.

III. Die Eintragung von Landeskultur-Renten erfolgt nach den Bestimmungen des für den ganzen Umfang der Monarchie erlassenen Gesetzes, betr. die Errichtung von Landeskultur-Rentenbanken, v. 13. Mai 1879 §§. 11 ff., und die Eintragung der Rente auf ein Rentengut oder der Rentenpflichtigkeit eines solchen nach den Vorschriften der Rentengütergesetze vom 26. April 1886 §. 3 Abs. 3, 27. Juni 1890 §. 1 und 7. Juli 1891 §§. 6, 12.

IV. Der zweite Satz des §. 77 ist mit einigen Weglassungen dem Gesetze vom 24. Mai 1853 §. 1 entnommen. Der Zweck der Bestimmung ist die Verhinderung überflüssiger Eintragungen aus den Rezessen der Auseinandersetzungsbehörden. Die Instruktion des J.M. vom 3. August 1853, J.M.Bl. S. 275, enthält in dieser Hinsicht unter Art. 1 Folgendes:

1. „Aus den unter Nr. 1—3 aufgestellten Normen ergiebt sich, daß, falls z. B. die Abfindung in Land besteht oder die Auseinandersetzung lediglich durch Kompensation der Berechtigungen und Verpflichtungen bewirkt wird, eine Eintragung nur erforderlich ist, wenn dadurch ein im Hypothekenbuche ausdrücklich vermerktes Sach- oder Rechtsverhältniß berührt, aufgehoben oder verändert wird. Desgleichen bedarf es bei einer Verwandlung von Abgaben in Rente, wenn dabei nicht zugleich die Abfindung des berechtigten Guts durch die Rentenbank vermittelt wird (vgl. über diesen Fall den §. 18 des Gesetzes vom 2. März 1850 — G.S. S. 112) keines Vermerkes auf dem Folium des berechtigten Gutes, falls nicht etwa auf diesem Folium die Zubehörigkeit der bisherigen Abgaben zu dem Gute durch die Eintragung besonders vermerkt war; es genügt vielmehr, daß auf dem Folium des verpflichteten Grundstücks, in dessen zweiter Rubrik die Abgaben und zwar bei einem richtigen Verfahren (vgl. Verfügung vom 11. Januar 1842 — J.M.Bl. S. 18) als Zubehör des berechtigten Gutes eingetragen waren, in der Kolonne „Cessionen" die eingetretene Aenderung vermerkt wird. Nur wenn die zwischen dem bisherigen Berechtigten und Verpflichteten vereinbarte Rente keine dauernde sein sollte, sondern die Verabredung etwa zugleich auf Amortisation der Rente gerichtet wäre, würde es, weil ein solcher Fall zu einem der Abfindung durch Kapital ähnlichen Resultate führt, auch auf dem Folium des berechtigten Gutes einer Eintragung bedürfen. Uebrigens folgt aus dem §. 3 der Verordnung vom 29. Juni 1835 (G.S. S. 135), daß bei dem verpflichteten Grundstücke eine Abfindung durch Kapital, sofern die Auseinandersetzungs-Behörde es verlangt, selbst dann einzutragen ist, wenn die aufgehobene Verbindlichkeit bisher aus dem Hypothekenbuche nicht ersichtlich war, indem diese Eintragung des Abfindungskapitals bei dem verpflichteten Grundstücke, so lange das Kapital noch nicht an den Berechtigten oder nach §. 63 des Gesetzes vom 2. März 1850 (G.S. S. 112) an die Staatskasse wirklich gezahlt worden, im Interesse des Berechtigten unerläßlich ist." (Vgl. L.G. Danzig, Jahrb. 11 S. 412.)

2. „Wo die Rezesse der Auseinandersetzungs-Behörden hiernach noch zu Eintragungen Veranlassung geben, haben sowohl die Auseinandersetzungs-Behörden bei ihren Requisitionen um die Eintragung (vgl. §. 7 des Gesetzes in Verbindung mit der Verfügung des Ministeriums des Innern vom 3. Mai 1843, J.M.Bl. S. 83), als die Gerichte bei der Fassung der Eintragungsvermerke wie überall, so hier besonders die möglichste Kürze zu beachten."

3. „Ob in den Fällen, wo die bestätigten Rezesse eine Eintragung erforderlich machen,

§. 78.

Soll eine dauernde Last, eine Hypothek oder eine Grundschuld auf mehrere Grundstücke zur Gesammthaft eingetragen werden, so ist auf dem Blatt jedes Grundstücks die Mithaft der anderen zu vermerken.

---

dieselben bei den Grundakten aufzubewahren oder den Interessenten zuzustellen, und ob letzteren Falles eine vollständig beglaubigte Abschrift des Rezesses oder nur ein Extrakt aus demselben, wie es der §. 5 des Gesetzes gestattet, zu den Grundakten über die bei der Auseinandersetzung, Gemeinheitstheilung u. s. w. konkurrirenden Grundstücke zu bringen, haben die Gerichte nach den jedesmaligen Umständen zu ermessen."

V. Landabfindungen müssen auf Grund bestätigter Ablösungsrezesse auf Antrag der Auseinandersetzungsbehörde im Grundbuche ab- und zugeschrieben werden, auch wenn die abgelösten Rechte daselbst nicht vermerkt sind. Wenn dagegen nicht eingetragene, nicht einem Grundstück zustehende, sondern subjektiv persönliche Lasten durch Kapitalzahlung abgelöst werden, so findet die Eintragung der Ablösung nicht statt. (Königsberg, Johow 7 S. 193.) Weitere Mittheilungen aus der Praxis siehe in der Anm. zu §. 12 Satz 3 des Gesetzes, oben S. 99.

VI. Abgesehen von den Bestimmungen des §. 77 richtet sich der Verkehr zwischen den Auseinandersetzungs- und den Hypothekenbehörden (Amtsgerichten) nach den bisherigen Vorschriften. Vgl. für die älteren Landestheile die Verord. v. 20. Juni 1817 §§. 196 u. 197, G.S. S. 161, ferner v. 30. Juni 1834 §§. 58, 59, 62, G.S. S. 96, und v. 29. Juni 1835 §. 3, G.S. S. 135, ferner die Deklaration v. 30. Juli 1842, G.S. S. 245, das Gesetz, betr. die Ablösung der Reallasten ꝛc., v. 2. März 1850 §. 109 und das Gesetz über die Errichtung von Rentenbanken v. 2. März 1850 §. 18. Siehe auch das Gesetz, betreffend die Berichtigung des Grundsteuerkatasters und der Grundbücher bei Auseinandersetzungen vor Bestätigung des Rezesses, v. 26. Juni 1875 §§. 3, 4, 6.

Das ältere Recht gilt auch „in Bezug auf die vorläufigen Vermerke, welche auf Antrag der Auseinandersetzungsbehörden noch vor der Errichtung und Bestätigung des förmlichen Rezesses einzutragen und nach dessen Bestätigung wieder zu löschen sind. Wenn dagegen ein solcher Antrag von der Auseinandersetzungsbehörde nicht gestellt, sondern von der vor der Rezeßbestätigung bewirkten Ausführung einer Ablösung, Regulirung oder Gemeinheitstheilung der Hypothekenbehörde nur Nachricht gegeben wird, so liegt hierin keine Veranlassung für die Hypothekenbehörde, die erfolgte Ausführung von Amtswegen im Hypothekenbuche zu vermerken, und erledigt sich hierdurch die darauf bezügliche Verfügung v. 17. Mai 1838, Jahrb. 51 S. 409." Vgl. die Verf. des Min. des Innern v. 8. März und v. 22. Oktober 1838, v. Rönne, Ergänz. zur Hyp.O. II §. 91 Zus. 7 Anm. 1b und e. (Instr. v. 3. Aug. 1853 Art. 1 Nr. 4.)

Der §. 77 bezieht sich ebenso wie die Vorschrift des Ges. v. 24. Mai 1853 §. 1 nur auf Veränderungen bereits angelegter Grundbuchblätter. Mithin ist „dadurch in der Befugniß der Auseinandersetzungsbehörden, die Anlegung der in Folge der Rezesse, insbesondere bei Eigenthumsverleihungen im Wege der Regulirung der gutsherrlichen und bäuerlichen Verhältnisse erst nothwendig werdenden neuen Folien in Antrag zu bringen, nichts geändert worden". (Nr. 5 das.)

VII. Ueber die Bedeutung der Landabfindungen und Entschädigungen im Auseinandersetzungsverfahren für die dinglich Berechtigten, namentlich die Hypotheken- und Grundschuldgläubiger siehe Dernburg u. Hinrichs 1 S. 215. Das Prinzip ist, daß die Abfindung resp. die Entschädigung an die Stelle des bisherigen Gegenstandes der dinglichen Rechte tritt und demnach von diesen kraft des Gesetzes ergriffen wird.

§. 79.

Zur Eintragung der Abtretung einer Hypothek ist die Vorlegung der Hypothekenurkunde, zur Eintragung der Abtretung einer Grundschuld die Vorlegung des Grundschuldbriefs erforderlich.

§. 78.

Die Anwendung des §. 78 ist einfach, wenn die Eintragung auf die mehreren Grundstücke von demselben Richter zu verfügen ist. Konkurriren nach der Geschäftsvertheilung bei dem Gericht, in dessen Bezirk die Grundstücke liegen, mehrere Grundbuchrichter, so wird es sich empfehlen, daß sie die erforderlichen Verfügungen unter gegenseitiger Mitwirkung erlassen und die Ausführung resp. die Eintragung gemeinschaftlich kontroliren. Auf diese Weise läßt sich der Vortheil erreichen, daß bei jedem Grundstück die Mithaft des anderen gleich in der Hauptspalte miteingetragen wird. Liegen dagegen die Grundstücke in den Bezirken verschiedener Amtsgerichte, so hat dasjenige Gericht, welches zuerst mit dem Antrage befaßt wird, die Eintragung auf die in seinem Bezirk belegenen Grundstücke vorzunehmen und hiernächst dem Antragsteller die etwa gebildete Urkunde auszuhändigen. Es steht aber auch nichts entgegen, daß der Antrag mit der Urkunde direkt an das weiter betheiligte Amtsgericht abgegeben wird, vorausgesetzt, daß in ihm gleichzeitig die Eintragung auf alle Grundstücke beantragt ist. Nachdem letzteres dann die Eintragung unter gleichzeitiger Vermerkung der Mithaft in der ersten Hauptspalte ausgeführt hat, muß es den Antrag mit den etwaigen Urkunden, welche nach §. 125 gegebenenfalls miteinander zu verbinden sind, an das erstere Gericht zurücksenden. Dieses hat die Mithaft unter der Eintragung, sofern der Raum nicht bereits durch weitere Eintragungen ausgefüllt ist, anderenfalls in der Spalte „Veränderungen" zu vermerken.

§. 79.

1. Der §. 79 fügt den Voraussetzungen der Eintragung einer Abtretung, welche in dem §. 53 des Gesetzes nur zum Theil geordnet sind (vgl. die Anm. zu §. 53), das Erforderniß der Vorlegung des Grundschuldbriefes oder der Hypothekenurkunde hinzu. Bezüglich der Grundschuld rechtfertigt sich dieses Erforderniß aus dem §. 20 des Gesetzes. Die Hypothek dagegen kann gültig auch ohne Aushändigung der Urkunde abgetreten werden. Aber der Erwerber kommt doch erst durch den Besitz des Hypothekendokumentes in die Lage, das Gläubigerrecht voll und unbeschränkt ausüben zu können. (Oben S. 253 Anm. 3.) Wenn er daher seine Eintragung nachsucht, so fordert die Rücksicht auf die publica fides des Grundbuches, daß er sich durch den Besitz der Urkunde legitimire. Dieselbe Rücksicht macht sich aber auch dann geltend, wenn der Zedent der Antragsteller ist. Denn nur durch den Besitz der Urkunde bietet er eine Garantie dafür, daß nicht die Hypothek schon anderweit abgetreten oder in Beschlag genommen ist. Vgl. auch unten Anm. 1 e zu §. 94 und §. 129.

2. Eine weitere Voraussetzung der Eintragung ist ein auf dieselbe gerichteter Antrag. (§. 30.) Den Antrag zu stellen, sind befugt:

a. der Zedent, weil er derjenige ist, der die Eintragung zu bewilligen hat. (Ges. v. 24. Mai 1853 §. 31; Posen, Johow 4 S. 185, und Frankfurt, ebd. 8 S. 239.) Abweichend Naumburg, Johow 6 S. 177;

b. der Zessionar, wenn er sich als solcher durch beglaubigte Urkunden legitimirt. Vgl. §. 33 Anm. 3c; Dernburg, Hyp.R. §. 30 Nr. 3b; Kammerger., Jahrb. 3 S. 91; Turnau 1 S. 449 Anm. 8;

c. der Eigenthümer, auf dessen Veranlassung der Gläubiger die Post abgetreten hat. Der Grund ist, daß der Eigenthümer die Abtretung auch auf seinen Namen ausstellen und dann die Umschreibung auf den Namen eines Dritten verlangen kann. (Vgl. Dernburg und Turnau a. a. O.) Anderer Meinung das Kammerger., Johow 6 S. 180;

d. der Notar im Falle des §. 36. Vgl. dazu die Anm. 2b, oben S. 340.

§. 80.

Die Abtretungserklärung muß den Namen des einzutragenden Erwerbers enthalten. Der Annahme-Erklärung des letzteren bedarf es nicht.

---

3. Der einseitig gestellte Antrag auf Eintragung kann von dem Antragsteller einseitig zurückgenommen werden.

4. Die Umschreibung des zedirten Betrages einer Hypothek oder Grundschuld darf nicht abgelehnt werden, weil die Bewilligung den eingetragenen Zinsanspruch nicht erwähnt; das Gesetz §. 23 findet hierauf keine Anwendung. Kammerger., Jahrb. 3 S. 168.

5. Ueber die Legitimation des Zedenten gilt auch hier das unten Anm. 1c und d zu §. 94 Gesagte.

§. 80.

1. Der Name in der Abtretungserklärung.
2. Die Bedeutung der Annahme.
3. Die Form der Abtretung. S. 401.
4. Muster einer Abtretungserklärung.
5. Die Abtretung an eine juristische Person oder an eine Handelsgesellschaft.

Der §. 80 bringt zwei weitere Vorschriften zur Regelung der Voraussetzungen der Eintragung. Die eine ist positiven, die andere negativen Inhalts.

1. Die erstere richtet ihre Spitze gegen die Eintragungsfähigkeit der Blankoabtretung. Wenn auch das Gesetz über den Eigenthumserwerb 2c. unter §. 55 die Abtretung von Grundschulden ohne Nennung des Erwerbers zugelassen hat, so ist doch das Grundbuch einer solchen Abtretung verschlossen Will daher der Inhaber eines in blanco zedirten Grundschuldbriefes der Abtretung Publizität durch das Grundbuch verschaffen, so muß er vor Allem seinen Namen in die Abtretungserklärung einrücken.

Ueber die Frage, wie bestimmt die Person des Gläubigers bezeichnet sein muß, vgl. oben S. 158 Anm. 1 zu §. 23 des Gesetzes.

2. Die zweite Vorschrift des §. 80, nach welcher es der Annahmeerklärung des einzutragenden Erwerbers nicht bedarf, bezweckt nicht die gesetzlichen Bestimmungen über die Erwerbung eines Rechtes durch Abtretung zu Gunsten der Hypotheken und Grundschulden zu ändern, sondern dient nur dazu, die Eintragung der Abtretung zu erleichtern. Der Grundbuchrichter darf die Eintragung, wenn der Zedent dieselbe beantragt, nicht von dem Nachweise der Annahmeerklärung des Zessionars abhängig machen, selbst dann nicht, wenn der Zession Beschränkungen beigefügt sind, welche die Annahme durch den Zessionar zweifelhaft erscheinen lassen. (Kammerger., Jahrb. 5 S. 171; HypO. 2 §§ 213 u. 214; Ges. v. 24. Mai 1853 §. 31.) Der Zessionar ist dem Eigenthümer des belasteten Grundstückes (debitor cessus) und Dritten gegenüber durch den bloßen Besitz der auf ihn gerichteten Abtretungsurkunde und des Dokumentes (Schuldbriefes) zur Verfügung über die ihm abgetretene Post legitimirt. Für das Rechtsverhältniß der Kontrahenten zueinander aber gilt nach wie vor die Regel, daß der Zessionar die Rechte des Zedenten nur durch die Annahme der Abtretung erwirbt. (Vgl. S. 249 Anm. 4 zu §. 52 des Gesetzes.) Bevor die Annahme erklärt ist, kann mithin der Zedent die Abtretung widerrufen. Aber daraus folgt nicht, daß der Grundbuchrichter auf den einseitigen Antrag des Zedenten die Umschreibung auf den Namen des Zessionars im Grundbuche dann wieder löschen dürfte, wenn der Zedent die Umschreibung einseitig nachgesucht hatte und das Dokument über die Post von dem Grundbuchamt ausgehändigt erhalten und demselben wieder eingereicht hat. Der Grundbuchrichter hat kein Mittel zur Feststellung der Nichtannahme des Zessionars. Aus der Thatsache allein, daß der Zedent im Besitz der Urkunde geblieben ist, kann noch nicht der Schluß gezogen werden, daß eine Annahme nicht stattgefunden hat. Die einmal eingetragene Abtretung darf daher nur mit der erklärten oder legal ersetzten Zustimmung des Zessionars gelöscht werden (§. 117).

Beantragt der Zessionar die Eintragung, so giebt er dadurch zugleich sein Einverständniß mit der Uebertragung der Post auf ihn zu erkennen. Daß er dasselbe auch dem Zedenten gegenüber erklärt habe, braucht er dem Grundbuchrichter nicht nachzuweisen, selbst dann nicht, wenn die Abtretung ohne Entgelt erfolgt ist. (Frankfurt a. O., Johow 7 S. 245.)

3. Die Abtretung kann zu gerichtlichem oder notariellem Protokoll erklärt werden. Es genügt aber auch die schriftliche Form mit notarieller oder gerichtlicher Beglaubigung der Unterschrift. (§. 33.) Die Beglaubigung ist indessen nicht Bedingung der Gültigkeit des Geschäfts. Der Zessionar wird auch ohne dieselbe dem Zedenten gegenüber Eigenthümer des Rechts aus der Grundschuld. Aber der Eigenthümer des Grundstückes braucht nur den als legitimirt zur Verfügung über dieses Recht anzuerkennen, der ihm löschungsfähige Quittung ertheilen kann (Ges. §§. 63, 64). Die Beglaubigung ist sonach unerläßliche Voraussetzung der Legitimation des Zessionars. Hieraus folgt zweierlei:

a. Zur Begründung der dinglichen Klage des Zessionars gehört die Beibringung einer beglaubigten Abtretungsurkunde. Wird eine solche Urkunde nicht vorgelegt, so kann der Eigenthümer, auch wenn die Abtretung bewiesen resp. nicht streitig ist, seiner Verurtheilung zur Zahlung widersprechen.

b. Der Zessionar hat gegen den Zedenten den Anspruch auf Herbeiführung der Beglaubigung. (A.L.R. I. 5 §. 318, I. 11 §§. 376 ff. und 393 ff.; Dernburg, Pand. 2 §. 52 Nr. 2.)

4. Die Abtretungserklärung kann nach folgendem Muster gefaßt werden:

Die mir laut Urkunde vom 29. Dezember 1880 zustehende Forderung von 10000 Mark und die zu deren Sicherheit auf das Grundstück .... Straße Nr. ... hier in das Grundbuch von ...... Bd. I Bl. Nr. 10 Abth. III Nr. 5 für mich eingetragene Hypothek trete ich mit den Zinsen vom 1. Januar 1891 hierdurch an den Rentier Georg Geldschneider ab. Ich beantrage die Eintragung der Zession in das Grundbuch.

Den Hypothekenbrief nebst Schuldurkunde habe ich hier beigefügt.

N........ den 3. Januar 1891.

Johann Müßig.

Die Unterschrift des Rentiers Johann Müßig von hier wird auf Grund der vor dem unterzeichneten Notar erfolgten Anerkennung beglaubigt.

N........ den 3. Januar 1891.

(L. S.) Friedrich August Pfiffig,
Notar im Bezirk des K. Oberlandesgerichts zu X.

Wird eine Grundschuld in blanco abgetreten, so wird die Abtretung zweckmäßig auf den Grundschuldbrief gesetzt, und zwar hinter den letzten Vermerk der Buchbehörde, etwa so:

Die vorstehende Grundschuld von 10000 Mark trete ich mit den Zinsen vom 1. Januar 1891 hierdurch an d .... ab.

Dieser Vermerk ist ebenso wie die gewöhnliche Zession mit dem Datum und der Unterschrift des Zedenten zu versehen und zu beglaubigen.

5. Wenn die Abtretung einer Post an eine juristische Person eingetragen werden soll, so entsteht die Frage, ob die Existenz der Zessionarin dem Grundbuchrichter nachgewiesen werden muß. Zwei Fälle sind auseinander zu halten.

a. Wird die Eintragung der Abtretung von dem Zedenten nachgesucht, so hat der Grundbuchrichter nach der Existenz des in der Abtretungserklärung gehörig bezeichneten Erwerbers nicht zu forschen, gleichviel, ob letzterer eine physische oder juristische Person sein soll. Das erhellt aus den §§. 46 und 80. Die Vorschrift des §. 10, daß eine juristische Person nach ihrer gesetzlichen oder in der Verleihungsurkunde enthaltenen Benennung einzutragen ist, bezieht sich nur auf die Eintragung derselben als Eigenthümerin und hat insoweit ihren guten Grund, da das ganze Grundbuchwesen auf der Gewißheit des Eigenthums beruht. Dies Motiv greift aber bei den Eintragungen der zweiten und der dritten Abtheilung nicht Platz. Wenn hier ein Realrecht dem Antrage des Berechtigten gemäß auf den Namen einer Person umgeschrieben wird, von der sich später herausstellt, daß sie nicht vorhanden ist, so trifft der etwaige

§. 81.

Bei der Eintragung einer Abtretung bedarf es nicht der Erwähnung der Zwischeninhaber der Hypothek oder der Grundschuld, dem Grundbuchamt müssen aber die Zwischenabtretungen in ununterbrochener Reihenfolge vorgelegt werden.

Nachtheil, der daraus entsteht, lediglich den Antragsteller persönlich. Vgl. die Anm. 1 zu §. 23 des Gesetzes, oben S. 158.

b. Wird die Umschreibung der Post auf eine juristische Person von deren Vertretern beantragt, so ist die Legitimation der letzteren und folglich, wenn der Fall dazu angethan erscheint, auch die Frage nach der rechtlichen Existenz der Zessionarin zu prüfen. (§§. 30, 37, 46.)

Bezüglich der Eintragung für eine Handelsgesellschaft enthält das Einführungsgesetz zum A.D.H.G.B. v. 24. Juni 1861 Art. 23 die Bestimmung, daß die Eintragung im Hypothekenbuche erst geschehen darf, „wenn die Eintragung der Gesellschaft in das Handelsregister nachgewiesen ist", und nach der Instr. v. 12. Dezember 1861 §. 102 ist außerdem nach den allgemeinen, für die Führung des Hypothekenbuches geltenden Grundsätzen der Nachweis zu führen, daß gerade für die Gesellschaft erworben und diese die Eigenthümerin oder Berechtigte geworden ist. Aehnliche Vorschriften giebt in Ansehung der Genossenschaften die Instr. v. 17. Dez. 1868 §. 29. Nach Dernburg u. Hinrichs 1 §. 26 S. 327 und Turnau 2 §. 22 Anm. 1 S. 199 soll hieran durch die Gesetze vom 5. Mai 1872 nichts geändert sein. Diese Ansicht dürfte jedoch der Rechtfertigung entbehren. Die in Rede stehenden Bestimmungen ordnen das Verfahren für den Fall, wenn die Eintragung für eine Handelsgesellschaft oder eine Genossenschaft erfolgen soll. Sie sind daher durch die Gr.B.O. §. 143 aufgehoben. Jedenfalls sind sie Ausflüsse des Legalitätsprinzips, insoweit dasselbe durch das Konsensprinzip der Grundbuchgesetze beseitigt ist. Es wird daher gegenwärtig nach den unter a und b angedeuteten Gesichtspunkten zu verfahren sein.

§. 81.

1. Nach dem Gesetze vom 24. Mai 1853 §. 13 wurden „Uebergänge des Eigenthums an . . . eingetragenen Posten, welche vor dem letzten im Hypothekenbuche zu vermerkenden Uebergange stattgefunden haben, im Eintragungsvermerke nur historisch erwähnt". Und die Instruktion vom 3. August 1853 hat unter Art. 7 Nr. 2. b diese Bestimmung dahin erläutert, „daß bei der Eintragung von Zessionen die Erwähnung des Namens der Zedenten überflüssig erscheint, daher wegzulassen ist". Es ist hiernach nicht ganz korrekt, wenn es in den Motiven zu dem §. 81 heißt, daß gegenüber dem bisherigen Recht die Vorschrift „neu" sei. Dagegen ist es durchaus zutreffend, wenn daselbst weiter gesagt wird: „Es kann nur darauf ankommen, daß das Grundbuchamt sich von der Legitimation dessen überzeugt, der als Erwerber der Hypothek eingetragen werden soll. Zu diesem Zwecke müssen dem Amte alle Legitimationsurkunden zur Einsicht und Prüfung vorgelegt werden, also nicht blos die Abtretungsvermerke selbst, sondern auch die Testamente, Erbbescheinigungen, wenn die Hypothek durch Erbfälle durchgeht. Hat sich dann das Amt von der Legitimation des letzten, nunmehr einzutragenden Erwerbers überzeugt, so kann die Umschreibung sofort auf dessen Namen erfolgen, ohne daß es nothwendig erscheint, in der Eintragung die Zwischen-Inhaber, wenn auch nur historisch, zu erwähnen". (Werner 2 S. 157.) Wie das Formular 1 ergiebt, wird nur noch die Thatsache der Abtretung unter Namhaftmachung des Erwerbers in das Grundbuch eingetragen.

2. In der Praxis ist angenommen, daß, wenn der Gläubiger, für den die Eintragung einer Hypothek bewilligt ist, seine Rechte abgetreten hat, die Eintragung von vornherein ohne Zustimmung des Eigenthümers auf den Namen des Zessionars eingetragen werden muß (Königsberg, Johow 7 S. 219), sowie daß auf Antrag grundbuchmäßig klargestellt werden muß, daß eine Hypothek von dem noch eingetragenen Gläubiger abgetreten und mittels Rückabtretung wieder erworben ist, weil der Eigenthümer des verpfändeten Grundstückes ein recht-

§. 82.

Die Eintragung der Abtretung wird auf der Hypothekenurkunde oder dem Grundschuldbrief vermerkt und dieser Vermerk mit der Unterschrift und dem Siegel des Grundbuchamts versehen. Die vorgelegten Abtretungserklärungen werden bei den Grundakten entweder in Urschrift oder in beglaubigter Abschrift zurückbehalten.

§. 83.

Erfolgt eine Theilabtretung, so ist von der Hypothekenurkunde oder dem Grundschuldbrief eine gerichtlich oder notariell beglaubigte Abschrift anzufertigen und zugleich auf die Haupturkunde der Vermerk, welcher Theil der Hypothek

---

liches Interesse daran hat, daß die Legitimation eintretender Zessionare durch die Prüfung des Gerichts festgestellt und buchmäßig kundgegeben werde. (Kammerger., Jahrb. 12 S. 115.)

§. 82.

1. Die „Hypothekenurkunde" bezeichnet hier sowohl den Hypothekenbrief der Gr.B.O. als auch das Hypothekeninstrument des bisherigen Rechtes. Die Eintragung der Abtretung wird auf dem Hypothekenbrief vermerkt. (§§. 90, 115, 129.) Bei den alten Urkunden gehört der Vermerk auf die Schuldurkunde hinter die Ingrossationsnoten. (Bahlmann 3. Aufl. S. 385.)

2. Nach dem Gesetze vom 24. Mai 1853 §. 27 war die sogenannte Ingrossations-Registratur von dem Ingrossator allein zu unterzeichnen. Nach der Gr.B.O. §§. 82 und 131 ist die Unterschrift des Grundbuchrichters und des Buchführers unter den Vermerken auf den Urkunden erforderlich.

3. Nach der Hyp.O. 2 §. 204 mußte die Zession auf das Dokument selbst geschrieben werden. Das Gesetz vom 24. Mai 1853 dagegen hat das entgegengesetzte Prinzip angenommen (§. 9): Zessionen und Verpfändungen sind besonders auszufertigen. Die Grundbuch-Ordnung hat darüber keine ausdrückliche Vorschrift. Nach dem Entwurfe sollten „die vorgelegten Abtretungs-Erklärungen bei den Grundakten zurückbehalten", also jedenfalls nicht auf das Hypothekeninstrument gesetzt werden. Die Kommission des Herrenhauses hat dies auch als Regel anerkannt, aber dennoch dem zweiten Satz des §. 82 die gegenwärtige Fassung gegeben, um auch die Fälle zu berücksichtigen, in denen den Interessenten an der Rückgabe der Zessions-Urkunden gelegen ist. Man gedachte dabei namentlich des Falles, in welchem bei Grundschuldbriefen die Abtretungen auf den Urkunden selbst vermerkt wären. (Ber. der Komm. des H.H., bei Werner 2 S. 173.)

Im Sinne der Gr.B.O. §. 81 ff. und 122 ff. ist es sicherlich, die Zessions-Erklärungen — abgesehen von der Blanko-Abtretung — nicht auf den Grundschuldbrief oder die Hypotheken-Urkunde zu schreiben.

4. Außer den Abtretungs-Erklärungen sind auch die übrigen Urkunden, durch welche der Erwerb der Post nachgewiesen ist, in Urschrift oder beglaubigter Abschrift zu den Grundakten zu nehmen; vgl. Anm. 1 zu §. 18 der Gr.B.O. (Dernburg, Hyp.R. §. 30 Nr. 3 c.)

5. Zu den Betheiligten, welche von der Eintragung in Gemäßheit des §. 121 zu benachrichtigen sind, gehören nicht bloß der Zessionar und der Eigenthümer, sondern auch der Zedent. Seine Benachrichtigung ist ebenso nothwendig für die Sicherheit des Verkehrs mit Hypotheken und Grundschulden, wie die Benachrichtigung des bisherigen Eigenthümers von der Eintragung des neuen im Interesse der Sicherheit des Eigenthumes geboten ist. (Anm. zu §. 57.) Vgl. die Hyp.Ordn. 2 §§. 149, 185, 233 ff. und das Gesetz vom 24. Mai 1853 §§. 20 und 23.

oder Grundschuld abgetreten, und auf die beglaubigte Abschrift der Vermerk, für wen und über welchen Theil derselben die Abschrift gefertigt ist, zu setzen.

Soll die Theilabtretung eingetragen werden, so sind die Haupturkunde und die beglaubigte Abschrift dem Grundbuchamt vorzulegen, und ist die Eintragung der Abtretung gemäß §. 82. auf beiden Urkunden und neben dem Eintragungs-vermerk auf der Haupturkunde zu vermerken:

noch gültig auf (mit Angabe der Summe).

---

§. 83.

1. **Das bisherige Recht** über die Theilzessionen und deren Behandlung bei dem Hypothekenbuche in dem ursprünglichen Geltungsbezirke der Gr.B.O. findet sich in der allg. Hyp.O. v. 20. Dezember 1783 Tit. 2 §§. 206 ff., dem Ges. v. 8. Februar 1811 §. 5, G.S. S. 150, der Kab.O. v. 6. Nov. 1834, G.S. S. 180, und dem Ges., betr. einige Abänderungen der Hyp.O., v. 24. Mai 1853. Es ist nicht die Absicht gewesen, die in diesen Gesetzen gegebenen Vorschriften erheblich zu ändern. (Motive, bei Werner 2 S. 157.) In dem Entwurfe von 1869 waren folgende Sätze vorgeschlagen:

„Soll eine Theilabtretung eingetragen werden, so ist eine gerichtlich oder notariell beglaubigte Abschrift der Hypothekenurkunde anzufertigen und in dem Beglaubigungs-Vermerk auszudrücken, für wen und über welchen Theil der Hypothek die Abschrift angefertigt ist.

Auf die Haupturkunde und die beglaubigte Abschrift hat das Grundbuchamt die erfolgte Eintragung zu vermerken."

In der Kommission des Abgeordnetenhauses, die damals die Grundbuchordnung zu berathen hatte, erachtete man diese Bestimmungen an sich für zweckmäßig. „Es wurde jedoch hervorgehoben, daß zur Abtretung einer ganzen Forderung weder die Eintragung noch überhaupt die Mitwirkung des Grundbuchamtes behufs Ausstellung der Abtretungs-Erklärung nothwendig sei, und daß diese für den freien Verkehr wichtigen Grundsätze auch für Theilabtretungen aufrecht erhalten werden müßten." Es wurde deshalb ein Antrag gestellt, nach welchem der Paragraph im wesentlichen dasselbe bestimmen sollte, was jetzt der §. 83 vorschreibt. Die Kommission erhob diesen Antrag zum Beschluß. (Ber. vom 8. Januar 1870 S. 36 und 37.)

Der Regierungsentwurf von 1871 eignete sich die neue Fassung an. Die Kommission des Herrenhauses brachte dieselbe mit der Zweitheilung der Kapitalbelastungen in Hypotheken und Grundschulden in Einklang und fügte am Schluß hinter „Urkunden" die Worte hinzu: **und neben dem Eintragungsvermerk auf der Haupturkunde** (zu vermerken): **noch gültig auf (mit Angabe der Summe)**, damit man sogleich erkennen könnte, auf wie hoch die Hauptforderung noch bestände. (Werner S. 173.) Vgl. die der Gr.B.O. beigegebenen Formulare, Anl. D. (Verm. vom 1. April und vom 31. Mai 1873), E., F., H.

2. Die Bestimmungen des §. 83 haben einen doppelten Zweck, einmal den Gläubiger an der wiederholten Abtretung des Theiles der Post zu hindern, sodann dem Erwerber die selbständige Verfügung über den erworbenen Theil zu ermöglichen. (Bahlmann 3. Aufl. S. 387.) Sie

finden in allen Fällen der Theilung einer Hypothek oder einer Grundschuld (§. 84), auch dann, wenn der Gläubiger die Theilposten zunächst nicht begeben will, entsprechende Anwendung.

Eine Ausnahme von dem im §. 83 angeordneten Verfahren läßt das Gesetz nicht zu, selbst nicht bei Einwilligung sämmtlicher Betheiligten; der Grundbuchrichter hat daher deren Antrag auf Eintragung einer Theilzession ohne Bildung eines Zweigdokumentes abzulehnen (Kammerger., Jahrb. 2 S. 165).

3. Der erste Satz des §. 83 bestimmt, wie im Fall der Abzweigung eines Theiles der Hypothek oder der Grundschuld die Urkunde zu behandeln und das Zweigdokument zu bilden ist.

a. Die Abzweigung ist durch das Vorhandensein einer Urkunde über die Post bedingt. Ist die Hypothek ohne Bildung einer Urkunde eingetragen, so muß, wenn ein Theil von ihr abgezweigt werden soll, zunächst ein Hypothekenbrief gefertigt werden. Geschieht dies nicht, so hat die Abtretung zwar inter partes die zivilrechtlichen Wirkungen; wenn aber der Zedent den Theil anderweit abtritt und dem Zessionar einen Zweighypothekenbrief nach Maßgabe des §. 83 aushändigt, so läuft der erste Zessionar Gefahr, dem zweiten weichen zu müssen. Vgl. das A.L.R. I. 10 §§. 21 ff. und I. 11 §§. 395 ff., auch die Anm. 3 Abs. 2 zu §. 54 des Ges.

Von der Grundschuld kann ein Theil ohne Bildung eines Zweigbriefes nicht abgetreten werden. (§. 20 des Ges.)

b. Die Abzweigung in Gemäßheit des §. 83 ist ein Akt der freiwilligen Gerichtsbarkeit. Sie muß daher entweder von einem Amtsgericht oder von einem Notar vorgenommen werden. Auf Verlangen der Betheiligten muß der Grundbuchrichter das Zweigdokument bilden, auch wenn die Abtretung nicht von ihm aufgenommen ist. (Verf. d. J.M. v. 1. September 1872, Nr. III, J.M.Bl. S. 176; Kammerger. und Naumburg, Johow 6 S. 212 u. 213.) Dies gilt auch dann, wenn ein Notar die Unterschrift der Abtretung beglaubigt hat. (Abweichend Insterburg, Johow 7 S. 294.) Hat aber der Notar die Theilabtretung aufgenommen, so ist er nach der Kab.O. v. 6. Nov. 1834, G.S. S. 180, zur Bildung des Zweigdokumentes verpflichtet, und der Grundbuchrichter kann dieselbe ablehnen. (Kammerger., Johow 7 S. 293.)

c. Das Verfahren ist aus den der Gr.B.O. beigefügten Mustern von Grundschuld- und Hypothekenbriefen (Anl. D—G) ersichtlich.

In den Abzweigungsvermerken der Muster ist zugleich bezeugt, daß dem Zessionar eine beglaubigte Abschrift des Grundschuldbriefes resp. des Hypothekenbriefes ertheilt worden ist. Dieses Zeugniß ist zwar nach §. 83 nicht wesentlich, aber ziemlich allgemein üblich und im Interesse der Sicherheit des Verkehrs mit Hypotheken und Grundschulden empfehlenswerth. Der Abzweigungsvermerk erhält seine Stelle am Schlusse des Grundschuld- oder des Hypothekenbriefes, bei den Hypothekeninstrumenten des älteren Rechtes auf der Schuldurkunde unter der Ingrossationsnote. (Daubenspeck, über die Bildung von Zweigdokumenten, in Johow 5 S. 227; Koch, Formularbuch 10. Aufl. S. 312.) Jedoch kann der Zweighypothekenbrief nicht deshalb beanstandet werden, weil dieser Vermerk nicht auf den Hypothekenbrief, sondern auf die mit demselben durch Schnur und Siegel verbundene beglaubigte Abschrift der Schuldurkunde gesetzt ist, da die Hypothekenurkunde im §. 83 als ein einheitliches Dokument anerkannt ist (Kammerger., Jahrb. 7 S. 136).

Die beglaubigte Abschrift, welche als Zweigdokument dienen soll, wird von dem Grundschuldbrief, oder der Hypothekenurkunde, und dem Abzweigungsvermerk genommen. Die Aufnahme des Abzweigungsvermerkes ist freilich in dem §. 83 nicht vorgeschrieben, wohl aber in dem Muster (Anlage E) vorgesehen. Fehlt derselbe, so kann der Eigenthümer, wenn er von dem nicht eingetragenen Theilzessionar in Anspruch genommen wird, die Vorlegung des Stammbriefes verlangen, um gegen wiederholte Verfügungen des Zedenten über den abgetretenen Theil gesichert zu sein.

Der unter die Abschrift zu setzende Vermerk, für wen und über welchen Theil der Post dieselbe gefertigt ist, wird zweckmäßig mit der Beglaubigungsklausel verbunden. (Bahlmann a. a. O.)

d. Das vorstehend skizzirte Verfahren findet auch dann statt, wenn von einer Gesammtgrundschuld oder einer Gesammthypothek ein Theil abgezweigt wird. Die einzelnen Briefe über dieselbe sind für sich bestehende Urkunden. Der Abzweigungsvermerk ist daher unter jeden Brief besonders zu setzen (Kammerger., Jahrb. 4 S. 212. A. M. dass., ebd. 2 S. 169). Auch ist von jedem Brief eine besondere Abschrift als Zweigdokument zu fertigen. Das in der Praxis vorkommende Verfahren, die sämmtlichen Briefe mit der etwaigen Schuldurkunde hintereinander abzuschreiben und diese Abschrift als Zweigurkunde auszufertigen, entspricht den Bestimmungen über die Gesammthypotheken und die Gesammtgrundschulden nicht. (Daubenspeck S. 229.) Siehe jedoch Kammerger, Johow 4 S. 194.

e. Wird von der abgezweigten Post ein Theil abgetreten, so bildet die über dieselbe gebildete Zweigurkunde das Dokument, von welchem nach §. 83 die Abschrift als Urkunde über die neue Theilpost zu fertigen ist.

4. Der zweite Satz des §. 83 wendet die Bestimmungen der §§. 79 u. 82 auf den Fall der Eintragung einer Theilabtretung an. Voraussetzungen der Eintragung sind:

a. die Vorlegung der Abtretungserklärung. (Vgl. die Anm. zu §. 53 des Ges.) Die Abtretungserklärung muß nicht blos auf den Namen eines bestimmten Gläubigers lauten, sondern auch eine bestimmte Summe in gesetzlicher Währung angeben. (§. 23 des Ges.; vgl. jedoch Anm. 4 zu §. 79 der Gr.B.O.) Eine Abtretung nach Quoten ermangelt nicht der erforderlichen Bestimmtheit (Kammerger., Jahrb. 8 S. 94). Hängt die Höhe der auf den Zessionar übergehenden Theilforderung von künftigen ungewissen Ereignissen ab, so muß der Eintritt abgewartet werden und alsdann durch den Zedenten eine definitive Abtretung erfolgen. Kammerger, Jahrb. 1 S. 137;

b. die Vorlegung der Haupturkunde. Dies ist diejenige Urkunde, von welcher die Abzweigung erfolgt ist. (Anm. 3e.) Wenn also der Inhaber einer Theilpost der Zedent ist, so ist als Haupturkunde das über diese Post gebildete Zweigdokument, nicht der Stamm-Hypotheken- oder Grundschuldbrief beizubringen. Dasselbe gilt auch dann, wenn die erste Abzweigung nicht infolge der Zession, sondern der Erbtheilung geschehen ist. Abweichend Posen, Johow 4 S. 186;

c. die Vorlegung der Zweigurkunde über den Theil, dessen Abtretung eingetragen werden soll. Zweigurkunden über andere, früher abgezweigte Theile interessiren selbstverständlich nicht. (Glogau, ebd. 7 S. 259.)

Die Eintragung der Abtretung wird nur auf der Haupturkunde zu b und auf der Zweigurkunde zu c (der beglaubigten Abschrift) vermerkt, bei Gesammt-Hypotheken und Grundschulden auf jeder einzelnen Urkunde besonders. Der Vermerk „noch gültig auf . . . .“ wird bei den alten Hypotheken-Instrumenten neben die Ingrossationsnote gesetzt. (Bahlmann 3. Aufl. S. 390.) Die Stelle auf den Hypotheken- und Grundschuldbriefen veranschaulicht das Muster, Anlage D.

Daß die Haupturkunde dem Zedenten verbleiben, die Zweigurkunde dem Zessionar zugefertigt werden müsse, ist nicht vorgeschrieben, ein Antrag, jene diesem zuzusenden, daher nicht unzulässig; die betreffenden Bestimmungen des früheren preußischen Rechts sind beseitigt. (Kammerger, Jahrb. 10 S. 115.)

5. Eine Theilabtretung im Sinne des §. 83 liegt nur vor, wenn das Recht auf einen bestimmten Theil des Kapitals oder wenn von verschiedenen in demselben Hypothekenbrief enthaltenen Forderungen eine oder mehrere allein abgetreten werden (Kammerger., ebd. 7 S. 153).

a. Von mehreren Mitgläubigern, deren Antheile auf bestimmte Summen nicht festgestellt sind, kann zwar der eine seinen Antheil an einen andern Mitgläubiger gültig abtreten, und die Abtretung kann auch eingetragen werden. Aber der §. 83 ist hierauf nicht anwendbar. (Naumburg, Johow 7 S. 259.) Der einzelne Gläubiger kann die Bildung einer Zweigurkunde erst nach der Theilung und deren Eintragung verlangen. (Ratibor, ebd. S. 291.) Die Zession des Antheils eines Miterben an einer zu einem ungetheilten Nachlasse gehörigen Hypo-

§. 84.

Die Vorschriften der §§. 79—82. finden auch Anwendung, wenn eine Hypothek oder Grundschuld auf andere Weise erworben oder verpfändet wird.

Der Vermerk der Verpfändung muß den Gläubiger und die Forderung, zu deren Sicherheit die Verpfändung erfolgt, bezeichnen.

§. 85.

Soll die Hypothek oder Grundschuld auf einen Vermächtnißnehmer umgeschrieben werden, so muß die Einwilligung des Erben oder dessen rechtskräftige Verurtheilung zu derselben beigebracht werden.

---

thek ist wirkungslos und daher die Eintragung der Abtretung unzulässig. (Kammerger., ebd. 6 S. 186; ebenso für den Fall der Verpfändung dass. im Jahrb. 6 S. 116.)

b. Das Zinsrecht ist kein selbständiges Recht und folglich von dem Recht auf das Kapital nicht trennbar. Tritt der Gläubiger gleichwohl die Zinsen in dem Sinne ab, daß er sich des Rechtes auf den Bezug derselben zu Gunsten des Zessionars vollständig begiebt, so hat das Geschäft nur als Bestellung eines Nießbrauches Gültigkeit. Der Nießbrauch kann eingetragen und die Eintragung auf dem Hypotheken- oder dem Grundschuldbrief vermerkt werden. Aber eine Zweigurkunde wird nicht gebildet. (Kammerger., Jahrb. 9 S. 90; vgl. dass., ebd. 12 S. 117. Siehe auch Koch A.L.R. Bd. 2 Anm. 41 zu I. 20 §. 511.)

§. 84.

1. Die Worte „auf andere Weise erworben oder" sind von der Kommission des Abg.H. dem §. 84 eingefügt worden, um die analoge Anwendung der §§. 79—82 „für die Fälle, daß Hypothekenforderungen oder Grundschulden durch Erbgang oder auf andere Weise als durch Zession auf einen Anderen übergegangen sind, zu sichern. Der Antrag, nach „verpfändet" einzuschalten „und die Eintragung der Verpfändung beantragt" wurde als selbstverständlich beziehungsweise mit Rücksicht auf §. 30 für entbehrlich erachtet und abgelehnt." (Werner 2 S. 190.)

2. Soll die Post auf den Erben des Gläubigers umgeschrieben werden, so ist dem Grundbuchrichter das Erbrecht nach den unter §. 51 für das Eigenthum gegebenen Bestimmungen nachzuweisen. (Rhein. Einf.Ges. §. 32; Naumburg, Johow 7 S. 123.) Vgl. indessen Anm. 6 zu §. 51. Der nachträglichen Bildung eines Hypothekenbriefes nach §. 129 Abs. 2 der Gr.B.O. bedarf es in diesem Falle nicht (Kammerger., Jahrb. 7 S. 149; vgl. Anm. 4 zu §. 129).

3. Ueber die Verpfändung der Hypotheken und der Grundschulden vgl. Anm. 5 zu §. 54 des Gesetzes, oben S. 254. Soll die Verpfändung eingetragen werden, so ist ebenso wie bei der Eintragung von Zessionen zu verfahren. Es ist also namentlich, wenn über die Hypothek ein Dokument nicht ausgefertigt ist, ein Hypothekenbrief zu bilden. (§§. 123 und 129.) Hieraus folgt zugleich, daß im Fall der Verpfändung eines Theiles der Post, wenn der Hypotheken- oder Grundschuldgläubiger die freie Verfügung über den Rest behalten will, der verpfändete Theil von der Haupturkunde abgezweigt werden muß. Dabei ist, obwohl in §. 84 nur die §§. 79 bis 82 allegirt sind, die Vorschrift des §. 83 entsprechend anzuwenden (Turnau 1 S. 460 Anm. 3; Bahlmann S. 392 Anm. 2).

4. Der zweite Satz des §. 84 entspricht dem Prinzip des Gesetzes §§. 13, 23 und 53, sowie der Gr.B.O. §§. 43 und 80.

5. Im Falle der Verpfändung von Renten, Nießbrauch oder anderen in Abth. II einzutragenden Rechten kann nicht nach den §§. 79, 82 und 83 verfahren werden, weil die Gr.B.O. besondere Urkunden über deren Eintragung nicht kennt. (§§. 11, 91, 119.) Dadurch ist deren Verpfändung aber nicht ausgeschlossen; vgl. Rhein. Einf.Ges. §. 17 Abs. 2 (Turnau 1 S. 435 Anm. 5 zu §. 53 des Gesetzes).

§. 86.

Zur Einräumung des Vorrechts genügt eine darauf gerichtete Erklärung des Einräumenden.

Die Eintragung der Vorrechtseinräumung ist auf der Urkunde über die zurücktretende und auf Verlangen auch auf der Urkunde über die vortretende Post von dem Grundbuchamt zu vermerken.

---

§. 85.

Die Einwilligung des Erben ist zur Umschreibung einer vermachten Post auf den Namen des Legatars auch nach dem materiellen Erbrecht erforderlich. (Posen, Johow 3 S. 158.) Das Prinzip ist auch in dem Gesetz §§. 14 u. 65 sowie in der Gr.B.O. §. 53 angewendet, vgl. die Anm. zu diesen §§. und Rhein. Einf.Ges. §. 32.

§. 86.

1. Der erste Satz des §. 86 gehört dem materiellen Rechte an. Er macht, indem er zur Einräumung (nicht blos zur Eintragung) des Vorrechts die Erklärung des zurücktretenden Gläubigers genügen läßt, eine (vielleicht unbewußte) Anwendung von der Theorie der verbindenden Kraft einseitiger Willenserklärungen auf die Vorrechtseinräumung.

2. Die Eintragung der Vorrechtseinräumung setzt voraus:

a. eine darauf gerichtete Erklärung des zurücktretenden Gläubigers in beglaubigter Form. Derselbe muß aber als Gläubiger in das Grundbuch eingetragen sein. (Reskr. v. 9. April 1836, v. Kamptz, Jahrb. 47 S. 598, und Ges. §. 35; Kammerger., Jahrb. 8 S. 92. A. M. Korb im Magazin f. das deutsche Recht der Gegenwart 3 S. 229 ff.) Es genügt die Eintragungsbewilligung, die auch in dem Antrage ausgedrückt sein kann.

Der Antrag kann unter Vorlegung der Erklärung (Bewilligung) des zurücktretenden Gläubigers auch von dem vortretenden gestellt werden. Beglaubigung dieses Antrages ist nicht erforderlich (§. 33);

b. die Vorlegung der Urkunde über die zurücktretende Post. (Ausn.: Zwangsvollstr.Ges. §. 124 Abs. 3.) Ist eine Urkunde nicht vorhanden, so muß sie nachträglich gebildet werden. (§. 129.)

3. Die Eintragung erfolgt bei der zurücktretenden Post in der Spalte „Veränderungen". Sie kann aber außerdem auch bei der vortretenden Post vorgenommen werden, wenn eine Urkunde über dieselbe vorhanden und eingereicht ist. Dies ergiebt sich aus dem zweiten Satz des §. 86.

Die Worte „auf Verlangen auch auf der Urkunde über die" sind von der Kommission des Herrenhauses eingeschaltet worden, um die Eintragung der Prioritätszession nicht zu erschweren, beziehungsweise nicht zu verzögern, wenn etwa der vortretende Gläubiger augenblicklich verhindert ist, sein Dokument vorzulegen. (Ber. der Komm., bei Werner S. 173.)

4. Wenn von einer Post ein Theil abgezweigt ist, ohne daß über die Priorität etwas bestimmt worden, so steht der abgezweigte Theil und der Ueberrest zu gleichem Recht. Der Rest kann daher ohne Zustimmung des Inhabers der Theilpost mit dem Vorrechte vor dieser nicht abgetreten werden.

Wird eine mit dem Vorzuge vor dem Ueberreste erfolgte Theilabtretung eingetragen, so ist auf Verlangen des Zessionars auf dem Zweigdokumente auch die Eintragung des Vorzuges zu vermerken. Der Vermerk „Die Abtretung ist im Grundbuche vermerkt" (Formular D. u. F.) genügt in diesem Falle nicht. (Kammerger., Johow 6 S. 208.)

5. Ein Dritter (auch der Eigenthümer) kann der Eintragung des Vorrechtes einer Post vor der andern nicht widersprechen, auch wenn die Rangordnung zwischen ihm und den Gläu-

§. 87.

Ueberweisungen eingetragener Posten an Zahlungsstatt im Wege der Zwangsvollstreckung sind auf Ersuchen des Prozeßrichters oder der zuständigen Verwaltungsbehörde einzutragen.

Die ersuchende Behörde hat die über die betreffende Post ausgefertigte Urkunde vorzulegen, und ist auf derselben von dem Grundbuchamt die Eintragung der Ueberweisung zu vermerken.

Im Fall der Ueberweisung eines Theils der Post ist eine Zweigurkunde nach §. 83. anzufertigen.

Ausführungsgesetz zur Deutschen Civilprozessordnung. Vom 24. März 1879. (Ges.S. S. 281.) §. 16, abgedruckt oben S. 251.

---

digern vertragsmäßig festgesetzt ist. Er kann nur im Prozeßwege die Eintragung der Vorrechtseinräumung zur Löschung bringen. (Königsberg, Jahrb. 1 S. 88.)

§. 87.

1. Die Ueberweisung von Forderungen des Schuldners im Wege der Zwangsvollstreckung erfolgte früher im Geltungsgebiete der Allg. Gerichts-O. nach den Vorschriften des Gesetzes v. 4. Juli 1822, G.S. S. 178. Gegenwärtig sind die Bestimmungen der C.P.O. §§. 708—711 und 729 ff. und des Ausf.Ges. z. ders. §. 16 (Zus. zu §. 53 des Gesetzes) maßgebend. Vgl. Anm. 6 zu §. 54 des Gesetzes, oben S. 255.

Die Vorschriften der C.P.O. weichen von dem bisherigen Recht im Geltungsgebiete der A.G.O. wesentlich nur darin ab, daß die Beschlagnahme, welche früher nur eine Beschränkung des Exequenden in der Verfügung über die Forderung erzeugte, gegenwärtig durch Pfändung erfolgt und demgemäß ein Pfandrecht des Exekutionssuchers an der Forderung begründet. Das Pfandrecht entsteht durch die Pfändung und nicht erst, wie das Vertragspfandrecht, durch Aushändigung der Urkunde an den Pfandnehmer. (Vgl. Anm. 5b zu §. 54 des Ges.) Durch die Pfändung allein erlangt jedoch der Pfandnehmer noch nicht die Befugniß, die Rechte des Gläubigers geltend zu machen. Diese Befugniß wird erst durch die Ueberweisung erworben. Die Ueberweisung kann mit der Pfändung verbunden werden oder derselben nachfolgen.

2. Die Anwendung dieser Grundsätze auf die Pfändung von Forderungen, welche im Grundbuche eingetragen sind, auf Hypotheken und Grundschulden, ist nach der C.P.O. §. 754 und dem Ausführungsgesetze §. 16 nicht zweifelhaft. Das durch die Pfändung begründete Pfandrecht kann eingetragen werden. Solange es nicht eingetragen ist, wirkt es gegen Dritte nur nach näherer Bestimmung des Gesetzes §. 49. (Vgl. Anm. 6 zu §. 54 des Gesetzes.) Die Ueberweisung zur Einziehung, deren Eintragung nach dem bisherigen Rechte erfolgen konnte, ist jetzt nicht mehr eintragungsfähig, weil sie stets durch eine Pfändung bedingt ist, die Eintragung des durch diese begründeten Pfandrechts aber dem Gläubiger bereits diejenige Sicherheit gewährt, deren er zum Schutze gegen Verfügungen des Exequenden zu Gunsten dritter Personen bedarf. (Turnau, die Grundbuchgesetze in der durch die neue Gesetzgeb. gewonnenen Gestalt S. 64.) Dagegen kann die Ueberweisung an Zahlungsstatt, weil sie als Abtretung wirkt, in das Grundbuch eingetragen werden.

3. Die Eintragung erfolgt nicht mehr, wie §. 87 bestimmte, auf Ersuchen des Prozeßrichters, sondern auf Antrag des Gläubigers. Der Antrag bedarf nach dem Ausführungsgesetze §. 16 Abs. 3 der Beglaubigung nicht. Zu seiner Begründung müssen aber dem Grundbuchamt vorgelegt werden:

a. wenn nur das Pfandrecht eingetragen werden soll, die Urkunde über die Zustellung des Pfändungsbeschlusses an den Eigenthümer. Dadurch wird die Pfändung bewiesen, und diese ersetzt die Bewilligung des Schuldners zur Eintragung des Pfandrechts. Bedarf es nach

§. 88.

Vormerkungen werden in der ersten Hauptspalte der zweiten Abtheilung eingetragen, wenn durch dieselben das Recht eines Erwerbers auf Auflassung oder auf Eintragung eines Eigenthumsüberganges oder auf ein in diese Abtheilung einzutragendes Recht, — in der ersten Hauptspalte der dritten Abtheilung, wenn durch sie das Recht auf eine Hypothek oder Grundschuld gesichert werden soll.

In gleicher Weise ist bei Vormerkungen zur Sicherung der Löschung eingetragener Rechte zu verfahren.

---

dem bürgerlichen Recht noch der Einwilligung einer anderen Person (z. B. des Ehemannes der Vollstreckungsschuldnerin), so wird deren Einwilligung durch die Pfändung nicht ersetzt. (Kammerger., Jahrb. 9 S. 95);

b. im Fall der Ueberweisung an Zahlungsstatt die Ausfertigung des Ueberweisungsbeschlusses. Die Zustellung dieses Beschlusses braucht, sofern derselbe nicht mit dem Pfändungsbeschlusse verbunden ist, nicht nachgewiesen zu werden. Vgl. die C.P.O. §§. 730 u. 736 sowie das Ausführungsges. §. 16. Dem Ueberweisungsbeschluß steht gemäß §. 743 der C.P.O. auch die Bescheinigung des Vollstreckungsgerichts gleich, daß die Forderung versteigert und dem Antragsteller als Ersteher übereignet sei (dass., ebd. 5 S. 177);

c. die Hypothekenurkunde oder der Grundschuldbrief. Ist eine Hypothek gepfändet, über welche eine Urkunde nicht gebildet ist, so muß eine solche von dem Grundbuchrichter gefertigt werden. (§. 129; Kammerger., ebd. 4 S. 210.) Im Fall der Pfändung eines Theils der Post erfolgt die Ueberweisung mit dem Vorzuge vor dem Ueberrest und die Bildung der Zweigurkunde durch das Vollstreckungsgericht. (Ges. v. 4. Juli 1822 §§. 7 u. 9.) Ueber die Frage, auf welche Weise der Gläubiger in den Besitz der Urkunde gelangt, vgl. C.P.O. §. 737 Abs. 2 und dazu R.G. II, Entsch. 21 S. 361; Turnau 1 S. 471, 473.

d. Schließlich bedarf es, falls der Vollstreckungsschuldner nicht als Gläubiger der Hypothek oder Grundschuld in das Grundbuch eingetragen ist, des urkundlichen Nachweises seines Gläubigerrechtes (vgl. Turnau 1 S. 473).

4. Ueber die Pfändung und Ueberweisung im Verwaltungszwangsverfahren siehe die Verordnung v. 7. September 1879 (G.S. S. 591) §§. 42, 44 u. 45 und dazu Kammerger., Jahrb. 3 S. 170.

§. 88.

1. Das Formular I Abth. III Nr. 7 ergiebt, daß zur Eintragung einer Vormerkung zur Sicherung des Rechts auf eine Hypothek oder Grundschuld nur die linke Hälfte des Raumes in der ersten Hauptspalte der III. Abtheilung zu verwenden, die rechte Hälfte dagegen für die endgültige Eintragung an der Stelle der Vormerkung offen zu halten ist. Dies Verfahren empfiehlt sich als zweckmäßig auch für die Vormerkungen „zur Erhaltung des Rechts auf Eintragung eines dinglichen Rechts" in der II. Abtheilung. (Instr. vom 3. August Art. 20 Nr. 3.) Ist der ganze Raum zur Eintragung der Vormerkung benutzt, so erfolgt die definitive Eintragung unter der Vormerkung, sofern jedoch hier der Raum bereits durch eine andere Eintragung besetzt ist, in der zweiten Hauptspalte „Veränderungen".

2 Der zweite Absatz ist dem §. 88 von der Kommission des Abgeordnetenhauses hinzugefügt, — wie es in dem Bericht (bei Werner S. 190) heißt, „in nothwendiger Vervollständigung der Vorlage". Der Werth des Zusatzes ist jedoch zweifelhaft. Eine Vormerkung „zur Sicherung der Löschung eines eingetragenen Rechts" wird in das Grundbuch eingeschrieben, wenn der Eigenthümer die Verpflichtung des eingetragenen Berechtigten zur Löschungsbewilligung glaubhaft macht. Durch eine solche Protestation wird der Berechtigte in der Verfügung über das eingetragene Recht beschränkt. Beschränkungen in der Verfügung über eine Hypothek oder

§. 89.

Die endgültige Eintragung an der Stelle einer Vormerkung erfolgt auf Ersuchen des Prozeßrichters oder mit Bewilligung dessen, gegen welchen die Vormerkung gerichtet war.

Grundschuld aber gehören in die zweite Hauptspalte, in welche daher der hier als Vormerkung bezeichnete Widerspruch gegen weitere Verfügungen des Gläubigers einzutragen ist. (Ges. §§. 60, 70; Gr.B.O. §§. 11, 12, 91.)

3. Vormerkungen zur Erhaltung des Rechts auf Abtretung einer Hypothek oder einer Grundschuld werden nach Formular I Abth. III Nr. 9 ebenfalls in der zweiten Hauptspalte „Veränderungen" eingetragen. Auch wird in dieser Spalte die in dem §. 102 zugelassene Vormerkung zur Erhaltung eines eingetragenen dinglichen Rechts vermerkt.

§. 89.

1. Der §. 89 bestimmt die Voraussetzungen der endgültigen Eintragung in den Fällen der nach §§. 16 und 22 des Gesetzes eingetragenen Vormerkungen.

a. Die Eintragung kann erfolgen auf Ersuchen des Prozeßrichters. Der Vermittelung des Prozeßgerichts oder des Vollstreckungsgerichts bedarf es jedoch jetzt nicht mehr, wenn derjenige, gegen welchen die Vormerkung eingetragen wurde, rechtskräftig verurtheilt ist, die endgültige Eintragung an der Stelle der Vormerkung zu bewilligen. (C.P.O. §. 779.) Lautet das Urtheil nicht auf Bewilligung dieser Eintragung, sondern auf Verurtheilung zur Zahlung einer dem eingetragenen Betrage der Vormerkung gleichkommenden Geldsumme, so ist auf Grund dieses Urtheils die Umschreibung nicht möglich. (L.G. Brieg, Jahrb. 10 S. 330.)

Ist die Vormerkung auf Ersuchen einer Behörde eingetragen, welche nicht der Prozeßrichter ist, so ist diese Behörde befugt, auch die endgültige Eintragung nachzusuchen. (Ges. §. 19 Nr. 3 und §§. 22 Abs. 2.)

b. Die endgültige Eintragung an der Stelle der Vormerkung muß ferner erfolgen auf die „Bewilligung dessen, gegen welchen die Vormerkung gerichtet war". Der §. 89 sagt dies ausdrücklich, und seine Fassung deutet an, daß diese Bewilligung genügt. Der Antrag kann sowohl von dem Verpflichteten als auch, unter Vorlegung der Bewilligung desselben, von dem Berechtigten gestellt werden.

Der dritte Hülfssenat des Reichsgerichts (Entsch. 1 S. 383) hat angenommen, daß die Voraussetzungen der Eintragung gegen den jeweiligen Eigenthümer begründet sein müssen. Er bemerkt in Bezug auf den §. 89: „Die Anwendung dieser Bestimmung .... setzt voraus, daß derjenige, gegen welchen die Vormerkung gerichtet war, das Verfügungsrecht über das Grundstück zu der Zeit hat, in welcher er die Bewilligung der endgültigen Eintragung ertheilt." Eine ähnliche Auslegung hat auch das österreichische Grundbuchgesetz vom 25. Juli 1871 §. 41 erfahren. (Exner, das österr. Hypothekenrecht §. 31 S. 205 u. 206.) Das gedachte Urtheil beruht auf der Vorstellung, daß das Grundstück erst durch die endgültige Eintragung dinglich belastet werde. Diese Vorstellung aber ist nicht näher begründet. Sie steht nicht im Einklange mit der Vormerkungstheorie des Gesetzes §. 22 (vgl. die Anm. dazu). Nach dieser Theorie, deren Anerkennung in der Praxis des älteren Rechts oben S. 154 nachgewiesen ist, wird das hypothekarische Recht unter der Voraussetzung künftiger Liquidestellung des Titels schon durch die Vormerkung erzeugt. Die Geltendmachung des Rechts kann also nur von dem Nachweise obligatorischer Beziehungen abhängen, und solche bestehen nur zwischen dem Berechtigten und dem zu der Bewilligung Verpflichteten. Ein späterer Eigenthümer hat damit garnichts zu thun. So auch Dernburg u. Hinrichs §. 27 Note 25 S. 362; Turnau 1 S. 481; Dernburg, Hyp.R. S. 111; Hinrichs, Studien S. 12 Note 19; Bahlmann 3. Aufl. S. 397; Kammerger., Jahrb. 5 S. 166. A. M. Borchardt, das Institut der Vormerkung S. 33; Eccius 3 §. 198 Anm. 40; Thiele bei Gruchot 37 S. 792 ff.; Wolff ebd. 31 S. 673 ff. Vgl. gegen letzteren, welcher behauptet, daß zur Bewilligung der

§. 90.

Die Umwandlung einer Hypothek in eine Grundschuld wird neben der Post in der zweiten Hauptspalte vermerkt. Die Hypothekenurkunde wird, von der Schuldurkunde gelöst und durch Zerschneiden vernichtet, bei den Grundakten zurückbehalten; die Schuldurkunde ist dem Gläubiger zurückzugeben, nachdem der vorhandene Eintragungsvermerk durchstrichen worden.

§. 91.

Beschränkungen des Verfügungsrechts über das Grundstück gehören in die erste Hauptspalte der zweiten Abtheilung; Beschränkungen des Verfügungsrechts über ein in der zweiten oder dritten Abtheilung eingetragenes Recht werden neben demselben in der zweiten Hauptspalte vermerkt.

Umschreibung nicht blos der frühere Eigenthümer, gegen welchen die Vormerkung eingetragen war, sondern auch jeder nachfolgende legitimirt sei, Bendix ebd. 32 S. 345 ff.

2. Die Vorschrift des §. 89 kann nur bei den Vormerkungen der §§. 16 u. 22 des Gesetzes über den Eigenthumserwerb 2c. angewendet werden. Denn nur bei diesen ist eine „endgültige Eintragung an der Stelle der Vormerkung" denkbar. Turnau, der den §. 89 auf alle Vormerkungen bezieht, gelangt hierzu dadurch, daß er den Worten desselben die materielle Bedeutung „an Stelle der Vormerkung" unterlegt. Es heißt aber „an der Stelle"; die Bestimmung hat also lediglich eine formelle Bedeutung. In den Fällen der §§. 8 u. 9 des Gesetzes muß die Vormerkung auf andere Weise erledigt werden. Vgl. oben Anm. III 5b u. 6 zu §. 8 und Anm. 1 zu §. 9 Abs. 3 des Ges, S. 63, 65 und 74.

3. Ueber die Umschreibung einer nach dem Zwangsvollstr.Ges. vom 13. Juli 1883 §§. 6 ff. eingetragenen Vormerkung in eine Hypothek vgl. oben S. 149 Anm. VI.

§. 90.

1. Der erste Satz des §. 90 enthält eine Anwendung der Regel des §. 12, nach welcher „in die zweite Hauptspalte alle Veränderungen der in der ersten Hauptspalte eingetragenen Posten zu vermerken sind".

2. In der Kommission des A.H. wurde bemerkt, „daß sich die am Schlusse des §. 90 angeordnete Durchstreichung des Eintragungsvermerkes nur auf die nach den bisherigen Vorschriften gebildeten Dokumente beziehen könnte, indem nach den Grundsätzen dieser Ordnung auch bei Hypotheken auf die Schuldurkunde Vermerke Seitens des Ingrossators beziehungsweise des Grundbuchamtes nicht gesetzt werden sollten." Um dies anzudeuten, wurde beschlossen, vor dem Worte „Eintragungsvermerk" das Wort „vorhanden" einzuschalten. Dieselbe Aenderung ist bei §. 115 beschlossen worden. (Werner 2 S. 190.)

3. Die Voraussetzungen der Eintragung ergeben sich aus dem §. 29 des Gesetzes. (Vgl. die Anm. zu demselben.) Soweit die Einwilligung der gleich- und nacheingetragenen Gläubiger erforderlich ist, müssen auch die Urkunden vorgelegt werden, welche über die betheiligten Posten gebildet sind. Denn der Besitz der Urkunde ist ein wesentlicher Bestandtheil der Legitimation des Gläubigers. (Bahlmann 3. Aufl. S. 398.) Turnau 1 S. 485 hält die Vorlegung der Urkunden nicht für nöthig, weil nicht vorgeschrieben ist, daß die Umwandlung auf den Urkunden der einwilligenden Gläubiger zu vermerken sei.

4. Der Antrag des Eigenthümers und des Gläubigers auf Umwandlung der Hypothek in eine Grundschuld und die dazu nach §. 29 des Ges. erforderlichen Zustimmungserklärungen der davon Betroffenen sind zu den Grundakten zu nehmen (§. 115). Für den Gläubiger wird ein Grundschuldbrief an Stelle der Hypothekenurkunde ausgefertigt. (§§. 122 u. 130.)

5. Ueber die Umwandlung von Grundschulden in Hypotheken vgl. Anm. 5 zu §. 29 des Gesetzes, oben S. 176.

Auf der über das eingetragene Recht gebildeten und beizubringenden Urkunde ist von dem Grundbuchamt die Eintragung der Beschränkung zu vermerken.

4. Löschungen.

§. 92.

Die Löschung der Eintragungen in der zweiten und dritten Abtheilung darf, sofern nicht die Löschung von Amtswegen vorgeschrieben ist, nur auf Antrag

---

§. 91.

1. Nicht blos die Beschränkungen des Verfügungsrechtes über das Grundstück, sondern auch die Beschränkungen des Eigenthums (§§. 11, 54, 73, 102) und des Eigenthumsrechtes im Sinne des Gesetzes §. 11 gehören in die erste Hauptspalte der zweiten Abtheilung des Grundbuchblattes oder des Artikels. Ueber die Voraussetzungen der Eintragung einer Beschränkung siehe oben S. 87 Anm. IV 3 zu §. 11 und S. 100 ff. die Anm. zu §. 13.

2. Die Beschränkungen des Verfügungsrechtes über ein in der zweiten oder dritten Abtheilung eingetragenes Recht sind im Sinne der Gr.B.O. Veränderungen dieses Rechtes und gehören als solche nach §§. 11 und 12 in die zweite Hauptspalte. Die Voraussetzungen und Wirkungen ihrer Eintragung sind in dem §. 49 des Gesetzes bestimmt.

3. Der zweite Satz des §. 91 lautete in dem Entwurfe der Regierung: „Die Urkunde über das eingetragene Recht muß dem Ersuchen der Behörde beigelegt sein, und es ist auf derselben von dem Grundbuchamt die Eintragung der Beschränkung zu vermerken." Die Kommission des Abgeordnetenhauses hat dem Satze seine gegenwärtige Fassung gegeben, „um dessen Bestimmungen auch auf die Fälle auszudehnen, in denen die Eintragung nicht auf das Ersuchen einer Behörde erfolgt." (Ber., bei Werner S. 190.) Die Aenderung charakterisirt sich als eine nothwendige Ergänzung des Entwurfes, weil sehr wohl Fälle vorkommen können, in welchen der Berechtigte selbst die Eintragung der Beschränkung bewilligt. Die Vorschrift bezieht sich ihrer Stellung nach auf die beiden Bestimmungen im ersten Absatz, hat aber praktische Bedeutung nur für Hypotheken und Grundschulden, da über eingetragene Rechte anderer Art Urkunden nicht gebildet werden. Im übrigen ist hier auf die Anm. 2. b zu §. 49 des Gesetzes, oben S. 242, zu verweisen.

4. Löschungen.

1. Löschungen kommen nur in der zweiten und der dritten Abtheilung vor. Das in der ersten Abtheilung eingetragene Eigenthumsrecht wird nicht gelöscht, weil es nicht untergeht, sondern nur die Person des Berechtigten wechselt. Faßt man freilich als Gegenstand der Löschung nicht das eingetragene Recht, sondern den Akt der Eintragung ins Auge, so wäre eine Löschung auch in der ersten Abtheilung denkbar in denjenigen Fällen, in welchen die Eintragung des Eigenthumsüberganges nichtig, mithin der vorher eingetragene Eigenthümer oder dessen Rechtsnachfolger der Eigenthümer geblieben ist. In der That schreiben die Gesetze anderer Länder die Löschung nichtiger Eigenthumseintragungen vor. Allein das preußische Recht kennt hier, wie es scheint aus Rücksicht auf den öffentlichen Glauben des Grundbuches und auf die wünschenswerthe Einfachheit des Formulars, die Löschung nicht. Es muß also in den gedachten Fällen der wahre Eigenthümer wieder eingetragen und dabei die Richtigkeit der letzten Eintragung zum Ausdruck gebracht werden.

2. Die Wirkungen der Löschung auf das Recht sind verschieden je nach der Bedeutung, welche die Eintragung desselben hatte. Das Recht gilt, sobald die Löschung im Buche vollzogen ist, als nicht mehr eingetragen. Die dinglichen Rechte der zweiten Abtheilung, die aus der Eintragung nur die Rechtswirkung gegen Dritte schöpfen, verlieren daher nur diese Wirkung, wenn sie gelöscht werden, können also an sich noch fortbestehen. Dagegen gehen Hypotheken

des im Grundbuch eingetragenen Eigenthümers des Grundstücks oder auf Ersuchen einer zuständigen Behörde erfolgen.

---

und Grundschulden regelmäßig durch die Löschung unter. (Vgl. das Ges. §§. 12, 18, 57; namentlich Anm. 4 zu §. 57.) Dasselbe gilt von den Vormerkungen in beiden Abtheilungen.

Den Beschränkungen des Eigenthumsrechtes entzieht die Löschung nur die absolute Wirkung. (§. 11 a. a. O.) Dasselbe ist auch bezüglich der Verfügungsbeschränkungen anzunehmen.

3. Auch die in der zweiten Hauptspalte vermerkten Veränderungen der in der ersten Hauptspalte eingetragenen Rechte können gelöscht werden. Die Voraussetzungen einer solchen Löschung bestimmt der §. 117. Die Wirkungen derselben ergeben sich aus den in der Anm. 2 hervorgehobenen Gesichtspunkten.

4. Die §§. 92—94 sind in folgender Weise motivirt worden:

„Ueber die Löschung eingetragener Posten enthält die Hypothekenordnung von 1783 im Abschnitt 5 eine Reihe von Vorschriften, welche durch das Hypothekengesetz vom 24. Mai 1853 §§. 32 seq. ergänzt und theilweise abgeändert worden sind."

Die Grundbuchordnung hat „diese Bestimmungen zum Grunde gelegt und namentlich die erleichternden Vorschriften des letzteren Gesetzes §§. 32 bis 42 übernommen.

Die Vorschriften der Hypotheken-Ordnung, welche rein instruktiver Natur sind, oder durch die spätere Gesetzgebung über das Konkurs- und Subhastationsverfahren eine Abänderung erlitten haben, sowie die das materielle Recht betreffenden Vorschriften über die Folgen irrthümlicher Löschungen sind dagegen weggelassen.

Jede im Grundbuch eingetragene Berechtigung wird in Beziehung auf dritte Personen als fortexistirend angesehen, solange dieselbe nicht gelöscht ist. Der eingetragene Gläubiger ist zur Disposition darüber befugt, wenn er sich im Besitz des darüber ausgefertigten" Hypothekendokumentes oder Grundschuldbriefes befindet. (A.L.R. I. 20 §§. 524 ff.; Hyp.O. II §. 241.)

„Die von dem Antrage des Schuldners abhängige Löschung kann also nur gegen Vorlegung dieser Urkunde und der vom eingetragenen Gläubiger oder dessen Rechtsnachfolgern ausgestellten Quittung oder Löschungsbewilligung erfolgen.

Demgemäß ist als Regel aufgestellt, daß die Löschung

1. den Antrag des Eigenthümers,

2. die Vorlegung der Urkunde über die eingetragene Post,

3. die Quittung oder die Löschungsbewilligung des legitimirten Gläubigers erfordere." (Motive, bei Werner S. 157.)

§. 92.

1. Der §. 92 bezieht sich, wie aus den §§. 98 ff. erhellt, nur auf die Löschung der definitiven Eintragungen in der II. und III. Abtheilung, namentlich also nicht auf die Löschung der auf Grund der §§. 8, 9 und 16 des Gesetzes eingetragenen Vormerkungen. Vgl. die Anm. zu § 59, oben S 263.

2. Die Löschung von Amtswegen kann nach §. 30 nur in den durch das Gesetz bestimmten Fällen erfolgen. Solche Fälle sind in der Gr.B.O. §§. 64, 68, 69 und 97 vorgesehen (vgl. auch Einf.Ges. für Hann. §. 18 und oben S. 231 Anm. 5).

3. Die Regel ist, daß die Löschung nur auf den Antrag des eingetragenen Eigenthümers erfolgen darf. Bei Hypotheken und Grundschulden ist ein solcher Antrag, wie bereits in der Anm. 1 zu §. 58 des Ges. hervorgehoben worden, um deswillen erforderlich, weil dieselben in der Hand des Eigenthümers ein tauglicher Gegenstand der Verfügung bleiben. (Ges. §§. 64 ff.) Dies Motiv gilt freilich dann nicht, wenn der Veräußerer eine Post bezahlt, zu deren Löschung er sich dem Erwerber vor dessen Eintragung als Eigenthümer verpflichtet hat. Allein gleichwohl wird die Löschung auch in diesem Falle nur auf den Antrag des eingetragenen Eigenthümers erfolgen können. Denn der Veräußerer ist zur Stellung des An-

§. 93.

Zur Begründung des Löschungsantrages einer in der zweiten Abtheilung eingetragenen Last genügt die von dem Eigenthümer vorzulegende Löschungsbewilligung des eingetragenen Berechtigten oder dessen Rechtsnachfolgers.

---

trags nach der Gr.B.O. nicht legitimirt. Der §. 92 trifft durch seine kategorische Fassung, zumal er das Verfahren vor dem Grundbuchamt regelt, selbst die Fälle, in denen die Löschungspflicht des Veräußerers bereits vor dem 1. Oktober 1872 bestand. Hinzutritt, daß der Grundbuchrichter nach §§. 46 und 94 nicht berechtigt erscheint, die Frage zu prüfen, ob der Veräußerer verpflichtet ist, die von ihm bezahlte Post zur Löschung zu bringen.

An Stelle des Eigenthümers kann natürlich ein mit gehöriger Vollmacht (Gr.B.O. §. 37, Zwangsvollstr.Ges. §. 12 Abs. 2) versehener Bevollmächtigter oder im Falle des §. 36 der Gr.B.O. der Notar den Antrag stellen. Auch ein Testamentsvollstrecker ist zu dem Antrag auf Löschung der auf den Nachlaßgrundstücken eingetragenen Posten befugt, falls er durch letztwillige Verfügung zur Herbeiführung von Eintragungen in das Grundbuch legitimirt ist (Kammerger., Jahrb. 2 S. 115 und 4 S. 188). Bei gütergemeinschaftlichen Grundstücken genügt der Antrag des Ehemannes kraft seines Verwaltungsrechtes (dass., ebd. 3 S. 177). Steht das belastete Grundstück im Miteigenthum, so bedarf es des Löschungsantrages aller Miteigenthümer (dass., ebd. 4 S. 187).

Nach der Ansicht des Kammergerichts (ebd. 6 S. 140) soll eine Leibzucht, welche bei Zerstückelung des verhafteten Grundstückes auf die Trennstücke mitübertragen ist, auch auf letzteren lediglich auf den Antrag des Eigenthümers des Stammgrundstückes gelöscht werden können, wenn nicht den Eigenthümern der Trennstücke im einzelnen Falle ein besonderes Interesse an der Fortdauer der Eintragung beizumessen ist.

4. Der Antrag des Eigenthümers wird ersetzt durch ein denselben zur Stellung des Antrages verurtheilendes Erkenntniß oder durch das Ersuchen einer zuständigen Behörde. Vgl. die Anm. 3 u. 4 zu §. 58 des Gesetzes, oben S. 262, 263.

5. Daß nach §. 5 des Zwangsvollstr.Ges. ein Gläubiger, welcher für eine auf das Grundstück eingetragene Forderung einen Titel zur Zwangsvollstreckung in das Grundstück hat, das dem Eigenthümer zustehende Recht auf Löschung voreingetragener Posten geltend machen kann, ist oben, Zus. zu §. 40 des Gesetzes und Anm. 3 dazu und Anm. 5 zu §. 58 des Gesetzes, bereits erwähnt.

§. 93.

1. Die bloße Löschungsbewilligung des Berechtigten genügt zu der von dem Eigenthümer beantragten Löschung selbst dann, wenn das zu löschende Recht vor dem 1. Oktober 1872 eingetragen und eine Urkunde über die Eintragung in Gemäßheit der damaligen Vorschriften gebildet worden ist. (Bericht der Kommission des Abg.H. vom 8. Januar 1870, Drucks. 234 S. 80 ff.) Der Grundbuchrichter ist mithin nicht berechtigt, die Beibringung der Urkunde zu verlangen. (Münster, Johow 3 S. 175, Kammerger., ebd. 5 S. 160, und Hamm, ebd. 7 S. 270.)

2. Die Löschungsbewilligung genügt selbstredend nur insofern, als dem Berechtigten die freie Verfügung über das eingetragene Recht zusteht. Ist die Berechtigung mit einem Gute verbunden, so ist die Zustimmung der betheiligten Realgläubiger, der etwa vorhandenen Lehns- oder Fideikommißinteressenten rc. erforderlich. Die Löschung der für eine Gemeinde eingetragenen Berechtigung bedarf unter Umständen der Genehmigung der Generalkommission. (Naumburg, Johow 5 S. 162.) Zur Löschung einer auf dem Grundbuchblatte des verpflichteten Grundstückes zu Gunsten der Besitzer und Besitznachfolger eines anderen Grundstückes eingetragenen Wegegerechtigkeit bedarf es nach einer Parzellirung des herrschenden Grundstückes der Einwilligung sämmtlicher Parzelleneigenthümer, aber nicht der Hypothekengläubiger der herrschenden Grundstücke; denn da der Fortbestand der Grundgerechtigkeit durch die Eintragung

§. 94.

Zur Begründung des Antrags des Eigenthümers, eine Hypothek oder Grundschuld zu löschen, gehört entweder

1) die von dem Gläubiger ertheilte Quittung oder Löschungsbewilligung, oder
2) der Nachweis der rechtskräftigen Verurtheilung des Gläubigers, die Löschung zu bewilligen, oder
3) der Nachweis der eingetretenen Vereinigung (Konfusion oder Konsolidation), oder
4) die Vorlegung des rechtskräftigen Ausschlußerkenntnisses nach erfolgtem Aufgebot der Post, oder
5) die Bescheinigung des Prozeßrichters, daß von dem Eigenthümer den in dem §. 106. dieses Gesetzes gestellten Anforderungen Genüge geschehen ist.

Mit dem Antrage muß in den Fällen 1—3. die über die Eintragung ausgefertigte Urkunde oder das rechtskräftige Erkenntniß, durch welches die Urkunde nach erfolgtem Aufgebot für kraftlos erklärt worden ist, vorgelegt werden.

---

nicht gewährleistet wird, kann hierfür seitens der letzteren der öffentliche Glaube des Grundbuches nicht angerufen werden; Kammerger. im Jahrb. 2 S. 158.

3. Die Löschungsbewilligung wird nach der C.P.O. §. 779 ersetzt durch die rechtskräftige Verurtheilung des Berechtigten zu ihrer Ertheilung.

4. Die Löschung kann auch auf Grund des Nachweises der eingetretenen Konfusion oder Konsolidation erfolgen; vgl. §. 94 Ziff. 3. (Heidenfeld S. 89 Note 59; Turnau 1 S. 501 Anm. 2.) Im übrigen hat der Grundbuchrichter nicht darüber zu entscheiden, ob ein eingetragenes Recht nach den Vorschriften des materiellen Rechtes erloschen ist, sondern stets den Nachweis der Einwilligung des Berechtigten zu fordern, wenn nicht eine zuständige Behörde um die Löschung ersucht (Kammerger. a. a. O. und Jahrb. 5 S. 188; Turnau a. a. O. Anm. 3).

§. 94.

1. Löschung auf Grund der Bewilligung oder der Quittung des Gläubigers:
    a. Löschungsbewilligung und Quittung.
    b. Muster hierzu, S. 417.
    c. Gegenstand der Prüfung des Grundbuchrichters. Einzelne Fälle.
    d. Die Berechtigung des Gläubigers, S. 418.
    e. Vorlegung des Hypotheken- oder des Grundschuldbriefes, S. 419.
    f. Ersatz der Urkunde, S. 420.
2. Löschung auf Grund der Verurtheilung des Gläubigers.
3. Konfusion und Konsolidation.
4. Ausschlußurtheil.
5. Der Fall des §. 106.

1. An dem Fortbestande einer Hypothek oder Grundschuld sind zwei Personen interessirt: der Gläubiger und der Eigenthümer. Beider Zustimmung ist daher in der Regel erforderlich, wenn die Post gelöscht werden soll. Sie wird erklärt von dem Eigenthümer in der Form des Antrages, von dem Gläubiger in der Form der Bewilligung, welcher die Quittung gleichgestellt ist. Als drittes Erforderniß tritt hinzu die Vorlegung des Hypothekendokumentes oder des Grundschuldbriefes. Hinsichtlich des Antrages sind die Anmerkungen zu §. 92 zu vergleichen. Die beiden anderen Erfordernisse sind hier zu erörtern.

a. Nach dem Konsensprinzip ist die Bewilligung des Gläubigers die normale Voraussetzung der Löschung. Sie beweist indessen nur, daß der Gläubiger sein dingliches Recht aufgegeben hat, nicht aber, daß er befriedigt ist. Der Eigenthümer hat jedoch in der Regel ein Interesse an der Erlangung eines urkundlichen Beweises der von ihm geleisteten Befriedigung des Gläubigers. Er wird daher für gewöhnlich nur gegen Quittung und nicht gegen bloße Löschungsbewilligung Zahlung leisten. Im Verkehr wird die Quittung als genügend zur Lösung auch der dinglichen Seite des Rechtsverhältnisses angesehen. Die Gr.B.O. trägt dieser Anschauung Rechnung, indem sie die Quittung als Voraussetzung der Löschung beibehalten und der Bewilligung der letzteren gleichgestellt hat.

Unter Quittung ist nach der Ansicht des Kammerger., Jahrb. 8 S. 115, jeder Nachweis der von dem Gläubiger anerkannten Tilgung oder Nichtexistenz der eingetragenen Forderung zu verstehen; daher ist die Erklärung des Gläubigers, daß ihm an der Hypothek keinerlei Anspruch mehr zustehe, für genügend erachtet.

Auch eine bedingte Löschungsbewilligung ist hinreichend, wenn sich die Erfüllung der Bedingung aus dem Grundbuch oder aus öffentlichen Urkunden ergiebt (Dernburg, Hyp.R. §. 41 Nr. 3a a. E.; so auch das Kammerger., Jahrb. 12 S. 122, für die Bedingung der Neueintragung der zu löschenden Hypothek an einer anderen Stelle, vgl. noch unten Anm. 1dδ).

b. Die Quittung kann sehr kurz gefaßt werden, z. B.:

Die für mich auf dem Rittergute Schlebach im Grundbuche von Schlebach Bd. I Bl. Nr. 1 Abth. III Nr. 9 haftenden 2500 Mark Grundschuld habe ich mit den Zinsen bis heute von dem Landrath Johann Heinrich von Beuthen gezahlt erhalten.

N....., den 1. April 1891.

Julius Roll.

Die Unterschrift des Hausbesitzers Julius Roll hierselbst wird auf Grund der vor dem unterzeichneten Richter erfolgten Fertigung beglaubigt.

N....., den 1. April 1891.

Königl. Amtsgericht.

(L. S.) Justus.

Für die Löschungsbewilligung genügt folgende Erklärung:

„Ich bewillige hiermit die Löschung der auf dem Rittergute Schlebach im dortigen Grundbuche Bd. I Bl. Nr. 1 Abth. III Nr. 9 für mich haftenden 2500 Mark Grundschuld nebst Zinsen.“

Der Vermerk ist wie die Quittung zu unterschreiben und zu beglaubigen (gerichtlich oder notariell).

c. Der Grundbuchrichter hat die Rechtsgültigkeit der ihm vorgelegten Löschungsbewilligung und also auch der Quittung, wenn durch eine solche der Löschungsantrag begründet wird, nach näherer Bestimmung des §. 46 zu prüfen. Die Prüfung ist namentlich darauf zu richten, ob der Gläubiger in der Verfügung über das Kapital beschränkt, z. B. von der Genehmigung einer Behörde abhängig ist. In solchen Fällen kann die Löschung nicht erfolgen, wenn nicht die Zustimmung desjenigen, zu dessen Gunsten die Beschränkung wirken soll, resp. der Behörde, welche für die Genehmigung zuständig ist, in beglaubigter Form vorgelegt wird. Die Sache ist einfach, wenn die Verfügungsbeschränkung in das Grundbuch eingetragen ist. Schwierigkeiten begegnen dem Grundbuchrichter erst, wenn die Beschränkung aus der Beschaffenheit der Forderung, für welche die Hypothek bestellt worden, oder aus der persönlichen Stellung des Gläubigers gefolgert werden muß. Der Natur der Sache nach können hier nur einzelne Fälle hervorgehoben werden.

α. „Die Löschung eingetragener, aus Domainen-Veräußerungen oder Ablösungen entstandener Kapitalien darf nur auf Grund einer von der Staatsschulden-Tilgungs-Kasse ertheilten und von der Hauptverwaltung der Staatsschulden bescheinigten Quittung gelöscht werden. Bei anderen fiskalischen Hypothekenposten, welche dem Staatsschulden-Tilgungs-Fonds nicht überwiesen sind, genügt die Quittung der zuständigen Verwaltungsbehörde,“ Koch, Hypoth.Ordn. 2 §. 246 Anm. 301.

β. Der Vorstand einer unter der Herrschaft des gemeinen Rechts ohne Zustimmung der Staatsgewalt errichteten milden Stiftung kann über ein für die Stiftung eingetragenes Kapital ohne Genehmigung einer Behörde löschungsfähig quittiren. (Münster, Johow 3 S. 175.) Siehe indessen das Ges. v. 7. Juni 1876 §. 2 Nr. 3 und Marienwerder, Johow 7 S. 280.

γ. Der Vormund bedarf zur Löschungsbewilligung der Genehmigung des Gegenvormundes in Gemäßheit der Vorm.O. v. 5. Juli 1875 §. 41. Ueber die Anwendbarkeit dieser Bestimmung auf den väterlichen Gewalthaber vgl. für das Gebiet des A.L.R. Kammerger., Jahrb. 12 S. 133, und für das des gemeinen Rechts R.G. III u. VI, Entsch. 15 S. 201 und 16 S. 125.

δ. „Wenn in Folge Majoritätsbeschlusses der Gewerkschaft das ganze Bergwerk verkauft ist, so dürfen die auf einzelnen Kuxen desselben eingetragenen Hypotheken auf Grund dieses Verkaufes nicht gelöscht werden, auch wenn die Beträge der versicherten Forderungen zum gerichtlichen Depositorium gezahlt sind." (Hamm, Johow 3 S. 197.)

ε. „Sind aus einem Gutsüberlassungsvertrage für die abgefundenen Kinder Hypotheken eingetragen, so genügt zu deren Löschung nicht ohne Weiteres die Bewilligung der Hauptkontrahenten des Vertrages." (Hamm, Johow 6 S. 200 und 7 S. 276.) Die Löschung muß auch von den betheiligten Kindern bewilligt sein. Vgl. Marienwerder, ebd. 7 S. 278, Turnau 1 S. 506.

ζ. Die Eintragung eines Nießbrauches, einer Pfändung rc. enthält immer eine Beschränkung des Gläubigers in der Verfügung über das Kapital. Dessen Löschung kann daher nur mit Bewilligung des Berechtigten geschehen. Wegen des Nießbrauches siehe das Erkenntniß des O.Tr., Str.Arch. 94 S. 301. Ist dieser nach §. 102 der Gr.B.O. löschungsreif, so bedarf es zur Begründung des Antrages auf Löschung der Hypothek nur noch der Bewilligung des Hypothekengläubigers. (Kammerger., Jahrb. 3 S. 184.)

η. Die Löschung der hypothekarischen Eintragungen, bei denen vermerkt ist, daß sie zur Sicherstellung des von Offizieren bei ihrer Verheirathung nachzuweisenden Privateinkommens bewirkt sind, darf nur mit Einwilligung der in der allg. Verf. v. 19. Juni 1885 (JMBl. S. 208) aufgeführten Militärbehörden erfolgen. Vgl. Kammerger., Johow 4 S. 217, und Naumburg, Jahrb. 1 S. 89.

ϑ. Daß der Fiduziar zur Löschungsbewilligung der Nachlaßhypothek der Einwilligung des Fideikommissars bedarf, ist oben S. 87 Anm. IV 4 zu §. 11 des Gesetzes bereits erwähnt. Jedoch ist er und, wenn über sein Vermögen Konkurs eröffnet ist, an seiner Stelle der Konkursverwalter allein dazu befugt, wenn ihm das Recht der freien Verfügung über die Substanz vermacht ist (Kammerger., ebd. 5 S. 182).

ι. Ein Vermächtnißnehmer bedarf zur Löschungsbewilligung der ihm vermachten Post nach §. 85 der Gr.B.O. der Einwilligung der Erben; dasselbe gilt auch für den Fall des Prälegats der ausstehenden Forderungen (Kammerger., ebd. 6 S. 126).

d. Die Löschungsbewilligung resp. die Quittung muß von dem Gläubiger ausgestellt sein.

α. Ist derjenige, welcher die Quittung ertheilt oder die Löschung bewilligt, nicht in das Grundbuch eingetragen, so ist seine Legitimation als Rechtsnachfolger oder als Vertreter des eingetragenen Gläubigers der Buchbehörde durch beglaubigte Urkunden nachzuweisen. (§. 33.) Ein Bevollmächtigter muß sich nach den Bestimmungen des A.L.R. I. 13 §§. 105, 107, 108 durch Spezialvollmacht legitimiren. „Vollmacht zur Gelderhebung legitimirt nicht zur Ausstellung von Löschungsbewilligungen, wohl aber Vollmacht zur Empfangnahme eingetragener Posten." (Königsberg, Johow 7 S. 285.) Eine Generalvollmacht, welche die Ermächtigung zu Löschungsbewilligungen enthält, berechtigt den Bevollmächtigten nicht, die Löschung von den auf sein Grundstück für den Vollmachtgeber eingetragenen Rechten zu beantragen, da die Interessen kollidiren; ist die Löschung trotzdem auf seine Bewilligung erfolgt, so findet §. 118 der Gr.B.O. Anwendung (Kammerger., Jahrb. 3 S. 178). Ein Generalbevollmächtigter des Grundeigenthümers kann als Spezialbevollmächtigter des Hypothekengläubigers zugleich die Löschung bewilligen und beantragen, da eine Interessenkollision nicht vorliegt (dass., ebd. 6 S. 132). Vgl. Anm. 5c zu §. 2 des Gesetzes, oben S. 38.

Ergiebt sich aus der Löschungsbewilligung des eingetragenen Gläubigers, daß derselbe die Post an einen Dritten abgetreten hat, so kann die Löschung nicht ohne die Bewilligung des letzteren erfolgen. Das App.Ger. Marienwerder hat jedoch, Johow 6 S. 199, die Bemerkung des eingetragenen Gläubigers, „er habe die Post an die ꝛc. Eheleute überwiesen und diese hätten dieselbe gehoben“, als ein Hinderniß der Löschung nicht angesehen und die Bewilligung der genannten Eheleute für überflüssig erklärt. Gegen diese Entscheidung Turnau 1 S. 505. Der eingetragene Gläubiger kann die Löschung nicht wirksam bewilligen, wenn aus der Bewilligung erhellt, daß er aus der Eintragung keine Gläubigerrechte erworben hat. Kammerger., Jahrb. 6 S. 134. Ist die Hypothek für einen Dritten auf Grund eines Vertrages des Grundeigenthümers mit einem andern eingetragen, so bedarf es der Einwilligung des Dritten zur Löschung, auch wenn er dem Vertrage nicht beigetreten ist (daſſ., ebd. S. 135).

β. Die Löschungsbewilligung oder die Quittung des Gläubigers ist auch dann zur Löschung erforderlich, wenn der eingetragene Eigenthümer, auf dessen einseitigen Antrag die Post eingetragen worden ist, die Löschung unter Einreichung des Hypotheken- oder des Grundschuldbriefes mit dem Bemerken verlangt, daß er die Urkunde dem eingetragenen Gläubiger nicht ausgehändigt habe. Der Grund ergiebt sich aus den Anm. 2 u. 3 zu §. 20 des Gesetzes, oben S. 150 ff. Hinzutritt, daß der Grundbuchrichter nicht in der Lage ist, die behauptete Nichtaushändigung der Urkunde festzustellen. (Turnau 1 S. 506.)

γ. Der Eigenthümer kann die Löschung einer für seine Ehefrau eingetragenen Hypothek nach dem A.L.R. II. 1 §. 198 nur auf Grund einer gerichtlichen Löschungsbewilligung der Gläubigerin verlangen. (Naumburg, Jahrb. 1 S. 90; vgl. Kammerger., ebd. 13 S. 157.)

δ. „Wenn der Altsitzer in einem Gutsüberlassungsvertrage erklärt, daß der bei seinen Lebzeiten nicht abgehobene Theil des ihm stipulirten Kaufgeldes dem Käufer als erlassen gelten und nach seinem Tode gelöscht werden solle, so ist eine solche im Voraus erklärte Löschungsbewilligung völlig ausreichend, und kann die Löschung auf Grund des Todtenscheins des Altsitzers erfolgen, ohne daß dessen Erben noch einmal die Löschung zu bewilligen brauchen.“ (Philler, Nachtragsheft 1 S. 11.)

ε. „Die Löschung von Schulden eines Fideikommißbesitzers, welche auf sein Nutzungsrecht am Fideikommißgute eingetragen sind, kann auch nach seinem Ableben nur mit Genehmigung oder in Folge rechtskräftiger Verurtheilung des Gläubigers erfolgen.“ (Naumburg, Johow 6 S. 198; Kammerger., Jahrb. 9 S. 111. A. M. Ratibor, Johow 7 S. 280.)

ζ. Ist eine Hypothek für mehrere Gläubiger eingetragen, so ist es eine Frage der Auslegung des der Eintragung zu Grunde liegenden Rechtsgeschäftes, ob ein gemeinschaftliches Recht aller anzunehmen oder ob den einzelnen bestimmte Theile beizumessen. Ersterenfalls kann kein Theil der Post auf Grund der Quittung eines Mitberechtigten getilgt werden, bevor die Höhe seines Antheils festgestellt ist (A.L.R. I. 5 §. 450). Kammerger., Jahrb. 4 S. 197. Zu der Feststellung, daß den Berechtigten gleiche Antheile zustehen, genügt das Anerkenntniß der Betheiligten, wenn das Grundbuch der Annahme, daß dieses Theilnahmeverhältniß schon zur Zeit des Erwerbes feststand, nicht entgegensteht. Daſſ., ebd. 3 S. 165.

η. Die Erklärung des Gläubigers muß nach §. 33 beglaubigt sein. Eine erleichternde Form gestatten die Einf.Ges. für Ehrenbreitstein und Hohenzollern §. 10.

e. Die Löschung auf Grund der Bewilligung oder der Quittung des Gläubigers setzt die Vorlegung der Hypothekenurkunde oder des Grundschuldbriefes voraus. Der Gläubiger, welcher verpflichtet ist, die Löschung zu bewilligen oder die Quittung zu ertheilen, muß diese Verpflichtung so erfüllen, daß die Löschung von dem Grundbuchrichter nicht abgelehnt werden kann. (Anm. 4b zu §. 63 des Ges., oben S. 273.) Er muß also auch das Dokument über die Post dem Eigenthümer aushändigen (A.L.R. I. 16 §. 125) und, wenn er hierzu außer Stande ist, das Aufgebot erwirken. (O.Tr. III, Entsch. 65 S. 112.)

Der wesentliche Bestandtheil der Hypothekenurkunde ist der Hypothekenbrief. Fehlt die Schuldurkunde, so hindert dies die Löschung nicht. (Kammerger., Jahrb. 4 S. 199.) Soll ein von einer Hypothek oder einer Grundschuld abgezweigter Theil gelöscht werden, so muß, falls die Abzweigung in das Grundbuch nicht eingetragen ist, außer der Zweigurkunde auch die Haupturkunde vorgelegt werden, damit auf derselben die Löschung vermerkt werden kann. (Turnau 1 S. 510.)

Ist die Hypothek vor dem 1. Oktober 1872 eingetragen worden, so ist das über sie gebildete Instrument beizubringen. Die dem Instrumente beigefügten Hypothekenscheine und Hypothekenbuchauszüge können fehlen. (Ges. v. 24. Mai 1853 §. 35.) Das Kammergericht, Johow 6 S. 218 und Jahrb. 4 S. 201, hat auch einen in vim recognitionis ertheilten Hypothekenschein für unwesentlich erklärt. Siehe jedoch hiergegen Schultzenstein S. 220 ff., aber auch für das Kammergericht die Bemerkungen von Küntzel S. 224 bei Johow a. a. O. Wesentlich für das Hypothekeninstrument ist immer dasjenige Blatt, auf welches die Ingrossationsnote gesetzt worden ist. (O.Tr. III, Entsch. 72 S. 71.)

Die Rekognitionsscheine, welche bei noch nicht regulirtem Hypothekenwesen über die Anmeldung zur Eintragung nach näherer Bestimmung der Verordnung v. 16. Juni 1820 ertheilt sind, müssen ebenfalls zur Löschung vorgelegt werden. (Turnau 1 S. 510; Neumann, das Aufgebot von Hypothekenposten und Dokumenten S. 31.)

f. Fehlt die Hypothekenurkunde oder der Grundschuldbrief, so ist ein öffentliches Aufgebot erforderlich. (§. 110.) Die Löschung der Post kann erst dann geschehen, wenn eine Ausfertigung des rechtskräftigen Urtheils vorgelegt wird, welches die Urkunde für kraftlos erklärt.

2. Die Verurtheilung des Gläubigers, die Löschung zu bewilligen, ersetzt die Erklärung der Bewilligung, sobald sie rechtskräftig ist. Ein Urtheil auf Ertheilung einer Quittung hat nach §. 94 Ziff. 1 und C.P.O. §. 779 (ebenso wie früher nach dem Ges. v. 24. Mai 1853 §. 32) die gleiche Wirkung (vgl. Turnau 1 S. 509 Anm. 4). Die Löschung erfolgt, wenn eine Ausfertigung des Urtheils und die Hypothekenurkunde oder der Grundschuldbrief vorgelegt werden, ohne Vermittelung des Prozeß- oder Vollstreckungsgerichtes. Die Benutzung eines den Hypothekengläubiger zur Löschungsbewilligung rechtskräftig verurtheilenden Urtheiles zum Löschungsantrage ist kein Vollstreckungsakt; der Eigenthümer braucht daher, wenn er in dem Urtheile als Kläger nicht aufgeführt ist, nicht eine auf seinen Namen lautende Vollstreckungsklausel zu erwirken, sondern nur seine Legitimation zur Antragstellung zu führen. Hierbei kommt namentlich in Betracht, daß seitens des früheren Eigenthümers keine Eigenthümerhypothek erworben sein darf, sonst ist dessen Einwilligung erforderlich. (Kammerger., Jahrb. 8 S. 109. Vgl. auch Anm. 5 zu §. 3 des Gesetzes, oben S. 42.)

Ein Urtheil, durch welches der Gläubiger mit seinen Ansprüchen aus der Eintragung rechtskräftig abgewiesen ist, steht dem Urtheil auf Löschungsbewilligung oder Quittungsleistung nicht gleich. (Kammerger., Johow 6 S. 194.)

Ueber die Löschung der Judikatshypotheken vgl. §. 11 des Zwangsvollstr.Ges. (Zus. zu §. 19 des Gesetzes) und Anm. VII dazu, oben S. 139 und 149.

3. In den Fällen der Konfusion (Ges. §§. 64 u. 65) und der Konsolidation (§. 66) vereinigt der Eigenthümer in seiner Person zugleich das Recht des Gläubigers. Er ist mithin nicht blos zu dem Antrag auf Löschung, sondern auch zur Bewilligung derselben ausschließlich befugt. Da der Antrag aber zugleich die Bewilligung ist, so genügt er zur Löschung, wenn die über die Post gebildete Urkunde vorgelegt wird.

4. Das Ausschlußurtheil der Ziffer 4 des §. 94 vernichtet die Rechte, welche dem Gläubiger oder dessen Rechtsnachfolgern an der Hypothek oder der Grundschuld zustehen konnten; es ersetzt daher sowohl die Quittung als auch die Urkunde über die Post.

5. Der Eigenthümer tilgt im Fall des §. 106 die Hypothek oder die Grundschuld durch gerichtliche Hinterlegung des höchsten Betrages, den der Gläubiger beanspruchen kann. Das dingliche Recht an dem Grundstück wird dadurch aufgehoben. Der Gläubiger erhält dafür den Anspruch auf das Depositum. Deshalb kann die Löschung, ohne Jemand zu benachtheiligen, erfolgen, auch wenn die Hypothekenurkunde oder der Grundschuldbrief nicht beigebracht wird.

§. 95.

Mit dem zur Löschung vorgelegten Grundschuldbrief sind die noch nicht verjährten Zinsquittungsscheine zu übergeben.

Der zur Berichtigung der fehlenden Zinsquittungsscheine erforderliche Betrag muß vor der Löschung gerichtlich niedergelegt werden. Die Hinterlegung des fälligen Betrages geschieht durch den Schuldner. Den nicht fälligen Betrag kann der Gläubiger für seine Rechnung hinterlegen. Verweigert er dies, so ist der Schuldner den Betrag für eigene Rechnung zu hinterlegen verpflichtet, und berechtigt, denselben von dem zurückzuzahlenden Kapital abzuziehen.

---

§. 95.

1. Die Löschung einer Grundschuld unterliegt, auch wenn mit dem Grundschuldbriefe in Gemäßheit des Gesetzes §. 39 Zinsquittungsscheine ausgegeben sind, den Bestimmungen des §. 94. Die Scheine müssen aber, insoweit sie nicht verjährt sind, mit dem Grundschuldbriefe der Buchbehörde eingereicht werden. Die Löschungsbewilligung oder das Bekenntniß des Gläubigers, daß er die Zinsen empfangen habe, kann hier nicht genügen, weil bei den Zinsscheinen dritte Personen konkurriren, deren Rechte vor der Löschung sichergestellt werden müssen. Da die Scheine als Inhaberpapiere auch vor der Fälligkeit zirkulationsfähig sind, so sind nicht blos die bereits fälligen, sondern auch die erst künftig fällig werdenden vorzulegen.

2. Fehlen Zinsquittungsscheine, so ist die Löschung unzulässig, wenn nicht die Beträge, über welche sie lauten, gerichtlich niedergelegt, jetzt bei der zuständigen Verwaltungsbehörde „hinterlegt" werden. Die Annahme des Geldes Seitens der Hinterlegungsstelle ist nicht durch eine Anordnung des Gerichtes bedingt. Es bedarf nach der Hinterlegungs-O. v. 14. März 1879 §§. 14 ff. nur der bestimmten Angabe der Veranlassung zur Hinterlegung und der Erklärung, daß der Betrag resp. die Beträge demjenigen auszuzahlen seien, der die (genau zu bezeichnenden) Zinsquittungsscheine innerhalb der Verjährungsfrist vorlegen und übergeben würde. Die Bescheinigung über die erfolgte Hinterlegung ersetzt dann dem Gericht (Grundbuchamt) gegenüber die Vorlegung der Zinsquittungsscheine.

3. Zweifel können nur darüber bestehen, bei welcher Hinterlegungsstelle die Deposition zu erfolgen hat. Die Entscheidung hängt von einer anderen Frage ab, von der Frage nämlich, wo die Zinsen entrichtet werden müssen, wenn mit dem Grundschuldbriefe Zinsquittungsscheine ausgegeben worden sind. Es liegt in der Natur des Rechtsverhältnisses, daß, weil die Person des Gläubigers von vornherein sich nicht bestimmen läßt, der Wohnort desselben als solcher nicht der Ort der Zahlung sein kann. Ebenso ist von dem Orte abzusehen, an welchem der Eigenthümer des belasteten Grundstückes seinen Wohnsitz hat. Denn die Person des Eigenthümers ist bei der Grundschuld rechtlich durchaus gleichgültig. Die Grundschuld ergreift nur das Grundstück. Sie ist daher auch in ihrer örtlichen Existenz an das Grundstück gebunden. Dieser Gesichtspunkt führt zu dem richtigen Prinzip. Der Gläubiger ist zwar berechtigt, dem Eigenthümer des Grundstückes in dessen jedesmaliger Wohnung die Zinsquittungsscheine zur Einlösung zu präsentiren. Wenn es sich aber darum handelt, seine Verpflichtung festzustellen, so kann als Zahlungsort nur der Sitz desjenigen Gerichtes (Grundbuchamtes) in Betracht kommen, in dessen Bezirk das mit der Grundschuld belastete Grundstück belegen ist. Bei der Hinterlegungsstelle dieses Gerichtes ist daher der Betrag der fehlenden Zinsquittungsscheine zu hinterlegen. Vgl. das A.L.R. I. Tit. 5 §§. 247 ff., Tit. 11 §§. 769 ff., Tit. 16 §§. 27, 82, 214, A.D.Handelsges.B. Art. 325.

4. Wer die Hinterlegung bewirkt, ob der Gläubiger oder der Schuldner (Eigenthümer), ist für die Löschung gleichgültig. Das Verhältniß zwischen beiden ist von Lasker in der Sitzung des Abgeordnetenhauses vom 12. März 1872, in welcher die §§. 95 u. 96 der Grundbuchordnung eingefügt sind, wie folgt gekennzeichnet worden:

§. 96.

Der Inhaber eines noch nicht verjährten Zinsquittungsscheines kann gegen Aushändigung desselben den Betrag aus dem Depositorium in Empfang nehmen.

Sechs Monate nach Ablauf der Verjährungsfrist für jede einzelne Zinsrate ist der Hinterleger berechtigt, die Rückgabe des entsprechenden Betrages zu verlangen.

Wegen der Verjährung der Zinsraten gelten die Vorschriften des bürgerlichen Rechts für Verjährung eingetragener Zinsen.

Ein Aufgebot der Zinsquittungsscheine findet nicht statt.

„Wenn solche Zinsquittungsscheine fehlen, deren Zinsen bereits fällig waren, so muß der Schuldner aus eigenem Geld die Deposition vornehmen, weil es ja seine Sache war, die Zinsen zu bezahlen, und er diese entweder noch gar nicht bezahlt hat und demnach dem unbekannten Inhaber das Geld bereit stellen muß; oder er hat die Zinsen bezahlt und den Quittungsschein verloren, — dann muß er den Betrag so lange deponiren, bis rechtlich festgestellt ist, daß Niemand auf die Erhebung der Zinsen Ansprüche erheben werde.

Dagegen wenn solche Zinsquittungsscheine fehlen, deren Zinsen erst in Zukunft fällig werden sollen, so ist der Gläubiger verpflichtet, die Deposition vorzunehmen, weil er entweder diese Zinsquittungsscheine ausgegeben hat oder weil er wenigstens in deren Besitz war und über sie verfügen konnte. Es ist seine Pflicht, diejenigen Zinsscheine für die Zukunft, die er nicht mehr berechtigt ist zu realisiren, zu den Grundakten beizubringen. Der Gläubiger kann nun die Deposition in eigenem Namen vornehmen; wenn er sich aber zu diesem Rechtsgeschäfte weigert, so darf der Schuldner, der ja verpflichtet ist, ehe er die Löschung bewirken kann, die Deposition zu bewirken, ihm soviel von der Hauptsumme abziehen, als nothwendig ist, um die Deposition vorzunehmen." (Werner 2 S. 196.)

§. 96.

Der §. 96 giebt die nöthigen Vorschriften über die Behandlung des hinterlegten Betrages.

1. Meldet sich der Inhaber eines nicht verjährten Zinsquittungsscheines bei der Hinterlegungsstelle, so hat diese gegen Auslieferung desselben die Zahlung zu leisten. Nach Turnau 1 S. 513 Anm. 4 soll die Zahlung nur auf eine Anweisung des Amtsgerichts erfolgen dürfen. Nach dem bisherigen Recht war allerdings ein Deposital-Ausgabemandat des Grundbuchamtes erforderlich. Eines solchen bedarf es aber nach der Hinterlegungsordnung §. 5 nicht mehr, und da der Nachweis der Berechtigung zur Empfangnahme des Geldes durch den Besitz des Scheines geführt wird, so ist nicht abzusehen, weshalb die Hinterlegungsstelle die Zahlung nicht ohne Anweisung veranlassen soll.

Die eingelösten Scheine sind dem Amtsgericht zu den Grundakten zu übersenden.

2. Die nicht abgehobenen Beträge sind sechs Monate nach Ablauf der Verjährungsfrist dem Hinterleger zurückzuzahlen. Der Hinterleger kann die Rückzahlung verlangen. Doch wohl von der Hinterlegungsstelle. Falls diese freilich den Nachweis der Berechtigung, den sie nach §. 10 der H.O. fordern muß, nicht als geführt ansieht, wird es zur Abkürzung der Sache beitragen, wenn das Amtsgericht bescheinigt, daß der Rückzahlung von Grundbuchs wegen ein Hinderniß nicht entgegensteht. Der Ausstellung einer solchen Bescheinigung wird es sich nicht entziehen können, da ihm auch nach dem bisherigen Recht die Pflicht zur Prüfung der Sache oblag.

3. Hat der Schuldner (Eigenthümer) die Zinsenbeträge hinterlegt und die nicht abgehobenen zurückerhalten, so fragt es sich, ob der Gläubiger, wenn ihm ein Abzug vom Kapital gemacht ist, dieserhalb gegen den Schuldner einen Anspruch hat. Der dingliche Anspruch hat durch die Löschung der Grundschuld sein Fundament verloren. Der Bereicherungsanspruch aber besteht, wenn der Gläubiger die betreffenden Quittungsscheine nicht begeben hat, also in Höhe

§. 97.

Die Löschung der noch eingetragenen Benefizial-Erbeigenschaft (§. 3. des Gesetzes vom 28. März 1840.), der Verpflichtung zur Einholung der Genehmigung zur weiteren Veräußerung der zum vollen Eigenthum verliehenen fiskalischen Grundstücke (Kabinetsorder vom 22. Oktober 1843., Just.-Min.-Bl. S. 258.) und der Beschränkung der Verschuldung bäuerlicher Grundstücke (Verordnung vom 29. Dezember 1843.) erfolgt nach den bisherigen Vorschriften von Amtswegen.

---

des ihm gemachten Abzuges vom Kapital an seinem Vermögen geschädigt worden ist. Mit diesem Schaden würde sich sonst der Schuldner bereichern. Und diese Bereicherung wäre eine ungerechtfertigte. Der §. 95 führt zu keiner anderen Entscheidung. Denn er bestimmt nur die formellen Voraussetzungen der Löschung, ohne dem Eigenthümer ein materielles Recht zu dem Abzuge zu geben. Das genügt aber sowohl nach gemeinem wie nach preußischem Recht, um die Bereicherung zu einer ungerechtfertigten zu machen. (Vgl. Dernburg, Preuß. Privatr. 1 §. 327 Note 12, anders Hyp.R. S. 318; und Turnau 1 S. 514 Anm. 7.) Abweichend Bahlmann 3. Aufl. S. 407.

4. Ueber die Verjährung der Zinsrückstände vgl. S. 179 Anm. I 2a zu §. 30 des Gesetzes.

§. 97.

1. Nach dem A.L.R. I. 9 §§. 447—451 und der A.G.O. I. 50 §. 280 war der Benefizialerbe in der Verfügung über die Nachlaßgrundstücke beschränkt und die Benefizialerbenqualität in das Hypothekenbuch einzutragen. Die Verordnung vom 28. März 1840 (G.S. S. 103) dagegen hat in §. 3 — unter ausdrücklicher Aufhebung dieser Vorschriften — bestimmt, daß „jede auf Grund derselben bereits eingetragene Einschränkung eines Benefizialerben nach Ablauf von sechs Monaten, von dem Tage der Publikation dieser Verordnung an gerechnet, von Amtswegen zu löschen ist, wenn nicht bis dahin ein Erbschaftsgläubiger bei dem Hypothekenrichter sich meldet und nachweist, daß er schon vor Publikation dieser Verordnung innerhalb Jahresfrist seit Eröffnung der Erbschaft seinen Anspruch im Rechtswege geltend gemacht hat".

2. Die Kabinets-Ordre ist nicht am 22. Oktober, sondern am 27. Juni 1843 erlassen. Sie enthielt die Autorisation, „in allen Fällen, in welchen vom Fiskus Grundstücke zum vollen Eigenthum unter dem Bedinge der Konsens-Einholung bei Veräußerungen verliehen worden sind, den Besitzern diese Verpflichtung zu erlassen". Demgemäß hat der Justizminister durch Reskript vom 22. Oktober 1843 die Gerichte angewiesen, „in Zukunft, wenn ihnen Verträge zukommen, in welchen Grundstücke vom Fiskus zum vollen Eigenthum unter der Bedingung der Einholung des Konsenses bei Veräußerungen verliehen worden sind, diese Bedingung im Hypothekenbuch nicht einzutragen, dieselbe auch da, wo sie bereits früher eingetragen worden ist, von Amts wegen zu löschen". (J.Min.Bl. 1843 S. 258.)

3. Die Verordnung vom 29. Dezember 1843 (G.S. 1844 S. 17) bestimmt:

§. 1. „Die in den §§. 29. und 54. des Edikts, betreffend die Regulirung der gutsherrlichen und bäuerlichen Verhältnisse vom 14. September 1811. enthaltene Vorschrift:

daß Bauergüter über ein Viertel ihres Werthes mit hypothekarischen Schulden nicht belastet werden sollen,

wird nebst den mit ihr in Verbindung stehenden, die Parzellirung und Normalabschätzung der Bauergüter betreffenden übrigen Vorschriften jenes §. 29. und des Artikels 65. der Deklaration vom 29. Mai 1816. hierdurch aufgehoben."

§. 2. „Wo in dem Hypothekenbuche eines Bauerguts jene bisherige Verschuldungsbeschränkung eingetragen steht, ist solche von Amtswegen zu löschen. Die Löschung der eingetragenen Normaltaxe soll dagegen nur auf den Antrag des Besitzers geschehen."

§. 98.

Zur Löschung der nach §. 2. des Ablösungsgesetzes vom 2. März 1850. ohne Entschädigung aufgehobenen Rechte genügt der Antrag des Eigenthümers.

---

4. Für Hannover enthält eine ähnliche Bestimmung das Gesetz vom 13. April 1887, G.S. S. 115; darnach ist das gemäß §. 5 des Gesetzes v. 13. April 1836 eingetragene Verbot der Vereinzelung allodificirter landtagsfähiger Lehngüter von Amtswegen zu löschen.

§. 98.

I. Das Gesetz, betreffend die Ablösung der Reallasten rc., vom 2. März 1850 (G.S. S. 77) bestimmt für den ganzen damaligen Umfang der Monarchie mit Ausnahme des linken Rheinufers:

§. 2. „Ohne Entschädigung werden folgende Berechtigungen, soweit sie noch bestehen, hiermit aufgehoben:

1) Das Ober-Eigenthum des Lehnsherrn und die lediglich aus demselben entspringenden, in dem §. 5. nicht als fortbestehend bezeichneten Rechte bei allen innerhalb des Staates belegenen Lehnen, mit alleiniger Ausnahme der Thronlehne;
2) das Ober-Eigenthum des Guts- oder Grundherrn und des Erbzinsherrn, desgleichen das Eigenthumsrecht des Erbverpächters; der Erbzinsmann und der Erbpächter erlangen mit dem Tage der Rechtskraft des gegenwärtigen Gesetzes, und lediglich auf Grund desselben, das volle Eigenthum;
3) der Anspruch auf Regulirung eines Allodifikationszinses für die aufgehobene Lehnsherrlichkeit in denjenigen Landestheilen, welche vormals zum Königreich Westfalen, zum Großherzogthum Berg, zu den französisch-hanseatischen Departements oder dem Lippe-Departement gehört haben;
4) das grundherrliche oder gutsherrliche Heimfallsrecht an Grundstücken und Gerechtsamen jeder Art innerhalb des Staates, ohne Unterschied, ob der Staat, moralische Personen oder Privatpersonen die Berechtigten sind;
5) die Berechtigung des Erbverpächters oder des Zinsberechtigten, den ihm zustehenden Kanon oder Zins willkürlich zu erhöhen;
6) die Vorkaufs-, Näher- und Retrakt-Rechte an Immobilien, mit Ausnahme der im §. 4. aufgeführten;
7) die auf Grundstücken haftende Verpflichtung, gegen das in der Gegend übliche Tagelohn zu arbeiten;
8) die Befugniß zu verlangen, daß ein Privat-Grundbesitzer sein Grundstück mit Maulbeerbäumen bepflanze oder solche unterhalte;
9) die auf Grundstücken haftende Verpflichtung des sogenannten Flämingschen Kirchganges."

§. 5. „Die in dem §. 2. Nr. 1. und 2. bestimmte Aufhebung des Ober-Eigenthums des Lehnsherrn, Guts- oder Grundherrn und Erbzinsherrn, sowie des Eigenthums des Erbverpächters, hat nicht zugleich die Aufhebung der aus diesen Verhältnissen entspringenden Berechtigungen auf Abgaben oder Leistungen oder ausdrücklich vorbehaltene Nutzungen zur Folge; vielmehr bleiben diese Berechtigungen, sofern sie nicht etwa in dem gegenwärtigen Gesetze besonders für aufgehoben erklärt worden sind, fortbestehen, und zwar mit denselben Vorzugsrechten in dem Vermögen der Verpflichteten, welche sie bisher darin hatten."

Der §. 4 ist oben S. 96 Anm. 1a zu §. 12 Satz 2 des Gesetzes abgedruckt.

II. Nach der Ansicht des vormaligen ostpreußischen Tribunals sind auf einseitigen Antrag des Grundeigenthümers löschungsfähig u. a. „die Verpflichtung zur Einholung des Veräußerungskonsenses des Erbverpächters" (Johow 7 S. 271) und „die aus vorlandrechtlicher Zeit auf Grund erb- und eigenthümlicher Gutsüberlassung eingetragene Verpflichtung, den Konsens des Verleihers zur Veräußerung und Verpfändung einzuholen" (ebd. S. 272). Da-

§. 99.

Die Löschung der Lehns- oder Familienfideikommiß-Eigenschaft kann nur auf Grund einer Bescheinigung der Lehns- oder Fideikommißbehörde, daß die Lehns- oder Fideikommißeigenschaft erloschen sei, oder auf Grund eines von diesen Behörden bestätigten Familienschlusses über die Aufhebung der Lehns- oder Fideikommißeigenschaft erfolgen.[1]

---

gegen ist die Einwilligung des Berechtigten erforderlich zur Löschung der „Last des Schulzendienstes“ und der in Verbindung hiermit „eingetragenen Verpflichtung zur Einholung des Veräußerungskonsenses“ (ebd. S. 274). — Die auf einem Grundstücke haftende Verpflichtung, für ein anderes Grundstück gegen eine fest bestimmte Geldvergütung gewisse Arbeiten zu leisten, ist durch das obige Gesetz §. 2 Nr. 7 nicht aufgehoben (R.G. II H.S., Entsch. 1 S. 120, Gruchot 24 S. 465).

Ob die landrechtliche Superfizies durch das Gesetz vom 2. März 1850 zu Eigenthum erhoben ist, ist streitig (für Hannover vgl. Einf.Ges. §. 7). Dernburg, Preuß. Privatr. 1 §. 289 Abs. 2 bejaht diese Frage, während Förster-Eccius 3 §. 185 Anm. 33 und Koch, A.L.R. 2 Anm. 19 zu I 23 §. 243 sie verneinen. Aber auch wenn erstere Ansicht richtig sein sollte, findet nach einem Beschl. des Kammerger. (Jahrb. 4 S. 205) § 98 keine Anwendung, wenn außer dem Blatte für die Superfizies noch ein anderes auf den Namen des Eigenthümers lautendes Blatt für das diesem Recht unterworfene Grundstück vorhanden ist, weil §. 98 nur auf das Obereigenthum zu beziehen sei, welches auf das über den betreffenden Grundbesitz selbst eröffnete Folium eingetragen ist.

§. 99.

1. „Zwischen den Lehns- und Hypothekenbehörden ist darüber Konflikt entstanden, ob die Lehnseigenschaft auf Grund einer Bescheinigung des Lehnshofes, daß sie erloschen sei, gelöscht werden könne. Die Prüfung der Frage, ob die Lehnseigenschaft fortdauere, gehört aber offenbar zur Kompetenz des Lehnshofes. Da ähnliche Konflikte auch bei Fideikommissen vorkommen können, so ist hier festgesetzt, daß die Löschung der Lehns- und Fideikommißeigenschaft auf Grund der Bescheinigung der zuständigen Behörde, oder des von derselben bestätigten Familienschlusses über die Aufhebung der Lehns- und Fideikommißeigenschaft zu erfolgen habe.“ (Motive, bei Werner S. 157.)

2. Der §. 99 wird ergänzt resp. modifizirt durch die Gesetze, betreffend die Aufhebung des Lehnsverbandes

a. in Alt-Vor- und Hinterpommern, v. 4. März 1867 §. 19,

b. der nach dem Lehnrecht der Kurmark, Altmark und Neumark zu beurtheilenden Lehne, v. 23. Juli 1875 §. 22,

c. in der Provinz Westfalen und in den Kreisen Rees, Essen (Stadt und Land), Duisburg und Mühlheim a. d. R., v. 3. Mai 1876 §. 15,

d. der in dem Herzogthum Schlesien, der Grafschaft Glatz und dem preußischen Markgrafenthum Oberlausitz belegenen Lehne, v. 19. Juni 1876 §. 17,

e. im Geltungsbezirk des ostpreußischen Provinzialrechts, v. 16. März 1877 §§. 18—20,

f. der dem Sächsischen Lehnrechte, der Magdeburger Polizei-Ordnung und dem Longobardischen Lehnrechte sowie dem Allg. Landrechte unterworfenen Lehne in den Provinzen Sachsen und Brandenburg v. 28. März 1877 §§. 18 u. 23.

3. Die bei §. 99 in Betracht kommenden Bestimmungen für die gemein- und französischrechtlichen Landestheile sind in den Anm. 3 und 4 zu §. 52 und in der Anm. 2 zu §. 74 nachgewiesen. Vgl. auch Anm. 4 zu §. 97.

§. 100.

Die Löschung der in der zweiten Abtheilung auf Antrag einer zuständigen Behörde eingetragenen Beschränkungen erfolgt auf Ersuchen dieser Behörde oder mit Bewilligung dessen, zu dessen Gunsten sie eingetragen worden, auf Antrag des Eigenthümers.

§. 101.

Sind auf Ersuchen der Auseinandersetzungsbehörde Eintragungen über die in §. 77. vorgeschriebenen Grenzen erfolgt, so ist der Eigenthümer befugt, unter Vermittelung der Auseinandersetzungsbehörde deren kostenfreie Löschung zu beantragen.

§. 102.

Persönliche unvererbliche Einschränkungen des Eigenthums oder des Verfügungsrechts werden auf Antrag des Eigenthümers des Grundstücks gelöscht, wenn der Tod des Berechtigten nachgewiesen ist.

Besteht jedoch die Möglichkeit von Rückständen, so kann die Löschung nach Ablauf eines Jahres erfolgen, sofern bis dahin eine Vormerkung zur Erhaltung des dinglichen Rechts nicht eingetragen ist.

---

§. 100.

Vgl. das Gesetz §§. 11, 49, 60, 70 und die Gr.B.O. §§. 11, 41, 54, 77, 91, 117 und die Anm. dazu, sowie Anm. III 6 zu §. 8 des Gesetzes, oben S. 65.

§. 101.

Der Antrag ist bei der Auseinandersetzungsbehörde zu stellen, nicht bei dem Grundbuchamt. „Die Generalkommission hat das Gesuch zu prüfen und, wenn sich keine Bedenken ergeben, demselben stattzugeben.

Einer besonderen Bestimmung über die Voraussetzungen der Löschung einer Hypothek bedarf es hier nicht, da dieselben in dem Gesetze über das materielle Recht enthalten sind." (Motive, bei Werner S. 157.)

§. 102.

1. Der Sinn des §. 102.
2. Antizipirte Löschungsbewilligung, S. 427.
3. Aeußerungen der Praxis.
4. Die Vormerkung.

1. Durch §. 102 sind die §§. 33 und 34 des Hypothekengesetzes vom 24. Mai 1853 ersetzt worden, welche lauteten:

„§. 33. 1) Einschränkungen des Eigenthums oder der Disposition, welche nicht in der rechtlichen Beschaffenheit des Besitzverhältnisses beruhen, sondern sich nur auf eine bestimmte Person beziehen,

2) das Vorkaufs- oder Wiederkaufsrecht für eine bestimmte Person,

3) Wohnungsrechte für eine bestimmte Person

können ohne Quittung der Erben und ohne Beibringung des Instruments gelöscht werden, wenn der Tod des Berechtigten nachgewiesen wird."

„§. 34. Die Löschung

1) von Altentheilen oder Auszügen, Herbergs- oder Pflege-Berechtigungen, Nießbrauchsrechten und anderen persönlichen Servituten,

2) von Leibrenten und anderen auf Lebenszeit bedungenen Leistungen

kann ohne Quittung der Erben und ohne Beibringung des Instruments erfolgen, wenn der Tod des Berechtigten nachgewiesen wird und seit dem Todestage fünf Jahre abgelaufen sind."

Diese Bestimmungen haben durch §. 102 nur insoweit eine Aenderung erfahren, als die fünfjährige Frist des §. 34 durch die Vorschrift des Abs. 2 des §. 102 ersetzt ist. Allerdings ist dies nicht unbestritten geblieben. Förster (Grundbuchr. S. 115 ff.) hat behauptet, daß unter die „persönlichen unvererblichen Einschränkungen" des §. 102 unmöglich die im §. 33 Nr. 3 und im §. 34 des Gesetzes von 1853 aufgeführten Rechte gerechnet werden könnten. Nachdem er jedoch in der 3. Aufl. seines preußischen Privatrechts (Bd. 3 §. 188 Note 75) diese Meinung aus praktischen Gründen aufgegeben hat, und die Ansicht, daß §. 102 sich auf alle in den vorstehenden §§. 33, 34 berührten Rechte bezieht, ganz allgemein anerkannt ist, bedarf es jetzt nicht mehr, wie in der vorigen Auflage (S. 449 ff.), einer näheren Begründung dieser Ansicht, welche mit dem Wortlaut des §. 102 vereinbar ist und die (in der vorigen Ausgabe und von Turnau 1 S. 545 mitgetheilte) Entstehungsgeschichte für sich hat. (Vgl. Turnau a. a. O.; Bahlmann S. 419; Dernburg, Preuß. Privatr. 1 §. 276 Anm. 4; Dernburg u. Hinrichs 1 S. 439; Förster-Eccius 3 §. 188 Anm. 80; Johow, Grundbuchkontroversen, in seinem Jahrb. 3 S. 295; und die in Anm. 3 angeführten Entsch., namentlich Kammerger., Jahrb. 4 S. 206.)

2. In der Praxis hat man, um der drohenden Kontroverse die Spitze abzubrechen, hier und da den Ausweg gewählt, daß man in den Altentheilsvertrag die Bestimmung aufgenommen hat, nach welcher der Altsitzer die Löschung des Altentheiles auf den bloßen Nachweis seines Todes hin bewilligt. Dagegen ist aber das Bedenken laut geworden, ob hierin nicht eine Verfügung von Todes wegen enthalten ist. Das Bedenken entbehrt indessen der Begründung. Jene antizipirte Löschungsbewilligung enthält einen Verzicht auf das Realrecht wegen der Rückstände, die etwa beim Ableben des Berechtigten vorhanden sein möchten. Zur Rechtsbeständigkeit eines solchen Verzichtes bedarf es nur der Schriftform. A.L.R. I. 5 §. 134 und I. 16 §§. 379 ff.; Gr.B.O. §. 33.

3. Nach der Praxis gehören zu den „persönlichen unvererblichen Einschränkungen des Eigenthums" im Sinne des §. 102 namentlich „Altentheile, Auszüge, Herbergs- und Pflegeberechtigungen, Nießbrauchsrechte, sowie andere persönliche Servituten, Leibrenten und andere auf Lebenszeit bedungene Leistungen"; (Kammerger., Johow 5 S. 159 und Jahrb. 1 S. 144. Vgl. auch wegen der Altentheile Königsberg, Johow 7 S. 274, und wegen der Leibrenten Naumburg, ebd. S. 275); nach einem Beschl. des Kammerger. (Jahrb. 4 S. 206) auch das Recht des Uebergebers eines Gutes auf einen Nothgroschen, welcher nach dem Uebergabevertrage je nach Bedürfniß zur Zahlung gelangen, dessen beim Tode nicht verbrauchter Rest aber dem Annehmer erlassen sein soll, selbst wenn dieser Nothgroschen als Theil des Kaufgeldes in Abth. III eingetragen ist. Auch die Löschung einer Kaution, die zur Sicherung einer Leibzucht eingetragen war, sowie des Nießbrauchs an einer Hypothekenforderung ist beim Vorhandensein der Voraussetzungen des §. 102 angeordnet worden. (Hamm, Johow 6 S. 197; Kammerger., Jahrb. 2 S. 160 u. 3 S. 184; a. M. hinsichtlich des letzteren dass., ebd. 1 S. 145.) Im übrigen aber hat die Praxis sich gegen die analoge Anwendung des §. 102 erklärt, namentlich gegen die Anwendung auf die Löschung einer Fideikommißschuld (Naumburg, Johow 6 S. 198), der Verpfändung einer Hypothekenforderung (Stettin, ebd. 7 S. 276), der bis zu einem bestimmten Alter des Berechtigten bewilligten Erziehungsgelder nach Ueberschreitung dieses Alters (Naumburg, ebd. 8 S. 270) und des auf bestimmte Zeit, nicht auf Lebenszeit eingeräumten Rechtes auf freie Wohnung (Kammerger., Jahrb. 4 S. 209).

4. Die Vormerkung, deren Eintragung der zweite Satz des §. 102 gestattet, dient zum Schutze des dinglichen Rechtes wegen der Rückstände. Sie ist daher eine wahre Vormerkung, nicht eine bloße Verfügungsbeschränkung, wenngleich sie von dem regelmäßigen Vormerkungsbegriff des Gesetzes darin abweicht, daß sie nicht zur Wahrung eines Rechtes auf Einschreibung, sondern zum Schutze eines eingetragenen Rechtes resp. der durch dasselbe begründeten Forderung

§. 103.

Die Löschung einer im Grundbuch eingetragenen Post, deren Tilgung der Eigenthümer des Grundstücks behauptet, aber durch eine beglaubigte Quittung des eingetragenen Gläubigers oder dessen Rechtsnachfolgers nicht nachweisen kann, weil ihm dieselben ihrer Person oder ihrem Aufenthalt nach unbekannt sind, findet nur in Folge eines gerichtlichen Aufgebots nach Vorschrift der Prozeßordnung statt.

---

gegen die Gefahr einer Einschreibung, nämlich der Löschung des Rechtes bestimmt ist. (Vgl. oben S. 60.)

a. Die Eintragung dieser Vormerkung erfolgt entweder auf den Antrag des Eigenthümers oder mit Bewilligung desselben auf den Antrag der Erben des Berechtigten, unter analoger Anwendung der §§. 8, 13 u. 16 des Gesetzes, oder auf das Ersuchen des Prozeßgerichts nach näherer Bestimmung desselben Gesetzes §. 70 und des Ausführungsges. zur C.P.O. §. 18. Sie ist solange zulässig, als nicht das Recht selbst gelöscht ist. (Turnau 1 S. 548.) Es versteht sich, daß, wenn die Vormerkung einmal eingetragen ist, vor ihrer Löschung das Recht nicht gelöscht werden darf. (Bahlmann 3. Aufl. S. 420.)

b. Die Löschung der Vormerkung erfolgt nach den Vorschriften des §. 117 unter Berücksichtigung der Ergänzung und Abänderung desselben durch die C.P.O. §. 779 und das Ausf.Ges. §. 19, oben S. 58.

Vorbemerkungen zu §§. 103 bis 112.

I. Die §§. 103 bis 112 regeln die Fälle des Aufgebotsverfahrens, und zwar

1. die §§. 103 bis 105 das Aufgebot einer angeblich getilgten Post, deren Tilgung nicht nachgewiesen werden kann, weil

a. entweder der Gläubiger seiner Person oder seinem Aufenthalt nach unbekannt ist (§. 103), oder

b. der bekannte Gläubiger sein Verfügungsrecht nicht nachgewiesen hat (§§. 104, 105);

2. die §§. 106 bis 109 das Aufgebot einer noch nicht getilgten Post, welche der Eigenthümer zur Löschung bringen will, deren Gläubiger aber ihm unbekannt oder nicht verfügungsberechtigt ist;

3. die §§. 110 bis 113 das Aufgebot des Hypotheken- und Grundschuldbriefes

a. zum Zwecke der Löschung (§. 110) oder

b. zum Zwecke der Erlangung einer neuen Ausfertigung (§§. 111, 112).

II. Das Verfahren in Aufgebotssachen ist jetzt durch die oben angeführten Vorschriften des Ausf.Ges. z. C.P.O. neu geregelt. Darnach sind die älteren Verfahrensvorschriften für die unter I 1 und 3 genannten Fälle durch die Vorschriften der C.P.O. und des Ausf.Ges. beseitigt, während sie nach §. 27 des letzteren Gesetzes auf das in den §§. 106 bis 109 geregelte Aufgebot weiter Anwendung finden, da in diesem Falle der Eintritt von Rechtsnachtheilen nicht durch besonderen Beschluß des Gerichtes festzustellen ist.

Aber auch für die unter I 1 und 3 aufgeführten Fälle bleiben die Vorschriften über die Voraussetzungen des Aufgebots und über die Benachrichtigung bestimmter Personen noch gültig (Ausf.Ges. §. 20 Abs. 5).

Zu den älteren Vorschriften, welche nur noch mit diesen Beschränkungen Gültigkeit haben, gehören insbesondere auch die Bestimmungen der Einf.Gesetze für Neuvorp. u. Rügen §§. 38, 39, Hannover §. 3, Kassel §. 49, Ehrenbreitst. §. 12. Vgl. auch Rhein. Einf.-Ges. §. 34.

III. Für alle Fälle des Aufgebotsverfahrens ist das Amtsgericht zuständig, in dessen Bezirk das belastete Grundstück belegen ist (G.V.G. §. 23; Ausf.Ges. z. C.P.O. §§. 20, 21; C.P.O. §. 839 Abs. 2; Gr.B.O. §. 106 Nr. 1; vgl. indessen auch C.P.O. §. 36).

1. Ausführungsgesetz zur Deutschen Civilprozessordnung. Vom 24. März 1879. (G.S. S. 281.)

§. 20. Für das Aufgebotsverfahren zum Zwecke der Kraftloserklärung (Amortisation) von Urkunden sind die Gerichte ausschliesslich zuständig.

Die Vorschriften der §§. 839 bis 842, 846 bis 848 der Deutschen Civilprozessordnung finden auch bei dem Aufgebot anderer als der im §. 837 der Deutschen Civilprozessordnung bezeichneten Urkunden mit Ausschluss aller besonderen Vorschriften Anwendung.

Betrifft das Aufgebot Urkunden, für deren Aufgebot die Bekanntmachung durch namentlich bezeichnete Blätter in Privilegien oder Statuten besonders vorgeschrieben ist, so erfolgt die öffentliche Bekanntmachung des Aufgebots (§. 842 Abs. 1 der Deutschen Civilprozessordnung) auch durch einmalige Einrückung in diese Blätter.

Betrifft das Aufgebot Urkunden über Ansprüche, welche in einem Grund- oder Hypothekenbuche eingetragen sind, so erfolgt die öffentliche Bekanntmachung des Aufgebots (§. 842 Abs. 1 der Deutschen Civilprozessordnung) durch Anheftung an die Gerichtstafel, sowie durch einmalige Einrückung in den öffentlichen Anzeiger des Amtsblattes. Diese Einrückung tritt bei Anwendung der §§. 846, 847 der Deutschen Civilprozessordnung an Stelle der Einrückung in den Deutschen Reichsanzeiger. Die in diesem Paragraphen bestimmten Fristen werden auf drei Monate herabgesetzt.

Die Vorschriften über die Voraussetzungen, unter welchen das Aufgebot einer Urkunde beantragt werden kann, und über das Erforderniss eines gewissen Zeitablaufs von dem Verluste der Urkunde bis zu deren Amortisation, sowie die Vorschriften, nach welchen bestimmte Personen von dem Aufgebote zu benachrichtigen sind, bleiben unberührt.

IV. Ueber die Einzelheiten des Verfahrens sind zu vergleichen: Basch, die Allg. Gerichts-O. in ihrer heutigen Gestalt Th. I Tit. 51 S. 89 ff.; Naumann, das Aufgebot von Hypothekenposten und Dokumenten (Berlin 1880); Wandersleben, das Aufgebotsverfahren in Theorie und Praxis (2. Aufl. Berlin 1883), und vor allem Daube, das Aufgebotsverfahren nach preuß. Recht (2. Aufl., Berlin 1890).

§. 103.

1. In dem Falle des §. 103 hatte schon die Allg. Hyp.O. v. 1783 Tit. 2 §§. 269 ff. ein Aufgebotsverfahren zugelassen. Koch, Hyp.O. Gl. 333 zu §. 269, vertrat die Meinung, daß die Provokation durch eine Bescheinigung der Tilgung zu begründen wäre. Er berief sich dafür auf §. 42 des Gesetzes vom 24. Mai 1853. Dort ist allerdings der §. 269 der Hyp.O. in einer Weise allegirt, daß man annehmen muß, der Verfasser des Gesetzes habe aus dem hervorgehobenen Mangel einer beglaubigten Quittung gefolgert, die Hypotheken-Ordnung knüpfe das Aufgebotsverfahren an die Beibringung einer unbeglaubigten Quittung (einer Bescheinigung). Die Richtigkeit dieser Folgerung ist indessen zu bezweifeln, die Folgerung selbst nach Aufhebung des Gesetzes vom 24. Mai 1853 nicht mehr bindend.

In der Kommission des Abgeordnetenhauses, welche im Jahre 1869 die Grundbuchordnung berieth, wurde unter Bezugnahme auf Kochs Meinung beantragt, hinter „behauptet" einzuschalten „und zwar bescheinigt", der Antrag jedoch abgelehnt. (Ber. vom 8. Januar 1870 S. 47.)

Auch den Motiven zu dem Entwurfe von 1871 (bei Werner S. 158) scheint die Auffassung zu Grunde zu liegen, daß von einer Bescheinigung der Tilgung abzusehen, das Aufgebot vielmehr ohne Weiteres zuzulassen ist, wenn „eine Quittung des Gläubigers nicht beigebracht werden kann". Ebenso O.Tr., Entsch. 78 S. 252, Johow 6 S. 274. Die bezüglichen Worte des §. 103 haben dann den Sinn, daß nur die Vorlegung einer beglaubigten Quittung —

§. 21. Auf das Aufgebotsverfahren zum Zwecke der Löschung angeblich getilgter Hypotheken- oder Grundschuldforderungen finden die Vorschriften über das Aufgebot von Urkunden über solche Forderungen entsprechende Anwendung.

§. 24. Die Vorschriften über die bei dem Aufgebot eines Verschollenen oder eines erblosen Nachlasses einzuhaltenden Aufgebotsfristen bleiben in Kraft.

Im Uebrigen werden die bestehenden Vorschriften über die Aufgebotsfristen, sowie die Vorschriften über die öffentliche Bekanntmachung der Aufgebote aufgehoben.

Bei der nach den bestehenden Vorschriften erforderlichen Mittheilung des Aufgebots an bestimmte Personen kann die Zustellung durch Aufgabe zur Post (§. 161 der Deutschen Civilprozessordnung) erfolgen.

Bei der Zustellung durch Aufgabe zur Post sind die Postsendungen mit der Bezeichnung „Einschreiben" zu versehen.

§. 25. Die Ableistung eines Eides in Aufgebotssachen findet nur nach der Vorschrift der Deutschen Civilprozessordnung §. 829 Abs. 2 statt.

§. 27. Die Vorschriften der Deutschen Civilprozessordnung über das Aufgebotsverfahren und die §§. 24 bis 26 dieses Gesetzes finden auf andere als die in den §§. 20 bis 23 bezeichneten Aufgebote nur Anwendung, wenn nach den bestehenden Vorschriften der Eintritt von Rechtsnachtheilen durch besonderen Beschluss des Gerichts festgestellt werden muss.

2. Civilprozessordnung vom 30. Januar 1877.

§. 829 Abs. 2: Vor Erlassung des Urtheils kann eine nähere Ermittelung, insbesondere die eidliche Versicherung der Wahrheit einer Behauptung des Antragstellers angeordnet werden.

---

nicht etwa auch der anderweit geführte Beweis der Tilgung — das Verfahren entbehrlich macht.

2. Der §. 103 bestimmt die Voraussetzung des Aufgebotes; er ist mithin neben den Vorschriften der C.P.O. in Kraft geblieben. (Ausf.Ges. §. 20 Abs. 5.) Die Voraussetzung aber ist lediglich die Behauptung des Eigenthümers, daß die Tilgung der Post erfolgt sei, aber durch eine beglaubigte Quittung nicht nachgewiesen werden könne ꝛc. Daher ist hier die auf das Urkundenaufgebot berechnete Vorschrift der C.P.O. §. 840 Nr. 2, daß der Verlust der Urkunde glaubhaft zu machen sei, nicht analog anzuwenden. Auch die Angabe der Tilgungsart ist nicht erforderlich. (O.Tr. III, Entsch. 76 S. 258.)

3. Ueber das Verfahren vgl. Anm. II bis IV der Vorbemerkungen und namentlich Daube a. a. O. S. 197 ff. §. 44 A.

4. Die Löschung der Post erfolgt auf Grund des Ausschlußurtheils und, wenn in diesem bestimmten Personen Rechte vorbehalten sind (C.P.O. §. 830), nach Beibringung der Zustimmung oder rechtskräftigen Zurückweisung der Prätendenten. Vgl. Anm. 4 zu §. 94. Dieselbe kann aber auf Grund des Ausschlußurtheils nur auf denjenigen Grundstücken erfolgen, auf welche sich das Aufgebotsverfahren bezogen hat, nicht auf allen mitverhafteten Parzellen (Kammerger., Jahrb. 8 S. 113).

Zur Verfügung über die Post nach §. 64 des Gesetzes ist der Eigenthümer auf Grund des Ausschlußurtheils nach dem Wortlaut des §. 64 und der Gr.B.O. §. 103 nicht berechtigt; vgl. Anm. 5 a. E. zu §. 64 des Gesetzes, oben S. 277.

5. Nach dem Zwangsvollstr.Ges. §. 5 (oben S. 216) ist außer dem Eigenthümer auch ein Gläubiger, welcher für eine auf das Grundstück eingetragene Forderung einen Titel zur Zwangsvollstreckung in das Grundstück hat, „berechtigt, in den Fällen der §§. 103, 104" der Gr.B.O. „an Stelle des Eigenthümers das Aufgebot der auf dem Grundstück voreingetragenen Posten, deren Tilgung er behauptet, und nach Erlaß des Ausschlußurtheils die Löschung der Posten zu betreiben". In diesem Falle sind nach der Fassung des §. 5 die Vor-

§. 104.

Das Aufgebot einer Post, von welcher der Eigenthümer des Grundstücks behauptet, daß sie getilgt sei, kann, wenn er darüber eine Bescheinigung beibringt, auf seinen Antrag auch dann erfolgen, wenn der Inhaber der Post zwar bekannt ist, aber als solcher sein Verfügungsrecht nicht nachgewiesen hat.

§. 105.

Es wird in diesem Falle nach Vorschrift der Prozeßordnung unter Berücksichtigung der folgenden näheren Bestimmungen verfahren:

1) Der Eigenthümer des Grundstücks hat ein Verzeichniß der ihm bekannten angeblichen Rechtsnachfolger des letzten verfügungsberechtigten Inhabers der Post zu übergeben und zugleich zu versichern, daß außer diesen keine anderen, ihm bekannten, Rechtsnachfolger vorhanden sind.
2) Zu dem Termin werden die angezeigten angeblichen Rechtsnachfolger besonders und die der Person oder dem Aufenthalte nach unbekannten Berechtigten öffentlich geladen.

---

aussetzungen des Aufgebotes nicht aus der Person des Eigenthümers, sondern aus der des Gläubigers zu beurtheilen; wenn dieser die Tilgung behauptet und den eingetragenen Gläubiger oder dessen Rechtsnachfolger nach Person oder Aufenthalt nicht kennt, ist das Aufgebot zulässig (Krech u. Fischer §. 5 Anm. 13, S. 215).

§. 104.

1. Während der §. 103 voraussetzt, daß der Gläubiger nicht zu ermitteln ist, betrifft der §. 104 den Fall, in welchem der bekannte Gläubiger sein Verfügungsrecht nicht nachzuweisen vermag. Für diesen Fall hatte die Hyp.O. von 1783 ein Aufgebot nicht. Erst das Gesetz vom 24. Mai 1853 §. 42 hat ein solches eingeführt. Die Gr.B.O. hat dasselbe unter §§. 104 u. 105 wesentlich im Einklange mit den Vorschriften des §. 42 cit. beibehalten.

2. Das Aufgebot findet auch dann statt, wenn der Gläubiger nicht befriedigt ist, sondern nur seinem dinglichen Rechte entsagt hat. (O.Tr., Entsch. 32 S. 233, Str. Arch. 20 S. 155.)

3. Wegen des Verfahrens siehe die Anm. II bis IV vor §. 103 und die Anm. zu §§. 105 u. 110.

§. 105.

Das Verfahren bestimmte sich früher in dem ursprünglichen Geltungsgebiet der Gr.B.O. nach der Allg. Ger.O. I. 51 §§. 101, 102, 103b—106 und dem Gesetze vom 24. Mai 1853 §. 42. Gegenwärtig sind, wie oben Anm. II vor §. 103 bemerkt, in erster Linie die Vorschriften der C.P.O. und des Ausführungsgesetzes über das Urkunden-Aufgebot maßgebend (vgl. Daube a. a. O. S. 201 ff.).

1. Der Aufgebotsantrag ist von dem Eigenthümer oder dem im §. 5 des Zwangsvollstr.-Ges. bezeichneten Gläubiger (vgl. Anm. 5 zu §. 103) bei dem Amtsgericht der belegenen Sache zu stellen und in Gemäßheit der §§. 104 u. 105 Nr. 1 unter dem Erbieten zur eidlichen Bekräftigung der gemachten Angaben zu begründen. Dem Antrage sind beizufügen:

a. die Bescheinigung über die Tilgung, also eine Quittung, Löschungsbewilligung oder Verzichtserklärung des Gläubigers (§. 104);

b. das Verzeichniß der angeblichen Rechtsnachfolger des zuletzt legitimirten Gläubigers (§. 105 Nr. 1);

c. eine Abschrift der Hypothekenurkunde oder des Grundschuldbriefes (C.P.O. §. 840).

3) Die öffentliche Ladung der unbekannten Berechtigten muß den Namen des eingetragenen Gläubigers, die Beschaffenheit und den Betrag der Post und das Datum der Urkunde angeben; sie ist mit einer Fristbestimmung von drei Monaten zu erlassen und durch Aushang an der Gerichtsstelle, einmalige Aufnahme in das Regierungs-Amtsblatt, sowie nach dem Ermessen des Gerichts auch noch auf andere Art bekannt zu machen.

4) Die Ladungen erfolgen unter der Verwarnung, daß die Ausbleibenden mit ihren Ansprüchen auf die Post würden ausgeschlossen und die Post im Grundbuche würde gelöscht werden.

5) Die Löschung erfolgt auf Grund des rechtskräftigen Ausschlußerkenntnisses und nach rechtskräftiger Zurückweisung eines etwaigen Widerspruchs derjenigen, die sich bis zum Termin mit Ansprüchen gemeldet haben, auf Antrag des Eigenthümers.

---

2. Die Vorschrift, daß die angezeigten angeblichen Rechtsnachfolger besonders zu laden sind, ist neben der C.P.O. in Geltung geblieben. (Ausf.Ges. §. 20 a. E.) Die Ladung kann durch Aufgabe des Aufgebots zur Post erfolgen. Die Sendung muß indessen „eingeschrieben" werden. (§. 24 ebd.)

3. Die Vorschriften der Nr. 3 des §. 105 sind durch die Bestimmungen der C.P.O. und des Ausführungsgesetzes modifizirt.

In das Aufgebot ist nach §. 824 der C.P.O. „insbesondere aufzunehmen: 1) die Bezeichnung des Antragstellers; 2) die Aufforderung, die Ansprüche und Rechte spätestens im Aufgebotstermin anzumelden; 3) die Bezeichnung der Rechtsnachtheile, welche eintreten, wenn die Anmeldung unterbleibt; 4) die Bestimmung des Aufgebotstermins." Außerdem muß das Aufgebot nach dem vorliegenden §. 105 noch angeben: 5) den Namen des eingetragenen Gläubigers, die Beschaffenheit und den Betrag der Post und das Datum der Urkunde.

Die öffentliche Bekanntmachung des Aufgebots erfolgt durch Anheftung an die Gerichtstafel sowie durch einmalige Einrückung in den öffentlichen Anzeiger des Amtsblattes. Das Gericht kann das Aufgebot auch noch in andere Blätter und zu mehreren Malen einrücken lassen. Zwischen dem Tage, an welchem die erste Einrückung in den Anzeiger des Amtsblattes erfolgt ist, und dem Aufgebotstermin muß ein Zeitraum von mindestens drei Monaten liegen. (C.P.O. §§. 826, 842, 846, 847; Ausf.Ges. §. 20 Abs. 4.)

4. Die Verwarnung, welche der §. 105 vorschreibt, ist auch in das nach der C.P.O. zu erlassende Aufgebot aufzunehmen.

Die nicht erscheinenden bekannten und unbekannten Betheiligten werden mit ihren Ansprüchen auf die aufgebotene Hypothek oder Grundschuld durch Urtheil ausgeschlossen.

„Erfolgt eine Anmeldung, durch welche das von dem Antragsteller zur Begründung des Antrages behauptete Recht bestritten wird, so ist nach Beschaffenheit des Falles entweder das Aufgebotsverfahren bis zur endgültigen Entscheidung über das angemeldete Recht auszusetzen oder in dem Ausschlußurtheile das angemeldete Recht vorzubehalten." (C.P.O. §. 830.)

Die Anmeldung kann bis zur Erlassung des Ausschlußurtheiles erfolgen. (§. 828.) Mit demjenigen, der sich meldet, hat der Eigenthümer den Streit im ordentlichen Prozesse auszumachen.

5. „Durch das Aufgebot der Post selbst und die in Folge desselben erfolgende Ausschließung unbekannter Berechtigter wird der Anspruch vernichtet und festgestellt, daß Niemand das eingetragene Recht geltend machen kann. Es ist also in diesem Falle zur Löschung nur die Vorlegung des rechtskräftigen Ausschlußerkenntnisses erforderlich." (Motive, bei Werner

§. 106.

Auf die Versicherung des Eigenthümers des Grundstücks, daß der Inhaber einer noch nicht getilgten, aber bereits fälligen oder der Kündigung unterworfenen Post, welche er zur Löschung bringen will, der Person oder dem Aufenthalt nach ihm unbekannt oder nicht verfügungsberechtigt sei, kann die Löschung unter folgenden Bedingungen erfolgen:

1) Der unbekannte Inhaber der Post ist von dem Gericht der belegenen Sache öffentlich aufzufordern, dem Eigenthümer Quittung oder Löschungsbewilligung zu ertheilen. Diese Aufforderung wird einmal im Regierungs-Amtsblatt und durch Aushang an der Gerichtsstelle bekannt gemacht.

Der bekannte, aber nicht als verfügungsberechtigt nachgewiesene Inhaber ist durch besondere Verfügung aufzufordern.

S. 158.) Der Beibringung des Dokumentes und des Löschungskonsenses der von dem Eigenthümer selbst bezeichneten, besonders geladenen Rechtsnachfolger des eingetragenen Gläubigers, die sich nicht gemeldet haben, bedarf es nicht. (§. 94 Nr. 4.) Im übrigen siehe die Anm. 4 zu §. 103.

§. 106.

Die Hyp.O. von 1783 kannte für den Fall des §. 106 ein Aufgebotsverfahren nicht. Dasselbe ist erst durch das Gesetz vom 24. Mai 1853 §§. 36—41 eingeführt worden.

„Der Zweck dieses Aufgebotes besteht darin, die Person des Gläubigers und dessen Legitimation innerhalb einer bestimmten Frist festzustellen, und wenn dies nicht erreicht wird, den Schuldner zur Deposition der schuldigen Summe nebst 5jährigen Zinsen und auf Grund dieser Deposition zum Antrage auf Löschung der Post im Hypothekenbuche zu verstatten.

Der Gläubiger geht also durch das Aufgebot seiner Forderung nicht verlustig, vielmehr tritt rücksichtlich seiner die deponirte Summe an die Stelle des verpfändeten Grundstückes; es erfolgt deshalb auch keine Ausschließung.“ (Mot., bei Werner S. 158.)

Das Ausführungsgesetz zur C.P.O. berührt dieses Aufgebot nicht, vgl. Anm. II vor §. 103. Der §. 106 ist sonach in Geltung geblieben und nur durch die Hinterlegungsordnung vom 14. März 1879 modifizirt worden.

Schon nach dem A.L.R. I. 14 §§. 213 ff. ist der Schuldner wegen Hindernisse in der Person des Gläubigers zur Deposition der schuldigen Summe befugt. Diese Befugnis wird hier auf das Rechtsverhältniß aus der Hypothek und der Grundschuld übertragen. (Turnau I S. 551.) Die Gr.B.O. regelt das hierbei zu beobachtende Verfahren mit Beziehung auf dessen Zweck, die Löschung der Post. (Vgl. Daube a. a. O. S. 205 ff.)

1. Der Antrag ist bei dem Amtsgericht der belegenen Sache (vgl. Anm. III vor §. 103) von dem Eigenthümer des belasteten Grundstückes zu stellen. Wie er zu begründen, ergiebt sich aus dem Eingange des §. 106.

2. Nach §. 38 des Gesetzes vom 24. Mai 1853 betrug die Frist immer drei Monate. Die Gr.B.O. überläßt die Fristbestimmung dem Ermessen des Richters. Letzterer wird dabei (nach einer in der Kommission des Herrenhauses gethanen Aeußerung des Regierungskommissars) zu berücksichtigen haben, ob der Gläubiger seinen Aufenthalt in der Nähe oder in der Ferne gehabt hat. Es empfiehlt sich indessen im Interesse der Gleichmäßigkeit des Verfahrens, die auch sonst vielfach übliche Frist von drei Monaten als Regel beizubehalten.

3. Wenn sich der Gläubiger meldet und legitimirt, so ist das Verfahren erledigt. Gegenfalls gestattet das Amtsgericht dem Eigenthümer die Hinterlegung des Kapitals und der Zinsen bei der Hinterlegungsstelle, welche nach näherer Bestimmung der Hinterlegungs-O. vom 14. März 1879 §§. 2, 92 u. 93 an die Stelle des gerichtlichen Depositoriums getreten ist.

2) Die in der öffentlichen Aufforderung von dem Gericht zu bestimmende Frist wird, wenn mit der Aufforderung die Kündigung verbunden ist, um die Kündigungsfrist verlängert.

3) Wenn der Inhaber innerhalb der gestellten Frist sich nicht gemeldet und sein Verfügungsrecht nicht nachgewiesen hat, so gestattet das Gericht dem Antragsteller, das Kapital nebst den bedungenen Zinsen für fünf Jahre, oder, sofern das Grundstück für Verzugszinsen verpfändet ist, mit zehnjährigen Verzugszinsen zum gerichtlichen Depositorium einzuzahlen.

Wenn der Antragsteller durch beglaubigte Quittung die Zahlung der Zinsen nachweist, oder seit Ausstellung der Urkunde noch nicht fünf oder zehn Jahre verflossen sind, so ist derselbe nur verpflichtet, für den hiernach zu berechnenden kürzeren Zeitraum die Zinsen bei Gericht einzuzahlen.

§. 107.

Nach erfolgter Zahlung ertheilt das Gericht dem Eigenthümer eine Bescheinigung, daß die Post auf seinen Antrag aufgeboten, daß sich der verfügungsberechtigte Inhaber derselben nicht gemeldet und der Eigenthümer der Vorschrift des §. 106. Nr. 3. genügt hat. Die Löschung erfolgt auf Grund dieser Bescheinigung, die der Eigenthümer dem Grundbuchamt einzureichen hat.

Die Hinterlegungsstelle ertheilt auf Grund der Verfügung des Amtsgerichtes, die ihr mit der vorgeschriebenen Erklärung des Eigenthümers zu überreichen ist, ihrer Kasse die Weisung zur Annahme des Geldes. (Hinterl.O. §§. 5, 14, 20.) Die Kasse ertheilt dem Eigenthümer über die Einzahlung eine Bescheinigung. (§. 16.)

4. Weshalb gerade fünfjährige Zinsen deponirt werden müssen, ergiebt sich aus dem Verjährungsgesetze vom 31. März 1838 §. 2 Nr. 5 und §. 5 Nr. 3. (Anm. I 2a zu §. 30 des Gesetzes, oben S. 179.)

Der Zeitraum, für welchen die eingetragenen Verzugszinsen zu hinterlegen sind, ist mit zehn Jahren über Bedürfniß lang bemessen. Wenn der Gläubiger unbekannt oder nicht legitimirt ist, so wird die Annahme eines Verzuges auf Seiten des Schuldners meist auf eine Fiktion hinauslaufen. (A.L.R. I. 16 §§. 215 ff.; Koch, Anm. 311 zur Hyp.O.)

Im Falle der Grundschuld mit Zinsquittungsscheinen hat der Eigenthümer das Kapital und die ausgegebenen Scheine, soweit dieselben noch nicht verjährt sind, beziehungsweise für jeden fehlenden Schein den Betrag desselben zu deponiren. (§. 95.)

§. 107.

Der Eigenthümer erhält die Bescheinigung des Gerichts auf Grund der demselben zu übergebenden Bescheinigung der Hinterlegungskasse. (Anm. 3 zu §. 106.) Ein Ausschlußurtheil findet nicht statt, da Niemand ausgeschlossen wird. Das Gericht ersucht auch nicht, wie es das Gesetz vom 24. Mai 1853 §. 40 vorschrieb, die Buchbehörde um Löschung der Post. Vielmehr ist es Sache des Eigenthümers, selbst die Löschung auf Grund der gerichtlichen Bescheinigung bei den Grundakten zu beantragen. (§. 94 Nr. 5.) Die Bescheinigung ermächtigt aber nicht zur Verfügung über die Post nach dem Gesetz §. 64 (vgl. oben S. 277 Anm. 5 a. E.).

§. 108.

Wenn sich innerhalb Jahresfrist ein Berechtigter zur Empfangnahme der eingezahlten Geldsumme nicht meldet, so ordnet das Gericht ohne weiteres Verfahren die Ablieferung derselben an die Justizbeamten-Wittwenkasse an.

Meldet sich der Berechtigte später, so wird ihm der eingezahlte Betrag ohne die inzwischen erhobenen Zinsen aus dieser Kasse zurückgezahlt.

Hinterlegungsordnung. Vom 14. März 1879. (G.S. S. 249.)

§. 108. Die im §. 391 des Anhangs zur Allgemeinen Gerichtsordnung vorgeschriebene öffentliche Bekanntmachung und die Ablieferung von Depositalmassen an die Justizoffizianten-Wittwenkasse finden nicht mehr statt. Die Vorschriften des §. 108 der Grundbuchordnung treten ausser Kraft.

§. 109.

Ob und welcher Betrag an Zinsen dem Eigenthümer des Grundstücks zurückzuzahlen ist, weil der Gläubiger darauf keinen Anspruch hat, oder dem Gläubiger nachgezahlt werden muß, weil sein Anspruch den eingezahlten Betrag übersteigt, hat beim Mangel einer Vereinigung der Prozeßrichter zu entscheiden.

---

§. 108.

Nach Aufhebung des §. 108 haben es die Betheiligten nur noch mit der Hinterlegungsstelle zu thun. Die Hinterlegungs-O. v. 14. März 1879 bestimmt unter §§. 7 u. 8: „Das hinterlegte Geld geht in das Eigenthum des Staats über. Die Staatskasse haftet dem zum Empfang des Geldes Berechtigten für das Kapital zu dem hinterlegten Betrage und für die Zinsen." Diese Verpflichtung kann indessen durch ein Ausschlußurtheil nach erfolgtem Aufgebot der Betheiligten nach näherer Bestimmung der Hinterl.O. §§. 58—65 aufgehoben werden.

§. 109.

Meldet sich Jemand, der sich für den Gläubiger oder dessen Rechtsnachfolger ausgiebt, so fragt es sich, wem er seine Berechtigung zur Empfangnahme des Geldes aus der Hinterlegungskasse nachzuweisen hat. Das Aufgebotsgericht hat diese Berechtigung nicht zu prüfen, weil seine Thätigkeit mit Ertheilung der Bescheinigung ihr Ende erreicht. (§. 107.) Dem Grundbuchamt aber ist eine Kontrole über die Depositalmasse durch das Gesetz nicht zugewiesen. Die Berechtigung muß daher nach der Hinterlegungs-O. v. 14. März 1879 §. 22 unmittelbar der Hinterlegungsstelle nachgewiesen werden. Durch die Einwilligung des Hinterlegers in die Auszahlung an eine bestimmte Person wird aber dieser Nachweis nicht geführt, da die Hinterlegung für den wahren Gläubiger erfolgt, dessen Rechte also ex officio zu beachten und zu sichern sind.

Das Verhältniß zwischen dem Hinterleger und dem angeblichen Gläubiger beeinflußt das Schicksal des hinterlegten Geldes in folgender Weise:

1. Verfolgt der angebliche Gläubiger sein *persönliches* Recht, so kommt es darauf an, ob er die Hinterlegung gegen sich gelten läßt oder nicht.

a. Bestreitet er die Rechtmäßigkeit der Hinterlegung, so kann er die letztere ignoriren und gegen den Hinterleger als Schuldner auf *Zahlung* klagen. Weist dann der Beklagte nach, daß er zur Deposition befugt gewesen sei, so ist seine Befreiung von der Schuld dargethan, der Kläger mithin abzuweisen und nur noch an die Depositalmasse sich zu halten befugt (A.L.R. I. 16 §§. 213, 228). Wenn dagegen die Rechtmäßigkeit der Hinterlegung nicht bewiesen wird, so ist der Beklagte zur Zahlung an den als Gläubiger legitimirten Kläger zu verurtheilen (§. 230); befriedigt er dann denselben dem Urtheile gemäß, so ist die Depositalmasse an ihn als Deponenten zurückzuzahlen.

§. 110.

Wenn der Inhaber der Post zwar bekannt, auch Quittung zu leisten erbötig ist, oder wirklich geleistet hat, die Urkunde darüber aber verloren gegangen ist, so kann die Löschung nur erfolgen, nachdem die Urkunde in Gemäßheit der Vorschriften der Prozeßordnung aufgeboten und durch Erkenntniß für kraftlos erklärt worden ist.

Von dem Inhaber der Post ist ein Eid, wenn die Art des Verlustes bekannt ist, dahin:

daß die Urkunde auf die angegebene Art verloren gegangen sei,

und wenn die Art des Verlustes unbekannt ist, dahin zu leisten:

daß man die Urkunde nicht gefährlicher Weise abhanden gebracht habe, auch aller angewandten Mühe ungeachtet nicht wisse, wo sie sich befinde.

§. 111.

Ebenso ist zu verfahren, wenn der Gläubiger an Stelle der abhanden gekommenen die Ausfertigung einer neuen Hypothekenurkunde oder eines neuen Grundschuldbriefs verlangt.

---

b. Wird durch Anerkenntniß oder richterliches Urtheil festgestellt, daß die Deposition dem Prätendenten gegenüber gerechtfertigt ist, so ist demselben der Betrag seiner Forderung aus dem Depositum zu zahlen, sofern resp. soweit er sich als Gläubiger legitimirt. Die Legitimation ist aber nicht blos der Hinterlegungsstelle, sondern auch dem **Deponenten** zu führen, weil dieser sonst Gefahr laufen kann, noch einmal (an den wirklichen Gläubiger) Zahlung zu leisten.

2. Haftet der Hinterleger nicht persönlich, so hat er, nachdem das Realrecht des Gläubigers durch die Löschung im Grundbuche untergegangen ist, ein Interesse an der Depositalmasse blos wegen desjenigen Betrages, den er nach §. 106 Nr. 3 an Zinsen mehr hat deponiren müssen, als er in Wirklichkeit verschuldete. Nur insoweit mithin ist er gegebenenfalls gegen die Klage des Prätendenten passiv legitimirt. Im übrigen hat die Hinterlegungsstelle die Berechtigung des angeblichen Gläubigers zu prüfen. Findet sie die Zahlung an denselben bedenklich, so hat sie ihn auf den Rechtsweg zu verweisen. Zu dem Ende muß der Masse resp. den unbekannten Betheiligten ein Kurator bestellt und gegen diesen die Klage auf Bewilligung der Auszahlung gerichtet werden.

§. 110.

1. Verlorene Hypothekenurkunden konnten zum Zwecke der Löschung bereits nach der Hyp.O. von 1783 Tit. 2 §§. 273 u. 277 ff. öffentlich aufgeboten werden. Für das Verfahren waren die Bestimmungen der Allg. Gerichts-O. I. 51 §§. 115 ff. maßgebend. Die Gr.B.O. hat dasselbe beibehalten, jedoch nur die Voraussetzungen des Aufgebots und die Eidesleistung geordnet, im übrigen aber auf das in den verschiedenen Landestheilen geltende Prozeßrecht verwiesen. Ergänzende Vorschriften brachten die Einf.Gesetze für Neuvorpommern und Rügen §. 39, Hannover §. 3 und Ehrenbreitstein §. 12.

2. Gegenwärtig bestimmt sich das Verfahren lediglich nach der C.P.O. §§. 823 ff. und dem Ausführungsgesetze. Vgl. die Anm. vor §. 103 und zu §§. 103—105; **Neumann**, Aufgebot S. 30 ff., und **Daube** a. a. O. S. 130 ff.

3. Das Aufgebot ist von dem Eigenthümer des Grundstückes in Antrag zu bringen. Der Gläubiger ist dazu nach dem §. 384 des Anhangs zur A.G.O. nur dann legitimirt, wenn er mit dem Eigenthümer darin einig ist, daß die Post noch nicht getilgt ist. Diese Bestimmung gilt, weil sie die Voraussetzung des Aufgebots betrifft, noch neben der C.P.O. (**Basch**, Gerichts-O. S. 97). Vgl. ferner die Einf.Ges. für Neuvorp. §. 39 Ziff. 1, Rheinl. §. 34 Abs. 1

§. 112.

Die neue Urkunde wird aus einer beglaubigten Abschrift der verloren gegangenen und der mit der Bescheinigung der Rechtskraft versehenen Urtheilsformel des Erkenntnisses gebildet.

Die Ausstellung der neuen Urkunde wird in der zweiten Hauptspalte „Veränderungen" bei der Post vermerkt.

---

und Hann. §. 3 in Verbindung mit der Hann. bürgerl. Prozeß-O. vom 8. November 1850 §. 501 Nr. 5.

4. „Durch das Aufgebot der verlorenen Urkunde wird nur festgestellt, daß aus derselben keinem Dritten außer dem bekannten und legitimirten letzten Inhaber Rechte zustehen. Das Aufgebot dient also zur Legitimation des letzten bekannten Gläubigers. Die Löschung erfordert deshalb außer der Erlöschungserklärung der Urkunde noch die Quittung (Löschungsbewilligung) des Gläubigers." (Mot., bei Werner 2 S. 158.) Vgl. die Anm. 1 e und f zu §. 94.

§. 111.

Nach dem §. 384 des Anh. zur A.G.O. kann „die Aufbietung eines verloren gegangenen Instruments, Behufs der Amortisation, auch auf Instanz des Gläubigers veranlaßt werden, wenn derselbe mit dem Schuldner darüber einig ist, daß die Schuld noch vorhanden sei". Der Gläubiger muß demnach zum Nachweise seiner Berechtigung zu dem Aufgebotsantrage in Gemäßheit der C.P.O. §. 840 ein Anerkenntniß des Eigenthümers über die Fortexistenz der Hypothek oder der Grundschuld beibringen. (Vgl. Anm. 3 zu §. 110 und Rhein. Einf.Ges. §. 34 Abs. 2.) Zur Ausstellung dieses Anerkenntnisses kann der Eigenthümer nach der C.P.O. §. 231 verurtheilt werden. Das rechtskräftige Urtheil ersetzt dann nach näherer Bestimmung des §. 779 a. a. O. das Anerkenntniß. Im übrigen siehe die Anm. 1 u. 4 zu §. 110 und Daube S. 135 ff.

§. 112.

1. Die beglaubigte Abschrift, aus welcher die neue Urkunde hergestellt wird, muß ein vollständiges Bild der für kraftlos erklärten Urkunde geben. (Vgl. §. 130.) Das Original, von dem sie zu nehmen ist, bietet sich in den bei den Grundakten befindlichen Konzepten zu dem ursprünglichen Hypothekendokument, oder dem Grundschuldbrief, und den später darauf gesetzten Vermerken, von denen jedoch in entsprechender Anwendung des 2. Satzes des §. 130 die jetzt unerheblichen und gelöschten weggelassen werden können (Dernburg, Hyp.R. S. 144. A. M. Turnau 1 S. 560). Es versteht sich, daß bei der Erneuerung einer Hypothekenurkunde auch die Schuldurkunde mitabzuschreiben ist. Nach den Reskripten v. 14. Dez. 1822, von Kamptz Jahrb. 20 S. 293, und v. 9. April 1823, ebd. 21 S. 295, mußte der Abschrift ein Anerkenntniß des Eigenthümers, daß die Forderung noch fortbestehe, angeheftet werden. Dies findet jetzt nicht mehr statt.

2. Der Vermerk im Grundbuche kann so gefaßt werden: „Zu Nr. 4. An Stelle des über diese Post gebildeten und für kraftlos erklärten Grundschuldbriefes ist ein neuer Grundschuldbrief gefertigt worden. Eingetragen am 15. April 1881." Nach den Worten des §. 112 genügt übrigens der kurze Vermerk: „Ueber diese Post ist ein neuer Grundschuldbrief ausgestellt" ꝛc.

3. Neubauer, Kontroversen S. 45 Nr. 6, hält es für zulässig, an Stelle einer für kraftlos erklärten Hypothekenurkunde des alten Rechtes einen Hypothekenbrief zu bilden. Wenn es geschieht, schadet es freilich nichts. Aber die Ansicht Neubauers ist bedenklich in ihrer Konsequenz, weil sie dahin führt, überhaupt Hypothekenbriefe an Stelle alter Urkunden zu fertigen, und hierzu bietet die Gr.B.O. keine Handhabe. Vgl. unten Anm. 3 zu §. 130.

§. 113.

Wenn über Domainengefälle oder Inventarienkapitalien ausgefertigte und verloren gegangene Urkunden außer Kraft erklärt werden sollen, bedarf es nur des in der Kabinetsorder vom 3. Juli 1843. vorgeschriebenen Verfahrens.

§. 114.

Die Löschung einer Post wird von dem Grundbuchamt auf der Urkunde vermerkt und der Eintragungsvermerk auf derselben durchstrichen.

§. 115.

Bei Löschung der ganzen Post werden die Urkunde und die zurückgereichten Zinsquittungsscheine durch Zerschneiden vernichtet und auf der angefügten Ur-

---

§. 113.

a. Die Kab.O. vom 3. Juli 1843, betreffend das öffentliche Aufgebot verloren gegangener Hypothekendokumente über Domainenabgaben und Inventariengelder zum Zwecke der Amortisation (G.S. S. 292), bestimmt Folgendes:

1) Sind Hypothekendokumente über Domainenabgaben und Inventarien-Kapitalien bei den Behörden verloren gegangen, so soll es zur Amortisation derselben des erwähnten Aufgebotsverfahrens nicht weiter bedürfen, zu diesem Zwecke vielmehr genügen, wenn von der betreffenden Regierung der im A.L.R. Th. I, Tit. 16, §§. 126 ff. vorgeschriebene Mortifikationsschein und zugleich ein Attest darüber ausgestellt wird, daß über die Forderung, welche Gegenstand des Dokuments ist, zu Gunsten eines Dritten nicht verfügt worden sei.

2) Auf Grund dieses Mortifikationsscheins und Attestes können in Stelle der verlornen Dokumente mit Einwilligung des Schuldners neue ausgefertigt, imgleichen die bereits abgelösten Domainenabgaben und bezahlten Inventarien-Kapitalien, wenn zugleich die Ablösungs-Urkunde oder Quittung in vorschriftsmäßiger Form beigebracht wird, im Hypothekenbuche gelöscht werden.

b. Es versteht sich, daß diese Bestimmungen eine analoge Anwendung auf andere Forderungen des Fiskus nicht gestatten. Vgl. Reskr. v. 22. Dez. 1823, Jahrb. 22 S. 210.

§. 114.

1. Die Löschung soll die Folgen der Eintragung beseitigen; sie muß daher auf der Urkunde, welche über die Eintragung gebildet ist, erkennbar gemacht werden. Dies geschieht in Gemäßheit des §. 114 dadurch, daß der Vermerk über die Einschreibung der Post auf den Urkunden, gleichviel ob dies Hypotheken-Instrumente des alten Rechts oder Grundschuld- oder Hypothekenbriefe der Gr.B.O. sind, durchstrichen und statt dessen die Löschung auf den Dokumenten vermerkt wird. Auf die Urkunde über die *persönliche Verpflichtung*, welche mit dem Hypothekenbrief nach Vorschrift des §. 122 zu verbinden ist, werden Vermerke, die das dingliche Recht betreffen, nicht gesetzt. (Ber. der K. des A.H., bei *Werner* S. 190.)

2. Wie die Löschung im *Grundbuche* ersichtlich zu machen ist, erhellt aus den der Gr.B.O. beigefügten Formularen. Die Eintragungsvermerke werden nach der Instruktion vom 3. August 1853 Art. 18 Nr. 5 roth unterstrichen. Die Löschung selbst wird unter Bezeichnung des Betrages durch den kurzen Vermerk „*Gelöscht am ....*" vollzogen, und zwar ohne Bezugnahme der Urkunde, auf Grund deren sie vorgenommen ist. (Kab.O. vom 9. Mai 1839 Nr. III, G.S. S. 163, und Motive, bei *Werner* S. 158.)

3. Vgl. auch Zwangsvollstr.Ges. §§. 122, 124 (Anm. II 5 zu §. 42 des Gesetzes, oben S. 231).

kunde über die persönliche Verpflichtung der vorhandene Eintragungsvermerk durchstrichen. Die Urkunde über die Löschungsbewilligung wird bei dem Grundbuchamt zurückbehalten.

---

§. 115.

1. Im Anschluß an die Bestimmungen der Hyp.O. 2 §§. 256 u. 257 hatte die Regierungsvorlage unter §§. 115 u. 116 folgende Sätze vorgeschlagen:

„Bei der Löschung der ganzen Post wird die Hypothekenurkunde durch Zerschneiden vernichtet und nebst der Quittung oder Löschungsbewilligung bei dem Grundbuchamte zurückbehalten."

„Ist der Hypothekenurkunde die Urkunde über die persönliche Verpflichtung angefügt, so wird dieselbe, wenn die Löschungsbewilligung nicht auch zugleich eine Quittung über den persönlichen Anspruch enthält, abgelöst und dem Gläubiger zurückgegeben, nachdem der Eintragungsvermerk auf derselben durchstrichen worden."

Hiergegen wurde in der Kommission des H.H. geltend gemacht, „daß die Aufbewahrung der Quittungen und kassirten Hypothekenurkunden bei dem Grundbuchamte nicht schlechthin nöthig sei, sondern nur die Urkunde über die Löschungsbewilligung zur Deckung der Grundbuchbeamten zu den Grundakten kommen müsse. Im übrigen müsse den Anträgen der Interessenten vorbehalten bleiben, ob sie unter Zurückbehaltung von beglaubigten Abschriften die Quittungen und kassirten Urkunden zurückzuerhalten wünschten. Insbesondere aber sei kein Grund vorhanden, dem Grundbuchamte die Mühe aufzulegen, die Hypothekenurkunde von der Urkunde über die persönliche Verpflichtung abzutrennen und letztere abgelöst dem Gläubiger zurückzugeben." Die Kommission substituirte deshalb den beiden Paragraphen des Entwurfs den §.115 in folgender Fassung: „Bei Löschung der ganzen Post wird die Urkunde durch Zerschneiden vernichtet und auf der angefügten Urkunde über die persönliche Verpflichtung der Eintragungsvermerk durchstrichen. Die Urkunde über die Löschungsbewilligung wird bei dem Grundbuchamt zurückbehalten." (Werner 2 S. 175.) Die Durchstreichung des Eintragungsvermerkes kann sich indessen nur auf die alten Hypothekeninstrumente beziehen, da nach der Gr.B.O. auch bei Hypotheken auf die Schuldurkunde keine Vermerke gesetzt werden. „Um dies anzudeuten", wurde in der Kommission des Abg.H. beschlossen, vor dem Worte „Eintragungsvermerk" das Wort „vorhanden" einzuschalten. (S. 140 das.) Die Worte „und die zurückgereichten Zinsquittungsscheine" rühren aus dem Plenum desselben Hauses her. (S. 195 ebd.) So ist der §. 115 entstanden.

2. Unter der Urkunde, welche zerschnitten werden soll, sind sowohl die Hypotheken- und Grundschuldbriefe als auch die nach dem bisherigen Recht ausgefertigten Hypotheken-Instrumente zu verstehen. Da nun bei den letzteren die Schuldurkunde der wesentliche Bestandtheil ist, so wurde in der zweiten Ausgabe angenommen, daß auch die Schuldurkunde nach §. 115 durch Zerschneiden zu vernichten sei, wenn über die Post vollständig quittirt worden. Es versteht sich jedoch, daß von einem Zerschneiden keine Rede sein darf, wenn nur eine Löschungsbewilligung weil dann der Richter nicht in der Lage ist, das Erlöschen der persönlichen Verpflichtung ertheilt ist, festzustellen. Man kann aber auch zugeben, daß der §. 115, indem er eine solche Unterscheidung nicht enthält, die Vernichtung der Schuldurkunde überhaupt nicht hat vorschreiben wollen. (Turnau 1 S. 563.) Dann hat die Bestimmung den Sinn, daß nur die Hypotheken- und Grundschuldbriefe sowie die alten Instrumente, mit Ausschluß der Urkunde über die persönliche Verpflichtung, zu zerschneiden sind.

3. Die Vorschrift, daß die Urkunde über die Löschungsbewilligung bei dem Grundbuchamt (jetzt Amtsgericht) zurückbehalten wird, ordnet das Verfahren; sie instruirt nicht blos den Richter, sondern bindet zugleich die Betheiligten. Hieraus folgt, daß derjenige, welcher die Urkunde eingereicht hat, nicht berechtigt ist, auf deren Rückgabe zu bestehen und das Gericht auf die Anfertigung einer beglaubigten Abschrift zu verweisen. Es folgt ferner, daß die Löschungsbewilligung nicht auf ein Dokument gesetzt werden darf, welches nicht bei den Grundakten resp. bei dem Gericht verbleibt. Wenn also nur die Löschung eines Theiles der Post

§. 116.

Bei der Löschung eines Theils der Post wird der zu löschende Theil von dem ausgeworfenen Geldbetrag abgeschrieben, und diese Theillöschung auf der Urkunde vermerkt.

§. 117.

Die Löschung einer Veränderung erfolgt in der Nebenspalte der zweiten Hauptspalte auf Antrag oder mit Einwilligung desjenigen, für welchen die Einschreibung geschehen ist, oder auf Ersuchen derjenigen Behörde, welche die Einschreibung beantragt hat.

---

bewilligt wird, so muß die Bewilligung auf ein besonderes Blatt geschrieben werden, weil der Hypotheken- oder der Grundschuldbrief, auf den sie gesetzt werden könnte, zurückgegeben wird. Ein innerer Grund für das Recht des Gerichtes auf Zurückhaltung der Urkunde über die Löschungsbewilligung kann übrigens darin gefunden werden, daß die Löschung, gleichwie die Eintragung, dem Gericht zu bewilligen ist. Nach Turnau 1 S. 564 soll der letzte Satz des §. 115 nur eine Regel geben, von welcher der Richter je nach den Umständen abweichen, d. h. auf Antrag die Urkunde unter Zurückbehaltung einer beglaubigten Abschrift zurückgeben kann.

Ueber das Schicksal der Hypothenurkunde und des Grundschuldbriefes im Fall der Löschung schweigt das Gesetz. Es empfiehlt sich, nach den Anträgen der Betheiligten zu verfahren, und solange solche nicht gestellt sind, die Dokumente in der Registratur unter analoger Anwendung des §. 7 der allgem. Verf. vom 14. Nov. 1872 aufzubewahren. A. M. Turnau 1 S. 565, welcher beim Mangel eines Antrages sich für die Rückgabe an den Eigenthümer ausspricht. Im Fall der Theillöschung sind die Urkunden, nachdem dieselbe darauf vermerkt worden, stets zurückzugeben.

4. Vgl. noch Zwangsvollstr.Ges. §. 122 (Anm. II 5 zu §. 40 des Gesetzes, oben S. 231).

§. 116.

1. Die Behandlung der Theillöschung im Grundbuche ergiebt sich aus dem Formular I Abth. III Nr. 2, 8, 9. Zunächst wird dieselbe in der Hauptspalte „Löschungen" vermerkt; sodann wird der gelöschte Betrag von der eingetragenen Summe abgezogen und der verbleibende Rest darunter gesetzt.

Ist eine Post auf mehrere Grundbuchblätter eingetragen, so wird die nur auf einem oder einigen vollzogene Löschung auf die übrigen in der Hauptspalte „Veränderungen" nachrichtlich eingetragen. (Bahlmann 3. Aufl. S. 434.)

2. Die Theillöschung wird auf dem Hypotheken- oder dem Grundschuldbrief zweimal ersichtlich gemacht, einmal in der Reihenfolge der Vermerke (§. 114), sodann neben dem Eintragungsvermerk unter analoger Anwendung der Schlußvorschrift des §. 83, wie das Muster eines Grundschuldbriefes in der Anlage D (Vermerk v. 15. Sept. 1873) veranschaulicht.

Ist über die Hypothek ein Instrument unter der Herrschaft der Hyp.O. von 1783 oder des Gesetzes vom 24. Mai 1853 gebildet, so ist nur auf die Pfandurkunde, und zwar unter die vorhandenen Ingrossationsregistraturen, der in der Gr.B.O. §. 116 vorgeschriebene Vermerk zu setzen und im Hypothekenscheine oder vollständigen Hypothekenbuchauszuge bei der betreffenden Post zu vermerken, in welcher Höhe sie noch gültig ist. So das Kammerger., Johow 5 S. 169. Die beiläufige Bemerkung in diesem Bescheide, daß im Fall der Theillöschung der Gläubiger über die Resthypothek sich einen Hypothekenbrief ausfertigen lassen könne, entbehrt der Begründung, weil die Gr.B.O. nirgends zu erkennen giebt, daß den Instrumenten des alten Rechtes Hypothekenbriefe substituirt werden dürfen. Der angezogene §. 41 des Einf.Ges. für Hannover beweist gegen das Kammergericht, weil er überflüssig wäre, wenn schon die Gr.B.O. die Bildung des Hypothekenbriefes gestattete.

§. 118.

Eine aus Versehen des Grundbuchamts gelöschte oder bei Ab- und Umschreibungen nicht übertragene Post ist auf Verlangen des Gläubigers oder von Amtswegen mit ihrem früheren Vorrecht wieder einzutragen. Diese Wiedereintragung wirkt jedoch nicht zum Nachtheil Derjenigen, die nach der Löschung Rechte an dem Grundstück oder auf eine der gelöschten gleich- oder nachstehende Post in redlichem Glauben erworben haben.

---

§. 117.

1. Ueber die Tragweite des §. 117 ergeben die Materialien der Gr.B.O. nichts. Und doch kann dieselbe bei der allgemeinen Fassung in einzelnen Fällen zweifelhaft sein. Die in der zweiten Ausgabe im Anschluß an den Bericht der Kommission des Abg.H. v. 8. Januar 1870 S. 38 gemachte Bemerkung, daß der Antrag des Eigenthümers zur Löschung einer Veränderung nicht erforderlich sei, ist nur als Regel richtig. Die Umwandlung einer Hypothek in eine Grundschuld z. B., die sich als nichtig erwiesen hat, darf sicherlich nur mit Bewilligung des Eigenthümers gelöscht werden. Dasselbe gilt von der Herabsetzung des Zinsfußes, die überdies noch durch die Zustimmung nacheingetragener Gläubiger bedingt sein kann. Das Richtige ist, als denjenigen, „für welchen die Einschreibung geschehen ist", nicht blos den in dem Vermerk genannten Berechtigten anzusehen, sondern jeden, dessen aus dem Grundbuche hervorgehende Rechtslage durch die Veränderung verbessert worden ist.

2. Die erforderliche aber fehlende Bewilligung des Betheiligten kann nach der C.P.O. §. 779 durch dessen Verurtheilung zur Ertheilung der Bewilligung oder zur Stellung des Antrages ersetzt werden. War die Veränderung in Ausführung einer einstweiligen Verfügung eingetragen, so erfolgt ihre Löschung nach näherer Bestimmung des Ausführungsgesetzes zur C.P.O. v. 24. März 1879 §. 19 (oben S. 58). In anderen Fällen bedarf es des Ersuchens der zuständigen Behörde.

3. Wie die Löschung einer Veränderung im Grundbuche zu bewirken ist, ersieht man aus dem Formular II Abth. II Nr. 2 und Abth. III Nr. 1 u. 2. Daß sie auf der Urkunde über die Post vermerkt werden muß, ist in dem §. 129 besonders vorgeschrieben. Vgl. das Formular zu einem Hypothekenbrief in der Anlage H.

§. 118.

1. Der §. 118 behandelt die sogenannte Löschung „zur Ungebühr" im Sinne der Hyp.O. 2 §§. 284 ff. und des A.L.R. I. 20 §§. 526 ff. Der Wortlaut war nach der Regierungsvorlage dieser:

> „Die Wiedereintragung irrig gelöschter Posten kann der Grundbuchrichter von Amtswegen oder auf Antrag des Gläubigers bewirken, wenn nicht das Grundstück inzwischen auf einen neuen Sondernachfolger übergegangen, oder eine neue Post eingetragen, oder bei einer der gelöschten Post nachstehenden Hypothek in dem Grundbuch eine Abtretung oder Verpfändung eingetragen ist. Der Einwilligung der zur Zeit der irrigen Löschung schon eingetragenen Gläubiger bedarf es zu dieser Eintragung nicht." (Entwurf §. 119, bei Werner 1 S. 73.)

Außerdem hatte der Entwurf des Gesetzes über den Eigenthumserwerb unter §. 58 folgende Bestimmung:

> „Eine aus Versehen des Grundbuchamts gelöschte Hypothek ist auf Verlangen des Gläubigers oder von Amtswegen an derselben Stelle wieder einzutragen, jedoch nicht zum Nachtheil Derjenigen, die nach der Löschung Rechte auf das Grundstück erworben haben." (S. 29 ebd.)

Hierzu wurde in der Kommission des Herrenhauses bemerkt, „daß die Vorschrift des Entwurfs auf Eintragungen der 2. Abtheilung, welche aus Versehen gelöscht seien, ausgedehnt, sodann, daß nicht nur die Rechte Derer, welche Ansprüche auf das Grundstück selbst, sondern auch nur auf eine der gelöschten gleich- oder nachstehende Post erworben hätten, vorbehalten werden müßten, andererseits, daß in Konsequenz der früheren Beschlüsse und im Anschluß an den §. 28 des Gesetzes für Neuvorpommern nur Diejenigen, welche in redlichem Glauben nach der Löschung Rechte erwerben, einen Anspruch auf Berücksichtigung hätten. Der Paragraph wurde hiernach unter Zustimmung des Regierungskommissars in folgender amendirter Fassung:

> „Eine aus Versehen des Grundbuchamts gelöschte oder bei Ab- oder Umschreibungen nicht übertragene Post ist auf Verlangen des Gläubigers oder von Amtswegen mit ihrem früheren Vorrecht wieder einzutragen, jedoch wirkt das Vorrecht nicht zum Nachtheil Derjenigen, die nach der Löschung Rechte an dem Grundstück oder auf eine der gelöschten gleich- oder nachstehende Post in redlichem Glauben erworben haben,"

einstimmig angenommen.

Zugleich wurde beschlossen, „den Paragraphen, welcher bei der geschehenen Ausdehnung auf Eintragungen der zweiten Abtheilung nicht mehr in diesen Abschnitt passe, und weil derselbe nicht sowohl eine wesentliche materielle Vorschrift, welche sich nach allgemeinen Rechtsgrundsätzen von selbst verstehe, vielmehr eine Anweisung für den Grundbuchrichter, wie er in dergleichen, übrigens doch nur sehr seltenen Fällen zu verfahren habe, enthalte, nicht hier, sondern in die Grundbuchordnung, statt des dort formulirten §. 119, aufzunehmen." (Werner 2 S. 62.)

Die Kommission des Abgeordnetenhauses trat der Streichung des §. 119 und der Aufnahme der entsprechenden Bestimmung aus dem Entwurfe des Gesetzes über den Eigenthumserwerb in den Entwurf der Grundbuchordnung bei, änderte jedoch die dem Paragraphen Seitens des Herrenhauses gegebene Fassung, indem sie beschloß, statt der Worte „jedoch wirkt das Vorrecht" zu setzen „Diese Wiedereintragung wirkt jedoch". Das Motiv für die Aenderung entnahm man aus der Erwägung, „daß bei einem eingetretenen Eigenthumswechsel es sich in dem fraglichen Falle nicht um das Vorrecht der Post, sondern um die Geltendmachung der Forderung selbst handeln würde". (S. 129.)

2. Die Löschung „zur Ungebühr" begreift nur solche Fälle unter sich, in welchen eine Post „aus Versehen des Grundbuchamtes" gelöscht worden, nicht die Fälle, in welchen unter Beobachtung der gesetzlichen Vorschriften Seitens der Behörde die Löschung durch Irrthum oder Arglist einer Privatperson veranlaßt worden ist. (Turnau 1 S. 571 Anm. 4.) Doch steht es der Anwendung des §. 118 nicht entgegen, wenn mit dem Versehen des Grundbuchrichters ein Versehen des Berechtigten, welcher die Wiedereintragung verlangt, konkurrirt. (Königsberg, Johow 7 S. 287.) Vgl. Anm. 5 zu §. 73 und Anm. 1 d α zu §. 94 der Gr.B.O.

3. Der Löschung „zur Ungebühr" wird das Unterlassen der Uebertragung einzelner Posten im Falle der Abschreibung von einem Folium oder Artikel gleichgeachtet. (Ges. §. 33.) Es scheint auch nicht bedenklich, den §. 118 analog anzuwenden, wenn der Richter sich bei einer Eintragung versehen hat. (Turnau 1 S. 572 Anm. 8.) Doch hat das Kammergericht, welches sich am 13. Febr. 1882, Jahrb. 3 S. 146, dieser Ansicht angeschlossen hatte, dieselbe später (am 14. Mai 1888, ebd. 8 S. 121; vgl. auch den Beschl. v. 2. Jan. 1893, ebd. 12 S. 79) verworfen, weil der bestimmte Wortlaut des Gesetzes entgegenstehe und kein Bedürfniß zu der Ausdehnung anzuerkennen sei, indem zur Beseitigung der zu Unrecht erfolgten Eintragungen das allgemeine Beschwerderecht vollkommen ausreiche. Jedenfalls ist es nicht korrekt, wenn Dernburg, Preuß. Privatr. 1 §. 201 Note 6, schützende Einschreibungen, welche der Richter von Amtswegen vornimmt, als Vormerkungen bezeichnet.

4. Die Löschung „zur Ungebühr" ist nicht Formalakt. (Vgl. Anm. 4 zu §. 57 des Ges.) Sie hebt das Vorrecht nicht auf gegenüber denjenigen, die zur Zeit der Löschung bereits eingetragen waren. Die Wiedereintragung der gelöschten Post geschieht nur unbeschadet der Rechte derjenigen, welche nach der Löschung ohne Kenntniß der Unrechtmäßigkeit derselben das Grundstück oder dingliche Rechte an demselben (R.G. V, Entsch. 19 S. 299) oder an einer der gelöschten nicht vorgehenden Post auf Grund eines Singulartitels erworben haben. Durch die Beschlag-

Vierter Abschnitt.

Von der Bildung der Urkunden über Eintragungen im Grundbuch.

§. 119.

Ueber die Eintragungen in der ersten und zweiten Abtheilung, über Veränderungen in der zweiten und dritten Abtheilung und über die Eintragungen

---

nahme im Zwangsversteigerungsverfahren erwirbt der betreibende Gläubiger nach der Ansicht des Reichsgerichts (a. a. O.) kein dingliches Recht und muß daher die irrthümlich gelöschte Post gegen sich gelten lassen.

Einer Einwilligung der gutgläubigen Erwerber bedarf es jedoch zu der Wiedereintragung nicht, wie aus der von dem §. 119 des Entwurfs abweichenden Fassung des 2. Satzes des §. 118 erhellt (Anm. 1); vielmehr bleibt ihnen die Anfechtung der Wiedereintragung überlassen. (Kammerger., Jahrb. 2 S. 163.) Es ist daher nicht zu billigen, wenn das Kammerger. (ebd. 5 S. 189, 192) die Wiedereintragung nur mit Einwilligung des neuen Eigenthümers, welcher nach der Löschung das Grundstück als Sondernachfolger des früheren Eigenthümers erworben hat, zuläßt, weil das ältere Recht durch §. 118 nicht abgeändert werden sollte. (Vgl. dagegen und gegen Dernburg, Hyp.R. S. 320: Turnau 1 S. 574 und Brandt im Jahrb. 11 S. 443.)

5. Die Wiedereintragung erfolgt nach §. 118 von Amtswegen. Das „Verlangen" des Gläubigers hat nur die Bedeutung einer Anregung zu dem Vorgehen von Amtswegen, nicht die eines Antrags im Sinne der §§. 30 ff. der Gr.B.O.; dasselbe bedarf daher keiner Beglaubigung (Kammerger., Jahrb. 8 S. 121).

6. Darüber, wo und wie die Wiedereintragung zu erfolgen hat, schweigt das Gesetz. Die Sache ist einfach, wenn die gelöschte Post die letzte in der Reihenfolge der Eintragungen war. (Koch, Hyp.O. Note 355 S. 184.) Wenn dagegen z. B. tausend Mark unter Nr. 4 irrthümlich gelöscht wurden, während Nr. 5 und 6 bereits eingetragen waren, so fehlt der Platz für die Wiedereintragung. Man wird dieselbe daher unter Nr. 7 eintragen müssen, und zwar so:

„Die 1000 Mark rc. unter Nr. 4 sind irrthümlich gelöscht und deshalb hier mit dem früheren Vorrecht wieder eingetragen."

Auf diesen Vermerk ist dann in der Spalte Veränderungen bei Nr. 4 zu verweisen. (Turnau 1 S. 575.)

7. Der §. 118 findet auf Posten der 2. und 3. Abtheilung gleichmäßig Anwendung.

Vierter Abschnitt.

1. „Einer der wichtigsten Punkte bei der Reform des Hypothekenrechts nach seiner formellen Seite ist die Feststellung des Systems, nach welchem die Hypothekenurkunden zu bilden sind; denn von dieser Bildung hängt wesentlich die Verkehrsfähigkeit der Hypotheken ab. Unbestreitbar wird dieselbe erleichtert, wenn die Urkunde möglichst einfach, kurz, schnell übersichtlich ist, zugleich aber auch mit Sicherheit alle Daten an die Hand giebt, deren Kenntniß wichtig ist, um die Güte und den Werth der Hypothek zu bestimmen.

Die überaus schwerfällige Bildung der Hypothekenurkunden, wie sie nach dem System der Hypothekenordnung von 1783 stattfand, ist schon durch die Novelle vom 24. Mai 1853 sehr erheblich vereinfacht worden." (Motive, bei Werner 2 S. 159.) Der Hypothekenbuchsauszug, welcher dadurch eingeführt wurde, erschien bei der vorgeschriebenen Verbindung der Schuldurkunde mit den Nachrichten aus dem Hypothekenbuche äußerst zweckmäßig. Der Entwurf der Grundbuchordnung konnte und mußte indessen in der Vereinfachung der Dokumente noch weiter gehen, weil in dem Gesetze über den Eigenthumserwerb rc. die Loslösung der Hypothek von

von Vormerkungen in der ersten Hauptspalte der dritten Abtheilung werden besondere Urkunden nicht angefertigt.

---

dem ihr zu Grunde liegenden obligatorischen Rechtsverhältnisse in Aussicht genommen und damit eine Trennung der Schuldurkunde von dem Hypothekeninstrument ermöglicht war.

„Der Entwurf von 1864 §§. 130 bis 150 hat die Ertheilung von Hypothekenscheinen, von Auszügen und von Benachrichtigungen vorgeschlagen. Die Auszüge können auch als fortgesetzte Auszüge ertheilt werden. Neu eingeführt ist der sogenannte Hypothekenbrief, welcher sich jedoch äußerlich nur durch eine andere Schlußformel von dem Auszug unterscheidet, in seiner rechtlichen Bedeutung dagegen wesentlich von den Scheinen, Auszügen oder Benachrichtigungen abweicht. Denn die drei letzten Arten dienen nur zur Auskunft, sie begründen keine Rechte und sind nicht übertragbar; der Hypothekenbrief dagegen bildet die alleinige Urkunde über die Kapitalspost mit allen rechtlichen Wirkungen eines ausgefertigten Hypothekeninstrumentes; aus ihm findet der Mandatsprozeß statt.

Es ist gegen diese Vorschläge nicht mit Unrecht eingewendet worden, daß sie ein für den Verkehr viel zu komplizirtes und schwer verständliches System sind. Bloße Auskunftsurkunden zu ertheilen, ist kein Bedürfniß vorhanden; der Verkehr mit Hypotheken verlangt nur eine Urkunde, welche das Recht selbst ausdrückt, deren Weiterbegebung das Recht selbst überträgt, und aus welcher mit Sicherheit geklagt werden kann.

Das Gesetz für Neuvorpommern hat aus der Novelle von 1853 den Hypothekenauszug angenommen, jedoch mit der wesentlichen Abweichung, daß demselben die Schuldurkunde über das Rechtsgeschäft nicht angeheftet wird, wenn nicht besonders darauf angetragen worden ist. Der Auszug bildet die Schuld- und Beweisurkunde über die eingetragene Post, und dies soll in der Ausfertigung bemerkt werden." (Motive.)

Diesem Systeme folgte im Wesentlichen der Entwurf der Grundbuchordnung. Man konstruirte einen Hypothekenbrief, der mit der Schuldurkunde nicht verbunden werden, vielmehr selbständig der Träger des Realrechts sein und einem Verzicht nicht unterliegen sollte, und nahm die Bildung von Urkunden über andere Eintragungen als die einer Hypothek nicht in Aussicht.

2. Die Vorschläge der Staatsregierung fanden im Allgemeinen den Beifall des Landtags. Die Kommission des Herrenhauses mußte indessen in Konsequenz der Beibehaltung der landrechtlichen Hypothek neben der von ihr als Grundschuld bezeichneten Hypothek des Entwurfes die Einheit der Urkunden aufgeben. Sie schied demgemäß den Grundschuldbrief von dem Hypothekenbrief und gestattete im Fall der Hypothek den Verzicht auf die Bildung des Briefes. Das unterscheidende Merkmal des letzteren ist der Nachweis des Schuldgrundes und die Verbindung mit der Urkunde über das durch die Hypothek gesicherte Recht.

Die Aenderungen, welche die Kommission an den Bestimmungen des Entwurfes vornahm, sind von den Häusern des Landtags gebilligt und von der Regierung genehmigt worden. (Werner 2 S. 175 u. 190.)

§. 119.

Nach den Mot. (a. a. O. S. 159) „liegt ein praktisches Bedürfniß nicht dafür vor, über die Eintragung des Eigenthums besondere Grundbriefe oder über die Eintragungen in der zweiten Rubrik, welche für den Verkehr ohne Erheblichkeit sind, oder über Vormerkungen, die nur eine vorübergehende Bedeutung haben, endlich über Untereinschreibungen bei in der zweiten Rubrik eingetragenen Posten die Ausfertigung besonderer Urkunden zuzulassen". Der dieser Erwägung entsprechende §. 119 enthält nicht unwesentliche Aenderungen des bisherigen Rechts, auf die zum Verständniß der noch vorkommenden alten Dokumente hier in Kürze eingegangen werden muß.

Die Urkunden, welche das Gericht aus dem öffentlichen Buche ertheilt, können einen dreifachen Zweck haben; sie können dienen: 1. zur Information, indem sie den Inhalt des Foliums wiedergeben; 2. zur Rekognition, indem sie eine bestimmte Einschreibung bezeugen; 3. zur Ver-

§. 120.

Der Eigenthümer kann jederzeit eine beglaubigte Abschrift des vollständigen Grundbuchblatts oder Artikels seines Grundstücks oder des Titels und der ersten Abtheilung verlangen.

---

mittelung des Verkehrs mit dem eingetragenen Recht. Diesen Zwecken entsprachen mehr oder weniger die Urkunden der Hypotheken-Ordnung von 1783, nämlich:

1. der Hypothekenschein pro informatione, welcher eine vollständige Abschrift des Foliums enthielt und demjenigen auf Antrag ertheilt wurde, der zur Kenntnißnahme von den Rechtsverhältnissen des Grundstücks befugt war (Hyp.O. 2 §§. 301 ff.);

2. der Hypothekenschein in vim recognitionis, aus dessen Verbindung mit der Urkunde über die Erwerbung des Eigenthums oder der Post das förmliche Instrument gebildet wurde (§§. 33 ff. u. 302 ff.).

Das Gesetz vom 24. Mai 1853 beseitigte die Hypothekenscheine in vim recognitionis und ersetzte dieselben durch Auszüge aus dem Buche. (§§. 19 ff.) Der Informationsschein wurde beibehalten und, wenn über die Berichtigung des Besitztitels die Bildung eines Instrumentes beantragt war, der Erwerbungsurkunde angeheftet (§§. 21 u. 53);

3. das Hypotheken-Instrument. Nach der Hyp.O. war die Bildung eines förmlichen Instrumentes über die Eintragung die Regel. Alle Legitimations- und sonstigen das Recht betreffenden Urkunden wurden demselben angehängt. Das Gesetz vom 24. Mai 1853 griff hier wesentlich reformirend ein. Es gestattete die Bildung eines Instrumentes über die Berichtigung des Besitztitels und die Eintragung von Dispositionsbeschränkungen des Besitzers und von Arresten nur auf Antrag. (§. 17.) Bei neuen Eintragungen in der zweiten und dritten Rubrik wurde allerdings ein Instrument gefertigt, wenn nicht darauf verzichtet war. (§. 22.) Aber das Instrument bestand nur aus der Schuldurkunde, auf welcher die Eintragung bescheinigt wurde, und einem mit demselben verbundenen Auszuge aus dem Hypothekenbuche. Zessionen, Verpfändungen, Vollmachten, Testamente, Legitimationsatteste und Erbrezesse wurden dem Instrument nicht angeheftet. (§. 14.) Ueber die Eintragung einer Veränderung oder die theilweise Löschung einer Post wurde nur zur Ergänzung des Hypothekenbuchsauszuges ein abgekürzter Auszug ausgefertigt. (§. 23.)

Bei aller Anerkennung der Vorzüge, welche das Urkundensystem des Gesetzes vom 24. Mai 1853 vor dem System der Hyp.O. hatte, darf man sich doch nicht verhehlen, daß der richtige Gedanke in ihm noch nicht zum Ausdruck gelangt war. Zur Erreichung der Zwecke, welchen die Hypothekenscheine dienten, bedarf es des Apparates eines förmlichen Instrumentes überhaupt nicht. Abschriften, Auszüge und Benachrichtigungen leisten die nämlichen Dienste. Eine Hypothekenurkunde ist nur insoweit erforderlich, als an ihren Besitz der Verkehr mit dem Recht, über welches sie lautet, geknüpft wird. Für den Verkehr sind aber nur die Posten der dritten Rubrik bestimmt. Das Eigenthum ist zwar ebenfalls ein Gegenstand desselben. Aber sein Uebergang lehnt sich nicht an eine Urkunde an. Die Gr.B.O. nimmt daher unbestreitbar den sachgemäßen Standpunkt ein, wenn sie die Bildung von Urkunden nur über die Eintragung von Hypotheken und Grundschulden zuläßt.

§. 120.

1. Die beglaubigte Abschrift des Grundbuchblattes, welche dem Eigenthümer auf dessen Verlangen ertheilt werden muß, vertritt die Stelle des früheren Hypothekenscheines pro informatione. Sie muß daher den Inhalt des Blattes vollständig wiedergeben. Namentlich dürfen die Namensunterschriften des Grundbuchrichters und des Buchführers unter den einzelnen Vermerken nicht fehlen. (§§. 19, 44.) Der §. 124 steht nicht entgegen, weil der Hypotheken- und der Grundschuldbrief, in welchen der Eintragungsvermerk über die Post ohne die Unterschriften kommt, ganz anderen Zwecken dient, als die Abschrift des Foliums. Das wesentliche Interesse, welches der Eigenthümer an der Abschrift hat, besteht vielleicht gerade

§. 121.

Ueber die Eintragung einer Vormerkung über Eintragungen in der zweiten, Veränderungen und Löschungen in der zweiten und dritten Abtheilung erhalten die Betheiligten und die Behörde, welche die Eintragung nachgesucht hat, von dem Grundbuchamt eine Benachrichtigung, welche die Eintragungsformel wörtlich enthält. Zu den Betheiligten gehört immer der eingetragene Eigenthümer.

---

darin, daß er die Namen des Richters und des Buchführers erfährt. Dagegen können offenbar bedeutungslos gewordene Vermerke, die auch in die alten Informationsscheine nicht aufgenommen wurden, wie z. B. die Eintragung älterer Eigenthümer und gelöschter Posten, wenn nicht der Eigenthümer auch hiervon Abschrift fordert, fortgelassen werden. (§. 127.)

2. Es fragt sich, ob der Eigenthümer verlangen kann, daß ihm eine Abschrift der zweiten oder der dritten Abtheilung, mit Ausschluß des sonstigen Inhalts des Artikels oder Grundbuchblattes, ertheilt werde. In der Praxis ist dies von mehreren Grundbuchrichtern verneint worden, weil der Tarif keine Position habe, nach welcher die Kosten für eine solche Abschrift liquidirt werden könnten. Der Grund dürfte jedoch nicht zutreffend sein, da nichts hindert, die Tarifposition des §. 6 Nr. 3 analog anzuwenden oder, falls man dies mit dem Kammerger. (Jahrb. 6 S. 155) nicht zulassen will, dem Eigenthümer nur die Kopialien in Rechnung zu stellen. Das Recht, die Abschrift einer einzelnen Abtheilung zu fordern, ist in dem Recht auf Ertheilung einer Abschrift des ganzen Blattes oder Artikels enthalten (Kammerger. a. a. O.).

Nach der Kab.O. v. 10. Mai 1829, G.S. S. 49, kann „nach dem Verlangen der Interessenten unter den ihnen früher ertheilten Hypothekenscheinen attestirt werden, daß seit der Ausfertigung derselben keine neue Forderung eingetragen worden;" diese Atteste vertraten die Stelle der Hypothekenscheine. Das Gesetz v. 24. Mai 1853 §. 23 behielt diese Vorschrift unter Ausdehnung auf die Hypothekenbuchsauszüge bei. (Instr. v. 3. August 1853 Art. 14 Nr. 2 c.) Es steht nichts entgegen, auch jetzt noch solche Atteste zu ertheilen. (Dernburg u. Hinrichs 1 S. 299 Anm. 20; Turnau 1 S. 580; Bahlmann 3. Aufl. S. 442; Kammmerger., Jahrb. 11 S. 168.)

3. Die Beglaubigung der Abschrift erfolgt durch den Grundbuchrichter und den Buchführer als den beiden Beamten des früheren Grundbuchamtes, deren Sache die Ertheilung der Abschrift war (Bahlmann a. a. O.; Kammerger., Jahrb. 2 S. 65, und — insbesondere für Hannover — ebd. 5 S. 90). Der Eigenthümer kann indessen auf die Beglaubigung verzichten und sich mit einer einfachen Abschrift begnügen. (Hamm, Johow 6 S. 96; Turnau 1 S. 579.) Anderer Meinung der Justiz-Min. in einer Verf. v. 3. Juli 1873, Turnau a. a. O., und das vormalige App.Ger. Posen, Johow 3 S. 180. Das Kammerger., Jahrb. 2 S. 66, hat sich dagegen für die Zulässigkeit der Ertheilung von einfachen Abschriften ausgesprochen, jedoch mit dem Hinzufügen, daß es keine Gesetzesverletzung sei, wenn ein dahin zielender Antrag wegen Mangels eines entsprechenden rechtlichen Interesses, oder weil es nach Lage der Geschäfte unthunlich sei, abgelehnt werde.

4. Dem Subhastationsrichter wird in den Fällen des Zwangsvollstr.Ges. §§. 19, 149 eine beglaubigte Abschrift des Grundbuchblattes ertheilt. Auch andere Behörden können in Fällen, in welchen ihnen die Einsicht des Grundbuches nicht versagt werden dürfte, beglaubigte oder einfache Abschriften verlangen. (§. 19.) Dagegen haben Privatpersonen, außer dem Eigenthümer, diese Befugniß nicht. (Vgl. Anm. 3 u. 5 zu §. 19, oben S. 319.)

§. 121.

1. Zu den Betheiligten, welche von einer Einschreibung benachrichtigt werden müssen, gehören immer:

§. 122.

Ueber die Eintragungen der Hypotheken werden Hypothekenbriefe, über die Eintragungen der Grundschulden Grundschuldbriefe ausgefertigt und dem Eigenthümer des Grundstücks oder der Behörde, welche die Eintragung nachgesucht hat, eingehändigt. Im letzteren Fall erhält der Eigenthümer eine Benachrichtigung. Mit dem Hypothekenbrief wird die Schuldurkunde durch Schnur und Siegel verbunden. Ein Verzicht auf die Ausfertigung des Hypothekenbriefs ist zulässig; auf die Ausfertigung des Grundschuldbriefs darf nicht verzichtet werden.

---

a. der passiv Betheiligte, d. h. derjenige, gegen dessen Recht die Eintragung oder die Löschung sich richtet, also z. B. im Falle der Eintragung einer Abtretung auch der bisherige Gläubiger;

b. der aktiv Betheiligte, d. h. derjenige, zu dessen Gunsten die Einschreibung vorgenommen ist.

Derjenige, welchem der Hypotheken- oder der Grundschuldbrief ausgehändigt wird, braucht von der auf demselben beurkundeten Einschreibung nicht besonders benachrichtigt zu werden;

c. der eingetragene Eigenthümer;

d. wenn die Einschreibung von einer Behörde nachgesucht ist, auch diese, selbst in dem Falle, daß ihr die Urkunde ausgehändigt wird.

2. Hinter „Vormerkung" in dem §. 121 gehört ein Komma. Die Bestimmung begann in dem Entwurf der Regierung: „Ueber die Eintragung einer Vormerkung in der ersten Hauptspalte der dritten Abtheilung, über Eintragungen rc." Die Kommission des Herrenhauses strich die Worte „in der ersten Hauptspalte der dritten Abtheilung", weil auch Vormerkungen in der zweiten Abtheilung zur Eintragung kämen, und setzte zwischen „Vormerkung" und „über" ein Komma, welches dann bei der Zusammenstellung der Beschlüsse in der Kommission des anderen Hauses weggelassen ist. (Drucks. des H.H. Nr. 45 S. 37, 51, des A.H. Nr. 238 S. 33.)

3. Vgl. Gr.B.O. §§. 57 und 123; Zwangsvollstr.Ges. §§. 9 (siehe oben S. 148 Anm. III 3 zum Zus. zu §. 19 des Gesetzes, auch über die allg. Verf. v. 2. Novbr. 1883), 124, 127 und 152; Enteignungsgesetz vom 11. Juni 1874 §. 24 a. E.

§. 122.

1. Bedeutung der Urkunde.
2. Der Hypothekenbrief, S. 448.
3. Verzicht auf den Hypothekenbrief.
4. Die Urkunde des alten Rechts.
5. Der Grundschuldbrief, S. 449.
6. Der Fall einer Mehrheit von Gläubigern.
7. Die Aushändigung der Urkunde.
8. Kosten der Benachrichtigung des Eigenthümers.

1. Das Recht der Hypothek und der Grundschuld wird durch Eintragung begründet und durch Löschung im Grundbuche aufgehoben. (Ges. §§. 18 u. 57.) Das Gebiet, auf welchem eine Urkunde über die Post von rechtlicher Bedeutung werden kann, ist somit das Gläubigerrecht. Die preußische Gesetzgebung hat aber das Recht des Hypotheken- und des Grundschuldgläubigers nicht mit der Tragweite an die Urkunde geknüpft, daß dasselbe mit dem Besitz der Urkunde stehen und fallen müßte. Vielmehr kann man im Geltungsgebiete der Gr.B.O. Hypotheken- oder Grundschuldgläubiger sein, ohne den Hypotheken- oder den Grundschuldbrief zu besitzen. Aber man kann ohne die Urkunde weder grundbuchmäßig über die Post verfügen noch den Eigenthümer des Grundstücks zur Zahlung zwingen. (Ges. §§. 20, 27, 37, 38, 49, 52 ff., 57; Gr.B.O. §§. 79, 82—84, 86, 87, 91, 94, 110—112, 115, 116, 129.) Das Dokument ist

daher allerdings, wie nach v. Meibom §. 19 S. 145 der mecklenburgische Hypothekenschein, ein Werthpapier, aber nicht in dem Sinne, daß der Besitz des Papieres den Besitzer zum Gläubiger machte, sondern in dem Sinne, daß ohne den Besitz der Urkunde das durch dieselbe verbriefte Recht in seinen wichtigsten Funktionen nicht ausgeübt werden kann; er ist seiner rechtlichen Bedeutung nach ein Legitimationspapier. Vgl. die Anm. IV. vor §. 18 und die Anm. zu §§. 20, 38, 49, 52, 54 des Gesetzes.

2. Der Hypothekenbrief entspricht inhaltlich dem Hypothekenbuchsauszuge des Gesetzes vom 24. Mai 1853. Sein Verhältniß zu der Schuldurkunde ist aber ein anderes. Während nämlich nach jenem Gesetze die Schuldurkunde mit der Ingrossationsnote den wesentlichen Bestandtheil des Hypothekeninstrumentes bildete, der Auszug dagegen blos zur Information des Gläubigers diente, ist der Hypothekenbrief die eigentliche Hypothekenurkunde, mit welcher die Schuldurkunde nur zur näheren Bestimmung des verbrieften Schuldgrundes verbunden wird. (Anm. 1e zu §. 94.) Wird der Schuldgrund später geändert oder erweitert, so muß, wenn daraufhin eine Einschreibung in das Grundbuch erfolgen soll, auch die Urkunde über die Aenderung oder die Erweiterung der Einschreibungsbewilligung beigefügt und, nach erfolgter Einschreibung, dem Hypothekenbriefe angefügt werden. Urkunden, welche lediglich die dingliche Seite des Rechtsverhältnisses betreffen, also die Einschreibungsbewilligungen, treten in eine Verbindung mit dem Hypothekenbriefe nicht. Sie werden im Original zu den Akten genommen, während von den eingereichten Schuldurkunden Abschriften gefertigt und nach erfolgter Beglaubigung mit Rücksicht auf §§. 111, 112 u. 129 zurückbehalten werden müssen. (Turnau 1 S. 581 ff. Anm. 2 u. 3.)

Der §. 19 des Gesetzes ergiebt, daß im Fall der Eintragung auf Grund eines Erkenntnisses oder des Ersuchens einer Behörde das Erkenntniß oder das Ersuchen an sich nur die Eintragungsbewilligung und nicht die Schuldurkunde ersetzt. Die Natur der Schuldurkunde können diese Voraussetzungen der Eintragung nur durch ihren besonderen Inhalt erlangen. Vgl. Anm. 1 zu §. 19 Nr. 2 des Gesetzes (oben S. 133) und Zwangsvollstr.Ges: §§. 8, 9 (Zus. zu §. 19 des Gesetzes) u. 127.

3. Sofern nicht auf den Hypothekenbrief verzichtet wird, muß derselbe in allen Fällen gebildet werden. Die Ansicht von John S. 67, daß über Kautionshypotheken keine Urkunden zu ertheilen seien, beruht auf der irrthümlichen Gleichstellung der Kautionshypothek mit der Vormerkung. Die Kautionshypothek ist eine wahre Hypothek, wie bereits in den Anm. zu §. 24 des Gesetzes (oben S. 162 ff.) dargethan ist.

Es scheint Einverständniß darin zu herrschen, daß, wenn die Eintragung einer Hypothek auf Grund der Bewilligung des Eigenthümers erfolgt ist (anders im Falle des §. 19 Nr. 2 des Gesetzes und der §§. 9 u. 124 des Zwangsvollstr.Ges.), nur dieser auf die Bildung des Briefes verzichten kann. Die Konsequenz ist, daß auch nachträglich nicht ohne seine Zustimmung die Bildung erfolgen darf. Wäre der Gläubiger selbständig berechtigt, sich einen Hypothekenbrief ertheilen zu lassen, so hieße das nichts anderes, als den Verzicht des Eigenthümers der Wirkung entkleiden, was eben nicht rechtmäßig wäre. (Turnau 1 S. 592 Anm. 6 zu §. 129; Dernburg, Hyp.R. S. 140; Förster-Eccius 3 §. 198 Anm. 47c; R.G. IV, J.M.Bl. 1885 S. 165; Kammerger., Jahrb. 7 S. 145; L.G. Danzig, ebd. 12 S. 346. Abweichend Schultzenstein in Johow 8 S. 365, und Bahlmann S. 445.) Dies gilt nach der vorherrschenden Meinung (dagegen Wenzel im Jahrb. 12 S. 368) selbst für den Fall des §. 129 Abs. 2 der Gr.B.O., sodaß der Grundbuchrichter z. B. die Eintragung der Zession einer Post, über welche ein Hypothekenbrief nicht ertheilt ist, abzulehnen hat, wenn nicht die Einwilligung des Eigenthümers zur nachträglichen Bildung des Briefes beigebracht wird (vgl. Kammerger. a. a. O).

4. In einer Verfügung des App.Ger. zu Hamm, Johow 3 S. 86, ist bemerkt, daß „nach §§. 143, 119 ff. vom 1. Oktober 1872 ab Hypothekenurkunden nur noch in Gemäßheit der der Gr.B.O. beigefügten Formulare ertheilt werden sollen". Diese Bemerkung ist jedoch nur insofern richtig, als sie die Bildung der Urkunde über eine nach dem 30. Sept. 1872 eingetragene

§. 123.

Wird auf Ausfertigung eines Hypothekenbriefs verzichtet, so erhalten der Eigenthümer und der Gläubiger eine Benachrichtigung nach Vorschrift des §. 121.

Hypothek betrifft. Ist dagegen ein altes Instrument verloren gegangen oder aus einem anderen Grunde zu erneuern, so ist die neu zu fertigende Urkunde nicht der Hypothekenbrief. Vorschriften, nach welchen an Stelle alter Dokumente Hypothekenbriefe gebildet werden können, finden sich nur in den Einf.Gesetzen für das Jadegebiet §. 24, Schleswig-Holstein §. 18, Hannover §. 41, Kassel §. 43 und Rheinland §. 61.

5. Der Grundschuldbrief weicht von dem Hypothekenbrief nur in der Ueberschrift und in dem Inhalt des Vermerkes über die Eintragung ab. Rechtlich unterscheidet er sich von demselben dadurch, daß er völlig unabhängig von einer Schuldurkunde den Verkehr mit der Grundschuld vermittelt. Er entspricht wesentlich dem Hypothekenbriefe der Regierungsvorlage. Ueber die rechtliche Bedeutung dieser Urkunde äußert sich Bähr, die pr. Gesetzentwürfe ꝛc. S. 92: „So wie die Bestellung der Hypothek erst in der Hingabe des Hypothekenbriefes sich verwirklicht, so hat auch der weitere Verkehr mit der Hypothek, deren Uebertragung und in gewissem Maße auch deren Erlöschung, stets mit dem Besitze des Hypothekenbriefes Hand in Hand zu gehen. In dem gleichzeitigen Uebergang dieses Besitzes muß jede Einräumung eines Rechtes an der Hypothek zur äußeren Erscheinung gelangen. Dadurch wird aber der Hypothekenbrief der eigentliche positive Träger des Rechtsverhältnisses. Der Eintrag der Hypothek — ganz verschieden vom Eigenthumseintrag — ist daneben nur bestimmt, die Stelle festzuhalten, an welcher die Hypothek, falls und so lange sie Realität hat, zur Geltung kommt. Während für den Eigenthumseintrag alle Lebensschicksale sich nur im Grundbuche vollziehen können, bildet für die Hypothek der Hypothekenbrief gewissermaßen den aus dem Grundbuche losgelösten beweglich gemachten Eintrag, welcher selbstständig seine Wege geht und nur durch die Eintragung im Grundbuche seine Heimstätte gesichert behält. In diesem Sinne bildet der Hypothekenbrief eine wesentliche Ergänzung des ganzen Systems, die vollends unentbehrlich ist, wenn man aus der Hypothek das machen will, was der Entwurf beabsichtigt: einen auf das Grundeigenthum ausgestellten Wechsel." Vgl. indessen auch oben die Anm. 1.

6. Wenn eine Post für verschiedene Personen zu bestimmten Antheilen eingetragen wird, so kann anstatt eines Hypotheken- oder Grundschuldbriefes für jeden Gläubiger auf Antrag des Eigenthümers eine besondere Urkunde gebildet werden. (Vgl. §. 83.) Namentlich ist im Fall der Grundschuld die Ausfertigung von Partialbriefen nicht als unzulässig anzusehen. (Hamm, Johow 5 S. 131; Turnau 1 S. 582 Anm. 4; Kammerger., Jahrb. 7 S. 153; R.G. I, Entsch. 14 S. 98. Abweichend Hamm, Johow 4 S. 171.)

7. Zur Erklärung der Vorschrift, daß die Urkunde über die Eintragung stets dem Eigenthümer ausgehändigt werden soll, ist die Anm. 4b zu §. 19 Nr. 1 des Ges., oben S. 132, zu vergleichen. Es wird allgemein angenommen, daß die Aushändigung an eine andere Person durch die beglaubigte Genehmigung des Eigenthümers selbst dann bedingt ist, wenn die Eintragung von dem Gläubiger oder einem Notar beantragt war. Auch hält man die Genehmigung des Eigenthümers für widerruflich. (Königsberg, Johow 8 S. 282; Turnau 1 S. 584.)

Die unmittelbare Aushändigung des Hypothekenbriefes an den Gläubiger schreiben die §§. 9 u. 127 des Zwangsvollstr.Ges. vor.

Darüber, wie die Aushändigung der Urkunden zu bewirken ist, siehe Anm. 6 Abs. 2 zu §§. 20 bis 24 der Gr.B.O., oben S. 325.

8. Für die Benachrichtigung des Eigenthümers in den Fällen der §§. 121, 122, 123 sind jetzt die baaren Auslagen zu erheben. Vgl. das deutsche Gerichtskostengesetz v. 18. Juni 1878 §§. 79 u. 80 und das Ausführungsges. v. 10. März 1879 §. 21.

§. 123.

Der Verzicht auf die Bildung eines Hypothekenbriefes wird im Grundbuche nicht vermerkt. (Turnau 1 S. 585.) Die Schuldurkunde wird auch in diesem Fall mit einem Vermerke über

§. 124.

Der Hypotheken- und der Grundschuldbrief besteht aus der Ueberschrift, dem vollständigen Eintragungsvermerk derjenigen Post, für welche er ausgefertigt wird, den für die Prüfung der Sicherheit der Post erheblichen Nachrichten aus dem Grundbuchblatt oder Artikel und der Unterschrift des Grundbuchamts mit Datum und Siegel (Anlagen D. E. F. G.).

§. 125.

Bei Gesammthypotheken und Gesammtgrundschulden werden von allen verhafteten Grundstücken, welche ein besonderes Blatt im Grundbuch haben, die Hypotheken- und Grundschuldbriefe ausgefertigt, und mit einander durch Schnur und Siegel verbunden.

Bei der Gesammthaft solcher Grundstücke, welche einen gemeinschaftlichen Artikel im Grundbuch haben, wird nur ein Hypotheken- und Grundschuldbrief ausgefertigt. In demselben sind die einzelnen mithaftenden Grundstücke anzugeben (Anlage H.).

§. 126.

Die Ueberschrift lautet:

Preußischer Hypothekenbrief, Preußischer Grundschuldbrief,

und enthält eine Angabe des Grundbuchs nach Ort und Band der Nummer des Grundbuchblattes oder Artikels, die Bezeichnung des Grundstücks und der Post, für welche die Urkunde ausgefertigt wird.

---

die Eintragung der Hypothek nicht versehen. (Ausn.: Zwangsvollstr.Ges. §. 9 Abs. 3, oben S. 139.) Sie wird, wenn sie von dem Grundbuchrichter aufgenommen ist, überhaupt nicht ausgefertigt. Vgl. die Instr. v. 3. August 1853 Art. 10 Nr. 1.

§. 124.

Die Urkunden, welche nach §. 124 gebildet werden, entsprechen ihrem Inhalt nach den früheren Hypothekenbuchauszügen. (Anm. 2 zu §. 122.) Die Reihenfolge ist jedoch eine andere. „Es ist nämlich im Interesse schnellerer Uebersichtlichkeit und Deutlichkeit der vollständige Eintragungsvermerk derjenigen Post, für welche der . . . . Brief ertheilt wird, vorangestellt, und es hat dadurch zugleich der Vortheil erreicht werden können, den Brief in bestimmte Abschnitte oder Theile zu zerlegen: Ueberschrift, Eintragungsvermerk, Nachrichten, Unterschrift.“ (Mot., bei Werner S. 159.)

Nach dem Gesetz für Neuvorpommern v. 21. März 1868 §. 113 mußte in der Ausfertigungsklausel noch besonders bemerkt werden, daß der Brief als Schuld- und Beweisurkunde über die eingetragene Post diene. Nach der Grundbuchordnung ist dies nicht erforderlich, da die Wirkung aus dem Gesetze sich ergiebt. (Mot. a. a. O.)

Die Unterschriften der Grundbuchbeamten unter dem Eintragungsvermerk brauchen nicht mitübertragen zu werden (vgl. die amtlichen Formulare), da sie für den Verkehr nicht von Interesse sind; vgl. Anm. 1 zu §. 120. (Kammerger., Jahrb. 2 S. 166.)

§. 125.

1. Ueber das Verfahren, wenn die Grundstücke in verschiedenen Gerichtsbezirken liegen, siehe die Anm. zu §. 78, oben S. 399.

2. Der zweite Satz kommt auch dann zur Anwendung, wenn die Grundstücke ein gemeinschaftliches Blatt im Sinne des §. 13 haben.

§. 127.

Die Nachrichten enthalten:

1) aus dem Titel des Blattes oder der ersten Abtheilung des Artikels: die Bestandtheile und Zubehörungen des Grundstücks mit ihrer Größenangabe nach dem Grundsteuerbuch, den Grundsteuer-Reinertrag oder den Nutzungswerth und die Abschreibungen mit gleicher Angabe ihrer Größe, ihres Reinertrages oder Nutzungswerthes;

2) aus der ersten Abtheilung des Blattes oder dem Titel des Artikels: den vollständigen Namen des Eigenthümers, seinen Stand, Wohn- oder Aufenthaltsort; die letzten nicht zehn Jahre zurückliegenden Erwerbspreise, falls solche im Grundbuchblatt vermerkt sind, sowie die etwa eingetragene Taxe und Versicherungssumme mit Angabe der Jahreszahl;

3) aus der zweiten Abtheilung in möglichster Kürze die Beschränkungen und Lasten;

4) aus der dritten Abtheilung die einzelnen Summen und die Fünf vom Hundert übersteigenden Zinssätze der vor- oder gleichstehenden Posten, mit kurzer Angabe, welche Nummern der zweiten und dritten Abtheilung gelöscht sind.

---

§. 126.

Nach dem Bericht der Kommission des Abgeordnetenhauses vom 8. Januar 1870 S. 51 sollen die Briefe durch die Bezeichnung als Preußische sich von den Hypothekenbriefen einzelner Kreditgesellschaften unterscheiden.

In der dritten Reihe des §. 126 ist hinter „Band" ein Komma einzufügen und das folgende Wort „der" in „die" zu berichtigen (Schwartz 1 S. 857).

§. 127.

In die Nachrichten, welche in den Hypotheken- oder den Grundschuldbrief aufzunehmen sind, gehört Alles, was das Grundbuch an Material zur Beurtheilung der Sicherheit der Hypothek oder der Grundschuld enthält. (Mot., bei Werner 2 S. 159.) Der Regel nach genügen die Angaben, welche nach §. 127 Nr. 1—4 gemacht werden sollen. Weitere Nachrichten, die für die Sicherheit der Post von Belang sein können, sind jedoch nicht ausgeschlossen. (§. 124; Turnau 1 S. 586.)

1. Der §. 127 setzt die Zurückführung des Grundbuches auf das Steuerbuch voraus. Trifft diese Voraussetzung im einzelnen Fall nicht zu, so wird in dem Hypotheken- oder dem Grundschuldbrief vermerkt, daß die Zurückführung noch nicht erfolgt ist. (Ausführ.Verf. v. 2. Sept. 1872 Art. 7.)

2. Taxe und Feuerversicherungssumme können auch, wie die Anlage D ergiebt, entsprechend dem §. 10 unter ihrem vollständigen Datum aufgeführt werden. Vgl. das Ges. §§. 30 u. 31.

3. Aus der zweiten Abtheilung wird nicht mehr, wie früher in Gemäßheit des Gesetzes vom 24. Mai 1853 §. 22 B, der vollständige Inhalt der Einschreibungen aufgenommen. Das Datum einer Eintragung ist nur dann anzuführen, wenn dieselbe zu gleichem Recht mit der Post steht, über welche der Brief lautet. (Turnau 1 S. 587.)

4. „Daß dabei stehen geblieben ist, die voreingetragenen" und die gleichstehenden „Posten einzeln mit ihren Zinssätzen, soweit dieselben fünf Prozent übersteigen, anzugeben und nicht in einer Gesammtsumme auszuwerfen, — was von verschiedenen Seiten angeregt ist, und nach der Mecklenburger Hypotheken-Ordnung geschieht — rechtfertigt sich aus der Erwägung, daß

§. 128.

Auf Antrag des Eigenthümers ist dem Grundschuldbrief ein Zinsquittungsbogen beizulegen, auf welchem die einzelnen Zinsquittungen für einen fünfjährigen Zeitraum, mit dem Stempel des Grundbuchamts versehen, enthalten sind.

Auf dem Grundschuldbrief ist zu vermerken, ob und für welche Zeit Zinsquittungsscheine ertheilt sind.

Nach Verbrauch der einzelnen Quittungsscheine ist der Inhaber des Grundschuldbriefs berechtigt, die Ertheilung eines neuen Zinsquittungsbogens nachzusuchen.

§. 129.

Die bei einer Hypothek oder Grundschuld eingetragenen Veränderungen und Löschungen werden von dem Grundbuchamt auf dem Hypotheken- oder Grundschuldbrief unter Beifügung des Siegels vermerkt.

---

die Verschiedenheit der Zinssätze nur bei dieser Weise ersichtlich gemacht werden kann, dem eingetragenen Gläubiger dadurch auch erleichtert wird, mit einzelnen vorstehenden Gläubigern über Abtretung der besseren Hypothek in Verhandlung zu treten, was ihm zum Zwecke der Ausübung seines Verkaufsrechtes von Werth sein kann." (Motive, bei Werner 2 S. 159.) Vgl. Ges. §. 25.

„Wenn mehrere verschieden belastete Grundstücke auf einem Grundbuchblatte stehen, so ist in dem über eine neue Post zu bildenden Hypothekenbriefe ersichtlich zu machen, welche ältere, nicht gelöschte Posten auf den neu verpfändeten Grundstücken oder einzelnen derselben nicht haften." (Hamm, Johow 5 S. 164.)

§. 128.

Der §. 128 dient zur Ausführung der Vorschrift des Gesetzes §. 39 Abs. 2.

1. Jeder einzelne Zinsquittungsschein wird mit dem Stempel des Amtsgerichts versehen. Der fünfjährige Zeitraum ist der längste, für welchen Zinsquittungsscheine ertheilt werden dürfen. Eine Abkürzung dieses Zeitraums ist zulässig und, wenn die Grundschuld einen näher liegenden Fälligkeitstermin hat, unerläßlich.

2. Die Ertheilung von Zinsquittungsscheinen wird nur auf dem Grundschuldbriefe, nicht auch im Grundbuche vermerkt. Wie das Formular in der Anlage D ergiebt, soll der Grundschuldbrief, wenn ihm Quittungsscheine nicht beigefügt sind, auch hierüber Auskunft geben.

3. Wenn die einzelnen Scheine verbraucht sind, d. h. wenn der Zeitraum, für welchen sie ertheilt waren, abgelaufen ist, wird dem Inhaber des Grundschuldbriefes ein neuer Zinsquittungsbogen ertheilt und dies auf der Urkunde vermerkt. Die Genehmigung des Eigenthümers ist hierzu nicht erforderlich, wenngleich derselbe ein Interesse an der Nichtertheilung haben kann. (§§. 95 u. 96.)

4. Die Zinsquittungsscheine sind untheilbar. Wenn daher ein Theil der Grundschuld mit den Zinsen für einen Zeitraum, für welchen solche Scheine ausgestellt sind, abgetreten wird, so müssen die Scheine insoweit zurückgeliefert und ein neuer Zinsquittungsbogen ausgefertigt werden. (Steiner S. 140.)

§. 129.

1. Zu den Veränderungen, welche nach §. 129 Abs. 1 auf der Hypothekenurkunde oder dem Grundschuldbrief vermerkt werden müssen, gehören nicht blos Zessionen, Verpfändungen und Prioritätseinräumungen, sondern alle Vermerke, welche bei der Post nach §. 12 in der zweiten Hauptspalte eingetragen werden. Ueber die Eintragung solcher Veränderungen wird eine Urkunde nicht gebildet. (§. 119.) Vgl. jedoch Turnau 1 S. 590 ff.

Wird bei einer Post, über welche bisher ein Hypothekenbrief nicht ausgefertigt war, eine Veränderung eingetragen, so muß die nachträgliche Bildung des Hypothekenbriefs erfolgen.

---

2. Streitig ist, ob auch die Erhöhung des Zinssatzes nach näherer Bestimmung des Gesetzes §. 25 in diesem Sinne die Natur einer Veränderung hat. Darüber freilich scheint kein Zweifel zu bestehen, daß die Erhöhung der eingetragenen Zinsen, soweit sie die Rangordnung des Kapitals behalten, lediglich unter die Vorschrift des §. 129 fällt. Die Meinungen weichen jedoch voneinander ab in dem Falle, in welchem die Eintragung mit einer schlechteren Priorität erfolgt.

a. Die eine Meinung, welche namentlich in dem Bescheide des Kammergerichts bei Johow 6 S. 192 (Anm. 3 zu §. 25 des Gesetzes; ebenso Dernburg, Hyp.R. §. 25 Nr. 3 a. E., S. 195) vertreten wird, geht dahin, daß durch die Eintragung der Zinserhöhung, soweit dieselbe in der Rangordnung dem Kapital nachsteht, eine neue Hypothek begründet werde, die Eintragung daher in der ersten Hauptspalte unter einer neuen Nummer erfolgen und ein Hypothekenbrief über sie gebildet werden müsse. Diese Meinung steht im Widerspruch mit dem Wesen der Hypothek und der Zinsen. Die Hypothek ist ein Sicherungsrecht für ein Kapital, eine bestimmte Summe, deren einmalige Zahlung der Gläubiger zu fordern hat. Zinsen dagegen sind wiederkehrende Nebenleistungen, die ihren Rechtsgrund lediglich in dem Recht auf das Kapital haben. Das Recht auf die Zinsen kann von diesem Recht nicht gelöst und folglich auch nicht als eine von der Hypothek für dasselbe verschiedene Hypothek behandelt werden. Vgl. Anm. 5b zu §. 83, oben S. 407.

b. Eine zweite Meinung, die von Bahlmann, 3. Aufl. S. 452, und Anderen vertheidigt wird, erkennt die Eigenschaft der Zinsen als Accessorien des Kapitals an, zieht aber hieraus nicht die richtigen Konsequenzen. Ihre Anhänger in der Praxis kassiren den ursprünglich über die Eintragung der Post gebildeten Brief und fertigen eine neue Urkunde über die Eintragung des Kapitals und der erhöhten Zinsen aus. Die Vernichtung des Briefes läßt sich jedoch nicht rechtfertigen, weil sie nur für die Fälle der Nothwendigkeit einer Erneuerung der Urkunde und der Löschung der ganzen Post vorgeschrieben ist, die analoge Anwendung dieser Vorschriften aber auf den Fall der Erhöhung des Zinssatzes für zulässig nicht erachtet werden kann.

c. Die dritte Meinung endlich, die hier vertreten und auch von Turnau 1 S. 395 getheilt wird, sieht in der Erhöhung des Zinssatzes Nichts weiter als eine Erweiterung des Rechts der Hypothek und der Grundschuld, die des selbständigen Charakters entbehrt und deshalb niemals zur Bildung einer Urkunde beim Grundbuche Veranlassung geben kann. Die Eintragung geschieht grundsätzlich in der Spalte „Veränderungen" (Reskr. vom 5. Juni 1833), etwa so:

> Nr. 4 . . . Der Zinssatz von 5% ist, unter Vorbehalt des Vorrechts der unter Nr. 5 und 6 haftenden Posten, auf 6% erhöht worden.

Wird das sechste Prozent unter einer neuen Nummer in der ersten Hauptspalte eingetragen so ändert sich dadurch die Natur der Zinserhöhung als Veränderung nicht. Die Eintragung derselben wird auf dem Grundschuld- oder Hypothekenbrief, der über die Eintragung des Kapitals gebildet ist, vermerkt. Die Urkunde, in der die Eintragung der Zinserhöhung bewilligt ist, wird dem Hypothekenbriefe nicht angefügt, auch wenn der Rechtsgrund der Bewilligung darin angegeben worden. Die Causa der Erhöhung des Zinssatzes ist gleichgültig. Der Konsens genügt auch im Fall der Hypothek. (Ges. §§. 19, 23, 25.)

3. Der §. 129 bezieht sich nur auf Veränderungen, welche bei der Post eingetragen werden. Dadurch ist aber nicht ausgeschlossen, daß die Löschung einer Post auch auf dem Briefe über eine nachstehende Post bezeugt wird. (Zenthöfer bei Johow 8 S. 372.) Stettin (ebd. S. 281) hat das darauf gerichtete Verlangen eines Gläubigers zurückgewiesen. Vgl. dagegen den §. 127 Nr. 4 und die Anm. 2 zu §. 120, sowie Kammerger., Jahrb. 11 S. 168.

§. 130.

Bedarf der Hypotheken- oder Grundschuldbrief einer Erneuerung, so ist das ursprüngliche Exemplar von dem Grundbuchamt durch Zerschneiden zu vernichten und bei den Grundakten zurückzubehalten. Bei der Ausfertigung des

---

4. Es ist ferner streitig, ob die Veränderungen, deren Eintragung nach dem zweiten Absatze des §. 129 die Bildung eines Hypothekenbriefes nothwendig macht, mit den Veränderungen des ersten Absatzes sich decken.

Die Kommission des Herrenhauses berichtet zu §§. 82 und 83 des Entwurfes (§§. 79 und 80 der Gr.B.O.): „Für den Fall, daß ursprünglich eine Hypothekenurkunde nicht gebildet ist, muß bei Eintragung der Cession unzweifelhaft deren nachträgliche Bildung erfolgen; es wird dies aber als eine generelle Vorschrift als Zusatz zum §. 128 (§. 129 Gr.B.O.) vorzubehalten sein.

Vorstehende Bemerkungen fanden die vollständige Billigung der Kommission und des Regierungskommissars." (Ber., bei Werner S. 173.)

Der vorbehaltene Zusatz wurde dann bei §. 128 des Entwurfs in der Fassung angenommen, die jetzt der zweite Satz des §. 129 der Gr.B.O. hat. Der Bericht bemerkt dazu: „Es soll damit das bisherige Recht (§. 17 der Hypothekennovelle vom 24. Mai 1853) erhalten werden." (S. 176 a. a. O.) Der in Bezug genommene §. 17 bestimmte:

„Soll bei einer in der zweiten oder dritten Hauptrubrik eingetragenen Post, über welche bisher ein Hypotheken-Instrument nicht bestand, eine Cession, Verpfändung oder Prioritätsabtretung eingetragen werden, so muß die nachträgliche Bildung eines Hypotheken-Instruments erfolgen."

Auf Grund jener Bemerkung in dem Kommissionsbericht pflegt ziemlich allgemein der zweite Satz des §. 129 nur auf Zessionen, Verpfändungen und Vorzugseinräumungen bezogen zu werden. (Turnau 1 S. 590 ff.; Bahlmann S. 452; Kammerger., Jahrb. 7 S. 149; Dernburg, Hyp.R. S. 141; vgl. Schwartz 1 S. 860.) Der Zusammenhang, in welchem beide Sätze zueinander stehen, spricht freilich gegen diese Einschränkung. Von derselben werden namentlich die Beschränkungen des Verfügungsrechts im Sinne des Gesetzes §. 49 berührt. (Gegen die Anwendbarkeit des §. 129 Abs. 2 auf diese: Posen, Insterburg, Naumburg, Johow 6 S. 205, 206, 7 S. 269; O.Tr. III, Entsch. 75 S. 144.) Die wichtigste Beschränkung, der Arrest, wird jetzt durch Pfändung vollzogen, und die Pfändung muß jedenfalls, gleichwie die Verpfändung, als eine Veränderung angesehen werden, welche die Bildung des Hypothekenbriefes nöthig macht. (Kammerger., Jahrb. 4. S. 210; vgl. die Anm. zu §. 87, oben S. 409 ff.) Siehe auch Anm. 2 zu §. 84, oben S. 407.

5. Ein Verzicht auf die nachträgliche Bildung des Hypothekenbriefes im Falle des §. 129 Abs. 2 ist nach der kategorischen Fassung der Vorschrift wirkungslos. (Bahlmann 3. Aufl. S. 453.) Anderer Meinung ist Schultzenstein in Johow 8 S. 342.

Ueber die Frage, ob zu der nachträglichen Bildung des Hypothekenbriefes die Einwilligung des Grundeigenthümers erforderlich ist, vgl. S. 448 Anm. 3 zu §. 122. Die Aushändigung des Briefes muß nach §. 122 an den Eigenthümer erfolgen.

6. Aus dem Wort „Hypothekenbrief" in Abs. 2 ist nicht zu folgern, daß die nachträgliche Bildung eines Hypothekenbriefes neuen Rechtes von Amtswegen erfolgen muß, wenn über die Post eine Hypothekenurkunde des älteren Rechtes vorhanden ist (Kammerger., Jahrb. 6 S. 114).

§. 130.

1. „Bei einer Erneuerung des Hypotheken- oder Grundschuldbriefes, „die immer von dem Grundbuchamt vorgenommen werden muß und insbesondere dann nöthig erscheint, wenn der Brief voll geschrieben ist und zu weiteren Vermerken über die Post keinen Raum mehr bietet, oder verunreinigt oder beschädigt ist, können, um Raum zu gewinnen, alle Nachrichten und

neuen Exemplars werden Vermerke, die für die gegenwärtige Gültigkeit des Hypotheken- oder Grundschuldbriefs ohne Erheblichkeit sind, sowie gelöschte Eintragungen in der zweiten und dritten Abtheilung, und ältere Abtretungen weggelassen.

§. 131.

Der Grundbuchrichter und der Buchführer haften für die Uebereinstimmung der Angaben des Hypotheken- oder Grundschuldbriefs mit dem Inhalt des Grundbuchs und haben diese Urkunden, sowie alle späteren Vermerke des Grundbuchamts, auf denselben zu unterschreiben.

Fünfter Abschnitt.

Von der Wiederherstellung zerstörter, sowie von Anlegung neuer Grundbücher.

§. 132.

Sind die Grundbücher eines Orts oder Bezirks zerstört oder verloren gegangen, so erfolgt deren Wiederherstellung auf Grund eines Gesetzes.

Vermerke wegbleiben, welche zur Zeit der Erneuerung für die Prüfung des Rechts des letzten Erwerbers und der Sicherheit der Hypothek" oder Grundschuld „unerheblich geworden sind." (Motive, bei Werner S. 160.) Vgl. Kammerger., Jahrb. 13 S. 178.

2. Die Schuldurkunde muß nach §. 122 auch mit dem neuen Hypothekenbrief durch Schnur und Siegel verbunden werden. Ist sie verloren gegangen, das Konzept aber bei den Akten, so wird eine anderweite Ausfertigung ertheilt. Eventuell kann die verlorene Urkunde durch ein Schuldanerkenntniß ersetzt werden, wenn der Grundbuchrichter die Identität des anerkannten Schuldgrundes mit dem ursprünglich beurkundeten feststellt. (Turnau 1 S. 595.)

3. Eine Bestimmung über die Erneuerung der Hypotheken-Instrumente des früheren Rechts hat die Gr.B.O. nicht. Die Praxis scheint indessen die Bildung von Hypothekenbriefen an Stelle von Instrumenten, welche der Erneuerung bedürfen, für zulässig zu halten. (Posen, Johow 3 S. 165; Kammerger., ebd. 5 S. 169 u. Jahrb. 13 S. 183; Hamm, Johow 6 S. 217.) Siehe hiergegen die Anm. 3 zu §. 112, 2 zu §. 116 und 4 zu §. 122. Vgl. auch die an letzterer Stelle angeführten Vorschriften der Einf.Ges. und §. 12 des Einf.Ges. für Hohenzollern.

§. 131.

Die Vorschrift, daß der Grundbuchrichter die Vermerke auf den Urkunden zu unterschreiben hat, ist neu, entspricht aber dem Gedanken, auf welchem der §. 44 beruht. (Vgl. §§. 82, 83, 86, 114.) Im übrigen ist die Haftung der Beamten für die Uebereinstimmung der Urkunden mit dem Grundbuche (§. 29) aus dem bisherigen Recht (Hyp.O. 1 §. 76 und 2 §§. 316 u. 317; A.L.R. I. 20 §. 432) übernommen. Von dem §. 15 der Geschäftsordnung für die Gerichtsschreibereien der Amtsgerichte (Anl. 1 zu Nr. 32 des J.Min.Bl. von 1879) bleibt der §. 131 unberührt.

Fünfter Abschnitt.

1. „Der vierte Theil der Hyp.O. v. 20. Dez. 1783 enthält allgemeine Vorschriften über Wiederherstellung verlorener oder vernichteter Hypothekenbücher und Grundakten und Anlegung neuer Hypothekenbücher. Die Vorschriften sind theils durch die veränderte Organisation der Behörden, theils durch die in den verschiedenen neu- und wiedererworbenen Provinzen erlassenen Patente . . . ., theils endlich durch die Kab.O. v. 9. Mai 1839 antiquirt. Es sind deshalb die

Gesetz, betreffend eine Abänderung der Grundbuchordnung. Vom 14. März 1882 (G.S. S. 121).

In der Grundbuchordnung vom 5. Mai 1872 (Gesetz-Samml. S. 446) wird der §. 132 durch nachstehende Vorschriften ersetzt:

§. 132. Ist ein Grundbuch zerstört oder verloren gegangen, so erfolgt dessen Wiederherstellung auf Grund einer Königlichen Verordnung.

In der Verordnung können zugleich in Betreff der Grundstücke, welche in dem zerstörten oder verloren gegangenen Grundbuch verzeichnet gewesen sind, Bestimmungen erlassen werden:

1) für die Zeit bis zur Wiederherstellung des Grundbuchs, über die freiwillige Veräusserung, über die Belastung und über die Eintragung von Vormerkungen, sowie über die Feststellung eines Verzeichnisses der Personen, welche bei einer Zwangsversteigerung an Stelle der aus dem Grundbuch ersichtlichen Betheiligten zu berücksichtigen sind;

2) über die Amortisation der gleichzeitig mit dem Grundbuch zerstörten oder verloren gegangenen Hypothekenurkunden und Grundschuldbriefe.

Grundsätze über die Materie so zusammengestellt und ergänzt, wie sie dem jetzigen Stande der Gesetzgebung entsprechen." (Mot., bei Werner 2 S. 160.)

2. Die Geltung der §§. 133—140 ist in denjenigen Gebieten, in welchen die Gr.B.O. durch die im Jahre 1873 erlassenen Gesetze über das Grundbuchwesen eingeführt ist, ausgeschlossen (vgl. §. 1 der Einf.Ges.). Für den Geltungsbereich des Rheinischen Rechts ist das Gleiche zwar nicht ausdrücklich bestimmt, aber auf Grund der besonderen Bestimmungen über die erste Anlegung der Grundbücher (Einf.Ges. §§. 42 ff.) anzunehmen. Vgl. auch Anm. 2 zu §. 2 der Gr.B.O., oben S. 295.

§. 132.

1. Ob die Wiederherstellung zerstörter oder verloren gegangener Grundbücher auf Grund eines Gesetzes oder einer Königlichen Verordnung zu erfolgen habe, darüber haben die Ansichten der gesetzgebenden Faktoren geschwankt. Nach dem Entwurf des Jahres 1869 sollte letztere genügen. Dagegen nahm der jüngste Entwurf die in die Gr.B.O. übergegangene Bestimmung auf, entsprechend einem Beschlusse der Kommission des Abgeordnetenhauses, welche der Meinung war, daß die Verfassungsurkunde außer dem Falle ihres Art. 63 Königliche Verordnungen nicht kenne (Bericht v. 8. Jan. 1873 S. 53); und trotz des entgegenstehenden Beschlusses der Kommission des Herrenhauses, welche den Weg des Gesetzes für unpraktisch hielt (Ber., bei Werner S. 176), ist diese Bestimmung Gesetz geworden, weil die Kommission des Abgeordnetenhauses an derselben festhielt (S. 190 ebd.).

Nachdem jedoch der §. 132 der alten Fassung zweimal zur Anwendung gelangt war (Ges. vom 3. Mai 1875 u. 25. Febr. 1881) und sich seine Unzweckmäßigkeit herausgestellt hatte, ist er auf Anregung des Herrenhauses durch die Vorschrift des Gesetzes vom 14. März 1882 ersetzt.

2. Die neue Fassung des §. 132 weicht, abgesehen von dem im Abs. 2 gemachten Zusatze, von der Bestimmung der Gr.B.O. darin ab, daß sie zugleich den Fall berücksichtigt, daß nur ein einzelnes Grundbuch eines Ortes oder Bezirkes zerstört oder verloren gegangen ist.

3. „Wegen Herstellung verloren gegangener Grundakten" sollte nach dem Entwurfe „der Justizminister die erforderlichen Anordnungen treffen". Die Kommission des Herrenhauses hat jedoch die Bestimmung gestrichen, weil sie der Meinung war, daß man die Sorge für die Grundakten füglich den „Gerichtsvorständen" — eventuell den Appellationsgerichten — überlassen könnte; nur äußerstenfalls seien deswegen Anträge bei dem Justizminister zu stellen. (S. 176 a. a. O.)

§. 133.

Sind für einen bestimmten Ort überhaupt oder für einzelne Grundstücke noch keine Bücher angelegt, so kommen zunächst die in den einzelnen Provinzen ergangenen besonderen gesetzlichen Vorschriften zur Anwendung.

§. 134.

Im Uebrigen gelten unbeschadet der besonderen für das Bergrecht erlassenen Bestimmungen folgende Vorschriften:

---

§. 133.

1. „Durch die in den verschiedenen Provinzen erlassenen Hypothekenpatente sind die Real-Interessenten zur Anmeldung ihrer Ansprüche innerhalb längst verflossener Ausschließungsfristen aufgefordert. Diese Patente sind deshalb zunächst maßgebend, und es bedarf nur subsidiarischer Vorschriften für die einzelnen seltneren Fälle, in denen das Grundbuch in einzelnen Distrikten noch nicht vollendet ist.“ (Mot., bei Werner S. 160.)

2. Es sind insbesondere folgende Patente erlassen:

a. Patent, wegen Einrichtung des Hypothekenwesens in den mit den Preußischen Staaten wiedervereinigten Provinzen jenseits der Elbe und Weser, namentlich in der Altmark, im Herzogthum Magdeburg mit dem Saal-Kreise, im Fürstenthum Halberstadt, in den Grafschaften Hohenstein, Mansfeld und Wernigerode, im vormaligen Stift Quedlinburg, im Fürstenthum Eichsfeld und dessen Dependenzen, in der Stadt und dem Gebiet Erfurt, in den Städten Mühlhausen und Nordhausen, in den Fürstenthümern Minden, Münster und Paderborn, den Grafschaften Mark, Ravensberg, Tecklenburg, und der oberen Grafschaft Lingen, in den Herzogthümern Kleve und Geldern, dem Fürstenthum Moers, den Grafschaften Essen und Werden und dem vormaligen Stift Elten. Vom 22. Mai 1815, G.S. S. 185;

b. Patent wegen Wiederherstellung des Hypothekenwesens in dem Großherzogthum Posen, dem Culm- oder Michelauschen Kreise und der Stadt Thorn vom 4. April 1818, G.S. S. 20;

c. Verordnung vom 25. Mai 1818 §. 4, G.S. S. 45;

d. Verordnung wegen Einrichtung des Hypothekenwesens in dem mit den Preußischen Staaten vereinigten Herzogthum Sachsen, vom 16. Juni 1820, G.S. S. 101;

e. Patent wegen Einführung des Allgemeinen Landrechts und der Allgemeinen Gerichtsordnung in das Herzogthum Westphalen, das Fürstenthum Siegen mit den Aemtern Burbach und Neuenkirchen (Freien- und Hücken-Grund) und die Grafschaften Wittgenstein-Wittgenstein und Wittgenstein-Berleburg, vom 21. Juni 1825 §§. 6 ff., G.S. S. 153;

f. Verordnung wegen Einrichtung des Hypothekenwesens in den unter e. genannten Landestheilen vom 31. März 1834, G.S. S. 47.

Alle diese Gesetze und die dazu erlassenen Instruktionen sind abgedruckt bei Koch, Hyp.O. (Nachträge zum vierten Titel) und bei Förster, Hyp.O. (Anh. zu Tit. IV.).

3. In den Gebieten, in welchen die Gr.B.O. erst im Jahre 1873 oder 1888 eingeführt ist, bestimmt sich die Anlegung der Grundbücher nach den Vorschriften der für die einzelnen Landestheile erlassenen Gesetze über das Grundbuchwesen. Vgl. Anm. 2 zu §. 2 der Gr.B.O.

§. 134.

1. Die Vorschrift, daß die Anlegung des Grundbuchblattes nur auf Antrag erfolgt (§. 30), ist nur von geringer praktischer Bedeutung, da überall, wo die Gr.B.O. am 1. Oktober 1872 in Kraft getreten ist, seit langer Zeit Grundbücher geführt werden; sie ist wesentlich nur auf die Fälle berechnet, in welchen aus irgend einem Grunde bisher ein Grundstück in dem fertigen Buche noch keine Aufnahme gefunden hat. Wo die Grundbucheinrichtung neu eingeführt wird, ist ohne ein Offizialverfahren nicht wohl auszukommen, wie die Einf.Gesetze für die gemein- und französisch-rechtlichen Landestheile beweisen. Vgl. auch die §§. 2, 3, 49, 55 u. 56.

Die Anlegung des Grundbuchblatts erfolgt nur auf Antrag des Eigenthümers oder Derjenigen, welche die Eintragung des Eigenthümers zu verlangen befugt sind.

Dem Antrag ist ein beglaubigter Auszug aus dem Steuerbuch beizufügen.

§. 135.

Die Eintragung des zur Zeit der Anlegung des neuen Grundbuchblatts vorhandenen Eigenthümers erfolgt, wenn derselbe:

1) das Grundstück in einer gerichtlichen Zwangsversteigerung erstanden hat;
2) wenn er ein Ausschlußerkenntniß erwirbt. Jeder Besitzer, welcher durch eine Bescheinigung der Ortsbehörde nachweist, daß er das Grundstück eigenthümlich besitze, oder welcher den Erwerb des Grundstücks durch eine öffentliche Urkunde bescheinigt, ist berechtigt, auf Erlaß des Aufgebots nach Maßgabe der Subhastationsordnung anzutragen;
3) wenn der Besitzer außer dem Fall des Aufgebots durch Urkunden, Verfügungen und Bescheinigungen öffentlicher Behörden oder durch Zeugen glaubhaft macht, daß er das Grundstück entweder seit vierundvierzig Jahren oder aus einem Titel, der an sich zur Erlangung des Eigenthums geschickt ist (§. 579. I. 9. des Allgemeinen Landrechts), seit zehn Jahren besitze. Auf die formelle und materielle Gültigkeit des Titels kommt es nicht an.

Ein Auszug aus dem Steuerbuche muß dem Antrage auf Anlegung des Grundbuchblattes beigefügt sein, damit die Identität, die Lage und die Größe des Grundstückes festgestellt werden kann. Daß gerade der Eigenthümer, der als solcher eingetragen werden soll, in dem Steuerbuchauszuge aufgeführt ist, erscheint nicht nothwendig. (O.Tr. III, Entsch. 77 S. 273.) Vgl. im übrigen §§. 1, 4, 58.

2. Für die Anlegung der Grundbuchblätter für Bergwerke, nicht auch für die Einrichtung des Buches, die sich jetzt lediglich nach den Vorschriften der §§. 3, 6, 9, 17 bestimmt (Werner 2 S. 153), sind maßgebend:

a. Instruktion für die Königl. Bergämter zu Bochum und Essen, wegen Einrichtung und Bearbeitung des Hypothekenwesens, vom 21. September 1832, Jahrb. Bd. 40 S. 226;

b. Verordnung, betreffend die Einrichtung des Berg-Hypothekenwesens in dem Herzogthum Westphalen, dem Fürstenthum Siegen mit den Aemtern Burbach und Neuenkirchen (Freien- und Hückenschen Grund) und den Grafschaften Wittgenstein-Wittgenstein und Wittgenstein-Berleburg, vom 28. Februar 1845, G.S. S. 100;

c. Instruktion für die Ausführung der Verordnung vom 28. Februar 1845, betreffend die Einrichtung des Berg-Hypothekenwesens in dem Bezirke des Königl. Berggerichts zu Siegen, vom 21. März 1845, J.M.Bl. S. 78.

§. 135.

I. Der §. 135 bestimmt die Voraussetzungen der Eintragung des Eigenthümers, wenn ein Blatt im Grundbuche für das Grundstück neu angelegt worden ist. Nach der Hyp.O. 4 §. 10 setzte die Eintragung voraus entweder einen Erwerb in nothwendiger Subhastation oder ein Präklusionserkenntniß oder vierundvierzigjährige Ersitzung. Die Kab.O. v. 9. Mai 1839, G.S. S. 163, gab in dieser Hinsicht erleichternde Vorschriften, welche der Hauptsache nach in den §. 135 übergegangen sind. (Mot, bei Werner 2 S. 160.) Vgl. Reskr. v. 24. Juni und 23. Sept. 1839, J.M.Bl. S. 226 u. 329.

Bei einem kürzeren Besitzstand muß der Uebergang auf den Besitzer durch einen zur Erwerbung des Eigenthums nach Vorschrift des Allgemeinen Landrechts an sich geeigneten, dem Inhalt und der Form nach gültigen Titel nachgewiesen und,

entweder dargethan werden, daß der unmittelbare Vorbesitzer selbst schon einen Titel für sich hatte, der nach den damals geltenden Gesetzen an sich zur Erwerbung des Eigenthums geschickt war,

oder durch Urkunden, Zeugen oder Bescheinigungen öffentlicher Behörden glaubhaft gemacht werden, daß der jetzige und der Vorbesitzer das Grundstück überhaupt zehn Jahre lang besessen haben.

„Der §. 135 bezweckt nur, die Anlegung eines Grundbuchblattes in solchen Fällen zu erleichtern, in denen der strikte Nachweis des Eigenthumserwerbes nicht geführt werden kann, findet daher dann nicht Anwendung, wenn der Eigenthumserwerb anderweit vollständig bewiesen wird. Ein solcher vollständiger Beweis wird durch den Separationsrezeß hinsichtlich der darin überwiesenen Abfindungen geführt." (Kammerger., Johow 7 S. 304.)

Für Parzellen, welche vor dem 1. Oktober 1872 im Hypothekenbuche des Stammgrundstückes ohne Anlegung eines anderen Foliums abgeschrieben sind, kann jetzt nur unter den im §. 135 der Gr.B.O. bestimmten Voraussetzungen ein neues Grundbuchblatt angelegt werden. (Kammerger., Jahrb. 2 S. 170; Hamm, Johow 5 S. 178.)

II. Die Voraussetzungen, unter welchen der Eigenthümer eingetragen werden kann, sind nach §. 135 alternativ folgende:

1. Erwerbung des Grundstücks in der Subhastation. Mit dem Zwangsversteigerungsverfahren wird nach dem Zwangsvollstr.Ges. §. 40 Nr. 9 ein öffentliches Aufgebot der nicht eingetragenen Berechtigten verbunden. Diejenigen, welche nicht vor Schluß des Versteigerungstermines die Einstellung des Verfahrens herbeiführen, können sich nach erfolgtem Zuschlag nicht mehr an das Grundstück, sondern nur an das Kaufgeld halten. Das Zuschlagsurtheil stellt daher das Eigenthum des Erstehers objektiv fest.

2. Erlangung eines Ausschlußurtheils. Wenn der vermeintliche Eigenthümer ein Urtheil erwirkt hat, durch welches Alle, welche ihm das Eigenthum streitig machen könnten, ausgeschlossen sind, so ist er im Effekt der wahre Eigenthümer, und seiner Eintragung als solcher steht nichts entgegen. Auf das Verfahren finden die Vorschriften der C.P.O. §§. 823 ff. und des Ausführungsgesetzes vom 24. März 1879 §§. 20 ff. Anwendung. (Vgl. Daube, das Aufgebotsverfahren S. 211 ff.)

Das Ausschlußurtheil erfolgt unter der Voraussetzung, daß das aufgebotene Grundstück in das Grundbuch noch nicht eingetragen ist, beseitigt aber nicht in das Grundbuch eingetragene Rechte. Stellt sich daher nachträglich heraus, daß jenes bereits eingetragen ist, so ist dem Urtheil die Wirkung des §. 135 nicht beizumessen. Die C.P.O. hat nur das Verfahren anderweit geregelt, ohne an dem materiellen Recht bezüglich der Zulässigkeit und der Wirkungen des Aufgebotes etwas zu ändern. Für diese sind auch jetzt noch die §§. 99 ff. A.G.O. I. 51 und die Allerh. Kab.O. v. 9. Mai 1839 maßgebend. (Kammerger., Jahrb. 2 S. 171.)

3. Qualifizirter Besitz. Ein voller Beweis ist nicht erforderlich. Es genügt, wenn der angebliche Eigenthümer seinen Besitz und dessen Grundlagen glaubhaft macht. Nur bei einem kürzeren als 10jährigen Besitzstand muß der Titel nachgewiesen werden. Beruft sich der Antragsteller auf Zeugen, so können dieselben von dem Grundbuchrichter vernommen werden. Nach einer Verf. des J.Min. v. 14. Februar 1840, J.M.Bl. S. 68, ist die Versicherung der Richtigkeit des Zeugnisses an Eidesstatt ausreichend. Weiter ist zu bemerken:

a. Der 44jährige Besitz genügt zur Eintragung des Besitzers als Eigenthümer ohne Nachweis des Titels. (A.L.R. I. 9 §§. 629 ff.) Zur Bescheinigung eines solchen Besitzes sind ins-

§. 136.

Mit Ausnahme des §. 135. Nr. 2. bedarf es des Aufgebots der dinglich Berechtigten nicht. Diejenigen Berechtigten, welche sich mit ihren Anträgen bei dem Grundbuchamt gemeldet haben, werden in die nach drei Abtheilungen anzulegenden Anmeldebogen eingetragen.

---

besondere befugt: für den Fiskus die Regierung, für die Provinz der Landesdirektor (Königsberg, Johow 7 S. 302 und 8 S. 284), für eine Stadtgemeinde der Magistrat (Kammerger., ebd. 7 S. 303) und für ländliche Gemeinden die Ortsvorstände, selbst wenn sie von der Aufsichtsbehörde angewiesen sind, zur Ausstellung der Besitzzeugnisse deren Genehmigung einzuholen. (Dass., Jahrb. 5 S. 111.) Accessio temporis findet statt (dass., ebd. 9 S. 75; vgl. A.L.R. I. 9 §. 613). Das Besitzzeugniß erfordert keine Nachprüfung des thatsächlichen Inhalts seitens des Grundbuchrichters (dass., ebd. 6 S. 83).

b. Ein kürzerer, aber wenigstens 10jähriger Besitz bedarf der Rechtfertigung durch den Titel. Nach dem A.L.R. I. 9 §. 579 findet „die Verjährung durch Besitz in allen Fällen statt, wo Jemand eine Sache oder ein Recht aus einem Titel, der an sich zur Erlangung des Eigenthums geschickt ist, durch die in den Gesetzen bestimmte Frist, ruhig und redlicher Weise besessen hat". Sie erfordert nach dem Plenarbeschluß des Obertribunals vom 15. Februar 1841, Entsch. 6 S. 410, „einen Titel, welcher nicht blos seinem materiellen Inhalte, sondern auch seiner Form nach zur Erwerbung des Eigenthums geeignet ist". Von diesem Erfordernisse ist jedoch nach der Grundbuchordnung dann abzusehen, wenn der im Fall der Anlegung eines neuen Grundbuchblattes seine Eintragung nachsuchende Eigenthümer einen zehnjährigen titulirten Besitzstand glaubhaft macht.

c. Besitzt der angebliche Eigenthümer das Grundstück noch nicht zehn Jahre, so muß sein Erwerbstitel im Sinne des unter b erwähnten Plenarbeschlusses nachgewiesen und außerdem entweder der Titel seines Rechtsurhebers dargethan oder glaubhaft gemacht werden, daß beide zusammen das Grundstück zehn Jahre besessen haben.

Bei Würdigung des Titels ist nicht zu übersehen, daß unter der Herrschaft des Gesetzes über den Eigenthumserwerb die Uebertragung des Eigenthums der Regel nach nur durch Auflassung vermittelt wird und ein obligatorisches Rechtsgeschäft, welches auf die Uebertragung gerichtet ist, auch unter Hinzutritt der Uebergabe diesen Erfolg nach der Gr.B.O. §. 49 Satz 2 nur hat, wenn für das Grundstück ein Blatt im Buche noch nicht angelegt werden kann. Der §. 135 kommt mithin nicht zur Anwendung, wenn der Besitzer das Grundstück durch ein nach dem 30. Sept. 1872 errichtetes Rechtsgeschäft erworben hat, ohne nachzuweisen, daß damals der Anlegung des Grundbuchblattes ein objektives Hinderniß entgegenstand. In einem solchen Falle muß der Rechtsurheber des Besitzers die Anlegung des Blattes für sich erwirken und dann das Eigenthum dem Besitzer auflassen. (Königsberg, Johow 7 S. 313; Turnau 1 S. 600; Peters bei Gruchot 23 S. 630 ff.) Abweichend Kammerger., Johow 7 S. 311, Hamm, ebd. S. 312; Bahlmann 3. Aufl. S. 461; und das Kammerger. im Jahrb. 5 S. 10; nach letzterer Entsch. sind für das Verfahren des Grundbuchrichters bei Anträgen auf Eröffnung eines Grundbuchblattes für ein noch nicht eingetragenes Grundstück ausschließlich die §§. 134 ff., nicht §. 49 der Gr.B.O. maßgebend, und unter „Eigenthümer" in den §§. 134 ff. ist nur der als Eigenthümer einzutragende Besitzer zu verstehen, welcher nicht sein Eigenthum, sondern nur seine Legitimation nach §. 135 nachzuweisen braucht.

§. 136.

Das Aufgebot der dinglich Berechtigten ist bereits durch die in der Anm. 2 zu §. 133 nachgewiesenen Patente erfolgt; es bedarf daher keiner Erneuerung. (Mot., bei Werner 2 S. 160.)

Zu den Berechtigten, welche in die Anmeldebogen eingetragen werden, gehören auch die

§. 137.

Gründet sich der zur Eintragung angemeldete Anspruch nicht auf öffentliche vom Eigenthümer ausgestellte Urkunden, so ist dieser darüber zu vernehmen.

Erkennt er den Anspruch an, so wird derselbe in den Anmeldebogen aufgenommen. Bestreitet er den Anspruch, so muß der Anmeldende zum Rechtsweg verwiesen werden. Eine Eintragung im Anmeldebogen findet in diesem Fall nur auf Ersuchen des Prozeßrichters statt.

§. 138.

Die angemeldeten und anerkannten und die auf Ersuchen des Prozeßrichters aufzunehmenden Ansprüche der zweiten und dritten Abtheilung werden nach den zur Zeit ihrer Entstehung geltenden Gesetzen, oder, wenn sich hiernach ihre Reihenfolge nicht bestimmen läßt, nach der Zeitfolge ihrer Anmeldungen eingetragen.

§. 139.

Die Eintragung in das Grundbuch erfolgt, sobald der Eigenthümer den zur Eintragung seines Eigenthums nach §. 135. erforderlichen Nachweis geführt hat.

§. 140.

Wegen der Erwerbung von dinglichen Rechten auf Grundstücke, die in dem Grundbuch des Orts noch nicht eingetragen sind, bleibt es bei den Bestimmungen der Verordnung vom 16. Juni 1820. und der Deklaration vom 28. Juli 1838.

Inhaber von Rekognitionshypotheken. Sie werden von einem Ausschlußurtheil nach §. 135 Nr. 2 nicht betroffen, weil sie nicht unbekannt sind. (Dernburg u. Hinrichs 1 S. 302 Note 27.)

Die Anmeldebogen entsprechen den drei Abtheilungen des Grundbuchblattes.

§. 137.

Ergiebt sich der Anspruch auf Eintragung aus Urkunden, welche in authentischer Form von dem Eigenthümer ausgestellt sind, so wird das Recht in den Anmeldebogen eingetragen. Ein nachträglicher Widerspruch des Eigenthümers kann die Eintragung nicht hindern. Vielmehr bleibt demselben nur überlassen, im Rechtswege die Löschung zu erwirken.

Vermag der Berechtigte seinen Anspruch nicht urkundlich nachzuweisen, so wird der Eigenthümer zur Erklärung über denselben vor das Amtsgericht geladen. Erkennt er den Anspruch an, so erfolgt die Eintragung in Gemäßheit des Prinzips der §§. 13 u. 19 des Gesetzes. Wird der Anspruch bestritten, so findet die Eintragung nur auf Grund eines rechtskräftigen Urtheils statt, sofern nicht das Prozeßgericht eine vorläufige Eintragung nachsucht. (§§. 14, 16, 19 Nr. 2, 22 a. a. O.) Ebenso liegt die Sache, wenn der Eigenthümer der Ladung nicht Folge leistet.

§. 138.

Die Rangordnung der angemeldeten Rechte bestimmt sich nach der Hyp.O. 4 §§. 31 ff. durch den Zeitpunkt, in welchem jedes einzelne Recht entstanden ist. Der Zeitpunkt der Anmeldung entscheidet erst, wenn die Gesetze zur Zeit der Entstehung keinen Anhalt bieten. Vgl. übrigens Gr.B.O. §. 45.

§. 139.

Die Eintragung des Eigenthümers ist die unerläßliche Voraussetzung für die Eintragung aller gegen denselben angemeldeten Rechte. Vgl. das Gesetz §§. 5, 13, 14, 16, 19.

§. 140.

Die Verordnung, die Erwerbung und Ausübung der Realrechte auf Grundstücke, insbesondere der Hypothekenrechte, bei nicht vollständig eingerichtetem Hypothekenwesen, betreffend, vom 16. Juni 1820, G.S. S. 106, lautet:

„Wir Friedrich Wilhelm ꝛc. ꝛc. Thun kund und fügen hiermit zu wissen:

Da in einem Theile derjenigen Unserer Provinzen, worin das Allgemeine Landrecht, die Allgemeine Gerichtsordnung und die Hypothekenordnung stets in Anwendung geblieben sind, desgleichen in denjenigen neuen oder wiedererworbenen Provinzen, worin Wir diese Gesetze neu oder wieder eingeführt haben, die Einrichtung der Hypothekenbücher noch nicht hat vollendet werden können; und da zugleich über die Anwendung mehrerer Stellen aus jenen Gesetzen, worin das Dasein von Hypothekenbüchern vorausgesetzt wird, daselbst Zweifel entstanden sind; so verordnen Wir für die in den gedachten Provinzen noch nicht mit Hypothekenbüchern versehenen Gerichtsbezirke (jedoch mit Ausschluß des Herzogthums Sachsen, indem für dasselbe über diesen Gegenstand eine besondere Verordnung heute erlassen worden), nach erfordertem Gutachten Unsers Staatsraths, wie folget:

§. 1. Wer auf ein in einem solchen Gerichtsbezirk gelegenes Grundstück künftig irgend einen Titel zu einer Hypothek erwirbt, hat denselben sofort zum Behuf der künftigen Eintragung bei der Hypothekenbehörde anzumelden, und derselben seine Urkunden und Beweismittel zu übergeben.

§. 2. Die Hypothekenbehörde wird hierdurch angewiesen, den angemeldeten Titel nicht blos für die künftige Eintragung genau aufzuzeichnen, sondern auch sofort zu prüfen, ob die Hypothek zur Eintragung schon geeignet ist, und in diesem Falle demjenigen, welcher die Eintragung sucht, eine Rekognition darüber unter dem Original-Instrumente, worin die Hypothek bestellt worden ist, auszufertigen, sodann aber sämmtliche Urkunden und Beweismittel dem Gläubiger zurückzugeben.

§. 3. Ist in der vergangenen Zeit eine solche Anmeldung und Bescheinigung bereits vorgekommen, so soll dieselbe gleichfalls die in dieser Verordnung enthaltenen Rechte und Vorzüge genießen.

§. 4. Ist in einem solchen Falle zwar die Anmeldung bereits geschehen, jedoch die Prüfung und Bescheinigung von Seiten der Hypothekenbehörde noch nicht hinzugekommen (welches vorzüglich in den neuen oder wiedererworbenen Provinzen der Fall ist), so soll diese Prüfung und Bescheinigung noch jetzt auf Verlangen des Gläubigers unverzüglich nachgeholt werden.

§. 5. In allen diesen Fällen erwirbt der Gläubiger durch diese Anmeldung und Bescheinigung das Recht:

a) seine Ansprüche gegen dritte Besitzer zu verfolgen;
b) auf Eintragung ins Hypothekenbuch, bei dessen künftiger Vollendung, nach dem Zeitpunkt der geschehenen Anmeldung;
c) bei einem, wenn gleich vor der Vollendung des Hypothekenbuchs ausbrechenden Konkurse auf Ansetzung in die dritte Klasse, gleichfalls nach dem Zeitpunkt der geschehenen Anmeldung.

§. 6. Der nach b. und c. des vorigen Paragraphs an die Zeit der Anmeldung geknüpfte Rang soll jedoch in Unsern neuen oder wiedererworbenen Provinzen für diejenigen Fälle eine Ausnahme leiden, in welchen eine solche neuerrichtete Hypothek mit einer alten (d. h. vor Einführung Unserer Hypothekenordnung entstandenen) Hypothek konkurrirt. Ist nämlich in einem solchen Falle die alte Hypothek nur überhaupt innerhalb des durch das Hypothekenpatent vorgeschriebenen Präklusivtermins angemeldet worden; so soll sie der neuerrichteten schlechthin vorgehen, selbst wenn diese früher als jene angemeldet sein sollte.

§. 7. Jeder Gläubiger, welcher die in der gegenwärtigen Verordnung enthaltenen Rechte geltend machen will, muß erforderlichen Falls das Eigenthum desjenigen, von welchem er seine

Hypothek herleitet, nachweisen, und wird von diesem Beweise durch die ihm in Gemäßheit des §. 2. ertheilte Rekognition nicht befreiet.

§. 8. Verlangt ein Gläubiger, welchem auf den Grund der gegenwärtigen Verordnung ein Hypothekenrecht zusteht, die Subhastation eines Grundstücks; so soll dabei nach den Vorschriften der Allgemeinen Gerichtsordnung Th. I. Titel 51. §. 99. und folgenden, verfahren werden.

§. 9. Alle Bestimmungen Unserer Gesetze, welche mit dem Inhalt der gegenwärtigen Verordnung im Widerspruch stehen würden, und namentlich die §§. 411. und 412. des Allgemeinen Landrechts Th. I. Titel 20., so wie der §. 394. der Allgemeinen Gerichtsordnung Th. I. Titel 50., sollen in den oben bezeichneten Gerichtsbezirken noch zur Zeit nicht zur Anwendung kommen, indem Wir alle diese Gesetzesstellen hierdurch dahin erklären, daß darin andere Verhältnisse, als für welche die gegenwärtige Verordnung erlassen wird, vorausgesetzt sind.

§. 10. Sobald in einem solchen Gerichte das Hypothekenbuch vollendet ist, hat das Gericht diese Vollendung in dem Amtsblatt der Regierung bekannt zu machen. Mit dieser Bekanntmachung hört für die betreffenden Grundstücke in einem solchen Gerichtsbezirk die im § 9. ausgesprochene Suspension auf.

§. 11. Sämmtliche Gerichte werden hierdurch ernstlich erinnert, die Vollendung der noch fehlenden Hypothekenbücher möglichst zu beschleunigen."

2. Die Deklaration dieser Verordnung, vom 28. Juli 1838, G.S. S. 428, hat nachstehenden Wortlaut:

„Wir Friedrich Wilhelm rc. rc. haben Uns vortragen lassen, daß über den Sinn der Verordnung vom 16. Juni 1820., betreffend die Erwerbung und Ausübung der Realrechte auf Grundstücke, insbesondere der Hypothekenrechte, bei nicht vollständig eingerichtetem Hypothekenwesen (G.S. S. 106.) verschiedene Meinungen in den Gerichten entstanden sind. Zur Beseitigung dieser Zweifel und zur Feststellung des wahren Sinnes des angeführten Gesetzes verordnen Wir auf den von Unseren Justizministern im Einverständnisse mit dem Staatsministerium gemachten Antrag und nach erfordertem Gutachten Unseres Staatsraths, wie folgt:

§. 1. Die Verordnung vom 16. Juni 1820. ist auf jedes einzelne Grundstück bis zu seiner Eintragung in das Hypothekenbuch anwendbar, ohne Unterschied, ob andere, in demselben Gerichtsbezirke befindliche Grundstücke in das Hypothekenbuch dieses Gerichtsbezirks bereits eingetragen sind oder nicht.

§. 2. Die in dem §. 2. derselben Verordnung enthaltenen Worte: unter dem Original-Instrumente, gehören zwar zu den Vorschriften über das Verfahren, welches der Hypothekenrichter zu beobachten angewiesen ist, aber nicht zu den nothwendigen Formen, ohne deren Beobachtung der eingetragene Gläubiger die im §. 5. bestimmten Rechte nicht erlangen kann. Es stehen demselben vielmehr diese Rechte auch dann zu, wenn die Rekognition nicht auf dem Original-Instrumente vermerkt, sondern besonders ertheilt worden ist."

3. Die zur Erläuterung der Verordnung vom 16. Juni 1820 und der Deklaration derselben dienenden Ministerialreskripte und Obertribunalsentscheidungen siehe bei v. Rönne, Ergänzungen rc. zum A.L.R. (I. 20 §§. 390 u. 391) 6. Ausg, Bd. 2 S. 399. Vgl. auch Kochs Landrecht, Zus. 12 u. 13 zu I. 20 §. 398 und Turnau 1 S. 605 ff. Hier ist nur zu §. 8 der Verordn. zu bemerken, daß im Fall der Subhastation nach dem Zwangsvollstr Ges. §§. 190 ff. verfahren wird.

4. Ueber die Judikatshypotheken ist §. 189 des Zwangsvollstr.Ges. zu vergleichen. Darnach erfolgt in dem Geltungsbereich der V.O. v. 16. Juni 1820 und der Deklaration v. 28. Juli 1838 die Erwerbung eines Pfandrechtes nach Maßgabe dieser Verordnung, und bei Anlegung des Grundbuchblattes oder Artikels sind die vollstreckbaren Forderungen „auf Grund des vorhergestellten Antrages mit dem nach der Zeit des letzteren zu bestimmenden Range einzutragen". Ueber die gemeinrechtlichen Gebietstheile vgl. Ziffer 1 bis 3 des §. 189 (Krech u. Fischer S. 686 ff).

Sechster Abschnitt.

Von den Kosten.

§. 141.

Die Kosten für die Bearbeitung der Grundbuchsachen werden nach dem beigefügten Tarif erhoben. Die Bestimmungen des letzteren treten in den Fällen, wo nach der gegenwärtigen Grundbuchordnung verfahren wird, an die Stelle der §§. 25. bis 32. des Gerichtskostentarifs vom 10. Mai 1851. und des Artikels 17. des Gesetzes vom 9. Mai 1854.

§. 142.

Die Stempelabgaben für die bei dem Grundbuchamt vorgenommenen Geschäfte und gestellten Anträge werden nach dem besonderen hierüber erlassenen Gesetze erhoben.

Siebenter Abschnitt.

Schlußbestimmung.

§. 143.

Die Grundbuchordnung tritt mit dem 1. Oktober 1872 in Kraft.

Mit diesem Tage werden die Hypothekenordnung vom 20. Dezember 1783. und alle dieselbe ergänzenden und abändernden Gesetze aufgehoben.

Urkundlich unter Unserer Höchsteigenhändigen Unterschrift und beigedrucktem Königlichen Insiegel.

Gegeben Berlin, den 5. Mai 1872.

(L. S.) **Wilhelm.**

Fürst v. Bismarck. Gr. v. Roon. Gr. v. Itzenplitz. v. Selchow. Gr. zu Eulenburg. Leonhardt. Camphausen. Falk.

Sechster Abschnitt.

§. 141.

1. Das Kostenwesen in Grundbuchsachen unterliegt jetzt den Vorschriften des deutschen Gerichtskostengesetzes vom 18. Juni 1878 bezw. 29. Juni 1881 §§. 4—7, 9—14, 16, 17, 79, 80, 80b und des Ausführungsgesetzes vom 10. März 1879 §§. 4—8, 21 (ergänzt durch Gesetz v. 21. März 1882 §. 1). Der Tarif ist, mit Ausnahme des §. 7, in Geltung geblieben. Die zwangsweise Einziehung der tarifmäßigen Kosten erfolgt nach dem Ausführungsgesetze §. 29 im Wege der administrativen Zwangsvollstreckung, welche durch die Verordnung, betr. das Verwaltungszwangsverfahren wegen Beitreibung von Geldbeträgen, vom 7. September 1879, G.S. S. 591, geregelt ist (vgl. Anm. 1b zu §. 19 Nr. 3 des Gesetzes, oben S. 135 ff.).

2. Der §. 141 gilt nicht in der Provinz Hannover. (Einf.Ges. §. 1.) Vgl. auch Vorbemerkung 5 zum Kostentarif, unten S. 498.

§. 142.

Das „Gesetz, betreffend die Stempelabgaben von gewissen, bei dem Grundbuchamte anzubringenden Anträgen", vom 5. Mai 1872, G.S. S. 509, ist unten abgedruckt.

Siebenter Abschnitt.

§. 143.

1. Die Grundbuchordnung hat die Tendenz, die Rechtsmaterien, welche sie behandelt, ausschließlich zu regeln, die zerstreuten Rechtsvorschriften zu kodifiziren. Sie hebt daher den bestehenden Rechtszustand innerhalb ihrer Sphäre auf, indem sie überall, wo sie die bisherigen Bestimmungen nicht als fortdauernd anerkennt, an deren Stelle tritt.

Bei der Erläuterung der einzelnen Paragraphen ist deren Verhältniß zu den bisher geltend gewesenen Rechtsvorschriften möglichst klar gelegt worden. Zur Ergänzung der bezüglichen Erörterungen ist hier nur noch hervorzuheben, daß durch den §. 143 — außer der Hypothekenordnung und dem „einige Abänderungen" derselben „betreffenden Gesetz vom 24. Mai 1853" — u. a. noch für formell aufgehoben zu erachten sind:

die Kabinetsordre vom 10. Mai 1829, betreffend die Ausfertigung von Attesten statt der Hypothekenscheine, G.S. S. 49,

die Kabinetsordre vom 31. Oktober 1831 über die Verpflichtung der Eigenthümer zur Berichtigung des Besitztitels ihrer Grundstücke, G.S. S. 251,

die Kabinetsordre vom 9. Mai 1839, betreffend das Verfahren bei der Regulirung des Hypothekenwesens, G.S. S. 163.

Verschiedene Rechtsvorschriften, deren theilweise Aufhebung man nach §. 143 an sich annehmen könnte, sind nach ausdrücklicher Bestimmung der Grundbuchordnung beibehalten worden, wie die §§. 11, 28, 66, 77, 97, 98, 113, 140 ergeben.

2. Durch den §. 143 sind selbstverständlich die unter der Herrschaft der aufgehobenen Gesetze erworbenen Rechte nicht aufgehoben. Zu diesen Rechten gehört auch der Anspruch des Gläubigers auf Löschung der wegen angeblich nicht gezahlter Valuta eingetragenen Protestation nach §. 49 des Gesetzes vom 24. Mai 1853. (O.Tr. III, Str.Arch. 94 S. 287.)

3. Ueber das gegenwärtige Geltungsgebiet der Gr.B.O. siehe Einleitung S. 22.

Anlage A.

Formular I.

(§. 7. der Grundbuchordnung.)

Grundbuch von Schlebach, Kreis Liebstadt.

Band I.

Blatt Nr. 1. Rittergut Schlebach.

(Grundsteuerbuch Art. . . . . Nr. . . . .*)

Bezeichnung des Grundstücks.								Abschreibungen.						
№	Bestandtheile	Grundsteuermutterrolle.	Größe. Hektar.	Ar	□Met.	Reinertrag. Nutzungswerth. Thlr. Mark	Cent.	Bezeichnung des Theilstücks.	Grundsteuermutterrolle.	Größe. Hektar	Ar.	□Met.	Reinertrag. Nutzungswerth. Thlr. Mark	Cent.
1.	Das Gut Schlebach	1	600	30	5			1. Die Zinsen und Dienste der Bauern zu Schlebach sind gegen ein Kapital von 700 Thlrn. abgelöst. Vermerkt am . . . . F. N.						
2.	Das Vorwerk Neu-Schlebach	5	40	14	.									
3.	Der im Bezirk des Grundbuchamts zu N. belegene Forst „die großen Kiefern" (Bd. IV. Bl 2. des Grundbuchs zu N.) . .	4	35	.	40			2. Die Otterwiese . . . . . übertragen auf Bl. 14. Bd. III. des Grundbuchs von Schlebach am . . . . F. N.	27	.	8	37	1	29
4.	Der Steinacker .	6	.	25	.									
5.	(Hier folgen weitere Zuschreibungen.)													

*) Die Nummer ist die Nummer des Artikels. Es muß dabei heißen: Art. . . . Nr. . . . . Außerdem fehlt die Nr. der Gebäudesteuerrolle. Vgl. über beides Anm. I 3 zu §. 8 der Gr.B.O., oben S. 307.

Erste Abtheilung.

№	Eigenthümer.	Zeit und Grund des Erwerbes.	Werth.	Thlr. Mark.	Sgr.	₰
*) 1.	Philipp Moritz v. Gutendorf zu Schlebach, Major a. D.	Auf Grund der Erbbescheinigung vom 3. April 1858 eingetragen am . . . F. N.	Taxe vom 3. Oktober 1865	137,500		
2.	Johann Heinrich von Beuthen zu Schlebach, Königl. Landrath.	Aufgelassen und eingetragen am 1. Juli 1867. F. N.	Preis vom 1. Juli 1867	140,000	.	
			Wohnhaus, Hof- und Wirthschaftsgebäude sind am 1. Januar 1870 gegen Feuersgefahr versichert mit	10,580	.	.
		Der „Steinacker" (Nr. 4 des Titelblatts) ist von Blatt 7. Bd. II. des Grundbuchs von Schlebach hierher als Zubehör übertragen am . . . . F. N.				

*) Die punktirten Linien bedeuten rothe Linien. (Anm. aus der Gesetzsammlung.)

Zweite Abtheilung.

№	Betrag.			Dauernde Lasten und Einschränkungen des Eigenthums.	Veränderungen.		Löschungen.	
	Thlr. Mark.	Sgr.	₰		Eintragung.	Löschung.	№	
1.	5	.	.	Fünf Thaler unablöslicher Zins für die Kirche zu Schlebach. Eingetragen am . . . . F. N.				
2.	.	.	.	Ein Vorkaufsrecht für den Oekonom Heinrich Carl von Gutendorf auf 10 Jahre, bis 1. Juli 1877. Eingetragen auf Grund des Kaufvertrags vom 1. Juli 1867 am . . . . F. N.				
3.	.	.	.	Die nothwendige Subhastation ist eingeleitet. Eingetragen am . . . . F. N.			3.	Gelöscht am . . . . F. N.

Dritte

№	Betrag. Thlr. Mark.	Sgr.	₰	1. Hypotheken und Grundschulden.	№	Thlr. Mark.	Sgr.	₰
1.	20 000	.	.	Zwanzig Tausend Thaler Pfandbriefe der Fürstenthumslandschaft N., ausgefertigt unter den Nr. Nr. . . . . über je Eintausend Thaler. Eingetragen am . . . . F. N.				
2.	7 000 2 000 5 000	20 . 20	. . .	Sieben Tausend Thaler zwanzig Silbergroschen Darlehn mit 4½ Prozent jährlich vom 1. Juli 1858 verzinslich, gegen sechsmonatliche Kündigung am 1. Juli oder 1. Januar zahlbar, eingetragen für den 2c. zu 2c auf Grund der Schuldurkunde vom . . . . am . . . . F. N.	2.	5 000	20	.
3.	5 000	.	.	Fünf Tausend Thaler Darlehn, mit 4½ Prozent jährlich vom 1. Oktober 1858 verzinslich, gegen sechsmonatliche Kündigung am 1. April oder 1. Oktober zahlbar, eingetragen für den 2c. zu 2c. auf Grund der Schuldurkunde vom . . . . am . . . . F. N.				
4.	10 000	.	.	Zehn Tausend Thaler Darlehn, mit 5 Prozent jährlich vom 1. Januar 1859 verzinslich, gegen sechsmonatliche Kündigung zahlbar, eingetragen für den 2c. zu 2c. auf Grund der Schuldurkunde vom . . . . . am . . . . . F. N.	4.	10 000	.	.
5.	10 000	.	.	2c.				
6.	10 000	.	.	2c.				
7.	8 000	.	.	Vorgemerkt zur Erhaltung des Vorrechts einer Hypothek zum Betrage von acht Tausend Thalern für den 2c. zu 2c. am . . . . . . F. N. Acht Tausend Thaler in eine Hypothek für eine Kaufgeldforderung umgeschrieben, verzinslich mit 5 Prozent vom 1. Oktober 1859 und zahlbar gegen sechsmonatliche Kündigung für den N. N. zu N. Eingetragen auf Grund rechtskräftigen Erkenntnisses des Kreisgerichts zu . . . . . vom . . . . . am . . . . . F. N.				
8.	6 000 1 000 5 000	. . .	. . .	Sechs Tausend Thaler*) mit 5½ Prozent vom 1. Januar 1860 verzinslich und gegen sechsmonatliche Kündigung zahlbar, eingetragen für den 2c. zu 2c. auf Grund der Schuldurkunde vom . . . . . . am . . . . . . F. N.				
9.	5 000 1 000 4 000	. . .	. . .	Fünf Tausend Mark Grundschuld, mit 5½ Prozent vom 1. Juli 1872 in halbjährlichen Raten verzinslich, gegen sechsmonatliche, nicht vor dem 1. Juli 1875 zulässige Kündigung zahlbar, eingetragen für den Banquier Friedrich Klein zu Berlin am 2. Juli 1872. F. N.	9.	5 000 2 500	.	.

*) Die Weglassung des Schuldgrundes in dem Eintragungsvermerk scheint auf einem Versehen zu beruhen. Vgl. jedoch Dernburg, Preuß. Privatr. 1 § 314 Anm. 16.

Abtheilung.

2. Veränderungen.			3. Löschungen.				
Eintragungen.	№	Löschungen.	№	Thlr. Mark.	Sgr.	₰	
Von den eingetragenen 7 000 Thlr. 20 Sgr. mit den Zinsen vom 1. Januar 1859 abgetreten an den ꝛc. zu ꝛc. Eingetragen am .... F. N.			2.	2 000	.	.	Gelöscht am .. F. N.
			2.	5 000	20	.	Gelöscht am .. F. N.
			3.	5 000	.	.	Gelöscht am .. F. N.
Abgetreten an den Eigenthümer, Königl. Landrath Johann Heinrich von Beuthen zu Schlebach. Eingetragen am .... F. N.							
			8.	1 000	.	.	Gelöscht am .. F. N.
Abgetreten mit den Zinsen vom 1. Januar 1873 an den Holzhändler Carl Gross zu Liebstadt. Eingetragen am ...... F. N.							
Von den unter Nr. 9 eingetragenen 5 000 Mark mit dem Vorzugsrecht vor dem Ueberrest							

Dritte

№	Betrag. Thlr. Mark	Sgr.	₰	1. Hypotheken und Grundschulden.	№	Thlr. Mark	Sgr.	₰
10.	1 000	.	.	Ein Tausend Mark Grundschuld, mit 5½ Prozent vom 1. Juli 1873 verzinslich und gegen sechsmonatliche Kündigung zahlbar, eingetragen für den ꝛc. zu ꝛc. mit dem Bemerken, daß diesen Eintausend Mark das Vorrecht vor denjenigen 1000 Mark eingeräumt ist, welche von der unter Nr. 9 eingetragenen Grundschuld dem Friedrich Gottlieb Gross zustehen, am 15 September 1873. F. N.	10	1 000	.	.
					9.	500	.	.
11.	1 000	.	.	ꝛc.	9	2 000 1 000 1 000	. . .	. . .

Abtheilung.

2. Veränderungen.			3. Löschungen.				
Eintragungen.	№	Löschungen.	№	Thlr. Mark.	Sgr.	₰	
und mit den Zinsen vom 1. April 1873 abgetreten an den Hausbesitzer Julius Roll zu N. Eingetragen am .... F. N. Fortsetzung siehe hinter Nr. 10.							
Abgetreten an den ꝛc. zu ꝛc. mit den Zinsen von .... Eingetragen am ...... F. N.							
Fortsetzung von Nr. 9. Vorgemerkt auf diejenigen 2 500 Mark, welche dem Holzhändler Carl Gross zustehen, für den Kaufmann Ferdinand Müller zu Liebstadt am 7. Mai 1873. F. N. Die vorgemerkten 500 Mark sind mit den Zinsen vom 1. Juni 1873 und mit dem Vorzugsrecht vor den verbleibenden 2000 Mark abgetreten an den Kaufmann Ferdinand Müller zu Liebstadt. Eingetragen am 31. Mai 1873. F. N.							
Bei der Theilung des Nachlasses des Holzhändlers Carl Gross dem Friedrich Gottlieb Gross übereignet. Eingetragen am .... F. N.			9.	1 000	.	.	Gelöscht am 15. September 1873. F. N.
Der unter Nr. 10 eingetragenen Grundschuld von 1000 Mark ist das Vorzugsrecht vor den unter Nr. 9 dem Friedrich Gottlieb Gross noch zustehenden 1000 Mark eingeräumt worden. Eingetragen am 15. September 1873. F. N.							

Anlage B.

Formular II.

(§. 14. der Grundbuchordnung.)

Grundbuch von Buchhain.

Band I. Artikel 1.*)

Eigenthümer: Landwirth Heinrich **Schmidt** zu **Buchhain** und dessen Ehefrau Anna Christiane, geb. **Kraut.**

---

*) Ueber den Artikel der Grundsteuermutterrolle vgl. die Anm. zu §. 15 der Gr.B.O., oben S. 315. Daneben ist die Nummer der Gebäudesteuerrolle zu vermerken, vgl. die unten abgedruckte Allg. Verf. v. 5. Juni 1877 I Abs. 3. (Nach Schwartz 1 S. 693 ist letztere in Abth. I Spalte 4 oder 5 einzutragen.)

Abtheilung I. Verzeichniß

Laufende №	Flur oder Gemarkung.	Flurbuch Fol oder Kartenblatt №	Flurbuch № Parzelle №	Bezeichnung des Grundstücks. Lage.	Kulturart.	Flächeninhalt. Hektar	Ar.	□ M	Reinertrag oder Nutzungswerth. Thlr. Mark	Cent.
1.	2.	3.		4.	5.	6.			7.	
1.	Löber	295	157	Martinsbusch	Acker	1	8	10	1	20
2.	Sulze	.	131 a.	Schleifweg	Acker	1	.	60	5	10
3.	Schmidtstedt	300	71	Rothe Berg	Garten	.	10	41	4	.
4.	Schlettern	.	96	Im Dorfe	Haus	.	.	.	50	.
5.	Brühl	.	36	Hohes Feld	Acker	2	.	.	7	20
3.*)	Schmidtstedt	300	71	Rothe Berg	Garten	.	2	10	.	20
6.	Brühl	11	99	Weinberg	Acker	1	.	5	4	10
7.	Eckstedt	91	40	Aue	Wiese	.	8	37	1	29
8.	Burbach	6	2	Fichten	Holzung	.	29	74	.	37
9.	Desgl.	3	7	Auf dem Sand	Acker	.	10	63	2	14
8a	"	6	421 2	Fichten	Holzung	.	9	4	.	11
8b.	"	6	422 2	"	"	.	13	20	.	18
8c.	"	6	423 2	"	"	.	7	50	.	8

*) Vergl. die Anm. zu §. 68 der Gr.B.O., oben S. 385.

der Grundstücke.

Zeit und Grund des Erwerbes.	Erwerbspreis, Werth und Versicherung.	Abschreibungen.
8.	9.	10.
Auf Grund der Auflassung vom 10. Juli 1869 eingetragen am 11. Juli 1869. N. N. . . .	120 Thlr. E.	Uebertragen Band . . Blatt . . . Artikel . . .
Aufgelassen und eingetragen am 26. Juli 1869. N. N.	800 Thlr. W *)	Die Parzellennummer . . . übertragen Band . . . Blatt . . . Artikel . . .
Aufgelassen und eingetragen am 11. September 1870. N. N.	100 Thlr. E.	Die Parzellennummer . . . übertragen Band . . . Blatt . . . Artikel . . . Rest unten hinter Nr. 5.
Auf Grund der Erbbescheinigung vom 8. September 1870 eingetragen am 19. September 1870. N. N.	1509 Thlr. V. vom 3. Oktober 1870.	
u. s. w.		Nr. 8 ist getheilt. S. unten hinter Nr. 9.

*) Vgl. §. 10 der Gr.B.O.

Abtheilung II. Dauernde Lasten und

Lfde. №	Betrag. Thlr. Mark.	Sgr. Fl.	₰ Kr.	Bezeichnung des belasteten Grundstücks nach der laufenden № der I. Abtheil.	Dauernde Lasten und Einschränkungen des Eigenthums.	Betrag. Thlr. Mark.	Sgr. Fl.	₰ Kr.
1.	2.			3.	4.	5.		
1.	.	10sg.	.	1.	Auf № 1 zehn Silbergroschen jährlich zu Michaelis und fünf Silbergroschen Lehngeld in Kauffällen für die Kirche St. Mauritii S. Eingetragen am . . . . A. B.			
2.	.	.	.	1.	Auf № 1 Altentheil für Anton Siegert zu Buchhain (Bl. 71 der Grundakten). Eingetragen am . . . . A. B.	.	.	.
3.	.	5	.	2.	Auf № 2 fünf Silbergroschen jährlich zu Neujahr für Max Blaubart in Buchhain Eingetragen am . . . . A. B.			
4.	1	.		3.	Auf № 3 einen Thaler jährlich zu Johannis für die Stadtkasse zu . . . . Eingetragen am . . . . A. B.	.	.	.
5.		.	.	3. 4. 5. 6. 7. 8a. b. c. 9.	Die nothwendige Subhastation № 3. 4. 5. 6. 7. 8a. b. c. 9. ist eingeleitet. Eingetragen am . . . . A. B.			

Einschränkungen des Eigenthums.

Veränderungen.			Löschungen.				
zu №	Eintragungen.	Löschungen.	Betrag. Thlr. Mark.	Sgr. Fl.	₰ Kr.	zu №	
6.	7.	8.	9.			10.	11.
			.	10 sg.	.	1.	Uebertragen (s. Abtheil. I. № 1). Eingetragen am .... A. B.
2.	Das Vorzugsrecht f. d. Post Abtheil. III. № 1. Eingetragen am ...... A. B.	Gelöscht am .. A. B.	.	.	.	2.	Uebertragen (s. Abtheil. I. № 1). Eingetragen am .... A. B.
			.	5	.	3.	Gelöscht am .... A. B.
						4.	Uebertragen (s. Abtheil. I. № 3). Eingetragen am .... A. B.
						3. 4. 5. 6. 7. 8a b. c. 9.*)	Gelöscht am .... A. B.

*) Die Nummern der Grundstücke stehen hier irrthümlich für die Nummer 5 der Eintragungen, auf welche die Löschung sich bezieht.

Abtheilung III. Hypotheken

Laufende №	Betrag. Thlr. Mark	Sgr Pf	₰ Pf	Bezeichnung des belasteten Grundstücks nach der laufenden № der I. Abtheilung	Hypotheken und Grundschulden.	Betrag. Thlr. Mark	Sgr Pf	₰ Pf
1.	2.			3.	4.	5.		
1.	1000	.	.	1. bis mit 5.	Auf № 1. bis mit 5. Eintausend Thaler Kaufgeld, mit 5 Prozent Zinsen vom 1. Januar 1871, gegen dreimonatliche Kündigung, eingetragen für den Rentier Karl Schein zu Berlin auf Grund des Kaufvertrages vom 1. Oktober 1870 am 2. Oktober 1870. A. B.	500	.	.
						.	.	.
2.	400 200 200	. . .	. . .	1. 3. 4.	Auf № 1. 3. 4. Vierhundert Thaler Grundschuld, zu 6 Prozent vom 1. April 1871 verzinslich und sechsmonatliche Kündigung für den Rentmeister Friedrich Wald in Beeren. Eingetragen am . . . . A. B.	.	.	.
3.	400	.	.	6. 7. 8.	Auf № 6. 7. 8. Vierhundert Mark Grundschuld, zu 6 Prozent vom 1. September 1873 verzinslich, gegen dreimonatliche Kündigung für den Bäcker Christian Müller zu Buchhain. Eingetragen am . . . . A. B.	400	.	.
4.	600	.	.	4.	Auf № 4. Sechshundert Mark Kaution des Heinrich Schmidt für das von ihm verwaltete Vermögen seiner Kinder erster Ehe, Georg und Ludwig Schmidt, auf Grund der Urkunde vom 11. September 1873 eingetragen am . . . . A. B.			

und Grundschulden.

Veränderungen.			Löschungen.				
zu №	Eintragungen.	Löschungen.	Betrag. Thlr. Mark.	Sg. Fl.	₰ Kr.	zu Nr.	
6.	7.	8.	9.			10.	11.
1.	Fünfhundert Thaler mit dem Vorzugsrechte vor dem Reste und mit Zinsen vom 1. Februar 1871 ab, cedirt an den Rentier Karl Hirsch in Berlin. Eingetragen am 2. Februar 1871. A. B.	Das Vorzugsrecht gelöscht am 2. Septbr. 1872. A. B.					
1.	Mit Grundstück 1. und den Parzellen vom Grundstück 2. und 3. übertragen Band . . . Blatt . . . A. B.						
1.	Grundstück Nr. 1 ist freigegeben. Eingetragen am . . . . . . A. B.		200	.	.	2.	Gelöscht am . . A. B.
	Mit den Parzellen von Nr. 3. übertragen Band . . . . . . Blatt . . . . Eingetragen am . . . . . . A. B.						
2.	für Georg Spiess, Oekonom zu Buchhain, mit Arrest belegt. Eingetragen am . . . . . A. B.	Gelöscht am . . . . A. B.					

Anlage C.

Formular III.

(§. 17. der Grundbuchordnung.)

Grundbuch

der im Kreise N. N. in der Gemeinde N. N. gelegenen Eisensteingrube **Glückauf**.

I. Beschreibung des generellen Eigenthums.

Zufolge der von dem Königlichen Handelsministerium zu Berlin ertheilten Beleihungsurkunde vom 1. Januar 1861. ist die Gewerkschaft mit einer Fundgrube von 42 Lachtern Länge und zwei Maßen, jede zu 28 Lachtern Länge, mit der Vierung von $3\frac{1}{2}$ Lachter ins Hangende und $3\frac{1}{2}$ Lachter ins Liegende, auf einen in Stunde 7 streichenden nach Süden mit 60 Grad einfallenden Silber- und Bleierz führenden Gang, beliehen worden.

Eingetragen zufolge Verfügung vom 1. Februar 1871.

II. Zubehörstücke des Bergwerks.

Bezeichnung des Grundstücks.										Abschreibungen.							
Nr.	Bestandtheile.	Grundsteuer mutterrolle.	Größe.			Reinertrag. Nutzungswerth.			Bezeichnung des Theilstücks.		Grundsteuer mutterrolle.	Größe.			Reinertrag Nutzungswerth.	
			Hektar	Ar.	Met.	Thlr. Mk.	Cent					Hektar.	Ar.	Met.	Thlr. Mk.	Cent
1.	Ackerland, jetzt Niederlageplatz.	4							1							

III. **Dauernde Lasten, Beschränkungen des Eigenthums und dingliche Rechte, welche auf dem ganzen Bergwerk haften.**

№	Betrag.			Dauernde Lasten und Einschränkungen des Eigenthums.	Veränderungen.		Löschungen.	
	Thlr. Mark.	Sgr.	₰		Eintragung.	Löschung.	№	
1.	100	.	.	Einhundert Thaler jährliche Förder-steuer für die angrenzende Grube Gottesgabe.				
2	1000	.	.	Ein Tausend Thaler unverzinsliches Darlehn für die Bergbau-Hilfs-kasse zu Bonn. Eingetragen auf Grund der Schuldurkunde vom .... am .... F. N.				

Erste Abtheilung.

Laufende №	Primordial-№	Eigenthümer.	Zeit und Grund des Erwerbes.	Anzahl der Kuxe.	Werth.	Thlr. Sgr. ₰ Mark.
1.	.	Kaufmann Wilhelm Kraft zu Siegen. Nr. 3. 4.	Auf Grund der Beleihungs-Urkunde vom 1. Jan. 1861 und des Konstituirungsprotokolls vom 15. Januar 1861. Eingetragen am . . F. N.	64		
2.	.	Landwirth Peter Kamp zu Kirchen.	Aufgelassen und eingetragen am . . . F. N.	64		
3.	1.	Bergmann Heinrich Hebeler zu Herdorf.	Aufgelassen und eingetragen am . . . F. N.	30	Protokoll vom 15. Januar 1871	100
4.	1.	Kaufmann Wilhelm Kraft zu Siegen.	Uebertragen von Nr. 1 als Rest am . . . F. N.	34		

Zweite Abtheilung.

Laufende № des Antheils	Primordial-№	Betrag. Thlr. Mark	Sgr.	₰	Dauernde Lasten und Einschränkungen des Eigenthums.	Veränderungen. Eintragung.	Löschung.	Löschungen. №	
3.	1	50	.	.	Fünfzig Thaler jährliche Alimentengelder auf die Lebenszeit für die Wittwe Peter Hebeler, Margarethe geb. Kraft zu Herdorf, aus dem Vertrage vom . . . . . . Eingetragen am . . . . F. N.				

Dritte

Laufende № des Antheils.	Primordial-№	Betrag.			1. Hypotheken und Grundschulden.				
		Thlr. Mark.	Sgr.	₰		№	Thlr. Mark	Sgr.	₰
4	1.2.3.*)	100	.	.	Einhundert Mark Grundschuld, verzinslich zu 4 Prozent vom 20. Januar 1871, zu jeder Zeit freistehender Kündigung, zahlbar für die Wittwe Heinrich Müller zu N. N. Eingetragen am .... F. N.	4	50	.	.

*) Die Ziffern 2. und 3. sind zu streichen, wie die Abtheilung I. Nr. 4 ergiebt. Förster, Grundbuchrecht S. 34.

Abtheilung.

2.			3.			
Veränderungen.			**Löschungen.**			
Eintragungen.	№	Löschungen.	№	Thlr. Mark.	Sgr.	₰
Fünfzig Mark von den eingetragenen 100 Mark mit den Zinsen vom 20. Januar 1871 abgetreten an den 2c. Eingetragen am . . . . F. N.						

Anlage D

(Adler.)

Preußischer Grundschuldbrief.

über

die in dem Grundbuche von Schlebach Band I. Blatt 1. auf dem im Kreise Liebstadt gelegenen Rittergute Schlebach, Abtheilung III. Nr. 9. eingetragenen 5000 Mark.[1])

Noch gültig auf 2500 Mark.[2])
L., den 1 April 1873
F. N.

Noch gültig auf 2000 Mark
L, den 31. Mai 1873
F N.

Noch gültig auf 1000 Mark
L, den 15 September 1873
F N.

Abtheilung III.

Nr. 9. 5000 Mark (in Worten) Grundschuld, mit 5½ Prozent Zinsen vom 1. Juli 1872 in halbjährigen Raten verzinslich, gegen sechsmonatliche, nicht vor dem 1. Juli 1875 zulässige Kündigung zahlbar, eingetragen für den Banquier Friedrich Klein zu Berlin, am 2. Juli 1872.

Dem Grundschuldbrief sind Zinsquittungen für die Zeit vom . . . . bis . . . . beigefügt,[3])

oder

Dem Grundschuldbrief sind Zinsquittungen nicht beigefügt

---

[1]) Die Erklärung des Eigenthümers, auf Grund deren die Grundschuld einzutragen ist, kann mit Rücksicht auf die Bestimmungen des Gesetzes §. 23 und der Gr.B.O. §. 43 etwa so gefaßt werden:

„Ich bewillige hiermit, daß auf das mir gehörige Rittergut Schlebach eine mit 5½ Prozent jährlich in halbjährigen Raten vom 1. Juli 1872 ab verzinsliche, gegen sechsmonatliche — nicht vor dem 1. Juli 1875 zulässige Kündigung zahlbare Grundschuld von 5000 Mark für den Banquier Friedrich Klein zu Berlin in das Grundbuch von Schlebach Bd. I Bl. 1 eingetragen werde."

Schlebach, den 1. Juli 1872.

Johann Heinrich von Beuthen.

Die Unterschrift des Landraths Johann Heinrich von Beuthen wird hierdurch auf Grund der vor dem unterzeichneten Notar erfolgten Fertigung beglaubigt.

Liebstadt, den 1. Juli 1872.

(L. S.) Mühsam,
Notar im Bezirk des K. Appell.Ger. zu N.

Mit der Eintragungsbewilligung kann der Eigenthümer den Antrag auf Eintragung verbinden. Zur Stellung dieses Antrages ist indessen auch der Gläubiger, der sich im Besitze der Bewilligung des Eigenthümers befindet, legitimirt. Der Grundschuldbrief darf aber dem Gläubiger nur dann ausgehändigt werden, wenn der Eigenthümer dies ausdrücklich beantragt hat. Gesetz §§. 13, 19; Gr.B.O. §§. 30, 33, 122.

[2]) Der Vermerk „noch gültig auf" wird nicht blos im Falle der Theilzession (Abzweigung) sondern auch im Falle der theilweisen Löschung unter den Betrag, über welchen die Grundschuld lautete, gesetzt. (Gr.B.O. §§. 83, 116.) Vgl. unten den Löschungsvermerk vom 15. September 1873.

[3]) Vgl. Anm. zu §. 128, oben S. 452.

Bestandtheile[4]) des Ritterguts Schlebach:

1. das Gut Schlebach	600 Hektar.	30 Ar.	5 □Met.
2. das Vorwerk Neu-Schlebach .	40 „	14 „	— „
3. der unter dem Grundbuchamt zu N. belegene Forst „die großen Kiefern"	35 „	— „	40 „
4. der Steinacker	— „	25 „	— „

Abschreibungen:[5])

1. Die Zinsen und Dienste der Bauern zu Schlebach sind gegen ein Kapital von 700 Thlrn. in Rentenbriefen abgelöst.
2. Die Otterwiese, 8 Ar. 37 □Meter groß, zu einem Reinertrag von 1 Thlr. 29. Dez.[5a]) veranlagt, ist abgeschrieben.

Grundsteuer-Reinertrag:[6]) . . . . . Thlr. . . . . . Cent. Eingetragen im Grundsteuerbuche Art. . . . . . Nr.[7]) . . . . .

Nutzungswerth: . . . . . . Thlr. . . . . . Cent. Eingetragen im Gebäudesteuerbuche[8]) Nr. . . . . .

Eigenthümer: Landrath Johann Heinrich von Beuthen zu Schlebach.[9])

Erwerbspreise: 140,000 Thlr. im Jahre 1867, oder: sind nicht angegeben.[10])

Eingetragene Taxe vom 3. Oktober 1865: 137,500 Thlr.

Feuerversicherungssumme vom 1. Januar 1870: 10,580 Thlr.[11])

Eingetragen sind:

I. in der zweiten Abtheilung:

1. 5 Thlr. unablöslicher Zins für die Kirche zu Schlebach,
2. ein vertragsmäßiges[12]) Vorkaufsrecht, bis zum 1. Juli 1877 gültig.

II. in der dritten Abtheilung:

1. 20,000 Thlr. landschaftliche Pfandbriefe,[13])
2. und 3. gelöscht,
4. 10,000 Thlr.,
5. 10,000 Thlr.,
6. 10,000 Thlr.,

---

[4]) Die Bestandtheile umfassen auch die unbeweglichen Pertinenzien. Ein rechtlicher Unterschied zwischen diesen und jenen wird nicht mehr statuirt. Gesetz §§. 30, 32; Gr.B.O. §§. 4, 5, 8, 58 ff., 127 Nr. 1.

[5]) Gesetz §§. 30, 33; Gr.B.O. §§. 11, 60 ff., 127 Nr. 1.

[5a]) Statt „Dez." muß es „Cent." heißen.

[6]) Gr.B.O. §. 8 Nr. 4.

[7]) Verordnung vom 12. Dezember 1864 §§. 10 ff., G.S. S. 673, und das Gesetz vom 8. Febr. 1867 §§. 32 ff., G.S. S. 185. Vgl. die Anm. * zum Titel des Form. I.

[8]) Verordnung vom 12. Dezember 1864 §§. 14 ff.

[9]) Gr.B.O. §. 127 Nr. 2.

[10]) Nur die nicht zehn Jahre zurückliegenden Erwerbspreise werden angegeben.

[11]) Gesetz §. 30; Gr.B.O. §§. 10, 127 Nr. 2.

[12]) Gesetzliche Vorkaufsrechte werden nicht in das Grundbuch eingetragen. (Ges. §. 12.)

[13]) Gr.B.O. §. 47.

7. 8000 Thlr.,
8. 6000 Thlr.,
9. 5000 Mark, verzinslich mit 5½ Prozent.[14])

Urkundlich ausgefertigt, Liebstadt, den 2. Juli 1872.

Königliches Grundbuchamt.

(Siegel.) (Unterschriften.)[15])

Vorstehende Grundschuld von 5000 Mark, Abtheilung III. Nr. 9., ist mit den Zinsen vom 1. Januar 1873. auf den Holzhändler Carl Groß in Liebstadt umgeschrieben.[16])

Liebstadt, den 12. Dezember 1872.

Königliches Grundbuchamt.

(Siegel.) (Unterschriften.)

Von vorstehenden 5000 Mark, Abtheilung III. Nr. 9., sind 2500 Mark mit dem Vorzugsrecht vor dem Ueberrest und mit den Zinsen vom 1. April 1873 an den Hausbesitzer Julius Roll in N. N. abgetreten, und ist dem Roll eine beglaubigte Abschrift dieses Grundschuldbriefes ertheilt worden.*)

Die Abtretung ist im Grundbuch vermerkt.[17])

Liebstadt, den 1. April 1873.

Königliches Grundbuchamt.

(Siegel.) (Unterschriften.)

*) Wenn die Theilabtretung vor einem Notar oder vor einem andern Richter als dem Grundbuchrichter[18]) erfolgt, ist der Vermerk (Aliena 1.) von diesen auf die Urkunde zu setzen.

Auf vorstehende, Abtheilung III. Nr. 9., für den Holzhändler Carl Groß noch haftende 2500 Mark ist auf Ersuchen des Königl. Gerichts zu N. eine Ver-

---

[14]) Der Vermerk ist überflüssig, weil er die Post betrifft, über welche die Urkunde ausgefertigt ist. Vgl. Gr.B.O. §. 127.

[15]) Der Grundschuldbrief ist nicht blos von dem Richter, sondern auch von dem Buchführer zu unterschreiben. (§. 131 a. a. O.) Anstatt „Grundbuchamt" heißt es jetzt „Amtsgericht".

[16]) Der Rechtsgrund der Umschreibung bedarf hiernach der Erwähnung in dem Schuldbriefe nicht. Im Grundbuche wird nur der Modus des Uebergangs der Grundschuld vermerkt. Wenigstens ist dies in den offiziellen Formularen geschehen. (Vgl. Formular I Abth. III Nr. 9.) Nach der Gr.B.O. §§. 80—85 scheint indessen der Vermerk zu genügen: „Uebereignet dem . . ." oder „Uebergegangen auf den . . ." Die Praxis wird diese oder eine ähnliche Fassung in den Fällen wählen müssen, in denen eine Grundschuld durch verschiedene Hände gegangen und der Rechtsgrund nicht immer derselbe gewesen ist. (§§. 81, 84.)

[17]) Gr.B.O. §§. 82, 83, 129.

[18]) Die Gültigkeit der Theilabtretung ist durch gerichtliche oder notarielle Aufnahme der Zessionserklärung nicht bedingt. Es genügt vielmehr eine schriftliche Erklärung mit Beglaubigung der Unterschrift (Gr.B.O. §. 33) z. B.:

„Auf dem Rittergute Schlebach stehen im Grundbuche von Schlebach Bd. I Bl. I Abth. III Nr. 9 für mich 5000 Mark Grundschuld nebst 5½ Prozent Zinsen seit dem 1. Juli 1872 eingetragen.

fügungsbeschränkung in Höhe von 500 Mark für den Kaufmann Ferdinand Müller zu Liebstadt vorgemerkt worden.[19])

Liebstadt, den 7. Mai 1873.

Königliches Grundbuchamt.

(Siegel.) (Unterschriften.)

Die auf der, Abtheilung III. Nr. 9., für den Holzhändler Carl Groß noch haftenden Grundschuld von 2500 Mark für den Kaufmann Ferdinand Müller in Liebstadt vorgemerkten 500 Mark sind dem Letzteren mit Zinsen vom 1. Juni 1873. und mit dem Vorzugsrecht vor dem Ueberrest abgetreten worden, und ist ihm eine beglaubigte Abschrift dieses Grundschuldbriefes ertheilt worden.*)

Die Abtretung ist im Grundbuch vermerkt.

Liebstadt, den 31. Mai 1873.

Königliches Grundbuchamt.

(Siegel.) (Unterschriften.)

*) Wenn die Theilabtretung vor einem Notar oder vor einem andern Richter als dem Grundbuchrichter erfolgt, ist der Vermerk (Alinea 1.) von diesen auf die Urkunde zu setzen.

Ich trete hiervon den Betrag von 2500 Mark mit dem Vorzugsrecht vor dem Ueberrest und mit den Zinsen vom heutigen Tage an den Hausbesitzer Julius Roll in N. N. ab und bewillige die Umschreibung des abgetretenen Betrages auf den Namen des Zessionars.

Liebstadt, den 1. April 1873.

Carl Groß.

Die Unterschrift des Holzhändlers Carl Groß hierselbst beglaubigt auf Grund der vor ihm erfolgten Anerkennung

Liebstadt, den 1. April 1873.

(Siegel.) Mühsam,
Notar im Bezirk 2c."

Auf Grund dieser Urkunde hat dann der Notar, wenn es von ihm verlangt wird, die Abzweigung nach Vorschrift der Grundbuchordnung §. 83 vorzunehmen und die Schriftstücke der Buchbehörde zur Eintragung des Zessionars einzureichen. Der Zedent kann aber auch den Antrag unmittelbar bei der Behörde stellen. Die Erforderniße desselben veranschaulicht folgendes Formular:

„Dem Königl. Amtsgericht überreiche ich hierbei den Grundschuldbrief vom 2. Juli 1872 und die Abtretungserklärung vom heutigen Tage mit der Bitte, für den Hausbesitzer Julius Roll einen Grundschuldbrief über den abgezweigten Betrag zu bilden, die Abtretung im Grundbuche zu vermerken und die Zweigurkunde dem Zessionar zu behändigen, den Schuldbrief vom 2. Juli 1872 dagegen, nachdem darauf die Theilzession und deren Eintragung vermerkt worden, mir zurückzugeben.

Liebstadt, den 1. April 1873.

Carl Groß.

Hat der Notar die Theilabtretung aufgenommen, so hält man das Gericht für befugt, die Anfertigung des Zweigdokuments abzulehnen. Vgl. S. 405 Anm. 3b zu §. 83 der Gr.B.O.

[19]) Der Ausdruck ist nicht korrekt. Vermerke, die den Gläubiger in der Verfügung über die Hypothek oder Grundschuld beschränken, sind keine Vormerkungen.

Von vorstehenden 2000 Mark, Abtheilung III. Nr. 9., sind 1000 Mark gelöscht worden.[20])

Liebstadt, den 15. September 1873.

Königliches Grundbuchamt.

(Siegel.) (Unterschriften.)

Der, Abtheilung III. Nr. 10. eingetragenen, mit 5½ Prozent verzinslichen Grundschuld von 1000 Mark ist das Vorrecht vor den, Abtheilung III. Nr. 9. noch für Friedrich Gottlieb Groß haftenden 1000 Mark eingeräumt und dies im Grundbuch vermerkt worden.[21])

Liebstadt, den 15. September 1873.

Königliches Grundbuchamt.

(Siegel.) (Unterschriften.)

Formular des Zinsquittungsbogens.[22])

(Stempel des Grundbuchamts.)

Die am ...... fälligen Zinsen von der, Abtheilung III. Nr. 9. in dem Grundbuch von Schlebach Band I. Blatt 1. auf dem Rittergut Schlebach, Kreis Liebstadt, eingetragenen Grundschuld von 5000 Mark sind bezahlt.

u. s. w.

Anlage E.

(Adler.)

Nachstehende Abschrift:

(inser. der Grundschuldbrief und die darauf gesetzten Vermerke bis einschließlich den Vermerk über die Theilabtretung.)

wird hiermit als Grundschuldbrief über die von der Post, Abtheilung III. Nr. 9., von 5000 Mark abgezweigten und dem Hausbesitzer Julius Roll zu N. N. abgetretenen 2500 Mark (i. W) zum öffentlichen Glauben ertheilt.[23])

Die Abtretung ist im Grundbuch vermerkt.

Liebstadt, den 1. April 1873.

Königliches Grundbuchamt.

(Siegel.) (Unterschriften.)

Anlage F.

(Adler.)

Nachstehende Abschrift:

(inser. der Grundschuldbrief und die darauf gesetzten Vermerke bis einschließlich den Vermerk über die Theilabtretung von 500 Mark.)

---

[20]) Gesetz §§. 57 ff., Gr.B.O. §§. 92 ff.

[21]) Gr.B.O. §. 86.

[22]) Gr.B.O. §§. 95, 96, 115, 128.

[23]) Siehe S. 490 die Anm. 18 zur Anlage D.

wird hiermit als Grundschuldbrief über die von der Post, Abtheilung III. Nr. 9., von 2500 Mark, haftend für den Holzhändler Carl Groß, dem Kaufmann Ferdinand Müller zu Liebstadt abgetretenen 500 Mark (i. W.) zum öffentlichen Glauben ertheilt.

Die Abtretung ist im Grundbuch vermerkt. [24])

Liebstadt, den 31. Mai 1873.

Königliches Grundbuchamt.

(Siegel.) (Unterschriften.)

Anlage G.

(Adler.)

Preußischer Grundschuldbrief [25])

über

die in dem Grundbuch von Berlin, Band IV. Blatt 7. auf dem zu Berlin in der . . . . Straße Nr. 70. belegenen Hause in der dritten Abtheilung unter Nr. 5. eingetragenen 1000 Mark.

Dritte Abtheilung.

Nr. 5. 1000 Mark (i. W.) Grundschuld, vom Tage der Abtretung [26]) mit 5 Prozent verzinslich und mit sechsmonatlicher Kündigung zahlbar, eingetragen für den Eigenthümer Kaufmann Moritz Hayn am . . . .

Dem Grundschuldbrief sind Zinsquittungen für die Zeit vom . . . . . . bis . . . . . beigefügt; oder: Dem Grundschuldbrief sind Zinsquittungen nicht beigefügt.

Bestandtheile des Grundstücks:

1. Ein dreistöckiges massives Wohnhaus, 30 Fuß lang, 18 Fuß tief,
2. Ein zweistöckiger massiver Neubau, 24 Fuß lang, 10 Fuß tief,

---

[24]) Ebenso wie im Falle der freiwilligen Abtretung wird das Zweigdokument auch dann gebildet, wenn ein Theil der Post vererbt oder einem Gläubiger des Briefinhabers im Wege der Zwangsvollstreckung übereignet ist. Gr.B.O. §§. 84 und 87.

[25]) Die Anlage G. bildet das Formular für den Grundschuldbrief, der über die Grundschuld des Eigenthümers ausgefertigt wird.

Der Eintragungsantrag kann so gefaßt werden:

„An
das Königl. Amtsgericht I, Abth. Grundbuchsachen,
hierselbst.

Ich beantrage auf das mir gehörige, hier . . . . Straße Nr. 70 belegene Haus in das Grundbuch von Berlin Bd. IV Bl. 7 Abth. III 1000 Mark Grundschuld, mit fünf Prozent verzinslich und mit sechsmonatlicher Kündigung zahlbar, für mich einzutragen und den Grundschuldbrief mir zu behändigen.

Berlin, den . . . . . Moritz Hayn.

Die Unterschrift des Kaufmanns Moritz Hayn wird hierdurch auf Grund der vor dem Unterzeichneten erfolgten Fertigung beglaubigt.

Berlin, den . . . .

(L. S.) N., Notar ꝛc."

[26]) Die Fassung erscheint zu eng, da die Grundschuld auch dann verzinslich wird, wenn das Grundstück in andere Hände übergeht. (Ges. §. 28.)

3. Ein einstöckiges Stallgebäude, 20 Fuß lang, 12 Fuß tief.
4. Ein Hofraum, 12 Quadratmeter. [27])

Nutzungswerth: .... Mark ..... Cent.
Eingetragen im Grundsteuerbuche Nr. .....

Eigenthümer: Kaufmann Moritz Hayn zu Berlin.

Erwerbspreise: 15,000 Thlr. im Jahre 1856.
16,500 Thlr. im Jahre 1864.

Eingetragene Taxe: fehlt.

Feuerversicherungssumme vom 1. Januar 1871: 16,000 Thlr.

Eingetragen sind:
in der zweiten Abtheilung: Nichts; [28])
in der dritten Abtheilung:

Nr. 1. 2. Gelöscht.
Nr. 3. 3000 Thlr.
Nr. 4. 2000 Mark.

Urkundlich ausgefertigt, Berlin, den ....

Königliches Grundbuchamt III.

(Siegel.) (Unterschriften.)

Anlage H.

(Adler.)

Preußischer Hypothekenbrief [29])

über

die in dem Artikel Nr. 1. des im Kreise ...... belegenen Dorfs Buchhain unter Nr. 1. eingetragene Hypothek von 1000 Thlrn.

---

[30])

Nr. 1. 1000 Thlr. (i. W.) Kaufgeld mit 5 Prozent Zinsen vom 1. Januar 1871., gegen dreimonatliche Kündigung, eingetragen für den Rentier Carl Schein zu Berlin auf Grund des Kaufvertrages vom 1. Oktober 1870, am 2. Oktober 1870.

Noch gültig auf 500 Thlr.
L., den 2. Februar 1871
N. B.

Für die Hypothek [31]) haften folgende Grundstücke:

1. in der Flur Löber, Kartenblatt Nr. 295. Parzelle Nr. 157., Acker am Martinsbusch 1 Hektar 8 Ar. 10 □Meter groß, mit einem Reinertrage [32]) von .... 1 Thlr. 20 Cent.

[27]) Gr.B.O. §. 4; Ausführungs-Verf. Art. 11.

[28]) Etwaige Vermerke aus der II. Abtheilung sind nicht wörtlich, sondern in möglichster Kürze aufzunehmen. Gr.B.O. §. 127 Nr. 3.

[29]) Gr.B.O. §§. 122 ff.

[30]) Die übrigen Formulare haben hier die Ueberschrift „Abtheilung III“.

[31]) Der Grundschuldbrief wird im Falle der Gesammthaft mehrerer Grundstücke ebenso gebildet wie der Hypothekenbrief. Gr.B.O. §§. 78 und 125.

[32]) Siehe S. 489 die Anm. 6 und 7 zur Anlage D.

2. in der Flur Sulze, Parzelle Nr. 131a., Acker am Schleifweg, 1 Hektar 60 □Meter groß, mit einem Reinertrage von . . . . 5 Thlr. 10 Cent.
3. in der Flur Schmidtstedt, Kartenblatt Nr. 300., Parzelle Nr. 71., Garten am rothen Berg, 10 Ar. 41 □Meter groß, mit einem Reinertrage von . . . . 4 „ — „
4. in der Flur Schlettern, Parzelle Nr. 96., Haus im Dorfe mit einem Nutzungswerthe[33]) von . . . . . 50 „ — „
5. in der Flur Brühl, Parzelle Nr. 36., Acker im hohen Felde, 2 Hektar. groß, mit einem Reinertrage von . 7 „ 20 „

Eigenthümer: Heinrich Schmidt zu Buchhain und dessen Ehefrau Anna Christiane geb. Kraut.

Eigenthumsbeschränkungen und Lasten:[34])

Zu 3. Jährlich einen Thaler an die Stadtkasse zu . . . . .

Zu 1.
Zu 2.
Zu 4.
Zu 5. } Nichts.

Vor= und gleichstehende Hypotheken:[35])

Nichts.

Urkundlich ausgefertigt, Liebstadt, den 2. Januar 1871.

Königliches Grundbuchamt.

(Siegel.) (Unterschriften.)

Von vorstehenden 1000 Thlrn. sind 500 Thlr. (i. W.) mit dem Vorzugsrechte vor dem Reste und den Zinsen vom 1. Februar 1871. an den Rentier Karl Hirsch in Berlin abgetreten, und ist demselben eine beglaubigte Abschrift dieses Hypothekenbriefs ertheilt worden.

Die Abtretung ist im Grundbuch vermerkt.

Liebstadt, den 2. Februar 1871.

Königliches Grundbuchamt.

(Siegel.) (Unterschriften.)

Das Vorzugsrecht der an den Rentier Hirsch zu Berlin abgetretenen 500 Thlr. vor dem Rest ist im Grundbuch gelöscht.[36])

Liebstadt, den 2. September 1872.

Königliches Grundbuchamt.

(Siegel.) (Unterschriften.)

---

[33]) Siehe die Anm. 8 ebenda.

[34]) Vgl. das Gesetz §§. 11, 12 ff. und die Gr.B.O. §§. 11, 54, 91, 102.

[35]) Hier fehlen die Worte „und Grundschulden".

[36]) Es bedarf hiernach, wenn die Post, welcher das Vorrecht eingeräumt ist, wieder zurücktreten soll, nicht einer Prioritätsbewilligung, sondern nur der Zustimmung des Inhabers der bevorzugten Post zur Löschung des Vorrechts. Vgl. das Gesetz §. 35 und die Gr.B.O. §§. 86, 117.

Das mithaftende Grundstück Nr. 1. und von den mithaftenden Grundstücken Nr. 2. 3. die Parzellen Nr. .... sind von dem Artikel 1. ab- und dem Artikel ..... zugeschrieben, und ist auf letzterem im Grundbuch die Mithaft für vorstehende 1000 Thlr. vermerkt worden.[37])

Liebstadt, den 3. Januar 1873.

Königliches Grundbuchamt.

(Siegel.) (Unterschriften.)

Anmerkung: Mit dem Hypothekenbrief wird der Kaufvertrag vom 1. Oktober 1870. verbunden.[38])

---

[37]) Gr.B.O. §§. 63, 66 ff.

[38]) Ebenda §§. 122, 123, 129.

Kosten-Tarif

für

Grundbuchsachen

und

Instruktion des Justiz-Ministers vom 3. Juli 1872.

1. Der der Grundbuchordnung vom 5. Mai d. J. angehängte Kosten-Tarif ersetzt die §§. 25 bis 32 des Gerichtskosten-Tarifs vom 10. Mai 1851. Hieraus ergiebt sich, dass bei der Anwendung des Erstern nicht allein die in dem Gesetze vom 10. Mai 1851 enthaltenen Vorschriften massgebend sind, sondern dass auch die unter Nr. I und II der Vorbemerkungen zum Gerichtskosten-Tarif enthaltenen und die im 5. Abschnitte desselben über den Ansatz der Nebenkosten getroffenen Bestimmungen in Betracht kommen.
2. Den nach Massgabe des Tarifs aufzustellenden Kostenberechnungen sind die hier beigefügten Tabellen zum Grunde zu legen.

Vormerkungen.

1. „Von dem Tarif, nach welchem in Gemäßheit des §. 141 der Grundbuch-Ordnung vom 5. Mai d. J. die Kosten für die Bearbeitung der Grundbuchsachen erhoben werden sollen, ist in Verbindung mit der dazu unterm 3. Juli d. J. erlassenen Instruktion eine besondere amtliche Ausgabe veranstaltet worden. Derselben sind die zur Anwendung des Tarifs dienenden Tabellen ... beigefügt." (Allg. Verf. v. 24. Sept. 1872, J.Min.Bl. S. 254.) Die Instruktion ist hier im Anschluß an die amtliche Ausgabe an den betreffenden Stellen des Tarifs eingeschaltet und zur Unterscheidung von demselben mit lateinischer Schrift gedruckt. Die Tabellen, welche die Kosten auf Thaler und Silbergroschen angeben, sind unter Berücksichtigung der geltenden Kostengesetze in Mark und Pf. umgerechnet.

2. „Der Kostentarif hat die für die Berechnung der Kosten in Hypothekensachen seither maßgebenden Grundsätze insoweit beibehalten, als dies nach den an die Stelle des bisherigen Rechts tretenden Vorschriften der Grundbuchordnung ausführbar war." (Mot., bei Werner 2 S. 197.) Die Bestimmungen des Gerichtskostengesetzes v. 10. Mai 1851 kommen indessen jetzt nur noch insoweit zur Anwendung, als sie nicht mit dem deutschen Gerichtskostengesetze v. 18. Juni 1878 und dem Ausführungsgesetze vom 10. März 1879 in Widerspruch stehen. (Vgl. die Anm. zu §. 141 der Gr.B.O.) An die Stelle der Nr. II der Vorbemerkungen zu dem Tarif vom 10. Mai 1851 sind die folgenden Vorschriften des Kostengesetzes vom 10. Juni 1878 §. 7 getreten: „Der Mindestbetrag einer Gebühr ist zwanzig Pfennig. Pfennigsbeträge, welche ohne Bruch nicht durch zehn theilbar sind, werden auf den nächst höheren durch zehn theilbaren Betrag abgerundet."

3. Die Kosten werden bei dem Amtsgericht berechnet und festgesetzt. „Der Gerichtsschreiber hat" nach der Geschäftsordnung für die Gerichtsschreibereien der Amtsgerichte vom 1. August 1879 §. 4, Anl. I zum J Min.Bl. Nr. 32 S. 6, „nach Maßgabe der bestehenden Vor-

schriften bei Berechnung und Erhebung der Gerichtskosten mitzuwirken." Seine bezüglichen Funktionen sind näher bestimmt in der Instruktion für die Verwaltung der Kassen bei den Justizbehörden v. 15. Juli 1893 (J.Min.Bl. Beil. zu Nr. 42) §. 11. (Vgl. S. 135 Anm. 1 b zu §. 19 Nr. 3.) Die Erhebung von Erinnerungen gegen den Ansatz der Gerichtskosten steht dem Rechnungsrevisor bei dem Oberlandesgericht oder bei dem Landgericht im Interesse der Staatskasse zu. Die Staatsanwaltschaft ist zur Beschwerdeführung über die Entscheidungen des Gerichtes befugt. Die Gerichtsvorstände und die Amtsrichter haben überdies darüber zu wachen, daß das Kostenliquidationsgeschäft von dem Gerichtsschreiber ordnungsmäßig erledigt wird. (Allg. Verf., betr. die Prüfung des Gerichtskostenansatzes, vom 28. Febr. 1885, J.M.Bl. S. 90, und betr. die Dienst- und Geschäftsverhältnisse der Rechnungsrevisoren, vom 20. Juni 1885, J.Min.Bl. S. 221.)

Ueber die Einziehung der Gerichtskosten vgl. die Anm. 1 b zu §. 19 Nr. 3 des Gesetzes und die cit. Kassen-Instr. v. 15. Juli 1893, über ihre Verjährung Schwartz 2 S. 100 und über das Retentionsrecht der Gerichtskassen an den Hypothekenurkunden ebd. S. 103 ff., Turnau 2 S. 3 und Rhein. Kostentarif §. 9 Abs. 3.

4. Das Deutsche Gerichtskostengesetz v. 18. Juni 1878, R.G.Bl. S. 141, bestimmt:

§. 4. Ueber Erinnerungen des Zahlungspflichtigen oder der Staatskasse gegen den Ansatz von Gebühren oder Auslagen entscheidet das Gericht der Instanz gebührenfrei. Die Entscheidung kann von dem Gerichte, welches dieselbe getroffen hat, sowie von dem Gerichte der höheren Instanz von Amtswegen geändert werden.

Gegen die Entscheidung findet Beschwerde nach Maßgabe der §§. 531 bis 538 der Civilprozeßordnung, in Strafsachen nach Maßgabe der §§. 346 bis 352 der Strafprozeßordnung statt.

Die Einlegung von Erinnerungen oder Beschwerden kann durch Erklärung zum Protokolle des Gerichtsschreibers oder schriftlich ohne Mitwirkung eines Anwalts erfolgen.

§. 5. Eine Nachforderung von Gerichtskosten wegen irrigen Ansatzes ist nur zulässig, wenn der berichtigte Ansatz vor Ablauf des nächsten Kalenderjahres nach rechtskräftiger oder endgültiger Erledigung des Verfahrens dem Zahlungspflichtigen eröffnet ist.

§. 6. Die Gerichte sind befugt, Gebühren, welche durch eine unrichtige Behandlung der Sache ohne Schuld der Betheiligten entstanden sind, niederzuschlagen, und für abweisende Bescheide, wenn der Antrag auf nicht anzurechnender Unkenntniß der Verhältnisse oder auf Unwissenheit beruht, Gebührenfreiheit zu gewähren.

Durch §. 6 des Ausf.Ges. z. Gerichtskostenges. v. 10. März 1879 ist die sonst den Oberlandesgerichten zustehende, hier in Betracht kommende Entscheidungsbefugniß regelmäßig dem Kammergericht übertragen (vgl. dazu Kammerger., Jahrb. 1 S. 150, 2 S. 174, 3 S. 195). Gegen dessen Entscheidung findet „rücksichtlich der als Gerichtskosten zu erhebenden Stempelbeträge" Beschwerde an den Justizminister nach §. 7 dess. Ges. statt.

Die weitere Beschwerde setzt nach §. 4 des Gerichtskostenges. und §. 531 Abs. 2 der C.P.O. einen neuen selbständigen Beschwerdegrund voraus. (R.G. I, Entsch. 6 S. 409; Kammerger., Jahrb. 3 S. 201, 7 S. 176 und 8 S. 130. A. M. dass., ebd. 1 S. 161.)

5. Der Kostentarif gilt im ganzen Geltungsgebiete der Gr.B.O., jedoch im Jadegebiet (Einf.Ges. §. 30) mit Zusätzen und im Gebiet des Rhein. Rechts (Einf.Ges. §§. 40, 74, Ges. v. 14. Juli 1893 Art. IV und dazu allg. Verf. v. 26. Juli 1893, J.M.Bl. S. 239) und in Hannover (Einf.Ges. §. 56) mit Zusätzen und einigen Abänderungen; dem Hannov. Einf.Ges. ist ein besonderer Tarif beigefügt.

6. Ein besonderer Kommentar zu dem Kostentarif der Gr.B.O. ist von M. Zeiske, Berlin 1878, erschienen. Vgl. auch Siméon, die Gesetze über den Kostenansatz bei den preuß. Justizbehörden 2c, Berlin 3. Aufl. 1890; Wollenzien u. Jacobeit, die Kosten- u. Stempelgesetzgebung in Grundbuchsachen, Breslau 1889.

§. 1.

A. 1. Für die Entgegennahme der Auflassungserklärung und für die auf Grund derselben bewirkte Eintragung des Eigenthümers, die gleichzeitig beantragte Eintragung des Erwerbsgrundes und des Erwerbspreises, der Schätzung des Werthes nach einer öffentlichen Taxe, und bei Gebäuden der Feuerversicherungssumme, einschließlich der dabei vorkommenden Nebengeschäfte:

a) von dem Betrage bis 200 Thaler von je 25 Thalern . $7^1/_2$ Sgr.
b) von dem Mehrbetrage bis 1000 Thaler von je 100 Thalern $7^1/_2$ „
c) von dem Mehrbetrage von je 500 Thalern . . . . . $7^1/_2$ „

(Tabelle 19, Kol. 1.)

3. Zu §. 1 Nr. 1. Auf die Höhe der Kosten für die Auflassungserklärung und die davon unzertrennliche Eintragung des Eigenthümers ist es ohne Einfluss, ob eine oder mehrere Personen als Eigenthümer desselben Grundstücks eingetragen werden, vorausgesetzt, dass die Einschreibung der Miteigenthümer gleichzeitig erfolgt. Die durch eine Auflassung veranlasste Ab- und Zuschreibung der Grundstücke von einem Grundbuchblatt oder Grundbuchartikel zum andern und die dabei nothwendig werdende Uebertragung der Einschreibungen, mit welchem das ab- und zuzuschreibende Grundstück belastet ist, werden als kostenfreie Nebengeschäfte

---

§. 1.

1. Der §. 1 enthält die Normen für den Ansatz der Kosten der Eintragung des Eigenthumsüberganges und der damit zusammenhängenden Eintragung gewisser Nebenpunkte.

a. Auflassung und Eintragung sind Theile eines und desselben Geschäftes. Deshalb werden die Kosten für die Entgegennahme der Auflassung nicht besonders, sondern mit den Kosten der Eintragung in einem Satze berechnet. Die Fassung des Gesetzes ist aber zu eng, indem der Wortlaut die Eintragungen, welche nicht auf Grund der Auflassung geschehen, nicht trifft. Es ist aber selbstredend nicht die Absicht des Gesetzgebers, diese Eintragungen kostenfrei vornehmen zu lassen. Vielmehr sind für dieselben die nämlichen Kosten zu entrichten wie in den Fällen der Auflassung. So hat auch der Justizminister in einem im Jahrb. für Entsch. des Kammerger. Bd. 4 S. 227 abgedruckten Reskript v. 13. August 1873 entschieden. (Ebenso Kammerger., Jahrb. 7 S. 159.) Im Einklange hiermit lautet der Tarif für Hannover: „Für die Entgegennahme der Auflassungserklärung und für die Eintragung des Eigenthümers rc." Hierher gehört daher namentlich auch die Eintragung des Erstehers als Eigenthümers in das Grundbuch, welche nach §. 10 des Kostenges. v. 18. Juli 1883 gebührenpflichtig ist.

b. Hat der Eigenthümer, der sich eintragen läßt, das Eigenthum vor dem 1. Oktbr. 1872 erworben (Gr.B.O. §. 49), so sind dennoch die Kosten nicht nach dem Tarif v. 10. Mai 1851 §. 25 und dem Gesetze vom 9. Mai 1854 Art. 17, sondern nach dem vorliegenden Tarif zu berechnen. (§. 141.)

c. Neben den Positionen A. 1 kommen noch Schreib- und Zustellungsgebühren für die Benachrichtigungen nach §. 57 der Gr.B.O. und, wenn die Auflassung außerhalb der Gerichtsstelle entgegengenommen wird, eventuell Reisekosten und Tagegelder der Beamten in Ansatz. (Vergl. die Zusätze zu §. 7 des Tarifs.)

d. Der Vermerk der vorläufigen Veräußerung nach §. 64 der Gr.B.O., welcher nach der Instr. des J.Min. v. 1. Juni 1854 Nr. 56 kostenfrei erfolgte, ist jetzt kostenpflichtig nach §. 3 des Tarifs. (Turnau 2 S. 6.)

e. Wird die Eintragung der Nebenpunkte nicht gleichzeitig mit der Eintragung des Eigenthümers, sondern später beantragt, so kommen dafür Kosten nach Maßgabe des §. 3 Nr. 2 zum Ansatz.

f. Die Staatskasse kann sich im Fall der Auflassung wegen der Kosten nur an den Er-

angesehen, sofern das Belastungsverhältniss dabei unverändert bleibt; endlich auch die durch eine solche Uebertragung später veranlasste Löschung derselben Post auf einem zweiten oder fernern Grundbuchblatte oder Artikel. Tritt bei der Ab- und Zuschreibung eines Grundstücks zugleich eine Veränderung in dem Belastungsverhältnisse ein, so unterliegt der bei der kostenfreien Uebertragung der Lasten, Grundschulden und Hypotheken auf das abgeschriebene Grundstück gleichzeitig auf dem Blatte des Stammgrundstückes einzuschreibende Vermerk über die bei der Belastung eingetretene Veränderung gemäss §. 3 einem besonderen Kostensatze.

2. Für die nachträgliche Eintragung des Miteigenthums eines Ehegatten an den von dem anderen Ehegatten in die eheliche Gütergemeinschaft eingebrachten Grundstücken und für die dabei bewirkte Uebertragung der Liegenschaften der Ehefrau auf den Artikel des Ehemannes; für die Eintragung des Miteigenthums der Kinder, im Falle mit ihnen nach dem Tode des einen Ehegatten von dem überlebenden die Gütergemeinschaft fortgesetzt wird, oder des Miteigenthums der gesetzlichen Erben solcher Kinder; ingleichen für die Umschreibung der Grundstücke, welche einem geschiedenen Ehegatten bei der Auseinandersetzung wegen des gütergemeinschaftlichen Vermögens überwiesen worden sind, auf den Namen desselben: die Hälfte der vorstehenden Sätze, jedoch nicht unter 5 Sgr. und nicht über 3 Thlr.

(Tabelle 19, Kol. 2.)

4. Zu §. 1 Nr. 2. Die mit Rücksicht auf das eheliche Verhältniss nach §. 16 der Grundbuchordnung herbeizuführende anderweitige Bezeichnung des Grundbuchartikels einer Ehefrau, welche in getrennten Gütern lebt, erfolgt kostenfrei, weil die Abänderung nur im Interesse der Uebereinstimmung des Grundbuchs mit den Steuerbüchern veranlasst wird.

---

werber des Grundstückes halten. Der Veräußerer haftet ihr nicht. (Verf. des J.M. v. 8. April 1878, Johow 8 S. 307, und v. 17. Juli 1884, Schwartz 2 S. 46.)

g. §. 1 A. 1 findet nur im Falle eines Eigenthumsüberganges Anwendung; für die Eintragung des Handelsnamens schon eingetragener Eigenthümer sind Kosten nach §. 3 C. 2 zu erheben (Kammerger., Jahrb. 8 S. 129).

h. Der Vermerk der Pfandfreigabe einer unbelastet abgeschriebenen Theilparzelle auf den Hypothekenbriefen, ohne entsprechenden Vermerk im Grundbuche, ist ein kostenfreies Nebengeschäft (dass., ebd. 7 S. 180). Vgl. Turnau 2 S. 5 Anm. 5.

2. „Die Veränderungen in der Person des Eigenthümers, welche in denjenigen Landestheilen, wo die eheliche Gütergemeinschaft gilt, lediglich durch die Vorschriften des ehelichen Güterrechts herbeigeführt worden, fallen unter andere Gesichtspunkte, als die durch Veräußerungen und ähnliche Rechtsgeschäfte herbeigeführten Veränderungen des Eigenthümers; deshalb sind die in §. 1 unter A. Nr. 2 bezeichneten Erleichterungen geboten, indem erwogen ist, daß die Lage des ehelichen Güterrechts nicht Veranlassung geben darf, die Bewohner einzelner Gebietstheile häufiger mit erheblichen Kosten zu belasten, als die Bewohner anderer Gebietstheile. (Vgl. Verf. vom 13. Oktober 1837, Jurist. Wochenschrift von 1838 S. 15.)" Mot. a. a. O. S. 197.

Die Bestimmung der Instruktion zu §. 1 Nr. 2 stammt aus den Motiven, in welchen auf §. 9 Nr. 1 des Entw. und §. 16 der Instr. v. 30. Januar 1842, J.M.Bl. S. 68, verwiesen ist. (Werner 2 S. 197.) Vgl. die Gr.B.O. §§. 16 u. 50.

Nach der Ansicht des Kammerger., Jahrb. 11 S. 175, findet §. 1 Nr. 2 Anwendung ohne Unterschied, „ob das Miteigenthum des einen Ehegatten bei Lebzeiten oder erst bei dem

3. Die Kosten Nr. 1. und 2. werden nach dem Werthe eines jeden Grundstücks, beziehungsweise nach der Summe der Werthe mehrerer Grundstücke berechnet, für welche ein besonderes Grundbuchblatt besteht (§§. 1. 5. und 13. der Grundbuchordnung).

Es kommen jedoch die Bestimmungen unter Nr. 4. zur Anwendung, wenn gemäß der Vorschriften in §§. 1. und 13. der Grundbuchordnung für mehrere auf verschiedenen Grundbuchblättern verzeichnete Grundstücke ein gemeinschaftliches Blatt, oder gemäß §§. 15. und 16. a. a. O. ein Artikel angelegt werden kann, vorausgesetzt, daß eine erfolglose Aufforderung, die Vereinigung zu beantragen, an den Eigenthümer noch nicht gerichtet ist.

4. Bei der Führung des Grundbuchs nach den Artikeln (§. 15. der Grundbuchordnung) werden die Kosten Nr. 1. und 2. nach der Summe der Werthe derjenigen Grundstücke berechnet, welche auf Grund einer Auflassung auf ein und denselben Artikel des Erwerbers eingetragen werden, gleichviel ob die mit dieser Eintragung in Verbindung stehende Abschreibung bei einem oder mehreren Artikeln stattfindet.

5. Im Fall des §. 40. der Grundbuchordnung sind die Sätze sub A. 1. zu erheben.

5. Zu §. 1 Nr. 5. Die in §. 1 unter Nr. 5 in Bezug genommene Vorschrift, welche in dem aus den Berathungen des Herrenhauses hervorgegangenen Entwurfe zur

---

Tode des inferirenden Ehegatten eingetragen wird, und ob bei der Eintragung des Miteigenthumes der bisher bestandene, den inferirenden Ehegatten betreffende Eintrag bestehen bleibt, oder ob an Stelle des bisher eingetragenen Eigenthümers neue Eigenthümer vermerkt werden."

3. „Die in §. 25 Abs. 2 des Gerichtskostentarifs und Art. 17 Nr. 2 des Gesetzes vom 9. Mai 1854 enthaltenen Vorschriften über die Kosten für gleichzeitige Eintragungen auf verschiedenen Blättern rc. sind in §. 1 des Entwurfs unter A. Nr. 3 und 4 anderweit formulirt. Dabei ist erwogen worden, daß im Falle der Einrichtung der Grundbücher nach dem der Grundbuchordnung beigefügten Formular I besondere Grundbuchblätter bestehen werden für diejenigen Grundstücke, bei denen die im Art. 17 Nr. 2a des Gesetzes vom 9. Mai 1854 bezeichneten Kriterien vorliegen, und daß die Vorschrift in §. 13 der Grundbuchordnung maßgebend sein wird in Bezug auf Grundstücke desselben Eigenthümers, bei denen jene Kriterien nicht vorhanden sind; daß endlich über Grundstücke der zuletzt gedachten Art bei demselben Grundbuchamte verschiedene Blätter werden geführt werden, wenn solche Grundstücke desselben Eigenthümers in verschiedenen Gemeindebezirken belegen sind.

Unter diesen Voraussetzungen entspricht die Anordnung unter A. Nr. 3 Abs. 1 des Entwurfes den bisher maßgebend gewesenen Grundsätzen, und die Vorschrift in Abs. 2 daselbst ist der in Art. 17 Nr. 2, 6 des Gesetzes vom 9. Mai 1854 enthaltenen gemäß." (Motive, bei Werner S. 198.)

4. „Die hiernach stattfindende Unterscheidung zwischen Grundstücken, welche rechtlich und faktisch für sich bestehen, und solchen, welche zwar rechtlich als ein besonderes Besitzthum gelten, thatsächlich aber nach der Art der Bewirthschaftung mit anderen Liegenschaften zusammen ein Ganzes bilden, läßt sich da nicht aufrecht erhalten, wo das Grundbuch nach dem der Grundbuch-Ordnung beigefügten Formular II nach Artikeln eingerichtet werden wird. Die dieser Einrichtung zum Grunde liegende Anschauung, daß alle demselben Eigenthümer gehörige Liegenschaften insoweit thatsächlich ein Ganzes bilden, als dieselben innerhalb desselben Gemeindebezirks belegen sind, mußte hiernach auch bei den Grundsätzen für den Kostenansatz zur Geltung kommen." (Motive, a. a. O.).

Grundbuchordnung unter §. 41 und nach den Vorschlägen der Kommission des Hauses der Abgeordneten in den §. 40 übernommen werden sollte, ist bei der Schlussberathung in den §. 59 aufgenommen.

Danach hat die erwähnte Anordnung des Tarifs die Bedeutung, dass die Kosten für die Eintragung des Eigenthümers auch für die blosse Abschreibung eines Grundstücks von dem bisherigen Grundbuchblatt oder Artikel erhoben werden sollen, wenn der Grundbesitz des Erwerbers in dem Grundbuche nicht verzeichnet zu werden braucht und deshalb eine Eintragung desselben als Eigenthümer nicht stattfindet.

§. 2.

B. Für jede endgültige Eintragung in der 2. oder 3. Abtheilung und alle dabei vorkommenden Nebengeschäfte:

a) von dem Betrage bis 200 Thaler von je 25 Thalern . . 4 Sgr.

b) von dem Mehrbetrage bis 1000 Thaler von je 100 Thalern 5 „

c) von dem Mehrbetrage von je 500 Thalern . . . . . $7^1/_2$ „ :

(Tabelle 19, Kol. 3.)

---

5. Anstatt des §. 40 muß es §. 59 heißen, wie die Instruktion richtig hervorhebt und der Tarif für Hannover §. 1 Nr. 5 bestätigt. Im Fall des §. 40 der Gr.B.O., der von der Umschreibung der Nachlaßforderungen handelt, sind die Kosten nach §. 3 C. 1 des Tarifs zu liquidiren. Die Eintragung des Eigenthumsüberganges nach der Vorschrift des §. 59 der Gr.B.O. steht rechtlich der Eintragung auf Grund der Auflassung in Gemäßheit des Gesetzes über den Eig.Erw. §. 1 völlig gleich; die Kosten können daher nur nach §. 1 A. 1 des Tarifs liquidirt werden.

§. 2.

1. In der Kommission des H.H. „wurde der Antrag gestellt:

a. daß bei gleichzeitiger Eintragung verschiedener Posten ein und desselben Berechtigten die Kosten nur nach dem Gesammtbetrage dieser Posten berechnet würden; ferner

b. daß bei Eintragung derselben Grundschuld in mehreren gleichzeitig verlangten Apoints mit gleichem oder verschiedenem Vorrecht die Kosten nur nach dem Gesammtbetrag der Grundschuld berechnet werden sollten, oder doch wenigstens in dem Falle, wo diese Apoints mit gleichem Vorrecht eingetragen würden.“

Beide Anträge wurden jedoch auf den Widerspruch des Vertreters des Justizministeriums abgelehnt. (Werner 2 S. 200.) Es kann somit nicht zweifelhaft sein, daß die Kosten zu a von jeder einzelnen Post und zu b von dem Betrage jedes einzelnen (Theil-)Grundschuldbriefes zu liquidiren sind. A. M. Turnau 2 S. 8 Anm. 6 und der von ihm angeführte Beschl. des Kammerger. v. 31. Aug. 1885 für den Fall b dann, wenn die Eintragung in einem Vermerk erfolgt; in diesem Falle werden die Kosten der Eintragung nach dem Gesammtbetrage, die der Grundschuldbriefe aber nach §. 6 F. 1 von dem Betrage jedes einzelnen Briefes berechnet.

2. Kautionshypotheken sind wirkliche Hypotheken; für ihre Eintragung werden daher die Kosten nach §. 2 berechnet. Dagegen ist ihre Umschreibung in Hypotheken mit festem Betrage eine Veränderung im Sinne des §. 3. Anders verhält es sich bei der endgültigen Eintragung an der Stelle einer Vormerkung im Sinne des Gesetzes §§. 16 und 22. Hier wird zwar das dingliche Recht materiell schon mit der Vormerkung erworben. Da aber für die Vormerkung nicht mehr Kosten als für eine Veränderung erhoben werden, so sind für die (formell) endgültige Eintragung die Kosten nach §. 2 des Tarifs zu berechnen.

3. Nach §. 10 des Kostengesetzes vom 18. Juli 1883 findet §. 2 B auch Anwendung auf die Eintragung des rückständigen Kaufgeldes im Zwangsversteigerungsverfahren.

§. 3.

C. 1. Für die Eintragung von Veränderungen aller Art, Vormerkungen und Verfügungsbeschränkungen die Hälfte der Sätze des §. 2. B., jedoch nicht unter 5 Sgr. (Tabelle 19, Bemerkung zur Kol. 4.)

Die gemäß §. 5. Abs. 4. der Grundbuchordnung bewirkte Schließung eines für Zubehörstücke bestehenden besonderen Grundbuchblattes erfolgt kostenfrei.

2. Für die in Antrag gebrachte Eintragung von Vermerken, welche unter keine der vorstehend (§§. 1. 2. 3. Nr. 1.) getroffenen Bestimmungen fallen, auch nicht die bloße Vervollständigung des Titels eines Grundbuchblattes, beziehungsweise der zur näheren Bezeichnung eines Grundstücks dienenden, in die Abtheilung I. Spalte 1. bis 7. des Grundbuchartikels gehörigen Angaben bezwecken, insonderheit für die Einschreibungen der Vermerke, welche durch die ohne Veränderung des Eigenthümers stattfindende Theilung von Grundstücken veranlaßt werden, für die Eintragung des Schätzungswerthes, der Feuerversicherungssumme und für die Einschreibung des Erwerbsgrundes oder des Erwerbspreises, soweit die in §. 1. Nr. 1. bezeichnete Voraussetzung nicht zutrifft: die Hälfte der Sätze zu B., jedoch nicht unter 5 Sgr. und nicht über 3 Thlr.

(Tabelle 20, Bemerkung Nr. 2 zu Kol. 1.)

---

§. 3.

1. Der vorläufige Vermerk der erfolgten Veräußerung, der nach der Instr. d. J.M. vom vom 1. Juni 1854 Nr. 56 kostenfrei eingetragen wurde, unterliegt jetzt als Vormerkung dem Kostenansatze nach §. 3. Vgl. die Gr.B.O. §. 64.

Unter den Veränderungen sind „nur wirklich essentielle, dem Bestand und Inhalt der ursprünglichen Eintragung wesentlich anders gestaltende Veränderungen zu verstehen", z. B. Verpfändungen, Zessionen, Prioritätsbewilligungen, dagegen nicht solche „Zusätze, welche die persönliche Verpflichtung des Schuldners ausdehnen und dinglich wirksam machen sollen", z. B. die Eintragung, daß der Eigenthümer sich allen Bestimmungen der Statuten des Pfandbriefinstitutes und der sofortigen Zwangsvollstreckung unterwirft. Für diese ist §. 3 Nr. 2 in Anwendung zu bringen. Kammerger., Jahrb. 6 S. 153. Vgl. dass., ebd. 13 S. 247.

Zu den Verfügungsbeschränkungen im Sinne des §. 3 gehören u. a. die Beschränkung des aus guter Absicht enterbten Kindes, des für majorenn Erklärten, des Prodigus, des Furiosus (Gr.B.O. §§. 11 u. 91), ferner Arreste auf dingliche Rechte, Hypotheken und Grundschulden (Ges. §§. 49, 60; Gr.B.O. §. 91). Dagegen fallen die Eintragungen nach §. 11 des Gesetzes und nach §§. 73 u. 102 der Gr.B.O. als endgültige unter die Position B (§. 2). Vgl. Bahlmann 3. Aufl. S. 610 und Kammerger., Jahrb. 5 S. 214.

Für die Schließung eines Grundbuchblattes in Gemäßheit der Gr.B.O. §. 5 Abs. 4 kommen jetzt Schreibgebühren in Ansatz. Vgl. Zus. zu §. 7 des Tarifs.

2. Die Bestimmungen unter Nr. 2 stammen aus dem Tarif v. 10. Mai 1851 §. 30 und dem Ges. v. 9. Mai 1854 Art. 17 Nr. 3. Wird zur näheren Bezeichnung des Grundstückes die Besetzung desselben mit einem Hause auf dem Titel des Formulars I oder in der Spalte 5 der ersten Abtheilung des Form. II vermerkt, so werden hierfür Kosten nach §. 3 Nr. 2 nicht liquidirt. (Kammerger., Jahrb. 3 S. 309.) Vgl. indeß Bahlmann 3. Aufl. S. 612.

§. 3 C. 2 findet Anwendung auf die Eintragung der Umwandlung einer alten Gewerkschaft in eine neue, Kammerger., Jahrb. 7 S. 174.

Die Vermerke, welche in Gemäßheit der Gr.B.O. §§. 70, 82 ff., 86 ff., 112, 114, 116, 129 auf den Hypotheken- oder Grundschuldbrief zu setzen sind, gehören zu den Nebengeschäften, für welche besondere Kosten nicht in Ansatz kommen.

§. 4.

D. 1. Wenn die Eintragung derselben Post in der 2. oder 3. Abtheilung bei mehreren auf verschiedenen Grundbuchblättern oder Artikeln verzeichneten Grundstücken gleichzeitig oder nachträglich, oder bei mehreren, auf ein und demselben Grundbuchblatt oder Artikel verzeichneten Grundstücken nachträglich beantragt ist, so wird für jede folgende Eintragung die Hälfte der Sätze B. oder C. (§§. 2. und 3.) erhoben, jedoch nicht unter 5 Sgr. und nicht über 3 Thlr. Dabei ist, wenn der Werth der Grundstücke, auf welche die weitere Eintragung erfolgt, geringer ist, als der der einzutragenden Post, nur jener als Maßstab für den Kostenansatz anzunehmen. (Tabelle 20, Kol. 1 und 3.)

Im Falle die Eintragung derselben Post bei mehreren auf verschiedenen Grundbuchblättern verzeichneten Grundstücken gleichzeitig beantragt worden ist, kommt die nachstehend unter Nr. 2. getroffene Bestimmung zur Anwendung, wenn die in §. 1. Nr. 3. Abs. 2. bezeichneten Voraussetzungen vorhanden sind.

2. Wird bei mehreren auf einem Grundbuchblatt oder Artikel verzeichneten Grundstücken die Eintragung derselben Post gleichzeitig beantragt, so sind die Eintragungskosten dafür nur einmal zu fordern.

§. 5.

E. Für jede Löschung und alle dabei vorkommenden Nebengeschäfte: die Hälfte der für die Eintragung zu §§. 2. und 3. bestimmten Sätze. (Tabelle 19, Kol. 4 und 5.)

---

§. 4.

1. In der Kommission des Herrenhauses „gab der §. 4 einem Mitgliede zu der Frage Anlaß, ob in dem Falle der Eintragung derselben Post in die Grundbücher von Grundstücken, welche von verschiedenen Grundbuchämtern geführt werden, der Betrag der Kosten nur einmal zu berechnen sei.

Der Vertreter des Justiz-Ministeriums bemerkte hierauf, daß die Bestimmungen des zweiten Alinea in §. 4 dann nicht zur Anwendung gebracht werden dürften, wenn nicht gleichzeitige Anträge vorlägen, was in dem unterstellten Falle meistentheils nicht eintreten würde.

Auch in der Kommission wurde bemerkt, daß, wenn für jede abgesonderte Eintragung die für die Mühwaltung entsprechende Gebühr und nicht mehr erhoben würde, kaum Veranlassung vorliegen dürfte, den hervorgehobenen und in der Praxis nur ganz ausnahmsweise vorkommenden Fall besonders günstig zu behandeln." (Werner S. 200.)

Die Bestimmung des §. 4 Nr. 1 Abs. 2 findet trotz ihrer Fassung auch auf Artikel Anwendung, z. B. im Gebiet des Rhein. Rechtes, wo nach §. 18 des Einf.Ges. Grundstücke desselben Eigenthümers aus verschiedenen Gemeindebezirken in einem Artikel vereinigt werden können. (Kammerger., Jahrb. 13 S. 237, J.M.Bl. 1893 S. 279.)

2. Wenn die Hypothek oder Grundschuld auf mehrere Grundstücke von verschiedenen Grundbuchämtern eingetragen wird (Gr.B.O. §§. 78, 125), so sind die Kosten für die erste Eintragung nach §. 2 B und für jede folgende Eintragung nach §. 4 D. 1 zu berechnen, gleichviel, ob die Eintragung gleichzeitig beantragt war oder nicht. (Vor. Anm.)

§. 5.

1. Die Löschung des Konkursvermerkes und des Subhastationsvermerkes wird ebenso wie die Eintragung dieser Vermerke durch das Pauschquantum, welches für das Konkurs- und das

Die Grundsätze des §. 4. finden auch bei Löschungen und bei der Entlassung einzelner Grundstücke aus der Mithaft Anwendung.
(Tabelle 20, Kol. 2 und 4.)

§. 6.

F. 1. Für die Ertheilung des Hypotheken- oder Grundschuldbriefs, für die Ausfertigung einer beglaubigten Abschrift des vollständigen Grundbuchblattes oder Artikels: Zweidrittheil der Sätze zu B., jedoch nicht unter 5 Sgr. und nicht über 3 Thlr. (Tabelle 20, Kol. 5.)

6. Zu §. 6. Nr. 1. Der für die Ertheilung eines Grundschuld- oder Hypothekenbriefs zu entrichtende Kostensatz wird auch dann nur einmal erhoben, wenn bei Gesammthypotheken mehrere Briefe ausgefertigt und mit einander zu einem Ganzen verbunden werden (Gr.B.O. §. 125.). Bei noch nicht regulirtem Grundbuch wird der erwähnte Kostensatz bereits für die Ertheilung des Attestes über die erfolgte Anmeldung und Eintragungsfähigkeit des Titels zur Hypothek erhoben, jedoch mit dem Vorbehalt der Anrechnung auf die Kosten für den Hypothekenbrief, welcher demnächst an die Stelle dieses Attestes tritt.

2. Für die Erneuerung eines Grundschuldbriefs und die dabei vorkommenden Nebengeschäfte, ingleichen für die Ausfertigung eines Grundschuldbriefs an Stelle eines Hypothekendokuments oder Hypothekenbriefs: die Hälfte der Sätze ad F. 1., jedoch nicht unter 3 Sgr. (Tabelle 20, Kol. 6.)

Subhastationsverfahren zu entrichten ist, abgegolten. (Ges. v. 15. März 1853 Art. 1 A. 4; Kosten-Ges. v. 18. Juli 1853 §. 10.) Der Grundbuch-Tarif findet hierauf keine Anwendung.

2. Wegen der Nebengeschäfte siehe §. 3 Anm. 2 Abs. 3.

3. Wird der Löschungsantrag zurückgewiesen, so werden dafür dem Antragsteller Kosten nach näherer Bestimmung des Gesetzes vom 9 Mai 1854 Art. 15 (Tab. 16) in Rechnung gestellt. Vgl. indessen das Deutsche Gerichtskostengesetz v. 18. Juni 1878 §. 6, oben S. 498 unter Nr. 4.

§. 6.

1. Nach der Tarifposition F. 1 sind auch die Kosten für die Bildung der Zweigurkunde im Falle der Theilzession zu berechnen. (Gr.B.O. §. 83 und Anlage E.) A.M. Kammerger., Jahrb. 11 S. 177.

Die Unterscheidungen, welche der §. 4 für die Kosten der Eintragung auf verschiedene Grundstücke macht, fallen für die Kosten der Urkunde weg. Diese Kosten werden immer nur einmal erhoben, wenn es sich um die Bildung der Urkunde über eine bestimmte Post handelt. Die in der Praxis hervorgetretene Meinung, daß im Fall der Eintragung auf mehrere Grundstücke, die in den Bezirken verschiedener Amtsgerichte liegen, die Kosten jedesmal besonders zu erheben seien (vgl. Schwartz 2 S. 13 ff.), scheint in den Bestimmungen des Tarifs keinen Grund zu haben. Wenn freilich nach Ausfolgung des Hypotheken- oder des Grundschuldbriefes die Eintragung der Post auf noch andere Grundstücke beantragt wird, so unterliegt die Bildung der Urkunde über diese Eintragung in Ansehung der Kosten einer selbständigen Behandlung.

Ueber die in Theilungs- und Ablösungssachen für Mittheilung von Abschriften aus dem Grundbuche in Ansatz zu bringenden Gebühren siehe den Bescheid des vormaligen Appellationsgerichts Münster v. 30. Juli 1873, Johow 3 S. 1881, und die Zusätze zu §. 7 des Tarifs.

2. Bei der Anwendung des Satzes 2 ist es gleichgültig, ob die Erneuerung durch Vernichtung oder durch Beschädigung der Urkunde nothwendig geworden ist (Gr.B.O. §§. 112 und 130). Weshalb nur des Grundschuldbriefes und nicht auch des Hypothekenbriefes gedacht worden, ist nicht ersichtlich. Die Regierungsvorlage hat sowohl unter Nr. 1 als auch unter Nr. 2 nur

7. Zu §. 6 Nr. 2. Zu den Nebengeschäften, für welche der für die Erneuerung eines Grundschuldbriefes bestimmte Kostensatz mitentrichtet wird, gehört u. A. die Eintragung des Vermerks in das Grundbuch über die Erlöschungserklärung in den Fällen, wo eine solche der Erneuerung des Grundschuldbriefes vorangehen muss. Für die Erneuerung von Pfandbriefen ist der in §. 6 Nr. 2 bestimmte Kostensatz ebenfalls zu entrichten.

3. Für die Ausfertigung einer beglaubigten Abschrift des Titels und der ersten Abtheilung des Grundbuchblattes, bezw. Grundbuchartikels: die Hälfte des Satzes zu B., jedoch nicht unter 3 Sgr. und nicht über 1 Thlr. 15 Sgr.

(Tabelle 20, Bemerkung 3 zur Kol. 1.)

4. Für die Ertheilung eines Zinsquittungsbogens zu einer Grundschuld und für jede Erneuerung eines solchen: Ein Viertheil der Sätze zu B., jedoch nicht unter 3 Sgr. (Tabelle 19, Bemerkung zur Kol. 5.)

§. 7.

G. 1. Für jede einzelne Benachrichtigung eines dinglich Berechtigten von einer erfolgten Eigenthumsveränderung: 5 Sgr., wenn der Werth des dinglichen Rechts und auch der des Grundstücks den Werth von 50 Thlrn. übersteigt.

Die bei der Eintragung des Eigenthümers stattfindende Benachrichtigung des bisherigen Eigenthümers, der Grundsteuerbehörde, des Landraths oder Magistrats bei Abzweigungen, ingleichen die gemäß §§. 121., 122., 123. der Grundbuchordnung ergehenden Benachrichtigungen unterliegen keinem besondern Kostensatze.

Wenn Urkunden, deren Vorlegung zur Erwirkung von Einschreibungen nothwendig war, von den Betheiligten ohne Uebergabe einer für die Grundakten bestimmten Abschrift zurückgefordert werden, so sind für jeden Bogen der auf Anordnung des Grundbuchrichters zu fertigenden Abschrift 5 Sgr. zu entrichten. Die Beglaubigung der von den Betheiligten überreichten Abschriften erfolgt kostenfrei.

Ausführungsgesetz zum Deutschen Gerichtskostengesetze etc. Vom 10. März 1879. (G.S. S. 145.)

§. 21. In allen gerichtlichen Angelegenheiten sind, soweit nicht reichsgesetzliche Bestimmungen entgegenstehen, baare Auslagen nach den Vorschriften der §§. 79, 80 des Deutschen Gerichtskostengesetzes zu erheben.

---

das Wort „Hypothekenbrief", weil sie andere Hypothekenurkunden nicht kannte. Die Kommission des Herrenhauses hat dann, in Konsequenz der Eintheilung der letzteren in Grundschuld- und Hypothekenbriefe, den Grundschuldbrief in den Satz 1 mit aufgenommen, bei Satz 2 dagegen sich auf eine Vertauschung der Ausdrücke beschränkt. Der Bericht der Kommission (bei Werner S. 201) ergiebt über den Grund der Weglassung des Hypothekenbriefes Nichts. Man wird daher annehmen dürfen, daß die Nichtnennung dieser Urkunde neben dem Grundschuldbrief lediglich die Folge eines Versehens ist. Die Praxis hat kein Bedenken, bezüglich des Kostenansatzes die Hypothekenbriefe in allen Punkten den Grundschuldbriefen gleich zu behandeln.

3. Nach der Tarifposition F. 3 werden die Kosten auch dann berechnet werden müssen, wenn der Antragsteller eine beglaubigte Abschrift der zweiten oder der dritten Abtheilung verlangt. A. M. Turnau 2 S. 13 und Kammerger., Jahrb. 6 S. 155 (vgl. S. 446 Anm. 2 zu §. 120 der Gr.B.O.), während nach dem Beschl. v. 13. Febr. 1882, ebd. 3 S. 211, für eine Bescheinigung, daß jemand als Eigenthümer in das Grundbuch eingetragen sei, die Position F. 3 zu berechnen sein soll. Nach Bahlmann 3. Aufl. S. 617 soll die Pos. F. 1 zur Anwendung kommen. Für einfache Abschriften sind nur die Schreibgebühren und das Porto zu berechnen.

4. Wegen des Zinsquittungsbogens siehe das Ges. §. 39 und die Gr.B.O. §. 128.

(Abs. 3.) Die Vorschrift des §. 24 Nr. 2 des Tarifs zu dem Gesetze vom 10. Mai 1851, ... der §. 7 der Kostentarife zur Grundbuchordnung vom 5. Mai 1872 . . . . werden aufgehoben.

Gerichtskostengesetz. Vom 18. Juni 1878. (R.G.Bl. S. 141.)

§. 79. An baaren Auslagen werden erhoben:

1. die Schreibgebühren;
2. die Post- und Telegraphengebühren;
3. die durch Einrückung einer Bekanntmachung in öffentliche Blätter entstehenden Kosten;
4. die an Zeugen und Sachverständige zu zahlenden Gebühren;
5. die bei Geschäften ausserhalb der Gerichtsstelle den Gerichtsbeamten zustehenden Tagegelder und Reisekosten;
6. die an andere Behörden oder Beamte oder an Rechtsanwälte für deren Thätigkeit zu zahlenden Beträge;
7. die Kosten eines Transports von Personen;
8. die Haftkosten nach Massgabe der für die Strafhaft geltenden landesgesetzlichen Vorschriften.

§. 80. Die Schreibgebühren werden für Ausfertigungen und Abschriften erhoben. Die Schreibgebühr beträgt für die Seite, welche mindestens zwanzig Zeilen von durchschnittlich zwölf Silben enthält, zehn Pfennig, auch wenn die Herstellung auf mechanischem Wege stattgefunden hat.

Jede angefangene Seite wird voll berechnet.

§. 8.

H. 1. Beträgt bei den vorstehenden §§. 1. bis 7. bezeichneten Geschäften der Werth des Objekts nicht mehr als 5 Thlr., so sind im Ganzen nicht über 5 Sgr. Kosten in Ansatz zu bringen.

2. Außer den vorstehend bestimmten Kostensätzen wird noch der Betrag der Stempelabgabe erhoben, welche nach dem Gesetze vom 5. Mai 1872. von gewissen, bei dem Grundbuchamt anzubringenden Anträgen zu entrichten ist.

---

§. 7.

Nach Aufhebung des §. 7 kommen für die sämmtlichen in demselben bezeichneten Akte nur die baaren Auslagen des Gerichtes, diese aber in allen Fällen zum Ansatz, also die Schreibgebühren und die Portoverläge. Wegen der „Schreibgebühren für die gerichtlichen Benachrichtigungen, welche im Anschluß an die auf Grund der Rezesse der Auseinandersetzungsbehörden geschehenen Berichtigungen der Grundbücher erfolgen," siehe die Verf. des J.M. v. 20. Januar 1881, J.M.Bl. S. 64.

§. 8.

1. Bei der Berathung der Vorlage in der Kommission des Herrenhauses „warf ein Mitglied die Frage auf, ob unter den Kosten hier auch die Kopialien mit einbegriffen seien. Der Vertreter des Finanz-Ministeriums bejahte dies." (Werner 2 S. 201.) Gegenwärtig ist die Frage zu verneinen. (Zus. zu §. 7.)

2. Das Stempelgesetz v. 5. Mai 1872, welches unten abgedruckt ist, hat keine Bestimmung darüber, ob für die Beglaubigung von Urkunden in Gemäßheit der Gr.B.O. §. 33 eine Stempelabgabe zu entrichten ist. Die dieserhalb in der Praxis entstandene Kontroverse ist indessen durch das Gesetz, betr. die Aufhebung bezw. Ermäßigung gewisser Stempelabgaben, v. 26. März 1873 §. 1 Nr. 6 verneinend entschieden.

3. Für Aufnahme von mündlichen Anträgen, welche den Eintragungen oder Löschungen im Grundbuche als Grundlage dienen (§. 32 der Grundbuchordnung) oder für die gerichtliche Beglaubigung solcher Anträge sind zu erheben:

bei einem Werthe des Gegenstandes bis 200 Thaler von je 50 Thalern	2½	Sgr
von dem Mehrbetrage bis 1000 Thaler von je 200 Thalern	2½	„
von dem Mehrbetrage bis 20,000 Thaler von je 1000 Thalern	2½	„
und bei Werthen über 20,000 Thaler zusätzlich noch 1 Thaler.		

(Tabelle 21.)

Diese Gebühr haben auch die Notare im Geltungsbereiche des Gesetzes vom 11. Mai 1851. nach Maßgabe der Vorschrift in §. 6. des letzteren für die besondere Aufnahme oder Beglaubigung von Anträgen der oben bezeichneten Art zu beziehen.

8. Die Bestimmung in §. 8 Nr. 3, wonach für mündliche Eintragungs- und Löschungsanträge (nicht für die Auflassungserklärungen) mit Rücksicht auf die nothwendige Beglaubigung derselben unter Anschluss an §. 18 des Gerichtskosten-Tarifs vom 10. Mai 1851 ein besonderer Kostensatz bestimmt worden ist, hat die Vorschrift in Art. 15 des Gesetzes vom 9. Mai 1854, wonach Anträge, welche

3. Die Position H. 3 trifft nur solche Anträge, „welche den Eintragungen und Löschungen im Grundbuche als Grundlage dienen,“ d. h. die Einschreibungsbewilligung enthalten, und deshalb gerichtlich oder notariell aufgenommen oder beglaubigt sein müssen. (Gr B.O. §§. 32 u. 33.) Vgl. Kammerger., Jahrb. 2 S. 179 ff., und das das. mitgetheilte Reskr. des J.Min. v. 6. April 1875.

a. Zur Rechtfertigung der Position heißt es in den Motiven: „Nach den Vorschriften des Gerichtskostentarifs vom 10. Mai 1851 unterliegen die in Hypothekensachen ergehenden Zwischenverfügungen keinem besonderen Kostensatze, und ebensowenig wird für die Aufnahme mündlich angebrachter Anträge besonders liquidirt. (Art. 15 des Ges. v. 9. Mai 1854 und Nr. 52 der Instr. v. 1. Juni desselben Jahres.) Dieser Grundsatz soll im Prinzip unangetastet bleiben. Da indeß nach der Grundbuchordnung die Grundlage für die Eintragungen nicht mehr in den Urkunden über das damit in Verbindung stehende Rechtsgeschäft, sondern in den Anträgen gefunden, und für die letzteren die Erfüllung von Förmlichkeiten verlangt wird, welche auf die Beurkundung der Identität und Verfügungsfähigkeit des Antragstellers gerichtet sind, so mußte in Frage kommen, ob solche Beurkundungen dem Satze §. 18 des Gerichtskostentarifs zu unterwerfen seien. Gegen die Erhebung dieses Kostensatzes in seinem vollen Betrage walteten indeß die oben zu §. 1 in Bezug auf die Auflassungserklärung dargelegten Bedenken ob, und deshalb schien es gerathen, eine Ermäßigung des letzteren auf die Hälfte eintreten zu lassen, umsomehr, als die Beglaubigung der in Rede stehenden Anträge in Folge des Wegfalls besonderer Protokollaufnahmen geringere Mühwaltungen verursachen wird, als die in §. 18 des Gerichtskostentarifs gedachten Geschäfte. Die Bezugnahme auf den zuletzt gedachten Kostensatz ist jedoch in dem Tarif vermieden worden, weil die Einführung des letzteren auch für solche Landestheile in Aussicht genommen ist, für welche der Gerichtskostentarif vom 10. Mai 1851 keine Gültigkeit hat.“ (Werner 2 S. 198.)

Die Sätze des §. 8 Nr. 3 erscheinen gerechtfertigt, „weil die Aufnahme eines besonderen Aktes der freiwilligen Gerichtsbarkeit durch sie abgegolten werden soll. Gerade mit Rücksicht darauf, daß wegen dieses durch die Hauptgesetze erst nothwendig gewordenen Aktes die Kosten bei der Grundbuchführung gesteigert werden, hat die Ermäßigung bei anderen Ansätzen in §§. 1, 2, 3 stattgefunden.“ (Ber. der Komm. des H.H., Drucks. 1871 Nr. 8 S. 13.)

b. Nach diesen Materialien hat die Bestimmung unter Nr. 3 des §. 8 „nur den Zweck,

keiner Beglaubigung bedürfen, kostenfrei bei dem Grundbuchamt aufgenommen werden, nicht berührt und ebensowenig den Grundsatz, dass für die Aufnahme von Akten der freiwilligen Gerichtsbarkeit, welche zu Eintragungs- oder Löschungsanträgen Veranlassung geben, die Kosten nach Nr. II Abschn. 2 des Gerichtskosten-Tarifs in Ansatz zu bringen sind. Daraus aber, dass die Nr. 3 des §. 8, wie die Motive erkennen lassen, als ein Zusatz zu §. 18 des Kostentarifs vom 10. Mai 1851 sich darstellt, muss gefolgert werden, dass bei derselben die Vorschriften in §. 24 des Gerichtskosten-Tarifs in Betracht kommen.

4. Die Aufforderung des Eigenthümers, seinen Namen bei einem Grundstücke eintragen zu lassen, und die Festsetzung der dabei auf den Fall der Nichtbefolgung angedrohten Geldstrafe unterliegen keinem besonderen Kostensatze. Für die nach erfolgter Festsetzung der Geldstrafe eintretende Zwangsvollstreckung wird der im ersten Abschnitt des Gerichtskostentarifs §. 14. Nr. 2. bestimmte Satz bis zur Höhe von 50 Thalern erhoben.

5. Der Werth der Grundstücke ist insoweit, als derselbe bei Berechnung der vorstehenden Kostensätze in Betracht kommt, nach den Anordnungen zu berechnen, welche in den Gesetzen über die Erhebung der Stempelabgabe in Beziehung auf die Werthbestimmung enthalten sind. In den Fällen, wo die von

---

für diejenigen Anträge, welche die nach den früheren Gesetzen erforderlichen Urkunden über das einzutragende Rechtsgeschäft ersetzen sollen, die Liquidation von Kosten zu regeln." Daher sind Anträge auf Eintragung oder auf Löschung, welchen die die Einschreibung rechtfertigenden Urkunden in beglaubigter Form beiliegen, nicht kostenpflichtig. Es versteht sich, daß die Urkunden nur die Bewilligung ꝛc. (Gr.B.O. §. 33), nicht auch den Antrag zu enthalten brauchen. (Verf. des Just.Min. v. 3. März 1873, J.M.Bl. 1877 S. 21.) Hat der Eigenthümer vor seiner Eintragung als solcher die Eintragung einer Hypothek bewilligt und hält man diese Bewilligung für nichtig, so unterliegt der spätere Antrag, in welchem die Bewilligung wiederholt wird, dem Kostensatze des §. 8 Nr. 3. (Verf. des J.M. v. 4. März 1876, JM.Bl. 1877 S. 22, u. v. 21. Dezbr. 1889, Schwartz 2 S. 21 ff. Vgl. S. 48 Anm. 2a zu §. 5 Satz 2 des Gesetzes.)

c. Für die Aufnahme von Schuldurkunden im Sinne des Gesetzes §. 19, Quittungen, Löschungsbewilligungen ꝛc. werden, auch wenn dieselben in dem Protokoll über den Einschreibungsantrag beurkundet sind, die Kosten nach dem Tarif v. 10. Mai 1851 §. 16 resp. §. 18 berechnet, und die in Auflassungserklärungen gleichzeitig erfolgenden Anerkenntnisse des Inhalts mündlich abgeschlossener Veräußerungsverträge unterliegen nach einer Verf. des J.M. v 9. Sept. 1879 (Schwartz 2 S. 44) dem Kostenansatze nach §. 17 desselben Tarifs.

d. Die Vorschrift lautete im Entwurf: „Diese Gebühr haben auch die Notare im Geltungsbereiche des Gesetzes vom 11. Mai 1851 nach Maßgabe der Vorschrift in §. 6 des letzteren für die Vornahme des bezeichneten Geschäfts zu beziehen." Die Fassung gab indessen der Möglichkeit Raum, „daß die Notare einen neuen Gebührensatz neben dem früheren, oft zu Unrecht, erheben könnten. Zur vollständigen Klarstellung der Sache" wurde deshalb in der Kommission des Herrenhauses unter Zustimmung der Regierungskommissarien die Vorschrift so gefaßt, wie sie jetzt vorliegt. (Ber., bei Werner S. 201.)

4. Die Kosten der Zwangsvollstreckung werden jetzt nach dem Deutschen Gerichtskostengesetze v. 18. Juni 1878 §. 27 Nr. 2 zu berechnen sein. Doch ist dies nicht zweifellos wegen der Bestimmungen des Ausführungsgesetzes vom 10. März 1879 §§. 1, 4 ff. (Vgl. Schwartz 2 S. 18.)

5. Die Vorschriften über die Berechnung des Werthes der Grundstücke sind auch für die Werthsberechnung bei Bergwerken und selbständigen Gerechtigkeiten maßgebend. (Stempelges. v. 5. Mai 1872 §§. 3 ff.)

den Interessenten gemachte Werthangabe für unzulänglich erachtet wird, ist die Behufs Berechnung der Stempelabgabe getroffene Werthfestsetzung auch bei dem Ansatze der Gerichtskosten maßgebend. Bei Eintragung einer nachträglich bewilligten Erhöhung des Zinsfußes erfolgt die Berechnung der Kosten nach dem Fünffachen der dadurch eintretenden Erhöhung des vom Schuldner zu entrichtenden jährlichen Zinsbetrages.

9. Zu §. 8. Nr. 5. Bei dem Uebergange eines Fideikommisses oder Lehns auf den Fideikommiss- oder Lehnsfolger bildet der 15fache Betrag des jährlichen Reinertrags des Lehns oder Fideikommisses das Objekt, nach welchem die Kosten zu berechnen sind (§. 2 des Gesetzes vom 7. Juli 1833 Gesetz-Sammlung S. 82. Erfolgt dagegen die Eintragung des Eigenthümers bei einem Lehnsgute auf Grund einer mit Vorbehalt der agnatischen Rechte stattfindenden Auflassung, so ist für die Beurtheilung des Objekts die Vorschrift in §. 8 Nr. 5 des Tarifs allein massgebend.

Bei dem Ansatze der Kosten für die Eintragung von Forderungen ist der Nennwerth der letzteren massgebend, das an der Forderung haftende Zinsrecht kommt bei der Bestimmung des Kosten-Objekts nicht in Betracht.

Bei der Einschreibung des Vermerks über die Einräumung eines Vorzugsrechts richtet sich der Kostenansatz nach dem Betrage der Post, in Ansehung deren das Vorzugsrecht aufgegeben wird, oder nach dem Betrage der Post, welcher das Vorzugsrecht bewilligt wird, je nachdem der eine oder der andere Betrag geringer ist.

Ausführungsgesetz zum Deutschen Gerichtskostengesetze etc. Vom 10. März 1879. (G.S. S. 145.)

§. 5. Bei Akten der freiwilligen Gerichtsbarkeit ist die zum Zwecke der Stempelerhebung erfolgende Berechnung des Werths des Gegenstandes auch für die Erhebung der Gerichtsgebühren massgebend.

Die Vorschriften des §. 8 Nr. 5 des Tarifs zur Grundbuchordnung vom 5. Mai 1872, des §. 8 Nr. 3 des Tarifs zu dem Gesetze, betreffend das Grundbuchwesen in der Provinz Hannover, vom 28. Mai 1873 und des Artikels 2 §. 11 des Gesetzes vom 22. Juni 1875, betreffend das Sportel-, Stempel- und Taxwesen in den Hohenzollernschen Landen, bleiben in Kraft.

§. 9.

J. Die vorstehenden Bestimmungen finden auch Anwendung auf die bei der Führung des Berggegenbuches vorkommenden Geschäfte. Dabei wird jedoch der Kostenansatz A. Nr. 1. (§. 1.) nur zur Hälfte erhoben, wenn die anderweite Eintragung eines Eigenthümers durch die Konsolidation mehrerer Zechen, welche bis dahin verschiedenen Eigenthümern (Gewerkschaften) angehörten, veranlaßt wird.

Die Kommission des H.H. hatte statt der beiden ersten Sätze der Nr. 5 die folgende Bestimmung vorgeschlagen: „Der Werth der Grundstücke ist insoweit, als derselbe bei Berechnung der vorstehenden Kostensätze in Betracht kommt, in Gemäßheit Nr. 7 §. 12 des Gesetzes vom 10. Mai 1851 festzustellen." (Werner 2 S. 200.) Die Verwerfung dieses Vorschlages und die Annahme der Regierungsvorlage beruhen auf der Auffassung, daß die Kosten in Grundbuchsachen ebenso wie die Stempel die Natur der Steuern haben.

Der letzte Satz der Nr. 3 ergänzt das bisherige Recht. Das Gesetz v. 10. Mai 1851 hatte eine entsprechende Vorschrift nicht, sodaß man genöthigt war, im Fall der Erhöhung des Zinsfußes die Kosten nach einem unschätzbaren Objekte zu berechnen. Diese Unzuträglichkeit ist nunmehr in angemessener Weise beseitigt.

§. 10.

K. Die Zurückführung der bereits angelegten Grundbuchblätter auf die Grund- und Gebäudesteuerbücher erfolgt kostenfrei; dasselbe gilt von denjenigen Geschäften, welche durch den Uebergang eines Grundbuchblattes in den Bezirk eines andern Grundbuchamts gemäß §. 27. der Grundbuchordnung veranlaßt werden.

§. 11.

L. Wenn für einen einzelnen Ort überhaupt oder für einzelne Grundstücke noch keine Bücher angelegt sind, so werden für die erste Anlegung eines jeden Grundbuchblattes oder Artikels und für das ganze Verfahren, welches bei dem Grundbuchamt zu diesem Zwecke stattfindet, nach der Summe der Werthe der auf dem Grundbuchblatte oder Artikel verzeichneten Grundstücke erhoben:

1. bei Objekten bis 25 Thlr.				. . . . — Thlr.		5 Sgr.
2. „ „ über	25 Thlr.	bis	200 Thlr.	—	„	10 „
3. „ „ „	200 „	„	1,000 „	—	„	15 „
4. „ „ „	1,000 „	„	5,000 „	1	„	— „
5. „ „ „	5,000 „	„	20,000 „	2	„	— „
6. „ „ „	20,000 „	„	. . . . . .	4	„	— „

---

§. 9.

Das Motiv für die Ermäßigung in dem gesetzten Falle liegt darin, daß, wenn auch rechtlich durch die Konsolidation neues Eigenthum begründet wird, thatsächlich doch die Eigenthümer der konsolidirten Werke ihr bisheriges Eigenthum nicht vollständig aufgeben (Motive a. a. O.). Siehe die Anm. zu §. 68 des Gesetzes, oben S. 284.

§. 10.

Die Geschäfte, welche der §. 10 betrifft, erfolgen wesentlich im öffentlichen Interesse, daher kostenfrei. Vgl. die Gr.B.O. §. 4. Baare Auslagen sind in diesem Falle auch jetzt nicht zu berechnen, trotz der Vorschrift des §. 21 des Ges. v. 10. März 1879 (Zus. zu §. 7). Kammerger., Jahrb. 3 S. 207.

§. 11.

1. Durch die Entrichtung dieser geringen Sätze, die hauptsächlich zur Deckung der Aufwendungen für das nothwendige Schreibwerk bestimmt sind, werden „die Atteste über die Anmeldung und Eintragungsfähigkeit des Titels zur Hypothek nicht abgegolten". (Mot.. bei Werner S. 199.) Siehe oben die Instruktion zu §. 6 Nr. 1.

2. Für die erste Eintragung des Eigenthümers werden besondere Kosten nicht angesetzt.

3. §. 11, und nicht §. 1 Nr. 1, findet Anwendung auf die Neueintragung eines verliehenen Bergwerkseigenthums, gleichviel ob für den betreffenden Ort ein Grundbuch für Bergwerkseigenthum überhaupt schon angelegt ist oder nicht; Kammerger., Jahrb. 4 S. 225.

4. Vgl. die Einf.Ges. für das Jadegebiet §. 30 Abs. 2, Neuvorp. §§. 37, 50, Schlesw.Holst §. 52, Hann. §. 57, Ehrenbr. §. 43, Hohenz. §. 20, Rheinl. §. 69 und das Ges. v. 28. Mai 1885 §§. 48, 49 für Kassel. Im Gebiete des Rhein. Rechts ist für die Ausfertigung eines Hypothekenbriefes über eine Hypothek, die unter der Herrschaft des früheren Rechtes entstanden ist, die Gebühr des §. 6 Nr. 1 zu erheben. Kammerger., Jahrb. 13 S. 244.

III. Grundbuchsachen. (Tarif zur Grundbuchordnung vom 5. Mai 1872.)

Tabelle 19. Bei einem Werthe des Gegenstandes.	I. für die Eintragung des Eigenthümers. (§. 1 Nr. 1 u. 5 des Tarifs.) Mk.	Pf.	II. für die nachträgliche Eintragung des Miteigenthums in Fällen der ehelichen Gütergemeinschaft. (§. 1 Nr. 2 des Tarifs.) Mk.	Pf.	III. für jede endgültige Eintragung in der 2. oder 3. Abtheilung (§. 2 des Tarifs.) Mk.	Pf.	IV. für jede Löschung einer in Kol. 3 bezeichneten Eintragung. (§§ 2 u. 5 des Tarifs.) Mk.	Pf.	V. für jede Löschung einer Vormerkung oder eingetragenen Verfügungsbeschränkung. (§§ 3 u. 5 des Tarifs.) Mk.	Pf.
Kostensatz:	A.		A 2.		B.		B 2		B 4.	
bis 15 Mk. einschl.	—	50	—	50	—	40	—	20	—	30
von mehr als										
15 Mk. — 75 " "	—	80	—	50	—	40	—	20	—	30
75 " — 150 " "	1	50	—	80	—	80	—	40	—	30
150 " — 225 " "	2	30	1	20	1	20	—	60	—	30
225 " — 300 " "	3	—	1	50	1	60	—	80	—	40
300 " — 375 " "	3	80	1	90	2	—	1	—	—	50
375 " — 450 " "	4	50	2	30	2	40	1	20	—	60
450 " — 525 " "	5	30	2	70	2	80	1	40	—	70
525 " — 600 " "	6	—	3	—	3	20	1	60	—	80
600 " — 900 " "	6	80	3	40	3	70	1	90	1	—
900 " — 1 200 " "	7	50	3	80	4	20	2	10	1	10
1 200 " — 1 500 " "	8	30	4	20	4	70	2	40	1	20
1 500 " — 1 800 " "	9	—	4	50	5	20	2	60	1	30
1 800 " — 2 100 " "	9	80	4	90	5	70	2	90	1	50
2 100 " — 2 400 " "	10	50	5	30	6	20	3	10	1	60
2 400 " — 2 700 " "	11	30	5	70	6	70	3	40	1	70
2 700 " — 3 000 " "	12	—	6	—	7	20	3	60	1	80
3 000 " — 4 500 " "	12	80	6	40	8	—	4	—	2	—
4 500 " — 6 000 " "	13	50	6	80	8	70	4	40	2	20
6 000 " — 7 500 " "	14	30	7	20	9	50	4	80	2	40
7 500 " — 9 000 " "	15	—	7	50	10	20	5	10	2	60
9 000 " — 10 500 " "	15	80	7	90	11	—	5	50	2	80
10 500 " — 12 000 " "	16	50	8	30	11	70	5	90	3	—
12 000 " — 13 500 " "	17	30	8	70	12	50	6	30	3	20
13 500 " — 15 000 " "	18	—	9	—	13	20	6	60	3	30
15 000 " — 16 500 " "	18	80	als den höchsten Satz.		14	—	7	—	3	50
16 500 " — 18 000 " "	19	50			14	70	7	40	3	70
18 000 " — 19 500 " "	20	30			15	50	7	80	3	90
19 500 " — 21 000 " "	21	—			16	20	8	10	4	10
21 000 " — 22 500 " "	21	80	—	—	17	—	8	50	4	30
22 500 " — 24 000 " "	22	50	—	—	17	70	8	90	4	50
24 000 " — 25 500 " "	23	30	—	—	18	50	9	30	4	70
25 500 " — 27 000 " "	24	—	—	—	19	20	9	60	4	80
27 000 " — 28 500 " "	24	80	—	—	20	—	10	—	5	—
28 500 " — 30 000 " "	25	50	—	—	20	70	10	40	5	20
30 000 " — 31 500 " "	26	30	—	—	21	50	10	80	5	40
31 500 " — 33 000 " "	27	—	—	—	22	20	11	10	5	60
33 000 " — 34 500 " "	27	80	—	—	23	—	11	50	5	80
34 500 " — 36 000 " "	28	50	—	—	23	70	11	90	6	—
36 000 " — 37 500 " "	29	30	—	—	24	50	12	30	6	20

III. Grundbuchsachen. (Tarif zur Grundbuchordnung vom 5. Mai 1872.)

Noch Tabelle 19. Bei einem Werthe des Gegenstandes.	I. für die Eintragung des Eigenthümers. (§. 1 Nr. 1 u. 5 des Tarifs.) Mk.	Pf.	II. für die nachträgliche Eintragung des Miteigenthums in Fällen der ehelichen Gütergemeinschaft. (§. 1 Nr. 2 des Tarifs.) Mk.	Pf.	III. für jede endgültige Eintragung in der 2. oder 3. Abtheilung (§. 2 des Tarifs.) Mk.	Pf.	IV. für jede Löschung einer in Kol. 3 bezeichneten Eintragung. (§§. 2 u. 5 des Tarifs.) Mk.	Pf.	V. für jede Löschung einer Vormerkung oder eingetragenen Verfügungsbeschränkung. (§§. 3 u. 5 des Tarifs.) Mk.	Pf.
Kostensatz:	A.		A/2.		B.		B/2.		B/4.	
von mehr als										
37 500 Mk. bis 39 000 Mk. einschl.	30	—	—	—	25	20	12	60	6	30
39 000 „ — 40 500 „ „	30	80	—	—	26	—	13	—	6	50
40 500 „ — 42 000 „ „	31	50	—	—	26	70	13	40	6	70
42 000 „ — 43 500 „ „	32	30	—	—	27	50	13	80	6	90
43 500 „ — 45 000 „ „	33	—	—	—	28	20	14	10	7	10
45 000 „ — 46 500 „ „	33	80	—	—	29	—	14	50	7	30
46 500 „ — 48 000 „ „	34	50	—	—	29	70	14	90	7	50
48 000 „ — 49 500 „ „	35	30	—	—	30	50	15	30	7	70
49 500 „ — 51 000 „ „	36	—	—	—	31	20	15	60	7	80
51 000 „ — 52 500 „ „	36	80	—	—	32	—	16	—	8	—
52 500 „ — 54 000 „ „	37	50	—	—	32	70	16	40	8	20
54 000 „ — 55 500 „ „	38	30	—	—	33	50	16	80	8	40
55 500 „ — 57 000 „ „	39	—	—	—	34	20	17	10	8	60
57 000 „ — 58 500 „ „	39	80	—	—	35	—	17	50	8	80
58 500 „ — 60 000 „ „	40	50	—	—	35	70	17	90	9	—
60 000 „ — 61 500 „ „	41	30	—	—	36	50	18	30	9	20
61 500 „ — 63 000 „ „	42	—	—	—	37	20	18	60	9	30
63 000 „ — 64 500 „ „	42	80	—	—	38	—	19	—	9	50
64 500 „ — 66 000 „ „	43	50	—	—	38	70	19	40	9	70
66 000 „ — 67 500 „ „	44	30	—	—	39	50	19	80	9	90
67 500 „ — 69 000 „ „	45	—	—	—	40	20	20	10	10	10
69 000 „ — 70 500 „ „	45	80	—	—	41	—	20	50	10	30
70 500 „ — 72 000 „ „	46	50	—	—	41	70	20	90	10	50
72 000 „ — 73 500 „ „	47	30	—	—	42	50	21	30	10	70
73 500 „ — 75 000 „ „	48	—	—	—	43	20	21	60	10	80
75 000 „ — 76 500 „ „	48	80	—	—	44	—	22	—	11	—
76 500 „ — 78 000 „ „	49	50	—	—	44	70	22	40	11	20
78 000 „ — 79 500 „ „	50	30	—	—	45	50	22	80	11	40
79 500 „ — 81 000 „ „	51	—	—	—	46	20	23	10	11	60
81 000 „ — 82 500 „ „	51	80	—	—	47	—	23	50	11	80
82 500 „ — 84 000 „ „	52	50	—	—	47	70	23	90	12	—
84 000 „ — 85 500 „ „	53	30	—	—	48	50	24	30	12	20
85 500 „ — 87 000 „ „	54	—	—	—	49	20	24	60	12	30
87 000 „ — 88 500 „ „	54	80	—	—	50	—	25	—	12	50
88 500 „ — 90 000 „ „	55	50	—	—	50	70	25	40	12	70
u. s. w. von je 1500 Mk.	—	75	—	—	—	75	—	37,5	—	18,5

Bemerkungen.

Zur Kol. IV. Dieselben Sätze, jedoch mindestens 50 Pf., werden entrichtet: für die Eintragung von Veränderungen aller Art, Vormerkungen und Verfügungsbeschränkungen. (§. 3 Nr. 1 des Tarifs.)

Zur Kol. V. Dieselben Sätze, jedoch nicht unter 30 Pf., werden für die Ertheilung eines Zinsquittungsbogens entrichtet. (§. 6 Nr. 4 des Tarifs.)

III. Grundbuchsachen. (Tarif zur Grundbuchordnung vom 5. Mai 1872.)

Tabelle 20. Bei einem Werthe des Gegenstandes.	I. für eine zweite und jede fernere Einschreibung einer endgültigen Eintragung in die zweite oder dritte Abtheilung. (§§. 2 u. 4 des Tarifs.) Mk.	I. Pf.	II. für die Löschung einer Kol. I. bezeichneten Einschreibung. (§§. 2, 4 u. 5 des Tarifs.) Mk.	II. Pf.	III. für eine zweite und jede fernere Einschreibung von Veränderungen, Vormerkungen und Verfügungsbeschränkungen. (§§. 3 u. 4 des Tarifs.) Mk.	III. Pf.	IV. für die Löschung einer Kol. III. bezeichneten Einschreibung. (§§. 3, 4 u. 5 des Tarifs.) Mk.	IV. Pf.	V. für die Ausfertigung des Hypotheken oder Grundschuldbriefes. (§. 6 Nr. 1 des Tarifs.) Mk.	V. Pf.	VI. für die Erneuerung eines Grundschuldbriefes. (§. 6 Nr. 2 des Tarifs.) Mk.	VI. Pf.
Kostensatz:	B 2.		B 4.		B 4.		B 8.		2. B 3.		B 3.	
bis 75 Mk. einschl.	—	50	—	30	—	50	—	30	—	50	—	30
von mehr als												
75 Mk. — 150 Mk. =	—	50	—	30	—	50	—	30	—	60	—	30
150 = — 225 = =	—	60	—	30	—	50	—	30	—	80	—	40
225 = — 300 = =	—	80	—	40	—	50	—	30	1	10	—	60
300 = — 375 = =	1	—	—	50	—	50	—	30	1	40	—	70
375 = — 450 = =	1	20	—	60	—	60	—	30	1	60	—	80
450 = — 525 = =	1	40	—	70	—	70	—	40	1	90	1	—
525 = — 600 = =	1	60	—	80	—	80	—	40	2	20	1	10
600 = — 900 = =	1	90	1	—	1	—	—	50	2	50	1	30
900 = — 1 200 = =	2	10	1	10	1	10	—	60	2	80	1	40
1 200 = — 1 500 = =	2	40	1	20	1	20	—	60	3	20	1	60
1 500 = — 1 800 = =	2	60	1	30	1	30	—	70	3	50	1	80
1 800 = — 2 100 = =	2	90	1	50	1	50	—	80	3	80	1	90
2 100 = — 2 400 = =	3	10	1	60	1	60	—	80	4	20	2	10
2 400 = — 2 700 = =	3	40	1	70	1	70	—	90	4	50	2	30
2 700 = — 3 000 = =	3	60	1	80	1	80	—	90	4	80	2	40
3 000 = — 4 500 = =	4	—	2	—	2	—	1	—	5	30	2	70
4 500 = — 6 000 = =	4	40	2	20	2	20	1	10	5	80	2	90
6 000 = — 7 500 = =	4	80	2	40	2	40	1	20	6	30	3	20
7 500 = — 9 000 = =	5	10	2	60	2	60	1	30	6	80	3	40
9 000 = — 10 500 = =	5	50	2	80	2	80	1	40	7	30	3	70
10 500 = — 12 000 = =	5	90	3	—	3	—	1	50	7	80	3	90
12 000 = — 13 500 = =	6	30	3	20	3	20	1	60	8	30	4	20
13 500 = — 15 000 = =	6	60	3	30	3	30	1	70	8	80	4	40
15 000 = — 16 500 = =	7	—	3	50	3	50	1	80	9	—	4	50
16 500 = — 18 000 = =	7	40	3	70	3	70	1	90	als den höchsten Satz.		als den höchsten Satz	
18 000 = — 19 500 = =	7	80	3	90	3	90	2	—				
19 500 = — 21 000 = =	8	10	4	10	4	10	2	10				
21 000 = — 22 500 = =	8	50	4	30	4	30	2	20	—	—	—	—
22 500 = — 24 000 = =	8	90	4	50	4	50	2	30	—	—	—	—
24 000 = — 25 500 = =	9	—	4	50	4	70	2	40	—	—	—	—
25 500 = — 27 000 = =	als den höchsten Satz.		als den höchsten Satz.		4	80	2	40	—	—	—	—
27 000 = — 28 500 = =					5	—	2	50	—	—	—	—
28 500 = — 30 000 = =					5	20	2	60	—	—	—	—
30 000 = — 31 500 = =	—	—	—	—	5	40	2	70	—	—	—	—
31 500 = — 33 000 = =	—	—	—	—	5	60	2	80	—	—	—	—
33 000 = — 34 500 = =	—	—	—	—	5	80	2	90	—	—	—	—
34 500 = — 36 000 = =	—	—	—	—	6	—	3	—	—	—	—	—
36 000 = — 37 500 = =	—	—	—	—	6	20	3	10	—	—	—	—
37 500 = — 39 000 = =	—	—	—	—	6	30	3	20	—	—	—	—

III. Grundbuchsachen. (Tarif zur Grundbuchordnung vom 5. Mai 1872.)

Noch Tabelle 20. Bei einem Werthe des Gegenstandes.	I. für eine zweite und jede fernere Einschreibung einer endgültigen Eintragung in die zweite oder dritte Abtheilung. (§§. 2 u. 4 des Tarifs.)		II. für die Löschung einer Kol. I. bezeichneten Einschreibung. (§§. 2, 4 u. 5 des Tarifs.)		III. für eine zweite und jede fernere Einschreibung von Veränderungen, Vormerkungen und Verfügungsbeschränkungen. (§§. 3 u. 4 des Tarifs.)		IV. für die Löschung einer Kol. III. bezeichneten Einschreibung (§§. 3, 4 u. 5 des Tarifs.)		V. für die Ausfertigung des Hypotheken- oder Grundschuldbriefes. (§. 6 Nr. 1 des Tarifs.)		VI. für die Erneuerung eines Grundschuldbriefes. (§. 6 Nr. 2 des Tarifs.)	
	Mk.	Pf.	Mk.	Pf.	Mk.	Pf.	Mk.	Pf.	Mk.	Pf.	Mk.	Pf.
Kostensatz.	B/2.		B/4.		B/4.		B/8.		2. B/3.		B/3.	
von mehr als												
39 000 Mk. bis 40 500 Mk. einschl.	—	—	—	—	6	50	3	30	—	—	—	—
40 500 „ — 42 000 „ „	—	—	—	—	6	70	3	40	—	—	—	—
42 000 „ — 43 500 „ „	—	—	—	—	6	90	3	50	—	—	—	—
43 500 „ — 45 000 „ „	—	—	—	—	7	10	3	60	—	—	—	—
45 000 „ — 46 500 „ „	—	—	—	—	7	30	3	70	—	—	—	—
46 500 „ — 48 000 „ „	—	—	—	—	7	50	3	80	—	—	—	—
48 000 „ — 49 500 „ „	—	—	—	—	7	70	3	90	—	—	—	—
49 500 „ — 51 000 „ „	—	—	—	—	7	80	3	90	—	—	—	—
51 000 „ — 52 500 „ „	—	—	—	—	8	—	4	—	—	—	—	—
52 500 „ — 54 000 „ „	—	—	—	—	8	20	4	10	—	—	—	—
54 000 „ — 55 500 „ „	—	—	—	—	8	40	4	20	—	—	—	—
55 500 „ — 57 000 „ „	—	—	—	—	8	60	4	30	—	—	—	—
57 000 „ — 58 500 „ „	—	—	—	—	8	80	4	40	—	—	—	—
58 500 „ — 60 000 „ „	—	—	—	—	9	—	4	50	—	—	—	—

Bemerkungen.

Zur Kol. I und III.

1. Diese Sätze werden für die bezeichneten Einschreibungen nur erhoben, wenn solche
   a) nachträglich in Bezug auf ein ferneres Grundstück beantragt werden und
   b) für gleichzeitig beantragte zweite und fernere Einschreibungen, wenn dabei in Betracht kommende Grundstücke auf verschiedenen Grundbuchblättern verzeichnet stehen, und die in §. 1 Nr. 3 Abs. 2 des Tarifs bezeichneten Voraussetzungen nicht vorliegen.
2. Die Sätze der Kol. I werden auch erhoben für die Einschreibung der in §. 3 Nr. 2 bezeichneten Vermerke; ferner
3. für die Ausfertigung einer beglaubigten Abschrift des Titels und der ersten Abtheilung des Grundbuchblattes bezw. Grundbuchartikels. (§. 6 Nr. 3 des Tarifs.) Dabei kommen jedoch bei Objekten

   bis 75 Mk. nur 30 Pf.

   von 75 Mk. „ 150 „ „ 40 „

   und nicht mehr als 4 Mk. 50 Pf. zum Ansatz.

Zur Kol. V. Dieselben Sätze werden erhoben für die Ausfertigung einer beglaubigten Abschrift des vollständigen Grundbuchblattes oder Artikels. (§. 6 Nr. 1 des Tarifs.)

III. Grundbuchsachen. (Tarif zur Grundbuchordnung vom 5. Mai 1872.)

Tabelle 21.

Bei einem Werthe des Gegenstandes	Für die Aufnahme oder Beglaubigung von Eintragungs- oder Löschungsanträgen. (§. 8 Nr. 3 des Tarifs.) Mk.	Pf.
bis 150 Mk. einschl.	—	30
von mehr als		
150 Mk. — 300 " "	—	50
300 " — 450 " "	—	80
450 " — 600 " "	1	—
600 " — 1 200 " "	1	30
1 200 " — 1 800 " "	1	50
1 800 " — 2 400 " "	1	80
2 400 " — 3 000 " "	2	—
3 000 " — 6 000 " "	2	30
6 000 " — 9 000 " "	2	50
9 000 " — 12 000 " "	2	80
12 000 " — 15 000 " "	3	—
15 000 " — 18 000 " "	3	30
18 000 " — 21 000 " "	3	50
21 000 " — 24 000 " "	3	80
24 000 " — 27 000 " "	4	—
27 000 " — 30 000 " "	4	30
30 000 " — 33 000 " "	4	50
33 000 " — 36 000 " "	4	80
36 000 " — 39 000 " "	5	—
39 000 " — 42 000 " "	5	30
42 000 " — 45 000 " "	5	50
45 000 " — 48 000 " "	5	80
48 000 " — 51 000 " "	6	—
51 000 " — 54 000 " "	6	30
54 000 " — 57 000 " "	6	50
57 000 " — 60 000 " "	6	80
60 000 "	9	80

Beilagen

zur

Grundbuch-Ordnung.

1.

Allgemeine Verfügung

vom 2. September 1872

zur Ausführung der Grundbuch-Ordnung vom 5. Mai 1872.

(J.M.Bl. S. 178.)

Die nachstehend abgedruckte, im Einverständniß mit dem Herrn Finanz-Minister auf Grund des §. 4 der Grundbuch-Ordnung vom 5. Mai 1872 erlassene Ausführungs-Verfügung vom 2. September d. J. wird den Grundbuchämtern bei den Stadt- und Kreisgerichten in dem Geltungsbereich der Grundbuch-Ordnung, sowie die beigefügten Anweisungen und Zusatzbestimmungen des Herrn Finanz-Ministers vom 16. August 1872*) zur Kenntnißnahme und Nachachtung bekannt gemacht.

Berlin, den 2. September 1872.

Der Justiz-Minister.
In dessen Vertretung:
Friedberg.

---

*) Die Verfügungen des Finanzministers vom 16. August 1872, auf welche hier verwiesen wird, sind folgende:

a. eine Anweisung, betreffend die Mittheilung von Abschriften der Grund- und Gebäudesteuerbücher seitens der Katasterämter an die Grundbuchämter in den sechs östlichen Provinzen, mit Ausschluß des Regierungsbezirks Stralsund (J.Min.Bl. S. 180 ff.),

b. Zusatzbestimmungen zu den Anweisungen I und III für das Verfahren bei der Fortschreibung der Grundsteuerbücher und Karten, beziehungsweise der Gebäudesteuerrollen vom 17. Januar 1865, für die sechs östlichen Provinzen mit Ausschluß des Regierungsbezirks Stralsund (J.M.Bl. S. 198 ff.),

c. eine Anweisung, betreffend die Mittheilung von Abschriften der Gebäudesteuerbücher seitens der Katasterämter an die Grundbuchämter in der Provinz Westphalen und denjenigen Theilen des Regierungsbezirks Düsseldorf, in welchen das Allgemeine Landrecht gilt (J.M.Bl. S. 208 ff.),

d. Zusatzbestimmungen zu den Anweisungen I und III für das Verfahren bei der Fortschreibung der Grundsteuerbücher und Karten, beziehungsweise der Gebäudesteuerrollen vom 17. Januar 1865, für die Provinz Westphalen und diejenigen Theile des Regierungsbezirks Düsseldorf, in welchen das Allgemeine Landrecht gilt (J.M.Bl. S. 218—227).

Soweit diese Verfügungen die Fortschreibung und die jährlichen Anhänge zu den Grundsteuerbüchern betreffen, sind sie durch die Anweisungen I und III v. 31. März 1877 ersetzt. Vgl. die Bestimmungen des J.M. v. 5. Juni 1877, welche unten abgedruckt sind.

Ausführungs-Verfügung**)
vom 2. September 1872
zu §. 4 der Grundbuch-Ordnung vom 5. Mai 1872.
Artikel 1.

Die Grundbuchämter erhalten Abschriften der Grund- und Gebäudesteuerbücher (Flurbücher) und der über die Veränderung derselben jährlich aufzustellenden Fortschreibungs-Protokolle nach den in der Anweisung des Herrn Finanz-Ministers vom 16. August d. J. vorgeschriebenen Formularen A. B. C. D.[1])

In den Bezirken der Appellationsgerichte zu Münster, Paderborn, Hamm und Arnsberg verbleibt es in Betreff der Grundsteuer-Flurbücher bei der allgemeinen Verfügung vom 2. November 1870 (Just.-Minist.-Blatt S. 320); es

---

**) Zur Ausführung der Gesetze über das Grundbuchwesen, welche im Jahre 1873 verkündet sind, hat der Justizminister folgende Verfügungen erlassen (vgl. Schwartz 2 S. 429 ff.):

1. für Ehrenbreitstein allg. Verf. v. 31. Okt. 1873, J.M.Bl. S. 293;
2. für Kassel allg. Verf. v. 9. Mai 1874, J.M.Bl. S. 141, u. v. 12. Juli 1883, J.M.Bl. S. 240 ff.;
3. für Hohenzollern allg. Verf. v. 9. Nov. 1874, J.M.Bl. S. 301;
4. für Hannover allg. Verf. v. 24. Nov. 1874, J.M.Bl. S. 331;
5. für Schleswig-Holstein allg. Verf. v. 28. August 1876, J.M.Bl. S. 152;
6. für das Gebiet des Rheinischen Rechts allg. Verf. v. 21. Novbr. 1888, J.M.Bl. S. 303, §§. 9 bis 11, v. 3. Okt. 1889, J.M.Bl. S. 204, u. 7. März 1892, J.M.Bl. S. 86.

Die Verf. zu 4 gilt auch für das Jadegebiet. Wegen Neuvorpommern und Rügen ist die Instruktion v. 9. Juni 1868, J.M.Bl. S. 185, zu vergleichen.

[1]) Der Satz bezieht sich nur auf die Anweisung für die sechs östlichen Provinzen. Die Formulare enthalten ein Muster (A) für die Flurbuchsabschrift, ein zweites (B) für den Flurbuchsanhang, ein drittes (C) für die Abschrift der Gebäudesteuerrolle, ein viertes (D) für den Gebäudesteuerrollenanhang. (J.M.Bl. 1872 S. 183–197. Die letzteren drei Muster sind inzwischen geändert, vgl. unten die Verf. v. 5. Juni 1877 und die Anm. dazu.) Die Abschriften der Flurbücher sind indessen nicht ausreichend, die Grundbücher auf die Steuerbücher zurückzuführen. Dazu ist nur die Grundsteuer-Mutterrolle geeignet, weil nur in ihr die Grundstücke nach der Person des Eigenthümers geordnet sind. Fraglich ist nur, wie und auf wessen Kosten die Mutterrolle dem Grundbuchrichter zugänglich gemacht werden soll. Der Justizminister hat sich hierüber in einer Verfügung an die Grundbuchämter in den sechs östlichen Provinzen, ausschließlich Neuvorpommern und Rügen, wie folgt, geäußert:

„Von mehreren Grundbuchämtern ist beantragt worden, den Grundbuchämtern Abschriften der Grundsteuer-Mutterrollen mitzutheilen, weil die Abschriften der Grundsteuer-Flurbücher nicht das geeignete Material enthielten, um die Uebereinstimmung der Grundbücher mit den Grundsteuerbüchern herbeizuführen.

Wenngleich die Grundbuchämter die in den Grundsteuer-Mutterrollen enthaltenen Zusammenstellungen der einem und demselben Eigenthümer gehörenden Parzellen nicht entbehren können, so erscheint doch die Mittheilung einer vollständigen Abschrift der Grundsteuer-Mutterrollen nicht geeignet, um die Zwecke der Grundbuchverwaltung vollständig zu erreichen, da diese Abschriften bei einem häufigen Eigenthumswechsel sehr bald veralten, und dann entweder gar nicht oder sehr schwer verwerthbar sein werden. Aus diesem Grunde ist für die Provinz Westphalen und Neuvorpommern bereits angeordnet, daß die Hypothekenbehörden von den

sind jedoch in diesen Bezirken auch Abschriften der Gebäudesteuerrollen und der hierzu gehörigen Anhänge den Grundbuchämtern mitzutheilen.[2])

Artikel 2.

Die im Artikel 1 erwähnten Abschriften sind als Realrepertorien für sämmtliche Grundstücke und Gebäude eines jeden Grundbuchamts zu benutzen.[3])

Artikel 3.

Auf dem Grundbuchblatt eines Gutskomplexes, d. h. eines aus mehreren Grundstücken bestehenden Gutes, werden die einzelnen dazu gehörigen Grund-

---

Grundeigenthümern in jedem einzelnen Falle die Beibringung eines von dem Katasteramte gegen die bestimmungsmäßigen Gebühren auszufertigenden Auszuges aus der Grundsteuer-Mutterrolle einzufordern haben, welcher eine Abschrift des betreffenden Mutterrollen-Artikels nach dem neuesten im Steuerkataster nachgewiesenen Bestande enthält, und in letzterer Beziehung bescheinigt ist.

Die Grundbuchämter in den sechs östlichen Provinzen der Monarchie, ausschließlich Neuvorpommern und Rügen, werden deshalb angewiesen, sowohl behufs Zurückführung der angelegten Hypothekenbücher auf das Kataster, als in anderen Fällen, in welchen die Feststellung der einem Grundbesitzer gehörenden Grundstücke erforderlich wird, von den Grundbesitzern den neuesten von dem Katasterbeamten mit dem Atteste der Richtigkeit versehenen Auszug aus der Grundsteuer-Mutterrolle einzufordern und nöthigenfalls, besonders wenn für denselben Eigenthümer mehrere Folien angelegt sind, durch nähere Vernehmung die Identität der im Grundbuche eingetragenen Grundstücke desselben mit den in der Grundsteuer-Mutterrolle verzeichneten festzustellen.

Die Grundbuchämter werden schließlich darauf aufmerksam gemacht, daß nach einer Mittheilung des Herrn Finanz-Ministers in den sechs östlichen Provinzen für alle selbstständigen Gutsbezirke, welche steuerpflichtige Liegenschaften von nicht mehr als Einem Eigenthümer enthalten, nur das Flurbuch, nicht aber die Mutterrolle angelegt ist, daß also in diesem Falle der neueste Auszug aus dem Flurbuch den Auszug aus der Mutterrolle vertritt." (Allg. Verf. v. 31. Januar 1873, J.M.Bl. S. 46.)

Auf Grund dieser Verfügung hat das Kammergericht am 20. Oktober 1873 angenommen, daß die Buchbehörde berechtigt sei, den Eigenthümer zur Einreichung des Auszuges aus der Mutterrolle aufzuforden und, wenn der Aufforderung keine Folge gegeben wird, den Auszug auf Kosten des Säumigen sich direkt von dem Katasteramt ertheilen zu lassen. Das vormalige App.G. zu Glogau dagegen hat die Berechtigung hierzu verneint, weil das Gesetz dem Eigenthümer die vorausgesetzte Verpflichtung nicht auflegt. (Neubauer, Kontrov. S. 61, bei Johow 4 S. 326.) Vgl. den Kostentarif §§. 10, 11 und Schwartz 2 S. 24 Anm. 3 u. S. 413 ff.

[2]) Den Grundbuchämtern (jetzt den betr. Amtsgerichten) in Westfalen werden

a. die Flurbuchsabschriften nach dem der allgemeinen Verfügung vom 30. November 1870 beigefügten Formular A (J.M.Bl. S. 348 und 349),

b. die Flurbuchsanhänge nach dem der allgem. Verf. vom 2. November 1870 beigegebenen Formular B (S. 320, 322, 323 ebd.),

c. die Gebäudesteuerrollen-Abschriften und Anhänge nach den Mustern A und B der Anweisung vom 16. August 1872 (J.M.Bl. S. 211—217) mitgetheilt.

Nähere Vorschriften über das Verfahren bei Zurückführung des Hypothekenbuchs auf das Kataster enthält für Westfalen die Ministerial-Instruktion vom 30. Januar 1842 (J.M.Bl. S. 67 ff.), abgedruckt bei Förster, Hypotheken-Ordnung S. 342 ff., Turnau 2 S. 61 ff. und Schwartz 2 S. 421 ff.

[3]) Vergl. unten Verf. vom 14. November 1872 §. 8, S. 537.

stücke oder Flächenabschnitte und Gebäude nicht auf den Titel übernommen, sondern es ist nur die Gesammtfläche und der Gesammt-Reinertrag, mit Weglassung des Nutzungswerths der Gebäude einzutragen.[4])

Artikel 4.

Wenn nach §. 13 der Grundbuch-Ordnung für mehrere Grundstücke oder Gutskomplexe desselben Eigenthümers ein gemeinschaftliches Grundbuchblatt angelegt ist oder werden soll, so werden die einzelnen Grundstücke oder Gutskomplexe unter fortlaufender Nummer nach der Bezeichnung der Grundsteuer-Mutterrolle und mit Angabe der Gesammtfläche und des Gesammt-Reinertrages eines jeden Grundstücks eingetragen.[5])

Gehört zu diesen auf demselben Blatt vereinigten Grundstücken auch ein selbstständiges Gebäudegrundstück, so ist dessen Gebäudefläche nebst Hofraum u. s. w. und der jährliche Nutzungswerth besonders anzugeben.

Artikel 5.

Bei selbstständigen Gebäudegrundstücken ist auf dem Titel der für sie angelegten Grundbuchblätter die Gebäudefläche, der Hofraum u. s. w. und der jährliche Nutzungswerth anzugeben.[6])

Artikel 6.

Sind auf demselben Blatt Grundstücke vereinigt, welche in verschiedenen Grundbuchbezirken innerhalb des Bezirks desselben Grundbuchamts liegen, so ist in dem Realrepertorium, Spalte „Bemerkungen", der Grundbuchbezirk anzugeben, zu welchem das einzelne Grundstück gehört.

Artikel 7.

Die Uebertragung des Flächeninhalts und des Reinertrages oder jährlichen Nutzungswerths auf den Titel der Grundbuchblätter geschieht von Amtswegen. Die Grundbuchämter haben im Allgemeinen diese Arbeit ortschaftsweise allmälig auszuführen, bei beantragten Einschreibungen in ein einzelnes Grundbuchblatt aber sofort jene Uebertragung bei dem betreffenden Grundstück vorzunehmen, damit in den auszufertigenden Hypotheken- oder Grundschuldbriefen die Größe und der Ertrag bereits sichtbar werden.

Läßt sich dies nicht sofort ausführen,' weil die Abschrift des Steuerbuchs dem Grundbuchamt noch nicht zugegangen ist, so muß in dem Hypotheken- oder Grundschuldbrief an der entsprechenden Stelle vermerkt werden, daß das Grundbuch noch nicht nach dem Steuerbuch berichtigt ist.[7])

Artikel 8.

Sofern der Raum auf den Titelblättern der bereits angelegten Grundbücher für die Aufnahme der Fläche und des Reinertrages nicht ausreicht, muß

---

[4]) Gr.B.O. §. 4 Abs. 1 Anm. 4 u. 5, oben S. 299 ff.

[5]) Vergl. die Anm. zu §. 13 der Gr.B.O., oben S. 314.

[6]) Gr.B.O. §. 8, oben S. 306.

[7]) Vergl. S. 451 die Anm. 1 zu §. 127 a. a. O.

ein Einlagebogen befestigt oder die Fortsetzung auf spätere Blätter geschrieben und dies durch einen Verweisungsvermerk ersichtlich gemacht werden.

Artikel 9.

Die für Wandeläcker oder walzende Grundstücke angelegten Grundbuchblätter sind von Amtswegen nach dem Formular II. der Grundbuch-Ordnung in Artikel umzuschreiben.[8])

Artikel 10.

In der Provinz Westphalen und in denjenigen Theilen des Regierungsbezirks Düsseldorf, in welchen das Allgemeine Landrecht gilt, bewendet es bei den bisher dort geltenden Vorschriften über die Verbindung des Katasters mit den Grundbüchern, sofern nicht eine Umschreibung oder die Neuanlegung eines Grundbuchblatts erfolgt. Im letzteren Falle kommen die Vorschriften dieser Verfügung zur Anwendung. Dem Ermessen der Grundbuchämter wird anheimgegeben, ob in einem solchen Falle das Formular I. oder II. anzuwenden sei.[9])

Artikel 11.

Sofern in den sechs östlichen Provinzen nach den Steuerbüchern die Größe von Gebäuden, Hofräumen und Hausgärten, welche nicht zu einem Gutskomplex gehören, nicht vermessen ist, erfolgt die Einschreibung der Größe in dem Grundbuchblatt nur auf Antrag des Eigenthümers.[10]) So lange ein solcher nicht vorliegt, werden die Hypotheken- und Grundschuldbriefe mit dem der Angabe der Bestandtheile des Grundstücks hinzuzufügenden Vermerk „nicht vermessen" ausgefertigt.[11])

Die Kosten einer solchen bei dem Fortschreibungsbeamten zu beantragenden Vermessung hat der Eigenthümer zu tragen. Die Fortschreibungsbeamten werden angewiesen, in den Fällen, wo aus derselben Ortschaft mehrere Anträge verschiedener Eigenthümer vorliegen oder zu erwarten sind, die zum Zweck der Vermessung an die Ortschaft zu unternehmende Reise so einzurichten, daß sie gleichzeitig mehrere Vermessungen vornehmen können. Die Kosten einer solchen Reise sind gleichmäßig auf die mehreren Eigenthümer zu vertheilen.

Artikel 12 und 13

fallen weg.[12])

---

[8]) Der Grundbuchrichter ist bei der Wahl des Formulars an den Antrag des Eigenthümers nicht gebunden. (Anm. 3 zu §. 6 der Gr.B.O., oben S. 305.)

[9]) Siehe oben die Anm. 2. Vgl. auch die Anm. zu §. 4 der Gr.B.O.

[10]) Anm. zu Gr.B.O. §. 4 Abs. 2, S. 300.

[11]) §. 127 Nr. 1 a. a. O.

[12]) Der Artikel 12 lautete: „Die Fortschreibungsbeamten haben die Fortschreibungs-Protokolle nach dem Artikel 1 dieser Verfügung erwähnten Formulare B. und D. jährlich den Grundbuchämtern mitzutheilen. — Die Grundbuchführer haben nach den Angaben der Fortschreibungs-Protokolle den Titel der Grundbuchblätter oder die erste Abtheilung der Grundbuchartikel zu berichtigen, in dem Realrepertorium die Nummer des Fortschreibungs-Protokolls und

Artikel 14.

Durch die in §. 57 der Grundbuch-Ordnung den Grundbuchämtern auferlegte Verpflichtung, die Steuerbehörde von der Eintragung eines Eigenthumsüberganges zu benachrichtigen, erledigt sich die bisherige Verpflichtung der Gerichte und Notare, von den vor ihnen errichteten Veräußerungsverträgen Mittheilung zu machen.[13])

Artikel 15.

Die Direktoren der Kreis- und Stadtgerichte und die Dirigenten der Deputationen werden angewiesen, ihre besondere Aufmerksamkeit der Uebertragung der Angaben der Steuerbücher auf die Titel der Grundbuchblätter zuzuwenden und den möglichst schleunigen Fortgang dieser Arbeit zu überwachen.

Bis zum 1. Februar k. J. ist den Appellationsgerichten über den Fortgang dieser Arbeit Bericht zu erstatten.

Berlin, den 2. September 1872.

Der Justiz-Minister.
In dessen Vertretung:
Friedberg.

2.

Allgemeine Verfügung
vom 18. November 1876,

betreffend die Zurückführung des Grundbuchs auf die Steuerbücher.*)
(J.M.Bl. S. 222.)

Bei der Zurückführung des Grundbuchs auf die Steuerbücher sind Zweifel darüber entstanden, in welcher Weise, namentlich in Betreff der Uebernahme der entstehenden Kosten, zu verfahren sei, wenn sich Differenzen zwischen dem Inhalte des Grundbuchs und des Katasters oder Bedenken hinsichtlich der Identität der Grundstücke ergeben und eine Aufklärung der Sache durch Aus-

---

in letzterem in den betreffenden Spalten die Nummer der Grundakten, den Band und das Blatt des Grundbuchs zu vermerken." An die Stelle dieser Vorschriften sind die Bestimmungen vom 5. Juni 1877, unten S. 525, getreten.

Nach Art. 13 sollte „die in §. 57 der Gr.B.O. vorgeschriebene Benachrichtigung der Steuerbehörde von der Eintragung eines Eigenthümers . . . alljährlich zu Anfang des Monats Januar" bewirkt werden. Dagegen hat der Justizminister durch Verfügung vom 24. Mai 1873, J.M.Bl. S. 164, unter Aufhebung des Art. 13 und nochmals durch Verf. v. 5. Juni 1877 Nr. I angeordnet, daß die Benachrichtigung „in jedem einzelnen Fall sofort" zu erfolgen habe.

[13]) Vgl. oben S. 378 Anm. 1 zu §. 57 der Gr.B.O. Die in dem Erlaß des J.M. v. 27. Nov. 1866 und der Instr. vom 7. April 1838 angeordneten Listen der Gerichte und Notare über Besitzveränderungen kommen in Wegfall. Anweis. vom 16. August 1872 Art. 2 Satz 3, J.M.Bl. S. 198 und 218.

*) Die Verfügung v. 18. Nov. 1876 ist an die Grundbuchämter in den sechs östlichen Provinzen, mit Ausschluß derjenigen in dem Bezirk des damaligen Appellationsgerichts zu Greifswald erlassen, nach der allg. Verf. v. 18. Mai 1877, J.M.Bl. S. 89, jedoch auch in den Be-

kunft des Katasteramts oder Vernehmung der Eigenthümer an der Gerichtsstelle nicht erzielt werden kann. Zur Beseitigung dieser Zweifel wird im Einverständnisse mit dem Herrn Finanz-Minister auf Grund der bereits bestehenden allgemeinen Vorschriften des Näheren Folgendes bestimmt:

I.

Ergiebt sich aus der Verhandlung mit dem Katasteramte, daß die vorhandenen Anstände nur durch eine an Ort und Stelle von dem Kataster-Kontroleur vorzunehmende Untersuchung gehoben werden können und erscheint eine gleichzeitige gerichtliche Vernehmung der Eigenthümer an Ort und Stelle nicht erforderlich, so hat das Grundbuchamt den Kataster-Kontroleur um die Vornahme der erforderlichen örtlichen Ermittelungen zu ersuchen.

In Betreff der durch solche örtliche Untersuchungen des Kataster-Kontroleurs ntstehenden Kosten sind folgende Grundsätze maßgebend:

1. Wird eine Unrichtigkeit des Katasters (materieller Irrthum) konstatirt, so ist der Kataster-Kontroleur angewiesen, die Berichtigung des Katasters von Amtswegen ohne besondere Entschädigung zu bewirken, falls nicht nach den hierüber bestehenden Vorschriften wegen Erheblichkeit der mit der Untersuchung verbunden gewesenen Auslagen ausnahmsweise eine Erstattung derselben aus Fonds der Katasterverwaltung stattfindet.
2. Stellt sich heraus, daß in dem Kataster nur eine Eigenthumsveränderung nicht nachgetragen ist, welche nach Aufstellung des Katasters stattgefunden hat und nach den bestehenden Vorschriften von dem betreffenden Eigenthümer dem Katasteramte behufs der Fortschreibung hätte angezeigt werden müssen, so liegt der Fall einer Fortschreibungsvermessung vor, deren Kosten von dem verpflichteten Eigenthümer im Verwaltungswege eingezogen werden.
3. Ergiebt sich dagegen, daß keiner der vorgedachten Fälle vorliegt, das Kataster vielmehr richtig und vollständig ist, so sind die durch die örtliche Untersuchung entstandenen Kosten auf den sächlichen Fonds der Gerichte zu übernehmen.**)

---

zirken von Celle, Kassel und Ehrenbreitstein und nach der allg. Verf. v. 21. Novbr. 1888, J.M.Bl. S. 303 ff., §. 13 im Gebiet des Rheinischen Rechts zur entsprechenden Anwendung zu bringen.

**) Seit dem 1. April 1890 sind „seitens der Justizverwaltung an die Organe der Katasterverwaltung Kosten für Lokaltermine, Grundstückssonderungen u. dgl. m. im Sinne der allgem. Verf. v. 18. Novbr. 1876 nicht mehr zu zahlen." (Verf. v. 6. Juni 1890, Schwartz 2 S. 651.)

Bei Berechnung der Reisekosten der Gerichtspersonen sind bei Lokalterminen behufs Zurückführung des Grundbuches auf das Kataster, sowie behufs Anlegung des Grundbuches die Sätze der V.O. v. 15. April 1876 (G.S. S. 107) und nur, wenn der Termin auf Antrag des Eigenthümers aus Gründen, welche in seiner Person liegen, anberaumt ist, die Sätze der V.O. v. 24. Dezbr. 1873 und 8. Mai 1876 zur Anwendung zu bringen (Verf. v. 9. März 1885, ebd. S. 520).

II.

Ist nach der Lage des Falls eine gerichtliche Vernehmung der Eigenthümer an Ort und Stelle geboten, so hat der Grundbuchrichter zu diesem Zwecke einen Lokaltermin anzuberaumen und zu demselben erforderlichenfalls den Kataster-Kontroleur zuzuziehen. Die Kosten solcher — jedoch nur im Nothfalle anzuberaumenden — Termine, einschließlich der Reisekosten und Diäten des Kataster-Kontroleurs, sind in jedem Falle auf den sächlichen Fonds der Gerichte zu übernehmen.**) Hinsichtlich der für die Fortschreibung des Katasters etwa entstehenden besonderen Kosten kommen die in I. bezeichneten Grundsätze zur Anwendung.

Die Ladung der Eigenthümer geschieht unter der Verwarnung, daß den Ausbleibenden die Kosten des vereitelten Termins zur Last fallen.

III.

Sind Grundstücke, welche entweder

a) verschiedenen Eigenthümern gehören (selbst wenn diese verschiedenen Eigenthümer Ehegatten sind) oder

b) zwar demselben Eigenthümer gehören, aber nach dem Grundbuche verschieden belastet sind,

in dem Steuerkataster nicht getrennt nachgewiesen, sondern zusammengefaßt, so hat das Grundbuchamt bei dem Katasteramte die den verschiedenen Rechtsverhältnissen entsprechende Sonderung der Grundstücke zu beantragen.

Beruht die ungetrennte Nachweisung mehrerer demselben Eigenthümer gehörigen verschieden belasteten Grundstücke im Steuerkataster darauf, daß in einem Rezeß der Auseinandersetzungsbehörde für die mehreren Grundstücke nur ein Gesammtplan ausgewiesen ist, so kann die Sonderung im Kataster erst erfolgen, nachdem die Auseinandersetzungsbehörde die entsprechende Sonderung der Grundstücke zur Ausführung gebracht hat. Das Grundbuchamt hat daher in solchen Fällen zunächst die Auseinandersetzungsbehörde um Vornahme der Sonderung zu ersuchen.

Die Kosten der Sonderung, welche in dem zu b gedachten Falle bei der Katasterverwaltung entstehen, sind stets auf den sächlichen Fonds der Gerichte zu übernehmen. In dem zu a gedachten Falle werden die Kosten der Sonderung, je nach Verschiedenheit der Fälle, entweder von dem Eigenthümer, welcher die Anzeige der Eigenthumsveränderung verabsäumt hat, im Verwaltungswege eingezogen oder — wenn ein materieller Irrthum vorlag — von der Katasterverwaltung getragen.

IV.

Die Grundbuchämter haben zur möglichsten Verminderung der Kosten die von dem Kataster-Kontroleur vorzunehmenden örtlichen Ermittelungen, beziehungsweise Sonderungen, nicht vereinzelt, sondern für eine oder für mehrere Ge-

**) Siehe Note auf voriger Seite.

meinden zusammen herbeizuführen, sobald alle Grundstücke des betreffenden Bezirks ermittelt sind, für welche derartige Maßnahmen nothwendig erscheinen. Entsprechendes gilt hinsichtlich der nöthigenfalls anzuberaumenden gerichtlichen Lokaltermine.

V.

Die Entscheidung darüber, ob nach Lage des Falls auf Grund der oben gegebenen Vorschriften die bei der Katasterverwaltung entstandenen Kosten der örtlichen Untersuchung, beziehungsweise der Sonderung, auf den sächlichen Fonds der Gerichte zu übernehmen sind, wird von der Regierung bei Festsetzung der Kostenrechnung getroffen.

VI.

Stellt sich heraus, daß die dem Steuerkataster zu Grunde liegenden Karten ihrer gesammten Beschaffenheit nach nicht mehr geeignet sind, einen geordneten, mit der Wirklichkeit in Uebereinstimmung befindlichen Nachweis des Grundstücksbestandes zu liefern, so liegt die Nothwendigkeit einer sogenannten Neumessung, d. h. einer vollständigen neuen geometrischen Aufnahme eines ganzen Gemeindebezirks oder eines größeren Theils eines solchen vor, welche die Katasterverwaltung aus ihren Fonds von Amtswegen veranlaßt. Nach Berichtigung des Katasters ist auf Grund der dem Grundbuchamte zugehenden betreffenden Abschriften die Zurückführung des Grundbuchs auf das Steuerkataster zu bewirken.

Berlin, den 18. November 1876.

Der Justiz-Minister.
Leonhardt.

3.

Allgemeine Verfügung
vom 5. Juni 1877,

betreffend die Erhaltung der Uebereinstimmung zwischen den Grundbüchern und den Steuerkatastern.*)

(J.M.Bl. S. 103.)

Das Verfahren bei der Fortschreibung der Grundsteuer- und Gebäudesteuerbücher in den sechs östlichen Provinzen und den neuen Provinzen einerseits und in der Provinz Westfalen und der Rheinprovinz andererseits, ist durch die Anweisungen des Herrn Finanz-Ministers vom 31. März 1877 neu geregelt.

---

*) Die Verf. v. 5. Juni 1877 ist an sämmtliche Grundbuchämter, mit Ausschluß derjenigen in den Hohenzollernschen Landen und den Bezirken der damaligen Appellationsgerichte zu Kiel und Kassel, gerichtet. Sie ist durch Verfügung v. 28. Juni 1877, J.M.Bl. S. 161 u. 185, mit gewissen Modifikationen auf den Bezirk Kassel, durch Verfügung v. 15. Februar 1881, J.M.Bl. S. 30, auch auf diejenigen Theile des Bezirks Celle, in welchen sie bisher keine Geltung hatte, durch Verf. v. 15. Juni 1883, J.M.Bl. S. 190, auf Schleswig-Holstein und durch Verf. v. 21. Novbr. 1888, J.M.Bl. S. 303 ff., §. 9 auf das Gebiet des Rheinischen Rechts ausgedehnt. Durch Verf. v. 27. Novbr. 1883, J.M.Bl. S. 350, ist ihre Beachtung noch besonders empfohlen.

Diese Anweisungen enthalten zugleich die an Stelle der früher geltenden Vorschriften tretenden, auch für die Grundbuchämter fortan maßgebenden Bestimmungen über das Verfahren behufs Erhaltung der Uebereinstimmung zwischen den Grundbüchern und den Steuerkatastern. Der wesentliche Inhalt der betreffenden Vorschriften ist zur Kenntnißnahme und Nachachtung Seitens der Grundbuchämter in der Anlage zusammengestellt. In dieser Anlage sind zugleich zur Ergänzung der Vorschriften des Herrn Finanz-Ministers die weiteren, ausschließlich das Verfahren der Grundbuchämter betreffenden Bestimmungen des Justiz-Ministers enthalten.

Im Uebrigen werden die Grundbuchämter auf den Inhalt der Anweisungen des Herrn Finanz-Ministers verwiesen. Diese Anweisungen werden in den Amtsblättern zur Publikation gelangen und in einer entsprechenden Anzahl von Exemplaren den Grundbuchämtern durch die Appellationsgerichte zugefertigt werden.

Berlin, den 5. Juni 1877.

Der Justiz-Minister.
Leonhardt.

Anlage.

Bestimmungen
über
das Verfahren behufs Erhaltung der Uebereinstimmung zwischen den Grundbüchern und den Steuerkatastern.

I.

Die Grundbuchämter haben von den im Grundbuche eingetragenen Eigenthumsveränderungen in jedem einzelnen Falle den Katasterkontroleur sofort zu benachrichtigen. Als Formulare für diese Benachrichtungen dienen in den östlichen und in den neuen Provinzen, beziehungsweise in der Provinz Westfalen und in der Rheinprovinz die in der Anlage beigefügten betreffenden Muster III.[1]) Der zu den Listen erforderliche Bedarf an Formularen wird dem Grundbuchamte von dem Katasterkontroleur zugefertigt.

Ergänzungen und Abänderungen hat sie durch die Verf. v. 2. Juli 1885, J.M.Bl. S. 233 (vgl. S. 380 Gr.B.O. §. 58 Anm. 2), v. 4. Febr. und 25. März 1890, J.M.Bl. S. 77, 109 ff., erfahren.

Die Mittheilung einer Abschrift der neuen Gebäudesteuerrollen an die Amtsgerichte hat der Finanzminister durch Verf. v. 16. März 1880, J.M.Bl S. 111, angeordnet.

Das Verfahren bei Erneuerung der Karten und Bücher des Grundsteuerkatasters ist durch Anweisung VIII des Finanzministers vom 25. Okt. 1881 geregelt; vgl. allg. Verf. v. 21. Mai 1883, J.M.Bl. S. 156 ff.

Für Hohenzollern ist der Aufsatz von Menzen im Jahrb. 11 S. 449 zu vergleichen.

[1]) Muster III hat durch die Verf. des Finanzministers v. 15. Febr. 1890, mitgetheilt durch J.M.Verf. v. 25. März 1890 (J.M.Bl. S. 109 ff.), hinsichtlich der für die Eintragungen des Katasteramts bestimmten Spalten 20 bis 22 eine geringe Aenderung erfahren, veranlaßt durch die Anordnung, daß die nicht mit einer Form- oder Bestandsveränderung verbundenen Eigen-

Bei Ausfüllung des Formulars sind die Bemerkungen auf der Rückseite desselben zu beachten. Die Vorschrift, daß, soweit thunlich, die Spalten 13 und 14 sofort von dem Grundbuchamte auszufüllen sind, hat den Zweck, die Rücksendung der Liste an das Grundbuchamt und deren schließliche Rückgabe an das Katasteramt auf möglichst wenige Fälle zu beschränken.

Der Katasterkontroleur übernimmt den Inhalt der Liste in das Fortschreibungsprotokoll, vervollständigt oder berichtigt, soweit erforderlich, die Vermerke in den Spalten 13 und 14, und sendet in den auf der Rückseite des Formulars näher bezeichneten Fällen die Liste an das Grundbuchamt zurück. Das Grundbuchamt hat die neuen oder veränderten Nummern der Artikel der Grundsteuermutterrolle und der Gebäudesteuerrolle alsbald in das Grundbuch zu übernehmen und demnächst die Liste dem Katasterkontroleur zurückzugeben.

Ob die Rücksendung und schließliche Rückgabe der Listen in jedem einzelnen Falle sofort oder terminsweise angesammelt zu erfolgen hat, unterliegt der Vereinbarung zwischen der Regierung und dem Appellationsgerichte, in der Provinz Hannover zwischen der Finanz-Direktion und der Kron-Oberanwaltschaft.[2]) (Vergl. §§. 16, 22, 23 der Anweisungen I. des Herrn Finanz-Ministers vom 31. März 1877.)

II.

In dem Falle des §. 58 der Grundbuch-Ordnung ertheilt der Katasterkontroleur zur Vorbereitung der Auflassungserklärung vor dem Grundbuchamte den Betheiligten aus den vorläufigen Fortschreibungsverhandlungen einen Auszug und eine Karte in Form einer Handzeichnung.

Als Formular für den Auszug dienen in den östlichen und in den neuen Provinzen, beziehungsweise in der Provinz Westfalen und in der Rheinprovinz die anliegenden betreffenden Muster VII.[3])

Durch die näheren Vorschriften über die Anfertigung der Auszüge und Handzeichnungen ist Fürsorge getroffen, daß über den Ursprung der neu entstandenen Parzellen und über die Lage der Gebäude keine Zweifel entstehen. Außerdem ist bestimmt, daß hinsichtlich der Anfertigung der Auszüge und Handzeichnungen zwischen den Regierungen und den Appellationsgerichten (in der

---

thumswechsel nicht mehr in ein Fortschreibungsprotokoll eingetragen, sondern die Eigenthumsveränderungslisten (Muster III) unmittelbar als Fortschreibungsprotokolle verwendet werden. Infolgedessen ist auch der letzte Absatz von I durch die Vorschrift der erwähnten J.M.Verf. ersetzt worden, daß die Eigenthumsveränderungslisten „nach Erledigung der auf Grund derselben in der Grundbüchern zu bewirkenden Eintragungen sogleich den Katasterämtern zurückzusenden" sind. (Vgl. auch für Rheinl. allg. Verf. v. 7. Juni 1890, J.M.Bl. S. 198.)

[2]) Vgl. Anm. 1.

[3]) Nr. II bezieht sich nur auf die Fälle des §. 58, in welchen das abzuzweigende Grundstück im Grundsteuerkataster noch nicht getrennt nachgewiesen ist. Für solche Fälle, in denen von einem Grundbuchblatte eine oder mehrere Katasterparzellen ohne Formveränderung abgezweigt werden sollen, ist der Auszug nach dem Muster II bezw. V oder auch, wenn die betreffenden Grundstücke im laufenden Jahre bereits einer andern Fortschreibung, welche in das Kataster selbst noch nicht übergegangen ist, unterlegen haben, nach dem Muster IV bezw. VI zu §. 36 der Anweisung V v. 31. März 1877 auszufertigen. (Verf. des Finanzmin. v. 21. Juni 1885, mitgetheilt durch Verf. des J.M. v. 2. Juli 1885, J.M.Bl. S. 233.)

Provinz Hannover zwischen der Finanzdirektion und der Kron-Oberanwaltschaft) zur Ergänzung der gegebenen allgemeinen Vorschriften Vereinbarungen getroffen werden können und der Katasterkontroleur im einzelnen Falle einem etwaigen besonderen Verlangen des Grundbuchamts zu genügen hat.[4])

(Vergl. §§. 39, 40 der Anweisungen I.)

III.

Eigenthumsveränderungen, welchen keine freiwillige Veräußerung zu Grunde liegt, werden im Kataster auch fernerhin, ohne vorgängige Eintragung des neuen Eigenthümers im Grundbuche, fortgeschrieben. Der Katasterkontroleur hat solche Fortschreibungen sofort in ein Formular nach Muster III. oder, sofern die Eigenthumsveränderung mit einer Form- oder Bestandsveränderung verbunden ist, nach Muster VII., unter entsprechender Aenderung der Formulartitel, einzutragen und das ausgefüllte Formular dem Grundbuchamt zur Kenntnißnahme mitzutheilen. Das Formular ist zu den betreffenden Grundakten zu nehmen.

(Vergl. §§. 13, 17, 23 zu 4 der Anweisungen I.)

IV.

Die Artikel-Nummern der Grundsteuermutterrolle und die Nummern der Gebäudesteuerrolle werden von dem Katasterkontroleur sowohl bei der definitiven als bei der vorläufigen Fortschreibung von Eigenthumsveränderungen sofort endgültig festgestellt. Die neuen Nummern kommen bei der definitiven Fortschreibung auf Grund der im Grundbuche eingetragenen Eigenthumsveränderungen durch die dem Grundbuchamte zurückzusendende Liste nach Muster III. (vergl. oben unter I.), bei der vorläufigen Fortschreibung durch den Auszug nach Muster VII. (vergl. oben unter II.) zur Kenntniß des Grundbuchamts. Von allen sonst vorkommenden Artikelveränderungen werden die Grundbuchämter durch den Katasterkontroleur unter Uebersendung eines ausgefüllten Formulares nach Muster III. beziehungsweise VII. in jedem einzelnen Falle sofort benachrichtigt.

Abgesehen von den Fällen, in welchen mit Rücksicht auf das Grundbuch mehrere bisher für sich bestandene Artikel eines und desselben Eigenthümers zu einem Artikel vereinigt werden oder ein Artikel in mehrere Artikel zerlegt wird, ist der Katasterkontroleur angewiesen, die Aenderung der Artikel-Nummern für solche Grundstücke, welche bei dem bisherigen Eigenthümer verbleiben, thunlichst zu vermeiden.

Werden Grundstücke, welche bisher im Grundbuche auf verschiedenen Blättern eingetragen waren, auf einem Blatte vereinigt, so hat das Grundbuchamt hiervon sofort dem Katasterkontroleur Nachricht zu geben, damit derselbe, falls diese Grundstücke in der Mutterrolle auf verschiedenen Artikeln nachgewiesen

---

[4]) Vgl. allg. Verf. v. 17. Aug. 1888, J.M.Bl. S. 199, betr. die Anfertigung und Beglaubigung der nach §. 58 der Gr.B.O. erforderlichen Karten (oben S. 381 Anm. 5 zu §. 58).

sind, auch die Vereinigung derselben auf einen Mutterrollenartikel herbeiführen kann.

(Vergl. §§. 14, 23, 26, 39, 40 zu 8, 64—67 der Anweisungen I.)

V.

Das Verfahren bei der Fortschreibung behufs Berichtigung „materieller Irrthümer" ist durch die Vorschriften des Herrn Finanz-Ministers in einer der Grundbuchverfassung entsprechenden Weise neu geregelt. Ist ein Grundstück im Kataster Jemandem zugeschrieben, in dessen Eigenthum es sich nicht befindet, so darf die Berichtigung des Irrthums nur auf Grund der Auskunft des Grundbuchamts nach Maßgabe des Eigenthumsnachweises im Grundbuche, beziehungsweise nach erfolgter Eintragung in letzterem erfolgen. Von der erfolgten Fortschreibung wird das Grundbuchamt in jedem einzelnen Falle durch den Katasterkontroleur unter Anwendung des Formulars III. benachrichtigt.

In der Katasterkarte unrichtig dargestellte Eigenthumsgrenzen werden ohne vorgängige entsprechende Eintragung im Grundbuche nur dann nach den im Felde vorgefundenen Grenzen berichtigt, wenn nach Lage der Sache anzunehmen ist, daß die vorhandene Abweichung durch einen bei Anfertigung der Katasterkarte vorgekommenen Irrthum veranlaßt ist und die Eigenthümer darüber einverstanden sind, daß das Kataster nach dem gegenwärtigen Besitzstande berichtigt werde. Erkennen die betheiligten Eigenthümer an, daß die Grenzen, wie sie in der der Katasterkarte zu Grunde liegenden Separations- &c. Karte verzeichnet sind, die richtigen seien, so kann gleichfalls das Kataster hiernach wegen materiellen Irrthums berichtigt werden. Ist dagegen anzunehmen, daß die zwischen der Katasterkarte und der Wirklichkeit bestehende Abweichung durch eine Grenzveränderung herbeigeführt ist, so kann die Berichtigung der sich aus der Katasterkarte ergebenden Grenze nur auf Grund einer Eintragung der Eigenthumsveränderung im Grundbuche erfolgen.

Ist es zweifelhaft, ob nur ein Irrthum des Katasters oder der Fall einer Grenzveränderung vorliegt, so hat der Katasterkontroleur sich behufs Aufklärung der Zweifel mit dem Grundbuchamte in Verbindung zu setzen.

Von den auf Grund der Berichtigungen der Katasterkarte wegen materiellen Irrthums stattgehabten Fortschreibungen wird das Grundbuchamt in jedem einzelnen Falle durch den Katasterkontroleur unter Anwendung des Formulars VII. benachrichtigt. Auf Grund der Benachrichtigung ist die Berichtigung des Grundbuchs sofort durch den Grundbuchrichter zu verfügen. Walten gegen die Zulässigkeit der Uebernahme der Veränderung in das Grundbuch Bedenken ob, so hat sich das Grundbuchamt zum Zwecke der Beseitigung derselben mit dem Katasterkontroleur in Verbindung zu setzen.

(Vergl. §. 1 zu 9, §. 18, §. 23 zu 5 der Anweisung I. für die östlichen und die neuen Provinzen, §. 1 zu 9, §. 17 zu 4, 5, §. 23 zu 5 der

Anweisung I. für die Provinz Westfalen und die Rheinprovinz, §. 12 der Anweisungen II.)

VI.

Alljährlich nach erfolgter Berichtigung der Grundsteuer- und Gebäudesteuerbücher werden den Grundbuchämtern Flurbuchsanhänge und Gebäudesteuerrollenanhänge von den Katasterkontroleuren zugefertigt. Als Formulare dienen in den östlichen und in den neuen Provinzen, beziehungsweise in der Provinz Westfalen und in der Rheinprovinz für die Flurbuchsanhänge die anliegenden betreffenden Muster XI.[5]), für die Gebäudesteuerrollenanhänge die anliegenden betreffenden Muster XII. Die drei letzten Spalten der Formulare sind zur Ausfüllung durch das Grundbuchamt bestimmt. Die Spalten 3 und 12 des Musters XI. und die Spalten 3 und 18 des Musters XII. werden von den Katasterkontroleuren ausgefüllt und dienen den Grundbuchämtern zur leichteren Ermittelung der betreffenden Grundbücher. In den Flurbuchsanhängen werden nur diejenigen zur Fortschreibung in den Grundsteuerbüchern gekommenen Veränderungen eingetragen, welche mit einer Form- oder Bestandsveränderung oder mit einer Aenderung der Nummern der Parzellen verbunden gewesen sind, nicht aber solche, welche lediglich einem Eigenthumswechsel unterlegen haben. In den Gebäudesteuerrollenanhängen werden nur solche zur Fortschreibung in der Gebäudesteuerrolle gekommene Veränderungen eingetragen, welche mit einer Bestandsveränderung oder mit einer Veränderung der Nummer oder Littera der Gebäude in der Gebäudesteuerrolle verbunden gewesen sind, nicht aber diejenigen, welche lediglich einem Eigenthumswechsel unterlegen haben.

Die Uebereinstimmung der Anhänge mit den betreffenden Originalen wird von dem Katasterkontroleur amtlich bescheinigt.

Die erforderlichen Formulare werden von den Grundbuchämtern beschafft und den Katasterkontroleuren überwiesen. Die für die Schreibarbeit aufzustellenden Gebührenliquidationen unterliegen der Feststellung durch die Regierung (Finanzdirektion) und werden demnächst von den Grundbuchämtern aus dem sächlichen Fonds zahlbar gemacht.[6])

(Vergl. §§. 78—81, 83—88 der Anweisungen I.)

VII.

Auf Grund der Flurbuchs- und Gebäudesteuerrollenanhänge werden die betreffenden Veränderungen des Katasters, soweit zulässig und erforderlich, gemeindeweise in das Grundbuch übernommen.

---

[5]) Muster XI ist durch die Verf. des Finanzmin. v. 21. Jan. 1890, mitgetheilt durch Verf. des J.Min. v. 4. Febr. 1890 (J.M.Bl. S. 77), abgeändert. Danach sind „in den Flurbuchsanhängen bei jeder einzelnen der darin im neuen Bestande nachgewiesenen mehreren Hofraumparzellen einer Gebäudebesitzung die darauf vorhandenen Gebäude nach ihrer Nummer- und Buchstabenbezeichnung in der Gebäudesteuerrolle nachrichtlich zu vermerken".

[6]) Seit dem 1. April 1890 sind „die bisher aus Fonds der Justizverwaltung geleistetem Zahlungen für die Anfertigung der zur Anlegung und Fortführung der Grundbücher dienendem Abschriften und Anhänge der Grundsteuerflurbücher, Gebäudesteuerrollen und Artikelverzeichnisse" in Wegfall gekommen. (J.M.Verf. v. 6. Juni 1890, Schwartz 2 S. 651; vgl. oben Anm. **) auf S. 528.)

Der Grundbuchführer notirt in der Abschrift des Flurbuchs und der Gebäudesteuerrolle, beziehungsweise in den älteren Anhängen, bei allen von den Veränderungen betroffenen Grundstücken den Jahrgang und die Nummer des neuen Anhangs und trägt in dem neuen Anhange bei jeder Veränderungsposition in der betreffenden Spalte die Nummer der Grundakten ein. Ferner bezeichnet der Grundbuchführer in dem neuen Anhange, durch Ausfüllung der auf das Grundbuch hinweisenden Spalte, diejenigen Veränderungspositionen, deren Uebernahme in das Grundbuch nicht erforderlich ist, weil entweder die betreffende Veränderung bereits im Grundbuche eingetragen ist, oder der Inhalt des auf das Kataster hinweisenden Vermerks im Grundbuche von der betreffenden Veränderung nicht berührt wird. Hierauf prüft der Grundbuchrichter die übrigen Veränderungspositionen und verfügt deren Uebernahme in das Grundbuch, soweit dieselbe zulässig ist. Diejenigen Positionen, deren Uebernahme auf Grund des Anhanges überhaupt nicht oder erst nach Beseitigung etwaiger Anstände erfolgen kann, sind in der Verfügung speziell zu bezeichnen.

Veränderungen, welchen zugleich eine im Grundbuche noch nicht vermerkte Eigenthumsveränderung zu Grunde liegt, dürfen lediglich auf Grund der Anhänge nicht in das Grundbuch übernommen werden. Sind — insbesondere bei Fortschreibungen wegen „materiellen Irrthums“ — Zweifel darüber vorhanden, ob eine derartige Veränderung vorliegt, oder kann eine an sich zur Uebernahme in das Grundbuch geeignete Veränderung wegen anderweiter Anstände einstweilen nicht in das Grundbuch übernommen werden, so hat sich der Grundbuchrichter zunächst behufs Aufklärung der Sache mit dem Katasterkontroleur in Verbindung zu setzen. Soweit das Grundbuch, auf Grund der Anhänge oder durch die später erfolgende Eintragung der Eigenthumsveränderung in Uebereinstimmung mit dem Kataster gebracht ist, wird in den Anhängen bei den betreffenden Veränderungspositionen die auf die Eintragung im Grundbuche verweisende Spalte von dem Grundbuchführer ausgefüllt. So lange die Differenz zwischen dem Kataster und dem Grundbuche nicht durch Berichtigung des Grundbuchs gehoben ist, darf die bezeichnete Spalte in den Anhängen nicht zur Ausfüllung gebracht werden.

VIII.

In dem Bezirke des Justizsenats zu Ehrenbreitstein kommen die Vorschriften unter I.—V., VII. nur hinsichtlich derjenigen Grundstücke, für welche bereits das Grundbuch angelegt ist, die Vorschriften unter VI. aber, insoweit nicht in Folge besonderer Anordnung die Mittheilung der Anhänge überhaupt ausgesetzt ist, hinsichtlich sämmtlicher Grundstücke zur Anwendung.

IX.

In der Provinz Hannover kommen die Vorschriften unter I.—V., VII. nur für die Bezirke des Obergerichts zu Aurich, der Grundbuchämter zu Lingen und Freren und der Altstadt Hannover, die Vorschriften unter VI. dagegen für die Bezirke sämmtlicher Grundbuchämter zur Anwendung.

X.

Durch die vorstehenden Bestimmungen wird der Verbrauch der etwa noch vorhandenen älteren Formulare nicht ausgeschlossen.

Berlin, den 5. Juni 1877.

Der Justiz-Minister.
Leonhardt.

4.

Allgemeine Verfügung
vom 11. Oktober 1877,

betreffend die Herbeiführung der Uebereinstimmung zwischen den Grundbüchern und den Steuerbüchern hinsichtlich der im Besitze mehrerer Eigenthümer befindlichen Gebäude.*)

(J.M.Bl. S. 213.)

Die nachstehend abgedruckte Verfügung des Herrn Finanz-Ministers vom 13. September 1877, betreffend die allgemeinen Grundsätze, nach welchen die im Besitze mehrerer Eigenthümer befindlichen Gebäude zur Gebäudesteuer zu veranlagen sind, wird den Grundbuchämtern zur Kenntnißnahme und entsprechenden Beachtung bekannt gemacht.

Berlin, den 11. Oktober 1877.

Der Justiz-Minister.
Leonhardt.

Verfügung des Herrn Finanz-Ministers vom 13. September 1877.

Unter Nr. 3 des Circularerlasses vom 20. Februar 1863 IV. b. 10149 ist für die altländischen Provinzen, und im §. 9 der Zusammenstellung der Veranlagungsgrundsätze für die Gebäudesteuer vom 4. Mai 1867 für die Provinzen Schleswig-Holstein, Hannover und Hessen-Nassau angeordnet, daß:

a) von zwei Gebäuden, welche durch eine vom Fundament bis zur Dachspitze durchgehende Giebelwand von einander getrennt sind, wenn sie auch äußerlich sich als unter einem Dache befindlich und als ein Ganzes darstellen, dennoch jedes für sich als ein besonderes Objekt der Gebäudesteuer zur Veranlagung gezogen werden muß, ohne Rücksicht darauf, ob sie verschiedenen Eigenthümern gehören oder zur Zeit in der Hand eines Eigenthümers vereinigt sind; daß dagegen

b) ein Gebäude, welches von mehreren Eigenthümern in realiter bestimmten und abgegrenzten Theilen besessen wird, als ein einziges Steuerobjekt zu behandeln ist, und demzufolge auch für die den verschiedenen Eigenthümern gehörigen Antheile besondere Nutzungswerthe (Steuer-

---

*) Die Verf. v. 11. Oktober 1877 ist an sämmtliche Grundbuchämter mit Ausschluß derjenigen in den Hohenzollernschen Landen gerichtet und durch §. 9 der allg. Verf. v. 21. Novbr. 1888, J.M.Bl. S. 303 ff., auf das Gebiet des Rheinischen Rechts ausgedehnt.

stufen) nicht auszuweisen, solche Gebäude vielmehr in die Veranlagungsnachweisungen ꝛc. unter Bemerkung der übrigen Eigenthümer auf den Namen des Eigenthümers des Erdgeschosses, und, wenn auch dieses in mehreren Antheilen besessen werden sollte, auf den Namen des Eigenthümers, welcher den größten Antheil besitzt, event. desjenigen einzutragen sind, welcher in alphabetischer Ordnung der erste ist.

Die Vorschrift unter a. verbleibt auch hinfort in Gültigkeit; diejenige unter b. kann jedoch mit Rücksicht auf die inzwischen hergestellte Verbindung der Grundbücher mit den Grund- und Gebäudesteuerbüchern fortan nicht mehr aufrecht erhalten werden. Vielmehr ist für die Folge bei allen neuen Veranlagungen — und zwar der Gleichförmigkeit halber, nunmehr auch außerhalb des Geltungsbereiches der Grundbuchordnung — von vornherein, bei den bestehenden Veranlagungen aber nur im Geltungsbereiche der Grundbuchordnung, und nur da, wo solches vom Grundbuchamte speziell beantragt wird, jedes reelle Eigenthumsstück unter besonderer Nummer bezw. Littera in die Gebäudesteuerrolle einzutragen und für dasselbe der Nutzungswerth und die Steuerstufe besonders festzustellen.

Bei der Veranlagung solcher reellen Eigenthumsstücke werden sich zwei Fälle unterscheiden lassen, nämlich:

1. ob die Scheidung, wenn auch nicht durch eine Giebelwand hergestellt, so doch senkrecht von unten bis oben geht, dergestalt, daß jedes Eigenthumsstück seine besondere Grundfläche und sein besonderes Dach hat, oder
2. ob die Scheidung ganz oder theilweise in horizontaler Richtung, z. B. nach Stockwerken, gezogen ist, in welchem Falle gewisse Gebäudetheile, wie Hauseingang, Treppen u. s. w. gemeinschaftlich sein können.

In dem ersteren Falle bietet die getrennte Veranlagung der Eigenthumsstücke zur Gebäudesteuer keinerlei Schwierigkeit, und auch die Grundflächen lassen sich hiermit korrespondirend in den Grundsteuerrollen nach dem Eigenthum getrennt nachweisen.

In dem zweiten Falle dagegen muß bei der Ermittelung des Gebäudesteuer-Nutzungswerthes der einzelnen Eigenthumsstücke dem Nutzungswerthe der ganz allein benutzten Theile ein entsprechender Antheil an dem Nutzungswerthe der etwa gemeinschaftlich benutzten Theile hinzugesetzt werden. In der Grundsteuermutterrolle kann in diesem Falle die Gebäudegrundfläche, falls das Eigenthum an derselben nicht etwa ausdrücklich einem Einzelnen vorbehalten ist, nur als gemeinschaftliches Eigenthum Mehrerer aufgeführt werden.

In den Gebäudesteuerrollen und den auf die Gebäudesteuer bezüglichen sonstigen Nachweisungen ist namentlich in den zu 2 bezeichneten Fällen, in der Formularspalte „Gattung der Gebäude ꝛc.“ das betreffende reelle Eigenthumsstück nebst Zubehör kurz aber erschöpfend zu bezeichnen.

Bestehen nicht reell gesonderte Eigenthumsstücke, sondern wird ein Gebäude nach *ideellen* Antheilen von Mehreren besessen, so findet eine getrennte Veranlagung der Gebäudesteuer nicht statt.

Für die Entscheidung der Frage, ob ideelles Miteigenthum oder reell getheiltes Eigenthum vorliegt, ist im Bereiche der Grundbuchordnung der Nachweis im Grundbuche, insbesondere der Umstand maßgebend, ob das Gebäudegrundstück im Grundbuche auf einem Blatte als Miteigenthum der mehreren Eigenthümer eingetragen steht, oder ob für das Eigenthum jedes einzelnen Eigenthümers ein besonderes Grundbuchblatt angelegt ist, sofern nicht etwa von dem Grundbuchamte konstatirt wird, daß die Art der Eintragung im Grundbuche den obwaltenden thatsächlichen Rechtsverhältnissen nicht entspricht, welche dann als maßgebend anzusehen sind. Sollten im einzelnen Falle Meinungsverschiedenheiten zwischen dem Grundbuchamte und dem Katasteramte darüber entstehen, ob das Eigenthum der mehreren Eigenthümer als Miteigenthum oder als reell gesondertes Eigenthum aufzufassen sei, so wird auf Vorstellung des Katasteramtes das Appellationsgericht diese Frage endgültig zu entscheiden haben.

Außerhalb des Bereiches der Grundbuchordnung wird in Zweifelsfällen ideelles Miteigenthum als vorhanden anzunehmen sein.

Die vorstehenden Grundsätze, mit welchen für den Bereich der Grundbuchordnung der Herr Justiz-Minister sich einverstanden erklärt hat, sind insbesondere bei der bevorstehenden Revision der Gebäudesteuerveranlagung allgemein zur Anwendung zu bringen. Wo dieselben nach Obigem wegen der Zurückführung des Grundbuchs auf die Steuerkataster vorher schon eine anderweite Veranlagung bedingen, ist dieselbe gemeinschaftlich mit der Veranlagung neu entstandener oder in der Substanz veränderter 2c. Gebäude zu bewirken, so daß Kosten hieraus nicht erwachsen. Außerdem ist bei der letzteren nachträglichen Sonderung der Eigenthumsstücke der bisherige Gesammtnutzungswerth bezw. die bisherige Gesammtgebäudesteuer in der Regel festzuhalten, und die etwa erforderliche Erhöhung oder Ermäßigung der Gesammtsteuer dem bevorstehenden Revisionsverfahren zu überlassen.

Berlin, den 13. September 1877.

Der Finanz-Minister.
Camphausen.

5.

Allgemeine Verfügung
vom 14. November 1872,

die Bureau-Verwaltung bei den Grundbuchämtern betreffend.*)
(J.M.Bl. S. 302.)

Vom 1. Dezember d. J. ab treten für den Geschäftsbetrieb und die Registerführung in den Büreaus der Grundbuchämter nachstehende Anordnungen in Wirksamkeit:

---

*) Für die Gerichte in denjenigen Landestheilen, in welchen die Gr.B.O. erst im Jahre 1873 eingeführt ist, bestimmt sich die Bureau-Verwaltung nach den Verfügungen, welche der Justizminister zur Ausführung der Gesetze über das Grundbuchwesen erlassen hat. Siehe die

§. 1.

Für jedes Grundbuchamt besteht ein besonderes Büreau oder eine besondere Büreau-Abtheilung. In diesem Büreau müssen alle durch die Führung des Grundbuchs veranlaßten Subalterngeschäfte, einschließlich der Revision der Kosten und der Anfertigung des Schreibwerks, erledigt werden. [1])

§. 2.

Die Geschäfte des Grundbuchamts sind im Lokale desselben in den von dem Appellationsgericht nach Maaßgabe der allgemeinen Verfügung vom 1. September d. J. bei Nr. V. bestimmten, durch Anschlag an der Thür bekannt zu machenden Dienststunden, soweit dies thunlich, sofort zu erledigen. [2])

§. 3.

Die Grundakten, denen nach Maaßgabe der Bestimmung unter Nr. 7 der allgemeinen Verfügung vom 20. März 1869 (Just.-Minist.-Bl. S. 62) ein Verzeichniß der Realberechtigten und ihrer Vertreter auch ferner vorgeheftet wird, [3]) sind mit einem Nummern-Verzeichniß zu versehen, in welchem jedes zu den Akten eingehende Schriftstück nach Vorschrift des §. 4 vermerkt wird.

Mit der Abschrift eines jeden Grund- oder Gebäudesteuerbuchs (Flurbuchs) sind besondere General-Akten anzulegen, zu denen die darauf Bezug habenden Fortschreibungs-Protokolle, welche über die Veränderungen alljährlich aufgestellt werden, gelangen.

§. 4.

Jedes bei dem Grundbuchamt eingehende Schriftstück oder aufgenommene Protokoll ist mit einem Vermerk über den Zeitpunkt des Eingangs (Tag und Stunde) und über die Zahl der Anlagen, sowie mit der Geschäftsnummer (§. 5) zu versehen und demnächst, sofern nicht sofort darauf verfügt worden ist, dem Grundbuchrichter zur Verfügung vorzulegen. [4])

§. 5.

Schriftstücke, welche zu bereits vorhandenen Grundakten gehören, werden mit der Gemarkung, [5]) Band und Seite des Grundbuchblattes oder Artikels, wor-

---

Anm. ** zur Ausführungsverf. v. 2. September 1872, oben S. 518, und ferner die Verfügungen vom 24. Septbr. 1873, J.M.Bl. S. 259, und vom 16. Febr. 1877, J.M.Bl. S. 29, für Hannover, vom 22. Juni 1876, J.M.Bl. S. 129, für Kassel und vom 23. Septbr. 1873, J.M.Bl. S. 259, für Hohenzollern.

Gegenwärtig ist in erster Linie die Geschäftsordnung für die Gerichtsschreibereien der Amtsgerichte vom 1. Aug. 1879 (J M.Bl. Nr. 32 Anl. I) maßgebend, durch welche jedoch an den Bestimmungen der Verf. v. 14. Novbr. 1872 sachlich wenig geändert ist.

[1]) Vgl. hierzu die Geschäftsordnung a. a. O. §§. 1 und 4.

[2]) Vgl. §§. 2 und 3 ebd.

[3]) Gr.B.O. §. 57 Anm. 2b, oben S. 379.

[4]) Gr.B.O. §§. 42 u. 43; Geschäfts-O. §. 5.

[5]) Vgl. S. 298 Anm. 2 zu §. 4 Abs. 1 der Gr.B.O.

auf sich die Grundakten beziehen, und mit einer in folgender Weise festzustellenden Geschäftsnummer versehen:

Alle zu denselben Grundakten gehörigen Schriftstücke erhalten in dem denselben vorgehefteten Nummern-Verzeichniß in ununterbrochener Folge eine Nummer, welche auch dann fortläuft, wenn ein neuer Aktenband angelegt wird. Die Nummern werden reihenweise geschrieben, neben der Nummer wird das Datum des Schriftstücks durch Bruchzahlen angegeben und bei Auflassungserklärungen, Eintragungs- oder Löschungs-Anträgen die Bezeichnung als solche in verständlicher Abkürzung, sowie der Name der Aussteller.

Nach der Eintragung im Verzeichniß der Schriftstücke ist die Nummer auf das Schriftstück zu setzen, z. B. Tempelhof Bd. I. S. 124 Nr. 25.

Schriftstücke, welche zu General- oder Sammelakten gehören, oder zur Bildung neuer Grundakten Anlaß geben, werden, falls die letztere nicht durch Abschreibung eines Grundstücks von einem bestehenden Grundbuchblatt oder Artikel hervorgerufen wird, in ein besonderes Eingangs-Register (Geschäfts-Journal) eingetragen, welches folgende Rubriken enthält: 1) Laufende Nummer, 2) Tag des Eingangs, 3) Aktenzeichen oder statt desselben Gemarkung, Band und Seite des Grundbuchs oder Artikels, 4) Kurze Angabe des Gegenstandes, 5) Tag der ergangenen Verfügung, 6) zur weiteren Erledigung abgegeben (Tag der Abgabe und wohin abgegeben), 7) als erledigt zu den Akten genommen.

Die Nummer, unter welcher die Eintragung in dem Eingangs-Register erfolgt ist, wird demnächst auf dem Schriftstücke vermerkt, z. B. E. R. Nr. 72. Sind Vorstücke vorhanden, so sind dieselben einerseits mit dem Aktenzeichen zu verbinden, andererseits ist das Schriftstück in dem Nummern-Verzeichniß der betreffenden Akten nachzutragen.[6])

§. 6.

Bei Einheftung des Schriftstücks oder seiner anderweitigen Abgabe ist in allen Fällen die betreffende Nummer im Nummern-Verzeichniß zu durchstreichen und im letzteren Falle ein Vermerk über den Verbleib zu machen.

Die Ordnung der Schriftstücke in den Akten wird durch die Nummer derselben im Nummern-Verzeichnisse bestimmt.[7])

§. 7.

Wenn Urkunden längere Zeit bei dem Grundbuchamt aufzubewahren sind, welche nicht zu den Grundakten geheftet werden können, so müssen dieselben mit einem Umschlag versehen werden, auf welchem die Grundakten nach der Gemarkung, Band und Blatt des Grundbuchs und die Geschäftsnummer des Schriftstücks, mittelst dessen die Einlieferung erfolgte, anzugeben ist. In dem Nummern-Verzeichnisse vor den Akten wird die Annahme der Urkunde zur besonderen Verwahrung bei der betreffenden Nummer vermerkt und ebenso die demnächst be-

---

[6]) Hierzu die Geschäfts-O. §§. 7 u. 8.

[7]) Vgl. §. 8 der Geschäfts-O.

wirkte Herausgabe derselben. Die Bescheinigung der Zurückgabe gelangt zu den Grundakten unter einer besonderen Geschäftsnummer, auf welche bei der Nummer des Schriftstücks über die Einlieferung hinzuweisen bleibt.[8])

Die besonders verwahrten Urkunden befinden sich unter dem Verschlusse des Grundbuchführers.

§. 8.

Das Register über die General- und Sammelakten wird wie bisher geführt.[9])

Als Realrepertorien dienen die in Artikel 2 der Ausführungsverfügung vom 2. September d. J. bezeichneten Abschriften der Grund- und Gebäudesteuerbücher (Flurbücher). Ein besonderes Register über die Grundakten wird entbehrlich sein, da das Grundbuch zugleich die Stelle desselben vertreten kann.

§. 9.

Für den Bezirk eines jeden Grundbuchamts ist ein Namen-Register der Eigenthümer nach dem Alphabet mit folgenden Rubriken zu führen:

1) Laufende Nummer innerhalb des Buchstaben,
2) des Eigenthümers Zu- und Vorname, Stand und Wohnort,
3) Hinweis auf das Grundbuch:
   a) Gemarkung,
   b) Band,
   c) Seite,
   d) Artikel.

In dem Namen-Register wird jeder Eigenthümer nur einmal verzeichnet. Daneben wird auf die verschiedenen Grundbuchblätter oder Artikel verwiesen, welche auf seinen Namen lauten. Geht ein Grundbuchblatt auf einen anderen Eigenthümer über, so wird der Hinweis auf dasselbe roth unterstrichen; in gleicher Weise ist der Hinweis auf den Grundbuchartikel zu unterstreichen, sobald derselbe geschlossen wird.[10])

§. 10.

Auf dem Deckel der Grundakten muß das Grundbuchblatt oder der Artikel, auf welches sich dieselben beziehen, ersichtlich sein, ebenso auf der zu den Akten gehörigen Tabelle. In welcher Weise die Akten noch sonst zu bezeichnen sind, bleibt der Bestimmung des Appellationsgerichts überlassen.[11])

§. 11.

Der Grundbuchführer hat über die von ihm im Grundbuch bewirkten Einschreibungen ein Tagebuch nach dem beiliegenden Formular zu halten. Nach

---

[8]) Instr. v. 3. August 1853 Art. 12; Gr.B.O. §. 115.

[9]) Jetzt nach dem in der Gesch.O. v. 1. August 1879 §. 10 vorgeschriebenen Formular.

[10]) Ein Muster für das Namenregister enthält die Anlage zur Instr. v. 9. Juni 1868 unter L, J.M.Bl. S. 214.

[11]) Gesch.O. §. 7. Vgl. das Muster J zur Instr. v. 9. Juni 1868, J.M.Bl. S. 213. An Stelle des Appellationsgerichtes ist jetzt der Oberlandesgerichtspräsident getreten.

Anleitung desselben bewirkt der Grundbuchrichter die Vergleichung der Einschreibungen mit den ergangenen Verfügungen. Außerdem dient dasselbe zur Ermittelung der in den jährlichen Geschäftsübersichten darzustellenden statistischen Angaben, und den Steuerbehörden zum Anhalt bei der von ihnen vorzunehmenden Prüfung der auf die Stempelabgaben Bezug habenden Ansätze.

. . . .

. . . . Ein abschriftlicher Auszug,[12]) . . . . in welchen jedoch nur diejenigen Auflassungen aufzunehmen sind, bei denen die Versteuerung auf Grund einer Werthsdeklaration (§. 3 des Gesetzes vom 5. Mai 1872) stattgefunden hat, wird in Berlin monatlich dem Stempelfiskalat für Berlin übersandt. Im Uebrigen haben die Appellationsgerichte wegen der Mittheilung gleicher Auszüge in den nach dem Umfange des Verkehrs zu bemessenden periodischen Fristen an die betreffenden Steuerbehörden im Einvernehmen mit den Provinzial-Steuerbehörden nähere Bestimmungen zu treffen. Nach Bedürfniß kann eine Erweiterung des Inhalts der an die Steuerbehörde zu übersendenden Auszüge durch Aufnahme der im Grundbuche vermerkten letzten Erwerbspreise und anderer für die Beurtheilung der Werthsdeklaration einen Anhalt gewährender Daten angeordnet werden.[13])

§. 12.

Die unter Nr. III. der allgemeinen Verfügung vom 1. September d. J. gedachten, von dem Grundbuchrichter aufzunehmenden, jedoch unter der Zeichnung der Gerichtsbehörde auszufertigenden Akte der freiwilligen Gerichtsbarkeit[14]), welche auf Liegenschaften Bezug haben, gelangen zu den betreffenden Grundakten. **Gleichzeitig werden solche Akte der freiwilligen Gerichtsbarkeit in dem Rotulus der für sonstige derartige Akte bestimmten Sammelakten verzeichnet.[15])**

---

[12]) Aus dem Tagebuch nämlich. In der Verfügung hieß es: „aus der ersten Abtheilung des Tagebuches." Vgl. die folgende Anm.

[13]) Die in dem §. 11 weggelassenen Stellen bezogen sich auf die Eintheilung und den Inhalt des Tagebuches nach dem durch die Verf. vom 14. Okt. 1874 abgeschafften Formular. Durch allg. Verf. v. 28. Aug. 1883, J.M.Bl. S. 290, sind die Vorschriften des §. 11 auf Neuvorp. u. Rügen und auf Schleswig-Holstein ausgedehnt. Für Hannover vgl. Verf. v. 24. Septbr. 1873, J.M.Bl. S. 259 ff., §. 10.

[14]) Nr. III der allg. Verf. v. 1. Septbr. 1872 ordnete an, daß der Grundbuchrichter nicht nur Auflassungen und mündliche Anträge auf Eintragungen oder Löschungen, sondern „auch solche an der Gerichtsstelle vorkommenden Akte der freiwilligen Gerichtsbarkeit aufzunehmen" habe, „aus welchen Eintragungen oder Löschungen im Grundbuche ihres Bezirkes hervorgehen."

[15]) Satz 2 des §. 12 ist durch die allg. Verf. v. 4. Mai 1888, betr. die Führung von Verzeichnissen der von den Grundbuchrichtern aufgenommenen Handlungen der freiwilligen Gerichtsbarkeit (J.M.Bl. S. 120), aufgehoben. Dieselbe bestimmt:

„I. Ueber alle in Gemäßheit der Nr. III der allg. Verf. v. 1. Sept. 1872 (J.M.Bl. S. 177) vom Grundbuchrichter oder dessen Vertreter aufzunehmenden, auf Liegenschaften Bezug habenden und deshalb zu den Grundakten gelangenden Akte der freiwilligen Gerichtsbarkeit werden fortan besondere Verzeichnisse geführt. In diese Verzeichnisse sind

a) diejenigen Akte, welche ausschließlich Auflassungserklärungen und Eintragungsanträge oder Bewilligungen enthalten, und

§. 13.

Das Register über die Reproduktionen und Termine und das Register über die Zustellungen werden nach den seitherigen Vorschriften geführt.[16])

§. 14.

Die Vorlegung der Kostenrechnungen zum Zweck der Festsetzung wird im Büreau des Grundbuchamts bewirkt.

Der Kosteneinziehungsbetrieb erfolgt nach Maaßgabe der bestehenden Bestimmungen; . . . . [17])

§. 15.

Die nach der allgemeinen Verfügung vom 9. November 1859 (Just.-Minist.-Bl. S. 374) für die Hauptübersicht der Geschäfte erforderten Angaben fallen, soweit sie in den Rubriken V. und IX. des vorgeschriebenen Formulars erfordert sind, in Zukunft weg. . . . .

Berlin, den 14. November 1872.

Der Justiz-Minister.
Leonhardt.

6.

Allgemeine Verfügung
vom 14. Oktober 1874,

betreffend das von den Grundbuchführern zu haltende Tagebuch und die daraus für die Geschäfts-Uebersichten zu entnehmenden Angaben.*)

(J.M.Bl. S. 273).

Mit dem Beginn des Geschäftsjahres 1875 soll das zum Tagebuch der Grundbuchführer seither verwendete Formular durch das hier beigefügte ersetzt

---

b) die sonstigen Akte der freiwilligen Gerichtsbarkeit

unter gesonderter fortlaufender Nummerirung einzutragen, sobald die aufgenommene Verhandlung zur Gerichtsschreiberei gelangt. In dem Eintragungsvermerk sind das Datum der Verhandlung, die verhandelnden Personen und das verhandelte Rechtsgeschäft zu bezeichnen; zugleich ist anzugeben, zu welchen Grundakten die Verhandlung genommen ist.

Aus diesen Verzeichnissen ist bei Aufstellung der jährlichen Geschäftsübersichten die in Abschnitt II Nr. III der Hauptübersicht unter b Nr. 3a nachzuweisende Zahl der vorstehend gedachten Handlungen der freiwilligen Gerichtsbarkeit zu entnehmen.

II. Dagegen sind die unter Nr. I bezeichneten Akte künftig weder in dem Rotulus der Sammelakten für die sonstigen Akte der freiwilligen Gerichtsbarkeit noch in den Tagebüchern der Grundbuchführer zu vermerken. Bis zum Verbrauch der vorhandenen Vorräthe von Formularen für die Tagebücher unterbleibt die Ausfüllung der Rubrik 2a und b derselben; in neu zu beschaffenden Formularen kommt die Rubrik in Wegfall.

III. Diese Verfügung tritt mit Beginn des Geschäftsjahres 1889 in Kraft."

[16]) Jetzt nach den Vorschriften der Geschäfts-O. a. a. O. §. 16.

[17]) Der Schlußsatz bezieht sich auf die jetzt weggefallene Kostenfestsetzung durch einen Kassenkurator. Siehe die Nr. 3 der Vorbem. zum Kostentarif, oben S. 497.

*) Die Verf. v. 14. Okt. 1874 ist an sämmtliche Gerichtsbehörden im Geltungsbereiche der

werden. Bei der Anwendung desselben sind die zu dem Formular gegebenen Erläuterungen zu beachten.

Statt der in der allgemeinen Verfügung vom 14. November 1872 enthaltenen Anordnungen, welche die in den jährlichen Geschäftsübersichten in Ansehung der Grundbuchsachen darzustellenden Angaben betreffen, sind mit dem Beginne des Geschäftsjahres 1875 folgende Bestimmungen maaßgebend:

In der Haupt-Uebersicht der Geschäfte sind nachzuweisen

Rubrik V.

1. die Zahl der Einschreibungsverfügungen (nach der Rubrik 1 a. des Tagebuchs);
2. die Zahl der Blätter (Artikel), auf denen der Erwerb des Eigenthums an Grundstücken eingeschrieben ist (nach Rubr. 3. a. a. O.);
3. die Zahl der übertragenen Grundstücke (nach Rubr. 4 a. a. a. O.);
4. die Zahl der übertragenen Posten (nach Rubr. 4 b. a. a. O.);
5. die Zahl der sonstigen Eintragungen und zwar:
   a) einmalige (nach Rubr. 5 a. a. a. O.);
   b) mehrfache (nach Rubr. 5 b. a. a. O.);
6. Zahl der Löschungen (nach Rubr. 6. a. a. O.);
7. Zahl der Blätter (Artikel), auf denen Eintragungen behufs der Zurückführung auf die Steuerbücher bewirkt sind (nach Rubrik 7. a. a. O.);

Rubrik VII.

Handlungen der freiwilligen Gerichtsbarkeit:

1. bei dem Grundbuchamt:
   a) Auflassungserklärungen, Eintragungsanträge und Eintragungsbewilligungen (nach Rubr. 2 a. a. a. O.);
   b) andere bei dem Grundbuchamt aufgenommene Handlungen (nach Rubr. 2 b. a. a. O.);
2. bei der Gerichtsbehörde.

Hierdurch werden zugleich diejenigen Anordnungen geändert, beziehungsweise ergänzt, durch welche die Vorschriften der allgemeinen Verfügung vom 14. November 1872 in den Bezirken der Appellationsgerichte zu Cassel und Celle, des Justiz-Senats zu Ehrenbreitstein und des Kreisgerichts zu Hechingen für anwendbar erklärt worden sind.

Berlin, den 14. Oktober 1874.

Der Justiz-Minister.
Leonhardt.

Gr.B.O., mit Ausschluß derjenigen in den Bezirken der vormaligen Appellationsgerichte zu Greifswald und Kiel, gerichtet und durch Verfügung vom 28. Aug. 1883, J.M.Bl. S. 290, auf Neuvorpommern und Rügen und auf Schleswig-Holstein ausgedehnt. Für Rheinl. vgl. allg. Verf. v. 21. Novbr. 1888, J.M.Bl. S. 303 ff., §. 7.

Ueber die Aenderungen, welche die Verfügung v. 14. Okt. 1874 durch die Verf. v. 4. Mai 1888 erfahren hat, siehe Anm. 15 auf der vorigen Seite.

Tagebuch des Grundbuch-Amts

zu . . . . für das Geschäftsjahr 187 . .

Eintragungs-Verfügung.				Zahl der bei dem Grundbuchamte aufgenommenen Akte der freiwilligen Gerichtsbarkeit.[1]		Zahl der Blätter und Artikel, auf denen der Erwerb des Eigenthums an Grundstücken eingetragen ist.	Uebertragungen. Zahl		Eintragungen in Abtheilung II. und III. mit Ausschluß der Uebertragungs- und Löschungsvermerke. Zahl		Löschungen.	Zahl der Blätter und Artikel, auf denen Eintragungen bewirkt sind, welche die Zurückführung des vorhandenen Grundbuchs auf die Steuerbücher betreffen.[2]	Auflassungen.				
Laufende Nummer.	Datum.	Geschäftsnummer.	Grundakten.	solche, welche ausschließlich Auflassungserklärungen und Eintragungs-Anträge oder Bewilligungen enthalten.	sonstige Akte der freiwilligen Gerichtsbarkeit.		der auf andere Blätter (Artikel) übertragenen Grundstücke.	der mit den Grundstücken übertragenen Posten.	der einmaligen Eintragungen.	der gleichzeitig auf mehreren Blättern (Artikeln) bewirkten Eintragungen.			Bezeichnung des aufgelassenen Grundstücks nach dem Grundbuch.	Namen und Wohnort des Veräußerers.	Namen und Wohnort des Erwerbers.	Deklarirter Grundstückswerth	Sonstige Notizen für die Steuerbehörde: a) Grundsteuer-Reinertrag, b) Gebäudesteuer-Nutzungswerth, c) letzter Erwerbspreis, d) Feuerversicherungssumme, e) Taxwerth (die Werthe ad d und e. werden nur angegeben, falls dieselben im Grundbuche eingetragen worden sind).
1				2		3	4		5		6	7	8				
a.	b.	c.	d.	a.	b.		a.	b.	a.	b.			a.	b.	c.	d.	e.

[1]) Rubrik 2 a und b ist inzwischen weggefallen. Vgl. allg. Verf. vom 4. Mai 1888, Anm. 15 auf Seite 538.

[2]) In Rubrik 7 sind „nicht nur die Fälle einer ersten Zurückführung des Grundbuches auf das Steuerbuch, sondern auch die zur Erhaltung der Uebereinstimmung zwischen beiden Büchern erfolgenden Nachtragungen zur Darstellung zu bringen.“ (Allg. Verf. v. 31. Jan. 1887, J.M.Bl. S. 43.)

Erläuterungen.

1. Alle dem Grundbuchführer zugehenden Einschreibungs-Verfügungen verzeichnet derselbe beim Empfange in der Rubrik 1 und trägt zugleich in der Rubrik 8 Spalte a. die einzelnen Grundstücke ein, für welche Eintragungen des Eigenthums auf Grund von Auflassungen angeordnet sind. Nach Erledigung der Verfügung durch die erfolgte Einschreibung im Grundbuche werden die übrigen Rubriken insoweit nachgetragen, als dies nach den in denselben erforderten Angaben nothwendig ist. (Vergl. Nr. 8.)

Ausgeschlossen von der Eintragung im Tagebuche sind nur solche Einschreibungs-Verfügungen, deren Inhalt auf die Rubriken 2 bis 7 keinen Bezug hat.

2. Beruht die Eintragungs-Verfügung auf Verhandlungen, welche das Grundbuchamt aufgenommen hat, so ist die betreffende Anzahl solcher Verhandlungen je nach dem Inhalt derselben in der Rubrik 2 Spalte a. und b. einzutragen.

3. In der Rubrik 3 wird die Zahl der Blätter und Artikel angegeben, auf denen mittels Eintragung des neuen Eigenthümers oder mittels Uebertragungs-Vermerks definitive Eigenthumsübergänge irgend welcher Art eingeschrieben worden sind. Bei Einschreibung des Eigenthumsüberganges mittelst Uebertragungs-Vermerks wird nur dasjenige Blatt (Artikel) gezählt, auf welches die Uebertragung erfolgt ist. Im Fall des §. 59 der Grundbuchordnung kommt dasjenige Blatt (Artikel) in Betracht, auf welchem die Abschreibung erfolgt ist.

4. Hat die Veränderung des Eigenthümers eine Uebertragung der erworbenen Grundstücke auf ein anderes Blatt oder auf einen anderen Artikel zur Folge, oder kommen aus anderen Gründen Uebertragungen vor, so ist in Rubrik 4 Spalte a. die Zahl der übertragenen Grundstücke, und in Spalte b. die Zahl der auf diesen Grundstücken haftenden und deshalb mitübertragenen Posten darzustellen. Bei Grundbüchern, welche nach Formular I. angelegt sind, gilt als ein Grundstück das gesammte Areal, welches auf ein und dasselbe Folium übertragen ist.

Als Post (Spalte b.) gilt jeder in der ersten Hauptspalte der II. oder III. Abtheilung des ursprünglichen Blattes oder Artikels, von welchem aus die Uebertragung erfolgt ist, enthaltene, dort besonders unterzeichnete Eintragungs-Vermerk, ohne Berücksichtigung der in der zweiten Hauptspalte (Veränderungen) enthaltenen Vermerke. Bei Feststellung der in Spalte b. einzutragenden Zahl werden für eine gleichzeitig auf mehrere Blätter (Artikel) übertragene Post so viele Posten gerechnet, als Blätter (Artikel) bei der Uebertragung der Post in Betracht kommen.

5. In der Rubrik 5 wird, mit Ausschluß der Uebertragungs- und Löschungs-Vermerke, jeder besonders unterzeichnete, in die zweite oder dritte Abtheilung des Blattes (Artikels) eingetragene Vermerk gezählt, gleichviel, ob derselbe der ersten oder zweiten Hauptspalte angehört. Dabei sollen jedoch die nur auf einem Blatte (Artikel) bewirkten Eintragungs-Vermerke von denjenigen geschieden werden, welche gleichzeitig auf mehreren Blättern (Artikeln) einzuschreiben sind. Zum Nachweise der Ersteren dient die Spalte a., zum Nachweise der Letzteren die Spalte b. Für eine gleichzeitig auf mehreren Blättern (Artikeln) bewirkte Eintragung werden so viele Eintragungen gerechnet, als Blätter oder Artikel bei der Einschreibung in Betracht kommen.
6. In der Rubrik 6 wird jeder Löschungs-Vermerk gezählt, welcher der zweiten oder dritten Abtheilung des Grundbuchblattes (Artikels) angehört, gleichviel, ob sich derselbe auf einen Eintrag in der ersten oder zweiten Hauptspalte bezieht. Dabei gilt ein gleichzeitig auf verschiedenen Blättern (Artikeln) eingetragener Löschungs-Vermerk als so viele Löschungen, als Blätter oder Artikel bei der Einschreibung desselben in Betracht kommen.
7. Die Rubrik 8 ist für diejenigen Angaben bestimmt, welche nach §. 11 der allgemeinen Verfügung vom 14. November 1872 der Steuerbehörde mitgetheilt werden müssen. Die Bedeutung der in der Spalte e. anzugebenden Werthe ist dadurch erkennbar zu machen, daß denselben der entsprechende in der Ueberschrift ersichtliche Buchstabe vorangestellt wird.
8. Wenn für Grundstücke, welche in dem Grundbuche noch nicht verzeichnet stehen, ein neues Blatt oder ein neuer Artikel angelegt wird, so ist die dieserhalb ergehende Verfügung nur in der Rubrik 1 zu verzeichnen, die dabei vorkommenden, in den Rubriken 2—5 gedachten Geschäfte bleiben von der Zählung ausgeschlossen. In solchen Fällen ist eine 0 in die erwähnten Rubriken bei Erledigung der Verfügung einzuschreiben, theils um ersichtlich zu machen, daß dieselbe erledigt worden ist, theils um letztere als Grundbuchs Einrichtungssache zu kennzeichnen.

7.
Allgemeine Verfügung
vom 15. Juli 1885,

betreffend die Aufstellung jährlicher Nachweisungen über Eintragung und Löschung der Hypotheken.*)

(J.M.Bl. S. 251.)

Auf Wunsch des Herrn Ministers für Landwirthschaft, Domänen und Forsten sollen die Beträge der jährlich zur Eintragung und Löschung gelangenden Hypotheken ermittelt werden.

*) Die Verf. ist für die ganze Monarchie mit Ausnahme des Geltungsbereichs des Rheinischen Rechts erlassen und auf diesen durch §. 9 der allg. Verf. v. 21. Nov. 1888 ausgedehnt. Durch Verf. v. 22. Okt. 1885, J.M.Bl. S. 354, ist Ziffer 12 abgeändert.

Für die Vornahme der Ermittelungen wird den Amtsgerichten . . . . . die nachstehende Anweisung ertheilt.

I. Allgemeine Bestimmungen.

1. Vom 1. April 1886 ab hat jedes Amtsgericht jährlich eine Nachweisung über die Beträge der in den Grund- beziehungsweise Hypothekenbüchern seines Bezirks im Laufe des Etatsjahrs, also in der Zeit vom 1. April jedes Jahres bis zum 31. März des folgenden Jahrs, eingetragenen und gelöschten Hypotheken aufzustellen.

Bei Amtsgerichten, an welchen mehrere Abtheilungen bei Aufstellung dieser Nachweisungen beteiligt sind, können die letzteren für jede Abtheilung gesondert aufgestellt werden.

2. Bei der Aufstellung bleiben Hypotheken an Bergwerken und an sonstigen nicht in Grundstücken bestehenden Gegenständen außer Berücksichtigung.

3. Die Beträge der Eintragungen und Löschungen sind nach städtischen und ländlichen Bezirken getrennt in die Nachweisungen aufzunehmen.

Unterscheidungen der Hypotheken nach anderen Merkmalen finden nicht statt.

4. Als städtische Bezirke im Sinn dieser Verfügung gelten die städtischen Gemeindebezirke, sowie außerdem diejenigen Gemeinde- und selbstständigen Gutsbezirke des platten Landes, in welchen die Grundstückswerte durch andere Beziehungen als den Betrieb der Landwirthschaft bedingt werden, insbesondere Bade-, Kur-, Vergnügungs-, Fabriksorte, vorstädtische Ortschaften und dergleichen mehr.

5. Außer Berücksichtigung bleiben: a) dauernde Lasten und Beschränkungen des Eigenthums, b) Ansprüche, deren Geldbetrag aus dem Eintragungsvermerk nicht ersichtlich ist, c) Eintragungen, welche den Betrag der Hypothek unberührt lassen (Abtretungen, Ueberweisungen u. s. w.)

6. Renten, sofern dieselben als Hypotheken eingetragen sind, werden zum zwanzigfachen Betrage in Kapital umgerechnet.

Vormerkungen und Kautionshypotheken sind nach dem Betrage, eventuell nach dem Höchstbetrage der zu sichernden Forderung zu berechnen. Dasselbe gilt von Arresten, welche in einer anderen Form, als der einer Vormerkung, eingetragen sind.

7. Die Beträge sind stets in vollen Mark so abzurunden, daß 50 Pf. und mehr gleich einer Mark gerechnet, Beträge unter 50 Pfennigen aber nicht in Ansatz gebracht werden.

II. Bestimmungen für den Geltungsbereich der Grundbuchordnung, mit Ausschluß der in dem Grundbuch noch nicht eingetragenen Grundstücke.

8. Zu den Hypotheken im Sinn dieser Verfügung sind auch Grundschulden zu rechnen.

9. Hypotheken an Grundstücken, welche im Grundbuch als Zubehör eines Bergwerks oder in der Grafschaft Sayn-Altenkirchen als Zubehör einer Hütte eingetragen sind, bleiben außer Berücksichtigung.

10. Die Aufstellung der Nachweisungen erfolgt nach dem anliegenden Formular.

11. Die Beträge der Eintragungen und Löschungen sind in chronologischer Reihenfolge in die Nachweisung einzuschreiben.

Die Einschreibung ist auf Grund des Tagebuchs und unmittelbar nach der in diesem erfolgten Einschreibung zu bewirken.

12. (In der neuen Fassung der Verf. v. 22. Oktober 1885:) Sind Grundstücke, welche zum Theil in einem städtischen, zum anderen Theil in einem ländlichen Bezirk liegen, auf einem Grundbuchblatt verzeichnet, so sind die Beträge der Eintragungen und Löschungen, je nachdem das Grundbuch, in welchem das Grundbuchblatt enthalten ist, einen städtischen oder einen ländlichen Bezirk betrifft, in die zweite beziehungsweise dritte oder in die vierte beziehungsweise fünfte Spalte der Nachweisung aufzunehmen.

13. Bei Gesammtschulden, welche auf mehreren Grundbuchblättern oder Artikeln desselben Amtsgerichts gleichzeitig eingetragen oder gelöscht werden sollen, ist in folgender Weise zu verfahren:

a) Wenn die mehreren Grundbuchblätter oder Artikel in Grundbüchern enthalten sind, welche entweder sämmtlich städtische oder sämmtlich ländliche Bezirke betreffen, so ist der volle Betrag der Eintragung oder Löschung nur einmal in die Nachweisung aufzunehmen.

b) Sind die mehreren Grundbuchblätter oder Artikel in Grundbüchern enthalten, welche zum Theil städtische, zum anderen Theil ländliche Bezirke betreffen, so hat der Grundbuchführer nach einem ungefähren Ueberschlage unter Zugrundelegung des Grundsteuerreinertrages und der Hälfte des Gebäudesteuer-Nutzungswerths, in den Hohenzollernschen Landen unter Zugrundelegung des Grund- und Gebäudesteuerkapitals, eine Vertheilung vorzunehmen.

Ist die Vertheilung nicht ausführbar oder mit Schwierigkeiten verknüpft, so ist für jede Besitzgattung die Hälfte des eingetragenen oder gelöschten Betrages aufzunehmen.

14. Wenn die mehreren Grundbuchblätter oder Artikel zum Theil in Grundbüchern des Amtsgerichts, zu einem anderen Theil in Grundbüchern eines oder mehrerer anderer Amtsgerichte enthalten sind, so ist eine der Anzahl der mehreren Amtsgerichte entsprechende Quote des zur Eintragung oder Löschung gelangten Betrages in die Nachweisung aufzunehmen und dies durch den Vermerk „$^1/_2$“ oder „$^1/_3$“ u. s. w. in der Spalte 6 anzudeuten.

Der Umstand, daß die Eintragung beziehungsweise die Löschung von dem anderen Amtsgerichte bereits bewirkt oder nicht bewirkt ist, bleibt außer Berücksichtigung.

Betreffen die Grundbücher zum Theil städtische, zum Theil ländliche Bezirke, so ist außerdem die Vorschrift unter Nummer 13 b zu beachten.

15. Wird eine bereits im Grundbuch eingetragene Hypothek nachträglich auf andere Grundstücke eingetragen, so ist der Betrag in die Nachweisung nicht

aufzunehmen, sondern nur in der Spalte 6 mit dem Hinzufügen anzugeben, daß es sich um eine nachträgliche Eintragung handele.

16. Werden die Nachweisungen für mehrere Abtheilungen des Amtsgerichts gesondert aufgestellt, so finden entsprechende Anwendung:

a) die Vorschriften der Nr. 13 auf Gesammtschulden, welche auf Grundbuchblättern oder Artikeln derselben Abtheilung eingetragen oder gelöscht sind,

b) die Vorschriften der Nr. 14 auf die Fälle, in welchen die mehreren Grundbuchblätter oder Artikel zum Theil in Grundbüchern eines oder mehrerer anderer Amtsgerichte oder einer oder mehrerer anderer Abtheilungen desselben Amtsgerichts enthalten sind.

17. Werden die auf mehreren Grundstücken eingetragenen Hypotheken nicht für alle Grundstücke gleichzeitig gelöscht, so ist der Betrag in die Nachweisung nicht aufzunehmen, sondern nur in der Spalte 6 mit dem Hinzufügen anzugeben, daß für die Schuld andere Grundstücke noch verhaftet bleiben.

Die Aufnahme des Betrages in die Nachweisung erfolgt nach Löschung der Schuld auf dem letzten, für dieselbe verhaftet gebliebenen Grundstück.

III. Bestimmungen für die im Geltungsbereich der Grundbuchordnung noch nicht eingetragenen Grundstücke, sowie für die übrigen Landestheile.

18. Auf die in Gemäßheit dieses Abschnitts aufzustellenden Nachweisungen finden die Vorschriften der Nummern 10 bis 17 entsprechende Anwendung, soweit nicht aus den nachstehenden Bestimmungen sich Abweichungen ergeben.

19. Die Aufstellung der Nachweisungen kann, sofern es zur Ersparung von Mühwaltung dient, in der Weise bewirkt werden, daß die Beträge der Eintragungen und Löschungen in gemeindeweise zu führende Uebersichten eingeschrieben, und die am Schluß des Jahres sich ergebenden Summen der in die Uebersichten eingeschriebenen Beträge in die für das Amtsgericht beziehungsweise für die mehreren Abtheilungen des Amtsgerichts aufzustellenden Nachweisungen übertragen werden.

Werden die Nachweisungen in dieser Weise aufgestellt, so sind denselben bei deren Einreichung (Nr. 24) die Uebersichten beizufügen.

20. An Stelle der Ueberschrift der Spalte 1 des anliegenden Formulars sind, soweit es erforderlich ist, geeignete anderweite Ueberschriften zu bestimmen. Zu diesem Zweck kann die Spalte 1 in Unterspalten getheilt werden. Im Uebrigen sind sowohl die sämmtlichen Ueberschriften wie die Ziffern, mit welchen die einzelnen Spalten in dem anliegenden Formular bezeichnet sind, beizubehalten. Dies gilt auch von den Nachweisungen, welche im Geltungsbereich des Gesetzes vom 29. Mai 1873 (Gesetz-Samml. S. 273) über die in den älteren gerichtlichen Büchern erfolgenden Löschungen aufzustellen sind, sowie, abgesehen von der in geeigneter Fassung zu wählenden Hauptüberschrift, von den in der Nummer 19 erwähnten Uebersichten.

21. In der Provinz Schleswig-Holstein sind von den in den Schuld- und

Pfandprotokollen erfolgenden Eintragungen und Löschungen nur die Eintragungen und Löschungen in die Nachweisungen aufzunehmen, welche Hypotheken an Grundstücken betreffen. Löschungen vor der Linie bleiben außer Berücksichtigung.

22. [1]) . . . .

23. [1]) . . . .

IV. Schlußbestimmungen.

24. Die gehörig aufgerechneten und abgeschlossenen Nachweisungen sind bis zum 1. Juli jedes Jahres, zum ersten Mal bis zum 1. Juli 1887, mittelst Briefumschlags dem Oberlandesgerichtspräsidenten und sodann von diesem dem Herrn Minister für Landwirthschaft, Domänen und Forsten einzureichen.

Die Amtsgerichte im Bezirk des Oberlandesgerichts in Jena haben die Einreichung der Nachweisungen unmittelbar bei dem Herrn Minister für Landwirthschaft, Domänen und Forsten zu bewirken.

25. Die Oberlandesgerichtspräsidenten können, soweit sie es für erforderlich erachten, zur Ausführung dieser Verfügung nähere Weisungen erlassen und namentlich auch die in den Nummern 19 und 20 vorbehaltenen Anordnungen treffen.[2])

Berlin, den 15. Juli 1885.

Der Justizminister.
Friedberg.

---

[1]) Die Nr. 22 und 23 betreffen die vormals Nassauischen, Großherzogl. und Landgräfl. Hessischen Gebietstheile und das Gebiet der ehemals freien Stadt Frankfurt a. M.

[2]) Vgl. auch die bei Schwartz 2 S. 384 ff. abgedruckten Verfügungen des J.Min. v. 16. Mai 1888, 26. März 1889 und 20. März 1890.

Gesetz

über

die Form der Verträge, durch welche Grundstücke zertheilt werden.

Vom 5. Mai 1872.

(Gesetz-Sammlung 1872 Seite 508.)

Wir **Wilhelm**, von Gottes Gnaden König von Preußen rc. verordnen für die Provinzen Preußen, Brandenburg, Pommern, mit Ausschluß des Bezirks des Appellationsgerichts zu Greifswald, Schlesien, Posen und Sachsen, unter Zustimmung beider Häuser des Landtages der Monarchie, was folgt:

Die Stellung, welche die Gesetzgebung zu den Parzellirungen ländlicher Grundstücke eingenommen hat, bietet ein getreues Bild der Auffassung, von der die maßgebenden Kreise bei der Beurtheilung volkswirthschaftlicher Verhältnisse und Bedürfnisse ausgegangen sind. Während des unglücklichen Krieges, den Preußen in den Jahren 1806 und 1807 geführt hat, brach sich die Meinung Bahn, daß die verlorene Macht nur durch Entfesselung des Verkehrs und der in der Nation ruhenden Kräfte zurückgewonnen werden könnte. Auf dieser Idee beruht vor Allem das Edikt vom 9. Oktober 1807, G.S. S. 171, welches die theilweise Veräußerung an sich veräußerlicher Grundstücke nach erfolgter Anzeige bei der Landes-Polizeibehörde gestattet. Unter dem Einfluß der Gegner der neuen Richtung, welche nach den Befreiungskriegen mehr und mehr hervortraten, wurde alsdann durch Gesetz vom 3. Januar 1845, G.S. S. 25, die Parzellirungsfreiheit wesentlich beschränkt. Als jedoch mit dem Jahre 1848 wieder die Richtung die Oberhand gewann, welche die Freiheit des Eigenthums, und folglich auch die Befugniß des Eigenthümers zur Parzellirung, als eine unerläßliche Voraussetzung für eine gesunde Entwickelung der volkswirtschaftlichen Verhältnisse betrachtete, erfolgte (durch Gesetz vom 24. Februar 1850, G.S. S. 68) die Aufhebung der betreffenden Bestimmungen des Gesetzes vom 3. Januar 1845. Aber schon am 24. Mai 1853 erhielt ein Gesetz „zur Ergänzung des Gesetzes vom 3. Januar 1845, betreffend die Zerstückelung von Grundstücken und die Gründung neuer Ansiedelungen" die königliche Sanktion, welches die Vorschriften des Gesetzes vom 3. Januar 1845 wiederherstellte. „Es verlangt für die Aufnahme eines Grundstücks-Zertheilungsvertrages:

1. in Betreff des Veräußerers, daß entweder dessen Besitztitel bereits im Hypothekenbuch eingetragen ist oder daß er sich schon ein Jahr lang im Besitz des Grundstücks befindet und gleichzeitig bei Aufnahme des Vertrags die Berichtigung seines Besitztitels beantragt;
2. in Betreff der Form des Geschäfts, daß der Vertrag zur Vermeidung der Nichtigkeit vor demjenigen Gericht, welches das Hypothekenbuch des Grundstücks führt, geschlossen werden muß." (Motive, bei Werner S. 203.)

§. 1.

Verträge, durch welche Grundstücke zertheilt, von einem Grundstück Theile abgezweigt, oder Grundstücke, welche Zubehör eines anderen Grundstücks sind, von diesen abgetrennt werden sollen, bedürfen zu ihrer Gültigkeit keiner anderen Form, als die Verträge, durch welche Grundstücke im Ganzen veräußert werden.

§. 2.

Die §§. 2. 3. 4. des Gesetzes vom 24. Mai 1853. (Gesetz-Samml. S. 241.) werden aufgehoben.

Die Tendenz des Gesetzes war die, der Zerstückelung des ländlichen Grundbesitzes Schranken zu setzen. (Verf. des Ministers des Innern vom 6. September 1853, J.M.Bl. S. 359.) Der Zweck ist indessen nicht erreicht worden, wenigstens nicht in dem Maße, den der Gesetzgeber beabsichtigt hatte. Die Spekulation fand Mittel und Wege zur Umgehung der vorgeschriebenen Formen. (Vgl. die Entscheidung des Obertribunals in Striethorst's Archiv Bd. 65 S. 238.) Inzwischen wurde die Ueberzeugung immer allgemeiner, daß es nicht im Interesse der politischen und wirthschaftlichen Entwickelung läge, die Zerstückelung des Grundeigenthumes durch lästige Formen zu erschweren. Infolgedessen sah sich bei der Reform des Immobilienrechts die Staatsregierung genöthigt, die Ausnahmevorschriften fallen zu lassen, welchen die bisherige Gesetzgebung die Parzellirungsverträge unterworfen hatte, zumal man einsah, „daß gegenüber der neuen Gesetzgebung über den Eigenthumserwerb der Grundstücke die Formvorschriften des Gesetzes vom 24. Mai 1853 nicht aufrecht erhalten bleiben könnten.“ Aus dieser Erwägung ist das „Gesetz über die Form der Verträge, durch welche Grundstücke zertheilt werden,“ vom 5. Mai 1872 hervorgegangen. (Werner 2 S. 203 ff.) Die letzten Beschränkungen der Parzellirungsfreiheit sind durch die im Jahre 1876 erfolgte Aufhebung jener drei Gesetze (vgl. Anm zu §. 2) gefallen. Vgl. jedoch über die Untheilbarkeit der Hauberge die Haubergsordnungen für den Kreis Siegen v. 17. März 1879 §. 2 und für den Kreis Altenkirchen v. 9. April 1890 §. 2, und über die Beschränkungen der Zertheilung der Rentengüter die Gesetze v. 26. April 1876 §§. 5—7, vom 27. Juni 1890 §§. 3—5 und vom 7. Juli 1891 §. 4.

§. 1.

1. Der Vertrag, durch welchen der Eigenthümer von seinem Grundstück einzelne Theile oder Zubehörstücke veräußert, begründet für und gegen ihn eine Klage auf Erfüllung, sofern er in derjenigen Form errichtet ist, deren Beobachtung für die Veräußerung des ganzen Grundstückes genügen würde. Das Eigenthum an der Parzelle geht durch Auflassung und Eintragung auf den Erwerber selbst dann über, wenn ein formgerechter Veräußerungsvertrag nicht vorliegt. (Ges. über den Eigenthumserwerb ꝛc. §§. 1 ff. u. 10.)

2. Die auf die Veräußerung von Grundstücken abzielenden Verträge erfordern nach gemeinem Recht keine besondere Form. Partikularrechtlich ist indessen nicht selten schriftliche Abfassung oder gerichtliche Bestätigung vorgeschrieben. Das Allg. Landrecht hat keine ausdrückliche Vorschrift über die Form der Verträge, durch welche Grundstücke veräußert werden. Wohl aber hat es Bestimmungen, nach welchen Willenserklärungen über dingliche Rechte zu ihrer Rechtsgültigkeit der schriftlichen Abfassung bedürfen, z. B. I. 5 §. 135; I. 18 §. 691; I. 20 §. 100; I. 21 §§. 233, 626. Die Praxis hat deshalb mit Rücksicht auf die Vorschriften des Titels 10 §§. 16 und 17 angenommen, daß auch das Eigenthum an einem Grundstück nur mittelst schriftlichen Vertrags veräußert werden kann. (Entsch. des Obertrib. Bd. 1 S. 363, Bd. 4 S. 221, Bd. 14 S. 51, Bd. 17 S. 132, Bd. 27 S. 36.) Das gilt fortan auch im Fall der Veräußerung von Parzellen. (Anm. 1.)

3. Dem §. 1 entsprechen die Bestimmungen der Gesetze über das Grundbuchwesen in Neuvorpommern und Rügen §. 27, Schleswig-Holstein §. 29 und Hannover §. 8

§. 3.

Dieses Gesetz tritt am 1. Oktober 1872. in Kraft.

Urkundlich unter Unserer Höchsteigenhändigen Unterschrift und beigedrucktem Königlichen Insiegel.

Gegeben Berlin, den 5. Mai 1872.

(L. S.) **Wilhelm.**

Fürst v. Bismarck. Gr. v. Roon. Gr. v. Itzenplitz. v. Selchow. Gr. zu Eulenburg. Leonhardt. Camphausen. Falk.

---

§. 2.

Die Vorschriften des Gesetzes v. 24. Mai 1853, welche das Gesetz vom 5. Mai 1872 noch in Kraft gelassen hatte, sind jetzt ebenfalls beseitigt. Das Gesetz, betreffend die Vertheilung der öffentlichen Lasten bei Grundstückstheilungen und die Gründung neuer Ansiedelungen in den Provinzen Preußen, Brandenburg, Pommern, Posen, Schlesien, Sachsen und Westfalen, v. 25. August 1876 (vgl. Anm. 2e zu §. 57 der Gr.B.O.) hat nämlich unter §. 24 vom 1. Januar 1877 ab folgende Gesetze ausdrücklich aufgehoben: das Gesetz v. 3. Januar 1845, die dasselbe ergänzenden Gesetze vom 24. Februar 1850 und v. 24. Mai 1853, das Gesetz für Neuvorpommern und Rügen v. 26. Mai 1856, die Bestimmungen der Kreisordnung v. 13. Dezember 1872 §. 135 Nr. VII und VIII und die Verordnung, betr. die neuen Ansiedelungen in Westfalen, v. 11. Juli 1845.

Gesetz,

betreffend

die Stempelabgaben von gewissen, bei dem Grundbuchamte anzubringenden Anträgen.

Vom 5. Mai 1872.

(Gesetz-Sammlung 1872 Seite 509 ff.)

Wir **Wilhelm**, von Gottes Gnaden König von Preußen ꝛc. verordnen für die Landestheile, in welchen das Gesetz über den Eigenthumserwerb und die dingliche Belastung der Grundstücke, Bergwerke und selbstständigen Gerechtigkeiten vom 5. Mai 1872. Geltung hat, unter Zustimmung beider Häuser des Landtages, was folgt:

§. 1.

Die im Falle der freiwilligen Veräußerung von inländischen Grundstücken, verliehenen Bergwerken, unbeweglichen Bergwerksantheilen oder selbstständigen Gerechtigkeiten erfolgende Auflassungserklärung unterliegt einer Stempelabgabe von einem Prozent des Werthes des veräußerten Gegenstandes.

Das Stempelabgaben-Gesetz v. 5. Mai 1872 ist durch §. 1 der Einf.Gesetze auf das ganze Geltungsgebiet der Grundbuch-O., auf das Gebiet des Rheinischen Rechtes aber unter Abänderung der §§. 1 und 2 (Einf.Ges. §. 41), ausgedehnt, in den Hohenzollernschen Landen jedoch durch die Bestimmungen unter Art. 2 des Gesetzes, betr. das Sportel-, Stempel- und Taxwesen, v. 22. Juni 1875 ersetzt worden.

Die hauptsächlichsten Aenderungen, welche das Gesetz v. 5. Mai 1872 erfahren hat, ergeben sich aus dem Gesetze, betr. die Aufhebung beziehungsweise Ermäßigung gewisser Stempelabgaben, v. 26. März 1873. Die betreffenden Vorschriften dieses Gesetzes sind unten bei §. 11 abgedruckt.

Zur Ausführung des Stemp.Ges. hat der Finanzminister in Gemeinschaft mit dem Justizminister die unten mitgetheilte Anweisung v. 19. September 1872 erlassen. Aus der Literatur ist neben den allgemeinen Werken über die Stempelgesetzgebung nur hervorzuheben: Severin, das Gesetz vom 5. Mai 1872, betreffend die Stempelabgaben ꝛc., ergänzt und erläutert, Berlin 1875, und Wollenzien u. Jacobeit, die Kosten- und Stempelgesetzgebung in Grundbuchsachen, Breslau 1889.

§. 1.

1. Nach dem Stempeltarif, der durch das Gesetz vom 7. März 1822 §. 2 (G.S. S. 57 ff.)

eingeführt ist, und der Kabinets-Ordre vom 16. Januar 1840 (G.S. S. 18) ist von allen Verträgen, durch welche inländische Grundstücke veräußert werden, regelmäßig ein Prozent des Preises — beziehungsweise Werthes — des veräußerten Grundstückes als Stempelabgabe zu entrichten. Die Steuer trifft indessen nicht das Veräußerungsgeschäft, sondern die Schrift, durch welche dasselbe beurkundet wird (Ges. vom 7. März 1822 §§. 12—14). Die Gewähr für die Entrichtung der Abgabe liegt mithin wesentlich darin, daß die stempelpflichtige Urkunde der Kognition der Behörde unterbreitet wird. Dieser Kognition konnten die Parteien bisher nur selten sich entziehen, weil der Veräußerungsvertrag, wenn auf Grund desselben der Besitztitel des Erwerbers im Hypothekenbuche berichtigt werden sollte, gerichtlich oder notariell geschlossen, oder doch wenigstens beglaubigt, und jedenfalls dem Hypothekenrichter vorgelegt werden mußte. Eine derartige Bürgschaft für die Wahrung des Stempel-Interesses besteht unter der Herrschaft des Ges. über den Eig.Erw. §§. 1, 2, 10 nicht mehr. (Gr.B O. §. 48.) „Das Verhältniß zwischen der Eigenthumsübertragung und der Beurkundung des Veräußerungsgeschäftes kann sich hiernach in sehr verschiedener Weise gestalten. Eine Urkunde über das Veräußerungsgeschäft braucht überhaupt nicht, oder doch nicht in stempelpflichtiger Form errichtet zu werden. Ein stempelfreier Briefwechsel genügt, um zwischen den Kontrahenten das Geschäft abzuschließen, während das Eigenthum Dritten gegenüber unanfechtbar durch die Eintragung im Hypothekenbuche übertragen wird. Kommt es aber auch zur Beurkundung des Veräußerungsgeschäftes in stempelpflichtiger Form, so kann diese vor oder nach der Uebertragung des Eigenthums ohne Theilnahme oder Kenntniß der Behörde durch Privaturkunde vorgenommen werden, und jede wirksame Kontrole der Stempelverwendung fällt weg. Das Streben, die Stempelsteuer von 1 Prozent zu umgehen, welches schon bisher in zahlreichen Fällen wahrgenommen ist, würde künftig kaum noch auf eine Schranke außerhalb der Entschließung der Stempelpflichtigen selbst stoßen. Es erscheint deshalb nothwendig, den Werthstempel auf den Vorgang der Eigenthumsübertragung zu legen, und zwar speziell auf die hierfür entscheidende Auflassungserklärung, in welcher die den Eigenthumsübergang bedingenden Verhandlungen der Kontrahenten ihren Abschluß finden."

„Die Auflassungserklärung ist zwar nach §. 2 des Entwurfes eines Gesetzes über den Eigenthumserwerb zc. mündlich vor dem Grundbuchamte abzugeben; sie wird aber von dem Richter aufgenommen. Es findet also eine schriftliche Aufzeichnung derselben vor dem Grundbuchamte statt und diese stellt die dem Werthstempel unterworfene Urkunde dar." (Motive, bei Werner S. 210.)

Der §. 1 muß auch dann zur Anwendung kommen, wenn die Auflassungserklärung des Veräußerers durch ein denselben zur Auflassung verurtheilendes Erkenntniß ersetzt wird. (Vgl. Gesetz über den Eig.Erw. §. 3.) Andererseits setzt er eine freiwillige Veräußerung voraus und findet daher keine Anwendung, wenn der im Grundbuche vermerkte Eigenthumsübergang angefochten ist und auf Grund des denselben für ungültig erklärenden und den Erwerber zur Rückauflassung verurtheilenden Erkenntnisses der frühere Eigenthümer wieder als solcher eingetragen wird (§. 9 ebd.; Paderborn, Jahrb. 1 S. 237; Kammerger., ebd. 2 S. 187, 9 S. 145; L.G. Flensburg, ebd. 10 S. 335). Natürlich ist es Sache der Betheiligten, das Sachverhältniß aufzuklären, wenn in der Form der Auflassung dem Urtheil genügt wird. Vgl. den Bericht der Komm. des Abg.H. v. 8. Januar 1870 S. 6 und R.G. IV, Entsch. 32 S. 257 und Jur.Woch. 1894 S. 60. Ueber die Fälle freiwilliger Veräußerung vgl. oben S. 31 ff. die Anm. I 3 zu §. 1. Nach der Ansicht des Reichsgerichts (III, J.M.Bl. 1886 S. 88) ist bei der Auflassung eines Grundstückes an eine offene Handelsgesellschaft seitens eines Gesellschafters der Auflassungsstempel von dem vollen Werthe des Grundstückes zu berechnen (vgl. auch Kammerger., Jahrb. 5 S. 220) und derselben Ansicht sind das R.G. IV, Entsch. 32 S. 253, und das Kammerger., Jahrb. 9 S. 142, 13 S. 226 und 229, für den Fall der Auflassung eines der offenen Handelsgesellschaft gehörigen Grundstückes an einen Gesellschafter. Vgl. hierüber Anm. I 3e zu §. 1, oben S. 33.

3. Die Stempelabgabe von einem Prozent ist nur von dem Werth des Grundstückes zu entrichten, nicht auch von dem etwa mitveräußerten Inventar. Die Veräußerung des letzteren

§. 2.

Die Auflassungserklärung ist jedoch dem Werthstempel (§. 1.) nicht unterworfen, wenn mit derselben oder innerhalb der gleichzeitig nachzusuchenden, von dem Grundbuchamte zu bestimmenden Frist die das Veräußerungsgeschäft enthaltende, in an sich stempelpflichtiger Form ausgestellte Urkunde in Urschrift, Ausfertigung oder beglaubigter Abschrift dem Grundbuchamte vorgelegt wird.

---

ist überhaupt nur dann stempelsteuerpflichtig, wenn darüber ein schriftlicher Vertrag errichtet ist. Der Regierungskommissar hat dies in der Kommission des Abgeordnetenhauses auf Befragen ausdrücklich konstatirt. (Werner S. 212. Ebenso Kammerger., Jahrb. 12 S. 157.) Aber „die in den Gebäuden eines zum Fabrikbetriebe bestimmten Grundstücks mechanisch befestigten, für den Betrieb der Fabrik nothwendigen Maschinen sind als Substanztheile des Fabrikgebäudes" und folglich auch des Grundstückes zu betrachten. (Reichsger. IV, Entsch. 2 S. 251.) Ihr Werth ist mithin bei der Berechnung des Auflassungsstempels nicht auszuscheiden.

4. Die Auflassung ist nicht stempelpflichtig, wenn das aufgelassene Grundstück weniger als 50 Thaler werth ist. (Ges. vom 7. März 1822 §. 3a.) Vgl. Anm. zu §. 15.

§. 2.

I. Wird die Urkunde nicht vorgelegt, so wird die Stempelabgabe von der Auflassungserklärung nach §. 1 erhoben.

1. „Die Anordnung in §. 1 kann bei Schenkungen von Immobilien, welche einem höheren als dem Werthstempel von 1 Prozent (bis zu 8 Prozent) unterworfen sind, zur Benachtheiligung der Staatskasse führen, insofern der Beschenkte die Schenkungsurkunde zurückhalten und sich der Erhebung des Werthstempels von dem Eintragungsantrage unterwerfen kann, um den höheren Schenkungsstempel zu ersparen.

Indessen bleibt dann eben auch die Schenkungsurkunde unversteuert und jeder Produzent derselben für den vollen Schenkungsstempel verhaftet, abgesehen von der den Theilnehmern an der Beurkundung drohenden Strafe für Defraudation des Schenkungsstempels" (Mot.). Auflassungserklärungen, welche auf Grund einer nicht beurkundeten Schenkung erfolgen, sind nur mit dem Werthstempel des §. 1, nicht mit dem Schenkungsstempel zu belegen; hieran hat auch das Gesetz, betr. Abänderung des Erbschaftssteuergesetzes vom 19. Mai 1891 Art. I Ziff. 2 nichts geändert (Verf. des Finanzmin. v. 19. Febr. 1894, J.M.Bl. S. 71).

2. Die Vorlegung der Urkunde kann auch im Interesse der Betheiligten sein, nämlich dann, wenn dieselbe dem einprozentigen Auflassungsstempel nicht unterliegt. Es ist nicht die Absicht gewesen, die bestehenden Stempelfreiheiten zu modifiziren. Es sind namentlich in Geltung geblieben die nach den Verordnungen vom 19. Juli und 17. August 1867 (G.S. S. 1191 und 1277) auch in den neuen Landestheilen anzuwendenden Bestimmungen der Kab.O. v. 21. Juni 1844 (G.S. S. 253), nach welchen Kauf- nnd Tauschverhandlungen der Theilnehmer an einer Erbschaft zum Zwecke der Theilung derselben nicht zu versteuern sind, und des Gesetzes v. 22. Juli 1861 (G.S. S. 754), nach welchen bei lästigen Verträgen zur Uebertragung des Eigenthums von Aszendenten auf Deszendenten gewisse Gegenleistungen außer Berechnung bleiben. (Vgl. Turnau 2 S. 36 ff., Schwartz 2 S. 177 ff.) Aber diese Steuer-Freiheiten resp. Ermäßigungen können bei der Auflassung nur dann in Frage kommen, wenn die Urkunde beigebracht wird. (O.Tr. Sen. für Straff., J.M.Bl. 1877 S. 59, Entsch. 79 S. 388; R.G. IV, J.M.Bl. 1882 S. 109, und Gruchot 27 S. 1041; Kammerger., Jahrb. 6 S. 206. Siehe auch die allg. Verf. des J.M. v. 18. Januar 1876, J.M.Bl. S. 15.) Die Vorlage derselben nach der Auflassung, aber vor Entrichtung des Auflassungsstempels ist in einer Verf. des J.Min. v. 1. Juli 1875 (Turnau 2 S. 36) für genügend erklärt, selbst wenn sie erst nach der Auflassung errichtet ist.

3. „Die Pflicht der Grundbuchämter, die Stempelpflichtigkeit der von ihnen abgegebenen

Auflassungserklärungen zu prüfen, geht auch dahin, im Interesse der Betheiligten festzustellen, ob etwa der Fall einer Befreiung von der Stempelsteuer vorliegt, also in den geeigneten Fällen die Betheiligten zur Vorlegung der Urkunde oder zur Nachsuchung der bezüglichen Frist zu veranlassen." Die Grundbuchämter (jetzt Amtsgerichte) sind deshalb von dem Justizminister „angewiesen, in das über die Auflassungserklärung aufzunehmende Protokoll außer der Werthangabe der Betheiligten (§. 3) auch die Erklärung derselben über die Vorlegung einer das Veräußerungsgeschäft enthaltenden stempelpflichtigen Urkunde (§. 2) aufzunehmen." (Allg. Verf. v. 12. Mai 1873, J.M.Bl. 155.) Es versteht sich, daß diese Anweisung auch dann zu befolgen ist, wenn nicht gerade eine Befreiung von der Stempelabgabe, sondern nur eine Ermäßigung des einprozentigen Stempels eintreten kann. (Verf. des J.M. v. 5. Januar 1878, Johow 8 S. 308.) Der Grundbuchrichter hat in allen derartigen Fällen die Betheiligten auf die Folgen aufmerksam zu machen, welchen sie sich aussetzen, wenn sie die Urkunde nicht vorlegen. (Allg. Verf. des J.M. v. 18. Januar 1876, J.M.Bl. S. 15.) Diese Vorschriften sind aber nur instruktionell, vgl. Kammerger., Jahrb. 6 S. 206. Für den Fall jedoch, daß sie nicht befolgt sind und infolgedessen die Vorlage der Urkunde unterblieben ist, hat der Justizminister im Einverständniß mit dem Finanzminister wiederholt die Niederschlagung des Auflassungsstempels genehmigt (vgl. Schwartz 2 S. 123, Turnau 2 S. 36).

4. Wird zur Nachbringung der Urkunde eine Frist von bestimmter Dauer bei der Auflassung nachgesucht, so läuft sie nicht schon von dem Tage des Antrages, sondern erst von dem Tage ab, an welchem der Grundbuchrichter dem Antragsteller die Fristbestimmung eröffnet hat. Die Frist kann also nicht stillschweigend, sondern nur ausdrücklich „bestimmt" werden. Hieraus ist in der Praxis die richtige Folgerung gezogen, daß der nach Ablauf der von dem Betheiligten erbetenen Frist erhobene Betrag des Auflassungsstempels zurückgezahlt werden muß, wenn die gehörig gestempelte Vertragsurkunde eingereicht wird, bevor ein Bescheid des Gerichtes auf den Antrag um Bestimmung der Frist ergangen ist. (Königsberg, Johow 7 S. 348.)

5. Die Absicht des Gesetzes geht nur auf einmalige Versteuerung des Veräußerungsgeschäftes. (O.Tr. Sen. für Strafs., Entsch. 79 S. 380.) Wenn daher nach Entrichtung des Auflassungsstempels der Kaufvertrag, in dessen Erfüllung das Grundstück aufgelassen wurde, in an sich stempelpflichtiger Form, aber ungestempelt vorkommt, so ist nur der Betrag, um welchen der Kaufstempel den Auflassungsstempel übersteigt, als hinterzogen anzusehen. (O.Tr. Senat für Strafs., J.M.Bl. 1878 S. 125.)

6. Wenn der Käufer eines Grundstückes seine Rechte aus dem Kaufvertrage vor der Auflassung zedirt und unter Vorlage des Kaufvertrages und der Zessionsurkunde die Auflassung seitens des Verkäufers unmittelbar an den Zessionar erfolgt, so ist der Auflassungsstempel nicht zu erheben (Kammerger., Jahrb. 3 S. 223); eine solche Zession unterliegt nicht dem Kaufstempel (R.G. IV, J.M.Bl. 1884 S. 40), sondern dem Zessionsstempel (Kammerger., Jahrb. 11 S. 249). Dasselbe gilt von der Abtretung der Rechte aus dem Meistgebot vor Ertheilung des Zuschlages (J.Min.Reskr. v. 21. Sept. 1881 u. Kammerger., ebd. 2 S. 191; siehe jetzt Zwangsvollstr.Ges. §. 83 Abs. 2.) Dagegen sind die Auflassungserklärungen stempelpflichtig, wenn der Käufer seine Rechte aus dem Kaufvertrage an verschiedene Personen, an jede hinsichtlich einer Theilparzelle abtritt und auf Grund der Kauf- und Abtretungsurkunden die Auflassung seitens des Verkäufers an die Zessionare erfolgt (Kammerger., Jahrb. 2 S. 189; R.G. IV, Entsch. 29 S. 261), sowie wenn der Ersteher nach Ertheilung des Zuschlages seine Rechte aus demselben abgetreten hat und die hierüber errichtete Urkunde bei der Auflassung vorlegt (Kammerger., Jahrb. 5 S. 222). Das Gleiche soll nach der Ansicht des O.Tr. I, Entsch. 81 S. 117, und des Kammerger., Jahrb. 1 S. 198, selbst dann gelten, wenn der Auflassende das Grundstück bei der Zwangsversteigerung im Auftrage des Erwerbers, aber auf seinen Namen erstanden und dies in einer öffentlichen Urkunde vor der Auflassung anerkannt hat, weil der Veräußerer durch den Zuschlag trotz des Auftrages Eigenthümer geworden war.

Vgl. hingegen die bei Schwartz 2 S. 127 angeführten Verf. des J.Min. v. 22. Novbr. und 26. Mai 1880 und Turnau 2 S. 43 Anm. 15.

II. Wird die Urkunde bei der Auflassung oder vor Ablauf der vom Grundbuchrichter bestimmten Frist vorgelegt, so wird der Auflassungsstempel nicht erhoben.

1. Die Prüfungspflicht des Gerichtes erstreckt sich lediglich auf die Stempelpflichtigkeit der rechtzeitig beigebrachten Urkunde. Liegt diese in an sich stempelpflichtiger Form vor, so ist die Erhebung des Stempels von der Auflassung unzulässig, gleichviel, ob der zu der Urkunde gesetzlich erforderliche Stempel verwendet ist oder nicht (Kammerger., Jahrb. 2 S. 185; Königsberg, Johow 7 S. 349). Insbesondere begründet die Annahme, daß der Werth des zu versteuernden Objektes in der Urkunde zu gering angegeben ist, nicht die Stempelpflicht der Auflassung. (Verf. d. J.M. v. 22. August 1877, ebd. S. 350.)

2. Weit wichtiger als die oben unter I. 1 berücksichtigte Hinterziehung des Schenkungsstempels ist für die Staatskasse die nach §. 2 vorhandene Gefahr, „daß die Urkunde über ein von der Stempelsteuer ganz oder theilweise befreites fingirtes Veräußerungsgeschäft vorgelegt wird, um die Stempelfreiheit des Eintragungsantrages zu erreichen, indem demnächst oder gleichzeitig das wirkliche stempelpflichtige Veräußerungsgeschäft unter Beseitigung jener fingirten Urkunde bekundet wird."

„Geschieht letzteres in einer stempelpflichtigen Form, so verhält es sich damit, wie vorhin wegen der Schenkungsurkunde bemerkt ist. Die Urkunde über das wirkliche Veräußerungsgeschäft bleibt wie bisher stempelpflichtig und es treten alle Folgen der Stempelsteuer-Defraudation ein, falls die Nichtversteuerung derselben entdeckt wird. Einige Gewähr gegen einen Mißbrauch der bezeichneten Art möchte auch in den Strafgesetzen liegen, da eine absichtliche Täuschung der Behörde über den Abschluß eines fingirten Geschäftes in der gewinnsüchtigen Absicht, die Stempelsteuer vom Eintragungsantrage zu hinterziehen nach Umständen nicht blos als Stempelsteuer-Hinterziehung zu bestrafen, sondern unter die Fälle des strafbaren Betruges zu rechnen sein würde. Darüber kann kein Zweifel sein, daß die Auflassungs-Erklärung nur dann stempelfrei bleiben darf, wenn das Veräußerungsgeschäft in einer an sich der Stempelsteuer unterworfenen Form beurkundet ist. Auf Briefe und an sich stempelfreie Schriften oder auf mündliche Vereinbarungen über das Veräußerungsgeschäft läßt sich der Anspruch auf Befreiung der Auflassungs-Erklärung nicht gründen." (Mot.)

„Als eine das Rechtsgeschäft enthaltende Urkunde ist nur eine solche anzusehen, welche das Rechtsgeschäft so enthält, wie es unter den Betheiligten verabredet ist." Diese Bestimmung des §. 41 des Rhein. Einf.Ges. gilt auch für den Geltungsbereich des §. 2. (Vgl. Kammerger., Jahrb. 4 S. 239.) Ein Kaufvertrag, in welchem der Kaufpreis niedriger angegeben ist, als ihn die Parteien vereinbart haben, enthält nicht das wirklich abgeschlossene Veräußerungsgeschäft; seine Vorlage schließt deshalb die Erhebung des Auflassungsstempels nicht aus (R.G. III, Entsch. 21 S. 200, J.M.Bl. 1888 S. 146).

Wird nach Vorlegung des Kaufvertrages bei der Auflassung ermittelt, daß die Kontrahenten in einer früher über dasselbe Geschäft errichteten, ebenfalls stempelpflichtigen Urkunde einen höheren Preis verabredet haben, so ist die Steuer nur als von der Differenz hinterzogen anzusehen. (O.Tr. Sen. für Strafſ., Entsch. 79 S. 380.) Vgl. die Anm. I. 5.

3. Die Buchbehörde hat beim Vorkommen einer nicht oder nicht genügend versteuerten Urkunde die Betheiligten zur Verwendung des fehlenden Stempels anzuhalten. (§. 14.) Dies gilt auch dann, wenn verschiedene Rechtsgeschäfte in Einem Akt beurkundet sind, der Stempel aber nur unter Berücksichtigung eines einzelnen Geschäftes verwendet ist. Die bei der Bildung einer Aktiengesellschaft getroffene Vereinbarung, daß ein Aktionär eine auf das Grundkapital anzurechnende, nicht in baarem Gelde bestehende Einlage machen soll, ist aber als ein von dem Gesellschaftsvertrage verschiedenes Rechtsgeschäft nicht anzusehen. (R.G. Ver.C.S., Entsch. 2 S. 303; a. M. O.Tr. Plen.Präj. 2780, Entsch. 76 S. 20.) Anders wenn dieselbe Vereinbarung erst nach Errichtung der Gesellschaft getroffen ist, R.G. IV, Entsch. 21 S. 24.

4. Wird eine nicht gestempelte Punktation innerhalb 14 Tagen nach ihrer Errichtung der

§ 3.

Den Werth, nach welchem die Stempelabgabe von der Auflassungserklärung zu bemessen ist, anzugeben, sind der Veräußerer und der einzutragende Erwerber verbunden.

Wer auf Aufforderung des Grundbuchamtes oder der Steuerbehörde der Verpflichtung zur Angabe des Werthes nicht genügt, hat die durch amtliche Ermittelung desselben entstehenden Kosten zu tragen.

§. 4.

In keinem Falle darf ein geringerer Werth angegeben werden, als der nach den Vorschriften des Stempelgesetzes über die Versteuerung der Kaufverträge berechnete Betrag der von dem Erwerber übernommenen Lasten und Leistungen, mit Einschluß des Preises und unter Zurechnung der vorbehaltenen Nutzungen.

Die Angabe eines geringeren Werthes wird als Stempelsteuer-Defraudation nach Maßgabe des hinterzogenen Steuerbetrages geahndet.

Buchbehörde behufs Auflassung oder Beglaubigung der Unterschriften, jedoch ohne den Antrag auf gerichtliche Vollziehung (Kab.O. v. 24. Novbr. 1835), vorgelegt, so wird dadurch die Stempelstrafe nicht ausgeschlossen. (O.Tr. Sen. für Straff., J.M.Bl. 1878 S. 25; Kammerger., Jahrb. 5 S. 253, 7 S. 260 u. 8 S. 173.) Ebensowenig befreit die Vollziehung des beurkundeten Veräußerungsgeschäftes durch Auflassung innerhalb der vierzehntägigen Frist und die Einziehung des Auflassungsstempels von der Verpflichtung, den Werthstempel von der nicht vorgelegten Urkunde bei Meidung der Stempelstrafe zu entrichten (dass., ebd. 10 S. 217).

5. Durch Verf. v. 25. Juni 1888 (Schwartz 2 S. 121) hat der Justizminister angeordnet, daß die Amtsgerichte „vor Rückgabe der bei Auflassungserklärungen zum Zwecke der Ausschließung des Auflassungsstempels überreichten stempelpflichtigen Urkunden regelmäßig eine stempel- und kostenfreie beglaubigte Abschrift derselben zu den Grundakten fertigen lassen", damit die Richtigkeit des Stempelansatzes geprüft werden kann. „Die Rückgabe der Urkunden an die Parteien hat demnächst möglichst bald und gleichfalls kostenfrei zu erfolgen".

§. 3.

1. Der Veräußerer und der Erwerber sind nach dem Gesetz v. 7. März 1822 §. 22 zur Entrichtung der Stempelabgabe solidarisch verpflichtet. Aus dieser Verpflichtung folgt nach allgemeinen Rechtsgrundsätzen ihre Verbindlichkeit zur Angabe des Werthes des Objektes, nach welchem die Steuer zu berechnen ist. (Vgl. A.L.R. Einl. §§. 89 u. 92; Anweis. Nr. 7.)

2. Die Werthsermittelung erfolgt durch das Grundbuchamt. Der Betrag des Werthes, nach welchem der Stempel zu berechnen ist, wird in das nach der allg. Verf. vom 14. Oktober 1874 zu führende Tagebuch, oben S. 541, eingetragen.

§. 4.

1. Die Versteuerung der Kaufverträge erfolgte früher nach den Vorschriften des Stempelgesetzes v. 7. März 1822 §. 5a und b. Gegenwärtig ist nach der Kab.O. v. 14. April 1832, G.S. S. 137, „bei Verkäufen der bestimmte Kaufpreis mit Hinzufügung des Werths der vorbehaltenen Nutzungen und ausbedungenen Leistungen diejenige Summe, wonach der Betrag des Stempels zu berechnen ist." Auch „lästige Verträge, durch welche Immobilien allein oder im Zusammenhange mit anderem Vermögen von Aszendenten auf Deszendenten übertragen werden, unterliegen dem gesetzlichen Kaufstempel. Es kommen jedoch für die Festsetzung des stempelpflichtigen Erwerbspreises" nach näherer Bestimmung des Gesetzes, betr. die Entrichtung

des Stempels von Uebertragungsverträgen zwischen Aszendenten und Deszendenten, v. 22. Juli 1861, G.S. S. 754, verschiedene „von dem Erwerber übernommene Verpflichtungen und Gegenleistungen nicht in Anrechnung." (Vgl. Anm. I. 2 zu §. 2.)

„Bei Tauschverträgen über Grundstücke oder Grundgerechtigkeiten wird" nach dem Gesetze vom 7. März 1822 §. 5 e „der Stempelsatz nur nach dem Werthe des einen der beiden vertauschten Gegenstände, und zwar nach demjenigen, wofür der höchste Werth zu ermitteln ist, berechnet." (Siehe Turnau 2 S. 38.)

2. „Die Parteien sollen mindestens den aus ihren über das Veräußerungsgeschäft getroffenen Verabredungen von selbst sich ergebenden Werth angeben nach den für die Versteuerung von Kaufverträgen geltenden Regeln. Der Einwand, daß die Leistungen des Erwerbers den außerordentlichen oder den Werth der besonderen Vorliebe darstellen, ist damit abgeschnitten und für die überwiegende Mehrzahl der Veräußerungsfälle für jedes Schwanken der Ansichten der Kontrahenten über den von ihnen anzugebenden Werthbetrag ausgeschlossen." (Mot. a. a. O. S. 210.) Vgl. §. 7. Maßgebend ist der wirklich vereinbarte, nicht der irrthümlich in der Vertragsurkunde aufgeführte höhere Kaufpreis (Kammerger., Jahrb. 11 S. 251) und bei der seitens des eingetragenen Eigenthümers unmittelbar an den letzten Erwerber erfolgenden Auflassung eines mehrfach veräußerten Grundstückes der von diesem zu zahlende Preis. (Dass., ebd. 10 S. 215.)

3. Die Strafbarkeit der zum Zwecke der Bemessung des Stempels gemachten Angabe eines geringeren Werthes setzt nicht voraus, daß ein schriftlicher Vertrag geschlossen ist. Sie ist auch nicht dadurch bedingt, daß der Grundbuchrichter die Betheiligten zur Angabe des Werthes in Gemäßheit des §. 3 Abs. 2 aufgefordert hat. Einer Aufforderung bedarf es nicht, wenn die Angabe nach Inhalt des Auflassungsprotokolls gemacht ist. Von wem die Angabe herrührt, ob von dem Veräußerer oder von dem Erwerber, ist gleichgültig. Jeder von beiden ist für die Richtigkeit der Angabe des anderen verantwortlich, wenn er derselben nicht widersprochen, vielmehr vorbehaltlos das Protokoll unterschrieben hat. (O.Tr. Sen. für Straff., Entsch. 79 S. 389; Kammerger., Jahrb. 6 S. 209.) Dolus oder Culpa des Pflichtigen ist nicht Voraussetzung seiner strafrechtlichen Verantwortlichkeit (Kammerger., Jahrb. 6 S. 213 u. 9 S. 713. Anders ebd. 5 S. 257.)

4. In dem zweiten Satze des §. 4 kann „nicht eine allgemeine, auf alle Einzelbestimmungen des Gesetzes zu beziehende Strafandrohung gefunden werden." Vielmehr ist unzweifelhaft, daß dieser Satz „nur die Angabe eines geringeren Werthes, als derselbe sich aus den stattgehabten Verabredungen ergiebt, unter Hinweis auf den Absatz 1 im Auge hat. . . . Für diejenigen Fälle, in welchen über das betreffende Immobile der Abschluß eines Veräußerungsgeschäftes unter bestimmten Bedingungen nicht stattgefunden hat, ... fehlt es an einem Strafgesetze für eine geringere mit der späteren Ermittelung und Festsetzung der Steuerbehörde nicht übereinstimmende Werthangabe." (O.Tr. Sen. für Straff., Entsch. 75 S. 446; Kammerger., Jahrb. 8 S. 217 u. 10 S. 219. Vgl. dass., ebd. 9 S. 215.)

5. Ein Bevollmächtigter des Veräußerers oder des Erwerbers haftet nicht für den Auflassungsstempel. (Kammerg., ebd. 5 S. 223.) Er kann sich folglich auch einer Defraudation dadurch nicht schuldig machen, daß er den Werth des aufgelassenen Grundstückes zu niedrig angiebt. (O.Tr. I, Strieth. Arch. 97 S. 369. Anders Kammerger., Jahrb. 5 S. 257.)

6. Das Gesetz wegen der Stempelsteuer vom 7. März 1822 bestimmt Folgendes:

§. 21. Ist das tarifmäßige Stempelpapier nach den Vorschriften des gegenwärtigen Gesetzes nicht gebraucht oder beigebracht worden; so ist dasselbe nicht allein sofort nachzubringen, sondern es tritt auch außerdem die ordentliche Stempelstrafe ein, welche in Entrichtung des vierfachen Betrages des nachzubringenden Stempels besteht.

Wo zwar ein Stempel, jedoch nur ein geringerer als der tarifmäßige, gebraucht oder beigebracht worden, da ist der fehlende Stempelbetrag zu ergänzen, und auch nur von diesem die Strafe des Vierfachen zu entrichten.

Beträgt aber das Vierfache des nachzubringenden Stempels weniger als einen Thaler,

§. 5.

Liegt gegründete Veranlassung vor, den angegebenen Werth für zu niedrig zu erachten, und findet eine Einigung mit dem Steuerpflichtigen hierüber nicht statt, so wird der zu entrichtende Stempelbetrag von der Steuerbehörde, nöthigenfalls nach dem Gutachten Sachverständiger, festgesetzt und eingezogen. In Betreff der Befugniß des Steuerpflichtigen, seinen Widerspruch gerichtlich geltend zu machen, bewendet es bei den gesetzlichen Bestimmungen über die Zulässigkeit des Rechtsweges in Beziehung auf die Stempelsteuer.

---

so wird die ordentliche Stempelstrafe, außer dem §. 23. bestimmten Fall, dennoch zu einem Thaler festgesetzt und erhoben.

§. 22. Die Nachbringung des Stempels und Entrichtung der ordentlichen Stempelstrafe kann gegen jeden Inhaber oder Vorzeiger einer Verhandlung oder Urkunde verfolgt werden, welche mit dem gesetzlich dazu erforderlichen Stempel nicht versehen ist. Es behält derselbe jedoch seinen Regreß deshalb an den eigentlichen Kontravenienten.

Kann der Inhaber oder Vorzeiger jedoch nachweisen, daß er in den Besitz der Verhandlung oder Urkunde erst nach dem Tode des eigentlichen Kontravenienten gekommen; so kann die Stempelstrafe von ihm nicht eingezogen werden.

Der eigentliche Kontravenient ist bei einseitigen Verträgen, Verpflichtungen und Erklärungen, der Aussteller. Bei mehrseitigen Verträgen sind es alle Theilnehmer; und jeder derselben besonders ist in die ganze Stempelstrafe verfallen. . . . .

Vgl. hierzu, außer den in den vorstehenden Anm. zitirten Entscheidungen, über die Haftung des Produzenten Kammerger., Jahrb. 12 S. 204, über die Strafbarkeit mehrerer Theilnehmer dass., ebd. 5 S. 264, und über die Unzulässigkeit der Umwandlung der Geld- in Freiheitsstrafe nach der Kab.O. v. 24. Mai 1844 (G.S. S. 238) dass., ebd. 5 S. 257 u. 6 S. 210.

§. 5.

1. „Die Werthangabe der Parteien kann als zu niedrig beanstandet werden, ohne daß deshalb die Steuerbehörde genöthigt wäre, eine gerichtliche Taxe zu veranlassen. Unter Benutzung der ihr zugänglichen Materialien (frühere Preise oder Schätzungen, Rein- und Nutzungs-Erträge bei der Grund- und Gebäudesteuer-Veranlagung, Preise gleichartiger Gegenstände bei der Fortschreibung der Grund- und Gebäudesteuer-Rollen u. s. w.) — kann die Steuerbehörde ausreichende Information gewinnen, um offenbar unangemessene Werthangaben soweit zu berichtigen, daß bei der Einziehung der Steuern die Festsetzung durch die Steuerbehörde zum Grunde gelegt wird." (Motive a. a. O.) Vgl. das Ges. v. 7. März 1822 §. 4 ff.

2. Die Beanstandung der Werthangabe kann sowohl seitens des Gerichtes als auch seitens der Steuerbehörde erfolgen. Das Gericht (der Grundbuchrichter) ist aber nicht befugt im Fall des Widerspruches der Partei den Betrag des Stempels festzusetzen. Vielmehr ist die Festsetzung und Einziehung Sache der Steuerbehörde, welche deshalb seitens des Gerichtes von der Sachlage zu benachrichtigen ist. (Anw. Nr. 7d)

3. Der Werth veräußerter Bergwerke wurde nach dem Stempelgesetz v. 7. März 1822 §. 4e und dem Kostengesetz v. 10. Mai 1851 §. 12 Nr. 3b durch das Gutachten des Oberbergamtes bestimmt. Die Einholung eines solchen Gutachtens ist nach dem §. 5 des vorliegenden Gesetzes nicht mehr nöthig. Die Steuerbehörde ist in der Wahl der zu vernehmenden Sachverständigen, wenn es überhaupt eines Gutachtens bedarf, völlig frei.

4. Gegen die Verfügung des Gerichtes, durch welche der Stempel beziehungsweise der Werth des Grundstückes festgesetzt worden ist, steht den Betheiligten die Beschwerde zu nach näherer Bestimmung des Ausführungsgesetzes zum Deutschen Gerichtskostengesetze v. 10. März 1879 §§. 6 u. 7. (Vgl. oben S. 498 Anm. 4 der Vorbemerkungen zum Kostentarif.)

§. 6.

Die Beanstandung der Werthangabe des Veräußerers und Erwerbers ist nur binnen einer dreijährigen Frist nach der Eintragung zulässig.

Daneben sind (nach §. 8) die Vorschriften über die Zulässigkeit des Rechtsweges in Kraft geblieben. Der Rechtsweg kann in den Grenzen des Gesetzes, betreffend die Erweiterung des Rechtsweges, v. 24. Mai 1861 sowohl gegen die Festsetzung des Gerichtes wie gegen die Festsetzung der Steuerbehörde betreten werden. Dieses Gesetz bestimmt in Beziehung auf die Stempelsteuer:

> §. 11. Wer zur Entrichtung eines Werthstempels oder eines nicht nach dem Betrage des Gegenstandes zu bemessenden Vertragsstempels gar nicht oder nicht in dem geforderten Betrage verpflichtet zu sein vermeint, ist befugt, dies gerichtlich geltend zu machen.
>
> §. 12. Die Klage ist bei Verlust des Klagerechts binnen sechs Monaten nach erfolgter Beitreibung oder mit Vorbehalt geleisteter Zahlung des Stempel-Betrages anzubringen. Hinsichtlich der Stempel, welche zu Gerichtskassen eingezogen werden, ist die Klage gegen die betreffende Salarienkassen-Verwaltung, in allen übrigen Fällen gegen die zur Verwaltung der indirekten Steuern bestimmte Provinzialbehörde zu richten.

Entsprechende Bestimmungen enthält die Verordnung, betr. die Zulässigkeit des Rechtsweges in den durch die Gesetze v. 20. September und 24. Oktober 1866 der Monarchie einverleibten Landestheilen, v. 16. September 1867, G.S. S. 1515, Art. I u. V.

Die Klage ist jetzt hinsichtlich der als Gerichtskosten zu verrechnenden Stempel gegen die Staatsanwaltschaft bei dem Oberlandesgerichte zu richten, zu dessen Bezirk die Gerichtskasse gehört, von deren Rendanten die Beitreibung angeordnet ist. (Allg. Verf. v. 23. März 1885, J.M.Bl. S. 119, Ziff. 2 Abs. 2.) Der Steuerfiskus wird durch die Provinzialbehörde für die indirekten Steuern vertreten, in deren Bezirk der Stempel festgesetzt oder gefordert ist, ohne Rücksicht auf den Ort der Zahlung (R.G. IV, Entsch. 25 S. 247).

Für die Klage ist ohne Rücksicht auf den Werth des Objektes das Landgericht zuständig (Ausf.Ges. z. G.V.G. §. 39). Gegen das Berufungsurtheil des Oberlandesgerichtes findet die Revision statt, auch wenn die Beschwerdesumme unter 1500 M. beträgt (C.P.O. §. 509 Nr. 2). Sie ist nur dann zulässig, wenn der Stempel unfreiwillig oder mit Vorbehalt entrichtet ist (R.G. II, J.M.Bl. 1882 S. 32; IV, J.M.Bl. 1884 S. 55; V, Jur.Woch. 1891 S. 273). Die im §. 12 des Ges. v. 24. Mai 1861 gewährte Frist ist eine Verjährungsfrist (R.G. IV, J.M.Bl. S. 114 u. Entsch. 17 S. 206). Vgl. T u r n a u 2 S. 47 ff.

§. 6.

Die dreijährige Frist, welche hier dem Fiskus gesetzt ist, entspricht der Vorschrift des A.L.R. I. 6 §. 54, daß jeder außerkontraktliche Schade, bei Vermeidung des Verlustes der Ansprüche, innerhalb d r e i e r Jahre gerichtlich geltend gemacht werden muß. Das Rechtsverhältniß desjenigen, der den Werth behufs Berechnung des Stempels zu niedrig angegeben hat, zum Fiskus — ist das des Beschädigers zu dem Beschädigten. (Vgl. das Gesetz v. 7. März 1822 §. 22 Satz 5 und das Gesetz wegen Einführung kürzerer Verjährungsfrist v. 31. März 1838 §. 2 Nr. 8.)

Der Anspruch des Fiskus unterliegt „nicht den Vorschriften über die Verjährung der Gerichtskosten". Der §. 5 des Deutschen Gerichtskostengesetzes findet darauf keine Anwendung. (Ausf.Ges. v. 10. März 1879 §. 8.) Er verjährt erst in 30 Jahren. (K a m m e r g e r. J a h r b. 9 S. 153.)

Die Stempelpflichtigkeit der Auflassung beginnt mit der E i n t r a g u n g des Erwerbers als Eigenthümer (§. 1), weil erst mit der Eintragung die Veräußerung vollendet wird. Wenn also der Grundbuchrichter eine Auflassungserklärung entgegennimmt, die später als nicht eintragungsfähig sich erweist (Gr.B.O. §§. 46 und 48), so ist das Geschäft nicht perfekt und folglich

§. 7.

Die Werthsermittelung ist in allen Fällen ohne Rücksicht auf die für besondere Zwecke vorgeschriebenen Abschätzungsgrundsätze auf den gemeinen Werth des Gegenstandes zur Zeit des Eigenthumswechsels zu richten.

§. 8.

1) Der Antrag des Eigenthümers auf Eintragung einer Hypothek oder Grundschuld im Grundbuche, ingleichen

2) der auf die Löschungsbewilligung des Gläubigers gegründete Antrag des Eigenthümers auf Löschung einer Post

unterliegt einer Stempelabgabe von $1/_{12}$ Prozent der einzutragenden, beziehungsweise zu löschenden Summe.

Renten und andere zu gewissen Zeiten wiederkehrende Leistungen werden Behufs Berechnung der Abgabe nach Vorschrift der Stempelgesetze kapitalisirt.

---

der Werthstempel nicht zu erheben. (Vgl. die ausdrückliche Bestimmung im Rhein. Einf.Ge[s.] §. 41.)

§. 7.

„Die Bestimmung des Allerhöchsten Erlasses vom 29. Oktober 1834 wegen Anwendung der Taxprinzipien ritterschaftlicher Kreditsysteme kann nicht zur Anwendung kommen, sie entspricht den Grundsätzen einer gleichmäßigen Besteuerung überhaupt nicht mehr.“ (Mot.)

§. 8.

1. Nach dem Tarif zu dem Gesetze v. 7. März 1822 sind hypothekarische Schuldverschreibungen mit $1/_{12}$ Prozent des verschiedenen Kapitalbetrages zu versteuern. Diese Vorschrift ist auch fernerhin anwendbar, wenn die Versteuerung solcher Urkunden in Frage kommt; sie ist aber nicht mehr ausreichend zur Wahrung des Interesses, welches der Fiskus an der Entrichtung der Stempelsteuer hat. Denn nach dem §. 19 des Gesetzes über den Eig.Erw. bedarf es zur Eintragung eines Kapitals nicht der Errichtung einer Schuldurkunde. Die Grundschuld wird auf den bloßen Antrag des Eigenthümers eingetragen. Das fiskalische Interesse fordert deshalb in Ansehung der Stempelsteuer die Gleichstellung des Eintragungsantrages mit der hypothekarischen Schuldverschreibung. „Es walten jedoch im Wesentlichen dieselben Beziehungen zwischen einem solchen Antrage und der Urkunde über das zum Grunde liegende Rechtsgeschäft ob, wie sie oben bezüglich der Veräußerungs-Urkunde und der Auflassungs-Erklärung dargelegt sind. Hieraus ergiebt sich von selbst die Bestimmnng des §. 11, wonach der Antrag auf Eintragung .... vom Werthstempel freibleibt, wenn die Urkunde über das Geschäft, auf Grund dessen die Bewilligung stattfindet, vorgelegt wird.“ (Mot., bei Werner S. 211.)

Diese Motivirung paßt aber ersichtlich nur auf die Grundschuld. Im Fall der Hypothek ist das Steuer-Interesse durch die Nothwendigkeit der Vorlegung einer Schuldurkunde auch jetzt noch gewahrt. Die Motive hatten den von der Regierung vorgelegten Entwurf des Gesetzes über den Eigenthumserwerb ꝛc zur Voraussetzung, wonach die Eintragung eines Kapitals nur in der Form einer selbständigen Hypothek erfolgen sollte, und im Landtage, welcher die Zweitheilung in Hypotheken und Grundschulden annahm, ist anscheinend übersehen worden, hiermit die Redaktion des Stempelgesetzes in Einklang zu bringen.

Eine Ungenauigkeit des §. 8 liegt weiter darin, daß die Stempelpflichtigkeit des Geschäfts auf den Antrag des Eigenthümers abgestellt wird. Den Antrag auf Eintragung kann auf Grund der Bewilligung des Eigenthümers auch der Gläubiger stellen. Und da auch in einem solchen Falle die Stempelsteuer zu entrichten ist, so wird man annehmen müssen, daß die Bewilligung des Eigenthümers den eigentlichen Gegenstand der Besteuerung bildet.

§. 9.

Der Antrag auf Eintragung der Verpfändung einer Hypothek oder Grundschuld durch den eingetragenen Gläubiger ist einer Stempelabgabe von $^{1}/_{12}$ Prozent der Summe, für welche die Post verpfändet wird, wenn dieselbe geringer ist, als die Summe der verpfändeten Post, sonst von $^{1}/_{12}$ Prozent der letzteren Summe unterworfen.

§. 10.

Betrifft einer der in den §§. 8. und 9. bezeichneten Anträge eine Hypothek oder Grundschuld, für welche mehrere Grundstücke haften, so ist die Abgabe nur

---

Beantragt der Gläubiger die Eintragung auf Grund eines richterlichen Urtheils, so soll nach Turnau 2 S. 50 und Bahlmann S. 584 der Stempel nicht erhoben werden.

Die Grundschuld des Eigenthümers oder vielmehr der Antrag auf Eintragung einer solchen unterliegt, beim Mangel einer Sonderbestimmung, der Besteuerung nach §. 8. (Mot. a. a. O.)

2. Die Vorschrift unter Nr. 2 ist weggefallen. Durch das Gesetz v. 26. Mai 1873, Zus. zu §. 11, sind die Stempelabgaben von Quittungen und Löschungsanträgen aufgehoben.

3. Nach dem Gesetz v. 7. März 1822 §. 4c wird „von immerwährenden Nutzungen das Zwanzigfache ihres einjährigen Betrages als Kapitalwerth angenommen; von einer Leibrente oder einem Nießbrauchsrechte auf Lebens- oder andere unbestimmte Zeit dagegen nur das Zwölfundeinhalbfache der einjährigen Nutzung." Ebenso die Verord. für Hannover und Kassel v. 19. Juli und für Schleswig-Holstein v. 7. August 1867.

§. 9.

1. Zur „Verpfändung einer Hypothek" oder einer Grundschuld „genügt der Antrag des eingetragenen Gläubigers auf Vermerkung der Verpfändung bei der betreffenden Post im Hypothekenbuche. Es verhält sich hiermit wie mit der Verpfändung des Grundstückes selbst. Nur entspricht es der Billigkeit, keinen höheren Werthstempel zu erfordern, als den nach dem Betrage der verpfändeten Hypothek" oder Grundschuld, „berechneten, wenn dieser Betrag geringer ist als die Summe, für welche die Post verpfändet wird." (Motive, bei Werner 2 S. 212.)

2. Der Antrag des bisherigen Gläubigers, die Post auf den Namen eines anderen umzuschreiben, ist an sich nicht stempelpflichtig. Dagegen ist von der Abtretungserklärung der Fixstempel von 1 Mk. 50 Pf. zu entrichten, und als solche ist jener Antrag dann anzusehen, wenn er die alleinige Grundlage der Umschreibung bildet (J.M.Reskr. v. 9. Novbr. 1883 u. Kammerger., Jahrb. 4 S. 232 ff.), vorausgesetzt, daß erkennbar ist, daß er rechtlich die Stelle einer für den Uebergang der Forderung sonst erforderlichen Zession vertritt. (Kammerger., ebd. 7 S. 191.)

3. Die beglaubigte Abschrift, welche in den Fällen der Gr.B.O. §§. 83 u. 84 von der Hypothekenurkunde behufs Bildung des Zweigdokumentes zu fertigen ist, unterliegt der Besteuerung nach dem Tarife zum Gesetze v. 7. März 1822. Die beglaubigte Abschrift des Grundschuldbriefes dagegen soll nicht stempelpflichtig sein, weil auch das Original nicht stempelpflichtig ist. (Daubenspeck, in Johow 5 S. 228 Anm. 1.) Siehe dagegen die Verf. des J.Min. v. 17. Nov. 1876, Gruchot 20 S. 517 u. Schwartz 2 S. 114.

4. Die Beurkundung einer Vorrechtseinräumung unterliegt der Besteuerung als Zessionsinstrument, da die Vorrechtseinräumung sich als die Abtretung eines Rechts darstellt. (R.G. IV, Entsch. 27 S. 283.) Anders Kammerger., Jahrb. 11 S. 252 für Schlesw.-Holst.; darnach sollen sie dem Stempel für Kautionsinstrumente unterliegen.

einmal und nach Maßgabe der bei einem Grundstücke beantragten Eintragung zu entrichten.

§. 11.

Die in den §§. 8 und 9. angeordneten Werthstempelabgaben werden nicht erhoben, wenn bei Anbringung des Antrages oder innerhalb der gleichzeitig nachzusuchenden, von dem Grundbuchamte zu bestimmenden Frist die in an sich stempelpflichtiger Form abgefaßte Urkunde über das dem Antrage zu Grunde liegende Rechtsgeschäft, und zwar

in den im §. 8. unter 1. und im §. 9. bezeichneten Fällen die Urkunde über das Geschäft, auf Grund dessen die Bewilligung beziehungsweise die Verpfändung der Hypothek oder Grundschuld stattfindet.

in den im §. 8. unter 2. bezeichneten Fällen die Urkunde über das Geschäft, auf Grund dessen die Löschungsbewilligung ertheilt ist,

in Urschrift, Ausfertigung oder beglaubigter Abschrift dem Grundbuchamte vorgelegt wird.

Gesetz, betreffend die Aufhebung beziehungsweise Ermässigung gewisser Stempelabgaben. Vom 26. März 1873. (G.S. S. 131.)

§. 1. Vom 1. Mai 1873. ab werden ermässigt die Stempelabgaben:

1) von Eheverträgen, von Erbfolgeverträgen und von Testamenten auf 15 Sgr.;
2) von Kautions-Instrumenten, wenn der Werth der sichergestellten Rechte beträgt:
   50 bis 200 Thlr. auf 5 Sgr.,
   über 200 bis 400 Thlr. auf 10 Sgr.

§. 2. Von demselben Zeitpunkte ab werden aufgehoben die Stempelabgaben von:

1) Gesuchen (Beschwerdeschriften, Bittschriften, Eingaben, Vorstellungen);
2) Bescheiden auf Gesuche, Anfragen und Anträge in Privatangelegenheiten, sie mögen in Form eines Antwortschreibens, einer Verfügung, Dekretsabschrift oder eines an die zurückgehende Bittschrift selbst gesetzten Dekrets erlassen werden;
3) Protokollen mit Ausnahme der Auktions-, Notariats-, Rekognitions- und derjenigen Protokolle, welche die Stelle einer nach anderweiter Bestimmung der Stempeltarife steuerpflichtigen Verhandlung vertreten;
4) Requisitionen;
5) Dechargen;
6) Beglaubigungen nach §. 33. der Grundbuchordnung vom 5. Mai 1872.;
7) Quittungen, sowie den in §. 8. Nr. 2. des Gesetzes vom 5. Mai 1872., Stempelabgaben betreffend, gedachten Löschungsanträgen; . . . . .

. . . .

---

§. 10.

Die Vorschrift ist in den Motiven durch den Hinweis auf die eigenthümliche Natur der Korrealhypothek gerechtfertigt. Nach dem Bericht der Kommission des Abgeordnetenhauses vom Jahre 1870 soll sie auch dann zur Anwendung kommen, wenn die Eintragung der Hypothek oder Grundschuld bei mehreren Grundstücken zu verschiedenen Zeiten nachgesucht wird. Vergl. die Gr.B.O. §. 78 und den Kostentarif §. 4.

§ 11.

1. Der §. 11 beruht auf demselben Gedanken wie der §. 2. (Anm. 1 zu §. 8.) Es ist deshalb hier auf die Erörterungen zu §. 2 zu verweisen. Ueber die besonderen Voraussetzungen,

„unter welchen die in §. 8 Nr. 1 angeordnete Stempelabgabe gemäß §. 11 in Wegfall kommt", siehe Hassenstein in Johow 4 S. 323—326. Inwieweit die von den Kreditinstituten ausgegebenen Pfandbriefe der Stempelsteuer unterworfen sind, ergiebt sich aus der Verfügung des Ministers für die landw. Angelegenheiten v. 7. März 1875, Verw.Min.Bl. S. 133, und der Verf. des Finanzmin. v. 23. Sept. 1881 (mitgetheilt durch Verf. des J.Min. v. 23. Novbr. 1881, J.M.Bl. S. 280); vgl. auch die bei Schwartz 2 S. 149 u. Turnau 2 S. 52 angeführten Verfügungen.

2. Die Bestimmung des §. 11 in Ansehung der Urkunde über das Geschäft, auf Grund dessen die Löschungsbewilligung ertheilt ist, fällt weg. (Anm. 2 zu §. 8.)

Zusatz.

1. Der in dem Gesetze v. 26. März 1873 §. 1 Nr. 2 ermäßigte Kautionsstempel wird, wenn mehrere Personen für dieselbe Schuld in Einem Akte sich verbürgt haben, nur einmal erhoben, weil nur Eine Bürgschaft beurkundet ist. (Verf. des J.M. v. 4. Nov. 1873, Bureau-Bl. S. 281.) Hat sich dagegen Jemand für die verschiedenen Schulden mehrerer Personen, wenn auch in der nämlichen Urkunde, verbürgt, so liegen ebenso viele stempelpflichtige Bürgschaften vor. (Turnau 2 S. 25.)

Bürgschaftsinstrumente unterliegen der Stempelsteuer auch dann, wenn die Bürgschaft für eine noch nicht bestehende Schuld übernommen ist. (O.Tr. Sen. für Strafs., Entsch. 77 S. 417.)

„Nebenverträge, in welchen Jemand sich zur Bestellung einer Kaution nur verpflichtet, ohne sogleich schon eine Kaution wirklich zu bestellen," sind „dem besonderen Stempel für Verträge" nicht unterworfen. (Verf. des Fin.M. v. 15. Dez. 1876 und des J.M. v. 8. Januar 1877, J.M.Bl. S. 9.)

2. Von den Bestimmungen unter §. 2 des Gesetzes v. 26. März 1873 geben hier nur die Nr. 3, 6 und 7 zu Bemerkungen Anlaß.

a. Zu Nr. 3. Der Protokollstempel beträgt nach dem Tarif zu dem Gesetze vom 7. März 1822 (Position „Protokolle" b) 15 Sgr., sofern nicht von dem protokollirten Rechtsgeschäft eine höhere Steuer zu entrichten ist. Dieser Protokollstempel ist jetzt nur noch ausnahmsweise zu erheben. Zu den Ausnahmen aber, welche das Gesetz v. 26. März 1873 unter §. 2 Nr. 3 kennzeichnet, gehören insbesondere auch die gerichtlichen Protokolle über Schuldverschreibungen. In allen Fällen mithin, in welchen der von einer gerichtlichen Schuldverschreibung zu entrichtende Prozent-Stempel ($^1/_{12}$ %) den Betrag von 1 Mk. 50 Pf. nicht erreicht, ist dieser Satz als Protokollstempel zu liquidiren. (Vergl. die Verf. des J.M. v. 16. August 1877, J.M.Bl. 1878 S. 34.)

b. Zu Nr. 6. Die Fassung resp. die Beziehung des Gesetzes auf den §. 33 der Gr.B.O. macht es zweifellos, „daß nicht nur die Beglaubigungen der bezüglichen schriftlichen Anträge, sondern auch die aller Urkunden, aus deren Inhalte sich ergiebt, daß sie zur Herbeiführung einer Eintragung oder einer Löschung im Grundbuche dienen sollen, gleichmäßig für stempelfrei zu erachten sind." (Verf. des J.M. v. 14. Oktober 1876, J.M.Bl. 1877 S. 26.) Das Gesetz hat aber nur „diejenigen Beglaubigungen von der Stempelabgabe befreien wollen, für welche zugleich durch den Abs. 2 des §. 33 der Gr.B.O. allgemein an die Stelle eines früheren umfangreicheren Aktes eine privilegirte einfache Form zugelassen worden ist. Hierher gehören aber nur die Atteste über Anerkennung der Richtigkeit des Inhalts oder der Unterschrift von Urkunden, nicht auch die Beglaubigungen behufs Herstellung beglaubigter Abschriften. Die gleichnamige Position des Stempeltarifs ist mithin durch das neuere Stempelgesetz nicht berührt worden." (Verf. des J.M. v. 23. Nov. 1876, ebenda.) Nach dieser Position sind namentlich auch die beglaubigten Abschriften von Grundschuldbriefen zu besteuern. (O.Tr. Sen. für Strafs., D.Jur.Zeitung 1877 S. 537.) Andererseits ist als Absicht der Bestimmung des §. 33 Abs. 2 anzunehmen, daß sich diese auf die Beglaubigung aller schriftlichen Anträge beziehen soll, welche irgend eine Eintragung oder Löschung im Grundbuche bezwecken, z. B. auch des Antrages auf Zuschreibung eines Grundstückes als Zubehör. (Verf. des J.M. v. 7. Januar 1879, J.M.Bl.

§. 12.

Wird nach Entrichtung der im §. 1. vorgeschriebenen Abgabe die Urkunde über das der Auflassungserklärung zum Grunde liegende Veräußerungsgeschäft gerichtlich aufgenommen, oder der von dem Finanzminister bestimmten Steuerstelle Behufs Versteuerung binnen 14 Tagen nach der Errichtung der Urkunde vorgelegt, so ist auf den zu dieser Urkunde erforderlichen Werthstempel der für die Auflassungserklärung erlegte Stempelbetrag auf Verlangen anzurechnen In gleicher Weise kann die Anrechnung des nach §§. 8. und 9. erhobenen Abgabenbetrages auf den Werthstempel zu der Urkunde über das dem Eintragungs- beziehungsweise Löschungsantrage zum Grunde liegende Geschäft (§ 11) verlangt werden.

Ausgeschlossen von der Anrechnung bleibt derjenige Stempelbetrag, welcher zu dem Eintragungsantrage beziehungsweise dem Löschungsantrage erforderlich gewesen sein würde, wenn dieselben nicht dem Werthstempel unterlegen hätten (Fixstempel).

S. 14.) Dagegen ist die Unterschriftenbeglaubigung unter einem Veräußerungsvertrage stempelpflichtig, da dieser zur Auflassung nicht erforderlich ist (Kammerger., Jahrb. 9 S. 218), und dasselbe gilt von denjenigen Urkunden, welche mehr als die nothwendigen Grundlagen für eine Eintragung oder Löschung im Grundbuch enthalten. (Vgl. Schwartz 2 S. 143 ff.) Das L.G. Torgau (Jahrb. 10 S. 340) hat die Beglaubigung einer Löschungsbewilligung selbst dann für stempelfrei erklärt, wenn sie zugleich eine Quittung enthält, weil auch diese zur Begründung des Löschungsantrages genüge und daher eine Urkunde im Sinne des §. 33 Abs. 2 sei.

Die Stempelfreiheit von Beglaubigungen ist nicht dadurch bedingt, daß die beantragte Eintragung für zulässig befunden wird und wirklich erfolgt. (Kammmerger., ebd. 3 S. 221.)

Vollmachten, welche lediglich die Legitimation zu einem Eintragungs- oder einem Löschungsantrage im Sinne der Gr.B.O. §. 33 bezwecken, sind stempelfrei zu beglaubigen. (Kammerger. a. a. O. u. ebd. 9 S. 148.) Dagegen unterliegt die Beglaubigung einer Generalvollmacht oder einer Vollmacht zur Auflassung der Stempelsteuer. (Verf. des J.M. v. 18. Okt. 1877, D.Jur.Zeit. S. 801.)

Durch das Gesetz vom 21. März 1882 (G.S. S. 129) §. 2 ist an der Vorschrift des Ges. v. 26. Mai 1873 §. 2 Nr. 6 nichts geändert.

c. Zu Nr. 7. Quittungen sind selbst dann stempelfrei, wenn sie zu gerichtlichem Protokoll erklärt werden, da sie nicht zu den Rechtsgeschäften gehören, für welche nach Nr. 6 der Protokollstempel beibehalten ist. Wird aber das Protokoll, welches über die Quittung oder die Löschungsbewilligung aufgenommen ist, ausgefertigt, so kommt der Ausfertigungsstempel von 1 Mk. 50 Pf. zum Ansatz. Vgl. das Gerichtskostengesetz v. 10. Mai 1851 §. 24 Nr. 1. (Stettin, Johow 7 S. 351.) Siehe Schwartz 2 S. 145 ff. u. Kammerger., Jahrb. 4 S. 292.

Zu den stempelfreien Löschungsanträgen gehören auch einseitige Exnexuationserklärungen. Wird die Erklärung beziehungsweise die Quittung von dem anderen Theil angenommen, so ist der Vertragsstempel zu entrichten. (Verf. des J.M. v. 15. März 1875, Bureau-Bl. S. 117.)

§. 12.

„Ist die Auflassungserklärung ohne Vorlegung der Urkunde über das Veräußerungsgeschäft aufgenommen und deshalb die Werthstempel-Abgabe von einem Prozent entrichtet, so können die Parteien die Urkunde über das Veräußerungsgeschäft später errichten oder versteuern wollen. In diesem Falle soll der Werthstempel zu der Urkunde nur soweit erforderlich sein, als er nicht

§. 13.

Im Auslande ausgestellte, bei einem inländischen Grundbuchamte angebrachte Anträge sind den in den §§. 8. und 9. bestimmten Werthstempelabgaben ebenfalls nach Vorschrift dieses Gesetzes unterworfen.

§. 14.

Die Grundbuchämter sind verpflichtet, auf die Befolgung der Stempelgesetze in Betreff der bei ihnen vorkommenden Urkunden zu halten und alle bei ihrer Amtsverwaltung zu ihrer Kenntniß kommenden Zuwiderhandlungen gegen die Stempelgesetze von Amtswegen Behufs Einleitung des Strafverfahrens zur Anzeige zu bringen.

In Betreff der nach diesem Gesetze zu versteuernden Gegenstände haben die Grundbuchämter außerdem die Nachbringung, beziehungsweise Einziehung des etwa fehlenden Stempelbetrages zu veranlassen.

---

durch den für die Auflassungserklärung erhobenen Werthstempel bereits gedeckt ist. Die Parteien haben zu diesem Zwecke, wenn die Urkunde gerichtlich aufgenommen wird, dem instrumentirenden Gerichte, anderen Falles der von dem Finanzminister bestimmten Steuerstelle (dem Hauptamte in der Regel) die Bescheinigung über die Erlegung des Werthstempels vorzulegen; die Identität des Geschäfts wird geprüft, und das Erforderliche wegen der Anrechnung des Stempels bei Verwendung des überschießenden Stempelbetrages zu der Urkunde vermerkt, auch, wenn nicht besondere Gründe entgegenstehen, die Bescheinigung über die Versteuerung der Auflassungserklärung mit der Urkunde verbunden.

Der Schlußsatz im ersten Absatze des §. 12 erklärt das gleiche Verfahren auf die analogen Fälle für anwendbar, in welchen die Anrechnung der nach den §§. 8 u. 9 erhobenen Abgaben bei späterer Versteuerung der Urkunden über die den betreffenden Anträgen zum Grunde liegenden Geschäfte begehrt werden möchte. Ist der Eintragungsantrag in einer Form angebracht, welche an sich einen Fixstempel erfordert haben würde (z. B. in einem notariellen Instrument oder Protokoll u. dergl.), und nach den allgemeinen Stempelgesetzen nur wegen Erhebung des Werthstempels der Fixstempel unerhoben geblieben, so muß letzterer vor der Anrechnung auf den Stempel zu der betreffenden Urkunde abgezogen werden." (Mot., bei Werner 2 S. 211.) Das Nähere hierüber enthält die Anweisung v. 19. September 1872 Nr. 9.

Nothwendige Voraussetzung der Anrechnung nach §. 12 ist die Einhaltung der vierzehntägigen Frist (R.G. IV, Jur.Woch. 1890 S. 210 Nr. 36).

§. 13.

Nach der Grundbuch-Ordnung §. 38 können die „zur Eintragung oder Löschung erforderlichen Urkunden" auch von einer ausländischen Behörde ausgestellt, beziehungsweise beglaubigt werden. Derartige Urkunden sowie überhaupt die im Auslande ausgestellten Anträge auf Eintragung oder Löschung können um deswillen, weil sie nicht unter der Herrschaft des inländischen Rechts entstanden sind, von der Stempelsteuer nicht befreit bleiben. Denn für die Frage nach der Stempelpflichtigkeit eines solchen Aktes ist nicht das Recht des Ortes der Entstehung des Schriftstückes, sondern das Recht des Ortes maßgebend, wo von der Urkunde Gebrauch gemacht wird.

§. 14.

1. Das Gesetz vom 7. März 1822 bestimmt unter §. 30:

„Die Verwaltung des Stempelwesens wird unter Leitung Unsers Finanzministers von den Regierungen durch die Zoll- und Steuer- oder auch besonders dazu bestimmten Aemter geführt. Außerdem haben alle diejenigen Staats- oder Kommunalbehörden und Beamten, welchen eine richterliche oder Polizeigewalt anvertraut ist, die besondere Ver-

Ausführungsgesetz zum Deutschen Gerichtsverfassungsgesetz. Vom 24. April 1878. (G.S. S. 230.)

§. 106. Die Zuständigkeit der Gerichte, im Verwaltungswege Stempelstrafen festzusetzen, wird aufgehoben. Die Gerichte sollen die zu ihrer amtlichen Kenntniss gelangenden Zuwiderhandlungen gegen die Stempelgesetze bei der für die Untersuchung und Straffestsetzung zuständigen Behörde zur Anzeige bringen.

Unberührt bleiben die Vorschriften über die Festsetzung von Stempelstrafen gegen Beamte durch die vorgesetzte Dienstbehörde.

---

pflichtung, auf Befolgung der Stempelgesetze zu halten und alle bei ihrer Amtsverwaltung zu ihrer Kenntniß kommende Stempelkontraventionen von Amtswegen zu rügen.

Insoweit sie überhaupt befugt sind, Strafen zu erkennen, oder durch Resolute festzusetzen, sind sie auch verpflichtet, in solchen Fällen die .... Stempelstrafen in Anwendung zu bringen und einzuziehen."

Die gleichen Vorschriften gelten für die neuen Landestheile in Gemäßheit der Verord. v. 29. Juli u. 7. August 1867 §. 23, G.S. S. 1191 u. 1277. Den bisherigen Grundbuchämtern war indessen durch den §. 14 des Stempelabgaben-Gesetzes v. 5. Mai 1872 die Festsetzung von Stempelstrafen versagt, weil der Grundbuchrichter als solcher weder richterliche noch polizeiliche Funktionen zu üben hat. Das Gesetz v. 24. April 1878 §. 106 hat nunmehr auch den Gerichten die Befugniß, im Verwaltungswege Stempelstrafen festzusetzen, abgenommen.

2. Im Allgemeinen haben die Gerichte auch jetzt noch die Pflicht, bei der Wahrung des Stempel-Interesses ihrer Stellung entsprechend mitzuwirken. Diese Pflicht bezieht sich auf alle bei ihnen „vorkommenden" Urkunden, d. h. die ihnen vorgelegten und die von ihnen aufgenommenen oder ausgefertigten Dokumente. „Eine Ermächtigung oder auch nur eine Veranlassung, nach anderen Urkunden zu forschen, hat nicht gegeben werden sollen." (Ber. der Komm. des Abgeordnetenhauses vom Jahre 1870 S. 16.) Vgl. die allg. Verfügungen, betr. die Prüfung stempelpflichtiger Urkunden, v. 11. Januar u. 7. April 1869, J.M.Bl. S. 15 u. 78, und v 24. Novbr. 1884, J.M.Bl. S. 268.

a. Die Besteuerung der Urkunden, welche gerichtlich aufgenommen werden, geschieht in der Weise, daß der Betrag des Stempels mit den Gerichtskosten berechnet und eingezogen wird. Dasselbe gilt bezüglich solcher Urkunden, zu deren Inhalt die Betheiligten sich vor dem Richter bekennen, sofern der Stempel nicht bereits zu der Urkunde verwendet ist. (Gerichtskostengesetz v. 10. Mai 1851 §. 16; Verord. für Schleswig-Holstein und Kassel v. 30. August 1867, G.S. S. 1379 u. 1385; Ges. für die Hohenzollernschen Lande v. 22. Juli 1875 Art. II §. 17; Ausführungsgesetz zum Gerichtskostengesetz v. 10. März 1879 §. 25.) Nach der Ansicht des Kammerger., Jahrb 11 S. 180, soll letzteres aber nur dann gelten, wenn eine Naturalverstempelung überhaupt noch nicht begonnen hat, dagegen nicht, wenn ein Stempel zwar verwendet ist, aber nicht in vorgeschriebener Höhe.

Vgl. auch allg. Verf. v. 28. Febr. 1885, J.M.Bl. S. 93, betr. die Behandlung der von den Stempelfiskalen erhobenen Bemerkungen über den Ansatz der mit den Gerichtskosten zu erhebenden Stempelbeträge.

b. Für die Versteuerung der dem Gerichte eingereichten Urkunden haben die Aussteller und Produzenten bei Vermeidung der gesetzlichen Stempelstrafe zu sorgen. Die Erhebung des Stempelbetrages unter den Gerichtskosten findet auch dann nicht statt, wenn die Betheiligten die Aechtheit der Unterschriften gerichtlich anerkennen. (Verf. des J.M. v. 5. März 1874, J.M.Bl. S. 63.)

Nach der allg. Verf. v. 16. März 1882, J.M.Bl. S. 52, gilt jedoch für Inventarien, Taxen, letztwillige Dispositionen und Vollmachten eine Ausnahme; falls diese, und zwar letztere innerhalb vierzehn Tagen nach ihrer Ausstellung, von den Parteien oder deren Vertretern ohne den vorgeschriebenen Stempel zu gerichtlichen Verhandlungen eingereicht werden, soll der Betrag desselben von der verpflichteten Partei als Gerichtsgebühr erhoben werden.

Nach der bestehenden Gerichtsverfassung haben die Gerichte auch mit der (zwangsweisen) Einziehung eines fehlenden Naturalstempels nichts mehr zu thun. Sie haben in dieser Hinsicht nur die Pflicht, die Betheiligten zur Nachbringung des Stempels aufzufordern und der Steuerbehörde die geeignete Mittheilung zu machen. Der Finanzminister hat auf den Bericht eines Provinzial-Steuerdirektors im Einverständnisse mit dem Justizminister bestimmt, daß „nach der veränderten Stellung der Gerichte zur Einziehung von Gerichtskosten die zwangsweise Einziehung von Stempeln, welche die Interessenten auf die von Seiten der gerichtlichen Instanz an sie ergehende Aufforderung etwa in Güte nicht zahlen, den betreffenden Steuerbehörden obliegt. Es gilt dies nicht blos von den durch die Stempelfiskäle bei Revisionen defektirten Stempeln, sondern auch von solchen Stempeln, für deren Nachbringung die Gerichte in Folge ihrer noch fortdauernden gesetzlichen allgemeinen Pflicht von Amtswegen sorgen müssen. Ebenso sind auch diejenigen Stempel in Zukunft von Seiten der Steuerbehörden einzuziehen, welche den Notaren bei der Stempelrevision defektirt werden und deren Einziehung die Notare, nach der früheren Stellung der Gerichte, bei den letzteren in Antrag zu bringen hatten." (Verf. des F.M. v. 15. Juni 1880, J.M.Bl. S. 187.)

c. Die Vorschriften über die Festsetzung von Stempelstrafen gegen Beamte durch die vorgesetzte Dienstbehörde, welche von dem §. 106 Abs. 2 unberührt geblieben ist, finden sich in dem Stempelges. v. 7. März 1822 §. 30 Abs. 3, der Kab.O. v. 28. Okt. 1836, G.S. S. 308, den Verf. v. 3. Juli 1839, J.M.Bl. S. 251, und v. 16. Juni 1857, J.M.Bl. S. 230, sowie den Verord. v. 19. Juli 1867 §§. 16, 17, 22, v. 7. August 1867 §§. 22, 23, v. 14. u. 16. August 1867, G.S. S. 1191, 1277, 1346, und v. 5. März 1868 §. 1, G.S. S. 185. Die Funktionen der vorgesetzten Dienstbehörde, sofern dieselbe eine Justizbehörde ist, übt nach dem Ges., betr. die Abänderung von Bestimmungen der Disziplinargesetze, v. 9. April 1879 §. 28 der Landgerichtspräsident, und, auf erhobenen Rekurs, der Justizminister.

3. Auch den Notaren gegenüber ist die Stellung der Gerichte in Stempelangelegenheiten seit dem 1. Oktober 1879 eine andere geworden.

a. Früher vermittelten die Appellationsgerichte den Ausgleich von Meinungsverschiedenheiten zwischen den Notaren und den Stempelfiskalen. Gegenwärtig haben „die Notare, welche sich mit den Fiskalen über aufgestellte Revisionserinnerungen nicht einigen können, ihre Einwendungen an die zuständigen Provinzial-Steuerdirektionen zu richten. Die seitens dieser Behörden getroffenen Entscheidungen können durch Beschwerde an den Finanzminister angefochten werden. Der letztere erläßt, nach Erörterung der Angelegenheit mit dem Justizminister, die endgültige Entscheidung, gegen welche in den vom Gesetz bezeichneten Fällen der Rechtsweg offen steht. Die an den Provinzial-Steuerdirektor beziehungsweise an den Finanzminister gerichtete Beschwerde hemmt die zwangsweise Beitreibung des nachgeforderten Stempels." (Allg. Verf. der Min. der Justiz und der Finanzen v. 16. Sept. 1879, J.M.Bl. S. 367.)

b. „Mit Rücksicht auf die seit dem 1. Oktober 1879 anderweit geregelte Zuständigkeit der Gerichtsbehörden sowie im Anschluß an die Verordnung über das Verwaltungszwangsverfahren vom 7. September 1879 (G.S. S. 591) bestimmen" die Minister der Justiz und der Finanzen, „daß die von den Notaren zu stellenden Anträge wegen zwangsweiser Einziehung der zu ihren Verhandlungen erforderlichen und innerhalb der gesetzlichen Frist von den Betheiligten nicht beigebrachten Stempel fortan nicht mehr bei den Gerichten, sondern bei den für die Verwaltung der indirekten Steuern bestimmten Behörden anzubringen sind, und zwar in gleicher Weise, wie dies für die Notare im Bezirke des vormaligen Appellationsgerichtshofes zu Cöln bereits durch die allgemeine Verfügung vom 16. September 1868, J.M.Bl. S. 312, angeordnet worden war. Demgemäß ist der Antrag auf Einziehung des Stempels von dem Notar in zwei gleichlautenden Exemplaren, für jeden Akt besonders, dem Hauptsteueramt des Bezirks seines Wohnsitzes einzureichen. Derselbe muß die betreffenden Parteien unter der Angabe, ob sie in eigenem Namen oder etwa als Vormünder betheiligt sind, genau bezeichnen, Datum,

§. 15.

Wegen der verwirkten Stempelstrafe und in allen übrigen Beziehungen kommen die Bestimmungen der Gesetze über den Urkundenstempel auch bei den nach Vorschrift dieses Gesetzes zu versteuernden Gegenständen zur Anwendung.

§. 16.

Dieses Gesetz tritt gleichzeitig mit dem Gesetze über den Eigenthumserwerb und die dingliche Belastung der Grundstücke, Bergwerke und selbstständigen Gerechtigkeiten vom 5. Mai 1872. in Kraft.

Der Finanzminister ist mit der Ausführung dieses Gesetzes beauftragt.

Urkundlich unter Unserer Höchsteigenhändigen Unterschrift und beigedrucktem Königlichen Insiegel.

Gegeben Berlin, den 5. Mai 1872.

(L. S.) **Wilhelm.**

Fürst v. Bismarck. Gr. v. Roon. Gr. v. Itzenplitz. v. Selchow. Gr. zu Eulenburg. Leonhardt. Camphausen. Falk.

Nummer und Gattung der Urkunde, sowie den Betrag des Stempels angeben. Beläge zur Prüfung und Begründung des Antrages sind nicht beizufügen. Das an den Notar demnächst mit der Bescheinigung des Hauptsteueramts zurückgehende Exemplar ist vorläufig bis zur wirklichen Beibringung des Stempels als Belag zu den Notariatsakten zu nehmen." (Allg. Verf. der Min. der J. und der F. v. 30. Jan. 1880, J.M.Bl. S. 25.)

§. 15.

Die hauptsächlichsten Gesetze über den Urkundenstempel sind in den Anm. 1 u. 4 zu §. 1, 2 zu §. 2, 1 zu §. 3, 1 u. 6 zu §. 4, 3 u. 4 zu §. 5, den Anm. zu §§. 6—9, den Zusätzen zu §§. 11 u. 14 und den Anm. 1 u. 2 zu §. 14 nachgewiesen.

Zu den durch §. 15 aufrechterhaltenen Bestimmungen gehören auch die Vorschriften über Stempelfreiheit, sowohl wegen Geringfügigkeit des Werthes (unter 150 M.) als auch wegen der Person der Betheiligten oder des Zweckes des Geschäftes. Vgl. Ges. v. 7. März 1822 §. 3, Ges. v. 10. Mai 1851 §§. 3 u. 4, allg. Verf. v. 9. Juni 1875 (J.M.Bl. S. 154), betr. die Kosten- und Stempelfreiheit des deutschen Reiches; Kab.O. v. 4. Mai 1833 (G.S. S. 49), betr. die Gebühren- und Stempelfreiheit bei Besitzveränderungen, welche zum Zweck des gemeinen Besten angeordnet werden (dazu Kammerger., Jahrb. 12 S. 161; anders ebd. 10 S. 138). Die Stempelfreiheit der Kirchen gebührt nur der evangelischen und der römisch-katholischen Kirche, nicht anderen Religionsgesellschaften; Kammerger., Jahrb. 9 S. 139. Vgl. auch Schwartz 2 S. 67 ff.

§. 16.

Zur Ausführung des Gesetzes ist die umstehend abgedruckte Anweisung erlassen.

Anweisung

vom 19. September 1872

zur Ausführung des Gesetzes vom 5. Mai 1872, betreffend die Stempelabgaben von gewissen bei dem Grundbuchamte anzubringenden Anträgen.[1])

1. Das vorbezeichnete Gesetz tritt mit dem 1. Oktober d. J. in denjenigen Landestheilen in Kraft, in welchen zur Zeit das Allgemeine Landrecht und die Hypothekenordnung vom 20. Dezember 1783 gilt, mit Ausschluß der Gebietstheile der Provinz Hannover.
2. Nach §§. 1., 8. und 9. des Gesetzes unterliegen einem Werthstempel

   von 1 Prozent:

   die im Falle der freiwilligen Veräußerung inländischer Grundstücke u. s. w. (§. 1) erfolgende Auflassungserklärung;

   von $1/_{12}$ Prozent:

   a) der Antrag des Eigenthümers auf Eintragung einer Hypothek oder Grundschuld ꝛc. mit Einschluß der auf den Namen des Eigenthümers selbst einzutragenden Posten[2]);
   b) der Antrag des eingetragenen Gläubigers auf Eintragung der Verpfändung einer Hypothek oder Grundschuld.
3. Die Werthstempelabgabe ist zu berechnen:
   a) bei der Auflassungserklärung von dem Werthe des veräußerten Gegenstandes zur Zeit des Eigenthumswechsels ohne Rücksicht auf die für besondere Zwecke vorgeschriebenen Abschätzungsgrundsätze, insbesondere also auch ohne Anwendung der wegen Berücksichtigung der Taxprinzipien ritterschaftlicher Kreditsysteme in der Allerhöchsten Kabinets-Ordre vom 29. Oktober 1834 erlassenen Anordnung;

---

[1]) Die Anweisung ist durch das Verw.Min.Bl. von 1873 S. 22 ff. veröffentlicht und als Anhang zur amtlichen Ausgabe des Kostentarifs abgedruckt worden. Sie ist in Gemäßheit der Verf. des J.M. v. 28. Juli 1874, J.M.Bl. S. 232, jetzt in dem ganzen Geltungsbezirk der Gr.B.O., mit Ausschluß der Hohenzollernschen Lande und des Gebietes des Rheinischen Rechtes, maßgebend.

[2]) Die hier in dem Text der Anweisung folgenden Worte „auf Löschung einer Hypothek oder Grundschuld, sofern der Antrag auf die Löschungsbewilligung des Gläubigers gegründet ist," fallen fort. (Ges. v. 26. März 1873 §. 2 Nr. 7, oben Zus. zu §. 11.)

b) bei den unter 2a. bezeichneten Anträgen:
von der einzutragenden [3]) . . . . Summe;

c) bei den unter 2b. erwähnten Anträgen:
von der Summe, für welche die Post verpfändet wird, wenn dieselbe geringer ist, als die Summe der verpfändeten Post, sonst von der letzteren Summe.

4. Insoweit das Gesetz vom 5. Mai d. J. nicht etwas Besonderes in Betreff der unter Nr. 2 gedachten Stempelabgaben bestimmt, kommen die allgemeinen Vorschriften wegen des Urkundenstempels zur Anwendung. In dieser Hinsicht ist die von dem Grundbuchamt aufzunehmende Auflassungserklärung als ein mehrseitiger Vertrag zu behandeln (§. 22. des Stempelgesetzes vom 7. März 1822). Insbesondere erledigen sich die Fragen wegen der Verhaftung der Theilnehmer für die Steuer, wegen des Einflusses der subjektiven Befreiung des einen oder anderen Theilnehmers an der Stempelsteuer, imgleichen wegen der Nothwendigkeit der Verwendung von Stempelmaterialien, bezw. der Einziehung der Stempelbeträge als Gerichtskosten u. s. w. überall nach den bestehenden allgemeinen Bestimmungen.

5. Die Werthstempelabgaben von den unter Nr. 2 bezeichneten Gegenständen bleiben unerhoben, wenn bei der Auflassungserklärung die Urkunde über das Veräußerungsgeschäft, bei Anbringung eines der unter Nr. 2a. und b. gedachten Anträge die Urkunde über das zum Grunde liegende Rechtsgeschäft (Schuldverschreibung u. s. w.) vorgelegt, oder zu deren Vorlegung eine Frist von dem Grundbuchamte auf gleichzeitigen Antrag bewilligt und demnächst die Vorlegung rechtzeitig bewirkt wird. Hinsichtlich der Stempelpflichtigkeit und der Art der Versteuerung dieser Urkunden ist durch das Gesetz vom 5. Mai d. J. nichts geändert. Wegen der im §. 14. [4]) vorgesehenen Fälle der Versteuerung mittelst Anrechnung des schon erlegten Stempelbetrages wird unten (Nr. 9) das Weitere bestimmt.

Die vorzulegenden Urkunden müssen in an sich stempelpflichtiger Form abgefaßt sein; es genügt also nicht etwa die Beibringung eines steuerfreien Briefwechsels u. dergl.

Die Urkunden müssen ferner in Urschrift, Ausfertigung oder beglaubigter Abschrift vorgelegt werden (§§. 12. und 14. des Stempelgesetzes vom 7. März 1822); es genügt also nicht die Beibringung einfacher Abschriften oder Auszüge.

Ueber die Verpflichtung des Grundbuchamtes, die vorgelegten Urkunden mit Rücksicht auf die vorschriftsmäßige Versteuerung derselben sorgfältig zu prüfen und über die hieran sich anschließenden weiteren Verpflichtungen, ist im §. 14 des Gesetzes das Nöthige bestimmt.

6. Wird bei der Auflassungserklärung, oder bei Anbringung eines nach Nr. 2a. b

---

[3]) Wegen der hier weggelassenen Worte „bezw. zu löschenden" siehe die vorige Anmerkung.
[4]) §. 14 ist Druckfehler für §. 12.

werthstempelpflichtigen Antrages, eine Frist zur Vorlegung der Urkunde über das zum Grunde liegende Rechtsgeschäft nachgesucht, so hat das Grundbuchamt bei seiner Entschließung über die Gewährung oder Versagung der Frist und über deren Bemessung, zu erwägen, ob der der Staatskasse gebührende Steueranspruch durch die nachgesuchte Befristung gefährdet wird. Liegt diese Besorgniß vor, so kann das Grundbuchamt, nach seinem Ermessen, die Frist versagen, abkürzen oder nur gegen Sicherstellung der (nöthigenfalls von dem Grundbuchamte zu arbitrirenden) Steuer, für die Auflassungserklärung oder den betreffenden Antrag gewähren.

7. Wird die Urkunde über das zum Grunde liegende Rechtsgeschäft nicht, oder nicht in vorschriftsmäßiger Form vorgelegt, so erfolgt die Festsetzung und Einziehung des Werthstempels von den unter Nr. 2 bezeichneten Gegenständen durch das Grundbuchamt.

Hierbei ist in Bezug auf die Auflassungserklärung Folgendes zu beachten:

a) den Werth des veräußerten Gegenstandes anzugeben, sind der Veräußerer und Erwerber verbunden. Das Grundbuchamt hat die Angabe des Werthes in der Regel von Beiden unter sofortiger Bestimmung einer kurzen Frist zu erfordern, welche nur aus erheblichen Ursachen zu verlängern ist. Nach Bewandtniß der Umstände kann dasselbe auch die Aufforderung nur an den Erwerber oder an den Veräußerer ergehen lassen.

b) Wer der Aufforderung nicht genügt, hat die durch amtliche Ermittelung des Werthes entstehenden Kosten zu tragen. Das Grundbuchamt schreitet deshalb, sofern seiner Aufforderung zur Angabe des Werthes von dem Veräußerer oder dem Erwerber oder von Beiden nicht entsprochen wird, zur amtlichen Werthsermittelung und zieht die dadurch entstehenden Kosten außer dem festzusetzenden Stempelbetrage von dem Säumigen ein. Die Werthsermittelung hat das Grundbuchamt nach seinem Ermessen durch Vernehmung von Sachverständigen, oder in sonst geeigneter Weise zu veranlassen.

c) Liegt der Auflassungserklärung ein Kaufgeschäft oder überhaupt ein Geschäft über entgeltliche Veräußerung zum Grunde, so darf der deklarirte Werth *nicht geringer* sein, als der nach den bestehenden Vorschriften über die Versteuerung der Kaufverträge zu berechnende stempelpflichtige Werth, wobei jedoch die Bestimmung im §. 5. f. des Stempelgesetzes vom 7. März 1822 außer Anwendung zu lassen ist.

Der Einwand, daß der bedungene Preis mit Einschluß der sonstigen Lasten und Leistungen und vorbehaltenen Nutzungen den gemeinen Werth übersteige, ist hierdurch ausgeschlossen; die Interessenten sind dagegen nicht von der Angabe des *wirklichen* Werthes entbunden, wenn der aus den Bedingungen des Veräußerungsgeschäftes zu berechnende Werth hinter dem gemeinen Werthe zurückbleibt (gemischte Geschäfte). Das Grundbuchamt kann deshalb, sofern die Werthangabe unterbleibt, ihm aber die Bedingungen des Veräußerungsgeschäftes anderweit glaubwürdig bekannt geworden und dem gemeinen Werthe des veräußerten Gegenstandes angemessen sind, von anderer Werthsermittelung absehen und auf dieser Grundlage den Stempel zur Auflassungserklärung festsetzen. Ist die Werthdeklaration abgegeben, der deklarirte Werth erreicht aber nicht den nach §. 4. des Gesetzes stempelpflichtigen Werth, so hat das Grundbuchamt wegen Stempeldefraudation das Weitere einzuleiten, unbeschadet der sofortigen Einziehung des dem deklarirten Werthe entsprechenden Stempelbetrages.

d) In allen anderen Fällen, in welchen das Grundbuchamt den angegebenen Werth bei der ihm obliegenden Prüfung desselben für zu niedrig erachtet, und die Interessenten auf desfallsigen Vorhalt bei ihrer Angabe stehen bleiben, hat das Grundbuchamt unverzüglich dem Hauptzoll- oder Hauptsteueramte, in dessen Bezirk es seinen Sitz hat — in Berlin dem Stempelfiskalat für Berlin — Behufs anderweiter Festsetzung des Stempelbetrages nach Maßgabe des §. 5. des Gesetzes die erforderliche Mittheilung zu machen. Die Einziehung des der Deklaration entsprechenden Steuerbetrages ist auch in solchen Fällen nicht auszusetzen. In gleicher Weise ist zu verfahren, wenn dem Grundbuchamte nachträglich Umstände bekannt werden, welche die Beanstandung und Berichtigung des angegebenen Werthes noch innerhalb der im §. 6. des Gesetzes vorgeschriebenen 3 jährigen Frist zu rechtfertigen geeignet sind.

8. Die Hauptzoll- und Hauptsteuerämter haben aus Anlaß der ihnen nach Nr. 7 d. zugehenden Mittheilungen sich der Ermittelung des wirklichen gemeinen Werthes des veräußerten Gegenstandes unter Beachtung der dieserhalb ihnen ertheilten besonderen Anweisungen[5]) zu unterziehen und über das Ergebniß an die Provinzial-Steuerbehörde zu berichten. Erachtet die letztere den angegebenen Werth für zu niedrig, so setzt sie den zu entrichtenden Stempelbetrag fest und erläßt wegen der nach §. 14. al. 2 des Gesetzes dem Grundbuchamte obliegenden Einziehung des Mehrbetrages die weitere Anordnung.

9. Wird nach Entrichtung der Werthstempelabgabe von der Auflassungserklärung, oder den unter Nr. 2 erwähnten Anträgen, die Urkunde über das zum Grunde liegende Rechtsgeschäft (Kauf, Tausch, Schenkung, Schuldverschreibung[6]) u. s. w.) gerichtlich aufgenommen oder innerhalb 14 Tagen nach Errichtung der Urkunde der Steuerbehörde behufs Versteuerung vor-

[5]) Diese Anweisungen enthält die Cirkular-Verf. des Finanzministers v. 19. September 1872, B.M.Bl. 1873 S. 22 (mitgetheilt von Turnau 2 S. 58 Anm. 5, Schwartz 2 S. 175). Die Kosten der Werthsermittelung zieht die Steuerbehörde ein, nicht das Grundbuchamt (Amtsgericht). Verf. des F.M. v. 4. Dezember 1884, Severin S. 20.

[6]) Der hier noch erwähnte „Quittungs-Erlaß" ist nach Aufhebung der Stempelpflichtigkeit der Quittungen nicht mehr von Interesse.

gelegt, so soll auf Verlangen der von der Auflassungserklärung, bezw. der Eintragungs- (oder Löschungs-) Anträge bereits entrichtete Werthstempel auf den zu der Urkunde erforderlichen Werthstempel angerechnet werden. Die zur Annahme und Erledigung solcher Anträge zuständigen Steuerbehörden sind die Hauptzoll- und Hauptsteuerämter, in deren Bezirk das Grundbuchamt, bei welchem der Werthstempel entrichtet ist, seinen Sitz hat, und die Nebenzollämter erster Klasse und Steuerämter in denjenigen Orten, wo ein Grundbuchamt besteht, sowie die noch außerdem nach Bedürfniß von der Provinzialbehörde bekannt zu machenden Steuerstellen. In Fällen dieser Art ist dem instrumentirenden Gericht resp. der Steuerbehörde die Bescheinigung über die Erlangung des Werthstempels zu übergeben; es findet alsdann die Prüfung der Identität des Beurkundeten mit dem, der Auflassungserklärung, bezw. dem versteuerten Antrage zum Grunde liegenden Rechtsgeschäft statt, und, wenn sich hierbei keine Bedenken herausstellen, wird auf der Urkunde die Anrechnung des bereits entrichteten Werthstempels bescheinigt und nur der etwa überschießende Betrag, nach Bewandtniß des Falles, in Stempelmaterialien verwendet oder mit den Gerichtskosten eingezogen. Die beigebrachte Bescheinigung über die Entrichtung des Werthstempels ist in der Regel der Urkunde beizuheften; andernfalls bei der Behörde zurückzubehalten. Ist der werthstempelpflichtige Eintragungs- (oder Löschungs-) Antrag in einer Form angebracht, welche an sich einen Fixstempel erfordert haben würde (z. B. in einem notariellen Instrumente oder Protokolle und dergl.), und nach den allgemeinen Vorschriften der Fixstempel nur wegen der konkurrirenden Erhebung des Werthstempels unerhoben geblieben, worüber nöthigen Falles die Auskunft des Grundbuchamtes beizubringen ist, so muß der Fixstempel vor der Anrechnung auf den zu der vorgelegten Urkunde erforderlichen Werthstempel in Abzug gebracht und darf nur der verbleibende Rest angerechnet werden. Desgleichen ist zu beachten, daß die Anrechnung sich überhaupt nur auf den zu der vorgelegten Urkunde erforderlichen Werthstempel bezieht, und, insofern letzterer ganz absorbirt oder unter den Betrag des Fixstempels vermindert wird, welchem die vorgelegte Urkunde als Notariats-Instrument, Protokoll u. s. w. unterliegt, der Betrag dieses Fixstempels von der vorgelegten Urkunde erhoben werden muß.

10. Im Uebrigen wird auf die Bestimmungen des Gesetzes
im §. 8. a. E. wegen Kapitalisirung der Renten u. s. w.,
im §. 10. wegen der Korreal-Hypotheken,
im §. 13. wegen der im Auslande ausgestellten Anträge
noch besonders aufmerksam gemacht.

Berlin, den 19. September 1872.

Der Justiz-Minister.
In dessen Vertretung:
Friedberg.

Der Finanz-Minister.
Camphausen.

Nachträge und Berichtigungen.

S. 25 (Ziff. 24). 1. Lies „Hinrichs" statt „Heinrichs".

S. 33. 2. Wenn bei der Auflösung einer offenen Handelsgesellschaft das gesammte Gesellschaftsvermögen einem Gesellschafter übertragen wird, so ist zur Uebertragung des Eigenthums an den Gesellschaftsgrundstücken die Auflassung erforderlich. Bei dieser ist der Stempel nach dem Werth des ganzen Grundstückes zu berechnen. Wird jedoch der Auseinandersetzungsvertrag in an sich stempelpflichtiger Form vorgelegt, so findet §. 2 des Gesetzes, betr. die Stempelabgaben 2c. (oben S. 553), Anwendung. Kammerger., Jahrb. 13 S. 226. Ebenso bedarf es der Auflassung, wenn sich die Inhaber einer offenen Handelsgesellschaft bei deren Auflösung ideelle Antheile an dem Gesellschaftsgrundstücke zutheilen, da die offene Handelsgesellschaft ein selbständiges, von den sie bildenden Gesellschaftern verschiedenes Rechtssubjekt darstellt. Dass., ebd. S. 229.

Das Eigenthum an Bergwerken und Grundstücken geht von einer offenen Handelsgesellschaft, welche in eine Gewerkschaft umgewandelt ist, auf die neu gebildete Gewerkschaft nur durch Auflassung und Eintragung über. Dass., ebd. S. 221.

S. 51 (Anm. 2). 3. Das Kammerger., Jahrb. 13 S. 143, hat sich jetzt der Ansicht, daß der Testamentsvollstrecker erst nach Eintragung der Erben als Eigenthümer zu Belastungen der Nachlaßgrundstücke und Löschungsanträgen befugt sei, mit der Begründung angeschlossen, daß der Testamentsvollstrecker Vertreter der Erben sei.

S. 57 (Anm. e). 4. Das R.G. V, Gruchot 38 S. 724, ist auf Grund der Motivirung der Vorschrift des §. 7 Abs. 2 (siehe S. 56 a. A.) der hier vertretenen Ansicht beigetreten, daß auch gegen einen vor dem 1. Oktober 1872 eingetragenen Besitzer die exceptio rei venditae et traditae ausgeschlossen ist, wenn der Beklagte nach diesem Tage den Besitz erworben hat.

S. 82 (Anm. 1 a). 5. Verfügungen einer Ehefrau über ihr eingebrachtes Vermögen, welches dem ehemännlichen Nießbrauchs- und Verwaltungsrechte unterliegt, kann der Ehemann dem Kontrahenten der Ehefrau gegenüber anfechten, auch wenn die Verfügungsbeschränkung weder letzterem bekannt noch in das Grundbuch eingetragen war. §. 11 und §. 12 des Gesetzes über den Eig.Erw. 2c. finden hierauf keine Anwendung. Erst derjenige, welcher von dem Kontrahenten der Ehefrau erwirbt, kann sich auf den öffentlichen Glauben des Gruudbuches berufen. (Vgl. S. 93 Abs. 2.) R.G. V, Entsch. 32 S. 290.

S. 89. 6. Zeile 8 von unten lies „einem" statt „einen."

S. 93 (Abs. 2). 7. Vgl. vorstehende Ziff. 5.

S. 108. 8. Es ist unzulässig, der Eintragung einer Forderung, welcher gesetzlich ein Vorzugsrecht beigelegt ist, den Vermerk beizufügen, daß sie ein Vorrecht vor den bereits eingetragenen Realrechten haben solle; denn das Gesetz über den Eig.Erw. ꝛc. läßt eine solche Ausnahme von dem Grundsatze, daß die Reihenfolge der Eintragungen über die Rangordnung entscheide, nicht zu. Kammerger., Jahrb. 13 S. 125.

S. 151 (Anm. 2). 9. Das Kammerger. Jahrb. 13 S. 163, hat die Ansicht verworfen, daß die dingliche Klage aus der Grundschuld allein auf die Eintragung gegründet werden könne, auch wenn der Grundschuldbrief dem Gläubiger noch nicht ausgehändigt sei. In diesem Falle soll vielmehr der Gläubiger den Nachweis führen, daß er nach dem zwischen ihm und dem Schuldner obwaltenden Rechtsverhältnisse die Aushändigung des Briefes verlangen könne. Dementsprechend hält das Kammergericht a. a. O. zur Pfändung einer Grundschuld vor Aushändigung des Briefes außer der Pfändung der Grundschuld selbst auch noch die Pfändung des obligatorischen Anspruches des Gläubigers auf die Aushändigung des Briefes für erforderlich, wobei der Eigenthümer, nicht das Gericht, der Drittschuldner ist.

S. 191 (Anm. 1). 10. Vierte Reihe von unten lies „Ablösung" statt „Auflösung."

S. 198 (Anm. 1 a. E.). 11. Lies „Gr.B.O. §. 118" statt „Gr.B.O. §. 18."

S. 209 (Anm. 2a). 12. Dem Zessionar einer Hypothek können diejenigen Einreden aus dem persönlichen Schuldverhältnisse, welche ihm beim Erwerb der Hypothek bekannt gewesen sind, auch dann entgegengesetzt werden, wenn sie gegen seinen Zedenten wegen dessen Redlichkeit unzulässig waren. Denn durch den Erwerb der Hypothek seitens eines redlichen Dritten gehen die Einreden nicht endgültig unter. (Anders im Falle des §. 9 Abs. 2.) R.G. V, Entsch. 32 S. 226.

S. 220. 13. In der vorletzten Reihe der Anm. a ist zwischen „allgemein" und „nicht" ein Komma einzuschalten.

S. 255 (Anm. 6a). 14. Siehe Ziffer 9 dieser Nachträge.

S. 271. 15. Vgl. Rothenberg in Gruchot 38 S. 591 über die Frage: „Inwieweit bewirkt die den Uebergang der Eigenthümerhypothek begründende Zahlung das Erlöschen der persönlichen Forderung?"

S. 291. 16. Unter der Ueberschrift „Grundbuch-Ordnung" ist einzuschalten: „Vom 5. Mai 1872."

S. 341 (Anm. 7). 17. Siehe Ziff. 3 dieser Nachträge.

S. 364 (Anm. β). 18. Vgl. den Allerh. Erl. vom 4. Juli 1868 (Bek. des J.Min. vom 8. Juni 1894, J.M.Bl. S. 161), betr. die Ermächtigung des Finanzministers zur Veräußerung entbehrlich gewordener Grundstücke der Steuerverwaltung.

S. 439 (Anm. 2 zu §. 115). 19. Zeile 6 u. 7 müssen lauten: Es versteht sich jedoch, daß von einem Zerschneiden keine Rede sein darf, wenn nur eine Löschungsbewilligung ertheilt ist, weil dann der Richter nicht in der Lage ist, das Erlöschen der persönlichen Verpflichtung festzustellen.

S. 454 (Anm. 1 zu §. 130). 20. Da der Hypothekenbrief bestimmt ist, sichere Auskunft über die Realverhältnisse des Grundstückes zu geben, kann seine Erneuerung gefordert werden, wenn die Urkunde in der Form, wie sie vorliegt, nicht mehr geeignet ist, diesen Zweck zu erfüllen. Dies ist auch dann der Fall, wenn die Rechtsverhältnisse, welche die Urkunde darstellt, sich derartig geändert haben, daß die Urkunde mit ihnen nicht mehr übereinstimmt, und durch nachträglichen Vermerk der Aenderungen auf dem bisherigen Briefe dieser die erforderliche Uebersichtlichkeit verlieren würde. Bei der Erneuerung kann an Stelle der früher ausgefertigten drei Hypothekenbriefe nur einer ertheilt werden, wenn die drei verhafteten Grundstücke inzwischen auf ein Grundbuchblatt vereinigt sind. Kammerger., Jahrb. 13 S. 178.

S. 503 (Anm. 1). 21. Werden mehrere, auch sachlich verschiedene, Veränderungen bei derselben Hypothekenpost durch eine Verfügung angeordnet und in einem Vermerk eingetragen, so sind die Kosten nur so anzusetzen, als ob eine Veränderung eingetragen worden wäre, da der Regel nach eine Erledigung eines Geschäfts, welche nur eine einmalige Thätigkeit der Grundbuchbehörden in Anspruch nimmt, auch nur mit einmaligem Kostenansatz belegt werden soll. Kammerger., Jahrb. 13 S. 247.

Ist für die Eintragung einer Vorrechtseinräumung bei der zurücktretenden Post die Gerichtsgebühr bereits zum Ansatz gekommen, so kann eine solche nicht nochmals für die Eintragung derselben Vorrechtseinräumung bei der vortretenden Post gefordert werden, da es sich hierbei nicht um die Eintragung einer neuen Veränderung, sondern nur eines korrespondirenden Vermerkes handelt. Dass. a. a. O.

S. 552 (Anm. 2 a. E.) 22. Bei der Naturaltheilung eines bisher zu ideellen Antheilen besessenen Grundstückes unter die Miteigenthümer bilden den Gegenstand der Auflassung eines jeden Trennstücks an jeden einzelnen Theilnehmer die ideellen Antheile der übrigen Theilnehmer an diesem Trennstücke. Von dem Werthe dieser Antheile ist der Auflassungsstempel zu berechnen. Kammerger., Jahrb. 13 S. 232.

Vgl. ferner oben Ziff. 2 dieser Nachträge.

S. 553 (Anm. 3 zu §. 1). 23. Wenn im Gebiete des gemeinen Rechtes nach dem mündlich abgeschlossenen Veräußerungsvertrage, aber vor der Auflassung von dem Erwerber ein Gebäude auf dem Grundstücke errichtet ist, so wird dieses bei der Berechnung des Werthstempels nicht mitberücksichtigt, da es nicht Gegenstand der Veräußerung gewesen ist. Kammerger., Jahrb. 13 S. 216.

S. 555. 24. Vgl. oben Ziff. 2.

Sachregister.

(Die Zahlen verweisen auf die Seiten, die eingeklammerten Zahlen und Buchstaben auf die Anmerkungen.)

A.

B.

C.

D.

E.

H.

N.

O.

P.

S.

T.

U.

W.

Z.

Lippert & Co. (G. Pätz'sche Buchdr.), Naumburg a. S.

FSC
www.fsc.org
MIX
Papier | Fördert
gute Waldnutzung
FSC® C083411

Kolibri 360 GmbH
Ferdinand-Jühlke-Straße 7
99095 Erfurt, Deutschland
produktsicherheit@kolibri360.de